PERSPECTIVAS DAS CIÊNCIAS CRIMINAIS

COLETÂNEA EM HOMENAGEM AOS 55 ANOS DE ATUAÇÃO PROFISSIONAL DO

PROF. DR. RENÉ ARIEL DOTTI

ORGANIZADORES
Paulo César Busato
Priscilla Placha Sá
Gustavo Britta Scandelari

PERSPECTIVAS DAS CIÊNCIAS CRIMINAIS

COLETÂNEA EM HOMENAGEM AOS 55 ANOS DE ATUAÇÃO PROFISSIONAL DO PROF. DR. RENÉ ARIEL DOTTI

AUTORES

Acacio Miranda da Silva Filho • Alaor Leite • Alberto Silva Franco • Alexandre Knopfholz • Alexandre Salim • Alexandre Wunderlich •Alexey Choi Caruncho • Andrei Zenkner Schmidt • Andressa Paula de Andrade • Antonio Acir Breda • Antonio Diego da Costa • Antonio José Franco de Souza Pêcego • Bruna de Azevedo de Castro • Bruno Augusto Vigo Milanez • Bruno Heringer Júnior • Cândido Furtado Maia Neto • Carlos Pereira Thompson Flores • Eduardo Saad-Diniz • Emília Merlini Giuliani • Érika Mendes de Carvalho • Fábio André Guaragni • Fábio Guedes de Paula Machado • Fabio Roberto D'Avila • Felipe Eduardo Hideo Hayashi • Felipe Machado Caldeira • Fernando Antônio Carvalho Alves de Souza • Francisco Zardo • Gustavo Britta Scandelari • João Gualberto Garcez Ramos • João Luiz de Carvalho Botega • José Carlos Cal Garcia • José Roberto Wanderley de Castro • Juliano Breda • Leonardo Henriques da Silva • Luís Greco • Luiz Regis Prado • Luiza Borges Terra • Marco Antonio Rodrigues Nahum • Marco Aurélio Mello • Mário Luiz Ramidoff • Marion Bach • Matheus Almeida Caetano • Ney Fayet Júnior • Paulo César Busato • Pedro Luciano Evangelista Ferreira • Priscilla Placha Sá • Rafaela Alban • Renato de Mello Jorge Silveira • Rodrigo Régnier Chemim Guimarães • Rodrigo Sánchez Rios • Victor Cezar Rodrigues da Silva Costa • Víctor Gabriel Rodríguez

GZ
EDITORA
Rio de Janeiro
2016

Capa: Bruna C. Montenegro
bruna@tudoemcaixa.com.br
Diagramação: Olga Martins

CIP – Brasil. Catalogação-na-fonte.
Sindicato Nacional dos Editores de Livros, RJ.

P548

Perspectivas das ciências criminais: coletânea em homenagem aos 55 anos de atuação profissional do Prof. René Ariel Dotti / Acácio Miranda da Silva Filho ... [et. al.]; organização: Paulo César Busato, Priscilla Placha Sá, Gustavo Britta Scandelari. - 1. ed. - Rio de Janeiro: LMJ. Mundo Juridico, 2016.

918 p.; 24 cm.
Inclui bibliografia e índice
ISBN 978-85-62027-91-8

1. Direito penal. 2. Processo penal. I. Busato, Paulo César. II. Scandelari, Gustavo Britta. III. Sá, Priscilla Placha.

16-33236
CDU: 343.1(81)

GZ EDITORA

e-mail: contato@editoragz.com.br
www.editoragz.com.br
Av. Erasmo Braga, 299 – sala 202 – 2º andar – Centro – Rio de Janeiro – RJ – CEP 20010-170
Tels.: (0XX21) 2240-1406 / 2240-1416 – Fax: (0XX21) 2240-1511

Impresso no Brasil
Printed in Brazil

APRESENTAÇÃO

Estamos vivendo aquilo que Mário Vargas Llosa denominou de civilização do espetáculo,[1] que ele define como "a civilização de um mundo onde o primeiro lugar na tabela de valores vigente é ocupado pelo entretenimento, onde divertir-se, escapar do tédio, é a paixão universal".[2]

Na época que nos toca viver, segundo o autor, "*raramente são empreendidas aventuras literárias tão ousadas como as de Joyce, Virginia Woolf, Rilke ou Borges, isso não se deve apenas aos escritores; deve-se também ao fato de que a cultura em que vivemos imersos não propicia, ao contrário, desencoraja, esses esforços denodados que culminam em obras que exigem do leitor uma concentração intelectual quase tão intensa quanto a que as possibilitou*".[3]

Com efeito, o que se busca é a informação fácil, rápida e rasteira, leve, que distraia. Enfim o leitor quer apenas *pílulas* soft *de conhecimento* e confia que, a partir delas, algo amadureça em sua mente, preferencialmente de modo rápido o suficiente para dar espaço a outra dose.

Este é um contexto impelido, de um lado, por uma lógica de inclusão pelo consumo[4] e, por outro, pelo *stress* da velocidade e multiplicidade da oferta desta informação barata, que se pretende cultural.

A velocidade atropela o intelectual, aquele que se propõe à reflexão, simplesmente porque ao parar para verticalizar o objeto de sua apreensão, ele termina tragado pelo torvelinho da história, no tsunami de uma onda rasa, mas constante, que tudo faz desaparecer.

E essa fórmula do mundo atual pressiona até que haja poucos interessados, no plano editorial, a abrir espaço para escritos que se proponham à verticalidade, à anti-comercialidade, à exigência bilateral da reflexão.

O compêndio que o leitor tem nas mãos é uma carta contra tudo isso. Contra a velocidade, contra a banalidade, contra o esquecimento.

O Grupo de Pesquisas *Modernas Tendências do Sistema Criminal* nasceu precisamente desta voz dissonante.

Em meio à pasteurização do espaço acadêmico mediante cargas de aulas unicamente expositivas e nada reflexivas, optou-se por abrir um lugar para pensar, e, desde há alguns anos em constante crescimento, vem optando pela proposição de temáticas técnicas verticais em matéria jurídico-penal, para debates e reflexões.

Em um processo absolutamente natural, o grupo começou a dar lugar às próprias reflexões derivadas das leituras e debates havidos nas reuniões em forma de textos. Esta

---

1 Trata-se de LLOSA, Mário Vargas. A *Civilização do Espetáculo – Uma radiografia do nosso tempo e da nossa cultura*. Trad. de Ivone Benedetti, Rio de Janeiro: Objetiva, 2013.

2 Idem, p. 29.

3 Idem, p. 32.

4 Sobre o tema, BAUMAN, Zygmunt. *Globalização: As conseqüências humanas*. Trad. de Marcus Penchel. Rio de Janeiro: Jorge Zahar Editor, 1999.

produção foi, pouco a pouco, transformando-se na *Revista Justiça e Sistema Criminal*, onde se consolidou a ideia de reflexão.

Mas o Grupo seguiu, vivo e pulsando, não se resumindo só à produção de textos, mas também preocupado com a preservação tanto das ideias quanto dos idealizadores.

Identificou-se que a engrenagem consumista da cultura do espetáculo tragava para o esquecimento os pontos de referência do pensamento penal, inclusive no plano do nosso entorno mais estreito.

A atitude deflagrada pelo Grupo, então, foi a de marcar, com eventos e publicações-homenagens, as referências que considera símbolos da verticalização intelectual almejada como uma espécie de contraponto a banalização.

Já realizadas, recentemente, homenagens ao Procurador de Justiça Dr. Luiz Eduardo Trigo Roncaglio e ao Ministro do Superior Tribunal de Justiça Félix Fischer, optou-se por prosseguir na empreitada através desta homenagem ao professor e advogado Dr. René Ariel Dotti, expressão viva de vários fatores que são caros aos membros do Grupo.

Os magistrais atributos de pesquisador, professor, historiador do Direito penal, que marcaram muitas décadas do desenvolvimento da matéria no Brasil, aliados à sua intensa atividade como advogado, jurisconsulto e membro de várias comissões legislativas na matéria fazem de nosso homenageado símbolo de tudo pelo que mais prezamos.

Organizou-se, pois, um Seminário em sua homenagem, congregando alguns dos mais importantes penalistas brasileiros para debater temas sobre os quais o Dr. René Dotti, antes, debruçou seu privilegiado intelecto.

E optou-se pela fórmula perene do livro impresso dos anais do evento – símbolo concreto da reflexão – para deixar constância resistível ao tempo a respeito da pessoa, da obra e dos efeitos produzidos no ambiente jurídico penal pelo homenageado.

O Grupo Modernas Tendências do Sistema Criminal apresenta, orgulhoso, este trabalho, na expectativa de que alcance a dimensão do próprio homenageado e simbolize um ponto mais de resistência diante da banalidade a que chega a civilização.

Paulo César Busato, coordenador, outono de 2016.

PREFÁCIO

É lição básica de Direito a de que, se queremos preservar o bom convívio social e garantir as liberdades individuais e as públicas, devemos sancionar condutas que atentem contra os valores nos quais nossa civilização quer se reconhecer. Mas tão importante quanto a reprimenda é a instituição de estímulos a eventos, atos, obras e pessoas que se destacam justamente por estar mais próximos de tais valores do que a maioria de nós. É a conhecida política de castigos e prêmios, que está refletida em tantos institutos de nosso ordenamento jurídico.

Atualmente, a sociedade brasileira atravessa dias difíceis na economia, na legitimidade da representação eleitoral, na confiança nas instituições e com a criminalidade em geral. Todos os tipos de crimes: os violentos e patrimoniais de sempre e, agora com maior evidência, os crimes econômicos. Muitos motivos existem para explicar por que nos debatemos com tais dificuldades. Certamente, um deles é a gradativa perda de *solidariedade* que temos enfrentado.

As gerações mais recentes só conheceram manifestações cotidianas e genuínas de preocupação com o outro em livros ou filmes. Referimo-nos a uma forma abrangente de cuidado e atenção que vai desde o auxílio no recolhimento de papeis que vieram ao chão das mãos de um desconhecido transeunte afoito até o desempenho de extenuantes serviços profissionais gratuitos em prol de um bem ao interesse público. Pode passar despercebido de muita gente, mas o *exercício* da solidariedade transmite a importantíssima noção de que, em nossa sociedade, estamos *todos juntos*. Note-se: *nossa* sociedade. Não temos absolutamente nada a ganhar se nos distanciarmos, se ignorarmos as dificuldades dos nossos pares e se fizermos de conta (como muitos fazem) que os problema de todos (da sociedade) não nos dizem respeito.

Essa circunstância é de registro oportuno quando se promove uma obra cuja finalidade precípua é prestar uma *homenagem*. Não só uma homenagem, mas *esta* homenagem. E, ao registrar isso, damo-nos conta de que estivemos escrevendo sobre algumas características do nosso homenageado: o Professor **René Ariel Dotti.**

É importante compreendermos que a presente deferência não se deve tanto às suas mais de cinco décadas de militância na advocacia criminal e lecionando Direito Penal ou às tantas contribuições efetivas que deu à cultura, à redação e produção de leis de nosso país. Deve-se, sim, especialmente ao *modelo* de ser humano que ele representa.

Se uma civilização que, como a nossa, pretende maximizar as bases de sua democracia, otimizando os laços de humanidade entre os seus pares e difundir o mais possível, a todos, o gosto e a afeição pela coisa pública, essa civilização precisa premiar aqueles, dentre os seus, que sejam representativos de tais conquistas. É *necessário* homenagear **René Dotti**. Identificamos, nele, uma reunião de predicados tão significativa que temos o dever de difundi-los – como que para servir de aspiração comum, uma meta, um objetivo digno de ser perseguido durante a carreira de toda uma vida.

Poderíamos tentar expressar o que conhecemos do nosso homenageado de maneira mais formal, o que talvez seja o mais adequado – afinal, estamos redigindo um Prefácio de uma obra com inúmeros artigos de grande profundidade científica, assinados por autores prestigiadíssimos na academia nacional. Mas, por outro lado, temos tido o privilégio de conviver com ele durante muitos anos e isso, talvez, confira-nos uma espécie de direito adquirido de falar dele de modo um pouco mais pessoal. E como somos felizes de poder fazê-lo.

Querido **Professor René**: a sua rotina de trabalho e de estudos – observada sempre com muito rigor – não esconderam que a sua experiência, muito antes de ensinar as nuances da advocacia especializada, prega sempre a gentileza, a educação, a retidão e o respeito como premissas da atuação profissional; o natural formalismo de suas diuturnas atividades de advogado e de jurista não abalaram a viva e alegre ternura com que fala aos jovens estudantes sobre os desafios que suas escolhas lhes apresentarão; enfim, jamais deixou de ser, a todos que lhe cercam, um exemplo permanente de que, com *ética* e *solidariedade*, talvez não se vençam todas as adversidades, talvez não se adquiram as glórias almejadas, mas, sem dúvidas, será possível conquistar o bem mais importante para uma vida plena: a *felicidade*.

Professor René, trabalhar próximo ao senhor e ao seu vitalizante entusiasmo tem me propiciado não somente um aprendizado profissional e jurídico, mas, especialmente, uma formação para a vida. De coração, muito obrigado!

Quero registrar, ainda, que esta Homenagem não teria sido possível sem a espontânea iniciativa do Grupo de Pesquisas *Modernas Tendências do Sistema Criminal* (www.sistemacriminal.org), dirigido pelo Prof. Paulo César Busato, que contou, neste projeto, com a valiosa coordenação conjunta da Profª. Priscilla Placha Sá e a contribuição do Prof. Alexey Choi Caruncho. À Dra. Claudia Penovich, agradeço o costumeiro e eficiente apoio.

Por fim, agradeço o apoio fundamental do Dr. Guilherme Zincone, ao aplicar, à presente obra, o selo da prestigiada Editora GZ, e à Ordem dos Advogados do Brasil – Seção Paraná, na pessoa de seu presidente, o Dr. José Augusto Araújo de Noronha, cuja pronta acolhida tornou viável o evento de apresentação desta importante homenagem.

Gustavo Britta Scandelari, coordenador

AGRADECIMENTO PÚBLICO

No dia 17 de fevereiro do presente ano o Supremo Tribunal Federal proferiu decisão que representou grave retrocesso na proteção dos direitos da pessoa humana acusada da prática de uma infração penal. Mais do que isso, a decisão descumpriu a regra constitucional da presunção de inocência do acusado.

Ao permitir a execução provisória da pena, antes do trânsito em julgado da sentença condenatória com base em decisão proferia em grau de recurso pelos tribunais, a Suprema Corte modificou a orientação que vinha desde 2009. O cumprimento da pena antes do trânsito em julgado da sentença penal, repita-se, é o maior retrocesso em décadas do sistema criminal brasileiro, cujo processo de humanização, especialmente a partir das reformas do Código Penal e da Lei de Execução Penal, teve em René Ariel Dotti uma de suas figuras exponenciais.

A postura de defesa intransigente dos direitos e garantias constitucionais, seja no âmbito do direito penal ou no plano da aplicação da lei ao caso concreto, faz parte da história político-jurídica desse grande jurista brasileiro, notável professor e acima de tudo, um excepcional advogado criminalista.

René Dotti, ainda jovem, notabilizou-se como o principal advogado de defesa na tribuna da justiça militar, após o golpe de 1964. Com muita coragem e serenidade, assim que o AI-2 transferiu para o âmbito da justiça militar o julgamento dos crimes contra a segurança nacional, passou ele a liderar um movimento pela proteção da garantia do juiz natural. Os advogados de defesa passaram a sustentar que não era possível trasladar-se a competência da justiça comum para o julgamento dos adversários políticos do regime mediante ato institucional, despido de legitimidade e para alcançar fatos que na época de sua prática tinham como juiz legal a justiça comum.

Infelizmente, essa luta dos advogados não teve ressonância no Supremo Tribunal Federal, que sufocado pelo regime autoritário, julgou legal a competência da justiça militar a pretexto de que teria previsão constitucional.

Depois disso, com a edição do AI-5, que aboliu a garantia constitucional do *habeas corpus* no julgamento dos crimes políticos e retirou da magistratura as suas garantias vitais para preservar a independência e imparcialidade do Poder Judiciário, ainda na tribuna da justiça militar, René revelou-se um defensor permanente, obstinado, inflexível dos direitos e garantias das pessoas submetidas a julgamento político quase sempre por convicções exclusivamente ideológicas.

Nessa época começou a exercer suas atividades como professor na Universidade Federal do Paraná, adquirindo de pronto o respeito de seus alunos e colegas pela sua fé inabalável no retorno ao Estado de Direito Democrático. Não por acaso, foi um dos advogados constituídos pelo Prof. José Rodrigues Vieira Neto, catedrático de Direito Civil da UFPR, cassado e preso pelas autoridades militares. Com indiscutível justiça, a Ordem dos Advogados do Brasil, Seção do Paraná, outorgou-lhe sua mais alta honraria, a Medalha Vieira Netto, em reconhecimento à trajetória profissional brilhante.

Como conselheiro estadual, federal e diretor da OAB/PR em várias gestões, sempre esteve presente nas conferências nacionais realizadas durante o período autoritário, postulando por um direito penal mínimo e um processo penal de máximo respeito às liberdades da pessoa humana. Recentemente, na Conferência Nacional dos Advogados, realizada em 2008 em

Natal/RN, que debateu o Estado Policial, René Dotti liderou a aprovação de uma moção pelas liberdades de convicção e julgamento da magistratura, antevendo a grave pressão midiática e popular que sofrem os juízes nos dias atuais, em especial aqueles que honram a toga e não sucumbem ao clamor pela supressão de direitos fundamentais. Visionário, René Dotti denunciou com a singular veemência: "os juízes paralelos são apóstolos da suspeita temerária e militantes no exército popular da presunção de culpa".

Como defensor intransigente do Estado de Direito Democrático, como professor de direito processual penal na pós-graduação da nossa Faculdade de Direito da UFPR, baseava suas lições nas garantias constitucionais do processo penal, isto é, devido processo legal, presunção de inocência do acusado, princípio do juiz natural, inadmissibilidade das provas ilícitas, respeito ao contraditório e ampla defesa e um rigoroso controle jurisdicional prévio da prisão processual. Suas lições estavam amparadas no processo penal clássico, onde se concebia a investigação criminal como mero instrumento para futuro exercício da ação penal, sempre presente a advertência de que a autoridade jurisdicional deveria firmar seu livre convencimento na realidade reconstruída na instrução criminal, sob o crivo do contraditório e da ampla defesa.

Essa concepção que René defendeu durante mais de 40 anos no exercício do magistério superior está, infelizmente, em franco declínio nos dias atuais. Como adverte CLAUS ROXIN[1], a investigação criminal tem se convertido "*com frequência, na parte essencial do processo penal*". Ademais, é comum quando se chega à fase da instrução processual, que o resultado da causa esteja "*delineado já pelos resultados da investigação do procedimento preliminar*".

Nesse tipo de processo, a reconstrução histórica do fato pretérito tem se realizado por inteiro na fase da investigação, através de procedimentos sigilosos. Daí porque o grande mestre da ciência penal alemã conclui que "*é imperiosamente necessário dar ao imputado e ao defensor maiores possibilidades de influir sobre o procedimento de investigação*".

Não é outra a observação do grande jurista WINFRIED HASSEMER[2], que reconhece, com base na experiência alemã, que as reformas do direito penal material tem-se "*concentrado sobretudo em agravações, são criados novos tipos penais no âmbito do Direito econômico, do Direito Patrimonial, do Direito da droga, do terrorismo, que tem a particularidade de restringir amplamente o espaço de ação do cidadão*".

Mais adiante, demonstra o prejuízo irreparável para o direito de defesa nos chamados crimes de perigo abstrato, que tornam impossível a produção de contraprova. E arremata: "*Neste contexto, o Direito Penal não é uma ameaça, mas um módulo auxiliar. Não é 'ultima ratio' como os penalistas sempre disseram, mas em muitos âmbitos é 'prima ratio' ou mesmo 'sola ratio'*.

Em relação ao direito processual penal, a tendência é ainda mais grave. Segundo o autor, o processo penal moderno pós-clássico na Alemanha tem dirigido as reformas somente na fase da investigação. Refere-se ele à vários instrumentos de averiguação, todos secretos, que permitem uma reconstrução do fato tido como delituoso sempre à revelia do investigado, tais quais: observação policial, busca através de cruzamento de dados pessoais, escutas telefônicas, escutas secretas em habitações, informações de serviços secretos para a polícia, agentes infiltrados.

Esse tipo de investigação acaba necessariamente por atingir terceiras pessoas, uma vez que afeta não só os suspeitos, mas também o seu círculo de relações. O seu efeito é demolidor, uma vez que "*esses instrumentos modernos de investigação atingem igualmente pessoas que não são suspeitas*".

---

1 Derecho Procesal Penal, Editores del Puerto, 2000, p. 326.

2 Processo penal e direitos fundamentais. *In* Jornadas de Direito Processual Penal e Direitos Fundamentais, p. 20.

Esse processo penal de segunda geração aniquila a garantia constitucional do direito à não autoincriminação, uma vez que o suspeito, pelo caráter secreto das medidas, desconhece que está sendo alvo de uma investigação criminal.

A imputação, no processo penal, entendida esta como a atribuição a alguém de um fato determinado, no tempo e no espaço, e que corresponde a um tipo legal de infração, já está comprovada através de provas produzidas fora do contraditório e da ampla defesa.

Depois disso, atingiu-se um tipo de processo de 3ª geração, que conflita com o devido processo legal, porque através da delação premiada a causa penal é decidida no âmbito da investigação criminal, mediante o que os portugueses chamam de "*contrato sobre a verdade*" entre o Ministério Público e o investigado. Tudo se resolve *fora* do processo, inclusive a pena corporal a ser cumprida e a pena de multa. O Poder Judiciário limita-se a homologar essa transação que resolve antecipadamente o julgamento do processo. Não há aqui verdadeiramente direito de defesa, mais do que isso, a hipótese revela a aplicação da lei penal sem processo.

Se esse é o panorama dos países da Europa continental, não é outra a realidade de nossos dias em relação ao direito penal e principalmente quanto ao processo penal.

A nossa esperança é que as lições de respeito ao Estado de Direito Democrático e a um processo penal de uma cidade aberta, que René Ariel Dotti defendeu com tanta lucidez e vigor durante o último meio século, afastem o mais rapidamente possível o retrocesso imposto pelo Supremo Tribunal Federal ao permitir a execução antecipada da pena.

Não se desconhece que esse ciclo histórico tem o respaldo da opinião pública, mas não se pode olvidar que esse direito penal - cujo fundamento é a segurança – opera em sentido diametralmente oposto à concretização dos direitos individuais.

O processo penal tem que se libertar da investigação sigilosa na reconstrução do fato tido como delituoso. É o que se espera com base em tudo que René ensinou e praticou em sua vida profissional como grande jurista, emérito professor e notável advogado. A leitura da sua vasta obra de *Direito e Processo Penal* deve continuar formando profissionais compromissados com a liberdade da pessoa humana, num processo penal mais justo e humano e num direito penal onde os direitos fundamentais não sejam vistos como obstáculo na luta contra a criminalidade, dever do Estado de Direito Democrático.

René Dotti nos ensina a cada dia a importância do trabalho digno, da prática ética e do exercício da cidadania. Uma vida a serviço do interesse público, dos direitos humanos e da justiça social. Uma vida a ser permanentemente cultuada.

Obrigado Professor René. É o sentimento de seus alunos, colegas e amigos,

Antonio Acir Breda
Professor de Direito Processual Penal da UFPR
Secretário de Justiça do Governo do Estado do Paraná - 1987
Chefe da Casa Civil do Governo do Estado do Paraná – 1987-1989

Juliano Breda
Presidente da OAB/PR 2013-2015
Conselheiro Federal da OAB
Mestre e Doutor pela UFPR
Pós-Doutor pela Universidade de Coimbra

SOBRE OS AUTORES

ACACIO MIRANDA DA SILVA FILHO
Advogado criminalista em São Paulo e professor dos cursos de graduação em Direito das Faculdades Metropolitanas Unidas (FMU). Bacharel em Direito pelas Faculdades Metropolitanas Unidas. Mestrando em Direito Penal Internacional pela Universidade de Granada. Especialista em Processo Penal pela Escola Paulista da Magistratura de São Paulo e em Direito Penal pela Escola Superior do Ministério Público de São Paulo. Pós-graduado em Política Criminal pela Universidade de Salamanca. Pós-graduando em Direito Penal Econômico pela Universidade de Coimbra. Associado ao Instituto Brasileiro de Ciências Criminais.

ALAOR LEITE
Mestre em Direito pela Ludwig-Maximilians Universität München e doutorando na mesma instituição.

ALBERTO SILVA FRANCO
Desembargador aposentado do Tribunal de Justiça de São Paulo. 1º Vice-Presidente do Instituto Brasileiro de Ciências Criminais (IBCCRIM). Sócio do Silva Franco, Feltrin e Souza Lira – Advogados Associados. Autor de obras jurídicas

ALEXANDRE KNOPFHOLZ
Mestre em Direito pelo Centro Universitário Curitiba (UNICURITIBA). Especialista em Advocacia Criminal pela Universidade Cândido Mendes (UCAM). Professor de Processo Penal dos cursos de graduação e pós-graduação do Centro Universitário Curitiba (UNICURITIBA); Professor de Processo Penal no curso de pós-graduação em Direito Penal Econômico da Universidade Positivo (UP); Professor de Processo Penal no curso de pós-graduação em Direito e Processo Penal da Academia Brasileira de Direito Constitucional (ABDCONST). Membro da Associação Internacional de Direito Penal (AIDP). Associado fundador do Instituto Brasileiro de Direito Penal Econômico (IBDPE). Advogado.

ALEXANDRE SALIM
Promotor de Justiça no Rio Grande do Sul. Doutor em Direito pela Universidade de Roma Tre. Especialista em Teoria Geral do Processo pela Universidade de Caxias do Sul. Professor de Direito Penal na FESMPMG (Escola Superior do Ministério Público de Minas Gerais), na ESMAFE (Escola da Magistratura Federal do Rio Grande do Sul), na FEMARGS (Escola da Magistratura do Trabalho do Rio Grande do Sul) e na FESDEP (Escola Superior da Defensoria Pública do Rio Grande do Sul).

ALEXANDRE WUNDERLICH
Advogado. Professor Coordenador do Departamento de Direito Penal e de Direito Processual Penal da PUCRS.

ALEXEY CHOI CARUNCHO
Doutorando em Ciências Jurídicas e Políticas pela Universidade Pablo de Olavide (Sevilha/Espanha) e mestre em Criminologia e Ciências Forenses pela mesma Instituição e em Ciências Sociais Aplicadas pela Universidade Estadual de Ponta Grossa/PR. Especialista em Direito Penal Econômico e Empresarial pela Universidade de Castilla-La Mancha (Toledo/Espanha) e em Direito Penal Econômico e Europeu pela Universidade de Coimbra (Coimbra/Portugal). Promotor de Justiça no Estado do Paraná e Professor da Fundação Escola do Ministério Público do Estado do Paraná (FEMPAR).

ANDREI ZENKNER SCHMIDT
Advogado, Doutor em Ciências Criminais pela PUCRS, Professor de Direito Penal na PUCRS.

ANDRESSA PAULA DE ANDRADE
Pós-graduada em Ciências Penais pela Universidade Estadual de Maringá. Bacharela em Direito pela Universidade Estadual de Maringá. Membro do Núcleo de Estudos Penais (NEP/UEM) e do Núcleo de Estudos em Direito e Ambiente (NEAMBI/UEM). Advogada.

ANTONIO DIEGO DA COSTA
Mestre em Direito Penal pela Universidad de Salamanca, Espanha. Advogado Criminalista graduado pela Pontifícia Universidade Católica do Paraná (PUC-PR), Brasil.

ANTONIO JOSÉ F. DE S. PÊCEGO
Mestre em Direito pela UNAERP. Especialista em Ciências Penais pela UNIDERP/REDE LFG em parceria com IPAN. Especialista em Direito Público pela PUCMINAS. Graduado em Direito pela UNESA. Graduando em Filosofia pela UFU. Pesquisador pelo CNPq. Juiz de Direito de Entrância Especial do TJMG

BRUNA DE AZEVEDO DE CASTRO
Mestre e Doutoranda em Direito (FADISP).

BRUNO AUGUSTO VIGO MILANEZ
Graduado, Mestre e Doutorando em Direito pela UFPR. Professor de Direito Processual Penal e Advogado Criminal. E-mail: bruno@mfadvocacia.adv.br

BRUNO HERINGER JÚNIOR
Doutor e Mestre em Direito pela Universidade do Vale do Rio dos Sinos (UNISINOS), RS. Professor de Direito Penal e Coordenador do Curso de Especialização em Direito Penal e Processual Penal da Faculdade de Direito da Fundação Escola Superior do Ministério Público (FMP), RS.

CÂNDIDO FURTADO MAIA NETO
Procurador de Justiça – Ministério Público do Estado do Paraná. Pós Doutor em Direito. Mestre em Ciências Penais e Criminológicas. Especialista em Direito Penal e Criminologia. Expert em Direitos Humanos (Consultor Internacional das Nações Unidas – Missão MINUGUA 1995-96). Professor Pesquisador e de Pós-Graduação. Docente para Cursos Avançados de Direitos Humanos e Prática de Justiça Criminal no Estado Democrático. Secretário de Justiça e Segurança Pública do Ministério da Justiça (1989/90). Membro da Associação Nacional de Direitos Humanos (ANDHEP), do CONSINTER - Conselho Internacional de Estudos Contemporâneos em Pós-Graduação, e da Sociedade Europeia de Criminologia. Condecorado com Menção Honrosa na V edição do Prêmio Innovare (2008).

Cidadão Benemérito do Paraná (Lei nº 15.721/2007). Autor de inúmeros trabalhos jurídicos publicados no Brasil e no exterior.

CARLOS PEREIRA THOMPSON FLORES
Mestre em Ciências Criminais pela Pontifícia Universidade Católica do Rio Grande do Sul. Professor convidado do curso preparatório Verbo Jurídico. Tradutor de artigos e livros nas áreas da Criminologia e da Psicanálise. Advogado Criminalista.

EDUARDO SAAD-DINIZ
Doutor da Faculdade de Direito de Ribeirão Preto da USP.

EMÍLIA MERLINI GIULIANI
Doutoranda e Mestre em Ciências Criminais pelo Programa de Pós-Graduação em Ciências Criminais da Pontifícia Universidade Católica do Rio Grande do Sul (PUCRS).

ÉRIKA MENDES DE CARVALHO
Professora Associada de Direito Penal na Universidade Estadual de Maringá (UEM). Doutora e Pós-doutora em Direito Penal pela Universidad de Zaragoza (Espanha). Coordenadora do Núcleo de Estudos Penais (NEP) e do Núcleo de Estudos em Direito e Ambiente (NEAMBI) da Universidade Estadual de Maringá.

FÁBIO ANDRÉ GUARAGNI
Promotor de Justiça, Doutor e Mestre em Direito das Relações Sociais (UFPR), com pós-doutoramento junto à Università degli Studi di Milano. Professor de Direito Penal Econômico do Programa de Mestrado em Direito do UNICURITIBA, da Escola do Ministério Público do Paraná (FEMPAR) e da Escola da Magistratura do Paraná (ESMAE), CERS e LFG-Anhanguera (Pos-graduações).

FÁBIO GUEDES DE PAULA MACHADO
Doutor em Direito Penal pela USP, com estágio pós-doutoral pela Universidad de Barcelona. É Professor Associado 3 de Direito Penal da Faculdade de Direito da Universidade Federal de Uberlândia e é Promotor de Justiça em Uberlândia – MG.

FABIO ROBERTO D'AVILA
Professor Titular da Faculdade de Direito e do Programa de Pós-Graduação em Ciências Criminais da Pontifícia Universidade Católica do Rio Grande do Sul (PUCRS), Advogado Criminal.

FELIPE EDUARDO HIDEO HAYASHI
Graduado em Direito pela Universidade Federal de Santa Catarina. Especialista em Ciências Criminais e Processo. Mestre em Direito Econômico e Socioambiental pela PUC/PR. Professor de Pós-Graduação da FAE Business School. Palestrante convidado do Programa Nacional de Capacitação e Treinamento para o Combate à Corrupção e à Lavagem de Dinheiro do Ministério da Justiça. Colaborador das ações da ENCCLA/MJ. Delegado de Polícia Federal. Chefe da Delegacia de Repressão a Crimes Financeiros e Desvios de Recursos Públicos no Paraná.

FELIPE MACHADO CALDEIRA
Advogado. Pós-Doutor pela Universidade de Oslo (Noruega). Professor de pós-graduação da FGV Direito-Rio e da PUC-Rio.

FERNANDO ANTÔNIO C. ALVES DE SOUZA
Advogado e Professor da UNINASSAU - Recife/PE. Especialista em Ciências Criminais pela UFPE; Especialista em Docência do Ensino Superior pela Faculdade Maurício de Nassau/ Recife - PE; Mestrando em História das Ideias Penais – FADIC – Faculdade Damas da Instrução Cristã; Coordenador do Núcleo de Direito Penal da Escola Superior da Advocacia – Professor Ruy Antunes OAB/PE.

FRANCISCO ZARDO
Mestre em Direito do Estado pela Universidade Federal do Paraná. Especialista em Direito Administrativo pelo Instituto de Direito Romeu Felipe Bacellar. Professor de Direito Administrativo em cursos de Pós-Graduação. Advogado

GUSTAVO BRITTA SCANDELARI
Mestre em Direito pela Universidade Federal do Paraná. Professor de Direito Penal na Graduação do UNICURITIBA e na Pós-Graduação em Direito e Processo Penal da ABDCONST. Membro do Grupo de Pesquisas Modernas Tendências do Sistema Criminal. Advogado. Membro da Associação Internacional de Direito Penal (AIDP).

JOÃO GUALBERTO GARCEZ RAMOS
Doutor em Direito das Relações Sociais, Professor Adjunto de Direito Processual Penal da Universidade Federal do Paraná, Procurador da República no Estado do Paraná.

JOÃO LUIZ DE CARVALHO BOTEGA
Mestrando em Ciência Jurídica na Universidade do Vale do Itajaí – UNIVALI. Especialista em direito penal e criminologia pelo Instituto de Criminologia e Política Criminal – ICPC/ UP (2010). Promotor de Justiça no Ministério Público do Estado de Santa Catarina.

JOSÉ CARLOS CAL GARCIA
Mestre em Direito Constitucional pela UFPR, Advogado.

JOSÉ ROBERTO WANDERLEY DE CASTRO
Graduado em Direito pela Universidade Católica de Pernambuco (2000). Mestre em Ciências da Religião pela Universidade Católica de Pernambuco (2007). É Doutorando em Direito Penal (Teoria da Antijuricidade e Retórica da Proteção Penal) pela Universidade Federal de Pernambuco. Professor do Centro Universitário Maurício de Nassau e professor da Escola de Advocacia Ruy Antunes da OAB/PE. Membro do Grupo de em Modernas Tendências do Sistema Criminal – FAE. Advogado militante na área de Direito Criminal.

LEONARDO HENRIQUES DA SILVA
Advogado criminalista em São Paulo e professor dos cursos de graduação em Direito das Faculdades Metropolitanas Unidas (FMU) e da Universidade Paulista (UNIP). Bacharel em Direito, com habilitação em Direito Penal e Criminologia, Mestre e Doutorando em Direito Penal pela Universidade de São Paulo. Especialista em Direito Penal e em Direito Público pela Escola Superior do Ministério Público de São Paulo. Pós-graduado em Direito Penal Econômico e em Direitos Fundamentais pela Universidade de Coimbra. Membro do Grupo Brasileiro da Associação Internacional de Direito Penal (AIDP). Associado ao Instituto Brasileiro de Ciências Criminais.

LUÍS GRECO
Professor Titular de Direito Penal, Processo Penal e Direito Penal econômico da Universidade de Augsburg, Alemanha.

LUIZ REGIS PRADO
Professor Titular de Direito Penal (UEM/FADISP)

LUIZA BORGES TERRA
Advogada. Doutoranda em Direito Penal Econômico pela Universidad Pablo de Olavide (Espanha). Mestre em Criminología y Ciencias Forenses pela Universidad Pablo de Olavide. Professora de Direito Penal da UniFil - Centro Universitário Filadélfia.

MARCO ANTONIO RODRIGUES NAHUM
Desembargador aposentado do Tribunal de Justiça do Estado de São Paulo. Ex-Presidente do IBCCRIM – biênio 2003/2004. Advogado homenageado, em Sessão Solene da Câmara dos Deputados Federais, assim como pela Câmara Municipal de São Paulo, juntamente com René Ariel Dotti e outros, pela "atuação nas Auditorias Militares, no Superior Tribunal Militar e Supremo Tribunal Federal, em defesa dos presos políticos nas décadas de 60 e 70".

MARCO AURÉLIO MELLO
Ministro do Supremo Tribunal Federal. Presidente do Supremo Tribunal Federal (maio de 2001 a maio de 2003) e do Tribunal Superior Eleitoral (maio de 1996 a junho de 1997, maio de 2006 a maio de 2008 e a partir de novembro de 2013). Presidente do Supremo Tribunal Federal no exercício do cargo da Presidência da República do Brasil de maio a setembro de 2002, em quatro períodos intercalados.

MÁRIO LUIZ RAMIDOFF
Promotor de Justiça no Ministério Público do Estado do Paraná; Mestre (PPGD-UFSC) e Doutor em Direito (PPGD-UFPR); Professor Universitário (UniCuritiba e UnInter).

MARION BACH
Mestre em Direito do Estado pela Universidade Federal do Paraná. Especialista em Direito Penal e Processual Penal pelo Centro Universitário Curitiba (UNICURITIBA). Advogada Criminal e Professora na graduação e na pós-graduação do Centro Universitário Curitiba (UNICURITIBA) e da UNIFAE.

MATHEUS ALMEIDA CAETANO
Doutorando em Ciências Jurídico-Criminais pela Faculdade de Direito da Universidade de Coimbra. Mestre em Direito, Estado e Sociedade pela Universidade Federal de Santa Catarina. Especialista em Direito Penal Econômico e Europeu pela Universidade de Coimbra. Especialista em Ciências Penais pela Universidade do Sul de Santa Catarina. Pesquisador-visitante junto ao *Strafrechtliches Institut der Rheinische Friedrich-Wilhelms Universität Bonn*. Membro dos Grupos de Pesquisa *Direito Penal Contemporâneo e Teoria do Crime. Fundamento, função e estruturação do direito penal normativo na sociedade contemporânea* (Pontifícia Universidade Católica do Rio Grande do Sul) e *Modernas Tendências do Sistema Criminal* (Centro Universitário Franciscano), ambos cadastrados no Conselho Nacional de Desenvolvimento Científico e Tecnológico. Bolsista do *Programa de Doutoramento Pleno no Exterior* pela Coordenação de Aperfeiçoamento de Pessoal de Nível Superior (CAPES), Processo n.° 1181-2012-2.

NEY FAYET JÚNIOR
Pós-Doutor em Criminologia pela Universitat Pompeo Fabra (Barcelona) e Doutor em Direito Público pela Universidade do Vale do Rio dos Sinos. Pós-doutorando em História na Universidade Federal do Rio Grande do Sul. Professor de Direito Penal e Criminologia (graduação, mestrado e doutorado) na Pontifícia Universidade Católica do Rio Grande do Sul.

PAULO CÉSAR BUSATO
Professor de Direito penal da Universidade Federal do Paraná e da FAE-Centro Universitário Franciscano, Procurador de Justiça e Doutor em Direito penal pela Universidad Pablo de Olavide, de Sevilha, Espanha.

PEDRO LUCIANO EVANGELISTA FERREIRA
Advogado, Mestre em Criminologia e Direito Penal pela Universidade Candido Mendes (UCAM/RJ), professor do Curso Luiz Carlos, Escola da Magistratura do Paraná, Aprova Concursos e da Faculdade de Ensino Superior do Paraná.

PRISCILLA PLACHA SÁ - Especialista em Direito Processual Penal e Mestre em Direito e Econômico e Social pela PUCPR. Doutora em Direito do Estado pela UFPR. Professora Adjunta de Direito Penal na PUCPR e na UFPR. Professora do Programa de Mestrado em Direitos Humanos e Políticas Públicas da PUCPR. Vice-Chefe do Departamento de Direito Penal e Processual Penal da UFPR. Advogada. Presidente da Comissão de Defesa das Prerrogativas Profissionais da OAB/PR (2016-2018).

RAFAELA ALBAN
Advogada criminalista e professora de Direito Penal, Direito Processual Penal e Prática Jurídica Penal em cursos de graduação e pós-graduação. Graduada em Direito pela Universidade Salvador (UNIFACS), Especialização em Ciências Criminais pela Universidade Federal da Bahia (UFBA), Especialização em Direito Penal Econômico pelo Instituto Brasileiro de Ciências Criminais (IBCCRIM) e Instituto de Direito Penal Econômico e Europeu da Universidade de Coimbra (IDPEE). Mestre em Direito Público, na linha de pesquisa de Direito Penal, pela Universidade Federal da Bahia (UFBA). Aperfeiçoamento em Ciências Criminais e Dogmática Penal Alemã pela Georg-August Universität Göttingen e Aperfeiçoamento em Direito Penal Italiano pela Università degli Studi di Roma Tor Vergata.

RENATO DE MELLO JORGE SILVEIRA
Professor Titular da Faculdade de Direito da Universidade de São Paulo. Vice-Diretor da Faculdade de Direito da Universidade de São Paulo. Diretor da Escola Paulista da Advocacia do Instituto dos Advogados de São Paulo. Conselheiro do Instituto dos Advogados de São Paulo. Advogado.

RODRIGO RÉGNIER CHEMIM GUIMARÃES
Procurador de Justiça no Ministério Público do Paraná. Professor de Direito Processual Penal do Unicuritiba – Centro Universitário Curitiba; da FAE – Centro Universitário Franciscano; da FEMPAR – Fundação Escola da Magistratura do Paraná; da EMAP – Escola da Magistratura do Paraná; da ESMAFE – Escola da Magistratura Federal no Paraná. Professor e Coordenador do Curso de Pós-graduação em Direito Penal e Processual Penal do Unicuritiba. Mestre em Direito das Relações Sociais e Doutor em Direito de Estado pela UFPR.

RODRIGO SÁNCHEZ RIOS
Doutor em Direito Penal pela *Università degli Studi de Roma Tre- La Sapienza*. Professor da Graduação e Pós Graduação da PUCPR. Advogado Criminalista.

VICTOR CEZAR RODRIGUES DA SILVA COSTA
Mestrando em Direito Penal pela Universidade Federal de Minas Gerais (Orientado pela Professora Doutora Sheila Selim de Sales). Bacharel em Direito pela PUCPR. Advogado criminalista.

VÍCTOR GABRIEL RODRÍGUEZ
Professor Doutor (livre-docente) da Faculdade de Direito de Ribeirão Preto da USP.

SUMÁRIO

2. TÉCNICA E DOGMAS

3. PROCESSO PENAL, PENA E SISTEMA PENITENCIÁRIO

4. MODERNIDADE E DIREITO PENAL

1

LIBERDADES

O DIREITO FUNDAMENTAL À IGUALDADE JUSTA NO PROCESSO PENAL

Alexandre Knopfholz

RESUMO: O resgate dos direitos fundamentais e sua consagração constitucional permitiram a sua efetividade e irradiação a todo o ordenamento jurídico e à estrutura estatal de um modo geral, tornando-os essenciais à democracia e ao Estado de Direito. No âmbito processual, percebe-se a força invasora da Constituição com a inserção de inúmeros princípios, direitos e garantias na Carta Magna. Tal se mostra especialmente importante no processo penal brasileiro, que se apresenta peculiar diante do autoritarismo das normas do Código de Processo Penal, elaborado na época do Estado-Novo de Getúlio Vargas e embebido na legislação fascista italiana. É necessário, pois, fazer valer os princípios constitucionais – inclusive da igualdade, em seus aspectos formal e material – no direito processual penal pátrio. A aplicação do princípio da igualdade sob o enfoque do processo deve ser analisada não apenas formalmente (igualdade ou isonomia processual), mas também sob o prisma material (paridade de armas), que justifica o tratamento desigual em favor da defesa em determinados casos diante de sua condição fragilizada na relação processual.

PALAVRAS-CHAVE: Direitos fundamentais – Processo Penal Constitucional – Igualdade processual – Paridade de armas.

TITLE: The Fundamental Right to Fair Equality in the Criminal Procedure.

ABSTRACT: The rescue of fundamental rights and their constitutional consecration has allowed their effectiveness and irradiation to the entire legal system, making them essential to democracy and to the rule of law. Under procedural law, the invading force of the Constitution with the insertion of numerous principles, rights and guarantees is a reality. Such appears especially important in Brazilian criminal procedure, presenting peculiar characteristics on behalf of the authoritarianism of the standards of the code of criminal procedure, drafted at the time of the New State of Getúlio Vargas and soaked in the Fascist Italian laws. It is necessary therefore to enforce constitutional principles – including equality, in its formal and material aspects – in criminal procedural Brazilian law. The application of the principle of equality under the focus of the process must be analyzed not only formally (equality or equality proceedings), but also under the material concept (weapons parity), which justifies the different treatment in favour of defence in certain cases before its weakened condition in comparison with the public prosecution.

KEY WORDS: Fundamental rights – Constitutional Criminal procedure – Procedure equality – Weapons parity.

1. A TÍTULO DE DEPOIMENTO PESSOAL

"Aqui no Escritório, nós trabalhamos de terno, sabe? A nossa profissão exige algumas formalidades." O ano era 2000. Foi assim que o Prof. René se despediu após entrevista de estágio. Essa foi a forma elegante e sutil de chamar a atenção do jovem que estava de calça jeans e camisa. Foi o meu primeiro encontro com ele. Como o quadro de estagiários estava completo, contratou-me como "auxiliar jurídico" pessoal. Com Carteira assinada e tudo. Eram horas e horas de pesquisas em Revistas dos Tribunais, Repositórios de Jurisprudência e *sites* de tribunais, que ainda engatinhavam em seus campos de busca. Com a humildade que lhe é característica, o Professor permitia ouvir de um acadêmico – que sequer havia aprendido o Processo Penal nos bancos universitários – suas impressões das causas. Logo ele! O Professor René Dotti (!), no alto de sua experiência e status profissional, escutava, pacientemente, as palavras do adolescente vestindo seus primeiros ternos. Ali, aprendi a primeira lição com o Prof. René: a *humildade.*

Um ano se passou. Tornei-me estagiário do Escritório. Passei a conviver com as causas mais de perto. Da teoria à prática. E, verificando o entra e sai de clientes por ele atendidos, notei tratar-se de clientela bastante eclética: eram empresários, políticos, advogados, e pessoas de alto poder aquisitivo, em busca do melhor profissional da área. Mas eram, também, e na mesma proporção, desempregados, cidadãos simples, vendedores de rua e pobres, na acepção mais objetiva da palavra. Não cobrava para o atendimento destes. E cuidava de seus casos com o mesmo zelo e dedicação com que atuava em casos de senadores e governadores. Não raro, as diligências que pedia com mais urgência eram para essa última classe de clientes. Ali, aprendi a segunda lição com o Prof. René: a *humanidade.*

Formei-me em 2002. Continuei no Escritório, para êxtase pessoal e familiar. Passei a fazer, formalmente, parte do quadro profissional da renomada banca de advocacia. Passei a ter contato ainda mais próximo com o Prof. René. O aprendizado era diário. As reuniões de pauta, que religiosamente preenchiam (e ainda preenchem) o início de nossas manhãs, eram verdadeiras aulas. Aulas de técnica. A precisão cirúrgica das teses escolhidas; o zelo na elaboração das peças processuais; o cuidado na preparação de cada sustentação oral. A experiência – muitas vezes sobrenatural – na condução das causas. Mas, eram, também, aulas de ética e respeito. Com o cliente, com a parte contrária e com o Magistrado. Até hoje fico em pé quando o Juiz adentra à sala de audiências. Mesura determinada por um *gentleman* a todos os profissionais de seu Escritório. Ali, aprendi a terceira lição com o Prof. René: o trinômio *técnica, ética* e *respeito.*

Nos anos seguintes, o Escritório cresceu. Cresci também. Galguei posições. Junto com o Prof. René, vibrei nas vitórias, chorei nas derrotas. Sim, o vi chorar. Não apenas quando se lembrava de seus falecidos pais, mas também quando lembrava das injustiças que vivenciou em sua carreira. Mas também o vi sorrir. Com cada conquista pessoal dos advogados e funcionários que com ele trabalham. Da copeira ao sócio. Com as conquistas dos clientes e amigos. Com a sua nova condição de avô. Tive, ali, mais um aprendizado: a *sensibilidade* de alguém que, acima de tudo, é humano.

Casei. Antes de casar, o Professor René chamou-me em sua sala. Disse que era uma decisão correta. Que de nada adianta a vida sem a família. E que, dentre os segredos de um casamento de sucesso estavam o envio rotineiro de flores e a concordância em tudo que a esposa fala, mesmo estando errada. Estou seguindo os seus conselhos. Está dando certo. Tive filhos. O Professor acompanha tudo de perto. Dá-me conselhos de educação. Troca ideias com o meu pai, ex-aluno e cliente. Sei que algumas vezes o assunto sou eu. Ganhei um segundo pai. Na acepção mais pura da palavra.

Tornei-me professor. Novos conselhos. Falamos de cultura. Conversamos sobre arte, cinema, música e religião. Ele espírita; eu, judeu. E encontramos várias semelhanças nas diferenças e várias diferenças nas semelhanças. Falamos de política, economia e educação. Falamos, até, de direito.

Aquele adolescente de calça jeans cresceu. Tem até cabelos brancos (poucos, é verdade). Com ele, cresceu a admiração e o respeito ao jurista técnico e ético mas, acima de tudo, à pessoa *humilde, sensível* e *humana* que é René Dotti.

2. Introdução

O presente artigo tem por objetivo analisar a aplicação do princípio da igualdade no processo penal brasileiro. Diante da consagração dos direitos fundamentais e da constitucionalização do processo, urge a análise da igualdade no âmbito do direito processual penal pátrio, o qual se apresenta, ainda, extremamente autoritário e inquisitivo. Para tanto, resgata-se o princípio constitucional da igualdade em seu duplo aspecto – formal e material – para, em seguida, problematiza-lo e adequá-lo às necessidades do processo penal.

3. Algumas notas sobre os direitos fundamentais

Durante muito tempo, o estudo dos direitos fundamentais restou esquecido diante da busca de uma ciência jurídica pura, lógica e avalorativa. Com efeito, a essência do pensamento positivista consistiu na procura por um paradigma da "verdadeira ciência", isto é, de um conhecimento *purificado,* que limitava as reflexões filosóficas e metafísicas, bem como os valores sociais.

De fato, como adverte SUANNES,[1] "Falar sobre direitos fundamentais do ser humano era, até pouco tempo, como que blasfemar". Porém, a nova

1 SUANNES, Adauto. **Os fundamentos éticos do devido processo penal.** 2ª ed. São Paulo: Editora Revista dos Tribunais, 2004, p. 70.

realidade jurídico-social alterou este panorama, diante do resgate de valores, direitos e garantias que, antes esquecidos e de base puramente jusnaturalista, passaram a ser positivados e encontraram morada na constitucionalização operada pelos Estados Democráticos de Direito.

Assim, não obstante ser possível o estudo dos direitos fundamentais sem uma abordagem constitucional, tal se mostra desaconselhável, diante da íntima ligação entre a Constituição e tais direitos[2]. Se é certo que as suas raízes históricas remontam à Antiguidade, igualmente correto que referidos direitos só assumem posição de destaque com o advento do Estado moderno e das Constituições.[3] É insuscetível de dúvidas, pois, que "*Los derechos fundamentales son un producto de las revoluciones burguesas de finales del siglo XVIII y pertenecen al programa del moderno Estado Constitucional, del cual proceden.*"[4]

Neste panorama, não mais se discute sua existência e importância.[5] Os direitos fundamentais existem, têm força vinculante e são ao mesmo tempo o *porto seguro* das sociedades contemporâneas e a *diretriz* que deve nortear sua atuação. Em um primeiro momento, sua essência é de garantia individual contra o gigantismo estatal; ou seja, fala-se em direitos de defesa dos particulares e deveres de abstenção do Estado[6]. Com o advento do chamado Estado Social, surgem os chamados direitos à prestação, isto é, a passividade estatal dá lugar a ações concretas buscando a efetivação dos direitos fundamentais. Finalmente, fala-se dos direitos fundamentais de *terceira dimensão*, os quais abarcam os direitos a paz, solidariedade, fraternidade e segurança mundiais, bem como o desenvolvimento dos povos, a proteção ao meio ambiente e a conservação do patrimônio comum da Humanidade.

---

2 BERTONCINI, Mateus Eduardo Siqueira Nunes. Direitos Fundamentais, Constituição e Reforma Constitucional. **Revista Jurídica – Faculdades Integradas Curitiba.** Curitiba, edição especial 13, 2000, p. 51.

3 BIAGI, Cláudia Perotto. **A garantia do conteúdo essencial dos direitos fundamentais na jurisprudência constitucional brasileira.** Porto Alegre: Sérgio Antonio Fabris, 2005, p. 18.

4 GRIMM, Dieter. **Constitucionalismo y derechos fundamentales.** Madrid: Editorial Trotta, 2006, p. 77.

5 Citando Bobbio, Suannes assevera que atualmente o problema principal em relação aos direitos fundamentais do homem não é mais, como foi no passado, o de se encontrarem argumentos para justificar sua realidade, mas o de buscar meios para protegê-los, pois tal assunto já adquiriu o status de verdade sabida e inquestionável. SUANNES, 2004, p. 77.

6 Na lição de Bernard Edelman, "a antropologia que sustenta a tradição dos direitos do homem é uma *antropologia guerreira;* tudo se passa como se esse homem vivesse em um mundo perigoso e que lhe fosse necessário, para se proteger, estar envolvido por uma barreira protetora." EDELMAN, Bernard. Universalidade e direitos do Homem. *In.*: DELMAS-MARTY, Mireille [org.]. **Processo penal e direitos do homem**: rumo à consciência européia. Barueri, SP: Manole, 2004, p. 124.

De forma geral, pode-se afirmar, portanto, que os direitos fundamentais são os direitos humanos constitucionalizados.[7] Com efeito, de um ponto de vista histórico, os direitos fundamentais são, originalmente, direitos humanos. Contudo, para fins epistemológicos, fala-se de direitos fundamentais como aquelas manifestações positivas do Direito, com aptidão para a produção de efeitos no plano jurídico, ao passo que os direitos humanos voltam-se a uma dimensão suprapositiva.[8]

Sugerindo a expressão "*direitos fundamentais do homem*", JOSÉ AFONSO DA SILVA[9] expõe as razões jurídicas de sua escolha e conceitua tal categoria de direitos:

> Direitos fundamentais do homem constitui a expressão mais adequada a este estudo, porque, além de referir-se a princípios que resumem a concepção do mundo e informam a ideologia política de cada ordenamento jurídico, é reservada para designar, no *nível do direito positivo,* aquelas prerrogativas e instituições que ele concretiza em garantias de uma convivência digna, livre, e igual de todas as pessoas. No qualificativo *fundamentais* acha-se a indicação de que se trata de situações jurídicas sem as quais a pessoa humana não se realiza, não convive e, às vezes, nem mesmo sobrevive; fundamentais do *homem* no sentido de que a todos, por igual, devem ser, não apenas formalmente reconhecidos, mas concreta e materialmente efetivados.

Em sucinta, porém precisa definição, PEREZ LUÑO[10] informa que:

> Los derechos fundamentales constituyen la principal garantia con que cuentam los ciudadanos de un Estado de Derecho de que el sistema jurídico y político en su conjunto se orientará hacia el respeto y la promoción de la persona humana; en su estricta dimensión individual (Estado liberal de Derecho), o conjugando ésta con la exigencia de solidaridad, corolario de la componente social y colectiva de la vida humana (Estado social de Derecho).

É certo que nem todos os direitos legal ou constitucionalmente previstos são fundamentais. Para ALEXY,[11] a formação dos direitos fundamentais passa

---

7 NUNES, Anelise Coelho. **A titularidade dos direitos fundamentais na Constituição Federal de 1988.** Porto Alegre: Livraria do Advogado, 2007, p. 21.

8 GUERRA FILHO, Willis Santiago. **Processo constitucional e direitos fundamentais.** 2ª ed. São Paulo: Celso Bastos Editor, 2001, p. 37.

9 SILVA, José Afonso da. **Curso de Direito Constitucional positivo.** 17ª ed. São Paulo: Malheiros, 2000, p. 182.

10 PEREZ LUÑO, Antonio E. **Los derechos fundamentales.** Sexta edición. Madrid: Editorial Tecnos S.A., 1995, p. 20.

11 ALEXY, Robert. **Constitucionalismo discursivo.** 2ª ed. Porto Alegre: Livraria do Advogado Editora, 2008, p. 48.

uma dupla valoração. Em primeiro lugar, é necessário analisar se os interesses e carências em discussão podem e devem ser protegidos e fomentados pelo direito. Em um segundo momento, deve-se verificar se referido interesse ou carência é de tal forma fundamental que a própria necessidade de seu respeito, sua proteção ou seu fomento deixe fundamentar-se pelo direito.

Os direitos fundamentais seriam, pois, "[...] declarações da imprescindibilidade de um rol de situações jurídicas de vantagem que corresponderia a um núcleo mínimo de direitos necessários, essenciais e fundamentais para o desenvolvimento do homem."[12] Justamente em razão de sua importância, são *inalienáveis, imprescritíveis e irrenunciáveis.*[13]

Fala-se, neste ponto, da fundamentalidade destes direitos sob os aspectos formal e material. A primeira diz respeito à sua necessária constitucionalização. Canotilho[14] descreve sua importância destacando que as normas que consagram os direitos fundamentais devem ser inseridas no topo da pirâmide jurídica, dificilmente podem ser modificadas e devem servir de parâmetro para decisões, ações e controle para os órgãos legislativos, administrativos e jurisdicionais. Já a fundamentalidade material, segundo CLÁUDIA PEROTTO BIAGGI,[15] demonstra que os direitos fundamentais são essenciais para a estrutura normativa básica do Estado e da própria sociedade, caracterizando-se como o fundamento de todo o ordenamento jurídico.

Por outro lado, além da consagração dos referidos direitos, são necessárias medidas de proteção a eles: fala-se das *garantias*, verdadeiros mecanismos que permitem sua efetivação concreta e evitam o descumprimento de seus preceitos. É certo, portanto, que "[...] estabelecidos os *direitos* fundamentais do indivíduo, devem ser, igualmente, estatuídas as *garantias* a ele correspondentes, a fim de preservá-los e tutelá-los mediante atuações judiciais, tanto quanto possível rápidas, prontas e eficazes."[16]

Na Constituição Federal de 1988, a expressão "direitos e garantias fundamentais" (constante na epígrafe do Título II), é o gênero do qual são espécies os "direitos e deveres individuais e coletivos" (Capítulo I), os "direitos sociais" (Capítulo II), os "direitos à nacionalidade" (Capítulo III) e os "direitos políticos" (Capítulo IV), inserindo-se nestes os "partidos políticos" (Capítulo V).

---

12 CARVALHO, L. G. Grandinetti Castanho de. **Processo Penal e Constituição.** Princípio constitucionais do Processo Penal. Rio de Janeiro: Lumen Juris, 2009, p. 15.

13 SILVA, 2000, p. 182.

14 CANOTILHO, José Joaquim Gomes. **Direito Constitucional e teoria da Constituição.** 5.ed. Coimbra: Almedina, 2002, p. 377.

15 BIAGI, 2005, p. 21.

16 TUCCI, Rogerio Lauria. **Direitos e garantias individuais no processo penal brasileiro.** São Paulo: Editora Revista dos Tribunais, 2009, p. 51.

4. A EFETIVIDADE DOS DIREITOS FUNDAMENTAIS COMO ELEMENTO INDISPENSÁVEL À DEMOCRACIA E AO ESTADO DEMOCRÁTICO DE DIREITO

Os direitos do homem, as liberdades fundamentais, o respeito da pessoa humana e o Estado de Direito encontram-se sob o signo único da *democracia*, ou seja, de um sistema político que os realiza.[17]

É inegável a relação umbilical entre *direitos fundamentais* e *democracia*, como alicerces sólidos e intangíveis do Estado de Direito. Os direitos fundamentais constituem elemento básico para a realização do princípio democrático, pois concedem legitimidade à democracia.[18] Não há como se conceber o princípio em questão sem os direitos fundamentais, assim como é inconcebível uma Constituição de um Estado de Direito, que não garanta os direitos do homem.[19]

Com efeito, o ideal democrático é realizado, principalmente, pelo compromisso na efetivação dos direitos fundamentais, assim como pelo engajamento do povo no processo político como manifestação de sua real cidadania, que, por sua vez, é viabilizada com a promoção e realização dos mencionados direitos.[20] Aliás, no que se refere à inegável importância destes direitos, Häberle[21] já disse que "A democracia do cidadão está muito próxima da ideia que concebe a democracia a partir dos direitos fundamentais e não a partir da concepção segundo a qual o povo soberano limita-se apenas a assumir o lugar do monarca."

É oportuna a explicação de MÁDSON OTTONI ALMEIDA RODRIGUES,[22] que verifica a importância dos direitos fundamentais para a consecução dos objetivos do Estado Democrático de Direito sob um duplo enfoque:

> Os direitos fundamentais são *conditio sine qua non* do Estado constitucional democrático, uma vez que desempenham o papel de elemento operativo-constitutivo desse mesmo Estado: operativo na medida em que definem os limites da ação legítima do Estado, sendo requisito de validação substancial do exercício do poder político; constitutivo no sentido de comporem a base e o fundamento da própria existência do Estado constitucional democrático.

---

17 EDELMAN, 2004, p. 131.

18 NUNES, 2007, p. 22.

19 BERTONCINI, 2000, p. 57.

20 BIAGI, 2005, p. 24.

21 HÄBERLE, Peter. **Hermenêutica constitucional.** A sociedade aberta dos intérpretes da Constituição: contribuição para a interpretação pluralista e "procedimental" da Constituição. Porto Alegre: Sérgio Antonio Fabris, 1997, p. 38.

22 RODRIGUES, Mádson Ottoni Almeida. A prestação jurisdicional na efetivação dos direitos fundamentais. *In:* **O novo constitucionalismo da era-positivista**: homenagem a Paulo Bonavides: São Paulo: Saraiva, 2009, p. 376.

Assim, fala-se da real efetividade dos direitos fundamentais constitucionalmente previstos. Não se trata, apenas, de visualizar os ditames constitucionais como normas abstratas e genéricas. Trata-se, isto sim, de entendê-las como regras de aplicação efetiva e concreta. A normatividade constitucional constitui-se em um compromisso com a efetividade de suas normas,[23] as quais são superiores e supremas às demais, e não podem ser alteradas por vias legislativas ordinárias.[24]

A insuficiência do entendimento segundo o qual a Constituição da República abarca apenas diretrizes a serem seguidas pelos dispositivos infraconstitucionais é muito bem relatada por JORGE DE FIGUEIREDO DIAS,[25] quando assevera:

> Durante muito tempo o pensamento jurídico tendeu a ver nas normas constitucionais – máxime nas que continham garantias fundamentais – simples 'princípios pragmáticos', meras directrizes dirigidas ao legislador ordinário que este podia afeiçoar à sua vontade. [...] Hoje, porém, tende por quase toda a parte ver-se na Constituição verdadeiras normas jurídicas que, mesmo contendo uma reserva segundo a qual o direito que asseguram será mantido só 'nas condições determinadas pela lei', proíbem à lei ordinária, sob pena de inconstitucionalidade material, que contenha uma regulamentação eliminadora do núcleo essencial daquele direito.

Portanto, são concretos, e não utópicos,[26] os direitos e garantias constitucionais. A *dignidade da pessoa humana* (art. 1º, III), *a igualdade* (art. 5º, *caput)*, a *legalidade* (art. 5º, II), o *juiz natural* (art. 5º, XXXVII e LIII), o *devido processo legal* (art. 5º, LIV) o *contraditório e a ampla defesa* (art. 5º, LV), apenas para citar alguns, são princípios *reais e efetivos* a balizarem qualquer aplicação de normas infraconstitucionais, possuindo aplicação imediata, nos termos do parágrafo único do art. 5º da Constituição Federal de 1988.

---

23 KELLER, Arno Aroldo. **A exigibilidade dos direitos fundamentais sociais no estado democrático de direito.** Porto Alegre: Sergio Antonio Fabris, 2007, p. 173.

24 LEAL, Mônia Clarissa Hennig. **A Constituição como princípio: os limites da jurisdição constitucional brasileira.** Barueri: Manole, 2003, p. 97.

25 FIGUEIREDO DIAS. Jorge de. **Direito Processual Penal**. Coimbra: Coimbra Editora, 2004, p. 75.

26 Daniel Sarmento observa que "Os direitos fundamentais, que constituem, ao lado da democracia, a espinha dorsal do constitucionalismo contemporâneo, não são entidades etéreas, metafísicas, que sobrepairam ao mundo real. Pelo contrário, são realidades históricas, que resultam de lutas e batalhas travadas no tempo, em prol da afirmação da dignidade humana." SARMENTO, Daniel. Os direitos fundamentais nos paradigmas liberal, social e pós-social (Pós-Modernidade Constitucional?). *In:* SAMPAIO, José Adércio Leite. **Crise e desafios da Constituição:** perspectivas críticas da teoria e das práticas constitucionais brasileiras. Belo Horizonte: Del Rey, 2003, p. 375.

5. A TUTELA CONSTITUCIONAL DO PROCESSO

É impossível dissociar o processo dos direitos fundamentais, eis que não se trata apenas de um instrumento técnico, mas, sobretudo, ético.[27] E como um instrumento de inegável importância em um Estado Democrático de Direito, suas diretrizes foram, naturalmente, erigidas a direitos fundamentais, passando a encontrar guarida constitucional. Assim, cada vez mais, fala-se em constitucionalização do processo.[28] É certo, pois, que a Constituição é o instrumento jurídico de que deve utilizar-se o processualista para o completo entendimento do processo e de seus princípios. De fato, "O íntimo relacionamento entre processo e Estado exige a introdução cada vez maior nos textos constitucionais de princípios e regras de direito processual."[29] Segundo NELSON NERY JUNIOR,[30] o processo deve ser analisado à luz das tarefas fundamentais da Constituição – integração, organização e direção jurídica – e do caráter dirigente e diretamente aplicável dos direitos fundamentais.

Ivo Dantas, ao estabelecer a *teoria constitucional do processo* como um necessário paradigma da fase atual da humanidade, estabelece algumas de suas características, a saber: *a)* a elevação do processo ao nível constitucional visa, antes de tudo, dar efetividade ao princípio da *dignidade humana; b)* todos os seus elementos são inalcançáveis pela via do poder de reforma, sob pena de inconstitucionalidade material, uma vez que o processo é garantia constitucional; *c)* justamente em razão disso, incumbe a ele dar maior efetividade na prestação jurisdicional eficiente.[31]

Neste prisma, parte da doutrina faz distinção entre *direito constitucional processual* e *direito processual constitucional.* O primeiro seria aquele que contemplaria o estudo dos conceitos e instituições processuais consagrados na Constituição. O segundo seria relacionado aos dispositivos constitucionais destinados a assegurar a supremacia da própria Carta Magna. Em outras palavras: "Existe um direito constitucional processual para significar o conjunto das normas de direito processual que se encontra na Constituição Federal, ao

---

27 CINTRA, Antônio Carlos de Araújo; DINAMARCO, Cândido Rangel; GRINOVER, Ada Pellegrini. **Teoria Geral do Processo.** 18ª ed. São Paulo: Malheiros, 2002, p. 79.

28 A paternidade do Direito Processual Constitucional é atribuída a Hans Kelsen, por seu pioneirismo na defesa da necessidade de se fornecer às constituições as garantias processuais. GUERRA FILHO, 2001, p. 12.

29 FERNANDES, Antonio Scarance. **Processo penal constitucional.** 6ª ed. São Paulo: Editora Revista dos Tribunais, 2010, p. 22.

30 NERY JUNIOR, Nelson. **Princípios do processo na Constituição Federal:** processo civil, penal e administrativo. 10 ed. São Paulo: Editora Revista dos Tribunais, 2010, p. 38.

31 DANTAS, Ivo. A pós-modernidade como novo paradigma e a teoria constitucional do processo. *In:* **O novo constitucionalismo da era-positivista**: homenagem a Paulo Bonavides: São Paulo: Saraiva, 2009, p. 334.

lado de um direito processual constitucional, que seria a reunião dos princípios para o fim de regular a denominada jurisdição constitucional."[32]

MÁRIO LÚCIO QUINTÃO SOARES[33] critica, todavia, a classificação apontada. Segundo ele, ambos os ramos jurídicos guardam requisitos da existência ou de exercício de direitos pelos princípios e institutos da instituição constitucional do processo, devendo ser englobados na nomenclatura *processo constitucional* ou *direito processual constitucional.* Este "Não se trata de um ramo autônomo do direito processual, mas de uma colocação científica, de um ponto de vista metodológico e sistemático, do qual se examina o processo em suas relações com a Constituição."[34]

Seriam, então, temas típicos ao direito processual constitucional, a organização da estrutura judicial, com a distribuição da competência entre os diversos órgãos da jurisdição; os princípios gerais do processo consagrados na Constituição, tais como o do contraditório, do devido processo legal etc., e as ações previstas na Lei Maior com o fim de resguardar a integridade e implementar o próprio ordenamento constitucional.[35]

Fala-se, assim, de uma dúplice configuração: *a) direito ao processo* (ou direito de ação e de defesa); e *b) direitos no processo* (com as garantias do devido processo legal).[36] Para o presente estudo, importam estes últimos, e, em especial, o direito à igualdade processual no âmbito processual penal.

De fato, se é certo que todo o processo deve ser constitucionalizado, com muito mais razão o processo penal. É cediço que a Constituição determina muitos dos institutos básicos do processo.[37] Contudo, na seara processual penal o contato é ainda mais simbiótico. Com efeito, a íntima relação entre a Constituição e o processo penal decorre da constatação de que, em essência, ambas lidam com a proteção de direitos fundamentais.[38] Assim, na persecu-

---

32 NERY JUNIOR, 2010, p. 41.

33 SOARES, Mário Lúcio Quintão. Processo Constitucional, democracia e direitos fundamentais. *In.*: SAMPAIO, José Adércio Leite [org.]. **Jurisdição constitucional e direitos fundamentais.** Belo Horizonte: Del Rey, 2003, p. 407.

34 GRINOVER, Ada Pellegrini. Princípios e Garantias constitucionais. *In:* LIMA, Marcellus Polastri; SANTIAGO, Nestor Eduardo Araruna [coord.]. **A renovação processual penal após a Constituição de 1988:** Estudos em homenagem ao Professor José Barcelos de Souza. Rio de Janeiro: Lumen Juris, 2009, p. 2.

35 GUERRA FILHO, 2001, pp. 13-14.

36 GRINOVER, 2009, p. 2.

37 BARACHO, José Alfredo de. **Processo Constitucional.** Rio de Janeiro: Forense, 1984, p. 122.

38 PRADO, Geraldo. **Sistema acusatório.** A conformidade constitucional das leis processuais penais. 4ª ed. Rio de Janeiro: Lumen Juris, 2006, p. 41.

ção penal, deve-se sempre ter em conta o *telos* dos direitos fundamentais, o que PABLO LUCAS VERDU[39] chamou de "*sentimento constitucional.*"

Tal sentimento é recente no âmbito processual penal, como lembra WALTER NUNES DA SILVA JÚNIOR:[40]

> No Brasil, o resgate dessa concepção do processo penal somente se fez sentir na segunda metade dos anos 80, notadamente após a promulgação da Constituição de 1988, na medida em que os direitos fundamentais ganharam *força normativa* e *hierarquia superior* às *regras jurídicas*, passando a desempenhar *função hegemônica* em nosso sistema, e não apenas integrativa das lacunas do Direito, como era antes, circunstâncias que levam à assertiva de que seja mais apropriado falar em *teoria constitucional do processo penal* do que propriamente em teoria do processo penal.

Com efeito, o Código de Processo Penal brasileiro data de 1941, época do Estado Novo de Getúlio Vargas, e traz consigo uma carga de autoritarismo e inquisitorialidade, posto que baseado no ideário fascista italiano. A Constituição Federal de 1988, por sua vez, tem em seu bojo uma *redenção* dos direitos e garantias individuais, negados durante décadas à população brasileira. Lá, o acusado é *objeto* de uma persecução penal; aqui, fala-se em *sujeito* de direitos. Lá, o processo penal é o *aparato instrumental* para a inevitável condenação, uma espécie de *via crucis* do acusado. Aqui, é um *direito* e uma *garantia* do réu de se ver julgado de forma independente, imparcial, justa e com obediência a todos os princípios processuais.

Neste sentido, FAUZI HASSAN CHOUKR[41] assevera:

> O Código de Processo Penal teria sobrevivido a todos os textos anteriores, sem embargo de sua essência, até a entrada em vigor do atual texto constitucional, fruto de um longo processo de superação (ao menos formal) da ditadura, e que culminou com a Carta de 1988, riquíssima em princípios processuais e organização judiciária e que adotou entre nós, de forma explícita, o modelo acusatório. Pode-se, então, afirmar que a situação brasileira é de marcante contradição. De um lado o texto constitucional com os valores acima mencionados; por outro lado o Código de Processo Penal, com seus resquícios inquisitivos.

Tal qual malabaristas, os operadores do direito na área criminal ainda trabalham entre um texto constitucional garantista e uma norma infracons-

39 VERDU, Pablo Lucas. **El sentimiento constitucional** (aproximacion al estudio del sentir constitucional como modo de integracion politica). Madrid: Reus S.A., 1985, p. 179.

40 JÚNIOR, Walter Nunes da. **Curso de direito processual penal:** teoria (constitucional) do processo penal. Rio de Janeiro: Renovar, 2008, p. 3.

41 CHOUKR, Fauzi Hassan. **Processo penal à luz da constituição.** Bauru: EDIPRO, 1999, p. 16.

titucional autoritária. E, infelizmente, como adverte LENIO STRECK,[42] "há um certo fascínio pelo Direito infraconstitucional, a ponto de se 'adaptar' a Constituição às leis ordinárias... Enfim, continuamos a olhar o novo com os olhos do velho".

É necessária uma análise constitucional de todo o arcabouço de regras processuais penais. A constitucionalização do processo penal é medida que se impõe urgentemente. Com efeito, "A ciência do processo penal brasileiro inicia o século XXI com pelo menos uma grande pretensão de certeza: a de que não é mais possível empreender qualquer pesquisa dogmática apartada do referencial constitucional."[43]

E, neste cenário, surge o problema da presente pesquisa: a aplicação do direito fundamental à igualdade no âmbito processual penal.

6. O DIREITO FUNDAMENTAL À IGUALDADE

O art. 5º, *caput,* da Constituição Federal, reconhece na igualdade um elemento indispensável para o bom andamento de um Estado Democrático de Direito. Aliás, dado o seu caráter suprapositivo, mesmo se não constasse da Carta Magna deveria ser respeitado.[44]

Trata-se de um direito fundamental multifacetado e de ampla abrangência. Fala-se de igualdade entre raças, gêneros, religião, classes sociais, partes em demandas judiciais, concorrentes em processos licitatórios, candidatos em concursos públicos, apenas para citar alguns exemplos.

Por outro lado, vislumbram-se diferentes formas de aplicação deste direito, que irradia em diversas ocasiões, tais como a elaboração de textos legislativos, sua interpretação, aplicação prática e controle judicial.

Com efeito,

> A igualdade aplica-se, sobretudo, em face da atuação do Executivo, mas não apenas deste. Impõe-se, igualmente, como comando dirigido ao Legislativo e, também, ao próprio Poder Judiciário, no desenrolar do processo judicial (por ocasião do tratamento a ser dispensado a cada uma das partes).[45]

---

42 STRECK, Lenio Luiz. **Jurisdição constitucional e hermenêutica: uma nova crítica do Direito.** Porto Alegre: Livraria do Advogado, 2002, pp. 30-31.

43 OLIVEIRA, Eugenio Pacelli de. **Processo e Hermenêutica na tutela penal dos direitos fundamentais.** 2ª ed. Rio de Janeiro: Lumen Juris, 2009, p. 1.

44 MENDES, Gilmar Ferreira. **Curso de Direito Constitucional.** São Paulo: Saraiva, 2007, p. 148.

45 TAVARES, André Ramos. **Curso de direito constitucional.** 6.ed. São Paulo: Saraiva, 2008, p. 553.

Trata-se, assim, de uma "regra de ouro", que serve de diretriz interpretativa para as demais normas, constitucionais ou infraconstitucionais.[46] As suas múltiplas facetas foram bem definidas por HUMBERTO ÁVILA,[47] quando afirma:

> A igualdade pode funcionar como regra, prevendo a proibição de tratamento discriminatório; como princípio, instituindo um estado igualitário como fim a ser promovido; e como postulado, estruturando a aplicação do Direito em função de elementos (critérios de diferenciação e finalidade da distinção) e da relação entre eles (congruência do critério em razão do fim).

De fato, quanto mais arraigada estiver a noção de igualdade em uma sociedade, mais justa e democrática esta será. A igualdade é um pressuposto para a uniformização do regime das liberdades individuais a favor de todos os sujeitos de um ordenamento jurídico.[48] Com acerto o imortal Pontes de Miranda[49], quando afirma que "A vitória de ideias de igualdade indica, só por si, que a sociedade está a crescer e a progredir." De fato, "[...] a simpatia pelas ideias de igualdade provém de evolução moral e intelectual do homem, e de sentimento ou observação do que se está passando na ordem econômica e na ordem cultural."[50]

Apesar de ser um conceito relativo, a doutrina divide a igualdade em formal e material. Fala-se no seu aspecto formal quando, constitucionalmente, garante-se que todos são iguais perante a lei, sem distinções de qualquer natureza. Diferentemente, o viés material a estuda de forma mais abrangente, conforme o consagrado aforismo de que se deve igualar os iguais e desigualar os desiguais, na medida de sua desigualdade.

Com efeito, a igualdade formal, só por si, é insuficiente. Se é certo que todos são iguais, até mesmo pela condição humana, igualmente correto que, em determinados aspectos, somos todos diferentes. Assim, "Porque existem desigualdades, é que se aspira à igualdade real ou material que busque realizar a igualização das condições desiguais [...]"[51]

---

46 BULOS, Uadi Lammêgo. **Curso de direito constitucional.** São Paulo: Saraiva, 2008, p. 422.

47 ÁVILA, Humberto. **Teoria dos princípios** – da definição à aplicação dos princípios jurídicos. 4ª ed. São Paulo: Malheiros, 2005, p. 101.

48 CANOTILHO, J.J. Gomes. **Direito constitucional e Teoria da Constituição.** 7ª ed. Coimbra: Almedina, 2003, p. 426.

49 MIRANDA, Pontes. **Democracia, liberdade, igualdade:** os três caminhos. 2.ed. São Paulo: Saraiva, 1979, p. 548.

50 MIRANDA, 1979, p. 413.

51 SILVA, 2002, p. 212.

É imperiosa, pois, a igualdade material, chamada de "igualdade justa" por Canotilho.[52] Somente ela atende às semelhanças sem desatender às diferenças.[53] De fato, "Se houver uma razão suficiente para o dever de um tratamento desigual, então, o tratamento desigual é obrigatório."[54]

É dentro deste contexto que se inserem, por exemplo, as ações afirmativas, definidas como

> "(...) um conjunto de políticas públicas e privadas de caráter compulsório, facultativo ou voluntário, concebidas com vistas ao combate à discriminação racial, de gênero e de origem nacional, bem como para corrigir os efeitos presentes da discriminação praticada no passado, tendo por objetivo a concretização do ideal de efetiva igualdade de acesso a bens fundamentais como educação e emprego.[55]

São as chamadas "discriminações positivas", tais quais as políticas de cotas para negros em universidades, para deficientes físicos e mentais nas empresas, dentre outras.

Verifica-se, assim, que a igualdade material pressupõe uma desigualdade fática que deve ser corrigida ou minorada. Neste sentido, "o que é vedado são as diferenciações arbitrárias, as discriminações absurdas, pois o tratamento desigual dos casos desiguais, à medida que se desigualam, é exigência do próprio conceito de Justiça [...]"[56]

Assim, é com foco na igualdade em seu duplo aspecto – formal e material – que deve ser analisada a sua aplicação nos processos de natureza criminal.

7. A IGUALDADE PROCESSUAL E A PARIDADE DE ARMAS NO PROCESSO PENAL

O direito fundamental à igualdade deve ser garantido no processo penal diante da incidência do art. 5º, *caput*, da Carta Magna.[57] A igualdade processual é um desdobramento do referido direito, e é reconhecida como a

52 CANOTILHO, 2003, p. 428.

53 MIRANDA, 1979, p. 548.

54 ALEXY, Robert. **Teoria dos direitos fundamentais.** 5ª ed. Tradução Virgílio Afonso da Silva. São Paulo: Malheiros, 2008, p. 410

55 GOMES, Joaquim B. Barbosa. **Ação Afirmativa e Princípio constitucional da igualdade** – O Direito como Instrumento de Transformação Social. A Experiência dos EUA. Rio de Janeiro: Renovar, 2001, p. 40.

56 MORAES, Alexandre de. **Constituição do Brasil interpretada e legislação constitucional.** 7ª ed. São Paulo: Atlas, 2007, p. 114.

57 COSTA, Paula Bajer Fernandes Martins da. **Igualdade no direito processual penal brasileiro.** São Paulo: Editora Revista dos Tribunais, 2001, p. 138.

medula do princípio do devido processo legal.[58] Com efeito, é natural que a regra geral da igualdade imponha a igualdade das partes em feitos criminais.[59]

Propõe-se a utilização da expressão *isonomia processual* – ou simplesmente *igualdade processual* – quando se analisa a questão sob o enfoque único e exclusivo da igualdade formal. Ela se opera com a garantia legal de que acusação e defesa terão os mesmos direitos, prazos, oportunidades e deveres na marcha do processo, evitando assim privilégios injustificados para quaisquer das partes. Trata-se, pois, da visão clássica do princípio do contraditório judicial (CF, art. 5º, LV): se é dado ao Ministério Público a possibilidade de formular perguntas às testemunhas, o mesmo direito deve ser concedido à defesa; se a esta é oportunizado o pleito de diligências complementares, o mesmo deve ocorrer com o Ministério Público, e assim por diante.

Conforme Rogério Lauria Tucc:[60]

> A isonomia processual, por sua vez, reclama que aos sujeitos parciais sejam concedidas as mesmas armas, a fim de que, paritariamente tratadas, tenham idênticas chances de reconhecimento, satisfação ou asseguração do direito que constitui o objeto material do processo.

Assim, "para a acusação e a defesa devem ser assegurados os mesmos direitos, possibilitando-lhes idênticas possibilidades de alegação, de prova de impugnação, enfim, em condições de igualdade processual."[61]

De acordo com ADOLFO ALVARADO VELLOSO:[62]

> En el campo del proceso, igualdad significa *paridad de oportunidades y de audiencia;* de tal modo, las normas que regulan la actividad de una de las partes antagónicas no pueden constituir, respecto de la outra, una situación de ventaja o de privilegio, ni el juez puede dejar de dar un tratamiento absolutamente similar a ambos contendientes.

Contudo, a igualdade no processo é mais abrangente do que isso. É reducionista a sua análise apenas sob o prisma da igualdade formal.[63] Urge,

---

58 BONFIM, Edilson Mougenot. **Curso de Processo Penal.** 4ª ed. São Paulo: Saraiva, 2009, p. 49.

59 ROSAS, Roberto. **Direito Processual Constitucional:** princípios constitucionais do processo civil. São Paulo: Editora Revista dos Tribunais, 1983, p. 21.

60 TUCCI, 2009, p. 122.

61 BEDÊ JÚNIOR, Américo. **Princípios do processo penal:** entre o garantismo e a efetividade da sanção. São Paulo: Editora Revista dos Tribunais, 2009, p. 279.

62 VELLOSO, Adolfo Alvarado. **El garantismo procesal.** Rosario: Juris, 2010, p. 27.

63 ROBERTO, Welton. **Paridade de armas no processo penal.** Belo Horizonte: Fórum, 2011, p. 96.

assim, ponderar a necessidade de aplicação da igualdade material no âmbito do direito processual penal. A inserção dessa igualdade justa no processo penal é, exatamente, a decantada *paridade de armas*. A simples igualdade processual – formal – é indiferente a um processo penal garantista; já a paridade é seu elemento essencial.[64] Com efeito, "[...] a paridade de armas é o efetivo combustível para a eclosão do justo processo no sistema acusatório de partes equilibradas."[65]

Ocorre que os personagens do processo penal são desiguais. Tal qual o confronto entre *Davi* e *Golias* é a batalha entre réu e Estado. De um lado, o Estado-acusador, um *Golias* possuidor de um aparato organizado de poder, que detém – ainda que por órgãos distintos – as funções de investigar, acusar, decidir e executar penas. De outro, um réu – *Davi* – pessoa física que se defende das investidas de um gigante. Para uma batalha justa, não é suficiente conceder aos litigantes o mesmo tipo de arma; a força do Estado irá prevalecer eis que, não obstante a identidade de instrumentos, *Golias* é visivelmente mais forte e, diferentemente da história bíblica, certamente venceria a contenda. Assim, além da igualdade nos direitos e deveres, são necessários mecanismos que busquem equilibrar essa desigualdade, com instrumentos que, em determinados casos, favoreçam a posição do réu.

Vale a referência ao escólio de EDILSON MOUGENOT BONFIM:[66]

> Com efeito, no âmbito do processo penal, no mais das vezes o litígio contraporá o particular a um órgão do Estado. As partes litigantes, portanto, serão essencialmente diferentes. Além disso, no litígio penal estará em jogo a liberdade individual do acusado, direito fundamental, o que justifica que o princípio da igualdade, no processo penal, seja mitigado de forma a favorecer, em algumas situações, a posição do acusado.

No mesmo sentido é a lição de EUGÊNIO PACELLI DE OLIVEIRA:[67]

> O devido processo penal constitucional busca, então, realizar uma Justiça Penal submetida a exigências de igualdade efetiva entre os litigantes. O processo justo deve atentar, sempre, para a desigualdade material que normalmente ocorre no curso de toda persecução penal, em que o Estado ocupa posição de proeminência, respondendo pelas funções investigatórias e acusatórias, como regra, e pela atuação de jurisdição, sobre a qual exerce o monopólio.

---

64 ROBERTO, 2011, p. 98.

65 ROBERTO, 2011, p. 100.

66 BONFIM, 2009, p. 50.

67 OLIVEIRA, Eugênio Pacelli de. **Curso de processo penal.** 8ª ed. Rio de Janeiro: Lumen Juris, 2007, p. 8.

E de ANTÔNIO SCARANCE FERNANDES:[68]

> A acusação normalmente está afeta a órgão oficial. Tem este todo o aparelhamento estatal montado para ampará-lo. O acusado tem de contar somente com as suas próprias forças e o auxílio de seu advogado. Essa situação de desvantagem justifica tratamento diferenciado no processo penal entre acusação e defesa, em favor desta, e a consagração dos princípios do *in dubio pro reo* e do *favor rei*.

Verifica-se, pois, que a *paridade de armas* pressupõe o equilíbrio de situações entre os ofícios da acusação e da defesa, numa situação de reciprocidade e não apenas de mera igualdade formal.[69] Trata-se, pois, de uma evolução do conceito de contraditório. Este, tradicionalmente, tem como objetivo garantir às partes a participação no processo; contudo, a paridade de armas vai além, para garantir uma efetiva igualdade processual: a participação deve ser na mesma intensidade e extensão.[70]

Assim, é somente a paridade de armas que iguala efetivamente a acusação e a defesa.[71] Deve-se encontrar, pois, um "ponto de equilíbrio" entre os direitos, deveres, ônus, garantias e faculdades das partes.[72] E, muitas vezes, tal ponto não se insere numa posição equidistante do Magistrado com as partes. Em determinadas situações, tal equidistância deve ser temperada, podendo haver desequiparações pela peculiaridade das partes.[73] Para garantir a efetiva paridade de armas, o juiz deve suprir as deficiências de uma parte que a coloque em posição de inferioridade em relação a outra.[74]

Neste sentido, "Nem mesmo sob o prisma de um Direito Processual que, pela própria característica de neutralidade da jurisdição, procura a solução justa e não política, é acertado tratar, pura e simplesmente, de isonomia. A igualdade política e a igualdade material interferem na igualdade jurídica."[75]

Nas palavras de PEDRO HENRIQUE DEMERCIAN:[76]

> O processo penal não se satisfaz, nessa medida, com a formal existência das partes. É importante que o magistrado mantenha o equilíbrio efetivo entre os *ofícios*

---

68 FERNANDES, 2010, p. 49

69 DEMERCIAN, Pedro H. **Curso de processo penal.** 3ª ed. Rio de Janeiro: Forense, 2005, p. 19.

70 OLIVEIRA, 2007, p. 28.

71 FERNANDES, 2010, p. 48.

72 ROBERTO, 2011, p. 97.

73 CARVALHO, 2009, 44.

74 BEDÊ JÚNIOR, 2009, p. 281

75 COSTA, 2001, p. 17-18.

76 DEMERCIAN, 2005, p. 20.

> *de acusação e defesa*, para que a persecução não se transforme num simulacro a serviço da condenação ou da absolvição. Desse conceito resulta o poder do juiz de velar pela defesa técnica, seja nomeando defensor ao acusado, seja declarando-o indefeso, com o reconhecimento de nulidade insanável (CPP, art. 564, inciso III, *l*), sem que, para tanto, tenha de abdicar da imparcialidade.

Vale a menção, ainda, a AMÉRICO BEDÊ JÚNIOR:[77]

> [...] no estágio atual de desenvolvimento da dogmática processual penal é necessário destacar que essa igualdade não pode mais ser vista tão somente no plano formal, como mera ficção jurídica, olvidando-se as desigualdades existentes no plano material, na busca de um processo justo, pois somente o equilíbrio de situações é que garante a verdadeira contraposição dialética.

E complementa:[78]

> Dessa forma, eventuais desigualdades existentes no processo penal não maculam o princípio da igualdade, da paridade de armas entre as partes; ao revés, pois ele existe justamente para preservar tal elemento, na medida em que busca igualar as desigualdades existentes no plano material.

Em suma, a afirmação de que as duas partes devem ter tratamento paritário não exclui a possibilidade de, em determinadas situações, dar-se a uma delas tratamento especial para compensar eventuais desigualdades, a fim de, justamente, resguardar a paridade de armas.[79]

Neste sentido, alguns exemplos podem ser mencionados: a existência de recurso exclusivo da defesa no processo penal (embargos infringentes e de nulidade); a possibilidade de revisão criminal apenas para beneficiar o réu (impossibilidade de revisão *pro societate*); o reconhecimento de réu indefeso e consequente anulação do processo (CPP, art. 564, III, *l*), a impossibilidade de reforma para pior em recurso exclusivo da defesa (proibição de *reformatio in pejus*), a consagração do princípio do *favor rei* ou *reformatio in mellius* (que autoriza a reforma em benefício do réu ainda que em recurso exclusivo da acusação) e, talvez o mais nítido de todos, a consagração do princípio do *in dubio pro reo*.

Percebe-se, pois, que o direito à igualdade, em seu duplo aspecto, encontra guarida igualmente no processo penal, que admite não apenas a igualdade formal (igualdade ou isonomia processual), mas também a igualdade material (paridade de armas entre as partes).

77 BEDÊ JÚNIOR, 2009, p. 281.

78 BEDÊ JÚNIOR, 2009, p. 282.

79 FERNANDES, 2010, p. 48.

8. Conclusão

É inegável a importância do direito fundamental à igualdade no processo penal. É através dele que se busca o equilíbrio entre partes visivelmente desiguais: o Estado com o seu gigantismo e o acusado com a sua fragilidade.

Assim, em um primeiro momento, não se pode ignorar a necessidade da aplicação da igualdade formal como forma de minorar essa desproporção de forças. Neste sentido, deve-se obedecer à regra geral de que todos são iguais perante a lei, garantindo-se às partes os mesmos direitos, ônus e deveres.

Contudo, a análise de tal princípio no âmbito processual penal deve ir mais além, verificando-se a possibilidade de utilização da construção teórica da igualdade material como alternativa idônea para garantir a paridade de armas entre os envolvidos na demanda criminal. Com efeito, tal qual ocorre com as ações afirmativas, por exemplo, o acusado merece especial proteção para tentar minorar a natural desigualdade de partes naturalmente existente na relação processual.

Propõe-se, em conclusão, a aplicação do referido direito fundamental em sua totalidade, isto é, tanto no seu aspecto formal (igualdade processual), quanto no seu viés material (paridade de armas). É, pois, com a conjugação da igualdade processual e da paridade de armas que o princípio da igualdade encontra sua plenitude no processo penal.

9. Referências bibliográficas

ALEXY, Robert. **Constitucionalismo discursivo.** 2ª ed. Porto Alegre: Livraria do Advogado Editora, 2008.

________. **Teoria dos direitos fundamentais.** 5ª ed. Tradução Virgílio Afonso da Silva. São Paulo: Malheiros, 2008.

ÁVILA, Humberto. **Teoria dos princípios** – da definição à aplicação dos princípios jurídicos. 4ª ed. São Paulo: Malheiros, 2005.

BARACHO, José Alfredo de. **Processo Constitucional.** Rio de Janeiro: Forense, 1984.

BEDÊ JÚNIOR, Américo. **Princípios do processo penal:** entre o garantismo e a efetividade da sanção. São Paulo: Editora Revista dos Tribunais, 2009.

BERTONCINI, Mateus Eduardo Siqueira Nunes. Direitos Fundamentais, Constituição e Reforma Constitucional. **Revista Jurídica – Faculdades Integradas Curitiba.** Curitiba, edição especial 13, 2000.

BIAGI, Cláudia Perotto. **A garantia do conteúdo essencial dos direitos fundamentais na jurisprudência constitucional brasileira.** Porto Alegre: Sérgio Antonio Fabris, 2005.

BONFIM, Edilson Mougenot. **Curso de processo penal.** 4ª ed. São Paulo: Saraiva, 2009.

BULOS, Uadi Lammêgo. **Curso de direito constitucional.** São Paulo: Saraiva, 2008.

CANOTILHO, J.J. Gomes. **Direito constitucional e Teoria da Constituição.** 7ª ed. Coimbra: Almedina, 2003.

________. **Direito Constitucional e teoria da Constituição.** 5ª ed. Coimbra: Almedina, 2002.

CARVALHO, L. G. Grandinetti Castanho de. **Processo Penal e Constituição.** Princípio constitucionais do Processo Penal. Rio de Janeiro: Lumen Juris, 2009.

CHOUKR, Fauzi Hassan. **Processo penal à luz da constituição**. Bauru: EDIPRO, 1999.

CINTRA, Antônio Carlos de Araújo; DINAMARCO, Cândido Rangel; GRINOVER, Ada Pellegrini. **Teoria Geral do Processo.** 18ª ed. São Paulo: Malheiros, 2002.

COSTA, Paula Bajer Fernandes Martins da. **Igualdade no direito processual penal brasileiro.** São Paulo: Editora Revista dos Tribunais, 2001.

DANTAS, Ivo. A pós-modernidade como novo paradigma e a teoria constitucional do processo. *In:* **O novo constitucionalismo da era-positivista**: homenagem a Paulo Bonavides: São Paulo: Saraiva, 2009.

DEMERCIAN, Pedro Henrique. **Curso de processo penal.** 3ª ed. Rio de Janeiro: Forense, 2005.

EDELMAN, Bernard. Universalidade e direitos do Homem. *In.:* DELMAS-MARTY, Mireille [org.]. **Processo penal e direitos do homem**: rumo à consciência européia. Barueri, SP: Manole, 2004.

FERNANDES, Antonio Scarance. **Processo penal constitucional.** 6ª ed. São Paulo: Editora Revista dos Tribunais, 2010.

FIGUEIREDO DIAS. Jorge de. **Direito Processual Penal**. Coimbra: Coimbra Editora, 2004.

GOMES, Joaquim B. Barbosa. **Ação Afirmativa e Princípio constitucional da igualdade** – O Direito como Instrumento de Transformação Social. A Experiência dos EUA. Rio de Janeiro: Renovar, 2001.

GRIMM, Dieter. **Constitucionalismo y derechos fundamentales.** Madrid: Editorial Trotta, 2006.

GRINOVER, Ada Pellegrini. Princípios e Garantias constitucionais. *In:* LIMA, Marcellus Polastri; SANTIAGO, Nestor Eduardo Araruna [coord.]. **A renovação processual penal após a Constituição de 1988:**

Estudos em homenagem ao Professor José Barcelos de Souza. Rio de Janeiro: Lumen Juris, 2009.

GUERRA FILHO, Willis Santiago. **Processo constitucional e direitos fundamentais.** 2ª ed. São Paulo: Celso Bastos Editor, 2001.

HÄBERLE, Peter. **Hermenêutica constitucional.** A sociedade aberta dos intérpretes da Constituição: contribuição para a interpretação pluralista e "procedimental" da Constituição. Porto Alegre: Sérgio Antonio Fabris, 1997.

JÚNIOR, Walter Nunes da. **Curso de direito processual penal:** teoria (constitucional) do processo penal. Rio de Janeiro: Renovar, 2008.

KELLER, Arno Aroldo. **A exigibilidade dos direitos fundamentais sociais no estado democrático de direito.** Porto Alegre: Sergio Antonio Fabris, 2007.

LEAL, Mônia Clarissa Hennig. **A Constituição como princípio: os limites da jurisdição constitucional brasileira.** Barueri: Manole, 2003.

MENDES, Gilmar Ferreira. **Curso de Direito Constitucional.** São Paulo: Saraiva, 2007.

MIRANDA, Pontes. **Democracia, liberdade, igualdade:** os três caminhos. 2ª ed. São Paulo: Saraiva, 1979.

MORAES, Alexandre de. **Constituição do Brasil interpretada e legislação constitucional.** 7ª ed. São Paulo: Atlas, 2007.

NERY JUNIOR, Nelson. **Princípios do processo na Constituição Federal:** processo civil, penal e administrativo. 10ª ed. São Paulo: Editora Revista dos Tribunais, 2010.

NUNES, Anelise Coelho. **A titularidade dos direitos fundamentais na Constituição Federal de 1988.** Porto Alegre: Livraria do Advogado, 2007.

OLIVEIRA, Eugênio Pacelli de. **Curso de processo penal.** 8ª ed. Rio de Janeiro: Lumen Juris, 2007.

________. **Processo e Hermenêutica na tutela penal dos direitos fundamentais.** 2ª ed. Rio de Janeiro: Lumen Juris, 2009.

PEREZ LUÑO, Antonio E. **Los derechos fundamentales.** Sexta edición. Madrid: Editorial Tecnos S.A., 1995.

PRADO, Geraldo. **Sistema acusatório.** A conformidade constitucional das leis processuais penais. 4ª ed. Rio de Janeiro: Lumen Juris, 2006.

RODRIGUES, Mádson Ottoni Almeida. A prestação jurisdicional na efetivação dos direitos fundamentais. *In:* **O novo constitucionalismo da era-positivista**: homenagem a Paulo Bonavides: São Paulo: Saraiva, 2009.

ROBERTO, Welton. **Paridade de armas no processo penal.** Belo Horizonte: Fórum, 2011.

ROSAS, Roberto. **Direito processual constitucional:** princípios constitucionais do processo civil. São Paulo: Editora Revista dos Tribunais, 1983.

SARMENTO, Daniel. Os direitos fundamentais nos paradigmas liberal, social e pós-social (Pós-Modernidade Constitucional?). *In:* SAMPAIO, José Adércio Leite. **Crise e desafios da Constituição:** perspectivas críticas da teoria e das práticas constitucionais brasileiras. Belo Horizonte: Del Rey, 2003.

SILVA, José Afonso da. **Curso de Direito Constitucional positivo.** 17ª ed. São Paulo: Malheiros, 2000.

SOARES, Mário Lúcio Quintão. Processo Constitucional, democracia e direitos fundamentais. *In.:* SAMPAIO, José Adércio Leite [org.]. **Jurisdição constitucional e direitos fundamentais.** Belo Horizonte: Del Rey, 2003.

STRECK, Lenio Luiz. **Jurisdição constitucional e hermenêutica: uma nova crítica do Direito.** Porto Alegre: Livraria do Advogado, 2002.

SUANNES, Adauto. **Os fundamentos éticos do devido processo penal.** 2ª ed. São Paulo: Editora Revista dos Tribunais, 2004.

TAVARES, André Ramos. **Curso de direito constitucional.** 6.ed. São Paulo: Saraiva, 2008.

TUCCI, Rogerio Lauria. **Direitos e garantias individuais no processo penal brasileiro.** São Paulo: Editora Revista dos Tribunais, 2009.

VELLOSO, Adolfo Alvarado. **El garantismo procesal.** Rosario: Juris, 2010.

VERDU, Pablo Lucas. **El sentimiento constitucional** (aproximacion al estudio del sentir constitucional como modo de integracion politica). Madrid: Reus S.A., 1985.

O TRIBUNAL PENAL INTERNACIONAL ENTRE INCOMPATIBILIDADES E ANTINOMIAS: OS *PRINCIPIA IURIS* DE FERRAJOLI NO DIREITO PENAL INTERNACIONAL[1]

Alexandre Salim

RESUMO: Como referencial normativista, o artigo pretende analisar possíveis incompatibilidades do Estatuto de Roma com a ordem constitucional brasileira. Em seguida, tentará demonstrar a inefetividade estrutural do Estatuto de Roma. Por fim, como referencial empirista, irá abordar os *principia iuris* de Luigi Ferrajoli em análise de caso concreto.

PALAVRAS-CHAVE: TPI. Inefetividade estrutural. Principia iuris. Garantismo penal. Ferrajoli.

TITLE: The International Criminal Court between incompatibilities and antinomies: Ferrajoli´s *principia iuris* in the international criminal law.

ABSTRACT: As normative referential, the article intends to analyze possible incompatibilities of the Rome Statute with Brazilian constitutional order. Then will try to demonstrate the structural ineffectiveness of the Rome Statute. Finally, as an empiricist referential, will address Luigi Ferrajoli´s *principia iuris* in case analysis.

KEYWORDS: ICC. Structural ineffectiveness. Principia iuris. Criminal guarantees. Ferrajoli.

1. Estatuto de Roma e referencial normativista: (in)compatibilidade com a ordem constitucional brasileira

O exame do perfil das constituições contemporâneas mostra-se indispensável à discussão dos temas relativos à integração às normas do Tribunal Penal Internacional. Compreendida a noção de constituição para além das fronteiras de mera organização estatal, longe de "Pactos, Cartas de Franquia, Contratos de Colonização, Leis Fundamentais monárquicas, Contrato Social,

---

1 O presente artigo foi adaptado a partir da tese de doutoramento do autor, intitulada "La Corte Penale Internazionale e l´espansione del paradigma garantista: il diritto penale mondiale".

Iluminismo ou Constitucionalismo Liberalista",[2] tem-se uma carta garantidora da execução dos direitos individuais e coletivos, exigindo inserções pós-positivistas consagradoras dos valores mais caros à sociedade. Não basta a obediência hierárquica das regras: o respeito à constituição advém, isto sim, da estrita observância aos referenciais axiológicos, éticos e morais presentes no texto constitucional. Como no modelo atual as constituições possuem força normativa que transpassa o clássico positivismo jurídico, a dificuldade será saber quais são exatamente os 'limites materiais' do TPI, em caso de eventual conflito com a ordem constitucional interna dos Estados-Membros.

Como nos demais ordenamentos complexos e democráticos advindos após o final da Segunda Guerra Mundial, o poder constituinte originário, no Brasil, estabeleceu certas vedações materiais[3], definindo um núcleo intangível e definidor das chamadas 'cláusulas pétreas'[4], entre as quais se encontram 'os direitos e garantias individuais'. A vedação à prisão perpétua, a proibição da extradição de nacionais, a prescritibilidade dos crimes como regra e o respeito à coisa julgada são alguns exemplos de institutos previstos na Constituição da República Federativa do Brasil como 'garantias fundamentais' e 'direitos individuais e coletivos'. No entanto, a sua admissibilidade no âmbito internacional fez com que alguns autores cogitassem acerca de uma *inconstitucionalidade intrínseca do Estatuto de Roma*, que "tem lugar quando o tratado, apesar de formalmente ter respeitado todo o procedimento constitucional de conclusão estabelecido pelo Direito interno, contém normas violadoras de dispositivos constitucionais".[5]

A Constituição Federal proíbe a cominação de **prisão perpétua** aos condenados por atos criminosos praticados no território nacional, vedação que, como referido, encontra-se expressa no rol de direitos e garantias fundamentais considerados 'cláusulas pétreas' (art. 5º, XLVII, *b*). O Estatuto de Roma, por outro lado, admite o ergástulo "se o elevado grau de ilicitude do fato e as condições pessoais do condenado o justificarem" (art. 77, 1, *b*). Como se observa, a 'pena de morte' não consta do rol de sanções aplicáveis pelo Estatuto. Esta exclusão, no entanto, não foi aceita com facilidade por alguns Estados-

2 FERREIRA FILHO, Manoel Gonçalves. *Curso de Direito Constitucional*. 27ª ed. São Paulo: Saraiva, 2001, p. 4-8.

3 A rigidez da Constituição Federal vem disposta no art. 60 que, no seu § 2º, estabelece um *quorum* de votação de 3/5 dos membros de cada Casa Legislativa, em dois turnos de votação, para aprovação de emendas constitucionais.

4 Art. 60, § 4º, da CF: "Não será objeto de deliberação a proposta de emenda tendente a abolir: I – a forma federativa de Estado; II – o voto direto, secreto, universal e periódico; III – a separação dos Poderes; IV – os direitos e garantias individuais".

5 MAZZUOLI, Valerio de Oliveira. *Curso de Direito Internacional Público*. 4ª ed. São Paulo: Revista dos Tribunais, 2010, p. 865.

Partes, em especial por aqueles cujas leis nacionais preveem a aplicação dessa pena capital. Ruanda, Arábia Saudita, Serra Leoa, Cingapura e alguns países caribenhos, como Trindade e Tobago, argumentavam que seria inaceitável que 'criminosos internacionais' tivessem tratamento mais brando pelo TPI do que teriam na sua jurisdição interna, além do que, dada a gravidade dos crimes de competência da Corte Internacional, somente a pena de morte poderia fazer-lhes frente.[6] De outro lado, diversos Estados, inclusive os Estados Unidos (que admitem a pena capital na sua legislação interna), opuseram-se à sua inclusão no Estatuto, o que acabou por prevalecer. Como refere TIVERON[7], a aceitação da pena de prisão perpétua foi o único consenso possível entre as delegações cujas divergências não eram simplesmente técnicas, refletindo profundas diferenças de valores básicos. Ao fim, a pena de prisão perpétua foi aceita com temperamentos, procurando amenizar a sua incompatibilidade com a constituição de alguns países, tendo ficado acordado que somente poderia ser imposta se justificada pela extrema gravidade do delito, e que haveria uma obrigatória revisão da sentença, após vinte e cinco anos, ocasião em que a Corte avaliaria se a pena deveria, ou não, ser reduzida.[8]

A doutrina, de forma majoritária, vem entendendo que a submissão do Brasil ao Estatuto de Roma não acarretaria a inconstitucionalidade da Emenda Constitucional nº 45,[9] argumentando que os limites constitucionais pátrios se voltam para o direito interno, e não para a ordem internacional.

---

6 MAIA, Marielle. *Tribunal penal internacional: aspectos institucionais, jurisdição e princípio da complementaridade*. Belo Horizonte: Del Rey, 2001, p. 72.

7 TIVERON, Raquel. *Aspectos históricos, jurídicos, filosóficos e políticos do tribunal penal internacional e seu impacto no ordenamento jurídico brasileiro*. Dissertação de Mestrado apresentada perante o Centro de Ensino Universitário de Brasília (UniCEUB), Brasília, 2005. Disponível em: <http://www.uniceub.br/ pdf/RaquelTiveron-DissertacaoFinal.pdf>, acessado em 28 de setembro de 2011.

8 Estatuto de Roma, art. 110: "3. Quando a pessoa já tiver cumprido dois terços da pena, ou 25 anos de prisão em caso de pena de prisão perpétua, o Tribunal reexaminará a pena para determinar se caberá a sua redução. Tal reexame só será efetuado depois de transcorrido o período acima referido. 4. No reexame a que se refere o parágrafo 3°, o Tribunal poderá reduzir a pena se constatar que se verificam uma ou várias das condições seguintes: a) A pessoa tiver manifestado, desde o início e de forma contínua, a sua vontade em cooperar com o Tribunal no inquérito e no procedimento; b) A pessoa tiver, voluntariamente, facilitado a execução das decisões e despachos do Tribunal em outros casos, nomeadamente ajudando-o a localizar bens sobre os quais recaíam decisões de perda, de multa ou de reparação que poderão ser usados em benefício das vítimas; ou c) Outros fatores que conduzam a uma clara e significativa alteração das circunstâncias suficiente para justificar a redução da pena, conforme previsto no Regulamento Processual".

9 Art. 5º, § 4º, da CF, incluído pela EC 45/2004: "O Brasil se submete à jurisdição de Tribunal Penal Internacional a cuja criação tenha manifestado adesão".

SYLVIA STEINER, juíza brasileira atualmente em atuação no Tribunal Penal Internacional, refere:

> "O Tribunal Penal Internacional cuida de crimes diversos dos previstos nas Leis Penais ordinárias, e de danosidade que transcende o território nacional. Assim, a vedação constitucional não poderia se estender para o tipo de crime submetido à jurisdição da Corte. Ademais, se a própria Constituição prevê como princípio da República reger-se o País, nas suas relações internacionais, pela prevalência dos direitos fundamentais, é certo que nas suas relações com a comunidade internacional não poderia contrapor normas que dizem exclusivamente com a disciplina de suas instituições internas".[10]

Para Bahia,[11] o conflito é apenas 'aparente', já que, se a Constituição da República possibilita a punição mais grave (pena de morte em caso de guerra declarada pelo Presidente da República – art. 5º, XLVII, *a*), não haveria razão para afastar a menos grave (prisão perpétua). Ademais, argumenta-se que o Supremo Tribunal Federal desaprovaria "a extensão transnacional da proibição da pena perpétua de prisão, entendendo que tal extensão sem apoio em tratado ou lei não pode ser aplicada".[12] São citados, inclusive, casos em que a Suprema Corte brasileira não teria impedido a extradição passiva nas situações em que o extraditando viesse a sofrer, no Estado requerente, a pena de prisão perpétua.[13] Ocorre que o atual entendimento do STF é outro, como pode ser verificado no voto do Ministro CELSO DE MELO na Extradição 855, julgada em 26/08/2004:

> "A extradição somente será deferida pelo Supremo Tribunal Federal, tratando-se de fatos delituosos puníveis com prisão perpétua, se o Estado requerente assumir, formalmente, quanto a ela, perante o Governo brasileiro, o compromisso de comutá-la em pena não superior à duração máxima admitida na lei penal do Brasil (CP, art. 75), eis que os pedidos extradicionais – considerado o que dispõe

---

10 STEINER, Sylvia H. F. *O Tribunal Penal Internacional, a pena de prisão perpétua e a Constituição Brasileira*. O que é Tribunal Penal Internacional – Brasília: Câmara dos Deputados, coordenação de publicações, 2000. Série Ação Parlamentar, nº 110, p. 37.

11 BAHIA, Saulo José Casali. *O Tribunal Penal Internacional e a Constituição Brasileira*. Revista dos Mestrandos em Direito Econômico da UFBA, Salvador, v. 10, 2002, p. 45-50.

12 Nesse sentido: RAMOS, André de Carvalho. *O Estatuto do Tribunal Penal Internacional e a Constituição Brasileira*. In: "Tribunal Penal Internacional". CHOUKR, Fauzi Hassan; AMBOS, Kai (orgs.). São Paulo: RT, 2000, p. 274.

13 Exemplo: *caso Russel Weisse* (Extradição nº 426, julgado pelo STF em 04/09/1985), cuja ementa é a seguinte: "1. Processo que reúne as condições necessárias à entrega do extraditando. 2. Entende o Tribunal, por sua maioria, improcedente a alegação de ressalva para a comutação de prisão perpétua em pena limitativa de liberdade, por falta de previsão na lei ou no tratado. 3. Pedido de extradição deferido".

o art. 5º, XLVII, 'b', da Constituição da República, que veda as sanções penais de caráter perpétuo – estão necessariamente sujeitos à autoridade hierárquico-normativa da Lei Fundamental brasileira. Doutrina. Novo entendimento derivado da revisão, pelo Supremo Tribunal Federal, de sua jurisprudência em tema de extradição passiva".

A referida decisão terá reflexo em outro instituto previsto no Estatuto de Roma: o do ***'surrender'***. De acordo com o art. 5º, LI, da Constituição Federal, "nenhum brasileiro será extraditado, salvo o naturalizado, em caso de crime comum, praticado antes da naturalização, ou de comprovado envolvimento em tráfico de entorpecentes e drogas afins, na forma da lei". O Estatuto de Roma, por sua vez, poderá requerer a 'entrega de indivíduo' a qualquer Estado em cujo território este se encontre (arts. 58, 5; 89, 1).

Costuma-se confundir a 'extradição' com o 'ato de entrega previsto no TPI': a primeira, proibida pela Constituição brasileira em relação a brasileiros natos, é instituto tradicional na cooperação judicial internacional, existente quando um Estado entrega um indivíduo acusado ou já condenado por um delito à justiça de outro Estado, competente para julgá-lo e puni-lo; o último (*surrender*), é utilizado no caso específico de cumprimento de ordem de organização internacional de proteção dos direitos humanos, como é o caso do TPI[14]. Assim, 'extradição' é a entrega de um indivíduo por um Estado a outro, em conformidade com o disposto em tratado, convenção ou no direito interno; '*surrender*', por sua vez, é a entrega de um indivíduo por um Estado ao Tribunal, em conformidade com o disposto no Estatuto de Roma. Enquanto a 'extradição' é um ato de colaboração *horizontal*, pois ocorre quando um Estado coloca fisicamente o indivíduo à disposição da Justiça de outro Estado, o '*surrender*' manifesta-se *verticalmente*, pois é o ato pelo qual um Estado transfere determinada pessoa para uma Corte Internacional da qual faz parte[15]. No caso brasileiro, não há óbice constitucional ao cumprimento da 'ordem de entrega' de acusado nacional ao TPI, já que a Constituição apenas proíbe a 'extradição' de nacionais. No entanto, em sendo mantida a posição do Supremo Tribunal Federal, vista acima, acredita-se que o *surrender* somente será autorizado se a Corte Penal Internacional comprometer-se com a não-aplicação de pena de caráter perpétuo[16].

---

14 RAMOS, André de Carvalho. *O Estatuto do Tribunal Penal Internacional e a Constituição Brasileira*. In: "Tribunal Penal Internacional". CHOUKR, Fauzi Hassan; AMBOS, Kai (orgs.). São Paulo: RT, 2000, p. 268.

15 SALIM, Alexandre Aranalde. *Teoria da Norma Penal*, Porto Alegre: Verbo Jurídico, 2008, p. 159-160.

16 Em outro julgamento (Extradição 944, julgada em 19/12/2005), o STF decidiu: "Em face da possibilidade de cominação da pena de prisão perpétua, é de se observar a atual jurisprudência deste Supremo Tribunal Federal para exigir do Estado requerente

Sobre a matéria atinente à **prescrição**, no Brasil, salvo em dois casos (racismo e ação de grupos armados, civis ou militares, contra a ordem constitucional e o Estado democrático – art. 5º, XLII e XLIV, da Constituição Federal), a regra é a possibilidade de os crimes prescreverem. O Estatuto de Roma, no entanto, tem regra contrária a respeito: "Os crimes sob a jurisdição do Tribunal não prescrevem" (art. 29). São várias as perspectivas que fundamentam a prescrição. Três grupos, no entanto, merecem destaque: o primeiro baseia-se na situação subjetiva do delinquente, invocando sua falta de identidade pessoal produzida pelo passar do tempo, os padecimentos por ele sofridos ao longo dos anos ou mesmo a emenda reveladora do não-cometimento de crimes durante tal período; o segundo grupo fundamenta-se sob o prisma do Estado, sustentando que a usura do tempo dificulta a reconstrução das provas, acrescentando incerteza aos processos e abrindo caminho ao erro judicial; o terceiro apela para o ponto de vista social, seja porque o decurso dos anos debilita o alarme coletivo criado pelo malefício, seja porque este deixa de fazer parte da memória das novas gerações e se desfaz, graças à sombra do esquecimento, na lembrança da geração que o presenciou[17]. No entanto, após a Segunda Guerra Mundial e melhor conhecida a amplitude das atrocidades nazistas, o direito penal internacional passou a não mais conhecer a prescrição. No que se refere às violações internacionais de direitos humanos, a não-prescrição foi afirmada pela Convenção das Nações Unidas de 26 de novembro de 1968, que dispôs sobre a "imprescritibilidade dos crimes de guerra e dos crimes contra a humanidade". Por sua vez, a 'Convenção Europeia sobre a Imprescritibilidade dos Crimes contra a Humanidade e dos Crimes de Guerra', realizada em Estrasburgo no ano de 1974, indica que a imprescritibilidade resulta da necessidade de salvaguardar a dignidade humana em tempos de guerra e em tempos de paz, exigindo que a repressão de tais crimes nunca encontre obstáculo na extinção, pelo decurso do tempo, do processo penal ou da execução da pena.

No que se refere à ordem constitucional interna, entende-se que o fato de a Constituição da República Federativa do Brasil restringir a imprescritibilidade para apenas dois crimes não significa que este rol não possa ser ampliado, especialmente em face de tratado internacional de proteção a direitos

o compromisso de não aplicar esse tipo de reprimenda, menos ainda a pena capital, em caso de condenação do réu (Ext. 855). Extradição deferida com as mencionadas restrições".

17 Nesse sentido: GOMES, Luiz Flávio; MOLINA, Antonio García-Pablos de. *Direito Penal*, Parte Geral, vol. 2. São Paulo: RT, 2007, p. 928; SALIM, Alexandre Aranalde. *Teoria da Norma Penal*..., op. cit., p. 165.

humanos, evitando, com isso, possível impunidade de infrações praticadas contra a humanidade.

Outro conflito aparente entre o Tratado de Roma e a ordem constitucional brasileira diz respeito ao instituto da **coisa julgada**. De acordo com o art. 5º, XXXVI, da Constituição Federal, "a lei não prejudicará o direito adquirido, o ato jurídico perfeito e a coisa julgada". O Estatuto de Roma, no entanto, admite novo julgamento em duas hipóteses: "O Tribunal não poderá julgar uma pessoa que já tenha sido julgada por outro tribunal por atos também punidos pelos artigos 6º, 7º ou 8º, a menos que o processo neste outro tribunal: a) tenha tido por objetivo subtrair o arguido à sua responsabilidade criminal por crimes da competência do Tribunal; ou b) não tenha sido conduzido de forma independente ou imparcial, em conformidade com as garantias de um processo equitativo reconhecidas pelo direito internacional, ou tenha sido conduzido de uma maneira que, no caso concreto, se revele incompatível com a intenção de submeter a pessoa à ação da justiça" (art. 20, 3).

Sustenta-se, em primeiro lugar, que não há condição de hierarquia entre o TPI e o STF, já que inexiste relação jurídica entre a decisão interna e a decisão internacional. Como refere Ramos em situação análoga, tal ocorre com a Corte Interamericana de Direitos Humanos, cuja jurisdição foi reconhecida pelo Brasil através do Decreto Legislativo 89/98. Esta Corte poderá apreciar a responsabilidade internacional do Estado brasileiro por violação de direitos humanos, mesmo quando o ato tido como violatório da Convenção Americana de Direitos Humanos tenha partido do próprio Supremo Tribunal Federal[18].

Ademais, se o TPI "terá caráter complementar às jurisdições penais nacionais" (art. 1º do Estatuto de Roma), tal subsidiariedade poderia, em tese, conduzir a processos ardilosos, formalmente instaurados com o fim único de eximir da jurisdição penal internacional os respectivos responsáveis. Como os Estados têm o dever de cooperar na detenção, extradição e punição dos acusados de crimes de guerra e crimes contra a humanidade[19], julgando-os ou entregando-os a órgãos internacionais, a simulação de um processo obviamente demonstra que a aludida obrigação não foi cumprida a contento, dando ensejo a que o TPI ordene a entrega dos responsáveis para novo julgamento, agora sério e perante o direito penal internacional.

A Constituição Federal, desde o seu preâmbulo, define a sociedade brasileira como uma nação fraterna e pluralista, comprometida na ordem internacional com a solução pacífica de controvérsias, que tem como valores a liberdade, a segurança, o bem-estar, o desenvolvimento, a igualdade

---

18 RAMOS, André de Carvalho. *O Estatuto do Tribunal Penal Internacional e a Constituição Brasileira...*, op. cit., p. 278.

19 Resolução 3074 (XXVIII) da Assembleia-Geral da ONU, de 3 de dezembro de 1973.

e a justiça.[20] A dignidade da pessoa humana é *fundamento* (art. 1º, III, da Constituição) e a prevalência dos direitos humanos é *princípio* (art. 4º, II, da Constituição) da República Federativa do Brasil. Ademais, em 8 de dezembro de 2004 foi promulgada a Emenda Constitucional nº 45, a qual, além de conferir expressamente *status* constitucional aos tratados sobre direitos humanos, afirma que o Brasil se submete à jurisdição do Tribunal Penal Internacional.[21] Assim, a partir de uma compreensão do contexto da tradição jurídica, a conclusão não pode ser outra que não a de compatibilidade entre as regras do TPI e as normas constitucionais brasileiras: com efeito, não haveria razão para o Brasil, em um primeiro momento, propugnar pela formação de um tribunal internacional de direitos humanos,[22] como é o caso da Corte Penal Internacional, e depois utilizar a mesma Constituição para obstaculizar o funcionamento de tal instituição. Como os demais Estados-Partes, o Brasil não perde soberania ao aderir ao Estatuto de Roma e observar os seus preceitos. Ao contrário: pelo simples fato de participar de um tratado multilateral como este[23], o Estado reafirma a sua soberania e demonstra que a preocupação da comunidade internacional com os direitos do homem também é sua.

O Estatuto de Roma, no entanto, não está avesso a críticas. Não obstante o inegável avanço trazido, já que a criação do TPI representa a instituição

---

20 Preâmbulo da CF: "Nós, representantes do povo brasileiro, reunidos em Assembleia Nacional Constituinte para instituir um Estado Democrático, destinado a assegurar o exercício dos direitos sociais e individuais, a liberdade, a segurança, o bem-estar, o desenvolvimento, a igualdade e a justiça como valores supremos de uma sociedade fraterna, pluralista e sem preconceitos, fundada na harmonia social e comprometida, na ordem interna e internacional, com a solução pacífica das controvérsias, promulgamos, sob a proteção de Deus, a seguinte CONSTITUIÇÃO DA REPÚBLICA FEDERATIVA DO BRASIL".

21 Art. 5º da CF: "§ 3º. Os tratados e convenções internacionais sobre direitos humanos que forem aprovados, em cada Casa do Congresso Nacional, em dois turnos, por três quintos dos votos dos respectivos membros, serão equivalentes às emendas constitucionais. § 4º O Brasil se submete à jurisdição de Tribunal Penal Internacional a cuja criação tenha manifestado adesão".

22 Art. 7º do Ato das Disposições Constitucionais Transitórias: "O Brasil propugnará pela formação de um tribunal internacional dos direitos humanos".

23 Ao finalizar os trabalhos da Conferência de Roma, em 17 de julho de 1998, Kofi Annan, então Secretário-Geral da ONU, descreveu a criação de uma Corte Penal Internacional permanente "como um presente de esperança para as futuras gerações e um gigantesco passo adiante na marcha dos Direitos Humanos Internacionais e na obediência à Lei", acrescentando que se tratava de "uma conquista que, alguns anos atrás, ninguém pensaria ser possível". In: CHOUKR, Fauzi Hassan. *O Brasil e o Tribunal Penal Internacional – Abordagem Inicial à Proposta de Adaptação da Legislação Brasileira*. "O Direito Penal no Estatuto de Roma". AMBOS, Kai; CARVALHO, Salo de (orgs.). Rio de Janeiro: Lumen Juris, 2005, p. 61.

da principal garantia secundária no âmbito internacional, há lacunas e antinomias que denotam a 'inefetividade estrutural' do Tratado, conforme será analisado no próximo item.

2. Colmatando lacunas e resolvendo antinomias: a inefetividade estrutural do Estatuto de Roma

A 'democracia social', na teoria de Luigi Ferrajoli, assume a quarta e última dimensão da 'democracia constitucional', incumbindo-se da proposta de materialização da própria 'democracia liberal'. Na base da democracia social estão os direitos sociais, chamados de *direitos fundamentais primários positivos* pelo mestre italiano[24], já que relacionados à expectativa de prestação por parte do poder estatal, vinculando-o àquilo que é obrigatório decidir. No entanto, para a introdução das suas respectivas garantias – tanto as *primárias* quanto as *secundárias* -, os direitos fundamentais necessitam de 'leis de atuação', cuja ausência de uma ou de outra vem identificada no paradigma garantista como *inefetividade estrutural*[25]. Refere o autor:

> "Há, por fim, um último tipo de inefetividade que deve ser identificada, e que certamente é a mais grave: é aquela que chamarei '*inefetividade estrutural*' ou de sistema, e que depende das lacunas de garantia, tanto primárias quanto secundárias, determinadas pela inobservância das normas sobre a produção. Em particular, chamarei '*inefetividade estrutural primária*' a inefetividade estrutural consistente em uma lacuna de normas primárias, e '*inefetividade estrutural secundária*' aquela consistente em uma lacuna de normas secundárias".[26]

Ferrajoli chama de *forte* um direito provido de garantias primárias e secundárias. São *primárias* as garantias 'substanciais', ou de 'primeiro grau', que residem no fato de alguém ter o dever de realizar a efetividade de um direito subjetivo. São *secundárias* as garantias 'instrumentais', ou de 'segundo grau', que residem no fato de que alguém tenha a titularidade do dever para dar atuação, responsabilidade ou anulabilidade à violação das primeiras[27]. As garantias *secundárias*, como se vê, são subsidiárias às garantias *primárias*, já que buscam a efetivação dos direitos positivados lesados/ameaçados de lesão ou prestação, atuando por critérios coercitivos, em que o uso regulado da força é a própria negação da lei do mais forte e da lógica do poder selvagem.[28]

---

24 FERRAJOLI, Luigi. *Principia iuris: Teoria del diritto e della democrazia*, vol. 2, Bari: Laterza, 2007, p. 392.

25 FERRAJOLI, Luigi. *Principia iuris*..., op. cit., vol. 1, p. 695-701, e vol. 2, p. 79.

26 FERRAJOLI, Luigi. *Principia iuris*..., op. cit., vol. 1, p. 699.

27 FERRAJOLI, Luigi. *Principia iuris*..., vol. 1, op. cit., pp. 668-9.

28 FERRAJOLI, Luigi. *Principia iuris*..., vol. 1, op. cit., p. 869.

O tema, embora seja particularmente fecundo no âmbito das relações internacionais, ficará restrito, neste artigo, à análise do Tratado de Roma.

Faltam, primeiramente, 'garantias primárias' diante da competência restrita do Estatuto de Roma, que **não alcança o terrorismo internacional, o narcotráfico, o comércio de armas, as organizações mafiosas multinacionais, as agressões devastantes ao meio ambiente e à saúde e os golpes de estado.**

Com os atentados de 11 de setembro de 2001, pode-se dizer que a ordem internacional, num plano simbólico, acabou se polarizando entre 'amigos' e 'inimigos'[29], num estado hobbesiano em que os assuntos relacionados à segurança acabaram tendo lugar de destaque. Foram alteradas prioridades, alianças e parcerias dos atores principais (EUA, UE, China, Rússia e Japão), sendo o terrorismo, como refere Barbosa,[30] inserido no centro da agenda internacional, onde permanecerá como dado permanente na cooperação em segurança e na formulação de política externa de todos os países. Para CUNHA,[31] até processos integracionistas de viés mais econômico, como o 'Mercado Comum do Sul' (Mercosul) e a 'Associação de Nações do Sudeste Asiático' (ASEAN – *Association of Southeast Asian Nations*), foram forçados a considerar aspectos de segurança mais seriamente. Embora não exista interesse unânime em uma 'cooperação internacional antiterrorista',[32] o Conselho de Segurança da ONU dedica especial atenção ao tema, listando, no seu site oficial, diversas resoluções antiterroristas.[33]

Ocorre que, não obstante definido pelas Nações Unidas,[34] o Estatuto de Roma não arrola o 'terrorismo internacional' entre os crimes internacionais

---

29 Sobre o tema: SCHMITT, Carl. *O Conceito de Político*. Petrópolis: Vozes, 1992.

30 BARBOSA, Rubens Antônio. *Os Estados Unidos pós 11 de setembro de 2001: implicações para a ordem mundial e para o Brasil*. In: *RBPI* 1, 2002, pp. 72, 81-2.

31 CUNHA, Ciro Leal M. da. *Terrorismo internacional e política externa brasileira após o 11 de setembro*. Dissertação apresentada no Mestrado em Diplomacia do IRBr, Brasília, 2010. Disponível em: <http://funag.gov.br/loja/download/617-Terrorismo_Internacional_E_ PolItica_Externa_Brasileira_Apos_ O_11_De_Setembro.pdf >, acessado em 10 de março de 2016.

32 Nye Jr. refere não haver unanimidade na produção do bem "*no terrorism*", já que há Estados que se valem do terrorismo ou o apoiam. In: NYE JR., Joseph Samuel. *A North American perspective*. "The Trilateral Commission – Addressing the new international terrorism: prevention, intervention and multilateral cooperation". Washington D.C., The Trilateral Commission, 2003, pp. 05-14.

33 Exemplo é a resolução que conclama os países a combater o grupo EI (Estado Islâmico). Disponível em: <http://www.un.org/es/comun/docs/?symbol=S/RES/2249(2015)>, acessado em 10 de março de 2016.

34 Resolução A/RES/50/53 da ONU, de 11 de dezembro de 1995: "atos criminosos internacionais ou calculados a fim de provocar o estado de terror no público em geral, realizado por grupos de pessoas ou individualmente com propósitos políticos, em

que estão sob a jurisdição do TPI. Aliás, tratando da possibilidade de exercer a sua jurisdição sobre o terrorismo e o tráfico internacional de drogas, a Corte Penal Internacional refere:[35]

> "Na Conferência de Roma os Estados não conseguiram chegar a um acordo quanto à definição do terrorismo. Alguns Estados consideraram que o processamento dos crimes relacionados a drogas implicaria problemas de investigação que exerceria demasiada pressão sobre os recursos da Corte. Outros argumentavam que crimes tão notórios e danosos não deveriam escapar da jurisdição da Corte. Para responder a esta preocupação a Conferência de Roma aprovou uma resolução que recomenda que a Conferência de Revisão leve em conta a inclusão de tais crimes na jurisdição da Corte. Esta poderá, portanto, exercer jurisdição sobre os crimes de terrorismo e tráfico de drogas quando tenha a aprovação da Conferência de Revisão".

Para KRIEGER, a inclusão do 'terrorismo internacional' no Estatuto de Roma encontrou forte oposição da 'Liga dos Estados Árabes', sobretudo em face do apoio dado à 'Organização para a Libertação da Palestina' quanto aos ataques contra Israel.[36] CASSESE, por sua vez, refere que a principal razão da exclusão do terrorismo do âmbito de jurisdição do TPI foi exatamente a alegada falta de uma definição conceitual compartilhada deste crime.[37]

A 'inefetividade de primeiro grau'[38] do Tratado de Roma, neste ponto, é evidente. Se faltassem, para garantia do direito à vida ou do direito de propriedade, normas penais contra o homicídio ou contra o furto, estes atos, por força do princípio da estrita legalidade penal, não seriam puníveis como crimes.[39] É exatamente o que ocorre com o terrorismo que, como dito, não veio previsto no Estatuto de Roma como crime internacional sob a jurisdição do TPI. O mesmo se diga quanto ao tráfico internacional de drogas e de armas, aos crimes ambientais de proporções supranacionais, às agressões provenien-

qualquer circunstância injustificáveis, independentemente das considerações de natureza política, filosófica, ideológica, racial, étnica, religiosa ou qualquer outra natureza que possa ser invocada a fim de se justificar tais atos". Disponível em: <http://www.un.org/es/comun/docs/?symbol=A/RES/50/53>, acessado em 10 de março de 2016.

35 Site "perguntas e respostas" do TPI, disponível em: <http://www.un.org/spanish/law/cpi.htm>, acessado em 10 de março de 2016.

36 KRIEGER, César Amorim. *Direito internacional humanitário: o precedente do Comitê Internacional da Cruz Vermelha e o Tribunal Penal Internacional*. Curitiba: Juruá, 2006, p. 167.

37 CASSESE, Antonio. *Lineamenti di diritto Internazionale penale – II. Diritto sostanziale*. Bologna: Il Mulino, 2005, pp. 167-8.

38 "A inefetividade de primeiro grau é a inefetividade das garantias primárias". In: FERRAJOLI, Luigi. *Principia iuris*..., op. cit., vol. 1, p. 697.

39 FERRAJOLI, Luigi. *Principia iuris*..., op. cit., vol. 1, p. 673.

tes de novas tecnologias virtuais e informáticas, às organizações mafiosas internacionais e aos golpes de estado. A proteção dos direitos fundamentais já incorporados pelo ordenamento (*principia iuris et in iure*) é o pressuposto garantista para um modelo de *democracia constitucional*, que implica não apenas o 'direito' como também a 'garantia dos direitos'. São justamente os *principia iuris tantum* que exprimem, em um ordenamento nomodinâmico, o 'dever ser' do direito estabelecido pelo próprio direito e, portanto, a normatividade dos *principia iuris et in iure*. Em outras palavras: são os *principia iuris tantum* que, conferindo unidade, completude e coerência, impõe ao próprio ordenamento a introdução das garantias primárias e secundárias.[40]

Neste sentido, merecem especial atenção as Disposições Finais contidas no Estatuto (artigos 121 a 123), pois preveem emendas ou alterações ao Tratado de Roma após sete anos da sua entrada em vigor, permitindo uma revisão com o objetivo de aprimorar pontos controvertidos e preencher lacunas eventualmente existentes, inclusive com a introdução de outros crimes de âmbito internacional, 'considerados graves e que afetem a comunidade internacional no seu conjunto'. Como afirma FERRAJOLI,

> "Sem direito penal (...) não haveria garantias, por força do princípio *nullum crimen sine lege*, e nem o direito à vida e o direito de liberdade: e isto bastaria para mostrar o absurdo da abolição penal, equivalente à abolição das garantias primárias e também das garantias secundárias, dos direitos e dos outros bens considerados fundamentais".[41]

Outra 'inefetividade estrutural' do Estatuto de Roma, vinculada à ausência de 'garantia primária', diz respeito ao **crime de agressão.** O art. 5º do Estatuto de Roma inseriu o crime de agressão como mais um delito sob a competência da Corte Penal Internacional, condicionando o exercício dessa jurisdição, no entanto, a uma posterior definição dos seus elementos, que viria a ocorrer somente em 2010, em uma conferência de revisão. No entanto, embora hoje exista a conceituação do 'crime de agressão', o exercício efetivo de jurisdição do TPI sobre ele ainda é uma incógnita. Isso porque, a partir de 1º de janeiro de 2017, a mesma maioria de Estados-Partes exigida para a aprovação de uma emenda ao Estatuto irá decidir se a Corte finalmente poderá, ou não, começar a julgar tais delitos.

Existe, em segundo lugar, 'inefetividade de segundo grau'[42] no Estatuto de Roma em face da introdução do **princípio da complementaridade**, segun-

40 FERRAJOLI, Luigi. *Principia iuris*..., op. cit., vol. 1, p. 30.

41 FERRAJOLI, Luigi. *Principia iuris*..., op. cit., vol. 2, p. 79.

42 "A inefetividade de segundo grau é a inefetividade das garantias secundárias". In: FERRAJOLI, Luigi. *Principia iuris*..., op. cit., vol. 1, p. 697.

do o qual o TPI somente estará legitimado para o exercício da sua jurisdição internacional se o Estado-Parte não puder, antes, exercer a sua jurisdição interna.[43] Isso significa que a Corte Penal Internacional intervirá apenas se houver inércia, incapacidade ou falta de disposição dos Estados-Partes em processar e julgar os responsáveis pelos crimes tipificados no Estatuto de Roma.

Cria-se um impasse: como não há subtração da competência jurisdicional nacional, o TPI somente terá atuação quando houver prévio esgotamento dos recursos internos dos Estados-Partes. Ocorre que o Tratado de Roma não foi ratificado por diversas grandes potências (como China, Rússia, Japão, Índia, Israel, Arábia Saudita, Coreia do Norte, Paquistão e Indonésia), em especial pelos Estados Unidos. O governo norte-americano, inclusive, firmou 'acordos bilaterais de imunidade' (*bilateral immunity agreements* – BIAs) com vários países, a fim de que estes não entreguem cidadãos americanos à Corte Penal Internacional, utilizando, como forma de pressão, a ameaça de retirada de auxílios militares e econômicos. Cerca de 100 Estados já assinaram tais 'BIAs'; outros (incluindo Brasil, África do Sul, Croácia, Costa Rica, Equador, Peru, Kenya, Namíbia, Samoa e Trindade e Tobago) continuam resistindo à pressão norte-americana e, publicamente, vêm se manifestando contra os acordos bilaterais de imunidade[44]. Os Estados Unidos se opõem ao TPI por alegarem que seus cidadãos – principalmente militares e membros do governo – estariam sujeitos a julgamentos com motivações políticas. Segundo argumentam, o Estatuto de Roma não prevê maior supervisão do Tribunal ou de seus magistrados, tampouco exige que estes respondam devidamente perante o Conselho de Segurança das Nações Unidas ou qualquer outro órgão democraticamente eleito, o que possibilitaria a instauração de processos contra funcionários públicos e militares americanos que são particularmente vulneráveis em face do 'papel singular da América na segurança global'[45]. A falta de interesse dos Estados Unidos em colaborar com o TPI atinge seu ápice com o "*American Service-Members' Protection Act*"[46] ("Ato de Proteção dos Membros do Serviço Americano"), pelo qual proíbe a Corte Penal Internacional de exercer a sua jurisdição sobre cidadãos americanos, dando ao seu Presidente

---

43 Art. 1º do Estatuto de Roma: "O Tribunal será uma instituição permanente, com jurisdição sobre as pessoas responsáveis pelos crimes de maior gravidade com alcance internacional, de acordo com o presente Estatuto, e será *complementar* das jurisdições penais nacionais".

44 Dados disponíveis em: <http://www.coalitionfortheicc.org/documents/CICCFS_BIAstatus_current. pdf>, acessado em 10 de março de 2016.

45 TIVERON, Raquel. *Aspectos históricos, jurídicos, filosóficos e políticos do tribunal penal internacional e seu impacto no ordenamento jurídico brasileiro...*, op. cit., p. 129.

46 Disponível em: < http://legcounsel.house.gov/Comps/aspa02.pdf>, acessado em 10 de março de 2016.

a prerrogativa de usar 'todos os meios necessários e apropriados' para resgatar e liberar tais pessoas presas pelo (ou em nome do) TPI.

Sabe-se que a jurisdição do TPI é bem mais restrita que a dos Estados-Partes: a uma em face da sua competência *ratione materiae*, que somente recai sobre quatro tipos de crimes (genocídio, crimes contra a humanidade, crimes de guerra e crimes de agressão); a duas, em face da sua competência *ratione temporis*, que somente pode ser exercida depois da entrada em vigor do Estatuto de Roma; a três, em face da sua competência *ratione personae*, que somente recai sobre pessoas naturais (são excluídos da jurisdição do TPI, portanto, os Estados e outros organismos internacionais). Esta restrição, aliada à necessidade de respeito à 'complementaridade' ou 'subsidiariedade', denota clara inefetividade estrutural do Estatuto.

Ao contrário dos Tribunais Internacionais para a antiga Iugoslávia[47] e para Ruanda,[48] que estabeleciam uma *jurisdição concorrente* com a jurisdição das cortes nacionais, a regra no TPI, como dito, é a *subsidiariedade*. Isso significa que a Corte Penal Internacional apenas exerce a sua jurisdição se: a) as jurisdições nacionais 'não sejam capazes' ou 'não estejam dispostas'; b) o crime é de grande gravidade; e c) inexiste coisa julgada (art. 17, item 1, do Tratado de Roma). Como refere JANKOV,[49] o maior defeito do Estatuto em relação à coordenação das jurisdições penais internacionais está no preâmbulo, o qual não diz claramente que os Estados são competentes a título complementar para processar e julgar os crimes descritos, segundo o princípio da jurisdição universal, afirmando apenas que "é dever de cada Estado exercer a respectiva jurisdição penal sobre os responsáveis por crimes internacionais"

---

47 Art. 9º do TPII: "**Jurisdição concorrente**. 1. O Tribunal Internacional e os tribunais nacionais têm jurisdição concorrente para julgar as pessoas por violações graves do direito internacional humanitário cometidas no território da ex-Iugoslávia desde 1º de janeiro de 1991. 2. O Tribunal Internacional terá a primazia sobre as jurisdições nacionais. Em qualquer fase do processo, o Tribunal Internacional poderá solicitar formalmente às jurisdições nacionais que renunciem à respectiva competência em seu favor, em conformidade com o presente Estatuto e Regras de Procedimento e Prova do Tribunal Internacional".

48 O art. 8º do TPIR: "**Jurisdição concorrente**. 1. O Tribunal Internacional para Ruanda e os tribunais nacionais têm jurisdição concorrente para julgar as pessoas por violações graves do direito humanitário internacional cometidas no território de Ruanda, e cidadãos de Ruanda por tais violações cometidas no território de Estados vizinhos, entre 1º de janeiro de 1994 e 31 dezembro de 1994. 2. O Tribunal Internacional para Ruanda deve ter a primazia sobre os tribunais nacionais de todos os Estados. Em qualquer fase do processo, o Tribunal Internacional para Ruanda pode formalmente solicitar aos tribunais nacionais que renunciem a sua competência em face do presente Estatuto e das Regras de Procedimento e Prova do Tribunal Internacional para Ruanda".

49 JANKOV, Fernanda Florentino Fernandez. *Direito Internacional Penal. Mecanismo de implementação do Tribunal Penal Internacional*. São Paulo: Saraiva, 2009, p. 237.

e que "o Tribunal Penal Internacional, criado pelo presente Estatuto, será complementar às jurisdições penais nacionais". O Estatuto não percebeu a importância da definição do direito de exercício da jurisdição universal, bem como a determinação das condições mínimas obrigatórias deste, ou seja, a aplicação da máxima *aut dedere aut judicare.*[50]

Por outro lado, esta 'inefetividade de segundo grau' também existe pelo fato de **a Corte Penal Internacional não ter meios para, diretamente, executar suas decisões**. Para BASSIOUNI, um modelo ideal de 'execução direta' deveria compreender não apenas um órgão judicante, mas igualmente ser um sistema internacional de justiça penal verticalmente integrado e global, constituído por todos os componentes individuais nos sistemas de justiça penal internos: investigações, procedimentos, decisões, sanções e execução das penas. Os Tribunais Militares Internacionais de Nuremberg e Tóquio foram exemplos disso. Já o TPI, segundo o autor, não pode ser considerado

> "um sistema de execução verticalmente integrado e global de justiça penal internacional, pois deve confiar na cooperação dos Estados para a prisão e a entrega das pessoas acusadas, para a assistência judiciária e para a execução das suas sentenças. Ademais, as obrigações de cooperar com a Corte e de assisti-la se dirigem apenas àqueles Estados que podem tornar-se partes da convenção que a instituiu. Isso faz da Corte Penal Internacional um foro judiciário internacional, mas não um sistema global de justiça penal internacional".[51]

Esse modelo 'indireto' de execução depende dos Estados que, voluntariamente, consintam em fazer parte do acordo multilateral, vinculando-se perante a comunidade internacional. A par disso, há regra expressa no art. 98(1) do Estatuto sustentando que "O Tribunal não pode dar seguimento a um pedido de entrega ou de auxílio por força do qual o Estado requerido devesse atuar de forma incompatível com as obrigações que lhe incumbem à luz do direito internacional em matéria de imunidade dos Estados ou de imunidade diplomática de pessoa ou de bens de um Estado terceiro, a menos

50 A locução *aut dedere aut judicare* é uma adaptação moderna da expressão usada por GROTIUS: *aut dedere aut punire* (extraditar ou punir). Nas palavras de GROTIUS (1625): "Um Estado normalmente não permite que outro Estado envie um exército armado sobre seu território para prender os criminosos de guerra que deseja punir. Faz-se necessário que o Estado do território em que se encontra o culpado atente e se convença de duas coisas: ou que puna ele mesmo o culpado, com base na requisição do outro Estado, ou que ele o envie por suas próprias mãos para que seja punido conforme julgamento a ser por este realizado". In: JANKOV, Fernanda Florentino Fernandez. *Direito Internacional Penal...*, op. cit., p. 181.

51 BASSIOUNI, M. Cherif. *Le fonti e il contenuto del diritto penale internazionale – Un quadro teorico*. Milano: Giuffrè Editore, 1999, pp. 188-9.

que obtenha previamente a cooperação desse Estado terceiro com vista ao levantamento da imunidade".

A 'inefetividade estrutural' da Corte, neste aspecto, é novamente sentida: **enquanto o artigo 27 determina que a capacidade oficial de um indivíduo não o exime de sua responsabilidade, o artigo 98 afirma que as imunidades cultivadas pelo costume serão aceitas pelo Estatuto.** A 'antinomia' resta ainda mais evidente em face da dúbia redação do artigo 98, que não deixa claro se o costume e os tratados protegem nacionais de Estados que não são parte no Estatuto de Roma, ou, ao contrário, se vale para todos os Estados.

Sustenta-se neste artigo que a questão ventilada no artigo 98 – e aqui são novamente invocados os *principia iuris tantum* – não é se o indivíduo será ou não julgado, mas sim por qual jurisdição será julgado, sob pena de chegar-se à conclusão ilógica de que um País, por um lado, devesse prender o seu próprio chefe de Estado, entregando-o ao TPI, e, de outro, devesse respeitar a imunidade jurisdicional de chefes de Estados estrangeiros.

Um caso recente bem ilustra a questão. Em 19 de outubro de 2011, o TPI emitiu decisão solicitando à República do Malawi a apresentação, até 11 de novembro de 2011, de informações sobre o suposto descumprimento dos pedidos de cooperação emitidos pelo Tribunal para a detenção e entrega do presidente sudanês, *Omar Hassan Ahmad Al Bashir*. A Corte, na ocasião, tomou conhecimento de que vários meios de comunicação haviam divulgado que *Omar Al Bashir* visitou a República do Malawi em 14 de outubro de 2011, endereçando à Embaixada de Malawi em Bruxelas uma nota lembrando aquele País das suas obrigações legais como um Estado-Parte no Estatuto de Roma e pedindo a sua cooperação para a detenção e entrega de *Al Bashir* caso voltasse a ingressar em território malawiano. A República do Malawi, em resposta, afirmou que não cumpriria a ordem do TPI em face do disposto no citado artigo 98. Reconhecendo a existência de 'tensão inerente' entre os artigos 27(2) e 98(1) do Estatuto, a Corte referiu que a aceitação do primeiro implicaria, necessariamente, renúncia ao segundo no que se refere ao tema da imunidade nos processos em tramitação no TPI (decisão prolatada em 12 de dezembro de 2011).[52]

Se o Estado-Parte "não pode invocar as disposições do seu direito interno para justificar o descumprimento de um tratado" (art. 27 da Convenção de Viena sobre o Direito dos Tratados), a consequência lógica é que a imunidade de Chefes ou ex-Chefes de Estado também não deve ser alegada como forma de oposição a um julgamento por um tribunal penal internacional. Ademais, de acordo com o art. 87(7) do Estatuto de Roma, "Se, contrariamente ao

52 Disponível em: <http://www.icc-cpi.int/iccdocs/doc/doc1287184.pdf>, acessado em 10 de março de 2016.

disposto no presente Estatuto, um Estado-Parte recusar um pedido de cooperação formulado pelo Tribunal, impedindo-o assim de exercer os seus poderes e funções nos termos do presente Estatuto, o Tribunal poderá elaborar um relatório e submeter a questão à Assembleia dos Estados-Partes ou ao Conselho de Segurança, quando tiver sido este a submeter o fato ao Tribunal". Foi exatamente esta a providência tomada pela Corte Penal Internacional no caso *Al Bashir*, acima citado.

Tais 'inefetividades estruturais', seja de 'primeiro grau' (exemplos: o não exercício da jurisdição do TPI sobre os crimes de agressão; a não previsão, no Estatuto de Roma, de crimes que afetam a comunidade internacional no seu conjunto, como o terrorismo), seja de 'segundo grau' (exemplos: a jurisdição restrita e subsidiária do TPI; a impotência do Tratado diante da negativa de ratificação por parte de inúmeros países, em especial pelos Estados Unidos; a incapacidade de execução das suas próprias decisões; a impossibilidade de investigação de funcionários, em atividade ou não, de Estados que não ratificaram o Estatuto de Roma),[53] denotam a ausência de importantes garantias no âmbito no direito penal internacional, ou, como refere Ferrajoli, "a presença, somente, da frágil garantia de introduzi-las", fazendo com que os respectivos direitos fundamentais permaneçam no "estado de princípios" ou de "direitos fracos".[54]

Ao referencial normativista do Estatuto de Roma (item 1) e à sua inefetividade estrutural (item 2), este artigo passa a enfrentar no próximo item, como contraponto, o referencial empirista representado pelo *caso Thomas Lubanga Dyilo*, que tramitou na Corte Penal Internacional, no qual poderá ser verificada a aplicação prática do paradigma garantista em sede de direito penal internacional.

3. *CASO THOMAS LUBANGA DYILO* E REFERENCIAL EMPIRISTA: APLICAÇÃO DOS *PRINCIPIA IURIS* NO DIREITO PENAL INTERNACIONAL

O Tribunal Penal Internacional foi criado pelo Estatuto de Roma em 1998, Tratado que está vigendo desde 1º de julho de 2002. Atualmente há 23 processos em tramitação naquela Corte, envolvendo os seguintes Estados:

---

53 A Resolução 1422 do Conselho de Segurança da ONU, de 12 de julho de 2002, estabelece que no surgimento de casos envolvendo oficiais ou funcionários, em atividade ou não, pertencentes a um Estado colaborador que não seja parte no Estatuto de Roma, sobre atos ou omissões relativas a operações estabelecidas ou autorizadas pelas Nações Unidas, não haverá, por um período de 12 meses a contar de 1º de julho de 2002, investigações ou processos, a menos que o Conselho de Segurança decida de modo contrário. Disponível em: <http://www.un.org/en/ga/search/view_doc.asp?symbol=S/RES/1422(2002)>, acessado em 10 de março de 2016.

54 FERRAJOLI, Luigi. *Principia iuris*..., op. cit., vol. 2, p. 80.

Uganda, República Democrática do Congo, Sudão, República da África Central, República do Kenya, Líbia, Costa do Marfim, Mali e Geórgia.[55]

Durante a instrução do processo a que respondeu o acusado *Thomas Lubanga Dyilo* surgiu interessante debate que importa a este estudo, revelando a aplicação prática da teoria de Ferrajoli no âmbito internacional. Passa-se à compreensão do caso propriamente dito.[56]

I. Ituri antes de 1° de julho de 2002

Ituri é um distrito na província oriental da República Democrática do Congo, fazendo fronteira com a Uganda e o Sudão. Sua população está estimada entre 3,5 e 5,5 milhões de pessoas; 100.000 delas, apenas, vivem na capital, Bunia. A população de Ituri consiste em aproximadamente 20 diferentes grupos étnicos, na maior parte formados por *hemas*, *alurs*, *biras*, *lendus* e *ngitis*.

II. O acusado Thomas Lubanga Dyilo

Thomas Lubanga Dyilo nasceu em 1960 em Jiba, Ituri, pertencendo ao grupo étnico *hema*. Estudou na Universidade de Kisangani, formando-se em psicologia, tendo começado a envolver-se com a política no fim de 1999, quando se elegeu deputado em Ituri. Em 15 de setembro de 2000, Dyilo criou a *Union des Patriots Congolais* (UPC), que tinha um braço armado, chamado *Forces Patriotiques pour la Libértation du Congo* (FPLC). Em agosto de 2002 a UPC tomou o controle de Bunia. Em setembro de 2002 a UPC foi renomeada *Union des Patriotes Congolais/Réconciliation et Paix* (UPC/RP), e Thomas Lubanga Dyilo apontado o seu presidente.

III. Acusações contra Thomas Lubanga Dyilo

Na denúncia oferecida em 28 de agosto de 2006, o Ministério Público com atuação no TPI acusou Dyilo por infração do artigo 8º(2)(e)(vii) do Estatuto de Roma, imputando-lhe crimes de guerra consistentes em "recrutar

55 Os dados estão publicados no site do TPI, disponível em: <https://www.icc-cpi.int/en_menus/icc/situations%20and%20cases/Pages/situations%20and%20cases.aspx>, acessado em 10 de março de 2016.

56 Disponível em: <https://www.icc-cpi.int/en_menus/icc/situations%20and%20cases/situations/situation %20icc%200104/related%20cases/icc%200104%200106/Pages/democratic%20republic%20of%20the%20congo.aspx>, acessado em 10 de março de 2016. Dyilo foi considerado culpado em 14/03/2012, e sentenciado em julho do mesmo ano a um total de 14 anos de prisão. A decisão foi confirmada em segundo grau em dezembro de 2012.

ou alistar menores de 15 anos em grupos armados" (que seriam as FPLC, braço militar da UPC desde setembro de 2002), além de "utilizá-los para participar ativamente nas hostilidades". A Promotoria referiu que "os crimes ocorreram em um contexto de conflito armado sem caráter internacional". A pedido do Ministério Público, em 10 de fevereiro de 2006 foi decretada a prisão de Thomas Lubanga Dyilo, o qual foi detido em 16 de março de 2006 e transferido para o centro de detenção provisória do TPI, em Haia.

IV. Consequências da não-divulgação de material eximente na forma do artigo 54(3)(e) do Estatuto de Roma

Conforme o art. 54(3)(e), "O procurador poderá: (...) concordar em não divulgar, em qualquer fase do processo, documentos ou informação que tiver obtido, com a condição de preservar o seu caráter confidencial e com o objetivo único de obter novas provas, a menos que quem tiver fornecido a informação consinta na sua divulgação". No caso Lubanga Dyilo, o Ministério Público sustentou que o art. 54(3)(e) lhe impôs a *confidencialidade*, a menos que os fornecedores das informações autorizassem a divulgação, o que não ocorreu naquele processo na grande maioria das hipóteses. O procurador referiu, ainda, que a Corte deveria aceitar a 'realidade' das Nações Unidas e das ONGs, responsáveis pela remessa de grande parte do material colocado em discussão, caso contrário tais instituições 'não mais iriam fornecer provas'. O art. 54(3)(e), segundo o Ministério Público, traz a seguinte interpretação: os acordos de confidencialidade não se limitam às provas obtidas apenas com o propósito de gerar novas provas.

A realidade, portanto, era esta: o Ministério Público, ao mesmo tempo em que comunicou a Corte de que havia obtido um conjunto de documentos que continham materiais 'incriminadores' e 'eximentes' relativos ao acusado, disse também que, na forma do art. 54(3)(e) do Estatuto, não poderia divulgá-los porque não contava com o consentimento dos fornecedores de tal documentação.

Em face disso, acolhendo recurso defensivo, a Corte de Apelação entendeu que: a) divulgação de provas eximentes em poder do Ministério Público é um aspecto fundamental do direito do acusado a um processo justo; b) o procurador interpretou de forma incorreta o art. 54(3)(e) quando apresentou acordos com fornecedores de informações, impedindo que um conjunto significativo de provas não fosse divulgado ao acusado, prejudicando-o na preparação da sua defesa; c) o Tribunal, diante dos acontecimentos, foi impedido de exercer a sua jurisdição, pois também não teve acesso aos referidos materiais, sendo incapaz de avaliar se tinham, ou não, potencial eximente.

A consequência, segundo a Corte Penal Internacional, foi a 'ruptura do processo a um nível que impedia o seu prosseguimento', sendo determinada a total suspensão dos trabalhos.[57]

V. Análise da decisão a partir da teoria de Ferrajoli

O pressuposto garantista para um modelo de democracia constitucional passa pela proteção dos ***principia iuris et in iure***, ou seja, pela tutela dos direitos fundamentais já incorporados pelo ordenamento. Como não basta a simples existência desses direitos, mostra-se necessária a introdução de garantias primárias e secundárias que confiram normatividade aos *principia iuris et in iure*. Esse 'dever ser do direito estabelecido pelo próprio direito' vem conferido pelos ***principia iuris tantum***, que fornecem unidade, completude e coerência à ordem jurídica.

Sustenta-se neste artigo que a interpretação dada ao dispositivo em questão pelo procurador da Corte quebra a 'unidade' apregoada pelo Estatuto de Roma em relação aos direitos do acusado. O artigo 54(3)(e) não pode ser utilizado como regra, já que a confidencialidade do processo, e isso também vale para o direito penal internacional, deve guiar-se pela excepcionalidade. O caráter 'público' da audiência vem expressamente disposto no artigo 67(1) do Estatuto, que poderá ser excepcionado, por exemplo, quando o sigilo for necessário para a proteção de vítimas e testemunhas, na forma do artigo 68(2) do mesmo Tratado. Mais: como referido no caso Lubanga Dyilo, o propósito do artigo 54(3)(e) é autorizar o Ministério Público a, excepcionalmente, receber informações ou documentos 'que poderão conduzir a novas provas', e não a utilizar tais elementos, eles próprios, dentro do processo. O dispositivo, portanto, deve ser interpretado de forma restritiva e usado excepcionalmente.

Ademais, o Estatuto de Roma impõe ao Ministério Público o dever de divulgar à Corte e à defesa provas que tenha em seu poder e possam, de qualquer forma, favorecer o acusado. De acordo com o 54(1)(a): "O Procurador deverá: ... a fim de estabelecer a verdade dos fatos, ampliar a investigação a todos os fatos e provas pertinentes para a determinação da responsabilidade criminal, em conformidade com o presente Estatuto e, para esse efeito, investigar, de igual modo, as circunstâncias que interessam quer à acusação, quer à defesa". Por sua vez, o art. 67(2) refere: "Para além de qualquer outra revelação de informação prevista no presente Estatuto, o procurador comunicará

57 Posteriormente, em 23 de janeiro de 2009, a tramitação do processo foi retomada, já que a ONU, fornecedora de grande parte da documentação, concordou em autorizar a sua divulgação aos juízes do TPI. A decisão está disponível em: <http://www.icc-cpi.int/iccdocs/doc/doc622878.pdf>, acessado em 10 de março de 2016.

à defesa, logo que possível, as provas que tenha em seu poder ou sob o seu controle e que, no seu entender, revelem ou tendam a revelar a inocência do acusado, ou a atenuar a sua culpa, ou que possam afetar a credibilidade das provas da acusação. Em caso de dúvida relativamente à aplicação do presente parágrafo, caberá ao Tribunal decidir".

O fato colocado em questão é: pode o Ministério Público decidir pela não-divulgação de provas, inclusive eximentes, tanto à defesa quanto ao próprio Tribunal? Deve prevalecer a confidencialidade acordada pelo procurador, na forma do artigo 54(3)(e), ou a obrigação de divulgação das provas colhidas ou recebidas por ele, na forma do artigo 67(2)?

A tensão potencial gerada ocorre porque o Ministério Público, ao aceitar documentação com a condição de respeitar seu caráter confidencial, coloca-se em uma posição na qual ou não divulga provas que normalmente teria que divulgar, violando direito do acusado a um processo justo, ou as divulga, violando um acordo de confidencialidade celebrado com o provedor dos elementos probatórios em questão.

Segundo decidiu a Corte no caso Lubanga Dyilo, a expressão "material eximente" (*exculpatory material*) serve para: a) mostrar ou tentar mostrar a inocência do acusado; b) mitigar a culpa do acusado; e c) afetar a credibilidade das provas juntadas pela acusação. Além disso, quando trata dos 'direito do acusado', o artigo 67(2) deixa para o Tribunal decidir sempre que houver dúvida sobre a aplicação da 'confidencialidade'. Outro entendimento levaria à conclusão de que todos os sujeitos processuais – juízes, Ministério Público, defesa, acusado – ficariam na dependência dos fornecedores das informações, já que seria deles a discricionariedade para afastar, ou não, a confidencialidade dos documentos. Esta interpretação, além de indevida, colocaria em risco a própria independência do Ministério Público.

O **direito à divulgação** – e, ainda com maior razão, à divulgação de provas eximentes –, é um dos direitos fundamentais do acusado, cuja denegação faz que um julgamento justo seja inalcançável. Sua importância, a propósito, foi registrada em algumas decisões da Corte Europeia de Direitos Humanos:

> "É um aspecto fundamental do direito a um julgamento justo que o processo penal (...) seja contraditório e que haja igualdade de armas entre acusação e defesa. O direito a um processo contraditório significa, em um processo criminal, que a ambas, acusação e defesa, deve ser dada a oportunidade de conhecer e comentar observações e provas apresentadas pela outra parte. Além disso, o artigo 6º(1)[58] exige, como aliás o faz também o Direito inglês, que o Ministério Público

58 A referência é ao art. 6º da Convenção para a Proteção dos Direitos Humanos e das Liberdades Fundamentais, disponível em: <http://conventions.coe.int/treaty/en/treaties/html/005.htm>, acessado em 10 de março de 2016.

divulgue à defesa todas as provas materiais que tenha em seu poder a favor ou contra o acusado".[59]

A busca de unidade, completude e coerência do Tratado de Roma (***principia iuris tantum***), e por consequência a tutela dos direitos fundamentais incorporados pelo direito penal internacional (***principia iuris et in iure***), passam pela compreensão do artigo 21(3), pelo qual a disposição e a interpretação 'do direito aplicável em face do Estatuto' deverão ser compatíveis com os 'direitos humanos internacionalmente reconhecidos'. Se o acusado é impedido de articular a sua defesa por não ter acesso a elementos probatórios eximentes, a disposição dada ao 'direito aplicável' é contrária com os 'direitos humanos internacionalmente reconhecidos', fazendo com que, como decidiu o TPI no caso Lubanga Dyilo, "a necessidade de manter a eficácia do processo judicial como poderoso agente de justiça exceda, e muito, o interesse da comunidade mundial em julgar as pessoas acusadas de crimes contra a humanidade, por pior que sejam". A certeza de um processo justo não se limita ao juízo em si mesmo, senão também aos procedimentos preparatórios ao julgamento.[60]

A expansão do paradigma garantista para a esfera do direito penal internacional impõe que os princípios fundamentais sejam tomados como 'regras' consistentes em proibições de lesão ou obrigações de prestação, que são as suas respectivas garantias. Esta 'normatividade forte', de tipo 'regulativo', caracteriza-se pela sujeição do Estatuto de Roma àquele – como denominado por Ferrajoli[61] – **'embrião de Constituição mundial'**: a Carta da ONU de 1945, a Declaração Universal dos Direitos Humanos de 1948 e os dois Pactos sobre Direitos Civis, Políticos, Econômicos, Sociais e Culturais de 1966.

Se a aplicação e a interpretação dos direitos previstos no Estatuto de Roma devem ser **'compatíveis com os direitos humanos internacionalmen-**

---

59 Caso *Fitt vs. Reino Unido*, nº 29777/96, julgado em 16 de fevereiro de 2000. Disponível em: <http://hudoc.echr.coe.int/app/conversion/pdf/?library=ECHR&id=001-58833 &filename=001-58833.pdf&TID=ihgdqbxnfi>, acessado em 10 de março de 2016.

60 No *caso Lubanga Dyilo*, esta 'unidade, completude e coerência' do Tratado foi igualmente buscada na *doutrina da utilização abusiva dos meios processuais*, própria da *common law*. Embora a ausência de previsão expressa, a Corte Penal Internacional entendeu que a 'finalidade' do Estatuto de Roma é 'conter as violações de princípios fundamentais de justiça', como 'meio de proteger o indivíduo frente às violações de seus direitos fundamentais'. A 'doutrina da utilização abusiva dos meios processuais' objetivou, desde a origem, a tutela dos direitos humanos: era invocada pelo tribunal para sobrestar ou interromper procedimentos que violavam direitos humanos do imputado, como demoras injustificadas, manobras abusivas por parte da acusação ou excessos na condução do acusado perante a corte. *In*: voto em apartado do Magistrado Georghios M. Pikis no *caso Thomas Lubanga Dyilo*, prolatado em 21 de outubro de 2008, disponível em: <http://www.icc-cpi.int/iccdocs/doc/doc578371.pdf>, acessado em 10 de março de 2016.

61 FERRAJOLI, Luigi. *Principia iuris...*, op. cit., vol. 2, p. 487.

te reconhecidos', 'sem distinção baseada em motivos como gênero, idade, raça, cor, religião ou credo, opinião política ou de outra natureza, origem nacional, étnica ou social, posição econômica, nascimento ou qualquer outra condição',[62] os princípios fundamentais relativos aos direitos do homem, também no âmbito internacional, deixam de ser fonte de justificação política ou externa e passam a ser fonte de legitimação jurídica ou interna do direito penal internacional.

Portanto, pensar-se na formação de um **'estado internacional de direito'** seria tomar o 'estado constitucional de direito' não mais como *complemento*, como ocorreu com o 'estado legislativo de direito', mas sim como *pressuposto básico*, tendo o 'direito penal internacional' e o 'Tribunal Penal Internacional' como garantias, primária e secundária, introduzidas na defesa dos direitos e outros bens tidos como fundamentais.

O desafio atual é exatamente compreender que o 'embrião de Constituição do mundo' possui duas conotações essenciais: uma 'estrutural', pois deve estar no vértice do sistema de normas internacionais, e outra 'axiológica', pois deve conferir legitimação e limitação aos poderes públicos como forma de garantir a paz e proteger os direitos do homem. Somente assim será possível rechaçar o atual modelo global, em que o mundo parece ser 'comandado' por uma superpotência que detém um poder econômico, político e militar sem limites, instituindo, no lugar dele, um modelo garantista de democracia cosmopolita verdadeiro. A construção de uma esfera pública mundial a partir do paradigma de Ferrajoli[63] pressupõe a **introdução de uma série de instituições internacionais de garantia**: em termos de 'garantias primárias', isso passaria pelo fortalecimento de instituições já existentes (dotando organismos como a FAO e a Organização Mundial da Saúde, por exemplo, de meios e poderes necessários para que possam efetivamente exercer suas funções de prestação alimentar e sanitária) e pela criação de instituições novas (como organismos internacionais para tutelar o meio ambiente, garantir a instrução, proteger a intimidade ou mesmo fornecer habitação para todos); em termos de 'garantias secundárias', isso passaria, a par do fortalecimento do Tribunal Penal Internacional, pela criação de outras cortes internacionais com jurisdição sobre o direito do trabalho, sobre direitos civis e sobre direitos sociais. Isso tudo, ainda, acrescentado pela instituição de uma jurisdição

62 Artigo 21(3) do Estatuto de Roma: "A aplicação e interpretação do direito, nos termos do presente artigo, deverá ser compatível com os direitos humanos internacionalmente reconhecidos, sem discriminação alguma baseada em motivos tais como o gênero, definido no parágrafo 3º do artigo 7º, a idade, a raça, a cor, a religião ou o credo, a opinião política ou outra, a origem nacional, étnica ou social, a situação econômica, o nascimento ou outra condição".

63 FERRAJOLI, Luigi. *Principia iuris*..., op. cit., vol. 2, pp. 551-2.

constitucional internacional sobre as resoluções do Conselho de Segurança da ONU.

Trata-se, conforme se disse, de um desafio. Mas "sem a esperança da vinda de melhores tempos", como afirma Kant, "nenhuma ação é possível; pois apenas essa esperança tem inspirado os homens de pensamento correto a fazer algo pelo bem comum".[64]

Referências bibliográficas

BAHIA, Saulo José Casali. *O Tribunal Penal Internacional e a Constituição Brasileira*. Revista dos Mestrandos em Direito Econômico da UFBA, Salvador, v. 10, 2002.

BARBOSA, Rubens Antônio. *Os Estados Unidos pós 11 de setembro de 2001: implicações para a ordem mundial e para o Brasil*. In: RBPI 1, 2002.

BASSIOUNI, M. Cherif. *Le fonti e il contenuto del diritto penale internazionale – Un quadro teorico*. Milano: Giuffrè Editore, 1999.

CASSESE, Antonio. *Lineamenti di diritto Internazionale penale – II. Diritto sostanziale*. Bologna: Il Mulino, 2005.

CUNHA, Ciro Leal M. da. *Terrorismo internacional e política externa brasileira após o 11 de setembro*. Dissertação apresentada no Mestrado em Diplomacia do IRBr, Brasília, 2010.

FERRAJOLI, Luigi. *Principia iuris: Teoria del diritto e della democrazia*, Bari: Laterza, 2007.

FERREIRA FILHO, Manoel Gonçalves. *Curso de Direito Constitucional*. 27ª ed. São Paulo: Saraiva, 2001.

GOMES, Luiz Flávio; MOLINA, Antonio García-Pablos de. *Direito Penal, Parte Geral*, vol. 2. São Paulo: RT, 2007.

JANKOV, Fernanda Florentino Fernandez. *Direito Internacional Penal. Mecanismo de implementação do Tribunal Penal Internacional*. São Paulo: Saraiva, 2009.

KANT, Immanuel. *Sopra il detto comune*. In: "Scritti politici e di filosofia della storia e del diritto", trad. Gioele Solari e Giovanni Vidari, ed. postuma a cura di Norberto Bobbio, Luigi Firpo, Vittorio Mathieu. Torino: Utet, 1995, p. 276.

64 KANT, Immanuel. *Sopra il detto comune*. In: "Scritti politici e di filosofia della storia e del diritto", trad. Gioele Solari e Giovanni Vidari, ed. postuma a cura di Norberto Bobbio, Luigi Firpo, Vittorio Mathieu. Torino: Utet, 1995, p. 276.

KRIEGER, César Amorim. *Direito internacional humanitário: o precedente do Comitê Internacional da Cruz Vermelha e o Tribunal Penal Internacional.* Curitiba: Juruá, 2006.

MAIA, Marielle. *Tribunal penal internacional: aspectos institucionais, jurisdição e princípio da complementaridade.* Belo Horizonte: Del Rey, 2001.

MAZZUOLI, Valerio de Oliveira. *Curso de Direito Internacional Público.* 4ª ed. São Paulo: Revista dos Tribunais, 2010.

NYE JR., Joseph Samuel. *A North American perspective.* "The Trilateral Commission – Addressing the new international terrorism: prevention, intervention and multilateral cooperation". Washington D.C., The Trilateral Commission, 2003.

RAMOS, André de Carvalho. *O Estatuto do Tribunal Penal Internacional e a Constituição Brasileira.* In: "Tribunal Penal Internacional". CHOUKR, Fauzi Hassan; AMBOS, Kai (orgs.). São Paulo: RT, 2000.

SALIM, Alexandre Aranalde. *Teoria da Norma Penal*, Porto Alegre: Verbo Jurídico, 2008.

SCHMITT, Carl. *O Conceito de Político.* Petrópolis: Vozes, 1992.

STEINER, Sylvia H. F. *O Tribunal Penal Internacional, a pena de prisão perpétua e a Constituição Brasileira.* O que é Tribunal Penal Internacional – Brasília: Câmara dos Deputados, coordenação de publicações, 2000. Série Ação Parlamentar, nº 110.

TIVERON, Raquel. *Aspectos históricos, jurídicos, filosóficos e políticos do tribunal penal internacional e seu impacto no ordenamento jurídico brasileiro.* Dissertação de Mestrado apresentada perante o Centro de Ensino Universitário de Brasília (UniCEUB), Brasília, 2005.

O BEM JURÍDICO PROTEGIDO PELO DIREITO PENAL ECONÔMICO

Andrei Zenkner Schmidt

RESUMO: O artigo pretende analisar a delimitação conceitual do Direito Penal Econômico a partir da noção material de bem jurídico protegido (ordem econômica) e de suas principais características.

PALAVRAS-CHAVE: Crimes econômicos. Bem jurídico. Conceito material.

TITLE: The Legal Asset Protected by the Economic Criminal Law.

ABSTRACT: The paper seeks to examine the conceptual delimitation of the Economic Criminal Law from the material notion of legal asset protected (economic order) and its main features.

KEYWORDS: Economic crimes. Legal asset. Material notion.

1. Introdução

A compreensão de que a ordem econômica, uma vez erigida a programa constitucional, legitima o Estado a regular – ou a intervir em – espaços onde a autorregulação econômica mostre-se insuficiente para a solidez e a transparência do mercado, ou mesmo nos casos em que os fluxos econômicos devem orientar-se também a partir de uma programação social,[1] coloca-nos diante do problema relacionado à possível missão que o direito penal pode assumir como instrumento auxiliar dessa tutela. Não são poucas as questões que emergem de uma premissa nesses termos.

A intervenção estatal – direta e/ou indireta – na economia é notadamente fragmentária: somente ocorre naqueles segmentos em que a irrestrita liberdade dos fluxos econômicos pode gerar riscos consideráveis à realização do homem enquanto pessoa. Historicamente, a amplitude dessa intervenção tem variado de acordo com cada sistema político e/ou constitucional. Mas a tônica de um Estado democrático e social de direito é a de que se deva reconhecer, *a priori*, a autonomia da livre mobilidade nos fluxos econômicos. Apenas enquanto excepcionalidade jurídica é que se desenvolve, também de forma fragmentária, a proteção penal sobre políticas econômicas. O que

---

1 Em detalhes: SCHMIDT, Andrei Zenkner. *Direito Penal Econômico – Parte Geral*. Porto Alegre: Livraria do Advogado, 2015, p. 25-44.

significa reconhecer que a criminalização primária de condutas que afetem a regular execução da ordem econômica submete-se a uma dupla relação de fragmentariedade: nem toda violação observada em relações individuais mediadas pela regulação econômica é passível de tutela jurídica; nesse segmento, nem toda violação juridicamente protegida comporta, só por essa razão, uma configuração penal. Há uma nítida distinção, portanto, entre a consideração da ordem econômica enquanto bem jurídico tutelável e a mesma ordem econômica como bem jurídico *penalmente* tutelável.

A antecipação dessa tese obriga-nos a enfrentar o intrincado problema da delimitação conceitual do objeto do direito penal econômico, assim como a sua conformidade com o sistema jurídico-penal e o ordenamento constitucional. Deveras, se pretendemos aferir a eventual dignidade penal para a proteção a ser conferida em relações econômicas que se desenvolvem sob a batuta regulatória/interventiva do Estado, então teremos de analisar, com redobrado rigor, qual o ilícito que, no fim das contas, pretende-se tutelar. Porque só faz sentido buscarmos uma delimitação para o horizonte cognitivo do direito penal econômico se nos for possível concluir que a intencionalidade dessa formulação é justificável frente as demais modalidades de tutela penal. Se um crime econômico confunde-se com um furto ou com um estelionato, ou se o conceito de crime econômico abrange delitos contra a administração pública, então sequer será necessário, em nosso modo pessoal de ver as coisas, aventarmos uma disciplina com o nome de direito penal econômico. Bastará, em vez disso, a análise dos diversos crimes em espécie à luz da sistematicidade da teoria geral do delito para alcançarmos uma ajustada compreensão acerca da necessidade e dos limites da tutela.

Mas não é essa a hipótese que, em nosso sentir, tende a se confirmar. Há uma razão forte para aceitarmos que a formulação de um conceito material de crime econômico pode nos conduzir ao isolamento de significativas peculiaridades dogmáticas frente a outras formas de criminalidade. De modo que tais características especiais, uma vez confirmadas, autorizem o reconhecimento de uma autonomia disciplinar para o direito penal econômico. Só a partir dessa delimitação conceitual é que a legitimidade da intervenção penal poderá ser avaliada.

O propósito do presente capítulo, nesse rumo, é construir um conceito material, autônomo e legítimo de crime econômico que dialogue com a proteção exigida para os rumos da política econômica contemporânea, nos moldes delimitados pelo capítulo anterior.

2. Introduzindo um conceito material de delito econômico

2.1. Conceitos criminológico, formal e material-vitimológico (*lato sensu* e *stricto sensu*): apreciação crítica

Quando brasileiros e portugueses referem-se a *crimes económicos*, espanhóis, a *delitos socioeconómicos*, ingleses, a *business crimes*, franceses, a *délits d'affaires*, e alemães, a *Wirtschaftsdelikte*, não estão aludindo ao mesmo tema, porquanto diversos são os critérios utilizados para cada definição. Circunstância esta que dificulta, sobremaneira, o próprio desenvolvimento do pensamento científico, o intercâmbio de experiências e a promoção de reformas penais.[2] Tal contingência não nos impede de delimitarmos arbitrariamente o objeto de estudo em atenção aos limites de nosso estudo.

A história da delinquência econômica remonta à sua abordagem criminológica, principalmente a partir da definição do *white-collar crime* por SUTHERLAND, em 1939.[3] Muito embora o relacionamento entre criminalização secundária e processos de seletividade social não tenha sido criado originalmente por SUTHERLAND,[4] a ele deve-se o mérito de lançar, através da *teoria da associação diferenciada*, uma crítica ao princípio da culpabilidade enquanto exigência geral do desvalor social da conduta: sob uma perspectiva sociológica, existem normas e valores especificamente reconhecidos apenas por determinados grupos sociais (subculturas criminais).

Através de estatísticas criminais, SUTHERLAND concluiu que pessoas de elevada condição econômica também praticariam crimes – porém normalmente escapariam, de forma desigual, do processo de criminalização secundária -, e não somente integrantes de uma minoria formada por indivíduos socialmente desfavorecidos e desviados. Em termos criminológicos, pouco importaria o ilítico-típico concretamente realizado – até mesmo porque a definição legal da conduta não é premissa necessária da criminologia sociológica –, sendo relevante, tão-somente, a especial condição econômica de seu autor.

A "denúncia criminológica" de SUTHERLAND, embora se apresente como um importante instrumento de crítica da dogmática penal clássica estruturada a partir da tutela de direitos individuais[5] –, não detém aptidão

2 Nesse sentido: TIEDEMANN, Klaus. *Poder Económico y Delito*. Trad. de Amelia Villegas. Barcelona: Ariel, 1985, p. 9; CORREIA, Eduardo. 'Notas Críticas à Penalização de Actividades Económicas'. In *Direito Penal Económico*. Coimbra: Centro de Estudos Judiciários, 1985, p. 16-18 (p. 9-23).

3 SUTHERLAND, Edwin H. *El Delito de Cuello Blanco*. Trad. por Laura Belloqui. Montevideo/Buenos Aires, 2009.

4 Sobre os antecedentes históricos do pensamento de SUTHERLAND, v.: SANTOS, Cláudia Maria Cruz. *O Crime de Colarinho Branco (Da origem do conceito e sua relevância criminológica à questão da desigualdade na administração da justiça penal)*. Coimbra: Universidade de Coimbra, 2001, p. 39-42.

5 A expressão "denúncia criminológica", no sentido empregado pelo texto, é dada por FARIA COSTA, José de. *Direito Penal Económico*. Coimbra: Quarteto, 2003, p. 81-84. Para mais detalhes desse viés crítico-dogmático da teoria de SUTHERLAND, v.: RACITI, Annamaria. 'Il Criminale Economico nella Ricerca Criminologica: dall'Opera di Sutherland alle più Recenti Formulazioni Teoretiche'. In: *Rivista Trimestrale di Diritto Penale Dell'Economia*, Padova: CEDAM, ano XVIII, nº 3, lug-set/2005, p. 677-

suficiente para uma delimitação do objeto do direito penal econômico.[6] Poderemos encontrar crimes efetivamente atentatórios à ordem econômica sem que o seu autor tenha, necessariamente, uma condição socioeconômica privilegiada; ao passo que também são apurados delitos contra a liberdade individual praticados por alguém que ostenta essa mesma condição.[7] É dizer: o direito penal econômico confundir-se-ía com todos os crimes em espécie definidos pelo direito penal.[8]

Alguns sistemas jurídicos permitem, de outro lado, a definição do crime econômico em termos normativos. Um dos primeiros países a realizar a codificação de infrações econômicas foi Portugal, através da edição do Decreto-lei nº 41.204 de 1954, que definiu as *infracções contra a saúde pública e das infracções antieconómicas*. Esse diploma normativo foi revogado pelo Decreto-lei nº

699; BERGALLI, Roberto. 'Criminología del 'White-Collar Crime': forma-estado y processo de concentración económica'. In: *Estudios Penales y Criminológicos*, Santiago de Compostella: USC, 1984, VII, p. 27-69; 'Criminalidad económico-social: una digresión sobre la tropología del discurso jurídico-penal'. In *Anuario de Derecho Penal y Ciencias Penales* , Madrid, vol. 39, ene./abr., 1986, p. 59-73; BAJO FERNÁNDEZ, Miguel. 'La Delincuencia Económica desde el Punto de Vista Criminológico'. In VV. AA. *Nuevas Tendencias del Derecho Penal Económico y de la Empresa*. Lima: Ara, 2005, p. 21-55.

6 TIEDEMANN, Klaus. *Manual de Derecho Penal Económico*. Valencia: Tirand lo Blanch, 2010, p. 57; BUJÁN PEREZ, Carlos Martínez. *Derecho Penal Económico y de la Empresa. Parte General*. 2ª ed. Valencia: Tirand lo Blanch, 2007, p. 125-126.

7 VOLK, Klaus. 'Criminalità Economica: Problemi Criminologici, Politico-criminali e Dommatici'. *Sistema Penale e Criminalità Economica. I rapporti tra dommatica, politica criminale e processo*. Napoli: Scientifiche Italiane, 1998, p. 32; CORREIA, Eduardo. 'Notas Críticas à Penalização de Actividades Económicas'. In *Direito Penal Económico*. Coimbra: Centro de Estudos Judiciários, 1985, p. 16 (p. 9-23).

8 A mesma crítica pode ser feita, por exemplo, à tentativa de definição processual dos crimes econômicos, com base na complexidade da investigação e na previsão de recursos tecnológicos para a instrução probatória. Também aqui teríamos o mesmo problema referido acima, pois mesmo em crimes 'clássicos' há a frequente necessidade de um sofisticado aparato judicial para a sua repressão (por exemplo, um furto seria considerado econômico sempre que praticado através da internet) – TIEDEMANN, Klaus. 'El concepto de delito económico y de derecho penal económico'. In *Nuevo Pensamiento Penal* , Buenos Aires, vol. 4, 1975, p. 465 (p. 461-475). Não escapa de uma perspectiva meramente criminológica, no mesmo rumo, a associação do direito penal econômico à ideia de direito penal empresarial, na linha do que propõe SCHÜNEMANN ('Cuestiones básicas de dogmática jurídico-penal y de política criminal acerca de la criminalidad de empresa.' In *Anuario de Derecho Penal y Ciencias Penales* , nº 2, vol. 41, 1988, p. 529-558). Existem crimes praticados no âmbito de empresas que não necessariamente possuem conotação econômica (p. ex., crimes ambientais), assim como o contrário. A delimitação do conceito a partir de estruturas de poder (empresas) utilizadas para a execução de delitos não traz qualquer contribuição para o exame de uma autonomia disciplinar do objeto.

28 de 1984, sendo mantida, entretanto, a estrutura codificada – ainda que não exauriente – dessas modalidades delitivas e do rito processual respectivo.

Na Alemanha, o movimento codificador, apesar de bem menos intenso, é sempre apontado como originário da *Erstes Gesetz zur Bekämpfung der Wirtschaftskriminalität*, que, em outubro 1976, introduziu os §§ 264, 265b e 283-283d no StGB, definindo os crimes de *Subventionsbetrug*, *Versicherungsmißbrauch* e *Insolvenzstraftaten*, respectivamente. A grande maioria de crimes econômicos, contudo, ainda está prevista em legislação secundária.[9]

Uma codificação mais ampla verificou-se com a entrada em vigor, em 1995, do Código Penal espanhol, que fez a previsão dos *Delitos contra el patrimonio y contra el orden socioeconómico* (arts. 234-304) e dos *De los delitos contra la Hacienda Pública y contra la Seguridad Social* (arts. 304-310).

No Brasil, assim como nas legislações italiana e francesa, os crimes econômicos estão definidos em legislação esparsa e fragmentada.[10]

Seja como for, a delimitação do objeto do direito penal econômico a partir da definição legal, se bem representa um avanço orientado à sistemati-

---

9 Sobre a evolução histórica do direito penal econômico na Alemanha, assim como o acréscimo dos §§ 152a, 202a, 263a, 264a, 265, 266a, 266b, 269, 270, 303a e 303b no StGB, com a Segunda Lei de luta contra a criminalidade econômica (1986), e a definição fragmentada, em leis secundárias, de outras infrações penais econômicas v.: ACHENBACH, Hans. 'Anotaciones sobre la Evolución del Derecho Penal Económico en Alemania'. In MIR PUIG, Santiago *et al. Estudios de Derecho Penal Económico*. Caracas: Livrosca, 2002, p. 27-42 (p. 23-44); TIEDEMANN, Klaus. *Derecho Penal y Nuevas Formas de Criminalidad*. Trad. por Manuel Abanto Vásquez. Lima: IDEMSA, 2000, p. 14-23. Sobre a evolução do movimento codificador dos crimes econômicos na Europa, v.: FARIA COSTA, José de; COSTA ANDRADE, Manuel. 'Sobre a Concepção e os Princípios do Direito Penal Económico'. In *Direito Penal Económico e Europeu: Problemas Gerais*. Coimbra: Coimbra/IDPEE/FD-UC, 1998, vol. 1, p. 351-355 (347-364).

10 A título de exemplificação, podem ser referidas, no Brasil: Lei nº 7.492/86 (Crimes contra o Sistema Financeiro Nacional), Lei nº 8.078/90 (Código de Defesa do Consumidor, que prevê infrações penais relacionadas à matéria), Lei nº 8.137/90 (Crimes contra a Ordem Tributária e Econômica), Lei nº 8.176/91 (Crimes contra a Ordem Econômica), Lei nº 9.613/98 (Lei de Lavagem de Dinheiro) etc. Na Itália, crimes dessa natureza são encontrados no Codice Penale (principalmente no Título VIII – "dei delitti contro l`economia pubblica, l`industria e il commercio"), no Decreto-Legislativo 58/98 ("reati in materia di intermediazione finanziaria"), Decreto-Legislativo nº 74/2000 ("reati in materia di imposte sui redditi e sul valore aggiunto") etc. A França, de sua vez, tipifica "Du blanchiment" no Code Pénal (arts. 324-1/9), delitos relativos "aux produits d'épargne", "à la protection des investisseurs", "aux établissements du secteur bancaire", "aux prestataires de services d'investissement" e "à la lutte contre le blanchiment de capitaux et le financement des activités terroristes" no Code Monétaire et Financier, e delitos "relative à la liberté des prix et de la concurrence" na Ordonnance n° 86-1243 du 1 décembre 1986.

zação da matéria, não impede que outros delitos considerados materialmente econômicos sejam definidos fora desse alcance.[11] Com alguma frequência, de outro lado, podem ser observados crimes catalogados legalmente como econômicos que melhor estariam previstos na definição de crimes patrimoniais ou mesmo em outras rubricas próprias da tutela de interesses não necessariamente supraindividuais.[12]

Um terceiro método de determinação do objeto do direito penal econômico diz respeito à matéria especificamente tutelada ou, mais precisamente, à eventual autonomia do bem jurídico protegido. Este é o critério atualmente preferencial na doutrina que se debruça sobre o assunto. Desde que KURT LINDEMANN, em 1930, no estudo *Gibt es ein eigenes Wirstschaftsrecht?*, definiu o direito penal econômico como o ramo jurídico voltado à defesa penal da "economia nacional no seu conjunto ou das suas instituições fundamentais", e EBERHARD SCHMIDT, duas décadas após, em escrito intitulado *Das neue westdeutsche Wirtschaftsstrafrecht*, estabeleceu que o direito penal econômico incidisse no "espaço dos interesses vitais económico-sociais",[13] a doutrina penal europeia passou a aventar a autonomia e a peculiaridade do bem jurídico protegido pela norma penal econômica.

Contemporaneamente, vem-se reconhecendo um conceito *amplo* – abrangendo todas as ofensas à regulação da produção, industrialização e divisão de bens e serviços – e outro *restrito* – tutela de interesses supraindividuais relacionados à ordem da economia instituída e dirigida pelo Estado.[14]

11 Exemplo: no Brasil, a obtenção fraudulenta de benefício previdenciário, ante a ausência de norma especial regulando a matéria, é tipificada no art. 171 do CPBr (estelionato – burla, no direito penal português), definido no Título II (Dos Crimes contra o Patrimônio); em Portugal, pode ser referido o crime de Administração Danosa (art. 238 do CPPt), também inserido nos Crimes contra o Património, mas que, consoante veremos adiante, ostenta uma substancial característica econômica. Digno de menção, ademais, o StGB que, na Seção 22ª, ao tratar da *Betrug und Untreue*, define condutas inegavelmente econômicas (p. ex., o já referido § 265b – *Versicherungsmißbrauch*).

12 É o caso, por exemplo, no Brasil, do art. 3º da Lei nº 8.137/90 que, embora previsto no Capítulo I (dos Crimes contra a Ordem Tributária), prevê conduta de advocacia administrativa no âmbito da Fazenda Pública ("patrocinar, direta ou indiretamente, interesse privado perante a administração fazendária, valendo-se da qualidade de funcionário público. Pena – reclusão, de 1 (um) a 4 (quatro) anos, e multa."), que não passa de uma forma especial de crime contra a Administração Pública.

13 LINDEMANN, Kurt. *Gibt es ein eigenes Wirstschaftsrecht?* Jena: Gustav Fischer, 1932; SCHMIDT, Eberhard. *Das neue westdeutsche Wirtschaftssstrafrecht*. Tübingen: J.C.Mohr, 1950. Ambas as referências bibliográficas, assim como as transcrições, obtidas em FARIA COSTA, José de; COSTA ANDRADE, Manuel. 'Sobre a Concepção e os Princípios do Direito Penal Económico', cit., p. 88-89.

14 TIEDEMANN, Klaus. 'El concepto de delito económico y de derecho penal económico', cit., p. 471; *Derecho Penal y Nuevas Formas de Criminalidad*. Trad. por Manuel Abanto

Enquanto alguns autores valem-se da distinção para propor uma visão centrífuga do direito penal econômico – pugnando pela primazia do conceito *restritivo* –, outros aderem a uma orientação centrípeta do objeto.

O conceito *amplo* não detém condições sistemáticas de delimitação do alcance do horizonte cognitivo dos delitos econômicos, pois confere atenção à qualidade da atividade afetada, independentemente do bem jurídico materialmente selecionado em lei para a proteção. Um crime de ofensa individual (um dano ou um estelionato, p. ex.) poderia ser considerado delito econômico sempre que a execução da conduta alcançasse atividades econômicas reguladas no segmento da produção, industrialização e divisão de bens e serviços. O resultado final disso é que a identidade conceitual do direito penal econômico, no fim das contas, dependeria do status da ofensa concretamente observada, e não da ofensa em si.

BUJÁN PÉREZ propõe um conceito *amplo* que não esteja contingenciado pelas circunstâncias do caso concreto, mas sim sob uma perspectiva *ex ante* do bem jurídico protegido. Para ele, o direito penal econômico alcança não apenas aquelas infrações definidas no conceito *restrito*, senão também outras figuras delitivas que possuem *mediatamente* uma finalidade de proteção da regulação estatal da economia.[15] Para tanto, distinguir-se-iam os crimes econômicos que *imediatamente* tutelam a ordem socioeconômica sob uma perspectiva *supraindividual* (p. ex., crimes fiscais), dos crimes econômicos em que a proteção *imediata* é *individual*, porém *mediatamente* focalizados também na afetação supraindividual da ordem socioeconômica (p. ex., crimes contra a propriedade industrial, concorrência desleal, crimes falimentares etc.).[16] O conceito *amplo* proposto excluiria do seu alcance (a) todos os delitos patrimoniais clássicos que conceitualmente não incorporam uma afetação sequer

Vásquez. Lima: IDEMSA, 2000, p. 21; *Poder Económico y Delito*. Trad. de Amelia Villegas. Barcelona: Ariel, 1985, p. 16-17; BAJO FERNÁNDEZ, Miguel. 'Concepto y Contenido del Derecho Penal Económico'. In MIR PUIG, Santiago *et al*. *Estudios de Derecho Penal Económico*. Caracas: Livrosca, 2002, p. 9 (p. 3-21); BUJÁN PEREZ, Carlos Martínez. *Derecho Penal Económico y de la Empresa. Parte General*, cit., p. 96. Reconhecendo apenas o conceito restrito: FARIA COSTA, José de. *Direito Penal Económico*. Coimbra: Quarteto, 2003, p. 39-40. Para uma visão ampla do debate envolvendo a delimitação do conceito de crimes econômicos, v.: CERVINI, Raúl. 'Derecho penal económico: concepto y bien jurídico'. In *Revista Brasileira de Ciências Criminais*, São Paulo: RT, vol. 11, abr./jun., 2003, p. 81-108; BALDAN, Édson Luís. *Fundamentos do Direito Penal Econômico*. Curitiba: Juruá, 2005, p. 127-131.

15 BUJÁN PEREZ, Carlos Martínez. *Derecho Penal Económico y de la Empresa. Parte General*, cit., p. 118.

16 BUJÁN PEREZ, Carlos Martínez. *Derecho Penal Económico y de la Empresa. Parte General*, cit., p. 119, 158-164; *Derecho Penal Económico*. Madrid: Iustel, 2012, p. 101-107.

mediata da ordem econômica (p. ex., estelionato, apropriação indébita, dano etc.), conquanto, no caso concreto, a magnitude do prejuízo até possa, reflexamente, chegar a tanto,[17] e (b) infrações penais que possuem um conteúdo econômico, porém direcionam-se à proteção de outros bens jurídicos (p. ex., crimes contra a administração pública).[18]

A proposta tem o mérito de metodologicamente estar focada no objeto da tutela. Mas, em nosso sentir, prejudica sobremaneira uma tentativa de delimitação conceitual do crime econômico por aceitar que bens jurídicos individuais, mesmo que sob algumas circunstâncias, possam ser alcançados pelo objeto. Não nos parece segura a distinção entre bens jurídicos individuais que *mediatamente* afetem a ordem econômica e bens jurídicos individuais que só *reflexamente* possam comportar a referida afetação. Sob uma ótica econômica, a ofensa resultante de um crime de estelionato pode ser muito próxima da ofensa que decorre de um crime falimentar. Objetar-se-á que, neste, seria possível, sob uma perspectiva *ex ante*, isolar a violação *mediata* à ordem econômica, ao passo que, naquele, esse isolamento só ocorreria *ex post*. Ainda assim, a falência de uma empresa, à semelhança do que ocorre com crimes contra a propriedade industrial, viola relações intersubjetivas horizontais: o patrimônio dos sócios, o patrimônio da empresa, o patrimônio dos lesados etc. O direito penal econômico não deve se ocupar de ofensas com essa coloração individual, pois a relação entre Estado e economia tem a sua identidade direcionada para fluxos econômicos específicos em que os interesses individuais estão contingenciados pela natureza pública da regulamentação das opções possíveis.

O rigor metodológico nos direciona para uma delimitação conceitual efetivamente *restritiva* que não se deixe influenciar pela qualidade do sujeito ativo ou pela extensão do dano no sujeito passivo para obter sua autonomia jurídica. Se pretendemos – e esta é nossa hipótese – obter uma autonomia disciplinar para o direito penal econômico, então estaremos obrigados a buscar a formulação de um conceito diverso das formas ordinárias de tutela de direitos individuais, já exercida pelo núcleo rígido do direito penal. Crimes de furto, dano e estelionato até podem, em algumas circunstâncias, acarretar uma ofensividade reflexa que vá além do titular do patrimônio afetado, mas a proteção penal desempenha seguiria focalizada na natureza individual do bem jurídico protegido: o patrimônio. Daí ser necessário buscar a autono-

17 BUJÁN PEREZ, Carlos Martínez. *Derecho Penal Económico y de la Empresa. Parte General*, cit., p. 120.

18 BUJÁN PEREZ, Carlos Martínez. *Derecho Penal Económico y de la Empresa. Parte General*, cit., p. 120-121.

mia do bem jurídico nos crimes econômicos frente à tutela penal de direitos individuais.[19]

A ordem econômica deve ser vista como um bem jurídico autônomo – ainda que tal autonomia, conforme veremos em seguida, não signifique uma renúncia a um núcleo mínimo de raiz antropológica –, e não um simples somatório de interesses individuais coletivizados numa dada prática econômica.[20] O objeto da proteção, nesse rumo, não está relacionado a relações intersubjetivas, mas sim à mediação institucional que recai sobre essas relações.

Também aqui não seriam poucas as dificuldades que decorreriam desse conceito, a começar pela ausência de delimitação acerca do conteúdo jurídico da "ordem econômica". TIEDEMANN, por exemplo, conquanto acertadamente vincule o direito penal econômico à ideia de afetação supraindividual da ordem econômica, atribui um alcance demasiadamente vasto ao conceito, entendendo que todo e qualquer crime, mesmo os clássicos delitos patrimoniais, poderiam ser por ele abrangidos sempre que ofensivos a um "objeto fático supraindividual", ou seja, quando praticados, por exemplo, em detrimento de bancos, seguradoras, sociedades comerciais ou do Estado.[21] É dizer: dependendo da vítima do delito, a proteção penal poderia encontrar albergue no direito penal econômico.[22]

19 AFTALIÓN, Enrique. 'El bien jurídico tutelado por el derecho penal económico'. In *Revista de Ciencias Penales*, Santiado de Chile, vol. 25, mayo/ago, 1966, p. 86 (p. 79-91); BAJO FERNÁNDEZ, Miguel. 'Concepto y Contenido del Derecho Penal Económico', cit., p. 9.

20 Reconhecendo que os delitos econômicos introduzidos no StGB pelas reformas de 1976 e de 1986 dizem respeito a interesses coletivos, entendidos como a soma dos interesses individuais de todos os intervenientes no mercado: SCHÜNEMANN, Bernd. *Temas Actuales y Permanentes del Derecho Penal Después del Milenio*. Madrid: Tecnos, 2002, p. 185-202.

21 TIEDEMANN, Klaus. 'El concepto de delito económico y de derecho penal económico', cit., p. 471 e 469. Sobre a delimitação do conceito no âmbito da CE – sobre o qual recai a mesma crítica lançada acima: TIEDEMANN, Klaus. 'Derecho Penal Económico en el Tratado de la Constitución Europea'. In VV. AA. *Constitución Europea y Derecho Penal Económico*. Madrid: Ramón Areces, 2006, p. 173-188.

22 Em estudo posterior, KLAUS TIEDEMANN deixou de falar em "objeto fático supraindividual". Porém, complementou a noção de "aspectos supraindividuales de planificación económica y social" com a "protección de instrumentos del tráfico económico, que son utilizados abusivamente em la comisión de delitos económicos" (*Manual de Derecho Penal Económico*. Valencia: Tirand lo Blanch, 2010, p. 59 e 60). A proposição segue vulnerável à mesma crítica acima referida, porque submete a delimitação conceitual dos crimes econômicos ao tipo de instrumento utilizado para a ofensa em cada caso concreto, em vez de adensar teoricamente o que consistiria, sob uma perspectiva *ex ante*, o objeto material da proteção.

Contra essa visão "centrípeta",[23] duas objeções são possíveis: a ordem econômica não se materializa, juridicamente, em direitos individuais, ainda que estes, reflexamente, possam estar inseridos num determinado modelo econômico de Estado;[24] a lesão patrimonial a entes jurídicos ou a uma coletividade não ostenta a natureza da supraindividualidade, pois a afetação apenas patrimonial de um banco, de uma seguradora ou de credores pode ter uma conotação exclusivamente individual, apesar de relacionada a uma pessoa jurídica ou a um grupo determinado de pessoas. Sequer a lesão patrimonial direta ao Estado é, por si só, uma violação supraindividual: fatos dessa natureza podem não ter, imediatamente, qualquer relação com a programação estatal sobre a economia.[25]

2.2. O conceito material-fenomenológico de crime econômico

Pela mesma razão que não há espaço para pensarmos em um conceito abstrato de *ordem econômica* que não leve em conta uma estrutura social concreta, igualmente não poderemos cogitar de um conceito atemporal de *crime econômico*.[26] De fato, conforme observa D'ÁVILA,[27] à semelhança do que

---

23 FARIA COSTA, José de. *Direito Penal Económico*, cit., p. 37.

24 CERVINI, Raúl. 'Derecho penal económico: concepto y bien jurídico', cit., p. 105.

25 Sobre a necessidade de distinção entre crimes patrimoniais e crimes econômicos: RODRÍGUEZ, Caty Vidales. 'Los Delictos Socioeconómicos en el Código Penal de 1995: la Necesidad de su Delimitación frente a los Delitos Patrimoniales'. In *Estudios Penales y Criminológicos*, Santiago de Compostela, 1998, vol. 21, p. 305-378; GARCÍA CAVERO, Percy. *Derecho Penal Económico. Parte General.* 2ª ed. Lima: Grijley, 2007, p. 59-60.

26 CERVINI, Raúl. 'Derecho penal económico: concepto y bien jurídico', cit., p. 98.

27 D'AVILA, Fabio Roberto. 'Aproximações à Teoria da Exclusiva Proteção de Bens Jurídicos no Direito Penal Contemporâneo'. In *Revista Brasileira de Ciências Criminais*, São Paulo: RT, 2009, n° 80, p. 17 (p. 07-34). Na mesma linha, pondera JUAREZ TAVARES que "el bien jurídico es un elemento de la propia condición del sujeto y de su proyección social; en ese sentido puede ser entendido como un valor que se incorpora a la norma como su objeto de preferencia real y constituir por lo tanto, un elemento primario de la estructura del tipo, al cual se deben referir la acción típica y todos los demás componentes" (TAVARES, Juarez. *Bien Jurídico y Función en Derecho Penal.* Buenos Aires: Hammurabi, 2004, p. 84). "Essa concepção transcendental de tomar o bem jurídico como um objeto fora do direito tem o inconveniente de tornar vaga e incerta sua identificação como bem jurídico, dificultando, assim, a tarefa de determinar as proibições e os comandos que fundamentam as normas incriminadoras. Isto, porém, não constituirá impedimento a uma ordem jurídico-penal garantista, desde que efetivamente o legislador tenha sempre em vista, como parâmetro dessa identificação, a figura real da pessoa humana" (CERVINI, Raúl; TAVARES, Juarez. *Princípios de Cooperação Judicial Penal Internacional no Protocolo do Mercosul.*. São Paulo: RT, 2000, p. 188). Em detalhes: TAVARES, Juarez. 'Critérios de Seleção de Crimes e Cominação de Penas'. In *Revista Brasileira de Ciências Criminais*, São Paulo: RT, vol.

ocorre com o núcleo rígido do direito penal, o bem jurídico-penal, mesmo em relação ao direito penal secundário, possui uma expressão fenomênica e pré-jurídica, porquanto nada mais é do que o *reconhecimento* de um fragmento da realidade que se desnuda digna de proteção jurídica.[28] *Reconhecimento* este que, gize-se, não encontra sua legitimidade pressuposta apenas a partir de opções legislativas democraticamente concebidas, mas sim, antes disso, enquanto dimensão axiológica que, em uma comunidade historicamente datada, sinaliza positivamente para uma boa e desejada existência de determinadas realidades sociais que devem ter continuidade.[29]

Há uma inegável tendência doutrinária na aceitação de um conceito material de crime econômico.[30] Conforme destacamos linhas acima, a identidade teórica estaria concentrada em ofensas supraindividuais que lesionem, ou ponham em perigo, a continuidade de uma determinada ordem econômica. Paradoxalmente, entretanto, essa mesma tendência teórica costuma mitigar a importância da delimitação e da aptidão crítica do conceito sob o argumento de que os países possuem concepções diversas de *ordem econômica*.[31] Disso decorreria a conclusão inevitável de relativizar-se sobremaneira uma orientação pré-legislativa do objeto do ilícito: cada ordenamento jurídico poderia modificar decisivamente o alcance normativo do delito econômico.[32]

---

0 (lançamento), 1992, p. 75-87. Para uma visão geral de teses opostas, que sustentam que a noção de bem jurídico não é autônoma (pré-jurídica) em relação à tipificação de uma determinada conduta: ZUCCALÀ, Giuseppe. 'Due Quetione Attuali sul Bene Giuridico: la Pretesa Dimensione Crítica del Bene e la Pretesa Necessaria Offensa ad um Bene'. In *Rivista Trimestrale di Diritto Penale Dell'Economia*, Padova: CEDAM, lug-dic/2004, p. 841-853 (p. 839-883).

28 Em termos semelhantes, sustentando um modelo fenomenológico de bem jurídico, porém com base no conceito de *reificação* de AXEL HONNETH: SAAVEDRA, Giovani; VASCONCELLOS, Vinícius Gomes de. 'Ofensividade em Direito Penal: revisitando o conceito de bem jurídico a partir da Teoria do Reconhecimento de Axel Honneth.' In *Direito e Justiça*, Porto Alegre, vol. 38, 2012, p. 14-21.

29 D'AVILA, Fabio Roberto. 'Aproximações à teoria da exclusiva proteção de bens jurídicos no direito penal contemporâneo', cit., p. 13.

30 Para uma ampla visão, v.: CAVERO, Percy García. *Derecho Penal Econômico. Parte General*, cit., p. 273-300.

31 Nesse sentido: CERVINI, Raúl. 'Derecho penal económico: concepto y bien jurídico', cit., p. 97; BALDAN, Édson Luís. *Fundamentos do Direito Penal Econômico*, cit., p. 65. De forma ainda mais expressa, afirma BUJÁN PEREZ que "el concepto de 'ordem económico' no sierve para designar, en rigor, un bien jurídico directamente protegido en sentido técnico, ni siquiera en el caso de los delitos económicos en sentido estricto" (BUJÁN PÉREZ, Carlos Martínez. *Derecho Penal Económico*. Valencia: Tirand lo Blanc, 2002, p. 323).

32 TIEDEMANN, Klaus. *Lecciones de Derecho Penal Económico*. Trad. por Rosario de Vicente Martínez. Barcelona: PPU, 1993, p. 126.

Esse é o equívoco a que nos propomos superar. Efetivamente, não parece possível avistarmos um horizonte cognitivo comum para crimes econômicos em tempos de guerra em comparação com períodos de normalidade política; tampouco a comparação seria possível entre países capitalistas e socialistas, porquanto estaria a pressupor uma atemporalidade do bem jurídico.

Contudo, exatamente porque estamos tratando de um saber historicamente datado, é-nos dada a condição de atingir um adensamento satisfatório do objeto pré-jurídico de tutela caso o enclausuremos metodologicamente no contexto de economias de mercado de configuração democrática. É sobre tais limites – e somente em relação a eles – que recai a pretensão de racionalidade que aventamos possível.

Neste recorte fenomenológico, a *ordem econômica* assume características metajurídicas comuns que estão muito além dos limites normativos de países determinados. Livre comércio, propriedade privada, controle de inflação e erradicação da pobreza, por exemplo, são valores comunitariamente reconhecidos como relevantes ao desenvolvimento não apenas de instituições, senão também – e principalmente – à máxima realização possível do indivíduo enquanto pessoa.[33] Não sabemos ao certo qual o capitalismo ideal que irá preponderar no século XXI, mas já é identificável uma razão prática capaz de eliminar a hipótese de que a abolição da propriedade privada e o monopólio estatal dos meios de produção seja uma escolha melhor. Daí ser correta a advertência de D'ÁVILA no sentido de que "nada há de artificial no reconhecimento comunitário, em âmbito econômico, de fragmentos de realidade dotados de uma valoração de signo positivo", ainda que, "em âmbitos de alta especialidade e complexidade", não seja possível "exigir uma sua geral e comum percepção comunitária."[34]

A dificuldade que a dogmática penal enfrenta, mesmo em suas concepções funcionalistas, deve-se muito mais ao fato de não avançar na máxima compreensão possível da especialidade do fenômeno *ordem econômica* – de modo a buscar reduzir a complexidade que lhe é imanente – do que a uma propalada inaptidão conceitual de *ordem econômica*, porquanto variável de país para país. A doutrina penal tem-se demonstrado incapaz de construir um conceito verdadeiramente material de crime econômico porque se recusa

33 Sem se referir a práticas econômicas determinadas, porém ressaltando a necessidade de que os bens jurídicos, em todas as suas dimensões, projetem-se como uma condição ou etapa de realização da pessoa individual: TAVARES, Juarez. *Bien Jurídico y Función en Derecho Penal*, cit., p. 84. Para uma visão completa de todas as teorias relacionadas ao conceito de bem jurídico: SOUZA, Paulo Vincícius Sporleder de. *Bem jurídico-penal e engenharia genética humana: contributo para a compreensão dos bens jurídicos supra-individuais*. São Paulo: Editora Revista dos Tribunais, 2004, *passim*.

34 D'AVILA, Fabio Roberto. 'Aproximações à teoria da exclusiva proteção de bens jurídicos no direito penal contemporâneo', cit., p. 17.

a abandonar a clausura de um saber que não vai além de sua própria unidade disciplinar.[35] É, pois, no diálogo entre as ciências penal e econômica que encontraremos as condições ideais para o *reconhecimento* de valores comunitários afeitos à vida econômica que, a despeito de polissêmicos, comportam limites razoáveis de identificação.[36]

O saber econômico não instrumentaliza o direito penal, mas sim ilumina o seu horizonte cognitivo a fim de que o poder punitivo tenha condições de criminalizar somente aquelas práticas que se considerem ofensivas a uma política econômica, na exata medida em que possam subverter o reconhecimento simbólico de valores consagrados como relevantes ao desenvolvimento humano.[37] O livre mercado (política econômica *stricto sensu*),

35 Tratamos do assunto em: SCHMIDT, Andrei Zenkner. *O Método do Direito Penal sob uma Perspectiva Interdisciplinar*. Rio: Lumen Juris, 2009, *passim*.

36 MONTANI, Elenora. '*Economic Crimes*. Diritto Penale ed Economia: Prove di Dialogo'. In: *Rivista Trimestrale di Diritto Penale Dell'Economia*. Padova: CEDAM, ano XVIII, nº 4, ott-dic/2005, p. 934-935 (p. 909-936). Uma interessante aproximação teórica, atenta ao diálogo acima referido, também pode ser obtida em: SILVA, Ivan Luiz. *Direito Penal Econômico e Teoria da Adequação Econômica da Conduta*. Curitiba: Juruá, 2011.

37 Por isso, deve ficar claro, desde já, que a metodologia que seguimos muito longe está de acompanhar a *Economic Analysis of Law* (ou AED – Análise Econômica do Direito), definida como uma "teoria do comportamento humano", um "campo do conhecimento humano que tem por objetivo empregar os variados ferramentais teóricos e empíricos econômicos e das ciências afins para expandir a compreensão e o alcance do direito e aperfeiçoar o desenvolvimento, a aplicação e a avaliação de normas jurídicas, principalmente com relação às suas consequências" (GICO JR., Ivo T. 'Metodologia e Epistemologia da Análise Econômica do Direito'. In *Economic Analysis of Law Review*. Brasília: ABDE/Universidade Católica de Brasília/Universa, 2010, vol. 1, nº 1, p. 8 (p. 7-33). A AED seria, assim, "a aplicação do instrumental analítico e empírico da economia, em especial da microeconomia e da economia do bem-estar social, para se tentar compreender, explicar e prever as implicações fáticas do ordenamento jurídico, bem como da lógica (racionalidade) do próprio ordenamento jurídico" (GICO JR., Ivo T. 'Metodologia e Epistemologia da Análise Econômica do Direito', cit., p. 18). O modelo é polêmico e sequer aceita tratamento uníssono entre seus adeptos. Discute-se, por exemplo, se a AED poderia apenas servir de instrumental teórico para a maximização dos resultados de uma política pública determinada – sem questionar se a referida política seria, ou não, legítima -, ou se, pelo contrário, também teria aptidão para conformar o tipo de estratégia política que deveria ter sido adotada. É sempre lembrado, no extremo dessa orientação, a primeira proposição (1977) de RICHARD POSNER em seu *The Economics of Justice*, que vislumbrava na maximização da riqueza social o critério normativo a ser perseguido pelo direito e pela política econômica (POSNER, Richard A. *A Economia da Justiça*. Trad. por Evandro Ferreira e Silva. São Paulo: Martins Fontes, 2010). Para uma visão ampla do debate, v.: COOTER, Robert; ULEN, Thomaz. *Direito e Economia*. 5ª ed. Trad. por Luis Marcos Sander. Porto Alegre: Bookman, 2010, *passim*. A título ilustrativo, há quem sustente que, no processo penal, a execução provisória da sentença condenatória "é mais aconselhável se: a) as instituições jurídicas forem mais

v.g., apresenta-se como um objeto material de proteção penal legítima não enquanto valor-em-si, tampouco porque a maioria dos ordenamentos constitucionais consagra-o positivamente em sua dimensão axiológica, mas sim porque historicamente tem-se mostrado relevante para a consecução menos onerosa possível dos objetivos do homem enquanto pessoa.

A par disso, a dimensão *existencial* do crime econômico, a despeito de sua representação enquanto valor transcendente e corporizável, está a exigir um segundo tipo de valoração que decorre exatamente de sua condição jurídica de crime econômico. Assim o é, preconiza D'ÁVILA,[38] porque sua fenomenologia, hoje, tem de conformar-se com a noção de crime como ofensa a bem jurídico na normatividade de Estados Democráticos de Direito: este

---

eficientes; b) for maior a probabilidade de reincidência do crime; c) o dano da vítima for considerável; e d) o crime gerar malefícios a uma quantidade maior de pessoas" (MENEGUIN, Fernando B.; BUGARIN, Maurício S. 'Execução Provisória da Sentença: uma análise econômica do processo penal'. In *Economic Analysis of Law Review*. Brasília: ABDE/Universidade Católica de Brasília/Universa, 2011, vol. 2, nº 2, p. 204 (p. 204-229). De uma maneira geral, vem-se criticando a AED à vista do pragmatismo econômico exagerado que dela resultaria, capaz de transformar o direito em um mero instrumento de obtenção de resultados econômicos eficientes (NEVES, António Castanheira. 'Entre o Legislador, a Sociedade e o Juiz ou entre Sistema, Função e Problema – Modelos Actualmente Alternativos da Realização do Direito'. In: SILVA, Luciano Nascimento [org]. *Estudos Jurídicos de Coimbra*. Curitiba: Juruá, 2007, p. 253-257 (p. 229-268). Muito mais ajustado ao nosso modo pessoal de ver as coisas está a *Institutional Economics Theory*, que ganhou espaço entre os juseconomistas no final do século passado. Foi principalmente DOUGLASS NORTH (*Custos de transação, instituições e desempenho econômico*, cit.) quem amadureceu a ideia de que a estabilidade e a transparência das regras formais e informais (definidas por ele como *instituições*) que regem a economia, a cultura e a política de um determinado país constituem o expoente máximo do desenvolvimento econômico de longo prazo. A rigor, não se trata de uma antítese da AED, mas sim de um ajustamento: direito e economia encontrariam na meta da redução da *incerteza* o critério ímpar de legitimidade. O diferencial é que uma ideia de eficiência neutra – segundo propõem alguns adeptos da AED – cede espaço a um parâmetro ético de direcionamento da economia; e, consequentemente, um critério igualmente ético-racional de legitimação da *ordem econômica*. Em nosso sentir (em tudo alinhado às manifestações públicas de GIOVANI SAAVEDRA acerca do assunto) a *teoria institucional da economia*, de DOUGLAS NORTH, é o caminho para reconhecermos que a noção de *ordem econômica*, muito embora não possa permanecer alheia a metas de eficiência, encontra-se contingenciada a partir de critérios jurídicos de tutela material de fluxos econômicos. A novidade é que, nos dias atuais, não é só no meio jurídico que carência, adequação e necessidade de distintas formas de tutela estatal da economia vêm sendo reconhecidas: de uma maneira geral, economistas, principalmente após a crise dos *subprimes* (2009), admitem não mais haver espaço para uma irrestrita liberdade de mercado. Definitivamente, qualquer afronta à ideia de regulação econômica parece incorrer em ofensa à vedação de retrocesso social.

38 D'ÁVILA, Fabio Roberto. *Ofensividade em Direito Penal. Escritos sobre a Teoria do Crime como Ofensa a Bens Jurídicos*. Porto Alegre: Livraria do Advogado, 2009, p. 67-72.

modelo político é o que historicamente ganha espaço em termos de reconhecimento comunitário.[39]

Nessa linha, a dignidade de um crime econômico tem de se sujeitar a uma *conformidade* axiológica qualificada, qual seja, a sua compatibilidade com os valores socialmente reconhecidos e também consagrados constitucionalmente. Trata-se de um segundo nível de valoração "no qual se busque resgatar a validade jurídico-penal da proibição/determinação de uma precisa conduta, diante do fim de tutela a que se propõe a norma, *rectius*, da denominada relação de ofensividade."[40]

Ambas as dimensões do conceito material de crime, inteiramente aplicáveis também aos delitos econômicos, serão devidamente aprofundadas nas linhas que seguem. De antemão, as noções gerais ora expostas possibilitam a compreensão de que o bem jurídico *ordem econômica*, com o adensamento e as ramificações que vimos propondo, é um parâmetro excelente de (i) *fundamentação* do direito penal econômico em relação a desvios reconhecidos como dignos de proteção, (ii) *crítica* da definição de tipos-de-ilícito econômicos em relação a práticas econômicas que, sequer em abstrato, detenham aptidão para lesar ou colocar em perigo condições existenciais humanas e (iii) *delimitação* do âmbito de incidência da norma apenas em relação a supostos fáticos ofensivos ao objeto da proteção.[41]

A legitimidade do direito penal econômico, portanto, será tão maior quanto mais próximo e ajustado for o tratamento legislativo e judicial conferido a normas e supostos fáticos materialmente ofensivos à *ordem econômica*. Uma eventual incompatibilidade pode apresentar-se fatal à unidade sistemática do tema: a tutela penal de condutas *realmente* violadoras da *ordem econômica* através de tipos penais que exigem uma ofensa individual para a consumação submete o fato, por força do princípio da legalidade, a pressu-

39 Em semelhante linha: DOTTI, René Ariel. *Curso de Direito Penal*. Rio: Forense, 2001, p. 62-63.

40 D'ÁVILA, Fabio Roberto. 'Aproximações à teoria da exclusiva proteção de bens jurídicos no direito penal contemporâneo', cit., p. 20.

41 "O modelo de crime como ofensa a bens jurídicos não se restringe a uma compreensão político-ideológica, o que, se assim fosse, não lhe permitiria aspirar à posição de elemento eficaz de garantia, na conformação e delimitação do direito penal contemporâneo. Consiste, na verdade, em uma exigência material do ilícito que se refrata principalmenge em âmbito constitucional, e que, a partir de tal refração, projeta-se como índice crítico de legitimidade tanto no plano de *jure condendo*, orientando e limitando a produção legislativa em matéria penal, quanto no plano de *jure conditio*, reivindicando uma interpretação da norma, de acordo com as exigências de ofensividade" (D'ÁVILA, Fabio Roberto. *Ofensividade em Direito Penal*, cit., p. 52).

postos de adequação típica incompatíveis com a lógica da tutela de um crime econômico.[42]

Eis a importância do enfoque *crítico*: a antecipação da intervenção penal, imanente aos delitos econômicos, não pode seguir a lógica da proteção individual de bens jurídicos, pela singela razão de não ser este o objeto da tutela.[43] Em países que possuem uma codificação razoavelmente sistematizada, essa distinção passa muitas vezes despercebida. Mas tal contingência jurídica está a demonstrar, exatamente, que um conceito material de crime econômico tem de se submeter a uma definição legal da conduta que com ele tenha convergência.[44]

Daí, em síntese, o acerto da tese de EDUARDO CORREIA quando, a pretexto de delimitar o objeto do direito penal econômico, adota um critério "material-formal-substantivo":[45] um direito penal econômico legítimo é aquele que tutela materialmente ofensas supraindividuais da ordem econômica através de tipos-de-ilícito ajustados a essa forma peculiar de proteção.

---

42 FARIA COSTA, José de. *Direito Penal Económico*, cit., p. 42. Vale, aqui, um exemplo. No Brasil, a Lei nº 7.492/86 prevê, no art. 6º, uma forma especial de estelionato, quanto praticado em detrimento do sistema financeiro nacional: "Induzir ou manter em erro sócio, investidor ou repartição pública competente, relativamente a operação ou situação financeira, sonegando-lhe informação ou prestando-a falsamente: Penal – reclusão, e 2 (dois) a 6 (seis) anos, e multa." Obviamente que um fato concreto, uma vez alcançado tanto pela norma geral quanto pela norma especial, terá pressupostos de adequação típica distintos num ou noutro caso, especificamente quanto ao momento consumativo (o art. 171 é um crime de violação; o art. 6º, de perigo), quanto ao concurso de crimes (cada afetação patrimonial individual, no art. 171, caracterizaria crime autônomo, ao passo que, no art. 6º, teríamos crime único ainda que diversas pessoas fossem efetivamente lesadas) etc.

43 Essa crítica foi lançada por SCHÜNEMANN para justificar o equívoco em exigir-se demonstração de dolo de dano para a tipificação de um crime de declaração falsa de requerimento de crédito em instituição bancária (SCHÜNEMANN, Bernd. 'O direito penal é a *ultima ratio* da proteção de bens jurídicos – Sobre os limites invioláveis do direito penal em um Estado de Direito liberal'. In *Revista Brasileira de Ciências Criminais*, São Paulo: RT, 2005, nº 53, p. 31 (p. 9-37).

44 Nesse sentido, embora agregando um caráter conceitual secundário à definição do bem jurídico nos crimes econômicos: DONINI, Massimo. 'Dolo e Prevenzione Generale nei Reati Economici: un Contributo all'Analisi dei Rapporti fra Errore di Diritto e Analogia nei Reati in Contesto Lecito di Base'. In *Rivista Trimestrale di Diritto Penale Dell'Economia*, Padova: CEDAM, genn-giu/1999, nº 1-2, p. 16 (p. 1-63).

45 CORREIA, Eduardo. 'Notas Críticas à Penalização de Actividades Económicas', cit., p. 17. Referindo a existência de critérios formais e materiais de distinção entre crimes econômicos e patrimoniais: FARIA COSTA, José de. *Noções Fundamentais de Direito Penal (Fragmenta iuris poenalis). Introdução*. Coimbra: Coimbra, 2007, p. 31 (§ 11).

3. Delimitando o bem jurídico protegido (ordem econômica)

3.1. Fundamento e funções do direito penal econômico

A propedêutica penal sói abordar a estrutura teórica do delito a partir do exame de seu *fundamento* e de suas *funções* e/ou *finalidades*. Não são poucas, entretanto, as controvérsias que recaem sobre o tema, a começar quanto ao alcance daquilo que se deva entender como horizonte cognitivo de cada um desses conceitos.[46]

À míngua desse debate – que mal se acomodaria aos limites de nossa pesquisa –, buscaremos o *fundamento* do direito penal, conforme antecipado há pouco, numa dimensão fenomenológica capaz de desnudar o objeto metajurídico sobre o qual deverá recair a sua normatividade.

46 Em termos metodológicos, parte da doutrina entende que as *finalidades* do direito penal situam-se num nível prescritivo, constituídas pelos objetivos políticos a serem perseguidos pelo sistema penal para que sua intervenção resulte juridicamente legitimada. Já as *funções* estariam num nível descritivo, compostas pelos efeitos fáticos, não necessariamente justificáveis sob um ponto de vista jurídico, que decorrem do sistema penal. Nesse sentido: FERRAJOLI, Luigi. *Derecho y Razón. Teoría del Garantismo Penal*. Trad. por Andrés Ibánez, Alfonso Ruiz Miguel, Juan Carlos Bayón Mohino et al. 3ª ed. Madrid : Trotta, 1998, p. 234 e segs; HASSEMER, Winfried; MUÑOZ CONDE, Francisco. *Introducción a la Criminología y al Derecho Penal*. Valencia: Tirand lo Blanch, 1989, p. 99-100; SILVA SÁNCHEZ, Jesús María. *Aproximación al Derecho Penal Contemporáneo*. Barcelona: Bosch, 1992, p. 193-198; GARCÍA-PABLOS DE MOLINA, Antonio García-Pablos de. *Derecho Penal. Introducción*. Madrid: Universidad Complutense de Madrid, 1995, p. 85-86. Quer-nos parecer, entretanto, que a matriz teórica adotada tem de abandonar a premissa neokantista/weberiana de que os planos do "ser" e do "dever ser" do direito penal configurariam categorias estanques e isoladas, conclusão esta que não sobrevive minimamente a uma teoria do conhecimento em conformidade com o pensamento complexo. Sobre o tema, já tivemos oportunidade de nos manifestar no sentido de que o "ser" e o "dever ser" do direito penal misturam-se numa relação complexa e permanente (o *devir*), gerando uma constante tensão entre os níveis descritivos e prescritivos do poder punitivo. O algo que o direito penal é-em-si não pode ser epistemologicamente isolado do algo que ele pode-ser, muito embora isso não implique uma absoluta renúncia por uma missão deontológica a ser arcada pelo direito penal. O que se observa, para que não sejamos mal interpretados, é que tal missão tem de levar em conta o objeto enquanto realidade fática dentro de suas contingências históricas, ainda que se pretenda normativamente adaptá-lo a um modelo determinado (SCHMIDT, Andrei Zenkner. *O Método do Direito Penal sob uma Perspectiva Interdisciplinar*, cit., p. 5 e segs). Portanto, a distinção entre *finalidades* e *funções*, pelo menos nos termos em que proposto pela doutrina referida acima, é precária, essencialmente por ignorar a concretude prática e histórica do direito penal. Destacando a importância do diálogo entre "ser" e "dever ser" pela ciência penal: MANTOVANI, Ferrando. 'Il Vero 'Diritto Penale Minimo': la Riduzione della Criminalità?'. In *Rivista Italiana di Diritto e Procedura Penale*, Milano: Giuffrè, ano XLVIII, fasc. 3, lug-set/2005, p. 865 (p. 864-882).

Referimo-nos, aqui, à relação comunicacional de raiz onto-antropológica de cuidado-de-perigo, de que nos fala FARIA COSTA: o "cuidado" é o núcleo do princípio material de segurança que, através de uma abertura solidária, permite que a "minha" segurança seja obtida com os outros e pelos outros. "O étimo fundante da segurança está, por consequência, em uma ideia de pluralidade, de teia plural, de ramificações dialógicas em que o 'ter' é presença mas em que o 'ser social' é presença redobrada. Redobro consistente, porque o ser-aí-diferente é, a um tempo, manifestação da individualidade que o 'ter' desencadeia, mas também socialidade que esse mesmo 'ter' não pode deixar de pressupor".[47] As relações matriciais de cuidado-de-perigo verificam-se relativamente ao "eu" sobre si mesmo e ainda ao "eu" sobre os outros.[48]

A violação da relação onto-atropológica de cuidado de perigo, resultante do ilícito, torna manifesta a violação do cuidado no relacionamento do "eu" para com os "outros".[49] Em razão disso é que o detentor do *jus puniendi* (o Estado) assume a relação em termos de poder e desencadeia o fluxo comunicativo jurídico-penalmente relevante: a pena. Sob uma ótica fenomenológica, portanto, o direito penal é uma "ordem relacional" entre as três figuras principais que fomentam e constroem a discursividade penal – a vítima, o delinquente e o Estado.[50] E o direito penal econômico não passa de um recorte normativo que recai sobre uma especificidade dessa ordem relacional em sua dimensão *horizontal*, ainda que antecipada a intervenção a ofensas supraindi-

47 FARIA COSTA, José de. *O Perigo em Direito Penal*. Coimbra: Coimbra, 1992, p. 248-249.

48 FARIA COSTA distingue, quanto a esta segunda modalidade, a dimensão *horizontal* – o cuidado do "eu" para com os outros que se encontram no mesmo segmento – e numa dimensão *vertical* – o cuidado do "eu" para com as instituições fomentadoras do exercício ativo do poder, especialmente o Estado (*O Perigo em Direito Penal*, cit., p. 363-369 e 449).

49 "É indiscutível que o 'eu', ao virar-se sobre si, pressupõe a abertura ao 'outro', logo, um desligar originário para com o *ser*. Nervura onto-atropológica que determina que, quando se verificam os actos conducentes à prática jurídica de uma infracção – por exemplo, homicídio -, o cuidado, na sua dupla veste (cuidado para com os outros e para consigo mesmo) é intencionalmente subvertido na sua mais acabada antítese. (...) Em termos de relação onto-antropológica – continuando a servir-nos do exemplo anterior -, é ao matar-se outrem que se destrói não só a relação de cuidado que o agente devia ter para com o vítima ('o outro'), como destruídas ficam para sempre as relações de cuidado dos 'outros' para com a vítima, como também as relações que a partir dela despontariam para com os 'outros" (FARIA COSTA, José de. *O Perigo em Direito Penal*, p. 382-383).

50 FARIA COSTA, José de. *O Perigo em Direito Penal*, p. 381, nota 61; *Noções Fundamentais de Direito Penal*, cit., p. 20. Para detalhes acerca da fundamentação ontoatropológica do direito penal, segundo a proposta de FARIA COSTA: D'AVILA, Fábio Roberto. 'Ontologismo e Ilícito Penal. Algumas Linhas para uma Fundamentação Onto-Antropológica do Direito Penal'. SCHMIDT, Andrei Zenkner [org]. *Novos Rumos do Direito Penal Contemporâneo*. Rio de Janeiro: Lumen Juris, 2007, p. 259-267.

viduais. Nesse rumo, se o *fundamento* do direito penal situa-se na relação de cuidado-de-perigo de raiz onto-antropológica, o *fundamento* do direito penal econômico não pode constituir senão uma fração menor desse todo.

Diverso é o conteúdo da *função* que deve ser desempenhada pelo direito penal em atenção direta a essa estrutura fenomenológica. Em sendo considerado o "cuidado" como o elemento fundante que faz do homem o ser-homem em sua relação com o outro, o direito passa a desempenhar a função de proteger, em alguns casos, o indivíduo e a comunidade, dos "perigos" que possam advir da oscilação dessa relação de "cuidado". Sempre que a possível frustração de um cuidado-de-perigo assuma uma dimensão de relevância capaz de atrair a tutela jurídica, então este "perigo com" transformar-se-á num bem jurídico passível de "cuidado" institucional. E, quando sua relevância ganha destaque, esta proteção ainda pode dar-se pela via do direito penal. Assim, "a função primeira do direito penal é a de defender ou proteger bens jurídicos que tenham dignidade penal",[51] pois o crime caracteriza a perversão da relação de cuidado-de-perigo do "eu" para com o "eu" e do "eu" para com o "outro".[52] Ao atuar na proteção de bens jurídicos, o direito penal estará buscando o livre desenvolvimento da personalidade humana e a normal concretização dos interesses e valores da comunidade,[53] notadamente pela proteção das sub-funções de *garantia* – a possibilidade de o indivíduo conhecer, antecipadamente, os cuidados-de-perigo que não podem licitamente ser violados – de *segurança* – a possibilidade de o indivíduo poder viver socialmente integrado em uma relação de cuidado para consigo – e de *coesão* – a possibilidade de o meio social manter sua própria unidade.[54]

A tarefa de proteção de bens jurídicos com dignidade penal, assim, também deve caracterizar a *função* do direito penal econômico, ainda que, em sua área de incidência, tal missão assuma uma coloração diferenciada em relação às tradicionais formas de intervenção penal.

Referimo-nos, especificamente, à *estrutura* do bem jurídico-penal que é objeto do tipo de ilícito econômico: em sua significação *positiva*, a dimensão *horizontal* da relação de cuidado-de-perigo encontra, na função de *coesão*, a missão primordial da proteção de bens jurídicos de natureza supraindividual; em sua significação *negativa*, a proteção destes bens jurídicos só deve ocorrer quando ostentarem dignidade penal-econômica e nos estritos casos em que

51 FARIA COSTA, José de. *Noções Fundamentais de Direito Penal*, cit., p. 23.

52 FARIA COSTA, José de. *Noções Fundamentais de Direito Penal*, cit., p. 20.

53 FARIA COSTA, José de. *Noções Fundamentais de Direito Penal*, cit., p. 24; FIGUEIREDO DIAS, Jorge de. 'Sobre a Autonomia Dogmática do Direito Penal Económico. Uma Reflexão à Luz do Novo Direito Penal Económico Português'. In: *Estudios Penales y Criminológicos*, Santiago de Compostella: USC, 1986, IX, p. 55 (p. 37-69).

54 FARIA COSTA, José de. *Noções Fundamentais de Direito Penal*, cit., p. 23-25.

ganhe relevo a carência dessa tutela, como forma de assegurar-se a função de *garantia*.

De uma relação equilibrada entre ambas é que a função de *segurança* poderá alcançar a sua máxima legitimidade. Para além de tudo isso, também urge delimitar racionalmente o *conteúdo* do bem jurídico-penal que constituirá o objeto da norma penal econômica. Obviamente que considerações dessa amplitude merecem esclarecimentos mais detalhados.

3.2. Bem jurídico supraindividual

A proteção jurídico-penal de relações econômicas era notada mesmo sob a égide do modelo liberal, ainda que abrangente de uma área bastante restrita: a tutela estatal da livre e justa concorrência.[55] Ao Estado, naquele momento, era dada a atribuição de abster-se na intervenção jurídica sobre práticas econômicas, mas não também em relação aos desvios nelas verificados que colocassem em perigo, exatamente, as bases da economia de mercado.[56] Por essa razão é que, já no século XIX, tínhamos notícia de que os Estados Unidos criminalizavam condutas antieconômicas relacionadas à cartelização ou à deslealdade na concorrência.[57]

Com a assunção da tarefa estatal de intervir e, principalmente, como nos dias de hoje, de regular a livre iniciativa, a proteção jurídico-penal foi chamada a auxiliar no reforço jurídico de proteção às restrições incidentes sobre a economia de mercado. É no condicionamento histórico da livre iniciativa econômica – submetida, agora, ao preenchimento de sua porosidade pela publicização dos interesses relacionais – que o direito penal viu surgir a sua missão de atuar como instrumento de *coesão* social também no seleto espaço das práticas econômicas.

Compreende-se, nessa mudança fenomenológica do cuidado-de-perigo, a razão pela qual o objeto da norma penal não mais se ajustava apenas à proteção jurídica de interesses individualmente lesados. A unidade do sistema social estava a depender de uma proteção jurídica autônoma suficientemente capaz de evitar a perversão da relação de cuidado-de-perigo paralela ao dano possivelmente verificado.

55 GIUNTA, Fausto. *Lineamenti di Diritto Penale dell'Economia*. 2ª ed. Torino: G. Giappichelli, 2004, p. 3.

56 AFTALIÓN, Enrique. 'El bien jurídico tutelado por el derecho penal económico', cit., p. 80-82.

57 BAJO FERNANDES, Miguel. 'Derecho penal economico: desarollo economico, proteccion penal y cuestiones politico-criminales'. In *EMF*, Madrid, fascículo 1, 1994, p. 828 (p. 823-842).

Consequentemente, o bem jurídico a ser protegido, inclusive através do direito penal, foi também deslocado para a tutela de interesses supraindividuais eventualmente afetados pelo perigo resultante de uma conduta antieconômica.[58] Da necessidade de proteção de bens de forma autônoma em relação à violação – em razão do incremento mundializado de novos riscos a tais interesses[59] – é que surgiu a legitimidade de criação de bens "instrumentais" com função de tutela-meio: a proteção não recai sobre as relações econômicas intersubjetivas, mas sim na regulamentação institucional que, focalizada na realização do homem enquanto pessoa, medeia essas relações.

O interessante é que esta proteção, observada em modelos econômicos historicamente situados num ambiente democrático, não pode constituir um fim em si mesmo,[60] senão um meio para a realização material do indivíduo.[61] De modo que seria correto entender que o bem jurídico-penal, em crimes econômicos, tenha a natureza supraindividual – pois parte exatamente da noção de um indivíduo carente de supra-infra ordenação -, e não transindividual – que situaria o bem jurídico além do indivíduo, com ele não se confundindo.[62]

---

58 SILVA, Luciano Nascimento. *Teoria do Direito Penal Econômico e Fundamentos Constitucionais da Ciência Criminal Secundária*. Curitiba: Juruá, 2010, p. 221.

59 Sobre o tema: SCHÜNEMANN, Bernd. 'El derecho en el proceso de la globalización económica'. In: MORENO HERNÁNDEZ [org]. *Orientaciones de la Política Criminal Legislativa*. México: INACIPE, 2005, p. 3-16; SILVA SÁNCHEZ, Jesús Maria. *Tiempos de Derecho Penal*. Montevideo/Buenos Aires: B de F, 2009, p. 15-59; SARCEDO, Luciano. *Política Criminal e Crimes Econômicos*. São Paulo: Alameda, 2012, p. 201-212.

60 É a noção de "bens jurídicos intermediários", sustentada por KLAUS TIEDEMAN, para quem o direito penal econômico deve proteger não só o patrimônio e a liberdade de disposição, senão também a funcionalidade de distintos subsistemas, tais como o sistema creditício, o mercado de capitais etc. ('El concepto de delito económico', cit., p. 471), que seriam valores em si.

61 Nesse sentido, embora partindo de fundamentação diversa: ROXIN, Claus. 'Sentido e Limites da Pena Estatal'. In *Problemas Fundamentais de Direito Penal*. Trad. por Ana Paula Natscheradetz. 3ª ed. Lisboa: Vega, 1998, p. 28 (p. 15-47); HASSEMER, Winfried; MUÑOZ CONDE, Francisco. *Introducción a la Crimiología y al Derecho Penal*, cit., p. 109-110.

62 Nesse sentido, FIGUEIREDO DIAS sustenta que o bem jurídico-penal pode assumir uma conotação "coletiva" que, nem sempre, coloca em risco interesses individualmente considerados. A "tutela dos grandes riscos e das gerações futuras" seria capaz, com isso, de legitimar a intervenção penal incidente sobre as "relações de vida como tais" (FIGUEIREDO DIAS, Jorge de. *Direito Penal. Parte Geral*. 2 ed. Coimbra: Coimbra, 2007, p. 148-154 – §§ 67-75). Em sentido contrário, refutando a ideia de atribuir uma natureza transindividual ao bem jurídico protegido nos crimes econômicos: FARIA COSTA, José de. *Direito Penal Económico*, cit., p. 39-40. Uma visão geral do debate geral acerca da distinção entre bens jurídicos coletivos *autênticos* e *aparentes*, v.: GRECO, Luís. 'Princípio da ofensividade e crimes de perigo abstrato – Uma introdução ao debate sobre o bem jurídico e as estruturas do delito'. In *Revista Brasileira de Ciências Criminais*, São Paulo: RT, 2004, n° 49, p. 89-147.

Longe estamos, contudo, de uma inovação originariamente concebida pelo direito penal econômico: a estrutura supraindividual do bem jurídico já era notada mesmo no âmbito dos "crimes clássicos"[63] – pense-se, por exemplo, nos crimes contra a fé pública ou contra a paz pública. Noutro diapasão, também a criminalidade contemporânea, com frequência, lança mão da técnica de tutela supraindividual para a definição do objeto do ilícito, porém fora do contexto da ordenação da economia em seu sentido estrito – é o caso, *v.g.*, da criminalidade genética.

À vista disso, se desejarmos verificar a eventual autonomia do direito penal econômico, certamente não poderemos partir exclusivamente da premissa de que essa forma especial de proteção tenha, como elemento identificador, a tutela de bens jurídicos supraindividuais. Pelo contrário, seu isolamento categorial apropria-se dessa estrutura do bem jurídico para, num segundo momento, assumir uma roupagem própria em razão de outras contingências.

3.3. Bem jurídico polissêmico

Dentre essas contingências, sobressai a dimensão por vezes *polissêmica*, porém não *artificial*,[64] do bem jurídico: o crime econômico não vem sempre amparado por um desvalor ético-*social* com significação suficientemente delimitada. E também no particular inexiste qualquer novidade nisso.

Com efeito, já em 1903, MAX ERNST MAYER ressaltara, em seu clássico *Rechtsnormen und Kulturnormen*, que a imperatividade das normas jurídicas normalmente pressupõe a conformidade com normas de cultura já reconhecidas em nível social. A "boa lei" é aquela que proíbe condutas antevistas como reprováveis culturalmente (em sua significação histórica dinâmica), circunstância esta que explicaria o porquê de o indivíduo ter condições

63 MARINUCCI, Giorgio; DOLCINI, Emilio. 'Diritto Penale Minimo e Nuove Forme di Criminalità'. In *Rivista Italiana di Diritto e Procedura Penale*, Milano: Giuffrè, ano XLII, fasc. 3, lug-set/1999, p. 813 (p. 802-820).

64 Sustentando que os crimes econômicos, por não serem necessariamente antecedidos de um desvalor ético-social, tutelam bens jurídicos artificiais: VOLK, Klaus. 'Criminalità Economica: Problemi Criminologici, Politico-criminali e Dommatici', loc. cit., p. 37-38; ZAPATERO, Luis Arroyo. 'Derecho Penal Económico y Constitución'. In *RP*, Barcelona: Praxis, ene/1998, vol. 1, p. 2 (p. 1-15). Refutando a característica "artificial" do bem jurídico nos crimes econômicos, embora reconhecendo que, em casos extremos, o legislador possa, notadamente em relação à tutela penal sobre a economia, criminalizar condutas à míngua do reconhecimento social da norma: AFTALIÓN, Enrique. 'El bien jurídico tutelado por el derecho penal económico', cit., p. 88. Admitindo a possibilidade de crimes de conteúdo ético neutro: ROXIN, Claus. *Derecho Penal. Parte General*. Trad. por Diego-Manuel Luzón Peña, Miguel Díaz y García Conlledo e Javier de Vicente Remesal. 2ª ed. Madrid: Civitas, 1997, § 2, 6.

de reconhecer normas jurídicas sem necessariamente conhecer o texto de lei. Entretanto, MAYER observava a possibilidade de a evolução complexa de ambos os sistemas normativos acarretar uma relação de descontinuidade, de recepção ou mesmo de contradição entre eles. No primeiro caso, as normas jurídicas atingiriam, em algumas hipóteses, elevados graus de especialidade capazes de gerar um reconhecimento cultural somente num pequeno contexto – normalmente profissional – em que teriam incidência. Não obstante, partindo da premissa de que a relação entre direito e cultura é não só de recepção, senão também de produção de valores, MAYER vislumbrava, excepcionalmente, a existência de um "direito de polícia" (regulação envolvendo comercialização de alimentos, *v.g.*.) e de um "direito administrativo" (direito aduaneiro e direito fiscal, *v.g.*) capaz de estabelecer deveres reconhecíveis diretamente apenas em consequência de sua juridicização (quando alcançados pelo direito penal, seriam delitos "culturalmente indiferentes"). Neste caso, se a lei for "boa", acabará sendo recepcionada e adaptada pela cultura, que transmitirá "pacificamente", a partir de um dado momento, o seu conteúdo ao interessado, incorporando-se doravante às normas de cultura. Pelo contrário, se a lei for "má", teremos a sua contradição com as normas de cultura, o que levará à existência de um direito "injusto" que, como tal, obtém imperatividade apenas a partir de sua juridicidade, mas não também da sua aculturação.[65]

Obviamente que os delitos "culturalmente indiferentes", no contexto histórico em que MAYER discorrera sobre o tema, ainda possuíam pouca representação social e diminuta importância política. No entanto, vimos, no Capítulo 1, que os limites éticos das relações econômicas já não são mais tão imprecisos. Nesse contexto, uma releitura histórica da teoria de MAYER em atenção à mudança de rumo na missão a ser desempenhada pelo Estado contemporâneo – especialmente no que se refere à legitimidade de práticas sociais (dentre elas, as práticas econômicas) serem "policiadas" juridicamente pelos mecanismos estatais de controle – autoriza aceitarmos que uma lei poderá ser considerada "boa" (*rectius*: legitimada social e constitucionalmente) sempre que a sua racionalidade jurídica, obtida a partir de um modelo democrático sólido, seja culturalmente reconhecida como vigente nos macro ou microssistemas sociais em que terá incidência. Não é de se estranhar, assim, que MAYER já antecipasse que a aplicação judicial do direito "modifica os costumes, influencia opiniões morais, assinala o caminho ao sentimento jurídico, estigmatiza como improcedente o que, em determinados círculos, cons-

65 MAYER, Max Ernst. *Normas Jurídicas y Normas de Cultura*. Trad. por José Luis G. Dálbora. Buenos Aires: Hammurabi, 2000, p. 53-68 e p. 147-166.

titui algo habitual".[66] Talvez a lição mereça um único reparo epistemológico: essa relação entre direito e cultura é dialógica.

Quer-nos parecer que a busca por um critério qualitativo de definição do objeto do ilícito atinente à matéria é possível, mas não reside, essencialmente, na visão de que o ilícito administrativo-econômico esteja constituído a partir de "condutas axiologicamente neutras" sob o ponto de vista ético-social, ao passo que o ilícito penal-econômico, sobre "condutas axiologicamente relevantes".[67]

A teoria do conteúdo do desvalor ético-social (*sozialethischer Unwertgehalt*) apenas fornece um dos parâmetros – mas não o decisivo, tampouco o condicionante – para a distinção entre o ilícito administrativo e o ilícito penal – pois bem podem ocorrer casos (a) de convergência de ambas as ilicitudes sobre condutas eticamente desviadas e de (b) condutas desvaloradas eticamente que não por isso exijam a intervenção penal.

Portanto, se é correto pensar que a ausência de ofensividade – entendida enquanto desvalor ético-social cognoscível –, ou a prescindibilidade de sua verificação, autorizaria apenas um ilícito administrativo-sancionador, também é igualmente acertado reconhecer que a identificação da ofensividade torna possível a intervenção tanto penal quanto administrativa. Consequentemente, "a forma de intervenção a ser aplicada deverá ser orientada pelos demais princípios de direito e pelos interesses de política criminal, e no qual viria ponderado o aspecto quantitativo".[68]

É certo que uma relação de identidade entre desvalor ético-social e dignidade penal é mais frequentemente constatada no direito penal nuclear. Mas não se pretende afirmar, com isso, que, nos delitos econômicos, não teríamos a frustração do cuidado-de-perigo de raiz onto-atropológica. Pelo contrário: em tais delitos, tal deturpação possui frequentemente contornos históricos significativos pouco precisos, apesar de, em alguns casos, já terem sido mediatizados minimamente pela comunidade como fato normativo.[69] Sem esquecermos, ademais, que o desvalor social, conquanto possa não ser aferível amplamente pela comunidade, já venha sendo notado por segmentos profissionais específicos que se dedicam a impor limites éticos aos fluxos econômicos.

---

66 MAYER, Max Ernst. *Normas Jurídicas y Normas de Cultura*, cit., p. 63.

67 FIGUEIREDO DIAS, Jorge de. 'Sobre a Autonomia Dogmática do Direito Penal Económico. Uma Reflexão à Luz do Novo Direito Penal Económico Português', cit., p. 48-49. Também exigindo desvalor ético-social como condição material da existência do crime: ZIPF, Heinz. *Introducción a la Política Criminal*. Trad. por Miguel Izquierdo Macías-Picavea. Madrid: EDERSA, 1979, p. 99.

68 D'ÁVILA, Fabio Roberto. *Ofensividade em Direito Penal*, cit., p. 103.

69 FARIA COSTA, José de. *O Perigo em Direito Penal*, cit., p. 309.

Exatamente por tal contingência é que, nesta forma concentrada de tutela penal secundária, sobressai o relevo da dignidade penal – entendida como exigência constitucional de ofensividade a bens jurídicos[70] corporificada pelo conteúdo onto-antropológico de cuidado-de-perigo – com a missão primordial de conferir concreção jurídica ainda maior ao mínimo ético que deverá ser protegido pela norma.[71] Mesmo nos casos em que a tutela penal seja legítima pela via do perigo-abstrato, o exame da ofensividade não pode ser dispensado.[72] Quanto mais rarefeita for a possibilidade de identificação do valor digno de tutela, maior deve ser a contenção a ser imposta ao poder punitivo; isso nos autoriza reconhecer que a *polissemia* do bem jurídico pode – e deve – também desempenhar uma função *negativa*.

Em suma: o objeto do ilícito (*Unrecht*) fundamenta e legitima o direito penal econômico a partir da exigência de ofensa a bens jurídicos protegidos, entendida, tal ofensa, em sua dimensão externa e fenomenológica[73] que, nesta área específica da criminalização, possui uma significação axiológica de menor densidade.[74] O fundamental é que o adensamento do objeto da norma penal econômica tenha seus contornos definidos a partir de um desvalor ético-*jurídico*[75] compatibilizável com um desvalor ético-*social* – o núcleo

---

70 O âmbito do ilícito penal alcança, pois, "la tutela dei *valori rilevanti* (o, al più, non incompatibili) *costituzionalmente* contro i fatti di *elevata offesa*", ao passo que o ilícito administrativo, "la tutela dei *beni costituzionalmente non incompatibili* oppure la *tutela anticipata* o l'*offesa bagatellare* di beni costituzionali" (MANTOVANI, Ferrando. *Diritto Penale*, cit., p. 197).

71 D'ÁVILA, Fabio Roberto. *Ofensividade em Direito Penal*, cit., p. 75.

72 Para uma ampla visão da compatibilidade entre ofensividade e perigo abstrato, v.: D'ÁVILA, Fabio Roberto. *Ofensividade e Crimes Omissivos Próprios – Contributo à Compreensão do Crime como Ofensa ao Bem Jurídico*. Coimbra: Coimbra, 2005, p. 90-179.

73 É necessária, aqui, a observação de FARIA COSTA no sentido de que a menção à necessidade de coerência externa do ordenamento jurídico não significa, tão-somente, o contrário de sua coerência interna. Com efeito, "a ordem axiológica, onde os valores encontram a sua diferença e a diferença da sua intencionalidade, só tem sentido, e sentido axiológico, quando os homens na sua irresistível e instável concretude comunitária assumem e mediatizam justamente esses valores. De sorte que o 'externo' por nós invocado não seja mais, mas também não seja menos, que a expressão de um posicionamento tópico que se sabe de antemão ser mera forma perifrásica que quer tornar clara a autonomia, in re ipsa, da ordem dos valores, mas que não a vê perene, indestrutível e imutável" (*O Perigo em Direito Penal*, cit., p. 63, nota nº 92).

74 Mas nem por isso, podemos concordar com a afirmação de que o direito penal econômico seja "amoral", conforme preconiza: BALDAN, Édson Luís. *Fundamentos do Direito Penal Econômico*, cit., p. 133.

75 CORREIA, Eduardo. 'Direito Penal e Direito de Mera Ordenação Social'. In *Direito Penal Económico e Europeu: Problemas Especiais*. Coimbra: Coimbra/IDPEE/FD-UC, 1998, vol. I, p. 9-11 (p. 3-18).

essencial da paz e da segurança a que almeja a proteção – e que encontre sua coerência num sistema político-constitucional capaz de ampará-lo.

3.4. Bem jurídico promocional

Outro fator capaz de complementar a ideia de autonomia do direito penal econômico reside em sua eficácia "promocional" ou "propulsiva". A criminalização primária e secundária de condutas antieconômicas, em certa medida, pode sensibilizar ou mesmo densificar a consciência ético-social de uma determinada comunidade em relação à necessidade de proteção jurídica supraindividual de práticas econômicas.[76]

E não haveria falar-se em qualquer contradição dessa característica com a exigência de ofensividade, pois, conforme destaca MANTOVANI, "la non attualità nella coscienza sociale del valore costituzionale da conseguire non esclude l'attualità dell interesse costituzionale al suo conseguimento e, quindi, della offesa del medesimo. Tuttavia il ricorso al discusso 'diritto penale propulsivo' è accetabile solo se volto a decriminalizzare fatti di offensività opinata (dai consociati), ma non reale, o a criminalizzare fatti di offensività reale, ma non ancora percepiti come tali dai consociati (es.: attentati ai beni ambientali ed urbanistici). Ciò non solo perché il diritto penale è, per natura, strumento più idoneo a garantire valori già acquisiti che da acquisire. Ma anzitutto perché le norme propulsive possono non facilmente conciliarsi col principio di offensività, in quanto la concreta realtà della offesa è necessariamente attenuata dal carattere futuro del valore da conseguire."[77]

Esse é um efeito simbólico – e não "meramente simbólico" – necessário à proteção de bens jurídicos[78] que não pode ser infirmado, ou mesmo criticado, por se tratar de uma singela constatação empírica que, como tal, não poderia integrar o seu horizonte de legitimidade.[79] Se a proteção de um

---

76 FARIA COSTA, José de. *Direito Penal Económico*, cit., p. 42.

77 *Diritto Penale*, cit., p. 197. Na mesma linha, porém examinando o *simbólico* como fator de crítica do poder punitivo: TAVARES, Juarez. 'Os objetos simbólicos da proibição: o que se desvenda a partir da presunção de evidência' (impresso), *passim*.

78 DÍEZ RIPOLLÉS, José Luis. 'Il Diritto Penale Simbolico e gli Effetti della Pena'. In STORTONI, Luigi; FOFFANI, Luigi. *Critica e Giustificazione del Diritto Penale nel Cambio di Secolo*. Milano: Giuffrè, 2004, p. 149-182.

79 Nesse sentido, recusando admitir que a ordem jurídico-penal, de forma legítima, possa promover ou criar "processos educativos" relacionados às práticas sociais, embora reconhecendo que este é um efeito fático secundário (função) que pode decorrer da intervenção penal: SILVA SÁNCHEZ, Jesús María. *Aproximación al Derecho Penal Contemporáneo*, cit., p. 302-303; GARCÍA-PABLOS DE MOLINA, Antonio García-Pablos de. *Derecho Penal. Introducción*, cit., p. 96. Para uma visão crítica da função simbólica "latente" adotada pela política criminal contemporânea, notadamente através

determinado bem jurídico-econômico deve dar-se, em alguns casos, através da promoção de determinadas pautas de conduta a partir de um desvalor precedente (conquanto polissêmico) já reconhecido como relevante na especialidade do microssistema de economia contemporânea, então seremos obrigados a reconhecer que essa eficácia acaba por inserir-se no próprio *devir* do direito penal econômico, integrando a sua dimensão fundante à míngua do linear isolamento de categorias descritivas ou prescritivas.

Não se está a reconhecer que esta seja a *função* a ser arcada por um delito econômico enquanto mero "dever de obediência", ou mesmo qualquer legitimidade de normas que objetivem a promoção de determinados valores ou mesmo a solidariedade social através da 'purificação da alma' ou da formação do 'bom *homo oeconomicus*'. Busca-se, pelo contrário, autorizar a possibilidade de uma função jurídico-protetiva verificar-se legitimamente em termos constitucionais apesar de uma coesão social materialmente concebida não integrar, de forma plenamente reconhecível ou então cognoscível em apenas alguns segmentos profissionais, o âmbito comunicacional de sua incidência. É inegável, dessarte, que a regulação jurídico-penal também assume "uma dimensão constitutiva do nosso modo-de-ser social, porquanto o seu fundamento se identifica com o próprio fundamento do processo de hominização".[80]

A ruptura desnuda a inconsistência da programação descriminalizadora própria do direito penal de raiz liberal, que vislumbra a função do bem jurídico somente em sua significação negativa. Um direito penal subsidiário não está adstrito a uma visão iluminista do poder punitivo, em que a sua máxima orientação política acompanhava uma tendência de retração possível da intervenção penal.[81] Em vez disso, pode-se reconhecer uma função positiva para o bem jurídico, legitimadora da criminalização de novas condutas que historicamente modifiquem os níveis de carência de proteção de relações de cuidado-de-perigo, ainda que numa dimensão supraindividual.[82]

---

da eleição de "bens jurídicos universais": HASSEMER, Winfried. 'Derecho Penal Simbólico y Protección de Bienes Jurídicos'. In *PE*, Barcelona, fasc. 1, 1991, p. 23-36.

80 FARIA COSTA, José de. *Noções Fundamentais de Direito Penal*, cit., p. 70. Para detalhes acerca da discussão envolvendo os recentes efeitos "promocionais" ou "propulsivos" do direito penal, notadamente em relação às novas técnicas de tipificação penal de condutas: PALIERO, Carlos Enrico. *"Minima non Curat Praetor" – Ipertrofia del Diritto Penale e Decriminalizzazione dei Reati Bagatellari*. Padova: CEDAM, 1985, p. 123-139.

81 FARIA COSTA, José de. *O Perigo em Direito Penal*, cit., p. 311-312.

82 MANTOVANI, Ferrando. *Diritto Penale*. 5 ed. Padova: CEDAM, 2007, p. 184-186; MARINUCCI, Giorgio; DOLCINI, Emilio. 'Diritto Penale Minimo e Nuove Forme di Criminalità', cit., p. 819-820.

É característica assente do direito penal econômico o fato de acompanhar uma tendência expansionista, que não necessariamente o incompatibiliza com uma meta fragmentária e de *ultima ratio* para a sua incidência.[83] Não é o caso de encarar-se a economia "comme oggetto non di tutela, ma di disciplina",[84] pois a mesma base principiológica do direito penal clássico, com alguns matizes, continua limitando formal e materialmente o poder punitivo incidente na espécie.[85]

Por fim, de se destacar que a eficácia propulsora de modo algum inviabiliza a função *crítica* do bem jurídico. Pelo contrário: promover simbolicamente a tutela da *ordem econômica*, além de *fundamentar* (portanto, positivamente) a dignidade da proteção, também permite comunicar que o poder punitivo pode incidir apenas no exato contexto em que essa dignidade esteja presente. No particular, o conceito material de crime econômico assumiria uma feição simbólico-negativa, direcionada, desta feita, à representação cognitiva de limites do poder punitivo.[86]

3.5. Bem jurídico mutável

O direito penal econômico, destaca FARIA COSTA, assumiu historicamente especial relevância em períodos de economia de guerra, quando a escassez de bens essenciais predominava. Foi-se o tempo, todavia, em que essa relevância era observada apenas em transitórios momentos de vulnerabilidade. Na globalização, essa volatilidade se verifica ordinariamente nas trocas econômicas. Enquanto os delitos patrimoniais guardam em si uma maior

---

83 PADOVANI, Tullio. 'Diritto Penale della Prevenzione e Mercato Finanziario'. In: *Rivista Italiana di Diritto e Procedura Penale*, Milano: Giuffrè, ano XXXVIII, fasc. 3, lug-set/1995, p. 642 (p. 634-647); MARINUCCI, Giorgio; DOLCINI, Emilio. 'Diritto Penale Minimo e Nuove Forme di Criminalità', cit., p. 819-820 (p. 802-820); BRICOLA, Otavio. 'Il diritto penale del mercato finanziario'. In AA.VV., *Mercato Finanziario e Disciplina Penale*. Milano: Giuffrè, 1993, p. 38-40; FARIA COSTA, José de. *Direito Penal Económico*, cit., p. 33-37; GARCÍA CAVERO, Percy. *Derecho Penal Económico. Parte General*, cit., p. 127.

84 PEDRAZZI, Cesare. 'Interessi economici e tutela penale'. In AA.VV., *Bene Giuridico e Riforma della Parte Speciale*. Napoli: A.M. Stile, 1985, p. 296 (p. 285-315).

85 GIUNTA, Fausto. *Lineamenti di Diritto Penale dell'Economia*, cit., p. 5-6 e 10.

86 Muito embora partindo de uma fundamentação do direito penal a partir dos fins da pena (prevenção geral positiva), HASSEMER igualmente admite que a eficácia promocional (simbólica) se compatibiliza com a contenção do poder punitivo, pois o direito penal não se refere apenas a proibições ou ordens dirigidas aos cidadãos, mas também à regulação da forma como os funcionários que exercitam o poder punitivo (policiais, promotores de justiça, juízes e advogados) atuam perante a suspeita da prática de um delito ou do desenvolvimento de um processo: HASSEMER, Winfried. *Persona, Mundo y Responsabilidad. Bases para una teoría de la imputación en Derecho Penal.* Trad. por Francisco Muñoz Conde e Maria del Mar Díaz Pita. Valencia: Tirand lo Blanc, 1999, p. 189-213.

estabilidade no que tange à necessidade de proteção, os crimes econômicos, ao contrário, são fortemente "dependentes das conjunturas económicas e dos grandes ciclos de expansão e de retração".[87]

Ainda assim, é possível distinguir a volatilidade, que ordinariamente se observa nos fluxos econômicos em tempos de globalização, da mudança abrupta de paradigmas na política econômica sempre que se observam momentos históricos de crise. Neste contexto, poderíamos falar numa volatilidade *extraordinária*, que exige respostas rápidas da intervenção estatal na economia para que a comunidade seja menos afetada possível pelo momento peculiar.

3.6. Bem jurídico instrumental (a ordem econômica e sua referência constitucional)

Todas essas características – não exaurientes, gize-se – são capazes de ilustrar que o direito penal econômico apresenta, em relação ao direito penal "comum", uma "tênue" autonomia disciplinar.[88] Autonomia, entretanto, que também possui o direito penal "secundário" como um todo, de que é espécie a tutela penal econômica.

Em relação a esta última similaridade, pensamos, derradeiramente, que só uma densificação razoável do bem jurídico protegido ("ordem econômica") pode satisfatoriamente autorizar e justificar o isolamento da categoria sobre o qual recairá o nosso interesse teórico. Algumas palavras são necessárias quanto a isso.

A definição material do crime econômico está intimamente associada, de um lado, à relação fenomenologicamente estabelecida entre direito penal, política econômica e Constituição, e, de outro, às características próprias dessa forma especial de intervenção.

Desde o momento em que principalmente a doutrina italiana[89] iniciou a reestruturação dogmática do conceito de bem jurídico focalizada na concep-

---

87 FARIA COSTA, José de. *Direito Penal Económico*, cit., p. 43-44, 65-66. No mesmo sentido: BAJO FERNÁNDEZ, Miguel. 'Concepto y Contenido del Derecho Penal Económico', cit., p. 4; BALDAN, Édson Luís. *Fundamentos do Direito Penal Econômico*, cit., p. 133.

88 FARIA COSTA, José de. *Noções Fundamentais de Direito Penal*, cit., p. 33.

89 BRICOLA, Franco. *La Discrezionalità nel Diritto Penale (Nozione e Aspetti Costituzionali)*. Milano: Giuffrè, 1965, vol. 1, p. 3-71; 'Teoria Generale del Reato'. In *Scritti di Diritto Penale*. Milano: Giuffrè, 1997, vol. I, p. 560-598 (p. 541-807); 'Rapporti tra dommatica e politica criminale'. In *Rivista Italiana di Diritto e Procedura Penale*, Milano: Giuffrè, 1988, vol. 31, p. 3-35; GALLO, Marcello.'Consideraciones sobre los delitos de peligro'. In VV.AA. *Problemas Actuales de las Ciencias Penales y la Filosofia del Derecho*. Buenos Aires: Pannedille, 1970, p. 653-661; PALAZZO, Francesco. *Valores Constitucionais e Direito Penal*. Trad. por Gérson Pereira dos Santos. Porto Alegre: Fabris, 1989, p. 22-40; FIORELLA, Antonio. 'Reato in Generale'. In *ED*, Milano: Giuffrè, vol. XXXVIII, 1987,

ção de Estado e em sua valoração constitucional – renunciando, assim, a conteúdos exclusivamente social ou normativo de bem jurídico -, o direito penal deixou de ser visto a partir de sua lógica formal-objetiva para se inserir no contexto integral do ordenamento jurídico, do qual faz parte a Constituição.

Conquanto a forma e a eficácia dessa aproximação entre ofensividade e Constituição esteja longe de atingir um consenso doutrinário satisfatório,[90] não se pode negar que a legitimação material da intervenção penal deve dar-se em sua conformidade fenomenológico-constitucional.

As pautas de uma economia globalizada, em países de economia aberta, já se mostraram capazes de influenciar decisivamente a formulação de políticas ("normais" ou constitucionais, conforme o caso[91]) de ordenação econômica e social que, apesar de variáveis, detêm limites mínimos à própria adequação de cada modelo nacional ao capitalismo flexível no bojo de um Estado democrático de direito.

Cremos que só uma "razão prática" seja capaz de nos oferecer instrumentos adequados à formulação material de um conceito de crime econômico,[92] até mesmo porque essas infrações penais estão intimamente influenciadas

---

p. 793-822; MARINUCCI, Giorgio; DOLCINI, Emilio. 'Constituição e Escolha de Bens Jurídicos'. In *RPCC*, Coimbra: Coimbra, abr-jun/1994, vol. 4, fsc. 2, p. 151-198; MANTOVANI, Ferrando. *Diritto Penale*, cit., p. 182-188.

90 Por exemplo, negando o status constitucional da garantia de ofensa a bens jurídicos – ofensividade esta que não passaria de um cânone interpretativo da norma penal -, e reconhecendo a legitimidade da criminalização de condutas de mera desobediência a deveres, desprovidas de ofensa imediata a bens jurídicos: ZUCCALÀ, Giuseppe. 'Due Quetione Attuali sul Bene Giuridico: la Pretesa Dimensione Crítica del Bene e la Pretesa Necessaria Offensa ad um Bene', cit., p. 853-879. Para uma visão detalhada do embate doutrinário: D'ÁVILA, Fabio Roberto. *Ofensividade e Crimes Omissivos Próprios*, cit., p. 63-89; *Ofensividade em Direito Penal*, cit., p. 57-80; 'Aproximações à teoria da exclusiva proteção de bens jurídicos no Direito Penal Contemporâneo', cit., *passim*.

91 A distinção entre "política constitucional" e "política normal" foi feita por DAHRENDORF para lançar uma crítica à tese da função do constitucionalismo sustentada por FRIEDERICH VON HAYEK, no livro *Road to Selfdom*. "A política constitucional" – destaca DAHRENDORF – "diz respeito ao contexto da ordem social, ao contrato social, por assim dizer, e às suas formas institucionais; a política normal é sobre as direcções determinadas por interesses e outras preferências nesse contexto (...). Em questões de política constitucional não há dois caminhos, ou, melhor, só há dois caminhos: a sociedade fechada ou a sociedade aberta, ao passo que, na política normal, uma centena de opções pode ser oferecida e três ou quatros geralmente são-no. (...) Não posso criticar Hayek no que respeita à sua política constitucional nem tentaria fazê-lo, mas ele apresenta a infeliz tendência para transformar toda a política, e certamente a maior parte da política econômica, em constitucional" (DAHRENDORF, Ralf. *Reflexões sobre a Revolução na Europa*. Lisboa: Gradiva, 1993, p. 39-41).

92 FARIA COSTA, José de. *Direito Penal Económico*, cit., p. 75.

pela fluidez/velocidade do mercado mundializado. Assim como o direito econômico ostenta uma natureza instrumental em relação à "natureza das coisas" jurídico-econômicas,[93] também a intervenção penal, uma vez inserida no âmbito da política econômica *lato sensu*, não deixa de trazer consigo – ainda que não em termos absolutos, porém preponderantes – uma função que compatibiliza o seu caráter subsidiário e de *ultima ratio* com a mesma instrumentalidade.[94] Não seria possível e aceitável, nesse sentido, que se pretendesse buscar um conteúdo para o bem jurídico protegido que não levasse em conta, exatamente, a relação fenomenológica entre os rumos da economia globalizada, os níveis de regulação/intervenção estatal e a função desempenhada pela Constituição econômica.

Alcançamos, com isso, uma instrumentalidade que é *material* porque racionalmente vinculada ao conteúdo da política econômica, entendida como meio para a conservação, dignidade e desenvolvimento da pessoa humana, em suas dimensões individual e social. Bem assentada, a propósito, a ponderação de CASTANHEIRA NEVES[95] no sentido de que a economia não constitui um fim em si mesmo, senão que deve ser vista como um instrumento à realização da dignidade humana.

---

93 De se registrar que, à "natureza das coisas" referida acima, não se atribui um sentido ontológico capaz de condicionar os problemas normativos que dele decorrem. Pelo contrário, "mais do que perceber imposições ontológicas fornecidas pela natureza das coisas devemos é aceitar o real prático-normativo, não como coisa amorfa, mas antes como um *quid* com densidade axiológica e intencionalidade normativa que resiste à conformação jurídica mas, que, conquanto de forma limitada, é também conformável. Na tensão dialética entre o jurídico e a praxis – fecundada pelo próprio jurídico mas que dele se distancia – é que devemos perceber os limites de toda a actuação prática juridicamente relevante" (FARIA COSTA, José de. *O Perigo em Direito Penal*, cit., p. 260, nota nº 101).

94 MANTOVANI, Ferrando. *Diritto Penale*, cit., p. 196. Reconhecendo a natureza instrumental do direito penal econômico: DONINI, Massimo. 'Dolo e Prevenzione Generale nei Reati Economici', cit., p. 9-10; PADOVANI, Tullio. 'La Distribuzione di Sanzione Penali e di Sanzioni Amministrative Secondo L'Esperienza Italiana'. In *Rivista Italiana di Diritto e Procedura Penale*, Milano: Giuffrè, 1989, p. 958 (p. 952-961); MARINUCCI, Giorgio. 'Gestione D'Impresa e Pubblica Amministrazione: Nuovi e Vecchi Profili Penalistici'. In *Rivista Italiana di Diritto e Procedura Penale*, Milano: Giuffrè, 1988, p. 425-426 (p. 424-447); SILVA SÁNCHEZ, Jesús María. *Aproximación al Derecho Penal Contemporáneo*, cit., p. 292. Instrumentalidade esta que, na tutela penal econômica, faz com que a submissão do ilícito-típico econômico ao direito administrativo ou extra-penal seja incrementada em comparação com outras formas de tutela penal (TIEDEMANN, Klaus. 'El concepto de delito económico y de derecho penal económico', cit., p. 467).

95 NEVES, António Castanheira. 'Entre o Legislador, a Sociedade e o Juiz ou entre Sistema, Função e Problema – Modelos Actualmente Alternativos da Realização do Direito', cit., p. 253-257.

Para atingir tal objetivo, as sub-políticas que integram a política econômica *lato sensu* sujeitam-se a aproximações variadas com a Constituição econômica positivada em cada país. Algumas Constituições conferem um espaço maior para a implementação de políticas econômicas "normais", ao passo que, em outras, a regulação/intervenção estatal tem sua cogência ampliada ao ponto de potencializar a vinculação dessas políticas econômicas à "política constitucional".

Em que pese essa variação, a economia de mercado, no contexto de um Estado Democrático de Direito, submete a política econômica a limitações jurídicas minimamente delimitadoras de seu campo de atuação. É dizer: a política influencia a Constituição econômica que, por sua vez, repercute nos rumos do direito penal econômico.

Em nosso Estado Democrático de Direito, a *ordem econômica* é composta de políticas conformadoras do desenvolvimento econômico e social, fundamentadas na dignidade da pessoa humana (art. 1º, III, da CF/88) e que objetivam (i) constituir uma sociedade livre, justa e solidária, (ii) garantir o desenvolvimento nacional, (iii) erradicar a pobreza, a marginalização e as desigualdades sociais e (iv) promover o bem de todos (art. 3º da CF/88). Por tais razões, parece razoável delimitar-se a noção de delitos econômicos àqueles desvios extremos que causem dano ou perigo à programação econômica e à liberdade de mercado, sempre focalizada na máxima realização possível da dignidade humana.[96]

Assim, *o bem jurídico nos crimes econômicos, na historicidade de um estado promotor da igualdade e garantidor da livre iniciativa, protege o regular desempenho das políticas de renda, monetária, fiscal, financeira e econômica (stricto sensu), legitimadas apenas no restrito segmento em que se façam necessárias para a realização do homem enquanto pessoa.* Este, pois, é o irrenunciável diálogo que propomos entre direito penal e economia: cada delito econômico tem de concentrar-se na proteção de um recorte específico de cada uma dessas sub-políticas.[97]

96 Em termos semelhantes, referindo-se à proteção penal do livre mercado e da regulação estatal econômica – embora alcançando, com tal conceito, delitos que, em nossa visão, seriam de tutela individual (propriedade imaterial, p. ex.) ou coletiva (crimes laborais): GARCÍA CAVERO, Percy. *Derecho Penal Económico. Parte General*, cit., p. 50-58. Afirmando que o conceito material de delito econômico deve alcançar apenas a lesão ou o perigo à regulação jurídica do "intervencionismo" estatal na economia, em seu sentido constitucionalmente estabelecido: BAJO FERNÁNDEZ, Miguel. 'Concepto y Contenido del Derecho Penal Económico', cit., p. 6-12.

97 Tratamos do tema em: SCHMIDT, Andrei Zenkner. *Direito Penal Econômico*, cit., p. 97-106.

Referências bibliográficas

ACHENBACH, Hans. 'Anotaciones sobre la Evolución del Derecho Penal Económico en Alemania'. In MIR PUIG, Santiago *et al*. *Estudios de Derecho Penal Económico*. Caracas: Livrosca, 2002, p. 23-44.

AFTALIÓN, Enrique. 'El bien jurídico tutelado por el derecho penal económico'. In *Revista de Ciencias Penales*, Santiado de Chile, vol. 25, mayo/ago, 1966, p. 79-91.

BALDAN, Édson Luís. *Fundamentos do Direito Penal Econômico*. Curitiba: Juruá, 2005.

BAJO FERNÁNDEZ, Miguel. 'La Delincuencia Económica desde el Punto de Vista Criminológico'. In VV. AA. *Nuevas Tendencias del Derecho Penal Económico y de la Empresa*. Lima: Ara, 2005, p. 21-55.

________. 'Concepto y Contenido del Derecho Penal Económico'. In MIR PUIG, Santiago *et al*. *Estudios de Derecho Penal Económico*. Caracas: Livrosca, 2002, p. 3-21.

________. 'Derecho penal economico: desarollo economico, proteccion penal y cuestiones politico-criminales'. In *EMF*, Madrid, fascículo 1, 1994, p. 828 (p. 823-842).

BERGALLI, Roberto. 'Criminología del 'White-Collar Crime': forma-estado y processo de concentración económica'. In: *Estudios Penales y Criminológicos*, Santiago de Compostella: USC, 1984, VII, p. 27-69.

________. 'Criminalidad económico-social: una digresión sobre la tropología del discurso jurídico-penal'. In *Anuario de Derecho Penal y Ciencias Penales* , Madrid, vol. 39, ene./abr., 1986, p. 59-73

BRICOLA, Otavio. 'Il diritto penale del mercato finanziario'. In AA.VV., *Mercato Finanziario e Disciplina Penale*. Milano: Giuffrè, 1993.

________. *La Discrezionalità nel Diritto Penale (Nozione e Aspetti Costituzionali)*. Milano: Giuffrè, 1965, vol. 1.

________. 'Teoria Generale del Reato'. In *Scritti di Diritto Penale*. Milano: Giuffrè, 1997, vol. I, p. 541-807.

________. 'Rapporti tra dommatica e politica criminale'. In *Rivista Italiana di Diritto e Procedura Penale*, Milano: Giuffrè, 1988, vol. 31, p. 3-35.

BUJÁN PEREZ, Carlos Martínez. *Derecho Penal Económico y de la Empresa. Parte General*. 2 ed. Valencia: Tirand lo Blanch, 2007.

________. *Derecho Penal Económico*. Madrid: Iustel, 2012.

________. *Derecho Penal Económico*. Valencia: Tirand lo Blanc, 2002.

CERVINI, Raúl. 'Derecho penal económico: concepto y bien jurídico'. In *Revista Brasileira de Ciências Criminais*, São Paulo: RT, vol. 11, abr./jun., 2003, p. 81-108.

________. TAVARES, Juarez. *Princípios de Cooperação Judicial Penal Internacional no Protocolo do Mercosul.*. São Paulo: RT, 2000.

COOTER, Robert; ULEN, Thomaz. *Direito e Economia*. 5ª ed. Trad. por Luis Marcos Sander. Porto Alegre: Bookman, 2010.

CORREIA, Eduardo. 'Notas Críticas à Penalização de Actividades Económicas'. In *Direito Penal Económico*. Coimbra: Centro de Estudos Judiciários, 1985, p. 9-23.

________. 'Direito Penal e Direito de Mera Ordenação Social'. In *Direito Penal Económico e Europeu: Problemas Especiais*. Coimbra: Coimbra/IDPEE/FD-UC, 1998, vol. I, p. 3-18.

DAHRENDORF, Ralf. *Reflexões sobre a Revolução na Europa*. Lisboa: Gradiva, 1993.

D'AVILA, Fabio Roberto. 'Aproximações à Teoria da Exclusiva Proteção de Bens Jurídicos no Direito Penal Contemporâneo'. In *Revista Brasileira de Ciências Criminais*, São Paulo: RT, 2009, n° 80, p. 07-34.

________. *Ofensividade em Direito Penal. Escritos sobre a Teoria do Crime como Ofensa a Bens Jurídicos*. Porto Alegre: Livraria do Advogado, 2009.

________. 'Ontologismo e Ilícito Penal. Algumas Linhas para uma Fundamentação Onto-Antropológica do Direito Penal'. SCHMIDT, Andrei Zenkner [org]. *Novos Rumos do Direito Penal Contemporâneo*. Rio de Janeiro: Lumen Juris, 2007, p. 259-267.

________. *Ofensividade e Crimes Omissivos Próprios – Contributo à Compreensão do Crime como Ofensa ao Bem Jurídico*. Coimbra: Coimbra, 2005.

DÍEZ RIPOLLÉS, José Luis. 'Il Diritto Penale Simbolico e gli Effetti della Pena'. In STORTONI, Luigi; FOFFANI, Luigi. *Critica e Giustificazione del Diritto Penale nel Cambio di Secolo*. Milano: Giuffrè, 2004.

DONINI, Massimo. 'Dolo e Prevenzione Generale nei Reati Economici: un Contributo all'Analisi dei Rapporti fra Errore di Diritto e Analogia nei Reati in Contesto Lecito di Base'. In *Rivista Trimestrale di Diritto Penale Dell'Economia*, Padova: CEDAM, genn-giu/1999, nº 1-2, p. 1-63.

DOTTI, René Ariel. *Curso de Direito Penal*. Rio: Forense, 2001.

FARIA COSTA, José de. *Direito Penal Económico*. Coimbra: Quarteto, 2003.

________. *Noções Fundamentais de Direito Penal (Fragmenta iuris poenalis). Introdução*. Coimbra: Coimbra, 2007.

________. COSTA ANDRADE, Manuel. 'Sobre a Concepção e os Princípios do Direito Penal Económico'. In *Direito Penal Económico e Europeu: Problemas Gerais*. Coimbra: Coimbra/IDPEE/FD-UC, 1998, vol. 1, p. 347-364.

FERRAJOLI, Luigi. *Derecho y Razón. Teoría del Garantismo Penal.* Trad. por Andrés Ibánez, Alfonso Ruiz Miguel, Juan Carlos Bayón Mohino et al. 3 ed. Madrid : Trotta, 1998.

FIGUEIREDO DIAS, Jorge de. 'Sobre a Autonomia Dogmática do Direito Penal Económico. Uma Reflexão à Luz do Novo Direito Penal Económico Português'. In: *Estudios Penales y Criminológicos*, Santiago de Compostella: USC, 1986, IX, p. 37-69.

________. *Direito Penal. Parte Geral.* 2 ed. Coimbra: Coimbra, 2007.

FIORELLA, Antonio. 'Reato in Generale'. In *ED*, Milano: Giuffrè, vol. XXXVIII, 1987, p. 793-822.

GALLO, Marcello.'Consideraciones sobre los delitos de peligro'. In VV.AA. *Problemas Actuales de las Ciencias Penales y la Filosofia del Derecho.* Buenos Aires: Pannedille, 1970, p. 653-661.

GARCÍA CAVERO, Percy. *Derecho Penal Económico. Parte General.* 2 ed. Lima: Grijley, 2007.

GARCÍA-PABLOS DE MOLINA, Antonio García-Pablos de. *Derecho Penal. Introducción.* Madrid: Universidad Complutense de Madrid, 1995.

GICO JR., Ivo T. 'Metodologia e Epistemologia da Análise Econômica do Direito'. In *Economic Analysis of Law Review*. Brasília: ABDE/ Universidade Católica de Brasília/Universa, 2010, vol. 1, nº 1, p. 7-33.

GIUNTA, Fausto. *Lineamenti di Diritto Penale dell'Economia.* 2 ed. Torino: G. Giappichelli, 2004.

GRECO, Luís. 'Princípio da ofensividade e crimes de perigo abstrato – Uma introdução ao debate sobre o bem jurídico e as estruturas do delito'. In *Revista Brasileira de Ciências Criminais*, São Paulo: RT, 2004, n° 49, p. 89-147.

HASSEMER, Winfried. 'Derecho Penal Simbólico y Protección de Bienes Jurídicos'. In *PE*, Barcelona, fasc. 1, 1991, p. 23-36.

________. *Persona, Mundo y Responsabilidad. Bases para una teoría de la imputación en Derecho Penal.* Trad. por Francisco Muñoz Conde e Maria del Mar Díaz Pita. Valencia: Tirand lo Blanc, 1999.

________. MUÑOZ CONDE, Francisco. *Introducción a la Criminología y al Derecho Penal.* Valencia: Tirand lo Blanch, 1989.

MANTOVANI, Ferrando. 'Il Vero 'Diritto Penale Minimo': la Riduzione della Criminalità?'. In *Rivista Italiana di Diritto e Procedura Penale*, Milano: Giuffrè, ano XLVIII, fasc. 3, lug-set/2005, p. 864-882.

________. *Diritto Penale*. 5ª ed. Padova: CEDAM, 2007.

MARINUCCI, Giorgio. 'Gestione D'Impresa e Pubblica Amministrazione: Nuovi e Vecchi Profili Penalistici'. In *Rivista Italiana di Diritto e Procedura Penale*, Milano: Giuffrè, 1988, p. 424-447.

________. DOLCINI, Emilio. 'Diritto Penale Minimo e Nuove Forme di Criminalità'. In *Rivista Italiana di Diritto e Procedura Penale*, Milano: Giuffrè, ano XLII, fasc. 3, lug-set/1999, p. 802-820.

________; ________. 'Constituição e Escolha de Bens Jurídicos'. In *RPCC*, Coimbra: Coimbra, abr-jun/1994, vol. 4, fsc. 2, p. 151-198.

MAYER, Max Ernst. *Normas Jurídicas y Normas de Cultura*. Trad. por José Luis G. Dálbora. Buenos Aires: Hammurabi, 2000.

MENEGUIN, Fernando B.; BUGARIN, Maurício S. 'Execução Provisória da Sentença: uma análise econômica do processo penal'. In *Economic Analysis of Law Review*. Brasília: ABDE/Universidade Católica de Brasília/Universa, 2011, vol. 2, nº 2, p. 204-229.

MONTANI, Elenora. '*Economic Crimes*. Diritto Penale ed Economia: Prove di Dialogo'. In: *Rivista Trimestrale di Diritto Penale Dell'Economia*. Padova: CEDAM, ano XVIII, nº 4, ott-dic/2005, p. 909-936.

NEVES, António Castanheira. 'Entre o Legislador, a Sociedade e o Juiz ou entre Sistema, Função e Problema – Modelos Actualmente Alternativos da Realização do Direito'. In: SILVA, Luciano Nascimento [org]. *Estudos Jurídicos de Coimbra*. Curitiba: Juruá, 2007, p. 229-268.

PADOVANI, Tullio. 'Diritto Penale della Prevenzione e Mercato Finanziario'. In: *Rivista Italiana di Diritto e Procedura Penale*, Milano: Giuffrè, ano XXXVIII, fasc. 3, lug-set/1995, p. 634-647.

________. 'La Distribuzione di Sanzione Penali e di Sanzioni Amministrative Secondo L'Esperienza Italiana'. In *Rivista Italiana di Diritto e Procedura Penale*, Milano: Giuffrè, 1989, p. 952-961.

PALAZZO, Francesco. *Valores Constitucionais e Direito Penal*. Trad. por Gérson Pereira dos Santos. Porto Alegre: Fabris, 1989.

PALIERO, Carlos Enrico. *"Minima non Curat Praetor" – Ipertrofia del Diritto Penale e Decriminalizzazione dei Reati Bagatellari*. Padova: CEDAM, 1985.

PEDRAZZI, Cesare. 'Interessi economici e tutela penale'. In AA.VV., *Bene Giuridico e Riforma della Parte Speciale*. Napoli: A.M. Stile, 1985, p. 285-315.

POSNER, Richard A. A *Economia da Justiça*. Trad. por Evandro Ferreira e Silva. São Paulo: Martins Fontes, 2010.

RACITI, Annamaria. 'Il Criminale Economico nella Ricerca Criminologica: dall'Opera di Sutherland alle più Recenti Formulazioni Teoretiche'. In: *Rivista Trimestrale di Diritto Penale Dell'Economia*, Padova: CEDAM, ano XVIII, nº 3, lug-set/2005, p. 677-699.

RODRÍGUEZ, Caty Vidales. 'Los Delictos Socioeconómicos en el Código Penal de 1995: la Necesidad de su Delimitación frente a los Delitos Patrimoniales'. In *Estudios Penales y Criminológicos*, Santiago de Compostela, 1998, vol. 21, p. 305-378.

ROXIN, Claus. 'Sentido e Limites da Pena Estatal'. In *Problemas Fundamentais de Direito Penal*. Trad. por Ana Paula Natscheradetz. 3ª ed. Lisboa: Vega, 1998, p. 15-47.

________. *Derecho Penal. Parte General*. Trad. por Diego-Manuel Luzón Peña, Miguel Díaz y García Conlledo e Javier de Vicente Remesal. 2ª ed. Madrid: Civitas, 1997.

SAAVEDRA, Giovani; VASCONCELLOS, Vinícius Gomes de. 'Ofensividade em Direito Penal: revisitando o conceito de bem jurídico a partir da Teoria do Reconhecimento de Axel Honneth.' In *Direito e Justiça*, Porto Alegre, vol. 38, 2012, p. 14-21.

SANTOS, Cláudia Maria Cruz. *O Crime de Colarinho Branco (Da origem do conceito e sua relevância criminológica à questão da desigualdade na administração da justiça penal)*. Coimbra: Universidade de Coimbra, 2001

SARCEDO, Luciano. *Política Criminal e Crimes Econômicos*. São Paulo: Alameda, 2012.

SCHMIDT, Andrei Zenkner. *Direito Penal Econômico – Parte Geral*. Porto Alegre: Livraria do Advogado, 2015.

________. *O Método do Direito Penal sob uma Perspectiva Interdisciplinar*. Rio: Lumen Juris, 2009.

SCHÜNEMANN, Bernd. 'Cuestiones básicas de dogmática jurídico-penal y de política criminal acerca de la criminalidad de empresa.' In *Anuario de Derecho Penal y Ciencias Penales* , nº 2, vol.41, 1988, p. 529-558.

_____________. *Temas Actuales y Permanentes del Derecho Penal Después del Milenio*. Madrid: Tecnos, 2002.

________. 'O direito penal é a *ultima ratio* da proteção de bens jurídicos – Sobre os limites invioláveis do direito penal em um Estado de Direito liberal'. In *Revista Brasileira de Ciências Criminais*, São Paulo: RT, 2005, nº 53, p. 9-37.

________. 'El derecho en el proceso de la globalización económica'. In: MORENO HERNÁNDEZ [org]. *Orientaciones de la Política Criminal Legislativa*. México: INACIPE, 2005, p. 3-16.

SILVA, Ivan Luiz. *Direito Penal Econômico e Teoria da Adequação Econômica da Conduta*. Curitiba: Juruá, 2011.

SILVA, Luciano Nascimento. *Teoria do Direito Penal Econômico e Fundamentos Constitucionais da Ciência Criminal Secundária*. Curitiba: Juruá, 2010.

SILVA SÁNCHEZ, Jesús María. *Aproximación al Derecho Penal Contemporáneo.* Barcelona: Bosch, 1992.

________. *Tiempos de Derecho Penal.* Montevideo/Buenos Aires: B de F, 2009.

SOUZA, Paulo Vincícius Sporleder de. *Bem jurídico-penal e engenharia genética humana: contributo para a compreensão dos bens jurídicos supra-individuais*. São Paulo: Editora Revista dos Tribunais, 2004.

SUTHERLAND, Edwin H. *El Delito de Cuello Blanco.* Trad. por Laura Belloqui. Montevideo/Buenos Aires, 2009.

TAVARES, Juarez. *Bien Jurídico y Función en Derecho Penal.* Buenos Aires: Hammurabi, 2004.

________. 'Critérios de Seleção de Crimes e Cominação de Penas'. In *Revista Brasileira de Ciências Criminais*, São Paulo: RT, vol. 0 (lançamento), 1992, p. 75-87.

TIEDEMANN, Klaus. *Poder Económico y Delito.* Trad. de Amelia Villegas. Barcelona: Ariel, 1985.

________. *Manual de Derecho Penal Económico.* Valencia: Tirand lo Blanch, 2010.

________. 'El concepto de delito económico y de derecho penal económico'. In *Nuevo Pensamiento Penal* , Buenos Aires, vol. 4, 1975, p. 461-475.

________. *Derecho Penal y Nuevas Formas de Criminalidad.* Trad. por Manuel Abanto Vásquez. Lima: IDEMSA, 2000.

________. *Poder Económico y Delito.* Trad. de Amelia Villegas. Barcelona: Ariel, 1985.

________. 'Derecho Penal Económico en el Tratado de la Constitución Europea'. In VV. AA. *Constitución Europea y Derecho Penal Económico.* Madrid: Ramón Areces, 2006, p. 173-188.

________. *Lecciones de Derecho Penal Económico.* Trad. por Rosario de Vicente Martínez. Barcelona: PPU, 1993.

VOLK, Klaus. 'Criminalità Economica: Problemi Criminologici, Politico-criminali e Dommatici'. *Sistema Penale e Criminalità Economica. I rapporti tra dommatica, politica criminale e processo.* Napoli: Scientifiche Italiane, 1998.

ZAPATERO, Luis Arroyo. 'Derecho Penal Económico y Constitución'. In *RP*, Barcelona: Praxis, ene/1998, vol. 1, p. 1-15.

ZIPF, Heinz. *Introducción a la Política Criminal.* Trad. por Miguel Izquierdo Macías-Picavea. Madrid: EDERSA, 1979.

ZUCCALÀ, Giuseppe. 'Due Quetione Attuali sul Bene Giuridico: la Pretesa Dimensione Crítica del Bene e la Pretesa Necessaria Offensa ad um Bene'. In *Rivista Trimestrale di Diritto Penale Dell'Economia*, Padova: CEDAM, lug-dic/2004, p. 839-883.

PROF. RENÉ ARIEL DOTTI E OS DIREITOS HUMANOS: TESTEMUNHO DE UM DISCÍPULO CURITIBANO

Cândido Furtado Maia Neto

RESUMO: O professor homenageado Dr. René Ariel Dotti, na qualidade de legislador e doutrinador, durante toda sua vida pública como advogado penalista e ativista dos Direitos Humanos, vem constantemente pleiteando pela efetivação de uma Justiça Criminal verdadeiramente democrática, a fim de efetivar as garantias fundamentais individuais expostas na Constituição federal e nos instrumentos internacionais aderidos pela República Federativa do Brasil, em prol da segurança jurídica, do princípio da legalidade e do contraditório para o devido prestígio da justiça.

SUMMARY: The honored professor Dr. René Ariel Dotti, acting as legislator and prominent counselor, throughout his public life as a lawyer and Human rights activist criminal lawyer, has been constantly pleading for the establishment of a genuinely democratic Criminal Justice, in order to implement the fundamental guarantees set out in individual federal Constitution and international instruments adhered by the Federative Republic of Brazil, in the interests of legal certainty the principle of legality and contradictory to the due prestige of Justice.

TITLE: Professor René Dotti and the Human Rights: the testemony of a disciple from Curitiba.

PALAVRAS-CHAVE: Renomado Jurista. Estado Democrático Criminal. Direitos Humanos.

KEYWORDS: Renowned Jurist. Democratic State. Human Rights.

Breve introdução

Um grande jurista do meu país está sendo homenageado, acertadamente por suas qualidades pessoais e profissionais demonstradas brilhantemente por seu valoroso trabalho em defesa dos Direitos Humanos e do prestígio da justiça.

Jurista de altíssimo nível intelectual e reconhecimento internacional, Prof. Dr. RENÉ ARIEL Dotti,[1] filósofo apreciado por diversas autoridades públicas e acadêmicas, do Brasil e do exterior, escritor, poeta do direito penal, mem-

1 **Bâtonnier do Paraná**, nas palavras do eminente criminalista professor José Bolivar Bretas.

bro da Academia Paranaense de Letras, e da Academia Paranaense de Letras Jurídicas; exerceu também a cargo de Secretário de Estado da Cultura do Paraná.

Dotti é um campeão enxadrista do mundo jurídico-penal, trabalha com lógica, arte e ciência.

Antes mesmo de ingressar na faculdade de direito e iniciar minha vida profissional já pensava em ser penalista, atuar na área da justiça criminal para defender os fracos, os oprimidos, os excluídos sociais e as vítimas do abuso de poder.

Ao concluir a minha graduação como bacharel em direito, resolvi especializar-me na área do direito penal e das ciências criminológicas para ter um pouco do conhecimento jurídico de Rene Dotti; e lá fui eu, por volta de 1984, com esta missão para a cidade do Rio de Janeiro.

Enquanto cursava a pós-graduação, atuei como advogado na Pastoral Penal da Arquidiocese de São Sebastião, naquela época o coordenador era o admirável Padre Bruno Trombetta, e Cardeal brasileiro e Arcebispo do Rio de Janeiro, Dom Eugenio Sales.

Retornei à minha cidade natal, Curitiba, e o penalista Dotti continuava na mente.

Certa vez, meu pai me perguntou; por que você não trabalha em um escritório com outros advogados? Respondi objetivamente: se for para trabalhar com alguém só se for com o professor René Dotti.

No mesmo dia, passaram-se algumas horas e meu pai Daltro de Almeida Maia (advogado) já havia contatado com o Prof. Dotti, e me disse, o Dr. René está lhe aguardando no escritório para uma entrevista, mas sem compromisso. Fui imediatamente, é lógico, para o endereço de sua banca mantido até hoje, ampliada e reformada com muito bom gosto.

E pela primeira vez me encontrei pessoalmente com o profissional que eu tanto admirava, foi no ano de 1985.

Com o Prof. René Dotti aprendi muito e ainda continuo a receber estímulos e magnas lições proferidas pelo emérito professor, ativista dos Direitos Humanos, das garantias fundamentais, da ampla defesa e da presunção de inocência.

Atuei em seu escritório em alguns processos e também assessorava na parte acadêmica, na seleção e destaque de textos penais e criminológicos.

Certa ocasião por estímulo de meu tio Nilo Prince Paraná,[2] falei ao Prof. Dotti que gostaria de prestar concurso para Promotor de Justiça, e ele me

2 Membro do Ministério Público desde 1951, como Procurador de Justiça exerceu função de Corregedor-Geral do Ministério Público, em 1977; e no ano de 1985 foi convidado pelo governador José Richa para o cargo de Procurador-Geral de Justiça do Estado do Paraná, declinando da nomeação por fortes motivos pessoais e ao se aposentar indicou ao Chefe do Executivo, seu colega Doutor Jerônimo de Albuquerque Maranhão, que bem representou o *Parquet* das Araucárias, de 1985 à 1989.

disse, estude bastante, só assim você vai conseguir. E com muito esforço e dedicação fui aprovado no primeiro exame público, prestado em 1986.

Aproveito o momento para agradecer à Deus e aos meus pais por ter nascido na cidade de Curitiba e por me possibilitarem conhecer o ilustre advogado e Prof. René Ariel Dotti, onde passei a admirar e a honrar o mestre dos mestres, cada vez mais.

I. René Ariel Dotti e os Direitos Humanos no Estado Democrático

Em memória da resistência civil é preciso ter "A liberdade de não ter medo", como assevera Dotti.[3]

Defensor ferrenho da liberdade dos direitos fundamentais dos presos e perseguidos políticos, contra a extinção dos partidos políticos e principalmente contra a suspensão da garantia do habeas corpus pelos Atos Institucionais da ditadura militar.[4]

O regime militar no Brasil vigorou de 1º de abril 1964 a 15 de março de 1985, 21 anos de ditadura, uma espécie de inquisição estatal, onde foi preciso resistir, até a aprovação da "Constituição Cidadã", 1988.

Advogou brilhantemente contra os abusos e os arbítrios da Justiça Castrense,[5] se insurgindo com coragem e sapiência junto ao Supremo Tribunal Federal, ao interpor Habeas Corpus em favor do Prof. José Rodrigues Vieira Neto, e de muitos outros.

O sistema para a justiça penal brasileira adotado pela Constituição federal de 1988 é "acusatório democrático", onde imperam os princípios da legalidade, taxatividade e imparcialidade judicial para o devido processo legal, compreendendo o juízo natural, a presunção de inocência, o contraditório e a ampla defesa, de maneira ampla e irrestrita, tanto para a área penal comum, como para a Justiça Militar.

Princípio da legalidade ou anterioridade da lei
Constituição Federal, 1988 – art. 5º, xxxix
Código Penal Militar, 1969 – art. 1º
Código Penal Comum, 1984 – art. 1º

---

3 Obra de sua autoria publicada pelo Instituto Memória, Centro de Estudos da Contemporaneidade, Curitiba, 2014. Ver ainda Dotti, René Ariel, "A proteção da vida privada e a liberdade de informação", in "Doutrinas Essenciais – Direitos Humanos", Cap. II, ed. RT, SP, 2011, p. 983.

4 René Ariel Dotti recebeu homenagens da Comissão de Constituição, Justiça e Cidadania da Câmara dos Deputados; do Conselho Federal da Ordem dos Advogados do Brasil; e da Comissão da Verdade da OAB-PR.

5 Superior Tribunal Militar STM, e Auditoria da 5ª R.M.

O Código de Processo Penal comum e o Código de Processo Penal Militar, como normas infraconstitucionais de mesma categoria, devem estar perfeitamente integrados aos ditames da Carta Magna, especialmente no que se refere aos direitos fundamentais da cidadania, em outras palavras, no tocante as garantias judiciais de todas as pessoas processadas criminalmente, independentemente da instância ou da competência de julgamento.[6]

> *a) Código Penal comum de 1984 – art. 18 teoria do crime – finalista da intenção (dolo)*
> *b) Código Penal militar de 1969 – art 29 teoria da ação – causalista pelo resultado*

Não existe direito penal democrático sem a devida atenção aos princípios de Direitos Humanos, para respeito a cidadania e a dignidade da pessoa investigada, acusada, denunciada, processada, presa e condenada; porque a República Federativa do Brasil constitui-se em Estado Democrático de Direito, tendo como objetivos a construção de uma sociedade livre, justa e solidária para erradicar a pobreza e a marginalização.

> Art. 4º *A República Federativa do Brasil rege-se nas suas relações internacionais pelos seguintes princípios:*
> *I – independência nacional;*
> *II – prevalência dos direitos humanos;*
>
> *§ 1º As normas definidoras dos direitos e garantias fundamentais têm aplicação imediata.*
>
> *§ 2º Os direitos e garantias expressos nesta Constituição não excluem outros decorrentes do regime e dos **princípios por ela adotados**, ou dos tratados internacionais em que a República Federativa do Brasil seja parte (Constituição Federal).*

> Art. 3º *A lei processual penal admitirá interpretação extensiva e aplicação analógica, bem como o suplemento dos **princípios gerais de direito** (Código de Processo Penal)*

6 Ver Maia Neto, Cândido Furtado: "Justiça Militar Democrática e Direitos Humanos"; in Revista do Ministério Público Militar, ed. Nº 24/ 2014, p. 95, Brasília-DF.

Princípios democráticos e antidemocráticos:

ESTADO DEMOCRÁTICO DE DIREITO		ESTADO DE POLÍCIA
devido processo (penal) legal	*versus*	processo-penal inquisitivo
garantias fundamentais da cidadania	*versus*	ordem pública imperante
direito constitucional	*versus*	direito penal autoritário
Direitos Humanos	*versus*	Estado gendarme
prevalência dos Direitos Humanos	*versus*	prevalência da lei ordinária
presunção de inocência	*versus*	presunção de culpabilidade
in dubio pro reo	*versus*	*in dubio pro societate*
analogia *in bonam partem*	*versus*	analogia *in malam partem*
interpretação favorável	*versus*	interpretação prejudicial
descriminalização	*versus*	criminalização
despenalização	*versus*	penalização
segurança jurídica	*versus*	(in) segurança pública
p.p.l. *ultima ratio*	*versus*	p.p.l. *prima ratio*
no bis in idem	*versus*	duplo processo-condenação
predomina atenuantes	*versus*	predomina agravantes
direito penal de ato	*versus*	direito penal de autor
princípio da isonomia	*versus*	tratamento diferenciado
princípio da verdade real	*versus*	princípio da verdade formal
princípio da oportunidade relativa	*versus*	princípio obrigatoriedade plena
inviolabilidade intimidade-privacidade	*versus*	quebra sigilo bancário e fiscal
inviolabilidade de comunicação	*versus*	interceptações telefônicas
asseguramento do direito adquirido	*versus*	expectativa de direito
princípio da liberdade de pensamento	*versus*	censura – restrições
juízo natural (Promotor Natural)	*versus*	Tribunal/juízo de exceção
princípio da indelegabilidade	*versus*	princípio da delegabilidade
tipo penal fechado-preciso	*versus*	tipo penal aberto-incerto
no judez ex officio e inercia	*versus*	parcialidade judicial
excepcionalidade da prisão preventiva	*versus*	generalização prisão preventiva
individualização da prisão-condena	*versus*	generalização da prisão
limite do cumprimento da p.p.l.	*versus*	prisão perpétua
inviolabilidade do direito à vida	*versus*	pena capital
medidas alternativas à prisão	*versus*	prisão como regra geral
ampla defesa	*versus*	cerceamento da defesa
ônus pobandi ministerial	*versus*	inversão da prova
publicidade dos atos judiciais	*versus*	segredo de justiça
indelegabilidade de função	*versus*	delegação de função
representação parlamentar da lei penal	*versus*	lei penal com origens diversas

p.p.l = pena privativa de liberdade

Velar pelos princípios básicos e reitores de Direitos Humanos sempre foi e será a meta de DOTTI; e RAUL ZAFFARONI fala da elegância e eloquência de René, com seu estilo e notável sentimento de humanidade.[7]

7 Livro em homenagem ao emérito professor doutor René Ariel Dotti: "Notáveis do Direito Penal", ed. Consulex, Brasília, 2006, com prólogo de EUGÊNIO RAUL ZAFFARONI; coordenação MAIA NETO, CÂNDIDO FURTADO.

Nas excelentes notas a legislação brasileira e a Declaração Universal dos Direitos Humanos (ONU/1948), de autoria do Prof. Dotti, trabalho realizado em homenagem ao saudoso Ministro FRANCISCO DE ASSIS TOLEDO, seu amigo e humanista[8], cita NORBERTO BOBBIO: "*a crescente importância atribuída, nos debates internacionais, entre homens de cultura e políticos, em seminários de estudo e em conferências governamentais, ao problema do reconhecimento dos direitos do homem*".

René se refere as cláusulas pétreas como **cláusulas de esperança**, de fé e de justiça.

A Carta Magna (08.10.1988) define taxativamente as *cláusulas pétreas* ou dispositivas legais que não podem, em hipótese alguma, serem alterados; nem mesmo modificados por meio de emenda constitucional.

> Art. 60.
> § 1º A Constituição não poderá ser emendada na vigência de intervenção federal (art. 34 CF EC 14/96), de estado de defesa ou de estado de sítio.

Significa que nem mesmo para preservar ou restabelecer a ordem pública ameaçada por instabilidade institucional, durante um regime de exceção, no estado de defesa (art. 136 CF) as cláusulas pétreas não poderão sofrer modificações legislativas (leia-se emendadas); a única possibilidade com suspensão limitada se dá na vigência do estado de sítio (art. 137/139 CF), com duração e definição específica, sempre ouvidos os Conselhos da República, e de Defesa Nacional e a Mesa do Congresso Nacional (art. 140/141 CF).

> § 4º Não será objeto de deliberação a proposta de emenda tendente a abolir:
> IV – os direitos e garantias individuais.

Assim, o modelo jurídico-constitucional encontra-se blindado na qualidade de *cláusulas pétreas*. Os Direitos Humanos universalmente aceitos estão presentes nos Tratados ratificados e aderidos pelo Estado, passando a integrar o ordenamento jurídico pátrio com supralegalidade.

Os direitos fundamentais individuais (grifei) do cidadão assegurados no texto constitucional são indisponíveis, irrevogáveis, irrenunciáveis e inalienáveis.

A Carta Magna é taxativa e restritiva, posto que quando se fala de *cláusula pétrea* não pode haver interpretação extensiva, no intuito de ampliar o que nela não contém ou não está escrito. Para nós, não há que se falar em *cláusula pétrea* implícita, somente explicita (art. 60 § 4º CF).

8 Editora JM, em 1999, 2ª ed., Curitiba.

Aos documentos de Direitos Humanos não se pode negar ou prejudicar aplicação, posto que os tratados e convenções aderidos possuem a mesma validade hierárquica das garantias fundamentais individuais, nos termos contido no §§ 2º e 3º do art. 5º da Constituição Federal.

É de se destacar o conteúdo e o valor da **cláusula de proteção.**

No art. 30, da Declaração Universal dos Direitos Humanos (ONU/1948), consta:

> *"Nenhuma disposição da presente Declaração pode ser interpretada como o reconhecimento a qualquer Estado, grupo ou pessoa, do direito de exercer qualquer atividade ou praticar qualquer ato destinado à destruição de quaisquer direitos e liberdades aqui estabelecidos".*

A Convenção de Viena sobre Direito dos Tratados (ONU -1969) expressa nos artigos 26 e 27:

> *"Todo Tratado obriga as Partes e deve ser executado por elas de boa-fé" ("pacta sunt servanda"); e "uma Parte não pode invocar as disposições de seu direito interno como justificativa para o inadimplemento de um Tratado"; inclua-se, nesta hipótese, dentro de um conceito "lato sensu", também outros instrumentos legais de Direitos Humanos, como: Pactos, Convenções, Declarações, etc.*

Ademais, a Convenção Americana (OEA) sobre Direitos Humanos, ou o chamado Pacto de San José da Costa Rica (1969), determina:

> *"Nenhum dispositivo da presente Convenção poderá ser interpretado no sentido de permitir a supressão, excluir ou limitar exercício de direitos e da liberdade".*

Também o Pacto Internacional sobre Direitos Civis e Políticos (ONU/1966, aderido ao ordenamento pátrio nacional, via Decreto nº 592/1992), no artigo 5.2 dispõe:

> *"Não admitirá qualquer restrição ou suspensão dos direitos humanos fundamentais – **cláusula pétrea** – reconhecidos ou vigentes em qualquer Estado Parte do presente pacto em virtude de leis, convenções, regulamentos ou costumes, sob pretexto de que o presente pacto não os reconheça ou os reconheça em menor grau".*

Ao Judiciário incumbe aplicar a lei vigente, não possui função constitucional autorizadora de relativização ou quebra de garantias individuais fundamentais. A mais alta Corte de Justiça do País, o Supremo Tribunal Federal compete à guarda da Carta Magna e o controle da constitucionalidade das normas.

O artigo 27 da Convenção Americana sobre Direitos Humanos – Pacto de San José –, dispõe que a suspensão de garantias judiciais-constitucionais só se dará em caso de guerra, de perigo público, ou de outra emergência que ameace a independência ou segurança do Estado-Parte, podendo ser adotadas excepcionalmente medidas estritas por tempo restritamente limitado às exigências exclusivas da situação, devendo ser obrigatoriamente informado os demais Estados-Partes da Convenção, por intermédio do Secretário-Geral da Organização dos Estados Americanos (OEA), sobre o início e o término da suspensão das referidas garantias judiciais.

Restando ainda, tudo sujeito a verificação "in loco" por intermédio de inspeção da Comissão de Direitos Humanos, na hipótese de violações dos Direitos Humanos e desrespeito ao contido no Pacto de San José (art. 34 e segts), ante uma denúncia e queixa de qualquer pessoa ou grupo de pessoas, o Estado que suspendeu as garantias fundamentais da cidadania encontra-se sujeito a responsabilidades na ordem jurídica internacional dos Direitos Humanos, se infundadas, injustificadas ou abusivas as suspeições.

Da mesma forma, como é obrigatória a comunicação ao Secretário-Geral da OEA, na hipótese de suspensão ou supressão temporária de garantia judicial, ou de direito constitucional fundamental; também manda proceder desta forma, o Pacto Internacional de Direitos Civis e Políticos, a exigência de comunicação ao Secretário-geral da ONU.

Trata-se, portanto, da chamada **cláusula de proteção** regional e internacional dos Direitos Humanos, controle e fiscalização dos compromissos assumidos após a ratificação e adesão dos instrumentos internacionais.

II. René Airel Dotti doutrinador e legislador criminal em prol dos direitos humanos e da ética

É dever de todos os profissionais das ciências jurídicas, dentre eles os advogados e defensores públicos, o seguinte:

> *Art. 2º O advogado é indispensável à administração da justiça.*
> *§ 1º No seu ministério privado, o advogado presta serviço público e exerce função social (Lei nº 8.906 da Advocacia e da OAB).*
>
> *Art. 134. A Defensoria Pública é instituição permanente, essencial à função jurisdicional do Estado, incumbindo-lhe, como expressão e instrumento do regime democrático, fundamentalmente, a orientação jurídica, a promoção dos direitos humanos e a defesa, em todos os graus, judicial e extrajudicial, dos direitos individuais e coletivos, de forma integral e gratuita, aos necessitados, na forma do inciso LXXIV do art. 5º desta Constituição Federal (EC nº 80/2014).*

Os Princípios Básicos à Função dos Advogados (ONU/1990), adotados pelo Oitavo Congresso das Nações Unidas sobre Prevenção do Crime e Tratamento do Delinquente (Havana-Cuba), no artigo 14 expressa:

> *14. Ao protegerem os direitos dos seus clientes e ao promoverem a causa da justiça, os advogados devem respeitar os direitos do homem e as liberdades fundamentais reconhecidas pelo direito nacional e internacional, e devem, em todo o momento, atuar com li-*

> *berdade e diligência em conformidade com a lei e com as normas e regras deontológicas reconhecidas da sua profissão.*

Também incumbe aos promotores e procuradores de justiça:

> *Art. 127. O Ministério Público é instituição permanente, essencial à função jurisdicional do Estado, incumbindo-lhe a defesa da ordem jurídica, do regime democrático e dos interesses sociais e individuais indisponíveis (leia-se Direitos Humanos) CF/88.*

Todos os profissionais do direito, inclusive os magistrados, devem atuar com lealdade e boa-fé, respondendo por perdas e danos aquele que litigar com má-fé e atentar contra a dignidade da justiça (arts. 14, 16 e 17 Lei nº 5.869/1973; ou CPC e arts. 77, 79 e 80 CPC Lei nº 13.105/2015).

O professor René Ariel Dotti ensina magistralmente as ciências criminais através de sua obra Curso de Direito Penal,[9] e também nos seus Comentários ao Código Penal, onde faz estudo de direito comparado com a doutrina de Nélson Hungria.[10]

Dentre inúmeros trabalhos jurídicos e acadêmicos publicados, gostaria de destacar o artigo "A repercussão geral dos crimes contra a dignidade da pessoa humana", de autoria do Prof. Dr. René Ariel Dotti, onde comenta o fenômeno da globalização e dos Direitos Humanos, a sua proteção interna através da federalização via "clausula federal", e a celeridade processual e o malefício da burocracia, publicação no livro do IV Curso Brasileiro Interdisciplinar em Direitos Humanos,[11] que teve como coordenadores Antonio Augusto Cançado Trindade e César Barros Leal.

Quanto a celeridade processual, primeiramente, gostaríamos de dizer que se trata de uma garantia fundamental de Direitos Humanos, consagrada como cláusula pétrea na nossa Carta Magna.[12]

> Art. 5º CF LXXVIII a todos, no âmbito judicial e administrativo, são assegurados a razoável duração do processo e os meios que garantam a celeridade de sua tramitação.

Por tanto, pretender restringir recursos é o mesmo que proibir a amplitude de defesa e de acesso aos Tribunais (inclua-se recursos interpostos pelo

9 Ed. RT – Revista dos Tribunais, SP.

10 Ed. GZ, Rio de Janeiro. Dec-lei nº 2.848/1940 com Lei nº 7.209/1984.

11 Curso promovido pelo Instituto Interamericano de Direitos Humanos da Organização dos Estados Americanos (OEA), e pelo Instituto Brasileiro de Direitos Humanos (IBDH), de 3 a 14 de agosto de 2015, realizado na cidade de Fortaleza-CE-Brasil.

12 Incluida pela EC. 45/2004.

Ministério Público), medida afinada com os regimes de exceção, totalmente contrária ao sistema penal democrático.

A demora dos julgamentos não se dá pelo número ou espécies de recurso existentes no Código de Processo Penal, porque os prazos para interposição são curtos ou curtíssimos; o retardo está na tramitação da prestação jurisdicional, isto é, no tempo da lavratura e publicação da sentença, algumas vezes com 2, 3, 5 ou até 10 anos; as partes possuem 2, 5, 15 ou 20 dias e não anos.

Nelson Hungria, eminente jurista foi um dos aurtores do anteprojeto do Código Penal de 1940 (Decreto-lei nº 2.848, de 7 de dezembro de 1940); posteriormente, Hungria foi corredator do novo Código Penal de 1969, ao lado de Roberto Lyra, Helio Tornaghi, Anibal Bruno, e Vieira Braga, projeto bastante elogiado pelos penalistas brasileiros.

O anteprojeto destinava-se a substituir o Código Penal de 1940, naquela época – década de 60 do século passado -, Nelson Hungria, conhecido como "Príncipe dos Penalistas", e ex- Ministro do STF, juntamente com membros da antiga e nova Comissão Revisora, nesta agora, com a participação de HELENO CLAUDIO FRAGOSO.

Mas infelizmente, o Código Penal de 1969, deixou de ser promulgado (Dec.-lei nº 1.004) e de entrar em vigor no ano de 1972 (no período de *vacatio legis*, previsto), face as dificuldades que atravessava o Brasil, especialmente por força do Ato Institucional nº AI-5, imposto pelo regime militar, que ocasionou recesso no Senado e na Câmara Federal (Congresso Nacional).

E outra comissão de juristas foi convocada pelo Ministro Ibrahim Abi-Ackel, de Estado da Justiça, para apresentar novo código penal e substituir definitivamente o CP de 1940, que aconteceu no final do período de governo militar.

René Ariel Dotti integrou a comissão ao lado de FRANCISCO DE ASSIS TOLEDO, FRANCISCO DE ASSIS SERRANO NEVES, RICARDO ANTUNES ANDREUCCI, MIGUEL REALE JÚNIOR, HÉLIO FONSECA e ROGÉRIO LAURIA TUCCI.

Os textos normativos penal e penitenciário foram aprovados pelo Congresso Nacional e convertidos em Leis nsº 7.209 e 7210/1984, vigorando até os dias atuais.

Trata-se de legislação avançada, democrática e humanista, que prevê:

> Art. 5º – *Aplica-se a lei brasileira, sem prejuízo de convenções, tratados e regras de direito internacional (leia-se de Direitos Humanos), ao crime cometido no território nacional.*
>
> Art. 38 – *O preso conserva todos os direitos não atingidos pela perda da liberdade, impondo-se a todas as autoridades o respeito à sua integridade física e moral.*

Professor Dotti ainda compôs a comissão de reforma da parte especial do código penal, nos termos da Portaria nº 581/1992 do Ministério da

Justiça; e foi condecorado com a Medalha de Mérito Legislativo da Câmara dos Deputados Federais, no ano de 2007.

Renovar a legislação criminal de um país, sair do "estado de polícia" e entrar no "estado democrático", é preciso respeito à Carta Magna e aos instrumentos internacionais de Direitos Humanos de aceitação tácita universal e os ratificados, só assim se efetiva um direito penal verdadeiramente humanista.

Devemos ir além, modificar pensamentos para viabilizar na prática as garantias individuais fundamentais da cidadania, a segurança jurídica *versus* "negação de justiça penal", posto que a lei não excluirá da apreciação do Poder Judiciário lesão ou ameaça a direito, e punirá qualquer discriminação atentatória aos direitos e liberdades fundamentais (incisos XLI e XXXV art. 5º CF/88).

III. René Ariel Dotti e os direitos humanos *versus* estado de terror

Na sua luta em prol dos Direitos Humanos, René Ariel Dotti foi vice-Presidente da *Association Internationale De Droit Pénal* (AIDP com sede em Paris), e Presidente do Grupo Brasileiro da Associação Internacional de Direito Penal, e propôs o "Movimento Antiterror e a Missão da Magistratura".[13]

Fala da necessidade de independência e da imparcialidade do juiz, bem como se manifesta por respeito aos princípios "*no judex ex officio*"; da ampla defesa e do contraditório (art. 5º, LV CF), estes referem-se a direitos iguais entre as partes ligantes, acusação e defesa (*Equality of arms – Adversary system*).

E reconhecidamente por seu incansável trabalho pelo prestígio da Justiça lhe foi outorgada a Comenda do Mérito Judiciário do Estado do Paraná, em 2015.

Nosso mestre homenageado é membro da Sociedade Mexicana de Criminologia, e contrário a teses criminológicas positivistas ou clínicas, do tipo direito penal de autor ou do direito penal do inimigo, da tolerância zero, etc.

Já foi o tempo da vingança privada e divina (Tribunais do Santo Ofício da Inquisição), e basta de vingança pública, a fase da pena, hoje, encontra-se no modelo da Justiça Restaurativa, onde vítima e vitimário se reencontram para compor sob a orientação judicial e controle legal, a melhor e mais eficiente responsabilização criminal.

Se faz urgente e necessário um giro de 180º graus, para que a Justiça Criminal Brasileira e mundial possa esquecer a fase da vingança pública[14] e

---

13 Ed. Juruá, 2005, Curitiba.

14 Vingança pública firma-se nos princípios da incondicionalidade e da indisponibilidade da ação penal, sem levar em consideração o desejo e a vontade do ofendido; também baseia-se no uso exacerbado da prisão preventiva e da condução coercitiva, e esta última se dá absurdamente até em desfavor da vítima, a principal protagonista do sistema criminal por sua qualidade de titular do bem jurídico-penal protegido.

ingressar no "direito penal do perdão" na expressão do saudoso professor dos país Vasco, ANTONIO BERISTAIN.[15]

A vitimologia, o penitenciarismo e a criminologia, consideradas ciências autônomas, ocupam hoje espaço próprio e privilegiado no campo das ciências naturais e sociais, com aproximação ao direito penal, aumentando a importância do estudo das causas do crime, comportamento do delinquente e a eficiência da segurança pública na prevenção e repressão à criminalidade.

Necessário se faz, que a política criminal e penitenciária esteja conectada ou ajustada com as políticas sociais governamentais (trabalho, salário, educação, habitação, alimentação....), que somente poderão se concretizar com a efetivação de uma política criminal, penitenciária e vitimal efetivamente democrática e participativa.

Incorreto falar em direito penal preventivo. O sistema penal é repressivo por sua própria origem e característica, tendo como núcleos básicos o crime e o criminoso. A prevenção encontra-se na área da política econômica e social do País, sob responsabilidade direta do Poder Executivo (art. 144 CF – segurança pública ostensiva); já a repressão da criminalidade é tarefa do Poder Judiciário e da instituição do Ministério Público, órgãos estatais encarregados da correta aplicação das leis penais, sendo que para as duas áreas a atenção aos Direitos Humanos e ao Estado Democrático Social é primordial.

Devemos nos preocupar mais com as causas dos delitos e não apenas com a punição, pura e simplesmente. Para a devida prevenção e não tão somente a repressão penal, esta última se refere a segurança jurídica e ao devido processo legal.

O direito penal é eminentemente repressivo razão pela qual precisa ser mínimo, reduzido e controlado pelo Estado e pela legislação, como ensina Dotti e o professor italiano LUIGI FERRAJOLI,[16] jamais máximo e intolerante. O direito penal é subsidiário dos demais ramos das ciências jurídicas e a pena privativa de liberdade deve ser aplicada como *ultima ratio* das espécies de sanção admitidas no regime democrático e pelos Direitos Humanos.

IV. René Ariel Dotti e os direitos humanos dos presos

Ao me desligar do Escritório Prof. René Ariel Dotti, assumi função de Promotor de Justiça substituto na cidade de Apucarana, no início de 1986, e ao oferecer a primeira denúncia em processo criminal, quando estava fina-

15 "A Nova Criminologia à luz do Direito Penal e da Vitimologia" – ANTONIO BERISTAIN; Ed. UNB – Universidade de Brasília. Brasília, 2000, pgs. 193; tradução MAIA NETO, CÂNDIDO FURTADO; titulo original "*Nueva Criminología, desde el Derecho Penal y la Victimología*", ed. Tirant lo Blanc, Valencia, Espana, 1994;

16 Derecho y Razón", ed. Trotta. Madrid, 1989.

lizando a exordial não consegui escrever o chavão de sempre: "o Ministério Público pede a condenação do réu".

Perguntava-me, olhando no espelho: como pedir a condenação de alguém (um cidadão da República) apenas em base a provas indiciárias (da polícia), sem contraditório, isto é, sem processo e instrução criminal, isto atenta contra o princípio da presunção de inocência.

Sofria nesta época pressão velada. Estava eu entre a "cruz e a espada", o que fazer?

Resolvi telefonar para o professor Dotti e solicitar-lhe auxílio acadêmico, a fim de me mostrar luz. Falei de minha angustia e o mestre foi objetivo como sempre, dizendo: parabéns Cândido é isso mesmo, estou com você, me ensinou por telefone mais alguns princípios de direito penal democrático.

O ocorrido acontecia, durante o fim do regime militar, isto é, 1986, dois anos antes de entrar em vigor a Constituição da República.

Eu nunca pedi a condenação de nenhum cidadão no início do processo, em toda minha vida como representante do *Parquet*, estou de alma livre e leve, graças ao Professor Dotti.

Para melhor fundamentar meu pensamento jurídico, escrevi um artigo acadêmico sobre o tema que intitulei "Por que o Promotor de Justiça não deve pedir a condenação na denúncia?",[17] a fim de encaminhar ao Digníssimo Corregedor-Geral do Ministério Público.

Também na mesma comarca de Apucarana propomos medida judicial, inédita no País, requerendo recadastramento eleitoral dos presos provisórios para que exercitassem como cidadãos o direito ao voto.

Dotti como membro do Conselho Nacional de Política Criminal e Penitenciária (CNPCP-MJ), sabendo do nosso requerimento ao juiz eleitoral da comarca de Apucarana-PR, imediatamente propôs Voto de Louvor sendo aprovado pela Presidência do Conselho Nacional de Política Criminal e Penitenciária do Ministério da Justiça,[18] Dr. Evandro Cavalcanti Lins e Silva, onde foi recomendada a iniciativa única à todos os Presidentes dos TREs – Tribunais Regionais Eleitorais dos Estados (Portaria nº 645 de 05.11.1986 MJ).

Oficio e voto de louvor foi encaminhado ao então Procurador-Geral de Justiça do Estado do Paraná, Dr. Gerônimo de Albuquerque Maranhão, destacando nossa iniciativa única no Brasil.

Defendo o direito eleitoral dos presos provisórios, desde a vigência da Constituição de 1969; a saber:

17 Publicado pelo Departamento da Faculdade de Direito da Universidade Estadual de Ponta Grossa-PR, 1988; constante também na obra "Promotor de Justiça e Direitos Humanos", 3ª ed. Juruá, 2012, p. 87: Maia Neto, Cândido Furtado.

18 Ata CNPCP pub. D.O.10.7.86; Telex; e Of. Sec. PGJ-PR nº 39, de 20/6/86.

Art. 149
§ 2º – A perda ou a suspensão dos direitos políticos dar-se-á por decisão judicial:
a)...
b)...
c) por motivo de ***condenação criminal*** *(leia-se transitada em julgado), enquanto durarem seus efeitos.*

E a Lei nº 4.898, de 9.12.1965 de abuso de autoridade, prevê:

"constitui abuso de autoridade qualquer atentado: aos direitos e garantias legais assegurados ao exercício do voto".

Mas o STE – Superior Tribunal Eleitoral resolveu aprovar o direito de voto do preso e a possibilidade de instalar urnas nos locais de detenção, muito depois.

Em 1989[19] Dotti foi nomeado, pelo Ministro da Justiça, Presidente do Conselho Nacional de Política Criminal e Penitenciária, e deu inicio ao maior projeto humanístico para as pessoas privadas de liberdade, já conhecido na América Latina, objetivava trocar radicalmente o ócio do cárcere, ou seja, as penitenciárias fechadas por colônias agrícolas modelos, para que se oportunizasse trabalho e ao mesmo tempo estudo para o condenado preso remir o *quantum* de sua pena (art. 126 e setgs. LEP), e alcançar com dignidade o retorno à vida em liberdade em boa convivência social e familiar.

O citado projeto modelo delineado por Dotti, é hoje recomendado pelas Nações Unidas, mas o Poder Executivo insiste na reclusão ilógica e irracional, que serve apenas para engaiolar excluídos, gerar a reincidência criminal e aumentar as cifras da delinquência hedionda,[20] restando ao Poder Judiciário e ao Ministério Público um tipo de trabalho de "enxugar gelo", com mais processo-crime, mais denúncia, mais condenação e mais pena privativa de liberdade, uma mesmice de séculos e séculos ainda não superada, pelos que se dizem "doutores da lei".

Já quando o renomado advogado penalista René Ariel Dotti, galgou ao cargo de professor titular da Universidade Federal do Estado do Paraná, nos idos de 1981, apresentou tese denominada "Bases e Alternativas para o Sistema de Penas", aprovada com nota máxima.

---

19 Assumi o cargo de Secretário de Justiça e de Segurança Pública do Ministério da Justiça, por indicação do Professor RENÉ ARIEL DOTTI ao Ministro OSCAR DIAS CORRÊA.

20 Prisão fechada de segurança máxima e Regime Disciplinar Diferenciado (RDD). A taxa de aprisionamento no Brasil está em + de 600 mil condenados, sendo quase 50% composta por presos provisórios. Trata-se da 4ª maior população prisional do mundo; onde para cada 100 mil habitantes consta mais de 300 presos.

Propunha Dotti uma política criminal e penitenciária moderna e humanística, alertando os profissionais do direito que a prisão é uma medida cautelar excepcionalíssima (lei nº 12.403/2011), e a pena privativa de liberdade a *última ratio* das espécies de sanções, aplicáveis e aceitáveis no regime do Estado Democrático (art. 32 CP e art.5º, XLVI CF), quando não mais houver outra alternativa ou substitutivo legal.

Somente em 1990, após 09 anos da tese e doutrina de Dotti, as Nações Unidas aprovaram as "Medidas não Privativa de Liberdade", dentre elas citamos:

> I – PRINCÍPIOS GERAIS
>
> 1. *Objetivos fundamentais*
>
> 1.1. *As presentes Regras Mínimas enunciam uma série de princípios básicos tendo em vista favorecer o recurso a medidas não privativas de liberdade, assim como garantias mínimas para as pessoas submetidas a medidas substitutivas da prisão.*
>
> 1.2. *As presentes Regras visam encorajar a coletividade a participar mais no processo da justiça penal e, muito especialmente, no tratamento dos delinquentes, assim como desenvolver nestes últimos o sentido da sua responsabilidade para com a sociedade.*
>
> 1.3. *A aplicação das presentes Regras tem em conta a situação política, econômica, social e cultural de cada país e os fins e objetivos do seu sistema de justiça penal.*
>
> 1.4. *Os Estados membros esforçam-se por aplicar as presentes Regras de modo a realizarem um justo equilíbrio entre os direitos dos delinquentes, os direitos das vítimas e as preocupações da sociedade relativas a segurança pública e à prevenção do crime.*
>
> 1.5. *Nos seus sistemas jurídicos respectivos, os Estados membros esforçam-se por introduzir medidas não privativas de liberdade para proporcionar outras opções a fim de reduzir o recurso às penas de prisão e racionalizar as políticas de justiça penal, tendo em consideração o respeito dos direitos humanos, as exigências da justiça social e as necessidades de reinserção dos delinquentes.*
>
> II. ANTES DO PROCESSO
>
> 5. *Medidas que podem ser tomadas antes do processo*
>
> 5.1. *Quando isso for adequado e compatível com o seu sistema jurídico, a polícia, o Ministério Público ou outros serviços encarregados da justiça penal podem retirar os procedimentos contra o delinquente se considerar que não é necessário recorrer a um processo judicial para fins da proteção da sociedade, da prevenção do crime ou da promoção do respeito pela lei ou pelos direitos das vítimas. Serão fixados critérios em cada sistema jurídico para determinar se convém retirar os procedimentos ou para decidir sobre o processo a seguir. Em caso de infração menor, o Ministério Público pode impor, sendo caso disso, medidas não privativas de liberdade.*
>
> 6. *A prisão preventiva como medida de último recurso*
>
> 6.1. *A prisão preventiva deve ser uma medida de último recurso nos procedimentos penais, tendo devidamente em conta o inquérito sobre a presumível infração e a proteção da sociedade e da vítima.*
>
> 6.2. *As medidas substitutivas da prisão preventiva são utilizadas sempre que possível. A prisão preventiva não deve durar mais do que o necessário para atingir os objetivos enunciados na regra 6.1. e deve ser administrada com humanidade e respeitando a dignidade da pessoa.*
>
> 6.3. *O delinquente tem o direito de recorrer, em caso de prisão preventiva, para uma autoridade judiciária ou para qualquer outra autoridade independente.*

> *III. PROCESSO E CONDENAÇÃO*
> *7. Relatórios de inquéritos sociais*
> *7.1. Quando seja possível obter relatórios de inquéritos sociais, a autoridade judiciária pode socorrer-se de um relatório preparado por um funcionário ou organismo competente e autorizado. Este relatório deverá conter informações sobre o meio social do delinquente susceptíveis de explicar o tipo de infração que este comete habitualmente e as infrações que lhe são concretamente imputadas. Deverá conter igualmente informações e recomendações pertinentes para fins de fixação da pena. Os relatórios deste gênero serão concretos, objetivos e imparciais e as opiniões pessoais serão claramente indicadas como tais.*
> *8. Penas*
> *8.1. A autoridade judiciária, tendo à sua disposição um arsenal de medidas não privativas de liberdade, tem em conta, na sua decisão, a necessidade de reinserção do delinquente, a proteção da sociedade e do interesse da vítima, que deve poder ser consultada sempre que for oportuno.*
> *8.2. As autoridades competentes podem tomar as seguintes medidas:*
> *a) Sanções verbais, como a admoestação, a repreensão e a advertência;*
> *b) Manutenção em liberdade antes da decisão do tribunal:*
> *e) Penas privativas (restritivas) de direitos;*
> *d) Penas econômicas e pecuniárias, como a multa e o dia-multa;*
> *e) Perda ou apreensão;*
> *1) Restituição à vítima ou indenização desta;*
> *g) Condenação suspensa ou suspensão da pena;*
> *h) Regime de prova e vigilância judiciária;*
> *1) Imposição de prestação de serviços à comunidade;*
> *j) Afetação a um estabelecimento aberto;*
> *k) Residência fixa;*
> *1) Qualquer outra forma de tratamento em meio aberto;*
> *m) Uma combinação destas medidas.*

São medidas penais inteligentes que respeitam a dignidade do ser humano, como fundamento da República Federativa do Brasil (art. 1º, III CF), sem maus-tratos e sem tortura (lei nº 9.445/1997), contra o arbítrio e o abuso de autoridade (lei n° 4.898/1965).

Na Declaração sobre Princípios de Justiça contra o abuso de poder (ONU/1990), encontramos que o sistema legal não pode tornar presos e condenados a vítimas indefesas e desassistidas,[21] em face dos maus-tratos e precárias condições dos estabelecimentos penais.

Consta no artigo 179 da Constituição do Império, de 1824:

> *XXI "As cadeias serão seguras, limpas e bem arejadas, havendo diversas casas para a separação dos réus, conforme suas características e natureza dos seus crimes."*

21 MAIA NETO, Cândido Furtado: "Direitos Humanos das Vítimas de Crimes" Filosofia Penal e Teoria Crítica à luz das Reformas Processuais Penais. Ed. Juruá, 516 páginas, Curitiba, 2014.

XXIX "Os empregados públicos são estritamente responsáveis pelos abusos e omissões praticadas no exercício das suas funções, e por não fazerem efetivamente responsáveis os seus subalternos".

Na Lei nº 7.210/84, cujo coautor é o eminente René Dotti, prescreve:

Art. 203. *No prazo de 6 (seis) meses, a contar da publicação desta Lei, serão editadas as normas complementares ou regulamentares, necessárias à eficácia dos dispositivos não auto-aplicáveis.*
§ 1º Dentro do mesmo prazo deverão as Unidades Federativas, em convênio com o Ministério da Justiça, projetar a adaptação, construção e equipamento de estabelecimentos e serviços penais previstos nesta Lei.
§ 2º...
§ 3º...
§ 4º O descumprimento injustificado dos deveres estabelecidos para as Unidades Federativas implicará na suspensão de qualquer ajuda financeira a elas destinada pela União, para atender às despesas de execução das penas e medidas de segurança.

O STF está julgando uma Ação Direta de Inconstitucionalidade nº. 5170/2014, sobre o direito de indenização de presos por danos morais, objetivando que o Excelso Pretório, conforme consta na Constituição c.c. com os artigos 43, 186 e 927, caput e parágrafo único, do Código Civil (Lei nº 10.406/2002), declare o Estado civilmente responsável pelos danos causados aos detentos quando os submete à prisão em condições sub-humanas, insalubres, degradantes ou de superlotação. Resultado: em discussão. Aguarda decisão de mérito.

E também destaco a ação de Arguição de Descumprimento de Preceito Fundamental nº. 347/2015, que pede reconhecimento da violação dos direitos fundamentais da população carcerária; posto que "*Não há cenário fático mais incompatível com a Constituição do que o sistema prisional brasileiro. O problema é sistêmico e decorre de uma multiplicidade de atos comissivos e omissivos dos Poderes Públicos da União, dos estados e do Distrito Federal. A gravidade do quadro e a inapetência dos poderes políticos, da burocracia estatal e das demais instâncias jurisdicionais para enfrentá-lo evidenciam a necessidade de intervenção do STF*". Resultado: Algumas questões foram concedidas a título de liminar. Ação aguarda decisão de mérito.[22]

Dotti está muito a frente de seu tempo, vem postulando a redução da prisão a quase 4 décadas, ensina, propõe e apresenta teses formidáveis lógicas e humanistas, se preocupa com seu povo, com a cidadania, com seu País, com a justiça e com o mundo das pessoas encarceradas (*intra murus*), a fim de que

22 Em 1994 escrevi um artigo intitulado "A inconstitucionalidade da pena privativa de liberdade", publicado pela Editora RT (Revista dos Tribunais vol. 707, p. 427; e Doutrina Essenciais – Direitos Humanos, vol. II, pp. 385, 2011).

o direito penal se torne efetivamente ciência tanto na teoria como na práxis jurídica policial-forense.

V. René Ariel Dotti e a Carta de Direitos Humanos do Paraná para a América Latina

Os participantes do Congresso Latinoamericano de Direitos Humanos, realizado entre os dias 17 a 20 de outubro de 1993, reunidos na cidade de Curitiba, capital do Paraná, Republica Federativa do Brasil, sob a promoção da Secretaria de Estado da Justiça, aprovaram a CARTA DE DIREITOS HUMANOS DO PARANÁ PARA AMÉRICA LATINA, entre outros temas destacamos resumidamente o seguinte:

> *Según los debates en el plenario del Congreso, proponen:*
> *Cumple recordar que el Poder Judicial incumbe la estricta observancia de las "Reglas Mínimas" de las Naciones Unidas, de la Convención de Ginebra, y de las medidas alternativas y sustitutivas a las penas para el tratamiento de los presos y a superpoblación de los presidios.*
> *Se vuelve imprescindible la aplicación del principio de la jerarquía de los instrumentos jurídicos internacionales sobre el derecho interno, de aceptación universal y regional en materia de Derechos Humanos, con estímulo a los medios de control popular, en todos los niveles, de acuerdo con la organización política de cada Estado latinoamericano.*
> *El respeto efectivo de los Derechos Humanos debe comprender la aplicación de los principios democráticos en el control social mediante la actuación del Poder Judicial, aportando propuestas de nuevos modelos de estructuras, funciones y gobierno de ese Poder Judicial, adecuados a las realidades latinoamericanas. Tales propuestas deben contemplar un amplio acceso de los ciudadanos a la jurisdicción.*
> *Además, la garantía de que los derechos de todos sean efectivamente respetados presuponen la concientización, la corresponsabilidad y la defensa intransigente de los derechos fundamentales por parte de cada persona, siendo pues necesario la implementación de los procesos formales de Educar para los Derechos Humanos, de manera sistemática, interdisciplinaria y coherente con la realidad local.*
> *Se recomienda a los gobiernos de todos los países de América Latina y del Caribe:*
> *i) que se comprometan en la expansión de la agenda de los procesos de integración sub-regionales y regionales en que se encuentren interesados, para en ella sean incluidos o ampliados los siguientes temas: la protección al consumidor, a los derechos de los trabajadores, al medio ambiente y a los derechos humanos en general;*
> *ii) que establezcan y hagan cumplir el compromiso perentorio de no restricción de sus políticas externas al ámbito de la cooperación sub-regional, y luchen permanentemente para el alcance de una integración latinoamericana embazada en el derecho al desarrollo y en las garantías de los derechos individuales y colectivos.*
> *Ciudad de Curitiba, Paraná (Brasil), 20 octubre/ 1993.*

Participaran de la redacción de la Carta de los Derechos Humanos del Paraná: ***René Ariel Dotti****, Sérgio Muylaert, Joaquim A. de Oliveira Portes, Wagner Rocha D`Angelis, Carlos Frederico Marés de Souza Filho e Cândido Furtado Maia Neto (Brasil); Eugenio Raúl Zaffaroni (Argentina) y Jorge Bodes Torres (Cuba).*

Conclusão

Há décadas fiz um pacto comigo mesmo de sempre trabalhar em meus artigos jurídicos, nas obras literárias e nas promoções ministeriais com Direitos Humanos, ressaltando e destacando os ensinamentos do Prof. Dotti.

No meu primeiro livro "Promotor de Justiça e Direitos Humanos" (1ª 1999; 2ª 2007; e 3ª ed. 2012; Juruá, Curitiba); na obra "Direitos Humanos dos Presos" (ed. Forense, RJ, 1998), o Prof. Dotti, deu-me a imensa honra de prefaciá-los, o que guardo no coração as homenagens que irão se eternizar para meus filhos.

Dotti é mesmo um homem de escol.

Apesar das incongruências jurídicas (*aberratio iuris*) e do retrocesso da pratica jurídica que assistimos e vivenciamos dia a dia, vamos continuar peleando com a sapiência de Dotti, para que o direito penal renasça das cinzas juntamente com os Direitos Humanos inalteráveis, irregováveis, permanentes e perpétuos para toda a humanidade, porque não admitem nenhuma espécie de preconceito ou discriminação, distinção de sexo, cor, nacionalidade, filosofia religiosa ou classe social; pobres e ricos são iguais perante a lei e ante o tratamento do Poder Judiciário.

Acendeu a "luz amarela" ou estamos chegando ao "fundo do poço".

Exemplificando.

No dia 17.2.2016 o Supremo Tribunal Federal (STF) decidiu por maioria (7 votos a 5, no Habeas Corpus 126.292), seguindo a mesma linha da Lei Complementar nº 135/2010, conhecida como "Lei da Ficha Limpa", que prevê a inelegibilidade no sistema eleitoral aos condenados por colegiado, isto é em 2º grau (art. 2º, I "e"), agora nos crimes comuns a pena privativa de liberdade poderá ser executada provisoriamente, antes mesmo de sentença condenatória firme, ou seja, sem transito em julgado, atentando gravemente contra os princípios de Direitos Humanos.

Fere princípios e normas penais democráticas, ofendendo garantias fundamentais do cidadão (réu) conforme expressam os incisos XXXIV "a", XXXV e LVII do art. 5º da Carta da República, bem como os artigos 8-2, e 14-2 dos instrumentos de Direitos Humanos, dentre eles cito a Convenção Americana sobre Direitos Humanos (OEA/1969 – BR 1992), e o Pacto Internacional de Direitos Civis e Políticos (ONU/1966 – BR 1992), respectivamente.

O Pretório Excelso tem o dever de efetivar o Estado Democrático, razão pela qual não lhe é dado direito de vilipendiar cláusulas pétreas, muito menos mitigar ou relativizar princípios constitucionais e/ou de Direitos Humanos, aderidos devidamente pelo governo da República Federativa do Brasil.

Sentença penal que ainda não transitou em julgado não pode ser executada antecipadamente, uma vez que não possui plena e absoluta validade, vale dizer, o feito ainda se encontra "*sub judice*", o mérito continua sendo discutido.

Decisão judicial não se antecipa, é firme ou não é, quando existe a possibilidade jurídica de revisão ou modificação.

Se alguém é preso antecipadamente por meio de sentença condenatória não transita em julgado, e após a análise recursal é absolvido, caracteriza abuso de poder com direito a indenização por erro judiciário, nos termos do art. 5º, LXXV CF, e artigos 10, e 14-6 da Convenção Americana sobre Direitos Humanos, e do Pacto Internacional de Direitos Civis e Políticos; neste caso o réu passa a ser vítima do sistema penal estatal.

Garantias judiciais ou constitucionais fundamentais, por estarem na categoria de cláusulas pétreas não podem ser violadas pelo próprio Estado, dito de Direito e Democrático; a decisão do STF de 17.2.2016 dá margem para que a República Federativa do Brasil venha ser julgada e condenada pelas Cortes Internacionais de Direitos Humanos (Corte Interamericana de Direitos Humanos da OEA, e Tribunal Internacional das Nações Unidas), por flagrante desrespeito aos Tratados internacionais devidamente aderidos e ratificados, §§1º e 2º do art. 5º c.c art. 49, I CF.[23]

Aguardar julgamento final em liberdade antes de sentença firme caracteriza direito concreto e real de toda à cidadania, não significa exceção ou privilégio legal de poucos, mas uma regra geral para todos, pelo princípio da isonomia. A garantia da liberdade via presunção de inocência precisa de preservação obrigatória na vigência do regime político que efetiva e legitima uma Justiça Criminal Democrática.

O verdadeiro direito e justiça criminal como acredita o nobre professor René Ariel Dotti, não transige com o arbítrio e desrespeito as garantias fundamentais ao elevar e prestigiar as teorias do minimalismo, do reducionismo e do garantismo penal, pois lei repressiva democrática não descarta e nem menospreza a dignidade do ser humano, sempre é aplicada e interpretada em favor dos acusados; assim reza a legislação pátria e os instrumentos de Direitos Humanos.

Ainda resta um pouco de esperança, porque Justiça é fé, na vida, no homem; e como disse o Patrono dos Advogados Brasileiros "NÃO HÁ JUSTIÇA SEM DEUS" (Rui Barbosa).[24]

---

23 O Brasil já foi condenado a pagar indenização por danos morais, por não ter colocado à disposição de seu cidadão recursos judiciais efetivos e idôneos para combater eventual lesão de direito (Corte Interamericana de Direitos Humanos – sentença 06.07.2009, caso Escher e outros versus Brasil); Fonseca Vitor, in "Os Tratados de Direitos Humanos como .... Doutrina Essenciais de Direitos Humanos, ed. RT. 2011, p. 510.

24 MAIA NETO, Cândido Furtado in "Não há Justiça sem Deus", Revista Judiciária do Paraná, nº 9, ed. Bonijuris, Curitiba, Ano X – Maio 2015; da Associação dos Magistrados do Paraná – AMAPAR.

Nesta mesma linha filosófica Dotti possui inspiração espiritual, por sua evolução ética, crença no criador do universo e na mensagem cristã, originária do decálogo divino e constante no novo testamento de Jesus, nosso irmão, ou como homem histórico, precursor e maior defensor dos Direitos e Deveres Humanos, na história (do direito penal) universal.

Para finalizar. Agradeço e parabenizo o Professor Doutor René Ariel Dotti, porque Sua Excelência sempre prestigiou com grandeza o Paraná revelando-se ícone da Justiça Penal brasileira.

> *Bem-aventurados os que têm fome e sede de justiça, porque serão saciados!*
> *Bem-aventurados os Defensores da Paz (e dos Direitos Humanos), porque serão chamados filhos de Deus!*[25]

São Direitos, Deveres ou Problemas Humanos?

---

25 JOHN STOTT, teólogo e escritor, diz que a essência do Sermão da Montanha foi o apelo de Cristo aos seus seguidores para serem diferentes de todos os demais. "Não sejam iguais a eles", disse Jesus (Mt 6.8). O reino que Cristo proclamou deve ser uma contracultura, exibindo todo um conjunto de valores e padrões distintos. Desse modo, ele fala de justiça, influência, piedade, confiança e ambição, e conclui com um desafio radical para que se escolha o caminho dele; in "A *Bíblia toda, o ano todo.*." 1921. ISBN 978-85-7779-017-3.
"Jesus, alegria dos desejos humanos", tema musical de Johann Sebastian Bach.
Nas lições de Gibran Khalil Gebran "Jesus o Filho do Homem".

A APLICAÇÃO DOS PRINCÍPIOS DE DIREITO PENAL AO DIREITO ADMINISTRATIVO SANCIONADOR

Francisco Zardo

RESUMO: O presente artigo pretende examinar a aplicação dos princípios de Direito Penal e Processual Penal ao Direito Administrativo Sancionador, tendo como referência as resoluções da Associação Internacional de Direito Penal.

PALAVRAS-CHAVE: Direito Penal. Princípios. Direito Administrativo Sancionador. Resoluções. Associação Internacional de Direito Penal.

TITLE: The application of the principles of Penal Law to the Administrative Sanction Law.

ABSTRACT: The following article intends to analyse the application of the the principles of Penal and Criminal Procedure Law to the Administrative Sanction Law, with reference to the resolutions of the Internacional Association of Penal Law.

KEY WORDS: Penal Law. Principles. Administrative Sanction Law. Resolutions. International Association of Penal Law.

1. A FUGA PARA O DIREITO ADMINISTRATIVO

O Brasil é um país jovem. Começamos verdadeiramente em 1808, com a vinda da família real.[1] Nossa democracia constitucional é ainda mais recente e coincide com o advento da *Carta* de 1988. Ao longo desses vinte e oito anos, fizemos notáveis avanços: eleições periódicas e transparentes; responsabilidade fiscal na gestão pública (Lei Complementar nº 101/2000); proibição do nepotismo (Súmula Vinculante nº 13); exigência de *ficha limpa* para o exercício de mandatos políticos (Lei Complementar nº 135/2010); o julgamento do *mensalão* (Ação Penal nº 470), com a condenação criminal *fundamentada* de réus com elevado poder político e econômico, evidenciando que as instituições funcionam e que a lei vale para todos.

---

1 Opinião partilhada por Luís Roberto Barroso. In: BARROSO, Luís Roberto. **Curso de Direito Constitucional Contemporâneo.** 5ª ed. São Paulo: Saraiva, 2015. p. 480.

Ainda assim, paira sobre sociedade uma profunda sensação de impunidade, o que é compreensível dada a sucessão de escândalos de corrupção.[2] A chamada *Operação Lava Jato* tem demonstrado que as leis existentes são suficientes para desvendar e punir eficazmente a prática de crimes. Basta que se confira às instituições de controle, em quantidade e qualidade, os recursos humanos, financeiros e tecnológicos necessários.

Não obstante, invariavelmente o antídoto contra o sentimento de impunidade tem sido a edição de verdadeira *legislação de pânico*, na expressão René Ariel Dotti,[3] com o agravamento das sanções e a fragilização de garantias fundamentais dos acusados. Solução típica ao nosso temperamento, pois, como observam LÍLIA SCHWARCZ e HELOISA STARLING, "o país foi sempre marcado pela precedência dos afetos e do imediatismo emocional sobre a rigorosa impessoalidade dos princípios, que organizam usualmente a vida dos cidadãos nas mais diversas nações".[4]

Evidência disso é a recente decisão do Supremo Tribunal Federal, que passou a admitir a execução provisória de acórdão penal condenatório ainda sujeito a recurso especial e extraordinário[5], apesar de o art. 5º, LVII, da Constituição Federal dispor que "ninguém será considerado culpado até o *transito em julgado* da sentença penal condenatória". O fundamento seria a harmonização do princípio da presunção de inocência com o da efetividade da função jurisdicional.

Lamentavelmente, não se vê a mesma efetividade nas execuções contra a Fazenda Pública. Admite-se a execução provisória da pena de prisão, que restringe o direito fundamental à liberdade, mas não se permite que uma simples reclassificação de servidores públicos seja implementada antes do trânsito em julgado da sentença (Lei nº 12.016/2009, art. 7º, §2º e 14, §3º; Lei nº 9.4.94/1997, art. 2º-B). Como se não bastasse, ainda se concede *graça infinita* à União, Estados e Municípios para o pagamento dos precatórios. O art. 100, §5º, da Constituição Federal preceitua que os precatórios devem ser pagos no ano seguinte à apresentação, mas o Supremo Tribunal Federal estendeu este

---

2 Pesquisa do Datafolha publicada em novembro de 2015 constatou que, na opinião dos brasileiros, a corrupção é o maior problema do país. Disponível em: http://www1.folha.uol.com.br/poder/2015/11/1712475-pela-1-vez-corrupcao-e-vista-como-maior-problema-do-pais.shtml. Acesso em 06/03/2016.

3 DOTTI, René Ariel. **Curso de Direito Penal**. 5ª. São Paulo: Revista dos Tribunais, 2013. p. 102.

4 SCHWARCZ, Lilia. M; STARLING, Heloisa M. **Brasil: Uma Biografia**. São Paulo: Companhia das Letras, 2015. p. 17.

5 STF, Pleno, HC 126292/SP, rel. Min. Teori Zavascki, J. 17/02/2016.

prazo até 2020[6] e, ao converter em diligência o julgamento da ADI 4357, sinalizou que poderá estende-lo ainda mais.[7]

Se o Direito Penal assiste a fragilização de garantias construídas ao longo de séculos, no Direito Administrativo Sancionador tais garantias jamais foram observadas. Mantém-se atual a afirmação de EDUARDO GARCÍA DE ENTERRÍA segundo a qual este ramo conserva traços "prebeccarianos",[8] numa alusão ao Marquês de Beccaria (1738-1794), autor do clássico *Dos delitos e das penas*, que prestou notável contribuição à humanidade ao pugnar, por exemplo, pela clareza das leis punitivas e pela moderação das penas.

Decerto, vem daí a afeição do legislador pela responsabilização administrativa, que poderíamos denominar de *fuga para o direito administrativo*. Trata-se de uma referência à expressão "fuga para o direito privado", cunhada por FRITZ FLEINER, concernente, de acordo com Maria João Estorninho, àquelas "situações nas quais a Administração Pública adopta as formas de organização e/ou as formas de actuação jurídico-privadas, para, com isso se furtar ao regime de direito público a que normalmente está sujeita".[9] A correlação é oportuna porque a opção pelo Direito Administrativo Sancionador tem o indisfarçado objetivo de contornar o sistema de garantias construído pelo Direito Penal.

Prova disso é a exposição de motivos do anteprojeto que deu origem à Lei nº 12.846/2013, conhecida como Lei Anticorrupção. Segundo seus autores, os Ministros da Controladoria-Geral da União, da Justiça e da Advocacia-Geral da União, uma de suas virtudes seria a *fuga do processo penal*, supostamente lento e ineficaz:

> "Observe-se que o presente projeto optou pela responsabilização administrativa e civil da pessoa jurídica, porque o Direito Penal não oferece mecanismos efetivos ou céleres para punir as sociedades empresárias, muitas vezes as reais interessadas ou beneficiadas pelos atos de corrupção. A responsabilização civil, porque é a que melhor se coaduna com os objetivos sancionatórios aplicáveis às pessoas jurídicas, como por exemplo o ressarcimento dos prejuízos econômicos causados ao erário; e o processo administrativo, porque tem-se revelado mais célere e efetivo na repressão de desvios em contratos administrativos e procedi-

---

6 STF, Pleno, ADI 4425/QO, rel. Min. Luiz Fux, DJ. 04/08/2015.

7 STF, Pleno, ED-ADI 4357/QO, rel. Min. Edson Fachin, J. 09/12/2015.

8 GARCÍA DE ENTERRÍA, Eduardo; FERNÁNDEZ, Tomás-Ramón. **Curso de Derecho Administrativo, vol. 2.** 9ª ed. Madrid: Civitas, 2004. p. 167.

9 ESTORNINHO, Maria João. **A Fuga para o Direito Privado: Contributo para o estudo da atividade de direito privado da Administração Pública**. Coimbra: Almedina, 2009. p. 17.

> mentos licitatórios, demonstrando melhor capacidade de proporcionar respostas rápidas à sociedade".[10]

Como se percebe, apesar de sua "nítida natureza penal",[11] a lei foi *batizada* como administrativa, configurando aquilo que RENATO DE MELLO JORGE SILVEIRA denominou de "fraude de etiquetas".[12] Com efeito, apartando-se do ideal de Justiça, os autores do anteprojeto parecem visar exclusivamente celeridade e rapidez, ainda que com o sacrifício de direitos fundamentais dos acusados como a intranscedência da pena e a exigência de culpabilidade. É o que se depreende de outro trecho da mensagem encaminhada ao Congresso Nacional:

> "Disposição salutar e inovadora é a responsabilização objetiva da pessoa jurídica. Isso afasta a discussão sobre a culpa do agente na prática da infração. A pessoa jurídica será responsabilizada uma vez comprovado o fato, o resultado e o nexo causal entre eles. Evita-se, assim, a dificuldade probatória de elementos subjetivos, como a vontade de causar um dano, muito comum na sistemática geral e subjetiva de responsabilização de pessoas naturais".[13]

A propósito da fixação de responsabilidade objetiva para *evitar a dificuldade probatória de elementos subjetivos*, é oportuna a lição de GUILHERME DE SOUZA NUCCI:

> "É inequívoco que a inexigência de responsabilidade penal subjetiva (dolo ou culpa) facilita – e muito – o trabalho das autoridades para a punição das pessoas jurídicas, mas pode dar margem a flagrantes injustiças.
> De nossa parte, sustentamos deva haver muita cautela na utilização dessa Lei Anticorrupção, pois ela contém inconstitucionalidades inaceitáveis. Foi editada com o fito de primar pela celeridade na punição, o que não significa fazer justiça – eis uma contradição intolerável".[14]

---

10 Disponível em: http://www.camara.gov.br/proposicoesWeb/prop_mostrarintegra;jsessionid=F52845728C38AF72B63F 487C8E3ECDD1.node1?codteor=982072&filename=Tramitacao-PL+6826/2010. Acesso em 13/03/2016.

11 CARVALHOSA, Modesto. **Considerações sobre a Lei Anticorrupção das Pessoas Jurídicas**. São Paulo: Revista dos Tribunais, 2015. p. 33.

12 SILVEIRA, Renato de Mello Jorge; SAAD-DINIZ, Eduardo. **Compliance, Direito Penal e Lei Anticorrupção.** São Paulo: Saraiva, 2015. p. 97.

13 Disponível em: http://www.camara.gov.br/proposicoesWeb/prop_mostrarintegra;jsessionid=F52845728C38AF72B63F 487C8E3ECDD1.node1?codteor=982072&filename=Tramitacao-PL+6826/2010. Acesso em 13/03/2016.

14 NUCCI, Guilherme de Souza. **Corrupção e Anticorrupção.** Rio de Janeiro: Forense, 2015. p. 90.

E prossegue o lúcido doutrinador:

> "O cidadão honesto parece querer *a cabeça do corrupto numa bandeja de prata*, mas, ao mesmo tempo, tem plena ciência de que são as pessoas jurídicas as responsáveis em geral pela geração de empregos e riqueza para o País. Logo, sair punindo a bel-prazer não satisfaz o homem honesto, apenas o deixa desacreditado no sistema jurídico pátrio".[15]

Paradoxalmente, o meio escolhido pelo legislador para combater a corrupção com multas de 20% (vinte por cento) do faturamento bruto ou de até R$ 60 milhões foi a responsabilização administrativa, que incumbirá, em regra, ao Poder Executivo, embora seja este mesmo Poder, até por sua magnitude, o principal centro de desvios do país, nas três esferas de governo. Tem razão, portanto, JANAÍNA CONCEIÇÃO PASCHOAL quando se refere à Lei nº 12.846/2013 como "a lei que pode aumentar a corrupção":

> "Pense no poder que terá um funcionário público corrupto diante de um leque tão amplo de condutas tidas como ilícitas e, pior, frente a tantas possibilidades de duras sanções. Mesmo sem dever nada, as empresas ficarão totalmente suscetíveis".[16]

Os males do imediatismo, da falta de reflexão e de consistência jurídica não tardaram a se manifestar. Menos de dois anos após sua vigência, a Lei nº 12.846/2013, cuja edição foi precipitada pelas manifestações de junho de 2013, volta-se contra os anseios da sociedade, como um verdadeiro *bumerangue*. Se outrora ela foi vista como um marco no combate à corrupção, hoje ela é tida pelas empresas envolvidas na *Operação Lava Jato* como tábua de salvação. A leis até então vigentes não admitiam transação. Assim, se por exemplo uma empresa fosse condenada judicial ou administrativamente à proibição de licitar e contratar com a administração pública com fundamento na Lei nº 8.429/1992 (Improbidade Administrativa) ou na Lei nº 8.666/1993 (Lei de Licitações), não haveria para ela alternativa senão cumprir a pena. Com o advento da Medida Provisória nº 703, publicada no crepúsculo do ano de 2015, em 21 de dezembro, as empresas que celebrarem acordo de leniência estarão isentas das sanções restritivas do direito de licitar, podendo ainda receber redução ou até mesmo a remissão da multa.

---

15 Ibid. p. 105.

16 Disponível em: http://www1.folha.uol.com.br/opiniao/2014/02/1407018-janaina-conceicao-paschoal-a-lei-que-pode-aumentar-a-corrupcao.shtml. Acesso em 13/03/2016.

Não se questiona aqui as virtudes dos acordos de leniência, sobre o qual tratamos em outra obra,[17] mas sim a solidez e a própria impessoalidade do direito punitivo. É premissa básica de qualquer ordenamento jurídico republicano que a lei tenha efeitos gerais e valha para todos, indistintamente (CF, art. 5º, caput).

Ninguém desconhece que a manutenção de empresas salvaguarda "a continuidade da atividade econômica e a preservação de empregos", como consta na exposição de motivos da Medida Provisória nº 703/2015. O que espanta é que somente agora agentes públicos da alta administração federal onde foram gestadas estas leis tenham levado isso em efetivamente consideração.

Em tempos difíceis como o que vivemos, é fundamental nos apegarmos aos princípios, assim como Ulisses, personagem de *Odisséia* de Homero, que pediu para ser amarrado ao mastro de seu navio para não ceder ao canto da sereia que o levaria à morte.

Se não se pode conter a *fuga para o direito administrativo*, visto que a definição da infração como de natureza administrativa e o âmbito de sua apuração depende, em última análise, de uma "*decisão legislativa*",[18] como ensina Jorge de Figueiredo Dias, é fundamental que se lhe atribua o mesmo regime de garantias, pois, como bem observa Renato de Mello Jorge Silveira,[19] "a lógica a reger a responsabilidade, mesmo administrativa, é medularmente penal".[20]

2. O DIREITO ADMINISTRATIVO SANCIONADOR

Como já tivemos a oportunidade de afirmar[21], o Direito Administrativo Sancionador dedica-se ao estudo dos princípios e regras incidentes sobre a infração, a sanção administrativa e o respectivo processo apuratório.

Tais princípios e regras emanam diretamente da Constituição Federal – em especial do art. 5º, dedicado aos direitos e deveres individuais e coletivos – e se espraiam por toda a legislação. O inciso II preceitua que ninguém

---

17 ZARDO, Francisco. **Infrações e Sanções em Licitações e Contratos Administrativos: com as alterações de Lei Anticorrupção (Lei nº 12.846/2013).** São Paulo: Revista dos Tribunais, 2014.

18 DIAS, Jorge de Figueiredo. Direito Penal: Parte Geral, tomo I. 1ª ed. São Paulo: Revista dos Tribunais, 2007. p. 162.

19 SILVEIRA, Renato de Mello Jorge; SAAD-DINIZ, Eduardo. **Compliance, Direito Penal e Lei Anticorrupção.** São Paulo: Saraiva, 2015. p. 97.

20 Ibid.

21 ZARDO, Francisco. **Infrações e Sanções em Licitações e Contratos Administrativos: com as alterações de Lei Anticorrupção (Lei nº 12.846/2013).** São Paulo: Revista dos Tribunais, 2014.

será obrigado a fazer ou deixar de fazer alguma coisa senão em virtude de lei, consagrando o princípio da legalidade. O inciso XXXIX dispõe que não há crime sem lei anterior que o defina, nem pena sem previsão legal. O inciso XL prevê que a lei penal não retroagirá, salvo para beneficiar o réu, definindo o princípio da irretroatividade. O inciso XLV estabelece a pessoalidade da sanção ao determinar que nenhuma pena passará da pessoa do condenado. O inciso XLVI exige que a pena seja individualizada. O inciso LIII consagra o princípio do juiz natural dispondo que ninguém será processado nem sentenciado senão pela autoridade competente. Os incisos LIV e LV versam sobre o devido processo legal, o contraditório e a ampla defesa. E o inciso LVII diz que ninguém será considerado culpado até o trânsito em julgado da sentença penal condenatória, de onde deflui o princípio da presunção de inocência.

2.1. A unidade do *ius puniendi* estatal

Como observa RAFAEL MUNHOZ DE MELLO, muitos desses dispositivos "fazem referência a expressões próprias do direito penal ('crime', 'pena', 'lei penal') – o que não significa que os princípios jurídicos neles veiculados não se apliquem também no campo do direito administrativo sancionador".[22] Para CARLOS ARI SUNDFELD, a utilização dessas expressões "denota sua inspiração na teoria do direito penal",[23] o que se explica pelo fato do direito penal consubstanciar-se em área do conhecimento jurídico muito mais antiga e evoluída do que o Direito Administrativo Sancionador. É o que afirma ALEJANDRO NIETO: "o Direito Administrativo Sancionador toma de empréstimo os instrumentos que lhe proporciona o Direito Penal simplesmente porque lhes são úteis por causa de seu amadurecimento e de sua superioridade teórica".[24] Nesse sentido, a jurisprudência do Superior Tribunal de Justiça tem afirmado que:

> "1. As sanções disciplinares não se aplicam de forma discricionária nem automática, senão vinculadas às normas e sobretudo aos princípios que regem e norteiam a atividade punitiva no âmbito do Direito Administrativo Disciplinar ou Sancionador; a jurisdição sancionadora deve pautar-se pelo garantismo judicial, aplicando às pretensões punitivas o controle de admissibilidade que resguarda os direitos subjetivos do imputado, ao invés de apenas viabilizar o exercício da

22 MELLO, Rafael Munhoz de. **Princípios Constitucionais de Direito Administrativo Sancionador: As sanções administrativas à luz da Constituição Federal de 1988**. São Paulo: Malheiros Editores, 2007. p. 104.

23 SUNDFELD, Carlos Ari. **Direito Administrativo Ordenador**. São Paulo: Malheiros Editores, 2003. p. 80.

24 NIETO, Alejandro. **Derecho Administrativo Sancionador.** 4ª ed. Madrid: Tecnos, 2005. p. 86. Tradução nossa.

persecução pelo órgão repressor; lição do Professor Joaquim Canuto Mendes de Almeida, já nos idos de 1939 (Processo Penal: Ação e Jurisdição). 2. No exercício da atividade punitiva, a Administração pratica atos materialmente jurisdicionais, por isso que se submete à observância obrigatória de todas as garantias subjetivas consagradas no Processo Penal contemporâneo, onde não encontram abrigo as posturas autoritárias, arbitrárias ou desvinculadas dos valores da cultura".[25]

Ocorre que, embora tais garantias tenham sido plasmadas no campo do Direito Penal, elas não lhe são exclusivas. Como ensina ALEJANDRO NIETO, "a potestade administrativa sancionadora, assim como a potestade penal dos juízes e tribunais, forma parte de um genérico 'ius puniendi' do Estado, que é único ainda que logo se subdivida nestas duas manifestações".[26] Portanto, os princípios e regras ditos de Direito Penal e Processual Penal e que incidem sobre o Direito Administrativo Sancionador são, a rigor, normas comuns ao Direito Punitivo do Estado, que se manifesta sob essas duas formas.

3. As resoluções do congresso da Associação Internacional de Direito Penal

O que ora se afirma é corroborado pela Associação Internacional de Direito Penal (AIDP), cuja invocação se justifica por duas razões. Primeiro, pela tradição secular da entidade, que se contrapõe ao nosso tempo, de absoluta anomia. A AIDP foi fundada em 1924, em París, como refundação da União Internacional de Direito Penal, criada em Viena em 1889 por Franz Von Liszt, mas que desapareceu em decorrência da Primeira Guerra Mundial. A segunda razão deve-se ao fato de que o ora homenageado é Vice-Presidente Honorário da instituição, o que ilustra a representatividade de seus integrantes.

Em setembro de 2004, por ocasião do seu XVII Congresso, realizado em Beijing, China, a Associação Internacional de Direito Penal aprovou Resoluções sobre "A aplicação dos princípios processuais penais nos procedimentos disciplinares".[27] Para tanto, considerou que "na maioria dos países o Direito disciplinar é utilizado para impor sanções em âmbitos crescentes, incluindo o militar, o policial, a Administração pública, o penitenciário, o educacional e nas profissões liberais, cobrindo inclusive em ocasiões a relação entre a autoridade estatal e o público em geral".[28]

---

25 STJ, 1. Seção, MS 21.645/DF, rel. Min. Napoleão Nunes Maia Filho, DJ. 30/09/2015.

26 NIETO, Alejandro. **Derecho Administrativo Sancionador**. 4ª ed. Madrid: Tecnos, 2005. p. 85. Tradução nossa.

27 Revista Internacional de Derecho Penal, ano 86, 1º e 2º trimestres, 2015. Toulouse: Éditions Érès. p. 634. Tradução nossa.

28 Revista Internacional de Derecho Penal, ano 86, 1º e 2º trimestres, 2015. Toulouse: Éditions Érès. p. 634. Tradução nossa.

São 10 (dez) as Resoluções aprovadas. Porém, por brevidade serão abordadas apenas 5 (cinco), que nos parecem as mais relevantes e pertinentes à realidade brasileira.

A primeira Resolução diz que "as sanções disciplinares devem ser suficientemente claras e previsíveis. A lei deve estabelecer as sanções e as regras processuais essenciais".[29] O Direito brasileiro é repleto de normas que contrariam esta diretriz.

O art. 11 da Lei nº 8.429/92 (Lei de Improbidade Administrativa) preceitua que constitui ato de improbidade qualquer ação ou omissão que viole o dever de "lealdade às instituições", para o qual o art. 12, III, comina sanções gravíssimas como a perda da função pública, suspensão dos direitos políticos, proibição de contratar com o Poder Público e multa de até 100 (cem) vezes a remuneração. Ocorre que a depender do subjetivismo de quem acusa e condena, qualquer ato pode ser considerado violação ao dever de lealdade às instituições, desde o grave pagamento de propina até a simples interposição de um recurso administrativo pretensamente protelatório.

Na mesma senda, os artigos 86 a 88 da Lei nº 8.666/93 veiculam sanções administrativas gravíssimas, como a declaração de inidoneidade, que pode inviabilizar a continuidade de uma empresa, pois impede sua contratação por qualquer órgão público do país. A despeito disso, nenhuma regra processual é estabelecida para a sua aplicação, exceto o prazo de defesa.

No tocante ao estabelecimento de sanções, o art. 6º, §4º, da Lei nº 12.846/2013 prevê que "a multa será de R$ 6.000,00 (seis mil reais) a R$ 60.000.000,00 (sessenta milhões de reais)". Tamanha vagueza desnatura completamente a finalidade do tipo infracional que é conferir ao cidadão a possibilidade de escolher entre o certo e o errado, bem como informá-lo sobre as consequências de suas opções.

A segunda Resolução preceitua que "as sanções das infrações disciplinares devem ser razoáveis e proporcionais à gravidade da infração e às circunstâncias pessoais da pessoa que haja cometido a infração. Em particular, os procedimentos disciplinares não devem ser utilizados como uma justiça penal 'disfarçada'".[30]

Tais considerações opõem-se frontalmente à Lei nº 12.846/2013, que instituiu a responsabilidade administrativa objetiva das pessoas jurídicas, com sanções que podem chegar à sua "dissolução compulsória" (art. 19, III). É evidente que se trata de uma *justiça penal mal disfarçada* ou de *fraude de etiquetas*, como se mencionou acima. Afinal, que outra sanção mais grave se poderia

29 Ibid.

30 Revista Internacional de Derecho Penal, ano 86, 1º e 2º trimestres, 2015. Toulouse: Éditions Érès. p. 634.

aplicar em âmbito penal além da dissolução compulsória, verdadeira *pena de morte* para a pessoa jurídica?

A responsabilidade objetiva, que ignora as circunstâncias e a culpabilidade do agente, também pode dar margem a flagrantes injustiças. Como pondera GUILHERME DE SOUZA NUCCI:

> "(...) mesmo adotando todas as formas de controle possíveis no mundo moderno, a pessoa jurídica não pode controlar, com um Deus Onipotente, todos os seus empregados e pessoas a ela relacionadas. Desse modo, pode sofrer uma punição injusta, sem a menor dúvida. (...). Se isso não é injustiça, já não sabemos mais o que possa ser".[31]

A terceira Resolução estabelece: "há que assegurar ao acusado uma decisão imparcial com base em garantias precisas legalmente estabelecidas. Se recomenda a separação entre os poderes de investigação e persecução, por um lado, e dos de julgamento e sanção por outro".[32]

Não é o que ocorre no Direito Administrativo brasileiro, no qual investigação, acusação e julgamento são geralmente atribuídas a membros do mesmo órgão, com laços de hierarquia entre si. O processo administrativo disciplinar estabelecido na Lei nº 8.112/90 (art. 143 e ss.) ilustra esta assertiva, trazendo à memória a seguinte passagem de *Alice no País das Maravilhas*, de LEWIS CARROLL:

> "Fúria, o cão, disse a Rui, o rato, visto escondido num sapato, 'Saia já! Vamos ao tribunal do Rei'. 'Vamos lá, não queira impedir, caberá ao juiz decidir, declarando o juízo final da Lei'. Rui, o rato, respondeu ao cão, 'Qual tribunal? Qual decisão? Não há magistrado, nem jurado na Corte'. 'Eu serei o júri e o juiz', disse Fúria empinando o nariz, 'e decido que estás condenado à morte".[33]

A quarta Resolução prevê que "se as sanções não são impostas por uma autoridade diferente à de persecução ou investigação ou que não é independente da organização cuja disciplina foi infringida, há de garantir-se ao acusado o direito de recorrer a um tribunal independente e imparcial, que deve ter a capacidade de suspender a execução da sanção por solicitação do acusado"[34]

---

31 NUCCI, Guilherme de Souza. **Corrupção e Anticorrupção**. Rio de Janeiro: Forense, 2015. p. 90.

32 Revista Internacional de Derecho Penal, ano 86, 1º e 2º trimestres, 2015. Toulouse: Éditions Érès. p. 634.

33 CARROLL, Lewis. **Alice no País das Maravilhas**. São Paulo: Cosac Naify, 2009.

34 Revista Internacional de Derecho Penal, ano 86, 1º e 2º trimestres, 2015. Toulouse: Éditions Érès. p. 634.

No Brasil, que adota o sistema de jurisdição una, esse órgão é o Poder Judiciário, cujo apreciação é inafastável (CF, art. 5º, XXV). E, de fato, essa é a orientação do Superior Tribunal de Justiça:

> "1. No caso de demissão imposta a servidor público – na espécie, conversão de exoneração em destituição de cargo em comissão – submetido a processo administrativo disciplinar, não há falar em juízo de conveniência e oportunidade da Administração, visando restringir a atuação do Poder Judiciário à análise dos aspectos formais do processo disciplinar. 2. Nessas circunstâncias, o controle jurisdicional é amplo, no sentido de verificar se há motivação para o ato demissório, pois trata-se de providência necessária à correta observância dos aludidos postulados".[35]

Ainda assim, não raro são proferidas decisões que contrariam essa diretriz, como se vê:

> "27. Consolidou-se na jurisprudência pátria o entendimento de que o controle jurisdicional sobre o processo administrativo disciplinar limita-se à verificação da regularidade do procedimento e da legalidade do ato de demissão, sendo defeso ao Poder Judiciário adentrar no mérito administrativo sob pena de violação do princípio constitucional da separação dos poderes".[36]

Ora! Não se demite um servidor por razões de conveniência e oportunidade, mas sim porque ele praticou alguma falta tipificada em lei à qual corresponda essa sanção. Ao verificar a efetiva ocorrência de determinada infração administrativa, ainda que tipificada por meio de um conceito vago, a administração pública exercita um *juízo de legalidade*, e, portanto, amplamente sindicável pelo Poder Judiciário.

E não se argumente que tal conclusão contraria o princípio da separação dos poderes. Longe disso, ela afirma-o, na medida em que restabelece o primado da lei sobre a atividade administrativa, como é próprio em um Estado Democrático de Direito. O fato dos atos administrativos gozarem do atributo da executoriedade apenas inverte o momento em que o controle judicial é exercido, mas não o suprime. Se, como ensina CELSO ANTÔNIO BANDEIRA DE MELLO, por força do privilégio da execução prévia, "o Poder Público pode compelir *materialmente* o administrado, sem precisão de buscar previamente as vias judiciais, ao cumprimento da obrigação que impôs

---

35 STJ, 3ª Seção, MS 14.432/DF, rel. Min. Laurita Vaz, DJ. 22/08/2014.

36 TRF3, 1ª Turma, AC 00338831020044036100, rel. Juíza Convocada Silvia Rocha, DJ. 04/05/2012.

e exigiu",[37] por outro lado, complementa Prosper WEIL, "o particular pode certamente contestar a sua validade perante juiz".[38]

A quinta e última Resolução abordada no presente ensaio assenta que "quando a culpabilidade penal possa somar-se à disciplinar, e as sanções disciplinares às penais, o acusado em um processo penal não há de sofrer uma dupla sanção, salvo se esta se justifica pela diferença nos interesses protegidos pelas sanções penais e disciplinares. Em último caso, não se devem impor em princípio sanções do mesmo tipo".[39]

O Brasil está muito distante da adoção desta diretriz, como anotou HELENA REGINA LOBO DA COSTA, em notável trabalho monográfico.[40] Um fato específico como um cartel destinado a fraudar licitações pode sujeitar os envolvidos a um verdadeiro *coquetel* de processos e penas: ação penal e processo administrativo com base na Lei nº 8.666/93 (Lei de Licitações) e na Lei nº 12.529/2011 (Lei de Defesa da Concorrência/CADE); processo administrativo e judicial com base na Lei nº 12.846/93; ação judicial de improbidade administrativa (Lei nº 8.429/92); ação civil pública (Lei nº 7.347/85); ação popular (Lei 4.717/65); processo no Tribunal de Contas (Lei nº 8.443/92).

Além de colocar em risco a proporcionalidade da sanção, esta miríade de ações para apurar o mesmo fato contraria o próprio princípio da eficiência no emprego dos escassos recursos públicos, materiais e humanos, destinados à repressão de ilícitos (CF, art. 37).

Espera-se que, como antídoto às leis de ocasião, que pouco contribuem para o aprimoramento das instituições e dos costumes, tais considerações possam contribuir para a aproximar aplicação as sanções administrativas dos direitos e garantias fundamentais inspirados em séculos de evolução da ciência penal e insculpidos na Carta de 1988. Isso porque "o ideal de justiça não constitui anseio exclusivo da atividade jurisdicional. Deve ser perseguido também pela Administração".[41]

4. Afinal, um registro necessário

Por derradeiro, ao tempo em que cumprimento os Coordenadores da presente obra, Professores PAULO CÉSAR BUSATO, PRISCILLA PLACHA

37 BANDEIRA DE MELLO, Celso Antônio. **Curso de Direito Administrativo.** 17ª ed. São Paulo: Malheiros, 2004. p. 384.

38 WEIL, Prosper. **O Direito Administrativo.** Coimbra: Almedina, 1977. p. 60.

39 Revista Internacional de Derecho Penal, ano 86, 1º e 2º trimestres, 2015. Toulouse: Éditions Érès. p. 634.

40 COSTA, Helena Regina Lobo da. **Direito penal econômico e direito administrativo sancionador: ne bis in idem como medida de política sancionadora integrada**. Tese de Livre-Docência, Faculdade de Direito da Universidade de São Paulo, 2013.

41 STJ, 3ª Seção, MS nº 12.991/DF, rel. Min. Arnaldo Esteves Lima, DJe. 03/08/2009.

SÁ e GUSTAVO BRITTA SCANDELARI, a quem agradeço a gentileza do convite, não posso furtar-me de dedicar algumas palavras ao homenageado, um jurista cujo prestígio transcendeu as fronteiras do Ahú de Baixo, bairro onde nasceu na cidade de Curitiba, e alcançou as Cortes mais elevadas do país e os ambientes acadêmicos do mundo.

Já há treze anos tenho tido a satisfação de partilhar de sua experiência e conhecimento no escritório que fundou há cinquenta e cinco anos e que, fruto de incansável dedicação, tornou-se uma das bancas mais conceituadas do Brasil.

Como um personagem da Renascença, o Professor René Dotti, dedica-se diariamente a múltiplas atividades para as quais seu nome é requisitado. Desde uma palestra para calouros do curso de Direito até o discurso em praça pública pela moralização da política, passando pela mobilização para revitalizar a sede da Academia Paranaense de Letras e pela representação da Ordem dos Advogados perante o Congresso Nacional na batalha, exitosa, pela manutenção da plenitude do *Habeas Corpus*. E que, nos intervalos, nunca se recusou a oferecer uma palavra de esperança a algum cliente angustiado, independente da classe social ou da condição econômica, como aconselha Rui Barbosa em sua imortal *Oração*: "Não fazer da banca balcão, ou da ciência mercatura. Não ser baixo com os grandes, nem arrogante com os miseráveis. Servir aos opulentos com altivez e aos indigentes com caridade".[42]

Enfim, René Ariel Dotti encarna o verbo de Fernando Pessoa, quando disse querer para si o espírito da frase "Navegar é preciso; viver não é preciso", "transformada a forma para a casar com o que sou: Viver não é preciso; o que é necessário é criar. Não conto gozar a minha vida; nem em gozá-la penso. Só quero torná-la grande, ainda que para isso tenha de ser o meu corpo e a minha alma lenha dêsse fogo. Só quero torná-la de tôda a humanidade; ainda que para isso tenha de a perder como minha. Cada vez mais assim penso. Cada vez mais ponho na essência anímica do meu sangue o propósito impessoal de engrandecer a pátria e contribuir para a evolução da humanidade".[43]

Por certo, tais predicados tornarão realidade o vaticínio do Professor NILO BATISTA, seu amigo fraterno, que por ocasião da outorga o título de *Vulto Emérito* de Curitiba ao ora homenageado, afirmou:

> "Quando, daqui a muito tempo, os historiadores olharem para esta cidade neste período, entre tantos outros personagens que não cabe ora invocar, estará, talvez, entre as tensões surpreendentes dos contos de Dalton Trevisan e a poesia concisa e completa de Paulo Leminski, a advocacia libertária e o magistério frutuoso de René Dotti".

---

42 BARBOSA, Rui. **Oração aos Moços.** 5ª ed. Rio de Janeiro: Edições Casa de Rui Barbosa, 1999. p. 47.

43 PESSOA, Fernando. **Poesias.** Porto Alegre, L&PM, 1996. p. 7.

Referências Bibliográficas

BANDEIRA DE MELLO, Celso Antônio. **Curso de Direito Administrativo.** 17ª ed. São Paulo: Malheiros, 2004.

BARBOSA, Rui. **Oração aos Moços.** 5ª ed. Rio de Janeiro: Edições Casa de Rui Barbosa, 1999.

BARROSO, Luís Roberto. **Curso de Direito Constitucional Contemporâneo.** 5ª. ed. São Paulo: Saraiva, 2015.

CARROLL, Lewis. **Alice no País das Maravilhas.** São Paulo: Cosac Naify, 2009.

CARVALHOSA, Modesto. **Considerações sobre a Lei Anticorrupção das Pessoas Jurídicas.** São Paulo: Revista dos Tribunais, 2015.

COSTA, Helena Regina Lobo da. **Direito penal econômico e direito administrativo sancionador: ne bis in idem como medida de política sancionadora integrada.** Tese de Livre-Docência, Faculdade de Direito da Universidade de São Paulo, 2013.

DIAS, Jorge de Figueiredo. **Direito Penal: Parte Geral, tomo I.** 1ª ed. São Paulo: Revista dos Tribunais, 2007.

DOTTI, René Ariel. **Curso de Direito Penal.** 5ª. São Paulo: Revista dos Tribunais, 2013.

ESTORNINHO, Maria João. **A Fuga para o Direito Privado: Contributo para o estudo da atividade de direito privado da Administração Pública.** Coimbra: Almedina, 2009.

GARCÍA DE ENTERRÍA, Eduardo; FERNÁNDEZ, Tomás-Ramón. **Curso de Derecho Administrativo, vol. 2.** 9ª ed. Madrid: Civitas, 2004.

NIETO, Alejandro. **Derecho Administrativo Sancionador.** 4ª ed. Madrid: Tecnos, 2005. Tradução nossa.

NUCCI, Guilherme de Souza. **Corrupção e Anticorrupção.** Rio de Janeiro: Forense, 2015.

MELLO, Rafael Munhoz de. **Princípios Constitucionais de Direito Administrativo Sancionador: As sanções administrativas à luz da Constituição Federal de 1988.** São Paulo: Malheiros Editores, 2007.

PESSOA, Fernando. **Poesias.** Porto Alegre, L&PM, 1996.

SCHWARCZ, Lilia. M; STARLING, Heloisa M. **Brasil: Uma Biografia.** São Paulo: Companhia das Letras, 2015.

Revista Internacional de Derecho Penal, ano 86, 1º e 2º trimestres, 2015. Toulouse: Éditions Érès. p. 634.

SILVEIRA, Renato de Mello Jorge; SAAD-DINIZ, Eduardo. **Compliance, Direito Penal e Lei Anticorrupção.** São Paulo: Saraiva, 2015.

SUNDFELD, Carlos Ari. **Direito Administrativo Ordenador**. São Paulo: Malheiros Editores, 2003.

WEIL, Prosper. **O Direito Administrativo**. Coimbra: Almedina, 1977.

ZARDO, Francisco. **Infrações e Sanções em Licitações e Contratos Administrativos: com as alterações de Lei Anticorrupção (Lei nº 12.846/2013)**. São Paulo: Revista dos Tribunais, 2014.

A CLÁUSULA DO DUPLO PERIGO E A TEORIA DA DUPLA SOBERANIA

João Gualberto Garcez Ramos

RESUMO: A Carta de Direitos norte-americana, na 5ª emenda, prevê a cláusula do duplo perigo. Essa cláusula veda que, por um mesmo fato, alguém seja duas vezes sujeito a ser condenado. Assim, conforme a interpretação tradicional, a acusação não tem recurso se o réu for absolvido. Esse desequilíbrio de forças acarretou o incremente da utilização da teoria da dupla soberania, a qual permite uma segunda persecução se os crimes são previstos em diferentes legislações. Isso, na prática, tem anulado a garantia constitucional da cláusula do duplo perigo.

PALAVRAS-CHAVE: Cláusula do Duplo Perigo. Teoria da Dupla Soberania.

TITLE: The Double Jeopardy Clause and the Theory of Dual Sovereignty

ABSTRACT: The american Bill of Rights, in its 5th Amendment, creates the Double Jeopardy Clause. This clause blocks a second process against the same person, for the same offense. According to the traditional view, the prosecution has no appellate review in the case of a veredict of not guilt. This lack of balance made more and more used the Doctrine of Dual Sovereignty, wich allow a second prosecution if the offenses are predicted in different legislations. This is erasing the constitutional Double Jeopardy Clause.

KEYWORDS: Double Jeopardy Clause – Theory of Dual Sovereignty – State Criminal Law – Federal Criminal Law.

1. INTRODUÇÃO

O sistema recursal está na ordem do dia do Direito Processual Penal brasileiro, mormente depois que o Supremo Tribunal Federal, no julgamento do *habeas corpus* nº 126.292, decidiu que a pendência de recurso de caráter extraordinário não impede o início da execução da pena.[1] Assim, com a pro-

1 *Habeas corpus* nº 126.292-SP – STF – Pleno – Rel. Min. Teori Zavascki – julgado em 17.fev.2016 – ordem denegada, com a consequente revogação da liminar – votação majoritária, vencidos os Ministros Rosa Weber, Marco Aurélio, Celso De Mello e Ricardo Lewandowski, presidente – acórdão não publicado – ata de julgamento publicada em 22.fev.2016.

lação de decisão condenatória pelos tribunais de apelação pode-se iniciar imediatamente a execução da pena.

Nesse momento inúmeras vozes se levantaram tanto para aplaudir quanto para criticar a decisão do Supremo Tribunal Federal, que até então tinha jurisprudência no sentido exatamente oposto[2] e, em um período anterior, tinha jurisprudência igual à que foi agora adotada.[3] O fato é que a questão está colocada e é uma das mais atuais discussões do Processo Penal no Brasil.

Nesse caso, como em inúmeros outros, o Brasil, através do Supremo Tribunal Federal, decidiu aceitar a influência do Processo Penal norte-americano, que recebera a do Processo Penal inglês.

Com efeito, no sistema jurídico que inventou o princípio da presunção de inocência – isso é importante salientar, para evitar certas linhas de raciocínio – uma das práticas mais antigas e estabelecidas do Processo Penal é **exatamente** a execução imediata das decisões condenatórias. Com um detalhe a mais: a sentença, condenatória ou absolutória proferida por um júri ou por um juiz togado vale **imediatamente** depois de proferida. Não é necessário nem o trânsito em julgado nem a confirmação por uma corte de apelação.

Pode-se dizer que uma das razões do prestígio e da influência do Processo Penal norte-americano reside exatamente nessa eficácia imediata das decisões judiciais. Já era hora do Supremo Tribunal Federal curvar-se às evidências que apontam para a necessidade de um sistema processual penal mais eficaz e aceitar essa influência. Já sustentamos essa mesma ideia alhures.[4]

De fato, o sistema processual penal norte-americano comporta a execução imediata da sentença proferida por um órgão judiciário. Em compensação, apresenta outras diferenças que, *aparentemente*, "equilibram o jogo" em favor do acusado. Em outras palavras, em que pese a possibilidade de ser recolhido à prisão logo depois de prolatado um juízo condenatório, o acusado de crime gozaria de algumas garantias não observadas por aqui.

Uma dessas garantias é a "cláusula do duplo perigo de condenação" (*double jeopardy clause*) instituto tradicional do Processo Penal norte-americano, que impede que o acusador público tente, através do recurso de apelação, reverter uma sentença absolutória. Em resumo, se condenado pode ser

---

2 *Habeas corpus* nº 84.078-MG – STF – Pleno – Rel. Min. Eros Grau – julgado em 5.fev.2009 – ordem deferida – votação majoritária, vencidos os Ministros Menezes Direito, Cármen Lúcia, Joaquim Barbosa e Ellen Gracie – DJe nº 35, 26.fev.2010.

3 *Habeas corpus* nº 69.605-RJ – STF – 1ª Turma – Rel. Min. Octávio Gallotti – julgado em 13.out.1992 – ordem parcialmente deferida – votação unânime – DJU, 4.dez.1992, p. 23.059 – RTJ nº 145, p. 576; *Habeas corpus* nº 72.610-MG – STF – 1ª Turma – Rel. Min. Celso De Mello – julgado em 5.dez.1995 – ordem indeferida – votação unânime – DJU, 6.set.1996, p. 31.850.

4 RAMOS, João Gualberto Garcez. A *tutela de urgência no Processo Penal brasileiro: doutrina e jurisprudência*, Belo Horizonte: Ed. Del Rey, 1998, p. 448-487.

recolhido imediatamente à prisão; se absolvido é muito difícil para o acusador reverter essa decisão.

Como o sistema recursal é uma das questões mais momentosas da atualidade, não falta quem sugira essa solução para o Processo Penal brasileiro.

Já dissemos da importância de conhecer as origens dos institutos processuais penais anglo-americanos, a fim de compreender os problemas que acarretam lá e que provavelmente acarretarão aqui, se adotados.[5] A "cláusula do duplo perigo" se insere nessa categoria de soluções. Não é uma solução para o Brasil, como não se mostra uma solução para os EUA. Veremos o porquê adiante.

2. A CLÁUSULA DO DUPLO PERIGO

Dentre as cinco cláusulas que se compõem a 5ª Emenda à Constituição dos EUA,[6] a segunda é a seguinte: "Ninguém poderá ser sujeito, pelo mesmo crime, a ter sua vida ou liberdade posta em perigo duas vezes".[7] Ela é denominada pela pacífica maioria da doutrina estadunidense e inclusive pela Suprema Corte,[8] de cláusula do duplo perigo (*double jeopardy clause*). É reconhecida como parte do devido processo legal substancial e, portanto, de aplicação obrigatória por parte dos estados-membros.[9]

As dificuldades em relação a essa cláusula, para um observador externo, começam desde sua tradução, pois literalmente o dispositivo fala em perigo para a vida (*life*) e para a integridade do conjunto dos membros (*limb*), entendidos aqui como as partes do corpo, sem contar a cabeça, que se destacam do tronco. Assim, os membros seriam os braços, as mãos, as pernas, os pés e o órgão sexual masculino.

Originalmente, a cláusula representava uma proteção da Constituição norte-americana ao cidadão de ser, pelo mesmo fato, ameaçado duas vezes de ser condenado à pena de morte ou a outras formas de penas cruéis.

5 RAMOS, João Gualberto Garcez. *Curso de Processo Penal norte-americano*, São Paulo: Ed. Revista dos Tribunais, 2006, *passim*.

6 A primeira é a cláusula do grande júri, a terceira é cláusula da garantia contra a autoincriminação forçada, a quarta é a cláusula do devido processo legal e a quinta é a cláusula da proibição de desapropriação forçada sem indenização.

7 No original: "*[N]or shall any person be subject for the same offense to be twice put in jeopardy of life or limb*".

8 Neste ensaio usar-se-á a expressão "Suprema Corte" para designar a Suprema Corte dos EUA. Para designar o tribunal supremo do Brasil usar-se-á a denominação "Supremo Tribunal Federal".

9 Cf. Benton v. Maryland, 395 U.S. 784 (1969).

Embora seja pacífico que "*life or limb*" significam nos dias atuais "vida ou liberdade",[10] no final do século 18 era perfeitamente possível que um criminoso fosse apenado com desmembramento (*dismemberment*), evisceração (*disembowelment*) e emasculação (*emasculation*). Essas penas existiram no Direito inglês até o século 19 e, em regra, estavam relacionadas ao crime de alta traição (*high treason*). Aliás, a pena de morte por alta traição somente foi abolida no Reino Unido no final do século 20, com o *Crime and Disorder Act 1998*, que tornou a prisão perpétua a mais grave pena do Direito Penal inglês. No final do século 18, época em que a 5ª emenda à Constituição norte-americana foi elaborada, as penas que punham em perigo a vida e os membros estavam em plena utilização tanto pelo Direito Penal inglês quanto pelo Direito Penal norte-americano.

Esse perigo era agravado pela existência, no sistema pena inglês do final do século 18, de inúmeras possibilidades de condenação criminal. Além dos inúmeros tribunais e *assizes*, que podiam emitir inúmeras sentenças condenatórias por um mesmo fato, sem que houvesse uma instância única a declarar qual a que deveria prevalecer, os cidadãos também podiam ser condenados administrativamente, por "decretos condenatórios" (*Bills of Attainder*),[11] amplamente utilizados pelos reis e pelas maiorias parlamentares em diversos períodos históricos entre os séculos 16 e 18.[12]

Embora o instituto pareça muito mais antigo,[13] a primeira menção explícita ao duplo perigo de condenação surge provavelmente nos *Comentários* de WILLIAM BLACKSTONE, o principal tratado jurídico inglês da segunda

10 CORWIN, Edward S. A *Constituição norte-americana e seu significado atual*, trad. de Lêda Boechat Rodrigues, Rio de Janeiro: Ed. Jorge Zahar, 1986, p. 259.

11 Cf. a definição de *Bill of Attainder* em A.A.V.V. *The Wordsworth Dictionary of British History*, Ware (Hertfordshire): Ed. Cumberland, 1994, p. 24: "(do Anglo-Normando *attaindre*, condenar). A extinção dos direitos de uma pessoa condenada pela prática de crime grave (*felony*) e sentenciada à morte ou à exclusão do mundo jurídico (*outlawry*). O sangue do condenado dessa forma era considerado corrupto (...) e ele não poderia herdar terra nem receber terra por herança. O *Attainder* também era aplicado por via legislativa. Decretos condenatórios (ou de dores e penas) foram introduzidos por volta de 1459 e foram intensiva e arbitrariamente utilizados por Henrique VIII, especialmente contra adversários da Reforma. O procedimento foi pela última vez adotado contra o Lorde Edward Fitzgerald em 1697. Foi abolido em 1870, exceto em sentenças de exclusão do mundo jurídico (*outlawry*), nas quais durou até 1938".

12 Cf. THOMAS III, George C. *Double Jeopardy: the History, the Law*, Nova Iorque-Londres: Ed. New York University Press, 1998, p. 7.

13 Cf. Bartkus v. Illinois, 359 U.S. 121, 151 (1959), no voto divergente do juiz associado HUGO BLACK: "A rejeição ao poder do Estado de julgar uma pessoa duas vezes pela mesma conduta é uma das ideias mais antigas encontradas na civilização ocidental".

metade do século 18 e da primeira metade do século 19. E com certeza é a partir dessa obra que penetra no ordenamento jurídico norte-americano.[14]

No quarto volume dessa obra, que trata dos ilícitos públicos (*Public Wrongs*), BLACKSTONE menciona quatro defesas especiais (*Special Pleas*) que podiam ser apresentadas pelos acusados. Elas equivaleriam, *grosso modo*, às exceções peremptórias atuais. A primeira defesa era denominada "*plea of auterfois acquit*", que consistia na alegação de que, exatamente pelo mesmo fato de que ora estava sendo processado, o acusado já fora anteriormente julgado e absolvido.

A segunda defesa era denominada "*plea of auterfois convict*", que consistia na alegação de que, por um fato idêntico, o réu houvera sido anteriormente julgado e condenado. Segundo a lição de BLACKSTONE, essa defesa era cabível mesmo que o primeiro julgamento não houvesse sido concluído ou que a pena condenatória tivesse sido suspensa por qualquer causa.

A terceira defesa era denominada "*plea of auterfois attaint*", que consistia na alegação de que, por um fato semelhante, o réu fora anteriormente condenado por um decreto parlamentar condenatório (*Bill of Attainder*). Como a Constituição dos EUA, no seu art. 1º, seção 9, cláusula 3, proibiu expressamente os decretos condenatórios[15] – conforme visto, como uma reação ao caráter nitidamente autoritário dessas medidas – essa defesa processual não precisou "atravessar o Atlântico".

A quarta defesa consistiria em alegar que o réu fora, pelo crime anterior, beneficiado por perdão (*Pardon*).

Todas essas defesas, segundo BLACKSTONE, fundavam-se "na máxima universal do Direito Comum da Inglaterra de que ninguém pode ter sua vida colocada em perigo, mais de uma vez, pelo mesmo crime".[16]

Assim, a compreensão da cláusula, por parte do sistema jurídico estadunidense, foi no sentido de que a cláusula do duplo perigo enseja três espécies de proteção:

> – contra um segundo processo penal condenatório pelo mesmo crime após ter sido o réu absolvido;

---

14 Cf. Benton v. Maryland, 395 U.S. 784, 795 (1969): "Assim como muitos outros elementos do direito comum, [essa cláusula] foi trazida para a jurisprudência deste país por intermédio de Blackstone, que codificou a doutrina em seus comentários".

15 "*No Bill of Attainder... shall be passed*".

16 BLACKSTONE, William. *Commentaries on the Laws of England*, ed. fac-similar, Londres-Chicago: Ed. University of Chicago Press, 1979, v. 4, cap. 26, nº 4, p. 329. Trecho original: "*... the plea of* [sic] *auterfoits acquit, or a former acquittal, is grounded on this universal maxim of the common law of England, that no man it to be brought into jeopardy of his life, more than once, for the same offence*".

> – contra um segundo processo penal condenatório pelo mesmo crime após ter sido o réu condenado;
> – contra diversas punições, ou contra uma punição que se segue a um perdão pelo mesmo crime.

A Suprema Corte esclareceu que a proteção da cláusula é exclusivamente criminal, não protegendo, por exemplo, contra uma condenação criminal e uma condenação cível, ou contra efeitos criminais e cíveis de um mesmo ilícito, ou contra a aplicação de multa fiscal decorrente de uma sonegação pela qual o imputado foi absolvido anteriormente.[17]

Por outro lado – e essa é a parte que talvez mais interesse ao observador estrangeiro – o conceito de "nova possibilidade de ser condenado" inclui o de um novo julgamento seguido do provimento de um eventual recurso interposto pela acusação contra a sentença absolutória.

Assim, a interpretação pacífica da cláusula por parte da doutrina e dos tribunais nos EUA é no sentido de que um eventual recurso de uma decisão absolutória tomada pelo primeiro grau de jurisdição constituir-se-ia em uma nova oportunidade de colocar em perigo a vida ou a liberdade do imputado.[18] Logo, seria vedado pela 5ª emenda. Segundo ROBERT MATZ, os debates que levaram à elaboração da Carta de Direitos da Constituição norte-americana evidenciam que a intenção dos seus elaboradores era exatamente essa: a de permitir que, uma vez condenado, o réu tivesse a chance de um segundo julgamento; e que, ocorrendo uma sentença absolutória, não tivesse o Estado nova oportunidade de condená-lo.[19]

Em outras palavras, os tribunais dos EUA não funcionam como uma segunda instância para obter-se a condenação negada em primeira instância. Não podem apreciar prova e proferir acórdão condenatório em substituição a uma sentença absolutória. Nesse caso praticamente tanto faz que a sentença de primeiro grau se baseie em um veredicto prolatado pelo júri ou seja uma sentença inteiramente proferida pelo juiz.[20] Os tribunais podem, no máximo, determinar um novo julgamento se constatarem erro de procedimento no primeiro julgamento e, ainda assim, se se tratar de um erro relevante ao ponto

---

17 Cf. Helvering v. Mitchell, 303 U.S. 391 (1938).

18 Cf. SALTZBURG, Stephen A. e CAPRA, Daniel J. *American Criminal Procedure: cases and commentary*, 5ª ed., Sain Paul (Minn.): Ed. West Publishing, 1996, cap. 12, p. 1.249-1.250.

19 MATZ, Robert. "Dual Sovereignty and the Double Jeopardy Clause: If at First You Don't Convict, Try, Try, Again", em *Fordham Urban Law Journal*, nº 24 (1996), p. 358 e nota 21.

20 Cf. SALTZBURG, Stephen A. e CAPRA, Daniel J. *American Criminal Procedure: cases and commentary*, 5ª ed., Sain Paul (Minn.): Ed. West Publishing, 1996, cap. 12, p. 1.249-1.250.

de comprometê-lo ou, ainda, se o julgamento de primeiro grau simplesmente determinou o término do procedimento, sem tratar do mérito do caso.[21]

Esse entendimento antigo foi testado na Suprema Corte no caso Ball v. United States, julgado em 1896.[22] Nesse caso, três acusados haviam sido acusados pelo roubo seguido da morte de um homem, crime que teria ocorrido dentro de uma reserva indígena, no leste do estado do Texas. Os três alegaram inocência e foram julgados por um júri federal. Dois foram condenados e um, absolvido. A condenação foi anulada pela Suprema Corte, que naquele tempo funcionava como tribunal de apelação. Em seguida, os três réus – inclusive o que fora absolvido – foram novamente indiciados, ao argumento que o indiciamento fora defeituoso e não fornecia base para uma sentença de mérito, absolutória ou condenatória. No novo júri federal os três réus foram considerados culpados e condenados à morte. Julgando o recurso interposto pelos réus, a Suprema Corte considerou, então, a nova acusação e o novo processo uma violação da cláusula do duplo perigo, ao seguinte argumento: "a proibição não é contra alguém ser duas vezes punido, mas contra alguém ser duas vezes posto em perigo; e o acusado, tenha sido condenado ou absolvido, é igualmente colocado em perigo no primeiro julgamento".[23]

Esse entendimento da cláusula é, portanto, pacífico nos EUA. Na prática, significa que a acusação tem apenas uma chance de condenar alguém por um crime. Uma sentença absolutória injusta simplesmente não tem solução dentro de um mesmo processo penal ou dentro de um processo penal subsequente.

Essa condição fez com que, ordinariamente, nos EUA, os órgãos encarregados da persecução penal – agências policiais de investigação e promotores – tenham usualmente muito cuidado na preparação de seu caso. Ambos sabem que, como têm apenas uma chance de condenar, não devem formalizar uma acusação com um conjunto probatório frágil. Pode-se dizer que se é possível, os acusadores demoram-se muito para construir uma causa criminal.

Some-se ao estímulo proporcionado pela cláusula do duplo perigo e por sua tradicional interpretação jurisprudencial e doutrinária, o fato de que a cláusula do julgamento rápido (*Speed Trial Clause*), da 6ª emenda,[24] aplica-

---

21 Cf. United States v. Scott, 437 U.S. 82 (1978).

22 Ball v. United States, 163 U.S. 662, 669 (1896).

23 Ball v. United States, 163 U.S. 662, 669 (1896). Trecho original: "*The prohibition is not against being twice punished, but against being twice put in jeopardy; and the accused, whether convicted or acquitted, is equally put in jeopardy at the first trial*".

24 Trata-se da primeira cláusula da 6ª emenda. A segunda é cláusula da garantia de um júri imparcial, a terceira é a cláusula da competência previamente estabelecida por lei, a quarta é a cláusula da garantia à informação sobre a natureza e a causa da acusação, a quinta é a cláusula da confrontação, a sexta é a cláusula do processo compulsório em favor do réu e a sétima é a cláusula do direito a um advogado.

-se ao processo penal condenatório apenas depois de iniciada a persecução e não durante a fase de investigação. Ou seja, durante a preparação da causa criminal não há prazos processuais. E a maior parte das leis estaduais norte-americanas que regulam a prescrição de pretensão punitiva, chamadas de "leis de limitações" (*Statutes of Limitations*) – além de não preverem prescrição para o crime de homicídio e para muitos dos crimes mais graves, para os demais crimes preveem prazos razoavelmente elastecidos.

Ocorre que, embora esse cuidado seja a regra, muitas vezes a acusação é obrigada a iniciar uma persecução penal antes do momento ideal. Como, por exemplo, quando o imputado é preso acidentalmente após o cometimento de um ato ilícito ou de posse de coisas ilícitas. E haverá outros casos em que, por conta de uma defeituosa apreciação das provas, ou mesmo por desídia, ou por erro, ou por uma miríade de outras razões, a acusação formaliza uma pretensão condenatória sem base firme.

Considerem-se ainda aquelas situações em que, por causa de um equívoco praticado pelo promotor, o júri acaba por proferir uma decisão absolutória. O caso "O.J. Simpson", transmitido pela televisão para praticamente todo o mundo, foi um exemplo claro de uma falha da acusação, decorrente de falta de experiência ou de uma equivocada apreciação dos fatos que, entre outros fatores relevantes, conduziu ao veredicto absolutório, por muitos tidos como injusto e contrário às evidências.[25]

Esse veredicto absolutório, mesmo que completamente divorciado da prova dos autos, é desde logo praticamente imutável.

Parece óbvia a conclusão de que esse sistema induvidosamente fortalece o juiz de primeira instância, bem como os júris. Como se sabe que os tribunais não substituirão os veredictos de primeira instância pelos seus próprios, a atenção da comunidade jurídica é centrada nas primeiras decisões de mérito tomadas nos processos.

---

25 A referência é feita ao famoso "episódio da luva". Durante a investigação da morte da ex-mulher do ex-jogador de futebol americano O.J. Simpson, Nicole Brown, e de seu namorado, Ronald Goldman, os peritos da Polícia encontraram na cena do crime (a casa que até pouco tempo tinha sido do casal O.J. e Nicole), uma luva de couro, com sangue das vítimas Nicole e Ronald. Os investigadores imediatamente assumiram que a luva pertencia a O.J. e que teria sido usada por ele para cometer o crime ou para limpar a cena. Durante o julgamento, os advogados negaram que a luva lhe pertencesse e se ofereceram para uma demonstração: o réu poderia calçar a luva, se eles quisessem. A acusação não percebeu o ardil (as luvas de couro, depois de muito tempo sem serem usadas, sobretudo em ambientes secos, que é o caso de Los Angeles, encolhem) e aceitou a proposta. Diante dos jurados e das câmeras, O.J. Simpson, na época um ator famoso, tentou insistentemente calçar as luvas (esforçando-se, teatralmente, como se estivesse tentando ajudar a acusação) e não conseguiu. As luvas não lhe serviam. Essa cena teve grande impacto nos jurados, que entenderam a situação como uma dúvida razoável que, juntamente com outras, levou-os a decidirem pela absolvição de O.J.

Contudo, a imutabilidade das sentenças absolutórias é induvidosamente maior do que a imutabilidade das condenatórias. Enquanto a dessas decorre de uma postura menos intervencionista dos tribunais de apelação, a daquelas decorre de uma cláusula constitucional, essa sim, virtualmente escrita em pedra.

Isso causa um indesejável desequilíbrio de forças no Processo Penal norte-americano, em favor da defesa. Ao ser assim, converte-se por vezes em um fator de aguda fragilização do sistema de Justiça Criminal. Especialmente porque a dose da garantia processual parece ter sido exagerada.

Um exemplo não muito distante no tempo ajudará a compreender essa situação.

Na noite de três de março de 1991, na localidade de Lake View Terrace, no vale de São Fernando, cidade de Los Angeles, Califórnia, o negro Kodney King, então com 26 anos, dirigia seu automóvel Hyundai Excel 1988 em alta velocidade, chamando a atenção dos policiais. Passou, então, a ser perseguido por viaturas do Departamento de Polícia de Los Angeles (LAPD). Quando a perseguição terminou, os carros pararam e da viatura desceram quatro policiais – Laurence M. Powell, Timothy E. Wind, Theodore J. Briseño e Rolando Solano – e um sargento que os comandava – Stacey Koon. Este último deu voz de prisão a King, por dirigir em alta velocidade e por ter fugido. Não se sabe ao certo se King resistiu à prisão. Parece que ao menos esboçou uma reação. O certo é que, após uma breve altercação, os policiais Powell, Wind e Briseno passaram a bater em King com seus cassetetes e a chutá-lo com violência, aparentemente obedecendo às ordens e orientação do sargento Koon. Outros policiais, que também participaram da perseguição ou chegaram ao local pouco depois presenciaram a ação policial altamente irregular e não colocaram nenhuma observação a respeito em seus relatórios.

Para azar dos policiais, um morador das vizinhanças, George Holiday, gravou toda a ação policial irregular com uma câmera de vídeo que acabara de adquirir.

Essa fita foi vista e revista pelos doze jurados de um tribunal estadual de subúrbio da região de Simi Valley. Esse fato, ser o tribunal de subúrbio, acabaria por representar bem mais que um detalhe na consideração do caso e de seu resultado. Isso porque nos subúrbios das grandes cidades norte-americanas geralmente a maioria dos moradores é da etnia branca, sendo que os acusados eram todos brancos e o ofendido, negro. E, apesar das imagens serem bastante claras – como disse, a câmera era nova – em 29 de abril de 1992 esses doze jurados, por unanimidade, absolveram o sargento Koon, e os agentes Powell, Wind e Briseño, da acusação de uso de violência excessiva.

Essa decisão seria intensamente noticiada em televisões e em jornais, muito mais severamente criticada do que elogiada e, na mesma noite em que foi proclamada, deflagraria uma onda de violência por parte da comunidade negra poucas vezes vista na cidade de Los Angeles. Nos confrontos que se seguiram ao anúncio da absolvição dos policiais 24 pessoas morreram e em torno de novecentas ficaram feridas.[26] Muito patrimônio, público e privado, também foi destruído ou danificado em virtude das desordens.

Uma das razões para esse inconformismo – além do fato de que os acusados brancos haviam espancado um suspeito negro e que a absolvição fora claramente injusta[27] – consistia na constatação, por parte daquela comunidade negra, que a discussão acerca da culpa dos policiais pela agressão criminosa, ao menos no âmbito da Justiça Estadual da Califórnia, estava encerrada. A cláusula do duplo perigo veda uma nova tentativa de condenar os acusados. Em outras palavras: mesmo claramente injusta, a sentença absolutória nasce praticamente sob o signo da imutabilidade.

A solução para esse aparente "beco-sem-saída" do Direito Processual Penal norte-americano foi encontrada em um arcabouço teórico chamado a teoria da dupla soberania (*Dual Sovereignty Doctrine*), que fragiliza e continuará a fragilizar a garantia da "cláusula do duplo perigo".[28]

Em agosto de 1992, com base nessa teoria, uma nova acusação foi ajuizada sobre os mesmos fatos, por parte dos promotores federais (*U.S. Attorneys*). O enquadramento jurídico, porém, foi diferente. Basearam-se eles na Lei dos Direitos Civis de 1966 e em suas inúmeras atualizações. Tipificaram a conduta dos policiais como violação dos direitos civis.

Em dezessete de abril de 1993 um júri federal condenou o sargento Stacey C. Koon e o oficial Laurence M. Powell de violar os direitos civis do jovem Rodney King. Absolveu os demais. As sentenças aplicadas foram reduzidas – inclusive menores do que os *Federal Guidelines* – pois o juiz considerou que King também agiu de maneira agressiva com os policiais, ensejando o início das altercações. O veredicto foi mantido pelos tribunais superiores, bem como pela Suprema Corte.[29]

---

26 Cf. MYDANS, Seth. "The Police Veredict. Policemen acquitted in Taped Beating", em *The New York Times*, (30.abr.1992); na internet: https://www.nytimes.com/books/98/02/08/home/rodney-verdict.html. FITZ-HENLEY, Handel. "Outrage over King Veredict", em *The Los Angeles Times*, (1º.mai.1992); na internet: http://articles.latimes.com/1992-05-01/local/me-1182_1_rodney-king-stacey-c-koon-theodore-j-briseno e CANNON, Lou e SMITH, Leef. "24 Dead, 900 Injured in L.A. Rioting", em *The Washington Post*, (1º.mai.1992); na internet: http://www.washingtonpost.com/wp-srv/national/longterm/lariots/stories/mainstory.htm.

27 Cf. opinião contrária em MEESE III, Edwin. "Big Brother on the Beat: The Expanding Federalization of Crime", em *Texas Review of Law & Politics*, nº 1 (1997), p. 8-9.

28 Cf., a respeito, MATZ, Robert. "Dual Sovereignty and the Double Jeopardy Clause: If at First You Don't Convict, Try, Try Again", em *Fordham Urban Law Journal*, nº 24 (1997), p. 353-378; MEESE III, Edwin. "Big Brother on the Beat: The Expanding Federalization of Crime", em *Texas Review of Law & Politics*, nº 1 (1997), p. 1-23.

29 Koon v. United States, 518 U.S. 81 (1996).

3. A TEORIA DA DUPLA SOBERANIA

O arcabouço teórico da teoria da dupla soberania, hoje tão aceito pelos tribunais norte-americanos quanto a cláusula do duplo perigo de condenação, não é propriamente uma novidade ou uma invenção contemporânea. Na verdade, é bastante antigo. Deita suas raízes na história da Revolução Norte-Americana. Vale fazer uma brevíssima digressão a respeito.

Conforme se sabe, a separação dos EUA da Inglaterra foi uma obra de líderes políticos das treze colônias britânicas (Virginia, Nova Iorque, Massachusetts, Maryland, Rhode Island, Connecticut, New Hampshire, Delaware, Carolina do Norte, Carolina do Sul, Nova Jérsei, Pensilvânia e Georgia), revoltados com os desmandos rei inglês George III.

Esses líderes políticos, especialmente BENJAMIN FRANKLIN (1706-1790), SAMUEL ADAMS (1722-1803), GEORGE MASON (1725-1792), JOHN ADAMS (1735-1826), PATRICK HENRY (1736-1799), THOMAS PAINE (1737-1809), THOMAS JEFFERSON (1743-1826), JAMES MADISON (1751-1836) ALEXANDER HAMILTON (1755-1804), em nome das colônias que representavam, forjaram a ideia de que o governo inglês não servia para o povo norte-americano.

O estopim para a separação foram algumas leis editadas pelo Parlamento inglês entre abril de 1764 e maio de 1765, entre elas a "Lei da Receita Americana" (*American Revenue Act*), a "Lei da Moeda" (*Currency Act*), a "Lei do Selo" (*Stamp Act*) e a "Lei do Aquartelamento" (*Quartering Act*").

A partir da edição dessa legislação autoritária e que rapidamente sugaria os recursos econômicos das colônias, as agitações se tornaram mais intensas, ensejaram o início de discussões políticas cada vez mais radicais e culminaram com a independência dos EUA em 1776.

Assim, em resumo, pode-se dizer que a independência dos EUA foi resultado da articulação dos líderes das treze colônias. O propósito inicial, aliás, era de criar uma Confederação de estados independentes, substituído a posteriori pela ideia de federação.

Entretanto, mesmo estabelecendo uma federação, a compreensão doutrinária e jurisprudencial era no sentido de que cada unidade dessa União (o governo central e os estados) retinha, para si, o poder de fazer leis em sua esfera de interesses e também o de julgar, com autonomia e independência, todo e qualquer indivíduo que violasse essas mesmas leis.

Essa ideia de separação clara e radical entre as esferas, que poderiam então ser chamadas de soberanias, foi exposta pelo juiz-presidente dos Estados Unidos, JOHN MARSHALL, ao escrever que "cada Estado estabeleceu para si próprio uma constituição, e essa constituição prescreveu tantas limitações e restrições aos poderes do seu governo peculiar, quantas lhe ditou o seu discernimento. (...) Em suas diversas Constituições os Estados impuseram tantas restrições aos seus respectivos governos, quantas lhes sugeriu a sua sabedoria, e quantas lhes pareceram mais convenientes para si mesmos. É um assunto que os Estados julgam exclusivamente, e em que os outros não intervêm, exceto naquilo em que supõem ter comum interesse".[30]

Em outras palavras, o que a Suprema Corte decidiu nesse famoso caso é que cada esfera de governo funciona conforme suas próprias normas e, no caso de violação, cabe a ela, e somente a ela, verificar essa violação e punir os responsáveis. Essa decisão acabaria sendo revogada pela Suprema Corte durante a famosa "Revolução Constitucional" da Corte Warren, mas a ideia geral, sem o radicalismo original, continuou a ser utilizada como critério decisório para uma infinidade de situações jurídicas. A Suprema Corte continua entendendo da mesma maneira: "o governo de um estado não deriva seu poder dos EUA".[31]

Como resultado dessa teoria, que tomou forma de um verdadeiro dogma jurídico, cada esfera de governo – União e estados-membros – é considerada uma soberania separada. Como consequência, cada unidade da federação possui um Poder Legislativo formado por duas casas, uma de representantes e um Senado, e um Poder Judiciário encimado por uma Suprema Corte. Algumas constituições estaduais, como a da Virginia, por exemplo, contêm elementos anteriores à própria Constituição dos EUA. E os estados-membros norte-americanos, conforme se sabe, exercem larga competência legislativa em tema de direito material.

É nesse setor que se insere a cláusula do duplo perigo, adotada pela 5ª emenda e estendida aos estados pela 14ª A proteção da cláusula, porém, considerada a natureza do federalismo norte-americano, pressupõe que a fonte do perigo duplo parta de uma mesma fonte de jurisdição. Considerada uma mesma fonte jurisdicional e segundo o entendimento pacífico da jurisprudên-

30 Barron v. The Mayor and City of Baltimore, 32 U.S. (7 Pet.) 243, 247-248 (1833). Trecho original: "*The constitution was ordained and established by the people of the United States for themselves, for their own government, and not for the government of the individual states. Each state established a constitution for itself, and in that constitution, provided such limitations and restrictions on the powers of its particular government, as its judgment dictated. The people of the United States framed such a government for the United States as they supposed best adapted to their situation and best calculated to promote their interests. The powers they conferred on this government were to be exercised by itself; and the limitations on power, if expressed in general terms, are naturally, and, we think, necessarily, applicable to the government created by the instrument. They are limitations of power granted in the instrument itself; not of distinct governments, framed by different persons and for different purposes. If these propositions be correct, the fifth amendment must be understood as restraining the power of the general government, not as applicable to the states. In their several constitutions, they have imposed such restrictions on their respective governments, as their own wisdom suggested; such as they deemed most proper for themselves. It is a subject on which they judge exclusively, and with which others interfere no further than they are supposed to have a common interest*".

31 Grafton v. United States, 206 U.S. 333, 354 (1907).

cia norte-americana, a cláusula protege inclusive contra os recursos de mérito interpostos contra a sentença absolutória. Contudo, se a fonte de persecução não for a mesma, em alguns casos a garantia contra o duplo perigo de condenação praticamente desaparecerá, em função da teoria da dupla soberania.

É de ver que o próprio BLACKSTONE, em seu famoso tratado, deixara claro que a condenação parlamentar por um crime grave (*felony*) não obstaria o indiciamento pelo mesmo fato se constituísse crime de traição (*treason*), "não somente porque o julgamento e o método de execução da pena de morte é diferente, mas porque os efeitos civis da condenação são mais extensos e porque as propriedades (eventualmente confiscadas) vão para diferentes pessoas".[32] Em outras palavras, de acordo com o magistério mais antigo e mais clássico em matéria de duplo risco de condenação, em algumas situações o imputado poderia, sim, ser condenado duas vezes pelo mesmo fato.

São jurisdições soberanas, para o fim da teoria da dupla soberania, a União, qualquer um dos cinquenta estados e, por incrível que possa parecer a um observador estrangeiro, qualquer nação indígena.[33] A Suprema Corte já decidiu que os tribunais militares não são uma soberania separada, estando englobados no sistema judiciário da União.[34]

Assim, um réu condenado ou absolvido por um tribunal estadual poderá ser novamente processado e julgado por uma outro tribunal estadual, por um tribunal federal ou militar, bem como por um tribunal de uma das muitas nações indígenas. Se houver sido condenado por um tribunal federal poderá ser processado perante qualquer um dos tribunais estaduais ou por um tribunal indígena. Não existe uma cláusula constitucional clara ou mesmo uma norma legal que limite o número máximo dessas persecuções.

Um caso, dentre tantos, haveria de tornar clara que essa deficiência grave do sistema de Justiça Criminal norte-americana – a inexistência de um duplo grau de jurisdição verdadeiramente abrangente. Essa inexistência, por sua vez, gera, mais adiante, um desequilíbrio indesejável em favor do acusado. Esse desequilíbrio, bem como a necessidade de um duplo grau de jurisdição, acabou por induzir a ampliação exagerada de uma solução politicamente

32 BLACKSTONE, William. *Commentaries on the Laws of England*, ed. fac-similar, Londres-Chicago: Ed. University of Chicago Press, 1979, v. 4, cap. 26, nº 4, p. 331. Trecho original: "*because not only the judgement and manner of death are different, but the forfeiture is more extensive, and the land goes to different persons*".

33 Cf. United States v. Wheeler, 435 U.S. 313 (1978). Cf., outrossim, ADLER, Adam J. "Dual Sovereignty, Due Process, and Duplicative Punishment: A New Solution to an Old Problem", em *Yale Law Journal*, nº 124 (2014), nota 3, p. 450. Nessa mesma decisão, entretanto, a Suprema Corte limitou o poder jurisdicional dos tribunais indígenas, em casos criminais. Eles só podem aplicar penas até um máximo de seis meses de prisão.

34 Grafton v. United States, 206 U.S. 333 (1907).

indesejável, qual seja, a teoria da dupla soberania. Um caso ilustra tudo isso muito bem; trata-se de Heath v. Alabama.[35]

No mês de agosto de 1981, Larry Gene Heath, residente na cidade de Phenix City, no estado do Alabama, contratou Charles Edward Owens e Gregory Hughes Lumkin, dois criminosos, para matarem sua esposa, Rebecca McGuire Heath. O crime foi cometido no dia 31 de agosto de 1981, às margens da auto-estrada 185, no condado de Troup, no vizinho estado da Georgia, a mais ou menos oitenta quilômetros da casa de Larry e Rebecca Heath. Com a ajuda, direta ou indireta, de outras pessoas, os dois criminosos sequestraram Rebecca e a mataram com um tiro na nuca. As investigações apontaram para Owens e Lumkin como autores materiais do crime e para Heath como seu mandante. Outras três pessoas foram apontadas como partícipes do crime e apresentaram declaração de crimes menos graves.[36]

A fim de evitar a pena de morte, aplicável em casos como esse no estado da Georgia, em fevereiro de 1982 Heath fez um acordo com os promotores desse estado e, em troca da confissão de seu crime, recebeu a pena de prisão perpétua.

Aproximadamente sete meses depois de sua confissão e dez semanas depois de ser condenado pelo tribunal do condado de Troup, estado da Georgia à pena de prisão perpétua,[37] Larry Heath foi intimado a testemunhar em um processo penal condenatório instaurado no estado do Alabama, pelos mesmos fatos, pois a parte inicial da ação criminosa – o sequestro de Rebecca – acontecera naquele estado. Alegou que já houvera testemunhado no estado da Georgia sobre o mesmo fato e que por ele fora condenado. Apesar dessa argumentação, acabou sendo acusado pelos mesmos fatos e condenado à morte no estado do Alabama, que usou a confissão feita no estado vizinho. Heath foi eletrocutado em março de 1992.[38]

O caso é peculiar por diversos aspectos.

Envolve a aplicação de uma doutrina constitucional que fragiliza a aplicação ponderada da lei penal. Com efeito, a causa penal instaurada no estado

---

35 Heath v. Alabama, 474 U.S. 82 (1985).

36 Jerry Heath, irmão de Larry Heath, a seu pedido, achou os dois atiradores e os colocou em contado com o irmão. Denise Page Lambert emprestou o caminhão utilizado pelos criminosos para abordar Rebecca e Sanders Williams participou das tratativas para sequestrar e matar Rebecca, mas não tomou parte na ação.

37 Cf. ALLEN, Ronald J. e RATNASWAMY, John P. "*Heath v. Alabama*: A Case Study of Doctrine and Rationality in the Supreme Court", em *The Journal of Criminal Law & Criminology*, nº 76 (1986), p. 804-806.

38 Cf. "Alabama Executes Man Who Arranged His Wife's Murder", em *The New York Times*, edição de 21.mar.1992. Cf. http://www.nytimes.com/1992/03/21/us/alabama-executes-man-who-arranged-his-wife-s-murder.html.

da Georgia não limitou nem circunscreveu os limites da posterior causa instaurada no estado do Alabama.

O Código Penal brasileiro prevê essa possibilidade – aplicação de duas leis penais de soberanias diversas sobre um mesmo fato – ao tratar da aplicação extraterritorial da lei penal brasileira. Nesse caso, além de dispor que a aplicação da lei penal brasileira conforme a gravidade do crime para os interesses nacionais, é incondicionada para os mais graves[39] e condicionada para os menos,[40] submete a aplicação da lei penal brasileira, nesses últimos, ao concurso de certas condições que dão racionalidade ao sistema.[41] E mesmo na hipótese do princípio de defesa – crime de estrangeiro contra brasileiro no exterior – a aplicação da lei penal brasileira também depende do concurso de certas condições.[42]

Termina a lei penal brasileira por dispor que, caso tenham sido aplicadas duas leis penais para um mesmo fato "a pena cumprida no estrangeiro atenua a pena imposta no Brasil pelo mesmo crime, quando diversas, ou nela é computada, quando idênticas" (CP, art. 8º).

Foi tudo o que não ocorreu nesse caso. A pena aplicada no estado da Georgia foi simplesmente desconsiderada pelo estado da Alabama, que a interrompeu e, na prática, anulou, para aplicar sua pena muito mais grave. A Suprema Corte, que poderia ter criado um critério racionalizador para a situação, limitou-se a afirmar que os dois estados funcionam como soberanias diferentes. E que "a teoria da dupla soberania é fundada na concepção oriunda do Direito Comum de que o crime é uma ofensa contra a soberania de um

39 Cf. Art. 7º – Ficam sujeitos à lei brasileira, embora cometidos no estrangeiro: I – os crimes: a) contra a vida ou a liberdade do Presidente da República; b) contra o patrimônio ou a fé pública da União, do Distrito Federal, de Estado, de Território, de Município, de empresa pública, sociedade de economia mista, autarquia ou fundação instituída pelo Poder Público; c) contra a administração pública, por quem está a seu serviço; d) de genocídio, quando o agente for brasileiro ou domiciliado no Brasil.

40 Cf. Art. 7º – Ficam sujeitos à lei brasileira, embora cometidos no estrangeiro: (...) II – os crimes: a) que, por tratado ou convenção, o Brasil se obrigou a reprimir; b) praticados por brasileiro; c) praticados em aeronaves ou embarcações brasileiras, mercantes ou de propriedade privada, quando em território estrangeiro e aí não sejam julgados.

41 Cf. Art. 7º – (...) § 2º – Nos casos do inciso II, a aplicação da lei brasileira depende do concurso das seguintes condições: a) entrar o agente no território nacional; b) ser o fato punível também no país em que foi praticado; c) estar o crime incluído entre aqueles pelos quais a lei brasileira autoriza a extradição; d) não ter sido o agente absolvido no estrangeiro ou não ter aí cumprido a pena; e) não ter sido o agente perdoado no estrangeiro ou, por outro motivo, não estar extinta a punibilidade, segundo a lei mais favorável.

42 Cf. Art. 7º – (...) § 3º – A lei brasileira aplica-se também ao crime cometido por estrangeiro contra brasileiro fora do Brasil, se, reunidas as condições previstas no parágrafo anterior: a) não foi pedida ou foi negada a extradição; b) houve requisição do Ministro da Justiça.

governo. Quando um imputado, através de um único ato, viola a 'paz e a dignidade' de duas soberanias ao violar leis de cada uma delas, ele terá cometido duas distintas ofensas".[43] Daí a inaplicabilidade da cláusula do duplo perigo, que menciona uma única ofensa.

Em outras palavras, a Suprema Corte decidiu que um único ato criminoso pode constituir duas ofensas em dois locais diferentes, pelo efeito único da legislação.

Além disso, legitima a utilização imoral de um acordo que fora assinado para preservar a vida do acusado, exatamente para condená-lo em outra instância.

De fato, a conclusão desse caso beira o absurdo, mas é o resultado da aplicação fria da doutrina da dupla soberania, considerada básica no sistema federativo norte-americano.

Para finalizar, há ainda um outro fator que tem contribuído para a anulação, na prática, da cláusula do duplo perigo. Trata-se da lenta e inexorável federalização do Direito Penal norte-americano.

Este ensaio não é o lugar adequado para apresentar toda a evolução, mas o fato é que, especialmente nos últimos cinquenta anos, houve um avanço impressionante na legislação penal federal. O Direito Penal federal norte-americano, que antes praticamente se restringia aos crimes de traição, cresceu de maneira assustadora. Uma razão desse crescimento tem a ver com os crimes decorrentes da discriminação racial, ocorridos no sul dos EUA e não combatidos adequadamente pelos sistemas de Justiça estaduais. Essa omissão muitas vezes criminosa e cínica levou o Congresso norte-americano a aprovar leis de direitos civis cada vez mais minudentes, como o crime de incêndio de templos religiosos – de qualquer denominação religiosa, que passou a ser crime federal. O mesmo ocorre com outros crimes de racismo e de ódio. A partir dessa realidade a ocupação de espaço pelo legislador federal cresceu de maneira significativa.

O mesmo acontece com os crimes financeiros, desde o *insider trading* até a lavagem de dinheiro, que passaram a ser mais e mais tipificados e investigados pelas autoridades federais.

Há inúmeros outros exemplos, mas o espaço não permite que os apresentemos todos.[44]

---

43 Heath v. Alabama, 474 U.S. 82, 88 (1985). Trecho original, para conferência: "*The dual sovereignty doctrine is founded on the common-law conception of crime as an offense against the sovereignty of the government. When a defendant in a single act violates the 'peace and dignity' of two sovereigns by breaking the laws of each, he has committed two distinct 'offences'*".

44 Cf., sobre o tema e com um tom bastante crítico, MEESE III, Edwin. "Big Brother on the Beat: The Expanding Federalization of Crime", em *Texas Review of Law & Politics*, nº 1 (1997), p. 1-23.

A legislação penal federal norte-americana é hoje tão abrangente quanto as inúmeras legislações penais estaduais. Assim, aquela verdade antiga a respeito do sistema jurídico norte-americano – a de que o Direito Penal material é predominantemente estadual – não corresponde mais à verdade. O Direito Penal federal é tão grande quanto cada um dos sistemas penais estaduais. Certa feita, o então senador Joe Biden declarou, em tom jocoso mas também verdadeiro, que nos EUA o Congresso "federaliza tudo que anda, fala e se mexe".[45]

Com isso, um veredicto de absolvição estadual pode ser revertido, na grande maioria dos casos, em um novo julgamento perante a Justiça Federal norte-americana. Ou seja: uma absolvição estadual pode se transformar em uma condenação federal; uma absolvição federal pode se transformar em uma condenação estadual. Ainda mais grave, uma absolvição pode se transformar em diversas condenações.

O que é imutável em uma esfera é perfeitamente alterável em outra. Muitos processualistas penais norte-americanos estão bastante preocupados com essa realidade e preconizam mudanças na interpretação da cláusula do duplo perigo ou na modificação do alcance da teoria da dupla soberania.[46]

4. Conclusão

A cláusula do duplo perigo, expressa na 5ª emenda da Carta de Direitos norte-americana está hoje sendo anulada, na prática, pela doutrina da dupla soberania. Aquela ideia de que, no ordenamento jurídico norte-americano, um juízo absolutório é imutável porque o réu não pode ser colocado em risco duas vezes pelo mesmo fato, é hoje virtualmente formal.

O mesmo fato criminoso, conforme a teoria da dupla soberania, transforma-se em dois ou até mais crimes, conforme seja previsto em mais de uma legislação estadual e na federal.

A conclusão a esse respeito é, portanto, precisamente a seguinte: um sistema processual penal não pode ser construído em cima da ideia de que todos os réus são inocentes e que toda a condenação é, em princípio, má e toda a absolvição é, em princípio, boa. Porque são proferidas por seres humanos, há condenações justas e absolvições injustas, como há condenações injustas e absolvições justas. O sistema tem de ter consciência plena dessa verdade. E aparelhar-se adequadamente para submeter as decisões a pelo menos um

---

45 BIDEN, Joe. "Discurso no Comite Judiciário do Senado norte-americano, em dezembro de 1993", *apud* Meese III, Edwin. "Big Brother on the Beat: The Expanding Federalization of Crime", em *Texas Review of Law & Politics*, nº 1 (1997), p. 2-3.

46 Cf., por todos, AMAR, Akhil Reed e Marcus, Jonathan L. "Double Jeopardy Law After Rodney King", em *Columbia Law Review*, nº 95 (1995), p. 1-59.

juízo revisor. É nesse sentido que se encaminha, inexoravelmente, o sistema processual penal norte-americano.

Contudo, como não há uma disciplina clara a respeito, com uma limitação clara sobre a matéria de competência penal, os réus ficam sujeitos a serem colocados em risco várias vezes e não apenas duas. O sistema processual penal encontra caminhos onde a criatividade humana não soube colocar limites adequados.

Em matéria penal, como em matéria processual penal, não cabem soluções mágicas nem demagogia. Não cabem soluções de lei e ordem e nem o famoso *coitadismo* penal. Não cabe proibir o recurso da acusação das sentenças absolutórias nem permitir que a defesa combata as condenatórias através de infindáveis recursos, como acontecia até a decisão do *habeas corpus* nº 126.292.

O sistema de Justiça Criminal tem de funcionar em todos ou na maior parte possível dos casos, tanto para condenar e quanto para absolver. Tem de ser o mais equilibrado e o menos desequilibrado possível. Tem de contemplar todas teses, dentro de um tempo razoável e decidir a respeito da causa penal. Tem de entregar à sociedade, ***last but not least***, Justiça Penal material.

5. Referências bibliográficas

A.A.V.V. *The Wordsworth Dictionary of British History*, Ware (Hertfordshire): Ed. Cumberland, 1994.

ADLER, Adam J. "Dual Sovereignty, Due Process, and Duplicative Punishment: A New Solution to an Old Problem", em *Yale Law Journal*, nº 124 (2014), p. 448-483.

ALLEN, Ronald J. e RATNASWAMY, John P. "*Heath v. Alabama*: A Case Study of Doctrine and Rationality in the Supreme Court", em *The Journal of Criminal Law & Criminology*, nº 76 (1986), p. 801-831.

AMAR, Akhil Reed e MARCUS, Jonathan L. "Double Jeopardy Law After Rodney King", em *Columbia Law Review*, nº 95 (1995), p. 1-59

BLACKSTONE, William. *Commentaries on the Laws of England*, ed. fac-similar, Londres-Chicago: Ed. University of Chicago Press, 1979, v. 4.

CANNON, Lou e SMITH, Leef. "24 Dead, 900 Injured in L.A. Rioting", em *The Washington Post*, (1º.mai.1992); na internet: http://www.washingtonpost.com/wp-srv/national/longterm/lariots/stories/mainstory.htm

CORWIN, Edward S. A *Constituição norte-americana e seu significado atual*, trad. de Lêda Boechat Rodrigues, Rio de Janeiro: Ed. Jorge Zahar, 1986.

FITZ-HENLEY, Handel. "Outrage over King Veredict", em *The Los Angeles Times*, (1º.mai.1992); na internet: http://articles.latimes.com/1992-05-01/local/me-1182_1_rodney-king-stacey-c-koon-theodore-j-briseno.

MARCUS, Jonathan L. e AMAR, Akhil Reed e "Double Jeopardy Law After Rodney King", em *Columbia Law Review*, nº 95 (1995), p. 1-59.

MATZ, Robert. "Dual Sovereignty and the Double Jeopardy Clause: If at First You Don't Convict, Try, Try Again", em *Fordham Urban Law Journal*, nº 24 (1997), p. 353-378.

MEESE III, Edwin. "Big Brother on the Beat: The Expanding Federalization of Crime", em *Texas Review of Law & Politics*, nº 1 (1997), p. 1-23.

MYDANS, Seth. "The Police Veredict. Policemen acquitted in Taped Beating", em *The New York Times*, (30.abr.1992); na internet: https://www.nytimes.com/books/98/02/08/home/rodney-verdict.html.

RATNASWAMY, John P. e ALLEN, Ronald J. "*Heath v. Alabama*: A Case Study of Doctrine and Rationality in the Supreme Court", em *The Journal of Criminal Law & Criminology*, nº 76 (1986), p. 801-831.

RAMOS, João Gualberto Garcez. *A tutela de urgência no Processo Penal brasileiro: doutrina e jurisprudência*, Belo Horizonte: Ed. Del Rey, 1998.

________. *Curso de Processo Penal norte-americano*, São Paulo: Ed. Revista dos Tribunais, 2006.

SALTZBURG, Stephen A. e CAPRA, Daniel J. *American Criminal Procedure: cases and commentary*, 5ª ed., Sain Paul (Minn.): Ed. West Publishing, 1996.

THOMAS III, George C. *Double Jeopardy: the History, the Law*, Nova Iorque-Londres: Ed. New York University Press, 1998.

A GARANTIA DA ORDEM PÚBLICA COMO EXPRESSÃO DO DIREITO PENAL DO INIMIGO: UMA ABORDAGEM REALISTA-MARGINAL

João Luiz de Carvalho Botega

RESUMO: O presente artigo tem como objetivo analisar se a prisão preventiva decretada com fundamento na garantia da ordem pública tem servido, de alguma maneira, como expressão do direito penal do inimigo no Brasil. Para isso, examina-se o conceito de garantia da ordem pública e constata-se que esta se utiliza, basicamente, de dois critérios justificadores: o clamor social e a periculosidade do agente. Logo em seguida, aborda-se a teoria do direito penal do inimigo, que tem como base ideias como a confiança na vigência da norma e a necessidade da exclusão da sociedade do indivíduo infiel ao direito. Conclui-se, a partir de uma visão realista-marginal, que os discursos em questão se alimentam mutuamente: a garantia da ordem pública aproveita-se dos fundamentos teóricos do direito penal do inimigo e este se utiliza de tal modalidade de prisão preventiva para se expressar no sistema processual penal brasileiro. Assim, passa-se a questionar a legitimidade das decisões fundamentadas na garantia da ordem pública para concluir que elas não se sustentam no paradigma do Estado de Direito.

PALAVRAS-CHAVE: Prisão preventiva. Direito penal do inimigo. Garantia da ordem pública. Realismo marginal.

TITLE: The Protection of the Public Order as an expression of the Criminal Law for the Enemy: a Realistic-Marginal Approach.

ABSTRACT: The article aims to examine whether the provisional arrest based on ensuring public order has served as an expression of the Enemy Criminal Law in Brazil. For this, it examines the concept of guarantee public order to note that is used, basically, of two criteria: the social outcry and the dangerousness of the agent. After this, there is the discussion of the Enemy Criminal Law, which is based on ideas such as the confidence in the validity of the law and the need of society's exclusion of the individual unfaithful to law. The conclusion is that the discourses in question feed each other: the guarantee of public order takes up the theoretical foundations of Enemy Criminal Law and the theory uses this type of provisional arrest to express itself in the Brazilian system of criminal procedure. Thus, it will be questioning the legitimacy of judicial decisions in ensuring public order to conclude that they have not support at the paradigm of the Rule of Law State.

KEYWORDS: Provisional arrest. Enemy criminal law. Public order guarantee. Marginal realism.

1. Introdução

Dentre as prisões cautelares previstas no Código de Processo Penal brasileiro e nas leis extravagantes, a prisão preventiva embasada na cláusula geral da garantia da ordem pública avulta indiscutivelmente como a modalidade de encarceramento provisório mais utilizada na *práxis* jurídica do país.

Isso se deve ao fato de o fundamento da garantia da ordem pública estar sendo utilizado de maneira descriteriosa e pouco comedida, geralmente com o intuito de manter encarcerado, antes da condenação definitiva, aquele sujeito dito *perigoso* (para evitar que *torne a delinquir*) ou aquele que comete *obras toscas* (para aplacar a *comoção social* decorrente do crime cometido).

Diante de tal contexto, pretende-se fazer a ligação com a formulação de Günter Jakobs e seu direito penal do inimigo, que tem como objetivo a neutralização/aniquilação daqueles sujeitos que não correspondem às *expectativas normativas da sociedade*, e os quais não podem, por isso, serem tratados como *cidadãos*. E aos *inimigos* identificados não caberia um processo penal dotado de garantias mínimas, o que justificaria a custódia cautelar com base em juízos de *periculosidade* e de *clamor social.*

Assim, aproximam-se os dois objetos de estudo, a prisão preventiva com fundamento na ordem pública e o direito penal do inimigo, para que se passe, a partir da análise da realidade latino-americana (marginal), a examinar até que ponto algumas prisões provisórias hoje decretadas no Brasil são reflexos e se alimentam – ainda que latentemente – do discurso de Jakobs.

Em última análise, a questão que se coloca é: tem servido a prisão preventiva com fundamento na garantia da ordem pública (também) como instrumento de legitimação de um direito penal do inimigo no Brasil hoje? Em caso de resposta positiva, um novo questionamento surgirá, a saber: à luz do realismo-marginal, é legítima uma prisão preventiva baseada em tal discurso?

2. Breves noções e críticas da prisão preventiva com fundamento na garantia da ordem pública

Antes de responder às questões acima formuladas, é necessário examinar, ainda que superficialmente, o conceito teórico de garantia da ordem pública como fundamento da prisão preventiva.

A doutrina tradicional confere à garantia da ordem pública um sentido amplo, vago, subjetivo, classifica-a como cláusula aberta, dando espaço para que qualquer justificativa se amolde ao conceito, uma vez que desprovido de qualquer referencial semântico. Daí ser esta hipótese a válvula de escape para o exercício arbitrário das prisões, em total desrespeito às garantias fundamentais do processo.[1]

As decisões judiciais que se baseiam nesta circunstância utilizam-se, entre outros, de dois fundamentos: o *clamor social* (que influenciaria na *credibilidade da justiça*) e/ou a *periculosidade* do acusado (que, solto, *tornaria a delinquir*).

Quanto ao primeiro aspecto, entende-se ser a repercussão social do ato delituoso, causando sentimentos de revolta e repulsa na população, de modo que caberia ao Poder Judiciário restaurar a confiança da sociedade na Justiça e na lei penal.

A tal argumentação a doutrina crítica tem respondido com sólidos argumentos, pois

> *no es defendible que la prisión provisional deba cumplir la función de calmar la alarma social que haya podido producir el hecho delictivo, cuando aún no se há determinado quién sea el responsable. Solo razonando dentro del esquema lógico de la* ***presunción de culpabilidad*** *pordría concebirse la privación de libertad em um establecimento penitenciário, el encarcelemiento del inculpado,* ***como instrumento apaciquador de lãs ânsias y temores suscitados por el delito.***[2]

Além de assumir contorno de verdadeira antecipação de pena, violando o devido processo legal e a presunção de inocência, o *clamor social* muita vez é gerado apenas pela ampla exposição midiática do crime.

A influência da mídia no sistema penal, tão bem analisada por Nilo Batista em excelente artigo sobre o tema[3], é tamanha que se pode dizer que a punição deixou de ser meramente física, passando à expiação moral do acusado: não basta levá-lo à prisão, impõe-se exibir sua imagem no horário nobre em rede nacional.

Ora, a alarma social, no dizer de Aury Lopes Júnior, por mais respeitáveis que sejam os sentimentos de vingança, não pode servir como fundamento da prisão preventiva, "nem o Estado, enquanto reserva ética, pode assumir esse papel vingativo".[4] Aliás,

---

1 KATO, Maria Ignez Lanzellotti Baldez. **A (des)razão da prisão provisória**. Rio de Janeiro: Lumen Juris, 2005. p. 117.

2 CATENA, Victor Moreno, *in* DELMANTO JÚNIOR, Roberto. **As modalidades de prisão provisória e seu prazo de duração.** 2ª ed. , ampl. e atual. Rio de Janeiro: Renovar, 2001. p. 183, grifos no original.

3 BATISTA, Nilo. **Mídia e sistema penal no capitalismo tardio**. Disponível em: <http://bocc.ubi.pt/pag/batista-nilo-midia-sistema-penal.html>. Acesso em: 20 jul 2015.

4 LOPES JUNIOR, Aury. **Introdução crítica ao processo penal:** fundamentos da instrumentalidade constitucional. 4ª ed. rev., atual. e ampl. Rio de Janeiro: Lumen Juris, 2006. p. 217.

> muitas vezes não é o crime, em tese cometido, que gera a chamada "vigorosa reação social", mas sim a **desmedida dramatização e até mesmo alteração da versão dos fatos pela imprensa**, ressaltando-se, ainda, que a opinião "publicada" pode muito bem não se identificar com a opinião pública, como lembra Alessandro Baratta.[5]

Os meios de comunicação em massa, ao contribuírem para a inversão da ordem cronológica do processo – prende-se para depois investigar, pune-se para depois processar –, prestam um desserviço ao direito e ao processo penal, condenando o acusado, através do *processo midiático* (obviamente que sem direito algum de defesa), a uma pena que não está prevista em lei alguma: o suplício moral.

A credibilidade do Poder Judiciário passa não pela punição antecipada dos acusados, mas sim pela resolução correta e adequada do delito investigado e processado, uma vez que somente na sentença é que se determinará a culpabilidade do acusado.

No que toca à *periculosidade* do imputado, BASILEU GARCIA oferece clássica passagem que bem sintetiza a teoria:

> Para garantia da ordem pública, visará o magistrado, ao decretar a prisão preventiva, *evitar que o delinquente volte a cometer delitos*, ou porque é acentuadamente propenso às práticas delituosas, ou porque, em liberdade, encontraria os mesmos estímulos relacionados com a infração cometida. Trata-se, por vêzes, de criminosos habituais, indivíduos cuja vida é uma sucessão interminável de ofensas à lei penal: contumazes assaltantes da propriedade, por exemplo. Quando outros motivos não ocorressem, o intuito de impedir novas violações determinaria a providência.[6]

Do simples passar de olhos sobre este conceito – repetido acriticamente por milhares de decisões judiciais em todo o país – vislumbra-se a ocorrência de dupla presunção: primeiro, presume-se que o acusado tenha *realmente cometido* o delito investigado (o que só poderia ser feito em sentença) e, segundo, que, em liberdade, praticará outro crime. Com efeito, ao se decretar a prisão preventiva olhando-se para o *registro de antecedentes* e para a *personalidade* do acusado, violam-se, com efeito, duas garantias constitucionais do processo: primeiro, o *due process of law*; segundo, a presunção de inocência.

Não há, inquestionavelmente, como se prever com certeza que alguém vá cometer novos delitos e formular tal presunção é constitucionalmente vedado. Além do mais, encerra verdadeira hipocrisia jurídica: todas as pessoas

---

5 DELMANTO JÚNIOR, Roberto. **As modalidades de prisão provisória e seu prazo de duração.** p. 188.

6 GARCIA, Basileu *in* DELMANTO JÚNIOR, Roberto. **As modalidades de prisão provisória e seu prazo de duração.** p. 178.

já cometeram algum tipo de delito, apenas não foram criminalizadas em virtude da atuação seletiva do sistema penal.[7]

A prisão sob tal fundamento deixa de ser medida cautelar para se transformar em medida de segurança e, justamente por isso, atrita com a ordem constitucional vigente, que só admite, por via de regra, a prisão provisória em função do resguardo do processo penal e de sua eficácia.

De concluir, então, em companhia de MARIA IGNEZ LANZELLOTTI BALDEZ KATO, que a garantia da ordem pública como fundamento da prisão preventiva identifica dissimulada opção pelo "controle social do acusado/excluído/inimigo, sem qualquer preocupação em preservar a medida cautelar como instrumento de garantia da prestação jurisdicional".[8]

3. Algumas linhas sobre o direito penal do inimigo

As teorias *não surgem do nada*, pois todo sistema de pensamento humano é construído por meio de um processo de transformação histórica (e dialética); logo, de modo diverso não ocorreu com a doutrina do direito penal do inimigo: possui ela bases sociológicas e filosóficas (políticas).[9] Aliás, "a visão do delinquente, ou pelo menos de alguns tipos de delinquente, como 'inimigos', bem como a ideia de sua *exclusão* da sociedade e do Estado, não é em absoluto nova, mas algo muito mais antigo que permaneceu ao longo da história até os dias de hoje".[10]

Na sociologia, JAKOBS apoia-se especialmente em NIKLAS LUHMANN, autor este que não serve somente para explicar a existência do *inimigo*, mas que baseia toda uma teoria funcionalista-sistêmica do delito e sustenta também a teoria da imputação objetiva, na versão do Professor de

---

7 *"A disparidade entre o exercício do poder programado e a capacidade operativa dos órgãos é abissal, mas se por uma circunstância inconcebível este poder fosse incrementado a ponto de chegar a corresponder a todo o exercício programado legislativamente, produzir-se-ia o indesejável efeito de se criminalizar várias vezes toda a população. Se todos os furtos, todos os adultérios, todos os abortos, todas as defraudações, todas as falsidades, todos os subornos, todas as lesões, todas as ameaças, etc. fossem concretamente criminalizados, praticamente não haveria habitante que não fosse, por diversas vezes, criminalizado."* (ZAFFARONI, Eugenio Raúl. **Em busca das penas perdidas:** a perda de legitimidade do sistema penal. 5ª ed. Rio de Janeiro: Revan, 2001, p. 26.)

8 KATO, Maria Ignez Lanzellotti Baldez. **A (des)razão da prisão provisória.** p. 120.

9 *"É preciso levar em consideração, como um dado particularmente relevante, que a ideia atual de um Direito Penal do inimigo formulada por Jakobs não surgiu do nada. Pelo contrário, ele parte de uma sólida tradição que parece mostrar que a ideia jusfilosófica e teórico-política do Direito Penal do inimigo representa uma constante histórica"* (MARTÍN, Luis Gracia. **O horizonte do finalismo e o direito penal do inimigo.** São Paulo: Revista dos Tribunais, 2007, p. 92-93).

10 MARTÍN, Luis Gracia. **O horizonte do finalismo e o direito penal do inimigo.** p. 94.

Bonn. Na filosofia, mais especificamente na teoria política, JAKOBS vai fundamentar sua proposta em gigantes do pensamento moderno, como KANT, HOBBES, ROUSSEAU e também FICHTE.

Em primeiro lugar, GÜNTER JAKOBS desenvolve sua teoria em torno das *expectativas normativas* de LUHMANN, ou seja, que o direito penal serve para tutelar e restaurar a *confiança na vigência da norma*.

> A seu ver – *escreve LUÍS GRECO referindo-se a JAKOBS* –, normas são, em primeira linha, parâmetros de interpretação, que fazem do mundo da natureza um mundo de sentido ou de comunicação. É a norma que faz da causação de uma morte um homicídio, é ela que fundamenta a expectativas e a confiança em que tais fatos não serão cometidos pelos outros, possibilitando, assim, a orientação num mundo complexo, e é ela que faz de um sistema psico-físico uma pessoa, que pode ser autor ou vítima de um delito. Tais atribuições não ocorrem no plano da natureza, e sim no da comunicação, não sendo, portanto, falsificáveis em razão de contingências relativas aos dados naturais ou fáticos – elas vigoram, portanto, também contra a natureza, contra os fatos: contrafaticamente.
>
> Mas apesar desta estrita separação entre natureza e sentido, o plano do sentido não é tão independente do plano da natureza quanto se poderia à primeira vista imaginar. Por ex., se homicídios fossem cometidos repetidamente, em algum momento estaria afetada a confiança na vigência da proibição do homicídio.[11]

Segundo o penalista alemão, cada cidadão tem papéis a cumprir perante a sociedade, o que ele chama de *rol de competências*. Se toda pessoa agir conforme o que se espera dela (o que se espera de seu papel social, por exemplo, como empresário, como pai, como professor etc.), a expectativa que a sociedade tem de seus atos continua sendo respeitada.[12]

Entretanto, se tal pessoa quebra esta expectativa, expectativa de que um cidadão será fiel ao direito, ela comunicará à sociedade que despreza o valor da norma; então, o Estado terá de agir – conforme um direito penal do cidadão – e impor-lhe uma pena que reafirme o valor da norma perante a sociedade. Em suma, prevenção geral positiva.

> [...] os delitos só acontecem em uma comunidade ordenada, no Estado, do mesmo modo que o negativo só se pode determinar ante a ocultação do positivo e vice-versa. E o delito não aparece como princípio do fim da comunidade ordenada, mas só como infração desta, como deslize reparável. Para esclarecer o que foi dito, pense no sobrinho que mata seu tio, com o objetivo de acelerar o recebimento da herança, a qual tem direito. Nenhum Estado sucumbe por um

---

11 GRECO, Luís. **Sobre o chamado direito penal do inimigo.** Disponível em: <http://fdc.br/Arquivos/Mestrado/Revistas/Revista07/Docente/07.pdf>. Acesso em: 20 jul 2015.

12 "*Pessoa é o destino de expectativas normativas correspondentes a papéis, porque ser pessoa significa ter que representar um papel*" (MARTÍN, Luis Gracia. **O horizonte do finalismo e o direito penal do inimigo.** p. 136)

> caso destas características. Ademais, o ato não se dirige contra a permanência do Estado, e nem sequer contra a de suas instituições. [...]
> Por isso, o Estado moderno vê no autor de um fato [...] normal [...], não como um inimigo que há de ser destruído, mas um cidadão, uma pessoa que, mediante sua conduta, tem danificado a vigência da norma e que, por isso, é chamado – de modo coativo, mas como cidadão (e não como inimigo) – a equilibrar o dano, na vigência da norma. Isto se revela com a pena, quer dizer, mediante a privação de meios de desenvolvimento do autor, mantendo-se a expectativa defraudada pelo autor, tratando esta, portanto, como válida, e a máxima da conduta do autor como máxima que não pode ser norma[13]

Esse esquema de *expectativa normativa* é coerente (dentro da concepção de JAKOBS) quando se trata de um cidadão que por um momento se afasta – em um *deslize* – de seu *rol de competências* e acaba por ferir a expectativa social de que ele continuaria fiel ao direito.

Contudo, quando "a expectativa normativa de um comportamento pessoal é defraudada de maneira duradoura",[14] ou seja, quando o sujeito é *reincidente* – não no termo técnico, mas no sentido do sujeito reiteradamente criminalizado – ou comete *obras toscas* – crimes graves e de repercussão social alargada – ou, ainda, é um *terrorista*, não há por que, segundo JAKOBS, tratar esse delinquente como cidadão ou mesmo como pessoa, pois a expectativa criada é que o sujeito se afaste cada vez mais da conduta fiel ao direito.[15] Como escreve GRECO,

> Pessoa, em *JAKOBS*, é um termo técnico, que designa o portador de um papel, isto é, aquele em cujo comportamento conforme a norma se confia e se pode confiar. "Um indivíduo que não se deixa coagir a viver num estado de civilidade, não pode receber as bençãos do conceito de pessoa." Inimigos são "a rigor não-

13 JAKOBS, Günter; MELIÁ, Manuel Cancio. **Direito penal do inimigo**: noções e críticas. 3 ed. Porto Alegre: Livraria do Advogado, 2008. p. 32-33.

14 JAKOBS, Günter; MELIÁ, Manuel Cancio. **Direito penal do inimigo**: noções e críticas. p. 34.

15 *"Inimigo é um indivíduo que, não só de maneira incidental, em seu comportamento (delitos sexuais; o antigo delinqüente habitual 'perigoso' segundo o parágrafo 20 do Código penal alemão), ou em sua ocupação profissional (delinqüência econômica, delinqüência organizada e também, especialmente tráfico de drogas), ou principalmente através de uma organização (terrorismo, delinqüência organizada, novamente o tráfico de drogas ou o antigo 'complô de assassinato'), isto é, em qualquer caso, de uma forma supostamente duradoura, tem abandonado o direito e, portanto, não garante a mínima certeza de segurança de comportamento pessoal e demonstra este déficit através de seu comportamento"* (JAKOBS, Günther *in* CONDE, Francisco Muñoz. **As reformas da parte especial do direito penal espanhol em 2003:** da "tolerância zero" ao "direito penal do inimigo". Disponível em: <http://www2.mp.ma.gov.br/ampem/artigos/Artigos2005-2/ReformasParteEspcial-RECJ.02.01-05.pdf>. Acesso em: 20 jul 2015)

-pessoas," lidar com eles não passa de "neutralizar uma fonte de perigo, como um animal selvagem."[16]

Desse modo, o direito penal do cidadão, aquele que garante a *expectativa normativa*, não poderá servir para restaurar a vigência da norma mediante uma pena – reafirmação do valor normativo do direito – se desde já se sabe que se trata de um sujeito cuja conduta é amiúde considerada *infiel* ao Direito. Daí surge o termo para designar este sujeito *infiel*: trata-se do *inimigo*.

> Conforme este autor – *ZAFFARONI refere-se à JAKOBS* –, o direito penal deveria habilitar o poder punitivo de uma maneira para os *cidadãos* e de outra para os *inimigos*, reservando seu caráter de *pessoa* para os primeiros e considerando *não-pessoas* os segundos, confinando, porém, esta habilitação num compartimento estanque do direito penal, de modo que todo o resto continue funcionando de acordo com os princípios do direito penal liberal. Tratar-se-ia de uma espécie de *quarentena penal do inimigo*.
> Para Jakobs, a pena cumpre a função de reafirmar a vigência da norma, e essa função continuaria a ser cumprida no direito penal do *cidadão*, enquanto que no direito penal do *inimigo* deveria operar como um puro impedimento físico. [17]

E para o Professor de Bonn, legitimado pelos filósofos contratualistas (HOBBES e KANT, em especial), é possível ao Estado retirar deste *infiel* sua condição de pessoa e passar a tratá-lo como *inimigo*, pois "*um indivíduo que não admite ser obrigado a entrar em um estado de cidadania não pode participar dos benefícios do conceito de pessoa*".[18]

Ao *inimigo* identificado não valerá a regra da prevenção geral, mas o critério de periculosidade. Em outras palavras, o fim do direito penal aqui não é restaurar a confiança na vigência da norma, mas anular a periculosidade do *inimigo* antes que ele confirme a expectativa criada: cometa mais um delito.

> Portanto, no lugar de uma pessoa que de per si é capaz, e a que se contradiz através da pena, aparece o indivíduo perigoso, contra o qual se procede – neste âmbito: através de uma medida de segurança, não mediante uma pena – de modo

16 GRECO, **Sobre o chamado direito penal do inimigo**. Assim também Luis Gracia Martín: "*Por conclusão, a 'pessoa' é algo distinto de um ser humano; este é o resultado de processos naturais, e aquela é um produto social definido como 'a unidade ideal de direitos e deveres que são administrados através de um corpo e de uma consciência*" (MARTÍN, 2007, p. 136)

17 ZAFFARONI, **O inimigo no direito penal.** 2ª ed. Rio de Janeiro: Revan, 2007. p. 156.

18 JAKOBS, Günter; MELIÁ, Manuel Cancio. **Direito penal do inimigo**: noções e críticas, p. 36. E mais adiante: "*Quem não presta uma segurança cognitiva suficiente de um comportamento pessoal, não só não pode esperar ser tratado ainda como pessoa, mas o Estado não* deve *tratá-lo, como pessoa, já que do contrário vulneraria o direito à segurança das demais pessoas*" (p. 42)

> fisicamente efetivo: luta contra um perigo em lugar de comunicação, Direito penal do inimigo (neste contexto, Direito penal ao menos em um sentido amplo: a medida de segurança tem como pressuposto a comissão de um delito) ao invés do Direito penal do cidadão [...]
> *O Direito penal do cidadão mantém a vigência da norma, o Direito penal do inimigo* (em sentido amplo: incluindo o Direito das medidas de segurança) *combate perigos.* [19]

Assim, o direito penal do inimigo, diferente do direito penal do cidadão, pode ter princípios flexíveis, pois o inimigo é um mal que deve ser combatido e contido (mesmo que apenas fisicamente); não é cidadão, ou seja, poderá ser interceptado em momento prévio à lesão ao bem jurídico e não terá direito a um processo judicial dotado de garantias mínimas[20]

> Características do direito penal do inimigo são uma extensa antecipação das proibições penais, sem a respectiva redução da pena cominada, e a restrição das garantias processuais do estado de direito, tal qual é o caso principalmente nos âmbitos da delinquência sexual e econômica, do terrorismo e da chamada legislação de combate à criminalidade. Na mais recente manifestação, são mencionados como ulteriores exemplos do direito penal do inimigo alguns pressupostos da prisão preventiva, as medidas de segurança, a custódia de segurança e as prisões de Guantánamo.[21]

Na lógica (coerente,[22] diga-se) de JAKOBS, a introdução do direito penal do inimigo devidamente delimitado em um ordenamento jurídico representaria uma forma de conter e evitar a contaminação do direito penal do cidadão por manifestações legislativas e práticas jurisprudenciais que deveriam servir somente aos *infiéis*, mas que, na realidade, atingem a todos sem distinção.

Desse modo, pode-se concluir que JAKOBS, apesar dos pesares, procura um meio de *conter* o poder punitivo, e não de *expandi-lo*, embora sua proposta pareça contradizer seu desiderato.

A proposta de JAKOBS desencadeou um intenso e singular debate na doutrina penal contemporânea, embora a discussão tenha perdido um pouco

19 JAKOBS, Günter; MELIÁ, Manuel Cancio. **Direito penal do inimigo**: noções e críticas, p. 23-30.

20 "*O Direito penal do cidadão é o Direito de todos, o Direito penal do inimigo é daqueles que o constituem contra o inimigo: frente ao inimigo, é só coação física, até chegar à guerra*" (JAKOBS, Günter; MELIÁ, Manuel Cancio. **Direito penal do inimigo**: noções e críticas, p. 30)

21 GRECO, Luís. **Sobre o chamado direito penal do inimigo.**

22 "*[...] o discurso de Jakobs deve ser reconhecido não só como meticulosamente coerente, mas de uma grande potência teórica e política*" (MARTÍN, Luis Gracia. **O horizonte do finalismo e o direito penal do inimigo.** p. 142)

de seu fôlego nos últimos tempos. Curioso notar, como faz LUÍS GRECO, que "a introdução do conceito por JAKOBS duas décadas atrás ou mal foi notada, ou foi aplaudida como uma 'impressionante defesa da liberdade dos cidadãos'"[23].

Sem embargo, o direito penal do inimigo recebeu também uma série de críticas bastante duras, como as de LUÍS GRECO,[24] CANCIO MELIÁ,[25] MUÑOZ CONDE[26] e LUIS GRACIA MARTÍN;[27] dentre as que podem ser consideradas mais *racionais* (ou seja, menos emotivas ou retóricas), viu-se, não sem razão, certa proximidade entre a proposta de JAKOBS e o pensamento de CARL SCHMITT e também de EDMUND MEZGER, teóricos do nacional-socialismo alemão, de triste memória.[28]

Das diversas questões formuladas pela doutrina crítica, duas parecem não ter sido satisfatoriamente respondidas por JAKOBS: uma é *quem define o inimigo*, ou seja, à qual pessoa (ao juiz? ao soberano?) ou grupo de pessoas (ao tribunal? ao congresso?) caberá a responsabilidade de dizer que certo ser humano é *cidadão* ou *inimigo* – e arcar com todas as consequências daí advindas; e, outra, *quando e como o inimigo é definido*, isto é, em que momento (em sentença? em lei? ou o inimigo já o é ontologicamente?) e sujeito a qual pro-

---

23 GRECO, Luis. **Sobre o chamado direito penal do inimigo.** Mais adiante escreve Luís Greco que: "*As primeiras respostas* [ao Direito Penal do Inimigo] *não foram muito críticas. No relatório das discussões ocorridas no congresso de 1985, encontram-se várias manifestações positivas, que ou cuidam de aspectos dogmáticos da distinção entre direito penal do cidadão e do inimigo, ou limitam a criticar aspectos secundários, como a falta de clareza, ou não apenas acatam de todo a idéia, mas também a levam adiante. No congresso de professores de direito penal de 1985, objeções foram um fato singular. Até a virada do milênio, permaneceu o direito penal do inimigo uma figura quase que ignorada. Ou se utilizava o conceito para descrever criticamente tendências da moderna legislação penal, ou se cuidava mais de problemas dogmáticos específicos. Houve também uma tentativa de formular condições de legitimidade de um inevitável direito penal do inimigo, tentativa essa que não atraiu atenção alguma*".

24 GRECO, Luis. **Sobre o chamado direito penal do inimigo**: "*Como conceito legitimador-afirmativo, ele é nocivo; como conceito descritivo, inimaginável; como conceito crítico, na melhor das hipóteses desnecessário*"

25 JAKOBS, Günter; MELIÁ, Manuel Cancio. **Direito penal do inimigo**: noções e críticas, p. 75-81.

26 CONDE, Francisco Muñoz. **As reformas da parte especial do direito penal espanhol em 2003:** da "tolerância zero" ao "direito penal do inimigo".

27 MARTÍN, Luis Gracia. **O horizonte do finalismo e o direito penal do inimigo.**

28 Sobre este último autor e suas relações com o nacional-socialismo, confira-se o fantástico trabalho de: CONDE, Francisco Muñoz. **Edmund Mezger e o direito penal de seu tempo:** estudos sobre o direito penal no nacional-socialismo. Tradução: Paulo César Busato. Rio de Janeiro: Lumen Juris, 2005.

cedimento para essa rotulagem (um processo criminal? um processo especial? uma votação? uma decisão unilateral?).

Daí a se concordar inteiramente com ALBIN ESER, citado por MUÑOZ CONDE, que escreve com grande lucidez:

> Esta 'frieza' de que se deduz da concepção (do delito) reduzida à lesão normativa assusta ainda mais, quando se contrapõe a frente construída por JAKOBS entre um 'Direito penal do cidadão' respeitoso com o Estado de Direito e um 'Direito penal do inimigo' emanado do poder estatal. Inimigos como 'não pessoas', é uma consideração que já conduziu alguma vez à negação do Estado de Direito, quaisquer que sejam os critérios que se utilizem para determinar quem é 'cidadão' e quem 'inimigo'. Quem pode dizer realmente quem é o bom cidadão ou o maior inimigo? O que por razões políticas e acreditando-se que atua pelo bem comum comete um delito contra o Estado e contra a liberdade de outro, ou o que escava a base econômica do Estado aproveitando qualquer possibilidade de defraudar impostos, cometer delito fiscal ou uma fraude de subvenções? Uma coisa é propor sistemas jurídicos, por muito coerentes que possam ser em si mesmos, e outra coisa é pensar nas consequências que deles se possam derivar – e isto não é menos importante no marco da responsabilidade científica.[29]

Cabe fazer, ainda, no contexto das críticas dirigidas ao direito penal do inimigo, uma referência especial às críticas de EUGENIO RAÚL ZAFFARONI e de JUAREZ CIRINO DOS SANTOS. Segundo o mestre argentino,

> O poder punitivo sempre discriminou os seres humanos e lhes conferiu um tratamento punitivo que não correspondia à condição de pessoas, dado que os considerava apenas como *entes perigosos ou daninhos*. Esses seres humanos são assinalados como *inimigos* da sociedade e, por conseguinte, a eles é negado o direito de terem suas infrações sancionadas dentro dos limites do direito penal liberal, isto é, das garantias que hoje o direito internacional dos direitos humanos estabelece universal e regionalmente. [30]

E essa constatação não é apenas *de fato* (histórica ou sociológica), mas também *de direito*, "posto que tanto as leis quanto a doutrina jurídica legitimam este tratamento diferenciado".[31] A justificação científica da introdução do conceito de *inimigo* no direito penal veio com a criminologia etiológica (positivista) de RAFAEL GAROFALO, esta que procurava um *inimigo ônti-*

---

29 ESER, Albin *in* CONDE, Muñoz. **As reformas da parte especial do direito penal espanhol em 2003:** da "tolerância zero" ao "direito penal do inimigo".

30 ZAFFARONI, **O inimigo no direito penal.** p. 11.

31 ZAFFARONI, **O inimigo no direito penal.** p. 11.

co, mau por natureza[32] que acabou coroada com a legitimação do genocídio pelo direito penal no século XX.[33]

A introdução do conceito de inimigos, para ZAFFARONI, é incompatível com o Estado de Direito, servindo apenas para um Estado absoluto e pretendê-la desta forma representa uma verdadeira *contraditio in terminis*, pois *não existem conceitos limitados de inimigos*. O que JAKOBS almeja é inserir elementos próprios de Estados autoritários no interior do Estado de Direito, sem se dar conta que isso o implode.[34] Assim, cabe à doutrina consequente com o Estado republicano, se não conseguir extirpar, ao menos limitar e reduzir tal fenômeno.

Juarez Cirino dos Santos inicia suas críticas ao direito penal do inimigo lembrando que a teoria divide a sociedade em categorias antagônicas de *cidadão* e de *inimigo*, que poderiam ser exprimidas nos exemplos do sobrinho que mata o tio para antecipar a herança como *fato do cidadão*, e da criminalidade organizada, econômica ou sexual e, em especial, ações de terrorismo político como *fatos do inimigo*.[35]

Isso leva a um silogismo jurídico peculiar ao direito penal do inimigo: quem pratica ações de terrorismo ou da criminalidade sexual etc. é inimigo e deve ser processado sem garantias legais mínimas (*premissa maior*); um su-

---

32 *"Para o positivismo, o inimigo ou estranho não era alguém assinalado como tal pelo poder, mas sim pela natureza, pretendendo deste modo a existência ôntica do inimigo; [...] As expressões mais grosseiras desta teorização da periculosidade e da pretensão de individualização ônitoca do inimigo pertencem a Rafael Garofalo, para quem a ciência penal teria por objeto a defesa contra os 'inimigos naturais da sociedade' e a indulgência dos magistrados não seria mais que 'o triunfo da lógica conseguido às expensas da segurança e da moralidade sociais'. 'Aos olhos do povo' – escrevia, no que se assemelha ao melhor tom völkisch ou popularesco da publicidade vingativa cool do início do século XXI –, 'os códigos, os procedimentos e mesmo o Poder Judiciário parece que fizeram um acordo para proteger o criminoso contra a sociedade, em vez de proteger a sociedade contra o criminoso'"* (ZAFFARONI, **O inimigo no direito penal**. p. 93).

33 ZAFFARONI, **O inimigo no direito penal**. p. 102-109.

34 ZAFFARONI, **O inimigo no direito penal**.,p. 160.

35 "Esses exemplos e propostas são concluídos por um convite singular, cuja natureza denuncia as raízes ideológico-afetivas da teoria: a quem *isso pareça obscuro*, diz JAKOBS, toda dúvida seria dissipada pelos acontecimentos de *11 de setembro de 2001*, representados na memória universal pela cena de destruição das torres gêmeas do *World Trade Center* mediante impacto de aeronaves comerciais seqüestradas por terroristas do Al Qaeda. Esse apelo parece indicar o papel daqueles acontecimentos nos mecanismos que liberaram os impulsos psíquicos de JAKOBS para separar os **sujeitos não perigosos** do *direito penal do cidadão* (delinqüentes comuns) dos **indivíduos perigosos** em geral, integrantes de organizações criminosas e outros criminosos por tendência, em especial os terroristas, do *direito penal do inimigo*". (CIRINO DOS SANTOS, Juarez. **O direito penal do inimigo** – ou o discurso do direito penal desigual. Disponível em: <http://cirino.com.br/artigos/jcs/Direito%20penal%20do%20inimigo.pdf> Acesso em: 20 jul 2015, grifos no original.

jeito A comete um desses delitos (*premissa menor*); logo, o sujeito A deve ser considerado inimigo e processado como se num Estado de exceção (*conclusão lógica do silogismo*).

Embora o silogismo seja interiormente coerente, isso não significa que ele esteja necessariamente correto, em especial se se constata que as premissas de Jakobs "cancelam princípios jurídicos civilizados separando a população entre *cidadãos* e *inimigos*, tudo conforme sentimentos idiossincráticos ou opções ideológicas deste ou daquele **funcionário** do Sistema de Justiça Criminal, com a consequência de reinstituir o proscrito Direito penal do **autor**".[36]

Além disso, o direito penal do inimigo trabalha com um duplo sistema de imputação penal e processual penal: ao *cidadão* o direito penal da culpabilidade e o processo penal de garantias; ao *inimigo* o direito penal preventivo e periculosista e um processo penal sem garantias jurídicas nenhuma. Entretanto,

> O **duplo sistema de imputação** de JAKOBS suprime seculares garantias constitucionais do Estado Democrático de Direito, como expressamente propõe: o processo contra o *inimigo* não precisa ter **forma de Justiça** (*justizförmig*), porque não é regido pelo *processo legal devido*; ao contrário, o processo contra o *inimigo* deve ter **forma de guerra** (*kriegsförmig*): é preciso *destruir o terrorismo*, ou, pelo menos, *matar o terrorista*, ainda que implique a morte de terceiros inocentes, segundo JAKOBS.[37]

Finalmente – e aqui parece residir a crítica inovadora e mais contundente de Cirino dos Santos –, a teoria do direito penal do inimigo apresenta um modelo de política criminal sem criminologia; melhor dizendo: um discurso que é aparentemente moderno mas que não leva em consideração séculos de história do pensamento humano e criminológico.

> O salto epistemológico de 4 séculos tentado por JAKOBS é também ingênuo, ao transferir conceitos da metafísica medieval para a sociedade tecnológica do Século 21. Pior ainda, suprime aquisições das modernas ciências sociais e criminológicas, já no âmbito das teorias *etiológicas* da criminalidade, muito mais na área das teorias *políticas* da criminalização [...]
> A ingenuidade desse *direito penal do inimigo* não está em apostar na violência do Estado sobre o indivíduo – afinal, um dado universal –, mas em ignorar as aquisições científicas sobre crime e controle social nas sociedades atuais.

36 CIRINO DOS SANTOS, Juarez. **O direito penal do inimigo** – ou o discurso do direito penal desigual, grifos no original.

37 CIRINO DOS SANTOS, Juarez. **O direito penal do inimigo** – ou o discurso do direito penal desigual, grifos no original.

Logo, conclui o professor Cirino, o direito penal do inimigo institucionaliza o maniqueísmo nas relações econômicas e políticas da globalização – o ocidente/hemisfério norte civilizado contra a periferia mundial (oriente/hemisfério sul) que permanecem no *estado de natureza*. Com isso, abre-se um perigoso precedente para fazer casuísmo com as garantias constitucionais dos cidadãos e perde-se mais uma importante barreira contra o crescimento do estado policial.

4. A prisão preventiva com fundamento na garantia da ordem pública como expressão do direito penal do inimigo no Brasil

4.1. A constatação na realidade marginal

Não é nova nem original a correlação entre o direito penal do inimigo e leis, instituições e interpretações jurídicas. Verificou-se, com inegável acerto, que a teorização de Jakobs influenciou (embora indiretamente ou sem expressa menção), por exemplo, no exterior, a criação das prisões de Guantánamo – ilha inacessível aos direitos humanos – e, no Brasil, o estabelecimento do infausto Regime Disciplinar Diferenciado – RDD.[38] Até o Supremo Tribunal Federal já reconheceu, ainda que timidamente, a contaminação da ordem jurídica brasileira por postulados do direito penal do inimigo.[39]

Certamente é mais fácil visualizar a influência do direito penal do inimigo em recentes inovações legislativas; posteriores, portanto, à formulação

38 BUSATO, Paulo César. **Regime disciplinar diferenciado como produto de um direito penal de inimigo.** Disponível em: <http://www.mundojuridico.adv.br/cgi-bin/upload/texto861.rtf> Acesso em: 20 jul 2015. Eis a conclusão do autor: "*O esquecimento da condição humana do autor do delito presente nesta proposição dogmática é o que permite a formulação de um "Direito penal do inimigo" e logo, o que abre as portas às construções legislativas de matizes menos garantistas.*
Assim, fica evidente que a elaboração legislativa brasileira recente, em geral, e especialmente no caso da regulamentação do Regime Disciplinar Diferenciado, não só se vincula a uma Política Criminal equivocada, de ingresso em um ciclo vicioso de responder à violência com mais violência, como também se encontra respaldada por uma perigosa concepção dogmática defendida por mais de um no Brasil, como aposta para o futuro. Por isso, a repulsa ao modelo dogmático funcionalista-sistêmico é uma exigência que, se não atende a convicção de alguns críticos da alavanche legislativa penal que vivemos, deve derivar, no mínimo, da coerência para com tal crítica.
Em resumo: é necessário centrar a atenção no fato de que legislações de matizes como os da Lei 10.792/03 correspondem por um lado a uma Política Criminal expansionista, simbólica e equivocada e por outro, a um esquema dogmático pouco preocupado com a preservação dos direitos e garantias fundamentais do homem. Por isso, há a necessidade de cuidar-se com relação aos perigos que vêm tanto de um quanto de outro"

39 BRASIL. Supremo Tribunal Federal. *Habeas Corpus* n. 85.531/SP. Relator: Min. Celso de Mello.

de JAKOBS. A tarefa é muito mais árdua, contudo, quando se trata de dispositivos legais e interpretações anteriores à teorização do Professor de Bonn.

Ocorre que, como o direito penal do inimigo pode ser tido como uma teoria *descritiva* da realidade,[40] pressupõe-se, com isso, que existam – legitimadas pela doutrina e pela prática jurisprudencial – formas de expressão do poder punitivo que se encaixam perfeitamente na *descrição* dada por JAKOBS ao tentar incluir o conceito de *inimigo* no direito penal moderno.

Assim, se o direito penal do inimigo *já existia* antes mesmo de JAKOBS o descrever (e, atualmente, o legitimar), é perfeitamente possível verificar se também *já existiam* formas de expressão desta teoria na *práxis* jurídica e, em caso de resposta positiva, procurar onde que se manifestavam – e ainda se manifestam – tais formas de expressão.

Foi Zaffaroni quem identificou que "a característica mais destacada do poder punitivo latino-americano [...] é que a grande maioria dos presos está submetida a medidas de contenção, porque são processados não condenados",[41] ou seja, em outras palavras: as prisões cautelares, nesta região marginal do planeta, tem servido como forma de expressão do direito penal do inimigo, porque se tornam medidas de pura contenção e impedimento físico dos *indesejáveis*. Escreveu o professor argentino que

> [...] na América Latina as medidas de contenção para os *inimigos* ocupam quase todo o espaço de ação do sistema penal em seu aspecto repressivo, por via da chamada *prisão* ou *detenção preventiva, provisória*, ou seja, o confinamento cautelar, a que estão submetidos ¾ dos presos da região. *De fato e de direito, esta é a prática de toda a América Latina para quase todos os prisioneiros*. Este dado é fundamental para extrair conclusões acerca do alcance da proposta de legitimação de um eventual tratamento penal diferenciado na América Latina, pois esta seletividade é praticada em nossa região por efeito da criminalização. Porém, uma vez posto em marcha este processo, todos passam a ser tratados como *inimigos*, através de puros confinamentos de contenção, prolongados ou indefinidos. [42]

A rigor, para boa parte dos presos provisórios no Brasil vigoram condições semelhantes às descritas por Jakobs para os *infiéis*, ou seja, são pessoas que estão detidas apenas pelo fato de estarem sendo processadas e assim permanecerão indefinidamente – muitas vezes por tempo maior do que eventualmente serão condenadas. Daí que a prisão cautelar é, de fato, uma pena cautelar e, deste modo, "os indesejáveis não sofrem pena formal, porque geralmente a cumprem na prisão cautelar".[43]

40 GRECO, Luís. **Sobre o chamado direito penal do inimigo.**

41 ZAFFARONI, Eugenio Raúl. **O inimigo no direito penal**. p. 70.

42 ZAFFARONI, Eugenio Raúl. **O inimigo no direito penal**. p 109.

43 ZAFFARONI, Eugenio Raúl. **O inimigo no direito penal**. p. 70.

Assim postas as coisas, procura-se apenas identificar qual o dispositivo legal atinente às prisões cautelares que dá vazão – é a *válvula de escape* –, no Brasil, ao direito penal do inimigo.

E a resposta que salta aos olhos é a *garantia da ordem pública como fundamento da prisão preventiva*, não só por ser a mais utilizada na *práxis* jurídica do país, mas também por que os discursos em questão tocam-se em vários pontos e alimentam-se mutuamente, de tal maneira que Jakobs – embora sem a menor intenção – não poderia descrever melhor a situação dos processados na América Latina quando expôs sua proposta de tratamento diferenciado entre *cidadãos* e *inimigos*.

É evidente que o direito penal do inimigo se expressa em outras modalidades de encarceramento provisório, mas também é inegável que sua maior influência, vale dizer, onde encontra maior respaldo e aplicação prática, está justamente no conceito de *garantia da ordem pública*, na forma que é utilizada hoje em *terrae brasilis*.

Nesse passo, mesmo que as justificativas e razões da *garantia da ordem pública* sejam anteriores à proposta do penalista alemão – basta lembrar que o Código de Processo Penal data da década de 1940 – parece inevitável constatar que, hoje, na realidade brasileira (marginal), ao menos parte das prisões cautelares, sobretudo as decretadas para em tese *assegurar a ordem social*, são efetivamente expressão do direito penal do inimigo.

E por isso conclui ZAFFARONI que

> Assim, pode-se observar na América Latina que as medidas de contenção postuladas por JAKOBS apenas para os inimigos são aplicadas – certamente sem mais discriminação do que a seletividade criminalizante – a todos os suspeitos de ser infratores, ou seja, trata-se a todos como *inimigos*. *Essas medidas de contenção são aplicadas automaticamente a todos aqueles suspeitos de serem infratores e só se lhes faz cumprir um resto de pena formal nos poucos casos em que uma sentença firme pronunciada depois de anos verifica que se trata efetivamente de um infrator e que, além disso, a pena excede o tempo que a medida durou.* [44]

Não se pretende com a constatação agora feita assumir a condição da personagem da mulher do médico no clássico de Saramago[45] – a única a enxergar num mundo em que todos são cegos –, mas apenas de verificar a indisfarçável similitude entre os discursos: o teórico, do direito penal do inimigo, e o aplicado na prática pela prisão preventiva fundamentada na garantia da ordem pública, legitimada por certa parte da doutrina e da jurisprudência.

44 ZAFFARONI, Eugenio Raúl. **O inimigo no direito penal.** p. 164.

45 SARAMAGO, José. **Ensaio sobre a cegueira:** romance. São Paulo: Companhia das Letras, 1995.

4.2. Os fundamentos das decisões judiciais: entre o clamor público e periculosidade do agente

É recorrente nos Tribunais a utilização de razões como o "clamor público causado pelas circunstâncias que envolveram o crime, cometido em uma sociedade que se encontra em pânico, com o crescente nível de criminalidade"[46] para justificar decretos de prisão preventiva embasados na *cláusula aberta* que se tornou a *garantia da ordem pública.*

Assim, naqueles casos em que há violação de bens jurídicos culturalmente importantes, como sói acontecer em homicídios e crime sexuais praticados contra crianças e jovens de classe média/alta, aos quais a mídia dedica-se com particular entusiasmo, e cuja consequência é a inexorável reação popular exigindo punições para o caso concreto, deve(ria) o Judiciário responder de forma rápida, isto é, determinando a prisão dos acusados antes mesmos de julgá-los, pois "em caso contrário estaria frustrando as expectativas normativas da sociedade, causando um desequilíbrio na ordem social e uma desconfiança nas instituições".[47]

Ora, um direito penal como o construído por JAKOBS, cuja função é fazer com que os cidadãos *confiem na vigência da norma*, leva inevitavelmente ao desrespeito do devido processo legal,[48] uma vez que o *due process* deixa de ser necessário a partir do momento em que o réu, antes de ser condenado, já está preso – o direito penal já cumpriu sua função.

> Com efeito, a prisão preventiva não pode encontrar justificação no alarma social originado pela ideia de que um acusado não seja imediatamente punido. Embora uma parte da opinião pública associe a finalidade diretamente repressiva à função da prisão preventiva, esta ideia, afirma FERRAJOLI, "é precisamente uma contra as quais nasceu o delicado mecanismo que é o processo penal: que não serve para tutelar a maioria, porém para proteger, inclusive contra a maioria, aquele cidadão isolado que, embora suspeito, não pode considerar-se, sem provas, culpado"[49]

46 BRASIL. Superior Tribunal de Justiça. HC 96.126/DF, Rel. Min. Napoleão Nunes Maia Filho, julgado em 03/04/2008.

47 DIETER, Maurício Stegemann. **Breve crítica à função de prevenção geral positiva da pena criminal em Jakobs**: aportes a partir da obra de Juarez Cirino dos Santos. Disponível em: <http://www.criminal.mppr.mp.br/modules/conteudo/conteudo.php?conteudo=525>. Acesso em: 20 jul 2015.

48 DIETER, Maurício Stegemann. **Breve crítica à função de prevenção geral positiva da pena criminal em Jakobs**: aportes a partir da obra de Juarez Cirino dos Santos.

49 SANGUINÉ, Odone. *A inconstitucionalidade do clamor público como fundamento da prisão preventiva. In* SHECAIRA, Sérgio Salomão (Org.). **Estudos criminais em homenagem a Evandro Lins e Silva** (criminalista do século). São Paulo: Método, 2001. p. 281.

Em um Estado de Direito que consagra e eleva a presunção de inocência e o devido processo legal como garantias fundamentais pétreas, a prisão preventiva não pode servir para satisfazer o *sentimento de justiça* da sociedade, sob pena de converter-se em *justiça* sumária.

A desestabilização da ordem social não está na *repercussão (midiática) do delito*, mas sim no desrespeito ao devido processo legal, que, levado às últimas consequências, representará um retorno à barbárie, admitindo-se a realização da *justiça* sem a interferência de um órgão estatal imparcial – *justiça com as próprias mãos*.

Como bem lembra ODONE SANGUINÉ, "a percepção da violência é sobretudo um fenômeno político e comunicativo",[50] ou seja, só repercute na sociedade aquilo que a mídia seleciona e exibe com insistência; só gera insatisfação popular aquilo que é notícia.

E disso surge a tensão a que se refere NILO BATISTA quando escreve que

> [...] o incômodo gerado pelos procedimentos legais que intervêm para a atestação judicial de que o delito efetivamente ocorreu e de que o infrator deve ser responsabilizado penalmente por seu cometimento [geram] Tensões graves [que] se instauram entre o delito notícia, que reclama imperativamente a pena notícia, diante do devido processo legal (apresentado como um estorvo), da plenitude de defesa (o *lócus* da malícia e da indiferença, da presunção de inocência (imagine-se num flagrante gravado pela câmera!) e outras garantias do Estado democrático de direito, que só liberarão as mãos do verdugo quando o delito-processo alcançar o nível do delito-sentença (= pena notícia). Muitas vezes essas tensões são resolvidas por alguns operadores – advogados, promotores ou juízes mais fracos e sensíveis às tentações da boa imagem – mediante flexibilização e cortes nas garantias que distanciam o delito-notícia da pena-notícia.[51]

Daí a concluir, na companhia de Odone Sanguiné, que a prisão preventiva decretada para *aplacar* a comoção social cumpre a função simbólica de pena antecipada, "enquanto antecipa os efeitos psicológico-sociais de pena imediata e serve para restaurar a confiança do cidadão na vigência da norma através da coesão social",[52] o que, como visto, não pode subsistir no Brasil em virtude das disposições constitucionais relativas ao processo penal.

Diante deste contexto, parece inegável que o juiz[53] que decreta a prisão preventiva com fundamento no *clamor público* gerado pelo delito quer, em

---

50 SANGUINÉ, Odone. A *inconstitucionalidade do clamor público como fundamento da prisão preventiva*. p. 271.

51 BATISTA, Nilo. **Mídia e sistema penal no capitalismo tardio**.

52 SANGUINÉ, Odone. A *inconstitucionalidade do clamor público como fundamento da prisão preventiva*. p. 274.

53 O alerta de Zaffaroni com relação à situação dos juízes na América Latina é de extrema importância: "*Os juízes, por sua vez, também se encontram submetidos à pressão do discurso*

outras palavras, restaurar desde logo a confiança na vigência da norma e, por isso, utiliza, de forma latente, postulados próprios do direito penal do inimigo.

De outro lado, a *garantia da ordem pública* como fundamento da prisão preventiva tem sua segunda razão de ser, conforme a doutrina tradicional e majoritária, naqueles casos em que o agente não se adequou ao *modus vivendi* em sociedade em razão da consolidação da carreira criminosa – o sujeito *perigoso*.

> Por *ordem pública*, deve-se entender a paz e a tranquilidade social, que deve existir no seio da comunidade, com todas as pessoas vivendo em perfeita harmonia, sem que haja qualquer comportamento divorciado do *modus vivendi* em sociedade. Assim, se o indiciado ou o acusado em liberdade continuar a praticar ilícitos penais, haverá perturbação da ordem pública, e a medida extrema é necessária se estiverem presentes os demais requisitos legais. [54]

O conceito acima transcrito, retirado da obra de Paulo Rangel – doutrinador que diz trabalhar sob o prisma do garantismo –, assemelha-se muito com a definição do inimigo a que Jakobs almeja neutralizar.

> Pretende-se combater – *diz o Professor de Bonn* – [...], a indivíduos que em seu comportamento [...] se tem afastado, provavelmente, de maneira duradoura, ao menos de modo decidido, do Direito, isto é, que não proporciona garantia cognitiva mínima necessária a um tratamento como pessoa. [...]
> Quem por princípio se conduz de modo desviado, não oferece garantia de um comportamento pessoal. Por isso, não pode ser tratado como cidadão, mas deve ser combatido como inimigo.[55]

único publicitário dos meios de comunicação de massa. Toda sentença que colide com o discurso único corre o risco de ser estigmatizada e o magistrado, de acordo com as circunstâncias, pode envolver-se em sérias dificuldades e até mesmo acabar destituído, processado ou condenado, como aconteceu em vários países da região.

Pouco importa o que as constituições e o direito internacional dos direitos humanos disponham, se os juízes não podem aplicar suas disposições, sob pena de serem denunciados e perseguidos pela pressão dos meios de comunicação, pelos corpos colegiados das próprias estruturas judiciais, pelos políticos que aproveitam para eliminar os magistrados incômodos, para fazer publicidade ou, simplesmente, por seus próprios colegas empenhados em desprestigiar um possível competidor em uma promoção ou em intrigas palacianas.

A vulnerabilidade dos juízes perante o discurso cool *é muito grande e, não obstante alguns desvios e excessos lamentáveis, os juízes constituem a principal frente de resistência diante do avanço do autoritarismo* cool, *não só na América Latina, como mostram as citadas sentenças da Corte Suprema norte-americana e da Câmara dos Lordes britânica*" (ZAFFARONI, Eugenio Raul. **O inimigo no direito penal.** p. 80-81).

54 RANGEL, Paulo. **Direito processual penal.** 9 ed. rev., ampl. e atual. Rio de Janeiro: Lumen Juris, 2005, p. 628.

55 JAKOBS, Günter; MELIÁ, Manuel Cancio. **Direito penal do inimigo**: noções e críticas. p. 35 e 49

FAUZI HASSAN CHOUKR bem constatou que, a partir do momento em que deixou de existir a necessidade da prisão em virtude da presunção legal de periculosidade ou gravidade do delito, "*a utilização da disposição ordem pública passou, no mais das vezes, a tomar-lhe o lugar*"[56].

Assim, pode-se dizer que a prisão preventiva decretada com base em critérios de *periculosidade* do acusado, além de realizar a dupla presunção de culpabilidade a que já se referiu anteriormente, quer também *neutralizar o perigo* que este indivíduo poderia gerar se solto permanecesse, ou seja, em outras palavras, é uma *medida de segurança/contenção física*.

E não causa surpresa que o direito penal do inimigo também trabalhe com a necessidade de *neutralização* do perigo representado pelo indesejável/hostil, uma vez que "o tratamento com o inimigo, [...] interceptado já no estado prévio, [...] se combate por sua periculosidade"[57]. A prisão preventiva, na forma que vem sendo utilizada na realidade marginal (brasileira) por meio da cláusula aberta da *garantia da ordem pública*, desse modo, transmuta-se em *medida de contenção* do inimigo (acusado), que é ontologicamente reconhecível – perverso em sua essência.

Sobre isso escreve ZAFFARONI, que parece querer responder a Rangel:

> A segurança que a suposta existência de *inimigos ônticos* proporciona leva inevitavelmente a deixar de lado qualquer prudência. Por que toda a sociedade deve suportar essas *não pessoas*? Por que a vida social deve ser alterada em razão de um grupo muito minoritário de *inimigos* irrecuperáveis? Por que destinar recursos para contê-los quando faltam para outros objetivos sociais que beneficiam pessoas inocentes? Por que não neutralizá-los por meios menos custosos e mais seguros?
> A periculosidade e seu ente portador (o perigoso) ou *inimigo* onticamente reconhecível, provenientes da melhor tradição positivista e mais precisamente garofaliana, cedo ou tarde, devido à sua segurança individualizadora, *termina na supressão física dos inimigos. O desenvolvimento coerente do perigosismo, mais cedo ou mais tarde, acaba no campo de concentração.*[58]

A *periculosidade* do agente, embora seja critério da ultrapassada criminologia positivista (etiológica), também o é – em nova roupagem – do direito penal do inimigo, afinal este pretende punir "atendendo unicamente às ne-

56 CHOUKR, Fauzi Hassan. **Código de processo penal:** comentários consolidados e crítica jurisprudencial. 2ª ed. rev., atual e coment. Rio de Janeiro: Lumen Juris, 2007, p. 511. "*Assim, não foi com surpresa que se encontrou, no início da década de setenta, uma enxurrada de decisões utilizando a idéia nos casos em que o agente se mostrava perigoso, como observado nos julgados contidos nas RT 477/401, 504/436, 543/366, 549/398, 538/458 e 489/344*".

57 JAKOBS; MELIÁ, **Direito penal do inimigo**: noções e críticas. p. 37.

58 ZAFFARONI, Eugenio Raul. **O inimigo no direito penal.** p. 104.

cessidades de prevenção de novos delitos de parte daquele que é considerado perigoso".[59]

Ao inimigo, somente com a contenção, ou seja, com o impedimento físico, seria possível impedi-lo de cometer novos delitos, pois dele se espera – é a expectativa – que continue a atuar fora do Direito. Por outro lado, o acusado que é mantido preso preventivamente em nome de um suposto risco de reiteração delitiva, igualmente está submetido à mera contenção e impedimento físico. O *perigoso-inimigo* é, assim, o mesmo *perigoso-preso-preventivamente*.

Como bem pontua ZAFFARONI

> Como ninguém pode prever exatamente o que algum de nós – nem sequer nós mesmos – fará no futuro, a incerteza do futuro mantém aberto o juízo de periculosidade até o momento em que quem decide quem é o inimigo deixa de considerá-lo como tal. Com isso, o *grau de periculosidade do inimigo* – e, portanto, da necessidade de contenção – dependerá sempre do juízo subjetivo do individualizador, que não é outro o de quem exerce o poder.[60]

E nesse ponto – definição do indivíduo *perigoso* – JAKOBS pouco ou nada avançou além de onde a velha criminologia garofaliana já havia chegado. A *periculosidade* continua a ser um conceito vazio de significado, indefinível e, portanto, a determinação de quem é o sujeito *perigoso* prossegue sendo um exercício arbitrário de poder pelo juiz.[61]

E quanto a isso se insurge LUÍS GRECO, pois

> As incertezas em que estão envolvidas as prognoses de periculosidade são de todo ignoradas pelo direito penal do inimigo, que tampouco leva em conta a possibilidade de que tais prognoses atuem seletivamente e produzam criminalidade que depois dizem combater.[62]

---

59 GRECO, Luís. **Sobre o chamado direito penal do inimigo.**

60 ZAFFARONI, Eugenio Raul. **O inimigo no direito penal.** p. 25.

61 *"Não está claro qual a relação entre o novo conceito de direito penal do inimigo e a conhecida idéia de direito penal do autor, nem tampouco se ainda há espaço para o primeiro depois do reconhecimento desta na discussão jurídico-penal. E quando a tarefa é analisar com cuidados setores problemáticos como, por ex., as medidas de segurança, o conceito de direito penal do inimigo pouco nos avança além do que já se obtinha com conceitos como 'incapacitação', 'periculosidade', 'criminoso habitual' etc. O critério metodológico conhecido como 'navalha de Ockham' desaconselharia a que se introduzissem despreocupadamente novos conceitos, sem que ao menos houvesse uma possibilidade de que eles se mostrassem úteis de alguma forma. De qualquer forma, o ônus argumentativo cabe a quem introduz o novo conceito, de modo que temos o direito de permanecer céticos a seu respeito"* (GRECO, **Sobre o chamado direito penal do inimigo**).

62 GRECO, **Sobre o chamado direito penal do inimigo.**

Desde a recepção do *labeling aproach* e o giro copernicano que esta teoria desencadeou no estudo da criminologia,[63] sabe-se que não é possível considerar o fenômeno da criminalidade como um dado pré-constituído às definições legais de certos comportamentos humanos como criminosos, devendo ser repudiado "o determinismo e a consideração do delinquente como um indivíduo diferente",[64] isto é, como um inimigo.

De qualquer modo, quer seja pela criminologia tradicional, quer seja pela criminologia com enfoque na reação social ao delito, o critério de *periculosidade do inimigo* sugerido por Jakobs confunde-se com a *periculosidade do acusado* utilizada para fundamentar a prisão preventiva daquele sujeito que, solto, *espera-se que torne a delinquir* – em evidente desconhecimento dos processos de criminalização primária e secundária –, e, por tudo isso, mais uma vez se pode afirmar que a *garantia da ordem pública* tem servido como expressão do direito penal do inimigo no Brasil.

4.3. A ilegitimidade das decisões judiciais fundamentadas na garantia da ordem pública: o acusado tratado como não-pessoa

Embora as prisões preventivas decretadas com fundamento na ordem pública estejam, em regra, deslegitimadas por si mesmas, isto é, independentemente de qualquer relação com a teoria de Jakobs, o fato é que elas existem e continuam, persistentemente, a existir na *práxis* jurídica do país. E encontra – ou ao menos poderia encontrar – *respaldo teórico-dogmático* no direito penal do inimigo, se assim lhe for conveniente.

---

63 "*O que distingue a criminologia tradicional da nova sociologia criminal é visto, pelos representantes do* labeling approach, *principalmente, na consciência crítica que a nova concepção traz consigo, em face da definição do próprio objeto da investigação criminológica e em face do problema gnosiológico e de sociologia do conhecimento que está ligado a este objeto (a 'criminalidade', o 'criminoso'), quando não o considerarmos como um simples ponto de partida, uma entidade natural para explicar, mas como uma* realidade social *que não se coloca como préconstituída à experiência cognoscitiva e prática, mas é construída dentro desta experiência, mediante processos de interação que a caracterizam*" [...] "*Os criminólogos tradicionais examinam problemas do tipo 'quem é criminoso?', 'como se torna desviante?', 'em quais condições um condenado se torna reincidente?', 'com que meios se pode exercer o controle social sobre o criminoso?'. Ao contrário, os interacionistas, como em geral os autores que se inspiram no* labeling approach, *se perguntam: 'quem é definido como desviante?', 'que efeito decorre desta definição sobre o indivíduo?', 'em que condições este indivíduo pode se tornar objeto de uma definição?' e, enfim, 'quem define quem?'.*" (BARATTA, Alessandro. **Criminologia crítica e crítica do direito penal:** introdução à sociologia do direito penal. 3ª ed. Rio de Janeiro: Instituto Carioca de Criminologia, 2002, p. 87-88)

64 BARATTA, Alessandro. **Criminologia crítica e crítica do direito penal:** introdução à sociologia do direito penal. p. 30.

Essa mera constatação, contudo, não é o bastante: deve-se seguir adiante no caminho e verificar se esse *respaldo teórico-dogmático* que o direito penal do inimigo concede à *garantia da ordem pública* é legítimo dentro da lógica do Estado de Direito.

A rigor, caso encerrado o estudo por aqui, chegar-se-ia no mesmo local em que JAKOBS esteve em 1985, quando falou pela primeira vez em *inimigos* no Direito Penal. E não é propósito deste texto apenas *descrever* o fato de que prisões preventivas decretadas com fundamento na garantia da ordem pública tem sido utilizadas como instrumento do direito penal do inimigo no Brasil.

Ao fazer isso, não se estaria somente *descrevendo* uma realidade, mas também a legitimando, o que não parece coadunar com a proposta inicial deste escrito, pois, como adverte ZAFFARONI,

> O argumento de que muitas pessoas já estão sendo tratadas como inimigos e que isso é verificável não nos pode levar a aceitá-lo resignadamente e menos ainda legitimá-lo, nem mesmo parcialmente. Ao fazê-lo não nos limitamos simplesmente a constatar uma realidade, mas estamos confundindo o *ser* com o *dever ser*, o *ente real* com o *ideal*, passamos da descrição à valoração positiva, da constatação à legitimação, e com isso *cedemos a arma ou instrumento orientador que é o princípio do Estado de direito*.[65]

O acusado que tem sua prisão preventiva decretada com base na garantia da ordem pública – seja pelo *clamor social* gerado pelo delito que supostamente cometeu, seja pela *periculosidade* que representa para a sociedade – deixa de ser considerado como sujeito autorresponsável e com um fim em si mesmo para ser coisificado, tratado como um meio a serviço de uma fantasiosa tranquilidade social, ou mesmo como um animal perigoso que deve ser fisicamente contido.

Daí que, salvo se se concordar com Jakobs e pretender incluir um conceito de inimigo no direito penal, a prisão preventiva fundamentada na garantia da ordem pública é, em regra, ilegítima, pois trata o acusado como não-pessoa, o que é vedado pela Constituição Federal de 1988.

> O drama do confinamento cautelar – *registra magistralmente* ZAFFARONI – se localiza no fato de que sua legitimação implica um problema sem solução, uma *quadratura do círculo*, da qual só é possível sair assumindo com sinceridade o reconhecimento de sua natureza punitiva e sua consequente ilegitimidade, por mais que a possibilidade de um processo penal sem confinamento preventivo pareça distante. De qualquer maneira, frente ao tratamento penal como *inimigos*, generalizado na realidade do sistema penal cautelar latino-americano, antes de

65 ZAFFARONI, Eugenio Raul. **O inimigo no direito penal.** p. 178.

> chegar à abolição da prisão preventiva, urge pressionar fortemente por um reducionismo radical.[66]

A cláusula aberta da *garantia da ordem pública* como fundamento da prisão preventiva, levada às últimas consequências, nestes tempos de punitivismo irracional estrategicamente amparado pela mídia, ao se alimentar de postulados do direito penal do inimigo, pode expandir e inflar de tal maneira o poder punitivo que tudo acabará, inevitavelmente, em ditadura.

Não por mera coincidência terminológica, na Espanha franquista havia uma espécie de órgão judicial-militar chamado Tribunal de Ordem Pública – TOP. MUÑOZ Conde relata a situação espanhola naquele período:

> Naquela época eram muitos os estudantes universitários (e os operários, sindicalistas e demais opositores do regime franquista) que nas manifestações contra o regime corriam pelas ruas perseguidos por policiais uniformizados de cinza (os 'cinzas') e que recebiam em suas costas os golpes que estes lhes davam, quando não eram detidos e passavam longos dias nos calabouços policiais até que eram postos à disposição de um Tribunal especial (o famoso TOP = Tribunal de Ordem Pública) que podia condená-los a vários anos de prisão por manifestação ilegal, desordens públicas, propagandas ilegais ou associação ilícitas.[67]

Não também por acaso o regime nazista deu o seguinte conceito ao seu modelo ideal de prisão preventiva:

> Enquanto no direito vigente a prisão preventiva só serve para evitar o perigo de fuga do culpado ou do apagamento das provas, no futuro [como prisão preventiva profilática] também terá como objetivo a proteção da comunidade diante dos fatos que o culpado poderia cometer em liberdade ou diante do risco de quebra da ordem pacífica do povo de qualquer forma.[68]

Este conceito, grafado com estas mesmas palavras, certamente poderia ter sido hoje escrito por algum partidário do direito penal do inimigo ou mesmo extraído de algum manual de direito processual penal brasileiro mais inconsequente, na parte em que tratasse da prisão preventiva com fundamento na garantia da ordem pública.

Mas pouco importa se a semelhança existente é com a ditadura franquista, como no exemplo de Muñoz Conde, nacional-socialista, como referido por ZAFFARONI, ou brasileira dos tempos do AI-5, ou ainda outra

66 ZAFFARONI, Eugenio Raul. **O inimigo no direito penal.** p. 113.

67 CONDE, Francisco Muñoz. **As reformas da parte especial do direito penal espanhol em 2003:** da "tolerância zero" ao "direito penal do inimigo".

68 SCHOETENSACK; CHRISTIANS; EICHLER, 1934 *in* ZAFFARONI, Eugenio Raul. **O inimigo no direito penal.** p. 112.

que se desconhece. O que importa é que todos estes são modelos de Estados autoritários, em que não há controle do poder punitivo e, portanto, devem ser evitados por todos aqueles que prezam pela *racionalização* e *contenção* do sistema penal – aqueles que respeitam o Estado de Direito.

Ao se admitir que um único indivíduo seja tratado como não-pessoa – o que pode perfeitamente acontecer quando se decreta uma prisão preventiva com fundamento na *garantia da ordem pública* –, está-se também destruindo uma enorme barreira de contenção erguida pelo Estado de Direito histórico – a dignidade humana – e abrindo-se caminho para o retorno triunfal do Estado policial e autoritário.

> Se o Estado de polícia consegue derrubar uma barreira, deve-se construir outra, mais forte, e se derrubar muitas outras ou inclusive todas e, com isso, provocar a derrubada do Estado de direito, nem sequer em circunstância tão dramática seria lícito ao direito penal abandonar a essência do seu discurso de resistência, pois cedo ou tarde o Estado de direito renascerá.[69]

Por tais fundamentos e em síntese, tem-se que eventual decisão judicial que determine a prisão preventiva do acusado com fundamento na *garantia ordem pública* apoiando-se exclusivamente na *periculosidade do agente* ou no *clamor social*, por abrir espaço para o Estado policial, estará automaticamente deslegitimada perante o Estado de Direito.

5. Considerações finais

Desde o início, propôs-se a responder a seguinte indagação: *tem servido a prisão preventiva com fundamento na garantia da ordem pública (também) como instrumento de legitimação do direito penal do inimigo no Brasil hoje?* E, em caso de resposta positiva, visualizar se *à luz da corrente de pensamento realista-marginal, é legítima a prisão preventiva baseada em tal discurso?*

Depois de analisados criticamente os fundamentos da teoria de Jakobs, concluiu-se que, de fato, a prisão preventiva com fundamento na garantia da ordem pública, na forma utilizada na jurisprudência e legitimada pela doutrina, é expressão do direito penal do inimigo no Brasil.

Observou-se, também, como os discursos se alimentam mutuamente: a garantia da ordem pública aproveita-se dos fundamentos teóricos do direito penal do inimigo e este se utiliza de tal modalidade de prisão preventiva para se expressar no sistema processual penal brasileiro.

Tudo isso posto, ainda havia de responder se, à luz do realismo-marginal, estaria legitimada esta modalidade de encarceramento provisório. E para essa

69 ZAFFARONI, Eugenio Raul. **O inimigo no direito penal.** p. 177.

indagação argumentou-se que, seja a garantia da ordem pública ou o direito penal do inimigo vistos isolados ou conjuntamente, o certo é que ambas as formas não se sustentam no paradigma do Estado de Direito.

Não é pretensão deste artigo, por óbvio, afirmar que os juízes que decretam prisões preventivas com fundamento na ordem pública são partidários ou coadunam com os postulados do direito penal do inimigo – tratar-se-ia de uma falsa acusação e seria ingenuidade imaginar isso.

O que se pretendeu com a produção deste pequeno texto é que ele sirva ao menos para que se repense, com urgência, a infausta situação da prisão provisória no Brasil e para que se recoloque a segregação excepcional em seu devido lugar.

O verdadeiro inimigo do direito penal é admitir que o direito penal do inimigo se expresse por meio de critérios desprovidos de qualquer referencial semântico, como são as prisões preventivas decretadas com fundamento na garantia da ordem pública, cedendo espaço ao Estado policial para o exercício arbitrário das prisões.

Referências Bibliográficas

BARATTA, Alessandro. **Criminologia crítica e crítica do direito penal:** introdução à sociologia do direito penal. 3ª ed. Rio de Janeiro: Instituto Carioca de Criminologia, 2002.

BATISTA, Nilo. **Mídia e sistema penal no capitalismo tardio**. Disponível em: <http://bocc.ubi.pt/pag/batista-nilo-midia-sistema-penal.html>. Acesso em: 20 jul 2015.

BUSATO, Paulo César. **Regime disciplinar diferenciado como produto de um direito penal de inimigo.** Disponível em: <http://www.mundojuridico.adv.br/cgi-bin/upload/texto861.rtf> Acesso em: 20 jul 2015.

CHOUKR, Fauzi Hassan. **Código de processo penal:** comentários consolidados e crítica jurisprudencial. 2ª ed. rev., atual e coment. Rio de Janeiro: Lumen Juris, 2007.

CIRINO DOS SANTOS, Juarez. **O direito penal do inimigo** – ou o discurso do direito penal desigual. Disponível em: <http://cirino.com.br/artigos/jcs/Direito%20penal%20do%20inimigo.pdf> Acesso em: 20 jul 2015.

CONDE, Francisco Muñoz. **As reformas da parte especial do direito penal espanhol em 2003:** da "tolerância zero" ao "direito penal do inimigo". Disponível em: <http://www2.mp.ma.gov.br/ampem/artigos/Artigos2005-2/ReformasParteEspcial-RECJ.02.01-05.pdf>. Acesso em: 20 jul 2015.

CONDE, Francisco Muñoz. **Edmund Mezger e o direito penal de seu tempo:** estudos sobre o direito penal no nacional-socialismo. Rio de Janeiro: Lumen Juris, 2005.

DELMANTO JÚNIOR, Roberto. **As modalidades de prisão provisória e seu prazo de duração.** 2ª ed., ampl. e atual. Rio de Janeiro: Renovar, 2001.

DIETER, Maurício Stegemann. **Breve crítica à função de prevenção geral positiva da pena criminal em Jakobs**: aportes a partir da obra de Juarez Cirino dos Santos. Disponível em: <http://www.criminal.mppr.mp.br/modules/conteudo/conteudo.php?conteudo=525>. Acesso em: 20 jul 2015.

GRECO, Luís. **Sobre o chamado direito penal do inimigo.** Disponível em: <http://fdc.br/Arquivos/Mestrado/Revistas/Revista07/Docente/07.pdf>. Acesso em: 20 jul 2015.

JAKOBS, Günter; MELIÁ, Manuel Cancio. **Direito penal do inimigo**: noções e críticas. 3ª ed. Porto Alegre: Livraria do Advogado, 2008.

KATO, Maria Ignez Lanzellotti Baldez. **A (des)razão da prisão provisória.** Rio de Janeiro: Lumen Juris, 2005.

LOPES JUNIOR, Aury. **Introdução crítica ao processo penal:** fundamentos da instrumentalidade constitucional. 4ª ed. rev., atual. e ampl. Rio de Janeiro: Lumen Juris, 2006.

MARTÍN, Luis Gracia. **O horizonte do finalismo e o direito penal do inimigo.** São Paulo: Revista dos Tribunais, 2007.

RANGEL, Paulo. **Direito processual penal.** 9 ed. rev., ampl. e atual. Rio de Janeiro: Lumen Juris, 2005.

SANGUINÉ, Odone. *A inconstitucionalidade do clamor público como fundamento da prisão preventiva. In* SHECAIRA, Sérgio Salomão (Org.). **Estudos criminais em homenagem a Evandro Lins e Silva** (criminalista do século). São Paulo: Método, 2001.

SARAMAGO, José. **Ensaio sobre a cegueira:** romance. São Paulo: Companhia das Letras, 1995.

ZAFFARONI, Eugenio Raúl. **Em busca das penas perdidas:** a perda de legitimidade do sistema penal. 5ª ed. Rio de Janeiro: Revan, 2001.

ZAFFARONI, Eugenio Raúl. **O inimigo no direito penal.** 2ª ed. Rio de Janeiro: Revan, 2007.

MÍDIA E INFLUENCIA NO JULGAMENTO CRIMINAL: (IM)PARCIALIDADE JUDICIAL E A OPERAÇÃO LAVA JATO

Felipe Machado Caldeira
Luiza Borges Terra

RESUMO: O presente artigo trata sobre o sistema acusatório e sua principal garantia: a imparcialidade judicial e suas características, trazendo de forma crítica a postura do magistrado na mídia, utilizando como exemplo a operação Lava Jato e suas evidentes violações a imparcialidade judicial objetiva.

PALAVRAS-CHAVE: sistema acusatório, imparcialidade judicial, operação Lava Jato.

TITLE: Media and influence in the Criminal Trial: judicial (im) partiality and Lava Jato operation.

ABSTRACT: The present article is about the accusatory system and its most important guaranty: the judicial impartiality and your characteristics, bringing in a critic way the correct action of the judge in media, using as exemple the Lava Jato operation and its, more than clear, violations to the objective judge impartiality.

KEY WORDS: Accusatory system, judicial impartiality, Lava Jato operation.

1. Considerações preliminares

Nas sociedades primitivas, uma eventual disputa de caráter público entre integrantes de um mesmo grupo ou tribo era organizada e moderada por um "terceiro superior",[1] que tem uma posição de poder publicamente constituída, inclusive, para sujeitar a sociedade à decisão da autoridade do conflito. Em caso de necessidade, esta decisão pode ser imposta, mediante coerção, porém para a construção e aceite desta figura, é necessário que o "terceiro superior" seja um não interessado. Só desta maneira o deslinde da causa será dado por um terceiro imparcial,[2] sendo esta a origem mais remota da jurisdição.

1 HOLTWICK-MAINZER, **Der übermächtige Dritte**, 1985, p. 23.

2 SCHÜNEMANN, Bernd. **Der Richter im Strafverfahren als manipulierter. Dritter? Zur empirischen Bestätigung von Perseveranz- und Schulterschlußeffekt"**, publicado em *StV*, n. 3, 2000, p. 159-165.

Como mais alta expressão de tais convicções de justiça, as sociedades modernas, as Constituições democráticas e republicanas preconizam direitos fundamentais, os quais confirmam o princípio da imparcialidade do juiz, tais como do sistema acusatório, do juiz natural, do devido processo legal e da ampla defesa, presentes na Constituição da República de 1988. Tamanha a importância do princípio da imparcialidade que se trata de um dos "princípios de Bangalore".[3]

2. Breves considerações sobre o sistema acusatório: o fundador da imparcialidade judicial

O sistema processual acusatório, sendo a expressão do principio da tripartição dos poderes,[4] traz como principal característica a "clara distinção entre as atividades de acusar e julgar".[5] É justamente a separação formal entre os poderes – ou sistema acusatório formal – que concede ao juiz a função de terceiro imparcial,[6] determinando um tratamento igualitário entre as partes

3 Os princípios Bangalore são: independência, imparcialidade, integridade, idoneidade, igualdade e competência. Sua origem reside na reunião em Viena do Grupo de Integridade Judiciária da Organização das Nações Unidas, realizada em abril de 2001, na cidade indiana de Bangalore. A partir desta reunião, o Conselho Econômico e Social das Nações Unidas adotou a Resolução n. 2006/23, em 27 de julho de 2006, intitulada "Princípios básicos para o fortalecimento da conduta judicial", acolhendo as proposições de princípios de conduta judicial de Bangalore, seguida mais recentemente pelo Conselho Nacional de Justiça, em 2008, ao formular o Código de Ética da Magistratura Nacional.

4 MONTESQUIEU determinou os três grandes poderes: o judiciário, o executivo e o legislativo. Cada qual terá presente diversas particularidades e competências, sendo dotados de certa autonomia. O legislativo teria a função de legislar, representar o povo (eleitos em sua maioria pelo povo teriam os privilégios de serem os guardiões da igualdade e dos interesses do povo) e de editar normas gerais e abstratas. Já o judiciário teria a função de julgar, aplicar as leis sempre que houvesse algum conflito entre o povo e os poderes ou entre os poderes. O executivo teria a função administrativa do Estado. Sendo conduzido nessa forma acontece a grande característica do estado moderno: *o poder encontra-se limitado pelo próprio poder.* Nesse sentido, com relação ao principio acusatório, PENNA, Diego: "sistema acusatorio formal, habiéndose repartido las funciones requirentes y decisorias en órganos públicos diferentes (esas funciones son llevadas a cabo, respectivamente, por el Ministerio Público Fiscal". **Profundización del sistema acusatorio frente a especiais conocimiento científicos, artísticos o técnicos.**

5 LOPES JR. Aury. **Direito Processual Penal.** Saraiva, 11ª ed. p.95. Nesse sentido também BINDER, Alberto. **Iniciación al Proceso Penal Acusatorio.** Calle de Campomanes. Buenos Aires, 2000. p.43.

6 Importante ressaltar a opinião de COUTINHO, Jacinto: "não significa que ele está acima das partes, mas que está para além dos interesses delas". **Critica à Teoria Geral do Direito Processual Penal,** Rio de Janeiro, ed, Renovar, 2001. p. 11.

do processo. Assim sendo, a imparcialidade judicial é a maior garantia processual penal proveniente do sistema acusatório e restringir-la é violar o próprio sistema constitucional contemporâneo.[7]

No Código de Processo Penal Brasileiro se apresentam duas formas diferentes de garantir imparcialidade judicial, a saber: os casos de incompatibilidade, impedimentos e suspeição, previstos no artigo 252 e seguintes do CPP, e – derivados do principio acusatório – a chamada imparcialidade objetiva do juiz, que corresponde a forma com que o juiz atua como terceiro imparcial, não em relação as partes mas em relação ao objeto do processo, é dizer, garantir que não exista um pré-juízo[8] ou que o juiz confunda seu papel de terceiro imparcial com a figura de parte no processo penal.[9]

O princípio da imparcialidade do juiz está arraigado no Estado Democrático de Direito, preconizando sua inércia e imparcialidade diante do apresentado pelas partes. Com isso, garante o livre convencimento judicial[10]

---

7 Neste sentido LOPES JR. Aury: "A imparcialidade é garantida pelo modelo acusatório e sacrificada no sistema inquisitório, de modo que somente haverá condições de possibilidade da imparcialidade quando existir, além da separação inicial das funções de acusar e julgar, um afastamento do juiz da atividade investigatória/instrutória". **Direito Processual Penal.** Saraiva, 11ª ed. p. 170

8 Neste sentido LOPES JR, Aury: "É um evidente prejuízo que decorre dos "pré-juízos", como a exaustão já explicou o Tribunal Europeu de Direitos Humanos ao doutrinar que "juiz que vai atrás da prova está contaminado e não pode julgar". **Teoria da dissonância cognitiva ajuda a compreender imparcialidade do juiz.** 2014. Ressalta também DOTTI, René que quando existe a parcialidade existe total incoerência com a função judicial prevista na Constituição de 1988: o juiz (...) tomou várias iniciativas na tentativa de produzir provas em desfavor dos acusados. Sua atuação na fase de investigação marcou todo o processo, patenteando sua *parcialidade*, desde que tal postura é vedada ao membro do Poder Judiciário desde o advento da Constituição de 1988. **Suspeição de Juiz no Processo Penal: Sensacionalismo, adjetivação em Habeas Corpus**. Revista dos Tribunais, vol. 920/2012, Junho, 2012. p. 269

9 Neste sentido MORENO CATENA: "La garantía de la imparcialidad del órgano que ha de dictar la sentencia penal, resolviendo en el proceso sobre la acusación, exige desde luego que se le preserve de posibles influencias derivadas de sus relaciones con los sujetos que intervienen en el proceso, a través de las tradicionales causas de abstención por consecuencia de las situaciones subjetivas del juzgador (parentesco, dependencia, interés o amistad). Pero a esa clásica imparcialidad se había de unir luego otra, derivada de la nueva estructura del proceso, que puede calificarse como ***imparcialidad objetiva,*** porque, en efecto, la garantía básica de la imparcialidad del juzgador puede verse amenazada o conculcada por su intervención en una fase anterior del procedimiento, en la que pudo o debió realizar cualquiera de las tres actuaciones que como juzgador le están absolutamente vedadas: formular acusación, aportar hechos a consecuencia de su investigación, o tomar conocimiento de las pruebas sin la imprescindible contradicción". **Derecho Procesal Penal.** Valencia, Tirant lo Blanch, 2016. p. 24

10 Nesse sentido PACELLI, Eugenio: **Curso de Processo Penal.** Atlas, 2012. p. 446

assegurando as principais garantias fundamentais do Processo Penal, como a ampla defesa,[11] a ausência de um pré-juízo[12] – ou seja, julgar com efetiva imparcialidade –, entre outros.

Além disso, o presente principio encontra amparo em toda normativa internacional, constitucional e infra-constitucional, que impõe um dever ético judicial: todo magistrado tem o dever de atuar com isenção. Porém, não resulta suficiente o atuar com imparcialidade, todo magistrado tem o dever de atuar de forma que ***ninguém tenha motivos para duvidar da sua isenção.*** Não há justiça, muito menos Estado Democrático, sem imparcialidade de quem examina os argumentos e as provas apresentadas pelas partes. Trata-se da parábola citada pelo Ministro do Supremo Tribunal Federal, AYRES BRITTO, em seu relatório na ADPF 130, às fls. 61:

> "mulher de César": não basta ser honesta; tem que parecer. E quando o agente estatal não prima por todas as aparências de legalidade e legitimidade no seu atuar oficial, atrai contra si mais fortes suspeitas de comportamento antijurídica.

Por tanto, parafraseando o Min. AYRES BRITTO: não basta que o juiz seja imparcial; tem que parecer![13] As sociedades contemporâneas são carac-

---

11 Neste sentido, FAIREN GUILLEN: "La defensa supone el que se de conocimiento al presunto reo de la acusación que se le imputa, que la imparcialidad del juzgador este firmemente asegurada (143), que se le tome a aquel como persona en el juicio y no como simple objeto o medio para lograr el esclarecimiento de los hechos, que se le concedan amplias posibilidades en materia de prueba, que cuente con medios eficaces para defenderse, etc.". Así, el "derecho a la defensa", es un principio politico del proceso penal, característico del sistema acusatorio ; principio politico fundamental, plasmado en las Constituciones". **La disponibilidad del derecho a la defensa en el sistema procesal acusatorio español.** 1969. p. 267.

12 Nesse sentido, LOPES JR. Aury. **Direito Processual Penal.** Saraiva, 11ª ed. 2014. p. 449 e ss. Em sentido similar CARROCA PEREZ: "Este principio, impide juzgar a nadie sin que previamente exista acusación, impide al órgano judicial juzgar sobre hechos distintos y a personas distintas de las acusadas, e impide, lógicamente, condenar por hechos distintos de los que han sido acusados". **el nuevo sistema procesal penal.** 3ed. Lexis nexis, 2005. p. 195

13 Neste sentido também LOPES JR. Aury: a aparência da imparcialidade que o julgador deve transmitir para os submetidos à administração da Justiça, por, ainda que não se produza o "pré-juízo", é difícil evitar a impressão que o juiz (instrutor) não julga com pleno alheamento. Isso afeta negativamente a confiança que os tribunais de uma sociedade democrática devem inspirar nos justiçáveis, especialmente na esfera penal. **Direito Processual Penal**. Saraiva, 11ª ed. 2014. p. 173. Neste sentido também se pronuncia DOTTI, René 71. Foi necessário embasar, após, a *política judiciária* albergada pelo Tribunal, sobre a necessidade de se preservar não apenas a imparcialidade *real* do Judiciário, mas, também, a *aparente*: Nós devemos considerar, também, que as regras de suspeição federais refletem uma forte política para preservar a imparcialidade real e aparente do

terizadas como sendo de risco (BECK)[14] e de informação (MACHLUP[15]) e, numa síntese de alguns de seus problemas, os quais interessam na hipótese: tendências oportunistas, egoístas e individualistas, estimulados pelos ambientes virtuais, devido à celeridade na circulação das informações – de qualidade extremamente questionável (SÍLVA-SANCHÉS)[16] –, de acesso imediato e projeção social ilimitada. Se torna, então, fundamental os esforços a serem empregados para a preservação de sua imparcialidade que estão submetidos aos testes das tentações, potencializadas nas sociedades contemporâneas. E, justamente, uma das maiores tentações da sociedade atual é a postura do magistrado perante a mídia,[17] bem como os efeitos que isso poderia acarretar sobre o processo.

3. A (IM)PARCIALIDADE JUDICIAL NA OPERAÇÃO LAVA JATO CONFRONTADA COM O COMPORTAMENTE NA MÍDIA

O exemplo mais atual sobre imparcialidade judicial e a mídia éa operação Lava Jato, onde os tropeços e atropelos observados – o que não foge a regra de outras – se iniciaram nas denuncia.[18]

Judiciário federal. Comportamento judicial impróprio pode implicar essa política independentemente dos meios pelos quais ela é divulgada ao público". **Suspeição de Juiz no Processo Penal: Sensacionalismo, adjetivação em Habeas Corpus**. Revista dos Tribunais, vol. 920/2012, Junho, 2012. p. 289.

14 BECK, Ulrich. **Was ist Globalisierung?** 1997, Suhrkamp, Frankfurt a. M, 1997.

15 MACHLUP, Fritz. **The Production and Distribution of Knowledge in the United States**. Princeton University Press, 1962, p. 76 e ss.

16 SILVA SÁNCHEZ, Jesús María. **Expansión del derecho penal: aspectos de la política criminal en las sociedades postindustriales**. 3ª ed., EDISOFER S.L., 2011.

17 Neste sentido DOTTI, René, ressalta que a própria Lei Orgânica da Magistratura Nacional veta a manifestação de opiniões processuais em meios de comunicação: "É defeso ao Magistrado manifestar-se acerca de ações penais ou investigações em andamento. De acordo com a Lei Orgânica da Magistratura Nacional (LGL\1979\17) (LC 35/1979): "Art. 36. É vedado ao magistrado: (...) III – manifestar, por qualquer meio de comunicação, opinião sobre pro-cesso pendente de julgamento, seu ou de outrem, ou juízo depreciativo sobre despachos, votos ou sentenças, de órgãos judiciais, ressalvada a crítica nos autos e em obras técnicas ou no exercício do magistério." **Suspeição de Juiz no Processo Penal: Sensacionalismo, adjetivação em Habeas Corpus**. Revista dos Tribunais, vol. 920/2012, Junho, 2012. p. 281.

18 Em determinado processo, na qual o primeiro autor do presente artigo atuou, foi possível observar que, apesar de elaborada por uma força-tarefa altamente especializada em matéria criminal econômica, composta por quase uma dúzia de membros do Ministério Público Federal, logrou identificar o crime de quadrilha formado por apenas 2 (duas) pessoas, rejeitada, de plano, pelo Juiz Federal Sérgio Moro.

A sensação inicial que se tem na operação Lava Jato é o surgimento de super-heróis tupiniquins voltados ao combate da criminalidade no País, o que informa um sintoma social extremamente grave: esta carência afirmativa não surge apenas para suprir as demandas de um Estado ineficiente ou um Governo incompetente, mas para oferecer uma resposta a um mundo inteiro em sério e violento conflito de identidade.

Ao longo da operação Lava Jato, surgem personagens capazes de preencher esta lacuna social, porém é importante que tenham plena consciência de seu papel. Em recente notícia jornalística, foi publicado que:

> "Dez anos depois, Moro está colocando suas observações acadêmicas em prática. Ele lidera um grupo de jovens investigadores, alguns capacitados pelo FBI..."[19]

A legítima preocupação externada reside na adjetivação pública de "justiceiros" do Juiz Federal Sérgio Moro e de todos os integrantes da força-tarefa do Ministério Público Federal, o que soa publicamente tratar-se de um grupo único e coeso, e com grande dificuldade de se separar as funções de investigar, acusar e julgar, colocando sob questão a própria observância do princípio acusatório e os princípios que derivam dele. Como podemos observar na imagem a seguir:

19 BLOMBERG. Da **operação mãos limpas à Lava-Jato: o que o Brasil e Itália têm em comum. 2015.** Disponível em: http://www.infomoney.com.br/bloomberg/mercados/noticia/3839269/operacao-maos-limpas-lava-jato-que-brasil-italia-tem-comum. Acesso em 25 de maio de 2015.

Infelizmente, ganha espaço a Criminologia e a Política Criminal midiática e o Direito Penal do espetáculo: os antigos gladiadores e leões tomam a forma de magistrados e membros do Ministério Público. A demanda social por sangue é substituída pela execração pública de acusados e também de seus advogados.

A almejada "limpeza" pretendida pela operação Lava Jato jamais alcançará resultados sérios, positivos e reais sem um complexo pacto entre os Poderes, o Estado, o Governo e a sociedade. O discurso punitivista extremista de que basta o binômio "opinião pública"e "mídia"para a completa erradicação da corrupção no Brasil está completamente equivocado.[20]

A mídia tão invocada também merece censura, a realidade nos garante que os monopólios da imprensa brasileira são objeto de denúncias cada vez mais fortes e frequentes por conta da extraordinária liberdade ainda existente nas mídias sociais. Estes veículos de comunicação, cuja receita decorre da publicidade de produtos e serviços em seu conteúdo – e para haver interesse publicitário, é necessário vender o jornal, a revista, o programa de televisão, etc. – depende, necessariamente, de temas que envolvam a "opinião pública".

Portanto, é necessário "alimentar" a mídia com matérias de interesse da "opinião pública" para que os espaços destinados à publicidade sejam vendidos. É a lógica da economia de mercado: havendo demanda, haverá oferta; contudo, percebeu-se que não havendo demanda, é possível criá-la. E fato ainda mais reprovável: estes meios de comunicação concedem prêmios, coincidentemente, para aqueles que mais "alimentam" o sistema.[21]

---

20 Neste sentido TAVARES, Juarez; PRADO, Geraldo; BORGES, Ademar: "A mídia e as instituições envolvidas na apuração de casos criminais criaram uma peculiar sinergia capaz de promover objetivos comuns. As empresas de comunicação precisam vender um produto, e os casos criminais, notadamente quando organizados sob a roupagem estereotipada de grandes escândalos, têm despertado enorme interesse nos consumidores". **A construção midiática de casos criminais pode ofender direitos fundamentais.** Disponível em: http://s.conjur.com.br/dl/artigo-midia-crime.pdf. Acesso em: 13 março de 2016. p. 2.

21 Neste sentido, sobre uma mídia que transforma juízes em celebridades, se pronunciou DOTTI, René: A ausência da devida isenção na conduta do juiz (...) maculou *todos* os atos que desempenhou na espécie. Desde a gênese da operação policial o Magistrado se via com ela profundamente envolto, de tal modo que sua suspeição acabou por *nulificar* o caso em sua *íntegra*, eis que inexiste decisão ou ato seu que não haja sido determinado por seu partidarismo acusatório. Com efeito, não após haver determinado a prisão de (...), o juiz ficou conhecido como "*o juiz que coloca banqueiros* foi por outra razão que os seus contatos com os *media* começaram cedo no presente caso. *na cadeia*" – algo do que já se pôde envaidecer – como reporta o título da matéria abaixo: Logo "O juiz (...) é o homem por trás da mais extensa lista de prisões de empresários e executivos de bancos do país. Depois de mandar à cadeia o investidor (...), o especulador Naji Nahas e o ex--prefeito Celso Pitta, na terça-feira, ontem, ele foi além. Em uma atitude desafiadora,

Tal posicionamento da interferência e da possibilidade de interferir – absurda – da mídia e da opinião pública em decisões judiciais promoveu o inicio de um movimento doutrinário sob o título "A construção midiática de casos criminais pode ofender direitos fundamentais".[22] Juarez Tavares, Geraldo Prado e Ademar Borges alertam para o fenômeno da simpatia da população ao "trabalho purificador do 'combate ao crime" destacando a existência – tal qual anteriormente indicado – de produto e consumidor.

Este argumento se torna fundamental ao analisar a imparcialidade judicial do plano psicológico, é dizer, a formação do convencimento do juiz – daí da impossibilidade de que diante atuações midiáticas claras se possa garantir o sistema do livre convencimento motivado, superado, pelo novo Código de Processo Civil.

Ora. Pelas modernas teorias da decisão, a consciência dá lugar à razão. A cognição é, ainda presente, porém não baseada mais na subjetividade de seu julgador, mas da racionalidade da normativa vigente.

A presente postura, que é ainda mais notória na operação Lava Jato, não é democrática nem republicana. Julgadores são agentes públicos de transformação das realidades e, no Processo Penal, com atuação fulcral na concretização dos direitos fundamentais dos acusados. Não existe compromisso com o pseudocombate à criminalidade ou criação de uma nova sociedade sem corrupção. Ledo engano: decisões judiciais apenas modelam e dão contorno aos comportamentos sociais presentes. Sujeitos processuais parciais até podem ser movidos por sentimentos, emoções e paixões, porém os imparciais devem agir com o máximo distanciamento das subjetividades, de forma a decidir da forma baseada na máxima racionalidade. Sobre o ponto, GRAU possui interessante passagem: "Juízes independentes não temem decisões impopulares",[23] porêm a tônica da operação Lava Jato parece ser oposta.

O entendimento de que a imparcialidade judicial pode render reflexos nocivos como a supressão de garantias fundamentais se encontra na jurisprudência, conforme delineado pelo Tribunal Regional Federal da 4ª Região no curso da operação Lava Jato:

---

devolveu (...) à cadeia menos de doze horas após ser solto por ninguém menos que o presidente do Supremo Tribunal Federal, Gilmar Mendes (...). **Suspeição de Juiz no Processo Penal: Sensacionalismo, adjetivação em Habeas Corpus.** Revista dos Tribunais, vol. 920/2012, Junho, 2012. p. 273

22 TAVARES, Juarez; PRADO, Geraldo; BORGES, Ademar. **A construção midiática de casos criminais pode ofender direitos fundamentais.** Disponível em: http://s.conjur.com.br/dl/artigo-midia-crime.pdf. Acesso em: 13 março de 2016.

23 MACEDO, Fausto e RECONDO, Felipe. **Lei a Ficha Limpa põe em risco o Estado de Direito.**2010. Disponível em: http://brasil.estadao.com.br/noticias/geral,lei-da-ficha-limpa-poe-em-risco-o-estado-de-direito-imp-,589608. Acesso em: 25mai2015.

> HABEAS CORPUS. CÓDIGO DE PROCESSO PENAL. 'OPERAÇÃO LAVA-JATO'. PRISÃO PREVENTIVA. MATERIALIDADE E INDÍCIOS DE AUTORIA. PRESENÇA DOS REQUISITOS. CRIMES CONTRA A ADMINISTRAÇÃO PÚBLICA. COMPLEXO ENVOLVIMENTO DO CRIMINOSO. NOVOS PARADIGMAS.
> [...]
> 3. A complexidade e as dimensões das investigações relacionadas com a denominada Operação Lava-Jato, os reflexos extremamente nocivos decorrentes da infiltração de grande grupo criminoso em sociedade de economia mista federal, bem como o desvio de quantias nunca antes percebidas, revela a necessidade de releitura da jurisprudência atéentão intocada, de modo a estabelecer novos parâmetros interpretativos para a prisão preventiva, adequados às circunstâncias do caso e ao meio social contemporâneo aos fatos. (HABEAS CORPUS Nº5006139-06.2015.404.0000/PR)

Conforme muito bem destacado, a operação Lava Jato é extraordinariamente complexa, de forma que a desejável celeridade processual deveria ser compatibilizada com outros direitos fundamentais, tal qual do contraditório e da ampla defesa.

Relevante destacar que, ao final, o Juiz Federal Sérgio Moro, condutor da operação Lava Jato conferiu publicidade, de forma extraordináriamente questionável sob o ponto de vista constitucional e legal, de diálogos travados entre o ex-Presidente da República, Senhor Luiz Inácio Lula da Silva e a Exma. Senhora Presidente da República, Dilma Rousseff. Aliás, ainda mais reprovável a divulgação do conteúdo dos das conversas realizadas entre o ex-Presidente e seus advogados.

4. Das consequências da parcialidade judicial

Como resultado da ausência de imparcialidade, inércia judicial e respeito ao sistema acusatório, o princípio do contraditório assume um posição apenas formal, ao invés de material, se tornando o dizer e contradizer formal entre as partes, sem que isso gere uma efetiva ressonância (contribuição) para a fundamentação do provimento[24] – que já se encontra determinado amparado na mídia e nas convicções de um préjuízo. A matriz substancial impõe a 'máxima da cooperação' (*Kooperationsmaxima*), o que evidentemente não ocorrer na operação Lava Jato.

Conforme ressalta DOTTI, a simples duvida aparente de parcialidade já seria motivo suficiente para afastamento, sob o "risco a sua integridade

24 Neste sentido, NUNES, Dierle *et al.* **Curso de direito processual civil: fundamentação e aplicação.** Belo Horizonte: Fórum, 2011, p. 45; DIDIER, Jr. Fredie. **Curso de Direito Processual Civil: Teoria Geral do Processo e Processo de Conhecimento.** Salvador: JusPodivm, 2008, p. 81.

perante a opinião pública e, com isso, o próprio funcionamento do sistema. Nessa situação, afastar o juiz em questão é a medida mais segura"[25].Isso ocorre porque apenas a incerteza de haver um pré-juizo já compromete o processo, as garantias do principio acusatório.

Diante da violação ao sistema acusatório e ao principio da imparcialidade do juiz, para que se restabeleça o equilíbrio entre as partes e esteja assegurado um terceiro imparcial como julgadora o único caminho é a exceção de competência, nos termos dos artigos 95 e ss. do Código de Processo Penal. Parcialidade cujo vício que declararia nulos os procedimentos processuais já ocorridos,[26] especialmente no presente caso onde, como já pontuado, fica evidente a parcialidade do magistrado.[27]

5. Conclusões

O principio acusatório se revela como uma das maiores garantias processuais penais do Estado Democrático de Direito em face ao poder punitivo estatal, garantindo a imparcialidade judicial que consiste em um direito absoluto no devido processo legal. Ao aceitarmos, ou como a mídia o faz – incentivarmos e apoiarmos —, condutas como as ocorridas na operação Lava Jato, que é apenas um exemplo dentre muitos, aceitamos implicitamente um pré-juízo judicial face ao objeto ou perante as partes acabamos por relativizar

25 DOTTI, René. **Suspeição de Juiz no Processo Penal: Sensacionalismo, adjetivação em Habeas Corpus**. Revista dos Tribunais, vol. 920/2012, Junho, 2012. p. 290

26 Ressalta DOTTI, René que esse procedimento e entendimento ocorre em outros ordenamentos jurídicos, como por exemplo: "a propósito, há um precedente análogo, na Justiça norte-americana, no *case* USA *vs.* Microsoft Corporation, no qual a Corte de Apelações do Distrito de Colúmbia ordenou, em 28.06.2001, a anulação total do procedi-mento judicial em razão de pronunciamentos extra-autos do Magistrado que indicavam a perda da sua imparcialidade. Trata-se do famoso caso em que os Estados Unidos processaram a *Microsoft* alegando que a empresa mantinha, criminosamente, o *monopólio* de mercado em relação a um *software* específico (o *Windows*), prejudicando severamente, com isso, a concorrência. Bill Gates e vários diretores foram acusados de praticar condutas específicas (crimes), planejadas e intencionais para atingir tal (alegado) monopólio. Em primeiro grau, a Justiça entendeu o pleito procedente e, proferindo decisão sem precedentes e de gravíssimas consequências, *dividiu a empresa em duas*. Em sede de recurso, o processo foi parcialmente anulado diante da falta de isenção do Magistrado que sentenciou". **Suspeição de Juiz no Processo Penal: Sensacionalismo, adjetivação em Habeas Corpus**. Revista dos Tribunais, vol. 920/2012, Junho, 2012. p. 285.

27 Nesse sentido DOTTI, René: "Ademais, são pródigas em relevar que desde a fase inicial das investigações no caso concreto o Magistrado nutria apego teses acusatórias. Nessas graves condições específicas, o reconhecimento de sua parcialidade é a medida adequada e não deixar de acarretar a nulidade de todos os atos que praticou no caso, desde o seu princípio". **Suspeição de Juiz no Processo Penal: Sensacionalismo, adjetivação em Habeas Corpus**. Revista dos Tribunais, vol. 920/2012, Junho, 2012. p. 310.

até a necessidade do devido processo legal e a construção dogmática de direito penal do fato, posto que a sentença – determinada antes mesmo do devido processo penal – não analisa os fatos e dispõe uma pena, se não se baseia no clamor público, midiático, e no que o Poder Judiciário pré determina como culpado.

A mídia e a opinião publica desejam e incentivam o discurso punitivista extremista ponderando na equação apenas seus anseios para a erradicação da corrupção no Brasil, sendo este posicionamento completamente equivocado. Justamente com essa postura não estaríamos face a "garantida" punição penal deixando de lado as principais garantias que embasam o Estado Democrático de Direito? E neste ato, ao tratarmos da operação Lava Jato, não é justamente o que retira a legitimidade da punição? Criando assim uma infinidade de nulidades, incompetências, compondo total parcialidade que em um futuro irá, ao contrário do que objetivou o Poder Judiciário, garantir a total impunidade.

6. Referências bibliográficas

BECK, Ulrich. **Was ist Globalisierung?**1997, Suhrkamp, Frankfurt a. M, 1997.

BINDER, Alberto. **Iniciación al Proceso Penal Acusatorio.**Calle de Campomanes. Buenos Aires, 2000.

BLOMBERG. Da o**peração mãos limpas à Lava-Jato: o que o Brasil e Itália têm em comum. 2015.** Disponível em: http://www.infomoney.com.br/bloomberg/mercados/noticia/3839269/operacao-maos-limpas-lava-jato-que-brasil-italia-tem-comum. Acesso em 25 de maio de 2015.

CARROCA PEREZ.**El nuevo sistema procesal penal.** 3ª ed. Lexis Nexis, 2005.

COUTINHO, Jacinto. **Critica à Teoria Geral do Direito Processual Penal,**Rio de Janeiro, ed, Renovar, 2001.

DIDIER, Jr. Fredie. **Curso de Direito Processual Civil: Teoria Geral do Processo e Processo de Conhecimento**. Salvador: JusPodivm, 2008.

DOTTI, René. **Suspeição de Juiz no Processo Penal: Sensacionalismo, adjetivação em Habeas Corpus**. Revista dos Tribunais, vol. 920/2012, Junho, 2012.

FAIREN GUILLEN.**La disponibilidad del derecho a la defensa en el sistema procesal acusatorio español.** 1969.

HOLTWICK-MAINZER, **Der übermächtige Dritte**, 1985.

LOPES JR. Aury. **Direito Processual Penal.** Saraiva, 11ª ed. 2014.

LOPES JR, Aury.**Teoria da dissonância cognitiva ajuda a compreender imparcialidade do juiz.**2014.

MACEDO, Fausto e RECONDO, Felipe. **Lei a Ficha Limpa põe em risco o Estado de Direito.** 2010. Disponível em: http://brasil.estadao.com.br/noticias/geral,lei-da-ficha-limpa-poe-em-risco-o-estado-de-direito--imp-,589608. Acesso em: 25mai2015.

MACHLUP, Fritz. **The Production and Distribution of Knowledge in the United States**. Princeton University Press, 1962

MORENO CATENA. **Derecho Procesal Penal.**Valencia, Tirant lo Blanch, 2016.

NUNES, Dierle *et al.* **Curso de direito processual civil: fundamentação e aplicação.** Belo Horizonte: Fórum, 2011.

PACELLI, Eugenio. **Curso de Processo Penal.** Atlas, 2012.

PENNA, Diego. **Profundización del sistema acusatorio frente a especiais conocimiento científicos, artísticos o técnicos.**

SCHÜNEMANN, Bernd. **Der Richter im Strafverfahren als manipulierter. Dritter? Zur empirischen Bestätigung von Perseveranz- und Schulterschlußeffekt",** publicado em *StV*, nº 3, 2000.

SILVA SÁNCHEZ, Jesús María. **Expansion del derecho penal: aspectos de la politica criminal en las sociedades postindustriales**. 3ª ed., EDISOFER S.L., 2011.

TAVARES, Juarez; PRADO, Geraldo; BORGES, Ademar. **A construção midiática de casos criminais pode ofender direitos fundamentais.** Disponível em: http://s.conjur.com.br/dl/artigo-midia-crime.pdf. Acesso em: 13março de 2016.

MODERNAS TENDÊNCIAS DO SISTEMA PENAL: LIBERDADES PÚBLICAS E JURISDIÇÃO EMANCIPATÓRIA

Mário Luiz Ramidoff

RESUMO: no artigo, analisa-se a construção de uma jurisdição emancipatória a partir das liberdades públicas.

PALAVRAS-CHAVE: Criminologia; Direito Penal; Jurisdição; Liberdades Públicas; Política.

TITLE: Modern Trends the Penal System: Public Freedoms And Jurisdiction Emancipatory.

ABSTRACT: the paper analyzes the construction of an emancipatory jurisdiction from civil liberties.

KEYWORDS: Criminology; Criminal Law; Jurisdiction; Civil Liberties; Political.

1. Introdução

Os modernos movimentos teórico-pragmáticos que podem ser reconhecidos como tendências epistêmicas que "jogam", por assim dizer, perante o Sistema Penal, determinam a construção de outros sentidos às "regras do jogo", que, não só aqueles estabelecidos pela dogmática jurídico-penal, a título de (re)solução adequada de casos concretos (legais) que se avolumam e se tornam, cada vez mais, complexos, em razão da ambiência plural (multicultural) nas localidades.

A globalização dos significados contrapõe-se à localização cultural dos sentidos determinados pela autodeterminação de cada povo. O desafio do Sistema Penal, hoje, no Brasil, é oferecer uma tutela jurisdicional socialmente consequente e adequadamente responsável ao asseguramento das liberdades públicas, como estratégia de emancipação subjetiva da pessoa.

As liberdades públicas, por assim dizer, são constituídas pelos interesses indisponíveis, bem como pelos direitos individuais, difusos e coletivos, e, as garantias fundamentais. E, assim, tais liberdades "funcionam" como critérios objetivos que se destinam não só à melhoria da qualidade de vida individual e coletiva, vale dizer, à emancipação subjetiva, mas, acima de tudo, permitem a verificação da própria democracia.

Pois, como se sabe, em um Estado que se considera democrático (constitucional) e de Direito, não basta apenas desenvolver as suas atribuições (deveres) "de acordo com" a lei (*per lege*), mas, também, é imperioso que "se submeta" a lei (*sub lege*).

E isso não pode ser diferente no âmbito do "Poder Judiciário", então, por excelência – e, não, por "Excelências"! –, destinado à interpretação/aplicação das leis formuladas pelo "Poder Legislativo" a serem também cumpridas pelo "Poder Executivo"; impondo-se, assim, o respeito aos limites legais democraticamente estabelecidos, através da atuação responsável do gestor público – esteja onde estiver, ou seja, em que "Poder" estiver – e socialmente consequente.

A atuação legalmente responsável e socialmente consequente, constitui-se, por assim dizer, em um "imperativo categórico" do que se deva atualmente entender por Estado Democrático (Constitucional) e de Direito.

2. Crime

O crime é uma categoria jurídico-legal elementar do Direito Penal – segundo a Teoria Jurídica do Crime (dogmática jurídico-penal) –, que, no entanto, sofre, desde sua formulação legislativa até a execução da sanção judicialmente imposta – que lhe tem como pressuposto lógico, haja vista que o crime é o pressuposto indispensável para atribuição de responsabilidade penal –, sensivelmente influências da concepção cultural (opções político-ideológicas) do que entende uma comunidade humana por democracia – Teoria Criminológica (Crítica) do Crime. O crime, assim, constitui-se em um pressuposto lógico indispensável para a responsabilização criminal (limite), e, que, por isso mesmo, legitima a intervenção estatal, de cunho repressivo-punitivo, enquanto atividade negativa do Estado exercida para o controle social – invariavelmente, através do uso da força (violência institucional) autorizada e justificada, pela dogmática jurídico-penal.

De outro lado, o crime é o resultado de sucessivos processos de criminalização, uma vez que desde a formulação legislativa (processo de criminalização primário) a seleção de condutas, bens jurídicos a serem protegidos, bem como as sanções a serem impostas quantitativa e qualitativamente, no fundo, importam na seleção das pessoas e dos segmentos sociais que mais diretamente serão criminalmente responsabilizados. A concepção criminológico-crítica do crime passa, assim, a identifica-lo como não só como um dado construído, mas, também, como um instrumento de seleção que estrategicamente é utilizado para a legitimação do controle sócio penal violento, uma vez que autoriza e justifica a intervenção estatal repressivo-punitiva. Por sua vez, a dogmática jurídico-penal descreve o crime como uma sua categoria elementar, concebendo-o, assim, de forma analítico-operacional, como conduta típica, antijurídica e culpável. Essa concepção dogmática de crime é descrita por Juarez Cirino dos Santos[1] como uma definição do "sistema tripartido de fato punível" que identifica o crime "como *ação* típica, antijurídica e culpável – um *substantivo* qualificado pelos *atributos* da adequação ao modelo legal, da contradição com o Direito e da reprovação de culpabilidade".

De acordo com René Ariel Dotti,[2] o conceito dominante de crime é semelhante àquela supramencionada concepção dogmática, isto é, que se constitui em uma "conduta humana típica, ilícita e culpável", acolhendo, assim, a "formulação analítica, complementando-a com a exigência de que somente haverá crime através do comportamento das pessoas naturais (físicas) e jamais das pessoas jurídicas (morais)".

As contribuições teórico-pragmáticas de René Ariel Dotti[3] acerca da concepção dogmática de crime não se restringem à análise da formulação "tripartida", ressalvando, contudo, que o crime "se aperfeiçoa com a ação típica e ilícita e que a culpabilidade, como juízo de reprovação *post factum*, é elemento da pena".

A impunidade pode ser estimulada, e, assim, também se constituir em um outro fator de "desestabilização do sistema penal positivo", segundo René Ariel Dotti[4], precisamente, ao se admitir a responsabilização criminal da pessoa jurídica, haja vista que "é possível a criação de uma séria infinita de pessoas fictícias, para obter a transferência do nexo de responsabilidade pessoal resultante do elemento subjetivo da pessoa natural dirigente para esses novos paraísos penais".

A pretensão teórico-pragmática que busca sustentar a imputabilidade penal da pessoa jurídica esbarra tanto em questões pertinentes ao Direito Penal – "ofensa a princípios e garantias constitucionais"[5] – quanto as relativas

1 SANTOS, Juarez Cirino dos. *Manual de Direito Penal*. Parte Geral. São Paulo: Conceito; Curitiba: ICPC. 2011. p. 40.

2 DOTTI, René Ariel. *Curso de Direito Penal*. Parte Geral. 3. ed. São Paulo: Revista dos Tribunais. 2010. p. 376-377. "A *conduta* é representada por uma ação ou omissão humana dirigida a um fim; a *tipicidade* é a adequação, objetiva e subjetiva, dessa conduta a uma norma legal; a *ilicitude* é a qualidade de um comportamento não autorizado pelo Direito e a *culpabilidade* é o juízo de reprovação que recai sobre a conduta do sujeito que tem ou pode ter a consciência da ilicitude e de atuar segundo as normas jurídico-penais".

3 DOTTI, René Ariel. *Op. cit.* p. 377.

4 DOTTI, René Ariel. A incapacidade criminal da pessoa jurídica: uma perspectiva do direito brasileiro. p. 160. *In* PRADO, Luiz Regis e DOTTI, René Ariel (coords.). *Responsabilidade penal da pessoa jurídica*: em defesa do princípio da imputação penal subjetiva. 2. ed. São Paulo: Revista dos Tribunais. 2010.

5 DOTTI, René Ariel. *Casos criminais célebres*. 3. ed. São Paulo: Revista dos Tribunais. 2003. p. 418. "O processo judicial ou administrativo deve estar submetido a um regime de legalidade no qual despontam determinados princípios fundamentais para

ao processo penal – como, por exemplo, "apuração da autoria, concurso de pessoas, corpo de delito, reconstituição do fato típico e suas circunstâncias objetivas e subjetivas".[6]

O respeito e a submissão aos ditames principiológicos, em matéria processual penal, constituem-se, por assim dizer, em uma "verdadeira política de proteção geral dos cidadãos", segundo Alexandre Knopholz,[7] para quem "deve-se, atentar, assim, não apenas para a microestrutura das garantias (com sua visão isolada), mas para a sua macroestrutura".

A imputabilidade penal da pessoa jurídica, portanto, não se encontraria em harmonia com a Constituição da República de 1988, senão, que, de igual maneira, estaria dissociada dos princípios da igualdade, da humanização das sanções penais, e da personalidade da pena; senão, que, de igual maneira, tornaria interdito o direito de regresso; bem como ofenderia as regras pertinentes à aplicação da lei penal no tempo e no espaço, segundo René Ariel Dotti[8].

2.1. Dogmática jurídico-penal

A dogmática jurídico-penal enquanto instância teórico-pragmática que informa e orienta a utilização legal do controle sócio penal – vale dizer, do Direito Penal – tem desenvolvido no seu interior categorias epistemológicas que sustentam não só a "legitimação" da aplicação de seus institutos jurídico-penais como maneira legalizada – ideia de limitação político-criminal democraticamente estabelecida – da intervenção estatal repressivo-punitiva, mas, principalmente, a sua manutenção paradigmática enquanto teoria central do conhecimento jurídico-penal que produz e reproduz o saber penal específico e dominante.[9]

---

adquirir validade e eficácia. Eles se relacionam à *promoção processual*, ao *prosseguimento processual*; à *prova* e à *forma*. Entre os princípios relativos à prova se destacam: a) o *princípio da investigação*; b) o *princípio da verdade material*; c) o *princípio da livre apreciação*; d) o *princípio* in dubio pro reo. E quanto aos princípios referentes à forma, avulta o da *publicidade* dos julgamentos proferidos pelo Poder Judiciário e das respectivas decisões".

6 DOTTI, René Ariel. A *incapacidade criminal da pessoa jurídica*. p. 162-163.

7 KNOPFHOLZ, Alexandre. A *denúncia genérica nos crimes econômicos*. Porto Alegre: Nuria Fabris. 2013. p. 148. Com apoio em Alberto B. Binder, o Autor observa que "não obstante a análise individual de cada garantia ou princípio constitucional, sua interpretação deve ser conjunta, a fim de formar a necessária macroestrutura".

8 DOTTI, René Ariel. A *incapacidade criminal da pessoa jurídica*. p. 164-194. Pois, "no labirinto das emoções e paixões, como formas de expressão da consciência e da vontade humanas, que vamos conhecer o *coração* do Direito Penal que é a culpabilidade".

9 RAMIDOFF, Mário Luiz. *Brasil*: segurança pública e direitos humanos. In KNOERR, Viviane Coêlho de Séllos (org.). Diálogos (Im)pertinentes: Estado, direito e democracia. Curitiba: Instituto Memória. 2014. p. 13.

De outro lado, é certo que a dogmática jurídico-penal, enquanto saber/conhecimento, por assim dizer, "oficial" também determina a formatação do que se denomina de "racionalidade pública" legitimadora, isto é, que autoriza e justifica a intervenção estatal repressivo-punitiva, e, por isso mesmo, não está aberta ao diálogo, precisamente, por ser concebida como uma estratégia de poder.

A dogmática jurídico-penal – assim como o Direito Penal, Sistema de Justiça Penal, Técnico-Profissionais Jurídicos, etc. –, encontra-se "sob a égide da racionalidade instrumental", segundo Elda Coelho de Azevedo Bussinguer,[10] para quem, o "Direito talvez não estivesse aberto ao diálogo".

Na verdade, não só a dogmática jurídico-penal, mas, também, o "jurista" assim tomado como um "profissional-técnico" do Direito, em regra, não estão abertos ao diálogo e, consequentemente, não admitem a variedade metodológica, e, sequer, às importantes contribuições interdisciplinares que as demais disciplinas podem oferecer à teoria e à prática jurídica.

Para que a dogmática jurídico-penal possa ser considerada como socialmente consequente requer, portanto, mutação valorativa e metodológica, isto é, não só deve determinar (limitar) racionalmente a atuação estatal em conformidade com os valores humanos, mas, também, deve tomar "por fator primeiro, e o mais importante, a realidade", segundo Georges Politzer.[11]

Vera Regina Pereira de Andrade,[12] no entanto, adverte que a dogmática jurídico-penal não é usualmente constituída com vistas à realidade social – diversa daquela mera e aparentemente cínica –, mas, sim, quase que exclusivamente para legitimação da violência estatal desenvolvida através de intervenções caracteristicamente repressivo-punitivas realizadas pelo Poder Público para o cumprimento das funções de controle social.

Em consequência disto, entende-se que uma dogmática jurídico-penal socialmente consequente deve, também, contemplar as importantes contribuições interdisciplinares, constituindo-se, cada vez mais, em um conhecimento que se vincule às expressões da vida cotidianamente vivida para compreensão mais ampla possível dos inúmeros fenômenos sociais e dos processos de opressão a que está silenciosamente submetida a grande maioria da população.

---

10 BUSSINGUER, Elda Coelho de Azevedo. O "chão da vida": por uma mudança de paradigmas. *In* VESCOSI, Renata Conde e BUSSINGUER, Elda Coelho de Azevedo (coords.). *Psicanálise e Direito*: uma abordagem interdisciplinar sobre ética, direito e responsabilidade. Rio de Janeiro: Companhia de Freud. 2013. p. 17-20.

11 POLITZER, Georges. *Princípios elementares de filosofia*. Trad. Sílvio Donizete Chagas. 2. ed. São Paulo: Centauro. 2001. p. 75.

12 ANDRADE, Vera Regina Pereira de. *Ilusão da segurança jurídica*: do controle da violência à violência do controle penal. Porto Alegre: Livraria do Advogado, 1997.

2.2. Liberdades públicas

Os direitos humanos são critérios objetivos que tornam interdita toda sorte de barbárie, senão, principalmente, daquela praticada em nome da segurança pública, através de (dis)funções estatais. As liberdades públicas, isto é, os direitos individuais e as garantias fundamentais, são expressões democráticas do reconhecimento e da consolidação normativa das diretrizes internacionais acerca dos direitos humanos, no Brasil. Neste sentido, Amartya K. Sen[13] amplia o conceito de liberdade, para, assim, contemplar outras expressões que também devem identificar a sua moderna concepção, afirmando que é "uma característica da liberdade possuir aspectos diversos que se relacionam a uma variedade de atividades e instituições [...] A liberdade é um conceito inerentemente multiforme, que envolve considerações sobre processos e oportunidades substantivas".

Apesar de todas as pessoas, em psicanálise, pelo menos, serem responsáveis por seus atos, observa-se que, em se tratando de Direito Penal, nem sempre são criminalmente responsabilizáveis, sob pena mesmo de ocorrer atribuição de sanções (castigo, reprovação, etc.) através da presunção de culpa, por vezes, determinada pela equivocada legitimação de um suposto "sentimento de culpa"[14], senão, através de expressões de preconceito, marginalização, exclusão e "expulsão social"[15]. O Sujeito – também "de Direito" – emancipa-se, sim, pela assunção de responsabilidades; eis, pois, o custo/preço de sua autonomia (protagonismo), mas, também, é certo que não é o único e exclusivo responsável, haja vista que vive em um mundo de relações (sociais), enfim, em uma comunidade que se pretende humanizável.

A "comunidade humana" nem sempre livre caracteriza, por assim dizer, a própria desumanidade, em razão do déficit de humanização das relações sociais; e, isto, encontra-se perceptivelmente vinculado às formas de controle

---

13 SEN, Amartya Kumar. *Desenvolvimento como liberdade*. São Paulo: Companhia das Letras, 2000. p. 366.

14 BATISTA, Nilo. A lei como pai. Passagens. *Revista Internacional de História Política e Cultura Jurídica*, vol. 2 nº 3, Rio de Janeiro, jan. 2010. p. 29-30. "A categoria culpa se inscreve num lugar privilegiado em ambos os saberes, porém com conteúdos e efeitos bem distintos. Na psicanálise a culpa é entendida como sentimento; este sentimento impõe ao sujeito certo sofrimento, para o qual se buscarão caminhos terapêuticos. No direito penal, a culpa é formulada como juízo; uma vez juridicamente constatado, tal juízo autoriza a imposição de sofrimento punitivo ao sujeito. Assim, enquanto a culpa como sentimento mobiliza uma intervenção psicanalítica que pretende atenuar ou curar o sofrimento do paciente, a culpa como juízo de reprovação habilita e legitima o próprio sofrimento punitivo a exercer-se sobre o condenado".

15 RAMIDOFF, Mário Luiz. *Direito da criança e do adolescente*: teoria jurídica da proteção integral. Curitiba: Vicentina. 2008.

social que se operam a título de "organização" estrutural e funcional decorrente de predeterminação cultural e político-ideológica.

Por isso mesmo, toda e qualquer proposição legislativa – destacadamente a que se destine à criação de crime e sanção penal – não pode, por mais abstrata que legal e legitimamente possa ser, olvidar da condição humana (existencial); senão, que, principalmente, também a interpretação/aplicação que se tiver de adotar, não pode partir de pressuposto (i)lógico absolutamente equivocado de que as todas pessoas são definitivamente iguais.

As liberdades públicas, aqui, são constituídas pelos interesses indisponíveis, os direitos individuais e as garantias fundamentais inerentes à vida digna de toda pessoa a ser necessariamente reconhecida como cidadã pelo Estado que se pretende Democrático (Constitucional) e de Direito, bem como pela sociedade que o compõe.

A efetivação das liberdades públicas, no entanto, depende da formulação e da execução democrática de políticas sociais públicas específicas a cada uma de suas expressões – vida, saúde, educação, pleno emprego, dentre outras – que, para o mais, assegurem a permanência e a manutenção das atividades positivas do Estado através de dotações orçamentárias compatíveis com as necessidades vitais básicas individuais e coletivas.

É, preciso, pois, construir e reconstruir diuturnamente um direito diferente para que seja viável a oferta de possibilidades de emancipação subjetiva entre iguais e diferentes, atendendo-se, assim, em proporção, as suas necessidades vitais específicas, com o intuito de que cada um possa melhorar a sua qualidade de vida individual e coletiva, em liberdade.

2.3. Emancipação subjetiva

A sanção penal é uma atividade negativa do Estado que tem por característica importante a restrição e/ou a supressão de direitos; isto é, não tem o condão de diretamente melhorar a condição de vida individual e/ou coletivo do agente a quem se atribui a prática de um crime. A emancipação subjetiva da pessoa, historicamente, confunde-se com o desenvolvimento civilizatório e humanitário que deveria ser experimentado por todos no mundo da vida vivida, vale dizer, "em sua existência concreta", segundo Arthur Kaufmann.[16] Pois, como bem destaca o Autor,[17] "a historicidade do direito é agora mais do

16 KAUFMANN, Arthur. *Filosofía del derecho*. Trad. Luis Villar Borda e Ana María Montoya. Bogotá: Universidad Externado de Colombia. 1999. p. 510.

17 KAUFMANN, Arthur. *Op. cit.* p. 510. "La historicidad del derecho es ahora más que nunca la dimensión decisiva que lo hace un *derecho humano*. Ella escapa a toda intervención técnica mediante máquinas, aparatos, computadores. Sólo el derecho histórico, que está abierto a los hombres en su existencia concreta, es verdaderamente derecho humano."

que nunca a dimensão decisiva que o faz um direito humano. Ela escapa a toda intervenção técnica mediante máquinas, aparatos, computadores. Só o direito histórico, que está aberto aos seres humanos em sua existência concreta, é verdadeiramente direito humano".

A questão fundamental relativamente aos direitos humanos, por isso mesmo, vincula-se às condições existenciais das comunidades humanas tanto quanto à possibilidade de construção de novas tradições culturais – políticas, sociais, econômicas, ideológicas, dentre outras – acerca de novas emergências que estão a exigir o reconhecimento, o respeito e a responsabilidade de uns pelos outros.

Portanto, a emancipação subjetiva da pessoa e da comunidade humana em que se vive não depende apenas da efetiva aplicação e integral cumprimento de uma sanção penal; senão, que, diversamente, exige a formulação legislativa e a execução orçamentária de políticas sociais públicas específicas, que, não sejam tão somente aquelas destinadas ao controle social (violento).

A emancipação subjetiva, isto é, a melhoria da qualidade de vida individual e coletiva, por isso mesmo, perpassa pelo reconhecimento, respeito e responsabilidade social para com as liberdades públicas, que, apesar de serem regulamentadas (limitações), certamente, não poderão ser substancialmente esvaziadas seja a que título for, senão, muito menos, para fins de responsabilização criminal.

2.4. Memento criminológico-crítico

Os modernos movimentos criminológicos de viés crítico estão longe de meramente legitimar a intervenção estatal de cunho repressivo-punitivo através da autorização e da justificação da formulação, aplicação e imposição do cumprimento de sanções penais.

O estudo das diversas vertentes criminológico-críticas, na verdade, passa a ser o próprio Direito Penal – assim, tomado objetivamente[18] como Sistema (Penal) –, e, não mais os verdadeiros fatores do crime e mesmo da criminalidade – a criminalidade, aqui, pode ser tomada como um dado estatístico metodologicamente construído para a fundamentar argumentativamente uma opção político-ideológica que pretende estabelecer uma certa concepção de mundo.

A criminologia crítica, hodiernamente, desenvolve estudos e pesquisas acerca dos processos de criminalização – primário (formulação legislativa); secundário (aplicação judicial); e, terciário (execução penal carcerário-peni-

18 BATISTA, Nilo. *Introdução crítica ao direito penal brasileiro*. Rio de Janeiro: Revan. 1990. p. 50

tenciária) – que se destinam ao controle sócio penal violento[19] daquilo que as hegemonias político-econômicas ditam como violência social-urbana.

A perspectiva criminológico-crítica é desenvolvida através da multiplicidade metodológica, enquanto possibilidade de abertura teórico-pragmática da dogmática jurídico-penal, permitindo-se, assim, que fossem viáveis outras abordagens e questionamentos de diferentes modos de interpretação e de práticas resolutivas.

Mas, isto, impõe, ao Sistema Penal, limitações interventivas, uma vez que relativiza os silogismos jurídico-legais (penais) caracteristicamente objetivos, precisamente, ao desvelar interesses nem sempre publicamente confessáveis que orientam as práticas repetitivas que incapacitam a administração, o gerenciamento e a operacionalidade do Sistema de Justiça Penal.

A mesmice dogmática (jurídico-penal) que orienta a organização, estruturação e funcionamento do Sistema de Justiça Penal não só permite, como, também, principalmente, favorece a falta de diálogo intersetorial (multidisciplinar), com um alto custo social, bem como para a Administração da Justiça, e, para a manutenção do regime democrático; pois, no final das contas, o que se sacrifica são as liberdades públicas, e, por consequência, a própria humanidade.

3. Sanção penal

Assim como é possível o reconhecimento de uma teoria jurídica tanto quanto uma teoria criminológica do crime, também, em relação à "pena" (sanção penal) é identificável a construção teórico-pragmática de viés dogmático-jurídico para a explicação e a legitimação – vale dizer, autorização e justificação – da intervenção (reação; resposta) estatal de cunho repressivo-punitivo; bem como a "teoria criminológica da pena".

Para Juarez Cirino dos Santos,[20] o "*discurso crítico* da teoria criminológica da pena é produzido principalmente pela teoria *materialista/dialética* da pena, fundada na distinção entre funções *reais* e funções *ilusórias* da ideologia penal nas sociedades capitalistas, proposta pela tradição marxista em Criminologia [...] Pasukanis, Rusche/Kirchheimer, Melossi/Pavarini e Baratta [...] Foucault".

Em linha com os supramencionados marcos teóricos, de viés crítico, é possível consignar que a reação estatal à prática de uma conduta considerada legalmente como delituosa é a sanção penal, comumente, denominada de

19 ANDRADE, Vera Regina Pereira de. *Ilusão da segurança jurídica*: do controle da violência à violência do controle penal. Porto Alegre: Livraria do Advogado, 1997.

20 SANTOS, Juarez Cirino dos. *Manual de Direito Penal*. Parte Geral. São Paulo: Conceito; Curitiba: ICPC. 2011. p. 248.

"pena", haja vista seu caráter – ainda que subliminar – repressivo-punitivo, uma vez que se destina à restrição e/ou supressão de direitos.

O crime, por assim dizer, constitui-se em um pressuposto lógico (legal) e necessário para a aplicação judicial de uma sanção penal, motivo pelo qual, a pena se encontra vinculada e proporcionalmente estabelecida à prática de um crime. No começo, historicamente, vinculou-se a pena ao crime a partir da concepção retributiva, segundo a qual era legitimamente possível a utilização de um "mal justo"[21] (pena) para contrapor-se a um "mal injusto" (crime).

Ainda, hoje, lamentavelmente, confunde-se a ideia de proporcionalidade como se fosse uma premissa autorizativa da concepção retributiva da pena, enquanto "mal necessário"; vale dizer, é o que equivocadamente pode ser admitido a partir da singela literalidade interpretativa do que se encontra disposto no *caput* do art. 59 do Código Penal, ou seja, que na "aplicação da pena" deva ser levado em conta o que for "necessário e suficiente para reprovação e prevenção do crime".

Por certo, que, a sanção penal "não se confina aos argumentos legais da pena necessária e suficiente para reprovação do crime", segundo Juarez Cirino do Santos[22], que, a reconhece como uma "retribuição equivalente", isto é, "como fenômeno sócio estrutural específico das sociedades capitalistas [...] corresponde aos fundamentos *materiais e ideológicos* das sociedades fundadas na relação *capital/trabalho assalariado*, porque existe como forma de *equivalência jurídica* fundada nas *relações de produção* das sociedades contemporâneas".

4. Sistema penal

O Sistema Penal pode ser tomado pela própria concepção de Direito Penal, enquanto ordenamento jurídico que regulamenta através de regras, princípios, fundamentos, objetivos, e, demais categorias elementares a formulação legislativa de crimes e das correspondentes sanções penais (penas), como, também, a aplicação judicial da legislação penal e a execução penal que se destina ao acompanhamento administrativo e jurisdicional do cumprimento da pena.

A concepção jurídico-penal dogmática de Sistema Penal, segundo René Ariel Dotti[23], é a de um sistema lógico, cujo funcionamento é regido por "princípios gerais e regras jurídicas que lhe dão validade e eficácia"; e, assim, através de um "conjunto articulado de *elementos*, exige a reunião de discipli-

21 NORONHA, Edgard Magalhães. *Direito penal.* Introdução e Parte Geral. Vol. 1. 37. ed. São Paulo: Saraiva. 2003. p. 225 e ss.

22 SANTOS, Juarez Cirino dos. *Op. cit.* p. 248-249.

23 DOTTI, René Ariel. *Curso de Direito Penal.* Parte Geral. 3. ed. São Paulo: Revista dos Tribunais. 2010. p. 68-69.

nas [...] tem-se que o *sistema positivo penal* é integrado pelas disciplinas do Direito Penal, do Direito Processual Penal e do Direito de Execução Penal".

4.1. Sistema de justiça penal

O Sistema de Justiça Penal é a articulação legalmente ordenada que estrutura e funcionaliza o desenvolvimento de atribuições, através do devido processo legal, para a responsabilização criminal do agente a quem se atribui a prática de uma conduta considerada delituosa.

A instância judicial, por isso mesmo, deve permitir, prevê e promover outras formas de composição e/ou de resolução de conflitos permitindo, assim, a construção de outros sentidos (conteúdos) de Justiça que não se resumam à concepção meramente formal de uma atividade processual ordenada a colocar um ponto final (amarramento) no conflito através da relação jurídica processual (processos e procedimentos).

A "justiça", na responsabilização criminal, também, deve ser alcançada através do atendimento e da atenção à realidade do mundo da vida vivida, e, não, apenas de forma resoluta como verdade (real) processualmente declarada, por vezes, absolutamente, divorciada das questões propostas na pretensão (penal e/ou executória) deduzida.

4.2. Jurisdição

A jurisdição pode ser tomada como uma estratégia para a melhoria da qualidade de vida individual e coletiva, e, isto, muito bem pode ocorrer quando deixar de ser unicamente uma prerrogativa[24] funcional do órgão julgador, e, assim, passar a ser um direito individual, de cunho fundamental, constitucional e legalmente (processual e procedimentalmente) reconhecido a pessoa.

A concepção de uma jurisdição emancipatória, portanto, deve contemplar teórica e pragmaticamente a prestação jurisdicional de medidas e providências legais que se destinem não somente à (re)solução jurídico-legal da questão proposta ao Sistema de Justiça Penal, mas, principalmente, ao asseguramento das liberdades públicas, e, por via de consequência, à manutenção do regime democrático.

Pois, como se sabe, em um Estado que se entende tanto "de Direito" quanto "Democrático", isto é, "Constitucional", os órgãos e as instituições

24 DIAS, Jorge de Figueiredo. Breve consideração de um tema recorrente: a "independência judicial". *In* BONATO, Gilson (org.). *Processo penal, Constituição e Crítica*: estudos em homenagem ao Prof. Dr. Jacinto Nelson de Miranda Coutinho. Rio de Janeiro: Lumen Juris. 2011. p. 397-406. O Autor reconhece o "direito do cidadão a um juiz independente"; no entanto ressalva que "não há, em caso algum, independência judicial contra a lei".

públicas não agem somente "de acordo" com a Lei, mas, também, "submetem-se" à Lei. Do contrário, as liberdades públicas – isto é, direitos individuais e garantias fundamentais – constitucionalmente estabelecidas não passariam de meras falácias, conforme observa Sérgio Urquhart de Cademartori.[25]

Por sua vez, Gustavo Britta Scandelari[26] observa que "permanece a distração de juízes e de pesquisadores, que veem na omissão da lei a resposta final a novos conflitos cuja adequada solução é, na realidade, plenamente possível e depende apenas do devido exercício da intelecção das normas já existentes, tanto legais quanto judiciais"; vale dizer, o pleno exercício de uma jurisdição emancipatória.

Isto é, de uma jurisdição que deve cada vez mais se constituir em um direito individual, de cunho fundamental, do jurisdicionado; e, consequentemente, ao longo do tempo, deixar de ser considerada na cultura jurídica como apenas uma prerrogativa funcional. Para tanto, é preciso uma mutação educacional na formação jurídica através da associação das importantes contribuições interdisciplinares com o intuito de que seja possível a construção de uma nova cultural jurídica ideologicamente demarcada pelo viés humanitário e socialmente consequente.

Portanto, por jurisdição emancipatória pode ser entendida toda a prestação jurisdicional que se destina ao acertamento de caso concreto (legal), de forma socialmente consequente, isto é, quando se propõe a adotar medidas legais que se destinam à melhoria da qualidade de vida individual e coletiva, através do asseguramento legal (processual) e constitucional das liberdades públicas, enquanto expressão do respeito e da responsabilidade pela manutenção do regime democrático.

---

25 CADEMARTORI, Sérgio Urquhart. *Estado de Direito e Legitimidade*: uma abordagem garantista. Porto Alegre: Livraria do Advogado. 1999. p. 166-169. Para o Autor, "pensar que a força de um 'bom poder' seja suficiente para satisfazer as aspirações da sociedade – e, ainda mais, imaginar que possa existir tal 'bom poder' – significa incorrer naquilo que Ferrajoli denomina 'falácia politicista'. Isto implica lutar pela construção de um complexo sistema de garantias que possa refrear o poder, neutralizando-o, instrumentalizando-o e, no limite, deslegitimando-o. Em contrapartida, ao lado da falácia politicista, encontramos a 'falácia garantista', que nada mais quer dizer do que imaginar que baste ter-se um sistema normativo adequado e pleno de garantias para que os poderes públicos sejam contidos em sua tendência antigarantista e, mais ainda, promovam a satisfação das carências materiais da sociedade. A missão do Estado de Direito não se esgota no plano normativo, é necessária a contínua luta social – isto é, fática e política – para assegurar o cumprimento do cometido estatal".

26 SCANDELARI, Gustavo Britta. *O crime tributário de descaminho*. Porto Alegre: Magister. 2013. p. 70 e 71.

4.3. Política institucional

Não só a ideia de justiça, mas, principalmente, as concepções organizacionais que estruturam e funcionalizam as instituições e os órgãos públicos, compõem o que se quer denominar de política institucional.

Cada uma das políticas institucionais respectivamente pertinente a cada um dos órgãos públicos devem ser concebidas como os seus planos de gestão (pública) para que não só seja possível otimizar o desenvolvimento das suas atribuições legais, mas, também, para que o maior número de pessoas possível possa cada vez mais ser contemplado pelo exercício dessas atividades estatais.

A busca pela realização de "justiça" não pode mais se resumir a um mero exercício silogístico decorrente de juízos *a priori*, essencialmente, indiscutíveis, como bem adverte Elda Coelho de Azevedo Bussinguer,[27] para quem, a "busca pela justiça parecer ser ainda um exercício meramente acadêmico, não tendo chegado ao 'chão da vida', ao cotidiano de nossas instituições e práticas".

E, essa busca, por outro lado, não deveria ensejar demandas que são consideradas desnecessárias tanto em razão da pouca adequabilidade da tutela jurisdicional requerida, quanto em virtude das (dis)funções organizacionais – estrutural e funcional – do Sistema de Justiça, principalmente, tendo-se em conta não só a duvidosa eficácia jurídica, como, também, a improvável efetividade social de suas intervenções.

O efeito colateral decorrente disto, é a ampliação do âmbito de atuação do "Poder Judiciário", então, comumente, denominado de "ativismo judicial" ou de "judicialização", através do qual o Sistema de Justiça é convocado para dar legitimidade – autorização e justificação – a distintas intervenções estatais, que, por sua natureza, deveriam ser desenvolvidas legitimamente pelos outros "Poderes" (Legislativo e Executivo).

Na verdade, o que se opera é uma indevida remessa das atribuições legais – "(in)competências" – dos Poderes Legislativo e Executivo para o Poder Judiciário, buscando-se, assim, legitimar interesses nem sempre publicamente confessáveis sob o fundamento da necessidade e do atendimento do clamor "social".

No final das contas, o que se percebe é a utilização, cada vez maior, de variados processos de judicialização, através dos quais é transformado em pretensão judicialmente deduzida tudo aquilo que deveria ser cumprido pelo Estado (Poderes Públicos) a título de atribuições legais.

O conjunto dessas atribuições legais é o que se denomina de "competência" de determinado "Poder", cuja objetividade é definida pela área de atuação legal de seus órgãos, que, para o mais, têm por função o cumprimento dessas atribuições não só como dever legal, mas, também, com vista à efetivação das liberdades públicas.

27 BUSSINGUER, Elda Coelho de Azevedo. *Op. cit.*

A efetivação das liberdades públicas, por isso mesmo, necessita de parâmetros objetivos que também devem ser orçamentariamente datados através da formulação e da execução de políticas sociais públicas específicas que se destinem à melhoria da qualidade de vida individual e coletiva (emancipação subjetiva), como, por exemplo, tendo-se em conta o direito à vida, saúde, educação, etc.

As políticas institucionais, por isso mesmo, para além de estabelecerem as diretrizes organizacionais – estruturais e funcionais – que se destinam à orientação do desenvolvimento válido e regular das atribuições legais pelos órgãos públicos, também, deverão contemplar os objetivos, critérios e parâmetros legais estabelecidos pelas políticas sociais públicas especificamente destinadas ao exercício e ao asseguramento das liberdades públicas.

Considerações finais

O crime, a sanção penal, o Sistema de Justiça Penal, enfim, o direito penal como sistema (Sistema Penal), em uma sociedade que se pretende livre, justa e solidária, não podem deixar de estarem intimamente vinculados à concepção moderna de Estado, isto é, de um Estado Democrático (Constitucional) e de Direito; no qual, as liberdades públicas sejam concebidas como limites e objetivos a serem respectivamente respeitados e alcançados, cada vez mais, por todos.

O Sistema Penal não pode mais se restringir a simplesmente responsabilizar criminalmente o agente a quem se atribui a prática de uma conduta considerada delituosa; senão, que, de igual maneira, deve também ser responsável pelo oferecimento de prestação jurisdicional socialmente consequente, cujo critério objetivamente concreto é a concepção democrática do próprio Estado.

As liberdades públicas, desta maneira, funcionam como critérios objetivos de verificação da legalidade e constitucionalidade das decisões judiciais, senão, propriamente, da própria validade, vigência e eficácia (jurídica e social) das normas penais para que assim não se contraponham aos ditames assecuratórios e limitativos que são pertinentes a todo regime que se entenda democrático.

Em um regime democrático, por assim dizer, constitucional, a sociedade e o Estado não só devem observar a lei (regras do jogo), senão, que, todos indistintamente devem submeterem-se à lei, enquanto (re)solução concreta das opções políticas democraticamente adotadas, segundo a consciência e a autodeterminação dos povos.

A jurisdição, por isso mesmo, não pode se substituir às atribuições constitucionais e legalmente destinadas aos gestores públicos relativamente à formulação e à execução de políticas sociais públicas específicas destinadas à efetivação das liberdades públicas.

Essas liberdades públicas – interesses indisponíveis, direitos individuais e garantias fundamentais –, por isso mesmo, estão a merecer uma nova concepção de jurisdição que lhes seja afeta não só jurídico-legalmente, mas, também, cultural (nova racionalidade, lógica) e político-ideologicamente, com o intuito de oferecer (re)soluções, cada vez mais adequadas, aos casos concretos (legais) que demandam tutelas jurisdicionais socialmente consequentes.

O desafio de uma jurisdição emancipatória, na contemporaneidade, é o de ter o compromisso social e democrático em assegurar o pleno exercício das liberdades públicas – interesses indisponíveis, direitos individuais e coletivos (sociais), e, garantias fundamentais –, tanto quanto a competência jurisdicional de determinar aos gestores públicos o cumprimento de suas atribuições legais, vinculando-as, assim, à efetivação e à execução das políticas sociais públicas específicas – destacadamente, por suas dotações orçamentárias.

Mas, para tal desiderato, é fundamentalmente importante que a jurisdição que se pretenda emancipatória não se preste a aumenta as injustiças sociais; senão, que, diversamente, não podem imobilizar o regular funcionamento das instituições democráticas que se organizam estrutural e funcionalmente para a efetivação das liberdades públicas, cuja finalidade deva ser sempre a melhoria da qualidade de vida individual e coletiva; enfim, a emancipação subjetiva.

Referências Bibliográficas

ANDRADE, Vera Regina Pereira de. *A ilusão da segurança jurídica*: do controle da violência à violência do controle penal. Porto Alegre: Livraria do Advogado. 1997.

BATISTA, Nilo. *Introdução crítica ao direito penal brasileiro*. Rio de Janeiro: Revan. 1990.

BATISTA, Nilo. A lei como pai. Passagens. *Revista Internacional de História Política e Cultura Jurídica*, vol. 2 nº 3, Rio de Janeiro, jan. 2010.

BONATO, Gilson (org.). *Processo penal, Constituição e Crítica*: estudos em homenagem ao Prof. Dr. Jacinto Nelson de Miranda Coutinho. Rio de Janeiro: Lumen Juris. 2011.

BUSSINGUER, Elda Coelho de Azevedo. O "chão da vida": por uma mudança de paradigmas. *In* VESCOSI, Renata Conde e BUSSINGUER, Elda Coelho de Azevedo (coords.). *Psicanálise e Direito*: uma abordagem interdisciplinar sobre ética, direito e responsabilidade. Rio de Janeiro: Companhia de Freud. 2013.

DIAS, Jorge de Figueiredo. Breve consideração de um tema recorrente: a "independência judicial". *In* BONATO, Gilson (org.). *Processo penal,*

Constituição e Crítica: estudos em homenagem ao Prof. Dr. Jacinto Nelson de Miranda Coutinho. Rio de Janeiro: Lumen Juris. 2011.

DOTTI, René Ariel. *Casos criminais célebres*. 3. ed. São Paulo: Revista dos Tribunais. 2003.

DOTTI, René Ariel. *Curso de Direito Penal*. Parte Geral. 3. ed. São Paulo: Revista dos Tribunais. 2010.

DOTTI, René Ariel. A incapacidade criminal da pessoa jurídica: uma perspectiva do direito brasileiro. *In* PRADO, Luiz Regis e DOTTI, René Ariel (coords.). *Responsabilidade penal da pessoa jurídica*: em defesa do princípio da imputação penal subjetiva. 2. ed. São Paulo: Revista dos Tribunais. 2010.

KAUFMANN, Arthur. *Filosofía del derecho*. Trad. Luis Villar Borda e Ana María Montoya. Bogotá: Universidad Externado de Colombia. 1999.

KNOPFHOLZ, Alexandre. *A denúncia genérica nos crimes econômicos*. Porto Alegre: Núria Fabris. 2013.

NORONHA, Edgard Magalhães. *Direito penal*. Introdução e Parte Geral. Vol. 1. 37ª ed. São Paulo: Saraiva. 2003.

POLITZER, Georges. *Princípios elementares de filosofia*. Trad. Sílvio Donizete Chagas. 2. ed. São Paulo: Centauro. 2001.

PRADO, Luiz Regis e DOTTI, René Ariel (coords.). *Responsabilidade penal da pessoa jurídica*: em defesa do princípio da imputação penal subjetiva. 2. ed. São Paulo: Revista dos Tribunais. 2010.

RAMIDOFF, Mário Luiz. *Direito da criança e do adolescente*: teoria jurídica da proteção integral. Curitiba: Vicentina. 2008.

RAMIDOFF, Mário Luiz. *Brasil*: segurança pública e direitos humanos. *In* KNOERR, Viviane Coêlho de Séllos (org.). *Diálogos (Im)pertinentes: Estado, direito e democracia*. Curitiba: Instituto Memória. 2014.

SANTOS, Juarez Cirino dos. *Manual de Direito Penal*. Parte Geral. São Paulo: Conceito; Curitiba: ICPC. 2011.

SCANDELARI, Gustavo Britta. *O crime tributário de descaminho*. Porto Alegre: Magister. 2013.

SEN, Amartya Kumar. *Desenvolvimento como liberdade*. São Paulo: Companhia das Letras, 2000.

VESCOSI, Renata Conde e BUSSINGUER, Elda Coelho de Azevedo (coords.). *Psicanálise e Direito*: uma abordagem interdisciplinar sobre ética, direito e responsabilidade. Rio de Janeiro: Companhia de Freud. 2013.

RENÉ ARIEL DOTTI: O ADVOGADO DA LIBERDADE[1]

Priscilla Placha Sá

"A Constituição e o Estatuto da OAB declaram que "o advogado é indispensável à administração da Justiça". Essa proclamação indica não apenas as relações formais, estabelecidas entre o procurador da parte e o juiz, isto é, entre o pedido e a decisão, mas, também, relações materiais, porque a classe dos advogados e as instituições e órgãos do sistema judiciário devem manter solidariedade no trato de problemas comuns."

(René Ariel Dotti, em discurso proferido no ano de 2006, quando recebeu a Medalha José Vieira Netto, do Conselho Seccional da Ordem dos Advogados da Seccional do Paraná. Cf. http://www.migalhas.com.br/Quentes/17,MI32363,71043-Discurso+do+mestre+Rene+Ariel+Dotti+agradecendo+homenagem+da+OABPR. Acesso em: 20 mar. 2016)

RESUMO: A profissão da Advocacia, principalmente a atuação do Advogado criminalista, chega mesmo a ser "demonizada" por boa parte da população. Quando se tem em conta os clientes desse advogado o ódio fica ainda mais evidente. Esquece-se, assim, que independente de qualquer coisa o Advogado criminalista defende os direitos desses clientes e não suas ações. Dentre as várias causas em que autuou, estão a "Guerra do Pente", ocorrido em 1959, o caso do "Última Hora", as operações "Três Passos e Barriga Verde" no período da Ditadura civil-militar e, atualmente, no caso que envolve o ex-Deputado Estadual Carli Filho. O Advogado René Ariel Dotti, nesse sentido, por acreditar no direito de defesa e da liberdade, não deixou que dificuldades ou a impopularidade fossem óbices para aceitar uma causa.

PALAVRAS CHAVE: Advocacia Criminal; Liberdade; René Ariel Dotti.

TITLE: René Ariel Dotti: The Lawyer Of Liberty.

ABSTRACT: The Lawyer's career, especially criminal lawyer's role, becomes even "demonized" by much of the population. Considering that lawyer's customers, the hate gets more evident. People forget that, apart of anything, the criminal lawyer defends the rights of these clients and not their actions. Among the several causes in which acted, there are the

1 O presente artigo foi desenvolvido tomando como base o texto elaborado para a coletânea "Cadernos da OAB/PR", intitulado "FEITICEIRAS E O ADVOGADO DO DIABO NO TABULEIRO DE XADREZ", acerca do tema Prerrogativas Profissionais.

"Guerra do Pente", occurred in 1959, the case of the "Última Hora", the "Três Passos e Barriga Verde" operations at the civil-military dictatorship's period and, currently, the case involving the former State Deputy Carli Filho. The attorney René Ariel Dotti, thus, for believing in the defense's and freedom rights, did not let that difficulties or unpopularity become obstacles to accept a cause.

KEYWORDS: Criminal Lawyer; Liberty; René Ariel Dotti

1. Afinal quem é o Professor e Advogado René Ariel Dotti?

Fazia eu essa pergunta na minha adolescência. Decidida que estava (alguns anos antes do vestibular) a fazer a Faculdade de Direito (quase sinônimo de "Faculdade de Direito Penal"), a saudosa e querida D. Cilene Pegoraro Krause, que – por laços de parentesco consaguíneos com o Professor René e de afinidade comigo – conhecia-me desde criança e já começava a me apresentar a figura do Professor e Advogado René Ariel Dotti. Dizia: "*minha filha se você quer atuar na área criminal, precisa conhecer o René, ele é um colosso*". Confesso que, lá na minha adolescência, especialmente porque não tinha pessoas próximas que fossem da área jurídica, não era possível – ainda – dimensionar a importância e a pujança da pessoa de nosso homenageado.

Esse desconhecimento, porém, não demorou muito a se desfazer, seja pela insistência da D. Cilene, em sempre me lembrar da história de vida pessoal e profissional do Professor René, seja por sempre referir sua conduta bravia e destemida (em muitos episódios notórios de nossa senda jurídica), mas muito porque – no meio jurídico, no início da década de 90, quando comecei a faculdade de Direito – seu *lugar* há muito estava absolutamente sedimentado tanto como Advogado Criminal quanto de Professor de Direito penal. Isso a um só tempo lhe conferia a posição de profundo conhecedor das Ciências Penais (objeto provável de consideração de muitos dos artigos dessa Coletânea) e aguerrido Advogado, especialmente, na esfera criminal (ponto em que me dedico nas próximas páginas).

Apesar da proeminência do homenageado, assinalo que – de certo modo – sinto-me à vontade, embora com profundo respeito, para escrever o que me propus, pois – sorte minha – é a segunda vez que tenho a oportunidade de fazê-lo. A primeira foi no ano de 2012 quando, em um evento tradicional na Ordem dos Advogados do Brasil – Seccional do Paraná, a cada triênio homenageia-se um Advogado Criminal, fui escolhida para fazer a homenagem, em nome de meus Colegas.

O Advogado René Ariel Dotti formou-se na Faculdade de Direito da Universidade Federal do Paraná, em 1958,[2] lá concluindo sua tese de

2 Cf. http://www.dotti.adv.br/equipe_rene.htm. Acesso em: 15 fev. 2016.

doutoramento no ano de 1981[3]. Desde a Faculdade, o envolvimento em questões culturais, históricas e políticas marcaria para sempre o perfil de um homem completo que, embora, com trânsito marcado na carreira de Advogado e de Professor de Direito penal, atuaria em institutos, organismos de pesquisa, comissões legislativas e grupos de trabalho, entre outros.

Sua perspicácia, singularidade e competência fluem na escrita e na fala, e, com elas sustenta seus posicionamentos em prol da causa que lhe fora confiada, por mais difícil e impopular que seja[4]. A advocacia estabelecida na cidade de Curitiba – iniciada no "escritório por conta própria" numa pequena sala com duas cadeiras e uma mesa na Dr. Muricy[5], atualmente sediada na Avenida Marechal Deodoro – não limitou a sua atuação ao cenário paranaense ou nacional, nem como Professor, nem como Advogado.

Seguindo com absoluta retidão os mandamentos anunciados por Eduardo Couture e que o Estatuto da Ordem dos Advogados do Brasil fez questão de positivar, tornou-se um dos maiores Advogados criminalistas da história da advocacia brasileira. Reconhecido por seus pares e por sua entidade profissional, foi agraciado, dentre uma série de comendas e premiações, com a Medalha José Rodrigues Vieira Netto. Da pessoa que de quem se emprestou o nome à Medalha, recebera conselhos e também o mandato para, junto com o também inesquecível Élio Narezi, defendê-lo das acusações que lhe pesavam pela filiação ao Partido Comunista perante a Auditoria Militar, durante a Ditadura Civil-Militar do Brasil.

Desde aí emerge uma das características do Advogado criminalista, que inspira desde os novatos aos mais experientes, que é o apreço pela liberdade. A conduta profissional do Advogado René Ariel Dotti inspira a advocacia a bradar pela liberdade e pela necessidade inconteste de se verem respeitados os direitos e as regras do jogo jurídico, mesmo nos momentos mais duros e difíceis como o foram os anos de Ditadura.

---

3 Cf. http://lattes.cnpq.br/0858587999257060. Acesso em: 14 fev. 2016.

4 V. *O polêmico René Dotti: Superman, Kafka, Voltaire e ele*. Disponível em: http://www.gazetadopovo.com.br/vida-e-cidadania/especiais/perfil/o-polemico-rene-dotti-superman-kafka-voltaire-e-ele-823609k6wwnkal8cvwf7wzyz0. Acesso em: 20 mar. 2016.

5 René Ariel Dotti, em discurso proferido no ano de 2006, quando recebeu a Medalha José Vieira Netto, do Conselho Seccional da Ordem dos Advogados da Seccional do Paraná. Disponível em: http://www.migalhas.com.br/Quentes/17,MI32363,71043-Discurso+do+mestre+Rene+Ariel+Dotti+agradecendo+homenagem+da+OABPR. Acesso em: 20 mar. 2016.

2. Que *lugar* ocupa o Advogado?

O *Martelo das Feiticeiras*[6] idealizou um modo de investigação no Séc. XV, que ainda hoje parece constituir para alguns, um "manual" para obter a *verdade*, *verdade* que as "feiticeiras" escondiam da Inquisição. A cruzada a que se lançou divisava na persecução penal-inquisitorial o bem e o mal. Embora a questão fundamental do *Malleus Maleficarum* – que é o papel da mulher – seja controversa[7], o fato é que se impunha às bruxas e feiticeiras dor, sacrifício, devassidão da alma e do corpo. Para expurgar o mal que as acometia e que ditava o comportamento traiçoeiro e satanizado, dando-lhes como destino a fogueira. Ainda hoje, em Moçambique, mulheres tidas como bruxas podem ter um dos olhos furados ou uma orelha arrancada a fim de marcá-las por sua maledicência e mau agouro[8].

Um século depois, seriam criadas para o processo de santificação duas figuras, que perdurariam por dois séculos: o Promotor da Fé e o Advogado do Diabo, àquele incumbia a defesa do nome e da pessoa a santificar e a este – pela dialética e pela investigação – a tarefa de desconstituir a prova apresentada para o tal cânone que se queria.

A expressão miltoniana fez constar em filme de mesmo nome "Advogado do Diabo", estrelado por Al Pacino, a quem cabia o papel do Advogado John Milton que seduzia o jovem e talentoso Advogado Kevon Lomax, interpretado por Kennu Reaves. Expressão que tem muito a dizer sobre o que se pensa sobre o *lugar* do Advogado, o papel que desempenha e as prerrogativas que lhe cabem.

Num processo de partes, ao abrir o tabuleiro de xadrez é necessário que o enxadrista visualize, além das casas, o *lugar* de cada uma destas peças e o modo como elas podem mover-se no tabuleiro. Aí é que parece ser possível dizer que a disputa é entre os dois jogadores: o que detém as peças brancas e o outro que está com as pretas. Mas esta não pode ser uma disputa entre as peças, senão dos próprios jogadores. A disputa nos processos criminais não pode ser entre os atores processuais, pois que eles não disputam nada. Há algo maior que todos eles. Por isso, a expressão "quem vai ganhar a causa" significaria um desvio do tabuleiro processual. Cada peça tem uma função, um lugar e um modo de se mover. O Advogado René Ariel Dotti ilustra, como poucos, a figura da defesa que ocupa esse *lugar*.

---

6 KRAMER, Heinrich; SPRENGER, James. *O Martelo das Feiticeiras*. Introdução histórica de Rose Maria Muraro. Tradução de Paulo Fróes. Do original: *Malleus Maleficarum*. 22ª ed. Rio de Janeiro : Record : Rosa dos Tempos. 2011.

7 ZAFFARONI, Eugenio Raúl; BATISTA, Nilo *et al. Direito Penal Brasileiro : primeiro volume* – Teoria Geral do Direito Penal. Rio de Janeiro : Revan. 2ª ed., 2003, p. 510 e ss.

8 SERRA, Carlos. *Linchamentos, amarradores de chuva e cólera social* : fusíveis sociais que saltam em Moçambique. In Revista Brasileira de Ciência Criminais. V. 81. Nov.-Dez. 2009, p. 195-208.

Em face disso é que um dos maiores desafios dos tempos atuais é transpor e modificar certo sentido cultural que se cola negativamente ao papel do Advogado e suas prerrogativas profissionais. Inclusive por compreender porque um Advogado aceita uma determinada causa. Isso passa por uma construção histórica que não se descola de dada cultura e nem do modo de pensar. Os signos e os símbolos evocados quando se ouve determinado som ou se vê determinada imagem são interpretados – em seus significantes – de acordo com certa herança histórica, que a um só tempo, demanda por experiências coletivas e também particulares[9].

Assim, parece ser necessário pensar nos signos e nos símbolos apresentados no que toca a ideia do papel do Advogado e suas prerrogativas, dado que sua significância, segundo a literalidade dos dicionários, vem como sinônimo de *regalias e privilégios*. E isso passa mesmo não só pelo senso comum, mas pelo mundo do direito e pode se sedimentar na mente de alguns de seus atores.

No campo da advocacia criminal, porque é do *lugar* de onde se fala aqui e é o sentido da homenagem a um de seus maiores símbolos, o caráter absoluto das prerrogativas realmente tem sido colocado em xeque em pleno estado democrático de direito. Talvez porque se entenda que o acusado de crime (tal e qual as feiticeiras) é devasso, é o mal em si; contra ele alguns lampejam todo um vocabulário que é misto de biologia e patologia (é um câncer, um micróbio, um louco, um doente). Para ele não há direitos e nem estado de direito. Como extensão, ao Advogado e suas prerrogativas, ao Advogado que é tido como Advogado do Diabo.

Por vezes, as prerrogativas passam a ser compreendidas como aqueles *privilégios* ou *regalias*; no imaginário, as *feiticeiras* e suas poções multiplicam-se e as peças espalham-se desordenadamente por todo o tabuleiro-processual de xadrez. Os *lugares* se confundem. O modo como se comunica a estética e a ética dos Advogados coloca-os em xeque. O filme "O Advogado do Diabo" figura como exemplo disso: o sucesso somente adviria de uma conduta ligada com a corrupção, com a devassidão, com a imoralidade e com o sacrifício familiar. Conduta ligada com o mal.

Algumas representações comunicacionais sobre o sistema de justiça criminal no Brasil permitiriam certas reflexões que se encaminham para o *espetáculo*, não raro similar aos produzidos pelas fogueiras: (a) boa parte dos julgamentos aparece como sendo feitos pelo Júri (até mesmo questões de família ou cíveis!); (b) a configuração arquitetônica e as falas são contundentes; (c) os Advogados dividem-se em dois tipos: os bem-sucedidos têm caráter duvidoso ou defendem "gente importante" (como se esta gente não

9 ELIAS, Norbert. A *Sociedade dos Indivíduos*. (Organizado por Michael Schröter; trad. Vera Ribeiro; revisão técnica e notas Renato Janine Ribeiro). Rio de Janeiro: Zahar Editor. 1994.

tivesse direitos a serem defendidos); de outro lado, os mal-sucedidos, normalmente atendendo "gente pobre" (como se também estes não merecessem defesa), são apresentados como incompetentes, pouco estudiosos, amassados, rotos (como seus clientes).

A divisão social aparece para os Advogados como um divisor de águas que alimenta o dito que afirma que "quem tem um bom Advogado não vai para a Cadeia". Frase esta que tem um efeito simbólico fantástico, pois consagra o fato de que só a gente bem nascida é quem experimentaria o Estado democrático de direito. Uma marca comum, entretanto, que se comunica é a de que: Advogados bem e mal-sucedidos têm caráter duvidoso, por defenderem direitos são vistos como burladores de lei e como aqueles que atrapalham a investigação, como quem arrasta o processo e emperra a justiça porque quer ouvir as testemunhas. Para que se já se sabe que é o autor do crime? Para que se o acusado é o mal em si?

A propósito, o caso do Professor Lamartine, narrado pelo Professor René Ariel Dotti, que em processo perante a Auditoria Militar, foi preso em flagrante por desacato, por insistir em fazer perguntas para a testemunha. Momento em que, o Advogado René e todos os que lá estavam disseram que se fosse para prender o Professor Lamartine, todos também iriam ser presos.[10]

O fato é que estas representações e imagens podem imprimir um *habitus* mental e condicionar uma *cultura*, que se instaura e que parece encontrar algum reflexo no próprio sistema processual. O sistema processual acusatório prestigia acusação formal. Nele a investigação também pode ser feita pela Defesa, pois há uma verdadeira paridade de armas com a Acusação. O juiz ocupa um *lugar* distante das partes, que preserva os acusados e seus direitos, cuida da prova e de sua legalidade, mas não a determina e nem a busca. A premissa é de que o Advogado exerce atividade constitucional e suas prerrogativas são invioláveis e não se trata de *regalias* ou *privilégios*.

Mesmo a expressão "advogado porta de cadeia", usada não raro para tratar com desdém profissionais da área criminal, implica em que se compreenda o verdadeiro mister da advocacia criminal. O próprio Advogado René Ariel Dotti explica que "a porta de cadeia, apesar de caracterizar uma ante-sala do inferno, não pode permanecer fechada pela indiferença ou pela ilegalidade quando o ser humano que está no seu interior deve ser presumido inocente e tem o sagrado direito à defesa."[11]

---

10 René Ariel Dotti, em discurso proferido no ano de 2006, quando recebeu a Medalha José Vieira Netto, do Conselho Seccional da Ordem dos Advogados da Seccional do Paraná. Disponível em: http://www.migalhas.com.br/Quentes/17,MI32363,71043-Discurso+do+mestre+Rene+Ariel+Dotti+agradecendo+homenagem+da+OAB PR. Acesso em: 20 mar. 2016.

11 DOTTI, René Ariel. *Advogado porta de cadeia*. Disponível em: http://www.professordotti.com.br/advogado-porta-de-cadeia/. Acesso em: 20 mar. 2016.

3. As causas malditas

A dificuldade ou impopularidade de uma causa nunca foram óbices para o Advogado René Ariel Dotti atuar na defesa dos direitos de quem quer que seja. Postura que marca a percepção aguda e sutil de que o Advogado criminalista não defende os atos de seus clientes e sim defende os direitos desses clientes. A eventual responsabilidade criminal, por mais grave que seja o fato imputado, não macula o direito de ninguém a ter uma defesa. Ninguém. Em nenhum momento. Do contrário, o tripé do processo criminal estaria sempre desequilibrado.

A atuação por ele realizada, desde os tempos da Ditadura civil-militar, como já aludido em relação ao Professor e Advogado José Rodrigues Vieira Netto, demonstra que é preciso permanecer incontinenti e aguerrido e não timorato frente ao arbítrio e às paixões já nos tempos mais sombrios e quando os ânimos e a opinião popular inclinam-se por um sistema punitivo agigantado e por uma restrição de direitos e garantias.

O profundo conhecimento da história e do passado do sistema de justiça criminal faz com que o Advogado René Ariel Dotti tivesse a sensibilidade de assinalar, no prefácio de seu livro *Casos Criminais Célebres*, que "(...) o resultado dessa investigação em linhas paralelas demonstra que a *condição humana* tem, invariavelmente, a mesma substância de realidade e fantasia, de verdade e mentira, de amor e ódio, de grandeza e mesquinhez, em todas as Idades demarcadas pelos calendários."[12] Aludindo ao emblemático processo Dreyfus, cuja defesa incumbiu a Ruy Barbosa, lembra que "o *erro judiciário* e a *prova ilícita*, como faces da mesma moeda que circula nos mercados do preconceito e da presunção, estão aqui reunidos neste e em outros casos que se tornam notórios, quer pela presença de tais componentes, como também pela inobservância de princípios e regras do devido processo legal."[13]

Dentre as causas confiadas a sua defesa, o Advogado René Ariel Dotti atendeu algumas que já narrou, inclusive rindo-se do desenrolar do episódio, como o ocorrido em 1959 e conhecido como a "Guerra do Pente", que sucedeu a uma disputa entre um militar, que adquirira um pente, próximo ao Bar Primor, na Praça Tiradentes e que queria a nota fiscal, e um comerciante que não quis dar e acabou provocando a fratura da perna do cliente[14].

Outras bem mais difíceis e tortuosas, inclusive ingratas para o seu tempo, como as defesas realizadas durante a Ditadura Civil-Militar, já no dia seguinte ao Golpe. Ele e vários advogados atenderam, graciosamente, presos

12 DOTTI, René Ariel. *Casos criminais célebres*. 3ª ed. rev. e ampl. Revista dos Tribunais: São Paulo. 2003, p. 7.

13 DOTTI, René Ariel. *Casos criminais célebres*. 2003, p. 7.

14 *René Ariel Dotti – advogado, ele sonha com a liberdade abrindo suas asas sobre nós*. Entrevista ao Jornal Indústria e Comércio. Edição de 20 de maio de 1986.

políticos, dentre os quais jornalistas, professores e também advogados, em tantos outros momentos das décadas de 60e 70, como no caso da sucursal do "Última Hora", em Curitiba, nas operações Três Passos e Barriga Verde,[15] e naquele que seria o caso que mais emocionaria o Advogado René, que foi a defesa de Clair Flora Martins, também advogada.[16]

Na atualidade, também, atua na defesa de casos polêmicos. Um deles é o caso que envolve o ex-Deputado Estadual Carli Filho.

A defesa atenta e atuação judiciosa marca a carreira do Advogado criminalista René Ariel Dotti que faz lembrar a importância e a necessidade da presença da defesa para que se tenha um processo de partes. Ao Advogado cabe ouvir as lamúrias humanas, compreender as paixões e ao perceber a tragédia que envolve a vida das pessoas diante de uma causa criminal atuar de modo fiel e solidário na defesa dos direitos e lembrar sempre do rumo contemporâneo dos processos criminais que, se não pelo real da prisão, tem que lidar ao menos com a ameaça do simbólico da retirada das liberdades.

4. *Tragédia*: quando o mundo acabar só ficarão os Advogados e as baratas

A *inimizade*, desde o Martelo das Feiticeiras, e as múltiplas, criativas e convenientes associações de inimigos nublam a concepção da tragédia humana, nas palavras de Leandro Ayres França[17]. Numa perspectiva quase a-histórica, parece ser possível dizer que ao Advogado incumbe a tarefa de promover um novo olhar. "Uma nova percepção revela que sob as vestes de culpados, de vítimas, de santos e de marginais, há seres humanos. Trata-se de uma postura *trágica*. (...) *Ser* trágico é aceitar a precariedade da vida, vivê-la com todas as suas contradições – virtudes e vícios –, é dialogar com a alteridade, até que a crise se transforme em compreensão."[18]

França cita o grande e imortal Evandro Lins e Silva, a quem o ora homenageado dedica sempre o seu texto *Casos Criminais Célebres*, *batoniêr* da advocacia criminal, para lembrar a fragilidade da vida. O Professor e Advogado René Ariel Dotti, profundo conhecedor das artes, escritor e ator, parece ter-

15 *René Ariel Dotti – advogado, ele sonha com a liberdade abrindo suas asas sobre nós*. Entrevista ao Jornal Indústria e Comércio. Edição de 20 de maio de 1986.

16 *O polêmico René Dotti: Superman, Kafka, Voltaire e ele*. Disponível em: http://www.gazetadopovo.com.br/vida-e-cidadania/especiais/perfil/o-polemico-rene-dotti-superman-kafka-voltaire-e-ele-823609k6wwnkal8cvwf7wzyz0. Acesso em: 20 mar. 2016.

17 FRANÇA, Leandro Ayres. *Inimigo ou a inconveniência de existir.* Rio de Janeiro: Lumen Juris. 2012.

18 FRANÇA, Leandro Ayres. *Inimigo ou a inconveniência de existir.* 2012, p. 525.

-se apropriado de tais saberes para o protagonismo dessa advocacia, que serve de exemplo da finitude da vida e da ameaça da morte.

A advocacia criminal em tempos atuais ocupa um *lugar* que é quase ali no anteato do fim, tentando quase que como última tese de defesa a de fazer ver que no código da vida os envolvidos numa causa criminal são, antes de tudo, seres humanos. Por vezes, os advogados da esfera criminal são tomados como verdadeiros empecilhos ao poder punitivo, à ira coletiva e ao cultivo do medo, obstáculos ao linchamento moral; últimos sobreviventes no final dos tempos. Assim, como as baratas.

> *"E tenho falado muito na liberdade de não ter medo. O medo torna a alma refém".*
>
> *(O polêmico René Dotti: Superman, Kafka, Voltaire e ele. Disponível em: http://www.gazetadopovo.com.br/vida-e-cidadania/especiais/perfil/o-polemico-rene-dotti-superman-kafka-voltaire-e-ele-823609k6wwnkal8cvwf7wzyz0. Acesso em: 20 mar. 2016).*

Referências Bibliográficas

DOTTI, René Ariel. **Casos criminais célebres**. 3ª ed. rev. e ampl. Revista dos Tribunais: São Paulo. 2003.

________. **Advogado porta de cadeia**. Disponível em: http://www.professordotti.com.br/advogado-porta-de-cadeia/. Acesso em: 20 mar. 2016.

ELIAS, Norbert. **A Sociedade dos Indivíduos**. Organizado por Michael Schröter; trad. Vera Ribeiro; revisão técnica e notas Renato Janine Ribeiro. Rio de Janeiro: Zahar Editor. 1994.

FRANÇA, Leandro Ayres. **Inimigo ou a inconveniência de existir**. Rio de Janeiro: Lumen Juris. 2012.

KRAMER, Heinrich; SPRENGER, James. **O Martelo das Feiticeiras**. Introdução histórica de Rose Maria Muraro. Tradução de Paulo Fróes. Do original: *Malleus Maleficarum*. 22a. ed. Rio de Janeiro: Record / Rosa dos Tempos. 2011.

René Ariel Dotti – advogado, ele sonha com a liberdade abrindo suas asas sobre nós. Entrevista ao Jornal Indústria e Comércio. Edição de 20 de maio de 1986.

René Ariel Dotti, em discurso proferido no ano de 2006, quando recebeu a Medalha José Vieira Netto, do Conselho Seccional da Ordem dos Advogados da Seccional do Paraná. Disponível em: http://www.migalhas.com.br/Quentes/17,MI32363,71043-Discurso+do+mestre+Rene+Ariel+Dotti+agradecendo+homenagem+da+OABPR. Acesso em: 20 mar. 2016.

SERRA, Carlos. **Linchamentos, amarradores de chuva e cólera social** : fusíveis sociais que saltam em Moçambique. In Revista Brasileira de Ciência Criminais. V. 81. Nov.-Dez. 2009, p. 195-208.

ZAFFARONI, Eugenio Raúl; BATISTA, Nilo *et al.* **Direito Penal Brasileiro: primeiro volume** – Teoria Geral do Direito Penal. 2ª ed. Rio de Janeiro: Revan. 2003.

REFLEXÕES SOBRE CONFIANÇA, DESCONFIANÇA, CORRUPÇÃO E DEMOCRACIA NO BRASIL

Rodrigo Régnier Chemim Guimarães

RESUMO: O artigo pretende refletir a respeito da importância da confiança e da desconfiança como valores sociais que podem impactar tanto na consolidação quanto na dissolução do processo democrático. Procura, assim, esclarecer que não obstante a confiança só possa ser considerada um "princípio" quando analisada em casos específicos no âmbito penal, no Estado Democrático de Direito ela deve preponderar como valor a nortear tanto as relações interpessoais quanto aquelas estabelecidas com o poder público. Explora, também, a necessidade de se compreender que não obstante tanto o determinismo psicológico quanto o social guardem forte influência na formação de modelos de agir, a natureza humana ainda admite espaços de liberdade para dizer não à corrupção. Por fim, indica a necessidade de se repensar mecanismos de controle interno e externo que permitam reverter o quadro crônico de desconfiança da população com a administração pública, contribuindo para a consolidação definitiva da democracia no Brasil.

PALAVRAS-CHAVE: Confiança. Desconfiança. Corrupção. Livre arbítrio. Determinismo. Democracia.

TITLE: Reflections on Trust, Mistrust, Corruption and Democracy in Brazil.

ABSTRACT: The paper intends to reflect on the importance of trust and distrust as social values that can impact both in the consolidation and in the dissolution of the democratic process. Therefore seeks to clarify that despite the trust can only be considered a "principle" when analyzed in specific cases in criminal law, the democratic rule of law it must prevail as a value to guide both interpersonal relationships as those established with the government . Explore also the need to understand that despite both psychological and social determinism keep strong influence on the formation of models of acting, human nature still allows spaces of freedom to say no to corruption. Finally, indicate the need to rethink internal and external control mechanisms to reverse the chronic condition of people's distrust of the government, contributing to the definitive consolidation of democracy in Brazil. The paper seeks to examine the conceptual delimitation of the Economic Criminal Law from the material notion of legal asset protected (economic order) and its main features.

KEYWORDS: Trust. Distrust. Corruption. Free will. Determinism. Democracy.

1. Entre "murais de argila" e "cinzeis da esperança".

"...tive a alegria de falar para um imenso público de jovens. Eles compõem um mural feito com a argila do presente e o cinzel da esperança." (RENÉ ARIEL DOTTI)[1]

Tive a honra de ter sido aluno do Professor René Ariel Dotti ao longo de três anos na disciplina de Direito Penal na graduação (1988-1990), outro ano na especialização em Ciências Penais (1992) e outro mais no Mestrado em Direito das Relações Sociais (1994) junto à Faculdade de Direito da Universidade Federal do Paraná. Em todas as ocasiões pude constatar a grandeza de eloquência, caráter e conhecimento jurídico do ilustre Professor. Quem já teve a oportunidade de ouvi-lo sabe que seu conhecimento não é circunscrito ao Direito Penal e ao Processo Penal, apresentando invejável cultura de múltiplos matizes. História, sociologia, filosofia e cultura geral sempre ilustraram suas aulas, embelezando sua exposição e enriquecendo seus exemplos. O Professor René ainda busca forças para intercalar o discurso jurídico com suas procedentes preocupações com a garantia das liberdades públicas[2], jamais se afastando de promover contundentes críticas políticas aos variados problemas do *status quo*, na defesa intransigente das liberdades e da cultura de nosso povo. Talvez por isso, em livro que visa homenageá-lo, escolhi um tema que procura transitar entre um campo e outro, com a pretensão de contribuir para não deixar morrer a esperança por dias melhores. Um tema que revela a mesma preocupação que sempre permeou a vida do Professor René Dotti: a da consolidação da democracia e o afastamento do totalitarismo. Se um dia fui seu aluno, apreendendo suas lições como mais um integrante de seus murais feitos com a argila daquele presente, hoje, neste breve ensaio que procura estabelecer as relações entre a confiança, a corrupção e a consolidação da democracia, procuro reavivar suas lições e reforçar a expectativa de que possamos sempre ter novos "cinzéis da esperança" na linha de frente dessa batalha constante por um mundo mais justo, humano e solidário.

2. Introdução

"Que valores? Aqueles que recebemos, os valores greco-judaico-cristãos, mas ainda os valores da humanidade, os que nos podem unir, sejam quais forem as nossas raças ou as nossas religiões, os que podem permitir-nos vivem em conjunto. Não nos deixemos en-

1 DOTTI, René Ariel. **Breviário Forense. Crônicas da experiência de um advogado.** Curitiba: Juruá, 2002, p. 134.

2 Vide, por exemplo: DOTTI, René Ariel. **Memória da Resistência Civil – Da ditadura militar à democracia civil: a liberdade de não ter medo.** Coleção Prof. René Ariel Dotti. Temas de Relevância Social. Volume I. Curitiba: Instituto Memória, 2014.

> *ganar por esta "salada de frutas" dos novos valores. Que novos valores quereis inventar? E por que motivos? Vamos decretar que a justiça deixou de ter valor? Que a sinceridade, a coragem e a generosidade já não valem? Que o egoísmo e a mentira valem tanto ou mais? Evidentemente que não! Os valores são conhecidos, a lei é conhecida, desde há vinte e cinco séculos. Não se trata de inventar novos valores, trata-se de inventar uma nova fidelidade aos valores que recebemos e que temos o encargo de transmitir."* (ANDRÉ COMTE-SPONVILLE)[3]

Os exemplos de corrupção, *lato e stricto sensu* no Brasil, são tantos e são das mais variadas fontes e espécies, que alcançam indistintamente todos os poderes, empresas, instituições, cargos e funções estatais. Pior: não são fictícios e ocorrem há tempos e com frequência assustadora, em maior ou menor medida dependendo apenas do *locus* e do grau de fiscalização.

Com este cenário sendo tão corriqueiro não é preciso muito esforço para compreender porque grande parcela da população brasileira não confia na administração pública, mas é preciso estar atento para os perigosos reflexos daí decorrentes que interferem tanto na crença quanto na qualidade da democracia e dos valores que ela representa. E aí reside outro problema: falar em valores, ética e moral predominantes numa sociedade que transita entre a modernidade e a pós-modernidade, é, para dizer o mínimo, arriscado, ainda que seja igualmente necessário, notadamente quando essa análise remete aos limites que orientam a forma de se cuidar da *res publica*.

O risco decorre do fato que as relações contemporâneas em regra não são mais pautadas pela visão grega antiga que considerava que uma vida é ética quando há esforço empregado na potencialização das virtudes pessoais, dando ao sujeito a oportunidade de se harmonizar com o cosmos, então considerado finito e perfeito. Também não se tem mais o predomínio absoluto de uma sociedade exclusivamente cristã, orientada por valores religiosos estáveis, somados ao bom uso das virtudes de cada um à luz de seu livre-arbítrio. Mesmo a dessacralização iluminista da trilogia cristã de liberdade, igualdade e fraternidade, não consegue, hoje, deixar de se esvair em contradições cotidianas que primam ora por um, ora por outro destes valores, conduzindo a um mundo de incertezas morais. E neste cenário tudo vem sendo amplificado com a globalização dos últimos quarenta anos, que fez incrementar o paradoxo resultante da tentativa de preservação dos valores locais frente à força econômica global atuante no sentido destrutivo destes mesmos valores.

---

3 COMTE-SPONVILLE, André. Uma Moral Sem Fundamento. In: **A Sociedade em Busca de Valore: para fugir à alternativa entre o ceticismo e o dogmatismo.** Lisboa: Instituto Piaget, 1996, p. 133-153, p. 153.

Seguindo a trilha de Niklas Luhmann, Edgar Morin já alertava para essa complexidade dos valores em sociedade decorrente das mudanças operadas principalmente depois da segunda metade do século passado. Porém, como ele mesmo esclarece, a ideia de uma sociedade "complexa", para além de representar um emaranhado de valores contrapostos, confusos e por vezes não claros, paradoxalmente também deve ser vista a partir da raiz do termo, que vem do latim "*complexus*", significando "aquilo que é tecido em conjunto". Assim, explica o autor, "pensar a complexidade" também "é respeitar este tecido comum, o complexo que ele constitui, para além de suas partes".[4]

Nessa sociedade de valores "complexos", portanto, há ainda a possibilidade de identificar "tecidos comuns" – valores comuns – que histórica e tradicionalmente nos organizam em comunidade. Neste ponto é válida a contribuição de Habermas para estabelecer parâmetros à convivência entre esses valores chamados de "tecidos comuns" e o Direito. Com efeito, ainda que a "Teoria do Agir Comunicativo" de Habermas apresente problemas procedimentais, ela tem importância significativa quando considera a necessidade de dois ou mais sujeitos para que se atinja um consenso sobre alguma coisa. Habermas procura substituir a razão prática pela razão comunicativa.[5] Ou seja: sai da moral individual e caminha para a linguagem intersubjetiva e considera que há uma relação de cooriginalidade entre o direito e a moral, a qual se localiza no âmbito da Constituição.[6] Nessa perspectiva sua teoria é interessante e importante, pois também abandona a filosofia da consciência que estava pautada pela relação sujeito-objeto e procura trabalhar à luz da linguagem como canal comunicativo numa relação sujeito-sujeito[7]. Substitui, portanto, como esclarece Simioni, uma "moral corretiva, que diz solipsisticamente 'o que devo fazer', por uma moral procedimental, que diz intersubjetivamente 'como devemos proceder para saber o que devemos fazer'".[8]

---

4 MORIN, Edgar. Complexidade e Liberdade. In: **A Sociedade em Busca de Valores: para fugir à alternativa entre o ceticismo e o dogmatismo**. Lisboa: Instituto Piaget, 1996, p. 239-254.

5 HABERMAS, Jürgen. ***Facticidad y Validez: sobre el derecho y el Estado democrático de derecho en términos de teoria del discurso***. 4ª ed., tradução para o espanhol de Manuel Jiménez Redondo, Madrid: Editorial Trotta, 2005, p. 65.

6 HABERMAS, Jürgen. *Derecho y Moral (Tanners Lectures 1986)*. In: ***Facticidad y Validez: sobre el derecho y el Estado democrático de derecho en términos de teoria del discurso***. Ob. cit., p. 535 e ss..

7 HABERMAS, Jürgen. **Teoria do Agir Comunicativo. Sobre a Crítica da Razão Funcionalista. Volume 2**. Tradução de Flávio Beno Siebeneichler, São Paulo: Martins Fontes, 2012, p. 06 e ss.

8 SIMIONI, Rafael Lazzarotto. **Curso de Hermenêutica Jurídica Contemporânea: do positivismo clássico ao pós-positivismo jurídico**. Curitiba: Juruá, 2014, p. 480. No texto de Habermas: HABERMAS, Jürgen. ***Facticidad y Validez: sobre el derecho y el Estado democrático de derecho en términos de teoria del discurso***. Ob. cit., p. 71.

Assim, o ideal de vida boa é transportado para "dentro" dos textos, como lembra Lenio Streck, pontuando, na trilha proposta por Habermas, que "o velho positivismo, que havia cindido direito e moral, agora é (ou deveria ter sido) suplantado pela tese da cooriginariedade entre direito e moral".[9]

Portanto, no que aqui interessa, é preciso analisar tanto o que diz a Constituição da República brasileira de 1988 a respeito dos valores que devem orientar a administração pública numa comunidade que se pretenda democrática, quanto os fundamentos que sustentam historicamente essas opções. Para além do preâmbulo que estabelece estarmos inseridos numa República e constituídos como Estado Democrático de Direito, a resposta normativa principiológica relacionada especificamente à administração pública, está no artigo 37 da Constituição:

> Art. 37. *A administração pública direta e indireta de qualquer dos Poderes da União, dos Estados, do Distrito Federal e dos Municípios obedecerá aos princípios de legalidade, impessoalidade, moralidade, publicidade e eficiência.*

O interessante é que a "moralidade" foi cooriginariamente selecionada como um "princípio" a nortear a administração pública brasileira. E isso não é pouca coisa, pois conduz à compreensão de que não basta a conduta do sujeito ser "legal"; ela também deve se pautar pela moralidade administrativa. Logo, os servidores públicos devem agir apenas no interesse público, pois, como se sabe, essa administração pública serve para gerenciar o quanto se arrecada de impostos, administrando-os em favor da comunidade, orientada pela observância dos "objetivos fundamentais da República Federativa do Brasil", estampados no artigo 3º da Constituição, de "*construir uma sociedade livre, justa e solidária; garantir o desenvolvimento nacional; erradicar a pobreza e a marginalização; reduzir as desigualdades sociais e regionais; e promover o bem de todos, sem preconceitos de origem, raça, sexo, cor, idade e quaisquer outras formas de discriminação*". Portanto, ainda que não seja possível invocar valores pessoais para solução de questões jurídicas, quando se trata de avaliar como deve ser o trato do servidor público com a administração pública, é a partir de um princípio da moralidade administrativa, somado aos demais princípios de legalidade, impessoalidade, publicidade e eficiência, que se devem interpretar suas relações. Até porque, o Estado e a administração pública são abstrações que se materializam nas pessoas que os presentam, isto é, nos servidores pú-

9 STRECK, Lenio Luiz. Matar o gordinho ou não? O que as escolhas morais têm a ver com o Direito? In: **Conjur – Consultor Jurídico**. Publicado em 28 de agosto de 2014. Disponível em http://www.conjur.com.br/2014-ago-28/senso-incomum-matar-gordinho-ou-nao-escolha-moral-ver-direito, acesso em 14 de janeiro de 2016.

blicos. A administração pública, portanto, não existe sem eles e ela se expressa, age e se realiza através deles. Os servidores públicos são o Estado.

A administração pública, então, está inserida nessa pretensão de organizar democraticamente a vida em "*communitas*", termo que, embora signifique numa rápida e primeira análise, o contrário do que é próprio, também deve ser lido a partir de sua raiz etimológica "*cum munus*", ou seja, "com ônus"; "com encargo"; "com dever". É como destaca o filósofo italiano Roberto Esposito: uma vez que alguém aceitou o "*munus*", está obrigado a retribuí-lo.[10] Portanto, no âmbito da administração pública, o servidor público que opta livremente por ingressar nessa atividade laboral que pressupõe "servir ao público", e é selecionado "na" e "pela" comunidade a que pertence todos os brasileiros, aceita o múnus de abrir mão de aspectos de sua vida privada em favor dessa mesma comunidade. Em outras palavras: se o servidor público está incumbido da gestão da coisa pública em favor de sua comunidade, tem o encargo, o dever de agir pautado pela moralidade, impessoalidade, legalidade, publicidade e eficiência. Não pode desviar desses princípios e do interesse público que os orienta.

Porém, não basta que o texto constitucional aponte esses valores. Não basta, igualmente, que o servidor público diga que assim agirá ao tomar posse no cargo ou função. A efetividade de observância destes valores passa a ser o ponto capaz de gerar o círculo virtuoso para consolidação da democracia. E para que os valores democráticos cooriginariamente eleitos na Constituição possam de fato se concretizar, é imprescindível que a sociedade confie que o servidor público assim se pautará em seu dia-a-dia. Quanto mais confiança se tem de que o servidor público observa e pratica cotidianamente os valores que a Constituição elegeu no trato da coisa pública, mais confiança se tem na democracia. Neste plano é interessante como a confiança passa ser um valor fundante de tudo o quanto se elege na própria ideia da vida em comunidade, inclusive na diminuição da complexidade social, como lembra Luhmann[11], e portanto, como ela repercute na base dos princípios selecionados constitucionalmente a ponto de servir de termômetro para consolidação da democracia.

Assim, mais do que simplesmente dizer ao servidor público que ele deve observar os princípios da moralidade, da legalidade, da impessoalidade, da publicidade e da eficiência, a sociedade precisa confiar que ele assim agirá. Se estes foram os valores eleitos como tecido comum a ser preservado no trato

---

10 ESPOSITO, Roberto. **Communitas. Origen y destino de la comunidad.** Tradução para o espanhol de Carlo Rodolfo Molinari Marotto. Buenos Aires: Amorrortu, 2007.

11 LUHMANN, Niklas. **Confianza.** *Introducción* de Darío Rodriguez Mansilia. Tradução da edição inglesa para o espanhol de Amada Flores, corrigida e cotejada com o original alemão por Darío Rodriguez Mansilia. Barcelona: Anthropos, primeira edição de 1996, primeira reimpressão, 2005.

da coisa pública, a confiança na realização efetiva desses princípios é condição de possibilidade para a efetivação da própria ideia de democracia.

Nosso interesse neste rápido ensaio é refletir como o ser humano opera em relação a esses "tecidos comuns" que nos organizam como comunidade no trato da coisa pública, pontuar o quanto eles possam ser importantes para a consolidação do processo democrático brasileiro e analisar, sob este prisma, os mecanismos de controle existentes que procuram minimizar a possibilidade de desvios de comportamento. Como toda reflexão, esta também está aberta a críticas, até porque não se tem a pretensão, aqui, de impor um caminho único. O importante – e mesmo o fundamental –, é refletirmos e buscarmos soluções conjuntas sobre este tema com a urgência que os tempos e nossa própria finitude exigem.

3. A natureza humana, tendências aos desvios de comportamento e práticas corruptas: mero determinismo ou é possível dizer não?

> *Essas operações aritméticas lembram a sabedoria romântica de Alvaro Moreyra: "Há o determinismo. Há o livre arbítrio. Não há nada e há de tudo. A questão é não ter pressa" (As amargas não). (RENÈ ARIEL DOTTI)*[12]

Antes de analisar os valores relevantes não apenas nas relações interpessoais, mas nas relações entre o cidadão, o servidor público e o poder público, inclusive no que diz respeito à consolidação do processo democrático e os mecanismos que permitam ampliar a consolidação da democracia, é relevante entender o problema que envolve a tendência humana a desvios de comportamentos e a possibilidade de se estabelecerem freios morais compartilhados, notadamente no trato da coisa pública, numa sociedade de valores tão fluídos e tensionados como é essa que oscila entre a modernidade e a pós-modernidade.

Ainda que nesse momento da história as sociedades se orientem com dificuldade para estabelecer valores plenos para a vida boa, não é possível ampliar essa compreensão ao ponto que se tenha algo como um vale-tudo, de um relativismo absoluto, no qual qualquer um escolha qual valor preponderará quando delibera sobre como deve cuidar da coisa pública. É importante considerar que o ser humano tem, em diversos momentos de sua vida, variados dilemas morais e, a partir deles, faz escolhas. Ele é livre para isso.

Alguém, aqui, poderia objetar de imediato a afirmação de que somos livres para realizar escolhas, querendo dizer que ninguém é livre, seja pelo que

12 DOTTI, René Ariel. Natureza e Eficácia da Prova. In: **Jornal O Estado do Paraná. Caderno Direito e Justiça**. Edição de 24 de dezembro de 2000.

se procura estabelecer no campo do determinismo social, psicanalítico ou até mesmo neurológico. É evidente que o meio ambiente e os planos psicológico e neurológico nos influenciam, servindo de molde e atuando como limitadores e orientadores de nosso agir cotidiano. Não se nega isso. Resta saber se isso é absoluto, se não admite mitigações e variações de intensidade e se esse determinismo anularia o livre-arbítrio como defendem alguns autores.

Nessa discussão parece importante considerar que o que diferencia o homem do animal é justamente a capacidade dele fazer escolhas e se determinar de acordo com elas. Enquanto o animal nasce sabendo tudo o que precisa para viver e se limita a agir ao longo de sua vida pautado pelos seus instintos, o homem não nasce sabendo, aprende ao longo da vida e, assim, passa a ter a capacidade de escolher, de decidir o que é melhor para si e de agir a partir dessas escolhas. Por isso o determinismo não pode ser lido como absoluto.

Com efeito, como recorda o filósofo francês Luc Ferry, "o materialismo diz, por exemplo, que não somos livres, mas está convencido, é claro, de que afirma tal coisa livremente, que ninguém o obriga de fato a fazê-lo, nem seus pais, nem seu meio social, nem sua natureza biológica. Ele diz que somos inteiramente determinados por nossa história, mas não deixa de nos convidar a nos emancipar dela, a mudá-la, a, se possível, fazer a revolução!"[13] A contradição fala por si e deixa transparecer o livre-arbítrio ao lado do determinismo.

Portanto, como se destacava, é essa capacidade de valorar e se determinar de acordo com esse valor que diferencia o homem do animal. Neste ponto, Rousseau tinha razão e vale lembrar aqui sua ilustração de como os animais se comportam condicionados pelos seus instintos. Ele dá o exemplo do pombo e do gato, ponderando que o primeiro morreria de fome ao lado de uma bandeja repleta das melhores carnes, e o segundo teria o mesmo destino se lhe sobrasse apenas um monte de frutas ou grãos. "Muito embora", diz Rousseau, "tanto um quanto outro pudessem muito bem nutrir-se do alimento que desprezam, caso ousassem, experimentá-lo",[14] não o fazem. Seu instinto puramente animal, não lhes permite experimentar algo novo; não lhes permite aperfeiçoar sua existência pela escolha de novas opções.

Assim, se o "mundo" em que o homem vive é o que é hoje não foi porque uma entidade assim determinou; há muito de deliberação e influência do homem na construção do seu entorno. O homem, justamente porque é capaz de valorar, escolhe entre dois ou mais caminhos e interfere na realidade promovendo mudanças em seu mundo. Mais do que isso, como também lembra

13 FERRY, Luc. **Aprender a Viver. Filosofia para os novos tempos.** Tradução do francês para o português de Véra Lucia dos Reis. Rio de Janeiro: Objetiva, 2010, p. 209.

14 ROUSSEAU, Jean-Jacques. **Discurso Sobre a Origem e os Fundamentos da Desigualdade Entre os Homens.** Tradução de Laurent de Saes. São Paulo: EDIPRO, 2015, p. 68.

Luc Ferry, o homem é o único capaz de "ser diabólico", de planejar o mal, de "se organizar conscientemente para fazer tanto mal quanto possível a seu próximo" e "a prova" desse livre-arbítrio, que o diferencia do animal, "é o fato de que não existe nada no mundo animal, no universo natural, portanto, que se aparente à tortura".[15] E prossegue, detalhando que "o homem tortura seus semelhantes sem nenhum objetivo além do da própria tortura. Por que milicianos sérvios obrigam (...) um infeliz avô croata a comer o fígado de seu neto ainda vivo? Por que os hutus cortam os membros dos recém-nascidos tutsis para se divertirem, apenas para nivelarem suas caixas de cerveja?" E, não apenas curiosamente, mas como demonstração dessa capacidade de escolha, ninguém nunca viu "um homem ter prazer em torturar um relógio de pulso ou um pêndulo"[16]. Trata-se de uma escolha pelo mal ou pelo seu oposto, a generosidade, que só homem é capaz de ter. Assim, o mundo do homem é diferente, por exemplo, do que ocorre nos "universos" das abelhas, dos mosquitos ou das formigas, que são iguais ao que sempre foram, em todos os tempos. Como se sabe, a formiga, a abelha ou o mosquito, porque não valoram, não podem escolher fazer outra coisa senão aquilo para o que sua natureza os pré-condicionou. Como recorda Yuval Noah Harari, "as abelhas não precisam de advogados, porque não existe o risco de elas esquecerem ou tentarem violar a constituição da colmeia. As rainhas não roubam das abelhas-faxineiras seu alimento e nunca entraram em greve exigindo melhores salários".[17]

Com isso não se quer dizer, volta-se a frisar, que também não haja ampla influência dos campos sociais, psicanalíticos e neurológicos sobre o homem, mas o que se quer deixar anotado é que sempre resta algum espaço para a escolha pessoal. Do contrário, se fosse válida a ideia do determinismo absoluto, seríamos obrigados a dizer que todas as pessoas que enfrentam as mesmas condições de vida e educação deveriam ter o mesmo tipo de comportamento social. Tudo equivaleria ao reflexo mecânico da socialização, educação e experiências pessoais às quais o sujeito foi submetido. Nem é preciso ir muito longe para entender que isso não é verdadeiro. Basta considerar que pessoas pertencentes às mesmas classes sociais, e/ou que tiveram o mesmo tipo de educação moral, e/ou que tiveram as mesmas experiências de vida, ou mesmo gêmeos univitelinos, possuem diferentes valores, reagem diversamente e adotam diferentes escolhas e modos de vida.

Assim, ainda que não se possa estabelecer para qual lado penderá a mediatriz de duas imaginárias coordenadas cartesianas entre o determinismo e o livre-arbítrio, não há como escapar da conclusão de que o ser humano faz

---

15 FERRY, Luc. **Aprender a Viver. Filosofia para os novos tempos.** Ob. cit., p. 107.

16 FERRY, Luc. **Aprender a Viver. Filosofia para os novos tempos.** Ob. cit., p. 108-109.

17 HARARI, Yuval Noah. ***Sapiens.*** **Uma Breve História da Humanidade.** 7ª ed., Tradução de Janaína Marcoantonio. Porto Alegre: L&PM, 2015, p. 128.

escolhas sim. Como esclarece Clóvis de Barros Filho ao tratar deste tema no campo da corrupção e da moral, "o que há no mundo da vida são pessoas. E seja qual for o sistema, sempre haverá a possibilidade de dizer: "Este jogo eu não jogo". Assim, prossegue o autor, "não me venham querer fazer acreditar que as condições de vida possam ser tais que eu me veja impedido, em última instância, até mesmo de recusar-me a participar do jogo quando não houver nenhuma possibilidade de que ele seja conduzido como eu quero". E, finaliza: "Dizer, portanto, que o sistema constrange à corrupção sem que haja nenhuma possibilidade de questionamento me parece extremamente confortável para todos aqueles que buscam, muitas vezes, tirar de si a responsabilidade pelas escolhas diárias".[18]

De fato, a velha válvula de escape de "jogar" para o outro a responsabilidade do problema, como quem diz: "a culpa é do sistema"; ou "todos fazem assim"; ou "sou uma vítima da sociedade consumista"; ou "não adianta resistir"; ou frases do mesmo gênero; é própria daqueles que procuram criar para si uma desculpa que lhe conforte a ruptura moral compartilhada. Numa tentativa de "explicar-se para si mesmo", o servidor corrupto que usa esses escapes, se autocoloca como uma espécie de "sobrevivente", numa ética invertida de valores que desconsidera o outro, a intersubjetividade; que desconsidera, enfim, o fato de que o dinheiro para ele desviado ou aceito para proporcionar benefícios privados a terceiros não é dele.

A Criminologia também explica essa espécie de autodefesa ou mesmo de defesa social, de quem procura se autoincutir uma espécie de "inexigibilidade de conduta diversa". Essa visão decorre do que Gresham M. Sykes e David Matza[19], em análise desenvolvida a partir da teoria da "associação diferencial" de Edwin H. Sutherland[20], definiram como "técnicas de neutralização" da reprovabilidade da conduta, através das quais o ser humano em seu processo de interação social costuma ressignificar o desvio de comportamento, permitindo sua aceitação e difusão social. Ou seja: se o sujeito afirma que a "culpa é do sistema" é porque, no fundo, sabe que o faz é errado à luz da moral compartilhada em comunidade e cooriginariamente aceita no âmbito constitucional, mas mesmo assim, age. E age, neste nicho de casos, a partir de um cálculo mental que implica em avaliar os riscos de vir a ser responsabilizado.

18 CORTELLA, Mario Sérgio; BARROS FILHO, Clóvis. **Ética e Vergonha na Cara!** Campinas, SP: Papirus 7 Mares, 2014, p. 64.

19 SYKES, Gresham M.; MATZA, David. Techniques of Neutralization: a delinquency theory. In: ***American Sociological Review***, Volume 22, Issue 6, Dezembro de 1957, p. 664-670, disponível em http://www.socqrl.niu.edu/miller/courses/soci380/sykes%26matza.pdf, acesso em 05 de novembro de 2014.

20 SUTHERLAND, Edwin H. ***El Delito de Cuello Blanco. White Collar Crime. The Uncut Version***. Tradução para o espanhol de Laura Belloqui. Buenos Aires: B de F, 2009.

Neste ponto, Jean-Pierre Dupuy bem considera que os castigos em geral não são mais do que os "preços a pagar" pelas escolhas. E exemplifica com a diferenciação entre aquele "condutor que paga o seu lugar de estacionamento e o que corre o risco de pagar uma multa, ao estacionar em cima do passeio, ou de passar alguns anos na prisão (ou no hospital), ao ultrapassar numa lomba", dizendo que ambos se comportam "fundamentalmente da mesma maneira – como *homo oeconomici* pesando os custos e as vantagens"[21].

No mesmo sentido é a conclusão de inúmeros outros autores à luz da Criminologia, valendo destacar a lição de Blanco Cordero que trabalha com a "teoria das atividades rotineiras", também conhecida como "teoria da oportunidade", formulada por Lawrence E. Cohen e Marcus Felson[22], esclarecendo que, normalmente, um delito como a corrupção não se efetiva se não existe uma oportunidade[23]. E esta "oportunidade", por sua vez, é explicada a partir da "teoria criminológica da eleição racional" elaborada por Cornish e Clarke,[24] como decorrente do fato do "delinquente ser um ser racional" e de que "determinados delitos se elegem e se cometem por algumas razões específicas"[25], sendo que o cometimento do delito está relacionado às "características tanto dele mesmo quanto do delinquente e é produto de uma interação entre ambos".

Pesa, aqui, portanto, a natureza do delito de corrupção, pois as razões que levam alguém a se corromper diferem das razões que levam alguém a cometer outro tipo de delito, como, por exemplo, o homicídio. Pesa, também, a "organização espaço-temporal das atividades sociais na vida moderna que favorecem que as pessoas com inclinações delitivas passem ao ato".[26]

---

21 DUPY, Jean-Pierre. A Ética dos Negócios. In: **A Sociedade em Busca de Valore: para fugir à alternativa entre o ceticismo e o dogmatismo**. Lisboa: Instituto Piaget, 1996, p. 77-89, p. 81

22 COHEN, Lawrence E.; FELSON, Marcus. *Social Change and Crime Rate Trends: a routine activity approach*. In: **American Sociological Review**. Nº 44, 1979, p. 588-608.

23 BLANCO CORDERO, Isidoro. *La Corrupción desde una Perspectiva Criminológica: un estúdio de sus causas desde las teorias de las atividades rutinárias y de la elección racional*. In: ÁLVAREZ, Fernando Pérez (ed.). ***Serta in Memoriam Alexandri Baratta***. Salamanca: Ediciones Universidad Salamanca, 2004, p. 267-296, p. 269.

24 CORNISH, Derek B.; CLARKE, R. V.. *Undestanding Crime Displacement: an application of rational choice theory*. In: **Criminology**. Nº 25, 1987, p. 933-947.

25 BLANCO CORDERO, Isidoro. *La Corrupción desde una Perspectiva Criminológica: un estúdio de sus causas desde las teorias de las atividades rutinárias y de la elección racional*. Ob. cit., p. 269. Tradução nossa. No original, em espanhol: *En efecto, como claramente han evidenciado Cornish y Clarke, la teoria de la elección racional afirma que determinados delitos se eligen y se cometen por unas razones específicas.*

26 BLANCO CORDERO, Isidoro. *La Corrupción desde una Perspectiva Criminológica: un estúdio de sus causas desde las teorias de las atividades rutinárias y de la elección racional*. Ob.

Assim, trabalhando a partir destas teorias, Blanco Cordero estabelece que existem quatro variáveis a serem levadas em conta por alguém que pretenda cometer um delito patrimonial: valor, inércia, visibilidade e acesso. Nessa trilha, os "delinquentes" somente estão interessados em objetos que eles consideram valiosos, não importa o motivo; agir ou ficar inerte está relacionado ao tamanho e ao peso do objeto que podem facilitar ou não seu apoderamento; agir também depende da visibilidade da coisa, depende de sua exposição e do local em que se encontra o objeto que pode torná-lo mais apetecível; e o acesso diz respeito à localização dos bens, preferindo-se os que sejam mais acessíveis. Soma-se a isso a falta de protetores eficazes, aqui compreendidos não apenas os agentes policiais do Estado, mas, notadamente, as pessoas que estão ao redor do objeto e o fiscalizam de perto. Enfim, para que ocorra um delito patrimonial, diz o autor, "é preciso identificar um delinquente motivado que encontre um objeto apropriado na ausência de um protetor eficaz".[27] Em outras palavras, na linha proposta por Clarke, em se tratando de corrupção *lato sensu*, os servidores públicos com tendências a desvios de comportamento, atuam "em função das expectativas de benefício que possam obter" e, numa "relação entre recompensas e riscos, o sujeito optará por cometer um delito quando os benefícios calculados forem maiores que os riscos gerados".[28]

Essa liberdade de escolha que inegavelmente existe, como já destacado, pode, por outro lado, ocorrer em maior ou menor medida, a depender das influências determinantes de natureza psicológica e social.

Nesse ponto, é relevante tentar entender por que alguns fazem escolhas consideradas tortas à luz dos princípios morais que ainda podem ser lidos como fruto do tecido comum que organiza a vida em sociedade. Por que há pessoas com tendências a realizar esse tipo de valoração do risco e optar por comportamentos corruptos e outras são capazes de conter o gozo absoluto?

---

cit., p. 270. Tradução nossa. No original, em espanhol: *la organización espacio-temporal de las actividades sociales en la vida moderna favorece que las personas con inclinaciones delictivas pasen al acto.*

27 BLANCO CORDERO, Isidoro. *La Corrupción desde una Perspectiva Criminológica: un estúdio de sus causas desde las teorias de las atividades rutinárias y de la elección racional.* Ob. cit., p. 272. Tradução nossa. No original, em espanhol: *En definitiva, para que suceda un delito – en especial de apoderamiento – un delincuente motivado debe encontrar un objetivo apropiado en ausencia de un protector eficaz.*

28 BLANCO CORDERO, Isidoro. *La Corrupción desde una Perspectiva Criminológica: un estúdio de sus causas desde las teorias de las atividades rutinárias y de la elección racional.* Ob. cit., p. 274. Tradução nossa. No original, em espanhol: *las personas actúan en función de las expectativas de beneficio que pueden obtener. En esa relación entre recompensas y riesgos, el sujeto optará por cometer un delito cuando los benefícios calculados sean mayores que los riesgos generados.*

Talvez uma única resposta, pronta e acabada seja difícil de estabelecer, mas é possível encontrar explicações, por exemplo, na psicanálise de Freud e Lacan. Ambos nos explicam, cada um a seu modo, que a natureza humana é constituída por falta. Uma grande e incompreendida falta. Freud se refere a ela como *das Ding* – "a coisa";[29] Lacan a denomina "objeto a".[30] Algo nos falta, não sabemos bem o que é. Como não sabemos, substituímos essa grande falta por pequenas faltas no cotidiano. Essas faltas, por sua vez, alimentam desejos que precisam ser gozados. Assim que há o gozo – a satisfação do desejo – é preciso que surja uma nova falta e, em seguida, um novo desejo e um novo gozo. Neste modelo, sucessivamente, vamos vivendo. Quando não houver mais falta alguma, corre-se o risco da depressão e da morte. A mecânica da psique, em Freud, pode ser assim definida: a "pulsão" (*Trieb*[31]) é considerada

29 FREUD, Sigmund. Projeto para uma Psicologia Científica. In: **Edição *Standard* brasileira das obras psicológicas completas de Sigmund Freud. Volume 1 Publicações Pré-psicanalíticas e Esboços Inéditos (1886-1899)**. Rio de Janeiro: Imago, 1990, p. 212 e ss.. Esse conceito foi depois aproveitado por LACAN, Jacques. Introdução da Coisa. In: **O Seminário. Livro 7. A Ética da Psicanálise.** Ob. cit., p. 57 e ss..

30 Lacan trata do "objeto a" a partir de considerações a respeito do objeto (LACAN, Jacques. As Três Formas da Falta do Objeto. In: **O Seminário. Livro 4. A Relação de Objeto.** Tradução de Dulce Duque Estrada, Rio de Janeiro: Zahar, 1995, p. 35) e depois quando trata da "Revisão do Status do Objeto": LACAN, Jacques. Revisão do Status do Objeto. Ele não é sem tê-lo. In: **O Seminário. Livro 10. A Angústia**. Tradução de Vera Ribeiro, Rio de Janeiro: Zahar, 2005, p. 97 e ss..

31 Há duas traduções diversas para a palavra alemã "*Trieb*". Alguns traduzem como "instinto", outros como "pulsão". Lacan também diferencia os termos "*Trieb*" e "*Instinkt*", considerando o primeiro como "pulsão" (LACAN, Jacques. O Problema da Sublimação. In: **O Seminário. Livro 7. A Ética da Psicanálise**. Tradução de Antônio Quinet, Rio de Janeiro: Zahar, 2008, p. 112-113); A esse respeito, vide também: GOMES, Gilberto. Os Dois Conceitos Freudianos de "Trieb". In: **Psicologia: Teoria e Pesquisa**. Volume 17, nº 03, setembro/dezembro de 2001, p. 249-255, *verbis*: "*O objetivo deste trabalho é rastrear, na obra freudiana, o conceito de "Trieb" (geralmente traduzido, ou como "pulsão", ou como "instinto"), desfazendo alguns equívocos freqüentes e explorando suas articulações teóricas. É bem sabido que há, na obra de Freud, duas teorias sobre as pulsões. Um dos pontos importantes de nossa análise será o de mostrar que cada uma dessas teorias utiliza um conceito diferente de pulsão. O que muda não é apenas a concepção sobre quais são as pulsões fundamentais (pulsões sexuais e de autopreservação, na primeira teoria, e pulsões de vida e de morte, na segunda). Também se altera a própria concepção do que é uma pulsão. Na primeira teoria, a pulsão se define em função de quatro outros conceitos (fonte, alvo, objeto e pressão), que, como veremos, não se aplicam ao conceito da segunda teoria. O mesmo termo designa, em cada teoria, um objeto conceitual distinto*". Vide, ainda, COUTINHO, Jacinto Nelson de Miranda. COUTINHO, Jacinto Nelson de Miranda. Jurisdição, Psicanálise e o Mundo Neoliberal. In: **Direito e Neoliberalismo. Elementos para uma Leitura Interdisciplinar**. Curitiba: EDIBEJ, 1996, p. 39-77, p. 43, *verbis*: *Enunciar é manifestar, falar; e a pulsão é o caminho, embora desconheça por completo a verdade da qual é portadora. É o motivo pelo qual a pulsão (trieb, em alemão, para não ser confundida como instinto –*

uma "força" (*Drang*) constante (algo como a Vontade em Schopenhauer), que age através de uma energia, que é a libido.[32] A "meta da pulsão" (*Ziel*) é outro elemento, considerado como a satisfação da pulsão[33]; e o "objeto" (*das Ding* – "a coisa") - é o que falta e pode ser qualquer coisa.

Somado a isso Freud considerou que são três as fontes de onde nasce o sofrimento humano: "o poder superior da natureza, a fragilidade de nossos próprios corpos e a inadequação das regras que procuram ajustar os relacionamentos mútuos dos seres humanos na família, no Estado e na sociedade".[34]

Na mesma trilha, para além de não gostar de respeitar regras, Freud também colocou que o ser humano é naturalmente impulsivo e agressivo. Como refere em "O Futuro de Uma Ilusão", Freud explicita como é dramática a colisão de interesses, notadamente entre a liberdade de gozar plenamente todos os impulsos inatos e a necessidade de estabelecer freios em nome de uma segurança pessoal e coletiva:

> *Se se imaginarem suspensas as suas proibições – se, então, se pudesse tomar a mulher que se quisesse como objeto sexual; se fosse possível matar sem hesitação o rival ao amor dela ou qualquer pessoa que se colocasse no caminho, e se, também, se pudesse levar consigo qualquer dos pertences de outro homem sem pedir licença –, quão explêndida, que sucessão de satisfações seria a vida! É verdade que logo nos deparamos com a primeira dificuldade: todos os outros têm exatamente os mesmos desejos que eu, e não me tratarão com mais consideração de que eu os trato. Assim, na realidade, só uma única pessoa se poderia tornar irrestritamente feliz através de uma tal remoção das restrições da civilização, e essa pessoa seria um tirano, um ditador, que se tivesse apoderado de todos os meios de poder. E mesmo ele teria todos os motivos para desejar que os outros observassem pelo menos um mandamento cultural: não matarás*[35].

instinkt –, que é algo diverso e tem objeto), não tem qualquer objeto predeterminado, o que desloca a análise de uma eventual relação semântica para outro lugar, ou seja, um lugar onde o referencial não diz nada enquanto objeto.

32 FREUD, Sigmund. Teoria Geral das Neuroses. A Vida Sexual Humana. In: **Obras Completas, Volume 13. Conferências Introdutórias à Psicanálise (1916-1917).** Tradução de Sérgio Tellaroli. São Paulo: Companhia das Letras, 2014, p. 415.

33 FREUD, Sigmund. Os Instintos e seus Destinos. In: **Obras Completas, Volume 12. Introdução ao Narcisismo, Ensaios de Metapsicologia e Outros Textos (1914-1917).** Tradução de Paulo César de Souza. São Paulo: Companhia das Letras, 2010, p. 58.

34 FREUD, Sigmund. O Mal Estar na Civilização. In: Obras completas, Vol. 21, edição *standard* brasileira. In: **O Futuro de uma Ilusão, O Mal Estar da Civilização e outros trabalhos (1927-1931).** Rio de Janeiro: Imago Editora, 1996, p. 93.

35 FREUD, Sigmund. O Futuro de Uma Ilusão. In: Obras completas, Vol. 21, edição *standard* brasileira. **O Futuro de uma Ilusão, O Mal Estar da Civilização e outros trabalhos (1927-1931).** Rio de Janeiro: Imago Editora, 1996. p. 24.
FREUD, Sigmund. O Mal Estar na Civilização. In: Obras completas, Vol. 21, edição *standard* brasileira. Ob. cit., p. 93.

Assim, o que se tem é um paradoxo na natureza humana. O homem é um ser constituído por faltas que geram impulsos egoístas os quais gostaria de gozar sempre, indiferente ao outro; porém esse mesmo homem necessita do outro para viver. A questão vem bem traduzida pela "insociável sociabilidade" de que fala Kant. Ou seja, o homem é um ser sociável, necessita viver em sociedade, mas, em claro antagonismo, tende agir de forma repulsiva em relação a ela, pensando primeiro em si do que na coletividade.

É, portanto, nesse contexto ambivalente e angustiante de ser necessário conter os próprios instintos, e levando em conta a insatisfação do homem com a imposição das regras, que se vê o ser humano servidor público a cuidar do que não é seu.

Como conter-se?

Como alertam os pesquisadores norte-americanos Duane Schultz e Sydney Ellen Schultz, é certo que uma boa parte dos teóricos da personalidade têm "concluído que nenhuma teoria pode abranger totalmente a explicação de todos os aspectos da personalidade e do comportamento"[36]. Seja como for, uma das explicações bastante interessantes de como ocorre a formação primeira da personalidade, se dá à luz da psicanálise freudiana para quem é justamente na primeira infância que se forma a personalidade do sujeito[37]. Através dos "nãos" que a figura simbólica do "pai castrador" freudiano imporá ao filho, ao ponto de lhe fazer compreender que ele não é o único ser do mundo. Na primeira infância se moldarão valores. Aí se tem a esperança que sejam valores pautados pelo amor ao próximo. O amor ao outro, pode-se dizer com Comte-Sponville, funda a boa moral[38]. Aquele que assimilou esses valores na infância e que não venha a sofrer nenhum trauma relevante capaz de afetar e alterar como uma metanoia significativa essa sua compreensão de mundo (sem que, com isso, se olvide que a personalidade continuará a desenvolver ao longo da vida), tenderá a não precisar de controles externos muito amplos na fase adulta. Há ainda uma segunda boa oportunidade de aprender esses valores que é a partir do círculo de relacionamento social. Se todos ao seu redor se comportam de forma a respeitar o outro, agir contra isso poderia implicar em ser surpreendido em conduta vergonhosa. Desta forma, ou

36 SCHULTZ, Duane P.; SCHULTZ, Sydney Ellen. **Teorias da Personalidade.** 2ª ed. Tradução da 9ª edição norte-americana por All Tasks, com revisão técnica de Maria Helena Leal de Barros Berkers. São Paulo: Cengage Learning, 2015, p. 371.

37 Como referem Duane Schultz e Sydney Ellen Schultz, "*embora Freud tenha sido o primeiro a enfatizar a influência dos pais na formação da personalidade, praticamente todos os teóricos ecoaram o seu ponto de vista.*". SCHULTZ, Duane P.; SCHULTZ, Sydney Ellen. **Teorias da Personalidade.** Ob. cit., p. 408.

38 COMTE-SPONVILLE, André. Uma Moral Sem Fundamento. In: **A Sociedade em Busca de Valore: para fugir à alternativa entre o ceticismo e o dogmatismo.** Lisboa: Instituto Piaget, 1996, p. 133-153, p. 149 e ss..

aprendemos na infância ou sentimos vergonha em tal nível que se incorpore força interna capaz de conter os impulsos. Nem é preciso dizer que há uma ampla margem de pessoas em qualquer sociedade (e, portanto, na sociedade brasileira contemporânea inclusive), que não se encaixa nas duas premissas de contenção. Daí vem o Direito, como última possibilidade de controle.

De resultado, temos pessoas com diversos níveis de autocontrole na sociedade e há, de fato, uma boa margem delas que agirá, em maior ou menor medida, pautada por ganâncias pessoais que desconsideram o outro, a depender daqueles fatores apontados pela Criminologia acima. Como lembra mais uma vez, Blanco Cordero, "a disposição de realizar comportamentos corruptos não é constante num funcionário público, e pode variar no tempo na mesma pessoa em função do contexto em que ele se encontre"[39]. Mas, que não se perca de vista que nessa mixagem de influências deterministas com o livre-arbítrio, no que concerne ao trato da coisa pública, é possível dizer que "há mérito em agir bem, em preferir o interesse geral ao interesse particular, o bem comum ao egoísmo", como mais uma vez recorda Luc Ferry[40].

Por isso é que quando a comunidade seleciona um dos seus para que ele cuide do dinheiro de todos; para que gerencie, administre algo que não lhe pertence em benefício de todos, ao mesmo tempo em que deposita nele a confiança de que ele venha a agir corretamente, dando a ele "a chave do cofre", ela também dele desconfia. E, desconfiando que ele possa agir mal, a *communitas* elege cooriginariamente – ou seja, antecipadamente, no momento da constituição do Estado como já referido com a lição de Habermas, alguns valores que são impostos a este que cuidará da coisa pública: ele deve agir dentro da legalidade, com publicidade de seus atos, além de conduzir-se pela impessoalidade, moralidade e eficiência. Esses valores são constitucionalmente elevados à categoria de princípios como visto na redação do art. 37 da Constituição Brasileira. São normativos; são deveres. Na medida em que o servidor público corresponda à expectativa de não violar esses deveres, na medida em que seja fiel aos valores eleitos para o gerenciamento da coisa pública, pode-se ter como resultado a consolidação e a preponderância da confiança nele depositada. Porém, na medida em que ele rotineiramente viole esses deveres, diminui-se a confiança inicialmente depositada e, por vezes, deixa-se de confiar definitivamente.

E aí vem o problema, pois, como não se consegue escapar desse paradoxo oscilante entre a confiança e a desconfiança, surge a necessidade de se criar mecanismos que permitam melhor controlar aqueles que não interna-

39 BLANCO CORDERO, Isidoro. *La Corrupción desde una Perspectiva Criminológica: un estúdio de sus causas desde las teorias de las atividades rutinárias y de la elección racional*. Ob. cit., p. 276.

40 FERRY, Luc. **Aprender a Viver. Filosofia para os novos tempos.** Ob. cit., p. 119.

lizaram os valores de vida boa em sociedade na infância ou que não sintam suficiente vergonha na cara nas relações interpessoais e no trato da coisa pública. E isso tudo está, inclusive, diretamente vinculado com a qualidade de democracia e com sua efetiva consolidação como norte para o país, como adiante se explorará de forma mais detalhada. Antes, no entanto, é preciso avançar na reflexão, procurando melhor compreender essa dualidade entre a confiança e a desconfiança.

4. Confiança e desconfiança

> *"Nada mais oportuno que lembrar um pedaço do verso de Camões, quando passou do pessimismo angustiado da miséria e do desterro, para a atitude de observação ansiosa do sentido da realidade que o cercava, quando o soneto foi publicado pela primeira vez (1595):*
> *'Mudam-se os tempos, mudam-se as vontades/ muda-se o ser, muda-se a confiança" (Lírica Completa, II). (RENÉ ARIEL DOTTI)*[41]

Do que já foi dito até aqui, pode-se dizer que confiança é valor. Mas é importante considerar que ela é um valor resultante de outro valor: a fidelidade. Nesse sentido, explica Clóvis de Barros Filho, a confiança é "uma espécie de reflexo da fidelidade genérica e presumida ou fidelidade pessoal e historicamente compartilhada"[42]. Se a fidelidade eu posso escolher (posso escolher ser fiel), a confiança normalmente eu não escolho, ela resulta. Assim, "a escolha está em ser fiel ou não ser fiel" e a confiança decorre da escolha que fiz em acreditar na fidelidade. A própria palavra, etimologicamente, permite essa análise: "*cum fide*"; com fé; con-fiar; fiar junto; ter fé junto; ser fiel junto. Decorre da crença que me permite emitir um juízo de valor na conduta esperada do outro, acreditando que ele será fiel aos valores que eu também acredito. Enfim, a confiança, explica Barros Filho, "é uma certeza que se impõe à nossa vontade e não resulta dela, diferentemente da fidelidade. Esta, sim, é objeto da nossa escolha, referência que podemos usar para a nossa vida ou não. Confiar ou desconfiar está nas mãos de quem é digno ou não desta confiança"[43].

41 DOTTI, René Ariel. Da Ditadura Militar à Democracia Civil: a liberdade de não ter medo. In: **Revista de Informação Legislativa.** Brasília: Senado Federal, Ano 45, nº 179, julho/setembro de 2008, p. 191-205, p. 200.

42 BARROS FILHO, Clóvis; POMPEU, Júlio. **Somos Todos Canalhas. Filosofia para uma Sociedade em Busca de Valores.** Rio de Janeiro: Casa da Palavra, 2015, p. 277.

43 BARROS FILHO, Clóvis; POMPEU, Júlio. **Somos Todos Canalhas. Filosofia para uma Sociedade em Busca de Valores.** Ob. cit., p. 277.

Seja como for, é certo que a confiança pode ocorrer tanto nas relações interpessoais quanto em relação a instituições e coisas. Se há confiança nas pessoas e nas instituições, é porque se emitiram e se admitiram conceitos éticos compartilhados. É diferente do que ocorre em relação à confiança nas coisas, na qual não se pretende discutir a crença sob o plano ético. Por exemplo: se confio que meu carro vai funcionar de manhã cedo e não vai me deixar na mão, não há nada de ético nisso. Trata-se apenas de um exercício de fé, de crença na tecnologia. Agora, se tenho confiança em alguém é porque tenho fé em seus valores, é porque "me fio junto" e deles compartilho, mesmo que eu não tenha como verificar, de antemão e com margem "confortável" de certeza, se esse alguém ainda mantém os mesmos valores, ou mesmo se não abrirá mão deles. A partir da fidelidade, portanto, a confiança que deposito em alguém passa a ser um valor ético e temporalmente antecipado, admitido no presente, como lembra Luhmann[44].

Assim, por exemplo, quando se faz um convite para alguém assumir um compromisso qualquer, para que não ocorram surpresas indesejadas de não cumprimento do acordado, é conveniente pesquisar com outras pessoas a respeito da história pessoal e profissional do convidado e dele se devem ouvir boas referências, do contrário é melhor convidar outra pessoa. Mas, perceba: colhem-se referências, não certezas; e, se boas, elas são capazes de gerar confiança, que vem como resultado da crença construída. Não há como avaliar, previamente, se o convidado corresponderá ao quanto nele se acreditou. Quando vem o convite e é aceito, confia-se que a palavra será honrada. Mas, basta que se deixe de cumprir com o acordado para que confiança deixe de existir. Em termos similares, quando o Estado contrata um servidor público, a sociedade deve confiar que ele vai agir de acordo com a ética e valores exigidos daquele que vai ocupar um espaço no trato da coisa pública. No entanto, e aí reside um problema, no processo de seleção deste futuro servidor público, normalmente não se têm as referências capazes de indicar que valores ele possui e acredita, e, mesmo assim, independentemente deles, a seleção do futuro servidor público decorre apenas de seus conhecimentos técnicos testados na prova de ingresso no serviço público. Ou seja, a prova de conhecimentos em que se resume o concurso público não permite avaliar o caráter e a ética de cada candidato. Não permite avaliar se ele de fato será capaz de observar os valores cooriginariamente selecionados para nortear a administração pública. Isso é ampliado quando se estabelece a contratação do servidor comissionado, não concursado, pois aí, muitas vezes, o que se tem é uma confiança de outra ordem, no sentido por vezes da cumplicidade entre o agente público com poder de indicação e nomeação para o cargo e aquele selecionado para a função comissionada.

44 LUHMANN, Niklas. ***Confianza***. Ob. cit., p. 15 e ss..

Confiar, portanto, também implica em assumir riscos e aí vem o seu inseparável contraponto valorativo de avaliação do que possa vir pela frente: a desconfiança. Desconfiança também é valor, resultante, por exemplo, da possibilidade de antever que há uma probabilidade de que o outro não tenha condições de se filiar e ser fiel aos valores por você eleitos; da incapacidade de antever o que virá pela frente sobreposta à crença de que tudo correrá bem. A desconfiança, por exemplo, pode evitar que você seja assaltado ou que seja enganado, inclusive por aqueles que possa considerar amigos. Pode evitar que um estranho ingresse em sua residência para assaltar, e vem daí que as casas e prédios costumam ser murados. A desconfiança ainda pode evitar que o cliente do advogado não lhe pague os honorários combinados; por isso o contrato é formalizado. Para o empresário, por exemplo, ela pode evitar cair na estória triste do funcionário que pediu para ser mandado embora da empresa e depois entrou na Justiça se dizendo perseguido. Para o funcionário, de outro lado, ela pode evitar cair numa armadilha do empresário que o conduza ao regime equiparável à escravidão. A desconfiança, enfim, pode evitar muitos dissabores. Se ainda não compreendeu sua importância, experimente ficar sentado no meio da rua ou atravessá-la sem olhar para os dois lados, "confiando" que os motoristas são todos atentos, respeitadores das regras de trânsito e suficientemente peritos para evitar que você seja atropelado. Não dá pra confiar que todos pararão no sinal ou desviarão de você. "Direção defensiva" é o nome que se dá para a desconfiança ensinada nas autoescolas. Enfim, em maior ou menor grau, as pessoas mentem, enganam e são decepcionantes até. Logo, a desconfiança também é um valor a ser considerado já que ela permite que se tome cuidado nas relações pessoais.

Portanto, temos dois valores que caminham, em boa medida, lado a lado: confiança e desconfiança. Ambos resultam da dualidade prévia de se permitir – ou não se permitir – ter fidelidade em alguém e ambos ajudam a viver melhor, é certo. Mas o que se deseja para uma comunidade democrática é que o primeiro prevaleça sobre o segundo, afinal de contas foi pela confiança no outro capaz de gerar "grandes sistemas de cooperação" a partir de uma "ordem imaginada" intersubjetivamente que a espécie *Homo Sapiens* se sobressaiu às demais e conseguiu se desenvolver, seja no plano das relações interpessoais, seja até mesmo na questão econômica, como assinala Harari[45]. Quer prova maior da importância da confiança do que a confiança que se deposita no dinheiro? Dinheiro é um pedaço de papel que confiamos corresponda a algo de valor depositado simbolicamente num banco. Não há nada mais "arriscado", porém ele decorre da criação do que

45 HARARI, Yuval Noah. ***Sapiens*. Uma Breve História da Humanidade**. Ob. cit., p. 111 e ss..

Harari refere como "uma rede complexa de relações políticas, sociais e econômicas de longo prazo"[46].

Mesmo assim, quando se fala em gerenciamento da coisa pública, a exigência constitucional de publicidade, de moralidade, de legalidade, de impessoalidade e de eficiência, traz embutida a ideia da "desconfiança". A seleção destes valores no âmbito da Constituição, como, aliás, a própria criação do "mundo das regras" do Direito como um todo, permite dizer, de certa forma, que não é possível confiar cegamente nas pessoas e, em particular, no gestor público, pois antecipa que ele possa não escolher os valores pessoais que se julgue mais adequados para lidar com o que não é seu. Ao contrário, desconfiando que o servidor público possa querer agir de maneira a favorecer seus sentimentos pessoais, a Constituição afirma e exige que ele deva ser impessoal. Na mesma linha, desconfiando que o servidor público possa não agir moralmente ajustado ao cuidado com a coisa pública, a Constituição lhe impõe uma moralidade administrativa (não basta que seus atos neste campo sejam legais; devem ser também moralmente aceitos pela comunidade, orientados para o bem comum, nos termos do referido art. 3º da Constituição). E, por seguir desconfiando que ele possa não ser transparente, a Constituição lhe impõe um dever de publicidade de seus atos.

Assim, ainda que a confiança seja compreendida como aquele valor que me permite acreditar no outro sem ter as condições prévias de verificação da certeza quanto ao valor do outro, o que a Constituição está dizendo, de certa forma, é que essa confiança não pode ser absolutamente cega, principalmente quando se trata de cuidar da coisa pública, quando se trata de gerenciar o dinheiro arrecadado de todos em benefício da comunidade. Há que se confiar desconfiando, como já dizia Nilo Bairros de Brum, quando tratava do problema da confiança na prova produzida no processo penal em geral, e na testemunhal em particular[47].

Confiar, desconfiando, pressupõe, no entanto, insista-se, a prevalência do primeiro valor sobre o segundo. Portanto, ainda que não haja uma fórmula matemática capaz de dizer qual dos dois valores deva prevalecer à luz das circunstâncias do momento, na vida em sociedade é importante considerar a prevalência de um em relação ao outro. Se é preferível confiar, seria esse valor capaz de ser alçado ao plano de um princípio?

46 HARARI, Yuval Noah. ***Sapiens*. Uma Breve História da Humanidade**. Ob. cit., p. 188.

47 BRUM, Nilo Bairros de. **Requisitos Retóricos da Sentença Penal**. São Paulo: RT, 1980, p. 76.

5. Quanto a confiança pode ser lida como um "princípio"

Para compreender essa questão é imprescindível deixar delimitado o que se entende por "princípio", ainda mais considerando que há uma multiplicidade de sugestões doutrinárias a respeito. Por exemplo: não obstante os seguidores da doutrina de Robert Alexy continuem repetindo a ideia de que princípios seriam "mandamentos de otimização"[48] e, com isso, admitam que os princípios serviriam para ampliar o campo de interpretação, representando uma perigosa abertura na qual, como dito, é possível encaixar qualquer discurso (mesmo que Alexy se esforce por criar critérios de fechamento de discurso ainda ficam "brechas"), preferimos a noção de que princípio é norma e como tal possui caráter deontológico, isto é, atua como um "dever ser", servindo para fechamento da interpretação e não para sua abertura, como precisamente mais uma vez assinala Lenio Streck[49]. Princípios, portanto, atuam à luz da chave lícito-ilícito. Já os valores em mesa atuam de forma contingente, dependendo das circunstâncias do momento posso confiar ou desconfiar.

Nestes termos não há como se admitir a ideia de que a confiança possa ser um "princípio" a ser observado no trato da coisa pública. Seria como exigir das pessoas que confiassem sempre no quanto é realizado pelo Estado e seus servidores. Disso poderia resultar, por exemplo, que os mecanismos de controle dos servidores públicos, a exemplo das Corregedorias, do Tribunal de Contas, do Ministério Público e do próprio Direito se levado ao extremo, seriam "inconstitucionais" por violar o "princípio" da confiança. Seria algo como dizer: não confiou? Pois, então, seu ato foi ilícito por não obediência ao princípio que obriga as pessoas a confiarem umas nas outras ou mesmo nas instituições...

Mas há determinado campo de análise do direito em que é possível se admitir um "princípio" da confiança destinado a resolver determinado problema jurídico. É o que se dá no campo do Direito Penal em sede de construção teórica que pode ser utilizada como ponto de partida para discutir a imputação objetiva em determinados casos. Tal se dá, por exemplo, nos crimes de trânsito, nos quais o que a doutrina denomina de "princípio da confiança" é utilizado para permitir a "negação de um incremento do perigo inadmissível", pois, como refere Roxin, "quem se comporta devidamente na circulação pode confiar que os outros também o façam, sempre quando não existam indícios concretos para supor o contrário"[50]. Mas, é bom deixar anotado, que esse

---

48 ALEXY, Robert. **Teoria dos Direitos Fundamentais**. Tradução de Virgílio Afonso da Silva. São Paulo: Malheiros, 2008, p. 90 e ss..

49 STRECK, Lenio Luiz. **Verdade e Consenso: constituição, hermenêutica e teorias discursivas**. 4ª ed., São Paulo: Saraiva, 2011, p. 221.

50 ROXIN, Claus. ***Derecho Penal. Parte General. Tomo I. Fundamentos. La estrutura de la Teoría del Delito***. Tradução do alemão para o espanhol de Diego-Manuel Luzón

"princípio da confiança" perde sua força tão logo se identifique, no outro, um comportamento de risco. Só vale, portanto, quando nada me permita dizer que haverá violação da regra pelo outro. Mais uma vez a síntese de Roxin: "quando um condutor se dá conta de que outro não observa a prioridade de passagem, deve parar e não pode passar confiando em seu "direito"[51].

Portanto, quando se diz que alguém confia que outrem não ultrapassará o sinal vermelho no cruzamento não se trata de dizer que há uma confiança cega em todas as pessoas que transitam pelas ruas em seus automóveis. Não se trata de dizer à população: pode atravessar a rua tranquila que nunca ocorrerá nada de mal a você, pois os motoristas são todos confiáveis e sempre obedecerão ao sinal de trânsito. Não é disso que se trata. Há, quando muito, uma confiança no conjunto de regras que foram estabelecidas conjuntamente para permitir que eu não tenha que, de antemão, me preocupar com os campos de organização pessoal dos outros, mas apenas com o meu. A confiança é mais no papel social cujos contornos são definidos pelas regras do que propriamente nas pessoas! Assim, caso o sujeito viole a regra, ultrapasse o sinal vermelho, colida com o veículo de terceiro e o lesione, será possível, pelo "princípio da confiança" que era depositado no esperado cumprimento de seu papel social, previsto nas regras de trânsito, imputar-lhe objetivamente o delito. Ele tinha o dever legal de observar as regras. O outro, num primeiro momento, confiava que ele assim atuaria e como, nas circunstâncias, não pode antever qualquer ato que permitisse desdizer essa crença, quem ultrapassou o sinal fechado responde objetivamente pelo delito.

A questão encontra aplicação em casos nos quais se exige a cooperação com divisão de trabalho, a exemplo do que sucede numa operação médica[52], na qual uma pessoa é o anestesista, outra é o instrumentador e outra é o cirurgião e todos cooperam para o sucesso da cirurgia, respondendo na medida de suas responsabilidades. Não se trata, aqui, propriamente de um princípio de confiança nos valores do outro, mas de confiança de que o outro observará a regra da sua própria *expertise*.

Peña, Miguel Diaz, Garcia Conlledo, Javier de Vicente Remesal. Madrid: Civitas, Primeira Edição de 1999, Reimpressão 2003, p. 1004 e ss. Tradução nossa. No original, em espanhol: "*quien se comporta debidamente en la circulación puede confiar en que otros también lo hagan, siempre y cuando no existan indícios concretos para suponer lo contrario.*"

51 ROXIN, Claus. **Derecho Penal. Parte General. Tomo I. Fundamentos. La estrutura de la Teoría del Delito**. Ob. cit., p. 1005. Tradução nossa. No original, em espanhol: "*por tanto, cuando un conductor se da cuenta de que otro no observa la prioridade de passo, debe parar y no puede pasar confiando en su "derecho".*"

52 O exemplo também é dado por Roxin. ROXIN, Claus. **Derecho Penal. Parte General. Tomo I. Fundamentos. La estrutura de la Teoría del Delito**. Ob. cit., p. 1005.

A coisa funciona mais ou menos assim: no universo social, normalmente, cada um cuida apenas do seu campo de organização pessoal. Ao isolar os campos, cada um cuida do seu. Porém, se tivermos um grupo humano que deva atuar circunstancialmente com fins comuns, compartilhados (ex: operação médica), é possível delimitar uma divisão de tarefas buscando esse fim comum. Porém, mesmo nessa divisão de tarefas também se admite que um possa fiscalizar o outro, dele desconfiando, notadamente em casos em que um é responsável pela supervisão do todo. E aqui, ainda que surja um argumento para exigir de todos que cuidem de todos, o certo é que não se pode levar a fiscalização mútua ao extremo, pois do contrário não sobra tempo para cuidar do meu campo de organização e das minhas tarefas pessoais. Nestes termos, até posso impor deveres de vigilância em relação aos outros, mas isso não pode ultrapassar minha capacidade pessoal, a tal ponto que eu descuide da minha parcela pessoal de cuidado.

Noutro aspecto, Anthony Giddens também refere a uma confiança na técnica, na ciência. Na verdade ele estabelece uma distinção entre o que denomina de "compromisso com rosto" e "compromisso sem rosto", na qual o primeiro se refere às "relações mantidas por conexões sociais em situações de co-presença"; e o segundo, no que concerne ao "desenvolvimento de fé em fichas simbólicas ou sistemas peritos"[53]. A fé é posta no avanço da tecnologia e o princípio entra em cena aqui como uma espécie de substitutivo do cuidado em relação ao outro. Quando pego um elevador, confio que o síndico do prédio fez a manutenção devida e que o técnico da empresa de elevadores teve o cuidado de fazer uma verificação completa. Confio, portanto, na perícia e na técnica alheia. O mesmo se diga quando viajo de avião. Não fico perguntando ao Comissário se a aeronave está em ordem. Simplesmente confio que os demais técnicos que integram essa atividade colaborativa de fazer um avião decolar, voar, e aterrissar, agiram com a perícia e responsabilidade necessárias a preservar a segurança do voo. Mas o interessante é que normalmente nestes casos confio por ignorância. Há aqui, uma ambivalência, como destaca Giddens, pois quanto mais eu ignoro como opera um sistema perito, mais sou obrigado a confiar nele, o que faz com que se abram campos para o "ceticismo ou ao menos para a cautela"[54].

Enfim, o que se quer pontuar nesse tópico é que é preciso muito cuidado ao referir à confiança como um "princípio", pois mesmo nas esferas jurídicas nas quais ele é invocado, a exemplo do que sucedeu nos crimes de trânsito ou nas atividades nas quais se exige cooperação com divisão de tarefas, há uma série de restrições práticas a serem observadas.

53 GIDDENS, Anthony. **As Consequências da Modernidade**. Tradução de Raul Fiker. São Paulo: UNESP, 1991, p. 84.

54 GIDDENS, Anthony. **As Consequências da Modernidade**. Ob. cit., p. 92-93.

Fora disso, não há como considerá-lo um princípio no sentido de ser lido como um dever ser absoluto a nortear a vida em comunidade já que confiar é contingencial. Muito menos quando se refere ao trato da coisa pública.

De resto, ainda que a confiança, como valor, normalmente venha primeiro – até porque as pessoas tendem a confiar uns nos outros – não é possível desconsiderar a ambivalente desconfiança que se desencadeia na sociedade em maior ou menor medida a partir das experiências cotidianas e dos setores afetados.

Essa dualidade também opera em relação a outros valores, a exemplo do que ocorre entre a transparência e o sigilo. Se ambos são valores, qual deve prevalecer no trato da coisa pública? Ainda que a pergunta seja retórica, também é possível apresentar a ambivalência de uma possível resposta que se some à questão da confiança, deixando claro que se nas relações entre os corruptos a transparência não é bem vinda, a confiança - entre eles - é um valor imprescindível.

Enfim, quando se trata de administração pública, a ética não pode ser a de cada indivíduo, mas deve ser compartilhada, para que então haja cada vez mais a preferível preponderância da confiança do cidadão naquele que se dispôs a ser o cuidador da coisa pública. Do contrário, o risco aparecerá até mesmo para a consolidação da democracia como se passa a expor.

6. Desconfiança crônica nas instituições e o perigoso déficit de democracia

> *"De nada valeriam as emendas parlamentares, as licitações arranjadas, os convênios fraudulentos e todos os esquemas que temos para desviar dinheiro para a campanha se não houvesse eleitores dispostos a vender seus votos. Não adianta xingar as sete gerações da família de um político, eleitor vendido, quando você sabe muito bem o papel que desempenha no sistema. Você é um hipócrita, não existe outra palavra para defini-lo".* (O NOBRE DEPUTADO, *fala de um político brasileiro entrevistado pelo Juiz Márlon Reis)*[55]

Falar em "crise de confiança" nas instituições públicas brasileiras pressuporia compreender uma perturbação aguda, brusca, que afetasse temporariamente o padrão de respeitabilidade e fidelidade aos valores democráticos que delas seria esperado. Crise remete, portanto, a uma fase difícil, porém passageira.

No que concerne ao grau de confiança que a população deposita na administração pública e nos partidos políticos é possível dizer que o Brasil não vive propriamente uma "crise" de confiança, já que a desconfiança da

55 REIS, Márlon. **O Nobre Deputado. Relato chocante (e verdadeiro) de como nasce, cresce e se perpetua um corrupto na política brasileira.** Rio de Janeiro: LeYa, 2014, p. 105.

população em relação a quem exerce múnus público se revela mais crônica do que aguda e pontual.

O reflexo sintomático é sentido também quando se avalia a preferência da população brasileira em relação ao regime democrático ou mesmo se ela não se conformaria com a possibilidade de um retorno ao totalitarismo. Neste ponto o Brasil se encaixa fortemente naquilo que Richard Rose e Doh Chull Shin, ao analisar democracias recentes a exemplo da Rússia, da República Tcheca e da Coreia do Sul, denominaram de "*broken-back democracies*"[56], isto é, "sistemas institucionais deficientes, incapazes de assegurar plenamente o governo da lei (e não dos homens), a competição política e a responsabilização dos governos"[57].

Essa relação entre índices de confiança social e nas instituições democráticas já vem sendo estudada há algumas décadas. As primeiras pesquisas empíricas datam de 1948 na Alemanha Ocidental, sendo depois introduzidas e ampliadas nos Estados Unidos em 1958[58]. Mas, das pesquisas realizadas, aquela que ganha destaque pela envergadura pioneira foi desenvolvida por Almond e Verba, em 1963, quando foram feitos estudos comparados em cinco países (Estados Unidos, Grã-Bretanha, Alemanha, Itália e México), publicados em forma de livro intitulado: "*The Civic Culture*"[59].

Os resultados de inúmeras pesquisas posteriores neste mesmo campo, elaborados por "autores de diferentes orientações teóricas" e sob diferentes critérios – sociopsicológico, cultural, econômico e institucional – (*v.g.*: Lipset e Schneider, 1983; Williams, 1985; Sztompka, 1999; Offe, 1999; Citrin e Muller, 1999; Levi e Stokes, 2000; Della Porta, 2002; Seligson, 2002; Morlino, 2004; Bratton, Chu, Lagos e Rose, 2007; Moisés, 2008; dentre outros), como pontua José Álvaro Moisés[60], revelam que a qualidade do regime democrático está diretamente vinculada aos "mecanismos de *accountability* e responsivi-

56 ROSE, Richard; SHIN, Doh Chull. *Democratization and Backwards: The Problem of Third Wave Democracies*. In: **British Journal of Political Science**. Vol. 31, Issue 02, abril de 2001, p. 331-375.

57 MOISÉS, José Álvaro. Cultura Política, Instituições e Democracia – Lições da Experiência Brasileira. In: MOISÉS, José Álvaro (Org.) **Democracia e Confiança. Por que os Cidadãos Desconfiam das Instituições Públicas?** Ob. cit., p. 77-121, p. 83.

58 MOISÉS, José Álvaro. Democracia e Desconfiança das Instituições Democráticas. In: MOISÉS, José Álvaro (Org.) **Democracia e Confiança. Por que os Cidadãos Desconfiam das Instituições Públicas?** São Paulo: EDUSP, 2010, p. 45-73, p. 56.

59 ALMOND, Gabriel A.; VERBA, Sidney. ***The Civic Culture. Political Attitudes and Democracy in Five Nations***. Newbury Park, California; London; New Delhi: Sage Publications, 1989.

60 MOISÉS, José Álvaro. Democracia e Desconfiança das Instituições Democráticas. In: MOISÉS, José Álvaro (Org.) **Democracia e Confiança. Por que os Cidadãos Desconfiam das Instituições Públicas?** Ob. cit., p. 60 e ss..

dade" e que a confiança interpessoal e em instituições, possui "papel central" na "percepção do sentimento dos cidadãos acerca da eficácia política e, em consequência, da legitimidade que eles reconhecem ao regime democrático"[61].

Assim, há uma relação direta entre a desconfiança crônica dos cidadãos em relação às instituições e sua capacidade de colaborar com a observância de normas e acreditar no regime democrático como algo a ser defendido. José Álvaro Moisés aponta que "a desconfiança generalizada, crescente e longamente duradoura, ainda que não coloque em questão a existência da democracia no curto prazo, sinaliza a percepção negativa dos cidadãos quanto à capacidade das instituições públicas de operar como meios de realizar seus interesses ou preferências"[62]. No mesmo sentido é a percepção de Seymour Martin Lipset e William Schneider, quando avaliam a questão no âmbito norte-americano, em sua obra "*The Confidence Gap*"[63]. Estes autores também realizaram outro estudo similar, nos anos do governo Ronald Reagan nos Estados Unidos (1981-1987)[64]. Outro trabalho relevante que conclui na mesma linha é o de John T. Williams, intitulado "*Systemic Influences on Political Trust*", publicado em 1985[65].

Voltando os olhos para o Brasil, um importante termômetro do que se está a dizer nos é dado pelo "Latinobarômetro", entidade não governamental, sem fins lucrativos e com sede no Chile, que há mais de vinte anos realiza pesquisas e estudos anuais de opinião pública, investigando o desenvolvimento da democracia, da economia e das diversas sociedades latino-americanas[66]. Dos temas específicos de pesquisa do Latinobarômetro se destacam justa-

61 MOISÉS, José Álvaro. A Confiança e seus Efeitos Sobre as Instituições Democráticas. In: MOISÉS, José Álvaro (Org.) **Democracia e Confiança. Por que os Cidadãos Desconfiam das Instituições Públicas?** São Paulo: EDUSP, 2010, p. 09-20, p. 10 e 11.

62 MOISÉS, José Álvaro. A Confiança e seus Efeitos Sobre as Instituições Democráticas. In: MOISÉS, José Álvaro (Org.) **Democracia e Confiança. Por que os Cidadãos Desconfiam das Instituições Públicas?** Ob. cit., p. 12.

63 LIPSET, Seymour Martin; SCHNEIDER, William. ***The Confidence Gap. Business, Labor and Governement in The Public Mind.*** New York: The Free Press, 1983.

64 LIPSET, Seymour Martin; SCHNEIDER, William. *The Confidence Gap During the Reagan Years (1981-1987)*. In: ***Political Science Quarterly.*** Vol. 102, nº 01, 1987. Disponível em http://www.planethan.com/drupal/sites/default/files/The%20Confidence%20Gap%20during%20the%20Reagan%20Years%201981%201987%20%20By%20Lipset%20Seymour%20Martinand%20Schneider%20William%20Political%20Science%20Quarterly%20Spring87%20%20Vol%20102%20Issue%201%20%20p1%2023p.pdf, acesso em 19 de janeiro de 2016.

65 WILLIAMS, John T. *Systemic Influences on Political Trust: The Importance of Perceived Institutional Performance.* In: **Political Methodology**. Vol. 11. Oxford: Oxford University Press, 1985, p. 125-142.

66 Disponível em http://www.latinobarometro.org/lat.jsp, acesso em 18 de janeiro de 2016.

mente aqueles dedicados a compreender a relação da confiança da população de cada um dos países da América Latina em relação às instituições públicas e privadas com suas percepções democráticas[67].

A primeira pesquisa foi realizada em 1995 e em relação ao Brasil apresentou resultados nem um pouco surpreendentes, porém extremamente preocupantes, quanto à confiança depositada na administração pública. A pergunta então submetida à população brasileira foi: "*Quanta confiança tem na seguinte instituição?*", e as opções de resposta dos entrevistados oscilavam entre: "*muita confiança*"; "*alguma confiança*"; "*pouca confiança*", "*não sabe*"; "*não respondeu*". Quando a "instituição" era a "*administração pública*", o resultado de vinte anos atrás indicou que 39,2% dos entrevistados responderam ter "*pouca confiança*" e 28,6% "*nenhuma confiança*". Ou seja: quase 70% da população não confiavam na administração pública. A resposta "*muita confiança*" alcançou apenas 11%. O resultado é ainda mais gravoso, quando a pergunta foi relacionada à confiança nos partidos políticos, pois apresentou 32,4% de "*pouca confiança*"; 48,1% para "*nenhuma confiança*" e apenas 4,7% para "*muita confiança*". Logo, para 80,5% da população brasileira, em 1995, os partidos políticos não inspiravam confiança.

Passados vinte anos, as pesquisas anuais deste período e, particularmente aquela de 2015, indicam que praticamente não houve alteração nessas percepções. Para este último ano, quando a pergunta foi feita em relação à administração pública o resultado foi que 39,9% apresentam "*pouca confiança*"; 28,6% "*nenhuma confiança*" e 11,1% disseram ter "*muita confiança*". A situação se agravou quando a pergunta foi formulada em relação aos partidos políticos: apenas 1% apresentou "*muita confiança*"; ao passo que 36,1% disseram ter "*pouca confiança*" e 51,4% responderam "*nenhuma confiança*". Assim, ao longo de vinte anos de pesquisas anuais, tem-se que, em média, algo próximo de 70% da população brasileira não confia na administração pública e algo como quase 90% da população não confia nos partidos políticos! E se for feita nova pesquisa após as manifestações de rua ocorridas em todo o Brasil no dia 13 de março de 2016 e dos atos que se sucederam, seguramente os índices devem ter piorado. Não é preciso muito esforço para compreender quão graves são estes dados.

Nessa trilha, o que se pode extrair das pesquisas realizadas é que no Brasil não temos propriamente uma "crise" de confiança na administração pública ou nos partidos políticos. A falta de confiança, como destacado no início, é crônica, pois praticamente não se altera ao longo dos últimos vinte anos.

---

67 Latinobarómetro. ***La Confianza en America Latina 1995-2015. 20 años de opinón pública latino-americana. Banco de Datos en Línea.*** Santiago de Chile. 2015. Disponível em file:///C:/Downloads/F00005085-INFORME_LB_LA_CONFIANZA_1995_2015.pdf, acesso em 18 de janeiro de 2016.

O mesmo Latinobarômetro também apresenta outra pergunta relevante em relação ao apoio à democracia. A pergunta era: "*Com qual das seguintes frases você está mais de acordo?*". E as opções de resposta eram: "*A democracia é preferível a qualquer outra forma de governo*"; "*Em algumas circunstâncias, um governo autoritário pode ser preferível a um democrático*"; "*A mim dá no mesmo um regime democrático e outro não democrático*"; "*não respondeu*"; "*não sabe*". A série histórica dos vinte anos não mostrou grandes oscilações e, ainda que a maioria tenha respondido que "*a democracia é preferível*" (algo entre 30% a 55% ao longo dos anos), há também um elevado e similar índice de pessoas que acredita que um governo autoritário possa ser preferível ou que não se importa (somados dão uma média que oscila entre 33% e 53%). Há, portanto, tecnicamente, um empate entre aqueles que preferem a democracia a qualquer outro regime e entre aqueles que não se importam, somados àqueles que acreditam que seria melhor um regime autoritário. Não se perca de vista que um índice médio oscilante entre 05% e 15% aponta que as pessoas não souberam dizer ou não responderam, o que pode indicar que não se importariam se o regime fosse autoritário, agravando ainda mais o cenário.

Outro aspecto alarmante que se identifica na análise dos resultados das pesquisas nos últimos vinte anos no Brasil, é que a desconfiança vem apresentando uma "evolução geracional", ou seja, na medida em que "vão morrendo as gerações que mais confiavam nas instituições, vão nascendo gerações que confiam menos"[68].

O problema detectado pelas pesquisas do Latinobarômetro, portanto, informa que, diferentemente do que ocorre majoritariamente em outras áreas mais civilizadas do globo, "por aqui, quando ninguém está olhando, as regras mudam"[69], assim que, "enquanto na América Latina, 8 em cada dez cidadãos não confiam no outro; nos países nórdicos 8 em cada dez cidadãos con-

---

68 Latinobarómetro. ***La Confianza en America Latina 1995-2015. 20 años de opinón pública latino-americana. Banco de Datos en Línea.*** Ob. cit., p. 10. Tradução nossa. No original, em espanhol: *En otras palabras la confianza tiene una evolución generacional, van muriendo las generaciones que más confiaban en ellas, mientras van naciendo generaciones que confían menos.*

69 Latinobarómetro. ***La Confianza en America Latina 1995-2015. 20 años de opinón pública latino-americana. Banco de Datos en Línea.*** Ob. cit., p. 03. Tradução nossa. No original, em espanhol: *Aquí cuando nadie está mirando las reglas cambian. Un automóvil o un peatón cruzan con luz roja si no hay nadie en el cruce. Esa es uma apuesta fácil de ganhar. Aquí la gente se hace enferma para no ir trabajar, no pagan todo el boleto del transporte público, usan subsídios estatales cuando no les corresponde. Los datos de Latinobarómetro muestran como estos comportamentos son demasiado massivos y frecuentes como para decir que se trata de excepciones. (....) Las cifras de confianza interpersonal en América Latina son las más bajas de la Tierra, y son constantes en las últimas dos décadas, antes de eso no hay información.*

fiam sim no outro"[70]. E isso se deve tanto às desigualdades sociais quanto aos mecanismos de fiscalização e controle de quem detém poder. Quanto mais controlado e fiscalizado for o exercício da função pública, mais confiança as instituições produzirão na população e, nessa medida, mais garantida estará a manutenção do regime democrático.

7. Mecanismos de controle existentes

> *Como órgão de promoção e fiscalização da lei, como parte instrumental que promove a ação penal ou civil, que requisita os elementos de investigação e quaisquer diligências para a descoberta da verdade material, o Ministério Público é uma das instâncias formais de controle da criminalidade e da violência.*
>
> (RENÈ ARIEL DOTTI)[71]

Pelo que se vê das pesquisas referidas acima, os mecanismos de controle de servidores públicos hoje existentes no Brasil tem se revelado insuficientes para minimizar o gravíssimo problema de corrupção sistêmica identificado em diversos setores.

Com efeito, mesmo no auge da publicidade dos desvios de comportamento identificados em altos escalões do poder público pela chamada "Operação Lava Jato", com os executivos das maiores empreiteiras do país sendo presos preventivamente, com sucessivos escândalos de desvios de vultosas importâncias dos cofres públicos, o que se continuou a constatar é que em inúmeras Prefeituras do interior, Câmaras Municipais, Assembleias Legislativas e órgãos públicos em geral, não cessou a prática do desvio de verbas e da corrupção por vezes institucionalizada. Basta uma rápida pesquisa no noticiário para identificar que o efeito dissuasório do exemplo do caso de corrupção de maior vulto na história do país, não impediu que vários servidores públicos, nos mais variados setores da administração pública *lato sensu*, ainda prosseguissem se locupletando.

É certo que a divulgação das prisões no caso "Lava Jato" possa até ter freado o ímpeto de alguns, operando a função de prevenção geral negativa da "pena" (no caso, seria melhor dizer: apenas da prisão cautelar), mas, seguramente, não de todos. Como já recordava José Álvaro Moisés, ainda

---

70 Latinobarómetro. ***La Confianza en America Latina 1995-2015. 20 años de opinón pública latino-americana. Banco de Datos en Línea.*** Ob. cit., p. 03. Tradução nossa. No original, em espanhol: *Mientras en América Latina 8 de cada diez ciudadanos no confían en el "otro", en los países nórdicos 8 de cada diez ciudadanos sí confían en el "otro"*

71 DOTTI, René Ariel. O Ministério Público e a Polícia Judiciária – relações formais e desencontros materiais. In: **Ministério Público, Direito e Sociedade.** Sérgio Fabris Editor: Porto Alegre, 1986.

antes dos escândalos do "Mensalão" e da "Lava Jato", "a continuidade de práticas de corrupção mostra que nem o *impeachment* de um presidente ou a punição de parlamentares por motivos semelhantes, foi suficiente para que o país aperfeiçoasse os mecanismos institucionais e o marco jurídico responsáveis pelo controle dos efeitos sistêmicos de hábitos e comportamentos antirrepublicanos"[72].

Um dos problemas é que os mecanismos de controle costumam funcionar *a posteriori*, depois que uma notícia de possível desvio de comportamento vem à tona. E apenas quando vem à tona. Não há mecanismos de prevenção efetivos, a exemplo de estruturas internas de integridade como o *compliance*, agora referido em lei para as empresas (Lei Federal nº 12.846/2013). Para deixar claro, *compliance* é um termo em inglês derivado do verbo "*to comply*", ou seja, "cumprir", "obedecer", "agir de acordo com a regra", e passa agora a provocar nova cultura no âmbito corporativo, definindo o conjunto de medidas de controle interno que a empresa possa adotar no sentido de evitar desvios de comportamento pelos seus funcionários.

Porém, também é bom que não se perca o problema, isto é, mesmo que se implantem mecanismos internos de *compliance* para as instituições públicas, ampliando, por exemplo, os Códigos de Ética ou estruturas das Corregedorias já existentes, ainda se cairá na forte possibilidade de haver uma corrupção institucionalizada em determinado órgão público que torne a ideia de controle interno uma mera burocracia "para inglês ver". E mais do que isso: como a prática corruptiva opera em via de mão dupla, pois, "co-romper" implica em romper juntos os valores morais que sustentam as relações entre o particular e o poder público, ela dificilmente se torna pública, mesmo no plano interno, pois costuma ser um comportamento praticado às escondidas e orientado por uma ética de *omertà*, de silêncio e cumplicidade similar àquela vista em organizações criminosas de estilo mafioso.

Tudo isso implica em considerar que os melhores mecanismos de controle são externos e operados por órgãos independentes, a exemplo do Ministério Público e do Tribunal de Contas. Mas estes, como destacado, atuam a partir de fatos concretos e, assim, têm pouca eficácia preventiva e repressiva. De fato, o problema aqui está muito fortemente vinculado à carência de estrutura das instâncias formais de controle, para usar a expressão consagrada pelo Professor René Dotti. Polícia, Ministério Público e Judiciário historicamente nunca operaram a contento em termos de estrutura. Isso implica em considerar que os processos costumam ser naturalmente morosos. Para exemplificar, basta considerar que a Suprema Corte brasileira, em 2015, recebeu 95

72 MOISÉS, José Álvaro. Cultura Política, Instituições e Democracia – Lições da Experiência Brasileira. In: MOISÉS, José Álvaro (Org.) **Democracia e Confiança. Por que os Cidadãos Desconfiam das Instituições Públicas?** Ob. cit., p. 94.

mil processos para analisar. E ela, como se sabe, só possui onze Ministros. Quantos seriam necessários para acompanhar a demanda? Mil Ministros talvez? O absurdo fala por si só. É evidente que uma Corte Constitucional não pode funcionar assim e não pode ser ampliada a ponto de perder sua razão de ser. É necessário, então, repensar uma série de aspectos da legislação penal e processual penal brasileira, sem que isso represente necessariamente alarmante retrocesso garantista. As penas mínimas previstas para todos os tipos penais contra a administração pública costumam ser ridículas diante da importância do bem jurídico tutelado. Se analisarmos as penas mínimas perceberemos que a maior pena mínima nesse nicho de delitos é de três anos, mas a grande maioria não passa de um ano. E, como é da tradição do direito brasileiro fixar penas no mínimo legal, raras vezes elas alcançam patamares superiores a quatro anos, que conduziria a um regime semiaberto. O normal é que a pena em concreto fique no mínimo legal e, assim, represente ao corrupto e ao peculatário de plantão, que, literalmente, "vale a pena" se arriscar, pois, se for descoberto, depois de longo e moroso processo, sua pena será de prestação de serviços à comunidade, quando muito. Isso se não prescrever pela mecânica da prescrição retroativa. Não é possível olvidar que o processo penal que não opera com mínimo de efetividade também não é garantista. Portanto, repensar as estruturas das instâncias formais de controle, repensar as penas mínimas destes delitos, repensar marcos de interrupção e suspensão do lapso prescricional, repensar o instituto da prescrição retroativa, para equilibrar a proibição de excesso com a proibição de proteção insuficiente, são pautas urgentes da reforma legislativa brasileira. Os mecanismos de controle, sozinhos, não são hoje capazes de servirem de efetivo fator desmotivador para o servidor público controlar-se no trato da coisa pública.

Mesmo assim, também se tem em certa medida alguns pontos positivos recentemente inaugurados na legislação brasileira. Em termos de transparência e controle externo é certo que o Brasil melhorou bastante no cotejo global, principalmente depois da Lei Complementar nº 131/2009 e da Lei Federal nº 12.527/2011, conhecidas como "Leis da Transparência", e hoje se encontra num grupo de países que disponibiliza "significativa" quantidade de informação aos cidadãos. Mas não alcançou ainda o principal grupo de países hoje liderados pela Nova Zelândia, que disponibiliza "importante" quantidade de informações aos cidadãos. De acordo com os resultados das pesquisas realizadas pelo *Open Data Barometer*, o Brasil também aparece aqui como tendo progredido bastante neste campo da transparência dos dados orçamentários, subindo sete posições no ranking global em 2015, mas ainda está num grupo abaixo se comparado, por exemplo, com a Nova Zelândia, pois enquanto este país tem um escore de 80,01 e ocupa o 4º lugar; o Brasil tem um escore de 52,13 e ocupa o 21º lugar.

Na experiência neozelandesa as pesquisas realizadas pelo *State Services Comissioneer* daquele país, entre 2007 e 2013, correlacionam o grau de honestidade de seus servidores públicos com o nível de confiança da população e baixos índices de percepção da corrupção[73].

Na Nova Zelândia são diversos os programas que visam criar um caldo cultural interno propício a evitar práticas corruptas. Um dos exemplos interessantes decorre de uma parceria realizada com a entidade não governamental Transparência Internacional na Nova Zelândia que promoveu um vídeo bastante didático para ensinar a evitar práticas corruptivas, uma espécie de "treinamento anticorrupção", no qual, além do servidor aprender a respeito das leis e das consequências das práticas corruptas, ele é submetido a uma série de situações que simulam o que se enfrenta no cotidiano, com grupos de respostas que indicam como ele deve se comportar diante de casos concretos.[74] O modelo neozelandês, portanto, merece ser considerado para adoção de políticas internas de controle de integridade dos servidores públicos brasileiros.

Assim, ampliar e aperfeiçoar políticas de controle interno e externo passa a ser fundamental para propiciar novos patamares de confiança. Inspirar-se nessas experiências estrangeiras é relevante para se pensar em métodos de diminuição da desconfiança no poder público. Afinal, se hoje a "confiança" que existe cronicamente no Brasil é na impunidade de quem detém poder, é preciso reverter essa percepção para o bem da consolidação da democracia.

8. Primeiras conclusões reflexivas

De tudo quanto acima ponderado, parece ter ficado claro que há uma relação direta entre confiança nas instituições e preferência pela democracia. Portanto, quanto mais a população confiar na administração pública, mais ela terá razões para acreditar na necessidade de estabilizar e consolidar a experiência democrática.

Assim, sem ter a pretensão de esgotar o assunto ou mesmo de impor uma única visão a respeito do tema; sem, enfim, pretender doutrinar o outro como se fosse a pregação de uma religião que parte de verdades absolutas e tem pretensões de salvação da humanidade, é possível extrair algumas primeiras conclusões a respeito destas reflexões que procuramos fazer entre elevados índices de corrupção, desconfiança generalizada e crônica nas instituições e consolidação do processo democrático no Brasil.

73 Conforme resultados divulgados pelo Governo da Nova Zelândia em 2013. Disponível em https://www.ssc.govt.nz/integrity-and-conduct-survey-2013-report, acesso em 27 de janeiro de 2016.

74 Disponível em http://www.transparency.org.nz/Anti-Corruption-Training, acesso em 27 de janeiro de 2016.

Essas reflexões, por evidente, são passíveis de críticas que podem gerar novas reflexões e até mesmo possíveis metanoias. Enfim, é da intersubjetividade na relação sujeito-sujeito que se constroem análises mais confiáveis de propostas que costumam encontrar natural resistência e gerar certa polêmica, a exemplo do que vem sucedendo em relação às propostas apresentadas pelo Ministério Público Federal, acolhidas em forma de projeto de lei de iniciativa popular encaminhado ao Congresso Nacional.

Um dos pontos que se procurou destacar é que não há como desconsiderar que uma parcela da população não consegue introjetar firmemente os valores morais que ainda compõem o tecido comum cooriginariamente posto no âmbito constitucional e que lhe exigiriam tratar da coisa pública à luz dos princípios da moralidade, impessoalidade, publicidade e eficiência. Por conta disso, investir em educação passa a ser absolutamente relevante. Investir pesadamente numa educação moral, constitucional, para que as crianças e adolescentes aprendam, desde cedo, a respeitar o outro, a respeitar a coisa pública, a compreender que ela deve ser tratada a partir dos princípios constitucionais de moralidade, publicidade, legalidade e impessoalidade.

Mas só isso não basta. Ao mesmo tempo também é importante pensar em novos mecanismos internos e externos de controle de integridade dos servidores públicos, sem que isso represente uma pretensão de eugenia institucional, mas apenas contribua para ampliar mecanismos que desestimulem atos de corrupção.

Parece relevante, portanto, criar mecânicas que permitam despertar preventivamente os freios inibitórios morais do servidor público que tenha cogitado desviar seu comportamento no trato da coisa pública. Esses mecanismos devem operar no plano preventivo e repressivo com efetividade, despertando o alerta no servidor público de que se ele desviar dos nortes traçados nos princípios constitucionais do art. 37, terá ampla margem para ser alcançado e responsabilizado.

Esses novos mecanismos de controle interno e externo podem ser buscados em modelos estrangeiros de sucesso, a exemplo do que sucedeu na Nova Zelândia, particularmente aqueles que sejam orientados para levar o servidor público a concluir que é melhor não agir de forma corrupta.

Para além dos mecanismos administrativos, também é preciso desapegar-se de compreender o Direito Penal e o Processo Penal apenas sob um foco que conduz a discursos em linhas abolicionistas, voltando-se o olhar para o quanto a legislação penal interna tem de frouxidão capaz de torná-la por vezes absolutamente inefetiva. Se o Direito Penal e o Processo Penal são importantes instrumentos auxiliares de controle social, no ponto da criminalidade contra a administração pública, diversamente do que se prega em contexto genérico, devem ser melhor estruturados. Isso deve ocorrer, por exemplo, com o redimensionamento das penas mínimas dos tipos correspondentes a crimes do colarinho branco, aumentando as penas mínimas que hoje são tão brandas que não operam no plano da prevenção geral negativa. Ademais, outros nichos de benesses legais nesse campo precisam ser igualmente repensados, a exemplo das regras que hoje permitem a suspensão da pretensão punitiva do Estado em casos de parcelamentos de débitos tributários e também a extinção da punibilidade nos crimes contra a ordem tributária mediante simples pagamento do quanto foi sonegado. Esse modelo do direito penal tributário brasileiro transforma a resposta penal nesse importante setor de interesse público numa piada de mau gosto, já que o risco do sonegador ser pego na sonegação acaba por vezes sendo embutido no preço da mercadoria e transferido ao consumidor final. Portanto, a legislação penal também deve ser alterada para dar efetividade à necessidade de se cuidar melhor do dinheiro que não entra nos cofres públicos, mas deveria entrar e do dinheiro que não deveria sair e sai pelas brechas corruptivas, peculatárias e pelas licitações fraudulentas.

Enfim, deve-se criar mecanismos legislativos que permitam potencializar aquele espaço de liberdade decisória que todos possuímos contribuindo para que quem ocupe um cargo ou função pública se controle e diga não para a corrupção.

Para tanto, o servidor público precisa temer ser descoberto, temer a consequência de seu ato corrupto, pois, do contrário, arrisca-se vaticinar que poderemos caminhar para a consolidação da sina brasileira de constante alternância entre frágeis democracias e períodos ditatoriais. Se pararmos para pensar, o que vem sucedendo no país desde o advento da República, é que o Brasil alterna períodos de "*broken back democracies*", para repetir a expressão acima referida, com períodos ditatoriais. Essa oscilação é perigosa, mas pode ser em grande parte explicada pelas fortes relações identificadas entre confiança nas instituições e apego ao modelo democrático. É preciso, então, urgentemente, criar condições para interromper esse ciclo vicioso em prol do fortalecimento e da consolidação democrática. Essa também tem sido uma das bandeiras de vida do Professor René Ariel Dotti!

Referências bibliográficas

ALEXY, Robert. **Teoria dos Direitos Fundamentais**. Tradução de Virgílio Afonso da Silva. São Paulo: Malheiros, 2008.

ALMOND, Gabriel A.; VERBA, Sidney. ***The Civic Culture. Political Attitudes and Democracy in Five Nations***. Newbury Park, California; London; New Delhi: Sage Publications, 1989.

BARROS FILHO, Clóvis; POMPEU, Júlio. **Somos Todos Canalhas. Filosofia para uma Sociedade em Busca de Valores.** Rio de Janeiro: Casa da Palavra, 2015.

BLANCO CORDERO, Isidoro. *La Corrupción desde una Perspectiva Criminológica: un estúdio de sus causas desde las teorias de las ativida-*

des rutinárias y de la elección racional. In: ÁLVAREZ, Fernando Pérez (ed.). ***Serta in Memoriam Alexandri Baratta***. Salamanca: Ediciones Universidad Salamanca, 2004, p. 267-296.

BRUM, Nilo Bairros de. **Requisitos Retóricos da Sentença Penal**. São Paulo: RT, 1980.

COHEN, Lawrence E.; FELSON, Marcus. *Social Change and Crime Rate Trends: a routine activity approach*. In: ***American Sociological Review***. Nº 44, 1979, p. 588-608.

COMTE-SPONVILLE, André. Uma Moral Sem Fundamento. In: **A Sociedade em Busca de Valore: para fugir à alternativa entre o ceticismo e o dogmatismo**. Lisboa: Instituto Piaget, 1996, p. 133-153.

CORNISH, Derek B.; CLARKE, R. V.. *Undestanding Crime Displacement: an application of rational choice theory*. In: **Criminology**. Nº 25, 1987, p. 933-947.

CORTELLA, Mario Sérgio; BARROS FILHO, Clóvis. **Ética e Vergonha na Cara!** Campinas, SP: Papirus 7 Mares, 2014.

COUTINHO, Jacinto Nelson de Miranda. COUTINHO, Jacinto Nelson de Miranda. Jurisdição, Psicanálise e o Mundo Neoliberal. In: **Direito e Neoliberalismo. Elementos para uma Leitura Interdisciplinar**. Curitiba: EDIBEJ, 1996, p. 39-77.

DOTTI, René Ariel. **Breviário Forense. Crônicas da experiência de um advogado**. Curitiba: Juruá, 2002.

________. **Memória da Resistência Civil - Da ditadura militar à democracia civil: a liberdade de não ter medo**. Coleção Prof. René Ariel Dotti. Temas de Relevância Social. Volume I. Curitiba: Instituto Memória, 2014.

________. Da Ditadura Militar à Democracia Civil: a liberdade de não ter medo. In: **Revista de Informação Legislativa**. Brasília: Senado Federal, Ano 45, nº 179, julho/setembro de 2008, p. 191-205.

________. Natureza e Eficácia da Prova. In: **Jornal O Estado do Paraná. Caderno Direito e Justiça**. Edição de 24 de dezembro de 2000.

________. O Ministério Público e a Polícia Judiciária – relações formais e desencontros materiais. In: **Ministério Público, Direito e Sociedade**. Sérgio Fabris Editor: Porto Alegre, 1986.

DUPY, Jean-Pierre. A Ética dos Negócios. In: **A Sociedade em Busca de Valore: para fugir à alternativa entre o ceticismo e o dogmatismo**. Lisboa: Instituto Piaget, 1996, p. 77-89.

ESPOSITO, Roberto. ***Communitas. Origen y destino de la comunidade.*** Tradução para o espanhol de Carlo Rodolfo Molinari Marotto. Buenos Aires: Amorrortu, 2007.

FERRY, Luc. **Aprender a Viver. Filosofia para os novos tempos**. Tradução do francês para o português de Véra Lucia dos Reis. Rio de Janeiro: Objetiva, 2010.

FREUD, Sigmund. Projeto para uma Psicologia Científica. In: **Edição *Standard* brasileira das obras psicológicas completas de Sigmund Freud. Volume 1 Publicações Pré-psicanalíticas e Esboços Inéditos (1886-1899)**. Rio de Janeiro: Imago, 1990.

________. Teoria Geral das Neuroses. A Vida Sexual Humana. In: **Obras Completas, Volume 13. Conferências Introdutórias à Psicanálise (1916-1917)**. Tradução de Sérgio Tellaroli. São Paulo: Companhia das Letras, 2014.

________. Os Instintos e seus Destinos. In: **Obras Completas, Volume 12. Introdução ao Narcisismo, Ensaios de Metapsicologia e Outros Textos (1914-1917)**. Tradução de Paulo César de Souza. São Paulo: Companhia das Letras, 2010.

________. O Mal Estar na Civilização. In: Obras completas, Vol. 21, edição *standard* brasileira. In: **O Futuro de uma Ilusão, O Mal Estar da Civilização e outros trabalhos (1927-1931)**. Rio de Janeiro: Imago Editora, 1996.

________. O Futuro de Uma Ilusão. In: Obras completas, Vol. 21, edição *standard* brasileira. **O Futuro de uma Ilusão, O Mal Estar da Civilização e outros trabalhos (1927-1931)**. Rio de Janeiro: Imago Editora, 1996..

GIDDENS, Anthony. **As Consequências da Modernidade**. Tradução de Raul Fiker. São Paulo: UNESP, 1991.

GOMES, Gilberto. Os Dois Conceitos Freudianos de "Trieb". In: **Psicologia: Teoria e Pesquisa**. Volume 17, nº 03, setembro/dezembro de 2001, p. 249-255.

HABERMAS, Jürgen. ***Facticidad y Validez: sobre el derecho y el Estado democrático de derecho en términos de teoria del discurso***. 4ª ed., tradução para o espanhol de Manuel Jiménez Redondo, Madrid: Editorial Trotta, 2005.

________. *Derecho y Moral (Tanners Lectures 1986)*. In: ***Facticidad y Validez: sobre el derecho y el Estado democrático de derecho en términos de teoria del discurso***. Ob. cit., p. 535 e ss..

________. **Teoria do Agir Comunicativo. Sobre a Crítica da Razão Funcionalista. Volume 2**. Tradução de Flávio Beno Siebeneichler, São Paulo: Martins Fontes, 2012, p. 06 e ss.

HARARI, Yuval Noah. ***Sapiens*. Uma Breve História da Humanidade**. 7ª ed., Tradução de Janaína Marcoantonio. Porto Alegre: L&PM, 2015.

LACAN, Jacques. As Três Formas da Falta do Objeto. In: **O Seminário. Livro 4. A Relação de Objeto.** Tradução de Dulce Duque Estrada, Rio de Janeiro: Zahar, 1995.

________. Introdução da Coisa. In: **O Seminário. Livro 7. A Ética da Psicanálise.** Tradução de Antônio Quinet, Rio de Janeiro: Zahar, 2008.

________. Revisão do Status do Objeto. Ele não é sem tê-lo. In: **O Seminário. Livro 10. A Angústia.** Tradução de Vera Ribeiro, Rio de Janeiro: Zahar, 2005.

Latinobarómetro. ***La Confianza en America Latina 1995-2015. 20 años de opinón pública latino-americana. Banco de Datos en Línea.*** Santiago de Chile. 2015. Disponível em file:///C:/Downloads/F00005085-INFORME_LB_LA_CONFIANZA_1995_2015.pdf, acesso em 18 de janeiro de 2016.

LIPSET, Seymour Martin; SCHNEIDER, William. ***The Confidence Gap. Business, Labor and Governement in The Public Mind.*** New York: The Free Press, 1983.

________. *The Confidence Gap During the Reagan Years (1981-1987)*. In: ***Political Science Quarterly.*** Vol. 102, nº 01, 1987. Disponível em http://www.planethan.com/drupal/sites/default/files/The%20Confidence%20Gap%20during%20the%20Reagan%20Years%201981%201987%20%20By%20Lipset%20Seymour%20Martinand%20Schneider%20William%20Political%20Science%20Quarterly%20Spring87%20%20Vol%20102%20Issue%201%20%20p1%2023p.pdf, acesso em 19 de janeiro de 2016.

LUHMANN, Niklas. ***Confianza.*** *Introducción* de Darío Rodriguez Mansilia. Tradução da edição inglesa para o espanhol de Amada Flores, corrigida e cotejada com o original alemão por Darío Rodriguez Mansilia. Barcelona: Anthropos, primeira edição de 1996, primeira reimpressão, 2005.

MOISÉS, José Álvaro. Democracia e Desconfiança das Instituições Democráticas. In: MOISÉS, José Álvaro (Org.) **Democracia e Confiança. Por que os Cidadãos Desconfiam das Instituições Públicas?** São Paulo: EDUSP, 2010, p. 45-73.

________. Cultura Política, Instituições e Democracia – Lições da Experiência Brasileira. In: MOISÉS, José Álvaro (Org.) **Democracia e Confiança. Por que os Cidadãos Desconfiam das Instituições Públicas?** Ob. cit., p. 77-121.

________. A Confiança e seus Efeitos Sobre as Instituições Democráticas. In: MOISÉS, José Álvaro (Org.) **Democracia e Confiança. Por que os Cidadãos Desconfiam das Instituições Públicas?** São Paulo: EDUSP, 2010, p. 09-20.

MORIN, Edgar. Complexidade e Liberdade. In: **A Sociedade em Busca de Valores: para fugir à alternativa entre o ceticismo e o dogmatismo.** Lisboa: Instituto Piaget, 1996.

Nova Zelândia. Disponível em https://www.ssc.govt.nz/integrity-and-conduct-survey-2013-report, acesso em 27 de janeiro de 2016.

REIS, Márlon. **O Nobre Deputado. Relato chocante (e verdadeiro) de como nasce, cresce e se perpetua um corrupto na política brasileira.** Rio de Janeiro: LeYa, 2014.

ROSE, Richard; SHIN, Doh Chull. *Democratization and Backwards: The Problem of Third Wave Democracies*. In: ***British Journal of Political Science***. Vol. 31, Issue 02, abril de 2001, p. 331-375.

ROXIN, Claus. ***Derecho Penal. Parte General. Tomo I. Fundamentos. La estrutura de la Teoría del Delito***. Tradução do alemão para o espanhol de Diego-Manuel Luzón Peña, Miguel Diaz, Garcia Conlledo, Javier de Vicente Remesal. Madrid: Civitas, Primeira Edição de 1999, Reimpressão 2003.

ROUSSEAU, Jean-Jacques. **Discurso Sobre a Origem e os Fundamentos da Desigualdade Entre os Homens.** Tradução de Laurent de Saes. São Paulo: EDIPRO, 2015.

SCHULTZ, Duane P.; SCHULTZ, Sydney Ellen. **Teorias da Personalidade.** 2ª ed. Tradução da 9ª edição norte-americana por All Tasks, com revisão técnica de Maria Helena Leal de Barros Berkers. São Paulo: Cengage Learning, 2015.

SIMIONI, Rafael Lazzarotto. **Curso de Hermenêutica Jurídica Contemporânea: do positivismo clássico ao pós-positivismo jurídico.** Curitiba: Juruá, 2014.

STRECK, Lenio Luiz. **Verdade e Consenso: constituição, hermenêutica e teorias discursivas.** 4ª ed., São Paulo: Saraiva, 2011.

________. Matar o gordinho ou não? O que as escolhas morais têm a ver com o Direito? In: **Conjur – Consultor Jurídico.** Publicado em 28 de agosto de 2014. Disponível em http://www.conjur.com.br/2014-ago-28/senso-incomum-matar-gordinho-ou-nao-escolha-moral-ver-direito, acesso em 14 de janeiro de 2016.

SUTHERLAND, Edwin H. ***El Delito de Cuello Blanco. White Collar Crime. The Uncut Version***. Tradução para o espanhol de Laura Belloqui. Buenos Aires: B de F, 2009.

SYKES, Gresham M.; MATZA, David. Techniques of Neutralization: a delinquency theory. In: ***American Sociological Review***, Volume 22, Issue 6, Dezembro de 1957, p. 664-670, disponível em http://www.socqrl.niu.edu/miller/courses/soci380/sykes%26matza.pdf, acesso em 05 de novembro de 2014.

Transparência Internacional. http://www.transparency.org.nz/Anti-Corruption-Training, acesso em 27 de janeiro de 2016.

WILLIAMS, John T. *Systemic Influences on Political Trust: The Importance of Perceived Institutional Performance*. In: **Political Methodology**. Vol. 11. Oxford: Oxford University Press, 1985, p. 125-142.

2

TECNOLOGIA E DOGMAS

INTERPRETAÇÃO, ANALOGIA E SENTIDO LITERAL POSSÍVEL: O EXEMPLO DA APROPRIAÇÃO INDÉBITA DE VALORES OU NUMERÁRIOS (OU: RÉQUIEM A NÉLSON HUNGRIA)

Alaor Leite

"O direito penal não se concilia com as fictiones ou presumptiones juris et de jure do direito civil, pois é incondicionalmente realístico"
Nélson Hungria[1]

RESUMO: O estudo debruça-se sobre os limites entre interpretação (permitida) e analogia (proibida) no direito penal a partir da análise dos elementos do tipo objetivo do crime de apropriação indébita (art. 168 CP). O foco central repousa no caso da suposta apropriação indébita de valores ou numerários, especialmente nos casos de advogados que malversam verbas pertencentes ao cliente. A conclusão é a de que a jurisprudência brasileira pratica nesses casos disfarçada analogia.

TITLE: Interpretation, analogy and the semantic limits of the words.

ABSTRACT: The purpose of the essay is to analyze the limits between interpretation and analogy in criminal matters, especially in cases when lawyers misuse the money of their clients.

PALAVRAS-CHAVE: Interpretação e analogia – apropriação indébita – infidelidade patrimonial

KEY WORDS: interpretation and analogy in criminal law – crimes against property – misuse of money

I. Introdução

O patrimônio é bem *dinâmico* que pode ser agredido de diversas formas. Esses modos de agressão multiplicam-se à medida que irrompem novos modelos de relações negociais.[2] O *protagonismo do trânsito eletrônico de valores,*

1 HUNGRIA, *Comentários ao Código Penal*, Vol. VII, 1ª ed., Rio de Janeiro, p. 19; essa posição de Hungria é seguida por vozes da doutrina contemporânea, como se pode ler em BUSATO, *Direito Penal, Parte Especial*, Vol. II, 2ª ed., São Paulo, 2016, p. 425.

2 BAUMGARTNER, *Der Schutz zivilrechtlicher Forderungen durch Veruntreuung, Untreue und Unterschlagung*, Linz, 1996, p. 1 e ss.

numerários e ações, por exemplo, oferece certamente novos desafios ao direito penal. A essas novas realidades deve estar atento o consciencioso legislador. É tarefa da lei delimitar a modalidade de agressão que adquirirá relevância típica – o desvalor de ação – e o objeto sobre o que recai essa agressão – o desvalor de resultado. A determinação do objeto de proteção e da respectiva modalidade de agressão visa a realizar, de um lado, o *princípio da legalidade*, na medida em que o patrimônio não deve ser tutelado contra toda e qualquer agressão, sob pena de estabelecer-se uma "moralização da vida econômica",[3] e, de outro, o *princípio da subsidiariedade*, pois em alguns casos outros ramos do direito podem oferecer uma proteção jurídica suficiente ao patrimônio.[4] Nesse contexto, é fundamental distinguir entre a tutela da relação de titularidade de alguém com uma coisa – definida como objeto corpóreo – e a tutela da globalidade do patrimônio, compreendida como a soma dos valores com expressão econômica que pertencem a alguém.[5] A partir dessa divisão, pode-se falar em *crimes contra a propriedade* – como a apropriação indébita, furto e dano – e *crimes contra o patrimônio (em sentido estrito)* – como o estelionato[6]. Esses objetos de proteção devem ser tutelados contra específicas modalidades de agressão. Entre as modalidades de agressão ao patrimônio que merecem proteção penal está a *agressão interna*,[7] da qual a *apropriação indébita* e a *infidelidade patrimonial* são os protótipos.[8]

---

3 Em estudo sobre a apropriação indébita, afirma SCHÜNEMANN, in: *JuS* 1968, p. 114 e ss., p. 119: "Não se deve punir tudo o que é antijurídico, mas apenas as lesões mais graves a bens jurídicos, a serem delimitadas por meio da descrição de ações e situações típicas"; sobre esse perigo, PASTOR/COCA VILA, *El nuevo delito de administración desleal del artículo 252 del Código Penal, Barcelona*, 2016, p. 75 e ss.

4 ROXIN, *Strafrecht AT I*, 4ª ed., München, 2006, p. 13 e ss.; MOCCIA, Tutela penale del patrimonio e principi costituzionali, Padova, 1988, p. 5 e ss.

5 Ver a exposição didática de RENGIER, *Strafrecht, BT I*, 17ª ed., München, 2015, p. 1.; em maiores detalhes, RÖNNAU, in: FISCHER e outros (org.), *Dogmatik und Praxis des strafrechtlichen Vermögenschadens*, Baden-Baden, 2015, p. 31 e ss.

6 Pode-se dizer que o patrimônio *em sentido amplo* compreende tanto a globalidade do patrimônio como as relações de titularidade de um sujeito com coisas móveis ou imóveis. Os arts. 155 e 168 CP falam em "coisa alheia móvel". O crime de dano (art. 163 CP) se refere igualmente a coisas imóveis. Nesses delitos, o patrimônio em sua forma específica de aparição – como objeto corpóreo –, é protegido em si, independentemente de um dano patrimonial. De outro lado, o art. 171 CP fala em "vantagem ilícita, em prejuízo alheio". Nesses delitos, costuma-se exigir um dano patrimonial.

7 Há também as *agressões externas*, como a fraude que visa a granjear acesso ao patrimônio alheio.

8 Ver o nosso estudo dedicado exclusivamente à infidelidade patrimonial: LEITE/TEIXEIRA, in: *RIBDPE* 1 (2016), no prelo; RENTROP, *Untreue und Unterschlagung (§§ 266 und 246 StGB)*, Berlin, 2007, p. 4 e ss., p. 7 e ss.; ver também as considerações de BACIGALUPO, *Falsedad documental, estafa y administración desleal*, Madri/Barcelona/Buenos Aires, 2007, p. 122: "La distinción entre delitos contra la propriedad y delitos

O legislador brasileiro, contudo, não foi nada consciencioso nesse relevante setor, responsável por grande parte da população carcerária.[9] A expressividade dos crimes contra o patrimônio na taxa geral de encarceramento deve-se sobretudo às formas de criminalidade patrimonial de rua, como pequenos furtos e estelionatos. Há, no entanto, outros setores da criminalidade patrimonial moderna – mais afeitos aos suseranos – que, ao revés, não encontram expressão em nosso ordenamento. Há uma espécie de paradoxo na tutela penal do patrimônio no direito penal brasileiro: *quanto mais tipos penais, mais lacunas*. Esse paradoxo explica-se pela ausência de uma concepção de *sistema de tutela do patrimônio*[10]. Nosso legislador atua como que por intuição a vociferar tipos penais, com o que fracassa em seu mister regulatório. Esse quadro legislativo desordenado é agravado pela *abismo existente entre teoria e prática*, causado entre outras coisas pelo descuido da doutrina brasileira com a parte especial desde os esforços de Nélson Hungria.[11] A proteção do patrimônio contra agressões internas, tema desta investigação, é bastante limitada na nossa lei. A legislação brasileira prevê apenas a apropriação indébita no art. 168 CP ("Apropriar-se de coisa alheia móvel de que se tem a posse ou detenção"). Não há tipificação expressa da infidelidade patrimonial, diferentemente da realidade de outras legislações do mundo: art. 173, 7 CP argentino; 295 CP espanhol; § 266 CP alemão; § 153 CP austríaco; art. 224º CP português; art. 2634 CC italiano; art. 158 CP suíço. O objeto material sobre o qual recai a ação de "apropriar-se" do art. 168 é estrito: apenas *coisas alheias móveis, ou seja, objetos corpóreos*. Dessa forma, nosso sistema protege apenas a *propriedade* sobre coisas móveis contra agressões internas, deixando descobertas as formas de agressão interna à *globalidade do patrimônio*, isto é, contra direitos e valores patrimoniais, pretensões creditícias, numerários etc.[12] Dois

contra el patrimônio permite deslindar claramente el delito de apropiación indebida del de administración desleal".

9 O Levantamento Nacional de Informações Penitenciárias – INFOPEN – Junho de 2014 (disponível no sítio oficial: www.infopen.gov.br) noticia que quatro entre cada dez registros correspondem a crimes contra o patrimônio (p. 69). Vale conferir o interessante estudo de SALVADOR NETTO, *Direito Penal e propriedade privada*, São Paulo, 2014, p. 28 e ss.

10 Na doutrina italiana, sobre a necessidade de um sistema de tutela do patrimônio, ver MOCCIA, *Tutela penale del patrimonio e principi costituzionali*, p. 1 e ss., p. 13 e ss., p. 111 e ss.

11 Detalhes abaixo VI.

12 Na Itália, Moccia reprovava o atraso do legislador nesse setor dinâmico: "L´attuale assetto normativo è imperniato su di una accezione del patrimonio di estrazione tardo-ottocentesca che privilegia la proprietà di 'cose', risultando, così, inadeguata rispetto ad una realtà socio-istituzionale, nell´ambito della quale altre componenti patrimoniali sembrano assumere un ruolo parimenti significativo", MOCCIA, *Tutela penale del patrimonio e principi costituzionali*, p. 3.

casos à primeira vista banais auxiliam a ilustrar o problema que surge dessa limitação da ordem jurídica brasileira:

> *Caso 1*: A, em férias de fim de ano, deixa o seu carro sob os cuidados de seu grande amigo B por dois meses. B vende o carro.
>
> *Caso 2*: No ano subsequente, A, novamente em férias de fim de ano, dessa vez em lugar remoto e com escassa conexão à internet, deixa o seu cartão de crédito e a respectiva senha com C, para que este efetue o pagamento de alguma despesa inesperada que eventualmente surja no período de férias. C transfere numerários para a própria conta, a fim de custear tratamento de beleza de sua vaidosa namorada.

Nos dois casos, há a percepção de que B e C danificaram o patrimônio de A. B e C detinham uma posição de controle fático sobre o patrimônio alheio e atuaram de forma contrária à vontade manifesta do titular do patrimônio. Ocorreu, assim, uma agressão interna ao patrimônio de A. Até aqui, há conspícua coincidência entre os casos. A diferença fundamental está no *objeto* sobre o qual recai a ação violadora do dever: no Caso 1, o objeto é inegavelmente uma "coisa alheia móvel" de que fala o art. 168 CP, um carro; no Caso 2, contudo, o objeto é o numerário de que A dispunha em sua conta corrente, inegavelmente um valor patrimonial alheio, mas não uma *coisa* de que outro possa se *apropriar*. A conduta de C deve ficar impune, ante a inexistência de um delito de infidelidade patrimonial.

A razão da impunidade de C é evidente. No direito penal, o *princípio da legalidade* possui força constitucional (art. 5º XXXIX CR) e compreende a *proibição de analogia*[13]. Em mar calmo, parece óbvio afirmar que os conceitos utilizados pelo legislador restringem a atividade do intérprete[14]. Na procela, no entanto, o óbvio demonstra a sua importância. A afirmação acima revela a sua força essencial precisamente nos casos em que à redação clara oferecida pelo legislador – somada a outros métodos de interpretação, como a interpretação histórica ou sistemática – contrapõe-se uma intuição de que persiste uma grave *lacuna de punibilidade* em alguns casos. É precisamente o que ocorre no caso de malversação infiel de patrimônio alheio possibilitada pelo protagonismo do trânsito eletrônico e virtual de valores patrimoniais. A pergunta, pouco formulada no contexto do art. 168 CP, é: a subsunção de numerários ou valores sob o conceito de coisa alheia móvel passível de apropriação configura *interpretação permitida* ou *analogia proibida*? Esse questionamento possui alto *valor prático*. Pense-se nos recorrentes casos dos gerentes de banco que malversam o dinheiro dos clientes por meio de operações virtuais com-

---

13 DOTTI, in: *RBCC* 58 (2006), p. 195 e ss., p. 197.

14 Ver, por todos, o homenageado DOTTI, *Curso de Direito Penal, Parte Geral*, 5ª ed., São Paulo, 2013, p. 322 e ss.

plexas ou no caso do advogado que mantém o dinheiro a que tem direito o seu cliente em conta própria para, apenas após um certo tempo, repassá-lo definitivamente ao mandatário. Esta investigação quer denunciar uma *escandalosa analogia*, que no entanto vive em paz celestial na doutrina e jurisprudência brasileiras. Bem vistas as coisas, verifica-se um *erro em dose tripla*: do (confuso) legislador, da (afobada) jurisprudência e da (omissa) doutrina.

Com o fim de denunciar esse triplo erro, este estudo, escrito em homenagem a RENÉ ARIEL DOTTI, percorrerá o *seguinte caminho*: a partir da identificação das formas de agressão interna do patrimônio, como sejam a apropriação indébita e a infidelidade patrimonial (II., 1.), verificar-se-á a decisão do *legislador* brasileiro de construir a apropriação indébita como crime contra a propriedade – ou seja, um crime que tutela a propriedade de coisas móveis, e não a globalidade do patrimônio –, o que se extrai de uma análise dos elementos do tipo objetivo do art. 168 CP (II., 2.); essa decisão do legislador deve ser respeitada pelo juiz, em homenagem à proibição de analogia que decorre do princípio da legalidade (II., 3.); a *jurisprudência* brasileira demonstra, ao revés, renitente insubordinação à decisão do legislador, especialmente nos casos em que advogados malversam numerários a que os clientes têm direito, estendendo sem constrangimento os limites existentes no tipo penal e ignorando as definições doutrinárias, sem que sequer o problema da linha divisória entre interpretação e analogia seja mencionado (III.); feito o diagnóstico provisório, é necessário demonstrar as várias razões – semânticas, sistemáticas e valorativas – pelas quais o tipo penal do art. 168 é simplesmente inaplicável aos casos de "apropriação" de numerários ou valores (IV., 1., 2., 3.); apenas uma intervenção do legislador pode preencher essa lacuna de punibilidade que, como uma simples comparação com outras ordens jurídicas demonstra, parece existir apenas no ordenamento jurídico brasileiro (IV., 4.); a falha regulatória do legislador e a indevida atuação supletiva não foram objeto da atenção da *doutrina*, que tem descuidado dos estudos da parte especial, uma situação que deve ser revertida (V.); por fim, após um diagnóstico definitivo (VI.), algumas derradeiras palavras sobre o homenageado (VII).

II. O LEGISLADOR BRASILEIRO: PROTEÇÃO DO PATRIMÔNIO (EM SENTIDO AMPLO) CONTRA AGRESSÕES INTERNAS E PROIBIÇÃO DE ANALOGIA

Nesse setor, corre-se o constante risco de se criminalizar meros inadimplementos contratuais, de modo que o legislador deve atuar com cuidado redobrado[15]. A jurisprudência, sob pena de se imiscuir indevidamente na vida

15 HUNGRIA, *Comentários ao Código Penal*, Vol. VII, p. 131: "Sabe-se que, não infrequentemente, se recorre ao juízo penal, dando-se color de tal crime a simples inadimplências contratuais"; na doutrina austríaca ver BAUMGARTNER, *Der Schutz*

econômica e de praticar nefanda analogia proibida, deve atuar escrupulosamente dentro da moldura oferecida pelo legislador. A forma de relacionamento entre as figuras da apropriação indébita e da infidelidade patrimonial define o *sistema de tutela do patrimônio em sentido amplo contra agressões internas* escolhido pelo legislador de cada país.

1. Formas de agressão interna: apropriação indébita e infidelidade patrimonial

Embora as duas formas clássicas de agressão interna ao patrimônio se aproximem em alguns aspectos, há algumas *distinções fundamentais*[16]. A *infidelidade patrimonial* visa a proteger o dono do patrimônio contra administradores que atuam com amplos poderes de gestão, isto é, que podem tomar decisões que afetam o patrimônio alheio, no mais das vezes sem a intensa supervisão do titular daquele patrimônio: o diretor da companhia X, responsável por determinar os rumos do patrimônio da empresa e de seus sócios e que acaba tomando uma decisão que causa danos patrimoniais. Esse intenso controle fático sobre os rumos do patrimônio alheio é que faz com que não seja elemento essencial da infidelidade o ânimo de assenhoramento, de proveito próprio ou alheio. Afinal, danos podem ser causados por decisões contrárias à vontade do dono do patrimônio, mas que visavam o bem da empresa, e não proveito próprio ou alheio[17]. A *apropriação indébita*, por sua vez, possui a vocação de tutela de coisas móveis de que terceiros têm a posse ou detenção, sem possuir, todavia, amplos poderes de gestão: Y cuida da bicicleta de Z, que deve ser devolvida em quatro dias. Nesse sentido, o injusto da apropriação indébita recai precipuamente sobre *objetos corpóreos (com valor patrimonial)*, mas não sobre a *globalidade do patrimônio* de outro. Daí a exigência de que a apropriação seja sempre acompanhada do ânimo de assenhoramento manifestado socialmente, o tal *animus rem sibi habendi*[18].

Atualmente, a tutela do patrimônio tornou-se ainda mais complexa, especialmente pela transnacionalização do capital e de sua existência virtual e eletrônica. As transações comerciais dão-se por meio de transferências ele-

zivilrechtlicher Forderungen durch Veruntreuung, Untreue und Unterschlagung, p. 94; sobre o risco de criminalização de meros inadimplementos ver o HC 83166/MG, STF, Rel. Nelson Jobim, DJe 12/03/2004; sobre o mesmo tema, STF - RHC 104.588/RJ, Rel. Luiz Fux, DJe 30/08/2011.

16 LEITE/TEIXEIRA, in: *RIBDPE* 1 (2016), no prelo.

17 Em detalhes, SCHÜNEMANN, *Leipziger Kommentar*, § 266, 12ª ed., 2012, nm. 20 e ss., nm. 29 e ss.

18 Ver HUNGRIA, *Comentários ao Código Penal*, Vol. VII, p. 133 e ss.

trônicas, sem a intermediações de objetos corpóreos passíveis de apropriação. Os legisladores do mundo buscam dar conta dessa realidade a partir de uma *divisão de tarefas* entre a apropriação indébita – restrita a coisas móveis – e a infidelidade patrimonial – que tutela a globalidade do patrimônio – (exemplos: art. 146° e 224° CP português; § 246 e 266 CP alemão), ou ainda a partir de uma ampliação expressa do objeto material da apropriação indébita, de modo a incluir dinheiro, valores e outros bens como objetos de proteção (art. 351 CP uruguaio; art. 470, 1 CP chileno). Há ainda os legisladores que optam pela solução cumulativa: ampliam o objeto da apropriação indébita e prevêem o crime de infidelidade patrimonial (arts. 173, 2 e 173, 7 do CP argentino; arts. 253 e 252 CP espanhol)[19]. O modelo mais *puro* de divisão de tarefas, contudo, é exatamente o que mantém a vocação dos dois delitos: a apropriação indébita protege coisas móveis contra agressões internas – isto é, é *crime contra a propriedade*[20] – e a infidelidade patrimonial protege a globalidade do patrimônio contra agressões internas – isto é, é *crime contra o patrimônio*, como ocorre em Portugal e na Alemanha[21].

É preciso analisar a opção do legislador brasileiro, qual seja a de restringir a proteção contra a agressões internas aos objetos corpóreos, isto é, a coisas (móveis).

2. O tipo objetivo do art. 168 CP

Dispõe o art. 168 CP: "Apropriar-se de coisa alheia móvel de que se tem posse ou detenção". Para que o tipo penal do art. 168 CP seja aplicável a determinado caso, há que se verificar a *presença cumulativa de todos os elementos do tipo objetivo*. É um equívoco, estimulado pelo foco excessivo na lesão ao bem jurídico, ter em mira apenas o resultado economicamente danoso ocorrido[22]. Como se viu, o patrimônio é protegido apenas contra modalidades específicas – fraude, subtração, apropriação – que agridem objetos específi-

19 Sobre os modelos austríaco e suíço ver abaixo IV., 3.

20 FRAGOSO, *Lições de Direito Penal, Parte Especial - Arts. 121 a 212*, 7ª ed., Rio de Janeiro, 1983, p. 354; assim também BUSATO, *Direito Penal, Parte Especial*, Vol. II, p. 121.

21 Hungria afirma, com razão, que a redação do CP 1940 adota "fórmula idêntica à do artigo 246 do Código alemão", HUNGRIA, Comentários ao Código Penal, Vol. VII, p. 124. Em Portugal, Figueiredo Dias afirma: "Créditos e quaisquer outros direitos, não sendo coisas nem em sentido material, nem em sentido jurídico, não podem constituir objecto do crime de abuso de confiança; o mais que poderá é a sua disposição danosa constituir o crime de infidelidade", FIGUEIREDO DIAS, in: FIGUEIREDO DIAS (org.), *Comentário Conimbricense do Código Penal, Parte Especial*, Tomo II, 1999, art. 205°, p. 97 e ss.

22 Crítico a esse respeito, BAUMGARTNER, *Der Schutz zivilrechtlicher Forderungen durch Veruntreuung, Untreue und Unterschlagung*, p. 1 e ss.; da mesma forma, MOCCIA, *Tutela penale del patrimonio e principi costituzionali*, 113 e ss.

cos determinados pelo legislador – propriedade sobre coisas móveis e imóveis ou a globalidade das somas com valor econômico. Neste estudo, interessam sobretudo os elementos "apropriar-se" e "coisa alheia móvel" presentes no art. 168 CP. A doutrina não parece divergir fundamentalmente quanto ao alcance desses conceitos.

O verbo típico "*apropriar-se*" exige um ter em mãos de algo que possua existência corpórea. A posse é definida como o "exercício de fato do domínio ou de um dos poderes que o integram"[23]. O "apropriar-se" exige igualmente uma espécie de manifestação do ânimo de assenhoramento: "Esse verbo traduz qualquer manifestação externa que induvidosamente transmite o sentido do exercício da propriedade"[24]. Também é cediça a definição de *coisa* como *objeto corpóreo*, excluindo a possibilidade de que direitos ou pretensões sejam objeto de apropriação indébita. A própria "natureza do delito" impõe a conclusão de que a coisa seja corpórea[25]. No Brasil, define-se "coisa como objeto espacialmente delimitado, com existência autônoma e, por isso, possível de apropriação"[26]. Em Noronha, pode-se ler: "Pela própria natureza do delito, está visto que a coisa há de ser corpórea, dotada de movimento próprio ou suscetível de remoção por força alheia. (...) Devendo ser corpórea a coisa, excluem-se os direitos, insuscetíveis de apropriação, podendo apenas ser violados ou transgredidos"[27] Evidentemente, o fato de direitos e pretensões creditícias não serem protegidos pelo art. 168 CP não significa que não mereçam a proteção da ordem jurídica contra agressões internas, um assunto, no entanto, que cumpre ao legislador resolver. Na Alemanha, a definição praticamente inconteste extrai-se do disposto no Código Civil, que deixa pouca margem de apreciação: "Coisas no sentido da lei são apenas objetos corpóreos" (§ 90 BGB). Lá, como cá, está claro que "direitos ou dinheiro em uma conta bancária" na podem ser coisas para o direito penal[28]. A coisa deve ser "móvel", no sentido de poder faticamente removido de um lado a outro, e

---

23 NORONHA, *Apropriação indébita*, in: LIMONGI FRANÇA (org.), *Enciclopédia Saraiva de Direito*, v. 7, São Paulo, 1978, p. 277 e ss., p. 281.

24 BUSATO, *Direito Penal, Parte Especial*, Vol. II, p. 531: "Somente podem ser objeto de apropriação as coisas móveis. (...) A expressão apropriar-se só pode significar uma coisa: tomar para si a propriedade. Isso deve ficar claro no ato praticado pelo agente" (p. 532).

25 NORONHA, *Apropriação indébita*, in: LIMONGI FRANÇA (org.), *Enciclopédia Saraiva de Direito*, p. 277 e ss., p. 279.

26 SALVADOR NETTO, *Direito Penal e propriedade privada*, p. 98.

27 NORONHA, *Direito Penal*, Vol. II, São Paulo, 1979, p. 345; FRAGOSO, *Lições de Direito Penal, Parte Especial - Arts. 121 a 212*, p. 358: "É indispensável que a coisa que constitui objeto material seja suscetível de apropriação"

28 RENGIER, *Strafrecht BT I* 17ª ed., p. 8.

"alheia", no sentido de que esteja ao menos concomitantemente (propriedade comum) na propriedade de outro[29].

A partir dessas definições, tem-se, por exemplo, que a cédula do dinheiro[30] ou talonário de cheques[31] como objetos corpóreos podem, sim, ser objeto de apropriação. Deve-se distinguir entre esses objetos corpóreos e o valor que eles representam, algo que igualmente está claro na doutrina pátria[32]. As dificuldades começam, como se verá, quando o valor patrimonial não encontra existência corpórea nenhuma, habitando o mundo invisível das virtualidades. Da mesma forma, um pendrive como continente pode ser apropriado, mas não o seu conteúdo digital[33]. O esforço, aliás, que se pode verificar é no sentido de limitar – e não ampliar, como faz a jurisprudência (abaixo III.) – o conceito o objeto da apropriação a coisas corpóreas com valor patrimonial, excluindo coisas móveis com mero valor sentimental do âmbito de incidência do tipo[34].

Uma primeira análise indica que o legislador brasileiro optou pelos modelos alemão e português de *apropriação indébita pura*, restrita às agressões internas que têm como objeto coisas móveis, isto é, objetos corpóreos. Nosso art. 168 CP protege exclusivamente a propriedade sobre coisas móveis. A

29 Definição alemã (RENGIER, *Strafrecht BT I* 17ª ed., p. 8 e ss.), compartilhada pelo doutrina brasileira (BUSATO, *Direito Penal, Parte Especial*, Vol. II, p. 425 e ss.).

30 Há polêmica na doutrina sobre a apropriação indébita de dinheiro. A esse respeito, anota Noronha que "apesar de não naturalmente consumível, mas juridicamente se dado em empréstimo, não pode originar a apropriação indébita, pois transfere-se o domínio para o mutuário, que só tem a obrigação civil do pagamento", NORONHA, *Apropriação indébita*, in: LIMONGI FRANÇA (org.), *Enciclopédia Saraiva de Direito*, p. 277 e ss., p. 280; na Alemanha, a doutrina dominante pontua que para os crimes contra a propriedade, o dinheiro apenas interessa como papel passível de apreensão física. Há posições que divergem parcialmente: MAYER, in: GS 104 (1934), p. 100 e ss.; ROXIN, in: *FS-H. Mayer* 1966, p. 467 e ss.; GRECO/LEITE, in: ROXIN, *Novos estudos de direito penal*, Org.: LEITE, Madri/Barcelona/Buenos Aires/São Paulo, 2015, p. 3; ver também TIEDEMANN, in: JuS 1979, p. 111 e ss., em estudo sobre o antigo § 350 CP alemão, uma apropriação indébita no setor público, a Amtsunterschlagung.

31 ASSIS MOURA/SAAD, in : SILVA FRANCO e outros (org.), *Direito Penal e sua Interpretação Jurisprudencial*, p. 2751.

32 "Os títulos de crédito constituem "coisa" para os fins de apropriação indébita, nenhuma dúvida havendo a respeito" (TACRIM-SP – AC – Rel. Dante Busana – *RT* 577/368).

33 Razão pela qual algumas ordens jurídicas possuem dispositivo específico para proteger dados eletrônicos, como o art. 143 do CP suíço

34 Tais como um rabisco da filha em folha almaço, que aos olhos do pai remete ao período azul de Picasso ou uma irrepetível carta de amor de antiga namorada, nos saudosos tempos epistolares; ver o esforço limitativo de SALVADOR NETTO, *Direito Penal e propriedade privada*, p. 102 e ss.; na Itália ver MOCCIA, *Tutela penale del patrimonio e principi costituzionali*, p. 104 e ss.

doutrina, ao interpretar os elementos do tipo objetivo do art. 168, chega igualmente à tranquila conclusão de que apenas objetos corpóreos é que podem ser apropriados em sentido técnico. O traço distintivo do ordenamento brasileiro é o de que não há previsão expressa do delito de *infidelidade patrimonial*, a complementação natural da apropriação indébita pura.[35] Nosso legislador, ao simplesmente ignorar o delito de infidelidade patrimonial, erigiu a apropriação indébita a *tipo insular da proteção da propriedade contra agressões internas*, criando um sistema manco. É difícil compreender a opção de nossos legislador.

3. Interpretação, analogia e sentido literal possível

Ainda que difícil de compreender, a opção deve ser respeitada. A razão para tal respeito é, nada mais, nada menos do que a vigência do *princípio constitucional da legalidade (art. 5º XXXIX CR)*, do qual se extrai o mandamento de determinação, a proibição de retroatividade da lex gravior, a proibição de analogia e proibição de fundamentação ou agravamento da punibilidade por direito consuetudinário.[36] Interessa-nos sobretudo a *proibição de analogia*, que se dirige principalmente ao juiz.[37]

Apesar das infindas querelas,[38] deve-se partir da premissa de que cada palavra utilizada pelo legislador possui uma *intensão* e uma

35 H. MAYER, *Die Untreue im Zusammenhang der Vermögensverbrechen*, Leipzig, 1926, p. 116: "Ao tempo em que o conceito de delitos contra a propriedade foi reduzido se comparado ao furtum, a infidelidade patrimonial adquiriu a tarefa de complementar os demais delitos contra o patrimônio nos casos em que a limitação dos delitos contra a patrimônio a tipos estritos e limitados tornou-se inaceitável para o sentimento de justiça". Muito se discute sobre o status da apropriação indébita no sistema de tutela do patrimônio. Na Alemanha, após a chamada 6ª reforma penal de 1998, a Unterschlagung foi gravada com uma cláusula de subsidiariedade, indicando que possui um status menor no sistema alemão, incidindo apenas quando outro delito patrimonial não incida (há divergência sobre esse status na doutrina, como em KINDHÄUSER, in: *FS-Gössel* 2002, p. 451 e ss.). Na Suíça, a reforma ocorrida erigiu a unrechtsmässige Bereicherung a delito principal no sistema de tutela do patrimônio, inaugurando o respectivo Capítulo do CP suíço (art. 137); ver também o estudo de SCHÜNEMANN, in: *JuS* 1968, p. 114 e ss., sob a égide do dispositivo antigo do CP alemão.

36 Por todos, ver CIRINO DOS SANTOS, *Direito Penal, Parte Geral*, 6ª ed., Curitiba , 2014, p. 20 e ss.

37 Há discussão sobre se a analogia dirige-se também ao legislador, como se pode ler em GRECO, in: GA 2012, p. 452 e ss.; sobre a proibição de analogia em geral ver DOTTI, *Curso de Direito Penal, Parte Geral*, p. 322 e ss.

38 Nesta sede, basta a afirmação de que a legitimidade da decisão judicial deve ser buscada com alguma referencia à decisão tomada anteriormente pelo legislador democraticamente legitimado; ver a esse respeito, NEUMANN, *Juristische Argumentation*, Darmstadt, 1986, p. 2 e s.; o próprio Friedrich Müller, conhecido pela distinção entre texto e norma, não abriu mão da exigência de que a norma se apóie no texto que, apesar de

extensão,[39] que demarcam o *sentido literal possível*.[40] Toda palavra possui um núcleo essencial e um entorno sobre o qual se pode debater, existindo, evidentemente, margem de apreciação. É a célebre distinção entre Bedetungskern e Bedeutungshof, devida a PHILIPP HECK e desenvolvida modernamente por SCHÜNEMANN.[41] O sentido literal possível, que deve ser identificado pelo uso cotidiano da linguagem e também pelo contexto das palavras na redação típica como um todo, demarca os limites da atividade interpretativa do juiz.[42] Ainda que evidente uma lacuna de punibilidade, não é dado ao juiz a possibilidade de esgarçar um termo utilizado pelo legislador para alcançar fatos por este não abarcados. Diante de casos problemáticos, o que se espera do magistrado é que os limites entre *interpretação* e *analogia* sejam honesta abertamente enfrentados.

---

em si "sem significado", permanece como ponto de referência; o autor alemão fala na necessidade de "metodologicamente poder-se imputar a ação de decidir ao texto", ou seja, que a interpretação *ex post* possa retrospectivamente explicada com referência ao texto: MÜLLER/CHRISTENSEN, *Juristische Methodik I*, 9 ed., Berlin, 2004, p. 259; ver também MÜLLER, *"Richterrecht"*, Berlin, 1986, p. 9 e ss.

39 Sobre esses conceitos ver BUND, *Juristische Logik und Argumentation*, Freiburg, 1983, p. 14 e ss: a *intensio* como o conteúdo do conceito (os elementos que o compõem) e a *extensio* como o que o conceito compreende ou quais objetos recaem sob o conceito.

40 DOTTI, in: RBCC 58 (2006), p. 195 e ss., p. 197 e ss.; sobre essa discussão ver VELTEN/MERTENS, *Zur Kritik des grenzenlosen Gesetzesverstehens*, ARSp (76), 1990, p. 516 e ss.; KREY, *Gesetzestreue und Strafrecht*, ZStW 101 (1989), p. 838 e ss.; NEUMANN, *Der "mögliche Wortsinn" als Auslegungsgrenze in der Rechtsprechung der Strafsenate des BGH*, in: NEUMANN/RAHLF/VON SAVIGNY (orgs.) *Juristische Dogmatik und Wissenschaftstheorie*, München, 1976, p.42 e ss.; KUDLICH, *"Regeln der Grammatik", grammatische Auslegung und Wortlatgrenze, FS-Puppe, 2011, p.123 e ss.; Kudlich/Christensen, Wortlaut, Wörterbuch und Wikipedia – wo findet man die Wortlautgrenze?*, JR 2011, p. 146 e ss.; CHRISTENSEN/KUDLICH, *Gesetzesbindung*, Berlin, 2008, p. 184; ver também a monografia de Klatt especialmente dedicada a esse aspecto: KLATT, *Theorie der Wortlautgrenze. Semantische Normativität in der juristischen Argumentation*, Baden-Baden, 2004, passim.; apesar das criticas que o critério do sentido literal possível sofre, parecem-me convincentes os contra-argumentos desenvolvidos na doutrina: BAUMANN, in: MDR 1958, 394 e ss; SCHÜNEMANN, *in:* FS-Klug Volume I 1983, 169 e ss.; *IDEM*., *in:* FS-Puppe 2011, 243 e ss.; PUPPE, *Kleine Schule des juristischen Denkens*, 2. ed. 2011, p. 77 e ss., 106 s.; DUTTGE, *in:* FS-Krey 2010, 39 e ss.; KLATT, *Theorie der Wortlautgrenze*, p. 235 e ss.; SIMON, *Gesetzesauslegung im Strafrecht*, 2005, p. 100 e ss.; COSTA ANDRADE in: *RLJ* 3924/3925, Coimbra, 2001, 72 e ss.; FIGUEIREDO DIAS, *Direito Penal I* 2. ed. 2007, p. 188 e ss.

41 Por último em SCHÜNEMANN, in: *FS-Puppe* 2011, p. 243 e ss.; em português, ver SCHÜNEMANN, in: SCHÜNEMANN, *Estudos de direito penal, direito processual penal e filosofia do direito*, Org.: GRECO, Madri/Barcelona/Buenos Aires/São Paulo, 2013, p. 285 e ss.

42 ANTUNES ANDREUCCI, *Direito penal e criação judicial*, São Paulo, 1989, p. 81 e ss.

Essa omissão do legislador brasileiro em relação à tutela da globalidade do patrimônio contra agressões internas é difícil de compreender, entre outras coisas, por contradizer a *técnica legislativa* aparentemente utilizada nesse setor. O legislador pátrio é abundante no que toca à técnica legislativa utilizada no Título II do Código Penal, em cujo bojo desfilam os *crimes contra o patrimônio (em sentido amplo)*. Ao ver do legislador, não basta o tipo do estelionato (art. 171 CP) para apreender a diversidade dos casos. Foi necessário acrescentar expressamente que a emissão de cheque sem fundos (art. 171, § 2°, VI CP) ou a tomada de refeição em restaurante sem dispor de recursos para efetuar o pagamento (art. 176 CP) são igualmente casos de estelionato – a pena é a mesma –, embora os fatos possam ser subsumidos sem maiores dificuldades já no tipo geral do art. 171 CP. Não cabe aqui especular à minúcia as razões de tal detalhamento do legislador nessa matéria – a escaramuça quanto à natureza acessória do direito penal nesse setor dominado por conceitos civilísticos, a recorrência dos casos a sugerir atenção específica e a claudicância jurisprudencial seriam certamente candidatos a explicação.[43] Generosamente, poder-se-ia mesmo entrever o nobre intuito de garantir a fiel realização do mandamento de determinação que se dirige àquele quer editar leis penais. Difícil imaginar que, adotada tal prolixa técnica legislativa, pudesse o nosso legislador pecar por omissão. Afinal, quem se permite ao luxo de especificar os evidentes casos de estelionato acima mencionados provavelmente não terá se omitido em relação a algum aspecto essencial da tutela do patrimônio.[44] Todavia, precisamente esse abundante legislador foi capaz de criar lacuna de punibilidade em setor essencial, demonstrando que a contradição de que suspeitávamos não existe, na medida em que o legislador demonstra simplesmente que *não adotou técnica legislativa nenhuma*.[45] Atingiu-se a proeza de, com mais, proteger-se menos. Daí a paradoxo exposto ao romper deste estudo: *quanto mais tipos, mais lacunas*.

---

43 Em alguns casos, a abundância se explica pelo intuito de estipular marco penal menor, como ocorre na apropriação de coisa achada (art. 169, II CP). Afinal, o art. 168 compreende a apropriação de *qualquer coisa alheia móvel*.

44 Uma hipótese criminológica, a ser seriamente investigada, é a de que o legislador de 1940 estava mais preocupado com a criminalidade patrimonial de rua, e a infidelidade patrimonial, como se sabe, refere-se essencialmente à criminalidade econômica empresarial. Se é possível enxergar um traço classista nessa omissão, é tema para uma investigação mais detida, de outra natureza. Maiores detalhes em LEITE/TEIXEIRA, in: *RIBDPE* 1 (2016), no prelo.

45 São corretas as observações de MOCCIA, *Tutela penale del patrimonio e principi costituzionali*, p. 44: "L´adozione di una tecnica di redazione di tipo casistico, come è noto, oltre al rischio di lacune, dà luogo a gravi problemi di ordine interpretativo".

Nada do que foi dito apaga o art. 5º XXIX CR. É justamente nos momentos mais críticos que o *princípio da legalidade* deve mostrar a sua força.[46] Também os descaminhos de um legislador assistemático devem ser respeitados pelo juiz.

4. Primeiro diagnóstico

Sob a vigência do art. 5º XXXIX CR, não cabe ao juiz substituir-se ao legislador – uma determinação constitucional aparentemente cediça, mas que segue carente de realização plena. Só pode haver apropriação indébita caso todos os elementos do tipo objetivo dispostos no art. 168, um crime contra a propriedade, estejam cumulativamente presentes. O autor do delito deve apropriar-se de coisa alheia móvel, isto é, de objeto corpóreo passível de ser "levado de um lado a outro".[47] Numerários, direitos patrimoniais e pretensões creditícias não são coisas móveis corpóreas. Qualquer interpretação que destoe das linhas acima traçadas deve ser vista, no mínimo, sob o signo da suspeita. Afinal, estamos na fronteira entre analogia e interpretação.

III. A jurisprudência brasileira

A jurisprudência brasileira, por vezes, recolhe do escólio da doutrina a definição de coisa móvel: "O objeto material do tipo descrito no art. 168 do CP é a 'coisa móvel', categoria na qual não se enquadram os direitos. Logo, direitos não podem ser objeto do crime de apropriação indébita" (TACRIM-SP – AC – Rel. Gonzaga Franceschini – *RT* 692/287). Contudo, são inúmeros os casos em que ocorre a condenação de um agente por apropriação indébita de numerários ou valores patrimoniais, sem que sequer seja problematizado o fato de, em princípio, numerários e valores não serem objetos corpóreos passíveis de apropriação. Há, portanto, uma *suspeita fundada* de que estejamos diante de um *proibido procedimento analógico*. Em geral, verifica-se que esse provável procedimento analógico da jurisprudência configura mecanismo de defesa diante da ausência de tipificação expressa da infidelidade patrimonial, um fato pouco percebido na doutrina. Antes de um julgamento definitivo a esse respeito (abaixo IV.), convém expor os casos, de modo a escancarar a gravidade do problema.

46 SCHÜNEMANN, in: *JuS* 1968, p. 114 e ss., p. 117: "Nosso direito penal, situado no estado de direito, caracteriza-se por basear-se na ação típica em sua delimitação mais precisa possível pelo tipos penais que expressam o injusto, e não no resultado econômico"; ver também, sobre a importância de se observar as "modalidades de agressão" descritas pelo legislador, MOCCIA, *Tutela penale del patrimonio e principi costituzionali*, p. 8 e ss.

47 BUSATO, *Direito Penal, Parte Especial*, Vol. II, p. 425.

A fenomenologia dos casos é rica. Digno de referência é o caso julgamento pelo STJ, no HC 105559/SP, Rel. Jane Silva, DJe 08/09/08: O síndico de condomínio utilizou verba condominial para efetuar gastos pessoais com advogado contratado para ajuizar ação penal privada contra condômina que o havia injuriado. Segundo a defesa, seria do interesse do condomínio a resolução da contenda, "motivo pelo qual não há que se falar em apropriação indevida do respectivo numerário", conforme consta do relatório da decisão. O valor pago era superior ao quantum máximo de que ele poderia dispor sem prévia autorização do condomínio, de modo que teria ocorrido malversação de valores alheios. Esse primeiro caso demonstra limpidamente a confusão existente na jurisprudência entre as formas de agressão interna ao patrimônio, causada sobretudo pela ausência de uma concepção sistemática em nossa legislação. Afinal, o caso mencionado é um clássico da infidelidade patrimonial, discutido entre nós sob a rubrica equivocada da apropriação indébita[48]. As verbas depositadas em conta do condomínio certamente não são objetos corpóreos. Da equivocada aplicação do delito de apropriação indébita a casos de gestão desleal não escapou o NÉLSON HUNGRIA Ministro do STF, ao julgar o RHC 32152, Rel. Nélson Hungria, DJe 17/01/55, em que se discutiu a o caso de um gerente de banco que alegava divergência na prestação de contas.

Os casos mais recorrentes e que merecem a especial atenção da ciência são aqueles em que um *advogado malversa numerários ou valores a que o cliente tem direito*. Recomenda-se a indicação de algumas decisões, de modo a comprovar a altíssima *relevância prática* desses casos.

1. Malversação de valores de cliente por parte de advogados

Os casos são recorrentes, e podem ser encontrados em todas as instâncias julgadoras:

No STF, pode-se encontrar caso de advogado que, aproveitando-se de sua posição de controle sobre o patrimônio alheio, transferiu para conta própria verba depositada que pertencia ao cliente, supostamente a título de retenção de honorários, todavia depois de decretada a falência da sociedade empresária, de modo a furar a fila dos credores (HC 89753, Rel. Eros Grau, DJe 16/02/07)[49].

---

48 "Improvada a existência de relação de débitos e créditos, resta configurado o delito de apropriação indébita de numerário. Hipótese, ademais, em que não era da essência do prosaico relacionamento do agente com a vítima essa relação, ainda por se tratar de prestação de humildes serviços de despachante, encarregado tão-só de registrar escritura de venda e compra de imóvel e de recolher o correspondente imposto de transmissão" (TACRIM-SP – AC – Rel. Marrey Neto – *JUTACRIM* 93/185).

49 STF HC 75051/SP, Min. Sydney Sanches, DJe 12/09/1997: em ação de alimentos, executado deposita em juízo valor, o advogado levanta o numerário e não repassa ao cliente.

No STJ, no RHC 7264, Rel. Felix Fischer, DJe 03/08/1998, vale destacar o seguinte trecho: "Ocorre que, o primeiro denunciado de posse dos instrumentos procuratórios, com poderes especiais a ele outorgados por seus patrocinados e, coadjuvado por sua esposa (segunda denunciada), realizava operações bancárias envolvendo as importâncias oriundas das sentenças condenatórias, na maioria das vezes, em prejuízo dos beneficiários, visto que se apropriava de quantias, além dos valores correspondentes aos honorários advocatícios a que fazia jus" (p. 2 voto do Rel. Felix Fischer)[50].

Nos Tribunais do país, são comuns os casos de advogados que transferem para contra própria verbas do INSS[51] ou de FGTS[52] a que os clientes têm direito, ou que recebem valores de acordos extra-judiciais[53] ou de seguros de vida[54] e não os repassam a quem de direito.

As discussões jurídicas em torno dos casos de advogados que malversam o patrimônio de seus clientes limitam-se estranhamente à tese de que a retenção dos valores se devia a uma antecipação de honorários ou à tese de que não havia o dolo de assenhoramento, na medida em que a retenção se devia ao fato de estar pendente ainda uma prestação de contas entre cliente e advogado[55]. Discute-se, ainda, se o pagamento posterior pode ter algum efeito

---

50 STJ RHC 3137, Rel. Jesus Costa Lima, DJe 22/11/93: advogado recebe em juízo dinheiro destinado ao cliente e custeia tratamento médico próprio; STJ – 5.a T. – RHC 16.146 – Rel. Gilson Dipp – DJU 02.08.2004

51 STJ HC 34387, Rel. Laurita Vaz, DJe 07/06/2004; TJ-SP, Apelação criminal nº 0000896-97.2009.8.26.0076, (Relator(a): Alcides Malossi Junior; Comarca: Bilac; Órgão julgador: 8ª Câmara de Direito Criminal; Data do julgamento: 18/02/2016; Data de registro: 22/02/2016)

52 TJ-SP, Apelação nº 0018717-81.2012.8.26.0344, (Relator(a): Amaro Thomé; Comarca: Marília; Órgão julgador: 9ª Câmara de Direito Criminal; Data do julgamento: 10/03/2016; Data de registro: 15/03/2016)

53 Processo crime nº 200801506586, decisão proferida pela 10ª Vara Criminal da Comarca de Goiânia, proferida em 20/07/15: disponível em http://s.conjur.com.br/dl/advogado-retem-ganhos-cliente-comete.pdf - acessado em 23/03/16)

54 Em 2011, a apelação criminal nº 200.2005.046565-3, TJ-PB, Rel. Joás de Brito pereira Filho (disponível em http://tjpb-jurisprudencia.tjpb.jus.br/00/02/HR/000002HRC.PDF - acessado em 23/03/16)

55 Ver STF - RHC 84898, Relator(a): Min. CARLOS BRITTO, Primeira Turma, julgado em 22/02/2005, DJ 17-06-2005; STF HC 68132/DF, Rel. Sepúlveda Pertence, DJe 02/02/1990; "Apropriação indébita no exercício da advocacia e prestação de contas. A prévia prestação de contas do mandatário, para a configuração da apropriação indébita, é dispensável, pois constitui matéria de fato que pode ser provada no curso da ação penal" (TACRIM-SP – HC 359.379 – Rel. Dias Tatit); "Não comete o crime tipificado no art. 168, § 1.o, III, do CP, o advogado que, ainda no exercício do mandato e sem chamamento à prestação de contas, retém honorários advocatícios calculados em base legal, sobre numerário recebido em condenação" (STJ – 6.a T. – RHC 14.642 – Rel.

anulador da punibilidade[56]. Nada se lê sobre o fato de valores e numerários não serem objetos corpóreos passíveis de apropriação e, assim, não poderem ser subsumidos sob o conceito de coisa móvel existente no art. 168 CP, sob pena de violação do princípio da legalidade (art. 5º XXXIX CR). A exigência de *todos os elementos do tipo objetivo* do art. 168 CP devem estar presentes no caso concreto não pareça ser levada a sério nem pela jurisprudência, nem pela doutrina.

2. Segundo diagnóstico

O STF, na AP 347/CE, Rel. Rosa Weber, foi bastante cuidadoso na interpretação dos elementos objetivos de dispositivo criminal, o antigo art. 3º da L. 7.134/83, que equiparava ao estelionato (art. 171) o desvio de verba de "crédito ou financiamento" ou "recurso proveniente de incentivo fiscal". A Corte Suprema tinha diante de si um caso de desvio de "subvenção social", e considerou o vetusto dispositivo inaplicável, por não ser permitida a analogia no direito penal. Afinal, "subvenção social" não seria nem verba de "crédito ou financiamento", nem "proveniente de incentivo fiscal". Na mesma decisão contudo, o STF incorre no equívoco aqui denunciado ao considerar que poderia ter ocorrido, em tese, o delito de apropriação indébita, sendo para tanto "preciso demonstrar que houve apropriação indevida e privada dos recursos, não se configurando tais crimes tão somente pela falta de aplicação das verbas no projeto que justificou a sua liberação, conduta à qual se resume a denúncia" (p. 18, voto Min. Rosa Weber). O cuidado com as palavras do tipo objetivo do art. 3º L. 7134/83 foi simplesmente ignorado diante do art. 168 CP[57].

Paulo Medina – DJU 07.06.2004); "Para que se configure a apropriação indébita é indispensável que a negativa ou omissão de restituição se já precedida ou acompanhada de circunstâncias que revelem, inequivocamente, o arbítrio *animus rem sibi habendi*, ou que não haja, de todo, qualquer fundamento legal ou motivo razoável para a recusa ou omissão" (TACRIM-SP – HC – Rel. Baptista Garcia – *RT* 519/365).

56 "O fato de o advogado restituir ao seu cliente dinheiro que, anteriormente, havia apropriado indevidamente, não implica o trancamento da ação penal por falta de justa causa. Tal hipótese somente poderá caracterizar arrependimento posterior, circunstância que deve ser avaliada na aplicação da pena" (STJ – RHC – Rel. Félix Fischer – j. 1.o.09.1998 – *RT* 760/574); "Quem aproveitando-se de sua condição de advogado constituído, levanta quantia depositada em cartório por causa ganha, e a retém injustificadamente, protelando sua entrega ao cliente, comete o crime de apropriação indébita, que não será descaracterizado com o pagamento do débito após instauração da ação penal" (TAMG – AC – Rel. Joaquim Alves – *RJTAMG* 30/274).

57 Caso semelhante pode ser encontrado no STF, Inq 933, Rel. Sepúlveda Pertence, DJe. 28/06/2002, que indica que "não são fungíveis, na composição do tipo, o objeto material da ação incriminada" (p. 25 do voto do relator).

Apesar da *redação clara* do art. 168, a jurisprudência brasileira não hesita em condenar sujeitos que malversam valores patrimoniais alheios que, em princípio, não se deixam subsumir ao conceito de coisa móvel. Essa atuação supletiva decorre da necessidade sentida de se punir os diários casos de advogados que se locupletam de valores dos clientes, fatos imorais e que constituem certamente infração disciplinar[58]. O juiz que alarga o objeto de proteção do tipo penal do art. 168 inaugura assim um espaço de punibilidade não previsto pelo legislador. A lacuna é tão eclatante que é preenchida sem constrangimento. A esta altura, o diagnóstico é assustador: tal procedimento é realizado sem que sequer seja problematizado o eventual trespasse do sentido literal possível da elementar "coisa alheia móvel" e também do verbo típico "apropriar-se"[59]. Em geral, não se lê uma linha a esse respeito.

---

58 Evidentemente, o advogado se submete nesses casos a sanções disciplinares, como a prevista no art. 34, XX do Estatuto da Advocacia e da OAB, L. 8.906/94; a esse respeito ver CAL GARCIA, in: ALMEIDA ANDRADE/PASCOAL, *Estatuto da Advocacia e da OAB Comentado*, Curitiba, 2015, p. 308 e ss.

59 Uma exceção que confirma a regra é a decisão do STJ CC 67343-GO – Rel. Laurita Vaz – DJe 11/12/2007, que todavia não diz respeito à apropriação indébita de numerários, mas sim à delimitação entre furto mediante fraude e estelionato em casos de transferências eletrônicas indevidas. Na decisão, aparece o problema das divisas entre interpretação e analogia: "Houve, sim, a indevida transferência da titularidade – subtração – do numerário da conta bancária – coisa alheia móvel –, com a sub-reptícia quebra da vigilância eletrônica do sistema informatizado de dados – fraude –, delito que somente foi detectado pelo Banco-vítima depois de o titular da conta queixar-se.(...) Com efeito, admitir-se a imprópria separação dessas noções, que representam a coisa de valor patrimonial, implicaria uma situação esdrúxula e absurda, que deve ser repelida pelo direito: o agente, por hipótese, poderia apenas realizar a transferência eletrônica do dinheiro para sua conta ou a de terceiros, normalmente 'laranjas', causando evidente desfalque patrimonial à vítima. Contudo, sem que ele efetuasse o saque, evitando, assim, a apropriação física do dinheiro, poderia dispor de todo o numerário subtraído gastando-o com a utilização do débito automático em conta. (...) E é bom que se diga: a interpretação progressiva do conceito de coisa não malfere o princípio constitucional da legalidade, sequer o arranha. O exercício exegético da lei, ínsito à atividade jurisdicional, exige do Magistrado, além de outros fatores, lucidez e atualidade do raciocínio. A interpretação progressiva da lei requer do exegeta o esforço – dentro de limites razoáveis, ainda mais estreitos para o direito penal – de buscar a intenção e a finalidade da lei, de modo a torná-la consentânea com o avanço e o progresso dos paradigmas sociais. Não se trata, em absoluto, de alargar o tipo penal, mas de ler seus elementos com os olhos da modernidade" (p. 6-9 do voto da Relatora). Na decisão, surge um eufemismo que o leitor procurará em vão no escólio doutrinário: "interpretação progressiva". No direito penal, chama-se analogia. O art. 5º XXXIX CR concedeu apenas ao legislador poderes de avaliar o mundo "com os olhos da modernidade". Várias ordens jurídicas têm dispositivos específicos para esses casos, como o § 148 a, o estelionato de dados, e o § 241e, a utilização de meios eletrônicos de pagamento, no CP austríaco. O art. 143 do CP suíço proíbe o acesso não autorizado a dados eletrônicos.

Nem a redação típica, nem as definições doutrinárias parecem ter inibido a jurisprudência de punir tais casos, nos quais a lacuna de punibilidade criada pelo legislador soa insuportável. Tudo sob silêncio complacente de parte da doutrina – aquela, que define coisa móvel como objeto corpóreo passível de remoção de um lado a outro (II., 2.).

IV. Apropriação indébita de numerários e valores?

Até aqui, viu-se que há uma *suspeita séria* de que há um disfarçado procedimento analógico entre nós, em setor de alta relevância prática. É necessário detalhar as razões pelas quais numerários e valores não podem ser subsumidos sob o tipo penal do art. 168. O já referido sentido literal possível dos termos utilizados pelo legislador no art. 168 – *aspecto semântico* (1.) –, a avaliação do sistema positivo de tutela de patrimônio – *aspecto sistemático* (2.) – e o conteúdo de injusto expresso pelos casos problemáticos – *aspecto valorativo* (3.) – confirmam a inaplicabilidade do art. 168 ao caso de malversação de numerários e valores alheios. Last but not least, é possível encontrar chancela definitiva no direito comparado: em relevantes ordens jurídicas, o problema da malversação de numerários e valores surgiu e teve de ser solucionado pelo único ator que possui legitimidade para criar crimes e cominar penas, o legislador (4.). O *diagnóstico definitivo* demonstrará que estamos diante de retumbante equívoco jurisprudencial, causado pela falha regulatória do legislador e para cujo sucesso contribuiu omissivamente nossa ciência. É tempo de humildemente comunicar o nosso arrependimento posterior.

1. Aspecto semântico: analogia proibida

O ponto de partida de qualquer atividade interpretativa são os termos utilizados pelo legislador, ou seja o *aspecto semântico*[60]. O *sentido literal possível* deve ser demarcado pelo uso cotidiano da linguagem[61] e também pelo contexto da redação típica. As palavras não devem ser vistas de maneira isolada, com o que ainda não se adianta a totalidade dos argumentos teleológicos que servem de complemento posterior ao aspecto semântico. Os termos "apropriar-se" e "coisa alheia móvel" devem ser definidos autonomamente pelo direito penal[62], sem subordinação cega ao direito civil, dado a analogias

60 É a "relativa preferência pela interpretação semântica", especialmente relevante no direito penal, de que fala PUPPE, *Kleine Schule des juristischen Denkens*, p. 106 e ss.

61 Mais preocupado em denunciar uma punição injusta, omitirei citação de Wittgenstein.

62 HUNGRIA, *Comentários ao Código Penal*, Vol. VII, p. 19: "Nenhuma aplicação tem, em relação ao furto, o disposto no art. 48 do Cód. Civil, que considera móveis os direitos reais sobre objetos móveis e as ações correspondentes, os direitos de obrigações e as

e dilações conceituais, como a que se verifica nesse setor no art. 83 do Código Civil[63]. Nesse particular, retêm vigência as indeléveis linhas de NÉLSON HUNGRIA que epigrafam este estudo. O direito penal opera com conceitos *realísticos* que devem guardar relação com o conteúdo de injusto da conduta que se quer proibir e com a redação escolhida pelo legislador. No art. 168 CP, os conceitos de "apropriar-se" e "coisa alheia móvel" devem ser compreendidas de forma relacional e complementar. Na apropriação indébita, o autor detém *em mãos* e sem supervisão onipresente o *controle fático* sobre uma coisa móvel de outro e, a partir de um determinado momento, contra a indicação expressa do titular da coisa, passa a manifestar externamente comportamento de dono da coisa. Não se trata aqui, de administração da globalidade do patrimônio alheio, de tomada de decisões empresariais, mas de manuseio de coisa móvel de que se tem a posse ou detenção. O "apropriar-se" exige precisamente um ter em mãos que *comunica socialmente* que aquela coisa com existência corpórea pertence àquele que tem a posse ou detenção da coisa, excluindo a posse de outros aventureiros. Parece banal dizê-lo novamente, mas numerários e valores patrimoniais não possuem existência corpórea, e transitam no inapreensível mundo eletrônico – este subscritor, ao menos, nunca segurou em suas próprias mãos uma pretensão creditícia. Ao extrapolar o sentido literal possível dos elementos do tipo objetivo do art. 168 CP, a jurisprudência desobedece automaticamente outro dispositivo de status constitucional, o art. 5º XXXIX CR. Já no aspecto semântico, a subsunção realizada pela jurisprudência brasileira parece esgarçar os conceitos de apropriação e de coisa alheia móvel, extrapolando o sentido literal possível e ingressando no terreno sombrio da analogia contra reo – mas não é só.

2. Aspecto sistemático: comparação com outros tipos penais

O *aspecto sistemático* confirma a manobra interpretativa de nossa jurisprudência, e por várias razões. O legislador brasileiro, ainda que se lhe possa reprovar uma ausência de técnica legislativa (acima II., 3.), deve ser analisa-

ações respectivas e os direitos de autor. O direito penal não se concilia com as fictiones ou presumptiones juris et de jure do direito civil, pois é incondicionalmente realístico"; assim também BUSATO, *Direito Penal, Parte Especial*, Vol. II, p. 425.

63 "Art. 83. Consideram-se móveis para os efeitos legais: I - as energias que tenham valor econômico; II - os direitos reais sobre objetos móveis e as ações correspondentes; III - os direitos pessoais de caráter patrimonial e respectivas ações". Não será possível discorrer sobre os detalhes da acessoriedade do direito penal nesse setor, especialmente sobre a questão da existência de ao menos uma acessoriedade em sentido negativo. Intuitivamente, é estranho supor que o que não é protegido pelo direito civil possa sê-lo pelo direito penal.

do pela ciência a partir de suas decisões e sob um ângulo sistemático. Entre os métodos de interpretação mais prestigiados à disposição do intérprete está inegavelmente a interpretação sistemática[64].

a) Identidade com o objeto do crime de furto (art. 155 CP)

Historicamente, a apropriação indébita deriva do delito de geral de furtum e possuía o nomen iuris de furtum improprium[65]. A legislação brasileira antiga e atual – a pena é a mesma, e o art. 170 remete expressamente ao delito de furto[66] – confirmam a relação de dependência entre os delitos de furto e apropriação indébita. Dessa forma, como repousa inconteste em nossa doutrina, o *conceito de coisa da apropriação indébita deve ser idêntico ao do delito de furto.* Lá, como cá, coisa deve ser um objeto corpóreo, como nos ensinou HUNGRIA: "Consistindo o furto numa subtração (que é apreensão, remoção e assenhoramento), somente pode ser objeto dela a coisa móvel. (...) O furto não pode incidir senão sôbre coisas corpóreas ou fisicamente apreensíveis (...). Direitos e ações são bens imateriais, insuscetíveis de apreensão e, portanto, de furto"[67]. O mestre arremata: "Tal como no furto, não podem ser objeto do crime em questão coisas imateriais, como sejam os direitos e ações"[68].

As discussões sobre o "furto" de *energia elétrica* e de *sinal de televisão* comprovam o que se está a afirmar. A discussão sobre o furto – ou, mais precisamente, desvio – de energia elétrica ocuparam a discussão mundial intensamente[69]. É famosa a decisão do Reichsgericht alemão no final do século XIX (RGSt 29, p. 11 e ss., proferida em 1896)[70]. As ordens jurídicas modernas

---

64 PUPPE, *Kleine Schule des juristischen Denkens*, p. 81 e ss

65 Ver o item 60 da Exposição de Motivos do CP 1940. HUNGRIA, *Comentários ao Código Penal*, Vol. VII, p. 122.: "Até fins do século XVIII, o crime que o nosso Código denomina 'apropriação indébita' não passava de uma species do genus 'furto'". A apropriação indébita sempre esteve vinculada ao furto, como no art. 258 CP 1830, prevista logo após a previsão do furto e em referência a este: "Tambem commetterá furto, e incorrerá nas penas do artigo antecedente o que, tendo para algum fim recebido a cousa alheia por vontade de seu dono, se arrogar depois o dominio, ou uso, que lhe não fôra transferido" (CP 1830). Tal subordinação se mantém no CP 1890, no art. 331. Há ordens jurídicas, como a alemã, que prevêem um apartado específico que une furto e apropriação indébita (décimo nono apartado: Diebstahl und Unterschlagung).

66 "Nos crimes previstos neste Capítulo, aplica-se o disposto no art. 155, § 2º".

67 HUNGRIA, *Comentários ao Código Penal*, Vol. VII, p. 19; da mesma forma, BITENCOURT, *Código Penal Comentado*, p. 703

68 HUNGRIA, *Comentários ao Código Penal*, Vol. VII, p. 130.

69 O CP alemão no §248c, preocupado com a terminologia, optou por não utilizar o termo "subtração" ("wegnehmen") e fala em "Entziehung" – que seria algo como "retirada".

70 Na decisão, pode-se colher alguns argumentos: ausência de "corporificação" da energia, que seria mais um estado ou uma força do que uma coisa; o conceito jurídico-penal de

conhecem dispositivos específicos sobre desvio de energia elétrica. No Brasil, HUNGRIA, apesar de sua posição contraditória, resolveu acolher a cláusula de equiparação entre energia elétrica e coisa móvel[71], hoje consagrada no art. 155, § 3º CP[72]. Só é possível equiparar coisas desiguais. Energia elétrica não poderia ser coisa móvel pelo simples fato de não ser apreensível com as mãos, isto é, por não possuir *existência corpórea*. Era necessária a atuação do legislador para preencher essa lacuna de punibilidade que surgiu com a recorrência dos casos de desvio de energia elétrica, um bem de valor patrimonial, mas que não poderia ser subsumido à redação do art. 155 CP, sob pena de incorrer-se em analogia. Pela mesma razão é que a jurisprudência, corretamente, reluta em aceitar a possibilidade de subsunção do *"furto" de sinal de televisão* sob o art. 155 CP[73], pois entende que sinal de televisão não é coisa móvel e tampouco energia: "O agente que após ter seu sinal de TV a cabo retirado pela operadora do sistema, em virtude de inadimplemento, religa-o clandestinamente não se enquadra na tipicidade do § 3º do art. 155 do CP, pois mero ilícito civil não deve ser combatido no âmbito criminal, ainda mais por aplicação de analogia *in malam partem*" (TARS – Ap. – Rel. Alfredo Forster – j. 02.04.1998 – RT 755/732).[74] É digna de leitura a decisão do STF, no HC 97261, Rel. Joaquim Barbosa, DJe 02/05/11: "O sinal de TV a cabo não é energia, e assim, não pode ser objeto material do delito previsto no art.

coisa móvel, autônomo ao direito civil (113): "sentido natural da palavra" é o limite a que está adstrito o juiz; "Obviamente, não se sustenta a suposição de que o Código Penal utilizou a expressão 'coisa móvel' em sentidos diferentes diante de delitos de parentesco tão próximo como furto e apropriação indébita" (114); os tipos exigem um "pedaço de matéria, seja rígida, líquida ou gasosa", mas uma matéria (114); caso seja político-criminalmente indicado, então o legislador deve atuar; "A jurisprudência não pode preencher a lacuna de dispositivos legais por meio de uma aplicação analógica de normas que inexistem para o caso em questão" (116); há outra decisão semelhante, publicada em RGSt 32, 165 e ss, do ano de 1899: "Ao conceito de coisa pertence a capacidade de ser objeto de um domínio independente e imediato" (174); apenas a lei penal pode definir o que é coisa móvel (179); formulação típica: exige-se uma coisa que apresenta qualidades para que possa ser subtraída de outrem, isto é, da posse de outrem (180); posse é um domínio fático (espacial) de alguém sobre uma coisa, que exclui a atuação de terceiros (180).

71 HUNGRIA, *Comentários ao Código Penal*, Vol. VII, p. 32 e ss.

72 Ver o item 56 da exposição de motivos de 1940: "Para afastar qualquer dúvida, é expressamente equiparada à coisa móvel e, conseqüentemente, reconhecida como possível objeto de furto a 'energia elétrica ou qualquer outra que tenha valor econômico'".

73 SALVADOR NETTO, *Direito Penal e propriedade privada*, p. 100.

74 Decisão em ASSIS MOURA/SAAD, in : SILVA FRANCO e outros (org.), *Direito Penal e sua Interpretação Jurisprudencial*, p. 2826.

155, § 3º, do Código Penal. Daí a impossibilidade de se equiparar o desvio de sinal de TV a cabo ao delito descrito no referido dispositivo. Ademais, na esfera penal não se admite a aplicação da analogia para suprir lacunas, de modo a se criar penalidade não mencionada na lei (analogia in malam partem), sob pena de violação ao princípio constitucional da estrita legalidade".

O legislador brasileiro, ao sentir a lacuna de punibilidade no delito de furto, atuou no sentido de ampliar o conceito de coisa móvel, confessando, de resto, o conceito de coisa móvel restrito com que deve operar o direito penal. Energia e sinal de televisão não são objetos corpóreos passíveis de serem subtraídos ou apropriados, como tampouco o são numerários e valores patrimoniais. A extensão pontual do objeto da ação do furto em relação à energia não ocorreu com o conceito de coisa móvel da apropriação indébita, que permanece restrito a objetos corpóreos, de modo que qualquer ampliação desse conceito por via jurisprudencial deve ser considerada inconstitucional por violação do princípio da legalidade (art. 5° XXXIX CR) – e os exemplos acima demonstram que legislador e jurisprudência têm essa exata noção. A lucidez jurisprudencial demonstrada no caso do furto de sinal de televisão deve ser trasladada para o caso de apropriação de numerários.

b) Comparação com outras formas assemelhadas de agressão interna ao patrimônio previstas na legislação

Há outras formas assemelhadas à apropriação indébita do art. 168 previstas na legislação brasileira, nas quais o legislador conscientemente optou por ampliar o objeto de proteção contra agressões internas – por vezes, também as formas de agressão são estendidas –, um dado loquaz. São os exemplos do *peculato* (art. 312), da *fraude em sociedade por ações* (art. 177, III CP), da *apropriação indébita financeira* (art. 5° L. 7.492/86), do crime falimentar de *desvio, ocultação e apropriação de bens* (art. 173, L. 11.101/05) e da *apropriação indébita previdenciária* (art. 168-A CP).

O *peculato* talvez seja o mais revelador entre os vastos exemplos, pois é tido como uma espécie de apropriação indébita qualificada em razão de se destinar a funcionários públicos[75]. O mesmo legislador que criou o art. 168 CP, criou o art. 312 CP, no qual há uma dupla ampliação se comparada àquele: o objeto material não se restringe a coisas móveis, o que se extrai da simples leitura do tipo ("...de dinheiro, valor ou qualquer outro bem móvel, público ou particular, de que tem a posse em razão do cargo ...")[76] e há outra

75 Por todos, HUNGRIA, *Comentários ao Código Penal*, Vol. IX, Rio de Janeiro, 1958, p. 332.

76 No peculato, sempre se falou em "dinheiros ou effeitos públicos" (art. 170 CP 1830), conforme indica Hungria: "O texto legal, ao indicar o objeto material da apropriação ou desvio, não quis limitar-se a dizer genericamente 'qualquer bem móvel', entendendo

modalidade de ação típica, o desvio ("...ou desviá-lo, em proveito próprio ou alheio")[77]. Não é preciso demasiada especulação para concluir que o legislador poderia ter tomado a mesma medida no art. 168 CP, mas não o fez. A apropriação indébita financeira ("Apropriar-se, quaisquer das pessoas mencionadas no art. 25 desta lei, de dinheiro, título, valor ou qualquer outro bem móvel de que tem a posse, ou desviá-lo em proveito próprio ou alheio") e a apropriação indébita previdenciária ("Deixar de repassar à previdência social as contribuições recolhidas dos contribuintes, no prazo e forma legal ou convencional"), além de documentarem as dificuldades lingüísticas de nosso confuso legislador, demonstram igualmente que este, quando quis, previu expressamente os objetos sobre os quais deve recair a ação. No art. 177, II CP, novamente, o objeto da ação é ampliado, compreendendo "bens ou haveres sociais". Por fim, também no art. 173 da L. 11.101/05, fala-se em "bens pertencentes ao devedor sob recuperação judicial ou à massa falida". No art. 168 CP, não se fala em "bens", nem em "dinheiro, haveres sociais ou valor".

Já está claro que a ausência de tipificação expressa da infidelidade patrimonial fez com que o nosso legislador, pressentindo a lacuna, criasse setorialmente dispositivos ampliativos, demonstrando uma certa incompreensão do nomen iuris apropriação indébita e de sua relação com a infidelidade patrimonial[78]. Enfim, em todos os casos acima há proteção da globalidade do patrimônio contra agressões internas, comprovando que o legislador estava consciente da problemática. Ainda assim, optou por *manter a pureza* do crime de apropriação indébita, restringindo o seu objeto a coisas móveis, isto é, a objetos corpóreos. Essa decisão do legislador é confirmada pelas previsões específicas no crime de apropriação indébita, como sejam a apropriação de coisa achada (art. 169, parágrafo único, II CP) e de tesouro (art. 169, parágrafo único, I CP), inegavelmente coisas móveis. Estamos diante de uma *restrição convicta do legislador*, que deve ser respeitada. O equívoco fundamental situa-se na omissão subsequente, qual a seja a de ignorar o crime de infidelidade patrimonial.

de fazer preceder referência a 'dinheiro' e 'valor'. Explica-se: o legislador achou de bom aviso eliminar qualquer dúvida sobre a existência de peculato ainda quando se trate de coisas eminentemente fungíveis ou restituíveis pelo tantumdem, e ainda que solvável o agente", HUNGRIA, *Comentários ao Código Penal*, Vol. IX, p. 334.

77 Noronha enxerga o desvio como modo de ação da apropriação, embora reconheça ter o legislador previsto o desvio como ação típica apenas no peculato, NORONHA, *Direito Penal*, Vol. II, São Paulo, 1979, p. 346.

78 Ver LEITE/TEIXEIRA, in: *RIBDPE* 1 (2016), no prelo.

3. Aspecto valorativo: o conteúdo de injusto

Além do aspecto semântico, ligado à redação restrita do tipo, e do aspecto sistemático, ligado ao sistema de tutela do patrimônio como um todo, há um *aspecto material ou valorativo* que demonstra a inaptidão da apropriação indébita para dar conta dos casos de apropriação de numerários. Em verdade, os casos de advogados que malversam os seus clientes expressam *conteúdo de injusto da infidelidade patrimonial*, e não da apropriação indébita[79]. As razões saltam aos olhos. O advogado não possui o controle fático sobre coisa móvel do cliente que deve ser cuidada conforme as determinações expressas e inequívocas deste. O advogado possui relativa margem de decisão, na medida em que domina a técnica que poderá conduzir ao sucesso da aventura judicial, de modo que o cliente está, de certa maneira, entregue às decisões que toma o advogado, detentor do conhecimento especializado e da autorização para praticar determinados atos privativos. A atuação processual do advogado ocorre, no mais das vezes, sem o controle intenso do cliente, em diálogo entre técnicos[80]. Esse controle intenso sobre valores patrimoniais do cliente é característico dos casos de infidelidade patrimonial, em que o dono do patrimônio está sujeito às malversações daquele que detém o controle fático sobre parte do patrimônio alheio[81]. O conteúdo de injusto da apropriação indébita, de outro lado, está na "ocupação de uma posição idêntica à de proprietário, que pressupõe uma certa relação externa de domínio"[82].

O exemplo alemão é eloquente, na medida em que seguimos à risca o modelo alemão de apropriação indébita restrita a coisas móveis, ou seja, como crime contra a propriedade (acima II.). São várias as decisões alemãs em que advogados são condenados por infidelidade patrimonial ao malversarem valores dos clientes[83], sem que haja sequer referência à possibilidade de que aqueles tenha cometido também o delito de apropriação indébita[84].

---

79 Como afirma Rengier, ao falar de casos de infidelidade patrimonial de advogados, "uma constelação muito comum é a da utilização de dinheiro alheio para fins próprios": RENGIER, *Strafrecht BT I*, 17ª, p. 351.

80 Rengier, na Alemanha, ao comentar casos de infidelidade patrimonial, afirma que o aspecto da ausência total de controle pode compensar a pequena margem de ação de que dispõe o advogado, RENGIER, *Strafrecht BT I*, 17ª, p. 351; o BGH alemão também já decidiu nesse sentido: BGH wistra 2008, p. 427 e ss.

81 Ver LEITE/TEIXEIRA, in: *RIBDPE* 1 (2016), no prelo.

82 SCHÜNEMANN, in: *JuS* 1968, p. 114 e ss., p. 116.

83 SCHÜNEMANN, *Leipziger Kommentar*, § 266, 12ª ed., 2012, nm. 101, nm. 105; ver o estudo específico de *Franzheim*, StV 1986, p. 409 e ss.

84 BGH NJW 1960, 1629 e ss.: utilização de recursos do cliente de forma contrária à acordada; BGH NJW 1983, p. 461 e ss..: advogado que deixa prescrever pretensão creditícia a que o cliente teria direito; BGH NJW 2006, p. 3219 e ss.: advogado que

Situa-se no plano das obviedades o fato de que, por tratar-se de valores patrimoniais sem existência corpórea, não incide a Unterschlagung do § 246 CP alemão. Lá, vige sem exceção: "Pretensões não podem ser apropriadas"[85]. VOGEL esclarece, de forma mais concreta, que não há apropriação indébita de numerários "no caso de alguém que obtém acesso à conta alheia e realiza indevidamente transferências"[86]. O mal-estar de nossa jurisprudência decorre do pecado original de nosso legislador.

4. Direito comparado: a necessidade de intervenção do legislador

Há ainda outros exemplos de *direito comparado* que demonstram que precisamente os casos de gestão desleal de patrimônio alheio, potencializados pelo aumento do trânsito eletrônico de valores[87], *impulsionaram alterações legislativas* que visavam a evitar ou a reprimir uma tendência expansiva manifestada pela jurisprudência. Mesmo na tradição da common law, em que não vige o princípio da legalidade com toda força como vige na tradição continental, houve discussão sobre a possível ampliação do delito de furto (theft), de modo a que este abrangesse também a propriedade intangível (intangible property), com o que se buscava precisamente alcançar casos de infidelidade patrimonial[88]. Note-se que entre nós, que temos o princípio da legalidade insculpido na Constituição da República, sequer discussão há.

Na *Espanha*, antes de 1995, não havia a administración desleal do art. 295. A lacuna de punibilidade foi fechada a partir de uma manobra interpretativa da elementar "distracción" da apropriação indébita do antigo art. 535 CP espanhol 1973, de modo a incluir a gestão desleal de direitos de crédito. Na apropriação indébita espanhola, contudo, dinheiro já estava compreendido na redação típica, e a redação brasileira tampouco prevê uma modalidade

transfere para si numerários de seguro contra acidentes de cliente; BGH NStZ 1997, 124: discussão sobre os limites entre meras violações contratuais e malversação do patrimônio do cliente; BGH wistra 1987, p. 65: advogado não devolve numerários que recebeu sob a condição de posterior devolução.

85 FISCHER, *Strafgesetzbuch*, § 246, 63ª ed., 2016, p. 1179 e s.

86 VOGEL, *Leipziger Kommentar*, § 246, 12ª ed., 2010, nm. 7, nm. 11.

87 A inclusão do abuso na utilização de cartões de créditos (§ 266b CP alemão), em 1986, visou precisamente a preencher uma lacuna existente nesses casos, por vários motivos. O dispositivo visa a tutelar não apenas o patrimônio, mas também o funcionamento do sistema/trânsito de pagamentos eletrônicos: RENGIER, *Strafrecht BT I*, 17ª ed., p. 370 e ss.

88 Com ulteriores referências e crítico a esse tipo de manobra, SCHÜNEMANN, in: *FS-Frisch* 2013, p. 837 e ss., p. 843.; ver também VOGEL, *Leipziger Kommentar*, *Comentários prévios aos §§ 242 e ss.*, nm. 75 e ss.

de "desvio", restrita ao nosso peculato (art. 312 CP)[89]. A jurisprudência espanhola entendia que a modalidade de distracción não requeria a incorporação da coisa móvel ao patrimônio do agente e nem o animus rem sibi habendi (ver sobretudo a STS, 14/3/1996)[90]. Com isso, a apropriação indébita agigantou-se e ganhou nova função inimaginada pelo legislador original: passou a abranger a disposição desleal de patrimônio alheio[91]. Enfim, *uma apropriação sem apropriação*, amplamente criticada pela doutrina espanhola[92]. Depois de 1995, essa interpretação passou a conviver com o art. 295 CP espanhol, a administração desleal de sociedades, causando problemas de concurso de leis e de crimes[93]. A solução definitiva veio apenas com a reforma ocorrida no ano passado, com a Ley Orgânica 1/2015, que inseriu um tipo geral de administração desleal (art. 252 CP espanhol), inspirado no tipo alemão do § 266 CP alemão.

A partir da reforma de 1994, a *Suíça* reviu a sua sistemática dos crimes patrimoniais, e erigiu a apropriação indébita – a unrechtsmässige Aneignung do art. 137 CP Suíço – a delito central, seguindo a indicações doutrinárias[94]. Houve discussão intensa sobre se direitos e pretensões creditícios seriam coisas, dilema finalmente dirimido pelo legislador com a inclusão do art. 141 bis, um tipo penal especialmente dirigido a tutelar essa espécie de valor patrimonial[95]. O dispositivo foi fruto de um obiter dictum do Bundesgericht suíço, que,

89 BACIGALUPO, *Falsedad documental, estafa y administración desleal*, p. 185: "En realidad, la introducción de los valores y los activos patrimoniales es solo producto de la confusión del legislador de la apropriación indebida, en sentido estricto, y de la administracción desleal".

90 São eloqüentes as palavras de Pastor e Coca Vila: "Con ello, la jurisprudencia había abierto las puertas a una interpretación de la apropiación indebida de la 'distracción' como gestión desleal o desviación del fin y abandonado una concepción de la apropiación indebida como delito contra la propriedad en sentido estricto"PASTOR/VILA, *El nuevo delito de administración desleal del artículo 252 del Código Penal*, p. 38 e s.

91 *Pastor/Vila*, El nuevo delito de administración desleal del artículo 252 del Código Penal, p. 39.

92 Ver sobre a situação antiga LUZÓN PEÑA/ROSO CAÑADILLAS, *Revista de Derecho* 16 (2013), p. 199 e ss.; SÁNCHEZ-VERA, in: BARJA DE QUIROGA/ZUGALDÍA ESPINAR (org.), *Libro Homenaje Enrique Bacigalupo, Tomo II*, Madri/Barcelona, 2004, p. 1207 e ss.; PASTOR/VILA, *El nuevo delito de administración desleal del artículo 252 del Código Penal*, p. 37 e ss.; crítico também BACIGALUPO, *Falsedad documental, estafa y administración desleal*, p. 120 e ss., p. 183 e ss.

93 A minha suposição é de que tal convivência se devia à redação atrapalhada do antigo art. 295, que exigia a existência de fraude e também o proveito próprio ou alheio, dois elementos que são estranhos ao conteúdo de injusto da infidelidade patrimonial.

94 Especialmente a de SCHUBARTH, in: *ZStrR* 88 (1972), p. 282 e ss., p. 286: "O tipo penal da apropriação indébita é o tipo fundamental dos delitos de Aneignung"; em detalhes, TRECHSEL, *Schweizerisches Strafgesetzbuch*, 2ª ed. 2005, p. 482 e ss., p. 522 e ss.

95 "Aquele que utiliza ilegalmente valores patrimoniais que lhe chegaram sem a sua vontade em proveito próprio ou de outrem, será punido com prisão ou multa, em caso de representação da vítima".

em irônico clamor, solicitou ao legislador que lhe livrasse da necessidade de interpretar extensivamente o delito de apropriação indébita, que falava em "coisa alheia móvel"[96]. No emblemático caso Nehmand (BGE 87 IV, p. 115 e ss.), o Bundesgerichtshof admitiu indevidamente a apropriação de numerários, sob fortes protestos da doutrina[97]. A motivação seria a de que a relevância que assumiram os meios de pagamento eletrônico justificaria a punição de casos, por exemplo, em que o sujeito recebesse numerários por equívoco e os utilizasse em proveito próprio[98]. Os protestos aumentavam cada vez mais. Toda essa discussão ocorreu, note-se bem, em ordem jurídica que conhecia antes 1994 o abuso de confiança como forma qualificada de apropriação indébita de valores patrimoniais, a Veruntreuung, inexistindo a restrição a "coisas móveis", tal como há entre nós. Falava-se já em "bem a ele confiado, notadamente dinheiro (...)[99]. Agora fala-se em "valores patrimoniais", para excluir dúvidas sobre o conceito de bem[100]. Na Suíça, há ainda a infidelidade patrimonial, o art. 158, a ungetreute Geschäftsführung, que entra em relação concursal com a Veruntreuung de valores patrimoniais.

Na *Áustria*, houve igualmente grande discussão sobre o caso de apropriação de numerários. No ano de 1985, o OGH decidiu, sob amplos protestos doutrinários, que numerários de um correntista poderiam ser objeto de apropriação indébita[101]. Os protestos doutrinários concentraram-se sobretudo na evidente extrapolação do sentido literal possível do elemento típico "bem" do § 134 do CP daquele país[102]. De novo, note-se que o legislador austríaco não restringiu o tipo às "coisas móveis", preferindo a expressão mais ampla "bem". Nesse sentido, a proteção dos numerários e outros valores não é desnecessária, mas apenas deve ser garantida pelos delitos correspondentes: infidelidade patrimonial, estelionato etc[103]. Afinal, "apenas caso se compreenda a Veruntreuung e a apropriação indébita como delitos contra a propriedade e não como delito como o patrimônio em geral é que a utilização do conceito de guarda/detenção (Gewahrsambegriff) bem como o conceito de apropriação

96 SCHUBARTH, in: *ZStrR* 88 (1972), p. 282 e ss., p. 290.

97 SCHUBARTH, in: *ZStrR* 88 (1972),p. 282 e ss., p. 293 e ss.

98 SCHUBARTH, in: *ZStrR* 88 (1972),p. 282 e ss., p. 294.

99 Detalhes em STRATENWERTH, *Schweizerisches Strafrecht*, p. 256 e ss.

100 TRECHSEL, *Schweizerisches Strafgesetzbuch*, p. 482 e ss., p. 494.

101 Para Friedrich, poucas vezes uma decisão ocasionou tão "rápida e intensa reação": FRIEDRICH, in: *ÖJZ* 1985, p. 713 e ss.

102 Em detalhes, BAUMGARTNER, *Der Schutz zivilrechtlicher Forderungen durch Veruntreuung, Untreue und Unterschlagung*, p. 3 e ss.; ver também KIENAPFEL, IN: *ÖJZ* 1985, p. 487 e ss., p. 488.

103 KIENAPFEL, in: *ÖJZ* 1985, p. 487 e ss., p. 488: doutro modo, a Untreue estaria sendo indevidamente esvaziada.

(Zueignungsbegriff) presentes em ambos os delitos ganham um sentido"[104]. O que ocorreu foi uma "regulação de exceção obtida por analogia, que visava uma correspondente ampliação da punibilidade"[105]. Apesar dessa abertura do delito de apropriação indébita, o legislador austríaco decidiu prever um delito específico de infidelidade patrimonial, a Untreue do §153, que é mais estrito do que o tipo alemão. A rigor, nas palavras de Kienapfel, a "mera existência da infidelidade patrimonial, abarcadora de todos os danos patrimoniais, isto é, inclusive do danos a pretensões creditícias" é que contraindica a extensão da apropriação indébita para abarcar esse tipo de objeto[106].

Enfim, várias ordens jurídicas passaram pelo mesmo problema. Em todas, houve grande discussão científica, apesar de as aplicações analógicas lá experimentadas serem menos evidentes do que a praticada pela jurisprudência brasileira. Afinal, na Espanha, Áustria e Suíça, o delito de apropriação indébita sequer restringe decididamente o objeto material sobre o qual recai a ação tal como fez o legislador brasileiro, incluindo o dinheiro ou valores, ou utilizando a expressão "bem" em vez de "coisa móvel". Além disso, há nesses países a previsão de um delito específico de infidelidade patrimonial. O que se vê é que apenas a *intervenção do legislador*, seja ampliando o objeto de proteção da apropriação indébita, seja criando delitos específico, ou seja ainda criando uma infidelidade patrimonial é que pode resolver definitivamente o problema. Por uma razão óbvia: em democracias, apenas o Parlamento pode criar espaços de punição.

V. A doutrina brasileira: descaso com a parte especial (ou: Réquiem a Nélson Hungria)

Aspectos semânticos, sistemáticos e valorativos, além do escólio colhido da experiência comparada, confirmam a disfarçada analogia de que suspeitávamos. Convém especular as razões pelas quais esses casos problemáticos pu-

104 KIENAPFEL, in: *ÖJZ* 1985, p. 487 e ss., p. 488.

105 KIENAPFEL, in: *ÖJZ* 1985, p. 487 e ss., p. 488; Henke analisou o caso sob o ponto de vista da ordem jurídica alemã, e chegou á conclusão que, de lege lata, não se poderia subsumir o ocorrido nem à apropriação indébita, por inexistir "coisa móvel", nem à infidelidade patrimonial, por inexistir dever relevante de tutela do patrimônio alheio. A autora ainda manifestou dúvidas sobre a necessidade de punição de lege ferenda desses casos: HENKE, in: *ÖJZ* 1985, p. 718 e ss. No delito de dano, a Sachbeschädigung (§265 CP austríaco), discutiu-se longamente sobre se dados eletronicamente armazenados poderiam ser objeto daquele delito, até o momento em que o legislador atuou no sentido de tipificar autonomamente a danificação de dados, no §126 a: FABRIZY, *Strafgesetzbuch*, 10ª ed., 2010, p. 400.

106 KIENAPFEL, in: *ÖJZ* 1986, p. 338 e ss., p. 341.

deram permanecer longe das lentes de nossa *doutrina* até hoje, contribuindo para o equívoco jurisprudencial denunciado.

O principal fator é certamente a *desvalorização dos estudos da parte especial* na doutrina brasileira[107]. A bem de se ver e com raras exceções, o *estudo sistemático da parte especial vegeta* desde a genial e operosa elaboração intelectual de NÉLSON HUNGRIA, materializada na sistemática da parte especial do CP 1940, por ele amplamente comentada. A força revolucionária dos Comentários de HUNGRIA representa inegavelmente capítulo maior da história do direito penal brasileiro no século XX. De outro lado, verificou-se excessiva vassalagem à *interpretação autêntica* que HUNGRIA emprestou aos dispositivos do CP 1940 – se não está em HUNGRIA, não está no mundo. Se lá havia muito de correto e inovador a ser mantido, também alguns equívocos, contradições e omissões perpetuaram-se indevidamente. Alguns problemas que à época não se apresentavam ou que foram ignorados pelo príncipe dos penalistas brasileiros, permanecem sem solução adequada na doutrina, dificultando o trabalho da jurisprudência. De certa forma, é de se lamentar que ANÍBAL BRUNO, penalista igualmente genial e independente, não tenha tido forças para terminar a sua parte especial, deixando descoberto exatamente o setor dos crimes contra o patrimônio[108].

Os casos de transações eletrônicas não eram tão relevantes ao tempo de HUNGRIA, que, no máximo, especulou – incorretamente – sobre os casos de gestores negociais ímprobos, porém em outro contexto[109]. Há outras pistas

---

107 A esse respeito no Brasil ver GOMES, *Teoria geral da parte especial do Direito Penal*, São Paulo, 2014; GIAMBERARDINO, in: *Revista da Faculdade de Direito - UFPR* 49 (2009), p. 157 e ss.; sobre a relação entre parte geral e parte especial, KUBICIEL, *Die Wissenschaft vom Besonderen Teil des Strafrechts*, 2013, p. 100 ss.; FARIA COSTA, *Direito Penal Especial*, Coimbra, 2004, p. 8.

108 Sobre as razões que impediram Bruno de concluir os seus esforços, ver MUNHOZ NETTO, *A ignorância da antijuridicidade em matéria penal*, Rio de Janeiro, 1978, p. 145 e ss.

109 Essa discussão era relevante para decidir a querela sobre o abuso de confiança era elemento integrante da apropriação indébita (HUNGRIA, *Comentários ao Código Penal*, Vol. VII, p. 124) e sobre a necessidade de prestação de contas prévia para a consumação da apropriação indébita em casos em que havia divergência entre o gestor e o dono do patrimônio sobre entre débitos e créditos. A jurisprudência brasileira tratou várias vezes desse problema. Quanto à questão da necessidade de prestação de contas, ver STF HC 65157/SP, Rel. Oscar Correa, DJe 20/11/1987; RHC 57472/SP, Rel. Djaci Falcão, DJe 21/12/1979; RHC 53713/SP, Rel. Cordeiro Guerra, DJe 21/11/1975; caso de gestão de negócios e desnecessidade de prestação de contas, em caso de atuação por mandato, RHC 58694/SP, Rel. Antonio Neder, DJE 13/03/1981); RHC 53137/PR, Rel. Xavier de Albuquerque, DJe 26/09/1975: gerente de filial de empresa que comete irregularidades na administração "Concordo em que, em tese, o crime de apropriação indébita tipifica-se independentemente de prévia prestação

de que HUNGRIA não tenha assimilado integralmente a discussão de seu tempo a respeito da tutela do patrimônio contra agressões internas. Em trecho relevante de seus Comentários, por exemplo, nosso mestre elenca como exemplo de apropriação indébita no direito comparado a Untreue austríaca, a rigor, um dispositivo específico de infidelidade patrimonial daquele país, e não de apropriação indébita, em alemão, Unterschlagung[110]. A doutrina posterior, tivesse ao menos olhado para o lado, teria encontrado material farto para a discussão do tema no direito penal argentino, especialmente em SOLER[111], que discorreu corretamente sobre as relações entre apropriação

de contas. Casos há, porém, entre eles os de administração e gestão de negócios, nos quais, conforme as circunstâncias, não se pode prescindir de tal requisito para intentar-se a ação penal" (p. 8 do voto do relator Min. Xavier de Albuquerque). Necessidade de se identificar o dano patrimonial. Relator ficou vencido, todavia.; contabilidade caótica de firma, necessidade de prestação de contas, perícia: HC 43697/GB, Rel. Para Acórdão Aliomar Baleeiro, DJe 18/05/67); ver HC 32337, Rel. Luiz Gallotti, DJe 14/01/57. Sobre essa questão na doutrina HUNGRIA, *Comentários ao Código Penal*, Vol. VII, p. 134 e ss.: "Tirante os casos de administração, de gestão de negócios ou aquêles em que haja reciprocidade de créditos e débitos compensáveis, não pode ser pretendido, para iludir o reconhecimento da apropriação indébita, o prévio encontro de contas"; NORONHA, *Apropriação indébita*, in: LIMONGI FRANÇA (org.), *Enciclopédia Saraiva de Direito*, p. 277 e ss., p. 283 e s. Sobre a exigência do abuso de confiança, tal de fato ocorria no art. 331 o Código de 1890, que, mantendo a subordinação da apropriação ao furto exigia expressamente que a coisa alheia tivesse sido "confiada ou consignada a qualquer título" ao agente. No atual CP, a existência relação de confiança pode qualificar a apropriação, nos casos do art. 168 §1° CP. Outras ordens jurídicas (art. 138 CP suíço; art. 246 II CP alemão; art. 133 CP austríaco) conhecem a Veruntreuung, uma espécie de apropriação que exige que o bem tenha sido entregue ao agente em confiança.

110 HUNGRIA, *Comentários ao Código Penal*, Vol. VII, p. 123.

111 "Los casos de abuso de confianza exigirían tal vez subclasificaciones, porque son bastante variadas las situaciones de ese gênero dentro de los cuales puede actuar la mafa fe. De entre todas las figuras se destaca la retención indebida, C. P., 173, 2°, con tal nitidez, que algunas legislaciones la separan, con un nombre específico, de los demás casos. Así la legislación alemana que la legisla bajo el nombre de Unterschlagung junto con el hurto, mientras que con la designación de Untreue (infidelidad) define otros casos juntamente con la estafa", SOLER, *Derecho Penal argentino*, IV, 5ª ed., 1988 (Atualizador: Manuel Basombrio), p. 344. Após expor os modelos alemães e argentinos, que desde muito cedo autonomizaram apropriação indébita e infidelidade patrimonial, Soler arrematava, prenhe de razão: "Esa distinción alemana y toscana, sin embargo, no se manifiesta mayormente en las legislaciones, en las que suelen encontrarse en una sola disposición las formas del abuso y de la infidelidad, no obstante las diferencias señaladas, que no son, por cierto, triviales, porque es muy distinta la acción de apropiarse, de la acción de operar fraudulentamente en contra una persona cuyos intereses nos han sido confiados. En nuestra ley, ese distingo ha sido hecho aunque no muy cuidadosamente, cosa nada extraña si se tiene presente que la figura básica misma aparece confundida con figuras de estafa" SOLER, *Derecho Penal argentino*, IV, 5ª ed., p. 425. As figuras a que se referia

indébita e infidelidade patrimonial – mas não estava em HUNGRIA. Na doutrina italiana, declarada fonte inspiradora de Hungria e de nossa parte especial, persiste desde há muito discussão sobre a relação entre apropriação indébita e infidelidade patrimonial[112].

Há outro fator prejudicial ao desenvolvimento de nossa dogmática da parte especial, que eu gostaria de designar de *conceitualismo estéril*. As definições atropelam-se nos livros de parte especial, porém delas não se retira nenhuma conclusão para os casos reais. São definições adornais, repetidas à exaustão, e que não cumprem o mister fundamental de uma definição jurídica, qual seja o de delinear características gerais passíveis de *subsunção* aos elementos fáticos de casos concretos[113]. No caso da apropriação indébita de numerários essa incapacidade de subsunção revela-se com toda sua força estranguladora. Como se viu acima, é praticamente inconteste na doutrina que "direitos e pretensões creditícias" não podem ser objeto de apropriação indébita, na medida em que esta exige como objeto da ação um objeto corpóreo passível de apropriação (acima II., 2.). Evidentemente, *numerários, valores e ações não são objetos corpóreos*. Apesar de repetirem essas definições, manuais modernos não protestam contra a diuturna punição analógica presente na jurisprudência brasileira. Em vez disso, optam por repetir os exemplos do credor pignoratício, do caixeiro-viajante e do nu-proprietário, herdados, claro, de HUNGRIA[114]. O que talvez não se perceba é que, vivo, o príncipe dos penalistas perceberia o equívoco e refletiria sobre os novos desafios da tutela do patrimônio. Afinal, o mestre alegava ter "aversão às águas estagnadas, que só servem para emitir eflúvios malignos ou causar emanações mefíticas"[115].

o penalista argentino são os arts. 173, 2º e o 173, 7º, incluídos pelas L. 17567, redação ratificada pela L. 20509.

112 NUVOLONE, *L´infedeltà patrimoniale nel diritto penale*, Milano, 1941; ZUCCALÀ, *L´indefeltà nel diritto penale*, Padova, 1961; MOCCIA, *Tutela penale del patrimonio e principi costituzionali*, Padova, 1988; FOFFANI, *Infedeltà patrimoniale e conflitto d´interessi nella gestione d´impresa*, Milano, 1997; SESSA, *Infedeltà e oggetto della tutela nei reati contro la pubblica amministrazione*, Napoli, 2006; BENUSSI, *Infedeltà patrimoniale e gruppi di società*, Milano, 2009; LONGOBARDO, *Infedeltà patrimoniale*, Napoli, 2013. Atualmente, a infidelidade patrimonial é prevista no art. 2634 do Código Civil italiano.

113 PUPPE, *Kleine Schule des juristischen Denkens*, p. 21 e ss., p. 61 e ss.; ver o homenageado DOTTI, in: *RBCC* 58 (2006), p. 195 e ss., p. 197: "O magistrado deve subsumir a realidade do caso concreto ao modelo normativo, inserindo-o na respectiva hipótese abstrata e depois extrair a sua conclusão". Esse procedimento simples descrito por Dotti teria evitado o equívoco jurisprudencial aqui denunciado.

114 HUNGRIA, *Comentários ao Código Penal*, Vol. VII, p. 126 e ss., p. 135 e ss.

115 In: FUCK (org.), Memória jurisprudencial: Ministro Nelson Hungria, Brasília, 2012 (acessível em: http://www.stf.jus.br/arquivo/cms/publicacaoPublicacaoInstitucional MemoriaJurisprud/anexo/NelsonHungria.pdf - acessado em 3/4/2016). Necessitamos,

Tão forçosa quanto deprimente é a constatação de que, em 2016, a nossa parte especial continua a boiar na calmaria perniciosa de águas estagnadas. É impossível e inaceitável estudar a parte especial do direito penal brasileiro sem os Comentários de HUNGRIA, mas é preguiçosamente servil fazê-lo apenas com base neles.

Enfim, são vários os fatores a embargar o passo de nossa parte especial, esse intimorato soldado do fronte que, todavia, não goza da patente alta da condecorada parte geral. As nossas vastas e eruditas bibliotecas sobre hermenêutica, analogia e interpretação, que documentam pretensiosas tentativas de recepção da tradição da filosofia da linguagem de GADAMER a RICCOUER, não parecem ter atinado para o escandaloso caso de aplicação analógica descrito – em mais um exemplo de bacharelice anódina. Em 1926, HELLMUTH MAYER constatou, em seu estudo exaustivo sobre a infidelidade patrimonial, que "a parte geral do direito penal pode ser estimulada com especial vigor por meio de investigações sobre a parte especial"[116] – e lá se vão noventa anos.

Está posto o *erro em dose tripla*. No problema de que tratamos, todos estão errados: o legislador, ao deixar descoberto conteúdo de injusto fundamental; a doutrina, ao perder-se em veleidades conceituais estéreis e ao descuidar do estudo da parte especial; a jurisprudência, ao desrespeitar solenemente a decisão do legislador. Escancarar essa situação, que certamente encontra par em outros setores da parte especial[117], é missão que incumbe urgentemente à doutrina brasileira.

VI. Diagnóstico definitivo

O legislador brasileiro, desaconselhado em matéria de técnica legislativa, erigiu a apropriação indébita a tipo penal por excelência na proteção do patrimônio (em sentido amplo) contra agressões internas (I). O art. 168 CP possui como objeto inequivocamente "coisas alheias móveis", isto é, objetos corpóreos, matéria sobre a qual repousa amplo consenso doutrinário. Não há em nosso ordenamento jurídico o delito de infidelidade patrimonial, contrariando uma tendência mundial (II.). Essa omissão causa alguns transtornos na jurisprudência, especialmente nos casos de apropriação indébita de numerários em valores, proeminentes diante do aumento do trânsito eletrônico

para usar expressão atribuída a Orozimbo Nonato, constante da publicação referida, reviver os tempos em que a parte especial do direito penal brasileiro era o "mar revolto" dos tempos de Hungria.

116 H. MAYER, *Die Untreue*, p. V.

117 Certamente é o caso da aplicação do furto mediante fraude (art. 155, § 4º CP) a casos de acesso indevido a contas bancárias.

de valores. A prática judiciária é rica em casos de advogados que malversam valores de clientes. Numerários e valores, contudo, não são coisas corpóreas móveis. Para suprir essa lacuna de punibilidade, a jurisprudência socorre-se de uma (mal) disfarçada analogia, em flagrante oposição ao princípio constitucional da legalidade (art. 5º XXXIX CR), que sequer é discutida nas decisões judiciais e nem tampouco – o que é assustador – na ciência brasileira (III.). Nossos estudos da parte especial permanecem à reboque do pioneirismo de HUNGRIA – e HUNGRIA não enxergou o problema de que ora tratamos. Uma análise cuidadosa demonstra que aspectos semânticos, sistemáticos e valorativos indicam a inaplicabilidade do art. 168 CP nos casos de apropriação de numerários e valores, com o que inegavelmente surge uma lacuna de punibilidade. Essa lacuna, todavia, apenas pode ser preenchida pela atuação do legislador, como, de resto, ocorreu no mundo todo (IV.). Até lá, aplicar o art. 168 CP em casos de malversação de numerários e valores significa *punir sem lei*. Enfim, significa *malversar o delito de apropriação indébita.*

VII. Homenagem

De tudo quanto possa ser dito, impressiona a versatilidade do PROF. RENÉ ARIEL DOTTI: Secretário de Cultura do Estado do Paraná (1987-1990), legislador – com significativa participação na reforma da Parte Geral de 1984 –, professor titular da Universidade Federal do Paraná, advogado militante, autor do "Curso de Direito Penal" em sua 5ª edição. Atualmente, ocupa-se diligentemente da atualização dos indeléveis Comentários ao Código Penal, do príncipe dos penalistas, Nélson Hungria. Poucos penalistas cultivam em tão alta conta a história do direito penal brasileiro, e a obra "Casos Criminais Célebres" que o homenageado ofereceu ao público é prova definitiva dessa afirmação. Antes de tudo começar, foi ator profissional em Curitiba, ao lado do hoje nacionalmente consagrado Ary Fontoura. O Prof. René é *homem vasto*. Note-se: vasto, não vário. Em todas as atividades, o *mesmo* rigoroso, pertinaz e talentoso Prof. René. Sobretudo, um interlocutor amigo e agradável: são longos os cafés que tomamos em seu escritório. Como penalista, conseguiu unir teoria e prática. Daí a escolha do tema do presente artigo, que, ao cuidar de casos de alta relevância prática da parte especial, ascende às questões fundamentais de nossa ciência jurídica. Tudo sob os auspícios das linhas que nos relegou o mais influente penalista brasileiro, Nélson Hungria, para cuja imortalidade contribui decisivamente o esforço atualizador do homenageado e com quem busquei travar uma conversa franca neste estudo. Ad multos annos, Prof. René!

ANOTAÇÕES SOBRE O CRIME PERMANENTE

Alberto Silva Franco

RESUMO: Trata-se de anotações sobre o crime permanente não definido legalmente e que dá margem a várias interpretações. São expostas as concepções bifásica e unitária sobre o tema. Além disso, são feitas considerações sobre o crime instantâneo que perdura no tempo e a influência nessa hipótese da proibição da dupla valoração.

ABSTRACT: This work consists of notes taken on ongoing crime, which is not legally defined in Brazilian law and thus leaves room for several interpretations. Two-stage and unitary concepts on the theme are presented. This work also addresses immediate crime that extends in time and its influence on the prohibition against *bis in idem.*

TITLE: Notes on permanent crime.

PALAVRAS-CHAVE: Crime permanente – Concepção bifásica e unitária – Crime instantâneo perdurável no tempo – Proibição da dupla valoração

KEY WORDS: Ongoing crime – Two-stage and unitary concepts – Immediate crime extending in time – Prohibition against *bis in idem.*

Participar de um livro em homenagem ao Professor RENÉ ARIEL DOTTI é uma honra infinda. Conheci-o, há mais de três décadas, e, em todo o transcorrer dessa longa dimensão temporal, foi ele sempre um advogado de conduta irrepreensível e um professor que demonstrava a fantástica capacidade de acompanhar, com olhar crítico, os novos movimentos doutrinários. Além disso, era e é ainda comum vê-lo empenhado, com sacrifício pessoal, em lutas tendentes a preservar o regime democrático e a defender os direitos fundamentais da pessoa humana. Intolerante para com a intolerância, mas generoso, corajoso e justo, o Professor RENÉ ARIEL DOTTI ocupa um lugar, na dogmática brasileira, que bem poucos conseguiram atingir. Em momento algum, suportou os regimes ditatoriais ou os movimentos antidemocráticos e sempre expôs, com clareza exemplar, suas opiniões e seus posicionamentos políticos ou doutrinários. Tive oportunidade de estar presente em Comissões de Reformas do Código Penal e sua intervenção era sempre aguardada e respeitada como roteiro a ser seguido. Nada mais correto do que, neste momento, render-lhe a homenagem que há muito tempo lhe era devida.

1. Crime permanente: questão pouco discutida

Há, na legislação penal e processual-penal brasileira, três explícitas referências ao crime permanente, sem que, do ponto de vista dogmático e jurisprudencial, o conceito tenha merecido apreciação mais aprofundada, apesar de traduzir-se, concretamente, em desfavor do réu.

No inc. III, do art. 111, do Código Penal (CP), afirma-se que o termo inicial da prescrição, antes de transitar em julgado a sentença final, começa a correr, nos crimes permanentes, *do dia em que cessou a permanência*. No campo estritamente penal, a questão relativa ao crime permanente está também relacionada à aplicação da lei no tempo.

Por sua vez, no processo penal, a locução *crime permanente* é empregada, em dois momentos: quando se cuida de competência pelo lugar da infração e quando se cogita de prisão em flagrante. Na primeira hipótese, o art. 71, do Código de Processo Penal (CPP), esclarece que, em se tratando de infração continuada ou *permanente*, praticada em território de duas ou mais jurisdições, a competência firmar-se-á pela prevenção. Na segunda hipótese, o art. 303, do CPP, registra que "nas infrações *permanentes*, entende-se o agente em flagrante delito enquanto não cessar a permanência".

Sem que o conceito de crime permanente encontre sustentação tanto na lei penal, como na processual-penal, fica evidente a existência de um grande vazio em busca de preenchimento e, como observa EBERHARD STRUENSEE, trata-se aqui de uma figura delitiva "que carece de determinação e de reconhecimento legal e que tampouco encontrou esclarecimento suficiente nem na jurisprudência, nem na ciência, sendo empregada em manifestações completamente heterogêneas"[1]. Desta forma, não caberia, diante de um enunciado extralegal tão pouco esclarecido, ser ele aplicado sem maior transparência e cuidado.

Para que a carência conceitual, num primeiro momento, não represente ofensa ao princípio da legalidade, doutrina e jurisprudência visam balizar os contornos do crime permanente, recorrendo à formulação do tipo penal em abstrato. Afirma-se, assim, ser correto existir tantos crimes permanentes quanto tipos penais que comportam, conforme seus elementos de composição, a ideia, real ou suposta, de consumação final protraída no tempo.

A falta de definição legal e a imperiosa necessidade de vincular o conceito de crime permanente à descrição contida na figura delitiva conduzem, com frequência, o intérprete/julgador a situações de difícil solução, correndo-se ainda o risco de uma certa subjetividade na medida em que a doutrina ou

---

1 ZIPPER. Patricia S. La questión del concurso entre delitos permanentes e instantáneos. *Dogmática Penal entre naturalismoi y normativismo. Libro en homenaje a Eberhard Struensee*. Buenos Aires: AD-HOC, 2.011, p. 761.

a jurisprudência prende, com um certo grau de indiferença, o rótulo de crime permanente em figuras criminosas que lhes aprouver.

Assim, por exemplo, embora o verbo *manter* possa provocar, a princípio, a imagem de permanência, ninguém desconhece a férrea discussão a respeito do art. 229, do CP, em relação ao qual alguns consideram existir crime permanente e outros, crime habitual. Por outro lado, parece, em princípio, adequado configurar o art. 148 (sequestro) e o art. 149 (redução à condição análoga a de escravo), ambos do CP, como crimes permanentes.

Para o equacionamento da questão em tela, torna-se, contudo, imprescindível que se examinem, em maior profundidade, as duas concepções que tratam do crime permanente – a concepção bifásica e a concepção unitária – e que delas se extraiam as consequências imediatas.

2. Crime permanente: aspectos dogmáticos

A essência do crime permanente pode ser detectada na sua contraposição ao crime instantâneo: neste, o fato típico é realizado na sua inteireza e se exaure num momento bem definido, enquanto naquele, após o preenchimento de todos os dados compositivos do tipo, a consumação ocorrente se protrai no tempo e, na medida em que perdura, se revela permanente, de modo que apenas no momento em que se finda a permanência, encontra a sua consumação final.

2.1. Concepção bifásica

O crime permanente deve ser decomposto em duas fases distintas as quais teriam, direta e imediata relação, com a violação de dois diversos preceitos: i) a primeira fase poderia provocar, de modo indiferente, uma conduta comissiva ou omissiva no que tange à concretização do fato típico e ii) a segunda, de obrigatória característica omissiva – e constitutiva da permanência – resultaria da falta de remoção do estado antijurídico tanto por parte de quem realizou a primeira fase e, descumpriu, por isso, *a obrigação jurídica de contra-agir* ou por parte de terceiro que pôs termo à permanência. E exatamente nessa duplicação conceitual que se mostraria transparente a separação entre o crime instantâneo e o crime permanente.[2]

2 Na doutrina brasileira, a questão do crime permanente é abordada *en passant* e fora das hipóteses de referência penal e processual-penal, doutrina e jurisprudência, sem qualquer explicação, aderem o título de crime permanente, como mera etiqueta, em determinadas figuras criminosas. Doutrinadores brasileiros, a exceção de CLÁUDIO DO PRADO AMARAL (Inviolabilidade do domicílio e flagrante de crime permanente. *Revista Brasileira de Ciências Criminais – RBCCRim*. São Paulo: RT, Ano 20, nº 95, mar./abr., 2.012, p. 171), que defende a concepçãc unitária, manifestam-se abertamente

A partir da teoria bifásica, o crime permanente exibe para alguns doutrinadores uma quase similitude com o concurso real de crimes (e para outros, de concurso ideal ou de crime continuado) na medida em que consistiria numa pluralidade ininterrupta de fatos ilícitos autônomos. Em razão disso, perde a característica de fato jurídico unitário e passa a significar "uma pluralidade de ilícitos, isto é, uma série de momentos consumativos distintos".[3] O crime permanente não é destinado, diferentemente do crime instantâneo a consumar-se no momento da integração de seus elementos constitutivos, mas a perpetuar as violações da norma penal ininterruptamente e por um tempo potencialmente indeterminado. A teoria bifásica conduz, portanto, a uma contínua e sucessiva renovação do crime originário em todo o espaço temporal de protraimento de sua consumação. A protração da lesão pressuporia uma nova e indefinida verificação do evento típico causado pela conduta (legalmente) prevista e, portanto, um novo e completo desenvolvimento do fato típico: numa palavra, a incessante e ulterior repetição do crime"[4].

Tome-se, por exemplo, a figura típica do sequestro, considerada a que melhor expressa a ideia de permanência. O autor de um sequestro não se resume, de acordo com a teoria bifásica, apenas a tolher a liberdade de uma pessoa, mas consumando tal delito na primeira fase, permanece consumando-o ininterruptamente na segunda. E isto ocorre ou porque ele próprio não exerceu o dever de contra-agir recolocando o sequestrado em liberdade ou porque terceiro não logrou igual objetivo. Assim, se o sequestrador transfere

---

pela concepção bifásica. HÉLIO TORNAGHI a que o crime permanente se apresenta em duas fases: a primeira "consistente em ação ou omissão" e a segunda "consistente na omissão de fazer cessar a ofensa ao bem jurídico (...), essa é contínua, ininterrupta. Graças a ela, o crime é permanente; em outras palavras: o crime consumado na primeira fase, permanece consumando-se ininterruptamente na segunda" (*Instituições de Processo Penal*. 1ª ed., Vol. 3, Rio de Janeiro: Forense, 1.959, pp. 272-273). DAVID TEIXEIRA DE AZEVEDO, além de definir o crime permanente em duas fases, acrescenta que "a segunda fase se caracteriza, em geral, pela omissão de restabelecimento da situação do *status quo ante*, pela cessação de afetação do bem jurídico" (Apontamentos sobre crime permanente. *Revista do Advogado*. São Paulo, Vol. 21, nº 78, 2.001, pp. 16-20). Por fim, MIGUEL REALE JUNIOR acrescenta que "o tipo penal incrimina, nos crimes permanentes, não só a conduta inicial, mas também a conduta sucessiva de manutenção da situação lesiva que se dá pela forma omissiva. Por isso, diz-se que para se reconhecer que o crime é permanente, o elemento decisivo deve estar na incriminação da conduta criadora da situação antijurídica e também da conduta que a mantém" (*Instituições de Direito Penal – Parte Geral*. 3.ed., Rio de Janeiro: Gen Forense e Bilac Pinto, 2.009, pp. 270-271).

3 GIULIANI, UBALDO. Concezione pluralistica e scindibilità del reato permanente. *Rivista Italiana di Diritto e Procedura Penale*. Milão, Ano XIV, 1.971, p. 1.263.

4 VALIANTE, MARIO. Il reato permanente: Aspetti sostanziali e problemi processuali. *Rivista Italiana di Diritto e Procedura Penale*. Milão, Ano XLIII, Fasc.1, jan./mar., 1.999, p. 215.

o sequestrado de um local para um ou vários outros lugares, é evidente que praticou tantos sequestros quantos foram os deslocamentos.

Contudo, tal posicionamento doutrinário não merece acolhida.

Antes de tudo porque a doutrina rechaçou, com veemência, a concepção bifásica na medida em que demonstrou que a segunda fase não é atingível apenas e exclusivamente por via omissiva, podendo o estado antijurídico ser mantido, hipoteticamente, com ações positivas, o que põe de lado a possibilidade de separação em duas fases distintas.

Depois, porque não há, no âmbito do ordenamento penal, de forma induvidosa, um dever de remover um estado antijurídico, isto é, a obrigação de contra-agir do próprio autor para fazer cessar a permanência. "Não existe a fonte normativa suscetível de constituí-lo, nem no plano de princípios gerais do ordenamento, nem ao nível do simples fato típico. O agente é sempre, e só destinatário da *obrigação de fazer ou de não fazer* o que lhe é imposto pela regra que transgride e montar a hipótese de uma cisão da norma individuante do crime permanente em dois momentos distintos – de proibição e de comando – dá vida a um grave equívoco. (...). A tese da chamada *obrigação de contra-agir* revela-se, portanto, como *puro produto doutrinário*. A impossibilidade de fixar, no plano normativo, a fonte da obrigação extrai, em verdade, de todo fundamento a concepção bifásica, evidenciando-se que nenhuma relevância estrutural apresenta o pretendido comportamento omissivo decorrente da falta de observância de uma evanescente obrigação de remoção do estado antijurídico"[5].

Vale salientar ainda que a teoria bifásica lesa inclusive o princípio da legalidade na medida em que, por exemplo, no art. 148, do CP, não prevê conduta alguma do sequestrador, pós a privação de liberdade do sequestrado. E se nada estiver previsto no tipo penal, nada existe no mundo da realidade jurídico-penal.

2.2. Concepção unitária

Ao contrário dos defensores da concepção bifásica, há autores que consideram ser o crime permanente dotado de uma dimensão unitária. Não é ele decomposto em duas ou mais condutas, mas se trata de *uma única conduta que integra o crime e que se protraindo no tempo, dá-lhe o caráter de permanente.* A permanência não é "uma entidade normativa criada pelo legislador, mas um conceito de realidade que, por si mesmo, não é objeto de incriminação: tal período, de fato, indica a duração da violação da norma ou somente um caráter eventual do crime e isto porque a figura criminosa descreve somente o fato típico, dele delineia os elementos constitutivos, mas a duração dele,

5 RAMPIONI, Roberto. Reato permanente. *Enciclopedia del Diritto*. Milão, Vol. XXXVIII, 1.987, pp. 858-859.

a sua permanência, não é tomada em consideração e tampouco descrita".[6] Não há nada que justifique dividir em dois ou mais delitos um crime único. No crime permanente, não há nenhuma nova conduta, nem nenhuma nova manifestação de dolo, nem nenhum novo evento a punir".[7] "A ação humana (...) tem toda uma sua unidade, um seu ser que não pode dividir-se, mesmo quando perdure no tempo, sem o risco de alterá-la. O perdurar da ação não significa que se cinda em ações distintas, uma ao lado da outra, ou em tantas frações que tenham uma própria autonomia e um próprio valor a ponto de considerar-se cada uma por sua própria conta. Se assim fosse, não existiria a própria ação".[8]

"A nota diferencial entre crime instantâneo e crime permanente não é individualizável na pluralidade de violações que deveria caracterizar este último, mas na duração no tempo de uma única e não seccionável conduta constitutiva do ilícito. A infração da norma persiste unitariamente porque se protrai a conduta antijurídica; o preceito continua de fato a exercitar a própria (idêntica) eficácia ainda em época sucessiva à sua inicial transgressão e o perdurar da conduta ilícita integra uma *única violação*".[9]

De tal compreensão participa também ANTONIO PAGLIARO, ao ressaltar que "o crime permanente é um crime único e não uma forma de conexão de crimes. Isso resulta do fato de que os elementos típicos do crime permanente são sempre os do crime único e nunca os da pluralidade de crimes. Os argumentos em contrário provam demais porque induziriam a considerar pluralidade de fatos todas as vezes que a conduta constitutiva de um crime se prolongue no tempo".[10]

---

6 BARTOLI, Roberto. Sulla struttura del reato permanente: um contributo critico. *Rivista Italiana di Diritto e Procedura Penale*. Milão, Vol. 44, nº 1, jan./mar., 2.001, pp. 149-150. No mesmo sentido, Ugo Pioletti ao afirmar que "o crime permanente é crime único: e nisso, único é o evento e única é a consumação(...) e vale notar que há única lesão ou exposição a perigo, produzidas pela duração ininterrupta do estado antijurídico" (Reato Permanente. *Novissimo Digesto Italiano*. Turim, Vol. XIV, 1.967, p. 1000).

7 VALIANTE, Mario. Il reato permanente. Aspetti sostanziali e problemi processuali *Rivista Italiana di Diritto e Procedura Penale*. Milão, Ano XLIII, Fasc. 1, jan./mar., 1.999, p. 221.

8 PECORARO-ALBANI, Antonio. Del reato permanente. *Rivista Italiana di Diritto e Procedura Penale*. Milão, 1.960, p. 394.

9 BARTOLI, Roberto (*Op. cit.*, p. 150) enfatiza ainda que a permanência assume relevância jurídica porque típica e porque durante a sua existência o fato histórico resulta ininterruptamente conforme ao fato típico previsto pela norma incriminadora. Tal solução não apenas explica a inutilidade de toda duplicação da incriminação e a impossibilidade de enquadrar o crime permanente numa concepção pluralista, mas se coloca ainda no pleno respeito a alguns princípios fundamentais do nosso sistema penal.

10 PAGLIARO, Antonio. *Principi di Diritto Penale – Parte Generale*. 4ª ed., Milão: Giuffrè, 1.993, p. 497.

Figure-se, aqui, o exemplo, levada em conta no momento em que a concepção bifásica foi analisada. Trata-se, no caso, do exemplo mais significativo de crime permanente, ou seja, o do sequestro (art.148, do CP). De acordo com a concepção unitária, se o sequestrador após o preenchimento dos dados compositivos do fato criminoso, provê o sequestrado diuturnamente com alimentos ou efetua seu deslocamento para outro lugar, não estará ele praticando novos sequestros, conforme a concepção bifásica. O crime será único. Mas se terceira pessoa colabora com o autor do sequestro, passando a auxiliá-lo não apenas na transferência do sequestrado de um lugar para outro ou a exercer a atividade de vigilante, não há porque não envolvê-la no sequestro, sem que, ao mesmo tempo, o sequestrador responda, de novo, pelo mesmo crime.

A adoção da teoria unitária mostra-se, ademais, conforme ao princípio da legalidade "o qual, em matéria penal, não pode somente cobrir a fase do *iter criminis* precedente (pense-se na tentativa) ou concomitante ao momento da realização do crime, mas também em todas as fases sucessivas a seu aperfeiçoamento. Mais precisamente, a ideia de que a permanência consiste na protração do fato típico se conforma aos subprincípios da reserva de lei pelo qual todo comportamento para ser punível deve ser previsto pela figura típica incriminadora estatuída pela lei e da taxatividade o qual impõe ao juiz aplicar a figura típica e adaptar a própria interpretação ao teor da norma sem recorrer à analogia"[11]. Se o tipo não comportar a descrição pós- consumativa, não há embasamento legal para a configuração de novos delitos.

2.3. Em forma de fecho

Conceituar o crime permanente não é tarefa fácil, por não se cuidar de um conceito de conteúdo uniforme que possa ser aplicado com um certo grau de indiferença, como *um tanto faz*. O acolhimento de uma ou de outra das concepções – a bifásica ou a unitária – altera, na falta de embasamento legal, as balizas conceituais, permitindo ou não a sua adesão a determinadas figuras típicas. Não é possível reconhecer o crime permanente sem que, previamente, se examinem os dados definidores do tipo penal para verificar se comporta tal figura.

A segmentação do crime permanente em duas fases e a repetição, na segunda fase, das violações da norma penal *ad infinitum* e por tempo potencialmente indeterminado, colide à evidência com uma dimensão unitária desse delito e a necessidade de optar por uma ou outra dessas concepções leva a alargar ou a diminuir o raio de incidência do crime permanente.

É inquestionável a prevalência da concepção unitária em relação à concepção bifásica e tal tomada de posição recomenda o exame atento de cada

11 BARTOLI, Roberto. *Op., cit.* p. 150.

figura típica para que se não lhe atribua uma extensão que não lhe pode ser emprestada.

Destarte, passa a ser matéria concretamente discutível o conceito de crime permanente, o que obriga o intérprete/julgador a analisar, com extremo cuidado, a descrição pormenorizada do preceito primário de uma figura típica para verificar sua adequação ao crime permanente, na sua visão unitária.

3. Crimes instantâneos que perduram no tempo

É mister, para evitar qualquer tipo de confusão, que nem todo o perdurar temporal de uma conduta após a consumação equivale necessariamente a um crime permanente: crimes instantâneos podem produzir situações antijurídicas. Por ventura, não é isso exatamente o que ocorre quando alguém comete um crime de furto e não restitui a coisa furtada ou quando alguém ofende a integridade física de outrem enquanto a lesão não é curada? Não se conhece doutrina, nem jurisprudência que acolha, por isso, a ideia de considerar o crime de furto ou o crime de lesão corporal como crimes permanentes.

Eventual produção de efeitos ulteriores no tempo levou alguns doutrinadores a afirmar que ocorreria, na hipótese, a categoria de crimes instantâneos de efeitos permanentes, mas tal categoria conceitual é contestada "não só porque não possui nenhum significado prático, mas também porque pode induzir através de uma fácil mudança linguística, a considerar *permanentes* crimes que de permanência tem somente o efeito".[12]

Da mesma forma, tende-se "a negar fundamento e interesse científico a tal categoria porque quase todos os crimes podem ter consequências danosas mais ou menos irreparáveis e porque tais consequências variam de caso a caso, no mesmo crime. A sua disciplina é toda análoga a dos crimes instantâneos".[13]

Figure-se, por exemplo, a formação de cartel a dano da concorrência. Dá-se ela num determinado momento temporal e é nesse momento que ocorre a constituição da infração penal. Trata-se, portanto, de crime instantâneo. Não se alegue que o acordo proibido entre empresas possa gerar um estado antijurídico. Tal estado é uma consequência do fato instantâneo – celebração de acordo proibido – cuja consumação cessou no momento em que foi celebrado e não um estado antijurídico que se prorroga no tempo até a cessação de sua permanência. Desta forma, o cartel constitui um tipo penal único. As infrações penais que dele decorrem, em especial as fraudes à licitação, são figuras autônomas.

---

12 PAGLIARO, Antonio, *Op. cit.*, p. 493.

13 MANTOVANI, Ferrando. *Diritto Penale*. Pádua: Cedam, 1.979, p. 372.

Figure-se também as hipóteses de organização e de associação criminosas. Considerá-las crimes permanentes é um evidente equívoco. O texto legal (Lei nº12.850/13) evidencia que ambos os delitos se consumam *instantaneamente* no momento em que haja o acordo pelo qual são formados, sem que o desfecho típico fique na dependência do efetivo cometimento de fatos criminosos objetivados pelos membros que fazem parte desses conjuntos criminosos. A leitura dos arts. 2º e 24º, da Lei nº 12.850/13, deixou patente que o preceito sancionatório da organização criminosa e da associação criminosa nada têm a ver com as penas correspondentes às demais infrações penais posteriormente praticadas. Não cabe, destarte, afirmar que uma organização criminosa ou uma associação criminosa constitua crime permanente, se os fatos eventualmente executados serão havidos como totalmente autônomos. Falar-se, sempre, de um concurso real com fatos criminosos subsequentes a tais estruturas não parece ser solução adequada "porquanto se recorre ao seccionamento artificial de uma única conduta com a consequente violação do *ne bis in idem*, tanto em seu aspecto material (proibição de dupla valoração), como processual (alcance da coisa julgada)"[14].

"Quando se trata de analisar os problemas relativos ao *ne bis in idem*, os apelos no sentido da justiça costumam ser por demais enganosos. A proibição da dupla punição soluciona o conflito entre justiça e segurança jurídica, dando prioridade a esta última. Daí porque suas consequências podem chegar a contradizer, a partir de certa perspectiva, o sentido da justiça, pois seu efeito consiste sempre em não poder realizar uma pretensão penal em si existente. Mas se a questão se coloca deste modo, o que se perde de vista é que, se de justiça se trata, o que a lei considera justo é que ninguém seja exposto ao risco processual e material (condenação) mais de uma vez pelo mesmo fato. Tais restrições à persecução penal de pessoas materialmente *culpáveis*, por outro lado não são privativas da proibição de múltipla persecução penal, mas sim constituem a consequência eventual do compromisso do direito processual penal com respeito a certas garantias básicas".[15]

Além disso, qual em verdade seria a validade da inclusão do princípio da legalidade na Constituição, se o legislador fosse livre para atribuir a um mesmo pressuposto fático mais de uma sanção punitiva, ou lhe fosse permitido mais de uma vez a agravação da pena? Semelhante possibilidade não conteria uma inadmissível reiteração do *jus puniendi* do Estado? E tal reiteração não ensejaria a coexistência a dano da liberdade do cidadão, de dois comandos sancionatórios para um mesmo fato? Daí a proibição do duplo aproveitamento ou da dupla valoração fática. A fundamentação dessa proibição é evidente: "os elementos do tipo do crime foram já ponderados no âmbito da determina-

14 ZIFFER, Patricia S. *Op.cit.*, 754-755.

15 ZIFFER, Patricia S. *Op. cit.*, p. 766.

ção da moldura penal e, desse modo, constituem já pressupostos da medida concreta da pena, que há de ser escolhida dentro dos limites daquela moldura, sem que os referidos elementos possam voltar a influenciar".[16] Em suma, "um único e mesmo pressuposto não pode dar lugar a mais de uma pena ou modificação dela".[17] Destarte, torna-se evidente que, no plano rigorosamente penal, o princípio *ne bis in idem* fica abarcado pelo princípio da legalidade a partir de uma interpretação lógica, pois como a lei deve ser estrita (o que implica tipicidade) necessariamente, não pode usar o mesmo pressuposto para impor mais uma pena".[18]

Resta finalmente ressaltar que o significado fulcral do princípio *ne bis in idem* reside no seu caráter bifronte: uma face processual e, outra, material. Sob a primeira perspectiva o princípio inadmite uma persecução penal múltipla, isto é, que uma mesma pessoa ou um mesmo fato sejam, de novo, aferidos judicialmente. Com razão, assevera-se que tal princípio "representa fechar definitivamente as portas de um episódio que já foi objeto de um processo penal"[19]. Sob a angulação material, proíbe a dupla valoração na medida em que obsta que o delito anterior produza, de novo, consequências penais.

Em suma, grandes são as dificuldades relacionadas principalmente com a própria qualificação do crime permanente. "A heterogeneidade de formas de conduta que se pretende abarcar sob essa categoria dificulta e às vezes impede chegar a uma solução uniforme para os problemas interpretativos",[20] máxime quando um delito permanente "é cometido *conjuntamente* com outro delito. Com efeito, trata-se de uma conceituação que por si só diz muito pouco"[21] até que haja uma rigorosa definição legal.

Referências bibliográficas

ACOSTA CASCOS, Natalia. Sobre la constitucionalidad de la reincidencia. *Revista de Derecho Penal*. Montivideo, Vol. 15, set., 2.005.

AMARAL, Cláudio do Prado. Inviolabilidade do domicílio e flagrante de crime permanente. *Revista Brasileira de Ciências Criminais – RBCCRim*. São Paulo, Ano 20, nº 95, mar./abr., 2012.

16 RAMIREZ, Juan Bustos. *Manual de Derecho Penal Español – Parte General*. Barcelona: Ariel, 1.984, p. 77.

17 Idem, ibidem.

18 RAMIREZ, Juan Bustos. *Op. cit.*, p. 77.

19 ACOSTA CASCOS, Natalia. Sobre la constitucionalidad de la reincidencia. *Revista de Derecho Penal*. Montivideo, Vol. 15, set., 2.005, p. 268.

20 ZIFFER, Patricia S. *Op. cit.*, p. 748-749.

21 Idem, p. 749.

AZEVEDO, DAVID TEIXEIRA DE. Apontamentos sobre crime permanente. *Revista do Advogado*. São Paulo, Vol. 24, nº 78, 2.004.

BARTOLI, ROBERTO. Sulla struttura del reato permanente: um contributo critico. *Rivista Italiana di Diritto e Procedura Penale*. Milão, Vol. 44, nº 1, jan./mar., 2.001.

GIULIANI, UBALDO. Concezione pluralistica e scindibilità del reato permanente. *Rivista Italiana di Diritto e Procedura Penale*. Milão, Ano XIV, 1.971.

MANTOVANI, FERRANDO. *Diritto Penale*. Pádua: Cedam, 1.979.

PAGLIARO, ANTONIO. *Principi di Diritto Penale – Parte Generale*. 4ª ed., Milão: Giuffrè, 1.993.

PECORARO-ALBANI, ANTONIO. Del reato permanente. *Rivista Italiana di Diritto e Procedura Penale*. Milão, 1.960.

PIOLETTI, UGO. Reato Permanente. *Novissimo Digesto Italiano*. Turim, Vol. XIV, 1.967.

RAMIREZ, JUAN BUSTOS. *Manual de Derecho Penal Español – Parte General*. Barcelona: Ariel, 1.984.

RAMPIONI, ROBERTO. Reato permanente. *Enciclopedia del Diritto*. Milão, Vol. XXXVIII, 1.987.

REALE JUNIOR, MIGUEL. *Instituições de Direito Penal – Parte Geral*. 3ª ed., Rio de Janeiro: Gen, Forense e Bilac Pinto, 2.009.

TORNAGHI, HÉLIO *Instituições de Processo Penal*. 1ª ed., Vol. 3, Rio de Janeiro: Forense, 1.959.

VALIANTE, MARIO. Il reato permanente. Aspetti sostanziali e problemi processuali *Rivista Italiana di Diritto e Procedura Penale*. Milão, Ano XLIII, Fasc. 1, jan./mar., 1.999.

ZIPPER, PATRICIA S. La questión del concurso entre delitos permanentes e instantáneos. *Dogmática Penal entre naturalismo y normativismo. Libro en homenaje a Eberhard Struensee*. Buenos Aires: AD-HOC, 2.011.

O DOLO EVENTUAL NOS HOMICÍDIOS DE TRÂNSITO COMO UMA TENTATIVA FRUSTRADA: *A REAFIRMAÇÃO DE UMA POSIÇÃO*

Alexandre Wunderlich

RESUMO: A partir o exame dogmático dos elementos da tipicidade subjetiva – culpa consciente e dolo eventual –, o artigo investiga a possibilidade de enquadramento jurídico das condutas dos autores que provocam mortes na direção de veículos automotores, especificamente o homicídio na modalidade de dolo eventual.

TITLE: Eventual malice in transit homicide as an frustrated attempt: the reassurance of a position.

ABSTRACT: From the dogmatic examination of the criminal act subjective elements– conscious guilt in involuntary act and eventual intention in voluntary action – the paper investigates the possibility of legal framework for the conduct of the authors that cause deaths in the direction of vehicles, specifically murder in the eventual intention mode (voluntary action mode).

PALAVRAS-CHAVE: Culpa consciente. Dolo eventual. Homicídio de trânsito.

KEY WORDS: Conscious guilt in involuntary act. Eventual intention in voluntary action . Traffic homicide.

1. PARA COMEÇAR – A HOMENAGEM AO PROFESSOR RENE ARIEL DOTTI E A ELEIÇÃO DO TEMA

Fui apresentado ao Professor René Ariel Dotti pelo meu amigo e Professor Miguel Reale Júnior. Nas últimas duas décadas, muitos foram os encontros acadêmicos, especialmente quando fizemos parte do *Movimento Antiterror*[1]. Lembro que o primeiro convite que recebi para ministrar uma

1 O Movimento Antiterror foi presidido por Luís Guilherme Vieira e contou com apoio dos prestigiados institutos IBCCRIM, ITEC e ICC. O Professor René Ariel Dotti teve posição de destaque e indiscutível liderança. "O Movimento Antiterror pretende, com a sensibilidade e a consciência de cidadãos que há muitos anos se dedicam ao estudo dos problemas da violência e da criminalidade e também com o entusiasmo e o coração dos estudantes que sempre advogam a causa da dignidade do ser humano, proporcionar

conferência num congresso científico de âmbito nacional foi do Professor René Ariel Dotti. Ainda jovem, recém mestre, deixei a capital gaúcha e fui ao Rio Janeiro. Bons e saudosos ares dos eventos organizados no antigo Hotel Glória. "*Você vai dividir a mesa com o ilustre Professor Antônio Acir Breda, teremos um painel com a visão de um jovem e de um decano professor*", disse-me René Ariel Dotti, ao passo em que abria um importante espaço de diálogo para mim. Nunca esquecerei aquele momento e sempre serei grato pelo convite, dentre tantos outros que vieram em sequência.

O Professor René Ariel Dotti merece a justa homenagem que agora recebe publicidade. Jurista qualificado, é doutrinador e legislador reconhecido por todos, um homem altamente ligado à cultura e à ciência do nosso país. Quero anotar a minha especial admiração ao homenageado, com quem venho aprendendo Direito Penal e com quem tive a honra de, ao longo da vida, dividir mesas em eventos acadêmicos e a tribuna no exercício da advocacia.

Feito o registro preliminar, sublinho que o tema deste artigo em homenagem ao Professor René Ariel Dotti não é novo, reunindo dois grandes problemas: as mortes no trânsito, cujas estatísticas assombram a sociedade e a discussão sobre a definição conceitual de culpa consciente e do dolo eventual que, inquestionavelmente, ainda acutilam a doutrina, mormente em momentos de crise e de Direito Penal do Espetáculo. A mídia sensacionalista e de forma opressiva, de tempos em tempos, clama pela aplicação de maior rigor penal. Neste cenário, ao longo dos últimos anos, é pública e notória a tentativa de se levar os casos de homicídios ocorridos na direção de veículo automotor ao crivo do Júri Popular, acreditando-se que tais condutores de automóveis agiriam com manifesto dolo eventual.

2. Dolo eventual e culpa consciente

Hans WELZEL[2] pontuou que um dos problemas mais difíceis do Direito Penal, por se tratar de um fenômeno anímico, é a delimitação do dolo eventual e da culpa consciente. É um tema pantanoso do qual, a par de toda a divergência e polêmica, extrai-se uma certeza: há uma diferença muito tênue entre as figuras do dolo eventual e da culpa consciente.

ao país e à nação um material de reflexão para a adoção de novos caminhos em favor da segurança popular e da eficiência na administração da justiça." ("Carta de princípios do Movimento Antiterror", *Revista de Estudos Criminais*, pub. ITEC/PUCRS, Porto Alegre: Notadez, nº 10, 2003, p. 07-19; DOTTI, René Ariel, *Movimento antiterror e a missão da magistratura*, 2ª ed., Curitiba: Juruá, 2005).

2 *Derecho Penal aleman*, Santiago de Chile: Juridica de Chile, 1993, p. 83.

Na revisão bibliográfica, o tom e o dom dos especialistas indicam a aspereza do assunto. Nelson HUNGRIA[3], ainda comentando o antigo artigo 15 do Código Penal pátrio, manifestou que "...*tem-se pretendido em doutrina e na jurisprudência, identificar o dolus eventualis com a culpa consciente (luxúria ou lascívia, do direito romano), isto é, como uma das modalidades de culpa strictu sensu. Sensível é a diferença entre as duas atitudes psíquicas.*" Na linha do que ensinou Johannes WESSELS,[4] "*é largamente discutida a questão de que modo se diferencia o dolo eventual da negligência consciente.*" Francisco MUÑOZ CONDE,[5] lecionando sobre o dolo eventual, "*assume o risco*", "*conta com ele*", refere que "*com todas essas expressões pretende-se descrever um complexo processo psicológico no qual se mesclam elementos intelectivos e volitivos, conscientes ou inconscientes, de difícil redução a um conceito unitário de dolo ou culpa.*" Seu discípulo brasileiro, Cezar Roberto BITENCOURT,[6] destaca que "*os limites fronteiriços entre o dolo eventual e culpa consciente constituem um dos problemas mais tormentosos da Teoria do Delito.*" A questão desafiadora foi dirimida inicialmente na clássica obra de Nelson HUNGRIA[7] que, escorando-se na lição de Paul LOGOZ (*Commentaire du Code Pénal Suisse*), escreveu: "*Sensível é a diferença entre essas duas atitudes psíquicas. Há, entre elas, é certo, um traço comum: a previsão do resultado antijurídico; mas, enquanto no dolo eventual o agente presta a anuência ao advento dêsse resultado, preferindo arriscar-se a produzi-lo, ao invés de renunciar à ação, na culpa consciente, ao contrário, o agente repele, embora inconsideradamente, a hipótese de superеminência do resultado e, empreende a ação na esperança ou persuasão de que êste não ocorrerá. Eis a clara e precisa*

3 *Comentários ao Código Penal*, v. I, t. II, Rio de Janeiro: Forense, 1958, p. 116.

4 *Direito Penal: parte geral*, Porto Alegre: Fabris, 1976, p. 52.

5 *Teoria geral do delito*, Porto Alegre: Fabris, 1988, p. 60.

6 *Teoria geral do delito*, São Paulo: Revista dos Tribunais, 1997, p. 112; *Tratado de direito penal – parte especial: dos crimes contra a pessoa*, 16ª ed., São Paulo: Saraiva, 2011, p. 98: "Os limites fronteiriços entre dolo eventual e culpa consciente constituem um dos problemas mais tormentosos da Teoria do Delito. Há entre ambos um traço comum: a previsão do resultado proibido. Mas, enquanto no dolo eventual o agente anui ao advento desse resultado, assumindo o risco de produzi-lo, em vez de renunciar à ação, na culpa consciente, ao contrário, repele a hipótese de superveniência do resultado, na esperança convicta de que este não ocorrerá." "Na hipótese de dolo eventual, a importância negativa da previsão do resultado é, para ao gente, menos importante do que o valor positivo que atribui à prática da ação. Por isso, entre desistir da ação e praticá-la, mesmo correndo o risco da produção do resultado, opta pela segunda alternativa. Já na culpa consciente, o valor negativo do resultado possível é, para o agente, mais forte do que o valor positivo que atribui à prática da ação. Por isso, se estivesse convencido de que o resultado poderia ocorrer, sem dúvida desistiria da ação. Não estando convencido dessa possibilidade, calcula mal e age."

7 *Op. cit.*, *Comentários ao Código Penal*, p. 116-117.

lição de Logoz, que merece transcrição integral: '...a diferença entre estas duas formas de culpabilidade (dolo eventual e culpa consciente) apresenta-se quando se faz a seguinte pergunta: 'por que, em um e outro caso, a previsão das conseqüências possíveis não impediu o culpado de agir?' A esta pergunta uma resposta diferente deve ser dada, segundo haja o dolo eventual ou culpa consciente. No primeiro caso (dolo eventual), a importância inibidora ou negativa da representação do resultado foi, no espírito do agente, mais fraca do que o valor positivo que êste emprestava à prática da ação. Na alternativa entre duas soluções (desistir da ação ou praticá-la, arriscando-se a produzir o evento lesivo), o agente escolheu a segunda. Para êle o evento lesivo foi como o menor de dois males. em suma, pode dizer-se que, no caso de dolo eventual foi por egoísmo que o inculpado se decidiu a agir, custasse o que custasse. Ao contrário, no caso de culpa consciente, é por leviandade, antes que por egoísmo, que o inculpado age, ainda que tivesse tido consciência do resultado maléfico que seu ato poderia acarretar. Neste caso, com efeito, o valor do resultado possível era, para o agente, mais forte que o valor positivo que atribuía à prática da ação. Se estivesse persuadido de que o resultado sobreviria realmente, teria, sem dúvida, desistido de agir. Não estava, porém, persuadido disso. Calculou mal. Confiou em que o resultado não se produziria, de modo que a eventualidade, inicialmente prevista, não pôde influir plenamente no seu espírito. Em conclusão: não agiu por egoísmo, mas por leviandade; não refletiu suficientemente.'."

Ao contrário de reconhecer a complexidade existente no tema, os manuais de sala de aula costumam ensinar de forma superficial que o agente agirá com dolo eventual quando antevê o resultado e, ainda assim, age. Entretanto, se o agente antevê mas confia que o resultado não se produzirá, agirá com culpa consciente. A questão não é tão simples como vem exposta nos manuais que, mais das vezes, tornam operações complexas em sentenças reduzidas para concursos ou para a rápida aplicação judicial. Nesta ordem de ideias, volto a defender que a caracterização do dolo eventual no Brasil, no mínimo, deve ser observada a partir da construção de duas principais teorias: *teoria da probabilidade* e *teoria do consentimento* ou da *vontade*.[8] É verdade que ambas teorias sofrem críticas doutrinárias. A teoria do consentimento ou da vontade tem maior embasamento jurídico-penal, sendo facilmente sustentada. Ocorre que há quem defenda a teoria da probabilidade, gerando uma jurisprudência vacilante que, por vezes, utiliza a teoria do consentimento e, não menos raramente, utiliza a regra da probabilidade.

Sem qualquer aura de inovação e sem desconhecer nova teorias que defendem, inclusive, *o dolo sem vontade* ou o dolo aproximado à culpa, parto do princípio de que a teoria da probabilidade justifica apenas o elemento

8 JESCHECK fala em três teorias: teoria da probabilidade, teoria da possibilidade (teoria do risco) (que seriam as teorias da representação) e teoria do consentimento (*Tratado de Derecho Penal: parte general*, 4ª ed., Granada: Comares, 1993, p. 271-272).

intelectivo do dolo, esquecendo de valorar o seu elemento *volitivo* (elemento essencial do dolo, sublinhe-se). É este elemento *volitivo* (intenção), presente no dolo, que notoriamente o distingue da culpa. O dolo é composto necessariamente de elemento *volitivo* e *intelectivo*, e no dolo eventual não é diferente. Em realidade, penso que não basta apenas que o autor tenha como *provável*, ou até muito *possível* o resultado; é preciso mais do que isto para que se configure o dolo eventual. Como disse Enrique BACIGALUPO,[9] "*el concepto de dolo eventual requiere algo más que la representación de la possibilidad de la realización del tipo penal.*"

Contra a teoria da probabilidade, defendida por Enrique GIMBERNAT ORDEIG,[10] tem-se repetido que ela exige apenas que o autor tenha decidido realizar um ato que *provavelmente* implicará lesão a um bem jurídico. Em nosso juízo, esta representação da probabilidade de lesão não é suficiente para se acreditar que o autor realmente tenha assumido o risco de produzir um determinado resultado, uma vez que, embora a realização seja provável, poderá o autor, *confiando em sua boa fortuna*, acreditar que o resultado não se produzirá.

Nesse sentido, mais adequada e correta é a teoria do consentimento, que além da necessidade de representação por parte do autor da provável lesão ao bem jurídico, exige que este tenha anuído, consentido interiormente, com o provável resultado e a consequente lesão – é, inclusive, uma lógica de segurança jurídica que evita excessos de punição. No ponto, registro que a teoria do consentimento foi defendida pelo Hans WELZEL[11] da seguinte forma: "*Hay que tener presente siempre, que puede existir dolus eventualis solamente cuando el autor fue realmente conciente de las consecuencias posibles. Si no ha pensado em absoluto en ellas, habiendolas podido conocer, actúa solamente (inconcientemente) culposamente, pero nunca com dolus eventualis. La opinión aquí defendida – teoria del asentimento – es la seguida por la jurisprudencia y la literatura, sobre la base de la voluntad de concreción. En oposición a ella, la llamada teoria de las probabilidades distingue el dolus eventualis de la culpa conciente a través del mayor número de probabilidades de producción del resultado, representado por el autor. ...En contra de esa opinion debe señalarse que descuida el elemento volitivo del dolo, en favor del intectual.*"

Johannes WESSELS[12] havia se manifestado sobre a teoria do consentimento: "*A teoria do consentimento ou da aprovação (dominante antes de tudo na jurisprudência) exige que o autor deva ter "aprovado" ou, "aprovando, tomado em compra" o resultado tido como possível (...) "Aprovar" em sentido jurídico, segundo*

9 *Principios del Derecho Penal: parte general*, 3ª ed., Madrid: Akal Ediciones, 1994, p. 135.

10 Confira-se MUÑOZ CONDE e GARCIA ARÁN, *op. cit.*, *Derecho Penal*, p. 251.

11 *Op. cit.*, *Derecho Penal*, p. 76.

12 *Op. cit.*, *Direito Penal*, p. 52-53.

o Supremo Tribunal Federal (BGHSt 7,363) significa também, quando o resultado seja altamente indesejável ao autor, que este, por causa do fim pretendido, se conforme com sua ocorrência (com pormenores Roxin, JuS 64, 53 – Grudlagenprobeleme, pág. 209)." De igual modo, Hans-Heinrich JESCHECK[13] afirmou que "*dolo eventual significa que el autor considera seriamente como posible la realización del tipo legal y se conforma com ella.*" O professor alemão referiu que pertencem ao dolo eventual, de um lado, a consciência da existência do perigo concreto de que se realize o tipo e, de outro, a consideração séria deste perigo por parte do autor. A teoria do consentimento é amplamente aceita, dentre tantos, por José CEREZO MIR,[14] Güinter STRATENWERTH[15] e o já citado Hans-Heinrich JESCHECK.[16]

Ainda sobre a teoria do consentimento, é segura a orientação de Francisco MUÑOZ CONDE,[17] trazida ao direito pátrio por Juarez TAVARES:

---

13 *Op. cit., Tratado de Derecho Penal*, p. 269. JESCHECK esclarece ainda que "*considerar en serio el peligro quiere decir que el autor calcula como relativamente alto el riesgo de la realización del tipo. De este modo se obtiene la referencia a la magnytud y proximidad del peligro, necesaria para acreditación del dolo eventual.*"

14 CEREZO MIR, José, *Curso de Derecho Penal español: parte general – teoría juridica del delito*, 5ª ed., Madrid: Tecnos, v. II, 1997, p. 142-143.

15 STRATENWERTH, Günther, *Derecho Penal: parte general I – el hecho punible*, 4ª ed., Buenos Aires: Hammurabi, 2005, p. 194.

16 *Op. cit., Tratado de Derecho Penal*, p. 269.

17 *Op. cit., Teoria geral do delito*, p. 60. Em nota de rodapé, Juarez Tavares acrescenta: "O *Código Penal brasileiro, ao conceituar o dolo no art. 18, I, equipara, para efeitos de mesmo tratamento, o dolo direto e o dolo eventual. Quando a este, adota o critério da "assunção do risco", constante no Projeto Gürtner de 1933 para o III Reich. Embora definindo o dolo, o legislador não esclareceu definitivamente sua diferença da culpa ou negligência. A doutrina, porém, e de certo modo a jurisprudência têm seguido os critérios da teoria do consentimento (Anibal Bruno, Fragoso, Hungria).*" Francisco MUÑOZ CONDE e Mercedes GARCÍA ARÁM dissertaram sobre as duas teorias e, embora não desconheçam as críticas, optam pela teoria do consentimento (*Op. cit., Derecho Penal: parte general*, p. 249-250): "*Dolo eventual. Con la categoría del dolo directo no se pueden abarcar todos los casos en los que el resultado producido debe, por razones político-criminales, imputarse a título de dolo, aunque el querer del sujeito no esté referido directamente a ese resultado. Se habla aquí de dolo eventual. En el dolo eventual el sujeto se representa el resultado como de probable producción y, aunque no quiere producirlo, sique actuado, admitiendo su eventual realización. El sujeto no quiere el resultado, pero (cuenta con él), (admite su producción), (acepta el riesgo), etc. Con todas estas expresiones se pretende describir un complejo processo psicológico en el que se entremezclan elementos intelectuales y volitivos, conscientes e inconscientes, de difícil reducción a un concepto unitario de dolo. El dolo eventual constituye, por tanto, la frontera entre el dolo y la imprudencia, sobre todo con la llamada imprudencia consciente, y dentro de esa zona fronteriza se hace difícil determinar qué que procesos psicológicos son incluibles en una u otra forma de imputación subjetiva; pero dado el diverso tratamiento jurídico de una y otra categoría es necesario realizar la distinción con la mayor claridad. Para distinguir el dolo eventual de*

"Para esta teoria não é suficiente que o autor situe o resultado como de produção provável, mas é preciso que, além disso, diga: 'ainda que fosse certa a sua produção, atuaria'." Na mesma linha teórica, Maria del Mar DÍAZ PITA[18] constatou: "*Las teorias volitivas tradicionales intentam la delimitación entre dolo eventual e imprudencia consciente através de un momento volitivo afirmando el dolo eventual cuando el autor no sólo se representa la posibilidad de la realización del tipo sino que, además, asiente inteiramente a su realización, es decir, aprueba la producción del resultado o lo acepta. La más extendida y admitida de estas teorías volitivas, tanto por la Jurisprudencia como por la Doctrina, es la teoría del consentimento, que además de la previsión del resultado, exige que el sujeto, desde un punto de vista interno, haya consentido en la producción del misto o, lo que es lo mismo, que haya estado de acuerdo con dicho resultado. [...] Tanto la Jurisprudencia alemana como la española, ya desde los tiempos del Reichsgericht, ha defendido una de las versiones de la teoría del consentimento como la más adecuada para delimitar el dolo eventual de la imprudencia consciente. Para afirmar la concurrencia de dolo, el sujeto debe haber 'consentido' en la produción del resultado.*"

Indubitavelmente, existem grandes dificuldades para a delimitação do dolo eventual e da culpa consciente na prática forense penal. Percebo com hialina clareza que, embora reconheça a existência de novas teorias que não refiram de forma expressa a necessidade do consentimento e/ou anuência no resultado, estas, para fixarem os limites do dolo eventual, não dispensam a essência, o fundamental, que é o seu *elemento volitivo*. Em jeito de síntese, penso que apenas a *possibilidade*, a *representação*, que existe também na culpa consciente, não basta para delimitar o dolo eventual, em hipótese alguma e em nenhuma circunstância.

O artigo 18 do Código Penal brasileiro dispõe: "*Diz-se o crime: I – doloso, quando o agente quis o resultado ou assumiu o risco de produzi-lo; II – culposo, quando o agente deu causa ao resultado por imprudência, negligência ou imperícia.*

la imprudencia se han formulado principalmente dos teorías: La teoría de la probabilidad parte del elemento intelectual del dolo. Dado lo difícil que es demostrar en el dolo eventual el elemento volitivo, el querer el resultado, la teoría de la probalidad admite la existencia de dolo eventual cuando el autor se representa el resultado como de muy probable producción y a pesar de ello actúa, admita o no su producción. Si la probabilidad es más lejana o remota, habrá imprudencia consciente o con representación. La teoría de la voluntad o del consentimiento atiende al contenido de la voluntad. Para esta teoría no es suficiente con que el autor se plante el resultado como de probable producción, sino que es preciso que además se diga: (fórmula de Frank). Hay, por el contrario, imprudencia si el autor, de haberse representado el resultado como de segura producción, hubiera dejado de actuar. ... Parece, por ello, preferible la teoría de la voluntad, por cuanto, además de tener en cuenta el elemento volitivo, delimita com mayor nitidez el dolo de la culpa. ..."

18 *El dolo eventual*, Valência: Tirant lo Blanch, 1994, p. 168-169.

§ único – Salvo os casos expressos em lei, ninguém pode ser punido for fato previsto como crime, senão quando o pratica dolosamente." E a doutrina nacional caminha no sentido da adoção da teoria do consentimento, como faz Luiz REGIS PRADO[19]: "*o agente não quer diretamente a realização do tipo objetivo, mas aceita como provável ou possível – assume o risco da produção do resultado (teoria do consentimento – art. 18, I, in fine, CP). O agente conhece a probabilidade de que sua ação efetive o tipo. O que o caracteriza é a representação de um possível resultado. O Código Penal deu tratamento eqüipolente às duas espécies, devendo a distinção ser feita no momento da aplicação da pena.*" Paulo José da COSTA JÚNIOR,[20] escorando-se na doutrina italiana, refere que na culpa consciente há uma previsão negativa: o evento não se realizará. No dolo eventual, há uma previsão positiva: é possível que se verifique o evento. Para Paulo José da COSTA JÚNIOR: "*os elementos integrantes do dolo eventual são dois: a representação do resultado como possível e a anuência do agente à verificação do evento, assumindo o risco de produzi-lo.*"[21]

Ainda na doutrina pátria cabe pôr em relevo a lição de Alberto SILVA FRANCO[22] que, corretamente, evidenciou os dois momentos exigidos pela teoria da vontade: "*A conjugação da consciência e da vontade representa o cerne do dolo e esses dois momentos definidores não são estranhos ao dolo eventual que, como observa Diaz Palos, "es dolo antes que eventual. E, por ser dolo e, desta forma, por exigir os dois momentos, não pode ser conceituado com o desprezo de um deles, como fazem os adeptos da teoria da probabilidade, que se desinteressam por completo do momento volitivo. Assim, não basta para que haja dolo eventual que o agente considere sumamente provável que, mediante seu comportamento, se realize o tipo, nem que atue consciente da possibilidade concreta de produzir o resultado, e nem mesmo que tome a sério o perigo de produzir possível conseqüência acessória. Não é exatamente no nível atingido pelas possibilidades de concretização do resultado que se poderá detectar o dolo eventual e, sim, numa determinada relação de vontade entre esse resultado e o agente. Daí a posição mais correta dos defensores da teoria do consentimento que se preocupam em identificar uma manifestação de vontade do agente em relação ao resultado.*"

José Frederico MARQUES[23] utilizou duas expressões para descrever a figura do dolo eventual, afirmando que "*o agente prevê o resultado como possível e o admite como conseqüência de sua conduta, muito embora não queira propria-*

19 PRADO, Luiz Régis, *Comentários ao Código Penal: jurisprudência, conexões lógicas com os vários ramos do direito*, 10ª ed. São Paulo: Revista dos Tribunais, 2015. p. 151.

20 *Comentários ao Código Penal*, 4ª ed., São Paulo: Saraiva, 1996, p. 75.

21 *Op. cit.*, *Comentários ao Código Penal*, p. 75.

22 *Código Penal e sua interpretação jurisprudencial*, 5ª ed., São Paulo: Revista dos Tribunais, 1995, p. 205.

23 *Tratado de Direito Penal*, v. II, Campinas: Bookseller, 1997, p. 260.

mente atingi-lo." Na mesma linha de raciocínio, a lição de Cláudio Heleno FRAGOSO[24] é repetida invariavelmente para provar que a expressão "*assumir o risco é imprecisa, para distinguir o dolo eventual da culpa consciente e deve ser interpretada em consonância com a teoria do consentimento.*"

Portanto, acredito que está muito evidente na doutrina nacional, em que pese as enormes transformações do Direito Penal alienígena na atualidade, que o Brasil ainda adota o referencial previsto no Código Penal e que foi trazido pela substancial Reforma Penal de 1984. Em outras palavras, vale reafirmar o postulado de que para a caracterização do dolo eventual não basta que o agente assuma o risco de produzir o evento. Também é requisito obrigatório o fator *volitivo*: a concordância e/ou a anuência no advento do resultado. Não resta outra alternativa senão reafirmarmos a adesão à teoria do consentimento – por imperativo legal e doutrinário.

3. O PERIGO DA ELASTICIDADE DO CONCEITO DE DOLO EVENTUAL, A TENTATIVA FRUSTRADA DE REDUZIR AS MORTES NO TRÂNSITO PELO TRIBUNAL DO JÚRI E O PROJETO DE CÓDIGO PENAL Nº 236 DO SENADO DA FEDERAL

Infelizmente o espírito de *vindicta* ainda impera no coração da humanidade. A mídia reproduz a voz dos familiares das vítimas dos crimes de trânsito que clamam por penas mais severas e pelo fim da impunidade, o que é compreensível vindo daqueles que estão envolvidos no conflito. Todavia, a dor não enseja outra resposta que não aquela juridicamente adequada à espécie, sob pena de excessos e de insegurança jurídica.

Existe uma tendência em se enquadrar os crimes de trânsito na figura do dolo eventual, bem evidenciada por Carlos BIASOTTI:[25] "*Em verdade, ainda que em números discretos, conhecem-se casos de motoristas que respondem a processo perante o Júri, por haver causado a morte de pedestres. Tê-la-iam causado por inobservância desmarcada de regras de trânsito, como: dirigir em estado de embriaguez, trafegar em velocidade incompatível com a segurança, desobedecer ao sinal fechado ou à parada obrigatória, disputar corrida por espírito de emulação etc. A essência da qualificação legal do crime, a acusação pública deduzira-a desta fórmula: o motorista que, naquelas condições, dirigia seu veículo, se não quis a morte da vítima (dolo direto), ao menos assumiu o risco de produzi-la (dolo indireto eventual). Pelo que, havendo cometido o crime dolosamente, deverá ser julgado pelo seu juiz natural: o Júri. Tal conclusão, que parece acautelada por sólido fundamento, desapresenta, no entanto, quando submetida ao crisol do raciocínio lógico, documento de seriedade: afeta encerrar silogismo inabalável, todavia é menos*

24 *Lições de Direito Penal*, 15ª ed., Rio de Janeiro: Forense, 1994, p. 173-174.

25 "Morte no trânsito: homicídio doloso?", In: *Temas Atuais de Advocacia Criminal*, São Paulo: Escola de advocacia criminal, p. 96 *et seq.*

que uma operação fantástica do espírito, porque é um impudente sofisma (vênia!). Primeiro que o mais, a afirmação de que o autor de morte no trânsito, naquelas circunstâncias, deve ser julgado pelo Júri, porque praticou o delito dolosamente, contém falsa premissa. Deveras, não foi dolo o que aí pudera ter existido, nem sequer dolo eventual, senão culpa (ainda consciente). No dolo eventual, de feito, a doutrina imprimiu sempre esta nota conspícua: não basta a caracterizá-lo tenha o agente assumido o risco de produzir o resultado lesivo; necessita que nele haja consentido. Vindo ao nosso ponto: o motorista, de quem se afirmasse que obrara com dolo eventual, cumpria que, além de ter assumido o risco de causar a morte da vítima, com isso mesmo houvera concordado, o que repugna ao bom senso e afronta a lição da experiência vulgar."

Na realidade, num mundo extremamente motorizado e com um avassalador processo de ampliação de riscos, a expressão empregada na legislação brasileira tornou-se inadequada. *Assumir o risco* é pouco.[26] Em sentido lato, para *assumir o risco* basta estar na direção de um veículo automotor. É preciso mais do que isto, sob pena de darmos demasiada elasticidade ao conceito e, assim, de punirmos com o mesmo rigor penal não só aquele que agiu com dolo, mas também o motorista que obrou com culpa, como se em todos os crimes de trânsito com resultado morte estivesse presente o dolo eventual. É de se repelir – com veemência e com base na boa doutrina – a postura acusatória e temerária que acredite que o dolo eventual é maleável o suficiente para sustentar um homicídio doloso no trânsito – ainda que presentes os critérios objetivos, como a embriaguez, o excesso de velocidade e/ou a contramão de direção. O dolo é a exceção e a culpa *strictu sensu* é a regra. O dolo eventual não é um *dolo dúctil*. O dolo eventual não é um *dolo de borracha*.

A elasticidade do conceito é enorme, chegando-se ao ponto de enquadrar o dolo eventual em acidentes de trânsito, embora, a partir de um raciocínio lógico, seja impossível admitir-se a presença do elemento volitivo. Veja-se a antiga advertência de Nelson HUNGRIA[27] sobre esta perigosa elasticidade do conceito ao comentar um caso de tentativa de caracterização de dolo eventual em acidente de trânsito com choque frontal entre veículos: "*...principalmente na justiça de primeira instância, há uma tendência para dar elasticidade ao conceito do dolo eventual. Dentre alguns casos, a cujo respeito fomos chamados a opinar, pode ser citado o seguinte: três rapazes apostaram e empreenderam uma corrida de automóveis pela estrada que liga as cidades gaúchas de Rio Grande e Pelotas. A certa altura, um dos competidores não pôde evitar que o seu carro abalroasse violentamente com outro que vinha em sentido contrário, resultando a morte do casal que nele viajava, enquanto o automobilista era levado em estado*

26 QUEIROZ, Paulo, *Curso de direito penal: parte geral*, 9ª ed. Salvador: JusPodivm, 2013, p. 257: "*Assuir o risco de produzir o resultado não é suficiente, portanto.*"

27 *Op. cit.*, *Comentários ao Código Penal*, p. 544.

gravíssimo, para um hospital, onde só várias semanas depois conseguiu recuperar-se. Denunciados os três rapazes, vieram a ser pronunciados como co-autores de homicídio doloso, pois teriam assumido ex ante o risco das mortes ocorridas. Evidente o excesso de rigor: se estes houvessem previamente anuído a tal evento, teriam, necessariamente, consentido de antemão na eventual eliminação de suas próprias vidas, o que é inadmissível. Admita-se que tivessem previsto a possibilidade do acidente, mas, evidentemente, confiariam em sua boa fortuna, afastando de todo a hipótese de que ocorresse efetivamente. De outro modo, estariam competindo, in mente, estupidamente, para o próprio suicídio."

Existe evidente incompatibilidade entre o fato narrado e a teoria do consentimento, ora defendida. Nelson HUNGRIA evidenciou o que segue acontecendo atualmente: membros do Ministério Público oferecem denúncias por crime de homicídio no trânsito, recorrendo ao conceito de dolo eventual numa fórmula tão abrangente que, a figura é utilizada mesmo quando o veículo dirigido pelo agente colide *frontalmente* com o veículo conduzido pela vítima. Os indícios de excesso de velocidade e de embriaguez, por si só, inclusive em caso de colisão frontal (numa ultrapassagem, por ex., sem que o agente estivesse em competição automobilística, vulgarmente chamada de "racha"), não concluem pelo agir doloso. Ao colocar a sua própria vida em jogo, o agente que colide seu veículo contra o de outrem não poderia, num raciocínio bastante elementar, *consentir* ou *anuir* com o resultado. Impossível a presença do elemento volitivo no enquadramento fático referido. Não se pode tolerar a produção do resultado. É impossível haver consentimento, anuência, pelo simples fato de que se o agente concordasse com o resultado morte da vítima, estaria ao mesmo tempo, consentindo com a sua (também provável) morte. Em colisão frontal ou semi-frontal de automóveis, falar-se em dolo eventual, quando é necessário que o agente anua com o resultado, quando sabidamente é provável que ele venha a sofrer danos ou falecer conjuntamente com a vítima, *data vênia*, é dar demasiada elasticidade ao conceito de dolo eventual. Além disso, no esteio da teoria do consentimento, ainda adotada pelo Código Penal brasileiro, é tecnicamente impossível.

Será possível – pasme o leitor – que o agente, no primeiro momento, tenha assumido o risco e, *a posteriori* consentido, admitido, aprovado e/ou tomado em compra, parafraseando Johannes WESSELS, que o seu automóvel colidisse frontalmente com outro veículo? O que pretendo realçar é que a cultura punitiva moderna – de expansão do Direito Penal – tem ensejado a diluição das estruturas teóricas com o intuito de facilitar o enfrentamento dos problemas complexos trazidos pela criminalidade de trânsito. Nestes casos, mais das vezes, as denúncias intencionalmente apresentam uma visão redutora da realidade fática, buscando atender as vozes das ruas e/ou os reclamos sociais e midiáticos.

No particular, o Projeto de Reforma do Código Penal nº 236 do Senado da República, que tem recebido duríssimas críticas de penalistas do nosso país e de diversas entidades da sociedade civil, sendo unânime que a proposição é um retrocesso legislativo, especialmente em decorrência da falta de unidade teórica[28] em sua parte geral e pelo viés nitidamente criminalizador de sua parte especial, no particular aspecto do dolo eventual o texto sugere um acréscimo à redação atual.

Pelo Projeto de Reforma, o dolo eventual ganha uma definição um pouco mais clara, mas não satisfatória: "*Art. 16. Diz-se o crime: I – doloso, quando o agente quis o resultado ou assumiu com indiferença o risco de produzi-lo; II – culposo, quando o agente, em razão da inobservância dos deveres de cuidado exigíveis nas circunstâncias, não previu o resultado ou considerou que ele não ocorreria.*" Mais, o Projeto de Código cria uma nova fórmula que pode ser aplicada, a *culpa gravíssima*, uma espécie de meio termo entre a culpa e o dolo eventual. Penso que o Projeto não soluciona o problema. Todavia, o novo texto legal não adota o dolo eventual como regra, o que indica, mais uma vez, que a figura não pode ser empregada indistintamente nos crimes de trânsito.

Reafirmo: dolo eventual, por suposto, é antes de tudo, dolo, não se pode abrir mão do elemento *volitivo*, pois este é elemento essencial do dolo e, *também*, do dolo eventual. Por isto, acredito que o posicionamento dogmático mais correto é a adoção da teoria da vontade, na perspectiva do conceito menos elástico e mais garantidor da figura do dolo eventual. Em seu conhecido manual, Eugenio Raúl ZAFFARONI[29] fornece o seguinte exemplo: "*Quem se lança numa competição automobilística de velocidade, numa cidade populosa, à custa da possibilidade de produção de um resultado lesivo, age igualmente com dolo eventual de homicídio, lesões e danos.*" É uma fórmula genérica para um caso complexo. O perigo está em generalizarmos a figura do dolo eventual, como se pudéssemos adentrar no complexo processo psicológico de cada um dos agentes e como se todos raciocinassem de maneira igual.

Alegar que no dolo eventual não há uma aceitação do resultado como tal, e sim sua aceitação como possibilidade, é colidir com a legislação brasileira que, como insistentemente afirmo, adotou a teoria do consentimento.

---

28 Por todos, ver: REALE JÚNIOR, Miguel, "Erros e absurdos do Projeto de Código Penal", *Revista de Estudos Criminais*, São Paulo: Síntese, nº 50, 2013, p. 79; WUNDERLICH, Alexandre; D´AVILA, Fabio Roberto; OLIVEIRA, Rodrigo Moraes; GARCIA, Rogério Maia, "Colóquio Debate sobre o Projeto de Reforma do Código Penal – Projeto nº 236 do Senado Federal", *Revista de Estudos Criminais*, São Paulo: Síntese, nº 50, 2013, p. 182; LEITE, Alaor, "A Reforma da Reforma da Parte Geral Reformada do Código Penal: subsídios para a história do projeto de novo Código Penal (PLS 236/2012)", In: LEITE, Alaor (org.), *Reforma Penal: a crítica científica à Parte Geral do Projeto de Código Penal (PLS 236/2012)*, São Paulo: Atlas, 2015, p. 3.

29 *Manual de Derecho Penal: parte general*, 6ª ed., Buenos Aires, Ediar, 1997, p. 420. Vide também, ZAFFARONI, Eugenio Raúl; PIERANGELLI, José Henrique, *Manual de Direito Penal brasileiro: parte geral*, São Paulo: Revista dos Tribunais, 1997, p. 501-502.

De todo modo, o reconhecido jurista argentino confirma que o limite entre o dolo eventual e a culpa com representação é um terreno movediço, concluindo que "*em nossa ciência, limite é dado pela aceitação ou rejeição da possibilidade de produção do resultado e, no campo processual, configura um problema de prova que, em caso de dúvida sobre a aceitação ou rejeição da possibilidade de produção do resultado, imporá ao Tribunal a consideração da existência de culpa, em razão do benefício da dúvida: in dubio pro reo.*"[30]

4. Para terminar – algumas considerações

Ante o tema brevemente exposto, ainda que nos limites deste curto artigo, algumas considerações merecem ser consignadas de forma objetiva: (a) o Código Penal brasileiro adotou a figura do dolo eventual, escorado na teoria da vontade ou do consentimento, por isto, a lei exige mais do que a mera *assunção do risco*, que também está presente no instituto jurídico da culpa consciente; (b) impõe-se a *anuência*, a *concordância* e o *aceite* com o resultado projetado como possível. Com o apoio da mídia e (c) em atenção e resposta ao imaginário social, há uma tendência temerária e irresponsável de encaixar o homicídio na direção de veículo automotor na moldura do dolo eventual, levando os autores condutores de automóveis ao julgamento pelo Júri Popular, (d) o que vem sendo repelido por boa parte dos Tribunais Superiores[31] e fundamentalmente pela doutrina penal.

Em nenhum momento o (e) Código de Trânsito Brasileiro, legislação que traz a matéria face o princípio da especialidade, autoriza o recurso ao dolo eventual. Aliás, o CTB aumentou a pena do homicídio culposo – artigo 302 da Lei nº 9.503/97, indicando um bom caminho de resolução do problema. De igual maneira, (f) o Projeto de Reforma do Código Penal nº 236 do Senado Federal não soluciona a questão, mas agrega a expressão "*com indiferença*" à figura do dolo eventual e, novamente, não opta pela adoção do crime de homicídio de trânsito na modalidade dolosa.

Assim, reafirmo o que tinha timbrado, agora ainda com mais razão, o que defendi em posição publicada há duas décadas, no primeiro texto sobre o assunto: o dolo eventual nos crimes de trânsito é uma ficção jurídica utilizada fantasiosamente para compensar uma legislação inadequada e, assim, atender

---

30 *Op. cit.*, *Manual de Direito Penal brasileiro*, p. 502.

31 Ver o importante precedente: STF, 1ª Turma, Habeas Corpus nº 107.801/SP, Ministra Relatora Cármen Lúcia, Ministro Relator para o acórdão Luiz Fux. j. 06.09.2011, maioria, DJe 13.10.2011. A decisão da 1ª Turma do STF desclassificou a conduta imputada ao paciente tipo legal doloso para homicídio culposo na direção de veículo, sinalizando que a responsabilização penal como figura dolosa pressupõe que o agente tenha se embriagado com o intuito de praticar o delito. Consagrou, a meu juízo, o tipo penal culposo como regra.

aos reclamos da mídia – é uma irresponsabilidade que produz brutal injustiça. Chega-se ao cúmulo, como demonstrei no início, de adotarmos a figura do dolo eventual mesmo nos casos em que o agente, para assumir o risco e anuir com o resultado, deve aceitar seu possível *suicídio*.

Recentemente, o Professor Miguel REALE JÚNIOR estudou o problema à luz da jurisprudência dos Tribunais e anotou que o critério da *confiança* facilita a distinção entre dolo eventual e culpa consciente, sublinhando que não se pode presumir o dolo eventual, o que é absolutamente correto. A solução sugerida pelo Professor caminha para a criação de hipóteses de "*tipos qualificados pelo resultado*", sobretudo para os casos de direção em estado de embriaguez e/ou de participação em disputa automobilística.[32] Talvez seja um caminho de política criminal a perseguir, a fim de que o tema seja definitivamente pacificado. Entretanto, por enquanto, e a meu ver, não é lícito permitir que seja dada demasiada elasticidade à ficção jurídica *dolus eventualis*, nem que tripudiem sobre a Teoria Geral do Delito, para suprir uma legislação inadequada ou para atender às vozes de massas populares. A sociedade quer Justiça, mas como disse Chaim PERELMAN, "*es ilusorio querer enumerar todos los sentidos posibles de la noción de justicia*"[33], e justiçamento não é justiça.

5. Referências bibliográficas

BACIGALUPO, Enrique. **Principios del Derecho Penal**: parte general. 3ª ed., Madrid: Akal Ediciones, 1994.

BIASOTTI, Carlos. Morte no trânsito: homicídio doloso? In: **TEMAS Atuais de Advocacia Criminal**. São Paulo: Escola de advocacia criminal, 1996. p. 96-108.

BITENCOURT, Cezar Roberto. **Teoria geral do delito**. São Paulo: Revista dos Tribunais. 1997.

________. **Tratado de direito penal, parte especial: dos crimes contra a pessoa.** 16ª ed., São Paulo: Saraiva, 2011.

CEREZO MIR, José. **Curso de Derecho Penal español: parte general – teoría juridica del delito**, 5ª ed., Madrid: Tecnos, v. II, 1997.

COBO DEL ROSAL, Manuel ; ANTON VIVES, Tomás. **Derecho Penal**: parte general. 4ª ed. Valencia: Tirant lo Blanch, 1996.

32 *Debate penal: jurisprudência em debate – crimes contra a pessoa*, Rio de Janeiro: GZ, 2011, p. 12.

33 *De la justicia*, México: Universidad Nacional Autónoma del México – Centro de Estudos Filosóficos, Cuaderno 14, 1964, p. 16.

COSTA JÚNIOR, Paulo José da. **Comentários ao Código Penal.** 4ª ed., São Paulo: Saraiva, 1996.

DÍAZ PITA, Maria del Mar. **El dolo eventual.** Valencia: Tirant lo Blanch, 1994.

DOTTI, René Ariel. **Movimento antiterror e a missão da magistratura**. 2ª ed., Curitiba: Juruá, 2005.

FERRAJOLI, Luigi. **Derecho y razón**: teoria del garantismo penal. Trad. de Andrés Ibáñez et al. Madrid: Trotta, 1997.

FRAGOSO, Cláudio Heleno. **Lições de Direito Penal.** 15ª ed., Rio de Janeiro: Forense, 1994.

FRANCO, Alberto Silva. **Código Penal e sua interpretação jurisprudencial.** 5ª ed., São Paulo: Revista dos Tribunais, 1995.

HUNGRIA, Nelson. **Comentários ao Código Penal**. v. I, t. II, Rio de Janeiro: Forense, 1958.

JESCHECK, Hans-Heinrich. **Tratado de derecho penal**: parte general. Traducción José Luis Manzanares Samaniego. 4ª ed. Granada: Comares editorial, 1993.

LEITE, Alaor. "A Reforma da Reforma da Parte Geral Reformada do Código Penal: subsídios para a história do projeto de novo Código Penal (PLS 236/2012)." In: LEITE, Alaor (org.). **Reforma Penal: a crítica científica à Parte Geral do Projeto de Código Penal (PLS 236/2012)**. São Paulo: Atlas, 2015.

MARQUES, José Frederico. **Tratado de Direito Penal.** Campinas: Bookseller, 1997. v. II.

MUÑOZ CONDE, Francisco. **Teoria geral do delito**. Tradução de Juarez Tavares e Luiz Regis Prado. Porto Alegre: Sergio Antonio Fabris Editor, 1988.

_____; GARCIA ARÁN, Mercedes. **Derecho Penal**: parte general. 2ª ed. rev. y puesta al día conforme al Código Penal de 1995. Valencia: Tirant lo Blanch, 1996.

PRADO, Luiz Régis. **Comentários ao Código Penal: jurisprudência, conexões lógicas com os vários ramos do direito**. 10ª ed. São Paulo: Revista dos Tribunais, 2015. p. 351.

PERELMAN, Chaim. **De la justicia.** Trad. de Ricardo Guerra. México: Universidad Nacional Autónoma del México, Centro de Estudos Filosóficos, 1964, Cuaderno 14.

QUEIROZ, Paulo. **Curso de direito penal: parte geral.** 9ª ed. Salvador: JusPodivm, 2013.

REALE JÚNIOR, Miguel (coord). **Debate penal: jurisprudência em debate – crimes contra a pessoa.** Rio de Janeiro: GZ, 2011.

_______. "Erros e absurdos do Projeto de Código Penal". **Revista de Estudos Criminais**. São Paulo: Síntese, nº 50, 2013

STRATENWERTH, Günther. **Derecho Penal: parte general I – el hecho punible.** 4ª ed., Buenos Aires: Hammurabi, 2005.

VARGAS, José Cirilo de. **Instituições de Direito Penal**: parte geral. Belo Horizonte: Del Rey, 1997. t. I.

WELZEL, Hans. **Derecho penal aleman**: parte general. Traducción del Alemán por Juan Bustos Ramírez y Sergio Yáñez Pérez. 11ª ed. Santiago de Chile: Editorial Jurídica de Chile, 1970.

WESSELS, Johanes. **Direito Penal**: parte geral. Porto Alegre: Fabris, 1976.

ZAFFARONI, Raúl Eugenio. **Manual de Derecho Penal**: parte general. 6ª ed., Buenos Aires: Ediar, 1997.

_______. PIERANGELLI, José Henrique. **Manual de Direito Penal brasileiro**: parte geral. São Paulo: Revista dos Tribunais, 1997.

WUNDERLICH, Alexandre; D´AVILA, Fabio Roberto; OLIVEIRA, Rodrigo Moraes; GARCIA, Rogério Maia. "Colóquio Debate sobre o Projeto de Reforma do Código Penal – Projeto nº 236 do Senado Federal". In: **Revista de Estudos Criminais**. São Paulo: Síntese, nº 50, 2013.

CULPABILIDADE: UMA LEITURA ANATÔMICA E PONTUAL

Antonio José F. de S. Pêcego

RESUMO: A culpabilidade, como injusto culpável, integra a teoria do delito e dá ensejo a um juízo individualizado da responsabilidade penal do agente e, ao mesmo tempo garante que seja observado limites à ânsia punitiva estatal, entretanto há quem defenda que a culpabilidade tem uma única função isolada de servir de fundamento da pena, outros que ela é apenas pressuposto e integra apenas a teoria da pena ou mesmo dos fins da pena. Parte da doutrina tem pesquisado alternativas à culpabilidade normativa pura do finalismo que envolve diretamente o livre-arbítrio, sob o fundamento de que empiricamente é indemonstrável a resolução de vontade do agente quando dos fatos, inviabilizando, assim, a sua valoração para saber-se se o agente ao tempo dos fatos *podia agir de outro modo.* Para tanto, tenta-se substituir o homem real pelo homem médio, saber a motivibilidade do agente e ainda, utilizando-se de uma concepção funcional, coloca-se a culpabilidade vinculada apenas à teoria dos fins da pena. Com isso, anuncia-se que há uma crise entre o livre-arbítrio e o determinismo. Sobre esses aspectos fazemos um recorte anatômico e pontual ao longo do texto com algumas posições próprias.

PALAVRAS-CHAVE: Culpabilidade. Teorias. Crise.

TITLE: CULPABILITY: READING ANATOMICAL AND TIMELY.

ABSTRACT: Guilt, as culpable unfair, integrates the theory of the crime and gives rise to an individual judgment of the criminal agent responsibility and at the same time ensures that you observed limits on state punitive anxiety, though some argue that the guilt has a unique function isolated serve as the basis of the sentence, others that it is only assumption and only integrates the theory of punishment or even the end of the sentence. Part of the doctrine has researched alternatives to pure normative guilt of finality that directly involves free will, on the grounds that empirically is unprovable the will to resolve the agent when the facts, making it impossible, so your opinion to know yourself the agent to the facts of the time could do otherwise. Therefore, try to replace the real man by the average man, knowing the motivibilidade agent and also using a functional design, there is the guilt linked only to the theory of the end of the sentence. Thus, it was announced that there is a crisis between free will and determinism. On these aspects make an anatomical point and cut through the text with some of its own positions.

KEYWORDS: Culpability. Theories. Crisis.

INTRODUÇÃO

O Direito penal, na clássica e conhecida afirmação de Franz von Liszt, evolui na medida em que se aprimora a culpabilidade, sendo que o tempo tem demonstrado essa preocupação constante da doutrina.

Primeiro tivemos a *teoria psicológica da culpabilidade*, decorrente do positivismo, em que o *dolo* e a *culpa* eram os seus únicos elementos constitutivos, enquanto que a imputabilidade – capacidade de ser culpável era pressuposto. O que importava, para essa teoria, era a relação psíquica entre a conduta e o resultado para se estabelecer objetivamente a relação de causa e efeito.

Depois surgiu, na busca do aperfeiçoamento, decorrente da crítica neokantiana à anterior, a *teoria psicológico-normativa* que tinha a culpabilidade constituída pelos elementos *imputabilidade* (deixa de ser pressuposto), *dolo* (consciência da ilicitute – *dolus malus* oriundo do direito romano) *ou culpa* e *exigibilidade de conduta diversa* (causa de exclusão). Nessa teoria a culpabilidade era a relação psíquica, e a censurabilidade decorrente da ausência de causas de exclusão.

Por último, com o finalismo, refutando as demais, nasceu à *teoria normativa pura* em que o *dolo* e a *culpa* (aspectos psicológicos) migram da culpabilidade para a ação que deixa de ser natural. Com isso, passa a ser um juízo puramente normativo da culpabilidade que conta agora apenas com os elementos da *imputabilidade, potencial consciência da ilicitude* e *exigibilidade de conduta diversa*. A culpabilidade passa a ser um *juízo de reprovabilidade* decorrente de um injusto típico em que se considera o livre-arbítrio como aquele que permite ter-se o *poder de agir de outro modo*.

Essa concepção normativa da culpabilidade, no Brasil, nas últimas décadas tem sido palco de intensos debates que tiveram seu auge, diríamos, no final do século passado, se circunscrevendo os mesmos à condição da culpabilidade como fundamento ou pressuposto da pena. Parte da doutrina passou a defender que crime, como conceito analítico, é um fato típico e antijurídico, e que a culpabilidade seria apenas pressuposto da pena (teoria bipartida do delito), enquanto outra, seguindo a predominante, defendia que crime era um fato típico, ilícito e culpável (teoria tripartida do delito), servindo todos esses elementos de fundamento e limite da pena.

Na doutrina estrangeira, essa concepção normativa da culpabilidade – que se baseia na possibilidade do agente atuar em conformidade com a norma – tem sofrido inúmeras críticas que se fundamentam no fato de ser indemonstrável se o agente ao tempo dos fatos tinha o *poder de agir de outro modo*, o que tem levado a doutrina buscar alternativas como na teoria da motivabilidade conforme a norma e na concepção funcionalista da culpabilidade.

Essa indemonstrabilidade do *poder agir de outro modo* alegada por muitos deu causa a uma crise entre o livre-arbítrio e o determinismo, sendo que esses aspectos e outros derivados, pontualmente serão objeto de nossa abordagem como forma de uma pequena contribuição ao nosso homenageado RENÉ ARIEL DOTTI em face da profunda admiração e respeito que temos por esse penalista.

Para exercermos um senso jurídico crítico que justifique a nossa abordagem com pretensão de tentar acrescentar algo de útil ao tema, necessário se faz utilizarmos neste escrito o raciocínio *hipotético-dedutivo* como principal, trabalhando com o procedimento racional que transita do geral para o particular, assim como com o procedimento experimental como sua condição fundante, modelo metodológico atribuído a KARL POPPER que o desenvolveu nas suas obras A *lógica da pesquisa científica* (1934) e *Conjecturas e refutações* (1963).

Como auxiliar, iremos utilizar do método histórico-evolutivo na tentativa de promover o acompanhamento da evolução do nosso objeto de pesquisa através do tempo.

1. Princípio da culpabilidade

Esse princípio decorre da máxima *nullum crimen sine culpa*,[1] e o legislador infraconstitucional, quando da Reforma da Parte Geral do Código Penal[2] em 1984, demonstrou nos itens 16 e 18 da Exposição de Motivos que esse seria um postulado a ser observado pelo Direito Penal, uma vez que, no finalismo – doutrina adotada em parte nessa reforma – num primeiro momento é utilizada como *fundamento* para a reprovação individual de quem praticou um fato típico, ilícito e culpável, para, num momento seguinte, servir de *limite* ao poder de punir do Estado quando da aplicação da pena que deve se dar de forma proporcional, embora haja vários sentidos que se possa empregar o termo culpabilidade.

Esse princípio, segundo PAULO CÉSAR BUSATO e a doutrina unânime que anuncia, se encontra implicitamente inserido na Constituição Federal de 1988 "como fundamento necessário da intervenção penal"[3], havendo quem o identifique no art. 5º, XVII e XLVI da CF,[4] outros como decorrente do princípio da dignidade da pessoa humana (CF; art. 1º, III), do princípio da legalidade (CF; art. 5º, II) e do princípio da não-culpabilidade (art. 5º, LVII).[5]

---

1 Não há crime sem culpa.

2 Lei nº 7.209/1984.

3 **Fundamentos para um direito penal democrático**. 5ª ed. São Paulo: Atlas, 2015, p. 184.

4 LUISI, Luiz. **Os princípios constitucionais penais.** 2ª ed. Porto Alegre: Sergio Antonio Fabris Editor, 2003, p. 37.

5 KALIL, José Arthur Di Spirito. **O Consumidor e o Direito Penal Econômico.** Rio de Janeiro: Lumen Juris, 2014, p. 119-120. MACHADO, Fábio Guedes de Paula. **Culpabilidade no Direito Penal.** São Paulo: QuartierLatin, 2010, p. 201.

Alguns autores têm esse princípio como decorrente da *dignidade humana*, contudo a nossa leitura o tem como também inerente à *dignidade da pessoa humana*,[6] uma vez que aquele diz respeito a um universo indeterminado e este o individualiza, o que se harmoniza a necessidade de se individualizar as condutas humanas que configurem um injusto penal culpável, bem como com o fato de ser princípio fundamental do nosso Estado Democrático de Direito, afinal, se é individualizando a pena que democraticamente concretizamos o princípio da igualdade e pomos *limites* ao direito de punir estatal. Assim, se trabalhar com a responsabilidade subjetiva na prática de delitos, é respeitar a individualidade da pessoa de forma democrática e garantista.

Disso decorre que apenas o *ser humano*, entendido este como ser racional com liberdade e capacidade de se autodeterminar pode praticar um delito, lecionando LUIZ LUISI:

> Enfatize-se que dando relevância constitucional ao princípio da culpabilidade o nosso ordenamento jurídico que tem como um de seus fundamentos à dignidade da pessoa humana põe como centro do nosso direito penal o homem, visto como um ser livre, ou seja, capaz de autodeterminar-se.[7]

Em sendo assim, por isso mesmo, há de se registrar que é por meio de sua liberdade negativa que o ser humano detém essa capacidade de vir a praticar atos comissivos ou omissivos que contrariem a ordem jurídico-penal estabelecida em sociedade.

Ao se tratar da autodeterminação, necessariamente há de se falar em autonomia da vontade que se liga à ideia de liberdade, uma vez que aquela é a medida desta que confere dignidade à existência humana, temas de fortes debates na Ética, Bioética e na Filosofia, e que sempre foi objeto de discussões jurídico-penais. Falar de autonomia e dignidade na Filosofia Política é tratar do conceito de autodeterminação que é o termo principal na democracia porque é o que há de mais importante na liberdade humana.

Se a liberdade negativa permite ao ser humano ter o poder de se autodeterminar, e se esta ação se pode expressar por meio de um ou mais atos, uma vez praticados de forma a contrariar o comando legal, quando *podia* ou *devia agir de outro modo*, nada mais racional e democrático que em lesando um bem jurídico-penal tutelado venha a ser responsabilizado penalmente na medida de sua culpabilidade, ou seja, da sua reprovabilidade pessoal.

O direito há de evoluir na medida em que a sua sociedade evolui, não podendo ser diferente com os direitos penal e processual penal, principalmente depois de 1988 em que passou a viger a nossa constituição demo-

6 **Nesse sentido:** LUISI, Luiz, 2003, p. 38.

7 Id., ibid., loc. cit.

crática e garantista. Essa convivência com legislações penais retrógadas que marcaram a Era Vargas deve ser repensada dialeticamente, já que a *pessoa humana*, como o centro do universo da nossa existência, detém o livre-arbítrio com capacidade de se autodeterminar, contudo, na seara da culpabilidade, a questão do *poder agir de outro modo* não está pacificada e ainda é palco de intensos debates jurídico-penais.

De qualquer maneira, na atualidade se reclama uma leitura vertical do texto infraconstitucional, ou seja, partindo-se do que preceitua o texto constitucional para uma melhor e mais contemporânea compreensão do infraconstitucional, não se podendo criar opções sobre o conceito de culpabilidade que desconsidere a preciosa liberdade humana que permite deter a capacidade de autodeterminação, da autonomia da vontade.

Externada a participação interna do agente por meio da prática de um fato típico, ilícito e culpável, impõe-se a reprovação pessoal ao agente, afinal, para o finalismo a "culpabilidade é uma qualidade *valorativa* negativa da vontade de ação, mas não é vontade em si",[8] ou seja, como bem pontua Paulo César Busato: "No Direito Penal, a responsabilidade é sempre subjetiva, ou seja, é imprescindível a contribuição pessoal do agente para com o ilícito".[9]

Sobre a responsabilidade penal da pessoa humana, leciona SANTIAGO MIR PUIG:

> *La infracción personal de uma norma primaria de determinación permite imputar la antijuridicidad penal a su autor, pero ello no basta para considerar adecuada la imposición al mismo de una pena. Ésta no recae directamente sobre el hecho, sino sobre su autor, de modo que para que resulte legítima no basta um hecho penalmente antijurídico y concretamente antinormativo, sino que es preciso que su autor aparezca como um sujeto idóneo para responder penalmente. He aquíel significado de la responsabilidad penal del sujeto como último presupuesto de um hecho punible a su autor.*[10]

Entretanto, há uma crise que assola esse princípio e não se situa na dificuldade de provar se uma pessoa podia ou não, diante do caso concreto, agir de outro modo, como sustentava CEREZO MIR nas palavras de TOMÁS S. VIVES ANTÓN, mas sim em algo mais profundo que residiria no que WELZEL denominou de determinismo hipotético, ou seja, na virtualidade da hipótese determinista[11], o que coloca em constante discussão o *livre-arbítrio* x

---

8 WEZEL, Hans. **O Novo Sistema Jurídico-Penal**: Uma introdução à doutrina da ação finalista. 3ª ed. São Paulo: RT, 2011, p. 111.

9 **Direito Penal**: Parte Geral. 2ª ed. São Paulo: Atlas, 2015.

10 **Derecho Penal**: Parte General. 9ª ed. Montevideo – Buenos Aires: B de F, 2011, p. 543.

11 **Fundamentos Del Sistema Penal**: *Acción Significativa y Derechos Constitucionales*. 2ª ed. Valencia: TirantLoBlanch, 2011, p. 837.

determinismo.[12] Em tópico próprio apresentaremos algumas das nossas inquietações sobre essa crise que nos assola.

2. A POSIÇÃO DA CULPABILIDADE NO DIREITO PENAL

2.1. Breve intróito

O conceito analítico de crime adotado pela majoritária doutrina[13] se apresenta num fato típico, ilícito e culpável, estando pacificado que a prática de um *fato típico e ilícito* dá ensejo a uma *reprovação pelo fato ilícito* praticado, constituindo o injusto penal, enquanto que a *culpabilidade* representa a *reprovação pessoal ao agente* que praticou o fato típico e ilícito, constituindo o todo, portanto, o injusto penal culpável que autoriza uma sanção penal.

Assim, podemos dizer que a reprovação pelo fato ilícito praticado decorre de um juízo básico ou fundamental, enquanto a reprovação pessoal pela culpabilidade à oriunda de um juízo derivado que autorize a intervenção estatal.

A *culpabilidade* na doutrina finalista é *fundamento* e *limite* à intervenção penal pelo Estado, sendo que entendemos ser o imprescindível *elo* entre o injusto penal e a pena que permite, quando de sua aplicação, concretizar a *responsabilidade penal do agente* pela prática de um fato típico, ilícito e culpável por meio do grau de reprovabilidade de sua ação ou vontade.

Em sendo assim, fazemos a leitura de que a *culpabilidade* integra a *teoria do delito* enquanto *fundamento* e, a *teoria da pena*, como sendo o seu *limite*. Ela

---

12 BUSATO, Paulo. **Fundamentos para um direito penal democrático.** 5ª ed. São Paulo: Atlas, 2015, p. 188.

13 PRADO, Luiz Regis. **Curso de Direito Penal Brasileiro**: Parte Geral – Arts. 1º a 120. 10ª ed. rev., atual. e ampl. São Paulo: RT, 2011, vol. 1. BITENCOURT, Cezar Roberto. **Teoria Geral do Delito.** São Paulo: RT, 1997. BUSATO, Paulo Cesar. **Direito Penal**: Parte Geral. 2ª ed. São Paulo: Atlas, 2015. GRECO, Rogério. **Curso de Direito Penal**: Parte Geral. 16ª ed. rev., ampl. e atual. Rio de Janeiro: Impetus, 2014. BRANDÃO, Cláudio. **Teoria Jurídica do Crime.** Coleção Ciência Criminal Contemporânea. 4ª ed. São Paulo: Atlas, 2015.TOLEDO, Francisco de Assis. **Princípios Básicos de Direito Fundamental.** 5ª ed. São Paulo: Saraiva, 1994. TAVARES, Juarez. **Teorias do Delito** (Variações e Tendências). São Paulo: RT, 1980. FRAGOSO, Heleno Cláudio. **Lições de Direito Penal**: A Nova Parte Geral. 8ª ed. Rio de Janeiro: Forense, 1985. PIERANGELI, José Henrique. **Escritos Jurídico-Penais.** 8ª ed. rev., atual. e ampl. São Paulo: RT, 1999. MESTIERI, João. **Manual de Direito Penal**: Parte Geral. Rio de Janeiro: Forense, 1999, vol. 1. MIR PUIG, Santiago. **Derecho Penal**: Parte General. 9ª ed. Montevideo – Buenos Aires: B de F, 2011. MUÑOZ CONDE, Francisco. **Teoria Geral do Delito.** TAVARES, Juarez; PRADO, Luiz Regis (Trad.). Porto Alegre: Sergio Antonio Fabris Editor, 1988. HASSEMER, Winfried. **Introdução aos Fundamentos do Direito Penal** (*Einführung in die GrundlagendesStrafrechts*). ALFEN DA SILVA, Pablo Rodrigo (Trad.). 2ª ed. Porto Alegre: Sergio Antonio Fabris Editor, 2005. WEZEL, Hans. **O Novo Sistema Jurídico-Penal**: Uma introdução à doutrina da ação finalista. 3ª ed. São Paulo: RT, 2011.

dialoga num primeiro momento com o injusto penal – fato típico e ilícito – para, reconhecido ser culpável, dialogar em seguida, agora sim, o injusto culpável – fato típico, ilícito e culpável – com o grau de reprovabilidade pessoal sobre a ação que se impõe no caso, quando da aplicação da pena.

Nessa linha, como *fundamento*, a culpabilidade diz respeito a um *direito penal do fato* – fato típico, ilícito e culpável (capacidade de culpabilidade – imputabilidade -, potencial consciência da ilicitude e exigibilidade de conduta diversa) -, mas como *limite* se refere à exigência de proporcionalidade na intervenção estatal quando da aplicação da pena, por isso nos filiamos àqueles que sustentam que nesta fase estamos diante de um *direito penal do autor*, porque o juiz exerce um *juízo valorativo negativo* sobre a ação sem desconsiderar o agente do fato. Considera não só o grau de reprovabilidade pessoal (culpabilidade em sentido estrito e próprio), mas também a sua personalidade, conduta social e antecedentes criminais, nos termos do art. 59 do CP.

Negar à culpabilidade, como fundamento e limite da pena, a presença de um *sistema misto de direito penal do fato e do autor*, é negar uma realidade empírica e teórica ainda atual. Para Francisco de Assis Toledo, esse "sistema" situa-se na corrente moderada da doutrina que aponta com acerto como sendo a posição do direito penal contemporâneo em que predomina o direito penal do fato, no que conclui sobre esse aspecto, que se tem "como ponto de partida, o *fato*-do-agente, mas não se coloca totalmente entre parêntesis o *agente*-do-fato".[14]

2.2. Culpabilidade: fundamento, limite ou apenas pressuposto da pena?

HANS WELZEL divide a culpabilidade *em sentido amplo* e a *em sentido estrito*. A primeira – que diz respeito à ação típica, ilícita e culpável – é pressuposto da segunda que se expressa como qualidade ou "*reprovabilidade* de vontade ou de ação",[15] ***logo***, para o pai do finalismo a culpabilidade não é pressuposto da pena, mas sim um dos elementos do conceito analítico de crime da teoria tripartida.

É por meio desta – reprovabilidade pessoal da ação – que se busca alcançar os fins preventivos (especial e geral) da *teoria relativa da pena*, mas à sombra maior ou menor do malfadado efeito retribuitivo da *teoria clássica ou absoluta*. Na medida em que há um alto índice de reincidências e que a ameaça de penas altas não inibe a prática de novos crimes, mas apenas o temor ao infrator de ser preso, forçoso reconhecer que a *teoria absoluta da retribuitividade* ainda perdura diante dessas frustrações decorrentes da ineficácia

14 TOLEDO, 1994, p. 251.

15 Op. cit., p. 111.

preventiva, como bem pontua WINFRIED HASSEMER,[16] transformando, ainda que involutariamente, a teoria relativa em algo similar ou idêntico à *teoria unificadora* ou *mista da pena.*

RENÉ ARIEL DOTTI, adotando posicionamento próprio, sustenta há décadas que a culpabilidade é pressuposto da pena, tendo recentemente alterado sua posição para sustentar que é elemento[17], contudo confessa, em seguida, de que não renuncia "que a culpabilidade, como fenômeno cronologicamente distinto da conduta típica e ilícita é, sim, *pressuposto* da pena".[18] PAULO CÉSAR BUSATO registra, depois de frisar de que o entendimento doutrinário é majoritariamente contrário ao de ARIEL DOTTI, que essa questão só é discutida no Brasil.[19]

Essa posição da culpabilidade de RENÉ ARIEL DOTTI na teoria da pena surgiu com sua monografia *O Incesto* e foi adotada, dentre outros, por JULIO FABRINI MIRABETTE[20] e DAMÁSIO E. DE JESUS,[21] contudo, em que pese bem fundamentada, não nos parece a melhor leitura dogmática que se possa fazer.

Sustenta RENÉ ARIEL DOTTI, com base em posições, dentre outros, de WELZEL e ROXIN, de que a culpabilidade não integra a teoria do delito, mas sim da pena, chegando a citar o item 8.3 – A reprovabilidade como pressuposto da pena[22] – que integra o Título 8 – OS ELEMENTOS DA REPROVABILIDADE – de que trata HANS WELZEL em uma de suas obras,[23] contudo do citado capítulo da obra fazemos uma leitura diversa.

Esse anunciado item 8.3 integra, como não deveria deixar de ser, *todos os elementos da reprovabilidade* – fato típico, ilícito e culpável –, situando-se, ao final, numa decorrência lógica, diante de um injusto culpável, como pressuposto da pena a consequência da responsabilidade penal do agente – reprovabilidade individual – a ser valorada negativamente quando da aplicação da pena, atuando, aí, a culpabilidade como *limite* e não mais como *fundamento* da pena.

---

16 Op. cit., p. 312.

17 **A Posição Sistemática da Culpabilidade.** Coleção Ciências Penais. Porto Alegre: Nuria Fabris, 2013, p. 20, vol. V.

18 Idem, p. 22.

19 BUSATO, 2015, p. 525.

20 **Manual de Direito Penal**: Parte Geral – Arts. 1º a 120 do CP. 8ª ed. rev. e ampl. São Paulo: Atlas, 1994, vol. 1.

21 **Direito Penal**: Parte Geral. 19ª ed. rev. e atual. São Paulo: Saraiva, 1995, vol. 1.

22 Id., ibid., *loc cit.*

23 Op. cit., 2011, p. 24-25.

HANS WELZEL,[24] ao tratar da culpabilidade em sentido estrito como reprovabilidade, situando-a na teoria do delito salienta que a mesma

> pressupõe, ao contrário, uma determinada vontade ou uma determinada ação, como seu suporte específico: só uma vontade (antijurídica) ou uma ação (típica, antijurídica) pode ser culpável, no sentido relevante para o Direito Penal. Por isso, "pertencem" à culpabilidade a vontade antijurídica ou a ação típica, antijurídica, como sua possível portadora.

LUIZ REGIS PRADO,[25] ao comentar esse posicionamento de WELZEL na mesma obra, firma a clara dedução de que:

> À culpabilidade, no sentido do Direito Penal, "pertencem" todos os elementos do delito prévios a ela: ação (conduta), tipicidade e antijuridicidade; somente uma ação (ou conduta) típica e antijurídica pode ser culpável; só ela pode ser portadora, no Direito Penal, da reprovabilidade da culpabilidade.

CEZAR ROBERTO BITENCOURT ao afirmar que o injusto culpável – tipicidade, antijuridicidade e culpabilidade – é o predicado de um substantivo (conduta humana como delito), fundamenta essa afirmativa no fato de que não basta que se tenha um fato típico e ilícito para se aplicar uma sanção penal a um comportamento da pessoa humana desviante, pois "para que esse *juízo de valor* seja completo é necessário, ainda, levar em consideração as características individuais do autor do injusto. Isso implica, consequentemente, acrescentar mais um degrau valorativo no processo de imputação, qual seja, o da *culpabilidade*".[26]

Depois de enfrentar pontualmente os fundamentos de ARIEL DOTTI, registra que não só a culpabilidade é pressuposto da pena, mas também a tipicidade e a antijuridicidade, ou seja, a pena é a consequência jurídica do delito praticado, sendo certo que "uma ação típica e antijurídica somente se converte em crime com o acréscimo da culpabilidade".[27]

Também não nos sensibiliza o argumento de ARIEL DOTTI[28] – visando fortalecer seu posicionamento da culpabilidade como pressuposto da pena – de que esse entendimento se evidencia no próprio Código Penal em vigência por meio dos seus arts. 17, 22[29] e 24, §1º, II que isentam de pena os inimputáveis quando do tempo da ação.

24 Id., p. 111.

25 WELZEL, 2011, p. 112.

26 BITENCOURT, 2014, p. 438.

27 Id., p. 439-440.

28 Op. cit., p. 16-17.

29 Evidencia-se erro material porque o preceito do referido dispositivo era aquele que existia antes da Reforma Penal da Parte Geral de 1984 e que, depois, passou a constar do art. 26 do Código Penal.

Com efeito, como não poderia deixar de ser, a questão se resolve pela concepção de culpabilidade que se tenha. Dentro da linha que nos filiamos e predomina na doutrina penal, em sendo a pessoa humana a única no nosso universo que pode ser responsabilizada criminalmente por seus atos antijurídicos, há de se averiguar se é culpável com relação ao fato típico e antijurídico para que a consequência – sanção penal – possa ocorrer.

Ora, em sendo assim, não há como se apurar a culpabilidade como único fundamento que justifica uma responsabilidade penal subjetiva quando da aplicação da pena, tendo-a, no caso, como pressuposto sem considerar igualmente os demais elementos que a justificam – tipicidade e antijuridicidade – e compõem dogmaticamente o conceito de crime, uma vez que, necessariamente, de forma antecedente, a culpabilidade *tem* que integrar o conceito analítico de crime para, em consequência, em sendo o caso, se analise o grau de reprovabilidade pessoal que justifique a aplicação e os limites da pena a serem observados.

Assim, em não sendo culpável pelo fato típico e antijurídico praticado, naturalmente o agente estará isento de pena, como corretamente preceitua os dispositivos penais pertinentes em vigor.

2.3. Outra posição para a culpabilidade

LUIZ FLÁVIO GOMES segue próximo de RENÉ ARIEL DOTTI, mas com outros fundamentos. Sustenta que a culpabilidade, pertencendo ao Direito Penal, é "o elo de ligação entre as categorias do delito e da pena", mas não integra o conceito de crime e nem de fato punível, mas apenas é um dos fundamentos da pena.[30]

Esse posicionamento decorre da construção da sua Teoria Constitucionalista do Delito em que o fato punível, analiticamente, é a tipicidade, antijuridicidade, punibilidade + culpabilidade, esta que estaria fora do conceito do crime que se resumiria aos três primeiros requisitos do fato punível, mas que a sua presença é fundamental para se falar em pena, embora também não integre a teoria da pena.[31] Essa construção decorre do funcionalismo de ROXIN e ZAFFARONI, como o próprio autor anuncia.[32]

Ora, se a culpabilidade não integra o conceito de crime e nem o de fato punível como um de seus elementos, como pode, em sendo um dos funda-

30 GARCIA-PABLOS DE MOLINA, Antonio; GOMES, Luiz Flávio. **Direito Penal**: Fundamentos e Limites ao Direito Penal. Coleção Ciências Criminais. 3ª ed. ref. e atual. São Paulo: RT, 2012, p. 455.

31 Id., ibid., p. 635.

32 Id., ibid., p. 630.

mentos da pena, ser alheia ao conceito analítico de crime e ao mesmo tempo ser imprescindível para a aplicação da sanção penal?

A culpabilidade há de estar num ponto e/ou noutro, ou seja, na teoria do delito e/ou da pena, conforme a posição doutrinária adotada, não podendo se situar no limbo ou mesmo apenas no imaginário. Não nos convence essa posição na medida em que, se é apenas um dos fundamentos da pena sem pertencer ao conceito de delito, como pode limitar a pena? Se ela não integra esse conceito e nem a teoria da pena, como pode ser fundamento da pena se não está interligada a nenhum dos dois? Como pode pressupor a necessidade antecedente de uma ação humana contrária ao direito, se ao conceito de crime não é seu elemento? O argumento do autor carece de validade e solidez por falta de força persuasiva racional.

Embora concordemos que a *culpabilidade* seja o imprescindível *elo* entre o injusto penal e a pena, como já nos posicionamos acima, sustentamos que esse fato não desnatura a sua natureza fundante do conceito analítico de crime, muito pelo contrário, por não poder ser desassociado o fortalece na medida em que apenas o ser humano é capaz de ser culpável de um fato típico e ilícito, de forma a autorizar, quando da aplicação da pena, uma sanção penal proporcional, limitando o direito de punir do Estado.

Por outro lado, o fundamento de LUIZ FLÁVIO GOMES para ter a culpabilidade como quarto fundamento da pena aliado ao fato típico, antijurídico e punível, mas desassociado do seu conceito de crime ou fato punível, reside no ponto de que, dogmaticamente, para o referido autor, a culpabilidade recai apenas sobre o agente do fato, no que não concordamos.

Sobre esse aspecto igualmente já nos posicionamos. Inegavelmente há muito tempo caminhamos por um direito penal do fato, razão pela qual primeiramente há de se analisar o *fato do agente* para se aferir a sua culpabilidade como *fundamento à pena* – ação típica, ilícita e culpável -, para num segundo momento, em sendo culpável, agora como *limite da pena*, se averiguar com proporcionalidade o grau da sua reprovabilidade individual que recai sobre o *agente do fato* quando do exercício do direito de punir estatal.

Em sendo assim, a *culpabilidade* integra a teoria do delito enquanto *fundamento* e, a teoria da pena, como sendo o seu *limite*. Ela dialoga num primeiro momento com o injusto penal – fato típico e ilícito – para, reconhecido ser culpável, dialogar em seguida, agora sim, o injusto culpável – fato típico, ilícito e culpável – com o grau de reprovabilidade pessoal sobre a ação que se impõe no caso, quando da aplicação da pena.

Sustenta ainda, LUIZ FLÁVIO GOMES, dentre outros fundamentos, que a culpabilidade é "um conceito político-criminal e, nesse sentido, constitui limite do *ius puniendi*, mas não se confunde com os princípios da responsabilidade pessoal, da materialização do fato ou da responsabilidade subjetiva (dolo ou culpa)",[33] contudo embora este fundamento funcional sirva de base para a construção da sua teoria constitucionalista do delito, a ele, como construído, não aderimos porque, para nós, esse limite fica distante e pouco palpável, se situando numa zona que pode conduzir facilmente ao arbítrio judicial.

Por isso, nessa concepção, embora o *poder agir de outro modo* tenha também tenha as suas críticas e reclame aperfeiçoamento, esse conceito ainda nos soa mais palpável como *valorativo negativo* que permite uma graduação em virtude da *reprovação pessoal* ao agente que poderia agir em conformidade com a norma, mas optou por ter uma conduta contrária, ou seja, essa valoração recai sobre a *resolução* da vontade de ação, mas não à vontade em si,[34] sendo que por isso mesmo, um "cotidiano e um sistema jurídico-penal que não sabem distinguir os graus de participação interna no acontecimento exterior, possibilitam apenas uma convivência humana deficiente e atávica".[35]

É certo que num direito penal contemporâneo não é possível se trabalhar adequadamente com esse direito, com os seus conceitos, sem interagir com a criminologia e a política criminal, mas estes não podem sobrepor-se àquele, sendo que para Winfried Hassemer:

> O Direito Penal não tem que se adaptar à Política Criminal, não pode ser seu subsistema (funcional), mas tem que opor-se a ela, ele tem que freá-la e caso necessário impedi-la. Esta é uma concepção de Política e Direito própria de um Estado de Direito e da divisão de poderes. Se o Direito Penal cai como limite entre o criminoso e a Política Criminal, isto é, se se funcionaliza o Direito Penal pela Política Criminal, atrelado aos fins desta, então o delinqüente encontra-se sem uma proteção formalizada aos interesses políticos que pretendem tratá-lo e melhorá-lo e intimidar os demais através da sua pessoa.[36]

Winfried Hassemer ao tratar do conceito de culpabilidade, depois de assinalar que "ele pertence a um dos instrumentos mais difíceis e obscuros do sistema jurídico penal", sustenta, com total propriedade, que ele "alcança o mais profundo da nossa experiência cotidiana e pertence aos conceitos jurídico-penais que mais tem se afastado da mesma",[37] reclamando cautela, na nossa ótica, se vincular com amplitude esse importante conceito à política-criminal, até porque não tem como se constituir, por si só, num limite para o direito de punir do Estado sem levar em consideração a necessária valoração do grau de reprovabilidade pessoal decorrente do consagrado princípio da culpabilidade.

---

33 GARCIA-PABLOS DE MOLINA; GOMES, 2012, p. 456.

34 Op. cit., p. 110-111.

35 HASSEMER, 2005, p. 298.

36 Op. cit., p. 313.

37 HASSEMER, 2005, p. 313.

3. Algumas considerações sobre a crise: livre-arbítrio x determinismo

A origem da crise, se assim podemos identificar, reside na impossibilidade empírica de se demonstrar se o agente ao tempo dos fatos *devia ou podia agir de outro modo*, ou seja, em se saber qual era a sua *vontade* à época que deu causa a uma escolha, uma vez que a culpabilidade gera uma presunção de que teve a possibilidade de adequar sua resolução de vontade à norma, mas assim não se conduziu por isso o "livre-arbítrio é visto como poder de determinar-se conforme o sentido"[38] e, para CEZAR ROBERTO BITENCOURT, esse é o grande vilão e responsável pela atual crise do conceito de culpabilidade.[39]

Para TOMÁS S. VIVES ANTÓN, ao contrário de CEREZO MIR que menciona e de CEZAR BITENCOURT, a crise do princípio da culpabilidade reside, não no poder ou não agir de outro modo, mas sim no que HANS WEZEL chama de *determinismo hipotético*, algo mais profundo,[40] contudo entendemos que a questão central não sai da esfera de se tentar encontrar um meio de demonstrar a resolução de vontade do agente quando dos fatos, como medida de reprovabilidadede de sua conduta culpável.

A liberdade da pessoa humana em sociedade é sempre relativa em face das leis, razão pela qual "a liberdade não pode consistir senão em poder fazer aquilo que se deve querer e em não ser de maneira alguma constrangido a fazer aquilo que não se deve querer",[41] mas mesmo assim, o que se deve querer decorrente da liberdade negativa há de encontrar suas limitações para que não vá de encontro à liberdade de coexistência que regula as relações sociais do contrato existente em sociedade.

A autodeterminação pressupõe liberdade de vontade e, em consequência, de escolha, atributo inerente ao ser racional, pois só aquele que tem consciência pode assim determinar-se, daí não dá para fugir desse campo na apuração da culpabilidade do agente pelo injusto penal, mas necessitamos objetivar os parâmetros a serem observados, como, por exemplo, o finalismo nos trouxe com a culpabilidade normativa, sendo que "a organização dogmática de um Direito penal, de qualquer Direito penal, passa necessariamente pelo pressuposto da liberdade de vontade".[42]

---

38 PRADO, 2011, p. 391.

39 Op. cit., 2014, p. 460.

40 Op. cit., p. 837.

41 MONTESQUIEU (Charles-Louis de Secondat). **Do Espírito das Leis.** BINI, Edson (Trad.), Bauru,SP: EDIPRO, *Série Clássicos*, 2004.

42 BUSATO, 2015, p. 201.

Sobre esse aspecto, PAULO CESAR BUSATO ao tratar da *liberdade como fundamento da linguagem jurídica da ação*, assinala com propriedade, seguindo os ensinamentos de VIVES ANTÓN:

> A chave da compreensão das condutas é justamente a liberdade de ação, pois sem ela resultaria sem sentido inclusive cogitar a respeito da existência de razões para atuar. Não seria razoável pretender inquirir a respeito das motivações de uma atuação determinada, caso partíssemos do pressuposto de que não é possível afirmar que quem agiu poderia fazê-lo de outro modo.[43]

GÜNTHER JAKOBS sustenta que "a função do princípio da culpabilidade é independente de decisão que se tome quanto à questão do livre-arbítrio", que não tem sequer sentido formular. Sustenta, superficialmente, que a culpabilidade embora relacionada com a liberdade, esta se vincula à de autoadministrar-se (a cabeça e o âmbito de organização própria), mas não à liberdade de vontade, com o livre-arbítrio.[44]

Sem embargo, em certa medida, vemos como contraditória esta concepção de culpabilidade e de autodeterminação de JAKOBS porque não se pode desconsiderar na análise da culpabilidade a conduta humana e o seu inerente e inegável livre-arbítrio, bem como que, afinal, a autodeterminação é corolário do poder de autoadministração.

HANS WELZEL, por sua vez, anota:

> Liberdade de vontade é a capacidade de poder reger-se conforme os fins. É a liberdade *da* coação causal, cega, indiferente aos fins, *para* a autodeterminação conforme os fins. Não é – como crê o indeterminismo – a liberdade de poder atuar *de outro modo*, por conseguinte, também mal ou de um modo absurdo, mas para poder atuar *conforme os fins*. A liberdade não é, consequentemente, a possibilidade de poder escolher arbitrariamente entre a finalidade e o absurdo, o valor e o desvalor (assim, por exemplo, Hartmann, *Ethik*, p. 714); a admissão de uma liberdade assim, sem fundamento, nos conduziria apenas, de novo, ao caminho equivocado do indeterminismo e destruiria o sujeito da responsabilidade.[45]

Eticamente falando, a ação humana com liberdade decorre de uma escolha e esta de uma resolução de vontade que a antecede, logo a autodeterminação, deontologicamente, pode ser o móvel de uma boa ou má escolha, diversamente do que defende HANS WEZEL para quem a "culpabilidade é

43 Id., p. 200-201.

44 **Fundamentos do Direito Penal**. CALLEGARI, André Luís (Trad.). São Paulo: RT, 2003, p. 42.

45 WELZEL, 2011, p. 126.

a falta de autodeterminação conforme os fins num sujeito que era capaz de determinar-se".[46]

Aceitamos essa leitura de HANS WELZEL se ela for feita no sentido de que a ausência de autodeterminação do agente, que sustenta, diz respeito àquela conforme a norma em que era capaz de determinar-se, optando por se autodeterminar contrariamente. Do contrário sustentamos que não é a sua falta, mas a sua má escolha em se determinar contrariamente à norma.

Dessa forma, a afirmação de HANS WELZEL de que não é "a liberdade de poder atuar *de outro modo* (por conseguinte, também mal ou de um modo absurdo), mas para poder atuar *conforme os fins*",[47] só pode ser aceita por aqueles que entendem inexistir no homem a escolha de agir em desconformidade com a norma, ou seja, a falta do poder do agente assim autodeterminar-se que nos conduziria ao que crê o *indeterminismo*, como sustenta WELZEL, que para o Filósofo Britânico SIMON BLACKBURN, não passa de uma "concepção segundo a qual alguns acontecimentos não têm causas: eles apenas acontecem, e não há nada no estado prévio do mundo que os explique. Segundo a *mecânica quântica, os acontecimentos quânticos têm essa propriedade".[48]

O *poder de agir ou não de outro modo*, ou seja, o livre-arbítrio tem seus obstáculos transponíveis e intransponíveis nas relações intersubjetivas em sociedade, sendo que a indemonstrabilidade da vontade ao tempo dos fatos sempre ocorrerá, salvo se inimputável, mas mesmo assim essa característica não pode, como nada, se eleger como *iuris et de iure* da verdade dos fatos, até mesmo porque, como bem aponta PAULO CESAR BUSATO, a "reprodução processual, para responder a uma verdade absoluta, necessitaria voltar a colocar a pessoa, como individualidade idêntica, nas mesmas circunstâncias em que se desenvolveu o fato para poder valorar precisamente suas opções".[49]

Para WINFRIED HASSAMER, corretamente, "sem o livre arbítrio não há alternativa à conduta, sem alternativa à conduta não há reprovação da culpabilidade",[50] até porque, sustenta, a polêmica existente entre o determinismo e o indeterminismo é inexistente e por isso mesmo é eternamente impossível de se solucionar,[51] no que concordamos.

---

46 Id., p. 127.

47 Op. cit., p. 126.

48 **Dicionário Oxford de Filosofia.** MARCONDES, Danilo (Trad.). Rio de Janeiro: Zahar, 1997.

49 BUSATO, 2015, p. 188.

50 Op. cit., p. 305.

51 Id., p. 306.

Se essa crise está relacionada à indemonstrabilidade de que o agente ao tempo dos fatos *podia agir de outro modo*, ou seja, em conformidade com a norma,[52] acreditamos que não é com a sua desconsideração, como quer o funcionalismo, que se vá aclarar a questão, mas sim com uma leitura mais pragmática do livre-arbítrio no direito penal.

As causas que geram os efeitos são, muitas das vezes de múltiplas vertentes, de difícil e perigosa constatação que permite acabar por trilhar um caminho regressivo tortuoso na resolução de vontade que repousa no caráter ou personalidade do agente, estes decorrentes de sua criação e formação social, portanto, de difícil conhecimento empírico para o ator jurídico-penal, mas não para o psicólogo.

Em sendo de difícil alcance em face de sua inerente complexidade, uma jornada por esses labirintos pode servir de subterfúgio para se focar no *agente do fato* em detrimento das diretrizes do direito penal contemporâneo que se vincula ao *fato do agente*.

Nesse sentido temos a *teoria da motivabilidade pelas normas* para quem "el inimputable es em realidad um sujeto **no motivable mediante normas**",[53] em que se leva em conta um juízo de culpabilidade "a partir de um determinado *grau de desenvolvimento biológico, psíquico e cultural* que cabe a possibilidade de atribuir ao indivíduo o fato cometido com a correspondente atribuição de *responsabilidade penal*".[54]

Não há como se vislumbrar uma desvinculação com o livre-arbítrio que decorre do homem e tem no determinismo[55] uma parte do problema, afinal "nenhum problema pode ser voluntário ou livre, se com isso queremos dizer que esse acontecimento ocorre unicamente em função de minha vontade, podendo eu ter feito outra coisa",[56] afinal "la culpabilidad es um injusto específico, que se acopla a la acción como consecuencia de la decisión de valor con sentido de la vonluntad a favor de lo injusto".[57]

Sem embargo, CLAUS ROXIN, apoiando-se basicamente na *justificação social da pena* se desvincula da problemática do livre-arbítrio, portanto da

52 BUSATO, 2015, p. 189.

53 MIR PUIG, Santiago. **Derecho Penal**: Parte General. 9ª ed. Montevideo – Buenos Aires: B de F, 2011, p. 546.

54 BITENCOURT, 2014, p. 470.

55 [...] doutrina segundo a qual tudo o que acontece tem uma causa. BLACKBURN, Simon. **Dicionário Oxford de Filosofia**. MARCONDES, Danilo (Trad.). Rio de Janeiro: Zahar, 1997, p. 227.

56 BLACKBURN, 1997, p. 225.

57 WELZEL, Hans. **Estudios de Derecho Penal**: Estudios sobre el sistema de derecho penal. Causalidad y acción. Derecho penal y filosofia. ABOSO, Gustavo Eduardo; LÖW, Tea (Trad.). Montevidéo – Buenos Aires: B de F, 2007, p. 73.

culpabilidade como fundamento da pena, dentro de sua concepção funcionalista, sustentando que a culpabilidade "é cunhada político-criminalmente pela teoria dos fins da pena",[58] mas por entendermos, como já explicitado, que só o homem é dotado de racionalidade e a consequente responsabilidade por seus atos, não coadunamos com esse posicionamento.

Em sendo a pessoa humana detentora da capacidade de se autodeterminar, não conseguimos fugir da ideia do núcleo da culpabilidade como "fundamento e limite da pena",[59] para ficarmos, como na doutrina funcional de Günther Jakobs, "à deriva das *expectativas sociais* para o restabelecimento da confiança normativa".[60]

Estando o *poder agir de outro modo* vinculado à conduta humana e esta a única que autoriza uma censurabilidade pelo injusto penal concretizado, em razão de toda construção dogmática que envolve o princípio da culpabilidade ao longo do tempo, não se pode desconsiderar a sua problemática, mas sim enfrentar objetivando normativamente de forma restrita o seu alcance à reprovabilidade da resolução de vontade que deu causa à escolha de uma ação em desconformidade com a norma, salvo se a intenção é retroceder aos momentos que antecedem essa resolução que dizem respeito ao caráter ou personalidade do agente,[61] devendo-se, então, desconsiderá-la.

Se agindo desse jeito, na busca do conhecimento dos aspectos culturais e sociais que formaram o caráter e/ou a personalidade do agente para se buscar respostas sobre o *poder agir de outro modo* quando dos fatos, estaremos preponderando uma análise sobre o *agente do fato* em detrimento do *fato do agente*, o que vai de encontro, na essência, ao princípio da culpabilidade e ao imperativo categórico kantiano de que o homem é um fim em si mesmo e não um meio, no caso, de *justificação social da pena.*

Destarte, o campo de análise deve se restringir ao caso concreto, em se buscar saber se o agente – no curso do devido processo penal – ao tempo dos

---

58 **Política Criminal e Sistema Jurídico-Penal**. GRECO, Luís (Trad.). Rio de Janeiro – São Paulo: Renovar, 2000, p. 67-81.

59 BATISTA, Nilo. **Introdução Crítica ao Direito Penal Brasileiro**. 4ª ed. Rio de Janeiro: Revan, 1999, p. 103.

60 BITENCOURT, 2014, p. 468.

61 **Nesse sentido:** "Uma outra via de superação do impasse residiria em ligar o poder de agir de outra maneira e a culpa – como claramente logo Aristóteles sugeriu ([29]) -, antes que ao facto praticado, ao caracter ou à personalidade do agente. [...] o que aqui está em causa não é substituir a responsabilidade pelo facto por uma responsabilidade *pela* personalidade. É tão-só substituir a adscrição da culpa, *sempre na base do facto*, não à vontade que a este presidiu, mas ao carácter ou à personalidade que no facto se exprime". FIGUEIREDO DIAS, Jorge. **Direito Penal**: Parte Geral: Tomo I: Questões Fundamentais: A doutrina Geral do Crime. 1ª ed. São Paulo: RT. 2ª ed. Portugal: Coimbra Editora, 2007, p. 520-521.

fatos podia determinar-se em conformidade com a norma, ou seja, se *in concreto* o autor detinha ou não *capacidade de culpabilidade*, entendida esta como tendo ao tempo dos fatos a inteira capacidade de entender o caráter ilícito dos fatos ou de se determinar de acordo com esse entendimento, não havendo como retroceder no tempo e no espaço para quando dos fatos se saber de sua escolha, mas sim tratar dos fatos no presente durante o processo criminal.

3.1. O tal do homem médio

Há quem defenda dentro do finalismo, na busca do aperfeiçoamento da culpabilidade, que para se averiguar o *poder ou não agir de outro modo* do agente no caso concreto deve-se considerar o que o *homem médio* faria naquela situação, sendo que para HASSEMER, essa figura hipotética "com cujas capacidades se mede na reprovação da culpabilidade, não é homo, mas um homunculus, ele é uma figura da imaginação, um 'fenômeno' somente no sentido metafísico"[62], ou seja, de algo que está, aristotelicamente, além do físico.

Como bem aponta RENÉ ARIEL DOTTI sobre esse fato, a

> superstição criada pela práxis acerca de uma categoria de sujeito chamada *homo medius*tem servido, a muito tempo, de muleta para o jurista *andar* nos labirintos da alma à procura de um paradigma que possa autorizar o juízo de reprovação pelo ato praticado por alguém.[63]

Com efeito, indaga-se: Quem é esse tal de *homem médio*? Como algo imaginário, acreditamos que deva ser repelida a sua adoção. Para amenizarmos o subjetivismo que alicerça essa hipotética figura, melhor será considerarmos como o indivíduo no caso concreto, com capacidade de culpabilidade (imputabilidade), ou seja, com o poder de se determinar de acordo com a norma no caso concreto, como deveria agir.

Ora, nesse sentido, de forma mais pragmática e objetiva, basta empiricamente, no curso do devido processo penal, se ter conhecimento se o agente, ao tempo da ação, como já apontado, tinha a capacidade de entender inteiramente ocaráter ilícito do fato ou de se determinar de acordo com esse entendimento, o que responderá se ele tinha o *poder ou não de agir de outro modo*, ou seja, se a sua vontade expressada pela escolha que ensejou a ação autoriza a reprovabilidade pessoal pelo injusto culpável e, consequentemente, a análise do grau de reprovação com seus limites quando da aplicação da pena.

Assim, ousamos, nesse ponto, com base no acima exposto, discordar de HASSEMER que aplaude o critério de avaliação do *homem médio* em substi-

62 HASSEMER, 2011, p. 309.

63 Op. cit, p. 73.

tuição do *homem real*, como "consequência obrigatória do conhecimento correto de que, com os meios do Processo Penal, não se pode verificar a alternativa de ação que realmente poderia ser escolhida".[64] A adoção desse critério faz com que passássemos a ter um gabarito, um espelho, um modelo do que seria um *homem ideal* para poder-se analisar a resolução de vontade do *homem real* que deu causa a escolha de uma ação contrária à norma, o que inviabiliza uma correta análise individual da responsabilidade penal no caso concreto.

Se a responsabilidade penal é individual, não vemos como nos deslocarmos do critério singular para o coletivo, este que se lastreia no malfadado *homem médio*, uma vez que não se estará individualizando a responsabilidade do agente com base na reprovabilidade pessoal, mas sim na social, ou seja, de como devia e não o fez com relação ao *homem ideal*, ou seja, o tal *homem médio* construído no imaginário.

Esse tal de *homem médio* impõe um padrão esteriotipado de pessoa em sociedade, esta que é dinâmica e está em constante evolução, ainda mais, como bem aponta René Ariel Dotti, em nosso país em que há "*juízes paralelos*, ancorados em muitos veículos de comunicação social, disseminam a cultura de um *direito penal do terror*, é impossível identificar esse protagonista do imaginário"[65] que podem, por isso mesmo, assumir múltiplas e ocasionais aparências diversas na cabeça do juiz criminal.

Será que adotando o critério geral do *homem médio* não estaremos maculando a instituição da *dupla via* do nosso sistema jurídico-penal, subvertendo-a?

Parece-nos, num primeiro momento, que ao se adotar esse *critério geral* se está afastando a *reprovabilidade individual* pelo injusto culpável e aproximando-se da periculosidade social do agente com base numa questão mais chegada à *justificação social da pena* decorrente de política criminal do que de dogmática penal.

Sustentamos que o *critério geral de culpabilidade* não analisa a reprovabilidade pessoal, mas sim a social, ou seja, se o injusto culpável do agente se amolda ao ideal social, o que, em consequência, faz com que a sua punibilidade ganhe inegáveis contornos de alguém que tem o seu grau de reprovabilidade representado por uma hipotética periculosidade social, o que não nos parece a mais correta política criminal a ser empregada num direito penal do fato, na medida em que o *critério geral de culpabilidade* pode se transformar num verdadeiro subterfúgio ao direito penal do autor.

É certo que o *poder ou não agir de outro modo* nunca será instrumento de observação empírica, estejamos ou não falando do *homem médio* porque os fatos sempre antecedem o devido processo penal, sendo que neste, e somente

64 Op. cit., p. 310.

65 Op. cit., p. 74.

neste, que a verdade processual poderá surgir por meio das provas produzidas sobre o crivo do contraditório, sob pena imaginar-se ser possível se chegar – agindo-se contrariamente – mais próximo da malfadada e inexistente verdade real ou absoluta.

Buscar demonstrar ou comprovar a vontade do agente quando dos fatos, é retroceder no tempo e no espaço sobre algo que é presente, por isso será sempre indemonstrável, uma vez que não há passado e nem futuro, mas apenas presente.

O passado está na memória do agente por meio de imagens que mais lhe marcaram, porque o passado são apenas lembranças presentes, por isso sempre indemonstrável se, ao tempo dos fatos, podia ou devia agir de outro modo.

Portanto, sempre lembramos no presente do passado e o futuro, que é o momento seguinte desconhecido ao presente, quando conhecido passa a ser presente, daí a sua inviabilidade empírica de se querer saber exatamente qual a resolução de vontade do agente ao tempo dos fatos na busca de uma resposta para que se *podia ou não agir de outro modo*, ou seja de qual era a sua escolha à época, mas não no curso do devido processo penal se o agente tinha a capacidade de entender o caráter ilícito do fato ou de se determinar de acordo com esse entendimento, ou seja, se era culpável (imputável).

Considerações finais

Como podemos constatar, não há ainda um consenso anatômico da culpabilidade, todavia não há como fugir do seu vínculo com a pessoa humana e sua conduta, pois é desta que advém a culpa, sob pena de mitigarmos todo um aperfeiçoamento histórico da culpabilidade na concretização de uma responsabilidade penal subjetiva em detrimento da objetiva.

Nesse sentido, não há como desvincular a conduta humana decorrente de uma resolução de vontade como aquela que obrigatoriamente deve sofrer um juízo de reprovabilidade quando em desconformidade com a norma, afinal só o ser racional é capaz de se autodeterminar por escolhas boas e más.

Se só a pessoa humana é capaz de cometer crimes, necessário se faz que a culpabilidade por sua ação típica e antijurídica possa ensejar uma sanção penal, razão pela qual se só quem comete delitos pode sofrer uma pena, forçoso reconhecer que apenas o crime como ação típica, antijurídica e culpável autoriza uma reprovabilidade individual, ou seja, inevitavelmente todos esses elementos constitutivos de seu conceito analítico da teoria tripartida são ao mesmo tempo *fundamento* e *limite* do direito de punir estatal.

Dessa forma, a culpabilidade não deixa de ser o necessário *elo* entre o injusto penal e a pena, fundamentando num primeiro momento a intervenção estatal para, logo em seguida, ser o limite à reprovabilidade individual quando da aplicação da pena. Pressuposto da pena, portanto, é o delito com todos os seus três elementos constitutivos e não só a culpabilidade.

Por outro lado, se a responsabilidade penal e a reprovabilidade é individual, não há como se afastar do homem real para se buscar respostas não encontradas num homem ideal ou homem médio, já que o foco passa a ser o social e não mais o pessoal, permitindo-se um caminhar ultrapassado sobre o *agente do fato* em detrimento daquele inerente ao *fato do agente*, por isso mesmo a teoria da motivibilidade das normas e da concepção funcional de culpabilidade devem ser recebidas com reservas porque tendem a caminhar retrocedendo no tempo e no espaço na medida em que se passa a perseguir a tentativa de se conhecer o caráter e/ou personalidade do agente para se buscar respostas sobre o *poder agir de outro modo* quando dos fatos.

Sobre esse aspecto central, há um falseamento da crise anunciada quando ela se lastreia no binômio livre-arbítrio x determinismo, já que este decorre daquele por lhe ser inerente, por isso concordamos com parte da doutrina que sustenta residir a crise no próprio livre-arbítrio, ou seja, no *poder agir de outro modo* do agente quando dos fatos por sua indemonstrabilidade.

Assim, necessitamos objetivar normativamente de forma restritiva o real alcance do *poder agir de outro modo* do agente quando dos fatos àquele que se pode alcançar no curso do devido processo penal.

Não há verdade real, mas apenas processual, daí ser realmente indemonstrável se o agente ao tempo dos fatos tinha ou não o *poder de agir de outro modo*, ou seja, de agir em conformidade com as normas, razão pela qual só o processo criminal poderá permitir se chegar mais próximo dessa condição pela capacidade de culpabilidade do agente (imputabilidade) no caso concreto, entendida esta como a capacidade de entender inteiramente o caráter ilícito do fato ou de se determinar de acordo com esse entendimento.

Referências bibliográficas

BATISTA, Nilo. **Introdução Crítica ao Direito Penal Brasileiro**. 4ª ed. Rio de Janeiro: Revan, 1999.

BITENCOURT, Cezar Roberto. **Tratado de Direito Penal**: Parte Geral. 20ª ed. rev., ampl. e atual. São Paulo: Saraiva, 2014, vol. 1.

________. **Teoria Geral do Delito**. São Paulo: RT, 1997.

BLACKBURN, Simon. **Dicionário Oxford de Filosofia**. MARCONDES, Danilo (Trad.). Rio de Janeiro: Zahar, 1997.

BRANDÃO, Cláudio. **Teoria Jurídica do Crime**. Coleção Ciência Criminal Contemporânea. 4. ed., São Paulo: Atlas, 2015, vol. 1.

BUSATO, Paulo. **Direito Penal**: Parte Geral. 2ª ed. São Paulo: Atlas, 2015.

________. **Fundamentos para um direito penal democrático**. 5ª ed. São Paulo: Atlas, 2015.

CONDE, Francisco Muñoz. **Teoria Geral do Delito**. TAVARES, Juarez; PRADO, Luiz Regis (Trad.). Porto Alegre: Sergio Antonio Fabris Editor, 1988.

DOTTI, René Ariel, **A Posição Sistemática da Culpabilidade.** Coleção Ciências Penais. Porto Alegre: Nuria Fabris, 2013, vol. V.

FIGUEIREDO DIAS, Jorge. **Questões Fundamentais do Direito Penal Revisitadas.** São Paulo: RT, 1999.

_______. **Temas Básicos da Doutrina Penal**: Sobre os fundamentos da doutrina penal. Sobre a doutrina geral do crime. Portugal: Coimbra Editora, 2001.

_______. **Direito Penal**: Parte Geral: Tomo I: Questões Fundamentais: A doutrina Geral do Crime. 1ª ed. São Paulo: RT. 2ª ed. Portugal: Coimbra Editora, 2007.

FRAGOSO, Heleno Cláudio. **Lições de Direito Penal**: A Nova Parte Geral. 8ª ed., Rio de Janeiro: Forense, 1985.

GARCÍA-PABLOS MOLINA, Antonio; GOMES, Luiz Flávio. **Direito Penal**: Fundamentos e Limites do Direito Penal. 3ª ed. ref. e atual. Coleção Ciências Criminais. São Paulo: RT, 2012, vol. 1.

GRECO, Rogério. **Curso de Direito Penal**: Parte Geral. 16ª ed. rev., ampl. e atual. Rio de Janeiro: Impetus, 2014, vol. 1.

HASSEMER, Winfried. **Introdução aos Fundamentos do Direito Penal** (*Einführung in die GrundlagendesStrafrechts*). SILVA, Pablo Rodrigo Alflen. 2ª ed. ver e ampl. Porto Alegre: Sergio Antonio Fabris Ed., 2005.

JAKOBS, Günther. **Fundamentos do Direito Penal.** CALLEGARI, André Luís (Trad.). São Paulo: RT, 2003.

JESUS, Damásio E. de. **Direito Penal**: Parte Geral. 19ª ed. rev. e atual. São Paulo: Saraiva, 1995, vol. 1.

LUISI, Luiz. **Os princípios constitucionais penais**. 2ª ed. rev. e aum. Porto Alegre: Sergio Antonio Fabris Editor, 2003.

KALIL, José Arthur Di Spirito. **O Consumidor e o Direito Penal Econômico.** Rio de Janeiro: Lumen Juris, 2014.

MACHADO, Fábio Guedes de Paula. **Culpabilidade no Direito Penal.** São Paulo: QuartierLatin, 2010.

MESTIERI, João. **Manual de Direito Penal**: Parte Geral. Rio de Janeiro: Forense, 1999, vol. 1.

MIRABETE, Julio Fabbrini. **Manual de Direito Penal**: Parte Geral – Arts. 1º a 120 do CP. 8ª ed. rev. e ampl. São Paulo: Atlas, 1994, vol. 1.

MIR PUIG, Santiago. **Derecho Penal**: Parte General. 9ª ed. Montevideo – Buenos Aires: B de F, 2011.

MONTESQUIEU (Charles-Louis de Secondat). **Do Espírito das Leis.** BINI, Edson (Trad.), Bauru, SP: EDIPRO, *Série Clássicos*, 2004.

PIERANGELI, José Henrique. **Escritos Jurídico-Penais**. 2ª ed. rev., atual. e ampl. São Paulo: RT, 1999.

PRADO, Luiz Regis. **Curso de Direito Penal Brasileiro**: Parte Geral – Arts. 1º ao 120. 10ª ed. rev., atual. e ampl. São Paulo: RT, 2011, vol. 1.

RAMOS, Enrique Peñaranda; GONZÁLEZ, Carlos Suárez; MELIÁ, Manuel Cancio. **Um Novo Sistema do Direito Penal**: Considerações sobre a teoria de GüntherJakobs. CALLEGARI, André Luís; GIACOMOLLI, Nereu José (Org. e Trad.). Barueri-SP: Manole, 2003.

ROXIN, Claus. **Problemas Fundamentais de Direito Penal**. Colecção: Veja Universidade/Direito e Ciência Jurídica. NATSCHERADETZ, Ana Paula dos Santos; PALMA, Maria Fernanda; FIGUEIREDO, Ana Isabel. 3ª ed. Lisboa: Veja, 1998.

________. **Política Criminal e Sistema Jurídico-Penal**. GRECO, Luís (Trad.). Rio de Janeiro – São Paulo: Renovar, 2000.

SOLER, Sebastian. **Derecho Penal Argentino.** 4ª ed. Buenos Aires: TEA, 1970.

TAVARES, Juarez. **Teoria do Injusto Penal**. Belo Horizonte: Del Rey, 2000.

________. **Teorias do Delito** (Variações e Tendências). São Paulo: RT, 1980.

TOLEDO, Francisco de Assis. **Princípios Básicos de Direito Penal**. 5ª ed., São Paulo: Saraiva, 1994.

WELZEL, Hans. **Estudios de Derecho Penal:** Estudios sobre el sistema de derecho penal. Causalidad y acción. Derecho penal y filosofia. ABOSO, Gustavo Eduardo; LÖW, Tea (Trad.). Montevideo – Buenos Aires: B de F, 2007.

________. **O Novo Sistema Jurídico-Penal**: Uma introdução à doutrina da ação finalista. PRADO, Luiz Regis (Trad.). 3ª ed. rev. e ampl. São Paulo: RT, 2011.

VIVES ANTÓN, Tomás S. **Fundamentos Del Sistema Penal**: *Acción Significativa y Derechos Constitucionales*. 2ª ed. Valencia: TirantloBlanch, 2011.

ZAFFARONI, Eugenio Raúl; PIERANGELI, José Henrique. **Manual de Direito Penal Brasileiro**: Parte Geral. 5ª ed. rev. e atual., São Paulo: RT, 2004.

ABERRATIO ICTUS: CRÍTICA À REGULAMENTAÇÃO LEGAL BRASILEIRA

Bruno Heringer Júnior

RESUMO: O âmbito da atividade punitiva estatal necessita estar sob constante sindicância, ainda mais em um momento de elaboração de um novo Código Penal. Dentre os institutos jurídico-penais que merecem revisão, encontra-se o da *aberratio ictus*. Como se verifica em países de nosso entorno cultural, a solução normativa vigente no Brasil não representa a melhor alternativa de regulamentação da matéria. Talvez, por tratar-se de um problema específico de *dolus*, de difícil conformação legal, seria conveniente que a doutrina e a jurisprudência desenvolvessem o instituto, com a supressão do dispositivo do Código Penal.

PALAVRAS-CHAVE: Direito Penal. *Aberratio ictus*. *Dolus*.

TITLE: *Aberratio ictus*: a critique of the Brazilian legal regulation.

ABSTRACT: The scope of State punitive activity needs to be kept under close scrutiny, especially at a time of drafting a new Criminal Code. Among the legal institutions that merit review, there is the *aberratio ictus*. As the experience of neighboring countries sharing our cultural environment demonstrates, the current legal solution in Brazil is not the best alternative to the regulation of the matter. As a specific issue of *dolus*, difficult of drafting in State acts, maybe it would be more appropriate if the doctrine and the courts develop the institute, whereas it is suppressed from the Criminal Code.

KEYWORDS: Criminal Law. *Aberratio ictus*. *Dolus*.

INTRODUÇÃO

A anomia e o sentimento de insegurança que atualmente assolam o País fazem com que, cada vez mais, se aposte na repressão como forma de integração social, com o esquecimento da lição fundamental de Renê Ariel Dotti, nosso homenageado, de que não se pode ter "a pretensão de reformar a sociedade pela ameaça da pena".[1]

A segurança pública, apesar de sua importância comunitária, não pode ser alcançada a qualquer preço. Ao contrário, em vez de apostar-se na mera

1 DOTTI, René Ariel. "Reforma penal e direitos humanos". *In: Revista dos Tribunais*. São Paulo: Revista dos Tribunais, 1993, nº 697, p. 254 e segs.

exacerbação da resposta penal, talvez o que se necessite alcançar, nesse momento histórico, seja uma nova legislação criminal eficaz, mas racional e humana, capaz de fazer frente aos desafios impostos ao País.

Com um novo projeto de Código Penal[2] sendo apreciado pelo Poder Legislativo, o Brasil vive um momento propício ao questionamento de alguns institutos jurídico-penais que ainda figuram em sua realidade normativa.[3] Está-se, pois, diante de uma oportunidade ímpar para revisar alguns dos dispositivos que integram a legislação penal pátria, apesar de todas as críticas à proposta de reforma legal.[4]

Uma dessas regulamentações é a relativa à *aberratio ictus*, norma expressa ainda vigente que confere uma específica solução jurídica ao problema do erro ou acidente na prática de algum crime. Apesar de tratar de casos de ocorrência infrequente, mesmo assim o tema não prescinde de uma análise crítica que permita apontar soluções talvez mais adequadas ao Estado Constitucional de Direito e conformes às indicações doutrinárias mais abalizadas.

É a essa tarefa que se dedica o presente trabalho, atento à relativa desconsideração com que se trata da matéria, deixada de lado diante de tantos outros assuntos mais proeminentes.

1. Crimes aberrantes: contornos jurídicos

Usa-se a expressão "crimes aberrantes" para indicar uma série de casos penais em que a intenção do agente em delitos de resultado, seja quanto ao objeto visado, seja quanto ao curso causal pretendido, não se concretiza tal como planejada; em outras palavras, o fato idealizado não corresponde ao fato realizado[5]. Basicamente, cuida-se de hipóteses de erro ou acidente na execução do crime ou de desvio do curso causal.

As situações mais comuns são as de *aberratio ictus*, *aberratio criminis* ou *delicti* e *aberratio causae*.[6]

2 Projeto de Lei do Senado nº 236/2012 (Anteprojeto de Código Penal).

3 Talvez as duas maiores dificuldades a serem enfrentadas na nova codificação sejam o do aparecimento de inúmeros microssistemas penais que assumiram dimensões e características próprias e a tendência de criminalizar quase todos os problemas sociais que surgiram nas últimas décadas (DOTTI, René Ariel. "Proposta para uma nova Consolidação das Leis Penais". *In: Revista Brasileira de Ciências Criminais*. São Paulo: Revista dos Tribunais, 1999, nº 28, p. 151 e segs.).

4 DOTTI, René Ariel. "O Projeto Sarney de Código Penal". *In: Revista Brasileira de Ciências Criminais*. São Paulo: Revista dos Tribunais, 2012, p. 53 e segs.

5 COSTA JÚNIOR, Paulo José da. *O crime aberrante*. Belo Horizonte: Del Rey, 1996, p. 15.

6 A doutrina pátria inclui os crimes aberrantes entre os casos de erros acidentais de tipo, juntamente com o *error in persona* e o *error in objeto* (GOMES, Luiz Flávio; GARCÍA-PABLOS DE MOLINA, Antonio. *Direito Penal*: Parte Geral. vol. 2. São Paulo: Revista

Na primeira delas, mais frequente em crimes contra a vida e a integridade corporal, o agente visa a atingir determinada pessoa, mas, por erro ou acidente, acaba por ferir ou matar outrem. O dolo do autor volta-se contra uma vítima específica, mas, por alguma circunstância alheia a sua vontade, a pessoa efetivamente atingida é outra. As razões para tanto podem ser várias: falha na pontaria, defeito na arma, empurrão no agente, esquiva da vítima etc.

O segundo grupo de casos também cuida de hipótese de erro ou acidente durante a prática do delito. Contudo, a diferença entre a *aberratio ictus* e a *aberratio criminis* ou *delicti* reside na natureza dos bens jurídicos protegidos pelas normas penais infringidas. Enquanto naqueles casos, cuida-se sempre bens jurídicos personalíssimos ou fundamentais, nestes está-se diante de bens jurídicos de natureza diversa, como a vida e a propriedade, por exemplo. Diz-se que existe, na primeira, uma relação pessoa-pessoa (*error a persona in personam*) e, na segunda, uma relação coisa-pessoa (*error a re in personam*).[7] Comuns são as hipóteses em que o agente visa a atingir determinado objeto patrimonial de terceiro (um automóvel ou uma casa, por exemplo), mas termina por atingir uma pessoa, matando-a ou ferindo-a.

O Código Penal brasileiro expressamente regula ambas as situações nos artigos 73 e 74, sob as rubricas de erro na execução e de resultado diverso do pretendido, apesar de a doutrina internacional, dada a semelhança estrutural dos institutos, geralmente os tratar em conjunto.

Nos termos da lei, a *aberratio criminis* ou *delicti* é resolvida de acordo com o número de objetos efetivamente atingidos: se o agente mirou na coisa e atingiu, sem querer, apenas a pessoa, responderá somente por lesões corporais ou homicídio imprudentes, restando, de certa forma, absorvido o delito doloso contra o patrimônio tentado (princípio da consunção); já se acertou em ambos, na coisa e na pessoa, também responderá por lesões corporais ou homicídio imprudentes, tendo sua pena acrescida, porém, do aumento relativo ao concurso formal de delitos (artigo 70 do Código Penal).

A forma inversa (*error a persona in rem*), em que é visada uma pessoa, mas se termina por atingir uma coisa, apesar de receber a mesma designação jurídica, não tem relevância prática, já que o dano culposo, em regra, não é punível.[8]

---

dos Tribunais, 2007, p. 397/404). Seriam ditos acidentais, em contraposição aos erros essenciais, porque irrelevantes ou insuficientes para afastar a responsabilidade pelo delito praticado.

7 MAGALHÃES NORONHA, E. *Direito Penal*. Vol. 1. 31ª ed.São Paulo: Saraiva, 1995, p. 153.

8 Apesar disso, como, ao menos no direito penal ambiental, existem algumas formas de delitos de dano culposos, a solução preconizada pelo o artigo 74 do Código Penal pode levar a soluções absurdas.

Por fim, a *aberratio causae* diz respeito ao desvio do curso causal: o agente quer atingir determinado objeto e consegue, mas não da forma esperada, já que o resultado visado é alcançado através de curso causal diverso.

Três formas de desvio causal são imagináveis. Nas situações de resultado de ocorrência retardada relativamente ao planejado – a hipóteses mais conhecida -, o agente imagina já ter alcançado seu objetivo com a ação precedente – matado a vítima, por exemplo -, mas somente consuma o delito em um segundo momento, de maneira apenas culposa. Por exemplo, o autor estrangula a vítima e, tomando-a por morta, lança-a de um penhasco; a vítima, porém, somente morre devido à queda. Geralmente, resolve-se esse problema jurídico com a aplicação da vetusta teoria do *dolus generalis*, segundo a qual o resultado alcançado estaria abarcado por um dolo genérico do agente – queria matar a vítima e acabou matando-a efetivamente.

Nos casos de resultado de ocorrência antecipada relativamente ao planejado, ocorre o oposto: o agente já alcança o resultado visado com a ação inicial, diversamente do esperado, sem dar-se conta. Por exemplo, o autor desfere um golpe na cabeça da vítima para deixá-la desacordada e depois a arremessa em um rio com o objetivo de matá-la por afogamento; a vítima, porém, já morrera com a pancada inicial.

Pode ocorrer, por fim, o desvio causal em sentido estrito, quando, como decorrência de uma conduta única, o resultado é alcançado através de um curso causal diverso do visado, mas também provocado pelo agente. Por exemplo, o autor dispara um revólver contra o motorista de um carro, visando a matá-lo com o projétil; contudo, a morte decorre de traumatismo craniano provocado pelo capotamento do veículo.

Esse conjunto de casos não conta com solução legal expressa, apesar de não apresentar muitos problemas práticos, ao menos nas situações mais frequentes. A doutrina e a jurisprudência indicam que, em tais hipóteses, não sendo essencial o desvio causal, deve o agente responder pelo resultado a título de dolo. Valendo-se da terminologia da teoria da imputação objetiva, se o resultado é decorrência do risco criado pelo próprio agente, é-lhe atribuível a título de dolo; caso contrário, não.

Em verdade, dificilmente o agente tem domínio e conhecimento detalhado do curso causal de sua conduta e, ao menos nos delitos dolosos, pouco lhe importa o modo como o resultado será alcançado. Por isso, é justificável que mudanças irrelevantes do curso causal não afastem ou alterem a sua responsabilidade penal, até mesmo porque o objeto do delito no final atingido continua a ser o mesmo, diferentemente do que ocorre nos casos de erro na execução.

Essa solução jurídica, por simples que pareça, comporta, porém, uma dificuldade não negligenciável: como diferenciar os desvios do curso causal relevantes dos irrelevantes?[9] Para enfrentar esse problema, a doutrina sugere uma série de critérios,[10] que não serão aqui analisados, por desbordar dos objetivos do presente trabalho.

2. *Aberratio ictus*: regulamentação legal

O Código Penal brasileiro atualmente em vigor, expressamente, em seu artigo 73, trata da *aberratio ictus*, sob a rubrica de erro na execução, nos seguintes termos:

> Art. 73. Quando, por acidente ou erro no uso dos meios de execução, o agente, ao invés de atingir a pessoa que pretendia ofender, atinge pessoa diversa, responde como se tivesse praticado o crime contra aquela, atendendo-se ao disposto no § 3º do art. 20 deste Código. No caso de ser também atingida a pessoa que o agente pretendia ofender, aplica-se a regra do art. 70 deste Código.

Como se percebe, a lei optou por adotar a teoria da equivalência, a qual propugna que, em caso de erro na execução, em sendo o mesmo o bem jurídico visado e o atingido – a vida, por exemplo -, pouco importa se quem de fato restou atingido é fulano ou beltrano. Como, para essa concepção doutrinária, os bens jurídicos constituem meras idealidades ou abstrações, a concretude do objeto do delito é indiferente para a configuração do crime. Por essa razão, tais infrações são consideradas uma unidade e punidas como tal: como a realização da intenção do agente.[11]

Segundo a redação do referido artigo 73, a punição do agente, nos casos de *aberratio ictus*, depende da quantidade de resultados efetivamente havidos: se somente o terceiro restou atingido, o agente responde por homicídio consumado ou tentado ou, ainda, lesão corporal, dependendo de seu dolo e da efetiva ofensa sofrida pelo terceiro; se também a pessoa visada restou atingida, agrega-se o aumento de pena do concurso formal de delitos (artigo 70 do Código Penal). E sempre se consideram as características pessoais da pessoa visada, não as da atingida, para definir a responsabilidade do agente (por exemplo, visou ao próprio pai e atingiu terceiro desconhecido: incide a

---

9 Os casos podem ser mais complicados. Por exemplo: dois amigos discutem e um deles, em um acesso de fúria, golpeia o outro com uma faca, arrependendo-se, em seguida, e conduzindo o ferido ao hospital, mas, no trajeto, acaba colidindo, sem querer, o automóvel e matando o amigo por traumatismo craniano.

10 Por exemplo: GIMBERNAT ORDEIG, Enrique. *Cursos causales irregulares e imputación objectiva*. Montevideo/Buenos Aires: Editorial B de f, 2011, *passim*.

11 Solução assemelhada à da doutrina do "transferred intent" do sistema do Common Law, que sustenta que "the intent follows the bullet" (DRESSLER, Joshua. *Understanding Criminal Law*. 5ª ed.Newark/San Francisco: Lexis Nexis, 2009, p. 124).

agravante da prática de crime contra ascendente prevista no artigo 62, II, *e*, do Código Penal).

Poderiam ocorrer, assim, em uma tentativa de homicídio, as seguintes configurações:

Com resultado único (unidade simples):

a1) terceiro apenas ferido: tentativa de homicídio doloso da pessoa visada;

a2) terceiro morto: homicídio doloso consumado da pessoa visada.

b) Com resultado duplo (unidade complexa): pessoa visada ferida e terceiro morto: homicídio consumado da pessoa visada, com o aumento de pena do concurso formal de delitos.

Evidentemente, a regra legal do erro na execução somente cobra aplicação nos casos em que o terceiro é atingido sem querer, por mera imprudência do agente, e em que a vítima visada é ofendida de forma menos grave que o terceiro. Em outras palavras, havendo dolo, ao menos eventual em relação ao terceiro, as normas gerais do concurso de crimes são suficientes para resolver o problema. Da mesma forma, se é a vítima visada a que acaba atingida mais gravemente – morta ou ferida -, é desnecessário o recurso ao disposto no artigo73 do Código Penal para decidir o caso.

Essa solução legal procura conferir idêntico tratamento jurídico ao *error in persona* e à *aberratio ictus*. No erro quanto à pessoa, matéria regulada no artigo 20, § 3º, do Código Penal, o agente visa a atingir determinada pessoa, previamente localizada no tempo e no espaço, e efetivamente acerta nela, mas a identidade da pessoa ofendida não coincide com a da pessoa visada. Dá-se, aqui, um erro de representação: o agente efetivamente atinge a pessoa contra a qual dirigia sua ação, mas ela não corresponde à vítima que o agente pensava estar ofendendo. Por exemplo, o agente dispara seu revólver contra uma pessoa sentada em um banco de bar e efetivamente a fere ou mata; ocorre, porém, que ela é uma pessoa diversa daquela que o agente pensava tratar-se.

O argumento lógico para atribuir a mesma solução para os casos parece evidente: em ambas as situações o agente quer atingir uma pessoa e acaba acertando em outra. Contudo, no plano estrutural, há uma diferença radical entre eles: no *error in persona*, o objeto do delito visado e, ao cabo, atingido é o mesmo, havendo apenas um equívoco na representação do agente; já na *aberratio ictus*, há objetos do delito diversos, até mesmo podendo ocorrer a hipótese de resultados múltiplos, o que é inconcebível no erro quanto à pessoa. A solução legal do artigo 20, § 3º, do Código Penal é justificável para o *error in persona*; no entanto, sua extensão ao tratamento da *aberratio ictus* pode ser problemática, conduzindo a consequências jurídicas não razoáveis.

A opção legislativa por essa configuração do instituto decorre da influência do Código Penal da Itália (Código Rocco), tendo sido prevista inicialmente em nosso Código Penal de 1940 (artigos 53 e 54) e mantida, após, na revisão de 1984,[12] orientação teórica essa que ainda continua a ser dominante na doutrina italiana.[13] Apesar disso, a solução legal parece não ser a mais adequada político-criminalmente, além de apresentar inconsistências de ordem dogmática.

3. *Aberratio ictus*: soluções alternativas

O equívoco da teoria adotada no Brasil relativamente à *aberratio ictus* é decorrência de uma concepção de bem jurídico também equivocada. Se se considera a relação ou o dado social protegido pela norma penal como uma mera abstração ou um valor ideal, é evidente que a morte de uma ou outra pessoa apareça como irrelevante para a configuração do delito. Contudo, o que a lei tutela não é um interesse imaterial, mas algo real.[14] O bem jurídico-penal, portanto, tem concretude, e constitui-se numa determinada forma existencial daquilo que é protegido. Em outras palavras, é uma realidade "contemplada en su valor funcional de bien para el Derecho".[15]

Por outro lado, mesmo que se parta de uma concepção espiritualizada de bem jurídico, é preciso ter presente que o dolo não se refere em abstrato a uma classe de entes, mas a um determinado objeto de ataque[16]. O propósito do agente não se volta à afetação de algum bem jurídico considerado em sua dimensão intangível, mas à ofensa a um específico objeto localizado no tempo e no espaço. Por isso, nas lesões corporais e no homicídio, por exemplo, não é indiferente à configuração do delito se, por erro ou acidente na execução, a pessoa ao final atingida é outra que não a visada.

Entendimento diverso pode conduzir a soluções jurídicas absurdas. Imagine-se o caso de alguém que, ao disparar seu revólver contra um desafeto, atinge, por erro, seu próprio filho, matando-o. O propósito do agente, aqui, não se volta à destruição de qualquer vida humana, mas a de uma pes-

12 ZAFFARONI, Eugenio Raúl; PIERANGELLI, José Henrique. *Manual de Direito Penal*: Parte Geral. São Paulo: Revista dos Tribunais, 1997, p. 489.

13 PAGLIARO, Antonio. *Principi di Diritto Penale*: Parte Generale. 7ª ed.Milano: Dott. A. Giuffrè, 2000, p. 612/618; MANTOVANI, Ferrando. *Diritto Penale*. 4ª ed.Padova: CEDAM, 2001, p. 398/401.

14 GRECO, Luís. "'Princípio da ofensividade' e crimes de perigo abstrato: Uma introdução ao debate sobre o bem jurídico e as estruturas do delito". *In: Revista Brasileira de Ciências Criminais*. São Paulo: Revista dos Tribunais, 2004, nº 49, p. 89 e segs.

15 SILVA SÁNCHEZ, Jesus-María. "*Aberratio ictus* e imputación objectiva". *In: Anuario de Derecho Penal y Ciencias Penales*. Logroño: Universidad de la Rioja, 1984, t. 37, fasc. II, p. 347 e segs.

16 JESCHECK, Hans-Heinrich. *Tratado de Derecho Penal*: Parte General. 4ª ed.Granada: Editorial Comares, 1993, p. 282.

soa específica, não se podendo concluir que sua intenção restou atendida com a morte de outra.

Aliás, um caso concreto que revela o desacerto do entendimento sufragado foi apreciado pelo Supremo Tribunal Federal.[17] Tratava-se de um crime de roubo em que um dos agentes disparou contra uma vítima, mas acabou matando um comparsa; aplicando a regra do artigo 73 do Código Penal, a Corte entendeu que se estava diante de latrocínio consumado, solução estranhável à luz do entendimento dominante de que a morte de um dos coautores não configura a qualificadora do artigo 157, § 3º, do Código Penal;[18] afigurar-se-ia mais correta dogmaticamente, assim, a decisão que reconhecesse a ocorrência de mera tentativa de latrocínio em concurso com homicídio culposo ou até doloso eventual, a depender da concreta configuração do evento.

Exatamente para contornar inconsistências como essas é que a doutrina dominante em Portugal,[19] na Espanha[20] e na Alemanha[21] adota a teoria da concreção ou concretização, a qual sustenta que o dolo do agente tem que ser aferido a partir do objeto do delito que pretendia atingir. A solução, nesses casos em que o autor tenta matar alguém e acaba acertando em outrem, assim, seria pelo reconhecimento de tentativa de homicídio da pessoa visada em concurso formal com homicídio ou lesão corporal imprudente da pessoa efetivamente atingida.

Esse entendimento permite que se puna o agente na medida de sua culpabilidade, considerando o exato alcance de sua intenção e de sua imprudência: a tentativa de morte foi dolosa; a morte ou a lesão corporal a final consumada foi culposa. E, ademais, evita a ocorrência de responsabilidade

---

17 *Habeas Corpus* nº 69.579/SP, STF, 1ª Turma, rel. Min. Moreira Alves, julgado em 17/11/1992.

18 GOMES, Luiz Flávio. CUNHA, Rogério Sanchez. *Direito Penal*: Parte Especial. Vol. 3. São Paulo: Revista dos Tribunais, 2008, p. 133; BITENCOURT, Cesar Roberto. *Tratado de Direito Penal*: Parte Especial. Vol. 3. 7ª ed.São Paulo: Saraiva, 2011, p. 121/122.

19 Por todos, FIGUEIREDO DIAS, Jorge de. *Direito Penal*: Parte Geral: Questões Fundamentais. A Doutrina Geral do Crime. T. I. São Paulo: RT; Coimbra: Coimbra Editora, 2007, p. 361/362.

20 Apesar de a teoria tradicional ser a da equivalência, pode entender-se como hoje dominante a da concretização, a qual é seguida por: SILVA SÁNCHEZ, Jesus-María. *Op. cit*;. MUÑOZ CONDE, Francisco; GARCÍA ARÁN, Mercedes. *Derecho Penal*: Parte General. 4ª ed.Valencia: Tirant lo Blanch, 2000, p. 315; MIR, José Cerezo. *Derecho Penal*: Parte General. São Paulo: RT; Lima: ARA Editores, 2007, p. 533/535; COBO DEL ROSAL, M.; VIVES ANTÓN, T. S. *Derecho Penal*: Parte General. 5ª ed.Valencia: Tirant lo Blanch, 1999, p. 664/665; MIR PUIG, Santiago. *Derecho Penal*: Parte General. 5ª ed.Barcelona: Reppertor, 2001, p. 260/262; BACIGALUPO, Enrique. *Direito Penal*: Parte Geral. São Paulo: Malheiros, 2005, p. 305/307.

21 Por todos, JESCHECK, Hans-Heinrich. *Op. cit.*, p. 281.

objetiva[22], decorrente de um mero *versari in re illicita*, nos casos em que o resultado efetivamente alcançado for imprevisível para o agente.

Não bastasse isso, a própria doutrina italiana[23] – a qual, como se referiu, acolhe a tese da equivalência – suscita outra questão de difícil solução: a hipótese da *aberratio ictus* pluriofensiva. Essa configuração ocorre, por exemplo, quando agente erra o disparo, mas, por culpa, acaba atingindo várias outras pessoas, não apenas uma. Pela teoria da concreção, não se verifica qualquer dificuldade na apreciação do problema: tem-se uma tentativa de homicídio em concurso formal com tantos outros delitos culposos de homicídio ou lesão corporal que resultaram. Já para a concepção sufragada pela lei brasileira, não se vislumbra solução adequada, pois, dentre os vários resultados lesivos efetivamente ocorridos, ter-se-ia que escolher aquele que consumaria o dolo do agente.[24]

A tese da equivalência, além de apresentar inconsistências dogmáticas, como apontado, também é criticável da perspectiva político-criminal, vez que a exceção que a regra comporta não se funda em eventual *favor rei*: ao contrário, constitui solução legal artificial que vem em prejuízo ao acusado, maculando, de alguma forma, o princípio constitucional da igualdade (artigo 5º, *caput*, da Constituição). Por que razão justificável dois delitos autônomos são tratados como uma unidade pela lei para alcançar tratamento mais desfavorável ao agente?

A preocupação com a insuficiência de punição, assim, parece ser o que orienta a tese da equivalência. Sem razão, porém.

Em primeiro lugar, os casos de erro na execução são raros, não constituindo um problema de ocorrência frequente nas causas forenses, razão pela qual o impacto prático no controle da criminalidade da adoção de uma ou outra teoria não seria considerável.

Em segundo lugar, na maioria das vezes, ainda mais considerando que as situações de *aberratio ictus* geralmente se dão com o emprego de arma de fogo, o agente apresentaria, em relação à pessoa ou pessoas ao final atingida(s), um dolo eventual[25] (por exemplo, o agente dispara contra a mulher que encontra abraçada ao amante, tomando a sério a possibilidade de atingir ambos) ou alternativo[26] (por exemplo, o terrorista dispara contra um grupo de pessoas, pretendendo matar qualquer uma delas, tendo presente que somente uma

22 COSTA JÚNIOR, Paulo José da. *Op. cit.*, p. 50/52.

23 PAGLIARO, Antonio. *Op. cit.*; MANTOVANI, Ferrando. *Op. cit.*

24 COSTA JÚNIOR, Paulo José da. *Op. cit.*, p. 55/69.

25 *Habeas Corpus* nº 73.548/SP, STF, 1ª Turma, rel. Min. Ilmar Galvão, julgado em 12/03/1996.

26 *Habeas Corpus* nº 67.036/DF, STF, 1ª Turma, rel. Min. Moreira Alves, julgado em 02/12/1988.

poderia ser atingida) ou mesmo cumulativo (por exemplo, o agente explode um carro objetivando matar todos os ocupantes), de modo que sua responsabilização penal não seria afetada pela desconsideração da regra do artigo 73 do Código Penal.

Em terceiro lugar, como aponta Jakobs,[27] em todas as situações em que o agente identifica o objeto atacado apenas por meio de sua posição no curso causal, estar-se-ia diante de uma hipótese de *error in persona*, solucionável pela imputação dolosa do crime como se atingida a pessoa visada. Assim, por exemplo, se o agente envenenasse a comida do prato situado no lugar da mesa onde sempre sentava o chefe, mas, naquele específico dia, alguma outra pessoa veio a ocupar a cadeira e morrer em consequência da ingestão da comida, haveria um homicídio consumado, nos termos do artigo 20, § 3º, do Código Penal. Com esse entendimento, reduz-se ainda mais as hipóteses de erro na execução.

Em quarto lugar, a maior severidade com que se passará a tratar os delitos culposos de homicídio e de lesões corporais no novo *Codex*,[28] inclusive com a previsão de uma modalidade intermediária – a da temeridade -, provavelmente minimizará tal efeito (eventual insuficiência da punição), permitindo que se alcance uma pena proporcional à gravidade da infração.

Por outro lado, a teoria da equivalência tem sido usada para resolver os casos de atuação em legítima defesa com *aberratio ictus*, situações em que o defendente, ao reagir à agressão, acaba atingindo, sem querer, um inocente. Segundo o entendimento dominante entre nós[29], tal circunstância não desnaturaria a justificante, vez que, nos termos da lei, é preciso considerar, no erro na execução, as características pessoais da pessoa visada, não as da efetivamente ofendida. Assim, em casos tais, ter-se-ia que admitir como atingida a pessoa do agressor, o que manteria integra a descriminante. Tal solução, porém, não parece ser a dogmaticamente mais adequada, vez que o instituto da legítima defesa deve regular apenas as reações dirigidas efetivamente contra o criminoso ofensor.[30] Em relação a inocentes afetados, a eventual exclusão da ilicitude deve ser buscada em outro instituto, parecendo ser o estado de necessidade o que mais se afeiçoa ao conflito.[31] Aliás, esse entendimento é conciliável com o disposto nos artigos 188, II, 929 e 930 do Código Civil, os

---

27 JAKOBS, Günther. *Derecho Penal*: Parte General: Fundamento y teoria de la imputación. 2ª ed.Madrid: Marcial Pons, 1997, p. 366.

28 Artigos 121, §§ 4º, 5º, 6º e 7º, e 129, §§ 8º e 9º, do Anteprojeto.

29 Por todos, ver GOMES, Luiz Flávio; GARCÍA-PABLOS DE MOLINA, Antonio. *Op. cit.*, p. 452.

30 ROXIN, Claus. *Derecho Penal*: Parte General: Fundamentos. La estructura de la teoría del delito. T. I. Madrid: Civitas, 1999, p. 664/667.

31 TAVARES, Juarez. *Direito Penal da Negligência*. 2ª ed.Rio de Janeiro, 2003, p. 360/361.

quais somente reconhecem a subsistência da obrigação de indenizar do ofendido que atua licitamente na situação de estado de necessidade agressivo, deixando a descoberto a hipótese de legítima defesa com inocente afetado.

Em verdade, de tudo o que restou dito, parece que o erro na execução constitui um problema exclusivamente de dolo, que não necessita de regulamentação legal específica, já que a doutrina e a jurisprudência podem elaborar de maneira mais adequada os critérios de imputação dos resultados.

Se essa vier a ser a opção legislativa, o tratamento jurídico da matéria certamente se enriquecerá. Nesse caso, uma alternativa às teorias da equivalência e da concretização, que também poderia ser considerada judicialmente, é a da diferenciação[32]. Segundo Roxin, por exemplo, a *aberratio ictus* não constituiria uma figura jurídica autônoma, mas apenas um caso especial de desvio causal, como tal devendo ser tratada: para ele, se a identidade da vítima é relevante de acordo com o plano do autor, a solução mais correta é a oferecida pela teoria da concreção; caso contrário, a sustentada pela teoria da equivalência.[33]

Considerações finais

Apesar de todos os inconvenientes que apresenta a regulamentação legal da *aberratio ictus*, o anteprojeto de Código Penal em tramitação no Congresso Nacional insiste em manter o dispositivo atualmente em vigor.[34]

Como antes indicado, tal solução importa em incongruências dogmáticas e, em muitos casos, conduz a soluções político-criminalmente injustas.

Seria aconselhável, assim, que se suprimisse da lei a norma referida, deixando à doutrina e à jurisprudência a tarefa de definir os contornos do instituto, a partir das teorias jurídicas já disponíveis.

Acima de tudo, a ordem constitucional vigente, apesar de não vedar de todo a atual opção legislativa, teria sua integridade reforçada com a supressão da regra.

Referências bibliográficas

BACIGALUPO, Enrique. *Direito Penal*: Parte Geral. São Paulo: Malheiros, 2005.

BITENCOURT, Cesar Roberto. *Tratado de Direito Penal*: Parte Especial. Vol. 3. 7ª ed.São Paulo: Saraiva, 2011.

32 SILVA SÁNCHEZ, Jesus-María. *Op. cit.*

33 ROXIN, Claus. *Op. cit.*, p. 492/496.

34 Artigos 89 e 90 do Anteprojeto.

COBO DEL ROSAL, M.; VIVES ANTÓN, T. S. *Derecho Penal*: Parte General. 5ª ed.Valencia: Tirant lo Blanch, 1999.

COSTA JÚNIOR, Paulo José da. *O crime aberrante*. Belo Horizonte: Del Rey, 1996.

DOTTI, René Ariel. "Reforma penal e direitos humanos". *In: Revista dos Tribunais*. São Paulo: Revista dos Tribunais, 1993, nº 697, p. 254 e segs.

DOTTI, René Ariel. "Proposta para uma nova Consolidação das Leis Penais". *In: Revista Brasileira de Ciências Criminais*. São Paulo: Revista dos Tribunais, 1999, nº 28, p. 151 e segs.

DOTTI, René Ariel. "O Projeto Sarney de Código Penal". *In: Revista Brasileira de Ciências Criminais*. São Paulo: Revista dos Tribunais, 2012, p. 53 e segs.

DRESSLER, Joshua. *Understanding Criminal Law*. 5ª ed.Newark/San Francisco: Lexis Nexis, 2009.

FIGUEIREDO DIAS, Jorge de. *Direito Penal*: Parte Geral: Questões Fundamentais. A Doutrina Geral do Crime. T. I. São Paulo: RT; Coimbra: Coimbra Editora, 2007.

GOMES, Luiz Flávio. CUNHA, Rogério Sanchez. *Direito Penal*: Parte Especial. Vol. 3. São Paulo: Revista dos Tribunais, 2008.

GOMES, Luiz Flávio; GARCÍA-PABLOS DE MOLINA, Antonio. *Direito Penal*: Parte Geral. Vol. 2. São Paulo: Revista dos Tribunais, 2007.

GIMBERNAT ORDEIG, Enrique. *Cursos causales irregulares e imputación objectiva*. Montevideo/Buenos Aires: Editorial B de f, 2011.

GRECO, Luís. "'Princípio da ofensividade' e crimes de perigo abstrato: Uma introdução ao debate sobre o bem jurídico e as estruturas do delito". *In: Revista Brasileira de Ciências Criminais*. São Paulo: Revista dos Tribunais, 2004, nº 49, p. 89 e segs.

JAKOBS, Günther. *Derecho Penal*: Parte General: Fundamento y teoria de la imputación. 2ª ed.Madrid: Marcial Pons, 1997.

JESCHECK, Hans-Heinrich. *Tratado de Derecho Penal*: Parte General. 4ª ed.Granada: Editorial Comares, 1993.

MAGALHÃES NORONHA, E. *Direito Penal*. Vol. 1. 31ª ed.São Paulo: Saraiva, 1995.

MANTOVANI, Ferrando. *Diritto Penale*. 4ª ed.Padova: CEDAM, 2001.

MIR, José Cerezo. *Derecho Penal*: Parte General. São Paulo: RT; Lima: ARA Editores, 2007.

MIR PUIG, Santiago. *Derecho Penal*: Parte General. 5ª ed.Barcelona: Reppertor, 2001.

MUÑOZ CONDE, Francisco; GARCÍA ARÁN, Mercedes. *Derecho Penal*: Parte General. 4ª ed.Valencia: Tirant lo Blanch, 2000.

PAGLIARO, Antonio. *Principi di Diritto Penale*: Parte Generale. 7ª ed.Milano: Dott. A. Giuffrè, 2000.

ROXIN, Claus. *Derecho Penal*: Parte General: Fundamentos. La estructura de la teoría del delito. T. I. Madrid: Civitas, 1999.

SILVA SÁNCHEZ, Jesus-María. "*Aberratio ictus* e imputación objectiva". *In: Anuario de Derecho Penal y Ciencias Penales*. Logroño: Universidad de la Rioja, 1984, t. 37, fasc. II, p. 347 e segs.

TAVARES, Juarez. *Direito Penal da Negligência*. 2ª ed.Rio de Janeiro: Lumen Juris, 2003.

ZAFFARONI, Eugenio Raúl; PIERANGELLI, José Henrique. *Manual de Direito Penal*: Parte Geral. São Paulo: Revista dos Tribunais, 1997.

CONFIGURAÇÃO DA RESPONSABILIDADE PENAL POR IMPRUDÊNCIA EM AMBIENTES DE RISCO: ESTUDO DE CASO

Andressa Paula de Andrade
Érika Mendes de Carvalho

RESUMO: O presente trabalho trata da estrutura dos delitos culposos sob uma perspectiva onto-axiológica e com lastro na análise de caso concreto apresentado em parecer exarado pelo Prof. Dr. René Ariel Dotti. No trabalho serão apresentados os elementos necessários para a configuração da tipicidade de uma conduta culposa e, após sucinta exposição do referido caso, são analisados os argumentos expendidos no parecer feito em defesa do réu e a pertinência destes sob a perspectiva dogmática.

PALAVRAS-CHAVE: Delitos culposos; Infração ao dever objetivo de cuidado; Imputação objetiva do resultado; Princípio da confiança.

TITLE: Recklessness crime structure and criminal responsibility technics in risk environments: case analysis.

ABSTRACT: This work is about the structure of culpable crimes through an onto-axiological perspective, based on a case analysis previously done by Prof. Dr. René Ariel Dotti. In this paper we will present the necessary elements to configure a culpable offence and, after a brief exposition, we will examine the arguments made by the Professor in its analysis and review on a dogmatic basis.

KEYWORDS: Culpable offense; Objective Imputation of the result; Principle of trust.

Introdução

Os delitos imprudentes/culposos – ao lado dos delitos omissivos – são, provavelmente, o campo de maior repercussão e divergência na dogmática penal. Isso porque a atividade sancionada não é a que o autor realizava, mas a conduta executada de maneira imprudente e descuidada ou, na perspectiva do funcionalismo teleológico, um incremento do risco permitido que se consubstancia em um resultado lesivo.

Esse ponto nodal coloca em pauta o âmbito de proteção da norma e as razões pelas quais se sanciona uma conduta que não possuía, *ab initio*, a finalidade de lesar qualquer bem jurídico, mas que, em virtude da execução descuidada, conduz a um resultado material que interessa ao Direito Penal.

Necessário se faz, portanto, investigar como podem ser estruturados os critérios de imputação nesse delicado campo dogmático.

A configuração da sociedade de risco – onde a velocidade tecnológica nem sempre é proporcional aos mecanismos de segurança – pode dar espaço a lesões consideráveis aos bens jurídico-penais tutelados. Nessa perspectiva, o Direito Penal contemporâneo busca adiantar as barreiras punitivas por meio de delitos de perigo, além de exigir comportamentos *standard*, buscando, essencialmente, a evitação de resultados (e lesão e de perigo) e a elaboração de diretrizes comportamentais que funcionarão como parâmetros para a avaliação de futuros delitos culposos.

O presente trabalho realizará uma exposição do assunto com lastro na perspectiva onto-axiológica de orientação finalista,[1] buscando, assim, estruturar o tipo de injusto culposo também com apoio em critérios de imputação de natureza normativa para, na sequência, posicionar-se no marco do caso prático apresentado e apreciado pelo parecer do Prof. Dr. René Ariel Dotti.

1. O FIM DE PROTEÇÃO DA NORMA DOS DELITOS IMPRUDENTES

Toda ação humana, no momento de sua valoração pelo Direito Penal, fragmenta-se em dois pontos passíveis de apreciação, quais sejam: o resultado causado e a ação propriamente dita.[2] O juízo de valor negativo que incide sobre o primeiro objeto de valoração (o resultado material) é o *desvalor do resultado*; já o juízo de desvalor que recai sobre o segundo objeto apontado (a ação humana) é o *desvalor da ação*. Apesar do desvalor da ação[3] ser um antecedente lógico do desvalor do resultado, poderá ocorrer, em determinados casos, uma ênfase maior em um ou outro dado da realidade e tal proceder sempre se dará a partir dos delitos em espécie.[4]

É preciso ponderar, com WELZEL, que o Direito Penal não confere aos bens jurídicos uma proteção atual e absoluta – dado que "quando entra efetivamente em ação, em geral, já é muito tarde"[5] –, mas busca incrementar

1 Cf. PRADO, Luiz Regis; CARVALHO, Érika Mendes de. A metodologia onto-axiológica e o sentido social da conduta típica: crítica à doutrina positivista-normativa, **Revista dos Tribunais**, São Paulo, 2005, v. 839, p. 421-443.

2 Cf. WELZEL, Hans. **Derecho Penal Alemán – parte general**. Trad. Juan Bustos Ramírez e Sérgio Yañez Pérez. 11ª ed. Santiago: Jurídica de Chile, 1970, p. 11.

3 Para um maior aprofundamento, especialmente quanto aos componentes do injusto, vide JESCHECK, Hans-Heinrich. **Tratado de Derecho Penal – Parte General**. Trad. Miguel Olmedo Cardenete. Granada: Comares, 2002, §§ 27, 28, 29 e 30, p. 292 e ss.

4 Para um aprofundamento sobre deveres (mandados) e deveres de evitar um resultado, consulte GRACIA MARTÍN, Luis. **Estudios de Derecho Penal**. Lima: Idemsa, 2004, p. 197-198.

5 WELZEL, Hans, op.cit., p. 13.

o respeito a eles mediante a observância das normas penais pelo seu conteúdo valioso. Nesse sentido, os valores ético-sociais não são impostos ao sujeito, já que serão basicamente as normas de determinação – e apenas secundariamente a imposição da pena – as responsáveis por fomentar o seu respeito como meio mais eficaz para alcançar a proteção dos bens jurídicos.

A norma desempenha, portanto, uma função de prevenção ou de motivação – e não de retribuição –, posto que "é a pena que é retributiva, no sentido de que reafirma o valor do ato contrariado pelo delito mediante sua proporcionalidade ao desvalor do fato".[6] A adesão a essa concepção permite, ademais, explicar a postura dualista do injusto aqui perfilhada, que se compõe pelo desvalor da ação e pelo desvalor do resultado, pois, como destaca JESCHECK, não é possível considerar que o Direito Penal só proteja os valores ético-sociais da ação, uma vez que os juízos de valor subjacentes às normas jurídico-penais também fazem referência aos bens jurídicos tutelados[7]. Consequentemente, o injusto não se esgota no desvalor da ação e nem no desvalor do resultado, mas ambos se condicionam e limitam mutuamente.

Logo, as normas de Direito Penal devem ser compreendidas como normas de determinação[8] – comportamentos positivos (fazer) e abstenções (não fazer) – e não como meras normas de valoração, eis que o Direito Penal não

---

6 GIL GIL, Alicia. Prevención general positiva y función ético-social del Derecho Penal. *In:* DIEZ RIPOLLÈS, José Luis; ROMEO CASABONA, Carlos María; GRACIA MARTÍN, Luis; HIGUERA GUIMERA, Juan Felipe. **La Ciencia del Derecho Penal ante el nuevo Siglo.** Libro homenaje al Prof. Dr. D. José Cerezo Mir. Madrid: Tecnos, 2003, especialmente p. 10, 14, 21, 23-25.

7 JESCHECK, Hans Heinrich; WEIGEND, Thomas. **Tratado de Derecho Penal**. Parte General. Trad. Miguel Olmedo Cardenete. Granada: Comares, 2002, § 24, III, p. 257.

8 Juarez Tavares questiona se a norma penal assume um caráter proibitivo ou de determinação. A primeira, por exemplo, poderia levar a injustiça de uma condenação por um delito bagatelar. A segunda, por sua vez, conduz a uma proliferação de delitos omissivos na sociedade pós-moderna. Buscando uma solução intermédia, afirma: "Diante destes preceitos, inexiste *a priori* a melhor solução. Esta deve decorrer de uma postura simplesmente prática, a de tomar a norma penal como instrumento de delimitação entre poder de intervenção do Estado e liberdade individual. Isto significa que o exercício desse poder deve estar condicionado não por um sentido de utilidade social ou paz jurídica ou qualquer outro fim, que o próprio Estado assenta, mas simplesmente, pela necessidade, nos casos expressos e precisamente configurados, de assegurar a todos os mesmos direitos. Nesse sentido, a norma pode ser tanto proibitiva ou impositiva. Sua validade depende não do fim a que se destine, senão da necessidade de sua promulgação e das garantias que ofereça. Se, por exemplo, houver necessidade de se impor a obrigação de prestar auxílio, como condição de sobrevivência de outros, esta norma será, em princípio, válida, mas se apesar dessa necessidade, não precisar com nitidez quem deva prestar a obrigação e indicar ademais os casos em que ela se dá, deixa de ser válida, porque incompatível com os direitos fundamentais". TAVARES, Juarez. **Teoria do injusto penal**. Belo Horizonte: Del Rey, 2000, p. 157-158.

pode proibir a causação de resultados, mas apenas ações humanas orientadas a um fim e a estas impor sua reprovação.[9] Assim, a cognição da norma como norma de determinação se torna instrumento de proteção de bens jurídicos, posto que mediante as proibições se busca evitar a realização de ações lesivas ou perigosas ao objeto jurídico. Já os mandados se tornam pautas comportamentais de evitação de condutas lesivas.[10]

A ação imprudente sancionada pela norma penal deve ostentar uma natureza negativa, a saber, será culposa a conduta que não for dolosa e tampouco *fortuita*[11]. É nesta zona intermédia que radica o recorte punitivo da imprudência, visando, sobretudo, a analisar a pretensão da norma incriminadora[12] do delito imprudente, dado que a diferenciação entre o fortuito e o imprudente reside na *previsibilidade*. Bernardo FEIJÓO SÁNCHEZ traceja uma delimitação interessante – a partir de uma ótica normativista – ao propor que o resultado imputado deva ser sempre a concretização de um risco criado de

---

9 Acentua Gracia Martín que "se as normas, pois, são apenas instrumentos de proteção dos bens jurídicos, parece obrigatório chegar à conclusão de que o injusto dos delitos dolosos e culposos de ação só pode ficar plenamente constituído quando ao desvalor da ação se acrescente o desvalor do resultado" (GRACIA MARTÍN, Luis. **Fundamentos de dogmática penal. Uma introducción a la concepción finalista de la responsabilidad penal** Barcelona: Atelier, 2006, p. 300.). O desvalor do resultado "emerge no nível das normas de valoração; sempre que um bem jurídico sofre uma lesão ou um perigo por qualquer causa, ou seja, também quando é por causa das forças da natureza, cria-se uma situação material de desvalor. Mas dessas situações suscetíveis de desvalor apenas algumas são relevantes para o injusto. A norma de determinação só protege as de valoração frente à realização de ações humanas dirigidas pela vontade à sua lesão ou colocação em perigo ou de ações que não observam um cuidado determinado. Desse modo, de todas as possíveis lesões das normas de valoração são relevantes para o injusto unicamente as que tenham sua causa em condutas que infringem normas de determinação". E conclui: "o fundamento do critério de imputação objetiva conforme o qual é preciso que o resultado pertença ao fim de proteção da norma infringida é precisamente a falta de congruência entre esta infração e a lesão da norma de valoração" (*Op. cit.*, p. 301).

10 GIL GIL, Alicia. **El delito imprudente: fundamentos para la determinación de lo injusto imprudente en los delitos activos de resultado**. Barcelona: Atelier, 2007, p. 44-45.

11 QUINTANO RIPOLLES, Antonio. Culpa e imprudencia en la doctrina y en la práctica. **Anuario de Derecho Penal**, Madrid, 1954, Tomo 7, número 1, p. 45 e ss.

12 "A essência da norma não deve ser discutida com os olhos voltados para trás, ou seja, para o que foi sua origem ou o que motivou seu ensejo, mas sim com os olhos voltados para frente, especificamente para a pergunta sobre o que pretende com a sua edição. A norma não deve ser a partir de sua construção, mas sim a partir de sua pretensão". Cf. BUSATO, Paulo César. **Direito Penal – parte geral**. São Paulo: Atlas, 2013, p. 159. Confira também: MIR PUIG, Santiago. **Introducción a las bases del Derecho Penal: concepto y método**. Barcelona: Bosch, 1976, p. 56 e ss.

forma imprudente e não de qualquer outro. Para imputar um resultado, será preciso se socorrer ao risco criado ou não evitado imprudentemente para poder explicar (total ou parcialmente) o processo lesivo que se materializou no resultado de lesão ao bem jurídico. Contrariamente, não será imputável o resultado a uma pessoa quando não verificada a realização do risco criado de forma descuidada, senão de um risco residual atípico que permite explicar o resultado com independência da conduta infratora do dever.[13]

A par disso, não se pode olvidar, em hipótese alguma, o conteúdo substancial da norma, a saber, a proteção de bens jurídicos. Se a missão essencial do Direito Penal é proteger os valores elementares da sociedade,[14] por conseguinte, é possível afirmar que toda a sua estruturação deve ser a partir deste pilar fundamental. Assim, o delito imprudente não é mera infração de um dever, mas se edifica entre a infração ao dever objetivo de cuidado e a lesão ao bem jurídico representada pelo resultado material. Juarez Tavares, ao fundamentar seu posicionamento sobre o bem jurídico, afirma que este é um valor condicionando a validade da norma e, ao mesmo tempo, subordina a sua eficácia à demonstração real de que o bem jurídico efetivamente foi lesionado ou ao menos colocado em perigo; logo, seriam inválidas as normas incriminadoras que se desbordassem do marco referencial, qual seja, do *bem jurídico,* assim como seria inadmissível a sua aplicação sem resultado de dano ou de perigo a esse mesmo bem jurídico.[15]

Não basta, porém, para a configuração da tipicidade do delito imprudente a constatação de um resultado de dano e seu desvalor. A este último deve aliar-se o desvalor da ação, que será aferido por meio da infração do dever objetivo de cuidado. Para tanto, é necessário adicionar pressupostos adicionais ao juízo de tipicidade (*v.g. cuidado no tráfego viário)*. Se verificado que o sujeito atendeu aos requisitos prévios de segurança na condução de um veículo, por exemplo, não restará configurado o injusto penal culposo – mesmo diante da causação de um resultado de lesão – mas um infortúnio que não lhe poderá ser imputado.[16]

A despeito da possível polarização entre finalismo e normativismo, compreendemos que, no campo da imprudência, os conceitos fornecidos por ambas as orientações podem se complementar. A violação do dever objetivo de cuidado importa na criação de um risco juridicamente não permitido; de

13 FEIJÓO SÁNCHEZ, Bernardo. **Homicidio y lesiones imprudentes: requisitos y límites materiales**. Zaragoza: Edijus, 1999, p. 249.

14 Cf. WELZEL, Hans. *Op. cit.*, p. 11.

15 Cf. TAVARES, Juarez. **Bien Jurídico y función en Derecho Penal**. Trad. Monica Cuñarro. Buenos Aires: B de F, 2004, p. 39.

16 CHOCLÁN MONTALVO, J. Antonio. **Deber de cuidado y delito imprudente**. Bosch: Barcelona, 1998, p. 32 e ss.

outra parte, o resultado causado (lesão ao bem jurídico) representa a realização de um risco juridicamente não permitido, que deve se conectar com o desvalor da ação, ou seja, deve se inserir no âmbito de proteção da norma de cuidado infringida pelo sujeito.[17]

Assim, a configuração do delito imprudente erige-se em torno da violação de uma norma de cuidado geral *(Hauptnormen)*.[18] No delito imprudente, é imperativo que o sujeito conheça esse parâmetro e as consequências de sua ação.[19] O desvalor da ação imprudente exige, portanto, que a conduta viole o dever de cuidado objetivo devido e, com isso, crie um risco juridicamente relevante (não permitido). Se a conduta realizada observa o cuidado objetivo devido, atendo-se ao exigido para sua realização com segurança, não pode ser juridicamente desvalorada pois, a princípio, não é hábil a criar um risco relevante para a incolumidade dos bens jurídicos.

2. A ESTRUTURA DO DELITO IMPRUDENTE

Traçadas as linhas gerais acerca do âmbito de proteção da norma no delito imprudente, passar-se-á a delimitar sua estrutura, não sem antes destacar que a configuração do tipo imprudente é setor de profunda divergência na Dogmática Penal.

2.1. Inobservância do cuidado objetivamente devido e risco permitido

Conforme já abordado anteriormente, o desvalor da ação, no caso dos delitos imprudentes, radica na inobservância de um atuar diligente e cuidadoso, com vistas à salvaguarda de bens jurídicos individuais e coletivos.

Diferentemente do delito doloso, o tipo penal do delito imprudente é construído com lastro em critérios normativos de imputação do resultado material. A *norma de cuidado* é o esteio do injusto culposo, subsidiando uma obrigação humana de caráter abstrato.[20]

17 Nesse sentido, vide SANTOS, Juarez Cirino dos. **Manual de Direito Penal – parte geral**. Florianópolis: Conceito, 2012, p. 86-87.

18 Vide FEIJÓO SANCHEZ, Bernardo. **Resultado lesivo e imprudencia: estudio sobre los límites de la responsabilidad penal por imprudencia y el criterio del "fin de protección de la norma de cuidado"**. Barcelona: Bosch, 2001, p. 242.

19 Cf. CORCOY BIDASOLO, Mirentxu. **El delito imprudente: criterios de imputación del resultado**. B de F: Buenos Aires, 2005, p. 62 e ss.

20 Cf. PRADO, Luiz Regis. Norma Penal como norma de conduta. São Paulo, **Revista de Ciências Penais**, v. 12, jan., 2010, p. 236 e ss.

O núcleo duro dos delitos imprudentes é a infração ao dever objetivo de cuidado. Tal requisito objetivo se encontra edificado em diversas normas jurídicas próprias de diferentes âmbitos de atuação – a saber, das atividades da indústria, do trabalho, de desenvolvimento de novas tecnologias, da pesquisa científica, além daquelas definidas como *lex artis* pertinentes a cada profissão – que possuem como fim orientar as ações dos sujeitos, além de procurar afastar a criação de riscos desnecessários[21] e lesões para os bens jurídicos em jogo, quando for socialmente imprescindível atuar de forma arriscada[22].

Há uma limitação importante à observância do dever objetivo de cuidado, qual seja, o *princípio da confiança*, pelo qual o sujeito que atua de maneira diligente pode confiar que os demais agentes envolvidos na realização mesma atividade (*v.g.* experimentos científicos, ações de salvamento)[23] atuem de igual modo. Sua consequência prática mais importante "será a de excluir a responsabilidade dos agentes em relação a fatos que se estendam para além do dever concreto que lhes é imposto nas circunstâncias e nas condições existentes no momento de realizar a atividade".[24]

É no tráfego viário onde se aplica com frequência o referido princípio, pois o condutor que atua pautado pelo cuidado objetivo devido espera que os demais – condutores de veículo automotores, pedestres, ciclistas, etc. – também respeitem as normas administrativas de segurança previamente estabelecidas.

Outro campo de incidência do princípio da confiança é nas atividades médico-cirúrgicas, onde o cirurgião pode contar que todos os agentes de sua equipe atuem de forma diligente e sob o fundamento da *lex artis*. A especialização será outro elemento a ser levado em consideração na avaliação

21 Jakobs afirma que em determinados âmbitos de regulamentação existe um risco base permitido para a atividade que alcança a magnitude do risco que também gera o desenvolvimento correto da atividade sob condições favoráveis, e que somente poderia ser eliminado suspendendo toda a atividade em seu conjunto ou limitando-a de tal maneira que perdesse seu sentido (*v.g.* limitando o tráfego viário a 20 km/h). Cf. JAKOBS, Günther. El delito imprudente. Buenos Aires, **Cuadernos de Doctrina y Jurisprudencial Penal**, v. 3, p. 29, 1997.

22 DE LA TORRE, Ignacio Berdugo Gómez et al. **Curso de Derecho Penal Parte general**. Barcelona: Experiencia, 2004, p. 267.

23 Exemplo extraído de WESSELS, Johannes. **Derecho Penal Parte General**. Trad. Conrado Finzi. Buenos Aires: Depalma, 1976, p. 197.

24 TAVARES, Juarez. **Teoria do Crime Culposo.** 3ª ed. Rio de Janeiro: Lumen Juris, 2009, p. 313. Logo, discorre o autor, "pode-se compreender o princípio da confiança sob dois aspectos: como critério limitador do dever concreto de cuidado ou como delimitador do risco autorizado, conforme se dê, respectivamente, maior ênfase à estrutura normativa ou aos contornos empíricos da norma proibitiva. Na verdade, tanto em um como em outro caso, as soluções conduzirão ao mesmo desfecho, que será o de limitar a incidência da norma criminalizadora ao caso concreto" (*Op. cit.*, p. 313-314).

da qualificação do sujeito (se suficiente ou não para impedir ou minorar as consequências do quadro clínico do paciente), na análise da previsibilidade do resultado do ponto de vista *ex ante* e dos limites individuais de respeito ao risco permitido.[25]

Ainda sobre o princípio da confiança, Agustín Jorge Barreiro assinala duas importantes diferenças da aplicação deste critério limitador no âmbito do tráfego e nas atividades médicas. Em primeiro lugar, destaca que, no trânsito, os processos causais são independentes, sem qualquer ligação entre os intervenientes, diferentemente da atividade médica, onde que cada um dos participantes coopera conscientemente em cada etapa do procedimento. Em segundo lugar, pontua que os participantes do tráfego são desconhecidos e, portanto, o princípio da confiança estará atrelado à expectativa geral de que o outro – ou outros – se comporte de forma regular; já na atividade cirúrgica, o cirurgião ou o anestesista conhece seus colaboradores e a confiança outorgada estará relacionada ao grau de conhecimento que o médico tenha dos colabores e/ou auxiliares.[26]

O princípio da confiança atua, assim, como um critério normativo limitador do dever objetivo de cuidado com inequívoco "fundamento sociológico (= confiança como fator básico e cotidiano na vida em sociedade) e jurídico penal, lastreado em sua finalidade de proteção a bens jurídicos".[27]

Portanto, a inobservância ao dever objetivo de cuidado, como elemento central do delito imprudente, possui suas limitações, que serão avaliadas com maior rigor a partir do caso concreto, momento em que será possível depreender se o sujeito ateve-se ou não aos limites exigidos para a realização da conduta perigosa, se observou o cuidado objetivo devido para evitar a produção do resultado de lesão naquela situação específica.[28]

---

25 Cf. MARTINS, Fernanda Gonçalves Galhedo. O princípio da confiança como instrumento delimitador da autoria nos crimes negligentes perpetrados pelos profissionais da saúde. São Paulo, **Revista Brasileira de Ciências Criminais**, n. 97, v. 20, p. 78 e ss., 2012.

26 JORGE BARREIRO, Agustín. **La imprudencia punible en la actividad médico-quirúrgica**. Madrid: Tecnos, 1990, p. 120.

27 PRADO, Luiz Regis; CARVALHO, Érika Mendes de; CARVALHO, Gisele Mendes de. **Curso de Direito Penal brasileiro**. Parte Geral e Parte Especial. 14ª ed. São Paulo: RT, 2015, p. 308.

28 Na doutrina nacional, vide SIQUEIRA, Flávia. **O princípio da confiança no Direito Penal**. Belo Horizonte: D'Plácido, 2016, p. 107-108, que acentua que o princípio da confiança "possui *respaldo no sopesamento entre a necessária proteção de bens jurídicos e a proteção da liberdade individual*", identificando-o como "um critério normativo de delimitação do risco permitido no âmbito da imputação objetiva, que possui pertinência na determinação da relevância penal do risco criado tanto nos delitos culposos como dolosos".

2.2. Produção de um resultado e âmbito de proteção da norma de cuidado

O resultado (externo ou de perigo concreto) integra o injusto imprudente. De conseguinte, para que a configuração do tipo penal imprudente se aperfeiçoe, não basta a inobservância do dever objetivo de cuidado. Esta deve ser acompanhada de um resultado material, vinculado à conduta do agente por uma relação de causalidade e, demais disso, objetivamente previsível e produzido como consequência da violação do cuidado objetivamente devido.[29]

Uma conduta que não observa o cuidado objetivo devido aumenta, obviamente, o risco da ocorrência de um resultado de lesão ou de perigo concreto a um bem jurídico, do ponto de vista *ex ante*. Um resultado causado que não tenha sido produzido justamente como consequência da infração do cuidado objetivo devido não pode ser imputado ao sujeito como obra sua.

A produção do resultado deve ser justamente a concretização da lesão de cuidado, não se imputando ao autor aquele resultado que ocorreria ainda que o agente tivesse operado com a diligência e o cuidado necessário.[30]

2.3. Previsibilidade objetiva do resultado

Além do resultado e do nexo de causalidade – exigível nos delitos de ação – é necessário que o resultado seja *previsível*. Essa previsibilidade deve ser demonstrada como uma probabilidade que se aproxime da certeza de que o resultado seria evitado se o cuidado objetivamente devido tivesse sido observado. Caso se comprove que a observância do cuidado pelo sujeito não teria podido evitar a ocorrência do resultado, não é possível realizar a imputação deste ao autor.[31]

Assim, somente "quando a produção do resultado for objetivamente previsível, ou seja, aparecer *ex ante* como uma consequência não absolutamente improvável da ação (causalidade adequada), será possível apreciar uma inobservância do cuidado objetivamente devido e a relação de causalidade estará compreendida no tipo dos delitos de ação imprudentes".[32]

A investigação da previsibilidade se dará por um exercício do juiz ao se colocar no lugar do sujeito no começo da ação, levando em consideração as circunstâncias do caso concreto conhecidas, além daquelas conhecidas pelo o autor (saber ontológico) e a experiência comum do momento acerca dos

29 CEREZO MIR, J. **Curso de Derecho penal español.** Parte General. T. II. 6ª ed. Madrid: Tecnos, 1998, p. 179-180.

30 WELZEL, Hans. *Op. cit.*, p. 193-194.

31 Cf. CEREZO MIR, Jose. *Op. cit*, p. 179-180.

32 Idem, p. 167.

cursos causais, assim como aquele saber experimental excepcional do autor[33] (saber nomológico).[34] Se realizado o exercício de se colocar no lugar do sujeito no momento da ação e verificar que não era possível a afetação do bem jurídico com a conduta praticada, visto que o risco desenvolvido não se mostrava adequado a produzir o resultado danoso, a previsibilidade, obviamente, não conseguiu abarcar tal resultado de lesão, não sendo possível a atribuição deste ao agente.[35]

A previsibilidade é um elemento importante para diferenciar a infração ao dever objetivo de cuidado ou a violação do risco permitido que se consubstancia em um resultado de lesão das hipóteses de *caso fortuito*. Nesse último caso, o resultado não pode ser imputado em razão de sua imprevisibilidade *ex ante*. Já no caso do risco permitido, há um conhecimento mínimo verificável *ab initio* sobre se o atuar estará dentro dessa margem permitida, que, se excedida, dará lugar à possibilidade de produção de um resultado lesivo ao bem jurídico e, consequentemente, de sua imputação ao sujeito.[36]

3. Delito imprudente em ambientes de risco: estudo de caso

Conforme o parecer do homenageado a ser trabalhado, o caso se trata do seguinte fato: O denunciado "A", sócio-administrativo de uma Escola, contratou a empresa do denunciado "B" para realizar a implementação de um projeto de eficiência energética para a redução de custos do estabelecimento. Acionado o órgão público técnico do setor de eletricidade para a vistoria e parecer acerca do local, foi informado acerca da necessidade de ampliação da subestação para a instalação de medidor eletrônico, para posterior vistoria e aprovação.

Prossegue a peça acusatória narrando que o sujeito "A" ignorou as precauções mínimas de segurança, a saber, não realizou um projeto técnico com acompanhamento e fiscalização de responsável técnico devidamente habilitado e credenciado, bem como anotação de responsabilidade técnica (ART). Assim, o sujeito "A" teria consentido com a obra realizada pela empresa de "B", cujo estabelecimento não possuía engenheiro responsável ou registro no órgão fiscalizador (CREA) como prestadora de serviços de engenharia.

33 Exemplo é o cirurgião que detém conhecimento técnico-científico suficiente para realizar determinados procedimentos arriscados e emprega todo seu saber experimental no seu ofício, sua conduta não se amoldará na infração do dever objetivo de cuidado, consequentemente, o resultado de morte ou de lesão não lhe será imputado.

34 CEREZO MIR, Jose. *Op. cit*, p. 162.

35 Vide BUSTO RAMIREZ, Juan J.; HORMAZÁBAL MALARÉE, Hernán. **Lecciones de Derecho Penal.** Volume II. Madrid: Trotta, 1999, p. 175.

36 Cf. LUZÓN PEÑA, Diego-Manuel. **Curso de Derecho Penal Parte General**. 3ª ed. Madrid: Universitas, 2004, p. 645.

Ainda, "A" teria determinado o prosseguimento das obras a "B" em pleno período escolar, cujo fluxo estudantil era intenso.

Na sequência, "B" teria atuado com *grave imprudência,* assumindo a construção de alvenaria e entregando a execução da obra ao denunciado "C", seu vizinho e *pedreiro,* o qual não possuía conhecimentos técnicos e que, sob a orientação de "B", ignorou as especificações técnicas, mesmo aquelas emanadas previamente do órgão público técnico do setor de eletricidade.

Assim, conforme a peça inaugural, os denunciados "A", "B" e "C", por imperícia, imprudência e negligência, não observaram as normas técnicas indispensáveis à segurança da obra, porquanto, além de exceder o recomendado para comprimento e espessura da laje de cobertura (excesso de peso), não foi realizada qualquer ligação entre a armadura dos pilares da estrutura já existente com a ampliação da parede, bem como não colocaram reforços que auxiliassem no equilíbrio da obra, prejudicando a estabilidade estrutural.

O abrigo em alvenaria para a subestação foi concluído na data "X" e no dia seguinte foram retiradas as estacas de contenção e, após um final de semana de chuvas intensas – mais precisamente quatro dias após – por volta de meio dia, os adolescentes "D" e "E" se protegiam da chuva sob a estrutura recém-construída e ainda molhada, quando a laje e a parede ampliada desabaram sobre as vítimas, resultando nas lesões corporais em "D" – consistentes em fratura da perna e trauma abdominal – e no óbito de "E", dias depois, por politraumatismo.

Na capitulação da peça acusatória, "A", "B" e "C" foram denunciados pelos delitos previstos nos artigos 121, §3º, e do artigo 129, §6º, ambos, c/c o artigo 29, *caput,* e o artigo 70, todos do Código Penal. A sentença, julgando *procedente* a acusação, condenou o denunciado "A"[37] a uma pena de 01 (um) ano e 02 (dois) meses de detenção em regime inicialmente aberto. A pena corporal foi substituída por 02 (duas) restritivas de direitos, consistentes na prestação de serviços à comunidade ou a entidades públicas, devendo ser cumpridas à razão de uma hora de tarefa por dia de condenação (artigo 46, §3º, do Código Penal) e prestação pecuniária no valor equivalente a 01 (um) salário-mínimo a época dos fatos.

Ao trabalhar o caso, o Prof. Dr. René Ariel Dotti diz ser necessário refletir sobre o que "A" poderia não ter feito: "A" poderia não ter procurado o que acreditava ser um engenheiro experiente para conduzir a obra. Aí sim teria faltado com o cuidado devido. Portanto, contratar os serviços da empresa de "B", que aparentava ser séria, especializada, relacionada com responsáveis por obras civis e que formalizou um contrato por escrito era o melhor que "A"

37 No parecer apresentado, o homenageado trabalhou com a responsabilidade *somente do denunciado* "A". Portanto, a partir disso, nosso posicionamento acerca do caso e das conclusões do Professor René Ariel Dotti também terá como único objeto a imputação feita ao sujeito "A".

poderia ter feito. Seu *dever de cuidado objetivo,* nessa condição, era precisamente o de contratar alguém que, por seus conhecimentos da área, pudesse projetar a obra, providenciar os meios para que ela fosse corretamente executada e coordenar a sua execução de acordo com a lei, respeitando-se todas as cautelas de praxe (item 18 do parecer).

Ainda, declara que o julgador deve verificar se "A" teria tido a antevisão do resultado naturalístico que efetivamente se concretizou. A responsabilidade nos delitos culposos exige a certeza de que, caso submetido às mesmas condições nas quais se encontrava o agente, o resultado seria plenamente *possível* e *previsível* (item 24 do parecer).

Outro ponto relevante do parecer é que a sentença declara que "A" não previu o resultado, mas houve a condenação por *culpa inconsciente.*[38] O Prof. Dotti declara que, nesses casos, apesar do resultado em si não ser previsível pelo agente, o resultado deve estar sempre preso ao atuar do sujeito por um nexo de causalidade necessário e este nexo deve ser *previsível ao mesmo.* No caso concreto, não há a comprovação de que havia sequer a possibilidade de ocorrência do resultado pela mera contratação de um profissional que aparentava ser apto para o serviço (item 29 do parecer).

Sob a perspectiva da teoria da imputação objetiva, o parecerista afirma que "B" contratado por "A", deixou de informar a "A" que não sabia executar a obra e, posteriormente, delegou a "C" a realização desta – que também não detinha conhecimento técnico suficiente para o trabalho – o que deixa claro que o risco penalmente relevante não foi gerado pela conduta de "A", que contratou serviços profissionais de "B" de quem se esperava que prestaria com zelo e competência. A suspeita imotivada sobre as qualificações técnicas do contratado implicaria uma espécie de *dever de duvidar* do outro em uma sociedade que é regida pelo princípio da confiança (item 60 do parecer).

Com efeito, conforme salienta o Prof. Dotti em seu parecer, não é possível imputar os resultados produzidos ao sujeito "A". No caso em exame, a presença dos resultados lesivos não autoriza sua imputação ao sujeito "A" justamente porque, conforme já destacado, o eixo fundamental dos injustos imprudentes é o desvalor da ação (lesão ao dever objetivo de cuidado), embora a presença do desvalor do resultado (lesão ou perigo concreto ao bem jurídico) seja indispensável para sua completa configuração.

Cabe esclarecer, inicialmente, que em um delito culposo o sujeito somente responde pelo resultado (objetivamente previsível) causado quando não observa o cuidado objetivo devido e quando este mesmo resultado in-

38 Cabe esclarecer que, na culpa inconsciente, "o resultado, embora previsível, não é previsto pelo agente em face da violação do dever de cuidado e atenção a que estava obrigado" (DOTTI, René Ariel. **Curso de Direito Penal**. Parte Geral. 3ª ed. São Paulo: RT, 2010, p.395).

sere-se no fim de proteção da norma de cuidado violada, que precisamente visava a afastar eventos dessa natureza. Exige-se, portanto, uma congruência entre a norma de determinação e a lesão ou o perigo da norma de valoração.

No caso examinado, o parecer questiona se houve de fato a violação do dever objetivo de cuidado por parte de "A". De uma perspectiva *ex ante*, constata-se que "A" contratou a empresa de "B" por acreditar ser esta especializada e hábil a realizar a implementação de um projeto de eficiência energética para a redução de custos do estabelecimento. Desconhecia a inexistência de habilidade técnica de "B", de profissionais com experiência suficiente ou com capacidade para realizar com eficiência a obra pretendida na empresa daquele. Nessa perspectiva, o princípio da confiança poderia sim ser invocado para limitar a amplitude do dever concreto de cuidado, posto que "salvo a hipótese de ação conjunta e vinculante, ninguém, em princípio, deve responder por ações defeituosas de terceiros. Ao invés, pode até mesmo confiar em que todos os demais atendam aos respectivos deveres de cuidado".[39] O dever de cuidado de "A" não se estendia ao controle ou à fiscalização da conduta de "B". Os resultados produzidos não foram, portanto, obra da conduta de "A", mas encontram-se conectados à infração do dever de cuidado por parte de quem executava diretamente a obra.

De outro lado, a fixação do tempo de execução da obra – durante o período letivo –, sim estava sob a responsabilidade de "A", mas não é possível prever – mesmo na hipótese de alteração do período de realização da obra – que pessoas pudessem se abrigar embaixo da obra (a saber, do abrigo em alvenaria para a subestação) parcialmente concluída e que esta fosse desabar. Aqui é preciso indagar: qual dever de cuidado que deveria ter sido atendido pelo sujeito "A"? Concluída a obra no aspecto citado (o abrigo em alvenaria para a subestação), não permitir que pessoas se aproximassem desta após um período de chuvas fortes? Sinalizar essa proibição com placas? É possível que "A" confiasse na execução cuidadosa da obra, que resistisse a intempéries e fosse sólida o suficiente para não desabar quando submetida a chuvas fortes.

A presença de violação do dever objetivo de cuidado é indispensável para o processo de imputação do resultado produzido a "A" e, ante sua ausência, não há necessidade de se analisar os desdobramentos do processo de imputação.

Nessa perspectiva, a condenação por culpa inconsciente se mostra incompatível com o princípio de culpabilidade, uma vez que, conforme pontua Juarez Tavares, "a afirmação acerca da compatibilidade da culpa inconsciente com o princípio da culpabilidade só pode ser admitida quando ocorra uma grave violação da norma de cuidado, aferida conforme a intensidade o risco

39 TAVARES, Juarez. **Teoria do crime culposo.** 3ª ed. Rio de Janeiro: Lumen Juris, 2009, p. 315.

para o bem jurídico".[40] O não reconhecimento do perigo (culpa inconsciente) não se funda, no caso em análise, em uma desconsideração reprovável ao dever de cuidado.

Conclusões principais

Diante do exposto, é possível concluir:

a) As normas de Direito Penal devem ser compreendidas como normas de determinação, e não como meras normas de valoração, pois o Direito Penal não pode proibir a causação de resultados, mas apenas ações humanas orientadas a um fim e a estas impor sua reprovação.

b) Para a configuração da tipicidade do delito culposo não basta a constatação de um resultado de lesão ou de perigo concreto a um bem jurídico. A este último deve aliar-se o desvalor da ação, que será aferido por meio da infração do dever objetivo de cuidado. Se, do ponto de vista *ex ante*, constata-se que o sujeito atendeu aos requisitos prévios de segurança objetivamente exigíveis para a realização da conduta de risco, não restará configurado o injusto penal culposo – mesmo diante da ocorrência de um resultado de lesão – mas um evento que não lhe poderá ser imputado.

c) O princípio da confiança atua como limite à abrangência do dever de cuidado na estrutura normativa dos delitos culposos, e segundo tal princípio o sujeito que atua de maneira diligente pode confiar que os demais agentes envolvidos na realização da atividade atuem de igual modo.

d) No caso em exame, o parecer corretamente concluiu pela observância do dever objetivo de cuidado por parte o sujeito e pela falta de fundamento para sua condenação por lesões culposas e homicídio culposo.

e) A exclusão da responsabilidade do agente se baseia, assim, no não reconhecimento do desvalor da ação e, consequentemente, na ausência de desvalor o resultado. Nas circunstâncias indicadas, a responsabilização penal do agente se deu para além de seu dever concreto de cuidado e a condenação por culpa inconsciente se mostra incompatível com o princípio de culpabilidade.

40 Idem, p. 421.

Referências bibliográficas

BUSATO, Paulo César. **Direito Penal – parte geral**. São Paulo: Atlas, 2013.

BUSTO RAMIREZ, Juan J.; HORMAZÁBAL MALARÉE, Hernán. **Lecciones de Derecho Penal**. Volume II. Madrid: Trotta, 1999.

CEREZO MIR, J. **Curso de Derecho penal español**. Parte General. T.II. 6ª ed.Madrid: Tecnos, 1998.

CHOCLÁN MONTALVO, J. Antonio. **Deber de cuidado y delito imprudente**. Bosch: Barcelona, 1998.

CORCOY BIDASOLO, Mirentxu. **El delito imprudente: criterios de imputación del resultado**. B de F: Buenos Aires, 2005.

DE LA TORRE, Ignacio Berdugo Gómez et al. **Curso de Derecho Penal Parte general.** Barcelona: Experiencia, 2004.

DOTTI, René Ariel. **Curso de Direito Penal**. Parte Geral. 3ª ed. São Paulo: RT, 2010.

FEIJÓO SÁNCHEZ, Bernardo. **Homicidio y lesiones imprudentes: requisitos y limites materiales**. Zaragoza: Edijus, 1999.

________. **Resultado lesivo e imprudencia: estudio sobre los límites de la responsabilidad penal por imprudencia y el criterio del <<fin de protección de la norma de cuidado>>**. Barcelona: Bosch, 2001.

GIL GIL, Alicia. **El delito imprudente: fundamentos para la determinación de lo injusto imprudente en los delitos activos de resultado**. Barcelona: Atelier, 2007.

________. Prevención general positiva y función ético-social del Derecho Penal. In: DIEZ RIPOLLÈS, José Luis; ROMEO CASABONA, Carlos María; GRACIA MARTÍN, Luis; HIGUERA GUIMERA, Juan Felipe. **La Ciencia del Derecho Penal ante el nuevo Siglo. Libro homenaje al Prof. Dr. D. José Cerezo Mir**. Madrid: Tecnos, 2003.

GRACIA MARTÍN, Luis. **Estudios de Derecho Penal**. Lima: Idemsa, 2004.

________. **Fundamentos de dogmática penal. Una introducción a la concepción finalista de la responsabilidad penal**. Barcelona: Atelier, 2006.

JAKOBS, Günther. El delito imprudente. Buenos Aires, **Cuadernos de Doctrina y Jurisprudencial Penal**, v. 3, 1997.

JESCHECK, Hans-Heinrich; WEIGEND, Thomas. *Tratado de Derecho Penal*. Parte General. Trad. Miguel Olmedo Cardenete. Granada: Comares, 2002,

JORGE BARREIRO, Agustín. **La imprudencia punible en la actividad médico-quirúrgica**. Madrid: Tecnos, 1990.

LUZÓN PEÑA, Diego-Manuel. **Curso de Derecho Penal Parte General**. 3ª ed. Madrid: Universitas, 2004.

MARTINS, Fernanda Gonçalves Galhedo. O princípio da confiança como instrumento delimitador da autoria nos crimes negligentes perpetrados pelos profissionais da saúde. São Paulo, **Revista Brasileira de Ciências Criminais**, nº 97, v. 20, 2012.

MIR PUIG, Santiago. **Introducción a las bases del Derecho Penal: concepto y método**. Barcelona: Bosch, 1976.

PRADO, Luiz Regis. Norma Penal como norma de conduta. São Paulo, **Revista de Ciências Penais**, v. 12, jan., 2010.

PRADO, Luiz Regis; CARVALHO, Érika Mendes de. A metodologia onto-axiológica e o sentido social da conduta típica: crítica à doutrina positivista-normativa. **Revista dos Tribunais**, São Paulo, 2005, v. 839, p.421-443.

PRADO, Luiz Regis; CARVALHO, Érika Mendes de; CARVALHO, Gisele Mendes de. **Curso de Direito Penal brasileiro**. Parte Geral e Parte Especial. 14ª ed. São Paulo: RT, 2015.

QUINTANO RIPOLLES, Antonio. Culpa e imprudencia en la doctrina y en la práctica. **Anuario de Derecho Penal**, Madrid, 1954, Tomo 7, número 1.

SANTOS, Juarez Cirino dos. **Manual de Direito Penal – parte geral**. Florianópolis: Conceito, 2012.

SIQUEIRA, Flávia. **O princípio da confiança no Direito Penal**. Belo Horizonte: D'Plácido, 2016.

TAVARES, Juarez. **Teoria do crime culposo**. 3ª ed. Rio de Janeiro: Lumen Juris, 2009.

________. **Bien Jurídico y función en Derecho Penal**. Trad. Monica Cuñarro. Buenos Aires: B de F, 2004.

________. **Teoria do injusto penal**. Belo Horizonte: Del Rey, 2000.

WELZEL, Hans. **Derecho Penal Alemán – parte general**. Trad. Juan Bustos Ramírez e Sérgio Yañez Pérez. 11ª ed. Santiago: Jurídica de Chile, 1970.

WESSELS, Johannes. **Derecho Penal Parte General**. Trad. Conrado Finzi. Buenos Aires: Depalma, 1976.

A ESTRUTURA DO TIPO IMPRUDENTE E TÉCNICAS DE IMPUTAÇÃO EM AMBIENTES DE RISCO

Fernando Antônio C. Alves de Souza

RESUMO: O presente estudo visa abordar a questão envolvendo o delito imprudente na moderna sistematização do direito penal.

PALAVRAS-CHAVE: Crimes Imprudentes. Responsabilidade penal. Dever de cuidado. Previsibilidade do resultado.

TITLE: The reckless crime' structure and criminal responsibility attribution techniques in risk environments.

ABSTRACT: This paper aims to address the issue involving the reckless crime in the modern system of criminal law.

KEYWORDS: Reckless crimes. criminal liability . duty of care . Predictability of the outcome.

1. Algumas palavras sobre o homenageado

O grande penalista argentino, Eugenio Raúl Zaffaroni, disse certa vez com propriedade, que se amolda muito bem ao conhecimento do homenageado: "El derecho penal no se puede leer superficialmente". O professor Dotti é um profundo conhecedor do Direito Penal. E mais! Um intransigente defensor da liberdade.

Além de ser sempre referência quando há modificação e discussão de assuntos penais de relevância nacional.

Não tive o privilégio de ser seu aluno, mas pude estudar o que ele produziu, e gostaria de destacar algumas obras do professor Dotti que influenciaram meu pensamento, dentre elas, *A morte não vale a pena,*[1] *ciclo de conferências Sobral Pinto, a pena de morte no Brasil*, em que ele e o saudoso Evandro Lins e Silva se posicionam contra a pena de morte de forma contundente; *Casos criminais célebres,*[2] textos reunidos em livro, anteriormente publicados pela

1 DOTTI, René Ariel; LINS E SILVA, Evandro. A morte não vale a pena. Ciclo de conferências "Sobral Pinto", a pena de morte no Brasil. Curitiba: Imprensa Oficial, 1991.

2 DOTTI, René Ariel. Casos criminais célebres. 3ª ed.rev.e ampl. São Paulo: Editora Revista dos Tribunais, 2003.

prestigiada *Revista Brasileira de Ciências Criminais*, na seção "Antiguidades do Direito Criminal", em que traz acontecimentos que envolveram grandes nomes das ciências criminais, assim como grandes casos e julgados; *Movimento antiterror e a missão da magistratura*[3], em que se posiciona com intransigência em favor da liberdade e, contra as inobservâncias e desrespeito às garantias constitucionalmente conquistadas com muito sacrifício, hoje texto bastante atual na conjuntura política vivida; os comentários e notas à *Declaração universal dos direitos do homem*,[4] em que novamente aqui brilha a pena do professor Dotti, que em suas notas deixa importante legado de um documento pós Segunda Guerra Mundial, cujas consequencias trágicas a humanidade jamais poderia ou deveria repetir ou esquecer; e, por fim, mas não menos importante sua obra, que reputo principal, onde suas ideias são esgrimadas com maturidade, mesmo que algumas contestadas, seu *Curso de Direito Penal*,[5] curso em que atualizado ao longo do tempo, tem-se as ideias de um direito penal moderno, preocupado não em adotar teorias de forma acrítica, mas em estudá-las de acordo com o nosso ordenamento jurídico e realidade.

Além de uma vasta produção que compreende artigos em revistas especializadas, periódicos e jornais, bem como títulos e homenagens.

Não poderia, ainda, deixar de fazer referência ao homenageado de um fato ocorrido no ano de 2008, para ser mais preciso no dia 23.09.2008. Meu pai, o qual me inspirou a conhecer a beleza e a dor que o Direito Penal traz, estava internado se recuperando de um infarte – tendo falecido em 2010 -, mas na ocasião o que o preocupava era, por incrível que pareça o julgamento de um *habeas* na sexta turma do Superior Tribunal de Justiça, HC n. 101529/PE, cuja relatoria coube ao extraordinário Min. Nilson Naves.

Meu irmão, Marcus Alves, foi fazer a sustentação oral.

Ficamos na expectativa da notícia do julgamento, eis que meu irmão liga, emocionado, dando a notícia da concessão da ordem e, relatando que teve por está muito nervoso – seria sua primeira defesa oral numa Corte Superior -, dificuldade em colocar a beca, esta que minutos antes tinha sido usada pelo professor Dotti, que também sustentou oralmente um *habeas*, tendo êxito por ter sido concedido a ordem, à unanimidade.

3 DOTTI, René Ariel. Movimento antiterror e a missão da magistratura. 2ª ed. Curitiba: Juruá, 2005.

4 DOTTI, René Ariel. Declaraão Universal dos direitos do homem e notas da legislação brasileira: atualizado e com as remissões ao Novo Código Civil. 3ª ed. São Paulo: Lex Editora, 2006.

5 DOTTI, René Ariel. Curso de direito penal. 4ª ed. rev., atual. e ampl. Com colaboração de Alexandre Knopfholz e Gustavo Brita Scandelari. São Paulo: Editora Revista dos Tribunais, 2012.

Disse que ajudou o professor a retirá-la e, este com sua gentileza e humildade dos grandes de conhecimento e espírito, ajudou-o a colocar a beca, quando da sua sustentação e o assistiu em sua defesa oral, o que ao final parabenizou e desejou sucesso na árdua tarefa de defender, às vezes, aquele que parece indefensável.

Ao transmitir ao meu pai tal relato, quando da visita à UTI, este se emocionou e me disse que essa era a vocação do advogado: lutar até o fim!

E o professor Dotti fez parte, mesmo que sem saber, tampouco imaginar que tendo inspirado meu pai com suas aulas e palestras, também tinha inspirado seus filhos.

Eu, por sua vez, mantive contato com o professor Dotti na minha ida à Curitiba no ano de 2012 na prestigiada UFPR, quando da exposição da Parte Geral do que agora é o tão combatido e criticado Projeto de Código Penal, PLS nº 236/2012.

Com isso a homenagem que se presta a esse incansável e intransigente defensor da liberdade é por demais merecida.

Espero, que o que escreva a seguir honre o nome desse grande professor e advogado.

2. O caso jurídico a ser pesquisado

A *Consulente* contratou um engenheiro para fazer uma reforma em uma escola. Este subcontrata um pedreiro. A obra subcontratada foi mal executada, desabando e vitimando dois adolescentes (morte e lesões).

O professor Dotti ao ser consultado, em parecer, responde assim aos seguintes quesitos propostos:

> **Primeiro Quesito:** Considerando-se os elementos do caso concreto, houve *quebra do dever de cuidado objetivo* por parte da *Consulente*?
> **Resposta: Não,** conforme pesquisa exposta nos itens 14 a 22 (do parecer).
>
> **Segundo Quesito:** Levando-se em conta as condutas adotadas pela *Consulente* e as circunstâncias do caso, é de se concluir que ela pôde prever os resultados típicos que ocorreram?
> **Resposta: Não,** conforme pesquisa exposta nos itens 23 a 38.
>
> **Terceiro Quesito:** Os resultados típicos correspondem a riscos criados pela conduta da *Consulente*?
> **Resposta: Não,** conforme pesquisa exposta nos itens 39 a 60.

No presente artigo, para não parecer mera reptição do parecer proferido pelo professor Dotti, quando da consulta, este articulista adotará pelo caso e respostas as sequintes observações, a seguir analisadas.

3. O PRINCÍPIO DA PRINCÍPIO DA CULPABILIDADE E A PROIBIÇÃO DE PUNIÇÕES DE AÇÕES SEM DOLO OU CULPA

Não se pode falar em aplicação da norma penal sem os princípios. Os princípios limitam a incidência da norma penal e, consequentemente, da pena. O direito moderno se apoia na lógica da necessidade de verificação da culpabilidade para a aplicação de pena.

> *Respecto de los presupuestos jurídicos, nuestro derecho penal se caracteriza como derecho penal de hecho y de culpabilidad. Un derecho penal revela su peculiaridad no solamente por la forma de sus .presupuestos jurídicos, sino también por las particularidades de sus consecuencias jurídicas. Es significativo que nuestro derecho penal sea* ***dualista.*** *Además de la consecuencia jurídica pena, nuestro código penal prevé las medidas de corrección y seguridad en los* **55 61'** *y SS. (que ya habían sido introducidas en el código por la ley sobre delincuentes habituales de 1933). Si en el* **caso c** *A fuera demente, no se lo podría castigar, por falta de culpabilidad, con arreglo al* **5** *242.*[6]

A incidência da norma penal é limita da pelos elementos do crime. Sem que esses elementos estejam presente, não se pode falar na incidência do delito e como consequência, a pena.

> *La sanción, la pena que sigue a la infracción de la norma, niega la lesión de la norma que a su vez había negado a la norma y de este modo, evidentemente, la sanción adquiere sentido: no se trata de un baile en el cielo de los conceptos filosóficos de la pena, sino de un acuerdo realizado en el marco de la relación normativo-social y que se refleja en las normas que deben regir entre nosotros. La agresión experimentada por la norma, su lesión, no tiene razón en sí misma; es nula desde el punto de vista normativo y por sí misma insostenible, por eso es sancionada y negada a través de la sanción. Por su parte la sanción, que es proporcional a la infracción de la norma, es capaz de restablecer la vigencia de la norma lesionada.*[7]

Bem se observando a Constituição Federal de 1988, esta no seu art. 1º, inc. III traz como um dos primeiros fundamentos, que é a dignidade da pessoa humana, como o princípio da culpabilidade[8]. Doutrina Brandão que,

6 BAUMANN, Jurgen. *Derecho Penal. Conceptos fundamentales y sistema. Introdutório a la sistemática sobre la base de casos.* Buenos Aires: Edicioes Depalma, 1973, p. 30-31.

7 HASSEMER, Winfried. *Por qué no debe suprimirse el Derecho Penal.* México: Instituto Nacional de Ciencias Penales, 2003, p. 24-25.

8 DOTTI, René Ariel. **Curso de direito penal.** 4ª ed. rev., atual. e ampl. Com colaboração de Alexandre Knopfholz e Gustavo Brita Scandelari. São Paulo: Editora Revista dos Tribunais, 2012. p. 143.

> [...]é corrente na doutrina estabelecer-se a culpabilidade como um princípio", e, ainda o autor "a culpabilidade como princípio somente pode ser compreendida se for analisada à luz do métdo do Direito Penal"[9]

Continua o mesmo autor,

> O direito penal que rompe com o arbítrio e s epreocupa com a pessoa humana é relativamente recente. Foi somente com o iluminismo, mais precisamente a partir da obra de Beccaria, na segunda metade do século XVIII, que foi aventada de forma sistemática a necessidade de limitar o jus puniendi do Estado; o primeiro instituto que o milanês apresentou para que tal desiderato fosse alcançado foi o Princípio da Legalidade. No início do século XIX, em 1801, Anselm von Feuerbach sistematizou o Princípio da Legalidade com a formulação da teoria da coação psicológica, segundo a qual a tutela de interesses, que é o fim fim do direito penal, deve ser realizada a partir de uma concepção psicológica, feita a partir da publicização da pena que será imputada a cada crime, o que acarretaria a retração das condutas que violassem os interesses protegidos pelo Direito Penal. Como o instrumento adequado para dispensar tal conhecimento é a lei, esta última ocupará um papel exponencial nesse ramo do Direito, pois não haverá crime sem lei (nullum crimen sine lege), pena sem crime (nulla poena sine crime), nem haverá crime sem a tutela legal de um interesse (nullun crime sine poena legali). Tais máximas foram consubstanciadas no brocárdio Nullum Crimen Nulla Poena Sine Lege.[10]

Desse modo, pode definir esse princípio nas palavras de Bitencourt

> Segundo o *princípio de culpabilidade*, em sua configuração mais elementar, "não há crime sem culpabilidade". No entanto, o Direito Penal primitivo caracterizou-se pela *responsabilidade objetiva*, isto é, pela simples produção do resultado. Porém, essa forma de responsabilidade objetiva está praticamente erradicada do Direito Penal contemporâneo, vigindo o princípio *nullum crimen sine culpa.*[11]

A indescritível força do princípio da culpabilidade reside em sua necessidade de aplicação para conter o poder punitivo do estado e efetivar o estado democrático de direito. Toda a construção da dogmática penal moderna se basea nesta máxima.

> *No son necesarias mayores citas que las precedentes - provenientes de distintas fuentes del pensamiento jurídico penal que se han exteriorizado en diferentes momentos del devenir de nuestra disciplina, cuyo contenido puede considerarse virtualmente pertene-*

---

9 BRANDÃO. Cláudio. **Teoria jurídica do crime.** 4ª ed. São Paulo: Atlas, 2015. p. 115-117.

10 BRANDÃO. Cláudio. A culpabilidade na dogmática penal. *In*: Direito penal contemporâneo. Gilmar Ferreira Mendes, Pierpaolo Cruz Bottini, Eugenio Pacelli (coordenadores). São Paulo: Saraiva, 2011. p. 200.

11 BITENCOURT, Cezar Roberto. **Tratado de direito penal.** Tomo I. São paulo: saraiva, 2011, p. 115

ciente al patrimonio común de toda la doctrinapara recordar la estatura y gravitación que la opinión dominante le ha asignado al "nullum crimen, nulla poena sine culpa", que de categoría jurídica -característica esencial del delito- que, a su vez, fundamenta y limita la imposición de la pena, ha llegado a ser considerado "como uno de los conformantes del Derecho Penal propio de un Estado de Derecho".[12]

Bitencourt elenca algumas consequências lógicas da aplicação do princípio da culpabilidade no direito penal brasileiro, sendo elas

a) inadmissibilidade da responsabilidade objetiva pelo simples resultado; b) somente cabe atribuir responsabilidade penal pela prática de um fato típico e antijurídico, sobre o qual recai o juízo de culpabilidade, de modo que a responsabilidade é pelo fato e não pelo autor; c) a culpabilidade é a medida da pena.[13]

Assim, no caso em tela, deve-se averiguar se o representante ou dirigente da pessoa jurídica que terceirizou o serviço agiu de forma culposa ou dolosa.

4. O ELEMENTO SUBJETIVO CULPOSO E O DEVER OBJETIVO DE TER CUIDADO

Os crimes culposos são uma exceção da regra do elemento subjetivo doloso. Sua definição e composição de elementos demostra a sua peculiaridade.

Diz-se culposo o crime quando o agente deu causa ao resultado por imprudência, negligência ou imperícia, conforme os ditames do artigo 18, II, do CP. O cerne dos tipos ativos ou omissivos culposos radica na imputação, ao agente, de criação de risco proibido de lesão ou ameaça de lesão a bem jurídico de terceiros, quando associada à imprevisão da lesão ou ameaça, em circunstância nas quais lhe era previsível (previsibilidade objetiva). Regra geral, crimes culposos são tipos abertos, de maneira que o "fechamento do tipo" é atribuído ao operador do direito. Pretende-se, a partir do caso concreto acima exposto, evidenciar: a) como se realizou o fechamento do tipo; b) quais possíveis ajustes poderiam surgir a partir de aportes dogmáticos neste exercício; c) aspectos político-criminais ligados à responsabilidade atribuída a título culposo.Quando se fala em crimes culposos, sobretudo em sala de aula, aflui a imediata imagem do homicídio ou da lesão culposa, sobretudo no trânsito. No Código Penal, mais de nove, em cada dez crimes, admitem exclusiva forma dolosa. O crime culposo é excepcional.[14]

---

12 LOEBENFELDER, Carlos Kunsemuller. *Culpabilidad y pena*. Santiago: Editorial Jurídica de Chile, 2001, p. 19.

13 BITENCOURT, Cezar Roberto. **Tratado de direito penal.** Tomo I. São Paulo: saraiva, 2011, p. 118.

14 CABRERA, Michelle Gironda; e GUARAGNI, Fábio André. § 06 – Imprudência. In Busato, Paulo César. Teoria do delito. Curitiba: Juruá, 2012, p. 109-110.

Welzel dfine os crimes culposos como as ações que lesionam a ordem jurídica e definem que

> *[...] el tipo de lo injusto de los delitos dolosos se refiere a aquellas acciones cuyas consecuencias, logradas finalistamente, lesionan el orden jurídico, el tipo de lo injusto de los delitos culposos comprende, precisamente, las lesiones de bienes jurídicos producidas no finalistamente, .ocasionadas de modo puramente causal; de acciones cuya meta final propuesta, como tal, no lesiona el orden jurídico.*[15]

O professor Dotti[16] critica os crimes culposos por serem esses tipos abertos e, que é de crurial sabença, na visão do festejado autor, que, "A opinião dominante rechaça a *teoria dos tipos penais abertos* e reprova o abuso que o legislador comete ao se exceder na previsão de tais normas."

Juarez Tavares[17] identifica que

> No crime culposo, a definição teve o objetivo de ser muito moderna. E fez bem de eliminar aquelas referências fatais à imprudencia, à negligência ou à imperícia, como modalidades de manifestação do crime culposo, que estão no Código vigente e devem ser vistas como ultrapasadas.
>
> A fórmula, no entanto, é absolutamente autoritária, porque quer caracterizar como culposas condutas que podem não estar no domínio do agente. Para que uma conduta se situe no domínio da responsabilidade do agente é preciso que produza resultado, pelo menos, previsível ou evitável. Pela fórmula do projeto, haverá crime culposo tão logo o agente tenha violado uma norma de cuidado e produzido um resultado típico, sem referência a se esse resultado, não lhe pudesse ser imputado, porque fora da esfera do aumento do risco, ou porque inevitável, ou porque imprevisível, ou porque realizado no âmbito de um risco habitual. A culpa que sempre se comportou a discussão acerca de se teria um componente subjetivo ou não, perdeu definitivamente esse componente no projeto. A culpa passa a ser inteiramente normativa. A questão de previsibilidade deixou de ser uma questão relevante. A violação da norma de cuidado e a produção causal do resultado são suficientes, no projeto, para fundamentar a culpa. Isso é absolutamente incompreensível. A violação da norma de cuidado é fundamento da culpa sem dúvida nenhuma. Mas ela tem que estar associada a outros componentes. A quais componentes? Aos compondentes relacionados à previsibilidade da conduta no plano objetivo e subjetivo. No objetivo em relação às condições reais de existência da ação descuidada em face da possibilidade real da produção do resultado. E no subjetivo, para verificar se o sujeito, nas circunstâncias em que se

15 WELZEL, Hans. *Derecho Penal. Parte General.* Buenos Aires: Roque Depalma Editor, 1956, p. 135.

16 DOTTI, René Ariel. Curso de Direito Penal. 4ª ed. rev., atual. e ampl. Com colaboração de Alexandre Knopfholz e Gustavo Brita Scandelari. São Paulo: Editora Revista dos Tribunais, 2012. p. 137.

17 TAVARES, Juarez. Projeto de parte geral. A reforma da perte geral. *In:* Reforma penal. Alaor Leite, organizador. São Paulo: Atlas, 2015. p. 69-70.

encontrava, em face de suas condições pessoais, estava ou não capacitado, para prever o fato. Não há fundamento da culpabilidade.

Esse entendimento passa pela lógica de estado democrático de direito, e de que não se pode fundamentar o direito penal em um sistema ilógico ou impreciso, como afirma Hassemer

> *Y esto está lleno de contenido. Del control social basado en la vida cotidiana de una sociedad cualquiera depende el grado de conformidade con un modelo de Estado de Derecho, así como el grado de humanidad de las facultades estatales de intervención a través del Derecho penal y del Derecho de policía. Sobre un control social represivo, poco claro, primitivo y desproporcionado no se puede construir un Derecho penal civilizado.*[18]

O professor Busato,[19] doutrinando acerca do tema assim se manifesta, "Evidentemente, o sistema de imputação não pode tratar de modo igual aquele que comete o crime intencionalmente e aquele que o comete sem querer", não sendo objeto do que se propõe aqui tratar, mas o dolo não pode ser admitido como uma entidade, ou seja, não pode ser mais estudado do ponto de vista ontológico, pois sendo a forma mais grave de atribuição subjetiva to ilícito, faz-se necessário uma conreta demonstração, com sua prova. Dependerá sempre de uma demonstração objetiva da intenção subjetiva. Continua o professor Busato[20] mais adiante,

> Uma vez fixada a ideia de que o delito imprudente se caracteriza pela falta de compromisso para com a produção do resultado, que já se sabe o que é em função da definição do conteúdo do dolo, restaria ver o que deve ser entendido, em termos normativos, por ausência de compromisso para com a evitação do resultado exigido pela instância normativa.

Isso representará o conteúdo que marca especificamente o ilícito imprudente, delimitando-o em fae das situações de impunidade por falta de contribuição subjetiva para com o ilícito, que constitui precisamente a delimitação negativa derivada do princípio da legalidade.

Os ilícitos imprudentes são tratados pela doutrina em geral como *abertos*, porque necessitam sempre do complemento de uma valoração judicial, cerecendo da mesma concreção de que os crimes dolosos dispõem, razão pela qual se discute inclusive a questão de obediência ao princípio da legalidade em sua vertente de determinação ou certeza. Tal compatibilidade pode resul-

---

18 HASSEMER, Winfried. *Por qué no debe suprimirse el Derecho Penal.* México: Instituto Nacional de Ciencias Penales, 2003, p. 15.

19 BUSATO, Paulo César. Direito penal: parte geral. São Paulo: Atlas, 2013, p. 397.

20 *Idem*, p. 431-432.

tar duvidosa ao constatar-se que o juiz, perante o caso concreto, é quem vai determinar os requisitos da conduta incriminadora.

Por causas de sua abertura conceitual, o legislado só o utiliza em casos extemos, e sua aplicação deve ser feito com parcimônia.

> De outro lado, o reforço do emprego desta categoria dogmática impõe um cuidadoso trabalho para estabelecer os respectivos pilares de imputação, cuja invocação mostra-se cada vez mais necessária. Sobretudo porque o aumento do uso dos crimes culposos, *pari passu*, gera incremento da tensão que estes tipos de injusto possuem em relação ao princípio da reserva legal, por reduzirem a taxatividade da norma (*lex certa*). É que, em regra e como já dito, são tipos abertos, que não esgotam a matéria de proibição devido à variabilidade das condições ou circunstâncias de sua realização. O fechamento do tipo dá-se através de uma valoração operada tanto pelo juiz, quando de sentenças condenatórias, como pelo órgão do Ministério Público, ao formular uma denúncia (inepta, se não descrever no que consistiu a culpa).[21]

Com efeito, o enunciado típico não esgota a descrição da conduta desvalorada nos crimes imprudentes, já que esses contam com uma infinita variedade de formas de execução. Por seu turno, Juarez Tavares[22] afirma que,

> Isto, evidentemente, não conduz à conclusão de que se trate de tipos abertos, os quais o julgador se encarregaria de completar segundo seus próprios critérios. Trata-se de tipos fechados, nos quais há, primeiramente, uma previsão legal sobre a forma de sua realização, se dolosa ou culposa; depois, a demonstração acerca da desautorização da conduta, aliada à verificação empírica de uma condição para a sua afirmação, resultante de uma análise das normas de cuidado e dos critérios normativos de imputação que delimitam a conduta perigosa.

Zaffaroni e Pierangeli,[23] doutrinando sobre a função do fim no tipo culposo , assim se manifestam,

> Não há um dever de cuidado *geral*, mas a *cada conduta corresponde um dever de cuidado*. Um é o dever de cuidado ao conduzir um veículo, outro ao demolir um edifício, outro um acender um fogão, outro ao derrubar uma árvore. Daí que seja inevitável que os tipos culposos sejam abertos e a única maneira de fechá-los é sabendo de que conduta se trata: dirigir, demolir, acender ou serrar. Para saber se uma conduta é de dirigir, de demolir, de acender ou de serrar, devemos saber

---

21 CABRERA, Michelle Gironda; e GUARAGNI, Fábio André. § 06 – Imprudência. In Busato, Paulo César. Teoria do delito. Curitiba: Juruá, 2012, p. 111.

22 TAVARES, Juarez. Teoria do crime culposo. 3ª ed. integralmente revista e ampl. Rio de Janeiro, Editora Lumen Juris, 2009. p. 280.

23 ZAFFARONI, Eugenio Raúl; PIERANGELI, José Henrique. Manual de direito penal brasileiro. Volume I, parte geral. 10ª ed. rev., atual. São Paulo: Editora Revista dos Tribunais, 2013. p. 458.

> sua finalidade, porque há condutas que são exteriormente idênticas, que podem causar os mesmos resultados, mas cuja diferença emerge apenas da finalidade, o que os torna condutas diferentes, às que correspondem deveres de cuidado diferentes.

Mais adiante Zaffaroni e Pierangeli aduzem,

> A previsibilidade deve ser estabelecida de acordo com a capacidade de previsibilidade de cada indivíduo, sem que para isto se possa recorrer a qualquer "termo médio" ou "critério de normalidade".[24]

Descartada a utilização de um *standard* médio de previsibilidade, vago e imaginário; reconhecida a existência de um *standard* mínimo empiricamente verificável; refutadas as objeções ao uso dos conhecimentos e habilidades individuais, que nem afronta o princípio da isonomia nem perturba a função redutora do direito penal; impõe-se a conclusão de que a *imputação conforme a capacidade indicvidual de previsão determina o limite da culpa.*[25]

O que caracteriza o crime culposo é a violação do dever objetivo de ter cuidado. Welzel define tal elemento o ligando a imposição desse dever que a norma jurídica faz a todos os homens.

> *El derecho impone, por tanto, a quien actúa, un deber objetivo para un determinado aporte finalista: el deber de observancia de la diligencia necesaria en el intercambio. Solamente acciones que, a consecuencia de la no observancia de este deber objetivo de diligencia, conducen a la lesión de bienes jurídicos, son tipicamente antijuridicas, em el sentido de los tipos culposos de delitos.*[26]

A violação do dever objetivo de ter cuidado é o que caracteriza os crimes culposos e serve como um limite de sua atribuição a uma conduta.

> A quebra do dever objetivo de cuidado é derivada das normas jurídicas, administrativas ou disciplinares, que definem o *risco permitido* em ações perigosas para bens jurídicos nos mais diversos setores da vida: circulação de veículos, meio ambiente, práticas comerciais, etc. Na jurisprudência, entretanto, não é comum

24 ZAFFARONI, Eugenio Raúl; PIERANGELI, José Henrique. Manual de direito penal brasileiro. Volume I, parte geral. 10ª ed. rev., atual. São Paulo: Editora Revista dos Tribunais, 2013. p. 464.

25 ZAFFARONI, Eugenio Raúl [et al.]. Direito penal brasileiro, segundo volume: teoria do delito: introdução histórica e metodológica, ação e tipicidade. Rio de Janeiro: Revan, 2010. p. 329.

26 WELZEL, Hans. *Derecho Penal. Parte General.* Buenos Aires: Roque Depalma Editor, 1956, p. 135.

que os fundamentos decisórios esgotem, um a um, os elementos indicados pela doutrina para checagem da existência de culpa.[27]

O tipo imprudente surge como uma construção para evitar a violação ao bem jurídico, mediante uma não obediência a normas de segurança e culdado.

La norma de cuidado que integra el tipo imprudente es una norma de determinación que persigue evitar la lesión al bien jurídico, motivando a los ciudadanos a no realizar conductas constitutivas de delitos. Determina una de las formas en que debe realizarse la conducta para que ésta sea correcta18[28]

Essa violação do dever objetivo de ter cuidado nasce da expectativa do direito em esperar que todos acham com prudência, como explica Welzel

Objetivamente el derecho espera de toda acción en el campo social, que su dirección finalista sea enfocada com comprensión y prudencia hacia los peligros que llevaconsigo. "Cada cual está obligado a enfocar su actuar em tal forma que éste no llegue a ser causa de acontecimientos dañinos, de la especie de los que están previstos por la ley, y cuya producción está dentro de la facultad humana de representación" (RG., 19-53).[29]

No caso em tela, o resultado descrito no parecer, não é intentado pelas partes

5. A IDEIA DE RISCO NO DIREITO PENAL E SEU USO NOS CRIMES CULPOSOS

Conforme as lições de Marcelo Neves,[30] Luhmann, ao elaborar a Teoria dos Sistemas,[31] aplicou às ciências sociais os conceitos da biologia acerca da autopoiese, cuja palavra possui origem etimológica grega, significando, autos, "por si próprio" e poiesis, "criação, produção". No entanto, a concepção Luhmanniana da autopoiese afasta-se do modelo biológico de Maturana, na medida em que nela se distinguem os sistemas constituintes de sentido (psíquicos e sociais) dos sistemas não constituintes de sentido (orgânicos e neurofisiológicos). Se, na biologia, há uma concepção radical de fechamento, nos

27 CABRERA, Michelle Gironda; e GUARAGNI, Fábio André. § 06 – Imprudência. In Busato, Paulo César. Teoria do delito. Curitiba: Juruá, 2012, p. 112-113.

28 DONNA, Edgardo Alberto. *Derecho Penal. Parte Especial.* Tomo I. Buenos Aires: RUBINZAL – CULZONI EDITORES, 1999, p. 106.

29 WELZEL, Hans. *Derecho Penal. Parte General.* Buenos Aires: Roque Depalma Editor, 1956, p. 139.

30 NEVES, Marcelo. ***A constitucionalização simbólica.*** 3ª ed. São Paulo: Editora WFM Martins Fontes, 2011.

31 LUHMANN, Niklas. ***Introdução à teoria dos sistemas.*** Tradução de Ana Cristina Arantes Nasser. 3ª ed. Petrópolis, RJ: Vozes, 2011.

sistemas constituintes de sentido, ao contrário, a "auto-observação torna-se componente necessário da reprodução autopoiética". Eles possuem um caráter autopoiético ao se referirem a si mesmos e ao ambiente, operando internamente a diferença fundamental entre sistema e ambiente. No entanto, possuem um fechamento operacional, incorporando a diferença sistema/ambiente conforme seus próprio código-diferença. Dessa forma, os sistemas são abertos cognitivamente e fechados operacionalmente. O funcionamento se dá por meio de código sistêmico próprio, o código binário, que permite a escolha entre lícito e ilícito, condicionada pelo ambiente. O fechamento normativo impede, assim, a confusão entre sistema jurídico e seu ambiente, realizando uma codificação interna de informações advindas do ambiente.

A diferença se constitui no ponto de partida de uma teoria dos sistemas para a sociologia. O sistema é a diferença resultante da diferença entre sistema e meio. Dessa forma, a diferenciação limita o que deve ser levado em conta no outro lado da forma, estabelecendo um paradoxo, a produção da sua própria unidade, pelo sistema, na medida em que realiza uma diferença.

A partir da concepção Luhmanniana acerca dos sistemas sociais surge a necessária reflexão acerca de quais problemas da sociedade são resolvidos mediante a diferenciação de normas jurídicas e de um sistema jurídico determinado. A função do Direito se relaciona com a estabilização de expectativas dentro de um contexto social altamente complexo e diverso.

Ainda que a comunicação individual dure apenas um instante, para a sua determinação será necessário um quadro comunicacional que recorre ao tempo., ou seja, deve referir-se a comunicações já ocorridas e a possíveis enlaces futuros. Portanto, toda comunicação fixa um sentido no tempo, através do qual, deverá tomar como ponto de partida na próxima comunicação. A esta fixação de sentido dá-se o nome de semântica. Só um armazenamento semântico destinado ao uso repetido conduz a consolidações de sentido no tempo.

As reutilizações do sentido se devem a um duplo requerimento, e seu resultado final será um sentido que permanece fixo na linguagem e em uma comunicação socialmente diferenciada. O sentido utilizado deverá ser condensado a fim de que possa ser reconhecido num contexto diferente e, posteriormente, o sentido deverá ser confirmado ao ser reutilizado numa outra situação diversa. Apenas dessa forma com o compartilhamento da lógica de condensação e confirmação de sentido, será possível a participação na comunicação acoplando sua consciência com as operações sociais.

Dessa forma as repetições que possibilitam as condensações e as confirmações que as acompanham, reduzem o aspecto da arbitrariedade da relação entre signo e significante.

Por conseguinte, no sistema de direito não só se trata da valoração comunicativa da não comunicação – sobre esta base! -, da comunicação que todos os modos de comportamento que o direito abarca e normatiza. A problemática social aumenta quando para assegurar esses enlaces temporais há que introduzir determinadas expectativas que sequer correspondem com a realidade e que produz frustração. Quem já reconhece as expectativas de antemão deve resolver conflitos sem saber quem participa deles e como se fará. A fixação do tempo prejulga a tomada de partido da comunidade.

A liberdade de comportamento se reduz com antecipação, se não de fato, seja no plano das expectativas.

O direito discrimina: decide a favor de um e contra o outro, e este é o marco de um tempo futuro que não pode ser previsto.

Esta relação que mantém a função do direito com o futuro explica a necessidade da simbolização que é própria de todo o ordenamento jurídico. As normas jurídicas constituem um entrelaçamento de expectativas simbolicamente generalizadas. Com isso não só se produz indicações gerais independentemente das circunstâncias, sem que os símbolos se refiram ao invisível: ao futuro que não pode ser visível.

A referência temporal do direito não se encontra, pois, na vigência das normas (que se dividem em variável e invariável), nem na historicidade imanente ao direito. Tampouco se encontra na "matéria" do direito, a conduta humana. A referência temporal do direito encontra-se na função das normas: na intenção de preparar-se, ao menos no nível das expectativas, ante um futuro incerto – genuinamente incerto. Por isso, as normas variam na medida em que a sociedade produz um futuro acompanhado de insegurança.

Conforme a definição funcional Luhmanniana de Direito e de norma, será possível realizar as seguintes distinções: diante de uma expectativa frustrada, ou se renuncia a expectativa causadora da decepção, ou se mantém a expectativa, apesar da decepção. Portanto, o conceito de norma se perfaz pela determinação de um lado de uma forma que possui dois lados.

Numa análise conclusiva, a função do Direito reside na estabilização das expectativas normativas através da regulação da generalização temporal, objetual e social. O Direito permite o conhecimento das expectativas que possuem respaldo social e das que não possuem o referido respaldo.

Não pode o direito penal ficar indiferente a ideia de risco. Essa ideia se apresenta como uma forma limitadora dos tipos imprudentes. O conceito de risco e sua importância está

Atualmente, no âmbito da sociologia, há uma intensa discussão sobre o critério do risco. A modernidade, que é uma cultura de risco, reduz riscos totais em certas áreas e modos de vida, mas ao mesmo tempo introduz novos parâmetros totalmente desconhecidos. Por conta disso, é importante não olvidar que o critério do risco é algo que deve ser inserido na teoria do delito, pois este está presente no cotidiano das pessoas. Como diferentes são os níveis de risco, também a tolerância em relação a cada um deles não é igual. Há os que, em face do benefício que proporcionam são tolerados pela sociedade moderna. Mas também há aquele que esta mesma sociedade não está disposta a admitir, pretendendo limitar ou mesmo proibir.[32]

A teoria da imputação objetiva trouxe como parâmetro para a aplicação da norma penal a ideia de risco. Usada como sistema limitador da teoria de causalidade *(conditio sine qua non)*, trouxe uma forma interessante de verificação de indidencia da lei penal e da imputação de um resultado. Essa

> *[...] imputación de un resultado tiene que basarse en la creación de un riesgo imputable (supra. I); y que la producción de esta acción pehgrosa precisa de una referencia personal (§ 16) e individual (§§ 17 y 20). La imputación objetiva del resultado se basa, pues, en una imputación personal e individual del riesgo. Este extremo no se tiene suficientemente en cuenta en los criterios del incremento del riesgo y del fin de protección de la norma, porque, en buena medida, la aplicación de los mismos se limita al delito imprudente de resultado. En efecto,en éste la imposibilidad de imputar objetivamente el resultado excluye toda punibilidad. En cambio, si se aplican tales criterios también a los delitos dolosos —para lo cual hay muchas razones— '^ se obtienen consecuencias significativas. Para exponerlas, se adopta aquí el punto de partida de la doctrina dominante, que analiza el comportamiento peligroso imputable (incluidas las adecuadas posibilidades de salvación en las causas de justificación) desde uma estricta perspectiva ex ante, mientras que la relación de riesgo y el resultado lesivo (o bien el resultado de salvación) se enjuician desde la perspectiva ex post".*[33]

O risco se tornou um parâmetro muito usado nas teorias de direito penal, quer seja para os crimes dolosos quanto aos crimes culposos

> De então, tanto em crimes dolosos, como culposos, a imputação objetiva do evento ao agente gira em volta da criação de risco proibido para o bem jurídico. Desloca-se o eixo da imputação: como foco de interesse do direito penal, a causação física de uma modificação no mundo exterior perde força; ao contrário, ganha força a vinculação do comportamento com a exposição do bem jurídico a dano ou perigo de dano. Por conseguinte, já não se dá especial enlevo ao resultado naturalístico, mas ao resultado jurídico consistente na ofensa ao bem de proteção. A conexão física entre conduta e resultado naturalístico é apenas aspecto concernente a alguns tipos de injusto, no aspecto formal-objetivo.
> Vem daí ser locução mais apropriada que a tradicional "quebra de dever de cuidado" a referência de que, em crimes culposos, exige-se a *criação de riscos proibidos* para se imputar um resultado concreto ao agente, de dano ou perigo de dano ao bem jurídico.[34]

32 BUSATO, Paulo César.; e Pereira, Gabriela Xavier. § 03 – O risco e a imputação objetiva. Busato, Paulo César. Teoria do delito. Curitiba: Juruá, 2012, p. 63.

33 SCHÜNEMANN, Bernd. ***El sistema moderno del Derecho penal***: cuestiones fundamentales. Madrid: Editorial Tecnos, 1991, p. 113.

34 CABRERA, Michelle Gironda; e GUARAGNI, Fábio André. § 06 – Imprudência. In Busato, Paulo César. Teoria do delito. Curitiba: Juruá, 2012, p. 115.

Informa Schünemann, que os critérios jurídico para verificação do risco é um sistema limitador da incidência da norma, e defende que

> *Los criterios jurídicos del incremento del riesgo y del fin de protección de la norma, limitadores de la responsabilidad y a la vez fundamentadores del injusto, deben su aparición al reconocimiento de que las normas prohibitivas en general no pueden prohibir una injerencia peligrosa en bienes jurídicos sin atender a si la observancia de la norma habría salvaguardado de modo seguro el bien jurídico abriendo para el mismo una posibiUdad de salvación,o a si ese bien es puesto en juego de modo doloso o temerario por su titular o por terceros '. De este modo, tales criterios delimitan el «injusto típico» o – más estrictamente – la «esfera de riesgo de lo punible». Se trata de elementos legales del injusto, no escritos, a los efectos de los §§ 16.1 y 17'.*[35]

Como forma de compreensão do risco, a concepção significativa se torna um instrumento de avaliação do risco criado pelo agente.

> E a interpretação do significado da conduta é feito pela leitura de seus indicadores externos. Dentro da gramática que rege o processo de imputação de responsabilidade penal, o intérprete deve comprovar argumentativamente, a partir das características públicas do comportamento investigado, qual era a intenção do autor de um resultado lesivo ou periclitante ao bem jurídico. Se for possível convencer racionalmente qualquer pessoa bem informada e intencionada (critério intersubjetivo de validade), mediante a construção de um argumento bem embasado, que o acusado agiu compromissado com a ofensa ao bem jurídico, estar-se-á diante de uma conduta dolosa. Do contrário, a conduta será qualificada como culposa.[36]

Desse modo a reprovação do agente é justificada pela sua lesão a este dever objetivo de ter cuidado.

> *Del establecimiento de la antijuricidad se debe distinguir la cuestión de la culpabilidad, que se basa en la posibilidad de reprochar personalmente al autor la lesión del deber objetivo de diligencia, porque con atención hubiera podido conocerlo y con prudencia evitarlo. Como en los delitos dolosos, la cuestión de la culpabilidad presupone también aquí el establecimiento previo de la antijuricidad objetiva. Como ésta no se agota en la mera lesión de bienes jurídicos, sino que comprende también um determinado disvalor de acción -precisamente la lesión de la diligencia impuesta-, se debe examinar la lesión de la diligencia objetiva, ya dentro del marco del tipo de injusto y separarlo de la culpabilidad, de la reprochabilidad personal del actuar objetivamente no diligente.*[37]

---

35 SCHÜNEMANN, Bernd. ***El sistema moderno del Derecho penal***: cuestiones fundamentales. Madrid: Editorial Tecnos, 1991, p. 119.

36 SERRANO JÚNIOR, Odoné, e Santos, Danúbia Andrade da Silva. § 07 – Distinção entre dolo e culpa. In Busato, Paulo César. Teoria do delito. Curitiba: Juruá, 2012, p. 134.

37 WELZEL, Hans. *Derecho Penal. Parte General.* Buenos Aires: Roque Depalma Editor, 1956, p. 137.

O risco nasce, nos crimes culposos quando o agente viola o dever de cuidado descrito em regras no direito. Sabe-se que existe uma regra que é inerente aquele oficio ou necessária para a prática de uma ação e ainda assim age-se em o cumprimento de tal regra, criando o perigo. Welzel exemplifica isso muito bem

> *Rige el principio de la "distribución adecuada de los peligros del intercambio": todo exceso que cargara la exigencia de evitar los peligros adecuados al intercambio unilateralmente a quien crea el peligro, paralizaría seriamente la iniciativa social. De ello resulta que la diligencia "adecuada al intercambio" exige, por regla general, solamente una medida media", conforine al "término medio" (§276, C. Civil).*[38]

E passa a dar um exemplo mais preciso

> *Un subcaso del peligro socialmente adecuado es el riesgo permitido de empresas peligrosas, como las de industrias vitales: minas, caleras, fábricas, construcciones de casas, etc., o del tránsito moderno (ferrocarriles, automotores, aviones), o ejercicios deportivos, o actividad curativa médica, etc. Cuanto más valor social tenga el fin perseguido, tanto más ampliamente permite el derecho un peligro de bienes jurídicos a través de acciones que son necesarias para la obtención de aquellos fines. También aquí comienza la lesión de la diligencia objetiva com acciones que traen aparejado un aumento innecesario del peligro para el ejercicio de la actividad. P. ej., a través de la lesión de las reglas del arte o profesión, o de la omisión de dispositivos de seguridad, para lo que ofrecen certo sostén las ordenanzas policiales decretadas al respecto*

(RG., 56-349; 73-370).[39]

A intenção de proibição dos crimes culposos reside na ideia desse dever objetivo de ter cuidado. O risco é criado pelo fato do agente, conhecendo a regra técnica, escolhe agir sem respeita-la, gerando um risco não permitido.

> *Mediante la prohibición penal de comportamientos imprudentes se busca evitar la realización de acciones que conduzcan a la lesión de bienes jurídicos, en este caso, la vida. La esencia del delito culposo reside en la valoración sobre la clase y modo de ejecución de la acción (desvalor de la acción) com el fin de superar el aparentemente espinoso problema que planteaba el deslinde entre delitos doloso y delito culposo, cuando ambos tenían como inicio acciones finales, es decir, dirigidas25.*[40]

38 WELZEL, Hans. *Derecho Penal. Parte General.* Buenos Aires: Roque Depalma Editor, 1956, p. 139.

39 WELZEL, Hans. *Derecho Penal. Parte General.* Buenos Aires: Roque Depalma Editor, 1956, p. 139.

40 DONNA, Edgardo Alberto. *Derecho Penal. Parte Especial.* Tomo I. Buenos Aires: Rubinzal – Culzoni Editores, 1999, p. 108.

No caso do parecer não se poderia, como não se pode imputar uma violação ao dever de cuidado, pois hodiernamente na ciência penal contemporânea a matéria é resolvida pelo *princípio da confiança*,[41] "segundo o qual não há violação do dever de cuidado na conduta de quem confiava que o outro se comportará corretamente, desde que não existam motivos para duvidar disso ou mesmo acreditar no contrário".

O risco é iniciado com a previsibilidade do resultado violador de bem jurídico. Esse resultado é fruto do agir sem observância das regras de cuidado, cautela ou mesmo inerentes ao ofício ou função. Essa previsibilidade do acontecimento futuro, dentro de uma esfera de probabilidade, agrava a necessidade de cautela. Caso o agente não tome a precaução necessária, sua conduta se tona mais reprovável. Edgardo A. Donna deixa isso bem claro ao mencionar que

> *Las,reglas de cuidado -necesarias para completar el tipo de injusto-resultan un indicador -aunque no el único- al igual que la previsibilidad, para brindar al intérprete judicial de las herramientas básicas para completar el tipo. Por ejemplo: el comportamiento de un conductor experimentado, las reglas de comportamiento en atividades profesionalmente regladas (médicos, enfermeros, ingenieros, etc.) permiten establecer el cuidado objetivo que en el caso concreto deberá guiar el autor en miras a la evitación del resultado lesivo al bien jurídico.*[42]

A análise do risco é essencial para se limitar a abertura dos crimes culposos e perceber a gravidade da inobservância de regras de cautela.

Considerações finais

Não poderia ter chegado o professor Dotti a conclusão diversa em seu parecer, senão respondendo não a todas as indagações. Sabido como se disse Luhmann, que o futuro não se deixa observar e, punir por uma conduta que se deveria responder com base no que se apregoa hodiernamente como verdadeira responsabilidade subjetiva, baseado no real *princípio da culpabilidade*, a responsabilidade objetiva de há muito deve ser afastada de um direito penal que se pretende garantidor.

---

41 ZAFFARONI, Eugenio Raúl [et al.]. Direito penal brasileiro, segundo volume: teoria do delito: introdução histórica e metodológica, ação e tipicidade. Rio de Janeiro: Revan, 2010. p. 330.

42 DONNA, Edgardo Alberto. *Derecho Penal. Parte Especial.* Tomo I. Buenos Aires: Rubinzal – Culzoni Editores, 1999, p. 106.

Referências bibliográficas

BAUMANN, Jürgen. **Derecho Penal**. Conceptos fundamentales y sistema. Introducción a la sistemática sobre la base de casos. Buenos Aires: Edicioes Depalma, 1973.

BITENCOURT, Cezar Roberto. **Tratado de Direito Penal**. Tomo I. São paulo: saraiva, 2011.

BRANDÃO. Cláudio. **Teoria jurídica do crime**. 4ª ed.São Paulo: Atlas, 2015.

BRANDÃO. Cláudio. **A culpabilidade na dogmática penal**. *In*: Direito penal contemporâneo. Gilmar Ferreira Mendes, Pierpaolo Cruz Bottini, Eugenio Pacelli (coordenadores). São Paulo: Saraiva, 2011.

BUSATO, Paulo César. **Direito penal: parte geral**. São Paulo: Atlas, 2013.

BUSATO, Paulo César; e Pereira, Gabriela Xavier. § 03 – O risco e a imputação objetiva. In Busato, Paulo César. Teoria do delito. Curitiba: Juruá, 2012.

CABRERA, Michelle Gironda; e GUARAGNI, Fábio André. § 06 – Imprudência. In Busato, Paulo César. Teoria do delito. Curitiba: Juruá, 2012.

DONNA, Edgardo Alberto. **Derecho Penal.** Parte especial. Tomo I. Buenos Aires: Rubinzal – Culzoni Editores, 1999.

DOTTI, René Ariel; LINS E SILVA, Evandro. **A morte não vale a pena**. Ciclo de conferências "Sobral Pinto", a pena de morte no Brasil. Curitiba: Imprensa Oficial, 1991.

________. **Casos criminais célebres**. 3. ed.rev.e ampl. São Paulo: Editora Revista dos Tribunais, 2003.

________. **Movimento antiterror e a missão da magistratura**. 2ª ed. Curitiba: Juruá, 2005.

________. **Declaração Universal dos direitos do homem e notas da legislação brasileira**: atualizado e com as remissões ao Novo Código Civil. 3ª ed. São Paulo: Lex Editora, 2006.

________. **Curso de direito penal**. 4ª ed.rev.,atual. e ampl. Com colaboração de Alexandre Knopfholz e Gustavo Brita Scandelari. São Paulo: Editora Revista dos Tribunais, 2012.

HASSEMER, Winfried. **Por qué no debe suprimirse el Derecho Penal.** México: Instituto Nacional de Ciencias Penales, 2003.

LOEBENFELDER, Carlos Kunsemuller. **Culpabilidad y pena**. Santiago: Editorial Jirídica de Chile, 2001.

LUHMANN, Niklas. ***Introdução à teoria dos sistemas.*** Tradução de Ana Cristina Arantes Nasser. 3ª ed. Petrópolis, RJ: Vozes, 2011.

NEVES,Marcelo. ***A constitucionalização simbólica.*** 3ª ed. São Paulo: Editora WFM Martins Fontes, 2011.

SERRANO JÚNIOR, Odoné, e Santos, Danúbia Andrade da Silva. § 07 – Distinção entre dolo e culpa. In Busato, Paulo César. Teoria do delito. Curitiba: Juruá, 2012.

SCHÜNEMANN, Bernd. **El sistema moderno del Derecho penal**: cuestiones fundamentales. Madrid: Editorial Tecnos, 1991

TAVARES, Juarez. **Projeto de parte geral**. A reforma da perte geral. *In:* Reforma penal. Alaor Leite, organizador. São Paulo: Atlas, 2015.

TAVARES, Juarez. **Teoria do crime culposo.** 3ª ed. integralmente revista e ampl. Rio de Janeiro, Editora Lumen Juris, 2009.

WELZEL, Hans. **Derecho Penal**. Parte General. Buenos Aires: Roque Depalma Editor, 1956.

ZAFFARONI, Eugenio Raúl; PIERANGELI, José Henrique. **Manual de direito penal brasileiro**. Volume I, parte geral. 10ª ed. rev., atual. São Paulo: Editora Revista dos Tribunais, 2013.

ZAFFARONI, Eugenio Raúl [et al.]. **Direito penal brasileiro**, segundo volume: teoria do delito: introdução histórica e metodológica, ação e tipicidade. Rio de Janeiro: Revan, 2010.

O PENSAMENTO DO PROFESSOR RENÉ ARIEL DOTTI E A APLICAÇÃO DO ART. 20 DA LEI Nº 7.716/1989

José Roberto Wanderley de Castro

RESUMO: O presente trabalho analisa o parecer do professor René Ariel Dotti sobre a ocorrência de delito previsto no art. 20 da Lei nº 7716/89, sua legalidade, a análise do tipo objetivo e do tipo subjetivo.

PALAVRAS-CHAVE: Art.20 da Lei nº 7716/89. Princípio da legalidade. Teoria do tipo penal.

TITLE: René Ariel Dotti's Theory and the application of the 20th article of the 7716/89 act.

ABSTRACT: This paper seeks to analyzes the opinion of Professor René Ariel Dotti on the occurrence of an offense provided for in 20º article of the 7716/89 Act, its legality, the analysis of objective type and subjective type.

KEYWORDS: 20º article of the 7716/89 Act. Principle of legality. Theory of the crime's description.

1. Introdução

O presente artigo visa abordar os aspectos do pensamento do professor Dotti em um parecer formulado e posteriormente publicado em revista científica brasileira. Como foco primordial, será abordado sua análise do art. 20 da Lei nº 7.716/89, sua legalidade e a análise dos elementos objetivos desse tipo, bem como os elementos subjetivos.

A importância do trabalho do professor René Ariel Dotti para a construção da doutrina e da dogmática penal brasileira é inegável. O parecer em questão, é sobre o tipo penal de discriminação e enfrenta a dicotomia entre a liberdade de expressão e a proteção da liberdade religiosa. Na elaboração do parecer, o mestre mostra a necessária obediência da Lei Penal ao Princípio da Legalidade e sua adequação aos tipos penais trazidos pelo legislador. Como foco de pesquisa, o presente trabalho tem como objetivo o estudo do parecer, de seus argumentos e pressupostos lógicos para a conclusão e resposta dos quesitos, limitando-se à análise da legalidade e da teoria do tipo penal.

Como problema de investigação estaria a adequação do princípio da legalidade e da teoria do tipo penal no parecer (nas ideias do professor Dotti) e na doutrina penal atual.

Utilizou-se o método indutivo, onde procurou-se observar o parecer como fonte inicial do estudo, seguindo para a doutrina penal. Limitou-se ao estudo da tipicidade, mais especificamente dos elementos do tipo penal e a conduta descrita no parecer.

2. Do processo que ensejou o parecer: entendendo o caso

O fato que ensejou o presente parecer foi o descrito na Ação Penal 1957502-1/2008, impetrada pelo Ministério Público da Bahia, com a finalidade de se apurar o delito previsto no art. 20 da Lei nº 7.716/1989.

O C. E. C. L. – C. L., entidade privada e sem fins lucrativos, dirigiu-se ao Procurador-Geral do Estado da Bahia, oferecendo Representação Criminal descrevendo o seguinte fato:

> Os denunciados, usando do poder de acesso a diversos meios de comunicação tais como *site* [www...com.br], livro publicado em 2003, CD etc. vem constantemente atacando a religião espírita, com informações descabidas e inverídicas, passando informações errôneas e/ou distorcidas, tais como a que transcrevemos das p. do seu livro *Sim, sim! Não, não!*:
>
> 'O espiritismo é como uma epidemia e como tal deve ser combatido: é um foco de morte. O espiritismo precisa ser desterrado da nossa vida. Não é preciso ser cristão e ser espírita. (...). Limpe-se totalmente! (p.)'. Vale salientar o pronunciamento do papa, em Roma, quinta-feira, 21.06.2007, no qual, consternado pela situação que o Oriente Médio vive, Bento XVI pede aos responsáveis das regiões em conflito que libertem a paz 'da enfermidade mortal da discriminação religiosa, cultural, histórica ou geográfica'.
>
> Infelizmente, o maior mandatário da Igreja Católica não se dá conta de que no seio da sua religião há representantes que o têm consternado, tendo, como base insidiosa, a discriminação religiosa.
>
> Reporto-me ao P. I. A., fundador da Comunidade C. N., no Rio de Janeiro, que no seu livro *Sim, sim! Não, não! Reflexões de cura e libertação*, ao lado do seu *site*, tem, por sistema, infligir ao Espiritismo pechas criminosas só concebidas durante o período obscurantista da humanidade, fatos que só recentemente chegaram ao nosso conhecimento. [...]. Fica patente a tipificação do crime de discriminação religiosa definido nos arts. 1.º e 20 da Lei nº 7.716/1989, com alterações da Lei nº 9.459/1997, agravado pela amplitude da divulgação em *site*, livros e CDs.[1]

O ministério público oferece denúncia baseada na representação criminal e afirma que os acusados proferiram palavras preconceituosas em sua obra e menciona as páginas.

> Consta dos autos anexos do Procedimento Administrativo suprarreferido que o denunciado, fundador da comunidade C. N., que tem a missão de evangelizar

1 DOTTI, René Ariel. **Discriminação religiosa liberdades de opinião e de crítica** – o espiritismo como filosofia e ciência. In Revista dos Tribunais, n. 907, 2011, p. 175-176.

pelos meios de comunicação social, no livro de sua autoria *Sim, sim! Não, não! Reflexões de cura e libertação*, publicado pela C. N., faz afirmações discriminatórias à religião espírita e às religiões de matriz africana, como a umbanda e o candomblé. É o que se observa das seguintes passagens da obra:

'O demônio, dizem muitos, não é nada criativo. Ele continua usando o mesmo disfarce. Ele, que no passado se escondia por trás dos ídolos, hoje se esconde nos rituais e nas práticas do espiritismo, da umbanda, do candomblé e de outras formas de espiritismo. Todas essas formas de espiritismo têm em comum a consulta aos espíritos e a reencarnação' (p. 29-30).

'Os próprios pais e mães-de-santo e todos os que trabalham em centros e terreiros são as primeiras vítimas: são instrumentalizados por Satanás. (...) A doutrina espírita é maligna, vem do maligno' (p.16).

'O espiritismo não é uma coisa qualquer como alguns pensam. Em vez de viver no Espírito Santo, de depender dele e ser conduzida por Ele, a pessoa acaba sendo conduzida por espíritos malignos. (...)

O espiritismo é como uma epidemia e como tal deve ser combatido: é um foco de morte. O espiritismo precisa ser desterrado da nossa vida. Não é preciso ser cristão e ser espírita. (...)

Limpe-se totalmente!' (p. 17-18).

'Há pessoas que já leram muitos livros do chamado "espiritismo de mesa branca", de um kardecista muito intelectual que realmente fascina – as coisas do inimigo fascinam. Desfaça-se de tudo. Queime tudo. Não fique com nenhum desses livros' (p. 43).

Do mesmo modo, informações inverídicas e preconceituosas são dirigidas às religiões de matriz africana, além de se verificar flagrante incitação à destruição e desrespeito aos seus objetos de culto: 'Acabe com tudo: tire as imagens de Iemanjá (que na verdade são um disfarce, uma imitação de Nossa Senhora). Acabe com tudo! Mesmo que seja uma estátua preciosa, mesmo que seja objeto de ouro, não conserve nada. Isso é maldição para você; maldição para sua casa e sua família' (p. 16)[2].

Após descrever a conduta, pede o ministério público a condenação dos acusados nos moldes dos art. 20, §§ 2.º e 3.º, da Lei nº 7.716/1989.

Ainda na peça vestibular, o ministério público da Bahia solicita o recolhimento imediato, em todas as livrarias e bancas de jornais e revistas localizadas no Município de Salvador, dos exemplares postos à venda da obra *Sim, sim! Não, não! Reflexões de cura e libertação.*

O magistrado recebeu a denúncia e decretou o imediato recolhimento dos exemplares do mencionado livro.

3. Os pressupostos lógicos do parecer

Como pressupostos lógicos, e com a finalidade de responder os quesitos do parecer, o professor Dotti utilizou o seguinte raciocínio:

2 DOTTI, René Ariel. **Discriminação religiosa liberdades de opinião e de crítica** – o espiritismo como filosofia e ciência. In Revista dos Tribunais, n. 907, 2011, p. 179.

a) A perspectiva constitucional do problema, onde fora abordado os direitos de livre manifestação do pensamento, e a proteção à religião e o culto religioso;

b) A criminalização desta conduta seria inconstitucional;

c) A constituição não incrimina a conduta preconceituosa;

d) A análise dos movimentos de neocriminalização e a descriminalização;

e) A legalidade e seus aspectos, como a anterioridade e a taxatividade (*nullum crimen, nulla poena sine lege certa*);

f) A proibição do uso da analogia; e ao final destes argumentos, demostra que o legislador violou princípio da Legalidade e seus espectos, e informa que

> Com o reforço da interpretação do Direto Penal conforme os valores constitucionais, resta claro, novamente, que inexistiu o delito previsto no art. 20 da Lei nº 7.716/1989. Calha rever a *norma de conduta*:
> "Art. 20. Praticar, induzir ou incitar a discriminação ou preconceito de raça, cor, etnia, religião ou procedência nacional."
> Logo, se não há *lei penal anterior* criminalizando o " *preconceito*", nos termos propostos na denúncia, é claro que o *Consulente* não responde pela modalidade de *preconceito* religioso. Igualmente, não se pode, por *analogia in malam partem, contra legem* ou *praepter legem*, considerar o *preconceito* como sinônimo da *discriminação*. Mas não é somente com relação à ausência de criminalização do *preconceito* que cabe indicar os princípios acima: eles também suportam a completa *atipicidade* do comportamento do *Autor* por ausência de elemento do tipo.
> Com efeito, para a configuração do tipo legal em questão, deve ocorrer a *discriminação* de raça, cor,,etnia, *religião* ou procedência nacional. Não se pode querer vislumbrar, como elemento normativo do tipo, em substituição à *religião*, a possibilidade de discriminação de *doutrina filosófica* – como é o caso do Espiritismo –, ou em razão de *culto* – como é o caso das citadas culturas de origens africanas (vê-se que o tipo em causa não menciona o *culto*). Exige-se que o bem jurídico seja definível, *sem margem de dúvidas*, como uma verdadeira *religião*, e que assim seja reconhecida pela sociedade.[3]

g) Inexistência de violação do tipo objetivo, onde o Professor Dotti defende que o tipo objetivo não fora violado, já que o espiritismo e as doutrinas afro-brasileiras (Umbanda e o Candomblé) não seriam religião;

h) Inexistência do tipo subjetivo, já que o agente ao criticar as supramencionadas manifestações, não teria a intenção de discriminar ou escarnecer;

i) E por fim, a finalidade seria apenas acadêmica, gozando o autor da liberdade de expressão constitucionalmente defendida, o que afastaria a culpabilidade do agente.

Deste modo, o autor respondeu os quesitos levantados da seguinte maneira

---

3 DOTTI, René Ariel. **Discriminação religiosa liberdades de opinião e de crítica** – o espiritismo como filosofia e ciência. in Revista dos Tribunais, n. 907, 2011, p.188.

> *Primeiro quesito*: No caso em exame, ficou caracterizado o delito de *preconceito* religioso, previsto no art. 20 da Lei nº 7.716, de 05.01.1989?
> Resposta: Não, conforme o *texto*.
>
> *Segundo quesito*: No caso em exame, ficou caracterizado o delito de *discriminação* religiosa, previsto no art. 20 da Lei nº 7.716, de 05.01.1989?
> Resposta: Não, conforme o *texto*.
>
> *Terceiro quesito*: Existe *justa causa* para o exercício da ação penal?
> Resposta: Não, conforme o *texto*.[4]

Concluiu o professor Dotti que no caso em questão, não haveria violação do art. 20 da Lei nº 7.716/89.

4. Da necessidade de observação do princípio da legalidade e o art 20 da Lei nº 7.716/89

O argumento do Professor Dotti preceitua que o art. 20 da Lei nº 7716/89 violaria o princípio da legalidade, e como consequência não pode ser utilizado por violar o princípio da taxatividade.

O princípio da legalidade, atualmente, se apresenta por meio de quatro máximas:

a) *Nullum Crimen, nulla poena sine lege stricta*, que impede o uso de uma das ferramentas mais usadas no sistema jurídico, principalmente para integração do Ordenamento jurídico, mas que no sistema penal pode ampliar o alcance das normas penais por meio da interpretação, garantindo a aplicação da lei penal em benefício do acusado;

b) *Nullum crimen, nulla poena sine lege scripta*, que proíbe o uso dos costumes como fonte legitimadora para a aplicação das Penas, vinculando apenas à Lei essa possibilidade;

c) *Nullum crime, nulla poena sine lege previa*, que proíbe a possibilidade de retroação de normas incriminadoras. Esta regra lógica, também tem ligação com a potencial consciência de antijuridicidade, já que a reprovação pessoal do agente está ligada, também, ao fato do mesmo saber que sua conduta era proibida no momento de sua ação. Não há possibilidade de retroatividade de lei, a não ser que seja mais favorável ao acusado (Princípio da Retroatividade da lei mais benéfica e o Princípio do *in Dubio pro Reo*);

d) *Nullum crimen, nulla poena sine lege certa*, ou seja, não pode haver tipos penais lacunosos e com penas incertas. Essa garantia impede o arbítrio livre e desimpedido do Estado. A limitação das possibilidades interpretativas, impede a criação de normas penais por meio dos magistrados. Da mesma

4 DOTTI, René Ariel. **Discriminação religiosa liberdades de opinião e de crítica** – o espiritismo como filosofia e ciência. in Revista dos Tribunais, n. 907, 2011, p.231.

forma, não poderia existirem penas que não estejam determinadas, expressamente no texto legal, impedindo a aplicação do arbítrio do Estado.

Busto Ramírez apresenta outra faceta do princípio da legalidade ao registrar sua função garantidora

> *La función del principio de legalidad es esencialmente garantista. Se puede decir que con él nace el derecho penal moderno. Significa que el Estado ha de especificar el contenido y fundamento de sus intervenciones sobre los ciudadanos con el mayor rigor posible y que éstos han de tener la posibilidad real de conocerlos con toda claridad. El principio de legalidad, en definitiva, es una garantia frente a la arbitrariedad estatal.*[5]

Nelson Hungria defendendo a importância do princípio da legalidade mencionou

> A fonte única do direito penal é a norma legal. Não há direito penal vagando fora da lei escrita. Não há distinguir, em matéria penal, entre lei e direito. *Sub specie juris*, não existe crime "sem lei anterior que o defina, nem pena "sem previa cominação legal". *Nullum crimen, nulla poena sine previa lege poenali.* A lei penal é assim um sistema fechado: ainda que se apresente omissa ou lacunosa, não pode ser suprida pelo arbirtío judicial ou pela analogia, ou pelos princípios gerais de direito, ou pelo costume[6].

O princípio da legalidade serviria como um sistema de proteção o para o acusado, passando a integrar a gama de seus direitos e garantias fundamentais[7].

ENRIQUE BACIGALUPO, seguindo essa mesma linha de raciocínio, apresenta quatro proibições geradas do estudo deste princípio, e afirma que

> *En la teoría y en la práctica existe un difundido consenso respecto de las consecuencias que se derivan del principio de legalidad. En particular se reconocen cuatro prohibiciones como consecuencia de ello: de aplicación retroactiva de la ley (lexpraevia);d e aplicación de otro derecho que no sea el escrito (lex scripta); de extensión del derecho escrito a situaciones análogas (lex stricta); de cláusulas legales indeterminadas (lex certa).*[8].

O princípio da legalidade possui os seguintes aspectos: a) Que o princípio da legalidade é resultante do princípio da culpabilidade, pois a culpabilidade pressupõe o conhecimento da proibição da norma penal; b) que o

5 BUSTOS RAMÍREZ, Juan J.; e MALARÉE, Hernán Hormazábal. ***Lecciones de derecho penal***. *Volumen I. Fundamentos del sistema penal, esquema de la teoría del delito y del sujeto responsable y teoría de la determinación de la pena*. Madrid: Editorial Troffa, 1997, p.81

6 HUNGRIA, Nelson; FRAGOSO, Heleno Cláudio. **Comentários ao código penal**. Volume I. Tomo I. Rio de Janeiro: Forense, 1976, p. 21.

7 Idem, p. 22-23.

8 BACIGALUPO, Enrique. ***Princípios constitucionales de derecho penal***. Buenos Aires: Editorial Hammurabi, 1999, p. 43-44.

princípio da legalidade tem sua base no princípio democrático da divisão dos poderes; b) que o princípio da legalidade garante a segurança jurídica das decisões; d) o princípio da legalidade garante a vinculação do magistrado à lei; e e) O princípio da legalidade figura como garantia constitucional e direito do cidadão[9].

Como consequência lógica da legalidade, o princípio da taxatividade se apresenta como uma proibição a existência de leis incompletas e indeterminadas (*lex certa*), sendo uma limitação para a aplicação e na interpretação da Lei Penal.

A lei certa exige que os tipos penais não podem abusar do emprego de normas muito gerais ou tipos incriminadores genéricos[10]. Essa consequência do princípio da legalidade é também conhecida como o princípio da taxatividade, e possui repercussão no sistema interpretativo das leis penais. ROXIN deixa claro tal função ao afirmar que

> *Según los mismos, un precepto penal será suficientemente preciso y determinado si y en la medida en que del mismo se pueda deducir un claro fin de protección del legislador "" y que de todos modos el tenor literal siga marcando límites a una extensión arbitraria de la interpretación. En tal caso se dará un marco de regulación, cuya concreción se podrá seguir considerando como interpretación de una ley determinada (precisa). Y a ese respecto, los intentos doctrinales de delimitación, que sólo resultan problemáticos si se aceptan de modo unilateral, de todos modos pueden ofirecer valiosos puntos de apoyo, transformaría en legislador y el ciudadano quedaría totalmente inerme frente al poder judicial.*[11]

O valor defendido pela lei penal se tornou mais claro a análise do princípio da legalidade, tornando possível o estudo do bem jurídico, dotando o direito penal da função de proteção de bens jurídicos.[12] BUSTO RAMÍREZ conceitua o bem jurídico como

> *[...] el objeto protegido por el sistema penal. Son bienes jurídicos, por ejemplo, la libertad, la vida, la salud individual, el patrimonio y el medio ambiente. Ahora bien, si se reconoce la indisolubilidad entre bien jurídico y norma (véase supra lección 4), como se comprenderá, resulta de la máxima importancia una teoría del bien jurídico que permi-*

9 Idem, p. 46-50.

10 TOLEDO, Francisco de Assis. Princípios básicos de Direito Penal: de acordo com a lei n º 7209 de 11/07/1994 e com a constituição de 1988. São paulo: Editora Saraiva, 1994, p. 21.

11 BUSTOS RAMÍREZ, Juan J.; e MALARÉE, Hernán Hormazábal. ***Lecciones de derecho penal***. *Volumen I. Fundamentos del sistema penal, esquema de la teoría del delito y del sujeto responsable y teoría de la determinación de la pena*. Madrid: Editorial Troffa, 1997, p.82.

12 BRANDÃO. Cláudio. **Curso de Direito Penal**: parte geral. Rio de Janeiro: Forense, 2010, p. 14.

> *ta identificar materialmente, más allá de formulaciones ideológicas encubridoras de la realidad, lo protegido en relación a cada norma penal. Esta identificación material abre la discusión sobre su protección penal y con ello la permanente revisión democrática del sistema penal.*[13]

SCHÜNEMANN afirma que a interpretação dos tipos penais é feita com base na ideia dos bens jurídicos já que se depende dele para determinar a extensão da proibição.[14] Santiago Mir Puig compactua com essa concepção, mostrando a função do bem jurídico

> *El bien jurídico cuenta desde mediados del siglo XIX –desde Birnbaum- entre los conceptos fundamentales del derecho penal. Pero hasta hace poco su significado no ha solido verse en una función de límite al legislador, sino como expresión de la ratio legis, del objeto de protección elegido por la ley. Su función se situaba, por lo general, en el terreno de la interpretación y de la ordenación sistemática, de las cuales es sin duda la clave. Así, el concepto de bien jurídico no nació con el propósito de trazar una frontera al ius puniendi del Estado, sino que fue introducido por BIRNBAUM en el ámbito de los delitos contra la religión y las buenas costumbres, en contra de los postulados liberales*[15].

Deste modo, a taxatividade é vital para se verificar o bem jurídico do tipo penal e buscar sua aplicação e interpretação. Tendo em vista a aplicação do princípio da legalidade, o professor DOTTI demostra a necessidade de evitar tipos abertos, sendo coerente com sua obra, ao tempo em que menciona que

> Um dos corolários lógicos do princípio da anterioridade da lei penal é o princípio da taxatividade da norma incriminadora (*nullum crimen nulla poena sine lege stricta*). Como acentua Toledo (princípios, §26), para que a lei penal possa desempenhar função pedagógica e motivar o comportamento humano, deve ser facilmente acessível a todos, não só aos juristas. Exige-se, portanto, uma lei certa que diz respeito com clareza dos tipos de ilícitos, restringindo-se a elaboração dos tipos penais aberto que acarretariam insegurança jurídica[16].

Neste aspecto, o professor demostrou que o artigo 20 da Lei nº 7716/89 é uma norma de conteúdo aberto, ferindo o princípio da taxatividade, não podendo ser aplicada.

---

13 BUSTOS RAMÍREZ, Juan J.; e MALARÉE, Hernán Hormazábal. ***Lecciones de derecho penal****. Volumen I. Fundamentos del sistema penal, esquema de la teoría del delito y del sujeto responsable y teoría de la determinación de la pena*. Madrid: Editorial Troffa, 1997, p.57.

14 SCHÜNEMANN, Berd. **Estudos de direito penal, processo penal e filosofia do direito**. São paulo: Marcial Pons, 2013, p. 40-41.

15 MIR PUIG, Santiago. *Introducción a las bases del Derecho Penal. Concepto y método. Buenos Aires:* B de F Ltda., 2003, p.112.

16 DOTTI, René Ariel. Curso de Direito Penal. Parte geral. Rio de Janeiro: Forense, 2005, p. 59-60.

5. O TIPO PENAL E SUA NECESSIDADE DE ANALISE PARA CONFIGURAÇÃO DA TIPICIDADE

Outra consequência direta do princípio da legalidade é a construção do tipo penal. Por isso é indiscutível a necessidade de sua análise, como evidenciou o professor DOTTI.

A criação da teoria do tipo penal depende o uso da expressão alemã *tatbestand*, mas a ideia de tipo penal é atribuída à ERNEST VON e sua obra *Die lehre vom verbrechen*[17].

A construção do tipo penal é uma tarefa do legislador, que deve detalhar a conduta descrita para deixar claro o injusto decidido pelo direito e afirma que

> *La estructura particular de los tipos, es tarea del legislador. Él no precisa dar siempre descripciones detalladas, y puede valerse de conceptos plásticos de la consciência popular, en caso de que describan claramente lo injusto decisivo del hecho; así, p. ej., el "adulterio", em el §172, que es, según la conciencia popular, solamente el coito extramarital de uno de los cónyuges (RG., 70-173)*[18]

BUSTOS RAMÍREZ deixa claro que a teoria do tipo penal é uma consequência lógica do princípio da legalidade quando afirma que

> *[...] corresponde examinar qué significa que uma conducta sea típica. Significa que, en cumplimiento del principio de legalidad, ha de estar previamente definida como delito en un tipo penal. Pero el tipo penal no se agota con la conducta. Dentro de los tipos penales más allá de una conducta lo que hay son verdadeiras vinculaciones entre personas. Lo mismo ocurre con los hechos concretos en la vida real. No son simples conductas sino acontecimientos más complejos en los que confluyen voluntades, motivaciones, cuestiones circunstanciales de tiempo y de lugar etc. Son situaciones sociales que son tipificadas por el legislador con el recurso de elementos descriptivos, valorativos y subjetivos para regular hechos futuros. Por eso se dice que la tipicidad cumple una función garantizadora*[19].

Importante lugar possui o tipo na Teoria do Delito. JIMÉNEZ DE ASÚA apresenta o tipo penal e sua compreensão por meio do

> *El Código o las leyes los definen, losconcretan, para poder castigarlos. Esa descripción legal, desprovista de carácter valorativo – según el creador de la teoria –, es lo que constituye la tipicidad. Por tanto, el tipo legal es la abstracción concreta que ha trazado*

17 VARGAS. José Cirilo de. **Do tipo Penal**. São Paulo: editora Atlas, 2014, p.23.

18 WELZEL, Hans. *Derecho Penal. Parte General.* Buenos Aires: Roque Depalma Editor, 1956, p. 61.

19 BUSTOS RAMÍREZ, Juan J.; e MALARÉE, Hernán Hormazábal. **Lecciones de derecho penal**. *Volumen I. Fundamentos del sistema penal, esquema de la teoría del delito y del sujeto responsable y teoría de la determinación de la pena.* Madrid: Editorial Troffa, 1997, p.143.

> *el legislador, descartarulo los detalles innecesarios para la definición del hecho que .se cataloga en la ley como delito*[20].

O desenvolvimento dos elementos do tipo penal é o ápice da teoria da tipicidade. Com esse desenvolvimento, os elementos do crime se alteram e passam a ter novas características com o finalismo de WELZEL, que apresenta as seguintes conclusões

> *a) el núcleo de lo injusto de todo delito, o el tipo, en el sentido más estricto, es decir, la totalidad de las características conceptuales de lo injusto que caracteriza determinado delito, y que diferencia, por tanto, ese delito (el hurto, p. ej.), de todos los demás. Contiene el tipo un aspecto objetivo y otro subjetivo. Tipo objetivo de injusto es la acción de hecho con el resultado eventual y las eventuales condiciones y características objetivas de autor; tipo subjetivo de injusto es el dolo con elementos subjetivos particulares de autoría.Abarca la mayor parte del tipo total.*
> *b) La culpabilidad (capacidad de imputación y consciência de lo injusto) es una característica general de todos los delitos, y por eso no aparece mencionada expressamente en los tipos particulares.*
> *c) Las condiciones de punibilidad (únicamente em pocos delitos). Las más de las veces ya el tipo de lo injusto y la culpabilidad fundamentan la punibilidade del delito. Sin embargo, en algunos casos, depende la punibilidad de otras condiciones exteriores a la acción culpable-antijurídica*[21].

Neste aspecto, o professor DOTTI enfatiza a diferenciação entre a tipicidade e o tipo penal,

> Não se confunde as expressões tipo, tipo legal, tipo de ilícito ou ainda, tipo de injusto com o vocábulo tipicidade.
> Tipo é a descrição do comportamento proibido e compreende as características objetivas e subjetivas do fato punível. As características objetivas compõem o tipo objetivo; as características subjetivas emento subjetivo (Fragoso, lições, § 33).[22]

Caso seja utilizado o tipo descrito no art. 20 da Lei nº 7716/89, pode-se retirar a conduta descrita por meio de sua análise.

> Art. 20. Praticar, induzir ou incitar a discriminação ou preconceito de raça, cor, etnia, religião ou procedência nacional.
> Pena: reclusão de um a três anos e multa

20 JIMÉNEZ DE ASÚA, Luiz. *Principios de Derecho Penal la ley y el delito.* Argentina: Editora ABELEDO-PERROT, 1958, p. 235.

21 *Idem*, p. 62

22 DOTTI, René Ariel. Curso de Direito Penal. Parte geral. Rio de Janeiro: Forense, 2005, p. 311.

Os núcleos do tipo seriam os verbos praticar (realizar a conduta), induzir (criar a ideia em terceiros) e incitar (ou seja, instigar as pessoas que já possuem a ideia, como um auxílio moral).

Neste aspecto, a jurisprudência consolidada aponta no caminho de que a configuração de um dos núcleos do tipo já é o bastante para a configuração do delito, que é considerado de mera conduta.

> VENDA DE LIVROS FAZENDO APOLOGIA DE IDÉIAS PRECONCEITUOSAS E DISCRIMINATÓRIAS. PEDIDO DE AFASTAMENTO DA IMPRESCRITIBILIDADE DO DELITO. CONSIDERAÇÕES ACERCA DE SE TRATAR DE PRÁTICA DE RACISMO, OU NÃO. ARGUMENTO DE QUE OS JUDEUS NÃO SERIAM RAÇA. SENTIDO DO TERMO E DAS AFIRMAÇÕES FEITAS NO ACÓRDÃO. IMPROPRIEDADE DO WRIT. LEGALIDADE DA CONDENAÇÃO POR CRIME CONTRA A COMUNIDADE JUDAICA. RACISMO QUE NÃO PODE SER ABSTRAÍDO. PRÁTICA, INCITAÇÃO E INDUZIMENTO QUE NÃO DEVEM SER DIFERENCIADOS PARA FINS DE CARACTERIZAÇÃO DO DELITO DE RACISMO. CRIME FORMAL. IMPRESCRITIBILIDADE QUE NÃO PODE SER AFASTADA. ORDEM DENEGADA. I.O habeas corpus é meio impróprio para o reexame dos termos da condenação do paciente, através da análise do delito – se o mesmo configuraria prática de racismo ou caracterizaria outro tipo de prática discriminatória, com base em argumentos levantados a respeito do judeus – se os mesmos seriam raça, ou não – tudo visando a alterar a pecha de imprescritibilidade ressaltada pelo acórdão condenatório, pois seria necessária controvertida e imprópria análise dos significados do vocábulo, além de amplas considerações acerca da eventual intenção do legislador e inconcebível avaliação do que o Julgador da instância ordinária efetivamente "quis dizer" nesta ou naquela afirmação feita no decisum. II. Não há ilegalidade na decisão que ressalta a condenação do paciente por delito contra a comunidade judaica, não se podendo abstrair o racismo de tal comportamento, pois não há que se fazer diferenciação entre as figuras da prática, da incitação ou do induzimento, para fins de configuração do racismo, eis que todo aquele que pratica uma destas condutas discriminatórias ou preconceituosas, é autor do delito de racismo, inserindo-se, em princípio, no âmbito da tipicidade direta. III. Tais condutas caracterizam crime formal, de mera conduta, não se exigindo a realização do resultado material para a sua configuração. IV. Inexistindo ilegalidade na individualização da conduta imputada ao paciente, não há porque ser afastada a imprescritibilidade do crime pelo qual foi condenado. V. Ordem denegada[23].

Na tentativa de buscar o bem jurídico penal defendido, se deve buscar a evolução dessa proteção no sistema constitucional. Inicialmente, o art. 4 da Constituição federal de que nosso Estado se funda pelo repúdio ao racismo.

> Art. 4º A República Federativa do Brasil rege-se nas suas relações internacionais pelos seguintes princípios: [...] VIII – repúdio ao terrorismo e ao racismo.

---

23 HC 15.155/RS, Rel. Ministro GILSON DIPP, QUINTA TURMA, DJ 18/03/2002, p. 277.

Além disso, o legislador interfere no tipo penal, alterando o sistema de punibilidade e sua extinção, tornando tal prática imprescritível no art. 5 da Constituição federal.

> Art. 5º [...] – XLII – a prática do racismo constitui crime inafiançável e imprescritível, sujeito à pena de reclusão, nos termos da lei.

Posteriormente o Estado brasileiro se tornou signatário da convenção internacional sobre a eliminação de todas as formas discriminação racial, ratificada pelo decreto nº 65810 de 1969 e promulgado pelo decreto 4738 de 2003.

O objeto jurídico seria a dignidade da pessoa humana, igualdade substancial, proibição de comportamento degradante, não-segregação.

O bem jurídico deste tipo penal, seria o respeito e o exercício livre da religião, da etnia, raça, cor e procedência.

Os elementos objetivos seriam discriminação, preconceito de raça, cor, etnia, religião ou procedência nacional.

E como elemento subjetivo, tem-se o dolo, não permitindo a modalidade culposa.

5.1. Os elementos objetivos do tipo no crime previsto no Art. 20 da Lei nº 7716/89

BALESTRA afirma que a função de determinar os elementos da conduta é atribuída ao tipo penal, e descreve que

> *Los elementos de las figuras delictivas se clasifican agrupándolos en objetivos, subjetivos y normativos. Estos elementos deben ser distinguidos de los generales, comunes a todo delito y limitados en su función al hecho específico definido por la figura en la que tales elementos aparecen. En el estudio de cada delito en particular, se da por presupuesto que deben concurrir las características de validez general necessárias para alcanzar la noción abstracta de delito: "acción tipicamente antijurídica y culpable".*[24]

DOTTI afirma que elementos descritivos, que também são conhecidos como elementos objetivos, são elementos que descrevem a conduta. Afirma o professor que

> Os elementos descritivos também chamados objetivam são os que indicam aspecto extremo do que deve ser o fato punível, i.e; a ação com seu objeto e as circunstâncias assessórias típicas que se realizam objetivamente e podem ser

24 BALESTRA, Carlos Fontan. ***Direcho penal***. *Introduccion y parte general*. Buenos Aires: Abeledo-Perrot editor, 1998, p. 240

> percebidas pela simples capacidade de conhecimento a necessidade de qualquer recurso de avaliação (Bruno, Direito penal, t. 1º, p.344)[25].

No caso expresso, o professor DOTTI afirma em seu parecer que o espiritismo e as doutrinas afro-brasileiras (Umbanda e o Candomblé) não seriam religião, e sendo assim, não haveria a configuração do tipo objetivo.

Não há como falar de religião no Brasil, sem entender os parâmetros históricos envolvidos. O Brasil, fora uma colônia portuguesa, que sempre fora um país predominantemente católico Romano, o que explica sua forma de colonização, principalmente com as missões que buscavam catequizar índios, e escravos, além dos colonos aqui residentes. Essa relação única, resultou em um sincretismo muito forte, presente nas religiões e nos cultos brasileiros ou que se instalaram no brasil. Esse sincretismo, se demonstra até mesmo dentro da estrutura religiosa fortíssima que possui a Igreja católica romana instalada no Brasil, e mesmo com dogmas fortes e contidos em códigos escritos, não conseguiu permanecer sem influência de outras religiões

> Igreja em sua estrutura apresenta-se tão sincrética como qualquer outra expressão religiosa [...] o cristianismo puro não existe, nunca existiu nem pode existir. [...] O sincretismo, portanto não constitui um mal necessário nem representa uma patologia da religião pura. É sua normalidade [...][26].

BASTIDE se refere ao sincretismo em seus primeiros livros, escritos sobre o Brasil, a partir de 1945. Analisando as religiões afro-brasileiras, ele percebeu que não existia uma, porém várias religiões afro-brasileiras e procurou diversas interpretações para esse fenômeno, afastando-se do conceito de aculturação e preferindo a ideia de reinterpretação [27]. A vivência religiosa no Brasil é fruto de uma cultura sincrética que possui reflexo na religião e como tal, cria uma rede de sentido própria. Mas mesmo com o sincretismo, há ainda, a pluralidade de religiões e de outras instituições que geram o conflito na rede de sentido do ser moderno.

ZYGMUNT BAUMAN, bebendo nas teorias de Mary Douglas, mostra que o antigo conceito de religião pura, mudam constantemente:

> Conforme a análise de Mary Douglas, o interesse pela natureza e a obsessão com a luta contra a sujeira emergem como características universais dos seres humanos: os modelos de pureza, os padrões a serem conservados mudam de uma

25 DOTTI, René Ariel. Curso de Direito Penal. Parte Geral. Rio de Janeiro: Forense, 2005, p. 311.

26 BOFF, Leonardo. **Igreja, Carisma e Poder**, Petrópolis: Vozes, 1982, p. 150/151

27 BASTIDE, Roger. **As Religiões Africanas no Brasil.** Contribuição a uma Sociologia da Interpenetração de Civilizações, São Paulo, Pioneira, 1971, p. 159-191.

> época para a outra, de uma cultura para outra -mas cada época e cada cultura tem um certo modelo de pureza e um padrão ideal a serem mantidos intactos e incólumes às disparidades [28].

A religião tem sua função, ao ponto que além de ser uma das instituições mestras da moldura do sentido, tem como função a busca de uma paz interior que ameniza os efeitos da contradição inerente à crise de sentido moderna. O espiritismo, como mencionado no parecer, foi iniciado por Kardec, e neste momento de seu surgimento, não era tido como religião.

> O Livro dos Espíritos, de Allan Kardec, foi a primeira obra espírita, ocorrida no século XIX, considerada a primeira codificação do Espiritismo. O primeiro precursor do Espiritismo, na modernidade, foi Emanuel Swedenborg, nascido, em 1688, em Estocolmo, e desencarnado em Londres, em 1771. Swedenborg escreveu dezenas de obras e era médium de extraordinária capacidade, dentre elas a da vidência, deixando um legado de inúmeros ensinamentos que se assemelham às idéias preconizadas pelo Espiritismo, como o da imortalidade da alma, da possibilidade do intercâmbio mediúnico, do Perispírito e da descrição minuciosa de algumas realidades do plano espiritual. Ele foi o primeiro grande estudioso a se debruçar sobre os fenômenos mediúnicos e a aceitá-los[29].

Não é por acaso, que o espiritismo, principalmente no Brasil, toma proporções de religião, e o espiritualista, incorporando várias concepções e formas de vivências religiosas[30]

> [...]é aquele que acredita haver em si algo mais do que a matéria, uma vez o Espiritualismo ser o oposto de Materialismo. O Espiritismo é Ciência, Filosofia e Religião que não surgiu para destruir ou combater as demais religiões; todavia, para ajudá-las na comprovação da imortalidade da alma. Os princípios básicos da Doutrina Espírita são: a. a existência de Deus; b. a pluralidade das existências;

28 BAUMER, Zygmunt. **O mal-estar da pós-modernidade.** Rio de Janeiro: Jorge Zahar Editor, 1998, p.16.

29 CAMPOS NETO, Antonio Augusto Machado de. A Filosofia Espírita. O Direito Natural. O Direito Justo. In Revista da Faculdade de Direito da Universidade de São Paulo, v. 102, 2007, p. 621.

30 Pode-se perceber que "[...], a sua posição pessoal é modificada com relação às idéias sustentadas em O Livro dos Espíritos. Ocorre uma atualização de certos pressupostos da Doutrina Espírita, em razão da incorporação de idéias que traduziam o pensamento das novas correntes que vinham se sucedendo e conquistando a hegemonia, no campo científico. Esse trabalho de revisão da doutrina em si é do próprio Allan Kardec, pois é ele quem acompanha, minuciosamente, o debate em torno das descobertas científicas da época, no intuito de promover a atualização da doutrina dos Espíritos". CAMPOS NETO, Antonio Augusto Machado de. A Filosofia Espírita. O Direito Natural. O Direito Justo. In Revista da Faculdade de Direito da Universidade de São Paulo. v. 102, 2007, p. 630.

> c. a preexistência e persistência eterna do Espírito; d. a intercomunicação entre encarnados e desencarnados;2 e. as recompensas e perdas, conseqüências naturais dos atos praticados; f. progresso infinito, por meio da comunicação universal entre os seres.[31]

Ainda mais complexas seriam as religiões afro-brasileiras. A religião africana inicial era baseada em uma crença de que cada objeto do mundo em que vivemos é dotado de um espírito, em algum momento primordial fundiu-se com o culto dos antepassados.

Através do sacrifício, o antepassado participa da vida dos viventes, compartilhando com eles o fruto do sucesso das colheitas, das caçadas, da guerra e assim por diante. Embora todo morto mereça respeito e sacrifício, são os mortos ilustres os que se colocam no centro do culto.

No que se refere ao Brasil, o grande palco para o estudo da religião afro-brasileira e sua conexão com outras religiões, principalmente a católica, seria a Bahia.

> Diversos fatores concorreram para que se criasse na Bahia, entre os adeptos do candomblé, ou das religiões afro-brasileiras, como alguns preferem, um ideal de ortodoxia vinculado diretamente as origens africanas dos antigos candomblés. Se a expressão jêje-nagô define satisfatoriamente o modelo sócio-cultural de um tipo de grupo de candomblé, vez que encerra os dois etnônimos caracterizadores da maioria dos padrões africanos remanescentes e identificáveis na maioria dos terreiros da Bahia, não se deve esquecer que a expressão jêje-nagô foi criada por cientistas interessados em categorias e classificações. Mas o povo-de-santo parece ser mais etnocêntrico do que ecumênico no plano de sua religião e, a rigor, não admite "misturas" nos ritos que proclama serem "os mais puros" ou os únicos verdadeiros" de seus respectivos sistemas religiosos[32].

Como o contesto sócio cultural era diferente, e havia o preconceito e a proibição dos senhores, eles improvisaram algumas adaptações.

> As maiores adaptações ocorreram justamente onde partes de religiões, onde por diversos motivos haviam surgido lacunas, transformam-se em religiões em si. Para as gerações trazidas da áfrica, estas lacunas religiosas eram sentidas como dolorosas lacunas, pois eles haviam conhecido -e participado- da pratica da religião como um todo na África.[33]

31 CAMPOS NETO, Antonio Augusto Machado de. A Filosofia Espírita. O Direito Natural. O Direito Justo. In Revista da Faculdade de Direito da Universidade de São Paulo. v. 102, 2007, p. 622.

32 LIMA, Vivaldo da Costa. **A Família de Santo nos Candomblés Jêje-Nagô da Bahia**: um estudo de relações intragrupais. In Nossos Ancestrais e o Terreiro Salvador: Universidade Federal da Bahia, 1977, p. 33.

33 BERKENBROCK, Volney j.. **A experiência dos orixás**: um estudo sobre a experiência religiosa no candomblé. Petrópolis: Editora Vozes, 1997, p. 37.

Os negros nascidos no Brasil, já não sentiram tanto esta adaptação, e conseguiram vivenciar as adaptações de modo mais fácil de o que seria o início de uma religião Afro-brasileira[34].

O que pode ser observado é que com a crise surgida para o negro nascido no Brasil, devido ao choque cultural e religioso interposto pela sociedade predominantemente católica, e os valores religiosos passados por seus pais, o que fez com que o mesmo transitasse entre estes dois mundos.

Desse modo, o negro Brasileiro vivenciava tanto a experiência da religião da senzala, quanto a experiência da capela do engenho[35].

Não é difícil de entender que o negro tenha feito uma reconstrução de sua cadeia de sentido, fazendo associações a mitos e crenças de ambas as religiões, sendo esta uma resposta para a crise de sentido enfrentado pelo negro nesse contesto.

O negro, que já era alvo do banzo, da apatia e da morte da esperança de voltar à terra natal, teve que reconstruir sua rede de sentido, principalmente a religiosa, para não chegar ao último grau da apatia: o suicídio.

BITTENCOURT, mostra em sua obra, matriz religiosa brasileira um dos mecanismos usados pelos negros:

> O culto aos ancestrais com base nas linhagens perdeu a validade em decorrência do desbaratamento das famílias africanas estabelecida pelo regime escravista. Quando muito os negros puderam se reunir em nações, isto é, fizeram uso de uma espécie de solidariedade étnica, que acabou por ampliar as funções da religião. Esta tornou-se, no plano simbólico, um sucedâneo dos laços familiares, dos hábitos culturais e das relações políticas deixadas para trás compulsoriamente[36].

O sincretismo tem como característica a mescla, ou a simbiose de elementos culturais. Essa simbiose acontece por intermédios de interpretações e fusões, onde indivíduos compartilham elementos culturais como história, crenças e jogos simbólicos[37] .

A religião católica, ao tempo da colônia, era a religião oficial do Brasil, e como tal, era imposta a todos, inclusive aos escravos. Inicialmente Como uma forma de tentar iludir os senhores, os escravos optaram por colocar em seus PEGIS[38], imagens e ícones católicos, com o fito de que os Senhores parassem com os castigos desnecessários. Como os ditos escravos pertenciam

34 BERKENBROCK, Volney J. **A experiência dos orixás**: um estudo sobre a experiência religiosa no candomblé. Petrópolis: Editora Vozes, 1997, p.37.

35 Idem, p. 118.

36 BITTENCOURT FILHO, José. **Matriz religiosa brasileira**. Petrópolis: Editora Vozes; Rio de Janeiro: KOINONIA, 2003, p.61.

37 Idem, p.63.

38 O pegi seria o local onde se coloca a imagem do Orixá para adoração e oração.

a várias tribos com rituais diferentes, começaram a surgir das diversas facções ou tribos originando assim uma gama extensa de sincretismo religioso. Ainda na esfera da tradição, não há como não lembrar o mencionado por GIDDERS, sobre a influência da tradição na rede de sentido do indivíduo:

> Nas culturas tradicionais, o passado é honrado e os símbolos valorizados porque contêm e perpetuam a experiência de gerações. A tradição é um modo de integrar a monitoração da ação com a organização tempo-espacial da comunidade. Ela é uma maneira de lidar com o tempo e o espaço, que insere qualquer atividade ou experiência particular dentro da continuidade do passado, presente e futuro, sendo estes por sua vez estruturados por práticas sociais recorrentes. A tradição não é inteiramente estática, porque ela tem que ser reinventada a cada nova geração conforme esta assume sua herança cultural dos precedentes. A tradição não só resiste à mudança como pertence a um contexto no qual há, separados, poucos marcadores temporais e espaciais em cujos termos a mudança pode ter alguma forma significativa[39].

O candomblé é um dos exemplos de uma mudança da crença do culto do ancestral a busca da vida em uma comunidade, a um núcleo familiar.

Esse sincretismo se deu em um caminho duplo, onde todas as formas religiosas confluem em um marco básico, como pode ser vista nas religiões africanas:

> [...] nos candomblés de caboclos processa-se um sincretismo complexo, no qual se entrosam elementos de procedência nagô, jeje, banto, mina, malê, tupi, católico e kardecista. Misturados ainda com possíveis vestígios esotéricos, teosóficos e maçônicos. E também com práticas de quiromancia e cartomancia[40].

O termo religião descrito no tipo objetivo do art. 20 da Lei nº 7716/89, não é entendido de forma fechada, mais aberta, levando em consideração vários elementos culturais, econômicos e sociais.

Os Tribunais recepcionaram essa teoria e defendem essa abertura linguística.

> HABEAS-CORPUS. PUBLICAÇÃO DE LIVROS: ANTI-SEMITISMO. RACISMO. CRIME IMPRESCRITÍVEL. CONCEITUAÇÃO. ABRANGÊNCIA CONSTITUCIONAL. LIBERDADE DE EXPRESSÃO. LIMITES. ORDEM DENEGADA. 1. Escrever, editar, divulgar e comerciar livros "fazendo apologia de idéias preconceituosas e discriminatórias" contra a comunidade judaica (Lei nº 7716/89, artigo 20, na redação dada pela Lei nº 8081/90) constitui crime de racismo sujeito às cláusulas de inafiançabilidade e imprescritibilidade (CF, artigo 5º, XLII). (...) 6. Adesão do Brasil a tratados

39 GIDDERNS, Anthony. **As Conseqüências da Modernidade**. Tradução de Raul Fiker. 5ª reimpressão. São Paulo: Editora UNESP da Fundação para o Desenvolvimento da Universidade Estadual Paulista, 1991, p. 38.

40 VALENTE, Waldemar. **Sincretismo Religioso Afro-Brasileiro**, São Paulo: Nacional, 1976, p. 68.

e acordos multilaterais, que energicamente repudiam quaisquer discriminações raciais, aí compreendidas as distinções entre os homens por restrições ou preferências oriundas de raça, cor, credo, descendência ou origem nacional ou étnica, inspiradas na pretensa superioridade de um povo sobre outro, de que são exemplos a xenofobia, "negrofobia", "islamafobia" e o anti-semitismo. 7. A Constituição Federal de 1988 impôs aos agentes de delitos dessa natureza, pela gravidade e repulsividade da ofensa, a cláusula de imprescritibilidade, para que fique, ad perpetuam rei memoriam, verberado o repúdio e a abjeção da sociedade nacional à sua prática. 8. Racismo. Abrangência. Compatibilização dos conceitos etimológicos, etnológicos, sociológicos, antropológicos ou biológicos, de modo a construir a definição jurídico-constitucional do termo. Interpretação teleológica e sistêmica da Constituição Federal, conjugando fatores e circunstâncias históricas, políticas e sociais que regeram sua formação e aplicação, a fim de obter-se o real sentido e alcance da norma. (...) 16. A ausência de prescrição nos crimes de racismo justifica-se como alerta grave para as gerações de hoje e de amanhã, para que se impeça a reinstauração de velhos e ultrapassados conceitos que a consciência jurídica e histórica não mais admitem. Ordem denegada[41].

Por consequência desse acréscimo de significado, estaria configurado os elementos objetivos do tipo penal descrito no art. 20 da Lei nº 7719/89.

Partindo deste ponto de vista, o não reconhecimento do Espiritismo e as religiões afro-brasileiras como religião descrita nos elementos objetivos desse tipo penal, configuraria uma forma de preconceito linguístico.

5.2. O ELEMENTO SUBJETIVO DO TIPO NO CRIME PREVISTO NO ART. 20 DA LEI Nº 7716/89

Os elementos os elementos subjetivos passaram a integrar a tipicidade, dentro da conduta humana, como consequência do finalismo que deslocou tais elementos da culpabilidade e

> *Las referencias al sujeto activo que frecuentemente aparecen en las figuras delictivas, han ampliado el capítulo dedicado al aspecto subjetivo del delito, limitado antes casi exclusivamente a la culpabilidad. Esas referencias tienen, a veces, el efecto de requerir determinada especie de culpabilidad; señalan cuál es la culpabilidad típica; pero, en tales casos, no son verdaderos elementos del tipo.*[42]

41 HC 82424, Relator(a): Min. MOREIRA ALVES, Relator(a) p/ Acórdão: Min. MAURÍCIO CORRÊA, STF. Tribunal Pleno, DJ 19-03-2004 PP-00017 EMENT VOL-02144-03 PP-00524

42 BALESTRA, Carlos Fontan. ***Direcho penal***. *Introduccion y parte general*. Buenos Aires: Abeledo-Perrot editor, 1998, p. 241

Esses elementos integram o tipo em sua totalidade e precisam estar presentes para a configuração do tipo total. JIMENEZ DE ASÚA, apresenta essa totalidade do tipo e de toda a sua adequação como consequência da evolução do conceito de tipo penal do outrora *tatbestand* para o *Delíktstypus*

> *Cada Delíktstypus forma un todo compuesto de diversos elementos. Pero por muchos y disjintos que estos elementos puedan ser, hacen referencia, sin embargo, conjuntamente —en los Deliktstypen independientes que en primer término son objeto de nuestro estudio— a una imagen de pensamiento que fundamenta la unidad de este Delíktstypus, y sin la cual dichos elementos perderían su sentido como características de este Typus. Dicha imagen es el Tatbestand legal para este Delíktstypus*[43].

O dolo é a principal ocorrência dos elementos subjetivos, se tornando a regra dentre as condutas tipificadas. Ele é formado do elemento cognitivo e de um elemento volitivo.

O elemento do dolo cognitivo é essencial. É necessário que o agente tenha esse conhecimento sobre a situação e os elementos objetivos do tipo.

> *En el dolo la prelación (lógica) coincide con la prioridad (cronolbgica): el aspecto intelectual del dolo está antepuesto a? conativo. El conocimiento y los actos de conocimiento son anteriores a los "actos de accián" pues no puede haher un "acto de acción" sin conocimiento. Así, no puede haber un "acto de acción" dc matar, si ignoro que el objeto es un ser humana, si no tengo conocimiento de la causalidad que emplvo es idónco y si no tengo un conociniicnto de la causalidad que me permite "programar" el desarrollo dc la misma. Estos conocimientos están anttpüestos a la realización de la acción.*[44]

Paulo Busato, se referindo ao elemento cognitivo ou intelectual, demostra o dolo como uma

> [...]compreensão sobre o nível de gravidade refletido na contradição entre a norma, que é, sem qualquer dúvida, a tarefa da descrição do dolo. Na verdade, é desse modo, e não através da indagação de inacessíveis e poucos significativos processos mentais, que podemos determinar que o autor sabia[45].

O segundo elemento seria o elemento volitivo, como já afirmado. Esse elemento é importante já que se apresenta como "[...] uma vontade incondi-

43 JIMÉNEZ DE ASÚA, Luiz. *Principios de Derecho Penal la ley y el delito.* Argentina: Editora ABELEDO-PERROT, 1958, p.241.

44 ZAFFARONI, Eugénio Raúl. ***Derecho Penal***. Tomo III. Buenos Aires: EDIAR, 1987, p.301.

45 BUSATO, Paulo César. Direito Penal. Parte geral. São Paulo: Atlas, 2013, p.413.

cionada de realizar fato típico. Se o autor não se decidiu respeito da atuação que provoca o resultado, não existe dolo"[46]

Claro que a compreensão da existência do dolo, depende da validade de um processo de comunicação, e isso por seu turno depende de regras sociais, jurídicas, organizacionais, etc, que são compartilhadas entre os indivíduos[47]

No caso em tela, o indivíduo que escreveu as críticas no livro, não tinha por intenção (elemento volitivo) ser preconceituoso, mas, de forma acadêmica e doutrinária, tecer comentários religiosos sobre as religiões. Evidente que o agente não tinha a intenção de praticar racismo, mas apenas de debater ou doutrinar por meio de livro seu pensamento, ainda que de forma imprudente.

Não há previsão de elemento subjetivo culposo no art. 20 da Lei nº 7716/89, não configurando o elemento subjetivo do tipo. O dolo, enquanto elemento subjetivo do tipo previsto no artigo 20 da Lei nº 7716/89, deve estar ligado aos outros elementos do tipo, já que

> *El concepto de dolo, desde esta perspectiva, es avalorado, esto es, no contiene la conciencia del ilícito. Para la teoría que se sigue en el texto, el dolo es un dolo neutro, que sólo se refiere a los hechos contenidos en el tipo objetivo. Con ello se puede afirmar que el dolo no contiene la conciencia de la antijuridicidad. Con ello se está en condiciones de afirmar que tanto puede actuar con dolo la persona que es capaz de culpabilidad, como el incapaz de culpabilidad, posición que viene a sustentar la teoría de la doble vía, al tener el injusto completo en el ámbito de la tipicidad.*[48]

A não adequação da conduta ao tipo penal como um todo, resultaria na atipicidade da conduta e na impossibilidade de imputação da lei penal.

> *La ausencia de tipo presupone la absoluta imposibilidad de dirigir la persecución contra el autor de una conducta no descripta en la ley, incluso aunque sea antijurídica. Es consecuencia primera de la famosa máxima nullum crimen, nulla poena sine lege, que tecnicamente se traduce: "no hay delito sin tipicidad". Puesto que no se acepta la analogía, cuando el hecho no está tipificado en la ley o cuando le falta alguno de los caracteres os elementos típicos, no puede ser "detenido" el agente*[49].

46 BUSATO, Paulo César. Direito Penal. Parte geral. São Paulo: Atlas, 2013, p. 414.

47 Idem, p. 417.

48 DONNA, Edgardo Alberto. ***Teoría del delito y de la pena***. Imputación delictiva. Buenos Aires: Editorial Astrea de Alfred Y Ricardo Depalma, 1995, p. 94.

49 JIMÉNEZ DE ASÚA, Luiz. *Principios de Derecho Penal la ley y el delito.* Argentina: Editora ABELEDO-PERROT, 1958, p.263.

Da mesma forma entende ZAFFARONI, ao defender que

> *Lo necessário para el aspecto cognoscitiuo del dolo es que todos los elementos del tipo hayan tenido actualidad en algún momento de la etapa interna, con coherencia suficiente para fundar o apoyar la naturaliza final típica de la accion*[50].

Deste modo, o mais razoável é aceitar a tese do mestre de atipicidade, frente a ausência de elemento subjetivo do tipo descrito no art. 20 da Lei nº 7716/89.

Considerações finais

O pensamento sempre atual de René Ariel Dotti se faz evidente no parecer. De forma magistral, elenca impedimentos para a incidência do art. 20 da Lei nº 7716/89. O primeiro impedimento seria a legalidade como parâmetro para a criação de tipos penais. O legislador deve levar em consideração a intervenção mínima, para que não haja a inflação das normas penais. Deve ser levado em consideração, também, o princípio da taxatividade. Esse princípio teria reflexo direto na compreensão dos elementos do tipo penal, bem como da proibição ou mandado emanados na norma penal.

Outro aspecto da taxatividade, seria a vedação de criação de tipos abertos. Os tipos penais abertos impedem que o indivíduo mediano tenha ideia dos limites de sua conduta. Logo, de imediato, a crítica que fora feita pelo professor ao tipo penal descrito no art. 20 da Lei nº 7716/89 procede.

Ainda como ponto importante do parecer, estaria a teoria do tipo penal como método de delimitação do alcance do art. 20 da Lei nº 7716/89. Retirando-se os elementos objetivos, a premissa do professor Dotti seria a de que os elementos objetivos não estariam presentes, já que a proteção normativa se volta às religiões e não aos cultos ou filosofias. Neste aspecto, não deve lograr êxito a premissa apresentada pelo mestre.

O conceito de religião não pode ser entendido de maneira restrita, já que depende de aspectos culturais, econômicos, sociais e de como o povo vivência esta experiência religiosa. O Espiritismo, apesar de seu fundador não o considerar como religião, tomou outras proporções com seu estudo e implementação no Brasil. O sincretismo com outras práticas, levaram a uma nova forma de experiência religiosa que é pensada e vivida, configurando-se, perfeitamente, como uma religião.

Já as religiões afro-brasileiras, possuem uma forma de sincretismo muito maior que o espiritismo com a religião Católica romana. As experiências

50 ZAFFARONI, Eugénio Raúl. ***Derecho Penal***. Tomo III. Buenos Aires: EDIAR, 1987, p. 303-304.

culturais destas religiões já fazem parte do sistema cultural e da rede de sentido do brasileiro, principalmente na localidade onde o fato analisado pelo parecer, ocorreu (estado da Bahia). Por isso que a tese de que não haveria violação do tipo objetivo não pode prosperar.

No tocante ao elemento subjetivo, observa-se que realmente o agente acusado do delito previsto no art. 20 da Lei nº 7716/89, não possuía a intenção de praticar discriminação ou preconceito. A intenção do agente, até pelo meio empregado, seria a do debate teológico. Sem a presença de todos os elementos do dolo, não se pode falar em conduta dolosa. De fato, o agente, ao não medir a extensão de suas palavras, age de forma imprudente, violando o dever objetivo de ter cuidado, porém não se pode falar em conduta culposa neste tipo penal por ausência de previsão legal.

Referências bibliográficas

BACIGALUPO, Enrique. ***Princípios constitucionales de derecho penal.*** Buenos Aires: Editorial Hammurabi, 1999.

________. *Derecho Penal y el estado de derecho.* Santiago: Editorial Jurídica de Chile, 2005.

BALESTRA, Carlos Fontan. *Derecho Penal. Introduccion y parte general.* Buenos Aires: Abeledo-Perrot editor, 1998.

BASTIDE, Roger. **As Religiões Africanas no Brasil**. Contribuição a uma Sociologia da Interpenetração de Civilizações, São Paulo, Pioneira, 1971.

BATISTA, Nilo. **Introdução crítica ao direito penal. Rio de janeiro**: Editora Revan, 2007.

BAUMER, Zygmunt. **O mal-estar da pós-modernidade.** Rio de Janeiro: Jorge Zahar Editor, 1998.

BERGER, Peter Ludwig. **O dossel sagrado: elementos para uma teoria sociológica da religião.** 2ª ed. São Paulo: Paulus, 1985.

BERGER, Peter Ludwig. **A dessecularização do mundo: uma visão global.** In: Religião & Sociedade. Vol. 22. Nº 1. Rio de Janeiro: ISER, 2001

BERGER, Peter Ludwig. e LUCKMANN, Thomas. **Modernidade, Pluralismo e Crise de Sentido.** Petrópolis:Editora Vozes, 2004.

BERKENBROCK, Volney j.. A experiência dos orixás: um estudo sobre a experiência religiosa no candomblé. Petrópolis: Editora Vozes, 1997.

BITTENCOURT FILHO, José. **Matriz religiosa brasileira**. Petrópolis: Editora Vozes; Rio de Janeiro: KOINONIA, 2003.

BRANDÃO. Cláudio. **Curso de Direito Penal**: parte geral. Rio de Janeiro: Forense, 2010.

BOFF, Leonardo. **Igreja, Carisma e Poder**, Petrópolis: Vozes, 1982.

BUSATO, Paulo César. Direito Penal. Parte geral. São Paulo: Atlas, 2013.

BUSTOS RAMÍREZ, Juan J.; e MALARÉE, Hernán Hormazábal. ***Lecciones de derecho penal***. *Volumen I. Fundamentos del sistema penal, esquema de la teoría del delito y del sujeto responsable y teoría de la determinación de la pena*. Madrid: Editorial Troffa, 1997.

DOTTI, René Ariel. Curso de Direito Penal. Parte geral. Rio de Janeiro: Forense, 2005.

________. **Discriminação religiosa liberdades de opinião e de crítica** – o espiritismo como filosofia e ciência. in Revista dos Tribunais, n. 907, 2011.

GIDDERNS, Anthony. **As Conseqüências da Modernidade**. Tradução de Raul Fiker. 5ª reimpressão. São Paulo: Editora UNESP da Fundação para o Desenvolvimento da Universidade Estadual Paulista, 1991.

JIMÉNEZ DE ASÚA, Luiz. *Principios de Derecho Penal la ley y el delito.* Argentina: Editora ABELEDO-PERROT, 1958.

LIMA, Vivaldo da Costa. **A Família de Santo nos Candomblés Jêje-Nagô da Bahia**: um estudo de relações intragrupais. In Nossos Ancestrais e o Terreiro Salvador: Universidade Federal da Bahia, 1977.

MIR PUIG, Santiago. *Introducción a las bases del derecho penal. Concepto y método. Buenos Aires:* B de F Ltda., 2003.

ROXIN, Claus. *Derecho Penal. Parte General. Tomo I. Fundamentos. La estructura de la teoría del delito.* Madrid: Civitas, 1997.

SCHÜNEMANN, Berd. **Estudos de direito penal, processo penal e filosofia do direito**. São paulo: Marcial Pons, 2013.

SOLER, Sebastián. ***Direcho Penal Argentino***. Buenos Aires: Tipografia Editora Argentina- TEA, 1992.

TOLEDO, Francisco de Assis. Princípios básicos de Direito Penal: de acordo com a lei n º 7209 de 11/07/1994 e com a constituição de 1988. São Paulo: Editora Saraiva, 1994.

VARGAS. José Cirilo de. **Do tipo penal**. São Paulo: editora Atlas, 2014.

ZAFFARONI, Eugénio Raúl. ***Derecho Penal***. Tomo II. Buenos Aires: EDIAR, 1987.

________. ***Derecho Penal***. Tomo III. Buenos Aires: EDIAR, 1987.

WELZEL, Hans. *Derecho Penal. Parte General.* Buenos Aires: Roque Depalma Editor, 1956.

CASOS CRIMINAIS INUSITADOS: O CASO SIRIUS E O CASO DO REI GATO

Luís Greco

RESUMO: O artigo descreve e critica dois interessantes julgados do Bundesgerichtshof alemão, marcados tanto pelo exotismo dos fatos em que se baseavam, quanto pela sua importância para a evolução dogmática da autoria mediata.

PALAVRAS-CHAVE: Caso Sirius; caso do Rei Gato; autoria mediata; princípio da autorresponsabilidade.

TITLE: Unusual Criminal Cases: The Sirius Case and the Cat-King Case.

ABSTRACT: The paper describes and criticizes two decisions by the German Bundesgerichtshof. These decisions, which had to deal with very exotic facts, were of great importance to the development of the theory of intermediary perpration.

KEYWORDS: Sirius Case; Cat-King Case; Intermediary Perpretation.

I. Introdução

Entre as várias contribuições prestadas à ciência penal brasileira pelo homenageado, o prof. René Dotti, estão as suas saborosas recontagens dos por ele assim chamados "Casos criminais célebres."[1] Com isso, o homenageado não apenas enriqueceu a história do direito penal brasileiro, como deu seguimento a uma tradição que, na ciência universal do direito penal, remonta pelo menos a Feuerbach, com sua "Exposição em forma de autos de crimes notáveis".[2] Nesse estudo dedicado a René Dotti, gostaria de dar um modesto passo em sentido similar. Exporei dois casos resolvidos pela jurisprudência alemã do Pós-Guerra, que são conhecidos de todo estudante de direito não apenas por sua relevância prática, e sim, principalmente, por algo de inverossímil, casos que chegam a superar exemplos de manual comumemente expostos ao ridículo[3] (como o do

1 DOTTI, *Casos criminais célebres*, 2ª ed., São Paulo, Saraiva, 2003.

2 FEUERBACH, *Aktenmäßige Darstellung merkwürdiger Verbrechen*, 3ª ed., Frankfurt a.M., Geyer, 1849.

3 Mesma observação em praticamente todos os comentadores do caso Sirius, cf. ROXIN, *Comentário à decisão BGHSt 32, 38*, in: NStZ 1984, p. 69 e ss. (69); SCHMIDHÄUSER, *Comentário à decisão BGHSt 32, 38*, in: JZ 1984, p. 195 e s. (195); NEUMANN,

sobrinho que manda o tio à floresta, esperando que este seja atingido por um raio); e que dariam más obras de ficção, porque a ficção, como que paradoxalmente, parece ter de afastar-se da realidade para continuar crível, enquanto o real não se submete a qualquer reserva de verossimilhança. Meus casos talvez pudessem ser alcunhados de notáveis, com Feuerbach, ou de célebres, a exemplo de Dotti; prefiro, contudo, chamá-los de inusitados.

Meu interesse não será meramente anedótico. Tentarei discutir o caso em suas dimensões jurídicas, narrar como o tribunal – aqui, o Bundesgerichtshof (BGH) alemão, que é o tribunal superior equivalente a nosso STJ – o resolveu, e expor a importância transcendente dessa decisão concreta para o direito penal em geral. Com isso, tentarei caminhar junto do homenageado, a quem também interessam as relações entre a teoria e a prática do direito penal.[4] Os casos aqui tratados dizem respeito a ainda mais um interesse do homenageado: a discussão sobre o conceito de autor no direito penal.[5] Esses casos têm especial relevância como etapas no caminho do reconhecimento jurisprudencial da figura de domínio da organização, que finalmente se deu com a sentença BGHSt 40, 218, de 26 de julho de 1994, que tinha por objeto a ordem dada pelo Comitê Central do Partido Socialista Único da Alemanha Oriental, no sentido de coibir, a todo custo, a fuga de pessoas para a Alemanha Ocidental pelo Muro de Berlim. As duas decisões aqui referidas relativizaram o chamado princípio da autorresponsabilidade, segundo o qual não seria possível um autor por trás de outro autor penalmente responsável, e que, assim, serviram de importante precedente para que o BGH pudesse considerar os integrantes do Comitê Central autores mediatos do homicídio praticados pelos atiradores do muro.

II. O caso Sirius (BGHSt 32, 38)

1. O caso

A sentença de 5 de julho de 1983 teve por objeto uma situação um tanto exótica. Em 1973 ou 1974, a vítima, uma menina nascida em 1951 e que, portanto, andava pelos seus 22 anos, e o acusado, um rapaz quatro anos mais velho, se conheceram em uma discoteca. Os dois desenvolveram uma

Abgrenzung von Teilnahme am Selbstmord und Tötung in mittelbarer Täterschaft, JuS 1985, p. 677 e ss. (677); MERKEL, *Personale Identität und die Grenzen strafrechtlicher Zurechnung*, in: JZ 1999, p. 502 e ss. (503), e em alguns dos comentadores do caso do Rei Gato, como HASSEMER, *Comentário a BGHSt 35, 347*, in: JuS 1989, p. 673 e ss. (p. 673).

4 DOTTI, *Jurisprudência e Direito Penal*, in: RBCC 58 (2006), p. 195 e ss.

5 Ver por último DOTTI, na Apresentação e no Anexo ao ensaio de LEITE, *Domínio do fato ou domínio da posição?*, Curitiba, 2016, no prelo.

amizade intensa, cujo ponto de gravidade eram discussões sobre filosofia e psicologia, e não tanto contatos sexuais. Com o tempo, o acusado se tornou professor e conselheiro da vítima no que dizia respeito a todas as questões da vida desta. A vítima lhe tinha total confiança.

Aos poucos, o acusado confidenciou à vítima que ele, na verdade, era um extra-terrestre, habitante da estrela Sirius. A raça dos sirianos se encontraria em um nível filosófico muito superior ao dos seres humanos. O acusado teria sido enviado à Terra com a missão de salvar alguns terráqueos especiais, como a vítima, da inevitável degradação do corpo, permitindo-lhes que seguissem a viver, com a sua alma, em um outro planeta ou na estrela Sirius. Para alcançar esse objetivo, contudo, seria necessário que a vítima ascendesse a um outro nível filosófico e espiritual.

O acusado contou à vítima de um monge, um certo Uliko, que, por meio de uma técnica de meditação profunda, ajudaria a vítima a prosseguir no caminho da evolução espiritual. A intervenção do monge pressuporia, contudo, uma doação de 30.000 marcos para o mosteiro. A vítima, que não dispunha desse montante, tomou um empréstimo bancário e entregou os valores ao autor, que deles fez uso em proveito próprio.

Questionado, nos meses seguintes, sobre o progresso de Uliko, o acusado relatou à vítima que o monge teria dado de encontro como que com uma insuperável barreira. A causa dessa barreira estaria no corpo da vítima; a barreira só poderia ser contornada com a destruição do velho corpo e sua substituição por um novo. O acusado explicou a vítima que ele conseguira um novo corpo, que estaria aguardando pela vítima em uma sala vermelha no Lago de Genebra. A nova vida seria vivida no corpo de uma artista. Alegando que a vítima necessitaria de dinheiro em sua nova vida, o acusado a convenceu a fazer um seguro de vida, no valor de 250.000 marcos (e de 500.000 marcos em caso de acidente), a serem pagos exclusivamente em favor do acusado. A vítima deveria abandonar seu corpo por meio da simulação de um acidente; o acusado receberia, então, os 500.000 marcos, que seriam entregues à vítima para sua nova vida. O plano inicial, que consistia em simular um acidente de carro, foi abandonado; a vítima deveria eletrocutar-se, deixando cair o secador na banheira.

No dia 1º de janeiro de 1980, a vítima tentou levar a cabo o plano. Confiando cegamente no que lhe contara o acusado, ela esperava acordar imediatamente em um novo corpo. A ideia de que estaria cometendo suicídio sequer lhe passou pela cabeça, uma vez que ela considerava o suicídio algo imoral; o ser humano não teria o direito de matar-se. Os esforços da vítima, contudo, não tiveram êxito: ao invés de um choque letal, a vítima não sofreu mais que uma pequena formigação. O acusado, que se encontrava em outra cidade, telefonou-lhe ainda mais de dez vezes, instruindo-a a respeito de como realizar o plano. Após cerca de três horas ao telefone sem qualquer êxito, desistiu o autor de prosseguir em seus esforços.

2. A decisão do BGH

A sentença do BGH versou apenas sobre a questão da existência ou não de uma autoria (mediata) no homicídio tentado. Observe-se que o direito alemão vigente à época não previa qualquer punibilidade da participação em suicídio.[6] Isso significa que, caso não fosse possível considerar o acusado como autor do homicídio, e não mero partícipe em um suicídio, não seria possível castigá-lo por qualquer delito contra a vida.

O BGH concluiu pela autoria, na forma de autoria mediata, regulada expressamente no direito alemão (§ 25 I StGB: "É punido como autor, quem comete o fato por sua própria pessoa ou *por meio de outrem*"). Como não foi o acusado quem praticou a ação de tentar matar – jogar o secador na banheira cheia não foi ato seu –, não cometeu ele o fato por sua própria pessoa; não há, assim, autoria direta. Ele será autor do homicídio tão-somente se se verificar um cometimento do fato por meio de outrem, isto é, a autoria mediata.

Para que se possa falar em uma autoria mediata, é preciso um fundamento, em geral, um déficit de responsibilidade no homem da frente. Os principais dentre esses fundamentos são o erro e a coação; também a inimputabilidade fundamenta uma autoria mediata. O BGH afirmou a existência de um erro, de natureza análoga a um erro de tipo; os comentadores da decisão falam em um quase-erro de tipo.[7] À vítima faltaria o conhecimento de que morreria; ela cria, pelo contrário, que continuaria a viver sua vida terrena em um outro corpo. O BGH menciona, ademais, que o acusado teria exercido um controle decisivo sobre o cometimento do fato, por meio de instruções em telefonemas que duraram algumas horas. Apesar da suscetibilidade da vítima, o BGH não chegou a questionar-lhe a sanidade mental.[8]

Em seguida, o BGH introduz um argumento de reforço. Ainda que a vítima pensasse que morreria e renasceria como ser superior, ainda que ela, assim, não se encontrasse em um quase-erro de tipo, a vítima acreditava que a morte, aqui, não era coisa diversa que o início de uma nova vida. Esse "erro

---

6 No final de 2015, introduziu-se no direito alemão a punibilidade da participação em suicídio cometida de forma comercial (§ 217 StGB).

7 Por ex., NEUMANN, JuS 1985, p. 677, 681; ROXIN, *Strafrecht AT II*, München, Beck, 2003, p. 32 e s. Trata-se de um quase-erro de tipo, porque, se existisse um tipo do suicídio, faltaria à vítima conhecimento de um elemento do tipo legal e, portanto, o dolo. A provocação de um erro de tipo, excludente de dolo, é um reconhecido caso de autoria mediata (por todos ROXIN, *Strafrecht AT II*, p. 29 e ss.).

8 O que, ademais, é predominantemente uma questão de fato, sobre a qual não se dirige a cognição do BGH (§ 337 StPO); sobre a difícil distinção entre questão de fato e de direito cf. SCHÜNEMANN, *Zum Verhältnis von Norm und Sachverhalt bei der Rechtsanwendung, von Ober- und Untersatz im Justizsyllogismus und von Rechts- und Tatfrage im Prozeßrecht*, in: FS-Arthur Kaufmann, Heidelberg, C.F. Müller, 1993, p. 299 e ss.

sobre o concreto sentido da ação", independentemente da discussão a respeito da idoneidade dessa categoria para fundamentar uma autoria mediata (como propõe especialmente Roxin[9]), fundamentaria uma autoria mediata em razão de conhecimentos superiores do homem de trás.

Por fim, o BGH afirma a qualificadora da cobiça (Habgier). O tribunal conclui, assim, pela confirmação da sentença recorrida, que condenara o acusado por tentativa de homicídio qualificado.

3. Observações

a) Também no *direito brasileiro*, em que existe um tipo geral compreendendo a participação em suicídio (art. 122 CP), o problema da distinção entre homicídio em autoria mediata e participação em suicídio teria enorme relevância para o presente caso. Afinal, no Brasil, um partícipe em suicídio é punido quando resulta ao menos lesão corporal de natureza grave (art. 122 caput CP), o que, no presente caso, não ocorreu. O problema de distinguir autoria do homicídio e participação no suicídio se colocaria de forma igualmente aguda se o caso tivesse ocorrido no Brasil.

Apesar de o CP brasileiro, à primeira vista, tender para um conceito unitário e extensivo de autor (especialmente art. 29 caput CP: "Quem, de qualquer modo, concorre para o crime..."), tentei, em outros estudos, fundamentar a possibilidade de reinterpretar a lei brasileira à luz de um conceito diferenciador e restritivo.[10] Um forte argumento em favor dessa reinterpretação é a existência do art. 122 CP – se fosse correta a tese tradicional, a participação em suicídio seria já um homicídio, uma vez que matar alguém seria o mesmo que concorrer para a causação da morte de outrem. À luz de um conceito restritivo e diferenciador de autor, torna-se necessário perguntar, primeiramente, se o acusado não é autor do homicídio, o que só pode ter ocorrido ou na hipótese de autoria direta, autoria imediata ou coautoria.[11] O acusado não agiu de mão própria, de modo que inexiste autoria direta; tampouco se pode falar em coautoria, se um dos envolvidos não tem a qualidade pessoal necessária para realizar o tipo: a vítima não pode ser sujeito ativo de um delito de homicídio. Resta, assim, a autoria mediata. Cumpre esclarecer se é possível, aqui, afirmá-la.

9 ROXIN, *Täterschaft und Tatherrschaft*, 9ª ed., Berlin, DeGruyter, 2015, p. 212 e ss. ; idem, Strafrecht AT II, p. 41 e ss.

10 Ver GRECO/LEITE, in: Greco/Leite/Teixeira/Assis, *Autoria como domínio do fato*, São Paulo, Marcial Pons, 2014, p. 19 e ss; GRECO/TEIXEIRA, no mesmo volume, p. 47 e ss.

11 ROXIN, *Strafrecht* AT II, p. 19 e ss., p. 22 e ss., p. 77 e ss.; GRECO/LEITE, in: Greco/Leite/Teixeira/Assis, *Autoria como domínio do fato*, p. 19 e ss.

b) O BGH, como visto, ofereceu duas linhas argumentativas para fundamentar essa conclusão: a de um quase-erro de tipo (abaixo aa]) e a de um erro equivalente a um quase-erro de tipo (abaixo cc]). O BGH preferiu deixar em aberto a possibilidade de reconhecer-se a figura da autoria mediata por erro sobre o sentido concreto da ação, um terceiro caminho que, a meu ver, parece o mais correto (abaixo bb]).

aa) A primeira foi a de afirmar um *quase-erro de tipo*.[12] A vítima não sabia que iria morrer. Ela estaria, assim, na mesma situação de alguém que bebe um café envenenado: esta pessoa é instrumento que não sabe que comete uma ação de matar-se, de forma que aquele que envenena o café é autor mediato de um homicídio.

Tenho, contudo, algumas dúvidas quanto à procedência dessa argumentação. O seu problema mais profundo está em que ela se baseia em "profundas questões de filosofia e antropologia"[13] – em especial, o clássico problema de identidade pessoal.[14] Se a vítima de fato viesse a acordar em outro corpo – mesma pessoa, outra pessoa? Recorde-se o clássico exemplo do barco de Teseu, discutido já pelo historiador grego Plutarco,[15] e ao qual se refere, no presente contexto, Merkel:[16] se um barco é consertado, de maneira que cada uma das tábuas que o constituem seja substituída por outra, tem-se o mesmo barco ou um outro barco? O BGH, prudentemente, preferiu-se manter-se distante do abismo filósofico em que essa pergunta nos ameaça lançar. Ainda assim, de forma implícita, o tribunal tomou partido nessa discussão, e em favor de uma concepção de identidade pessoal segundo a qual o que importa não é o corpo, e sim a "individualidade em sua estrutura espiritual-anímica",[17] a alma, um conjunto de memórias ou coisa que o valha.

Essa leitura parece, à primeira vista, intuitiva. A situação aqui seria similar à da lacraia, que não morre ao se transformar em borboleta.[18] O fato de, ao que parece, todas as nossas células sejam substituídas no curso de uma vida,[19] parece insinuar que a identidade é mais do que a persistência do corpo en-

12 De acordo ROXIN, NStZ 1984, p. 72.

13 ROXIN, NStZ 1984, p. 72.

14 MERKEL, JZ 1999, p. 503 e ss.; sobre esse problema cf. MARTIN/BARRESI (orgs.), *Personal Identity*, Malden, Blackwell, 2003; QUANTE (org.), *Personale Identität*, Stuttgart, UTB, 1999.

15 PLUTARCO, *A Vida de Teseu* (citado a partir de: PLUTARCH, *The Life of Theseus*, in: Plutarch's Lives, trad. Langhorne/Dryden, vol. 1, Edinburgh, 1795, p. 51 e ss. [p. 77 e s.]).

16 MERKEL, JZ 1999, p. 503.

17 ROXIN, NStZ 1984, p. 72.

18 SCHMIDHÄUSER, JZ 1984, p. 196.

19 Cf. MERKEL, JZ 1999, p. 506.

quanto substância material. Uma reflexão mais detida faz, contudo, nascerem dúvidas. Pode-se formular uma objeção filosófica e uma objeção dogmática.

A *objeção filosófica* insistiria em que se precisasse a natureza dessa "coisa" que permanece ainda que o corpo seja modificado. Ou ela é uma alma, com o que se cai em um problema ainda mais complexo, o da medida em que o sobrenatural pode importar para o aspecto subjetivo do fato no direito penal. Ou ela é uma res cogitans cartesiana, com o que parece pertinente a objeção de Merkel: se assim fosse, essa coisa consistiria em uma complexa estrutura de informações, que – uma vez que io critério para a identidade de uma informação não é numérico, e sim semântico – poderia ser copiada, como no caso de um arquivo de computador, o que parece absurdo.[20]

Não convém descer às profundezas debate filosófico, uma vez que existe uma *objeção* ainda mais insuperável, que se coloca já no raso plano da *dogmática jurídico-penal*. Imagine-se uma situação similar à ocorrida, da qual participassem três pessoas, e não duas:[21] o autor convence sua amiga a jogar o secador não na banheira em que ela, e sim em que sua filha de 3 anos toma banho, para que esta abandone o próprio corpo e "entre" em outro corpo, que estaria à espera no Lago de Genebra. Parece absurdo, nesse caso, afirmar que a senhorita se encontra em um erro de tipo, excludente de dolo, e que responderia, no máximo, por culpa. Se isso é assim em relação a um terceiro, o mesmo tem de valer em relação à própria pessoa. Essa objeção conduz à seguinte generalização: quem sabe da destruição do corpo, isto é, da ocorrência de uma situação que, segundo o conceito médico de morte (morte como morte cerebral), é indiscutivelmente um caso de morte, tem consciência de que mata,[22] ainda que não conheça o significado jurídico da palavra "morte". O que existe, assim, não é um quase-erro de tipo, e sim um irrelevante erro de subsunção sobre o conceito de morte.[23]

Observe-se, contudo, que essa conclusão tampouco é isenta de dificuldades. Ela implica que, ainda que o plano tivesse êxito, e que a vítima acordasse no prometido quarto vermelho, dentro do corpo de uma artista, ela teria morrido.[24] Como essa dificuldade importa somente para um mundo de ficção científica, penso ser possível viver com ela.

Não é possível, assim, falar em autoria mediata por uso de instrumento que se encontra em um quase-erro de tipo.

20 MERKEL, JZ 1999, p. 506.

21 Essa consideração também em NEUMANN, JuS 1985, p. 681 e MERKEL, JZ 1999, p. 505.

22 SIPPEL, NStZ 1984, 357, 358;crítico NEUMANN, JuS 1985, p. 680.

23 MERKEL, JZ 1999, p. 505.

24 Nesse sentido, MERKEL, JZ 1999, p. 505.

bb) Uma autoria mediata do acusado terá de basear-se em outras considerações, infelizmente, menos incontroversas, uma vez que a reconhecida hipótese da autoria mediata no caso de quase-erro de tipo não está presente. O próprio BGH, que oferece uma linha argumentativa adicional, demonstra uma certa falta de confiança na solidez de seu primeiro argumento.[25] O BGH preferiu não se valer da figura do erro sobre o sentido concreto da ação; penso, contudo, que este seria o caminho mais promissor para uma correta solução do caso.[26-27]

A figura do domínio da vontade fundado em um erro sobre o sentido concreto da ação foi introduzida por ROXIN, para flexibilizar a tradicional visão de que apenas erros de tipo e erros de proibição inevitáveis fundamentariam autoria mediata, e que nenhum erro que deixa intacta a responsabilidade do homem da frente teria esse efeito.[28] ROXIN propõe uma relativização do chamado princípio da autorresponsabilidade, especialmente para hipóteses em que o homem da frente se encontra em um error in persona ou em um erro sobre a quantidade do injusto realizado (alguém que pensa que está destruindo uma cópia de um quadro de Rembrandt pertencente a outrem, quando na verdade está destruindo, induzido pelo homem de trás, que conhece a realidade dos fatos, um original). Talvez se possa dizer que aquele que pensa que continuará vivendo em outro corpo sabe que se mata – porque matar alguém é provocar a morte cerebral de um ser humano – mas que não entendeu o sentido concreto dessa ação de matar. Esse deficit cognitivo parece suficiente para fundamentar um domínio da vontade no homem de trás.

Essa perspectiva coloca, contudo, duas dificuldades. A primeira delas é se é correta a relativização do princípio da responsabilidade – ao que eu responderia que sim, pelas razões que explicitei em outro estudo, ao qual remeto.[29] A segunda é delimitar o significado do termo "sentido concreto da ação", que, reconhecidamente, não é dos mais precisos. A essa dificuldade se deve replicar que todo conceito jurídico apresenta problemas de delimitação, de forma que essa dificuldade é menos uma objeção insuperável[30] do que um convite a que a pouco estudada figura do erro sobre o sentido concreto da ação seja objeto de reflexões mais detidas.

---

25 SCHMIDHÄUSER, JZ 1984, p. 196: "apêndice inseguro" da decisão; a falta de segurança do BGH é observada também por NEUMANN, JuS 1985, p. 681.

26 ROXIN, NStZ 1984, p. 72.

27 A favor, NEUMANN, JuS 1985, p. 682.

28 ROXIN, *Täterschaft und Tatherrschaft*, p. 212 e ss.; IDEM, *Strafrecht AT II*, p. 41 e ss.

29 GRECO, in: Greco/Leite/Teixeira/Assis, Autoria como domínio do fato, p. 203 e ss.

30 NEUMANN, JuS 1985, p. 682.

cc) Com isso, torna-se supérfluo aludir, como o faz o BGH, a um *erro equivalente a um quase-erro de tipo.*[31] É compreensível que o Tribunal não tenha querido se comprometer com a controversa e pouco esclarecida figura do erro sobre o sentido concreto da ação.[32] De qualquer forma, parece-me que a afirmação ad hoc de uma equivalência entre o presente erro, que não é um quase-erro de tipo, e o quase-erro de tipo, é um tanto mais imprecisa e perigosa do que o reconhecimento do erro sobre o sentido concreto da ação.[33] De qualquer modo, também com essa estranha figura se relativiza o princípio da responsabilidade, admitindo-se um autor atrás de um outro autor responsável.

III. O caso do "Rei Gato" (BGHSt 35, 347)

1. O caso

O caso do Rei Gato, objeto da sentença de 15 de setembro de 1988, é tão estranho quanto o seu nome o sugere[34]. Os três acusados H, P e R viviam mergulhados em um ambiente neurótico marcado pelo misticismo e pelo esoteirismo. Os dois primeiros acusados, uma mulher (H) e um homem (P), agindo de forma conjunta, fizeram crer a R, um policial um tanto ingênuo, que estavam sendo ameaçados por rufiões e gângsters, com o que R acabou se sentindo forçado a assumir uma postura de protetor dos dois. Fazendo uso de truques de mágica e de rituais místicos, bem como fingindo capacidades hipnóticas e videntes, convenceram os dois primeiros acusados a R da existência do "Rei Gato", um ser que, há milênios, personificava o mal e representava um grande perigo para o mundo. R, de limitada capacidade crítica, e também por amor a H, acabou por acreditar-se como um dos predestinados a, junto com os outros dois acusados, combater o Rei Gato. Os dois submeteram R a provas de coragem, exigiram dele que se fizesse batizar católico e que jurasse a H fidelidade eterna.

Inicialmente, H e P usavam R para divertir-se. As coisas tornaram-se mais sérias quando H, em meados de 1986, descobriu que seu ex-namorado havia-se casado com outra mulher, N. Por ciúme e ódio, decidiu H que N deveria morrer; a decisão deveria ser realizada por R. Em acordo tácito com P, que, como ela sabia, também queria a morte de N, H contou a R que, em razão dos muitos erros cometidos por este, o Rei Gato demandava um sacrifício humano, mais especificamente, o sangue de N. Caso R não fosse capaz de

31 Próximo NEUMANN, JuS 1985, p. 682, que ainda usa a categoria do erro sobre o sentido concreto da ação.

32 ROXIN, NStZ 1984, p. 72.

33 ROXIN, NStZ 1984, p. 72.

34 A esse respeito, ver SONNEN, JA 1989, p. 212, que afirma ser esse feérico caso mais próximo da chamada "criminalidade de manual" do que da realidade.

apaziguar a ira do Rei Gato dentro de um curto período de tempo, milhões de pessoas seriam mortas; além disso, H teria de abandonar a R. R reconheceu que o que H lhe pedia era nada menos do que um homicídio qualificado; ele se reportava ao Quinto Mandamento e insistia na busca de uma alternativa. H e P lhe replicaram que a proibição de matar não se aplicava a eles, uma vez que eles agiriam "no exercício de uma missão divina, para salvar a humanidade." R acabou por decidir-se a praticar o fato, depois que R o fez jurar, "em nome de Jesus", matar um ser humano, e lhe advertiu que a violação de um juramento significaria a "condenação de sua alma imortal por toda a eternidade". Ainda assim, R tinha dores de consciência, as quais ele conseguiu superar recordando-se das milhões de pessoas que ele salvaria com a morte de uma só.

Na tarde do dia 30 de julho de 1986, R foi à loja de flores de N, sob o pretexto de comprar rosas. Quando N lhe virou as costas, R avançou sobre ela com uma faca de caça e feriu-a mortalmente no pescoço, no rosto e no corpo. Tanto a faca, quanto o plano de atacar de forma subreptícia provieram de P, que agira com a concordância de H. Terceiros correram em socorro da vítima N, que tentava defender-se de forma desesperada. R, que, segundo sua missão, tinha de permanecer incógnito, fugiu; ele contava com o falecimento da vítima, o que, contudo, não ocorreu.

2. A decisão do BGH

O BGH confirmou a sentença recorrida, no sentido de condenar os três acusados como autores de um homicídio qualificado tentado. As considerações do BGH diferenciam entre os acusados R, P e H.

a) No que se refere a R, o BGH afirmou a qualificadora da Heimtücke, algo próximo à nossa "à traição, de emboscada, ou mediante dissimulação ou outro recurso que dificulte ou torne impossivel a defesa do ofendido" (art. 121 § 2º IV CP). Não exporei aqui os problemas específicos de desistência da tentativa de que o BGH rapidamente cuida.

Reportando-se a laudo pericial, o tribunal recorrido, apesar de reconhecer a "personalidade profundamente anormal", "perturbada por uma neurose profunda e deformada", afirmou a imputabilidade de R, o que não foi questionado pelo BGH. Isso porque a doença mental não retirou do acusado a capacidade de reconhecer o caráter ilícito do fato ou de determinar-se segundo esse entendimento; o direito alemão (§ 20 StGB), como o brasileiro (art. 26 caput), parte do chamado modelo bio-psicológico de imputabilidade.[35] Reconheceu-se, contudo, que essa imputabilidade estava diminuída (§ 21 StGB).

35 Para a doutrina alemã, cf. ROXIN, *Strafrecht AT I*, 4ª ed., München, Beck, 2006, p. 886 e ss.; para a brasileira, ver DOTTI, *Curso de Direito Penal*, Parte Geral, 3ª ed., São Paulo, 2010, p. 431 e ss., p. 495 e ss.

O BGH passou, em seguido, a ocupar-se das causas de justificação. Não seria um caso de legítima defesa, uma vez que inexiste qualquer injusta agressão, nem de estado de necessidade – simplificadamente[36] – já pela ausência de qualquer perigo. Ocorre que, como R acreditava na existência de um perigo e na licitude de matar para salvar outros desse perigo, havia um erro de proibição evitável (§17 StGB); essa evitabilidade é deduzida do fato de que R era um policial, de que ele poderia, por um esforço de consciência e uma exigível consulta de pessoas confiáveis, como por ex. de um sacerdote, chegar ao conhecimento da ilicitude do que planejava fazer. O BGH examina, em seguida, causas de exculpação do direito alemão, nas quais não adentrarei na presente sede.

A conclusão é a da punibilidade de R por homicídio qualificado tentado.

b) As questões realmente interessantes se colocam para os demais acusados, P e H.[37] P e H foram condenados pelo homicídio tentado em autoria mediata, atuando, por sua vez, em coautoria (autoria mediata em coautoria). Além disso, eles realizam a qualificadora do "motivo baixo", equivalente ao nosso motivo torpe. O problema inédito de que teve de ocupar-se o BGH era o de se é possível uma autoria mediata em um caso de um instrumento que atue de forma responsável.

A posição clássica, fundamentada em um chamado princípio da autorresponsabilidade, é a de que inexistiria autor mediato por trás de um instrumento responsável. Segundo essa posição, seria impossível afirmar uma teoria mediata no presente caso, em que R era imputável (ainda que de forma diminuída) e se encontrava em um erro de proibição evitável. O BGH faz, em seguida, referência a vozes contrárias e, ao final, toma posição. O princípio da autorresponsabilidade é recusado: a uma, porque seus próprios defensores o relativizariam em algumas hipóteses, em especial, na dos aparatos organizados de poder; a duas, porque a questão seria um "problema de valoração aberto, de limites fluidos". Nem a letra da lei, nem a posição sistemática da figura da autoria mediata, como uma figura intermédia entre a autoria direta e a instigação, forneceriam uma solução unívoca. A seu ver, o critério para delimitar autoria e participação é "um domínio objetivo do fato, fundado em uma vontade de autor".

O BGH releva a importância do caso concreto, de circunstâncias como a natureza do erro e a intensidade da intervenção do homem de trás no homem da frente. Para o BGH, a evitabilidade do erro seria irrelevante. A pre-

36 Uma vez que, no direito alemão, distinguem-se dois estados de necessidade, com pressupostos diversos (§§ 34, 35 StGB), o que, no presente contexto, é inadequado explicitar (cf. a respeito Roxin, *Strafrecht AT I*, p. 723 e ss.)

37 Assim também SCHAFFSTEIN, *Der Täter hinter dem Täter bei vermeidbarem Verbotsirrtum und verminderter Schuldfähigkeit des Tatmittlers*, in: NStZ 1989, p. 153 e ss. (154).

sença de um erro de proibição no homem da frente confere ao homem de trás um domínio sobre a situação que é de todo independente da evitabilidade ou inevitabilidade desse erro.

Com base nesses fundamentos, o BGH afirmou a autoria mediata de P e de H. Os dois plantaram a ideias fantasiosas a respeito do Rei Gato na cabeça de R, delas se aproveitando para superar os problemas de consciência que este ainda nutria. Eles construíram o plano que R veio a executar, forneceram-lhe a arma do crime, e o instruíram nos detalhes dessa execução. R se encontrava em erro sobre a ilicitude do fato e era semi-imputável. Os dois, que sabiam da ilicitude do fato, tinham conhecimentos superiores ao do homem da frente. Em razão de todos esses fatores, o BGH considerou que P e H controlavam a realização do fato, de modo que seriam verdadeiros autores mediatos.

3. Observações

Deixarei, aqui, de lado as questões relativas a causas de justificação e exculpação, bem como aos respectivos erros, que a decisão coloca,[38] e também os interessantes e pouco estudados problemas relativos à relevância do sobrenatural para o direito penal[39] (aqui, para o elemento subjetivo de justificação ou exculpação, isto é, para o erro sobre os pressupostos de causa de justificação ou exculpação). Desejo, aqui, concentrar-me naquilo que é reconhecidamente o aspecto mais relevante da decisão, que é a aceitação de uma autoria mediata em um caso em que o homem da frente não atua com a sua culpabilidade excluída. Tecerei quatro sucintas observações.

a) A primeira delas diz respeito ao critério de *fundamentação da autoria*, especialmente da autoria mediata, de que parte a decisão. Como é sabido, a teoria do domínio do fato surgiu como tentativa de superar a insegura teoria subjetivista de que partia a jurisprudência alemã, que distinguia autor e partícipe segundo a existência de uma vontade de autor ou de partícipe.[40] A decisão do caso do Rei Gato tem, assim, a importância de dizer, com clareza, que o que importa para a autoria é, primariamente, um domínio objetivo do fato.[41] Ainda assim, esse reconhecimento do domínio do fato permanece

---

38 A respeito, extensamente, KÜPER, *Die dämonische Macht des "Katzenkönigs" oder: Probleme des Verbotsirrtums und Putativnotstandes an den Grenzen strafrechtlicher Begriff*, in: JZ 1989, p. 617 e ss.; cf. no Brasil, sobre o problema do erro de proibição, LEITE, *Dúvida e erro sobre a proibição*, 2ª ed., São Paulo, Atlas, p. 103 e ss., com referência expressa ao caso do Rei Gato.

39 A respeito KUDLICH, *Katzenkönig & Co. – Übersinnliches vor den Strafgerichten*, in: JZ 2004, p. 72 e ss.

40 GRECO/LEITE, in: Greco/Leite/Teixeira/Assis, *Autoria como domínio do fato*, p. 19 e ss., p. 23 e ss.

41 Por ex. HERZBERG, Jura 1990, p. 20.

tímido, por duas razões. A primeira e menos importante delas é a referência à vontade de autor: o BGH fala, recorde-se, em um "um domínio objetivo do fato, fundado em uma vontade de autor". Qualifico essa circunstâncias de menos importante, porque a vontade acaba por não ter qualquer relevância na decisão;[42] nas palavras e Herzberg, ela é mais um "resquício que de nada ajuda, mas tampouco atrapalha, porque não se refere a qualquer dado fático passível de verificação"[43]. O verdadeiramente relevante é a segunda razão pela qual o reconhecimento do domínio do fato permanece tímido: a rigor, o tribunal aplicou não a teoria do domínio do fato, que, concretizada e sistematizada em diversos grupos de casos,[44] enuncia critérios bastante precisos para a distinção entre autoria e participação em cada um deles.[45] O tribunal continou a aplicar aquilo que alguns autores chamaram de teoria normativa combinatória,[46] uma alcunha talvez pouco merecida, uma vez que a ideia central dessa suposta teoria é a de que seria impossível formular uma teoria sobre a distinção entre autor e partícipe, porque o decisivo seriam todas as circunstâncias do caso concreto. Essa "teoria", assim, na verdade não passa de uma alusão a intuições vagas e pouco controláveis.[47] O que se vê na decisão é um "mosaico"[48] de circunstâncias, ao lado das quais a existência de um erro de proibição evitável acaba quase por desaparecer.[49] A decisão termina por gerar insegurança justamente no que se refere ao seu aspecto cetral: não fica claro se o erro de proibição evitável é, por si só, sem as demais circunstâncias mencionadas pelo BGH, condição suficiente para fundamentar a autoria mediata.[50]

b) Minha segunda observação diz respeito à *recusa ao chamado princípio da responsabilidade ou da autorresponsabilidade*. Aqui, é de concordar-se com o BGH,[51] pelas razões que expus em outro estudo já citado.[52] Um princípio

42 KÜPER, JZ 1989, p. 938.

43 HERZBERG, Jura 1990, p. 20.

44 HERZBERG, Jura 1990, p. 20.

45 Cf. ROXIN, *Täterschaft und Tatherrschaft*, p. 107 e ss.; IDEM, *Strafrecht AT II*, p. 14 e ss.; SCHÜNEMANN, *Schrumpfende Basis, wuchernder Überbau? Zum Schicksal der Tatherrschaftsdoktrin nach 50 Jahren*, in: FS-Roxin II, Berlin, DeGruyter, 2011, p. 799 e ss; GRECO/LEITE, in: Greco/Leite/Teixeira/Assis, *Autoria como domínio do fato*, p. 19 e ss., p. 25 e ss.

46 Próximo também SCHAFFSTEIN, NStZ 1989, p. 158. Contra essa caracterização KÜPER, JZ 1989, p. 938.

47 KÜPER, JZ 1989, p. 939.

48 KÜPER, JZ 1989, p. 937, 939.

49 KÜPER, JZ 1989, p. 937.

50 Observado por KÜPER, JZ 1989, p. 937.

51 Também SCHAFFSTEIN, NStZ 1989, p. 156.

52 Cf. a nota 29.

da autorresponsabilidade em sentido forte seria incompatível com o unânime reconhecimento da autoria mediata em casos de erros de tipo evitáveis.[53] Entretanto, o argumento ad hominem, segundo o qual nem todos os defensores do princípio da responsabilidade o levariam a sério, uma vez que aceitariam a figura do domínio da organização, é questionável, uma vez que essa postura padece de uma incoerência.[54]

c) Minha terceira observação se refere ao *erro de proibição evitável como fundamentador de uma autoria mediata.* Parece-me, aqui, que o tribunal acertou em sua conclusão. O domínio da vontade, como forma de domínio do fato, é um conceito híbrido, que apresenta dimensões fáticas e normativas, com uma preponderância das primeiras. Quem domina o fato é, primariamente, quem o controla, quem o tem nas mãos – na sempre citada metáfora de Maurach.[55] O controle do homem de trás sobre o comportamento do homem da frente, de uma perspectiva fática, depende unicamente da existência de um erro; a evitabilidade ou não do erro em nada altera esse controle.[56] A evitabilidade de um erro é uma potência – não é por acaso que se fala, principalmente na nossa doutrina, em potencial consciência da ilicitude[57] -, o controle se exerce fundamentado em uma realidade, que é a do erro.

d) Por fim, R não apenas se encontrava em erro de proibição evitável, como era semi-imputável, com o que se colocou o problema adicional, quanto a *se o uso de um semi-imputável fundamenta autoria mediata.* O BGH também se referiu a essa semi-imputabilidade entre as circunstâncias nas quais baseou sua valoração global,[58] mas é ainda menos claro que relevância esse deficit tem para a fundamentação da responsabilidade do homem de trás. Aqui, parece-me mais correto, com Roxin,[59] distinguir se o que está afetada é a dimensão cognitiva ou a volitiva da imputabilidade, isto é a capacidade de entender o caráter ilícito do fato ou a de motivar-se segundo esse entendimento. Deficits da primeira ordem geram sempre uma autoria mediata, os de segunda ordem não, porque, no âmbito da volição-motivação, parece ainda

53 Relevado por Küper, JZ 1989, p. 942.

54 Crítica bastante similar em Küper, *Mittelbare Täterschaft, Verbotsirrtum des Tatmittlers und Verantwortungsprinzip*, in: JZ 1989, p. 935 e ss. (940 e s.).

55 Até onde vejo, essa hoje célebre expressão aparece pela primeira vez em Maurach, *Grundriß des Strafrechts*, AT, Hannover, 1948, p. 127.

56 Schaffstein, NStZ 1989, p. 156.

57 Ver Dotti, *Curso de Direito Penal, Parte Geral*, p. 432 e ss.; Leite, *Dúvida e erro sobre a proibição*, p. 8 e ss.

58 Leitura diversa da decisão em Schaffstein, NStZ 1989, p. 157, para o qual o BGH se fundamentou apenas no erro de proibição.

59 Roxin, *Täterschaft und Tatherrschaft*, p. 234 e ss.; idem, *Strafrecht AT II*, p. 58 e ss. crítico, porém, Schaffstein, NStZ 1989, p. 157 e s.

adequado reconhecer um princípio da autorresponsabilidade, por razões que não tenho como desenvolver no bojo do presente estudo.

IV. Conclusão

Como dito, os dois casos discutidos tiveram fundamental importância no desenvolvimento da jurisprudência alemã sobre o conceito de autoria, uma vez que, relativizando o chamado princípio da responsabilidade ou da autorresponsabilidade, assentaram uma premissa que permitiria o reconhecimento de uma autoria mediata por meio de aparato organizado de poder. Esses e outros casos, alguns tão inusitados como os dois que aqui apresentei – menciono, em um primeiro apanhado, somente o caso do canibal de Rothenburg (BGHSt 50, 80); o caso da lesão corporal seguida de morte em práticas sadomasoquistas (BGHSt 49, 166); o caso da pílula de emagrecimento derretedora de gordura e do tônico capilar duplicador de cabelo (BGHSt 34, 199) – e que poderiam ser ser objeto de continuações do presente estudo, a exemplo de Dotti, que também escreveu seus casos criminais célebres inicialmente em forma de artigos,[60] são o motor de um direito penal que não separa teoria e prática, mas que entende a teoria como a reflexão crítica da prática e a prática como o horizonte da teoria.

60 Os artigos históricos eram publicados na seção cognominada "Antiguidades de Direito Criminal", desde o n. 1 da RBCC, em 1993; a seção, segundo me parece, durou até o n. 38 daquela revista, e não parece em alguns números.

DA CATEGORIA JURÍDICO – PENAL DOS DELITOS A DISTÂNCIA E SUA PERTINÊNCIA NO CENÁRIO CONTEMPORÂNEO

Ney Fayet Júnior
Carlos Pereira Thompson Flores

RESUMO: Este artigo tem como escopo destacar a relevância dos crimes à distância (*Distanzverbrechen*), categoria esta que não tem recebido, por parte da doutrina, a atenção devida, mas que em consonância com a crescente globalização, tem alcançado destaque no cenário mundial. De forma a subsidiar isso, faz – se necessário estabelecer alguns aspectos gerais, como a classificação dos injustos penais, uma vez que é neste campo que serão lançadas ponderações atinentes aos crimes à distância e à sua importância na resolução de casos penais. Será esmiuçada a aplicação da lei penal no espaço, bem como, o lugar do crime, para após conceituar a categoria objeto do estudo e determinar seus aspectos específicos. Com esse substrato, conclui – se que esforços para a definição dos limites da intervenção jurídico – penal, assim como a classificação de modalidades típicas e das diversas normas penais internacionais são cada vez mais imprescindíveis para garantir a legalidade da atuação transnacional dos Estados, já que não se vislumbra, em definitivo, a consolidação de uma Justiça Penal universal.

PALAVRAS – CHAVE: Crimes à distancia. Lei penal no espaço. Globalização e Direito Penal. Justiça Penal Internacional.

TITLE: The criminal legal category of long distance crimes and their relevance in the contemporary scene.

ABSTRACT: This article has as purpose highlight the relevance of the 'distance crimes', category that has not received the due attention by the doctrine, but in line with the increasing globalization as achieved considerable prominence in the world stage. In order to support this, it is necessary establish some general aspects, as the classification of criminal offenses, since it is in this field that will be launched the considerations relating to 'distance crimes' and its importance in solving criminal cases. It will be scrutinized the application of criminal law in space, as well as the place of the crime, after to conceptualize the category of the object of the study and determine its specific aspects. With this substrate, it is concluded that the efforts to define the limits of the jurisdictional intervention, as well as the classification of the typical arrangements and the various international criminal law which are becoming increasingly essential to ensure the legality of the transnational activities of the States, since we do not see, definitively, the consolidation of a universal criminal justice.

KEYWORDS: Distance crimes. Globalization and Criminal Law. International Penal Justice.

Considerações iniciais

No presente capítulo, objetiva – se destacar a importância de uma categoria criminal que não tem recebido, como seria de rigor, por parte da doutrina, a atenção devida, dado serem poucas as abordagens que se dedicam, de forma exclusiva, ao enfrentamento do tema. Trata – se dos crimes a distância (*Distanzverbrechen*) – que, *grosso modo*, são aqueles cujo *iter criminis* se desenvolve em mais de um país –, os quais vêm, de forma tendencialmente crescente, adquirindo relevância no cenário internacional, em conformidade com o fenômeno da globalização, merecendo, portanto, que se lhes analise à luz de aspectos bem definidos, tais como os relacionados à aplicação da lei penal, à classificação dogmática de certas modalidades típicas e, ainda, à questão da pluralidade de normas (conflito internacional de normas penais).

Por conseguinte, existe um significativo campo de interesse a ser percorrido, não sem antes destacarmos algumas noções essenciais para o desenvolvimento e a perfeita compreensão da matéria.

Dos aspectos gerais

Como se tem por certo, [a construção dogmático – categorial] delito é um conceito extremamente amplo, pouco específico, em relação ao qual se abrem, sob vários enfoques, abordagens setorizadas (dogmática penal, criminologia, política criminal, antropologia criminal, sociologia criminal, entre outras), por meio das quais se estabelece o florescimento da ciência em seus diferentes matizes; no campo estrito da dogmática, variadas são as classificações e qualificações do objeto[1], atomizando – o em categorias e subcategorias, por cuja função (algumas vezes didática, outras, sistêmica) se confrontam temas de maior amplitude e, para além disso, no campo da *praxis*, se resolvem casos criminais.

Estas reflexões iniciais materializam – se nos alicerces sobre os quais nos propusemos a construir o estudo, destacando, exemplificativamente, algumas das mais importantes classificações (que atestam, em grande medida, o esforço científico da sistematização das categorias descritivas dos injustos penais): crimes comuns e próprios; comissivos e omissivos (além dos comissivos por omissão); formais, materiais e de mera conduta; de dano e de perigo (concreto

---

1 Como destaca Miguel Polaino Navarrete (2000, p. 433), "[c]ualquier clasificación de los tipos legales que pretendiera ser exhaustiva, con seguridad, sería siempre incompleta, pues los criterios que a su respecto pueden imaginarse son innumerables (*v.g.*, delitos masculinos, femeninos y neutros, y a su vez según el sujeto activo y pasivo)".

ou abstrato); qualificados pelo resultado; simples e complexos; instantâneos e permanentes; qualificados e privilegiados; dolosos, culposos e preterdolosos; tentados e consumados; de participação necessária ou eventual, entre outras.

Ora, percebe – se com facilidade que a doutrina criminal consagra uma plêiade de possibilidades classificatórias, muitas das quais ainda em processo de consolidação conceitual; e é nesse terreno que se devem lançar as ponderações atinentes à categoria dos crimes a distância, destacando, como se demonstrará, a sua relevância para a resolução de casos penais, notadamente, no que concerne à criminalidade transnacional contemporânea[2].

À vista disso, se tivéssemos de, binariamente, iniciar a dissecção dessa categoria, poderíamos referir que, aos crimes a distância, se lhes adversam os de ação e resultados conjuntos no tempo e espaço. (Com o deslindamento do conceito, a noção se vai aclarar.)

A APLICAÇÃO DA LEI PENAL NO ESPAÇO

Fundamentalmente, a regra geral de aplicação do direito é a da territorialidade[3], na medida em que a esfera de exercício do *jus puniendi* deve coincidir com os limites territoriais de um país[4]: pune – se o crime no lugar em que foi praticado. Importa destacar que é necessário estabelecer a extensão territorial do *jus puniendi* estatal, determinando – se suas fronteiras de incidência, ou seja, a regulação do âmbito de vigência espacial de um *corpus* legal dado.

Nos arts. 5º *usque* 9º do CP, são indicadas as diretrizes basilares que presidem a fixação jurisdicional pátria em diversas situações. Cuida – se de

2 Tal qual indicado por Celso Delmanto, Roberto Delmanto, Roberto Delmanto Júnior e Fabio M. de Almeida Delmanto (2010, p. 98): "Com a globalização, com o avanço da internet e a aproximação dos países, os crimes cometidos à distância adquiriram proporções jamais imaginadas, trazendo grandes desafios em termos de cooperação internacional por meio de tratados, acordos multilaterais, promessas de reciprocidade etc."

3 "A lei penal é territorial. Dogma que jamais sofreu restrições no curso dos séculos" — anota José Duarte (1942, p. 311).

4 O conceito de território nacional, tal qual consta do art. 5º do CP, não apresenta maiores dúvidas, quando tomado, simplesmente, como o espaço compreendido entre nossas fronteiras. Todavia, conforme realça Edgard Magalhães Noronha (1999, p. 86), a noção de território deve ser apreendida de maneira mais ampla, pois "abrange todo o espaço onde impera a soberania do Estado", na senda do que dispõem os §§ 1º e 2º do mesmo art. 5º, além, é claro, do mar territorial, regulamentado pelo art. 1º da Lei 8.617/93. No mesmo sentido, a precisa definição de Paulo César Busato (2015, p. 108), segundo a qual: "Território é, desde logo, todo o lugar onde o Estado exerce sua soberania. Considerando território a extensão de alcance da imposição política derivada da soberania, verifica-se, por óbvio, que sua dimensão não se restringe ao solo [...], é um conceito político-normativo, e não geográfico".

normas de aplicação do direito penal nacional[5], mediante as quais se estabelecem as hipóteses em que os autores de fatos puníveis se devem assujeitar àquela lei, para cuja verificação se tem de conjugar dois aspectos essenciais: o lugar da comissão do crime[6] e a nacionalidade do autor[7].

Mesmo não tendo a nossa legislação penal adotado o princípio da territorialidade de maneira absoluta[8], havendo hipóteses de exceção em que a lei brasileira se aplica a crimes cometidos fora do país (extraterritorialidade), bem como casos em que a lei estrangeira pode ser aplicada aos crimes praticados no Brasil (intraterritorialidade), o princípio da territorialidade é, em suma, o axioma basilar na aplicabilidade da lei penal no espaço.

Com vistas a sanar os eventuais conflitos espaciais de leis que podem decorrer da insuficiência de uma análise isolada do princípio da territorialidade, também outros cinco princípios norteiam a matéria, quais sejam: (i.) o princípio da personalidade, que leva em consideração apenas a nacionalidade do agente para efeitos de aplicação da lei penal, subdividindo – se em personali-

5 Não obstante parte da doutrina se referir a essas normas como "direito penal internacional", entendemos não ser essa a nomenclatura mais correta, porquanto tratam de delimitar a jurisdição estatal nos casos de conflito de leis penais no espaço. Nesse sentido, pontificou Luis Jiménez de Asúa (1964, p. 719-20): "[p]or lo mismo que el 'Derecho penal internacional' alude, como vemos, a reglas del Derecho interno, ha sido criticada por numerosos tratadistas esta denominación. Binding afirma que es mala y que la emplea 'tan solo con el fin de abreviar' [...]. F. von Liszt encuentra la expresión 'completamente inapropiada' [...]. Garraud dice que esta frase está 'falta de precisión' [...]. Más que impropiedad, los aludidos escritores hallan evidente divorcio entre epígrafe y contenido. [...] Creemos impropio, en efecto, llamar Derecho penal internacional al estudio de las cuestiones suscitadas por conflictos entre leyes nacionales de distintos Estados y por las relativas posibilidades de extraterritorialidad de algunos de sus preceptos".

6 Cumpre-nos, desde já, assinalar que "cometer um crime significa praticar qualquer ato de execução ou de participação na ação delituosa. É o ato de execução aquele que inicia a violação da norma, com o ataque ao bem jurídico tutelado. Cometer um crime não significa consumá-lo" (FRAGOSO, Heleno Cláudio, 1995, p. 117).

7 Sobre o conceito de nacionalidade (cuja abordagem não se poderá encaminhar aqui em virtude da limitação de espaço), consultar o seguinte texto: FAYET JÚNIOR, Ney; FERREIRA, Martha da Costa; ADAMY, Pedro Augustin, 2008, p. 585-604.

8 O ordenamento jurídico-penal brasileiro adota de maneira temperada o princípio da territorialidade, em decorrência de diversas nuances da contemporaneidade não mais satisfeitas pela rigidez do tradicional — e ainda dominante — princípio em comento. Como apontou Aníbal Bruno (1959, p. 218), "a lei penal não se contém só dentro do território do país. Várias razões e interesses da função punitiva comunicam-lhe uma expansão que a leva além dos limites territoriais, ou para atingir a atividade punível de súditos do país no estrangeiro, ou para estender além das fronteiras a proteção a bens jurídicos nacionais, ou para colaborar com as demais nações na luta internacional contra a criminalidade. Ao princípio da territorialidade, com sua rigidez, nascida de um sentido muito exclusivo de soberania, juntaram-se, então, no Direito moderno, os outros critérios".

dade ativa (art. 7º, I, *d*, e II, *b*, do CP [independentemente da nacionalidade da vítima, pune – se o agente de acordo com a lei do seu país de origem]) e passiva (art. 7º, § 3º, do CP [caso em que o agente, mesmo sendo estrangeiro, se sujeita à lei brasileira, em decorrência da nacionalidade da vítima]); (ii.) o princípio do domicílio, presente no art. 7º, I, *d*, do CP, que considera, exclusivamente, o país no qual o agente está domiciliado (*v.g.* crime de genocídio praticado por estrangeiro domiciliado no Brasil); (iii.) o princípio da defesa, real ou da proteção (art. 7º, I, *a*, *b*, e *c*, do CP), que leva em consideração o Estado ao qual o bem jurídico lesado ou exposto a perigo pertence, não importando a nacionalidade do agente ou o local onde o delito foi cometido; (iv.) o princípio da justiça (penal) universal (art. 7º, II, *a*, do CP), baseado na solidariedade entre os povos quanto ao interesse de reprimir determinados crimes, bastando que o agente se encontre em solo nacional para que a lei pátria possa ser a ele aplicada[9]; e (v.) o princípio da representação, que

9 Veja-se: "Constitucional e processual penal. *Habeas corpus*. Tráfico internacional de entorpecentes. *Locus commissi delicti*. Matéria que requer exame aprofundado de provas [...]. 1. O CP adotou, no que diz respeito ao lugar do crime (*locus commissi delicti*), a teoria da ubiquidade, ou seja, 'considera-se praticado o crime no lugar em que ocorreu a ação ou omissão, no todo ou em parte, bem como onde se produziu ou deveria produzir-se o resultado' (Art. 6º). Assim, o dispositivo ganha importância prática nos chamados crimes a distância, onde a execução ocorre no território de um país e o resultado em território alheio. 2. A chamada extraterritorialidade da lei penal brasileira, princípio que excepciona a regra do art. 5º do CP, permite a aplicação da lei penal brasileira a delitos cometidos no estrangeiro. A redação do dispositivo em tela é insofismável no sentido de que ficam sujeitos à lei brasileira, embora cometidos no estrangeiro, os crimes que, por tratado ou convenção, o Brasil se obrigou a reprimir. (Art. 7º, inc. II, a). 3. De qualquer forma, as alegações referentes a traficância em território nacional ou não, demandam dilação probatória, incompatível com a celeridade que informa o rito do *habeas corpus*. 4. Nos termos do art. 312 do CPP, 'a prisão preventiva poderá ser decretada como garantia da ordem pública, da ordem econômica, por conveniência da instrução criminal, ou para assegurar a aplicação da lei penal, quando houver prova da existência do crime e indício suficiente de autoria.' 5. Os autos noticiam que a paciente realiza notória atividade ligada ao tráfico ilícito de entorpecentes, através da vizinha cidade paraguaia de Bela Vista, para onde brasileiros, inclusive menores, se deslocam regularmente, a fim de adquirir substâncias entorpecentes, por vezes trocadas por objetos roubados no Brasil, fatos que são descritos por várias testemunhas e até mesmo por autoridades daquele país (fls.). 6. Consta dos autos elementos seguros quanto à autoria e materialidade da prática de tráfico ilícito de entorpecentes. Assim, presentes o *fumus boni juris* e o *periculum in mora*, se faz necessária a manutenção da prisão preventiva da acusada objetivando assegurar a ordem pública, pelo fato de ser notória traficante, citada, inclusive, em diversos processos criminais como sendo grande vendedora de tóxicos (fls.). Ressalto, ainda, que a paciente reside no Paraguai, fato que demonstra a necessidade da manutenção de sua prisão, para assegurar a futura aplicação da lei penal [...]. 11. Ordem denegada". (TRF3, *HC* 15851, Rel. Des. Cotrim Guimarães, 2ª T., 17.2.04.)

diz respeito à incidência da lei penal do Estado do qual provém o meio de transporte privado onde o crime foi cometido – por isso, também chamado de princípio do pavilhão ou da bandeira –, como se extrai do art. 7º, II, *c*, do CP.

Passemos, então, ao ponto que costeia a matéria da aplicação da lei penal no espaço: a definição do lugar do crime, questão que mantém intrínseco liame dogmático com o princípio da territorialidade e com os delitos a distância.

O LUGAR DO CRIME (*LOCUS DELICTI*)

Deve – se ter presente que a definição do lugar da realização do delito é essencial para estabelecer se um determinado Estado poderá aplicar, à luz do princípio da territorialidade, o seu *corpus* legal[10]. Tampouco faria sentido falar em territorialidade sem ter em vista os ditames de fixação do lugar onde se deu a conduta criminosa.

Assim, o art. 6º do CP preceitua: "Considera – se praticado o crime no lugar em que ocorreu a ação ou omissão, no todo ou em parte, bem como onde se produziu ou deveria produzir – se o resultado"[11]. Tal dispositivo visa a sanar as eventuais dúvidas que podem advir quando da análise dos denominados crimes a distância, por apresentarem fragmentação espacial entre o momento de sua perpetração e o do resultado[12].

A doutrina traz, basicamente, três teorias quanto à definição do *locus delicti*[13]: (i.) teoria da ação ou da atividade, segundo a qual se considera o lugar do crime aquele onde a conduta foi praticada, ou seja, onde houve "o movimento do agente dirigido ao resultado de dano ou de perigo"[14]; (ii.) teo-

10 A questão que envolve a validade da lei penal brasileira no espaço não pode confundir-se com a que se relaciona à definição da competência (matéria de natureza processual). Dessa forma, uma vez estabelecida a jurisdição do Brasil para o julgamento de determinado crime a distância, deve-se, em outro plano, estabelecer o foro que será competente para o seu julgamento.

11 Destaca Paulo Queiroz (2015, p. 157) que o CPM (art. 6º) ostenta uma definição mais ampla e completa quanto ao lugar do crime.

12 René Ariel Dotti (2013, p. 487) indica, precisamente, que a classificação dos crimes a distância interessa para definir o lugar do crime.

13 Flávio Augusto Monteiro de Barros (2011, p. 112-3) aponta, além dessas, outras quatro teorias: (a.) teoria da intenção, de acordo com a qual se deve observar o lugar onde o agente pretendia que o resultado ocorresse; (b.) teoria do efeito intermediário ou do efeito mais próximo, que busca a apuração de onde a energia movimentada pelo agente veio a atingir a vítima ou o bem jurídico; (c.) teoria da ação a distância ou da longa mão, que considera o lugar do crime aquele onde ocorreu o ato executivo; (d.) teoria limitada da ubiquidade, para a qual o *locus delicti* é tanto onde houve a ação como onde produziu-se o resultado. O que diferencia esta última vertente daquela agasalhada pelo nosso Código é o fato de não levar em consideração o local de afetação do bem jurídico.

14 BRUNO, Aníbal, 1959, p. 225.

ria do resultado ou da consumação, que entende ser o local do cometimento do delito aquele no qual ocorreu o resultado típico buscado pelo autor; e (iii.) teoria da ubiquidade, mista ou da unidade, que se atém a qualquer fração da marcha delitiva para definir o *locus* do crime, não importando – para essa corrente – se apenas uma parcela dos atos executórios se dê em determinado país ou que o resultado não seja alcançado em sua totalidade, bastando que o bem jurídico atingido se encontre em território nacional. Em outras palavras, nos termos do dispositivo penal em foco, excetuando – se os atos meramente preparatórios e os posteriores à *consumatio* (exaurimento), é suficiente que "uma parte da conduta incriminada se dê no Brasil, ou que o resultado aqui se tenha produzido, ou deveria ter – se produzido"[15].

É esta última a teoria encampada por nosso Código e pela maioria das legislações estrangeiras, por ser a que mais se coaduna com os interesses de defesa dos Estados e com a repressão da criminalidade transnacional.

Importa referir que a teoria pura da ubiquidade evita o conflito negativo de competência, hipótese na qual o agente executaria o crime em determinado Estado – adepto à teoria do resultado –, mas o evento danoso viria a acontecer em outro – filiado à da ação –, o que poderia implicar a impunidade do autor[16].

D'altro canto, o eventual problema do *bis in idem*, verificável nos casos em que em ambos os países vigora a teoria da ubiquidade, podendo ensejar a dupla punição do fato, é solucionado pelo art. 8º do CP, ao dispor que a pena cumprida no estrangeiro deve atenuar a imposta no Brasil pelo mesmo crime, quando diversas; ou ser, nela, computada, quando idênticas.

Feitas essas demarcações conceituais, passaremos à definição propriamente dita do objeto de estudo.

Do conceito de crimes à distância

Nos delitos a distância (igualmente denominados de delitos de espaço máximo ou plurinacionais), existe um fracionamento espaço – temporal do crime, na medida em que a conduta (ação ou omissão) ocorre em um determinado país, e o resultado, em outro.

---

15 VARGAS, José Cirilo de, 1997, p. 127. A mais disso, o dispositivo também prevê o tratamento à tentativa.

16 Víctor Gabriel Rodríguez (2010, p. 107) esclarece que "[n]ão aparecem grandes problemas práticos em que se considere como local do delito aquele em que ocorreu qualquer de suas frações. Claro está que a redação visa a evitar impunidade, mais do que considerar que, teoricamente, qualquer fragmento do crime constituiu o injusto – já que, no delito, tanto ação quanto resultado são desvalorados. E vários institutos do CP visarão a impedir que mais de um julgamento preveja (ou ao menos aplique) consequências penais para o mesmo delito".

Algumas categorias lhe são conceitualmente próximas[17]: (i.) delitos de ação e resultado conjuntos no tempo e espaço (também denominados de crimes de espaço mínimo) – nos quais a ação e o resultado se seguem em um mesmo contexto de tempo e de lugar, sem qualquer descontinuidade[18]; (ii.) delitos plurilocais – nos quais o fracionamento se estabelece entre duas ou mais comarcas de um mesmo país[19]; e, ainda, (iii.) os crimes em trânsito (*Transitverbrechen*) — nos quais, à semelhança dos crimes a distância e dos plurilocais, o *iter criminis* apresenta segmentação espacial, havendo, entretanto, um terceiro país (intermediário), no qual o acontecimento punível se desenvolve transitoriamente[20].

---

17 Não confundir os crimes a distância com os crimes internacionais, sendo estes, por definição, os que um Estado se compromete, por meio de tratado ou convenção, perante a comunidade internacional, a reprimir.

18 MAGGIORE, Giuseppe, 1954, p. 302-3.

19 Geraldo Batista de Siqueira (1988, p. 71) afirma que, nos crimes plurilocais, "a diversidade de lugar se verifica, mas, execução e evento se realizando nos limites do território nacional, ainda que em mais de uma unidade da Federação". Como ademais descreve Lasdilau Fernando Röhnelt (2011, p. 276), "[o] lugar da infração plurilocal é determinado pelo direito interno de cada país. No Brasil, a matéria é regulada pelo CPP, o qual [...] adota a teoria do resultado, ou evento, ao dispor, no art. 70, que a competência do juiz é estabelecida pelo lugar onde o crime se consuma. [...] no caso de tentativa, o lugar do crime é onde for praticado o último ato de execução. [...] Caso o crime seja daqueles em que o resultado pode dar-se no território de duas ou mais comarcas, como no crime continuado, a competência firma-se, então, pela prevenção (art. 71 do CPP), vale dizer, competente é o juiz que primeiro conhecer do processo e nele praticar algum ato".

20 Um preciso conceito de crimes em trânsito é fornecido por Hans-Heinrich Jescheck e Thomas Weigend (2002, p. 191): "[d]iscutido es el caso de los *delitos de tránsito o paso* en los que tan sólo una parte de la cadena causal se lleva a cabo dentro del país, mientras que la acción y el resultado se desenvuelven en el extranjero (por ejemplo, el envío a través de Alemania de un paquete con bombones envenenados desde Suiza hasta Dinamarca, lugar este último donde la víctima muere envenenada). Esta clase de delitos tiene que ser abarcada por el poder punitivo nacional en la medida que el hecho ha afectado al bien jurídico protegido dentro las fronteras del país, así que por motivos de prevención general no puede renunciarse a su enjuiciamiento en Alemania". Dando sequência ao ensejo do exemplo citado, apontamos para interessante questão a respeito dos crimes em trânsito, qual seja, a que se apresenta quanto à possibilidade de interferência do país intermediário para a punição dos fatos ocorridos em seu território. Max Ernst Mayer (2007, p. 116), por exemplo, sustenta que a incidência da lei nacional do país onde o(s) instrumento(s) criminoso(s) passa(m) apenas em trânsito — não chegando a ameaçar ou ferir sua ordem jurídica — deve ser excluída de maneira absoluta, pois apenas poderiam ser levados em conta os territórios aos quais pertencem as partes integrantes da ação. Por outro lado, defendendo a tese segundo a qual até mesmo o breve desenvolvimento da conduta punível em um terceiro país daria azo à intervenção deste Estado, encontra-se Edmundo Mezger (1946, p. 313), para quem "el

Nos crimes a distância, a competência da autoridade brasileira é fixada pelos parágrafos 1° e 2° do art. 70 do CPP[21].

---

llamado 'delito de tránsito' (el caso, por ejemplo, de una carta injuriosa enviada desde París a Viena atraviese Alemania) ha de entenderse como delito cometido en territorio nacional, pues el acontecimento punible también se ha desarrollado en territorio de Alemania". A nosso juízo — na esteira do que sugere Miguel Polaino Navarrete (p. 177) —, a solução mais adequada a essa problemática parece ser a tomada por base do critério da criação (ou implementação) de um risco não permitido (no território do país intermediário) pelo instrumento do crime; assim, no caso de uma carta injuriosa, não se sustentaria a intervenção do Estado mediatário; entretanto, em se tratando de uma carta-bomba ou com conteúdo venenoso, restaria razoável a ingerência da lei penal de tal país. E, finalmente, trazemos à discussão um último exemplo, que nos é fornecido por Günther Jakobs (2009, p. 179): "não importa se a carta ofensiva proveniente da Dinamarca com destino à Suíça é transferida de um meio de transporte para outro, em Frankfurt, manual ou automaticamente; em todo caso, não há comissão em território nacional (diferentemente de quando a carta é colocada por um auxiliar em uma caixa postal, em Frankfurt)".

21 JESUS, Damásio de, 2016, p. 42. Nesse sentido: "Penal. Processual penal. Conflito de competência. Art. 337-B, do CP. Crime à distância. Art. 6º, CP. Competência do JF do local do último ato de execução no Brasil. Art. 70, § 1º, CPP. Inquérito policial em curso. Princípio da *perpetuatio jurisdictionis* que não se aplica. Conflito julgado improcedente. 1. No caso, o crime teria ocorrido na modalidade de 'dar' vantagem indevida que, diferentemente das condutas de 'prometer' e 'oferecer' (delitos formais), configura crime material, consumando-se com a efetiva entrega da vantagem ilícita (US$ 181.316,00) ao funcionário público estrangeiro. 2. Embora o crime, em tese praticado, tenha se consumado em território iraquiano, não há dúvida de que os atos de execução se iniciaram no Brasil, de onde foi remetido o dinheiro. Trata-se, pois, de hipótese de 'crime à distância', ao qual se aplica o art. 6º, do CP. E até que um *modus operandi* diverso fique evidenciado nos autos, presume-se que os valores tenham partido da sede da empresa brasileira investigada. 3. Nos termos do art. 70, § 1º, do CPP, se, iniciada a execução no território nacional, a infração se consumar fora dele, a competência será determinada pelo lugar em que tiver sido praticado, no Brasil, o último ato de execução. Considerando que a empresa brasileira investigada possui sede no município de Mogi das Cruzes/SP, deve ser declarado competente o JF com jurisdição sobre referido município. 4. O Conselho da JF, com o fim de organizar o serviço de prestação jurisdicional na Seção Judiciária do Estado de São Paulo, editou o Provimento nº 330, em 10.5.11, excluindo o município de Mogi das Cruzes/SP da jurisdição da 19ª Subseção — Guarulhos/SP, e implantou a 1ª Vara Federal do município de Mogi das Cruzes/SP, com competência mista. 5. No presente caso, ainda não foi sequer oferecida a denúncia, sendo que o MPF requereu diligências a serem efetuadas pela autoridade policial. E se não há ação penal instaurada, o princípio da *perpetuatio jurisdictionis* (art. 87, CPC, c.c. art. 3º, CPP) não justifica a manutenção do feito no Juízo incompetente, ainda que este já tenha determinado a quebra dos sigilos bancário e fiscal. 6. Verifica-se, também, que foi determinada a quebra dos sigilos bancário e fiscal da empresa e de seu Diretor à época dos fatos que, nos termos da ficha cadastral da JUCESP, possui domicílio no município de Mogi das Cruzes/SP. Nos termos do art. 72, do CPP, não sendo conhecido o lugar da infração, a competência regular-se-á pelo domicílio ou residência do réu, como critério

Vamos, agora, ampliar o debate, esmiuçando os pontos de contato dos crimes a distância com diversas categorias com as quais pode repercutir.

Dos aspectos específicos

Como visto, a questão de um fato punível que transpassa fronteiras encontra – se, sem maiores dificuldades, solucionada, de um lado, por meio da orientação da ubiquidade ("basta que uma fração da atividade executiva do agente tenha sido praticada no território nacional, ou tenha ocorrido aí qualquer um dos efeitos cuja totalidade constitui o resultado típico, embora o processo executivo se tenha realizado no estrangeiro"[22]) e, de outro, pelo afastamento da duplicidade de punição, uma vez que se leva em conta a pena cumprida no estrangeiro, mitigando a que seja imposta em nosso país, se diferente, ou computando – a nesta, se idêntica.

Nesse curso, o delito a distância é tanto aquele no qual a ação se comete no território nacional como, ainda, aquele cujo resultado se produz no território nacional[23]; e, em vista disso, algumas hipóteses merecem destaque:

---

subsidiário. 7. Conflito de competência julgado improcedente para declarar competente o JF da 1ª Vara de Mogi das Cruzes/SP". (TRF3, CJ 13302, Rel. Des. Antonio Cedenho, 1ª S., j. 2.8.12.)

22 BRUNO, Aníbal, p. 226.

23 MAURACH, Reinhart; ZIPF, Heinz, 1994, p. 179. Por óbvio, deve haver prova da existência dos pressupostos existenciais dessa categoria, não se reconhecendo presunções. Assim, as seguintes decisões: "1. Trata-se de recurso extraordinário contra acórdão proferido pelo TRF/4ªR assim ementado (fls. 156-170): 'Penal e Processo Penal. Divulgação/publicação por meio da *internet* de imagens com pornografia ou cenas de sexo explícito envolvendo criança ou adolescente. Art. 241 do ECA (antiga redação). Ausência de prova de que a consumação do delito tenha ocorrido no estrangeiro. Requisito da internacionalidade a que alude o art. 109, inc. V, da CF/88, não preenchido. Competência da JE. 1. Para fins do disposto no art. 109, inc. V, da CF/88, dois aspectos determinantes devem ser reconhecidos: primeiro, a existência de tratado ou convenção internacional assinado e aprovado pelo Brasil e, segundo, que se trata de crime a distância, com execução ou resultado em mais de um país. 2. O fato de o crime ser cometido através da *internet* não é suficiente para firmar a competência da JF, sendo necessária a prova de que houve execução ou consumação do delito no exterior. 3. A constitucional previsão de crime a distância quando o resultado devesse ter ocorrido em outro país, é hipótese de crime tentado, onde o resultado no estrangeiro não é apenas potencial — como se verifica na *internet* — mas efetivamente procurado pelo executor do crime. 4. Declinação da competência para processar o julgar o feito à JE'. 2. No RE, sustenta-se ofensa ao art. 109, inc. V, da CF. 3. O recurso não merece prosperar. Conforme se verifica no acórdão recorrido, foi declarada a incompetência da JF em razão da ausência de provas quanto à ocorrência do delito no estrangeiro. Segue excerto do acórdão do TRF4 (fl.): 'Assim, como na espécie não há provas de que os arquivos de conteúdo pedófilo foram baixados no computador pessoal de Emerson,

(i.) no caso de tentativa, lugar do crime não é apenas onde se desenvolveu a atividade do agente, mas também onde deveria produzir seu resultado; assim, não se leva em conta onde o agente pretendeu que ele ocorresse, porém onde

pelo programa *emule*, foram acessadas fora do Brasil, não é a JF competente para o deslinde da controvérsia. Na espécie, não se pode presumir que a simples utilização do meio virtual para o cometimento de delitos extrapole, por si só, os limites do território nacional, sem provas nesse sentido. Portanto, sendo o crime iniciado no Brasil, sem prova da publicização em outro país, não é caso de crime à distância, mas de crime interno de publicização de conteúdo de pornográfico infantil. Sendo assim, acolho a preliminar de ilegitimidade da JF suscitada pelo apelante, com a consequente nulidade dos atos decisórios nesta jurisdição praticados'. 4. Portanto, tendo o acórdão recorrido baseado seu entendimento à luz das provas acostadas aos autos, resta evidente o óbice de processamento do presente recurso, dada a redação da Súmula STF 279: 'Para simples reexame de prova não cabe recurso extraordinário'. 5. Ante o exposto, nego seguimento ao recurso extraordinário". (STF, RE: 637945, Rel.ª Min.ª Ellen Gracie, j. 16.5.11.) E, ainda, "Penal e processo penal. Recurso em sentido estrito. Divulgação/ publicação, por meio da *internet*, de pornografia infantil. Art. 241 ECA. Ausente prova de que a consumação do delito tenha ou devesse ter ocorrido no estrangeiro. Requisito da internacionalidade. Art. 109, V, da CF/88. Competência da JE. 1. Aos juízes federais compete processar e julgar os crimes previstos em tratado ou convenção internacional, quando, iniciada a execução no País, o resultado tenha ou devesse ter ocorrido no estrangeiro, ou reciprocamente. (CF, art. 109, V). 2. O fato de o crime ser cometido através da *Internet* não é suficiente para firmar a competência da JF, sendo necessária a prova de que houve execução ou consumação do delito no exterior. 3. Sendo o crime iniciado no Brasil, sem prova da publicização em outro país, não é caso de crime à distância, cuja competência para processar e julgar é da JE". (TRF4, RSE 5539SC200972010055391, Rel. Des. Sebastião Ogê Muniz, 7ª T., j. 13.4.10.) Igualmente: "Violação de direitos autorais. Competência para processo e julgamento do feito. Descrição fática contida na denúncia. Indícios de crime de competência federal. 1. O réu se defende dos fatos narrados na denúncia e não da definição jurídica dada na peça acusatória, sendo possível até a alteração da adequação da conduta, através da *emendatio libelli*. 2. Diante da descrição fática de importação dos CDs pirateados, há concreta possibilidade de caracterização do crime de descaminho, a par do delito conexo de violação de direito autoral, pelo que não se mostra possível, nesta via, o pretendido reconhecimento da incompetência da JF". (TRF4, *HC* 200704000091802PR, Rel. Des. Néfi Cordeiro, 7ª T., j. 8.5.07.) Também: "Violação de direitos autorais. Competência para processo e julgamento do feito. Ausência de elementos probatórios. Indícios de crime à distância. 1. Somente quando tenha o crime de direito autoral início ou término no estrangeiro é que se dará a competência federal, ou então na hipótese de conexão com crime federal, por ser o foro federal prevalente. 2. Embora ausentes elementos probatórios suficientes, existem ao menos indícios da ocorrência de crime federal conexo (descaminho), tornando-se prematuro o reconhecimento da incompetência da JF para processo e julgamento do feito. 3. Ordem denegada". (TRF4 Agrav. Inst. 8963PR200704000089637, Rel. Des. Néfi Cordeiro, 7ª T., j. 27.3.07.)

teria ocorrido, se não fosse impedido de prosseguir[24]; (ii.) quanto aos delitos omissivos próprios, vale como *locus criminis patrati* aquele em que o omitente tinha a obrigação de realizar a ação[25]; (iii.) no caso de *actiones liberae in causa*, o agente que se coloca, no Brasil, em estado de incapacidade de entender ou de querer, a fim de cometer um crime (ou, mesmo, aperceber – se de uma escusa), será punido segundo a lei brasileira, ainda que a execução do crime se opere no exterior[26]; (iv.) na hipótese de delitos complexos — que são os que se estruturam a partir da fusão unitária de ilícitos —, qualquer fase (execução ou consumação) concede a jurisdição penal do Estado que possui soberania sobre o território onde se tenha verificado alguma dessas fases[27]; (v.) em relação aos crimes continuados, devem – se entender os realizados em todos os lugares em que se cometeram, ainda quando se trate de um só fato singular[28], na medida em que se apresentam como um tipo unitário[29]; (vi.) em caso de participação, no território nacional, "de crime praticado no estrangeiro (o partícipe no Brasil, por exemplo, auxilia, obtendo os meios, ou instiga o agente a cometer o crime no Uruguai), considera – se o fato também praticado no Brasil e aqui punível",[30] e seria também alcançável pela lei brasileira ainda que o fato não fosse punível no estrangeiro; (vii.) em relação aos coautores, se houver atuação de dois (ou mais) agentes no Brasil, e o resultado se verificar no exterior, ou, ainda, se os agentes atuarem no exterior, e o resultado se verificar no Brasil, a solução será idêntica: aplica – se a lei brasileira em ambos os casos, na medida em que "nas duas hipóteses o lugar do crime está

24 MAGALHÃES NORONHA, Edgard, p. 86. Álvaro Mayrink da Costa (2015, p. 127) lembra que "A cláusula 'ou devia produzir seu resultado' diz respeito à tentativa"; assim, em se tratando de crimes a distância, "a competência da autoridade brasileira é fixada *ratione loci* por força dos §§ 1º e 2º do art. 70 do CPP. Em matéria de competência, o patamar é o princípio *in ratione loci*, em razão do lugar onde a infração penal foi consumada. Se tentada, onde o último ato de execução foi praticado se o *iter* não se produziu no mesmo lugar (*ub facinus perperavit, ib poena reddita*)".

25 BATTAGLINI, Giulio, 1973, p. 95.

26 PAGLIARO, Antonio, 1980, p. 152. Em sentido idêntico: "así sucede con una infracción cometida bajo los efectos de una intoxicación etílica donde el estado de embriaguez plena ha sido adquirido en el extranjero (§ 323 a)" (JESCHECK, Hans-Heinrich; WEIGEND, Thomas, p. 192).

27 NASCIMENTO, Tupinambá Miguel Castro do, 1973, p. 332.

28 MAURACH, Reinhart; ZIPF, Heinz, p. 179.

29 COSTA, Álvaro Mayrink da, p. 127. Assim, por ilustração, um determinado empregado de uma instituição bancária — com agências em vários países —, que realiza, periodicamente, subtrações tanto em um dado território como em outro, comete a ação punível continuada em ambos os territórios (Cf. VELÁSQUES VELÁSQUES, Fernando, 1997, p. 163).

30 FRAGOSO, Heleno Cláudio, p. 119.

no território brasileiro: em um caso, por ser o lugar da ação e, em outro, por ser o lugar do resultado"[31]; (viii.) quanto a crimes permanentes, dá – se a mesma solução do crime continuado, isto é, aplica – se a lei nacional ainda que somente uma parte do fato se tenha verificado no território brasileiro; (ix.) em se cuidando de delitos omissivos impróprios — em cuja categoria se permite "o distanciamento temporal e espacial entre a abstenção do movimento corpóreo e o resultado"[32] —, pode levar – se em consideração tanto o lugar da omissão como o do resultado[33]; (x.) no que toca aos crimes de mera conduta — considerando – se que, nestes, o crime se consuma sempre no mesmo lugar onde foi executado —, não haveria a possibilidade de fracionamento (elemento necessário à perfectibilização da categoria em exame)[34]; (xi.) nos delitos habituais, "o lugar do crime é o de qualquer das condutas integrativas do tipo"[35]; (xii.) quanto aos crimes conexos, não se aplica a teoria da ubiquidade, pois não se cuida de fato unitário[36]; (xiii.) acerca dos crimes de perigo abstrato, dado que são crimes de mera atividade, não existiria fracionamento, "aún cuando el peligro que el legislador se propone evitar mediante el pre-

31 RÖHNELT, Ladislau Fernando, p. 279.

32 HUNGRIA, Nelson; FRAGOSO, Heleno, 1977, p. 161. Como esclarecem Giorgio Marinucci e Emilio Dolcini (2006, p. 89), "[n]ei reati di evento, sia commissivi che omissivi, la legge penale italiana risulta applicabile quando nel territorio dello Stato si sia verificato l'evento descritto nella norma incriminatrice: e ciò anche nel caso in cui l'azione o l'omissione che rispettivamente l'hanno causato o non impedito siano state compiute in territorio estero".

33 Importante a construção de Günther Jakobs (p. 179), segundo a qual: "[n]os crimes omissivos — além do lugar do resultado (representado) —, ao invés do lugar da conduta, o que importa é aquele onde o agente deveria ter agido, e isso tanto para a autoria quanto para a participação. Esse lugar é sempre aquele em que se encontrava o agente omisso, pois ali deveria ter iniciado suas condutas. Se, para a finalidade de salvamento, ele devia ir para outro lugar, nem por isso este se converte em lugar do fato, pois não se trata de qualquer lugar de um comportamento real perante o Direito (discordante o entendimento majoritário). Na responsabilidade por omissão oriunda de deveres de conduta e de ingerência, esse é também o lugar onde se situa a fonte de perigo".

34 Nesse sentido, Tupinambá Miguel Castro do Nascimento (p. 333) descreve uma hipótese bastante interessante relacionada ao crime (de mera conduta) de ato obsceno (art. 233 do CP): "Do lado do território brasileiro, observa-se a cena obscena. Sabe-se que o Uruguai, pela teoria da ubiquidade, tem jurisdição penal para o crime. Os atos de execução ocorreram em território uruguaio. Mas o Brasil, onde os 'efeitos' do ato obsceno ocorreram, tem jurisdição para o crime? Não! Porque, pela teoria da ubiquidade, somente ocorrendo, em território nacional, qualquer ato executório ou o resultado, mesmo parcial, é que haverá jurisdição penal. Se o crime se consumou no Uruguai, falece, ao Brasil, qualquer jurisdição".

35 COSTA, Álvaro Mayrink da, p. 127.

36 Idem, p. 27.

cepto penal se desarrolle en otro lugar"[37]; e, ainda, (xiv.) quanto às contravenções penais, considerando – se que o ato contravencional é, em essência, uma infração de mera conduta[38], não se permite o fracionamento e, ademais, em conformidade com o art. 2° da LCP, "a lei brasileira só é aplicável à contravenção praticada no território nacional"[39].

Da relevância da categoria

A mundialização das forças produtivas – neste novo estágio econômico do capitalismo: a globalização[40] – implica não somente a expansão e a interligação dos mercados, mas, em igual intensidade, a transnacionalização do fenômeno criminal, com o desenvolvimento de novas formas de concreção de atividades ilícitas. A conectividade mundial determina, de modo acelerado, novas e altamente sofisticadas engrenagens de produção, permitindo a união de espaços econômicos e sociais em tempo real; e essa hiperaceleração internacional das forças econômicas impacta, consideravelmente, em todos os planos, inclusive no criminal, com a intensificação de modelos ilícitos "clássicos" (pirataria, tráfico de pessoas, narcotráfico, terrorismo, lavagem de ativos, evasão fiscal, criminalidade ambiental *etc.*) e o incremento de "novos" (criminalidade informática, fraudes fiscais, bioterrorismo, biocriminalidade, organizações criminosas transnacionais *etc.*), tendo, ainda, como pano de fundo, a necessidade de os países estabelecerem plataformas claras e seguras sobre a cooperação internacional no combate à criminalidade[41].

---

37 JESCHECK, Hans-Heinrich; WEIGEND, Thomas, p. 191. Tenha-se presente, ainda, a opinião de Günther Jakobs (p. 176), para quem "[o]s crimes de perigo abstrato reputam-se cometidos no lugar da execução da conduta e de um eventual resultado intermediário típico (a conduta de fazer uso de um documento — art. 267, § 1º, 3ª variante — ocorre no lugar da produção da prova), e não no lugar da produção do dano eventual ou real (conduzir embriagado no estrangeiro, mas muito próximo à fronteira e, por isso, com possíveis consequências no território nacional, não configura fato interno nos termos do art. 316 do CP, diferentemente do que acontecer no art. 315-c do CP), pois a produção do dano possível ou real não é uma circunstância *tipicamente* relevante nos crimes de perigo abstrato [...]".

38 Nesse sentido, Manoel Pedro Pimentel (1968, p. 143), quando afirma: "As contravenções não exigem dolo nem culpa, a não ser que a lei faça depender, de um ou de outra, qualquer efeito jurídico. Por estas considerações verificamos que, em regra, as contravenções são tipicamente de mera conduta. *Puras desobediências, delitos de polícia* ou *contravenções*, o certo é que o escopo que se tem em mira, ao prefigurá-las na lei sob forma punível, é o de prevenir um mal maior, através da repressão que se faz à conduta".

39 NASCIMENTO, Tupinambá Miguel Castro do, p. 334.

40 Com mais detalhes sobre a sociedade de risco, ver: FAYET JÚNIOR, Ney; FRAGA, Ricardo Carvalho, 2015, p. 57-93.

41 Emmanuel Dreyer (2012, p. 1119) descreve, em grandes traços, a partir da legislação de seu país, o fenômeno: "[l]a question du périmètre d'application de la loi

Nessa dimensão, os crimes a distância — e já faz muitos anos — eram vistos como meros exemplos de "laboratório", ou seja, não tinham uma importância real, pois se destinavam a casos de dificílima configuração em termos práticos. Contudo, frente às novas modalidades criminais no mundo moderno, tornaram – se uma realidade em franca expansão; daí o motivo pelo qual essa categoria requer que se lhe dê a devida atenção dogmática[42].

Conclusões

O desvendamento que se levou a efeito tinha o compromisso de destacar, de um lado, a crescente importância do conceito e, de outro, confrontar a categoria em temas e abordagens específicos; para além disso, o incremento dos crimes internacionais tem demonstrado que se devem desenvolver esforços concentrados no sentido de estabelecer, com exatidão, os limites da intervenção jurídico – penal no contexto internacional, particularmente em virtude da consolidação do processo de globalização.

E, por óbvio, a categoria em análise pode fornecer não apenas as coordenadas seguras para a atuação transnacional dos Estados (no combate à cri-

pénale française dans l'espace se pose de plus en plus souvent. En effet, le nombre d'infractions présentant un élément d'extranéité, c'est-à-dire un lien de rattachement possible avec un ordre juridique étranger, ne fait que s'accroître. Ce phénomène d'internationalisation tient bien entendu au développement des possibilités de transport et de communication. Il ne faut plus attendre les guerres entre États pour voir apparaître ce type d'infraction. Aujourd'hui, le développement du tourisme de masse, de l'emploi transfrontalier, des échanges cultures s'accompagne également d'un développement de la délinquance à l'échelle européenne et internationale. L'essor du commerce international et des techniques de communication sans frontières, telles que l'Internet, favorise égalament l'apparition de nouvelles forms de délinquance ou donne aux anciennes forms de délinquance une portée inédite: fraude informatique, pédopornographie, contrefaçon, *etc*. Les delinquants se sont très vite aperçus de ces opportunités et la criminalité organisée a su se jouer des frontières en multipliant les occasions de trafic: trafic de stupéfiants, trafic d'armes, d'oeuvres d'art, traite des êtres humains et prostitution, etc. Le terrorisme a lui-même acquis une dimension international".

42 A seu turno, Víctor Gabriel Rodríguez (p. 107) oferece interessante e atual exemplo da categoria em causa: "Imagina-se então que um brasileiro, trabalhando em empresa transnacional e usando de informações privilegiadas, planeja e dá ordem para um roubo de caríssima matéria-prima, a ocorrer em uma de suas fábricas, na Argentina. Por telefone, garante a informação de em que momento exato a matéria-prima estará sendo descarregada, para facilitar seu transporte pelos meliantes. Usando rede de computadores, a partir de São Paulo consegue desligar o sistema de monitoramento por câmera da sede de Buenos Aires, facilitando a invasão. Para o CP, esse delito ocorreu *tanto* no Brasil *quanto* na Argentina".

minalidade), como, ainda, em vinculação com princípios liberais em matéria penal, garantir a estrita legalidade da intervenção.

É possível resumir, assim, as modalidades de incidência da lei brasileira em face dos crimes a distância: (i.) tendo a execução do crime iniciado no estrangeiro e prosseguido em território nacional ou (ii.) tendo começado no Brasil e continuado em outro país, aplica – se a lei brasileira; igualmente, (iii.) em havendo o esgotamento da atividade executiva no território brasileiro e a ocorrência do resultado no estrangeiro, assim como se (iv.) a completa execução se der fora de nosso país, mas o resultado ocorrer internamente, a lei aplicável será, também, a brasileira; e, por derradeiro, como última hipótese de incidência da legislação brasileira aos crimes a distância, tem – se o caso (v.) em que a atividade executiva do crime se exaure, (indiferentemente se) dentro ou fora do Brasil, e apenas parcialmente, o resultado se produz (ou deveria se produzir) em nosso território[43].

Talvez não seja surpreendente, por conseguinte, que, fundamentalmente, certos modelos legais vêm de adquirir especial relevo dogmático. E, apesar da tendência do desenvolvimento de legislações penais em bloco[44] (*vide*, por mera ilustração, o direito penal da União Europeia[45]; ou o do Mercosul[46]), certamente a importância dessa categoria se irá preservar, pois a (utópica) consolidação de uma justiça penal universal – por cujo sistema o fenômeno dos crimes a distância se iria esvaziar completamente – ainda não se apresenta no horizonte de possibilidades históricas.

Referências bibliográficas

BARROS, Flávio Augusto Monteiro de. **Direito penal**: parte geral. 9ª ed. São Paulo: Saraiva, 2011, vol. 1.

BATTAGLINI, Giulio. **Direito penal**: parte geral. Tradução de Paulo José da Costa Júnior, Arminda Bergamini Miotto e Ada Pellegrini Grinover. São Paulo: Saraiva, 1973. 1° volume.

43 DUARTE, José, p. 319.

44 No que tange a esse fenômeno, Maria Rocha Machado (2004, p. 59-60) anota que: "A harmonização das legislações penais nacionais, a partir da produção jurídica da União Europeia, opera-se sobre dois grandes eixos: os interesses econômicos nacionais e supranacionais e a segurança interna. A incidência da legislação econômica comunitária no ordenamento jurídico-penal dos Estados membros desenvolve-se por meio de um processo jurídico complexo, não instituído ou sequer mencionado nos tratados".

45 Sobre o tema, o excelente trabalho de RODRIGUES, Anabela Miranda, 2008.

46 No Mercosul, o comunitarismo jurídico-penal tem por base o Decreto nº 3.468/00 (Protocolo de Assistência Jurídica Mútua em Assuntos Penais – Mercosul), que ostenta, como signatários, o Brasil, a Argentina, o Paraguai e o Uruguai.

BRUNO, Aníbal. **Direito penal**: parte geral. Rio de Janeiro: Forense, 1959. t. 1.

BUSATO, Paulo César. **Direito penal**: parte geral. 2ª ed. São Paulo: Atlas, 2015.

COSTA, Álvaro Mayrink da. **Curso de direito penal**: parte geral. Rio de Janeiro: GZ, 2015.

DELMANTO, Celso; DELMANTO, Roberto; DELMANTO JÚNIOR, Roberto; DELMANTO, Fabio M. de Almeida. **Código Penal comentado**. 8ª ed. São Paulo: Saraiva, 2010.

DOTTI, René Ariel. **Curso de direito penal**: parte geral. 5. ed., com a colaboração de Alexandre Knopholz e Gustavo Britta Scandelari. São Paulo: Revista dos Tribunais, 2013.

DREYER, Emmanuel. **Droit pénal général**. 2 édition. Paris: LexisNexis, 2012.

DUARTE, José. Lugar do crime: art. 4° do Código Penal. *In* **Revista Forense**, Rio de Janeiro, ano XXXIX, ago./1942.

FAYET JÚNIOR, Ney; FRAGA, Ricardo Carvalho. **Dos acidentes de trabalho — questões penais e extrapenais**: uma abordagem ampla no contexto da sociedade de risco. 5ª ed. Porto Alegre: Elegantia Juris, 2015.

______; FERREIRA, Martha da Costa; ADAMY, Pedro Augustin. O requerimento de extradição de nacional brasileiro com dupla (ou múltipla) nacionalidade à luz da jurisprudência do Supremo Tribunal Federal. *In* BITENCOURT, Cezar Roberto (Coord.). **Direito penal no terceiro milênio**: estudos em homenagem ao professor Francisco Muñoz Conde. Rio de Janeiro: Lumen Juris, 2008, p. 585 – 604.

FRAGOSO, Heleno Cláudio. **Lições de direito penal**: parte geral. 15ª ed. Rio de Janeiro: Forense, 1995.

HUNGRIA, Nelson; FRAGOSO, Heleno Cláudio. **Comentários ao Código Penal**. 5ª ed. Rio de Janeiro: Forense, 1977. v. I, t. I, arts. 1° a 10.

JAKOBS, Günther. **Tratado de direito penal**: teoria do injusto penal e culpabilidade. Tradução do alemão Gercélia Batista de Oliveira Mendes e Geraldo de Carvalho. Belo Horizonte: Del Rey, 2009.

JESCHECK, Hans – Heinrich; WEIGEND, Thomas. **Tratado de derecho penal**: parte general. 5ª ed. renovada y ampliada. Traducción de Miguel Olmedo Cardenete. Granada: Comares, 2002.

JESUS, Damásio de. **Código Penal anotado**. 23ª ed. São Paulo: Saraiva, 2016.

JIMÉNEZ DE ASÚA, Luis. **Tratado de derecho penal**. 4ª ed. Buenos Aires: Losada, 1964. t. II.

MACHADO, Maria Rocha. **Internacionalização do direito penal**: a gestão de problemas internacionais por meio do crime e da pena. São Paulo: Editora 34, 2004.

MAGALHÃES NORONHA, Edgard. **Direito penal**. 34ª ed. Revista e atualizada por Adalberto José de Camargo Aranha. São Paulo: Saraiva, 1999. v. 1.

MAGGIORE, Giuseppe. **Derecho penal**. Traducción José J. Ortega Torres. Bogota: Temis, 1954. v. I.

MARINUCCI, Giorgio; DOLCINI, Emilio. **Manuale di diritto penale**: parte generale. 2ª ed. Milano: Dott. A. Giuffrè, 2006.

MAURACH, Reinhart; ZIPF, Heinz. **Derecho penal**: parte general. 1. Traducción de la 7ª edición alemana por Jorge Bofill Genzsch y Enrique Aimone Gibson. Buenos Aires: Editorial Astrea, 1994.

MAYER, Max Ernst. **Derecho penal**: parte general. Traducción directa del alemán por Sergio Politoff Lifschitz. Buenos Aires: Bdef, 2007.

MEZGER, Edmundo. **Tratado de derecho penal**. 2. ed., revisada y puesta al día por Jose Arturo Rodríguez Muñoz. Madrid: Editorial Revista de Derecho Privado, 1946. t. 1.

NASCIMENTO, Tupinambá Miguel Castro do. Eficácia da lei penal. *In* **Revista dos Tribunais**, São Paulo, ano 62, mar. 1973, v. 449, p. 320 – 343.

PAGLIARO, Antonio. **Principi di diritto penale**: parte generale. 2ª ed. Milano: Dott. A. Giuffrè, 1980.

PIMENTEL, Manoel Pedro. **Crimes de mera conduta**. 2ª ed. São Paulo: Revista dos Tribunais, 1968.

POLAINO NAVARRETE, Miguel. **Derecho penal**: parte general. Teoría jurídica del delito. Barcelona: Bosch, 2000. v. 1. t. 2.

QUEIROZ, Paulo. **Curso de direito penal**: parte geral. 11ª ed. Salvador: *Jus*PODIVM, 2015.

RODRIGUES, Anabela Miranda. **O direito penal europeu emergente**. Coimbra: Coimbra Editora, 2008.

RODRÍGUEZ, Víctor Gabriel. **Fundamentos de direito penal brasileiro**: lei penal e teoria geral do crime. São Paulo: Atlas, 2010.

RÖHNELT, Ladislau Fernando. **Apontamentos de direito penal**. Zuleika Pinto Costa Vargas (organizadora). Porto Alegre: Tribunal de Justiça do Estado do Rio Grande do Sul, Departamento de Artes Gráficas, 2011.

SIQUEIRA, Geraldo Batista de. Da competência pelo lugar da infração — crimes plurilocais e crimes à distância. **Justitia**. São Paulo, 50(144), out./dez., 1988.

VARGAS, José Cirilo de. **Instituições de direito penal**: parte geral. T. I. Belo Horizonte: Del Rey, 1997.

VELÁSQUES, Fernando. **Derecho penal**: parte general. Santa Fe de Bogotá: Temis, 1997.

O PAPEL DOGMÁTICO DA CULPABILIDADE: CONTRIBUTO CRÍTICO À TESE DE RENÉ DOTTI

Paulo César Busato

RESUMO: O artigo propõe debater a mais recente versão da tese do homenageado a respeito do papel da culpabilidade na estrutura da teoria jurídico-penal, analisando criticamente os argumentos-chave oferecidos à luz das mais recentes concepções teóricas em Direito penal.

PALAVRAS-CHAVE: Culpabilidade. Teoria do direito penal.

TITLE: The dogmatic role of guilt: critical contribution to the René Dotti's thesis.

ABSTRACT: The article proposes to discuss the latest version of the thesis of the honored about the role of guilt in criminal law theory structure, analyzing critically the key arguments offered from the point of view of the latest theoretical concepts in criminal law.

KEYWORDS: Culpability. Criminal law theory.

Em um ato de homenagem a um dos penalistas mais importantes da história do Estado do Paraná, como é o caso do Prof. Dr. René Ariel Dotti, muitas abordagens poderiam ser feitas. É bastante raro que se conjugue em um mesmo autor as distintas facetas de historiador do Direito penal, debatedor político criminal, advogado atuante, professor emérito e dogmático vertical. Somente uma carreira acadêmica e forense tão longeva e intensa poderia permitir o enlace de todas estas vertentes em níveis de excelência equivalente. Porém, o apreço pela teoria que envolve a estrutura dogmática jurídico-penal fez pender a escolha do direcionamento do presente escrito para o âmbito das discussões teóricas envolvendo a teoria do delito.

Neste campo é bastante rara a originalidade entre autores brasileiros. Na maioria das vezes, o que se vê são meras reproduções de discussões acadêmicas traçadas pelas matrizes dogmáticas européias que, com freqüência, correspondem única e exclusivamente a problemas sociais ou legislativos de estreita vinculação local e, quando transportados para outro lugar, perdem sal ou soam extremamente artificiais, quando não, insípidas.

Há poucas discussões dogmáticas que marcam a história do Direito penal brasileiro por sua autenticidade. Restrinjo-me a um exemplo, tomado de modo a evitar a injustiça do olvido de outros e permanecer restrito à mesma escola de origem do homenageado, a Universidade Federal do Paraná: a discussão dogmática travada entre o saudoso Professor ALCIDES MUNHOZ e o não menos reverenciado Ministro Francisco de Assis Toledo acerca da interpretação das descriminantes putativas na reforma de 1984 do Código penal brasileiro, em vista das teorias extrema ou limitada da culpabilidade.

Este é um dos exemplos mais claros de uma discussão dogmática genuinamente nacional, abordando de modo técnico e profundidade teórica um problema derivado da interpretação de um dispositivo do Código penal brasileiro, a partir das matrizes teóricas européias, especialmente a alemã.

Na ocasião, a veemente oposição entre as opiniões dos autores não impediu, de modo algum, o desenvolvimento da admiração mútua e um profundo respeito pela divergência, que levou ao engrandecimento do cenário teórico do Direito penal brasileiro.

Estou convencido de que o crescimento da discussão técnica e teórica do Direito penal brasileiro necessita muito de que se produzam dialeticamente os debates técnicos ao redor de tópicos que digam respeito à realidade social, política e legislativa brasileira, ainda que tomem por suporte teórico teses desenvolvidas em outros países.

E é ao redor da obra de grandes teóricos como o nosso homenageado que se torna possível tal desenvolvimento.

Daí minha opção por me lançar à aventura do debate com uma das mais polêmicas e importantes teses defendidas pelo Prof. René Dotti em sua carreira de penalista: a posição sistemática da culpabilidade. Longe de pretender repetir a grandeza do debate do exemplo citado, entre dois penalistas de escol, aqui me coloco na posição do aprendiz que esgrime com o titã. Faço-o apenas por dois motivos: para despertar quiçá o interesse pelo tema de outro penalista que possa ombrear em estatura o professor Dotti e prosseguir com ele na preciosa dialética teórica; e por orgulhar-me de ter ingressado, há não muito tempo, na mesma casa acadêmica que foi durante décadas o templo em que reverberaram as lições de nosso homenageado, preservando com isso, sua tradição.

1. Origem do pensamento de René Dotti sobre a posição sistemática da culpabilidade

O professor Dotti, apresentou tese ao II Curso de Especialização em Direito penal e processual penal promovido pela Pontifícia Universidade Católica de São Paulo, no ano de 1975, versando sobre o incesto. O crime, então previsto no art. 259 doCódigo penal de 1969 (*Ter conjunção carnal com descendente ou ascendente, com irmã ou irmão*), que nunca entrou em vigor, era o tema do texto, mas o autor tratou de abordar muito mais do que era proposto.

Já na introdução da monografia publicada sobre o texto, avisa que não se cingiria a debater as implicações relativas unicamente ao tipo, como a questão do bem jurídico ou da proporcionalidade, mas também trataria de, em suas palavras "*rever muitos temas da parte geral*"[1].

Neste trabalho, depois de apresentar as transformações derivadas da composição de uma culpabilidade estritamente normativa, oriundas do finalismo, afirma categoricamente que, como conseqüência disso "*a culpabilidade deve ser tratada como um pressuposto da pena, merecendo, por isso, ser analisada dentro deste quadro e não mais em setor da teoria geral do delito*"[2].

Já naquela oportunidade, o Prof. Dotti esgrimia seu principal argumento teórico, consistente na associação entre o lugar dogmático da culpabilidade e a estrutura de teoria do delito que lhe corresponde. Especialmente, fazia-se menção a uma associação entre as teorias causais do delito – em suas vertentes naturalista ou neokantiana – e a posição da culpabilidade como elemento do conceito analítico de crime, em contraposição à teoria finalista do delito que, em sua visão, seria compatível com uma culpabilidade que ocuparia o papel já não de elemento do conceito de crime, mas de *pressuposto de aplicação da pena*.

Esta associação se estabeleceria, segundo a tese apresentada, em função da conversão da culpabilidade em um conceito estritamente normativo, desprovido que foi, pelo finalismo, de elementos psicológicos.

Ao lado da questão técnica do esvaziamento de aspectos psicológicos da culpabilidade, René Dotti apontou, na ocasião, um aspecto de natureza política. A seu sentir, em um ponto determinado do desenvolvimento do Direito penal, a culpabilidade necessitava ser considerada parte do conceito de delito: "*tratava-se de salvaguardar a liberdade individual contra tentados oriundos da responsabilidade objetiva*"[3], o que teria imposto a necessidade de firmar uma causalidade objetiva e outra subjetiva, para recortar o âmbito de incidência do reconhecimento do ilícito penal, eis que "*o princípio da reserva legal ainda não funcionava amplamente como critério limitador do poder estatal à punição*"[4]. A seu ver, desta forma, ampliava-se a *garantia contra o arbítrio*.

Por consequência, concluiu que uma vez melhor assentadas garantias e limitações ao poder punitivo, tornava-se desnecessário o recurso à culpabilidade como limitador da imputação.

Como apoio teórico de sua tese, referiu, na mencionada publicação, que tanto EDMUND MEZGER quanto HANS WELZEL e mesmo CLAUS ROXIN, indicavam, em passagens de suas renomadas obras, o reconhecimento, mesmo que implícito, de sua proposta.

1 DOTTI, René Ariel. *O incesto*. Curitiba: Guignone, 1976, *apresentação*.

2 Idem, p. 173.

3 Idem, p. 174.

4 Idem, p. 174.

Sobre MEZGER, referiu que por volta dos anos 50 do Século XX, afirmou que "*La investigación de todos los presupuestos subjetivos de la pena, constituye la especial misión de la teoria [SIC – teoría] juridicopenal [sic – jurídicopenal] de la culpabilidad*"[5]. Isto traduziria, a seu ver, o vínculo entre culpabilidade e pena.

A respeito de HANS WELZEL, afirmou que este, "*após o estudo dos elementos da reprovabilidade, destacou um dos itens para considerá-la como um pressuposto da pena*"[6].

Finalmente, afirmou que ROXIN foi quem salientou que "*a culpabilidade – como uma das categorias sistemáticas fundamentais – vem alcunhada do ponto de vista político criminal, pela teoria dos fins da pena*"[7].

Ao lado dos argumentos de autoridade, RENÉ DOTTI procurou, ainda neste mesmo escrito sobre o incesto, diagnosticar evidencias legislativas do acolhimento de sua tese. Nesse sentido, afirmou textualmente:

> "[...] A proposição de que a culpabilidade é um pressuposto da pena e não um elemento do delito, encontra ressonância em nosso ordenamento positivo, quando o Código vigente trata de algumas causas de isenção de pena. Ao disciplinar uma face da imputabilidade, diz o art. 22: 'É isento de pena o agente que, por doença mental ou desenvolvimento mental incompleto ou retardado era, ao tempo da ação ou da omissão, inteiramente incapaz de entender o caráter criminoso do fato ou de determinar-se de acordo com esse entendimento'. Assim também ocorre quando a lei se refere à embriaguez completa, proveniente de caso fortuito ou força maior, isentando de pena o sujeito que, ao tempo da conduta era inteiramente incapaz de entender o caráter criminoso do fato (§ 1°, inc. II, art. 24). O mesmo se diz no art. 17: 'É isento de pena quem comete o crime por erro...' (...) O crime como ação tipicamente antijurídica é causa da resposta penal como efeito. A sanção será imposta somente quando for possível e positivo o juízo de reprovação que é uma decisão sobre um comportamento passado, ou seja, um *posterius* destacado do fato antecedente"[8].

O autor está se referindo aqui, naturalmente, ao Código vigente quando do escrito, ou seja, o Código penal de 1940. Sua conclusão, categórica, termina por ser resumida no seguinte pensamento central: "*o problema da culpabilidade normativa deve ser tratado na zona referente à pena*".

Esta posição, claramente inovadora, por um lado, apartava a culpabilidade do plano da teoria do delito como requisito da imputação, ou seja,

5 Idem, p. 174, referindo especificamente à monografia *La culpabilidad en el moderno Derecho penal.*, trad. de José Navarrete, Valladolid, 1956, p. 2.

6 Idem, p. 175.

7 Idem, p. 175.

8 Idem, p. 176.

como dado a ser afirmado para permitir falar no cometimento de um crime e, portanto, trasladava sua discussão para o âmbito do merecimento de pena.

2. A REAÇÃO DA DOUTRINA BRASILEIRA

A doutrina brasileira dividiu-se a respeito da tese do Prof. DOTTI.

É bem verdade que os tempos eram negros do ponto de vista político, e as discussões a respeito das razões de ser de um sistema punitivo nunca agradam governos ditatoriais. Daí que a época era bastante restrita em termos de publicações e possibilidades de discussão teórica.

De qualquer modo, a tese de RENÉ DOTTI foi acolhida por DAMÁSIO DE JESUS, quem, reexaminando sua posição sobre o tema passou a adotá-la irrestritamente, inclusive, amparando-se nos mesmos argumentos.

Afirma o autor, depois de uma coleção de excertos retirados do Código penal brasileiro, que "*a culpabilidade não é requisito do crime, que apresenta duas facetas: fato típico e ilicitude*"[9].

O autor refere explicitamente que, neste particular, está seguindo a opinião de RENÉ DOTTI, considerado por ele "*instigador da alteração de nosso entendimento a respeito da matéria*"[10]. E acrescenta que "*em face de seu atual desenvolvimento, a culpabilidade deve ser tratada como um dos pressupostos da pena, merecendo, por isso, ser analisada dentro desse quadro e não mais em setor da teoria geral do delito*" [11].

Outros autores brasileiros, posteriormente, também aderiram à tese do Prof. DOTTI, como CELSO DELMANTO[12], LUIZ FLÁVIO GOMES[13],

---

9 JESUS, Damásio E. de. *Direito penal. Parte Geral.* 31ª ed., São Paulo: Saraiva, 2010, p. 500.

10 Idem, p. 500.

11 Idem, pp. 500-501.

12 DELMANTO, Celso. *Código penal comentado.* Rio de Janeiro: Renovar, 1986, pp. 18-19.

13 "A culpabilidade faz parte do conceito de crime? Para a clássica doutrina penal, que define o crime como fato típico, antijurídico e culpável, a culpabilidade integraria o conceito de crime. Há uma outra corrente (que seguimos) que pensa de forma contrária e afirma que ela se encontra no rol das mais relevantes categorias de Direito penal (norma, tipicidade, antijuridicidade, punibilidade, culpabilidade e pena), mas não faz parte do conceito de delito. Para nós, crime, como tantas vezes enfatizamos, possui dois requisitos: fato formal e materialmente típico (tipicidade) + contrário ao Direito (antijuridicidade). [...] A culpabilidade, como se vê, embora seja uma categoria muito relevante dentro do Direito penal, não compõe o conceito de crime nem integra o conceito de fato punível". *in* GOMES, Luiz Flávio e GARCÍA-PABLOS DE MOLINA, Antonio. *Direito penal. Parte Geral. vol. 2,* São Paulo: Revista dos Tribunais, 2007, p. 544. Importa destacar que, embora a obra seja firmada por dois professores, sendo um espanhol, o trecho referido é de responsabilidade exclusiva de Luiz Flávio Gomes, consoante esclarece a apresentação do livro, deixando claro que o capítulo foi escrito por ele.

JULIO FABBRINI MIRABETE[14] FERNANDO CAPEZ[15] e ANDRÉ ESTEFAM[16], por exemplo.

Não obstante, a maior parte da doutrina brasileira, posicionou-se contra a idéia, de modo expresso[17] ou tácito[18].

---

14 "[...] deve-se definir o crime como 'fato típico e antijurídico'. O crime existe em si mesmo, por ser uma fato típico e antijurídico, e a culpabilidade não contém o dolo ou a culpa em sentido estrito, mas significa apenas a reprovabilidade ou censurabilidade da conduta". MIRABETE, Julio Fabbrini e FABBRINI, Renato N.. *Manual de Direito penal. Parte Geral. arts. 1º a 120.* 20ª ed., São Paulo: Atlas, 2010, p. 83.

15 "[...] a culpabilidade não integra o conceito de crime. Entendemos que crime é fato típico e ilícito (ou antijurídico) por várias razões". CAPEZ, Fernando. *Direito penal. Parte Geral. volume 1.* 10ª ed. São Paulo: Saraiva, 2006, p. 113. Em seguida, o congressista oferece uma argumentação que beira o risível, falando que os penalistas clássicos incluíam a culpabilidade na teoria do crime, porque nele se encontravam dolo e culpa e não se cogitaria crime sem dolo e culpa, e uma vez que Welzel "descobriu" que o dolo e a culpa ficavam fora da culpabilidade esta restou apenas com conteúdo normativo e "perdeu a única coisa que interessava ao crime", passando a ser "mero juízo de valoração externo ao crime" e conclui que "a culpabilidade, em termos coloquiais, ocorre quando o Estado aponta o dedo para o infrator e diz: você é culpado e vai pagar pelo que cometeu! Ora, isso nada tem a ver com o crime [...]". (CAPEZ, Fernando. *Direito penal...cit.*, p. 113). Sem mais comentários.

16 O autor repete o argumento legislativo do René Dotti, para defender que "a culpabilidade não faz parte do conceito de crime, o qual deve ser definido como *fato típico e antijurídico*", mas ressalva que "na doutrina estrangeira, é quase voz pacífica a de que o crime é fato típico, antijurídico e culpável". ESTEFAM, André. *Direito penal. Parte geral.* vol. 1.. São Paulo: Saraiva, 2010, p. 159.

17 BRANDÃO, Cláudio. *Curso de Direito penal. Parte geral.* Rio de Janeiro: GEN-Forense, 2008, pp. 118-119; GRECO, Rogério. *Curso de Direito penal. Parte Geral. vol. I.* 12ª ed., Niterói: Impetus, 2010, p. 140 e QUEIROZ, Paulo. *Curso de Direito penal. Parte Geral.* 10ª ed., Salvador: Podium, 2014, p. 183.

18 TOLEDO, Francisco de Assis. *Princípios básicos de Direito penal.* 5ª ed., São Paulo: Saraiva, 2002, p. 80; MESTIERI, João. *Manual de Direito penal. Parte Geral. vol. I.* Rio de Janeiro: Forense, 1999, pp. 105-107; ZAFFARONI, Eugenio Raul e PIERANGELI, José Henrique. *Manual de Direito penal brasileiro. Vol. 1. Parte Geral.* 7ª ed., São Paulo: Revista dos Tribunais, 2007, p. 346; GALVÃO, Fernando. *Direito penal. Parte geral.* 5ª ed., São Paulo: Saraiva, 2013, pp. 192-217 (mostrando a presença da culpabilidade em todos os sistemas, inclusive o finalista); FERRÉ OLIVÉ, Juan Carlos; NÚÑEZ PAZ, Miguel Ángel; OLIVEIRA, William Terra de e BRITO, Alexis Couto de. *Direito penal brasileiro.* São Paulo: Revista dos Tribunais, 2011, p. 236; LOPES, Jair Leonardo. *Curso de Direito penal. Parte Geral.* 4ª ed., São Paulo: Revista dos Tribunais, 2005, p. 106; TELES, Nei Moura. *Direito penal. Parte Geral I.* 2ª ed., São Paulo: Atlas, 1998, p. 140; PACELLI, Eugênio e CALLEGARI, André. *Manual de Direito penal. Parte Geral.* São Paulo: Atlas, 2015, p. 213 e SANTOS, Juarez Cirino dos. *Direito penal. Parte Geral.* 2ª ed., Curitiba-Rio de Janeiro: ICPC-Lumen Juris, 2007, pp. 72-73.

O argumento mais freqüente de oposição à tese pode ser sintetizado na posição de CEZAR ROBERTO BITENCOURT, conforme admite o próprio René Dotti[19].

O texto de BITENCOURT afirma que "a tipicidade, a antijuridicidade e a culpabilidade são predicados de um substantivo, que é a conduta humana definida como crime"[20], pelo que o autor afirma que não se deixa convencer pela tese de que a culpabilidade, a partir do finalismo, teria adquirido o caráter de pressuposto da pena, e não mais elemento do conceito de delito.

E completa:

> "Essa afirmação de Dotti, conduzida a extremos por Damásio de Jesus, leva-nos, inevitavelmente, a fazer algumas reflexões: a) afinal, seria possível a imposição de sanção penal a uma ação típica que não fosse antijurídica? b) poder-se-ia sancionar uma ação antijurídica que não se adequasse a uma descrição típica? c) a sanção penal (penas e medidas) não é uma consequência jurídica do crime? Seguindo essa reflexão, perguntamos: a tipicidade e a antijuridicidade não seriam também pressupostos da pena? Ora, na medida em que a sanção penal é consequência jurídica do crime, este, com todos os seus elementos, é pressuposto daquela. Assim, não somente a culpabilidade, mas igualmente a tipicidade e a antijuridicidade, também são pressupostos da pena, que , por sua vez, é consequência do crime"[21].

De forma similar, a expressão de FRAGOSO, que é invocada expressamente por BITENCOURT: "crime é o conjunto de pressupostos da pena. A análise revela que são indispensáveis: um tipo de comportamento ilícito (ação ou omissão correspondente ao modelo legal de uma conduta delituosa e contrária ao direito) e culpável (ação juridicamente reprovável da pessoa imputável)"[22].

3. Uma revisão de detalhes e, ao mesmo tempo, um reforço de convicção

A refutação de BITENCOURT é admitida por DOTTI[23]. Tanto que, em recente e decisivo trabalho monográfico entitulado A *posição sistemática da culpabilidade*, ele retomou a questão, com especial atenção à crítica de BITENCOURT.

---

19 DOTTI, René Ariel. *A posição sistemática da culpabilidade*. Porto Alegre: Núria Fabris, 2013, p. 21.

20 BITENCOURT, Cezar Roberto. *Tratado de Direito penal. Parte Geral.* 16ª ed., São Paulo: Saraiva, 2011, p. 387.

21 Idem, p. 387.

22 FRAGOSO, Heleno Cláudio. *Lições de Direito penal. vol. 1. Parte Geral.* 15ª ed., Rio de Janeiro: Forense, 1995, p. 147.

23 DOTTI, René Ariel. *A posição sistemática da culpabilidade*...cit., pp. 19.

DOTTI afirma que a oposição de BITENCOURT pode ser refutada através de uma breve retificação vocabular a respeito do que expressou em sua tese original, visando dar mais clareza ao posicionamento. Ele troca a palavra *pressuposto* pela palavra *elemento*, remetendo ao seu livro de parte geral, ao afirmar: "Na 4ª edição de meu *Curso de Direito Penal – Parte Geral*[24], faço uma retificação vocabular. Em lugar de *pressuposto* da pena passo a sustentar que a culpabilidade é *elemento* da pena (p. 428 e ss)", que lhe parece algo semanticamente mais adequado para expressar sua opinião[25]:

> "Juridicamente, *pressuposto* é a 'circunstância ou fato em que se considera em antecedente necessário a outro' (Houaiss), enquanto que *elemento* tem, entre suas definições, a que se aplica à minha tese: '*parte constituinte de um todo*' (Houaiss). A culpabilidade é parte constituinte da pena: *nulla poena sine culpa*"[26].

Explicando mais detalhadamente seu posicionamento, afirma não renunciar ao entendimento de que a culpabilidade é um "*fenômeno cronologicamente distinto da conduta típica e ilícita*" e, como tal, é "*pressuposto da pena*", mas resume sua posição da seguinte forma:

> "A mais simples das proposições que defendo: o crime, como ação tipicamente ilícita, é um fenômeno distinto e separável da pena, cuja imposição depende dos pressupostos de imputabilidade, consciência da ilicitude (real ou potencial) e exigibilidade de conduta diversa, isto é, da culpabilidade"[27].

Invoca[28], agora de modo renovado, a autoridade intelectual de WELZEL como fonte preferencial, referindo agora a *O novo sistema jurídico-penal – Uma introdução à doutrina da ação finalista*, da qual captura o título do item 8.3., o capítulo sobre os elementos da reprovabilidade: "*A reprovabilidade como pressuposto da pena*"[29]. Com isto, recupera o argumento já antes expendido de que a idéia de que a culpabilidade seria um *elemento* do conceito analítico de delito era algo associado diretamente à inclusão do dolo e da culpa na sua

24 Com efeito, o comentário extenso sobre o tema aparece também na quinta edição de seu trabalho, especificamente em DOTTI, René Ariel. *Curso de Direito penal. Parte Geral.* São Paulo: Revista dos Tribunais, 2013, pp. 445-452.

25 DOTTI, René Ariel. *A posição sistemática da culpabilidade*...cit., p. 21.

26 DOTTI, René Ariel. *Curso de Direito penal. Parte Geral*...*cit.*, p. 449.

27 DOTTI, René Ariel. *A posição sistemática da culpabilidade*...cit., pp. 22-23.

28 Idem, p. 22.

29 Efetivamente este é o título do tópico utilizado na versão que Luiz Régis Prado fez da tradução do texto original para o espanhol feita por José Cerezo Mir. Confira-se em WELZEL, Hans. *O novo sistema jurídico penal.* Trad. de Luis Régis Prado da versão espanhola de José Cerezo Mir, São Paulo: Revista dos Tribunais, 2001, p. 143.

estrutura[30] e que o objetivo da doutrina clássica, com isto, era de evitar a responsabilidade penal objetiva, coisa que não faria sentido nos sistemas evoluídos de hoje, que assumem completamente a limitação do princípio de legalidade[31].

Retoma também as referências a que sua tese encontraria apoio na doutrina de ROXIN[32], citando como indicador disso um trecho da tradução do Tratado de parte geral, em que o renomado professor de Munique refere: "*En la moderna dogmática del Derecho Penal existe en lo sustancial acuerdo en cuanto a que toda conducta punible supon una acción, típica, antijurídica, culpable y que cumple otros eventuales presupuestos de la punibilidad*"[33].

É difícil captar aqui qual seria a conexão desta passagem com a tese de DOTTI. Parece, isso sim, que ROXIN iguala a culpabilidade aos demais elementos do conceito analítico de crime, como pressupostos de punibilidade, mais ou menos ao encontro da crítica à sua tese antes lançada por BITENCOURT.

Refere[34], sequencialmente, que "*ao analisar o tema da culpabilidade, o talentoso catedrático alemão o faz no setor da* responsabilidade" e talvez aqui remeta ao ponto chave, pois a idéia de responsabilidade em ROXIN compreende a culpabilidade mais a necessidade de pena, em uma associação indissolúvel.

Invoca[35], ainda, como argumento de autoridade a suposta idéia de que MUÑOZ CONDE e GARCÍA ARÁN reconhecem para a culpabilidade o papel de ligação entre teoria da pena e teoria do delito, sem pertencer a nenhum deles, citando, para tanto, o seguinte trecho do famoso Manual da dupla de professores espanhóis:

> "[...] junto a la tipicidad y a la antijuridicidad, debe darse una *tercera categoría* en la Teoría General del Delito, cuya presecia es necesaria para imponer una pena. Esta categoría es la culpabilidad, una categoría cuya función consiste, precisamente, en acoger aquellos elementos referidos al autor del delito que, sin pertencer al tipo ni a la antijuridicidad, son también necesarios para la imposición de una pena"[36].

30 DOTTI, René Ariel. A *posição sistemática da culpabilidade*...cit., p. 23.

31 Idem, p. 27.

32 Idem, p. 28.

33 ROXIN, Claus. *Derecho penal. Parte General. Tomo I. Fundamentos. La estructura de la teoría del delito.* trad. de Diego Manuel Luzón Peña, Miguel Díaz y García Conlledo y Javier de Vicente Remesal, Madrid: Civitas, 1997, p. 193.

34 DOTTI, René Ariel. A *posição sistemática da culpabilidade*...cit., p. 28.

35 Em idem, p. 24.

36 MUÑOZ CONDE, Francisco y GARCÍA ARÁN, Mercedes. *Derecho penal. Parte General.* 8ª ed., Valencia: Tirant lo Blanch, 2010, p. 349.

Finalmente, também recupera o argumento legislativo antes expendido, mas agora com um ajuste técnico maior.

É que se antes se lhe podia objetar que o Código, em sua parte geral, teria sido escrito no auge do perfil do pensamento neo-clássico, o Código atual conta com uma parte geral redesenhada à luz do finalismo.

Assim, o Prof. Dotti elenca dados da reforma penal de 1984 que apontam, em sua leitura, a favor de sua tese.

Começa pela comparação entre a exposição de motivos do Código penal de 1940 e o texto da reforma de 1984. Afirma que enquanto a primeira referia à culpabilidade como um dos *elementos* do crime, precisamente o *elemento subjetivo*, com a reforma de 1984 e a adoção da teoria finalista da ação, a culpabilidade é incluída como primeiro *elemento* de referência para a individualização judicial da pena, conforme dita o artigo 59, *caput*[37].

Além disso aponta par outros exemplos do Código penal de 1984 que, no seu entender, seriam demonstrativos de que a culpabilidade é elemento da pena. Cita expressamente os seguintes:

> "a agravante (inconstitucional) da reincidência que manda aumentar a pena em função de um novo crime após condenação por crime anterior [...] o juízo de reprovação não incide sobre o fato passado mas, sim, sobre o seu autor. Tanto é assim que os efeitos da reincidência são temporários. O § 5º do art. 121 dispõe que no caso de homicídio culposo, 'o juiz poderá deixar de aplicar a pena, se as consequências da infração atingirem o próprio agente de forma tão grave que a sanção penal se torne desnecessária'. [...] Remanesce porém o crime, pelos elementos da ação típica e ilícita para efeitos extra-penais como obrigação de indenizar o dano em favor de passageiro lesionado que não seja parente, além da responsabilidade por infração de trânsito. O mesmo ocorre com a isenção de pena no delito de favorecimento pessoal quando o auxílio é prestado por ascendente, descendente, cônjuge ou irmão do criminoso (CP, art. 348, § 2º). [...] (CP, art. 342, parág. ún.) quando o fato for praticado por motivo de reconhecida nobreza, não desconstitui o fato típico e ilícito apesar de a sentença concessiva do perdão não ser considerada para fins de reincidência (CP, art. 120)"[38].

Com isto, sua posição não poderia ficar mais clara do que o modo como a expressa em conclusão: "*Em meu entendimento o conceito de delito se aperfeiçoa na conjunção de três elementos: ação (ou omissão), tipicidade e ilicitude. A culpabilidade, como juízo de reprovação* post factum, *é um componente indissociável da sanção*"[39].

37 DOTTI, René Ariel. *A posição sistemática da culpabilidade*...cit., p. 29.

38 Idem, pp. 29-31.

39 Idem, p. 13.

4. Uma respeitosa oposição

A cultura jurídica alemã tem por praxe que a maior prova de respeito por algum jurista é expressa pela oposição dialética ao seu raciocínio técnico. A razão para tanto é que aquele que faz a crítica, ao mesmo tempo está afirmando a importância do texto criticado pois não se lê, e menos ainda se contesta, aquilo que não tem importância.

Além disso, é uma prova de apreço, pois se está colocando obstáculos à tese como estímulo para que tais obstáculos sejam contornados em futuros novos escritos do autor da tese sobre o tema, oportunizando-lhe o reforço de seu raciocínio.

Uma vez que estamos tratando de dogmática jurídico-penal, a postura de respeito e admiração que guardo pelo Prof. Dotti me incita a pretender, de alguma forma, propor-lhe possíveis contrapontos de reflexão, o que faço pelo método crítico-dialético.

Antes, porém, é preciso deixar claro que minhas oposições dirigir-se-ão não apenas à proposição original, já contestada por parte da doutrina, mas principalmente à tese renovada, em que o autor já não se dirige mais à culpabilidade apenas como *pressuposto*, mas já como *elemento* da pena.

Também é preciso deixar expresso que, na medida do possível, não retomarei as críticas antes formuladas por outros autores, em face da tese original. Não porque as creia superadas pela renovação da tese, mas sim para oferecer outros pontos de debate para o público em geral que se debruce sobre o tema.

Uma aclaração prévia é que o as oposições que levanto, de modo algum pretendem negar que a culpabilidade tenha importância para a pena. Aliás. já sustentei que o ponto chave para a individualização da pena é precisamente o grau de reprovabilidade da conduta, mensuração que depende da idéia de culpabilidade[40].

Minha oposição é meramente dogmática e adstrita à pretensão do Prof. Dotti de promover o afastamento da culpabilidade do conceito de crime. Vale dizer: o que se debate é a tese de que a afirmação de um crime não depende do elemento culpabilidade.

4.1. A passagem para a culpabilidade normativa pura não a afastou da teoria do crime

Embora seja correta a observação que fez o Prof. Dotti a respeito de que a proteção contra o arbítrio e contra a responsabilidade penal objetiva foram conquistas, parece certo que estas não foram as únicas razões para a inclusão da culpabilidade no conceito de crime.

40 Cf. BUSATO, Paulo César. *Direito penal. Parte Geral.* 2ª ed., São Paulo: Atlas, 2013, pp. 873-874.

Na verdade, o momento de surgimento das primeiras construções estruturadas de teorias do delito, que culminam com o tratado de VON LISZT[41] é precisamente o momento do auge do positivismo científico e a introdução da fórmula metodológica analítica para o estudo do crime é produto do pensamento do seu tempo.

Na verdade, FRANZ VON LISZT se inspira em seu mestre JHERING, para a formulação de uma estrutura analítica que permitisse lecionar o Direito penal abordando os distintos Códigos dos vários *Länder* alemães de sua época. JHERING encontrou no direito romano a solução, pois comentava os textos do direito romano para dar uniformidade ao trato das diferentes regras dos estados em temas de Direito civil[42]. Neste contexto, Jhering desenvolveu, por exemplo, o conceito de culpa no direito privado a partir do direito romano.

VON LISZT, por seu turno, tomou a antijuridicidade e sua separação da culpabilidade precisamente do esquema desenhado por JHERING e utilizou a exigência da afirmação da culpabilidade precisamente para diferenciar o ilícito civil do penal. Nesse sentido, é correto entender que houve uma delimitação em face da responsabilidade civil, de caráter objetivo.

Por outro lado, é preciso reconhecer que a elaboração da culpabilidade por VON LISZT tinha também uma função de afirmação do caráter científico do Direito penal, pois se a culpabilidade era a parte subjetiva do crime, era também tratada como um critério estritamente psicológico, consistente em uma relação puramente subjetiva que vinculava o autor com o fato antijurídico.

Tratava-se de uma culpabilidade que remetia claramente a um conceito da psicologia, já então uma ciência com muito mais afirmação e *status* científico do que o Direito.

Note-se que o mesmo perfil foi adotado para a escolha do conceito de ação, que foi buscado em outra ciência afirmada: a física newtoniana.

Assim, se é possível falar que a introdução da culpabilidade no conceito de crime por von Liszt ofereceu a delimitação em face da responsabilidade penal objetiva, é também forçoso reconhecer que o seu conteúdo demonstra

---

41 Veja-se LISZT, Franz von. *Tratado de Derecho penal.* (3 vol.). Trad. de Luis Jiménez de Asúa, 4ª ed., Madrid: Reus, 1999.

42 Veja-se a respeito a obra de Jhering *Das Schuldmoment in römischen Privatrecht,* de 1879, a qual conta com excelente tradução ao espanhol, publicada como JHERING, Rudolph von. *El elemento de la culpabilidad en el Derecho privado romano.* Trad. de José Luis Guzmán Dalbora, Buenos Aires- Montevideo: BdeF, 2013, na qual inseriu-se estudo prévio de José Luis Guzmán Dalbora, no qual se explica, em detalhes, precisamente a influência que o mencionado livro teve na estruturação da teoria do delito em geral e particularmente no trabalho de Von Liszt.

que o objetivo de sua introdução no conceito de crime também possui muito de pretensão de dotar o direito penal de um verniz científico[43].

Sendo assim, mesmo que se pudesse sustentar que modernamente é desnecessária a limitação dos riscos de responsabilidade penal objetiva pela culpabilidade – o que é, no mínimo, como questionável – ainda assim, seguiu existindo razão para preservá-la no âmbito da estrutura da teoria do delito como a nota científica diferenciadora entre o ilícito civil e o ilícito penal em um plano de suposta cientificidade.

Mas esta sequer é a mais forte evidência de que a passagem para uma culpabilidade normativa pura não a afastou do conceito de crime. Há outras.

Uma das mais óbvias é o fato de que os principais autores finalistas – tanto os que desenvolveram a teoria, quanto os seus seguidores brasileiros – permaneceram identificando-a como elemento do crime.

Entre os autores alemães pode-se citar von WEBER[44], que em seu *Grundriss des Deutschen Strafrechts* já trabalhava com tipo objetivo e subjetivo, relegando à culpabilidade um papel de juízo normativo de reprovação, ainda dentro do conceito de crime.

WILHELM GALLAS, no relevante trabalho *Zum gegenwärtigen Stand der Lehre vom Verbrechen*, publicado no ZStW 67 de 1955[45], na qual faz um apanhado geral sobre a influência do finalismo na revolução da teoria do delito, também referia que "segundo o critério da teoria finalista da ação, no juízo de culpabilidade, assim como no de antijuridicidade, se desaprova, juntamente com a ação, a decisão própria dela, como contraditória ao dever jurídico"[46].

O próprio MAURACH, finalista que constitui um novo conceito de atribuibilidade em lugar da culpabilidade, segue admitindo que o juízo de reprovação pessoal faz parte da afirmação da própria existência do delito, quando refere que: "uma ação tipicamente antijurídica só é relevante para o Direito penal se o juízo de desvalor sobre o ato se estende também ao autor"[47]

43 Especificamente sobre o tema, mencionando ser o caminho da cientificidade o percorrido por Von Liszt veja-se o excelente SCHMIDT, Andrei Zenkner. *O método em Direito penal sob uma perspectiva interdisciplinar.* Rio de Janeiro: Lumen Juris, 2007, pp. 23-28, especialmente p. 26, onde menciona expressamente Von Liszt.

44 Confira-se em WEBER, Hellmuth von. *Lineamientos del derecho penal alemán.* Trad. de Leonardo Brond, Buenos Aires: Ediar, 2008.

45 Confira-se precisa tradução publicada como GALLAS, Wilhelm. *La teoría del delito en su momento actual.* Trad. de Juan Córdoba Roda, Barcelona: Bosch, 1959.

46 Idem, p. 62.

47 MAURACH, Reinhart. *Tratado de Derecho penal. vol. II.* Trad. de Juan Córdoba Roda, Barcelona: Ariel, 1962, pp. 11-12.

e que "o juízo de desvalor estendido do ato desvalorado ao autor, se designará, em geral, como *culpabilidade juridicopenal*"[48].

No Brasil, vale citar como ilustrativos os exemplos de autores que expressamente se declaram finalistas, como CLÁUDIO BRANDÃO e JUAREZ CIRINO DOS SANTOS.

O Prof. CLÁUDIO BRANDÃO, titular de Direito penal da Universidade Federal de Pernambuco, expressamente se declara adepto do finalismo[49], no entanto, afirma:

> "A conduta humana é a pedra angular da Teoria do Crime. É com base nela que se formulam todos os juízos que compõem o conceito de crime: tipicidade, antijuridicidade e culpabilidade. A tipicidade é a adequação da conduta à norma; a antijuridicidade é o juízo de reprovação da conduta; e a culpabilidade é o juízo de reprovação sobre o autor da conduta"[50].

Esta colocação, de CLÁUDIO BRANDÃO encontra eco inclusive na própria explicação do Prof. Dotti, quando admite a relação entre a culpabilidade e o fato, ao afirmar que "somente a *culpabilidade pelo fato determinado* poderá se justificar num regime penal de garantias individuais. O homem não pode ser punido pelo que é, mas pelo que *faz*"[51]. Isso demonstra que não se pode dissociar a conduta típica e ilícita e a culpabilidade!

O Prof. JUAREZ CIRINO DOS SANTOS, igualmente identifica de modo expresso que seu texto se orienta "*pelo modelo de fato punível construído pelo finalismo*"[52], e, não obstante, deixa claro que no seu sentir tal modelo "é formado pelos conceitos de *tipo de injusto* e de *culpabilidade*"[53].

Como se nota, todos seguem tratando de uma conduta típica, antijurídica e culpável.

4.2. Oposições aos argumentos de autoridade convocados

Deliberadamente, não se tocou no nome de WELZEL ao se apresentar os autores finalistas que defendem que a culpabilidade como elemento do crime, porque o autor é expressamente citado como fonte das conclusões da tese de nosso homenageado.

48 Idem, p. 13.

49 Confira-se em BRANDÃO, Cláudio. *Curso de Direito penal...cit.*, p. 131.

50 Idem, p. 122.

51 DOTTI, René Ariel. *A posição sistemática da culpabilidade*...cit., p. 47.

52 SANTOS, Juarez Cirino dos. *Direito penal...cit.*, p. 78.

53 Idem, p. 78.

Daí que parece mais adequada uma refutação da conclusão em separado, alinhada à análise de outros argumentos de autoridade.

A tese do Prof. DOTTI aponta WELZEL como quem superou a fórmula clássica de objetivo-subjetivo o que é correto. Porém, é preciso ressaltar que o mesmo WELZEL sempre manteve a culpabilidade como elemento do delito.

Aliás, no próprio livro de parte geral de WELZEL, há um tópico dedicado ao assunto, com o título "*o lugar da culpabilidade no conceito de delito*"[54], no qual, o autor menciona expressamente a culpabilidade como elemento do crime, ao referir que "*a característica 'culpabilidade' acrescenta um novo momento à ação antijurídica, só mediante o qual se converte em delito*"[55].

Realmente não é possível ser mais claro do que isso. É mais do que evidente que WELZEL entendia que o conceito de delito, a afirmação de que um fato é delituoso, dependia da demonstração da existência da culpabilidade.

É sabido que WELZEL revisou várias vezes seu entendimento sobre o finalismo, em face das críticas sucessivamente recebidas à sua construção, sendo que é possível qualificar como sua última importante revisão da teoria do delito, outro trabalho apontado por René Dotti, o conhecido *Das Neue Bild des Strafrechtssystems; eine Einfu□hrung in die finale Handlungslehre*, de 1961, no qual Welzel efetivamente se ocupa, como dito, da posição da culpabilidade na estrutura do delito, na qual, porém, em franca e direta oposição ao sustentado pelo Prof. René Dotti, afirma: "*o conceito de culpabilidade acrescenta ao de ação antijurídica – tratando-se de uma ação dolosa ou não dolosa – um novo elemento, que a transforma em delito*"[56]. Não há pois, forma mais contundente de se posicionar no sentido de que a culpabilidade faz parte do conceito de delito, do conceito de crime, e não da pena.

WELZEL chega a esclarecer, no referido texto, depois de larga enumeração das alterações trazidas por sua teoria à estruturação do conceito de crime, que "*nesse processo não se perdeu nenhum dos elementos anteriores, mas cada um ganhou um lugar mais apropriado, devido ao conhecimento da estrutura final da ação*"[57], mais uma vez repisando o fato de que não se afastou nenhum dos elementos da teoria do crime.

Tampouco parece correta a invocação feita ao trabalho de ROXIN[58].

Conquanto se saiba que este autor realmente propôs uma integração entre a teoria da pena e a ideia de culpabilidade; é certo que o fez não como

---

54 Veja-se WELZEL, Hans. *Derecho penal alemán*. Trad. de Juan Bustos Ramírez y Sérgio Yáñez Pérez, 11ª ed., Santiago: Editorial Jurídica de Chile, 1997, p. 166.

55 Idem, p. 166.

56 WELZEL, Hans. *O novo sistema jurídico penal*...*cit.*, p. 87.

57 Idem, p. 92.

58 DOTTI, René Ariel. *O incesto*...cit., p. 175.

um deslocamento da culpabilidade para o âmbito da pena, senão todo o contrário, como uma incorporação pela responsabilidade – ainda elemento do crime – das funções da pena, como aliadas da culpabilidade.

Isto aparece já no desenho preliminar do tema na clássica aula inaugural da Ludwig-Maximilians Universität nos anos 70 do Século passado, publicado com o título de *Kriminalpolitik und Strafrechtssystem*, onde o autor refere expressamente à culpabilidade como uma das categorias[59] do delito:

> "A terceira das categorias básicas do nosso sistema – a culpabilidade – é cunhada político-criminalmente pela teoria dos fins da pena. Uma vez verificado que a ação do autor era errônea também do ponto de vista da regulação social de conflitos, falta ainda que o trabalho dogmático responda se um tal comportamento merece pena. Tudo o que se vai examinar sob a perspectiva da culpabilidade tem a ver com esta pergunta"[60].

E prossegue:

> "Talvez fosse mais correto falar de responsabilidade[61] em vez de culpabilidade. Pois a culpabilidade é somente um dos fatores que decidem sobre a responsabilidade penal. Exatamente o fato de que profissões com dever de enfrentar perigos se subordinem a outras medidas de exculpação já comprova que pontos de vista preventivos podem decidir sobre a necessidade de pena, ainda quando seja idêntico o grau de culpabilidade"[62].

Nesta passagem, fica claro que a culpabilidade não apenas faz parte do conceito de crime, como a necessidade de pena se estabelece independentemente do grau de culpabilidade.

E mesmo que seja correta a referência feita por René Dotti, no sentido de que o autor aponta que a culpabilidade vem cunhada do ponto de vista político-criminal, pela teoria dos fins da pena[63], isto não altera o fato de que, na estrutura do famoso catedrático de Munique a culpabilidade siga sendo considerada um elemento da teoria do crime, como se pode ver claramente de seu monumental Tratado de Direito penal[64].

---

59 A expressão utilizada pelo autor é *Grundkategorien*, que pode ser entendida como *categoria fundamental* ou *categoria básica*, portanto, não há qualquer dúvida.

60 ROXIN, Claus. *Kriminalpolitik und Strafrechtssystem*. Berlin-New York: Walter de Gruyter, 1973, p. 33.

61 A expressão utilizada é *Verantwortlichkeit*.

62 ROXIN, Claus. *Kriminalpolitik und Strafrechtssystem*...cit., p. 34.

63 ROXIN, Claus. *Strafrecht. Allgemeiner Teil. Band I. Grundlagen. Der Aufbau der Verbrechenslehre*. 4ª ed., München: C.H.Beck, 2006, p. 852.

64 ROXIN, Claus. *Strafrecht. Allgemeiner Teil. Band I*...cit., p. 233.

Finalmente, também é necessário referir que a tese do Prof. Dotti busca amparo nas lições de FRANCISCO MUÑOZ CONDE e MERCEDES GARCÍA ARÁN, citando trecho do livro dos autores espanhóis em meio a defesa de seu ponto de vista. A leitura do trecho, que já antes aqui se transcreveu, deixa claro – porque expresso – que os autores consideram a culpabilidade uma "*terceira categoria da teoria geral do delito*" e jamais da pena.

Assim, retomo a questão apenas para deixar a opinião dos autores ainda mais clara, com a transcrição da passagem do livro referido cujo título é precisamente o de "*elementos e estrutura do conceito de delito*", onde referem:

> "[...] a Dogmática jurídico-penal chegou à conclusão de que o conceito de delito responde a uma dupla perspectiva que, por um lado, se apresenta a) como um juízo de desvalor que recai sobre a conduta; e, por outro, b) como o juízo de desvalor que se faz sobre o autor desse fato. Ao primeiro juízo de desvalor se denomina *ilicitude* ou *antijuridicidade*. Ao segundo, *culpabilidade* ou *responsabilidade*. *Antijuridicidade* é a desaprovação do ato, enquanto que a *culpabilidade* é a atribuição de tal ato ao seu autor, para tornar o mesmo responsável"[65].

Portanto, a conclusão é de que nenhum dos argumentos de autoridade convocados serve para reforçar a convicção do acerto da tese do Prof. Dotti, o que gera ao mesmo tempo a conseqüência do reconhecimento da originalidade da propositura e a retirada da convicção a respeito do acerto da posição esposada.

4.3. As contradições do argumento legislativo

O argumento de ajuste aos ditames do Código penal, não pode ser aceito como demonstração do acerto da tese, por várias razões.

Em primeiro lugar, convém mencionar que as referências ao Código penal feitas no livro *O incesto*, dizem respeito ao Código penal vigente na época de sua publicação, qual seja, o Código penal de 1940.

Tanto é assim, que a tese menciona a imputabilidade no art. 22 e o erro no art. 17.

Acontece que, se fosse correto dizer que o Código penal brasileiro de 1940 aceitava a culpabilidade como elemento da pena e não do crime, estaria demonstrado justamente o contrário do que foi afirmado como fundamento dogmático da própria tese, no sentido de que a passagem do causalismo (naturalista ou neokantiano) para o finalismo, com a composição de uma culpabilidade inteiramente normativa seria a razão para afastar o conceito de culpabilidade da estrutura do crime.

65 MUÑOZ CONDE, Francisco y GARCÍA ARÁN, Mercedes. *Derecho penal. Parte General...cit.*, p. 202.

Isto porque, o referido Código penal de 1940 foi editado sob nítida influência do modelo causalista neokantiano, uma vez que a discussão entre causalismo e finalismo se instaurou de modo efetivo no cenário dogmático alemão, de onde se espraiou para o mundo assim que terminou a 2ª Guerra Mundial, a partir da publicação da 3ª edição do Tratado de Mezger, cujo prólogo[66] incendiou a discussão deliberadamente, e por razões nada nobres, como se soube muito mais tarde[67].

Aliás, a orientação científica causalista neokantiana do Código de 1940 foi amplamente comentada pela doutrina da época, admitindo-se uniformemente a culpabilidade como um dos elementos do crime[68].

Por isso, o argumento a respeito da configuração do crime de receptação mesmo que a infração patrimonial de onde adveio a coisa tenha sido praticada por inimputável, não pode sustentar o argumento da tese, já que o desenho do Código deu-se sob a égide de uma culpabilidade psicológico-normativa. A razão para a postura dogmática a respeito da receptação é, na verdade, uma derivação da teoria geral da participação. Uma participação no fato *a posteriori*, tratada pela fórmula da acessoriedade limitada[69].

Tampouco a retomada do argumento legislativo no escrito mais recente de nosso homenageado sobre o tema parece completamente sustentável, mesmo sabendo-se da alteração da parte geral para uma orientação ajustada ao modelo finalista.

Alguns dos exemplos apontados parecem não ser adequados a demonstrar a posição sistemática da culpabilidade. Assim, o perdão judicial e a isenção de pena no favorecimento pessoal a ascendente ou descendente ou ainda, as escusas absolutórias do art. 181, citados como referência, são meras causas de extinção da pretensão de punibilidade, que não tem nada a

---

66 O prólogo à terceira edição do tratado de Mezger, lançada em 1945 era a única diferença para com a segunda edição, de 1933 e propunha expressamente um afastamento deliberado de questões político-criminais. O texto foi publicado à parte em tradução para o espanhol como MEZGER, Edmund. *Modernas orientaciones de la dogmática jurídico-penal*. Trad. de Francisco Muñoz Conde, Valencia: Tirant lo Blanch, 2000.

67 Sobre o tema MUÑOZ CONDE, Francisco. *Edmund Mezger y el Derecho penal de su tiempo*. 4ª ed., Valencia: Tirant lo Blanch, 2003.

68 Cf. FIRMO, Aníbal Bruno de Oliveira [ANÍBAL BRUNO]. *Direito penal. Parte Geral. Tomo I*. 2ª ed., Rio de Janeiro: Forense, 1959, pp. 273 e ss.; HUNGRIA, Nélson. *Direito penal. Parte Geral. vol. I, tomo 2º*. 3ª ed., Rio de Janeiro: Forense, 1955, pp. 6 e ss.; CERNICCHIARO, Luiz Vicente. *Estrutura do Direito penal*. 2ª ed., São Paulo: José Bushatsky, 1976, pp. 171-172 e SABINO JÚNIOR, Vicente. *Direito penal*. São Paulo: Sugestões Literárias, 1967, p. 122-123.

69 Para mais detalhes a respeito da assesoriedade limitada na participação remeto a BUSATO, Paulo César. *Direito penal. Parte Geral...cit.*, pp. 724-725.

ver com a culpabilidade[70]. O remanescer da possibilidade de responsabilidade civil e administrativa para casos de absolvição por falta de culpabilidade, não prova que a culpabilidade não é elemento do crime, pois basta a ilicitude para discutir a matéria cível, já que a ilicitude é uma categoria que transcende o âmbito penal e pode ser comum ao Direito civil ou administrativo, conforme se leciona desde as observações de VON LISZT às teses de JHERING.

Além disso, o mesmo diploma legal que, segundo determinados pontos do texto parece servir a demonstrar que a culpabilidade não compõe o conceito de delito, em outros pontos mostram precisamente o contrário, que se desprezada a culpabilidade como elemento do crime, os resultados podem ser caóticos.

Por exemplo: se a culpabilidade não faz parte do conceito de crime, o erro aflitivo da consciência da ilicitude preserva a conduta como criminosa, apenas afastando a pena. O fato típico e antijurídico praticado em erro escusável de proibição é crime não passível de imposição de pena.

Nesse caso, haveria de se perguntar por que não se aplica ao caso medidas de segurança.

O que ocorre, de fato, é a absolvição![71] Seria o caso de falar em uma absolvição pela prática de um crime? Parece óbvio que não.

Outro exemplo: o art. 63 afirma que *verifica-se a reincidência quando o agente comete novo crime, depois de transitar em julgado a sentença que, no País ou no estrangeiro, o tenha condenado por crime anterior*.

Se a culpabilidade não faz parte do conceito de crime, quem foi absolvido por um erro de proibição escusável, ao praticar um novo crime, seria considerado reincidente!

Assim também, seria reincidente aquele que contasse com registros pretéritos de atos infracionais.

Não parece que essa seja a praxe forense consagrada ou a interpretação dada pela doutrina para a figura da reincidência.

Ainda, sendo os efeitos da reincidência serem temporários, conforme reza o art. 64, inciso I (*Art. 64 - Para efeito de reincidência: I - não prevalece a condenação anterior, se entre a data do cumprimento ou extinção da pena e a infração posterior tiver decorrido período de tempo superior a 5 (cinco) anos, computado o período de prova da suspensão ou do livramento condicional, se não ocorrer revogação*), teríamos a curiosa situação de que, se não foi cumprida nenhuma pena, já que o agente era inimputável ou incorreu em erro de proibição, jamais desapareceriam os efeitos de tal reincidência!

---

70 De modo similar a observação de GRECO, Rogério. *Curso de Direito penal. Parte Geral... cit.*, p. 141.

71 A observação também aparece em QUEIROZ, Paulo. *Curso de Direito penal. Parte Geral...cit.*, p. 183, nota 11.

Veja-se que o sujeito absolvido por inimputabilidade ou falta de potencial consciência da ilicitude teria uma situação jurídica frente à reincidência pior do que quem foi efetivamente condenado!

De qualquer modo, parece equivocado pretender que se retire conclusões teóricas a partir de um modelo legislativo.

4.4. O tempo da culpabilidade e dos juízos de imputação

Um argumento secundário, mas utilizado pelo autor é de que a culpabilidade é um "*fenômeno cronologicamente distinto da conduta típica e ilícita*"[72].

A expressão reclama uma veemente discordância.

Na verdade, todos os juízos de reprovação que compõem o conceito de delito como seus elementos são pós-*factum* e pré-existem. Quer dizer, as sub-pretensões normativas da pretensão geral de justiça, consistente na afirmação de que determinado fato é crime, tem lugar concomitantemente no momento do fato delitivo. Em contrapartida, a análise a respeito de sua presença, naquele momento, dá-se *a posteriori*, no momento da imputação.

O que não existe é uma discrepância de momentos entre o momento da culpabilidade e o momento da ação.

Aliás, é precisamente esta a discussão que estrutura a crítica à teoria da *actio libera in causa*, pela discrepância do tempo da consciência da ilicitude e o tempo da realização da conduta, sendo opinião unânime na doutrina a exigência de que seja o sujeito imputável durante a realização do fato[73].

Mais clara ainda se torna a coincidência cronológica entre a conduta típica e ilícita quando se analisa a questão da imputabilidade no art. 26 do Código penal de 1984 – diga-se, de matriz finalista – no qual se evidencia que a exigência, para que se considere alguém inimputável é de que, por doença mental ou desenvolvimento mental incompleto ou retardado, seja tal pessoa **ao tempo da ação ou da omissão**, inteiramente incapaz de entender o caráter ilícito do fato ou de se determinar de acordo com esse entendimento.

Sendo a imputabilidade o filtro geral da culpabilidade, é mais do que óbvio que cronologicamente, a conduta ilícita não pode ser cindida em face da culpabilidade.

4.5. O recorte sobre o triplo sentido da culpabilidade

O que emana da tese do prof. Dotti, ao isolar a culpabilidade no plano da pena, é uma contraposição ao fato admitido amplamente na doutrina de

---

72 Cf. DOTTI, René Ariel. *A posição sistemática da culpabilidade*...cit., p. 22.

73 Veja-se, a respeito, por todos, ROXIN, Claus. *Strafrecht. Allgemeiner Teil. Band I*...*cit.*, pp. 914-924.

que a expressão culpabilidade possui sentido plural, podendo tanto traduzir um elemento na estruturação da teoria do delito, quanto uma baliza para a individualização da pena, bem assim, um princípio que impõe a exigência de contribuição subjetiva para o reconhecimento de um ilícito penal.

Nesse sentido a doutrina é amplamente dominante[74].

Aliás, justamente a diferenciação entre os sentidos da expressão *culpabilidade*, mostra que ela não é mero sinônimo de *reprovabilidade*, invalidando outro argumento expendido pela tese aqui esgrimida.

É certo que estes diferentes *sentidos* da expressão *culpabilidade* foram sendo progressivamente desenvolvidos conforme avançou a ciência penal, mas em nenhum momento qualquer deles foi recortado, de tal sorte que a admissão da tese de Dotti significaria, sem dúvida, um decote na culpabilidade o que não se crê recomendável.

4.6. O avanço teórico dogmático vai na contramão da tese

Por último, importa referir que a proposta de tese não está alinhada com a orientação doutrinária mais moderna, que vem preconizando a indissociabilidade entre teoria do delito e teoria da pena. Tal orientação é dominante tanto nas perspectivas do funcionalismo teleológico, no sentido de que os fins da pena compõem a nova categoria da responsabilidade – quando não, ao menos, nutrem a compreensão acerca da culpabilidade[75]–, quanto de modelos atrelados ou não à base da filosofia da linguagem, onde se acrescenta a pretensão de punibilidade, que inclui a necessidade de pena, como elemento necessário para a afirmação da existência do crime[76].

---

74 Por exemplo, PALAZZO, Francesco. *Corso di Diritto Penale. Parte Generale.* 5ª ed., Torino: G. Giappichelli, 2013, pp. 428-429. No Brasil, veja-se, por todos, BITENCOURT, Cezar Roberto. *Tratado de Direito penal...cit.*, p. 68.

75 ROXIN, Claus. *Strafrecht. Allgemeiner Teil. Band I...cit.*, pp. 851 e ss; MUÑOZ CONDE, Francisco y GARCÍA ARÁN, Mercedes. *Derecho penal. Parte General...cit.*, pp. 352-354 e FIANDACA, Giovanni e MUSCO, Enzo. *Derecho penal. Parte General.* Trad. de Luis Fernando Niño, Bogotá: Temis, 2006, pp. 319 e ss.

76 Entre os vinculados à matriz da filosofia da linguagem VIVES ANTÓN, Tomás S.. *Fundamentos del Sistema penal.* 2ª ed., Valencia: Tirant lo Blanch, 2011, p. 495; ORTS BERENGUER, Enrique e GONZÁLEZ CUSSAC, José Luis. *Compendio de Derecho penal. Parte General y Parte Especial.* Valencia: Tirant lo Blanch, 2004, pp. 201 e ss.; MARTÍNEZ-BUJÁN PÉREZ, Carlos. *Derecho penal económico y de la empresa. Parte General.* 4ª ed., Valencia: Tirant lo Blanch, 2014, pp. 641 e ss.; no Brasil, BUSATO, Paulo César. *Direito penal. Parte Geral...cit.*, pp. 577. Aderindo à exigência da punibilidade de modo geral ou apenas para certos delitos, FRISTER, Helmut. *Strafrecht. Allgemeiner Teil.* 6ª ed., München: C.H.Beck, 2013, p. 92; DIAS, Jorge de Figueiredo. *Direito penal. Parte Geral. Tomo I.* Coimbra: Coimbra editora, 2004, pp. 617 e ss. e MARINUCCI, Giorgio e DOLCINI, Emilio. *Manuale di Diritto Penal. Parte Generale.* 4ª ed., Milano: Giuffrè, 2012,pp. 375 e ss.

A separação taxativa proposta por René Dotti, esvaziando a teoria do delito de um dos seus conceitos fundamentais para o fazer ocupar um lugar no âmbito de discussão sobre a teoria da pena, não traz qualquer benefício.

Isto porque, por um lado, não engrandece a discussão sobre a pena última, eis que ela já se encontra presente de modo irrefutável naquela seara, com a função de mensuração do *quantum* de pena aplicável, até mesmo por determinação legal do art. 59 do Código penal brasileiro.

Por outro lado, enfraquece a afirmação da imputação do crime, pela retirada de considerações relativas à reprovabilidade do agente, passando a admitir como criminosas situações inadmissíveis. É o caso, por exemplo, do sujeito que atua em situação de erro escusável de proibição por desconhecer a ilicitude de sua conduta ou de erro escusável de permissão, por pensá-la permitida pelo direito, já que, em ambas o que se afasta é precisamente a culpabilidade.

5. Conseqüências dogmáticas perigosas derivadas de possível adoção da tese

Mas a razão mais forte para a refutação da tese de René Dotti é que a reprovação derivada da culpabilidade, conquanto seja pessoal, relaciona-se diretamente ao fato.

Ou seja, embora a culpabilidade seja uma reprovação do sujeito, é uma reprovação do sujeito por um fato determinado. Quanto a isso existe plena uniformidade na doutrina.

A razão óbvia para tanto, com a qual certamente o próprio René Dotti há de concordar – por ser um humanista consagrado –, é evitar as perigosas tendências historicamente conhecidas de adoção de uma *Lebensführungsschuld*[77], ou culpabilidade por condução de vida, consistente em uma fórmula de desvinculação da reprovação do sujeito em face do fato por ele praticado, em favor de uma desvaloração genérica por sua postura cotidiana, fonte óbvia de arbítrio.

A culpabilidade há de permanecer sempre vinculada ao fato e, para isso, é preciso seguir afirmando que se alguém é culpável, o é somente em face de um fato, o que exige que a culpabilidade seja, do mesmo modo que a

77 A denominação procede de MEZGER, Edmund. "Die Straftat als Ganzes", *in Zeitschrift für die gesamte Strafrechtswissenschaft nº 57 pp. 675–701*. Berlin: Walter de Gruyter, 1938, p. 689. Sobre o tema veja-se criticamente ROXIN, Claus. *Strafrecht. Allgemeiner Teil. Band I...cit.*, p. 880; QUINTERO OLIVARES, Gonzalo. *Parte General del Derecho penal.* 4ª ed., Madrid: Thomson Reuters-Aranzadi, 2010, pp. 411 e JESCHECK, Hans-Heinrich e WEIGAND, Thomas. *Tratado de Derecho penal. Parte General.* TRad. de Miguel Olmedo Cardenete, 5ª ed., Granada: Comares, 2002, 453-454.

tipicidade e a antijuridicidade, um atributo da conduta criminosa específica praticada pelo sujeito.

Portanto, é justamente a preservação da culpabilidade como um dos requisitos da afirmação do crime, atrelada estreitamente a uma reprovação pessoal por uma conduta específica, uma das maiores garantias até hoje construídas pelo desenvolvimento da dogmática jurídico penal, a qual não pode ser perder.

Considerações Finais

Deste modo, deixo firmada convicção em favor da consideração da culpabilidade (pretensão de reprovação), como uma reprovação pessoal pelo cometimento de um injusto, cujo conjunto integral, somado à pretensão de punibilidade, e capaz de afirmar a existência de um crime.

É uma posição que se aparta completamente da tese de nosso homenageado, a quem, espero ter dado razões suficientes não para alterar seu posicionamento, é claro, mas para me perdoar a ousadia da discordância.

Quiçá os argumentos aqui lançados sejam fruto de olhos inexperientes debruçados sobre assunto tão complexo, que só o tempo possa no futuro, desnudar como tolices.

Mas como somos, na expressão de ORTEGA y GASSET, nós mesmos e nossas circunstâncias, espero que tais eventuais equívocos sejam tributados a posição que ocupo, do primeiro degrau da escada que já foi escalada completamente pelo autor da tese esgrimida, circunstância que o permite enxergar caminhos que à minha visão talvez sigam nas sombras.

De qualquer modo, a honra de poder ocupar o espaço de falante para tão seletos ouvidos já me honra a ponto tal de merecer o risco.

Referências bibliográficas

BITENCOURT, Cezar Roberto. *Tratado de Direito penal. Parte Geral.* 16ª ed., São Paulo: Saraiva, 2011.

BRANDÃO, Cláudio. *Curso de Direito penal. Parte geral.* Rio de Janeiro: GEN-Forense, 2008.

BUSATO, Paulo César. *Direito penal. Parte Geral.* 2ª ed., São Paulo: Atlas, 2013.

CAPEZ, Fernando. *Direito penal. Parte Geral. volume 1.* 10ª ed. São Paulo: Saraiva, 2006.

CERNICCHIARO, Luiz Vicente. *Estrutura do Direito penal.* 2ª ed., São Paulo: José Bushatsky, 1976.

DELMANTO, Celso. *Código penal comentado.* Rio de Janeiro: Renovar, 1986.

DIAS, Jorge de Figueiredo. *Direito penal. Parte Geral. Tomo I.* Coimbra: Coimbra editora, 2004.

DOTTI, René Ariel. *A posição sistemática da culpabilidade*. Porto Alegre: Núria Fabris, 2013.

DOTTI, René Ariel. *Curso de Direito penal. Parte Geral.* São Paulo: Revista dos Tribunais, 2013.

DOTTI, René Ariel. *O incesto*. Curitiba: Guignone, 1976.

ESTEFAM, André. *Direito penal. Parte geral.* vol. 1.. São Paulo: Saraiva, 2010.

FERRÉ OLIVÉ, Juan Carlos; NÚÑEZ PAZ, Miguel Ángel; OLIVEIRA, William Terra de e BRITO, Alexis Couto de. *Direito penal brasileiro.* São Paulo: Revista dos Tribunais, 2011.

FIANDACA, Giovanni e MUSCO, Enzo. *Derecho penal. Parte General.* Trad. de Luis Fernando Niño, Bogotá: Temis, 2006.

FIRMO, Aníbal Bruno de Oliveira [ANÍBAL BRUNO]. *Direito penal. Parte Geral. Tomo I.* 2ª ed., Rio de Janeiro: Forense, 1959.

FRAGOSO, Heleno Cláudio. *Lições de Direito penal. vol. 1. Parte Geral.* 15ª ed., Rio de Janeiro: Forense, 1995.

FRISTER, Helmut. *Strafrecht. Allgemeiner Teil.* 6ª ed., München: C.H.Beck, 2013.

GALLAS, Wilhelm. *La teoría del delito en su momento actual.* Trad. de Juan Córdoba Roda, Barcelona: Bosch, 1959.

GALVÃO, Fernando. *Direito penal. Parte geral.* 5ª ed., São Paulo: Saraiva, 2013.

GOMES, Luiz Flávio e GARCÍA-PABLOS DE MOLINA, Antonio. *Direito penal. Parte Geral. vol. 2,* São Paulo: Revista dos Tribunais, 2007.

GRECO, Rogério. *Curso de Direito penal. Parte Geral. vol. I.* 12ª ed., Niterói: Impetus, 2010.

HUNGRIA, Nélson. *Direito penal. Parte Geral. vol. I, tomo 2º.* 3ª ed., Rio de Janeiro: Forense, 1955.

JESCHECK, Hans-Heinrich e WEIGAND, Thomas. *Tratado de Derecho penal. Parte General.* TRad. de Miguel Olmedo Cardenete, 5ª ed., Granada: Comares, 2002.

JESUS, Damásio E. de. *Direito penal. Parte Geral.* 31ª ed., São Paulo: Saraiva, 2010.

JHERING, Rudolph von. *El elemento de la culpabilidad en el Derecho privado romano.* Trad. de José Luis Guzmán Dalbora, Buenos Aires- Montevideo: BdeF, 2013.

LISZT, Franz von. *Tratado de Derecho penal.* (3 vol.). Trad. de Luis Jiménez de Asúa, 4ª ed., Madrid: Reus, 1999.

LOPES, Jair Leonardo. *Curso de Direito penal. Parte Geral.* 4ª ed., São Paulo: Revista dos Tribunais, 2005.

MARINUCCI, Giorgio e DOLCINI, Emilio. *Manuale di Diritto Penal. Parte Generale.* 4ª ed., Milano: Giuffrè, 2012.

MARTÍNEZ-BUJÁN PÉREZ, Carlos. *Derecho penal económico y de la empresa. Parte General.* 4ª ed., Valencia: Tirant lo Blanch, 2014.

MAURACH, Reinhart. *Tratado de Derecho penal. vol. II.* Trad. de Juan Córdoba Roda, Barcelona: Ariel, 1962.

MESTIERI, João. *Manual de Direito penal. Parte Geral. vol. I.* Rio de Janeiro: Forense, 1999.

MEZGER, Edmund. "Die Straftat als Ganzes", *in Zeitschrift für die gesamte Strafrechtswissenschaft nº 57 pp. 675–701*. Berlin: Walter de Gruyter, 1938.

MEZGER, Edmund. *Modernas orientaciones de la dogmática jurídico-penal.* Trad. de Francisco Muñoz Conde, Valencia: Tirant lo Blanch, 2000.

MIRABETE, Julio Fabbrini e FABBRINI, Renato N.. *Manual de Direito penal. Parte Geral. arts. 1º a 120.* 20ª ed., São Paulo: Atlas, 2010.

MUÑOZ CONDE, Francisco y GARCÍA ARÁN, Mercedes. *Derecho penal. Parte General.* 8ª ed., Valencia: Tirant lo Blanch, 2010.

MUÑOZ CONDE, Francisco. *Edmund Mezger y el Derecho penal de su tiempo.* 4ª ed., Valencia: Tirant lo Blanch, 2003.

ORTS BERENGUER, Enrique e GONZÁLEZ CUSSAC, José Luis. *Compendio de Derecho penal. Parte General y Parte Especial.* Valencia: Tirant lo Blanch, 2004.

PACELLI, Eugênio e CALLEGARI, André. *Manual de Direito penal. Parte Geral.* São Paulo: Atlas, 2015.

PALAZZO, Francesco. *Corso di Diritto Penale. Parte Generale.* 5ª ed., Torino: G. Giappichelli, 2013.

QUEIROZ, Paulo. *Curso de Direito penal. Parte Geral.* 10ª ed., Salvador: Podium, 2014.

QUINTERO OLIVARES, Gonzalo. *Parte General del Derecho penal.* 4ª ed., Madrid: Thomson Reuters-Aranzadi, 2010.

ROXIN, Claus. *Derecho penal. Parte General. Tomo I. Fundamentos. La estructura de la teoría del delito.* trad. de Diego Manuel Luzón Peña, Miguel Díaz y García Conlledo y Javier de Vicente Remesal, Madrid: Civitas, 1997.

ROXIN, Claus. *Kriminalpolitik und Strafrechtssystem*. Berlin-New York: Walter de Gruyter, 1973.

ROXIN, Claus. *Strafrecht. Allgemeiner Teil. Band I. Grundlagen. Der Aufbau der Verbrechenslehre.* 4ª ed., München: C.H.Beck, 2006.

SABINO JÚNIOR, Vicente. *Direito penal.* São Paulo: Sugestões Literárias, 1967.

SANTOS, Juarez Cirino dos. *Direito penal. Parte Geral.* 2ª ed., Curitiba-Rio de Janeiro: ICPC-Lumen Juris, 2007.

SCHMIDT, Andrei Zenkner. *O método em Direito penal sob uma perspectiva interdisciplinar.* Rio de Janeiro: Lumen Juris, 2007.

TELES, Nei Moura. *Direito penal. Parte Geral I.* 2ª ed., São Paulo: Atlas, 1998.

TOLEDO, Francisco de Assis. *Princípios básicos de Direito penal.* 5ª ed., São Paulo: Saraiva, 2002.

VIVES ANTÓN, Tomás S.. *Fundamentos del Sistema penal.* 2ª ed., Valencia: Tirant lo Blanch, 2011.

WEBER, Hellmuth von. *Lineamientos del derecho penal alemán.* Trad. de Leonardo Brond, Buenos Aires: Ediar, 2008.

WELZEL, Hans. *Derecho penal alemán.* Trad. de Juan Bustos Ramírez y Sérgio Yáñez Pérez, 11ª ed., Santiago: Editorial Jurídica de Chile, 1997.

WELZEL, Hans. *O novo sistema jurídico penal.* Trad. de Luis Régis Prado da versão espanhola de José Cerezo Mir, São Paulo: Revista dos Tribunais, 2001.

ZAFFARONI, Eugenio Raul e PIERANGELI, José Henrique. *Manual de Direito penal brasileiro. Vol. 1. Parte Geral.* 7ª ed., São Paulo: Revista dos Tribunais, 2007.

O DEVER DE GARANTE DOS AGENTES POLICIAIS NOS CRIMES SOB INVESTIGAÇÃO

Pedro Luciano Evangelista Ferreira

RESUMO: A investigação das condutas de uma associação criminosa por meio de interceptação telefônica nem sempre é capaz de evitar a prática de crimes, uma vez que sua finalidade é a colheita de provas. Nesta situação quando um crime é praticado ocasionando a morte da vítima, qual é o alcance do dever de garante que possuem os policiais envolvidos na investigação? Dois policiais foram denunciados por extorsão mediante sequestro na forma omissiva e consultaram o Prof. Rene Ariel Dotti que respondeu esta e outras questões envolvendo a tipicidade, antijuridicidade e a culpabilidade de suas condutas.

PALAVRAS-CHAVE: Crime omissivo impróprio, dever de garante, responsabilidade subjetiva, investigação policial, interceptação telefônica.

TITLE: The duty to protect of the police officers in crimes under investigation.

ABSTRACT: The investigation of the conducts of a criminal association through wiretapping is not always able to prevent crimes, since its purpose is the collection of evidence. In this situation, when a crime is committed and causes the victim's death, what are the reaches of the duty that police officers involved in the investigation have? Two police officers were accused of extortion through kidnapping by omissive form and, consulted about it, Professor René Ariel Dotti answered this and other issues involving the typicality, unlawfulness and guilt aspects of their conducts.

KEYWORDS: improper omission crime, duty to ensure, subjective responsibility, police investigation, telephone interception.

Considerações introdutórias

O eixo principal do presente estudo está centrado nas considerações contidas no parecer jurídico-criminal exarado pelo Prof. *René Ariel Dotti* sobre a acusação apresentada pelo Ministério Público do Rio Grande do Sul nos autos da ação penal nº 015/2.11.0008505-9, em trâmite perante o Juízo da 1ª Vara Criminal da Comarca de Gravataí/RS.

Cumpre observar que somente o referido parecer foi apreciado e não todo o processo o que demarca as presentes notas aos elementos fático-processuais contidos na alinhada manifestação. Da mesma forma impende esclarecer que algumas informações foram propositalmente excluídas (nomes, datas e algumas fases do andamento processual relatado no parecer) buscando preservar os envolvidos sem interferir nos objetivos científicos desejados. Assim, o objeto de estudo compreende determinados desdobramentos jurídico-penais relacionados com o dever de garante dos agentes policiais e não a análise de todo o processo e de todas as questões jurídico-penais, processuais e criminológicas decorrentes.

Síntese Fática

O Ministério Público de Gravataí/RS denunciou 12 (doze) pessoas, dentre elas dois Delegados de Polícia Civil lotados no TIGRE (*Tático Integrado de Grupos de Repressão Especial* (PR) – ora consulentes, e um investigador de polícia. Segundo entendimento ministerial, na posição de garante eles não impediram a prática do crime de *extorsão mediante sequestro*, planejado e executado pela associação criminosa composta por outras 9 pessoas.

As investigações começaram em 2011, dando conta de uma pessoa residente em Ivaiporã/PR figurava como vítima potencial do crime de extorsão mediante sequestro na cidade Gravataí/RS e várias outras pessoas estariam sendo vítimas de estelionato pela venda fraudulenta de implementos agrícolas inexistentes ofertados por preços muito abaixo do valor de mercado.

Diante de tal fato, a Polícia Civil do Paraná fez o requerimento de investigação por quebra de sigilo telefônico de terminais supostamente utilizados pela associação criminosa. Encaminhado ao GAECO de Curitiba, que se posicionou favoravelmente à medida, foi ela deferida pela Vara de Inquéritos Policiais de Curitiba em novembro de 2011.

A atuação dos criminosos, assim, tornou-se objeto de uma investigação sigilosa de um setor especializado da Polícia Civil do Paraná – o Grupo TIGRE, mediante a interceptação telefônica, devidamente autorizada judicialmente e com a fiscalização do Ministério Público, 12 terminais que por eles eram utilizados.

Tendo conhecimento de que a associação criminosa estava prestes a sequestrar uma vítima, os delegados paranaenses – inclusive um deles interrompeu as suas férias recém iniciadas – imediatamente solicitaram deslocamento aéreo emergencial e se dirigiram para o Rio Grande do Sul apenas com a informação de que o local das atividades criminosas/cativeiro estaria nas imediações do Cemitério Municipal de Gravataí/RS, não havia como precisar o local exato do cativeiro, neste sentido as diligências investigativas.

Lá chegando, e com o apoio da polícia civil gaúcha, os delegados paranaenses estavam nas imediações do Cemitério procurando por um veículo

GM Corsa branco quando foram abordados por brigadianos (polícia militar). Enquanto explicavam o motivo de sua presença, coincidentemente notaram que um veículo GM Corsa branco saía de uma casa próxima, quando então foram ouvidos disparos de arma de fogo, dando início a um tiroteio. Nesta troca de disparos, uma das vítimas foi atingida acidentalmente por um policial e acabou falecendo.

Ato contínuo o local foi cercado e outra vítima que também ali estava foi liberada em condições normais de saúde e parte da associação criminosa se entregou.

Relata o parecer que posteriormente o Ministério Público do Paraná ofereceu denúncia contra os integrantes da associação criminosa e contra os policiais envolvidos nas diligências, dividindo os fatos nos seguintes termos (adaptados aos fins do presente estudo):

> *"1º fato – imputação do crime de quadrilha armada, com atuação "durante o ano de 2011" e voltada à prática de extorsão mediante sequestro em relação as pessoas A, B, C, D, E, F, G, H e I;*
> *2º fato – imputação, aos mesmos integrantes da quadrilha, do crime de extorsão mediante sequestro dos Srs. X e Y, com a causa de aumento do resultado morte em relação a Y;*
> *3º fato – imputação de homicídio qualificado ao agente policial Caio, por ter efetuado o disparo que causou a morte de Y;*
> *4º fato – imputação de extorsão mediante sequestro por omissão penalmente relevante na posição de garantidores aos Delegados Drs. Mévio e Tício (consulentes), além do investigador de polícia Brutus."*

Neste sentido, o ilustrado parecerista Prof. René Ariel Dotti foi procurado pelos advogados dos delegados de polícia Mévio e Tício para se manifestar unicamente sobre o quarto fato imputado da denúncia. Após analisar documentos, legislação e doutrina, o parecerista respondeu aos seguintes quesitos:

> ***Primeiro Quesito**: O crime de extorsão mediante sequestro admite a modalidade culposa?*
>
> ***Segundo Quesito**: A denúncia é apta na descrição do fato quanto ao elemento subjetivo do crime previsto no art. 159 do Código Penal?*
>
> ***Terceiro Quesito**: A denúncia é apta na descrição do fato quanto ao elemento objetivo do crime previsto no art. 159 do Código Penal?*
>
> ***Quarto Quesito**: É admissível, no caso concreto, o reconhecimento de causa de exclusão do crime?*
>
> ***Quinto Quesito**: Era exigível que, nas circunstâncias da causa, os agentes policiais realizassem conduta diversa?*
>
> ***Sexto Quesito**: É cabível, no caso concreto, a impetração de Habeas Corpus pela inépcia da denúncia ou falta de justa causa?*

Problemática

Realizados os devidos esclarecimentos preliminares, as respostas aos quesitos apresentados serão analisadas e comentadas, com especial ênfase nos aspectos relacionados aos crimes omissivos impróprios e a extensão do dever de garante dos agentes policiais envolvidos na investigação criminal.

Primeiro Quesito: *O crime de extorsão mediante sequestro admite a modalidade culposa?*

O tipo penal é o instrumento legal de natureza predominantemente descritiva que individualiza as condutas penalmente relevantes. Na criação do tipo penal, o Estado seleciona a conduta com acentuada indesejabilidade social que deseja reprimir e a descreve no texto legal (preceito primário – elemento descritor) vinculando a sua prática uma sanção (preceito secundário – elemento prescritor). Referido modelo do comportamento humano proibido é apenas um desenho abstrato, um arquétipo conceitual composto por uma unidade lógica indissolúvel: preceito e sanção.

A subsunção do conceito do fato ao conceito previsto na norma acarreta a tipicidade, considerada a mais importante categoria cuja presença converte uma conduta em comportamento criminoso[1] e o primeiro pressuposto de sua punibilidade.[2]

Esclarece JUAREZ TAVARES que o conceito de tipo proposto por Beling revolucionou o Direito Penal, podendo ser considerada tal elaboração – revista em 1930 pelo próprio Beling – como a maior contribuição da teoria causal que, fornecendo subsídios dogmáticos, possibilitou o surgimento do conceito analítico de delito.[3]

Estabelece o art. 18 do Código Penal em seu parágrafo único que "*Salvo os casos expressos em lei, ninguém pode ser punido por fato previsto como crime, senão quando o pratica dolosamente.*"

Ou seja, a regra é o dolo e a culpa é exceção, admitida apenas quando houver expressa previsão legal.[4] Como se observa da redação clara do art. 159 do Código Penal, o crime de *extorsão mediante sequestro* é previsto apenas na modalidade dolosa não admitindo a forma culposa. Como não há previ-

---

1 CONDE, Francisco Muñoz. **Teoria Geral do Delito**. Tradução e notas de Juarez Tavares e Luiz Regis Prado. Porto Alegre: Sérgio Antonio Fabris. 1988, p. 41.

2 ROXIN, Claus. ARZT, Gunther. TIEDEMANN, Klaus. **Introducción al derecho penal y al derecho penal procesal**. Versión espanhola, notas y comentarios de los professores Luis Arroyo Zapatero y Juan-Luis Gómez Colomer. Editorial Ariel: Barcelona, 1989.

3 TAVARES, Juarez. **Teorias do Delito: variações e tendências**. São Paulo: Revista dos Tribunais, 1980, p. 21.

4 GRECO, Rogério. **Curso de Direito Penal.** 17ª ed. Rio de Janeiro: Impetus, 2015. p. 206

são culposa impossível atribuir aos consulentes tal situação em respeito ao Princípio da Legalidade que em matéria penal adquire especial importância e dispensa maiores considerações.

Segundo Quesito: *A denúncia é apta na descrição do fato quanto ao elemento subjetivo do crime previsto no art. 159 do Código Penal?*

A acusação imputou aos consulentes o crime de *extorsão mediante sequestro por omissão* entendendo que os mesmos "*deviam agir porque eram policiais civis*".

A omissão penalmente relevante exige o preenchimento de dois requisitos: a) *poder de agir*: a conduta que se espera do agente deve estar dentro de sua esfera de atuação, de suas possibilidades reais dentro das circunstâncias atuais do fato; b) *dever de agir*: se consubstancia em um dever jurídico de agir genérico (previsto no tipo) ou específico conforme prevê o art. 13, § 2º do CP, mas sempre será um dever de agir circunstanciado. Neste sentido o Código Penal é elucidativo:

> Art. 13 – *O resultado, de que depende a existência do crime, somente é imputável a quem lhe deu causa. Considera-se causa a ação ou omissão sem a qual o resultado não teria ocorrido.*
> § 1º – *A superveniência de causa relativamente independente exclui a imputação quando, por si só, produziu o resultado; os fatos anteriores, entretanto, imputam-se a quem os praticou.*
> § 2º – *A omissão é penalmente relevante quando o omitente devia e podia agir para evitar o resultado. O dever de agir incumbe a quem:*
> *a) tenha por lei obrigação de cuidado, proteção ou vigilância;*
> *b) de outra forma, assumiu a responsabilidade de impedir o resultado;*
> *c) com seu comportamento anterior, criou o risco da ocorrência do resultado.*

Como observa o parecerista, preenchidos estes dois requisitos a responsabilização do agente somente é possível também quando demonstrar-se: "*a) o efetivo conhecimento da situação factual; b) a consciência do seu poder para praticar a ação omitida; c) a real possibilidade física de levar a efeito a atividade exigida.*"[5]

Na omissão penalmente relevante (não fazer desvalorado) é prevalente a classificação bipartida[6]:

a) *própria ou pura*: quando um tipo penal fechado prevê um crime de mera conduta vinculado a um dever genérico de agir (norma mandamental) desde que possível o cumprir sem risco pessoal. Em regra, não há tipo comis-

5 Parecer fls. 16, parágrafo nº 20.

6 **Classificação tripartida:** delitos de mera omissão (omissivos próprios), delitos de omissão e resultado e delitos omissivos impróprios.

sivo equivalente e são escassos os exemplos na legislação pátria (arts. 135, 244, 246, 269);

b) *imprópria ou impura*: quando em um tipo penal aberto se prevê um dever específico de agir que recai sobre um grupo restrito de pessoas revelando a posição, figura ou qualidade de garante ou garantidor (*norma de dever/ mandado de segundo grau*) e a omissão deste agente especificado ocasiona o resultado naturalístico previsto em um crime comissivo (*crime comissivo por omissão*), conforme estipula o art. 13, § 2º, CP supratranscrito.

No presente estudo, possuem maior importância os crimes omissivos impróprios que são crimes de omissão qualificada porque exigem uma qualidade especial dos sujeitos. Ao contrário da *norma proibitiva* que ordena uma abstenção, a *norma de dever de segundo grau* impõe um dever específico não só de abster-se da prática de condutas lesivas ao bem jurídico, mas além disso prevenir, ajudar, instruir, defender, proteger e agir para garantir a não ocorrência do resultado ocasionado por processos causais alheios e estranhos ao sujeito.[7]

Nota-se então uma vinculação maior e especial do agente garantidor com a vítima e não apenas a simples inação. Sobreleva notar-se que o vínculo especial é o motivo pelo qual a omissão é qualificada e não a gravidade do resultado.[8] Desta forma o primeiro e mais conhecido critério de diferenciação dos crimes omissivos é o *critério do sujeito* (omissão simples x omissão qualificada), seguido pelo critério da previsão legal.

Entendeu o Ministério Público que os consulentes estavam na posição de garante por terem a obrigação legal de evitar o resultado típico (policiais civis). Ocorre que a posição de garante, elemento do crime omissivo impróprio, somente se verifica quando o agente garantidor tem a possibilidade física e psíquica de evitar – ou pelo menos tentar evitar – o resultado e essa possibilidade deve ser "*real e efetiva*"[9] o que não se verificou no caso em estudo. A concepção do dever de garantia não é "*terra de ninguém*"[10], a responsabilização criminal do comportamento omissivo deve ser delimitada.[11]

---

7 BITENCOURT, Cezar Roberto. **Tratado de direito penal: parte geral, 1** – 20ª ed. rev., ampl. e atual. São Paulo: Saraiva, 2014. p. 311.

8 TAVARES, Juarez. **As controvérsias em torno dos crimes omissivos.** Rio de Janeiro: Instituto Latino-Americano de Cooperação Penal, 1996. p. 65 e ss.

9 MASSON, Cleber. **Direito penal esquematizado – Parte geral – vol. 1.** 8ª ed. rev., atual. e ampl. Rio de Janeiro: Forense; São Paulo: MÉTODO, 2014. p. 291.

10 ABRÃO, Guilherme Rodrigues. RIEGER, Renata Jardim da Cunha. **Crimes omissivos: estudos dogmáticos introdutórios.** *In:* Revista Liberdades nº 04. Maio-agosto 2010. São Paulo: IBCCrim.pp;14-23. p. 18.

11 DOTTI, René Ariel. **Curso de direito penal: parte geral.** 2ª ed. rev. atual. e ampl. Rio de Janeiro: Forense, 2004 p. 305 e *ss*.

O tipo subjetivo dos crimes omissivos próprios é composto sempre pelo dolo, enquanto que o tipo subjetivo dos crimes omissivos impróprios, pelo dolo ou culpa, a depender da forma comissiva correspondente. Em ambas as situações o objeto do dolo contempla: a) a situação de perigo (ou típica), b) o poder concreto de ação; c) a omissão da ação mandada. Adicione-se aos crimes omissivos impróprios: a) resultado de lesão ao bem jurídico; b) a posição de garante.[12]

Os crimes comissivos por omissão possuem estrutura autônoma com características mistas equidistantes entre os crimes comissivos e omissivos puros.[13] Como tipo penal aberto, o crime omissivo impróprio se utiliza dos elementos do crime comissivo[14], no caso o crime de extorsão mediante sequestro que somente tem a previsão na forma dolosa, elemento subjetivo este que deve ser provado pela acusação.

Ocorre que a acusação em momento algum trata ou expõe o elemento subjetivo dos consulentes (dolo), mas se limita a dizer que os mesmos têm a obrigação legal de evitar o resultado por serem policiais e por estarem investigando o crime.

Cumpre lembrar que o dolo é composto por um elemento cognitivo e um elemento volitivo e nenhum deles sequer foi mencionado pela acusação, muito menos provado.

Neste sentido o parecer contesta de forma veemente a posição do *parquet* porque isso levaria a "*um paradoxo que causaria a quebra do sistema de prevenção, investigação e repressão de crimes*". Ao responsabilizar criminalmente os consulentes simplesmente pelo fato de serem policiais, sem a demonstração do dolo dos mesmos, a acusação confunde a figura do criminoso com o servidor público encarregado de apurar o crime, pressupondo e exigindo deste onisciência, onipresença e onipotência.[15]

Não se ignore que a autoridade policial investiga vários crimes simultaneamente e que no caso, apesar de acompanhar as comunicações dos criminosos por meio de interceptação telefônica, este monitoramento não era em tempo real, principalmente pelo fato de se tratarem de muitas conversas – mais de 7000 (sete mil) ligações foram interceptadas – conforme relata o parecer. Pensar que todo crime investigado sempre *pode* e *deve* ser impedido

12 SANTOS, Juarez Cirino dos. **Direito Penal: Parte Geral.** 2ª ed. Curitiba: ICPC; Lumen Juris, 2007. p. 213-214.

13 CUADRADO RUIZ, Ángeles. **La comisión por omisión como problema dogmático.** In: ADPCP, T. L, 1997, p. 387-456. Disponível em: http://www.cienciaspenales.net/descargas/idp_docs/doctrinas/cuadrado.pdf. Acesso em: 12/02/2016. p. 405.

14 DUARTE, Luciana Sperb. **A teoria moderna do crime omissivo.** In. Revista do Tribunal Regional Federal da 1ª Região, v. 17, nº 6, jun. 2005. p. 48

15 Parecer fls. 18, parágrafo nº 25.

pelos investigadores simplesmente porque os agentes criminosos estão sendo monitorados por interceptação telefônica, torná-lo-ia um crime impossível, semelhante ao imaginado no romance policial *Minority Report*.[16]

Assim, a atipicidade subjetiva no caso estudado se impõe pela ausência de demonstração do elemento subjetivo dos acusados, aliás, o elemento subjetivo sequer foi mencionado na denúncia, apenas a referência simplória ao dever de garante foi feita sem a responsabilização individualizada e subjetiva, repita-se.

A vinculação subjetiva do agente ao fato é medida que se impõe no Direito penal contemporâneo de forma inequívoca por força do princípio da responsabilidade pessoal, subjetiva ou da culpabilidade em sentido estrito, um dos mais importantes bastiões garantistas face a potestade punitiva do Estado.[17]

Não bastasse o exposto, o parecerista destaca que o tipo penal de extorsão mediante sequestro não exige apenas o dolo, mas também um elemento subjetivo especial do tipo ("*obter, para si ou para outrem, qualquer vantagem, como condição ou preço do resgate*") que também não foi demonstrado, o que compromete ainda mais a validade e adequação jurídicas da acusação e torna a denúncia inepta.

Terceiro Quesito: *A denúncia é apta na descrição do fato quanto ao elemento objetivo do crime previsto no art. 159 do Código Penal?*

O *não fazer algo determinado* deve ser avaliado segundo o conjunto das circunstâncias em determinado momento, e por este motivo não basta tão-somente o "não fazer", mas o "não fazer *algo*" que – em certo contexto – recebe uma valoração negativa e é determinado por lei em uma situação onde existe conflitividade. De qualquer forma "*o tipo objetivo omissivo é sempre um tipo circunstanciado.* " Seja por se encaixar em uma situação típica prevista no tipo omissivo (omissivo próprio) ou porque representa uma situação de lesão ao bem jurídico equivalente a uma estrutura típica ativa (omissivo impróprio).[18]

Pelo raciocínio contido na denúncia analisada, o monitoramento eletrônico faz com que todo agente policial envolvido com a investigação tenha sempre o dever de agir e a possibilidade concreta de sempre evitar a prática do crime investigado, portanto, sempre será criminalmente punível na forma omissiva quando o crime for praticado.

---

16 *Idem.*

17 BUSATO, Paulo Cesar e MONTES HUAPAYA, Sandro. **Introdução ao Direito Penal. Fundamentos para um Sistema Penal democrático.** 2ª ed. Rio de Janeiro: Lumen Juris, 2007, p. 152.

18 ZAFFARONI, Eugenio Raúl e PIERANGELI, José Henrique. **Manual de direito penal brasileiro: parte geral.** 8ª ed. rev. e atual. São Paulo: Ed. Revista dos Tribunais, 2009. p. 465.

Por obvio esta posição não possui amparo doutrinário e jurisprudencial justamente porque, não bastassem os sérios riscos da profissão policial, ainda acarretaria mais um: a automática responsabilização criminal por omissão.

Assim não basta a existência do dever legal de agir se os agentes se encontravam fisicamente impossibilitados de agir, como ocorreu no presente caso.[19] Desde muito a doutrina destaca a necessidade de se examinar o domínio do autor no âmbito em que se verifica o resultado típico.[20]

Nos tipos omissivos, o equivalente típico da causação dos tipos ativos é o *nexo de evitação* estabelecido por uma hipótese mental de que a prática da conduta devida afasta o resultado típico, semelhante ao que ocorre nos crimes comissivos, mas com maior complexidade: eliminada mentalmente a omissão, o resultado é automaticamente eliminado? Nota-se uma causalidade hipotética que coloca a *teoria da condição* adotada pelo CP em situação no mínimo "delicada".[21]

Ademais vale salientar que se o crime não envolve um bem jurídico fundamental como a vida, integridade física e psíquica, dignidade sexual, tolerável é a postergação da atividade estatal em prol do interesse público das investigações para que um maior número de fatos e pessoas envolvidas sejam identificados.

E não se trata de ação controlada, que é prevista legalmente em situações específicas[22] – o que não se verifica *in casu* -, mas de lembrar que a relevância penal da omissão depende do dolo do autor, da efetiva caracterização da posição de garante e da efetiva possibilidade fática do agente garantidor poder evitar o resultado, e nenhum desses elementos pode ser presumido.

Como a denúncia provou que os agentes podiam ter agido antes para evitar o resultado (nexo de evitação[23]) – até porque, repita-se, as interceptações não são acompanhadas em tempo real – e também que o único bem jurídico até então em risco era o patrimônio, nada impedia que as investigações fossem conduzidas da forma com estavam.

Com a argúcia que lhe é peculiar, *ad argumentandum*, o parecerista observa que ao se adotar a linha de raciocínio da acusação, o próprio Ministério

---

19 NUCCI, Guilherme de Souza. **Código penal comentado.** 15ª ed. rev., atual. e ampl. Rio de Janeiro: Forense, 2015. p. 173

20 ZAPATER, Enrique Bacigalupo. **Conducta precedente y posicíon de garante em ele derecho penal.** *In*: ADPCP, T. XXIII, Fasc. I, Enero-Abril 1970, p. 35-48. Disponível em: http://www.cienciaspenales.net/descargas/idp_docs/doctrinas/bacigalupo.pdf. Acesso em 02/03/2016. p. 43.

21 TAVARES, Juarez. p. 54

22 *Cf.* Lei nº 9.034/95

23 CUNHA, Rogério Sanches. **Manual de Direito Penal – Parte Geral.** 3ª ed. rev. ampl. e atual. Salvador: Jus Podvum, 2015. p. 240

Público também deveria ser responsabilizado na forma omissiva, porque a interceptação telefônica dos ramais utilizados pela associação criminosa também deveria ser acompanhadas pelo fiscal da lei e este não poderia alegar falta de conhecimento ou impossibilidade de antecipar os atos da associação criminosa que acarretaram a privação da liberdade e depois a morte da vítima.

Quarto Quesito: É admissível, no caso concreto, o reconhecimento de causa de exclusão do crime?

A interceptação telefônica busca a obtenção de provas e não necessariamente impedir a prática de um crime, por isso é um meio de investigação criminal regulado em lei e de caráter excepcional em razão da quebra de sigilo que ocasiona.

Prossegue o parecerista destacando o fato dos agentes denunciados terem executado a medida em conformidade com todos os requisitos legais. Portanto, hipoteticamente, mesmo que a conduta atribuída aos policiais civis fosse típica, seria plenamente justificada porque se enquadraria no *estrito cumprimento do dever legal.*

Assim, além do obstáculo intransponível da atipicidade objetiva e atipicidade subjetiva verificada – por si só suficiente -, a configuração clara do estrito cumprimento do dever legal torna os consulentes impuníveis (mais uma vez).

Todos os atos da interceptação telefônica bem como suas prorrogações foram realizados de forma regular, legal e transparente e com o conhecimento e fiscalização do Ministério Público em sua inteireza o que em nenhum momento foi contestado pela denúncia. Se existe o dever legal e se este foi cumprido regularmente e em nada ultrapassando os limites estabelecidos por lei, o reconhecimento da causa de justificação é medida que se impõe.[24]

As interceptações foram realizadas sempre com o intuito de se desvendar o alcance das atividades da associação criminosa e tão logo os agentes tiveram conhecimento da provável prática de um crime grave, foi solicitado o deslocamento aéreo imediato para tentar evitá-lo. A seriedade das investigações e o esmero dos agentes policiais foi tamanha que eles chegaram a encontrar os acusados em seu veículo quando deixavam o cativeiro, mesmo desconhecendo o exato endereço.

Se a lei impõe um dever a determinadas pessoas para a prática de um ato, seria ilógico puni-las com sanção penal quando esta atuação está justamente dentro do estabelecido em lei: ou uma coisa, ou outra. Assim a conduta justificada não é reprovada pelo ordenamento jurídico, mas aceita por este.[25]

24 GRECO, Rogério. *op. cit.* p. 352.

25 ROXIN, Claus. **Derecho Penal. Tomo I.** trad. 2ª ed. alemã por Luzón-Peña, Diego-Manuel *et all.* Madri: Civitas, 1997. p. 557.

Em momento algum ficou comprovado o excesso ou abuso de autoridade, e muito menos o comportamento descuidado, pusilânime ou negligente. A atuação dos consulentes sempre esteve dentro dos limites traçados por lei e esperados pela experiência prática.

Neste ponto conclui o parecerista que as condutas dos policiais foram executadas dentro do *estrito cumprimento do dever legal* e por este motivo tiveram a ilicitude afastada, nos moldes do art. 23, III do CP.

***Quinto Quesito**: Era exigível que, nas circunstâncias da causa, os agentes policiais realizassem conduta diversa?*

Não bastasse a atipicidade das condutas bem como a exclusão de sua antijuridicidade, o parecerista vislumbra a inexigibilidade de outra conduta pela impossibilidade material da adoção de medidas "mais imediatas e eficazes".

Sem desconsiderar que as interceptações não eram acompanhadas em tempo real, a associação criminosa mantinha contato com várias vítimas em potencial e não havia a mínima possibilidade dos agentes policias anteciparem a situação de uma vítima específica vir a ser sequestrada antes disso acontecer, assim não se podia exigir que os mesmos agentes policiais tivessem um comportamento diverso do adotado.

Digno de destaque o fato de que eram monitorados 12 terminais telefônicos e a operação policial analisou mais de 7000 (sete mil) ligações telefônicas, devendo-se frisar mais uma vez que o acompanhamento não é feito em tempo real. A própria lei não estabelece que o acompanhamento seja feito em tempo real e de forma ininterrupta, assim não há que se falar em violação ao dever legal. Desta forma, ante impossibilidade material dos agentes terem tomado qualquer providência antes da ocorrência dos crimes e da ausência de previsão legal para tanto, conclui o parecerista também pela ausência de culpabilidade.

Muito ao contrário, tão logo os policiais tiveram conhecimento de que um crime grave estava em andamento tomaram providencias imediatas para deslocar até a cidade de Gravataí/RS para buscar encontrar o local em que a suposta vítima estaria. Um dos delegados inclusive interrompeu seu período de férias para acompanhar as diligências investigativas. O que poderia ser feito realmente foi realizado pelos agentes e não há que se falar em omissão, seja pela incapacidade humana da tarefa de evitar a prática do crime (poder) seja pela ausência de previsão legal para tanto (dever).

***Sexto Quesito**: É cabível, no caso concreto, a impetração de Habeas Corpus pela inépcia da denúncia ou falta de justa causa?*

A salvaguarda da liberdade ambulatorial possui desdobramentos vários que permitem que o *habeas corpus* seja instrumento adequado para: a) trancar procedimentos administrativos ou judiciais por ausência de justa causa; b) declarar a ilegalidade de provas; c) permitir ao defensor acesso aos autos; d) garantir a razoável duração do processo.[26]

Desta forma o parecer foi totalmente favorável a utilização do *habeas corpus* para o trancamento da ação penal movida contra os consulentes pela ausência de duas condições da ação: A tipicidade aparente não se verifica pela ausência de previsão culposa para o crime de extorsão mediante sequestro e pela absoluta ausência de omissão imprópria nas circunstâncias. Da mesma forma não há justa causa por inexistirem provas de que o fato efetivamente ocorreu ou indícios da culpa dos envolvidos.

É ponto pacífico que não se discute provas em sede de *habeas corpus*, mas neste caso as conclusões são nítidas e evidentes e despontam da simples percepção da falha descritiva da exordial acusatória.

Considerações conclusivas

A valoração da omissão não se reduz a elementos puramente naturais (plano ontológico real), mas exige a consideração de elementos axiológicos com acentuada relevância social (plano normativo).[27] Como objeto de um juízo de valor, seu significado revela um substrato social correspondente que não se limita ao aspecto normativo.

A posição defendida no parecer foi acertada uma vez que este não se limitou a uma discussão teórica, mas confrontou todo um conjunto de provas para verificar ao fim que os delegados de polícia realmente eram inocentes das imputações dirigidas. Em nenhum momento foram omissos, mas ao contrário, atuaram em todo o curso das investigações com esmero e dedicação, em que pese, não terem conseguido preservar a vida de todas as vítimas. Os consulentes honraram a Instituição a que pertencem e efetivamente atuaram em estrito cumprimento do dever legal. Não podemos esquecer que: "O *Delegado de Polícia é o primeiro garantidor da legalidade e da justiça.*"[28]

Da análise do parecer exarado pelo Prof. Rene Ariel Dotti se vislumbra mais um capítulo de uma atuação profissional combativa e proficiente, marcada pelo sério comprometimento com um Direito Penal Democrático.

Grande é a satisfação e maior é a honra em participar desta homenagem ao advogado, jurista e Professor *René Ariel Dotti* com este singelo trabalho. A clareza e coerência de sua manifestação confirma o que já é notório e merece justo aplauso: uma vida dedicada ao estudo das Ciências Criminais

---

26 Parecer fls. 36, parágrafo nº 62.

27 TAVARES, Juarez. p. 30 e *ss*.

28 (Min. Celso de Melo, Supremo Tribunal Federal, em sede do HC 84548/SP, rel. Min. Marco Aurélio, 21.6.2012)

e a evolução do Direito Penal brasileiro, aliada a uma fineza de pensamento concedida a poucos.

Referências Bibliográficas

ABRÃO, Guilherme Rodrigues. RIEGER, Renata Jardim da Cunha. **Crimes omissivos: estudos dogmáticos introdutórios.** *In*: Revista Liberdades nº 04. Maio-agosto 2010. São Paulo: IBCCrim. pp.14-23.

BITENCOURT, Cezar Roberto. **Tratado de direito penal: parte geral, 1 –** 20ª ed. rev., ampl. e atual. São Paulo: Saraiva, 2014.

BUSATO, Paulo Cesar e MONTES HUAPAYA, Sandro. **Introdução ao Direito Penal. Fundamentos para um Sistema Penal democrático.** 2ª ed. Rio de Janeiro: Lumen Juris, 2007.

CUADRADO RUIZ, Ángeles. **La comisión por omisión como problema dogmático.** *In*: ADPCP, T. L, 1997, p. 387-456. Disponível em: http://www.cienciaspenales.net/descargas/idp_docs/doctrinas/cuadrado.pdf. Acesso em: 12/02/2016.

CUNHA, Rogério Sanches. **Manual de Direito Penal – Parte Geral.** 3ª ed. rev. ampl. e atual. Salvador: Jus Podvum, 2015.

DOTTI, René Ariel. **Curso de direito penal: parte geral.** 2ª ed. rev. atual. e ampl. Rio de Janeiro: Forense, 2004

DUARTE, Luciana Sperb. **A teoria moderna do crime omissivo.** *In*. Revista do Tribunal Regional Federal da 1ª Região, v. 17, nº 6, jun. 2005

GRECO, Rogério. **Curso de Direito Penal.** 17ª ed. Rio de Janeiro: Impetus, 2015.

MASSON, Cleber. **Direito penal esquematizado – Parte geral – vol. 1.** 8.ª ed. rev., atual. e ampl. Rio de Janeiro: Forense; São Paulo: MÉTODO, 2014.

MUÑOZ CONDE, Francisco. **Teoria Geral do Delito**. Tradução e notas de Juarez Tavares e Luiz Regis Prado. Porto Alegre: Sérgio Antonio Fabris. 1988.

NUCCI, Guilherme de Souza. **Código penal comentado.** 15ª ed. rev., atual. e ampl. Rio de Janeiro: Forense, 2015.

ROXIN, Claus. **Derecho Penal. Tomo I.** trad. 2ª ed. alemã por Luzón-Peña, Diego-Manuel *et all*. Madri: Civitas, 1997.

ROXIN, Claus. ARZT, Gunther. TIEDEMANN, Klaus. **Introducción al derecho penal y al derecho penal procesal**. Versión espanhola, notas y comentarios de los professores Luis Arroyo Zapatero y Juan-Luis Gómez Colomer. Editorial Ariel: Barcelona, 1989.

SANTOS, Juarez Cirino dos. **Direito Penal: Parte Geral.** 2ª ed. Curitiba: ICPC; Lumen Juris, 2007.

TAVARES, Juarez. **Teorias do Delito: variações e tendências**. São Paulo: Revista dos Tribunais, 1980.

________. **As controvérsias em torno dos crimes omissivos.** Rio de Janeiro: Instituto Latino-Americano de Cooperação Penal, 1996.

ZAPATER, Enrique Bacigalupo. Conducta precedente y posicíon de garante em ele derecho penal. In: ADPCP, T. XXIII, Fasc. I, Enero-Abril 1970, p. 35-48. Disponível em: http://www.cienciaspenales.net/descargas/idp_docs/doctrinas/bacigalupo.pdf. Acesso em 02/03/2016.

ZAFFARONI, Eugenio Raúl e PIERANGELI, José Henrique. **Manual de direito penal brasileiro: parte geral.** 8ª ed. rev. e atual. São Paulo: Ed. Revista dos Tribunais, 2009.

DOLO EVENTUAL *vs* CULPA CONSCIENTE: A DÚVIDA NOS PROCESSOS DO TRIBUNAL DO JURI

Rafaela Alban

RESUMO: O presente artigo pretende examinar a repercussão da discussão entre dolo eventual e culpa consciente na seara dos processos de competência do Tribunal do Júri.

PALAVRAS-CHAVE: Dolo eventual. Culpa consciente. Tribunal do Júri.

TITLE: Eventual Malice vs Conscious Blame: The doubt on the processes of jury court.

ABSTRACT: The following arcticle intends to analyse the conseuqences of the discussion about the difference between eventual malice and conscious blame in the processes of competence of the jury court.

KEY-WORDS: *Eventual Malice, Conscious Blame, Jury Court.*

1. INTRODUÇÃO

Não é novidade para qualquer estudante de Direito que, em todos os ramos jurídicos, o Direito material e o Direito Processual são ciências que, apesar de autônomas, se comunicam, de modo que a função imediata de todo direito processual será sempre uma função instrumental de permitir a atuação do direito material.

Verticalizando a questão para o âmbito jurídico-penal, é forçoso observar que, do mesmo modo que o Processo Penal movimenta as normas do Direito Penal material, estas precisam ser levadas em consideração no âmbito dos procedimentos processuais, a fim de que seja resguardada uma coerência sistêmica, já que, logicamente, não há que se falar em processo criminal para aplicação de uma pena sem que haja a efetiva ocorrência de um crime.

Nesse sentido, traça-se no presente artigo uma comunicação entre o Direito Penal material e Direito Penal processual, com o escopo de verificar as repercussões da emblemática discussão relativa à distinção entre dolo eventual e culpa consciente no âmbito do procedimento dos crimes de competência do Tribunal do Júri.

Para alcançar o objetivo almejado, o presente artigo parte de uma breve análise dos procedimentos do referido procedimento especial, com o escopo de verificar os elementos necessários para a prolação de uma decisão de pronúncia e encaminhamento dos autos ao julgamento popular. Em seguida, realiza-se um exame a respeito do conceito de crime, notadamente no que tange à sua tipicidade subjetiva, com a finalidade de identificar os traços distintivos das modalidades dolosas e culposas. Ao final, verifica-se as consequências da delimitação do elemento subjetivo do tipo penal na seara no procedimento do Tribunal do Júri, expressamente limitado a crimes dolosos, para indicar a imprescindibilidade de identificação convicta do mesmo na decisão de pronúncia.

Espera-se, com a presente abordagem, fomentar reflexões a respeito da necessidade de prévia delimitação subjetiva dos crimes sujeitos ao julgamento do júri popular, tendo em vista que a pronúncia é uma decisão judicial de natureza criminal e, como tal, incompatível com qualquer juízo de incerteza, notadamente com aplicação do brocardo "*in dubio pro societate*".

Portanto, não se objetiva a declaração de impunidade dos autores de condutas delituosas, mas tão somente evitar a ocorrência de distorções em conceitos elementares da Teoria do Delito para atendimento a uma expectativa social ou midiática de enfrentamento de determinadas questões pelo júri popular.

2. O PROCEDIMENTO NOS CRIMES DA COMPETÊNCIA DO TRIBUNAL DO JURI E O CONVENCIMENTO DA EXISTÊNCIA DE UM FATO CRIMINOSO NA DECISÃO DE PRONÚNCIA

Com a edição da Constituição Federal de 1988, foi "reconhecida a instituição do júri, com a organização que lhe der a lei", assegurando-lhe a "competência para o julgamento dos crimes *dolosos* contra a vida", conforme expressamente previsto no art. 5º, inciso XXXVIII, da Carta Magna e ratificado pelo art. 74, §1º, do Código de Processo Penal[1].

Isso significa que todos os crimes *dolosos* contra a vida, assim como os crimes que lhe forem conexos, deverão ser julgados pelo Tribunal do Júri, com observância a procedimento a ser previsto em lei – no caso, o Código de Processo Penal – para efetivação do devido processo legal, consoante também assegurado pelo art. 5º do texto constitucional, no seu inciso LIV.

Excepcionando o procedimento comum ordinário, estabelece o Código de Processo Penal as regras do procedimento relativo ao Tribunal do Júri nos artigos 406 a 497. Indica, especialmente, a existência de um procedimento

---

1 Insta ressaltar que o Tribunal do Júri foi instituído inicialmente no Brasil para delitos de imprensa, pela Lei de 28 de junho de 1922, com composição de 24 juízes de fato (PACELLI, Eugênio. **Curso de Processo Penal**. 11ª ed. Rio de Janeiro: Lúmen Juris, 2009, p. 587).

bifásico, composto pela fase de instrução presidida pelo juiz togado e pela fase de julgamento efetuado pelo Tribunal do Júri, cuja linha delimitadora e essencial encontra-se, exatamente, na prolação da decisão de pronúncia.

2.1. A fase de instrução judicial preliminar ou de *judicium accusationis*

Num primeiro momento, as denúncias relativas aos crimes dolosos contra a vida são encaminhadas aos juízes integrantes do Poder Judiciário com competência para o processamento de crimes desta natureza, dando-se início a uma fase de instrução preliminar, destinada à formação da culpa e simplificação da matéria submetida ao posterior julgamento popular.

Nesta fase, o procedimento a ser adotado é bastante similar ao procedimento comum ordinário, havendo a previsão de rejeição liminar da denúncia com espeque no art. 395 do Código de Processo Penal, de apresentação de resposta à acusação, de abertura de vista ao Ministério Público para manifestação relativa a questões preliminares eventualmente arguidas pela defesa, bem como de designação de audiência de instrução e de posterior realização de alegações finais.

A principal diferença entre os mencionados procedimentos consiste no fato de que, nos processos que tramitam nas Varas do Júri, ao final da instrução, não será proferida necessariamente uma sentença, mas uma decisão judicial que funciona como um verdadeiro filtro no encaminhamento – ou não – dos autos para a segunda fase.

2.2. A conclusão da fase instrutória mediante decisão judical

Com a conclusão da fase instrutória, surgem quatro opções para o julgador – absolvição sumária, desclassificação do crime, pronúncia ou impronúncia -, que deverão ser objeto de decisão judicial motivada e devidamente fundamentada, que concluirá pela necessidade ou não de julgamento popular.

A absolvição sumária, fundada no art. 415 do Código de Processo Penal, alvo de considerável ampliação pela Lei nº 11.689/08[2], reserva-se às hipóteses excepcionais em que é verificada, de forma flagrante, prova da inexistência do fato ou da não autoria, bem como aos casos de atipicidade ou de presença

---

2 Ressalte-se que, renomados autores como Eugênio Pacelli, afirmam que a ampliação legislativa das hipóteses de absolvição sumária seria inconstitucional, na medida em que, demandando-se exame de matéria de mérito na análise da inexistência do fato ou negativa de autoria, haveria uma supressão da competência do Tribunal do Júri, constitucionalmente estabelecida (PACELLI, Eugênio. **Curso de Processo Penal**. 11ª ed. Rio de Janeiro: Lúmen Juris, 2009, p. 594).

de causa justificante, de excludente da culpabilidade[3] ou de extinção de punibilidade. Por meio da sentença de absolvição sumária, se afirma, por conseguinte, que, uma vez excluída a conduta criminosa pelo exame das provas colhidas na instrução realizada, não há razão para se reclamar a competência do Tribunal do Júri.

A impronúncia, por sua vez, é dirigida às situações em que, a partir da análise acerca da idoneidade e suficiência do material probatório produzida na instrução, não resta demonstrada sequer a existência do fato ou de indícios suficientes de autoria ou de participação do réu, a fim de justificar o encaminhamento dos autos para um julgamento plenário. A questão relaciona-se, portanto, à insuficiência probatória da acusação, mesmo depois de finda a instrução, o que não impede nova investida ministerial no caso de identificação de novas provas.

De modo diverso, a decisão desclassificatória será utilizada sempre que o juiz se convencer, em discordância com a acusação, da inexistência de crime *doloso* contra a *vida*, caso em que, não sendo competente para o seu julgamento, deverá remeter os autos para o juiz que o seja, a fim de que sejam renovados os atos instrutórios e proferido o julgamento da causa, na forma do art. 419 do Código de Processo Penal[4].

Isso significa que a segunda fase do procedimento apenas será inaugurada no caso de prolação de uma decisão interlocutória de pronúncia. Na pronúncia, o juiz afirma a existência de provas no sentido da materialidade e de indícios quanto à autoria de um crime doloso contra a vida, que reclame a competência do Tribunal do Júri para o seu julgamento, dando os motivos do seu convencimento.

Nesse sentido, expõe o art. 413 do Código de Processo Penal que "o juiz, fundamentadamente, pronunciará o acusado, se *convencido* da materialidade do fato e da existência de indícios suficientes de autoria ou de participação". Em outras palavras, deverá ser proferida decisão de pronúncia se, num juízo de convicção, o juiz concluir pela existência de prova de materialidade e de indício de autoria de um crime da competência do Tribunal do Júri.

Se a convicção indica certeza e a existência do fato criminoso representa a existência de um crime com todos os seus elementos, verifica-se que a

3 Excepcionam-se, neste caso, as situações de inimputabilidade por doença mental, ante a previsão de sentença absolutória imprópria, por meio da qual é reconhecida a inexistência de crime por falta de culpabilidade, mas aplicada medida de segurança.

4 Essa é apenas a hipótese de desclassificação prévia ao julgamento, efetuada pelo Juiz que preside a instrução. Forçoso observar que a desclassificação do crime também pode ser procedida na segunda fase do procedimento, na sessão de julgamento, caso em que, em decorrência do princípio da soberania dos vereditos, terá consequência distinta, determinando a prolação da sentença de mérito pelo próprio juiz presidente, na forma do art. 492, §1º, do Código de Processo Penal.

decisão de pronúncia é uma forma de evitar injustiças por meio da determinação de uma declaração prévia ao júri popular, lastreada nos institutos fundamentais do Direito Penal material, *a priori*, desconhecidos pelo Conselho de Sentença.

Por meio da pronúncia, delimita-se a matéria a ser submetida ao plenário e aclama-se pela competência do Tribunal do Júri para o seu julgamento.

2.3. A fase de julgamento pelo tribunal do juri

Uma vez proferida a decisão de pronúncia e ultrapassada a fase administrativa de preparação do julgamento, na qual, inclusive, serão sorteados 25 (vinte e cinco) jurados dentre os alistados, inicia-se a segunda fase do procedimento especial dos crimes dolosos contra a vida, da competência do Tribunal do Júri, composto pelo Juiz Presidente e Conselho de Sentença, constituído por 07 (sete) jurados.

Como preceitua o Código de Processo Penal, antes da abertura da sessão, o Juiz Presidente deve decidir sobre isenção ou dispensa de jurados, bem como eventuais pedidos de adiamento. Estando presentes o membro do Ministério Público, o(s) réu(s) e seus defensores, bem como comparecendo pelo menos 15 (quinze) jurados, o juiz deve declarar aberta a sessão e anunciar o processo a ser submetido a julgamento.

Em suma, a sessão se inicia com o sorteio dos jurados que irão compor o Conselho de Sentença, sendo permitida às partes a recusa imotivada de até três pessoas sorteadas. Composto o Conselho de Sentença e efetuado o juramento, os jurados devem receber cópia da decisão de pronúncia e eventuais decisões posteriores, assim como do relatório do processo. Em seguida, devem ser inquiridas a vítima (se sobrevivente), testemunhas de acusação e de defesa para, ao final, ser colhido o interrogatório do acusado, dando-se início aos debates orais entre acusação e defesa. Concluídos os debates, o presidente deve indagar os jurados se estão habilitados a julgar ou se necessitam de outros esclarecimentos para, posteriormente, ler e explicar os quesitos formulados.

Com efeito, são apresentados os quesitos aos jurados integrantes do Conselho de Sentença, que, em sala secreta e com imposição do dever de incomunicabilidade, indicarão as suas repostas – objetivas – em cédulas, cujo conteúdo será explicitado em decisão do Juiz Presidente, que formará o convencimento judicial final.

Analisando-se a segunda fase do procedimento brevemente exposto, é possível verificar que não se espera do Conselho de Sentença qualquer conhecimento técnico sobre a matéria, tampouco análise apurada a respeito das provas colhidas nos autos, tendo em vista a irrelevância de formação jurídica no alistamento de jurados, a apresentação de quesitos com respostas excessivamente objetivas (sim ou não) e a efetiva impossibilidade de motivação da decisão.

A ausência de exigência de fundamentação racional da decisão dos jurados, pela via argumentativa, denota a adoção, em sede de valoração probatória dos crimes sujeitos ao julgamento pelo Tribunal do Júri, do sistema da íntima convicção – ou do julgamento segundo a consciência -, em lugar do livre convencimento motivado, adotado nos demais procedimentos de ações penais.

Instaura-se, assim, uma antítese – competência constitucional do Tribunal do Júri para o julgamento de crimes dolosos contra a vida *x* princípios da legalidade, do juiz natural e do "*in dubio pro reo*" –, que apenas poderá ser solucionada por uma apurada análise judicial em sede de pronúncia, na qual sejam observados todos os conceitos elementares do Direito Penal, que, em regra, são desconhecidos pelo Conselho de Sentença.

Isso significa que, para evitar riscos derivados do sistema adotado neste procedimento especial, a previsão constitucional de competência do Tribunal do Júri precisa ser interpretada de forma condizente com um Direito Penal garantista, também lastreado em princípios e fundamentos constitucionais, que se encarrega de apresentar o conceito de crime e a delimitação dos seus elementos essenciais.

3. O CONCEITO ANALITICO DE CRIME E A COMPOSIÇÃO DO TIPO PENAL SUBJETIVO

Como a competência do Tribunal do Júri é restrita ao julgamento de *crimes dolosos* contra a vida, é necessário observar, dentro do Direito Penal material, qual o conceito analítico de *crime* e qual a definição e localização sistêmica do elemento *dolo*, a fim de examinar, ao final, a quem compete tal verificação – e em que medida – nos casos de crimes sujeitos ao julgamento popular.

3.1. Breves considerações acerca da evolução do conceito analítico de crime e do seu estágio atual.

Sem descartar contribuições isoladas de MERKEL, FEUERBACH, BINDING e VON IHERING[5], considera-se, como a primeira fase da Teoria do Delito, o sistema causal-naturalista de FRANZ VON LISZT, ERNST VON BELING e GUSTAV RADBRUCH (1884).

Na doutrina causal-naturalista, o conceito de crime é estruturado a partir da concepção de ação, definida como um movimento corporal voluntário provocador de uma alteração no mundo exterior. Considera-se, em

5 ACHENBACH, Hans. ***Historische und dogmatische Grundlagen der strafrechtssystematischen Schuldlehre***. Berlim: Lüderitz & Bauer, 1974; MERKEL, Adolph. ***Lehrbuch des Deutschen Strafrechts***. Stuttgart: Berlag von Ferdinand Ente, 1889.

outras palavras, que o ato criminal é um movimento projetado da vontade criminal, que é capaz de modificar uma parte do mundo exterior, protegida pela lei penal[6].

O crime representa, assim, a expressão de uma conduta objetiva, cujos elementos se configuram na realidade fenomênica[7] e podem ser atribuídos psicologicamente ao seu autor. Por tal razão, adota-se um sistema bipartido, no qual o conceito de crime é configurado em duas etapas distintas, uma de natureza objetiva (externa) e outra de natureza notadamente subjetiva (interna).

Na parte objetiva, o injusto penal, antijuridicidade típica de uma conduta, decorre da simples constatação de um resultado externo, enquanto, na parte interna, a culpabilidade denota a relação psicológica entre o autor e o resultado injusto por ele produzido, possuindo cunho eminentemente subjetivo, em função da análise do dolo e da culpa, considerados suas únicas espécies[8].

Observa-se, então, que, para a caracterização do delito, deverão ser examinadas duas etapas. Em um primeiro momento, deverá haver a constatação de um injusto penal, ou seja, da ocorrência de um fato concreto, previsto na legislação incriminadora e dotado de ilicitude, que restará conformado, por meio de um nexo físico de causalidade, quando houver um resultado lesivo no mundo exterior, decorrente de uma conduta humana. Em um segundo momento, deverá ser procedida à vinculação subjetiva entre o agente e o fato, por um juízo psíquico de causalidade, efetuado através da análise do dolo e da culpa[9].

Nessa acepção, segundo von Liszt, o dolo é a "representação da importância do ato voluntário como causa (representação da causalidade)"[10], ou seja, "a consciente realização de todas as circunstâncias que caracterizam o crime"[11]. A culpa, por sua vez, "é o não-conhecimento, contrário ao dever,

---

6 SARRULLE, Oscar Emilio J. ***Dogmática de la culpabilidad.*** 1ª ed. Buenos Aires: Editorial Universidad, [2001?], p. 28.

7 TAVARES, Juarez. Culpabilidade: a incongruência dos métodos. **Revista Brasileira de Ciências Criminais**, a.6, n.24, p.145-156, out/dez. São Paulo: Revista dos Tribunais, 1998, p. 145.

8 LISZT, Franz von. **Tratado de Direito Penal Alemão.** Campinas: Russel, 2003, t.I, p. 281.

9 TAVARES, Juarez. Culpabilidade: a incongruência dos métodos. **Revista Brasileira de Ciências Criminais**, a.6, n.24, p.145-156, out/dez. São Paulo: Revista dos Tribunais, 1998, p. 145.

10 LISZT, Franz von. **Tratado de Direito Penal Alemão.** Campinas: Russel, 2003, t.I, p. 275.

11 LISZT, Franz von. **Tratado de Direito Penal Alemão.** Campinas: Russel, 2003, t.I,, p. 277.

da importância da ação ou da omissão como causa"[12], de modo que a modalidade delitiva culposa estará demonstrada quando houver "causação ou não impedimento, por ato voluntário, de um resultado que não foi previsto, mas que podia sê-lo"[13].

Desta forma, como asseverado por JUAREZ CIRINO DOS SANTOS,

> [...] a atribuição dos elementos objetivos do fato punível à antijuridicidade típica [...] e a atribuição dos elementos subjetivos à culpabilidade, [...] indica as duas bases do conceito psicológico de culpabilidade: primeiro, injusto e culpabilidade se relacionam como dimensões objetiva e subjetiva do fato punível; segundo, a relação psíquica do autor com o fato existe sob as formas psicológicas do dolo e da imprudência[14].

No entanto, dente tantas falhas, o sistema causal-naturalista incide numa incompatível dicotomia entre o delito e a pessoa que o praticou[15], ao considerar o crime como uma expressão de conduta objetiva com elementos retratados na realidade fenomênica de modo alheio ao indivíduo provocador, o que enseja na retirada de elementos volitivos da conduta humana e na consequente tipificação de fatos aprioristicamente involuntários.

Na tentativa de corrigir equívocos da Teoria causal-naturalista, surgiu o sistema causal-valorativo, principalmente desenvolvido por Reinhard Frank (1907), James Goldschmidt (1913), Berthold Freudenthal (1922), Eberhard *Schmidt* (1927) e Edmund Mezger (1932).

Em linhas gerais, as concepções psicológico-normativas partem de uma outra dicotomia, característica do sistema neokantiano, entre o "ser" e o "dever ser", de modo que a ciência jurídica, considerada como "ciência do espírito", é retirada do campo naturalista e transportada para uma realidade de valores[16]. Assim, a ação perde seu caráter naturalístico e é concebida de forma social, valorativa e genérica, como um comportamento humano provocador de um resultado socialmente relevante.

Neste cenário, o conceito de crime, ainda formado bipartidamente pelo injusto penal e pela culpabilidade, passa a rechaçar a divisão categórica objetivo-subjetiva do modelo causal-naturalista e a introduzir uma perspectiva

12 LISZT, Franz von. **Tratado de Direito Penal Alemão.** Campinas: Russel, 2003, t.I,, p. 289.

13 LISZT, Franz von. **Tratado de Direito Penal Alemão.** Campinas: Russel, 2003, t.I,, p. 289.

14 SANTOS, Juarez Cirino dos. **A moderna teoria do fato punível.** 2ª ed. rev. e ampl. Rio de Janeiro: Revan, 2002, p. 175.

15 TAVARES, Juarez. Culpabilidade: a incongruência dos métodos. **Revista Brasileira de Ciências Criminais**, a.6, n.24, p.145-156, out/dez. São Paulo: Revista dos Tribunais, 1998, p. 145.

16 DIAS, Jorge de Figueiredo. **Questões fundamentais de Direito Penal revisitadas.** São Paulo: Revista dos Tribunais, 1999, p. 195.

valorativa, avaliada por meio do método teleológico. A conduta típica seria aquela que, neutra e objetivamente, ajusta-se ao modelo legal, sendo valorada como ilícita quando verificada uma contrariedade da ação típica à norma jurídico-penal causadora de uma danosidade social. A culpabilidade, por sua vez, seria psicológico-normativa, deixando de ter o seu conteúdo esgotado com as noções de dolo e culpa, em decorrência do exame de "circunstâncias concomitantes".

Como as falhas do sistema clássico não foram corrigidas, HANS WELZEL conferiu uma completa modificação na Teoria do Delito, antecipando o exame dos elementos subjetivos para a esfera da tipicidade e desenvolvendo, em 1930, o sistema finalista adotado pelo Código Penal brasileiro.

O modelo finalista pautou-se em estruturas lógico-objetivas, representadas pela ação finalística e pelo reconhecimento do livre arbítrio, e passou a conceber a ação, ontologicamente, de forma pré-jurídica, como o exercício de uma atividade finalística, como um movimento humano dirigido a uma determinada finalidade. Assim, o crime passou a ser conceituado de forma tripartida, como uma ação típica, antijurídica e culpável, além de ter seus conceitos reestruturados para se coadunar com o novo conceito de ação[17]. Os elementos volitivos passaram a ser analisados no âmbito da tipicidade, já que, como o dolo e a culpa pertencem à ação humana, não poderia haver a configuração de uma conduta típica sem a sua constatação.

Com a análise do dolo na seara da tipicidade, para a real caracterização de uma ação final, a subsunção passa a não depender apenas da adequação da conduta à descrição típica, senão ainda da intenção do seu autor[18]. Como todo o objeto da censura estará localizado no injusto, a culpabilidade finalista limita-se a reunir as circunstâncias que condicionam a censura de um fato antijurídico e permitem atribuí-lo ao autor[19], ou seja, a imputabilidade, potencial consciência da ilicitude e exigibilidade de conduta diversa.

Em que pese o Código Penal brasileiro adotar a Teoria Finalista, forçoso observar que surgiram, ao longo de anos, diversas críticas ao sistema construído por Welzel e, consequentemente, novos modelos teóricos, seja no sentido

---

17 Não foram criados novos elementos ou institutos para a definição do delito, "não se perdeu nenhum dos elementos anteriores, mas cada um ganhou um lugar mais apropriado, devido ao conhecimento da estrutura final da ação" (WELZEL, Hans. **O novo sistema jurídico-penal**. Tradução de Luiz Regis Prado. São Paulo: Revista dos Tribunais, 2001, p. 92).

18 RIGHI, Esteban. ***La culpabilidad en materia penal***. Buenos Aires: Ad-Hoc, 2003, p. 85.

19 MIR PUIG, Santiago. **Direito Penal**: fundamentos e Teoria do Delito. 1ª ed. Tradução de Cláudia Viana Garcia e José Carlos Nobre Porciúncula Neto. São Paulo: Revista dos Tribunais, 2007, p. 414.

de suprimir o elemento culpabilidade do conceito de crime[20], de substitui-lo por outra categoria dogmática[21], de acrescentar a punibilidade a um conceito quadripartido de crime[22] ou, mesmo, de invocar uma revisão do conceito analítico de crime para compatibilização dos seus elementos no sentido de uma coerência sistêmica[23].

De todo modo, observa-se que, mesmo com os novos aportes dogmáticos, a inclusão do dolo e da culpa na seara da tipicidade penal não foi alvo de críticas e reformulações contundentes[24], restando atualmente inquestionável

---

20 Nesse sentido, verifica-se, por exemplo, o posicionamento de René Ariel Dotti, segundo o qual "o conceito de delito se aperfeiçoa na conjugação de três elementos: ação (ou omissão), tipicidade e antijuridicidade. A culpabilidade, como juízo de reprovação *post factum*, é um componente indissociável da sanção. E no quadro da teoria geral da pena o assunto deve ser tratado" (DOTTI, René Ariel. **A posição sistemática da culpabilidade**. Porto Alegre: Nuria Fabris, 2013, p. 13). De acordo com Dotti, a consideração de culpabilidade como elemento do crime, além de inadequada, foi fundada em elemento político de salvaguarda da liberdade individual contra atentados oriundos da responsabilidade objetiva (DOTTI, René Ariel. **A posição sistemática da culpabilidade**. Porto Alegre: Nuria Fabris, 2013, p. 14).

21 Este posicionamento pode ser identificado, por exemplo, no sistema jurídico-penal formulado por Claus Roxin, no qual a culpabilidade é substituída pela responsabilidade, bem como nas doutrinas de Winfried Hassemer (substituição da culpabilidade pela proporcionalidade) e Gimbernat Ordeig (substituição da culpabilidade pela necessidade preventiva).

22 Um dos expoentes desta vertente é o renomado professor espanhol Francisco Muñoz Conde, segundo o qual, em alguns casos, será exigida, "para poder classificar um fato como delito, a presença de alguns elementos adicionais que não pertencem à tipicidade, nem à antijuridicidade, nem à culpabilidade. [...] Fala-se nestes casos de punibilidade e se considera que esta categoria é também um elemento pertencente à teoria geral do delito" (MUÑOZ CONDE, Francisco. **Teoria Geral do Delito**. Tradução de Juarez Tavares e Luiz Regis Prado. Porto Alegre: Sergio Antonio Fabris Editor, 1988, p. 4-5).

23 Nesse sentido, a autora, seguindo uma linha de intelecção de certo modo aproximada à incorporada por Tomás Vives Antón e Paulo César Busato, defende o deslocamento de algumas causas justificantes para a tipicidade e das tradicionais causas de exclusão da exigibilidade de conduta diversa para a antijuridicidade, a fim de conceder maior coerência no conceito análise de crime, reinterpretado à luzo da inexigibilidade de conduta diversa (ALBAN, Rafaela. Uma dissociação entre a culpabilidade material e a inexigibilidade de conduta diversa. In: MELLO, Sebástian (org.). **Culpabilidade no pós-finalismo**. Salvador: Juspodivm, 2016).

24 Note-se que, apesar da inquestionável função exercida pelo dolo e culpa na seara da tipicidade penal, aportes teóricos indicam que, diferentemente do quanto sustentado pela doutrina ortodoxa finalista, tais elementos não são absolutamente estranhos à valoração da culpabilidade (DIAS, Jorge de Figueiredo. **Questões fundamentais de Direito Penal revisitadas**. São Paulo: Revista dos Tribunais, 1999, p. 225; ROXIN, Claus. ***Derecho Penal**: Parte General*. 2ª ed. Tradução de Diego-Manuel Luzón Peña, Miguel Díaz y García Conlledo e Javier de Vicente Remesal. Madrid: Civitas Ediciones,

que o conceito de crime é composto pela tipicidade, tanto no aspecto objetivo quanto subjetivo.

3.2. A composição do tipo penal subjetivo e a histórica discussão entre dolo eventual e culpa consciente

Além dos elementos objetivos, a consideração de um fato como típico exige a presença do elemento subjetivo[25], representado pelo dolo ou culpa, de modo que apenas será considerada típica a conduta – comissiva ou omissiva – que se puder se subsumir a um tipo penal incriminador e ser atribuída a título doloso ou culposo ao seu autor.

Isso significa que a tipicidade de um delito não depende apenas da realização de um tipo penal objetivo, mas também da realização do tipo subjetivo doloso ou culposo. Logo, sendo induvidoso que o conceito de crime é composto pela tipicidade e que esta, por sua vez, pressupõe a presença do elemento subjetivo exigido pelo tipo penal incriminador específico, resta examinar os traços distintivos entre as noções de dolo e culpa apostas, assim como os desdobramentos da referida divisão conceitual, notadamente porque a existência de dolo é determinante na fixação da competência do Tribunal do Júri.

3.2.1. As principais distinções entre o tipo doloso e culposo

De acordo com previsão expressa do nosso Código Penal, inserida no artigo 18, o crime será "doloso, quando o agente quis o resultado ou assumiu o risco de produzi-lo", sendo, todavia, considerado "culposo, quando o agente deu causa ao resultado por imprudência, negligência ou imperícia".

2003, t.1). Ocorre que uma posição no sentido da dupla posição do dolo – defendida, por exemplo, por Claus Roxin e defensores da Teoria Social da Ação, como Schmidt, Wessels, Jescheck e Maurach – não exclui a função do dolo e da culpa na formação da tipicidade penal, não possuindo reflexos, portanto, no posicionamento defendido no presente trabalho.

25 Em decorrência do necessário recorte metodológico, não será enfrentada, no presente artigo, a questão na natureza jurídica do dolo e da culpa, que são inseridos como elementos subjetivos pela maioria da doutrina, apesar da clara característica normativa dos mesmos. Como pondera Tomás Vives Antón, dolo e culpa, na realidade, representam instâncias de imputação da antinormatividade da ação ou de uma omissão previamente entendidos como tais. São, portanto, unificados como juízos normativos (VIVES ANTÓN, Tomás Salvador. ***Fundamentos del sistema penal**: acción significativa y derechos constitucionales*. 2ª ed. Valencia: Tirant lo Blanch, 2011, p. 259; BUSATO, Paulo César; MARTÍNEZ-BUJÁN PÉREZ, Carlos; DÍAZ PITA, María del. **Modernas tendências sobre o Dolo em Direito Penal**. Rio de Janeiro: Lumen Juris, 2008).

As distinções entre o dolo e a culpa são polarizadas, sinteticamente, nas Teorias da Vontade (*Willenstheorien*) e da Representação (*Vorstellungstheorien*) [26]. Segundo as Teorias da Vontade, em linhas gerais, a essência do dolo é a vontade de realização do fato e, em casos em que há representação sem voluntariedade, a ratificação do resultado ou a indiferença com relação ao mesmo (vontade e conhecimento). As Teorias da Representação, por sua vez, consideram que a essência do dolo radica na "não motivação do autor pela representação de realização do tipo"[27], ou seja, na previsão do resultado como certo, provável ou possível (conhecimento).

A partir dos critérios adotados, é possível se afirmar que o tipo doloso se caracteriza por uma coincidência entre o tipo objetivo e o tipo subjetivo: a representação do autor própria do tipo subjetivo deve alcançar os elementos do tipo objetivo[28]. Nesse sentido, é necessária a presença de um elemento cognitivo ou intelectual (conhecimento da realização dos elementos objetivos do tipo, da faticidade típica) e de um elemento volitivo (vontade de realização da ação típica).

O elemento intelectual pretende que, na atuação, o agente conheça todo o necessário para uma correta orientação da sua consciência ética para o desvalor jurídico que concretamente se liga à ação intentada. Na instância volitiva, exige-se que a prática do ato seja presidida por uma vontade dirigida à sua realização[29].

Dentro desta definição, é reconhecida a existência de duas modalidades de dolo: o dolo direto (ou imediato)[30] e o dolo eventual (*dolus eventualis*), derivadas das diferentes facetas do elemento volitivo. O dolo direto é carac-

---

26 É importante ressaltar que as teorias mencionadas possuem desdobramentos ou vertentes paralelas, de modo que, dentre as teorias construídas a partir do elemento intelectivo, além da Teoria da Representação, ainda poderiam ser citadas a Teoria da Probabilidade, a Teoria do Risco e a Teoria do Risco Protegido. Por outro lado, dentre as teorias volitivas, se destacam a Teoria do Consentimento (ou aprovação), a Teoria da Evitação e a Teoria da Indiferença.

27 BACIGALUPO, Enrique. ***Derecho Penal**: parte general*. 2ª ed. ren. e ampl. Buenos Aires: Hammurabi, 2007 , p. 316.

28 BACIGALUPO, Enrique. ***Derecho Penal**: parte general*. 2ª ed. ren. e ampl. Buenos Aires: Hammurabi, 2007, p. 315.

29 DIAS, Jorge de Figueiredo. **Direito Penal**: parte geral. 2ª ed. Coimbra: Coimbra Editora, 2007, t.1, p. 351.

30 Setores doutrinários, principalmente alemães e espanhóis, ainda traçam uma distinção entre dolo direto de primeiro grau (que compreende o resultado que o agente persegue diretamente) e o dolo direto de segundo grau (que abrange todas "as consequências que, mesmo não perseguidas e até mesmo eventualmente lamentadas, o autor prevê como inevitáveis") (QUEIROZ, Paulo. **Direito Penal**: parte geral. 5ª ed. rev. e aum. Rio de Janeiro: Lúmen Juris, 2009, p. 204).

terizado pela intenção de produção do resultado, ou seja, pela relação volitiva efetiva entre autor e resultado produzido. O dolo direito incide, portanto, quando as consequências da ação, além de conhecidas, denotam a própria meta do autor. O dolo eventual, por sua vez, caracteriza-se pela representação do resultado como possível e assunção do risco da sua produção. O dolo eventual restará configurado quando o autor atua com conhecimento das consequências acessórias possíveis da sua conduta, ou seja, com ciência da ausência de improbabilidade da mesma.

Insta ressaltar que os tipos dolosos possuem como elemento subjetivo principal o dolo – direto ou eventual –, mas, em determinados casos, exigem, ainda, a concorrência de elementos subjetivos especiais ante uma eventual previsão de uma finalidade especial e transcendente à da realização da ação (dolo específico).

Diferentemente da modalidade dolosa, o tipo culposo se caracteriza pela infração a um dever objetivo de cuidado, materializado num resultado danoso inicialmente desconhecido pelo autor e a este atribuível a título de imprudência, negligência ou imperícia. A depender do critério da previsibilidade, pode-se falar, ainda, em culpa consciente ou culpa inconsciente[31]. A culpa consciente caracteriza-se pela previsibilidade de um resultado e confiança na sua não ocorrência, enquanto a culpa inconsciente pressupõe a imprevisibilidade de um resultado que seria previsível.

Em ambas as modalidades, o tipo culposo possui uma estrutura complexa, pois compreende a inobservância ao dever de cuidado objetivamente devido e a previsão (ou capacidade de previsão, no caso da culpa inconsciente) do resultado lesivo.

Como facilmente perceptível, a tarefa de identificação do elemento subjetivo – ou normativo – apenas encontra dificuldade no tênue limite entre dolo eventual e culpa consciente, o que, no caso dos processos de competência do Tribunal do Júri, é fato essencial para a própria definição da regra de competência.

3.2.2. Dolo Eventual *x* Culpa Consciente

A partir do exame efetuado no tópico precedente, é possível afirmar que o elemento intelectual "não pode, por si só mesmo, considerar-se decisivo da

31 Alguns doutrinadores, como Enrique Bacigalupo, estabelecem uma superação – não adotada pelo nosso ordenamento jurídico – da distinção entre culpa consciente e culpa inconsciente. Nesse sentido, assevera-se que a "culpa consciente" não pode ser admitida como uma modalidade de culpa, posto que quando o autor tiver representado a realização do tipo como não improvável, estar-se-á, em todos os casos, ante situação de dolo eventual. Logo, nesta intelecção, só há uma modalidade de tipo culposo, a culpa inconsciente (BACIGALUPO, Enrique. ***Derecho Penal**: parte general*. 2ª ed. ren. e ampl. Buenos Aires: Hammurabi, 2007, p. 344).

distinção dos tipos de ilícito dolosos e [culposos], uma vez que também estes últimos podem conter a representação pelo agente de um [fato] que preenche um tipo de ilícito"[32], nas hipóteses de culpa consciente. Deste modo, será o elemento volitivo, quando ligado ao elemento intelectual, o indicador do tipo doloso.

A distinção entre dolo eventual e culpa consciente é um das questões mais difíceis e controvertidas do Direito Penal, por isso, ao longo da evolução dogmática, foi apresentada uma diversidade de critérios, seja com a utilização de aspectos volitivos (vertente representada principalmente pela Teoria do Consentimento) ou intelectivos (cuja principal formulação teórica é a Teoria da Representação).

Segundo a Teoria do Consentimento (ou da aprovação), elaborada por Mezger, no dolo eventual o autor deve situar o resultado como provável, de modo que, "ainda que fosse certa sua produção, atuaria"[33]. Isso indica, com a utilização da fórmula de Frank[34] que "seja como for, dê no que der, em qualquer caso não deixo de agir". No dolo eventual, portanto, deve haver "um consentimento por parte do autor em relação à possibilidade da ocorrência do resultado, no sentido da sua aprovação"[35], o que o diferencia da culpa consciente. A modalidade culposa incidirá, em contrapartida, quando "o autor somente leva a cabo sua atividade abraçando-se à possibilidade de que o delito não ocorra e dizendo a si mesmo: 'se eu soubesse que o resultado ocorreria, deixaria de atuar'"[36].

---

32 DIAS, Jorge de Figueiredo. **Direito Penal**: parte geral. 2ª ed. Coimbra: Coimbra Editora, 2007, t.1, p. 350.

33 MUÑOZ CONDE, Francisco. **Teoria Geral do Delito**. Tradução de Juarez Tavares e Luiz Regis Prado. Porto Alegre: Sergio Antonio Fabris Editor, 1988, p. 60.

34 Com o intuito de fornecer meios de conhecimento do dolo eventual, não de caracterizá-lo, Frank criou fórmulas auxiliares ao estudo. A primeira é relativa à atuação do sujeito se houvesse conhecimento do resultado desde o início da conduta ("se o que me parece provável for seguro, mesmo assim atuaria – dolo eventual -; se o que me parece provável for seguro, não atuaria – culpa consciente") e a segunda relaciona-se à indiferença com relação ao resultado (haveria dolo eventual na ideia de que "seja como for, dê no que der, em qualquer caso não deixo de agir"). Ocorre, todavia, que tais fórmulas, embora didáticas, são incompatíveis com o modelo atual, na medida em que, na segunda fórmula, o dolo estaria no âmbito da culpabilidade e, no primeiro caso, parte-se de uma premissa condicional irreal e incomprovável (ROXIN, Claus. ***Derecho Penal**: Parte General*. 2ª ed. Tradução de Diego-Manuel Luzón Peña, Miguel Díaz y García Conlledo e Javier de Vicente Remesal. Madrid: Civitas Ediciones, 2003, t.1, p. 438-439; DÍAZ PITA, Mª Del Mar. ***El dolo eventual***. Valencia: Tirant lo Blanch, 1994, p. 171-177).

35 MIR PUIG, Santiago. **Direito Penal**: fundamentos e Teoria do Delito. 1ª ed. Tradução de Cláudia Viana Garcia e José Carlos Nobre Porciúncula Neto. São Paulo: Revista dos Tribunais, 2007, p. 217.

36 MIR PUIG, Santiago. **Direito Penal**: fundamentos e Teoria do Delito. 1ª ed. Tradução de Cláudia Viana Garcia e José Carlos Nobre Porciúncula Neto. São Paulo: Revista dos Tribunais, 2007, p. 217.

Adotando-se a Teoria da Probabilidade (ou da representação), desenvolvida por Eberhard Schmidhäuser, entretanto, afirma-se que será admitida a existência de dolo eventual quando o autor representar o resultado como muito provável e mesmo assim atuar admitindo ou não a sua produção. Logo, o decisivo será o grau de probabilidade do resultado previsto. A modalidade de culpa consciente, por sua vez, se reservaria às hipóteses em que a possibilidade de ocorrência do resultado previsto é considerada bastante remota.

Apesar do modelo adotado pelo nosso Código Penal se aproximar da formulação da Teoria do Consentimento, Santiago Mir Puig, pontua que, com a adoção deste aporte, a diferença conceitual entre dolo e culpa é traçada a partir de uma atitude interna do autor que indica mais do que a própria vontade, situação corrigida pela Teoria da Probabilidade, que, por sua vez, falha nos casos limites em que a probabilidade de ocorrência do resultado representada encontra-se em nível médio (nem muito provável e nem remota). Com efeito, o referendado autor espanhol defende um posicionamento eclético que direciona o dolo eventual aos casos em que o sujeito "leva a sério" a ocorrência do delito e "se conforma" com tal possibilidade, mesmo que a contragosto. Neste sentido, haveria culpa consciente somente quando o autor atua "confiando" que o delito não ocorrerá[37].

Forçoso ressaltar que outros autores renomados também apresentam contribuições para o tema, na defesa da não comprovada vontade de evitação idônea (*tatmächtige Vermeidewille*) do resultado (Armin Kaufmann), do conhecimento de um risco não permitido (Wolfgang Frish) ou do conhecimento de um perigo qualificado assumido pelo autor de fato doloso (Ingeborg Puppe), todas no sentido da caracterização do dolo eventual.

Na intelecção de PUPPE,

> o que se faz, aqui, não é presumir no autor individual uma vontade ou aprovação, ou trabalhar com uma ficção, no estilo da primeira fórmula de Frank, segundo a qual o autor individual é tido como racional. Pergunta-se unicamente por uma regra prática genérica do agir dirigido a fins. Um perigo será um perigo doloso, que fundamenta o dolo, quando ele representar, em si, um *método idôneo para a provocação do resultado*[38].

Atualmente, sintetizando os modelos teóricos indicados, fala-se que "no dolo eventual o sujeito representa o resultado como de produção provável e, embora não queira produzi-lo, continua agindo e admitindo a sua eventual

37 MIR PUIG, Santiago. **Direito Penal**: fundamentos e Teoria do Delito. 1ª ed. Tradução de Cláudia Viana Garcia e José Carlos Nobre Porciúncula Neto. São Paulo: Revista dos Tribunais, 2007, p. 218-219.

38 PUPPE, Ingeborg. **A distinção entre dolo e culpa**. Tradução de Luís Greco. Barueri: Manole, 2004, p. 82.

produção"[39]. Em outras palavras, embora inexista o "querer", se pode falar em "admitir" produção do resultado ou em "assumir o risco" da mesma[40].

Neste diapasão, afirma JOSÉ DE FARIA COSTA que

> [...] primacialmente e a despeito das várias diferenças de conteúdo e sentido que lhe podem ser descobertas ou mesmo assacadas, a atitude ética da *indiferença* é o elemento nuclear ou, pelo menos, o ponto de passagem obrigatório para a global compreensão do dolo eventual[41].

Também no sentido de uma solução genérica, Juarez Tavares indica que o fator decisivo na distinção entre tais modalidades é que, no dolo eventual, o autor quer, ainda que só eventualmente, o resultado; enquanto na culpa consciente, este não quer, nem mesmo indiretamente[42]. "No dolo eventual, a ocorrência do resultado é tomada, pelo agente, como possível decorrência de seu agir e, diante disso, o sujeito não rejeita essa possibilidade e prossegue sua conduta, não se importando com a ocorrência, ou não, do resultado"[43].

Todavia, é importante observar que, seja em decorrência da discreta linha divisória entre o dolo eventual e culpa consciente, seja pela própria diversidade de teorias que visam solucionar a questão, não é possível a existência de "um complexo processo psicológico no qual se mesclam elementos intelectivos e volitivos, conscientes ou inconscientes, de difícil redução a um conceito unitário de dolo ou culpa"[44].

De fato, a questão relativa à distinção conceitual entre dolo eventual e culpa consciente constitui um dos problemas fundamentais do Direito Penal (*grundlegenden Probleme des Strafrechts*), que possui, até mesmo, soluções alternativas.

39 CALLEGARI, André Luís. Dolo eventual e crime de trânsito. In: MENDES, Gilmar Ferreira; BOTTINI, Pierpaolo Cruz; PACELLI, Eugênio. **Direito Penal Contemporâneo**: questões controversas. São Paulo: Saraiva, 2011, p. 137-138.

40 MUÑOZ CONDE, Francisco. **Teoria Geral do Delito**. Tradução de Juarez Tavares e Luiz Regis Prado. Porto Alegre: Sergio Antonio Fabris Editor, 1988, p. 60.

41 COSTA, José de Faria. **Tentativa e dolo eventual**: ou da relevância da negação em Direito Penal. Coimbra: Coimbra, 1995, p. 32.

42 TAVARES, Juarez. **Teoria do Injusto Penal.** 3ª ed. Belo Horizonte: Dew Rey, 2003, p. 283.

43 PACELLI, Eugênio; CALLEGARI, André. **Manual de Direito Penal**. São Paulo: Atlas, 2015, p. 274.

44 MUÑOZ CONDE, Francisco. **Teoria Geral do Delito**. Tradução de Juarez Tavares e Luiz Regis Prado. Porto Alegre: Sergio Antonio Fabris Editor, 1988, p. 60.

3.2.3. A dúvida quanto ao elemento subjetivo e a tentativa de solução por meio de uma categoria intermediária

Ante a dificuldade dogmática de estabelecer, com clareza, o limite entre o dolo eventual e a culpa consciente, são verificadas Teorias Igualitárias com propostas no sentido do completo abandono na diferenciação entre tais modalidades em prol da criação de uma categoria intermediária, apoiada na figura angloamericana da "*recklesness*", na qual estariam incorporados, conjuntamente, os casos de dolo eventual e culpa consciente.

De acordo com ESSER e WEIGEND, haveria uma terceira forma de elemento subjetivo, situada entre o dolo e a culpa, direcionado aos casos limites, previstos pelo legislador. Isso significa que a adoção deste posicionamento igualitário, que vise à simplificação da aplicação do Direito Penal, demanda uma revisão da Parte Especial do Código Penal, pelo que possui pouca chance de efetivação[45].

Ademais, como ressalta Claus Roxin, além da inauguração da nova categoria igualar situações potencialmente desiguais – o que, por si só, já justifica a rejeição da tese -, gera uma maximização do problema, na medida em que passam a existir duas novas fronteiras: uma entre dolo e "*recklesness*", outra entre "*recklesness*" e culpa[46].

Portanto, como não há um consenso na doutrina com relação à efetiva distinção conceitual e não há como se defender uma igualação entre o dolo eventual e culpa consciente, forçoso concluir que, em que pese todo o esforço doutrinário, o alcance de uma decisão justa no sentido da tipificação de determinados fatos como dolosos ou culposos implica num esforço intelectual hercúleo e, muitas vezes, inalcançável, até mesmo pelos mais preparados juristas.

4. A SENTENÇA DE PRONÚNCIA E A DÚVIDA QUANTO AO ELEMENTO SUBJETIVO DO TIPO

Em 2005, o Prof. René Ariel Dotti, homenageado na presente obra, foi consultado acerca de um caso em que, mesmo ante a dúvida quanto à ocorrência ou não de dolo eventual, um jovem de 23 anos foi pronunciado, em

---

45 ROXIN, Claus. **Derecho Penal**: *Parte General*. 2ª ed. Tradução de Diego-Manuel Luzón Peña, Miguel Díaz y García Conlledo e Javier de Vicente Remesal. Madrid: Civitas Ediciones, 2003, t.1, p. 447-448.

46 ROXIN, Claus. **Derecho Penal**: *Parte General*. 2ª ed. Tradução de Diego-Manuel Luzón Peña, Miguel Díaz y García Conlledo e Javier de Vicente Remesal. Madrid: Civitas Ediciones, 2003, t.1, p. 448. No mesmo sentido, posicionamento de Juarez Cirino dos Santos (SANTOS, Juarez Cirino dos. **Direito Penal**: Parte Geral. 3ª ed. rev. e ampl. Curitiba: Lumen Juris, 2008, p. 150-151).

face de decisão unânime do Tribunal de Justiça de Santa Catarina, por crime de homicídio doloso perpetrado na direção de veículo automotor.

Na oportunidade, Dotti ressaltou que o "reconhecimento da existência do fato humano como delito exige a comprovação da tipicidade"[47], cujo aspecto subjetivo é representado, nos casos levados ao julgamento pelo Tribunal do Júri, pelo dolo.

A referida constatação – fruto da simples interpretação de conceitos fundamentais da Teoria do Delito, apresentados no tópico precedente – indica que a convicção acerca da presença do dolo é essencial para definição da competência do Tribunal do Júri, condicionada à ocorrência de um crime *doloso* contra a vida.

O cerne da questão é estabelecer quem estaria habilitado a afirmar a existência de um crime de competência do Tribunal do Júri? O delegado de polícia por meio do indiciamento? O Promotor de Justiça por meia da denúncia? O juiz por meio da decisão de pronúncia? Ou o Conselho de Sentença por meio da sua íntima convicção na elaboração de respostas objetivas e desprovidas de fundamentação?

Como ressalta EUGÊNIO PACELLI,

> nossa legislação, para evitar que todos os processos penais que tivessem por objeto a morte de determinada pessoa fossem encaminhados, desde logo, ao Tribunal do Júri, preferiu reservar ao Judiciário um juízo prévio acerca da natureza dos fatos em apuração, para a definição da competência jurisdicional a ser exercida[48].

Isso significa que a definição de competência do Tribunal do Júri precisa ser estabelecida ao final da fase instrutória preliminar, oportunidade na qual, na escolha por uma decisão justa, o juiz deverá examinar a existência de prova e de indícios de autoria de um crime *doloso* contra a vida, que justifique a convocação do Tribunal do Júri para seu julgamento.

Ocorre que, apesar da coerência do entendimento exposto, muitos julgados inclinam-se para o postergamento do exame do elemento subjetivo para o momento do julgamento plenário, numa suposta defesa à competência constitucional do Tribunal do Júri, situação que não encontra amparo na ordem processual penal, tampouco no Direito penal objetivo e na própria Constituição Federal.

Em decisões relativamente recentes, Tribunais Superiores vêm afirmando que a questão sobre a existência de dolo ou culpa deve ser solucionada

---

47 DOTTI, René Ariel. **Parecer sobre "Homicídio na direção de veículo automotor e dolo eventual"**, 08 de maio de 2005. Disponível em: <http://www.caon.com.br/?pg=texto-publicado&cod=155>. Acesso em: 07 mar. 2016.

48 PACELLI, Eugênio. **Curso de Processo Penal.** 11ª ed. Rio de Janeiro: Lúmen Juris, 2009, p. 590.

pelo Conselho de Sentença. Todavia, ao passo em que autoriza a pronúncia em situações limítrofes mediante a afirmação de que "não cabe na pronúncia analisar e valorar profundamente as provas", o Supremo Tribunal Federal afirma, por exemplo, que seria "suficiente a indicação, *fundamentada*, da existência de provas da materialidade e autoria de *crime de competência do Tribunal do Júri*"[49].

Com a devida vênia, ignora o Supremo Tribunal Federal que qualquer decisão perfunctória acerca da existência de um crime precisa perpassar, necessariamente, pela tipicidade do fato analisado, tendo em vista que a impossibilidade de subsunção do fato à norma torna ilegal e arbitrário qualquer tipo de intervencionismo estatal. Sendo assim, se o dolo é elemento integrante da tipicidade e pressuposto para a definição da regra de competência alegada, um juízo de convicção relativo ao mesmo deve ser efetuado previamente ao julgamento popular.

A realização de um "filtro" judicial, por meio da possibilidade ou não de pronunciar o réu, decorre do necessário reconhecimento do axioma de justiça e do fato de que questões técnicas – complexas ou não – não podem ser transferidas para o Conselho de Sentença, formado por leigos. A partir de uma interpretação coerente do sistema, verifica-se que, da mesma forma que o juiz pode reconhecer a clara insuficiência probatória por meio de uma impronúncia e dar incidência a uma causa justificante ou exculpante por meio da absolvição sumária, poderá reconhecer a existência de culpa – cujos limites são muito mais técnicos e complexos do que as situações precedentes – e desclassificar o crime. Evita-se, assim, a realização de um julgamento atentatório à dignidade humana e susceptível à convicção interna – muitas vezes influenciada pela opinião da imprensa – de cidadãos leigos, que apenas precisam ser "maiores de 18 anos e de notória idoneidade" (art. 436, CPP).

Analisando a questão posta à luz do Código de Processo Penal, verifica-se que, antes da reforma promovida em 2008, o artigo 408 indicava que, "se o juiz se convencer da existência de *crime* e de indícios de que o réu seja o seu autor, pronunciá-lo-á, dando os motivos do seu convencimento".

Com o advento da Lei nº 11.689/2008, a pronúncia passou a receber tratamento no artigo 413 do Código de Processo Penal, com a seguinte redação:

> Art. 413. O juiz, fundamentadamente, pronunciará o acusado, se convencido da materialidade do fato e da existência de indícios suficientes de autoria ou de participação.
> § 1º A fundamentação da pronúncia limitar-se-á à indicação da materialidade do fato e da existência de indícios suficientes de autoria ou de participação, devendo

---

49 Cf. Supremo Tribunal Federal, RHC 116950/ES, julgado em 03/12/2013; HC 109210/RJ, julgado em 21/08/2012; entre outros.

> o juiz declarar o dispositivo legal em que julgar incurso o acusado e especificar as circunstâncias qualificadoras e as causas de aumento de pena [...].

Note-se que, apesar da redação ter sido parcialmente alterada, a essência do dispositivo legal foi mantida, de modo que, a análise motivada efetuada na pronúncia precisa enfrentar a questão da existência de um crime de competência do Tribunal do Júri, pois, indubitavelmente, guarda certa similitude com a efetuada na "própria admissão da peça acusatória, com a circunstância de que aqui há a necessidade de que se trate de delito doloso (ou conexo a ele) contra a vida"[50].

Com efeito, em perfeita consonância com o entendimento apresentado, no supramencionado parecer sobre dolo eventual nos casos de homicídio na direção de veículo automotor, o Prof. René Ariel Dotti ressaltou que

> a pronúncia [...] atua como uma garantia de liberdade, evitando que alguém seja condenado e não o mereça. No procedimento dos crimes de competência do juiz singular, a garantia da liberdade encontra-se na vigência da fundamentação da sentença e na possibilidade de recurso a um tribunal revisor. No procedimento do júri, em virtude da soberania e do julgamento por convicção íntima sem fundamentação, a garantia da liberdade somente pode estar na decisão de pronúncia[51].

Como acrescenta Frederico Marques, "a prova do crime, que se exige para a pronúncia, não é diversa da prova que se exige para a condenação"[52], notadamente porque, neste procedimento especial, o único momento de enfrentamento de questões técnicas atinentes ao Direito Penal material é a decisão de pronúncia, na medida em que a sentença do juiz presidente, prolatada ao final do julgamento, dispensa relatório e fundamentação, sendo suficiente a menção às respostas dos quesitos.

Por isso mesmo, estabelece o Código de Processo Penal a necessidade de *convencimento* (certeza) quanto à existência de competência do Tribunal do Júri (*crime doloso* contra a vida) para encaminhamento dos autos a julgamento, indicando, consequentemente, que o exame das questões técnicas e dogmáticas de Direito material deverá ser efetuado em sede de pronúncia.

Todavia, como o Código Penal adota um sistema diferenciador entre as modalidades de dolo eventual e culpa consciente, conforme apreendido pelo art. 18, anteriormente examinado, será necessário que a decisão de pronún-

50 PACELLI, Eugênio; FISCHER, Douglas. **Comentários ao Código de Processo Penal e sua jurisprudência.** 7ª ed. rev. e atual. São Paulo: Atlas, 2015, p. 910.

51 DOTTI, René Ariel. **Parecer sobre "Homicídio na direção de veículo automotor e dolo eventual"**, 08 de maio de 2005. Disponível em: <http://www.caon.com.br/?pg=texto-publicado&cod=155>. Acesso em: 07 mar. 2016.

52 MARQUES, Frederico. **A instituição do Júri**. São Paulo: Saraiva, 1963, v.1, p. 225.

cia demonstre um convencimento motivado do juiz com relação à presença de uma modalidade dolosa, seja dolo direto ou eventual, não podendo ser reconhecida dúvida a ser dirimida, posteriormente, no julgamento plenário.

A pronúncia é uma decisão e, como tal, não pode ser fundada na incerteza sobre a existência de um crime doloso e de indícios suficientes de autoria. Isso significa que a dúvida sobre a existência de crime sujeito ao julgamento pelo Tribunal do Júri não pode autorizar o proferimento de decisão de pronúncia, já que "a dúvida é um estado de espírito oposto ao convencimento, à persuasão. A pronúncia em caso de dúvida é uma *contradictio in terminis*, uma violação aberta a princípios e regras elementares do julgamento justo"[53].

Insta pontuar, contudo, que, lamentavelmente, prevalece o entendimento de que, havendo dúvida ao término da primeira fase deste procedimento especial, o acusado deveria ser pronunciado, ante a incidência do brocardo *in dubio pro societate*. No entanto, tal entendimento não pode prosperar, seja porque o art. 413, *caput*, do CPP estabelece um critério de certeza, seja porque "não existe *topos* contrário ao *in dubio pro reo*, e na dúvida, sempre se deve evitar o processo temerário"[54].

De fato, parte considerável da doutrina e jurisprudência inclina-se para a utilização do *in dubio pro societate* em sede de pronúncia, considerando a existência de mero juízo de admissibilidade nesta fase, todavia não existe qualquer aceitação semelhante em todo o procedimento processual penal e tal princípio é incompatível com uma ordem processual penal de cunho garantista.

Além disso, a "supressão" – apenas aparente – da competência do Tribunal do Júri é perfeitamente justificável pelas peculiaridades do Conselho de Sentença – formado por leigos, sem conhecimento do Direito e das leis – e do procedimento especial, que dispensa qualquer fundamentação do *decisum a posteriori*

Assim, ao tempo em que as particularidades do procedimento especial reclamam a adoção de algumas cautelas – especialmente para resguardar conceitos fundamentais da Teoria do Crime –, a decisão de pronúncia é o único momento processual em que será possível o enfrentamento de questões técnicas, sob pena de ilegalidade e grave e eventual injustiça.

Aparentemente, a suposta violência de determinados crimes, em especial de acidentes de trânsito, aliada à repercussão conferida pela imprensa, vem reclamando uma resposta do Estado perante a sociedade, no sentido da imposição de punição mais severa, quase sempre atrelada à convocação do

53 DOTTI, René Ariel. **Parecer sobre "Homicídio na direção de veículo automotor e dolo eventual"**, 08 de maio de 2005. Disponível em: <http://www.caon.com.br/?pg=texto-publicado&cod=155>. Acesso em: 07 mar. 2016

54 BRITO, Alexis Couto de; FABRETTI, Humberto Barrionuevo; LIMA, Marco Antônio Ferreira. **Processo Penal brasileiro**. 3ª ed. São Paulo: Atlas, 2015, p. 303.

júri popular. Contudo, a expectativa social de maximização do Direito Penal não encontra respaldo nos axiomas garantistas que permeiam o sistema, não representando, portanto, fundamento legítimo – ou mesmo plausível – para a violação de conceitos elementares da Teoria do Delito.

A gravidade de um crime não pode culminar na alteração do seu elemento subjetivo – a sua tipicidade –, mas, tão somente, na consideração de um maior grau de reprovabilidade da conduta, o que apenas poderá ser solucionado na seara da culpabilidade[55], verdadeiro barema que garante a proporcionalidade entre a pena e o grau de reprovabilidade da conduta do autor.

Aliás, no caso do homicídio culposo praticado na direção de veículo automotor – hipótese de maior celeuma da distinção entre dolo eventual e culpa consciente –, a relação entre desvalor da ação e desvalor do resultado, já ensejou na previsão de pena mais severa quando comparado com o homicídio culposo previsto no Código Penal. As peculiaridades da conduta e a realidade do trânsito já foram levadas em consideração pelo legislador, de modo que não há qualquer razão para o afastamento de noções dogmáticas básicas para conduzir diversas situações – claramente configuradoras de culpa consciente – ao julgamento pelo Tribunal do Júri.

Se os limites entre dolo eventual e culpa consciente são tênues a ponto de justificar a defesa de uma categoria intermediária e fomentar debates entre estudiosos do Direito Penal, é absurdo e incoerente que a dúvida implique na pronúncia e na solução postergada ao encargo de leigos.

Ademais, apesar de ser comum ouvir que o Tribunal do Júri representaria uma das mais democráticas instituições do Poder Judiciário, ante a submissão do cidadão ao julgamento pelos seus pares e inauguração de uma justiça fora dos limites do Direito positivo[56], esse ideal muitas vezes não é alcançado. Acredita-se que, neste ponto, democracia e arbitrariedade possuem limites tão singelos quanto às noções de dolo e culpa, especialmente em face da inexistência do dever de motivação.

São diversos os fatores que podem conduzir os jurados a um julgamento injusto, ideias pré-concebidas, questões pessoais, intolerâncias, influência da imprensa ou, até mesmo, o simples talento de oratória dos representantes das partes. Se não há fundamento e não há enfrentamento técnico, sempre

55 O termo culpabilidade indicado é no sentido de culpabilidade como medida de pena, na forma prevista no art. 59 do Código Penal. Insta ressaltar que, segundo Hans Achenbach, em estudo amplamente aceito pela doutrina, o termo "culpabilidade" possui diferentes acepções e funções no âmbito do ordenamento jurídico-penal. A culpabilidade pode representar um princípio ou ideia (*Schuld Idee*), a medida da pena ou o seu fundamento, na forma de elemento do crime (ACHENBACH, Hans. ***Historische und dogmatische Grundlagen der strafrechtssystematischen Schuldlehre***. Berlim: Lüderitz & Bauer, 1974).

56 PACELLI, Eugênio. **Curso de Processo Penal**. 11ª ed. Rio de Janeiro: Lúmen Juris, 2009, p. 589.

haverá uma desconfiança sobre os motivos de uma decisão, se legítimos ou ilegítimos, notadamente nos casos de grande repercussão popular e midiática.

Aliás, nos casos de grande veiculação pela imprensa, notadamente aqueles cujo elemento subjetivo é questionável e o resultado causa um choque social pela sua gravidade, é facilmente perceptível que a opção do julgador por proferir uma decisão de pronúncia e postergar a deliberação sobre a existência de dolo eventual ou culpa consciente para o Conselho de Sentença, constitui, na quase integralidade das vezes, uma verdadeira condenação prévia por homicídio doloso.

Em decorrência desta constatação, é possível afirmar, inclusive, que o julgamento justo daquele jovem de 23 anos, cuja conduta foi objeto do supramencionado parecer efetuado pelo Prof. René Ariel Dotti, foi garantido exclusivamente em face do reconhecimento da ocorrência de culpa consciente em momento prévio ao julgamento pelo Tribunal do Júri, o que, ante as resistências jurisdicionais de utilização adequada da pronúncia, acabou sendo efetuado apenas por meio de acórdão do Superior Tribunal de Justiça, em sede de Recurso Especial.

Veja-se alguns trechos do acórdão proferido pelo Superior Tribunal de Justiça sobre o acidente de trânsito que causou a morte de duas pessoas, em razão do arremesso do veículo das vítimas à distância de 65 (sessenta e cinco) metros e incêndio provocado pelo vazamento do combustível:

> Considerar que o acusado tenha, de forma indiferente, admitido a possibilidade de se envolver em sinistro automobilístico, provocando a norte de outrem, implicaria na absurda conclusão de que ele teria assumido o risco de causar sua morte. [...]
> O clamor social no sentido de que os motoristas que dirigem embriagados e/ou em velocidade excessiva devem ser punidos severamente, quando tiram a vida ou causem lesões irreparáveis em pessoas inocentes, não pode ter o condão de modificar toda a estrutura jurídico-penal.
> Não podemos, simplesmente, condenar o motorista por dolo eventual quando, na verdade, cometeu a infração na modalidade culposa.[...]
> A dúvida deve ser sempre dirimida a favor do réu, e não como está na decisão atacada, em que se invocou o brocardo '*in dubio pro societate*' para pronunciar o recorrente, tendo em vista a impossibilidade de se estabelecer o elemento subjetivo do tipo. [...]
> A decisão de pronúncia deve ter um mínimo substrato no sentido da ocorrência de um crime doloso contra a vida. Se da prova dos autos não exsurge qualquer elemento que possa apontar para a prática do crime doloso, não há de se remeter o julgamento do feito ao Tribunal do Júri. [...]
> Conclui-se, pois, ser vedada a pronúncia do réu, ausente contexto probatório que indique a prática de crime doloso contra a vida. Não há de se falar na aplicação do aforismo *in dubio pro societate*.[57]

57 BRASIL. Superior Tribunal de Justiça. Acórdão 629975, **Recurso Especial nº 705.416**, Santa Catarina. Relator Min. Paulo Medina. Brasília, 23 maio 2006.

Portanto, numa leitura conjunta entre a competência constitucional e inegável do Tribunal do Júri para julgamento dos crimes dolosos contra a vida e os demais preceitos fundamentais, verifica-se que a definição motivada do elemento subjetivo, pautada em juízo de convicção, é *conditio sine qua non* para a prolação da pronúncia e encaminhamento dos autos para julgamento popular.

Caso contrário, especialmente após o esforço empreendido no Capítulo 3 no presente artigo, seria forçoso reproduzir a crítica apresentada por ISRAEL JORIO:

> [...] para que servem os livros? Para que servem as teorias? Para que servem as pesquisas científicas? Infelizmente, as indagações parecem admitir, como lastimável resposta, um sonoro "para nada". Séculos de desenvolvimento teórico, incontáveis horas de estudo e páginas de pesquisa parecem ter perdido a sua utilidade diante de uma vontade incontrolável de criar soluções que satisfaçam um anseio pessoal ou social por 'justiça'[58].

Não é possível admitir tal situação como válida. Destarte, em conformidade com todo o sistema jurídico-penal e processual, no momento da deliberação judicial no sentido da pronúncia ou não, deverá ser feito um exame técnico-jurídico a respeito da caracterização de dolo eventual e culpa consciente, o que não caracteriza qualquer negação da competência constitucional do júri popular, mas, tão somente, a utilização dos "livros" em busca de uma efetiva justiça.

5. Conclusão

A partir das considerações suscitadas, por meio de um exame conjunto de questões materiais e processuais do sistema jurídico-penal, chega-se às seguintes conclusões:

1. A previsão constitucional de competência do Tribunal do Júri, para julgamento de crimes dolosos contra a vida, precisa ser interpretada de forma condizente com um Direito Penal garantista, lastreado em princípios e fundamentos constitucionais, que fornece o conceito de crime e a delimitação dos seus elementos essenciais.

2. Desde a formulação do sistema finalista, no qual foi procedida a completa reestruturação do conceito de crime, a faticidade típica demanda a presença de dolo ou culpa para a adequada subsunção, de modo que apenas é possível começar a se falar em crime ante a presença do elemento subjetivo aliado ao tipo objetivo.

58 DOTTI, René Ariel. **Curso de Direito Penal**: parte geral. 5ª ed. rev., atual. e ampl. São Paulo: Revista dos Tribunais, 2013, p. 418.

3. O exame conjunto das regras de Direito Penal e Processual Penal indicam que o juiz apenas poderá proferir decisão de pronúncia se ficar *convencido* da existência de indícios de autoria e prova da materialidade de um crime *doloso* contra a vida.

4. Havendo dúvida quanto ao elemento subjetivo da conduta, ante o tênue limite entre o dolo eventual e a culpa consciente, o réu não poderá ser pronunciado, em decorrência da necessária incidência do princípio do *in dubio pro reo.*

5. A referida providência judicial não indica uma supressão da competência do Tribunal do Júri, na medida em que a adoção do princípio do *in dubio pro societate* não encontra qualquer respaldo numa ordem jurídico-penal garantista – construída de forma compatível com o modelo de Estado Democrático de Direito – e a solução de uma das questões mais difíceis e controversas da dogmática penal – objeto de formulações teórica, críticas e discussões – não pode ser transferida a um Conselho formado por leigos, sob pena de subversão à própria ordem jurídica.

6. A decisão de pronúncia, portanto, precisa ser considerada como uma forma de evitar injustiças por meio da determinação de uma declaração prévia ao júri popular, lastreada nos institutos fundamentais do Direito Penal material, *a priori*, desconhecidos pelo Conselho de Sentença.

7. Consequentemente, nos crimes de competência do Tribunal do Júri, cabe ao juiz, no momento da pronúncia, afirmar, num juízo de convicção prévia, a ocorrência de dolo eventual ou culpa consciente, dando os motivos do seu convencimento, ou, no caso de dúvida, dar incidência ao princípio do *in dubio pro reo*, norteador de todo o processo penal, encaminhando os autos para o juízo competente, de modo a evitar uma eventual injustiça.

Referências bibliográficas

ACHENBACH, Hans. ***Historische und dogmatische Grundlagen der strafrechtssystematischen Schuldlehre***. Berlim: Lüderitz & Bauer, 1974.

ALBAN, Rafaela. Uma dissociação entre a culpabilidade material e a inexigibilidade de conduta diversa. In: MELLO, Sebástian (org.). **Culpabilidade no pós-finalismo**. Salvador: Juspodivm, 2016.

AMBOS, KAI. **100 años de la "teoría del delito" de Beling**. Tradução de Ana Maria Garrocho Salcedo. Disponível em: <www.criminet.ugr.es/recpc>. Acesso em: 18 fev. 2016.

BACIGALUPO, Enrique. ***Derecho Penal****: parte general*. 2ª ed. ren. e ampl. Buenos Aires: Hammurabi, 2007.

________. ***Manual de Derecho Penal***. 3ª ed. Bogotá: Editorial Temis S.A., 1996.

BADARÓ, Gustavo. **Processo Penal**. 2ª ed. Rio de Janeiro: Elsevier, 2014.

_______. Tribunal do Júri e soberania dos veredictos: desconfiança e enfraquecimento de um falso soberano. In: MARTINS, Ives Gandra da Silva; JOBIM, Eduardo (Org.). **O Processo na Constituição**. São Paulo: Quartier Latin, 2008.

BADARÓ, Gustavo; BELLOQUE, Juliana Garcia. O Projeto de Lei nº 4.203/2001 e a nova disciplina no Tribunal do Júri: principais mudanças e sugestões. **Boletim do Instituto Brasileiro de Ciências Criminais**, p. 11-12, 2005.

BARREALES, María A. Tropero. ***Los elementos subjetivos em las causas de justificación y de atipicidad penal***. Granada: Comares, 2000.

BITENCOURT, Cezar Roberto. **Teoria geral do delito**. São Paulo: Saraiva, 2002.

BRANDÃO, Cláudio. **Curso de Direito Penal**: Parte Geral. 2ª ed. Rio de Janeiro: Forense, 2010.

BRASIL. Constituição da República Federativa do Brasil de 1988. **Diário Oficial [da] República Federativa do Brasil**, Brasília, DF, 05 out. 1988. Disponível em: <www.planalto.gov.br >. Acesso em: 22 fev. 2016.

BRASIL. Código de Processo Penal. **Diário Oficial [da] República Federativa do Brasil**, Brasília, DF, 03 out. 1941. Disponível em < www.planalto.gov.br>. Acesso em: 22 fev. 2016.

BRASIL. Código Penal. **Diário Oficial [da] República Federativa do Brasil**, Brasília, DF, 07 dez. 1940. Disponível em < www.planalto.gov.br>. Acesso em: 22 fev. 2016.

BRASIL. Superior Tribunal de Justiça. Acórdão 629975, **Recurso Especial nº 705.416**, Santa Catarina. Relator Min. Paulo Medina. Brasília, 23 maio 2006.

BRITO, Alexis Couto de; FABRETTI, Humberto Barrionuevo; LIMA, Marco Antônio Ferreira. **Processo Penal brasileiro**. 3ª ed. São Paulo: Atlas, 2015.

BUSATO, Paulo César. **Direito Penal**: Parte Geral. 2ª ed. São Paulo: Atlas, 2015.

BUSATO, Paulo César; MARTÍNEZ-BUJÁN PÉREZ, Carlos; DÍAZ PITA, María del. **Modernas tendências sobre o Dolo em Direito Penal**. Rio de Janeiro: Lumen Juris, 2008.

CALLEGARI, André Luís. Dolo eventual e crime de trânsito. In: MENDES, Gilmar Ferreira; BOTTINI, Pierpaolo Cruz; PACELLI, Eugênio. **Direito Penal Contemporâneo**: questões controversas. São Paulo: Saraiva, 2011.

COSTA, José de Faria. **Tentativa e dolo eventual**: ou da relevância da negação em Direito Penal. Coimbra: Coimbra, 1995.

DIAS, Jorge de Figueiredo. **Direito Penal**: parte geral. 2ª ed. Coimbra: Coimbra Editora, 2007, t.1.

________. **Questões fundamentais de Direito Penal revisitadas**. São Paulo: Revista dos Tribunais, 1999.

DÍAZ PITA, Mª Del Mar. ***El dolo eventual***. Valencia: Tirant lo Blanch, 1994.

DOTTI, René Ariel. **A posição sistemática da culpabilidade**. Porto Alegre: Nuria Fabris, 2013.

________. **Curso de Direito Penal**: parte geral. 5ª ed. rev., atual. e ampl. São Paulo: Revista dos Tribunais, 2013.

________. **Parecer sobre "Homicídio na direção de veículo automotor e dolo eventual"**, 08 de maio de 2005. Disponível em: <http://www.caon.com.br/?pg=texto-publicado&cod=155>. Acesso em: 07 mar. 2016.

HASSEMER, Winfried. **Direito Penal**: fundamentos, estrutura, política. Tradução de Adriana Beckman Meirelles, Carlos Eduardo de Oliveira Vasconcelos, Felipe Rhenius Nitzke, Mariana Ribeiro de Souza e Odim Brandão Ferreira. Porto Alegre: Sergio Antonio Fabris, 2008.

________. **Introdução aos fundamentos do Direito Penal**. 2ª ed. Tradução de Pablo Rodrigo Alflen da Silva. Porto Alegre: Sergio Antonio Fabris, 2005.

JAKOBS, Günther. ***Derecho Penal:*** *Parte General*. Tradução de Joaquim Cuello Contreras y José Luis Serrano Gonzáles de Murillo. Madrid: Marcial Pons Ediciones Jurídicas, 1995.

LISZT, Franz Von. **Tratado de Direito Penal**. 1ª ed. Tradução de José Higino Duarte Pereira. Campinas: Russell, 2003, t.I.

MARQUES, Frederico. **A instituição do Júri**. São Paulo: Saraiva, 1963, v.1.

MERKEL, Adolph. ***Lehrbuch des Deutschen Strafrechts***. Stuttgart: Berlag von Ferdinand Ente, 1889.

MEZGER, Edmund. ***Derecho Penal***: *parte general*. Tradução de Ricardo Nuñez. Buenos Aires: Editorial Bibliográfica Argentina, 1958.

MIR PUIG, Santiago. ***Derecho penal***: parte general. Barcelona: B de F, 2004.

________. **Direito Penal**: fundamentos e Teoria do Delito. 1ª ed. Tradução de Cláudia Viana Garcia e José Carlos Nobre Porciúncula Neto. São Paulo: Revista dos Tribunais, 2007.

MOREIRA, Rômulo de Andrade. **Direito Processual Penal**. Salvador: JusPodivm, 2007.

MUÑOZ CONDE, Francisco. ***Introducción al Derecho Penal***. 2ª ed. Buenos Aires: B de F, 2001.

________. **Teoria Geral do Delito**. Tradução de Juarez Tavares e Luiz Regis Prado. Porto Alegre: Sergio Antonio Fabris Editor, 1988.

PACELLI, Eugênio. **Curso de Processo Penal**. 11ª ed. Rio de Janeiro: Lumen Juris, 2009.

PACELLI, Eugênio; CALLEGARI, André. **Manual de Direito Penal**. São Paulo: Atlas, 2015.

PACELLI, Eugênio; FISCHER, Douglas. **Comentários ao Código de Processo Penal e sua jurisprudência**. 7ª ed. rev. e atual. São Paulo: Atlas, 2015.

PEÑA, Diego-Manuel Luzón; MIR PUIG, Santiago. *Introducción*. In: UREBA, Alberto Alonso. ***Cuestiones actuales de la teoría del delito***. Madrid: Ciencias Jurídicas, 1999, p. 26-29.

PIERANGELI, José Henrique. **Escritos jurídico-penais**. 3ª ed. São Paulo: Revista dos Tribunais, 2006.

PRADO, Luiz Regis. **Curso de Direito Penal Brasileiro**. 5ª ed. São Paulo: Revista dos Tribunais, 2005, v. 1.

PUPPE, Ingeborg. **A distinção entre dolo e culpa**. Tradução de Luís Greco. Barueri: Manole, 2004.

________. ***Strafrecht***: *Algemeiner Teil*. 2ª ed. Baden-Baden: Nomos, 2011.

QUEIROZ, Paulo. **Direito Penal**: parte geral. 5ª ed. rev. e aum. Rio de Janeiro: Lumen Juris, 2009.

ROXIN, Claus. ***Derecho Penal***: *Parte General*. 2ª ed. Tradução de Diego-Manuel Luzón Peña, Miguel Díaz y García Conlledo e Javier de Vicente Remesal. Madrid: Civitas Ediciones, 2003, t.1.

________. ***Strafrecht***: *Allgemeiner Teil*. 4ª ed. München: Beck, 2006.

SANTOS, Juarez Cirino dos. **A moderna teoria do fato punível**. 2ª ed. rev. e ampl. Rio de Janeiro: Revan, 2002.

________. **Direito Penal**: Parte Geral. 3ª ed. rev. e ampl. Curitiba: Lumen Juris, 2008.

SARRULLE, Oscar Emilio J. ***Dogmática de la culpabilidad***. 1ª ed. Buenos Aires: Editorial Universidad, [2001?].

STRATENWERTH, Günter. ***Derecho Penal***: *parte general*. 2ª ed. Tradução de Gladys Nancy Romero. Buenos Aires: Fabian J. Di Placido Editor, 1999.

TAVARES, Juarez. Culpabilidade: a incongruência dos métodos. **Revista Brasileira de Ciências Criminais**, a.6, nº 24, p. 145-156, out/dez. São Paulo: Revista dos Tribunais, 1998.

________. **Teoria do Crime Culposo**. 3ª ed. rev. e ampl. Rio de Janeiro: Lumen Juris, 2009.

________. **Teoria do Injusto Penal**. 3ª ed. Belo Horizonte: Dew Rey, 2003.

VIVES ANTÓN, Tomás Salvador. ***Fundamentos del sistema penal***: *acción significativa y derechos constitucionales*. 2ª ed. Valencia: Tirant lo Blanch, 2011.

ZAFFARONI, Eugenio Raúl. ***Tratado de Derecho Penal***. Buenos Aires: EDISR, 1988, v. III.

ZAFFARONI, Eugenio Raúl; PIERANGELI, José Henrique. **Manual de Direito Penal Brasileiro**: Parte Geral. 11ª ed. São Paulo: Revista dos Tribunais, 2015.

WELZEL, Hans. ***Derecho Penal***: *Parte General*. Tradução de Carlos Fontán Balestra. Buenos Aires: Ediciones Depalma, 1956.

________. **Direito Penal**. Tradução de Afonso Celso Rezende. Campinas: Romana, 2003.

________. **O novo sistema jurídico-penal**. Tradução de Luiz Regis Prado. São Paulo: Revista dos Tribunais, 2001.

A SITUAÇÃO JURÍDICO-PENAL DO INDÍGENA NO BRASIL: O DILEMA ENTRE O MULTICULTURALISMO E A ADEQUAÇÃO SOCIAL CULTURAL

Renato de Mello Jorge Silveira

RESUMO: A legislação e a jurisprudência brasileira acabam por ter entendimentos diversos sobre a responsabilidade e sobre a irresponsabilidade do índio não aculturado. Em vários países da América Latina, no entanto, a defesa do multiculturalismo e o próprio reconhecimento da adequação social tem procurado dar respostas diversas. O presente artigo busca aprofundar essa discussão.

TITLE: The criminal situation of the Brazilian indian: the dilemma between the multiculturalism and the cultural social adequacy.

PALAVRAS CHAVE: Direito Penal; índio; multiculturalismo; adequação social.

ABSTRACT: Legislation and the Brazilian jurisprudence exposes different understandings of responsibility and irresponsibility on the Indian not acculturated. In several countries in Latin America, however, the defense of multiculturalism and social adequacy has sought to give other several answers. This article seeks to deepen this discussion.

KEY WORDS: Criminal law; indian; multiculturalism, social adequacy.

Introdução

René Ariel Dotti é exemplo de advogado e penalista marcante para várias gerações. Seu labor na Advocacia, na Academia – onde se destacam as marcas deixadas e ainda hoje sentidas na centenária Faculdade de Direito da Universidade do Paraná –, na Associação Internacional de Direito Penal – onde, até recentemente, desempenhou papel fundamental na presidência do Grupo Brasileiro, e, hoje, ocupa a vice-presidência internacional – e, principalmente, na formação de tantos estudiosos da seara penal, é fundamental para se entender a construção formacional do jurista nacional. Membro de destaque da Comissão de Reforma de 1984, sua proximidade com a Escola de São Paulo, em especial com professores da envergadura de Miguel Reale Júnior, Ricardo Antunes Andreucci, Rogério Lauria Tucci ou Sérgio Marcos de Moraes Pitombo, sempre foi absolutamente profícua e marcou, também, tantos penalistas paulistas.

Muitíssimos poderiam ser os pontos de desenvolvimento de um trabalho em sua honra e homenagem. Tantos foram os alvos de inflexão de seu pensamento que haveria inegável dificuldade de escolha. Aqui, no entanto, e por opção metodológica, intentou-se um aprofundizar por algo que trabalhou, o homenageado, em outros escritos, publicados em ocasiões distintas. A primeira vez, em homenagem também laudatória, ao professor Cerezo Mir, Catedrático de Direito Penal da Universidade de Zaragoza, e a segunda, em trabalho coletivo sobre *Direito Penal e Povos Indígenas*, sob a coordenação de Luiz Fernando Villares. Trata-se, em verdade, do artigo "A situação jurídico-penal do indígena", discorrendo sobre a significativa questão do indígena e suas repercussões à luz do Direito Penal brasileiro. O silvícola, antes visto como inimputável quando não aculturado, hoje, face a tantas implicações, urge repensar várias e várias incidências de imputação, principalmente sob o enfoque do multiculturalismo e, em particular, da própria adequação social.

Ao estimado professor René Ariel Dotti, os agradecimentos pela sua contribuição marcante ao Direito Penal nacional. Os obrigados pelos ensinamentos e pela presença sempre fundamental. A gratidão, enfim, pela possibilidade de diálogos vários, aqui retratados em um tema que desenvolveu com tanta propriedade. Afinal, em um mundo em que a cultura ganha tanto espaço, e motiva, inclusive, novas chaves hermenêuticas, é de se indagar sobre a eventual preponderância de uma cultura sobre outra. Mais do que isso, é de se ter em conta a impossibilidade de aceitação de incidência penal quando existe evidente presença de ambiente multicultural. Embora isso possa parecer absolutamente distante de uma compreensão penal não clássica, deve-se recordar das premissas já pontuadas, desde há muito, por Welzel e sua adequação social, bem como pelos aspectos, hoje, defendidos por Jakobs e Silva Sánchez acerca de uma adequação social de índole cultural.

1. A questão jurídico-penal do índio: a situação no Brasil

O Direito Penal nacional em sua vertente mais clássica em poucos momentos mencionava a questão do índio. Recorde-se, por exemplo, as dificuldades mencionadas por BERNARDINO GONZAGA ao, embrionariamente, tratar do tema.[1] Uma coisa, no entanto, seria a auto-regulamentação da justiça penal indígena. Outra, diria respeito, hoje, no século XXI, sobre sua capacidade penal.

Caminhando em trilha própria, DOTTI, após percorrer várias possibilidades de solução sobre o problema penal indígena, assevera que "a orientação cientificamente adequada é reconhecer a falta de consciência da

1 Cf. GONZAGA, João Bernardino. *O direito penal indígena à época do descobrimento do Brasil*. São Paulo: Max Limonad, 1971, p. 12 e ss.

ilicitude do fato e aplicar o art. 21 do CP, que prevê o *erro inevitável sobre a ilicitude do fato*. Ou então, a admissão de uma causa supralegal de isenção de pena: *inexibilidade de conduta diversa*."[2] A solução por primeiro evidenciada pelo homenageado é, sem dúvida, uma das mais aceitas hoje, pela doutrina especializada, sendo, inclusive, apoiada por autores como ROXIN,[3] MONGE FERNÁNDEZ,[4] ROCA DE AGAPITO,[5] ARMAZA GALDÓS,[6] GONZÁLEZ RUIZ,[7] BASÍLICO,[8] ou mesmo PASCHOAL,[9] apenas para se citar alguns.

Existem, contudo, diversas situações em que tal sorte de solução não parece se ajustar idealmente ao caso concreto. É claro que determinadas incidências penais podem explicitar erro por parte do agente silvícola que as pratica. Em outras, contudo, respostas diversas, talvez mais adequadas, em

---

2 DOTTI, René Ariel. A situação jurídico-penal do indígena: hipótese de responsabilidade e de exclusão. *In*: PRADO, Luiz Regis (coord.). *Direito penal contemporâneo. Estudos em homenagem ao Professor José Cerezo Mir*. São Paulo: Revista dos Tribunais, 2007, p. 272. DOTTI, René Ariel. A situação jurídico-penal do indígena: hipótese de responsabilidade e de exclusão. *In*: VILLARES, Luiz Fernando (coord.). *Direito penal e povos indígenas*. Curitiba: Juruá, 2010, p. 76.

3 Roxin menciona, no entanto, acerca da questão do estrangeiro frente ao Direito Penal, a necessária cautela com a questão, pois, segundo ele, a consideração de divergências culturais pode verificar-se no âmbito da culpabilidade e da responsabilidade, como seria o caso do erro de proibição, como ato de vontade, e eventualmente também sob o ponto de vista do estado de necessidade ou de medição da pena. Cf. ROXIN, Claus. Prologo. *In:* MONGE FERNÁNDEZ, Antonia. *El extranjero frente al derecho penal*. Barcelona: J. M. Bosch, 2008, p. 15.

4 MONGE FERNÁNDEZ, Antonia. Op. cit., p. 55 e ss.

5 ROCA DE AGAPITO, Luis. Delitos culturalmente motivados. *In*: BERNAL DE CASTILLO, Jesús (dir.). *Delito y minorías en países multiculturales. Estudios jurídicos y criminológicos comparados*. Barcelona: Atelier, 2014, p. 177 e ss.

6 ARMAZA GALDÓS, Julio. El condicionamiento cultural en el derecho penal peruano. *In*: DÍEZ RIPOLLÉS, José Luis; ROMEO CASABONA, Carlos María; GRACIA MARTÍN, Luis; HIGUERA GUIMERÁ, Juan Felipe (ed.). *La ciencia del derecho penal ante el nuevo siglo. Libro homenaje al Profesor Doctor Don José Cerezo Mir*. Madrid: Tecnos, 2002, p. 543 e ss.

7 GONZÁLEZ RUIZ, Issac. *Error de prohibición y derechos indígenas (visión garantista del derecho penal)*. México D.F.: Unibus, 2008, p. 155 e ss.

8 BASÍLICO, Ricardo. La comprensión de la norma como garantía en el sistema penal (la cuestión de la diversidad cultural en el derecho penal latinoamericano de hoy). *In*: DÍEZ RIPOLLÉS, José Luis; ROMEO CASABONA, Carlos María; GRACIA MARTÍN, Luis; HIGUERA GUIMERÁ, Juan Felipe (ed.). *La ciencia del derecho penal ante el nuevo siglo. Libro homenaje al Profesor Doctor Don José Cerezo Mir*. Madrid: Tecnos, 2002, p. 555 e ss.

9 PASCHOAL, Janaína Conceição. O índio, a inimputabilidade e o preconceito. *In*: VILLARES, Luiz Fernando (coord.). *Direito penal e povos indígenas*. Curitiba: Juruá, 2010, p. 89.

especial à questão indígena são dadas. Note-se, a princípio, que a ponderação sobre o erro de proibição deveria, necessariamente, imaginar uma condicionante relativa ao índio não aculturado. Entretanto, a resposta seria, no mínimo, mitigada ao se imaginar situação em que esse mesmo indígena tivesse algum contato com a cultura branca e, assim, soubesse que determinado ato seria visto, por esta, como criminoso. Deveria ele necessariamente ser tido como criminoso, mesmo que dentro de sua própria cultura a ideia reprovada em termos ocidentais se mostrasse absolutamente aceita? Algumas pequenas ponderações devem ser feitas.

Em primeiro lugar, que se diga que se na Europa a preocupação sobre semelhante questão se dá muito mais em relação aos estrangeiros, os quais acabam por tornar a sociedade multicultural em si, nas Américas a questão de maior relevância diz respeito aos índios nativos. Tenha-se em conta, a princípio, que muitos países tratam o tema de forma particular, havendo, por vezes, previsões de cunho até mesmo constitucional a esse respeito.

A situação não é diversa no Brasil, onde seus direitos são cada vez mais reconhecidos, mesmo em termos penais.[10] Discute-se, ainda que com reservas, o respeito ao próprio sistema jurídico-penal indígena, no qual variadas correntes pendem ou pela inimputabilidade, ou pelo respeito cultural ou, ainda, pela simples ideia do erro.[11]

A Constituição Federal brasileira, de 1988, estabelece, em seu art. 231, que "são reconhecidos aos índios sua organização social, costumes, línguas, crenças e tradições". Apesar de sintética, essa redação parece, genericamente, garantir o respeito multicultural dos silvícolas. Do mesmo modo, a Convenção 169, da Organização Internacional do Trabalho, promulgada no Brasil por meio do Decreto nº 5.051, de 2004, também determina, o direito ao respeito cultural. Contudo, nem sempre isso se dá.

Ao longo do século XX, por uma influência da legislação civil, que entendia os índios como relativamente incapazes, havia forte tendência de rotulá-los de penalmente inimputáveis. Isso se modificou, em parte, após a Constituição de 1988. Mesmo assim, percebe-se leitura em ambos os sentidos.[12]

De fato, o Estatuto do Índio – Lei 6.001/1973 – reconhece, em seu art. 56, que, "no caso de condenação do índio por infração penal, a pena deverá ser atenuada e na sua aplicação o juiz atenderá também ao grau de integração

---

10 Cf. REZENDE, Guilherme Madi. *Índio: tratamento jurídico-penal*. Curitiba: Juruá, 2010, p. 33 e ss. PONTES, Bruno Cézar Luz. O índio e a Justiça criminal brasileira. *In*: VILLARES, Luiz Fernando (coord.). *Direito penal e povos indígenas*. Curitiba: Juruá, 2010, p. 174 e ss.

11 VILLARES, Luiz Fernando. *Direito e povos indígenas*. Curitiba: Juruá, 2009, p. 289 e ss.

12 DOTTI, René Ariel. A situação jurídico-penal do indígena – hipóteses de responsabilidade e de exclusão. *In*: VILLARES, Luiz Fernando (coord.)...Op. cit., p. 70 e ss.

do silvícola." Esse, o nó górdio da questão, afinal, como se poderia definir tal "grau de integração"?

O próprio Estatuto acaba por diferenciar a questão em seu art. 4º, as possibilidades de integração, variando das comunidades isoladas, em vias de integração, às integradas. Mesmo assim, boa parte da doutrina sempre demonstrou restrições para aceitar tal integração, chegando a se mencionar a dúvida quanto ao índio aculturado poder dominar plenamente os costumes arraigados em sua personalidade.[13]

As dúvidas se mostram mais candentes quando se trata de situações vivenciadas conforme vários costumes indígenas. Mostra-se comum, em certas tribos amazônicas, como a Zuruhã, Yanomami, entre outros, a morte de recém-nascidos portadores de deficiências físicas. Scotti Rodrigues, em interessante trabalho doutoral sobre *Direitos fundamentais, eticidade reflexiva e multiculturalismo – uma contribuição para o debate sobre o infanticídio no Brasil* aborda a questão sobre diferentes ângulos. Assim, muito embora pareça o país se enquadrar em um modelo multicultural forte, existe considerável manifestação para conter esse estado de coisas. É o caso de diversas propostas legislativas, como o Projeto de Lei nº 1057/2007, e da PEC nº 303/2008. Ambas, cada qual a seu modo, pretendem limitar o respeito à cultura indígena, em função do respeito à vida, vale dizer, proibindo práticas de morte de recém nascidos,[14] fazendo, assim, leitura de multiculturalismo débil.

Além disso, outras ocorrências, em que se verificam lesões sofridas a jovens em rituais de passagem da infância à fase adulta – coisa que no mundo ocidental talvez se mostrasse como imperdoável lesão corporal – no ambiente indígena são absolutamente corriqueiras. A situação vivida em algumas tribos não aculturadas ganhou publicidade jornalística a partir de 2005,[15] sendo de se notar diversas manifestações de grupos indígenas, os quais entendem que, em determinados casos, certas crianças não são consideradas como pessoas. Mas, tenha-se em conta, estariam longe de serem assassinos cruéis.[16]

Constata-se, de toda forma, que, hoje, no mais das vezes, em tais casos, ou simplesmente não são levados ao Judiciário brasileiro, ou existe conside-

13 Cf. PONTES, Bruno Cézar Luz. Op. cit., p. 175.

14 Cf. RODRIGUES, Guilherme Scotti. *Direitos fundamentais, eticidade reflexiva e multiculturalismo – uma contribuição para o debate sobre o infanticídio indígena no Brasil.* Brasília: Universidade de Brasília, 2011, p. 17 e ss.

15 Cf., entre outros, Infanticídio é uma tradição milenar dos Yanomani. Folha de Boa Vista. Retriveded 1/11/2001, http://www.proyanomami.org.br/v0904/index.asp?pag=noticias&id=3980; Infanticídio: tradição ou crime? Folha de S.Paulo 20.6.2008, http://ambienteacreano.blogspot.com/2008/06/infanticídio-indigena-tradio-ou-crime.html.

16 Cf. RODRIGUES, Guilherme Scotti. Op. cit., p. 33 e ss.

ração quanto à sua inimputabilidade. Janaína Conceição Paschoal se opõe a tal leitura, recordando que o próprio Estatuto do Índio, em seu art. 57, preceitua que "será tolerada a aplicação, pelos grupos tribais, de acordo com as instituições próprias, de sanções penais ou disciplinares contra seus membros, desde que não revistam caráter cruel ou infamante, proibida em qualquer caso a pena de morte." Talvez, aqui, devesse se reconhecer o erro culturalmente condicionado como fator exculpante,[17] como tão bem pondera Dotti. Entretanto, essa situação de erro por um lado não responde o que se fazer com o indígena ao menos parcialmente aculturado, nem, tampouco, como proceder juridicamente ao respeito necessário à situação multicultural colocada.

De um modo ou de outro, é de se reconhecer que, embora o Estatuto do Índio garanta, em termos legais, o respeito multicultural à diversidade, desde que dentro de um respeito à dignidade do que a cultura hegemônica entende por dignidade da pessoa humana, e que, em ambiente acadêmico a questão multicultural e a tutela penal dos índios seja objeto de estudos, não se verificam muitas decisões jurisprudenciais a esse respeito. Existe, aqui, um descompasso entre a presença de leis multiculturais e a leitura judicial, além de significativa tendência ao desprezo multicultural em favor de uma noção de assimilação.

2. A CONSTRUÇÃO DO MULTICULTURALISMO E SUA REPERCUSSÃO PENAL

Ao se imaginar que a solução proposta deita sombra no respeito à cultura, ter-se-ia em pauta a questão de um pluralismo cultural, o qual, por sua vez, implicaria, em um debate sobre o próprio multiculturalismo.[18] Como se sabe, é bastante difícil falar-se em uma única noção de multiculturalismo.[19] As variantes em torno do tema são muitas. Do mesmo modo, a interpretação penal face ao multiculturalismo é, absolutamente, variada. Nas palavras de Pastore, apesar da expressão multiculturalismo ser bastante vasto, acaba por

17 PASCHOAL, Janaína Conceição. Op. cit., p. 88 e ss. A regra do mencionado art. 57, em verdade, e como se verá, reflete, em parte, uma aceitação multicultural a qual, segundo aqui se sustenta, melhor se adequa a uma utilização do princípio da adequação social.

18 Cf. ALBUQUERQUE, Antonio Armando Ulian do Lago. *Multiculturalismo e direito à autodeterminação dos povos indígenas*. Porto Alegre: Sergio Antonio Fabris, 2008, p. 71 e ss.

19 Cf., mencionando as origens desde o século XVIII do multiculturalismo, ANDRÉS-GALLEGO. Multiculturalism in the International Relations of Spain around the Year 1763. *In*: SAVARD, Pierre; VIGEZZI, Brunello (eds.). *Multiculturalism and the History of International Relations from the 18th Century up to the Present*. Milano: Unicopli, 1999, p. 31 e ss. BOSSUAT, Gérard. Multiculturalisme politique en France et relations extérieures (XIX et XX siècles). *In*: SAVARD, Pierre; VIGEZZI, Brunello (eds.). *Multiculturalism and the History of International Relations from the 18th Century up to the Present*. Milano: Unicopli, 1999, p. 153 e ss.

pretender individualizar os direitos de minorias em respeito à sua própria e específica identidade.[20] Em outros termos, trata-se do reconhecimento do outro. Sob essa visão, sua utilidade face à questão indígena parece bastante profícua.

Essa nova realidade decorre da quebra de fronteiras e da globalização. Talvez, mais do que isso, da reinvenção da pluralidade cultural da sociedade, a qual acaba tendo impacto definitivo no universo jurídico, mesmo que isso não implique em uma aceitação de todas as práticas de uma determinada cultura, senão as compatíveis com o princípio de igualdade e exercício de sua liberdade.[21]

O Direito Penal detém a característica primária de ser um Direito local, restrito a determinada região, como bem coloca Basile.[22] Ele corresponde à realidade de um Estado nacional a que todos lá postos deveriam obedecer. Daí a turbação organizacional visualizada na aceitação penal do multiculturalismo, em especial no reconhecimento das diferenças étnicas, mas também em uma superação de injustiças sócio-econômicas e culturais "consagradas devido à formação estatal homogênea, unitária e centralizada."[23]

A nova feição de mundo também deita sombra no Direito Penal. Em muitos países, faz-se leitura multicultural em determinados julgamentos. Em outros, percebem-se leis de fundo multicultural. Nesse sentido, não deixa de ser bastante curiosa a situação vivida no Brasil, um país de fronteiras abertas, mas que tem particular tratamento a situações multiculturais. Isso parece ficar claro desde uma perspectiva de que, na medida em que se verificam encontros de culturas distintas em um mesmo marco territorial, surge a dúvida de como estabelecer o tratamento de uma em relação à outra. Em palavras diversas, como tratar a possibilidade de integração ou hibridização dos modelos.

Desde uma perspectiva conservadora, prega-se a conciliação das múltiplas diferenças, buscando-se a harmonia; ter-se-ia a tolerância como manifestação da cultura dominante em face da minoritária. Antagonicamente, há um multiculturalismo crítico que rejeita preconceitos e busca o respeito absoluto de todos os pontos de vista,[24] reconhecendo o que Taylor menciona

---

20 PASTORE, Baldassare. Identità culturale, conflitti normativi e processo penale. *In*: PASTORE, Baldassare; LANZA, Luigi. *Multiculturalismo e giurisdizione penale*. Torino: Giappichelli, 2008, p. 5 e ss.

21 MONGE FERNÁNDEZ, Antonia. Op. cit., p. 29.

22 BASILE, Fabio. *Immigrazione e reati culturalmente motivati. Il diritto penale nelle società multiculturali*. Milano: Giuffrè, 2010, p. 77 e ss.

23 ALBUQUERQUE, Antonio Armando Ulian do Lago. Op. cit., p. 241 e ss.

24 Cf., BERLANT, Lauren; WARNER, Michael. Introduction to "critical multiculturalism". *In*: *Multiculturalism: A critical reader*. Cambridge: Basil Blackwell, 1994, p. 107 e ss.

como "(...) *iguais valores a culturas diversas* (...)" (em uma real política de diferença).[25]

Novamente, tenha-se em conta que, em particular nas Américas, discute-se muito sobre o tema, abordando-se, entre outros pontos, a possibilidade de aplicação de leis indígenas a seus integrantes, bem como de aceitação de direitos culturais vistos no processo.[26] As variações legais quanto à percepção multicultural, portanto, vão desde sua aceitação, até seu total repúdio, tanto em ambiente legislativo, como também hermenêutico.[27] Sobre esse ponto, de interesse é a verificação de algumas respostas penais havidas em sede latino-americana.

3. Aspectos penais do multiculturalismo: respostas latino-americanas

O exemplo latino-americano no respeito à cultura e língua indígena decorre, em muito, de várias reformas constitucionais vistas no continente desde o fim da década de 1980. Notadamente, as modificações constitucionais havidas na Argentina (1994), Bolívia (1994), Brasil (1998), Chile (1989, 1994, 1997), Colômbia (1991), Costa Rica (1996, 1997), Equador (1996, 1998), México (1994, 1995), Nicarágua (1987), Panamá (1994), Paraguai (1992), Peru (1993), Uruguai (1997) e Venezuela (1999), evidenciam essa situação. Mais do que isso, em algumas delas, como é o caso de Colômbia e Equador, acabaram por reconhecer algum valor aos próprios sistemas tradicionais de justiça indígena.[28]

Nesse contexto, nunca é demais recordar DE MAGLIE, segundo a qual o multiculturalismo chega ao ambiente dos operadores da Justiça criminal com um verdadeiro efeito bombástico, dado, fundamentalmente à sua capacidade destrutiva do Direito Penal.[29] A capacidade de flexibilização legal, e a necessidade de variação do entendimento de julgamentos, com ele, mostra-

---

25 Cf. BELLATI, Matteo L. *Quale multiculturalismo? I termini del dibattito a la prospettiva di Will Kymlicka.* Milano: Vita & Pensiero, 2005, p. 25 e ss. MAGLIE, Cristina de. Multiculturalismo e diritto penale: il caso americano. *Rivista Italiana di Diritto e Procedura Penale*, 2005, p. 182 e ss.

26 BERNARDI, Alessandro. *Modeli penale e società multiculturale.* Torino: Giappichelli, 2006, p. 64 e ss.

27 Cf. BASILE, Fabio. Op. cit., p. 162 e ss.

28 Cf. ARMAZA GALDÓS, Julio. Op. cit., p. 545 e ss. BASÍLICO, Ricardo. Op. cit., p. 573 e ss. PEÑATE RIVERO, Julio. Alteridad cultural y relato de viaje latinoamericano y español en el siglo XX: los recursos del discurso. *In*: QUELOZ, Nicolas; NIGGLI, Marcel; RIEDO, Christof (ed.). *Droit pénal et diversités culturelles.* Zurich: Schulthess, 2012, 00. 103 e ss.

29 DE MAGLIE, Cristina. Multiculturaismo... Op. cit., p. 185.

-se muito ampla. E, note-se, isso pode se dar consciente ou inconscientemente, atenuando ou agravando a situação do imputado.[30]

Aqui, a significativa reprovação ao que se pode chamar de multiculturalismo do medo, uma política xenofóbica aplicada ao Direito Penal,[31] ou, mesmo, um multiculturalismo que oprima significativamente determinadas figuras, como a feminina. A relatividade do que é considerado juridicamente crime, por outro lado, posta-se de forma ainda mais maleável quando se consideram culturas opostas em um mesmo ambiente.[32]

Na realidade, deve-se partir da ideia de delito culturalmente motivado como sendo "um comportamento realizado por um sujeito pertencente a um grupo étnico minoritário, que vem a ser considerado como delito pelas normas do sistema da cultura dominante. O mesmo comportamento, no entanto, é considerado aceito, aprovado, normal e por vezes esperado pelo grupo a que pertence o autor."[33]

Algumas considerações penais multiculturais são percebidas em variada ordem. Aceita-se, como se viu, desde um prisma norte-americano, a ideia do prejuízo em julgamentos quando da não compreensão e presença de minorias semelhantes ao acusado no corpo de jurados até mesmo ao fato de se instituir, verdadeiramente, a legitimidade de uma Justiça indígena em alguns países.[34] Em outros, a leitura é bastante diversa, conforme seja a modalidade de aceitação desse contexto.

De todo modo, como bem ressaltam ZAFFARONI, ALAGIA e SLOKAR, isso, em termos, poderia gerar uma situação de erro culturalmente motivado. Tratar-se-ia de momento em que se conhece a norma proibitiva mas, por razões culturais, não se realiza uma internalização da mesma. Não

---

30 LANZA, Luigi. Sistema penale e cultura dell'immigrato: quale ruolo per il giudice? *In*: PASTORE, Baldassare; LANZA, Luigi. *Multiculturalismo e giurisdizione penale*. Torino: Giappichelli, 2008, p. 98 e ss.

31 Cf. LEVY, Jacob T. *El multiculturalismo del miedo*. Traducción de Amanda González Miguel. Madrid: Tecnos, 2203, p. 37 e ss.

32 Cf. MAGLIE, Cristina. Multiculturalismo... Op. cit., p. 189 e ss. BASILE, Fabio. Op. cit., p. 1858 e ss. MONTICELLI, Luca. Le "*cultural defenses*" (esimenti culturali) e I reati "culturalmente orientati". Possibili divergente tra pluralismo culturale e sistema penale. *L'Indice Penale*, 2003, p. 538.

33 DE MAGLIE, Cristina. *Los delitos*... Op. cit., p. 68.

34 BONILLA MALDONADO, Daniel. *La constitución multicultural*. Bogotá: Siglo del Hombre, 2006, p. 156 e ss. Contrariando tais construções, MONGE FERNÁNDEZ, Antonia. Op. cit., p. 44 e ss. ARMAZA GALDÓS, Julio. El condicionamiento cultural en el derecho penal peruano. *In*: DÍEZ RIPOLLÉS, José Luis; ROMEO CASABONA, Carlos María; GRACIA MARTÍN, Luis; HIGUERA GUIMERÁ, Juan Felipe (ed.). *La ciencia del derecho penal ante el nuevo siglo. Libro homenaje al profesor Doctor Don José Cerezo Mir*. Madrid: Tecnos, 2002, p. 545 e ss.

necessariamente isso implicaria em um erro de proibição pois, como ressaltam os autores mencionados, o condicionamento cultural pode, como mencionado, provocar erros sobre a causalidade que podem, mesmo, dar lugar a delitos imaginários, como, também, a erros de tipo e a justificativas putativas.[35] Outra saída dogmática, em especial para a questão indígena, poderia ser encontrada na ideia da adequação social.[36]

Em vários países da América do Sul, em observância mais evidente ao respeito à cultura do outro – e, em certa medida, levando a órbitas superiores a previsão do art. 57, do Estatuto do Índio brasileiro – atestam, mesmo em termos constitucionais, a autonomia (multi)cultural dos povos indígenas. Exemplos claros podem ser vistos em países onde existe plena garantia da justiça indígena. Seguindo-se tal linha de pensar como sendo ideal – ao menos em termos hipotéticos – talvez a resposta aos problemas dogmáticos penais dele decorrentes se encontre, sim, em sede da adequação social, particularmente de uma adequação social histórico-cultural.

4. A SOLUÇÃO HERMENÊUTICA DA ADEQUAÇÃO SOCIAL CULTURAL

A adequação social mostra-se como uma chave hermenêutica penal de interesse, uma vez que supunha, desde um ambiente finalista visto em primeiro momento por WELZEL, que os bens jurídicos não poderiam ser tidos como objetos inseridos em vitrines inexpugnáveis, e que deveriam, sim, interagir com o ambiente e sociedade ao seu redor. Dessa forma, ao longo das muitas formulações welzelianas, viu-se a adequação social como excludente de tipicidade, de antijuridicidade e, mesmo, como instrumento hermenêutico. Seus detratores foram muitos, mas ela sempre se mostrou utilizada em momentos conflituosos.[37]

Curiosamente, apesar de uma certa aceitação em primeiro momento pós-finalista, autores, como ROXIN, reputaram-na dotada de pouca segurança, e entenderam melhor sua substituição conceitual pela imputação objetiva. Mais recentemente, contudo, tem sido a mesma revisitada por alguns autores que a entendem interessante para muitas situações. Um desses campos, seria o de verificação multicultural.[38]

Um bom exemplo da resposta da questão fincando-se nas premissas mais próximas da adequação social – ou de uma adequação social cultural

35 BASILE, Fabio. Op. cit., p. 391 e ss. ZAFFARONI, Eugenio Raúl; ALAGIA, Alejandro; SOLKAR, Alejandro. *Derecho penal. Parte general.* Buenos Aires: Ediar, 2000, p. 705.

36 SILVEIRA, Renato de Mello Jorge. *Fundamentos da adequação social em direito penal.* São Paulo: Quartier Latin, 2010, p. 333 e ss.

37 CF., por todos, SILVEIRA, Renato de Mello Jorge. Op. cit., p. 131 e ss.

38 SILVEIRA, Renato de Mello Jorge. Op. cit., p. 155 e ss.

– pode ser encontrada na realidade alemã. Uma Lei de 20 de dezembro de 2012, entrou em vigor uma lei relativa ao alcance do pátrio poder em relação à circuncisão de um filho varão. Menciona ela o exercício do pátrio poder desde que não colocasse, a prática, em risco a vida do filho. Note-se que semelhante colocação poderia ter repercussão em relação aos filhos homens de famílias judias (mas não só), as quais procedem a rituais de circuncisão de tradição milenária.[39] A razão para tanto, que poderia remontar a questão de erro, parece melhor se justificar em relação à mencionada adequação social cultural, como aliás, bem defende Silva Sánchez.[40] Entretanto, a tese utilizada para tanto, escudada no entendimento de Exner também peca ao exigir a presença de critérios empíricos de irritação social; normativos de aceitação social da conduta, bem como ao uso histórico da mesma. Tenha-se por presente, portanto, que em determinados momentos históricos houve repúdio

39 TORRES FERNÁNDEZ, María Elena. Viejos ritos, nuevos conflictos: la circuncisión masculina. Estado de la cuestión. *In*: BERNAL DEL Castillo, Jesús (dir.). *Delito y minorías en países multiculturales. Estudios jurídicos y criminológicos comparados.* Barcelona: Atelier, 2014, p. 154 e ss. Cf., sobre o diferencial problema da circuncisão feminina, ABU-SAHLIEH, Sami A. Male and Female Circumcision: The Myth of the Difference. *In*: ABUSHARAF, Rogaia Mustafa (ed.). *Female Circumcision.* Philadelphia: University of Pennsylvania Press, 2006, p. 47 e ss. DOORKENOO, Efua. *Cutting the Rose. Female Genital Mutilation. The Practice and its Prevention.* London: Minority Rights, 1995, p. 29 e ss. SKAINE, Rosemarie. *Female Genital Mutilation.* Jefferson: McFarland, 2005, p. 7 e ss.

40 Para Silva Sánchez, "creo, en efecto, que en este contexto debe introducirse la noción de 'adecuación social cultural', para aludir a las conductas que, sin ser socialmente adecuadas para todos, sí pueden admitirse como tales en el contexto de un grupo social definido. La cuestión es, entonces, cómo establecer una limitación externa a los supuestos de adecuación social grupal o cultural. Una posibilidad sería acoger la noción de tolerancia social general' como baremo de medición. Así, lo adecuado culturalmente sólo sería socialmente adecuado cuando no fuera reputado intolerable, esto es, imposible de armonizar con los criterios de identidad normativa de la mayoría cultural. Exner ha desarrollado esta idea mediante la exigencia de los siguientes requisitos: a)el criterio empírico de que la conducta no produzca irritación social; b)el criterio normativo de la aceptación social de la conducta. Ésta, aunque no se contemple como ejemplar, se admite como integrada en la esfera de libertad personal, para lo que sería necesario que entre las valoraciones grupales que están detrás del acto y las generales haya cierta relación (*spezifischer Bezug*), y, c)que la conducta responda a un uso histórico, de modo que se observe como parte integrante de la comunidad. Estos requisitos concurrían, a su juicio, en el caso de la circuncisión infantil de varones. En efecto, ésta no produce irritación social como fenómeno empírico; constituye un claro modelo de acción esperable. Además, su finalidad de dar y reforzar la identidad no es ajena al sistema de valores del Estado; no existe debate al respecto. En fin, existe una gran proximidad entre la cultura judía y la cristiana, con siglos de convivencia durante los que ha existido un perfecto conocimiento de la circuncisión ritual." SILVA SÁNCHEZ, Jesús-María. Circuncisión infantil. *In*: SILVA SÁNCHEZ, Jesús-María. *En busca del derecho penal. Esbozos de una teoría realista del delito y de la pena.* Buenos Aires: BdeF, 2015, p. 228 e ss.

ao povo judeu, sendo, pois, negada a legitimidade da própria circuncisão. Por outro lado, tais critérios dificilmente poderiam ser utilizados em termos de tribos indígenas, aculturadas ou não aculturadas, afinal, a morte de recém-nascidos dificilmente se veria aceita em termos de critérios empíricos ou normativos.

Parece interessante, sob essa óptica, a percepção funcionalista hoje vista em relação aos aspectos de origem histórica e cultural em relação à adequação social. Muito embora ROXIN – e seus discípulos – no mais das vezes neguem importância conceitual à adequação, e a entendam superada por opções hermenêuticas mais precisas, como seria o caso da imputação objetiva, é de se ver que perante uma visão mais próxima ao funcionalismo, outras considerações deveriam ser feitas, sendo claro que o grau de segurança jurídica vista na interpretação conceitual penal é sempre relativa, pois, quando se fala de redução teleológica, como proposto por ROXIN, isto não significa uma negação peremptória desse quadrante de entendimento.

JAKOBS, por sua vez, menciona que, na maior parte dos riscos hoje reconhecidos em geral como permitidos, não mais cabe a realização de um saldo de custo-benefício porque faltaria um modelo social suficientemente concreto e, por consequência, vinculante em relação ao qual se poderia determinar a classe e a medida de tais desvios. Junto ao risco permitido genérico, deveria ser analisado um outro permitido por legitimação histórica – forma de atividade arriscada que tenha sido historicamente consagrada pelo uso e socialmente adequada.[41] A síntese, no entanto, é em sentido positivo da ponderação.

Observe-se, por outro lado, o exemplo colombiano de Justiça Indígena. Muitas são as variações de entendimento, mas, de modo geral, têm-se desde a representação vista na Ação de Tutela n.º 254/1994 (caso *El Tambo*), na qual a percepção constitucional da justiça indígena foi vista de forma limitada, restringindo-se seu autogoverno, até situações outras, de cunho mais intercultural. Nesses casos, defende-se um alto grau de autonomia às comunidades indígenas. O caso *Embera-Chamí*, nesse sentido, é emblemático, já que o grau de liberdade à autoridade indígena foi tido em conta, limitando-se, como o exemplo brasileiro, sanções de morte, tortura e escravidão. Na evolução desse pensamento nota-se, por um lado, a não incidência de erro, e, de outro, uma tolerância cultural para determinadas práticas. Desde um ponto de vista dogmático-penal, contudo, há de se buscar uma razão fundante para a não incidência da norma criminal da comunidade hegemônica.

41 JAKOBS, Günther. *Derecho penal. Parte general. Fundamentos y teoría de la imputación.* Traducción: Joaquín Cuello Contreras; José Luís Serrano Gonzalez de Murillo. Madrid: Marcial Pons, 1995, p. 244.

Ora, se existe uma legitimação histórica a determinados riscos, nada mais justo, e correto, do que se entender que ao lado disso se perceba também uma legitimação cultural de determinadas práticas. Nesse sentido, estar-se-ia firmando dogmaticamente a validade de um conceito interpretativo acerca de um risco posto por subgrupos dentro de uma mesma estrutura de poder nacional. Não se nega, contudo, que isso pode gerar um significativo dilema próprio, qual seja, a determinação dos limites de atuação de tais subgrupos. Em outras palavras, tudo seria a eles permitido?

Ao dissertar sobre as verdades atuais da adequação social, já se disse que poder-se-ia entender a oposição colocada a uma sociedade pluricultural, na qual se vê a coexistência de muitas culturas em um mesmo território, com a noção de uma sociedade monocultural, em que se percebe a presença de fluxo imigratório de culturas estrangeiras.[42] De outro, há de se pregar por uma tolerância a reger todas as relações entre os homens na modernidade. Em última análise, ter-se-ia a ideia de cultura em uma superestrutura da noção de costume. Ambas nunca podem ser tratadas de igual sorte. Fundamental sua distinção. A dúvida maior, no entanto, versa sobre os limites desse delito de cultura,[43] qual pode ser visto em populações indígenas não aculturadas.

Sem dúvida, o referencial básico de Wolter quanto aos direitos humanos mostra-se, nesse mister, como fronteira mestre. Em outras palavras, não se pode pretender justificar qualquer conduta atentatória a tais direitos ou, em particular, contra a dignidade da pessoa humana.[44] Embora fundamental no Estado moderno, a concretude da noção de dignidade da pessoa humana é bastante camaleônica, apresentando diversos conceitos. Ao longo da história, a dignidade humana foi ofendida em muitos aspectos, postando-se como

42 Cf. VIOLA, Franceso. Diritti fondamentali e multiculturalismo. *In*: BERNARDI, Alessandro (dir.). *Multiculturalismo, diritti umani, pena*. Milano: Giuffrè, 2006, p. 39 e ss.

43 Afinal, como pondera Amelung, em uma sociedade axiologicamente plural e multicultural, não havendo um conjunto suficientemente delimitado de valores nem uma ordenação destes, muito difícil, senão impossível, seria se imaginar a construção de uma teoria vinculante de bens jurídicos a serem protegidos. Cf. AMELUNG, Knut. El concepto "bien jurídico" en la teoría de la protección penal de bienes jurídicos. Traducción de Íñigo Ortiz de Urbina Gimeno. *In*: HEFENDEHL, Roland (ed.). *La teoría del bien jurídico. ¿Fundamento de legitimación del Derecho penal o juego de abalorios dogmático?* Madrid: Marcial Pons, 2007, p. 238 e ss.

44 A isso faz explícita referência Wolter, mencionando que a dignidade da pessoa humana, o conteúdo de dignidade dos direitos de liberdade, os direitos de igualdade e o conteúdo do princípio de legalidade, são as bases de um pretenso sistema de comunitário de Direito Penal. WOLTER, Jürgen. Derechos humanos y protección de bienes jurídicos en un sistema europeo del derecho penal. Traducción de Francisco Baldó Lavilla. *In*: SCHÜNEMANN, Bernd; DIAS, Jorge de Figueiredo (coord.). *Fundamentos de un sistema europeo del derecho penal. Libro-homenaje a Claus Roxin*. Barcelona: J.M. Bosch, 1995, p. 39.

limite e fundamento político. Os valores por ela representados (como ápice ético da personalidade ou denominador comum) podem ser interpretados de maneira tão ampla quanto possível. Aqui, é cabível a recordação das ordens dadas aos guardas de campos de concentração durante a Alemanha nazista ou a agentes de segurança da antiga República Democrática Alemã para a execução daqueles que intentassem ultrapassar a linha divisória do antigo muro de Berlim. Ora, tratavam-se elas de ordens nitidamente ilegais, as quais violavam a dignidade da pessoa humana.[45]

A presente confrontação entre os alegados Direitos Humanos – na concepção de WOLTER – e a defesa da cultura indígena – como seria o caso de uma sustentação de julgamentos autossuficientes das comunidades indígenas ou, mesmo, a morte de recém-nascidos –, poderia se mostrar como óbice insuperável à sustentação da adequação social para além do afirmado por EXNER ou SILVA SÁNCHEZ. Poder-se-ia, mesmo, sustentar, nessa linha, que a ablação clitoriana feminina também repousaria em ambiente cultural islâmico e que, portanto, deveria ser legitimada. Essa, uma armadilha perigosa. Na realidade, inúmeros estudos dizem e afirmam que não se trata tal prática de uma tradição do Islão, mas, tão-só, de uma incidência pontual de alguns grupos localizados,[46] sendo que, em muitos desses, também criticados.[47]

A solução dogmaticamente mais centrada, portanto, parece ser a de entender, também, que tais práticas não são aceitas porque não são culturalmente sustentáveis, quanto mais dentro de uma sociedade intercultural. No interior de um sistema fechado, sua incidência seria de mais difícil reprovação. A questão se dá quando existe a inteiração. Pois bem. Também não se sustenta a possibilidade de uma família indígena aculturada, que vive e habita em um grande centro urbano, vir a jogar seu filho eventualmente deficiente, do alto de um edifício. Tampouco se têm por aceitável que esta mesma família

45 Cf. ROXIN, Claus. *Derecho penal. Parte general.* Traducción y notas de Diego-Manuel Luzón Peña, Miguel Díaz y García Conlledo, Javier de Vicente Remesal. Madrid: Civitas, 1997, p. 742 e ss.

46 Cf. SKAINE, Rosemarie. Op. cit., p. 94 e ss.

47 Cf., entre outros, MOHAMUD, Asha; RADENY, Samson; RINGHEIM, Karin. Community-Based Efforts to End Female Genital Mutilation in Kenya: Raising Awareness and Organizing Alternative Rite. *In*: ABUSHARAF, Rogaia Mustafa (ed.). *Female Circumcision.* Philadelphia: University of Pennsylvania Press, 2006, p. 75 e ss. DIOP, Nafissatou J.; ASKEW, Ian. Strategies for Encouraging the Abandonment of Female Genital Cutting: Experiences from Senegal, Burkina Faso, and Mali. . *In*: ABUSHARAF, Rogaia Mustafa (ed.). *Female Circumcision.* Philadelphia: University of Pennsylvania Press, 2006, p. 125 e ss. BASHIR, Hamid El. The Sudanese National Committee on the Eradication of Harmful Traditional Practices and the Campaign Against Female Genital Mutilation. . *In*: ABUSHARAF, Rogaia Mustafa (ed.). *Female Circumcision.* Philadelphia: University of Pennsylvania Press, 2006, p. 142.

venha a aceitar práticas de ritos de passagem da infância à vida adulta com ferimentos ou lesões aos jovens. A prevalência da cultura indígena, dentro de grupos fechados (ou de suas tribos) é um respeito multicultural que se justifica via adequação social em respeito à cultura dentro de uma macrovisão de Direitos Humanos.

Tais ocorrências, no entanto, são limitadas enquanto dentro do subgrupo, mesmo que seus membros não tenham conhecimento da cultura ocidental. Recorde-se que, em tais casos, não se poderia falar em erro, mas, sim, estar-se-ia a respeitar a cultua ancestral daqueles indivíduos.

5. Conclusões

A construção do professor René Ariel Dotti acerca da situação jurídico-penal dos indígenas no Brasil é das mais elegantes possíveis, tendo o mérito absoluto de entender pela superação tradicional da visão dos mesmos como inimputáveis. Seu entendimento sobre a questão do erro hoje, inclusive, é ladeado por inúmeros dos mais importantes penalistas ao redor do mundo. Uma única dúvida acaba por se impor: o que fazer com aquele índio que pretende seguir as tradições de sua tribo mesmo sabendo de outras realidades, como a ocidental?

Esse problema, que se faz ainda mais presente quando se verifica toda a gama de estudos sobre o multiculturalismo atual, faz emergir a lembrança dos tradicionais e sempre presentes sobre a adequação social. Isso, sempre com o escopo de mais aprofundadamente, formatar-se lastro dogmático para a (não) resposta penal a um índio por determinadas práticas.

A adequação social, de fato, mostra-se como um dos mais curiosos institutos da dogmática penal. Ela foi criticada, em seus primórdios, por atentar contra um hermético positivismo, aparentemente tão seguro. Mesmo podendo ser considerado uma válvula de escape para o rigor finalista – pensado, aliás, pelo próprio mentor dessa linha de pensar – foi, e ainda é, combatido pelos seus adeptos. Por outro lado, autores desse jaez a ele recorrem quando precisam dar por superada determinada norma ultrapassada. Os pós-finalistas, de modo geral, ainda que entendam por algum mérito em sua elaboração, a entendem por demais limitada, e, assim, muitas vezes, preferem deixa-lo de lado em função de elaborações mais vincadas a um risco permitido.

Parece, no entanto, ainda haver lugar para sua atuação. E, esse, dá-se justamente em termos de resposta (ou não resposta) penal a determinadas ocorrências histórico e culturais. Necessário, pois, em primeiro lugar entender, e levar em conta, que o respeito multicultural deve possibilitar a não aplicação de incidência penal em determinados campos, como é o que se faz presente na defesa da cultura indígena.

Essa, talvez seja uma resposta mais interessante, sob um primado dogmático, do que uma mais simplista justiça setorizada do ambiente indígena. Ao menos, tal construção intenta explicar qual a cultura se pode defender, o que se pode justificar e, basicamente, os limites derradeiros de atuação do Direito Penal. É de se esperar que a evolução desse pensamento possa aprimorar, em parte, os tão fundamentais frutos advindos do original pensamento primeiro e original de Dotti, a quem sempre, e perpetuamente, se deve reverenciar.

Bibliografia

ABU-SAHLIEH, Sami A. Male and Female Circumcision: The Myth of the Difference. *In*: ABUSHARAF, Rogaia Mustafa (ed.). *Female Circumcision*. Philadelphia: University of Pennsylvania Press, 2006.

ALBUQUERQUE, Antonio Armando Ulian do Lago. *Multiculturalismo e direito à autodeterminação dos povos indígenas*. Porto Alegre: Sergio Antonio Fabris, 2008.

AMELUNG, Knut. El concepto "bien jurídico" en la teoría de la protección penal de bienes jurídicos. Traducción de Íñigo Ortiz de Urbina Gimeno. *In*: HEFENDEHL, Roland (ed.). *La teoría del bien jurídico. ¿Fundamento de legitimación del Derecho penal o juego de abalorios dogmático?* Madrid: Marcial Pons, 2007.

ANDRÉS-GALLEGO. Multiculturalism in the International Relations of Spain around the Year 1763. *In*: SAVARD, Pierre; VIGEZZI, Brunello (eds.). *Multiculturalism and the History of International Relations from the 18th Century up to the Present*. Milano: Unicopli, 1999.

ARMAZA GALDÓS, Julio. El condicionamiento cultural en el derecho penal peruano. *In*: DÍEZ RIPOLLÉS, José Luis; ROMEO CASABONA, Carlos María; GRACIA MARTÍN, Luis; HIGUERA GUIMERÁ, Juan Felipe (ed.). *La ciencia del derecho penal ante el nuevo siglo. Libro homenaje al profesor Doctor Don José Cerezo Mir*. Madrid: Tecnos, 2002.

BASHIR, Hamid El. The Sudanese National Committee on the Eradication of Harmful Traditional Practices and the Campaign Against Female Genital Mutilation. *In*: ABUSHARAF, Rogaia Mustafa (ed.). *Female Circumcision*. Philadelphia: University of Pennsylvania Press, 2006.

BASILE, Fabio. *Immigrazione e reati culturalmente motivati. Il diritto penale nelle società multiculturali*. Milano: Giuffrè, 2010.

BELLATI, Matteo L. *Quale multiculturalismo? I termini del dibattito a la prospettiva di Will Kymlicka*. Milano: Vita & Pensiero, 2005.

BERLANT, Lauren; WARNER, Michael. Introduction to "critical multiculturalism". *In*: *Multiculturalism: A critical reader*. Cambridge: Basil Blackwell, 1994.

BERNARDI, Alessandro. *Modeli penale e società multiculturale*. Torino: Giappichelli, 2006.

BONILLA MALDONADO, Daniel. *La constitución multicultural*. Bogotá: Siglo del Hombre, 2006.

BOSSUAT, Gérard. Multiculturalisme politique en France et relations extérieures (XIX et XX siècles). *In*: SAVARD, Pierre; VIGEZZI, Brunello (eds.). *Multiculturalism and the History of International Relations from the 18th Century up to the Present*. Milano: Unicopli, 1999.

CARDENAL MONTRAVETA, Sergi. *El tipo penal en Beling y los neokantianos*. Barcelona: PPU, 2002.

DIOP, Nafissatou J.; ASKEW, Ian. Strategies for Encouraging the Abandonment of Female Genital Cutting: Experiences from Senegal, Burkina Faso, and Mali. . *In*: ABUSHARAF, Rogaia Mustafa (ed.). *Female Circumcision*. Philadelphia: University of Pennsylvania Press, 2006.

DOORKENOO, Efua. *Cutting the Rose. Female Genital Mutilation. The Practice and its Prevention*. London: Minority Rights, 1995.

DOTTI, René Ariel. A situação jurídico-penal do indígena: hipótese de responsabilidade e de exclusão. *In*: PRADO, Luiz Regis (coord.). *Direito penal contemporâneo. Estudos em homenagem ao Professor José Cerezo Mir*. São Paulo: Revista dos Tribunais, 2007.

________. A situação jurídico-penal do indígena: hipótese de responsabilidade e de exclusão. *In*: VILLARES, Luiz Fernando (coord.). *Direito penal e povos indígenas*. Curitiba: Juruá, 2010.

GONZAGA, João Bernardino. *O direito penal indígena à época do descobrimento do Brasil*. São Paulo: Max Limonad, 1971.

GONZÁLEZ RUIZ, Issac. *Error de prohibición y derechos indígenas (visión garantista del derecho penal)*. México D.F.: Unibus, 2008.

JAKOBS, Günther. *Derecho penal. Parte general. Fundamentos y teoría de la imputación*. Traducción: Joaquín Cuello Contreras; José Luís Serrano Gonzalez de Murillo. Madrid: Marcial Pons, 1995.

LANZA, Luigi. Sistema penale e cultura dell'immigrato: quale ruolo per il giudice? *In*: PASTORE, Baldassare; LANZA, Luigi. *Multiculturalismo e giurisdizione penale*. Torino: Giappichelli, 2008.

LEVY, Jacob T. *El multiculturalismo del miedo*. Traducción de Amanda González Miguel. Madrid: Tecnos, 2203.

MAGLIE, Cristina de. Multiculturalismo e diritto penale: il caso americano. *Rivista Italiana di Diritto e Procedura Penale*, 2005.

MOHAMUD, Asha; RADENY, Samson; RINGHEIM, Karin. Community-Based Efforts to End Female Genital Mutilation in Kenya: Raising Awareness and Organizing Alternative Rite. *In*: ABUSHARAF,

Rogaia Mustafa (ed.). *Female Circumcision*. Philadelphia: University of Pennsylvania Press, 2006.

MONGE FERNÁNDEZ, Antonia. *El extranjero frente al derecho penal*. Barcelona: J. M. Bosch, 2008.

MONTICELLI, Luca. Le "*cultural defenses*" (esimenti culturali) e I reati "culturalmente orientati". Possibili divergente tra pluralismo culturale e sistema penale. *L'Indice Penale*, 2003.

PASCHOAL, Janaína Conceição. O índio, a inimputabilidade e o preconceito. *In*: VILLARES, Luiz Fernando (coord.). *Direito penal e povos indígenas*. Curitiba: Juruá, 2010.

PASTORE, Baldassare. Identità culturale, confliti normativi e processo penale. *In*: PASTORE, Baldassare; LANZA, Luigi. *Multiculturalismo e giurisdizione penale*. Torino: Giappichelli, 2008.

PONTES, Bruno Cézar Luz. O índio e a Justiça criminal brasileira. *In*: VILLARES, Luiz Fernando (coord.). *Direito penal e povos indígenas*. Curitiba: Juruá, 2010.

REZENDE, Guilherme Madi. *Índio: tratamento jurídico-penal*. Curitiba: Juruá, 2010.

ROCA DE AGAPITO, Luis. Delitos culturalmente motivados. *In*: BERNAL DE CASTILLO, Jesús (dir.). *Delito y minorías en países multiculturales. Estudios jurídicos y criminológicos comparados*. Barcelona: Atelier, 2014.

RODRIGUES, Guilherme Scotti. *Direitos fundamentais, eticidade reflexiva e multiculturalismo – uma contribuição para o debate sobre o infanticídio indígena no Brasil*. Brasília: Universidade de Brasília, 2011.

ROXIN, Claus. *Derecho penal. Parte general*. Traducción y notas de Diego-Manuel Luzón Peña, Miguel Díaz y García Conlledo, Javier de Vicente Remesal. Madrid: Civitas, 1997.

________. Prologo. *In*: MONGE FERNÁNDEZ, Antonia. *El extranjero frente al derecho penal*. Barcelona: J. M. Bosch, 2008.

SILVA SÁNCHEZ, Jesús-María. Circuncisión infantil. *In*: SILVA SÁNCHEZ, Jesús-María. *En busca del derecho penal. Esbozos de una teoría realista del delito y de la pena*. Buenos Aires: BdeF, 2015.

SILVEIRA, Renato de Mello Jorge. *Fundamentos da adequação social em direito penal*. São Paulo: Quartier Latin, 2010.

SKAINE, Rosemarie. *Female Genital Mutilation*. Jefferson: McFarland, 2005.

TORRES FERNÁNDEZ, María Elena. Viejos ritos, nuevos conflictos: la circuncisión masculina. Estado de la cuestión. *In*: BERNAL DEL Castillo, Jesús (dir.). *Delito y minorías en países multiculturales. Estudios jurídicos y criminológicos comparados*. Barcelona: Atelier, 2014.

VILLARES, Luiz Fernando. *Direito e povos indígenas*. Curitiba: Juruá, 2009.

WOLTER, Jürgen. Derechos humanos y protección de bienes jurídicos en un sistema europeo del derecho penal. Traducción de Francisco Baldó Lavilla. *In*: SCHÜNEMANN, Bernd; DIAS, Jorge de Figueiredo (coord.). *Fundamentos de un sistema europeo del derecho penal. Libro-homenaje a Claus Roxin*. Barcelona: J.M. Bosch, 1995.

CAUSALIDADE E IMPUTAÇÃO OBJETIVA NOS CRIMES OMISSIVOS IMPRÓPRIOS: ALGUMAS REFLEXÕES CRÍTICAS

Rodrigo Sánchez Rios
Victor Cezar Rodrigues da Silva Costa

RESUMO: Como proposta, pretende-se questionar, a partir da análise dogmática dos crimes omissivos impróprios, aspectos relativos aos seus fundamentos, causalidade e imputação, de modo a afirmar, em última análise, a função precípua do Direito Penal como a proteção subsidiária de bens jurídicos, sendo esta considerada como critério limitador ao poder punitivo estatal, como o requerido pela corrente funcionalista teleológica.

PALAVRAS-CHAVE: Crimes omissivos; Direito Penal; Limites ao Poder Punitivo.

TITLE: Causation and Objetive Imputation in the Improper Omissive Crimes.

ABSTRACT: As a proposition, we intend to question, from the dogmatic analysis of the improper omission crimes, aspects regarding its foundations, causation and imputation, in order to say, ultimately, the primary function of the Criminal Law as a subsidiary protection of legal goods, having this as a limiting criteria to the State's punitive power, as it requires the teleological functionalists.

KEY-WORDS: Omission crimes; Criminal Law; Limits of punitive power

1. Considerações prévias

O Professor René Ariel Dotti se notabilizou na seara jurídico-penal nacional por ser um defensor intransigente da liberdade e dos direitos humanos[1].

---

1 Dentre suas principais publicações destacam-se: "*Proteção da vida privada e liberdade de informação*" (1980); "*Bases e Alternativas para o Sistema de Penas*" (1998 – 2ª ed.); "*Declaração Universal dos Direitos do Homem – Notas da legislação brasileira*" (1999-2006); e seu festejado "*Curso de Direito Penal*", já em sua 5ª edição. Na linha do que defende o Prof. René Dotti, considerando o Direito Penal como "*ciência de garantia*", é que se presta a presente homenagem. Cfr. DOTTI, René Ariel. *Curso de Direito Penal.* 3ª ed. (com a colaboração de Alexandre Knopfholz e Gustavo Scandelari) São Paulo: Editora Revista dos Tribunais, 2010, p. 67.

Em seu currículo encontram-se passagens importantes da história do Direito Penal brasileiro, em especial sua participação na Comissão de Reforma da Parte Geral do Código Penal (1980-1984), presidida pelo saudoso Ministro Francisco de Assis Toledo, que resultou na Lei nº 7.290 em 11 de julho 1984. O aprimoramento da legislação foi encampado pela então moderna concepção finalista, sendo algumas de suas principais inovações a reforma das modalidades de erro e a adoção da teoria normativa da culpabilidade[2]. Nessa senda é a nova regra sobre o concurso de pessoas, cominando pena diferenciada no caso da participação de um dos concorrentes em crime menos grave[3].

Outra grande novidade da reforma penal de 1984 foi a introdução das hipóteses de posição de garantidor no atual artigo 13, explicitando em quais ocasiões um determinado sujeito tem o dever de evitar um resultado lesivo. Adotando a teoria formal do dever no texto da legislação, a Parte Geral se afastou substancialmente dos diplomas que outrora a inspiraram, isto é, o italiano e o alemão.

Motivado por essa inovação, desde meados da década de 1980 muito se tem discutido acerca da conformação típica e dos requisitos de responsabilização dos crimes omissivos impróprios no cenário brasileiro, mobilizando-se jurisprudência e doutrina[4] em prol de uma teoria útil – mas também garantista – para a resolução de problemas práticos enfrentados diuturnamente perante nossos tribunais.

Quando os operadores do Direito Penal vislumbram que as técnicas utilizadas para solucionar suas indagações não mais atendem às finalidades precípuas, ou se mostram insatisfatórias, é chegada a hora de repensar os métodos habituais.[5] E é exatamente esta a situação atual da dogmática brasi-

---

2 Sobre o tema, consultar a recente obra do Prof. Dotti: *A posição sistemática da culpabilidade*. Porto Alegre: Nuria Fabris, 2013.

3 Vide DOTTI, René Ariel. *Prefácio* a obra de GUARAGNI, Fábio André. As teorias da Conduta em Direito Penal. Um estudo da conduta humana do pré-causalismo ao funcionalismo pós-finalista. São Paulo: Revista dos Tribunais. 2005, p.9.

4 Entre as principais obras que trataram especificamente desta temática, desde os anos de 1980, apontam-se: MUNHOZ NETTO, Alcides. *Os crimes omissivos no Brasil*. Curitiba: UFPR, 1983; COSTA JUNIOR, Heitor. *Teorias acerca da Omissão*, Revista de Direito Penal, nº 33; BIERRENBACH, Sheila. *Crimes omissivos impróprios*. Belo Horizonte: Del Rey, 1996; TAVARES, Juarez. *As controvérsias em torno dos crimes omissivos*. Rio de Janeiro: Instituto Latino-Americano de Cooperação Penal, 1996; TAVARES, Juarez. *Teoria dos crimes omissivos*. São Paulo: Marcial Pons, 2012, entre inúmeros outros artigos em revistas especializadas e capítulos de livro.

5 No âmbito da filosofia da ciência em geral vide: NAGEL, Ernest. *Ciência*: Natureza e Objetivo. In. MORGENBESSER, Sidney (org.) *Filosofia da Ciência*. Trad. Leonidas Hegenberg e Octany da Mota. São Paulo: Editora Cultrix, s/d, pp. 15 e ss. No Direito Penal, vide: ROCCO, Arturo. *El problema y el método de la Ciencia del Derecho Penal*. Trad. Bogotá: Colômbia, 2009, pp. 10 e ss.

leira: a perda da capacidade de rendimento das soluções propostas pela teoria finalista do delito, tão em voga à época da reforma do Código.

O advento da teoria da imputação objetiva[6] trouxe à baila da discussão dogmática uma série de questionamentos em torno da configuração do tipo objetivo, guiada agora com base no *princípio do risco*, em sua formulação proposta por Claus Roxin.[7] Ela surge justamente no contexto da crise do finalismo ontológico e, com isso, na tentativa de sua superação. Propõe, nesse sentido, uma sistemática valorativa, teológico-racional da teoria do delito.[8] Não uma completa normativização, na linha do defendido por GUNTHER JAKOBS[9], mas sim a adoção de critérios normativos e axiológicos tendentes a corrigir o alcance ilimitado do curso causal. Portanto, para o funcionalismo de Roxin, não se desprezam dados empiricamente verificáveis. Aliás, parte-se deles.

Este é, pois, o contexto de análise do presente estudo: investigar, a partir da crise do potencial teórico e prático do finalismo, em especial na dogmática

---

6 Para diferenciá-la daquela descrita na *Constitutio criminalis Carolina*, bem como daquela proposta por Karl Larenz e Richard Honig do início do século XX, posteriormente desenvolvida por Roxin. Sobre o tema vide: MEZGER, Edmund. *Tratado de Derecho Penal*. Tomo I. Trad. José Arturo Rodriguez Muñoz. Editorial Revista de Derecho Privado. Madrid, 1955, pp. 223 e ss. Da mesma forma ROXIN, Claus. Reflexões sobre a problemática da imputação em Direito Penal. In. ROXIN, Claus. *Problemas Fundamentais do Direito Penal*. Trad. Ana Paula Natscheradetz. Lisboa: Vega, 2004, pp. 145 e ss. No sentido de que a teoria da imputação objetiva não seria tão moderna assim: BUSATO, Paulo César. *Fatos e Mitos sobre a Imputação Objetiva*. Rio de Janeiro: Lumen Juris, 2008, pp. 11 e ss.

7 Inicialmente em ROXIN, Claus. Reflexões sobre a problemática da imputação em Direito Penal. In. ROXIN, Claus. *Problemas Fundamentais do Direito Penal*. Trad. Ana Paula Natscheradetz. Lisboa: Vega, 2004. p. 145 e ss; vide também os §§ 7 e 11 do seu *Derecho penal. Parte General*. Madrid: Civitas, 2008; Cfr. ainda GRECO, Luís. Imputação objetiva: uma introdução. In. ROXIN, Claus. *Funcionalismo e Imputação objetiva no Direito Penal*. Trad. Luís Greco. Rio de Janeiro: Renovar, 2002, p. 2. Nesta senda, sobre a evolução histórica da teoria da imputação objetiva vide SCHUNEMANN, Bernd. *Consideraciones sobre la teoria de la imputación objetiva. In* Temas actuales y permanentes del Derecho Penal después del milenio.Madrid: Tecnos, 2002, p. 72 a 77. Sobre o "princípio do risco" na teoria da imputaçao objetiva de Claus Roxin, vide WOLTER Jurgen. *La imputación objetiva y el sistema moderno del Derecho Penal*. In Omisión e Imputación Objetiva en Derecho Penal. (Enrique Gimbernat et al... Edit). Madrid: Facultad de Derecho, 1994, p. 67-71. Ressaltando a clareza estrutural do modelo teórico apresentado por Roxin, vide a pesquisa de ROCHA, Ronan de Oliveira. *A relação de causalidade no Direito Penal*. Dissertação de Mestrado. Universidade Federal de Minas Gerais, Belo Horizonte, 2014, p. 39 a 44.

8 GRECO, Luis. Imputação objetiva..., p. 5.

9 Para uma introdução à teoria de Jakobs, consultar: JAKOBS, Gunther. *Sociedad, norma y persona en una teoría de un Derecho penal funcional*. Trad. Manuel Cancio Meliá e Bernando Feijoó Sánchez. Bogotá: Universidad Externado de Colombia, 1996.

dos delitos omissivos impróprios, os aportes da teoria da imputação objetiva para a resolução de casos práticos. Tal desiderato passará necessariamente por questionar a existência do tão debatido nexo causal na omissão e interrogar se, com as contribuições da imputação objetiva, sua utilidade já estaria superada. Em seguida, passa-se à apresentação e debate dos critérios normativos de imputação, aplicáveis aos crimes omissivos impróprios, e sua necessidade prática. Não é supérfluo acrescentar, como bem lembra ROXIN, em um dos seus últimos estudos, que os pontos de vista do finalismo hoje integram a "historia da dogmática"[10]

2. Premissas e casos passíveis de discussão

É *communis opinio*, sob um viés eminentemente dogmático que a comissão por omissão, ou omissão imprópria, deva ser entendida como "*a infracción de un 'mandado de evitar el resultado', por el deber de garante*"[11]. Significa ao mesmo tempo: A inexistência de tipo específico – deste conceito – na parte especial demanda, para fins de sua punibilidade, a equiparação da omissão ao atuar positivo, isto é, o agente que omite, responde pelo resultado previsto na descrição típica de um crime comissivo (por isso, *comissivo por omissão*)[12]. Nesse panorama, e trazendo o referencial teórico de ARMIN KAUFMANN, na sua "*Advertência Preliminar*" ao seu "*Die Dogmatik der Unterlassungsdelikte*", assegura-se que "*cabe cometer también 'por omisión' la mayoría de los delitos comisivos*".[13]

O objetivo circunscrito a este artigo não é o de analisar as consequências de uma política criminal expansionista, apta a demandar do Direito

10 ROXIN, Claus. *El nuevo desarrollo de la dogmática jurídico-penal en Alemania*. Trad. Ricardo Robles Planas e Ivo Coca Vila.p. 3, www.indret.com , acesso em 23 de fevereiro de 2016. De forma categórica, o Prof. de Munique, assevera que atualmente " nenhum jovem penalista alemão se descreveria assim mesmo como finalista". *Op. Cit.* Idem.

11 Da famosa monografia de matriz finalista: KAUFMANN, Armin. *Dogmática de los delitos de omisión*. Trad. Joaquín Cuello Contreras e José Luis Serrano González de Murillo. Madrid: Marcial Pons, 2006, p. 250.

12 Não se pretende aqui levantar a discussão acerca das normas proibitivas e mandamentais, e quais delas circunscrevem cada tipo de delito. No entanto, apenas para fins de nota, considera-se como acertada a tese de Enrique Bacigalupo, o qual, apoiando-se em Nagler e Kaufmann, chega à conclusão de que detrás de cada tipo penal existe uma norma, sendo o mandado ou a proibição apenas formas de expressão dessa norma. Para tanto, vide: BACIGALUPO, Enrique. *Delitos impropios de omisión*. Buenos Aires: Pannedille, 1970, p. 97. Dentro da experiência do magistério, é possível constatar as inúmeras dificuldades por parte dos acadêmicos para elucidar a equiparação entre os crimes comissivos e omissivos em razão da inexistência de um tipo especifico, diversamente do que ocorre com os delitos de negligencia.

13 Na tradução espanhola: KAUFMANN, *Dogmática de los delitos de omisión*, p. 21.

penal a função, não mais apenas de proibir condutas, mas igualmente de promovê-las por meio de normas mandamentais.[14] Antes disso, pretende-se aqui estar adstrito a questões meramente teóricas, englobando o potencial de rendimento da equivalência das condições para o âmbito dos crimes omissivos impróprios, bem como a incidência dos critérios da teoria da imputação objetiva de Roxin como forma de delimitação do âmbito de responsabilidade.

Para essa proposta, a adoção de um caso-problema, auxiliará a evidencia da aplicabilidade prática do substrato teórico. Diga-se ainda, antes de se demonstrar que uma solução penal não pode ser deduzida apenas de um pensamento abstrato – alheio à realidade –, deve-se sempre partir da discussão e do diálogo entre a prática do foro e a academia. A solução de problemas concretos, no pensamento de ROXIN, revela-se pela aplicação dos princípios normativos decorrente da política criminal à matéria jurídica, e em consequência aos dados empíricos.[15] Significa essa assertiva, que o consenso e a adequação em torno de uma decisão deve sempre pressupor a exposição prévia dos *prós* e dos *contras* analisados a partir de *supostos problemáticos*.[16]

Caso: A sociedade empresária "B", atuante nas atividades de decapagem, desengraxe, banhos de galvanização e banhos cromatizantes, constantemente, no período de abril de 2010 e março de 2011, realizou a emissão de gases e material particulado de propriedades tóxicas e descarte de efluentes industriais líquidos no solo (tais como soluções alcalinas e ácidas, soluções de cianeto e soluções de cromo VI – hexavalente), em desacordo com as exigências estabelecidas em leis e regulamentos. Sabe-se, por meio de perícias, que esse material alterou as propriedades químicas do lençol freático que abastecia de água o município "X", provocando tumores malignos em dezenas de pessoas, o que foi comprovado por exames médicos

14 Sobre a função promocional do Direito penal por meio de omissões: BOBBIO, Norberto. Marxismo e a questão criminal. Carta a Alessandro Baratta. In. _____. *Nem com Marx, nem contra Marx*. São Paulo: UNESP, 2004. Igualmente BOBBIO, Norberto. *Da estrutura à função*. Trad. Daniela Versiani. Barueri: Manole, 2007, pp. 2 e ss.

15 ROXIN, Claus. Normativismo, política criminal e dados empíricos na dogmática do Direito Penal. In. ROXIN. Claus. *Estudos de Direito Penal*. 2ª ed. Org. e Trad. Luís Greco. Rio de Janeiro: Renovar, 2005, p. 61.

16 ROXIN, Claus. *Derecho Penal*: parte general. Tomo I. Trad. Diego-Manuel Luzón Peña; Miguel Díaz y García Colledo e Javier de Vicente Remesal. Madrid: Civitas, 2001,, §7º, p. 215. Note-se que não se prega o abandono completo do pensamento sistemático, até porque há uma vinculação constitucional de que a responsabilização criminal esteja sempre vinculada à lei. A legalidade, nesse ponto, imporá ao pensamento tópico (estudo de casos), todos seus corolários, como a proibição da analogia *in malam partem*, da criminalização *praeter legem* ou ainda por costumes. Como sintetiza Roxin: "*El mandado de precisión de la ley le proporciona de antemano la preeminencia al pensamiento sistemático. No obstante, a menudo se pasa por alto que es fructífera y posible hasta un cierto grado una síntesis entre el pensamiento sistemático y el problemático*". Cf. ROXIN, *Derecho penal (Tomo I)...*, p. 216.

especializados. A empresa e seu órgão diretivo, sabendo dos efeitos nocivos de seus rejeitos, não utilizava sistemas para captação e tratamento desse material, permitindo que permanecessem suspensas na atmosfera, contaminando o ar, além de nada fazer em relação aos detritos que contaminaram o solo.[17]

Variação 1: A empresa "C", responsável por uma barragem de represamento de água, realizava, sempre após o prazo legal e administrativamente exigido, perícias de segurança em relação a integridade da barragem. Após ter sido constatado pela equipe de segurança que havia uma rachadura que estava comprometendo a segurança da represa, o conselho diretivo optou por não realizar a manutenção preventiva por critérios econômicos. Pouco tempo depois, a estrutura cedeu, inundando praticamente todo o município "Y", provocando a morte de centenas de pessoas, afogadas e soterradas, e deixando outras tantas desabrigadas.

3. Requisito para a incidência da teoria da imputação objetiva: os crimes omissivos impróprios como delitos de resultado

O retorno ao interesse pela teoria da imputação objetiva encontra lugar em um artigo de *CLAUS ROXIN*, dedicado à *Festschrift* a RICHARD HONIG, publicado inicialmente em 1970.[18] O ponto de partida foi a insuficiência das teorias da relação de causalidade no âmbito da Ciência do Direito, como forma de enfrentar o problema da atribuição da responsabilidade. O cerne da discussão assentava-se em torno dos critérios pelos quais seria possível imputar um resultado a determinado indivíduo como obra sua.

Apoiando-se em Honig, afirmava que "*se a atuação da vontade não é típica, não existe absolutamente nenhuma acção (sic) no sentido que interessa ao direito penal*"[19]. Esclarecia ROXIN que o labor dogmático no Direito Penal é justamente a imputação de resultados, a qual necessariamente se faz depen-

17 Inspirado na Apelação Criminal Nº 70051842573, de relatoria do des. Marcel Hoppe, julgada pela Quarta Câmara Criminal do Tribunal de Justiça do Rio Grande do Sul, em 6 de fevereiro de 2013.

18 Tal artigo encontra tradução portuguesa: ROXIN, Claus. Reflexões sobre a problemática da imputação em Direito Penal. In. ROXIN, Claus. *Problemas Fundamentais do Direito Penal.* Sobre o transcorrer histórico da fundamentação da teoria geral do delito até o artigo de Roxin, vide. GRECO, Luís. *Imputação objetiva...*, p. 57 e ss. Ainda a respeito desta temática, vide também SCHUNEMANN, Bermd. *Op. Cit. idem.* No tocante a evolução dos dois requisitos materiais da teoria da imputação objetiva (criação de um perigo desaprovado e a constatação da relação entre a conduta desaprovada do autor e o resultado produzido), e das objeções de matriz finalista lançadas aos pressupostos materiais da imputação objetiva, vide o indispensável estudo de FRISCH, Wolfgang. *La teoria de la imputación objetiva del resultado: lo fascinante, lo acertado y lo problemático. In... Desvalorar e imputar.* Barcelona; Atelier. 2004, p.19 a 59. Vide ainda ROCHA, Ronan de Oliveira. *Op. Cit.* p. 39.

19 HONIG, citado por ROXIN, *Reflexões sobre a problemática da imputação...*, p. 147.

der da violação de exigências normativas, devendo a conduta se adequar às exigências típicas condizentes ao dever de não produzir resultados típicos.

A imputação, portanto, obriga uma análise condicional de determinada conduta ter criado um risco juridicamente desaprovado de lesão a um bem jurídico.[20] Sob essas circunstâncias, a imputação do tipo objetivo só é um problema de parte geral nos casos dos denominados *delitos de resultado*, os quais exigem a ocorrência de um resultado lesivo no mundo exterior, dando-se em um momento temporal e espacial distinto da ação, sendo certa a exigência do tipo penal da lesão para que haja a consumação do crime.[21]

Com base nessas premissas é possível diferenciar dois momentos primordiais: a imputação do comportamento e a imputação do resultado. No primeiro, Roxin considera o "*comportamento pessoalmente imputável*", ou seja, o critério preliminar para que algo possa ser considerado como ação ou omissão[22]. As causas de exclusão importam na ausência da imputação do comportamento. Já em uma segunda etapa, seria necessário acrescentar a imputação do resultado, determinante para dotar a conduta de conteúdo. Aqui estariam os pressupostos por ele pensados, com base na ideia de criação de um risco, para a atribuição do resultado.

Os crimes omissivos impróprios, nesse sentido, decorrem do dever de evitar um *resultado* típico previsto em um tipo comissivo da parte geral. É assim que prevê o § 2º do art. 13 do Código Penal, quando em sua parte inicial dispõe: "*[a] omissão é penalmente relevante quando o omitente devia e podia agir para evitar o resultado*". Entendem-se como requisitos indispensáveis à caracterização dessa modalidade de crimes: "*a) a abstenção da atividade que a norma impõe; b) a superveniência do resultado típico em vista a omissão; c) a ocorrência da situação de fato de que deflui o dever de agir*"[23]. Isto é, como sintetiza Juarez Cirino dos Santos, "*o tipo de omissão de ação imprópria exige, ainda, a produção do resultado típico como consequência causal da omissão da ação mandada*"[24].

---

20 Roxin deriva a ideia de exposição a risco do conceito de bem jurídico. Cfr. ROXIN, Claus. *Reflexões sobre a problemática da imputação...*, p. 148. Sobre as bases epistemológicas da teoria de Roxin vide: ROXIN, Claus. *Política criminal e sistema jurídico-penal*. Trad. Luís Greco. Rio de Janeiro: Renovar, 2012.

21 Nesse sentido ROXIN, *Derecho Penal (Tomo I)...*, p. 345. Nas suas palavras: "*La imputación al tipo objetivo solo es un problema de la Parte general cuando el tipo requiere un resultado en el mundo exterior separado en el tiempo y el espacio de la acción del autor (...). En los delitos de mera actividad, como el allanamiento de morada (§123) o el falso testimonio (§154), la imputación al tipo objetivo se agota en la subsunción en los elementos del tipo respectivo que hay que tratar en la Parte especial*"

22 ROXIN, *Reflexões sobre a problemática da imputação...*, p. 161.

23 MUNHOZ NETTO, Alcides. *Os crimes omissivos no Brasil*: Comunicação ao XIII Congresso Internacional de Direito Penal, Cairo – 1984. Curitiba: UFPR, 1983, p. 24.

24 SANTOS, Juarez Cirino dos. *Direito Penal*: Parte Geral. 5º ed. Florianópolis: Conceito Editorial, 2012, p. 200.

Partindo desse axioma dogmático é possível afirmar que os critérios da teoria da imputação objetiva também se aplicam aos chamados delitos omissivos impróprios[25]. Com base nesse postulado, as considerações a seguir serão tecidas. Apoiados em uma assertiva que considera essa modalidade de crime como de resultado, o primeiro questionamento a ser elucidado é justamente o da existência ou não de um nexo de causalidade verificável entre a omissão ou a ação mandada e o resultado produzido. Baseando-se nesta prévia ponderação e, tendo em vista a incapacidade da teoria da equivalência dos antecedentes causais para, em si considerada, atribuir responsabilidade penal, avaliar-se-ão os critérios propostos por Roxin a fim de limitar os exageros do dogma causal, com o auxílio de preceitos normativos[26].

4. A CAUSALIDADE COMO PRESSUPOSTO E OBJETO DE VALORAÇÃO DA IMPUTAÇÃO OBJETIVA: CAUSALIDADE OMISSIVA?

Diga-se inicialmente, no contexto da incorporação de teorias estrangeiras à nossa realidade, urge a demanda de uma série de precauções prévias e ao mesmo tempo de observância peremptória: além da necessidade de adaptação aos problemas específicos oriundos da realidade social e política, a boa compreensão de seus pressupostos materiais sempre será o ponto de partida.[27]

De fato, desde o estudo publicado no livro em homenagem a HONIG, ROXIN reivindicou o abandono de conceitos causalistas e ontológicos, tidos como insuficientes para explicar a atribuição da responsabilidade em matéria penal. Considerar, pois, a teoria da condição como "invenção *infeliz*"[28] não parece, como há quem sustente na doutrina brasileira, o pleito pelo abandono da exigência da relação de causalidade nos Códigos Penais[29]. Roxin demonstra que o critério da "*conditio sine qua non*" é deficiente em responder, *somente em si considerada*, uma série de interrogantes retirados da *praxis*, dentre eles, os condizentes aos desvios dos cursos causais, à causalidade da cumplicidade, e dos próprios crimes omissivos impróprios.[30] Entretanto, uma

25 GARCÍA CAVERO, Percy. *Derecho Penal . Parte General.* Lima: Jurista Editores, 2012, p. 559; ROCHA, Ronan de Oliveira. *Op. Cit.* p. 183.

26 No mesmo sentido JESCHECK, Hans-Heirinch – WEIGEND, Thomas. Tratado de Derecho penal, p. 297

27 Acerca das precauções no estudo da legislação estrangeira e do direito comparado, vide: ANCEL, Marc. *Utilidades e métodos do direito comparado.* Trad. Sérgio Porto. Porto Alegre: SAFE, 1981, pp. 111 e ss.; PRADEL, Jean. *Droit Pénal Comparé.* Paris: Dalloz, 1995, p. 30 e ss.

28 ROXIN, *Reflexões sobre a problemática da imputação...*, p. 151

29 Como é o que propõe JESUS, Damásio. *Imputação objetiva.* São Paulo: Saraiva, 2000, p. 30-31.

30 ROXIN, *Reflexões sobre a problemática da imputação...*, p. 150-151

boa compreensão da teoria da equivalência dos antecedentes causais é imprescindível para auferir a necessidade de correções normativas, promovidas pela doutrina, limitando-se a responsabilização penal, em especial nos delitos comissivos por omissão. Este é o objetivo deste tópico.

4.1. O nexo de causalidade nos crimes comissivos

Roxin é claro ao asseverar em seu *Tratado*: "*la teoría del nexo causal es (...) el fundamento de toda la imputación al tipo objetivo*"[31]. O primeiro pressuposto para compreender como perfectibilizado um tipo de resultado é, portanto, que o autor tenha, por obra sua, causado o resultado juridicamente proibido. Em outras palavras, sem causalidade não há que se falar em imputação[32]. Com base no exposto, tem-se por indispensável a análise, ainda que perfunctória, das teorias da causalidade e na sequência verificar sua aplicabilidade aos delitos omissivos impróprios. Por certo, a doutrina, desde cedo, não mediu esforços em estabelecer como se determina a relação de causalidade entre a ação do autor e o resultado típico[33].

4.1.1. Teoria do equivalente dos antecedentes causais[34]

O Código Penal brasileiro em seu artigo 13 dispõe, em sua parte final: "*Considera-se causa a ação ou omissão sem a qual o resultado não teria ocorrido*". Apesar da Exposição de Motivos da Parte Geral de 1984 expressamente afirmar que parecia, à época, inadequado manter a definição de causa no dispositivo legal – tendo em vista a imprecisão teórica sobre a exatidão do termo (item 12) –, a doutrina pátria é praticamente uníssona ao afirmar que a legislação penal adotou a teoria da condição.[35] Tendo, a própria codificação,

---

31 ROXIN, *Derecho Penal* (Tomo I)..., p. 346.

32 Cfr. RUDOLHI, Hans-Joachim. *Causalidad e Imputación objetiva*. Bogotá: Universidad Externado de Colombia. 2006, p. 14. Segundo advertia JESCHECK: as categorias da imputação objetiva e da causalidade "*Não são em modo algum idênticas*" *Op. Cit. Idem.* Ainda WESSELS, Johannes. *Direito Penal. Parte Geral.* Porto Alegre: Sergio Antonio Fabris Editor. 1976, p.40.

33 GARCIA CAVERO, Percy. *Op. Cit.* 402.

34 Teoria formulada em 1858 por Julius Glaser e introduzida na jurisprudência do Reichsgerischt por Maximilian von Buri. Cfr. TAVARES, Juarez. *Teoria do Injusto Penal.* 3ª ed. Belo Horizonte: Del Rey, 2003, p. 257. A teoria da condição era considerada pela jurisprudência, quando ainda incipiente, não só como causa em seu aspecto lógico do resultado, mas também como fundamento da responsabilidade por este resultado. Cfr. MEZGER, *Tratado de Derecho Penal (Tomo I)*..., p. 226.

35 Por todos: TAVARES, Juarez. *Teoria do Injusto Penal*..., p. 254. Vide também SANTOS, *Direito Penal*..., p. 118; PRADO, Luiz Régis. *Curso de Direito Penal brasileiro*: Parte Geral.

atribuído causalidade à omissão, é, por isso, imprescindível a boa compreensão desta teoria como ponto de partida.

Uma simples incursão na vasta bibliografia a respeito da teoria da equivalência das condições, poderá demonstrar sua importância tanto no âmbito doutrinário como jurisprudencial[36]. Causa será o que não se pode suprimir mentalmente sem que com isso também despareça o resultado (efeito). Trata-se, nessas circunstâncias, de um processo de eliminação hipotética.[37] A condição sem o qual a lesão ao bem jurídico não teria ocorrido é considerada sua causa, uma vez que, por essa teoria, não se difere uma da outra. Como o próprio nome da teoria já denuncia, todas as condições são equivalentes, tanto no aspecto causal como no jurídico, fundamentando assim a responsabilidade penal[38]. É por esse motivo que a a teoria das condições se denomina também teoria das equivalências. Trazendo a lição de Jescheck, expressado de outro modo: a ação deve ser uma *conditio sine qua non* do resultado[39] . No caso particular, o juiz deve constatar com ajuda dessa formula a causalidade de uma ação para o resultado, em tal modo que compare o curso causal real com um hipotético e se indague se o resultado concreto também se teria realizado sem a ação do autor[40].

Malgrado seu reconhecimento na etapa causalista do delito, em razão do seu pretendido caráter pre-jurídico – uma vez que atendia apenas a dados naturalísticos[41]-, a teoria da equivalência das condições não tardou em en-

---

1º v. 12ª ed. São Paulo: Revista dos Tribunais, 2013, p. 346. O homenageado, Prof. Dotti, em seu Tratado acentua: "A *Exposição de Motivos da Parte Geral do CP, em sua redação original, acentua que o projeto adotou a teoria chamada equivalência dos antecedentes ou da* conditio sine qua non". DOTTI, *Curso de Direito Penal...*, p. 397.

36 Cfr. MAURACH, Reinhardt. ZIPF, Heinz. *Derecho Penal. Parte General*. Buenos: Buenos Aires: Astrea, 1994 .*p*. 311; JESCHECK, Hans-Heirinch – WEIGEND, Thomas. *Op. Cit*. p. 299; FRISTER, Helmut; *Derecho Penal. Parte General*. Buenos Aires: Hammurabi, 2011, p. 179.

37 Acerca do "*processo hipotético de eliminação*" vide na literatura penal pátria: BRUNO, Anibal. Direito Penal. Parte Geral. Tomo I, Rio de Janeiro: Forense, 1978, p. 323; DOTTI, *Curso de Direito Penal...*, p. 399. Na doutrina estrangeira, vide o clássico de WELZEL, Hans. Derecho Penal Alemán. Santiago de Chile: Editorial Juridica de Chile, 2002; p.51; MAURACH, Reinhart-ZIPF, Heinz. *Op. Cit*. p.310. MIR PUIG, Santiago. Derecho Penal. Parte General. Barcelona, Editorial Reppertor, 2002, p.236; WESSELS, Johannes. *Op. Cit. Idem;* JESCHECK, Hans-Heirinch – WEIGEND, Thomas. *Op. Cit*. p.300

38 MEZGER, *Tratado de Derecho Penal (Tomo I)...*, p. 225.

39 JESCHECK, Hans-Heirinch – WEIGEND, Thomas. *Op. Cit. idem*.

40 Vide RUDOLPHI, Hans-Joachim. *Op. Cit. Idem*. MAURACH, Reinhart-ZIPF, Heinz. *Op. Cit*. p 311 e FRISTER, Helmut. *Op. Cit*. p. 179

41 GARCÍA CAVERO, Percy. *Op. Cit*. 402.

frentar objeções amplamente debatidas pela doutrinaria. Podemos dessumir que a primeira crítica diz respeito ao próprio fato de fazer equivaler todas as condições para a ocorrência do resultado. O perigo dai decorrente é o do regresso *ad infinitum* da cadeia de antecedentes, fazendo com que a responsabilização volte até o pecado original[42]. No caso de um homicídio, a mãe do assassino seria responsabilizada por tê-lo dado à luz[43]. Em um Direito penal democrático, entretanto, a primeira barreira intransponível a ser quebrada seria a da responsabilidade pessoal, em oposição à responsabilização solidária[44]. A deficiência desta teoria, enfim, é aceitar qualquer condição antecedente como fundamento à penalização. Deste modo, o leque de causas é extremamente amplo, obrigando aos seus defensores a aceitar as correções por limitações ao nível do elemento subjetivo do tipo e da própria culpabilidade ou por critérios de imputação objetiva mais exigentes dos decorrentes da pura causalidade natural[45].

A segunda crítica a demonstrar a insuficiência desta perspectiva é a equiparação entre conexão causal e responsabilidade.[46] Frise-se, não toda relação causal conduz inevitavelmente a uma reprovação penal. Significa que a causalidade é uma condição mínima mas não suficiente de responsabilidade[47]. A mera demonstração da relação causal não basta para fundamentar a individualização da responsabilidade penal, dependendo esta de outros elementos, dentre os quais, circunstâncias normativas, isto é, que correspondam às exigências da ordem jurídica.[48] De fato, a causalidade pode ser tida como limite mínimo da responsabilização, no entanto, não o único.

42 Na tradicional lição de Antolisei, " *A questa teoria è stato mosso e può muoversi il rimprovero di una eccessiva estensione del concetto di causa, estensione che porta a risultati in contrasto con le esigenze del diritto e del sentimento di giustizia*". Vide ANTOLISEI, Francesco. Manuale di Diritto Penale. Parte Generale. Giuffrè:Milano, 1987, p. 206. DIAS, Jorge de Figueiredo. Direito Penal. Parte Geral. São Paulo: Revista dos Tribunais, Coimbra Editora, 2007, p.324. Ainda MIR PUIG, Santiago. *Op. Cit.*p.237.

43 Exemplo retirado da obra de GRECO, Luis. *Um panorama da Teoria da Imputação objetiva*, p.20 e de FRISTER, Helmut. *Op. Cit.* p. 177.

44 Para tanto vide TAVARES, *Teoria do Injusto Penal...*, p. 255. Conforme as palavras de Stratenwerth, pressupõe-se como ponto de partida da imputação a relação causal, no sentido da teoria da condição, Vide STRATENWERTH, Günter. Derecho *Penal. Parte General I. El hecho punible*. p.131. De forma idêntica vide MAURACH, Reinhart- ZIPF, Heinz. *Op. Cit.* p.315; JESCHECK, Hans-Heirinch – WEIGEND, Thomas. *Op. Cit.* Idem. Ainda, FRISTER, Helmut. *Op.Cit.* p. 199.

45 Vide DIAS, Jorge de Figueiredo. *Op Cit.* p. 324.

46 MEZGER, *Tratado de Derecho Penal (Tomo I)...*, p. 233.

47 A respeito REYES ALVARADO, Yesid. *Imputación Objetiva*. Tercera edición, Bogotá: Temis, 2005, p.41

48 ROXIN, *Reflexões sobre a problemática da imputação...*, p. 145.

Resumidamente Figueiredo Dias atentava que uma das criticas mais contundentes a esta teoria residiria nas deficiências explicativas nos casos da causalidade virtual[49] e na causalidade alternativa[50]. Quer nos parecer entretanto, e apoiados no magistério do mestre português, que uma das maiores dificuldades do critério da *supressão mental* de uma condição, ocorreria " ...quando não se consiga determinar, para além de toda a dúvida razoável, se determinada acção foi realmente condição *sine qua non* de um certo resultado"[51]. Justamente no âmbito da sociedade de risco, no caso das agressões ao meio ambiente, da responsabilidade pelo produto, da manipulação genética, além das especiais barreiras criadas para dificultar a identificação da responsabilização dos agentes dentro de um ente coletivo de natureza empresarial, é onde este critério denota sua maior limitação[52].

A partir dessas críticas fundamentais outras teorias surgiram para tentar resolver os entraves logísticos apresentados pela teoria da equivalência. Não obstante, como se verá, também não foram assim tão bem sucedidas pois careciam de um critério normativo à causação a fim de delimitar a relevância jurídica de determinada conduta humana.

4.1.2. Teoria da causalidade adequada

Formulada por *Ludwig Von Bar* e aperfeiçoada por *Johannes Von Kries*[53], a causalidade adequada buscava seu fundamento e a exclusão da responsabilidade no campo da causalidade sem depender do corretivo da culpabilidade. Entretanto, hodiernamente se admite que constitui um limite da imputação

49 Exemplo lançado por Figueiredo Dias para o caso da causalidade virtual: A dispara um tiro mortal sobre B, no preciso momento em que este é afetado por um enfarte mortal no miocárdio. *Op. Cit.* p. 325.

50 No caso da causalidade alternativa, serve mais uma vez o exemplo do penalista português: A e B colocam separadamente venenos, qualquer deles mortal no copo de C, que acaba por morrer. *Op. Cit. Idem.*

51 DIAS, Jorge de Figueiredo, *Op. Cit.* p. 325. Nesse sentido, vide também, FRISTER, Helmut. Op. Cit. p.179

52 DIAS, Jorge de Figueiredo. *Idem, Ibidem.*

53 Cfr. GIMBERNAT ORDEIG, Enrique. *Delitos cualificados por el resultado y causalidad.* Montevideo-Buenos Aires, Julio Cesar Faira- Editor, 2007, p. 3. Para este autor, a teoria da adequação foi fundada por v. Kries. Nesse sentido, FIGUEIREDO DIAS, *Op. Cit.* p. 328; GARCÍA CAVERO, Percy. *Op. Cit.* p.403;MAURACH, Reinhart- ZIPF, Heinz. *Op. Cit*, p. 315;MIR PUIG, Santiago. *Op. Cit.* p. 246; Não obstante, há diversos autores que asseveram, ter sido von Bar o seu fundador no âmbito jurídico. Nesse sentido, vide. REYES ALVARADO, Yesid. *Op. Cit.* p. 23, dentre outros.

objetiva não afetando a causalidade.[54] Seu ponto de partida é a teoria da condição, valendo-se também do procedimento hipotético de eliminação da *conditio sine qua non*, mas objetivando corrigi-la por parâmetros juridicamente adequados. Desta forma, não seria toda condição do resultado concreto relevante. Tentando exemplificar o problema do regresso ao infinito, esta teoria limita a causalidade apenas à causa ou condição geralmente apropriada para produzir o resultado.[55]. Causa seria tão somente aquela condição capaz de ocasionar o resultado conforme os parâmetros da experiência[56]. Von Bar pensou no sentido próprio do Direito, excluindo a causalidade no âmbito de tudo por ele considerado como "*regras da vida*".[57] Ficam apartados, dessa forma, os cursos de acontecimentos imprevisíveis. Resulta evidente que a responsabilidade penal não pode englobar mais que a capacidade do homem de conduzir e dominar os chamados cursos causais [58]

O critério para verificação desta causalidade adequada, proposto por *MAX RÜMELIN*, é o que ficou conhecido como *prognose póstuma objetiva*[59]. Desde David Hume admite-se a ignorância sobre o conhecimento das causas reais de qualquer evento, pauta-se a verificação da causalidade na dependência de uma repetição empiricamente verificável ou, em outras palavras: antecipando-se as consequências, tem-se como provável qualquer possível efeitos dos dados para si colocados, uns mais que outros de acordo com sua efetiva observação.[60] Sob este entendimento RÜMELIN propõe que a questão da probabilidade do resultado deveria ser resolvida do ponto de vista do "*observador objetivo*" (Juiz), isto é, obrigando-se a tomar em conta todas as condições que existiam na ação humana (conhecidas do agente ou a ele previsíveis), assim como todas as que, pelas regras gerais de experiência, se seguiriam a tal conduta.[61]

54 Vide MIR PUIG, Santiago. *Op. Cit.* p. 247; TAVARES, *Teoria do Injusto Penal*. p. 267; JESCHECK, Hans-Heirinch – WEIGEND, Thomas. *Op. Cit.* p.305. REYES ALVARADO, Yesid, *Op. Cit.* p. 23. MAURACH, Reinhart- ZIPF, Heinz. *Op. Cit.*idem; GARCÍA CAVERO, Percy. *Op. Cit.* p. 404.

55 MEZGER, *Tratado de Derecho Penal (Tomo I)*..., p. 234-235.

56 STRATENWERTH, Günter. *Op. Cit. Idem; DIAS*, Jorge de Figueiredo. *Op. Cit.* p. 328.

57 Vide MEZGER, *Tratado de Derecho Penal (Tomo I)*..., p. 234-235. Idem TAVARES, Juarez. *Teoria do Injusto Penal*..., p. 267.

58 Vide STRATENWERTH, Günter. *Op. Cit. Idem.*

59 GIMBERNAT ORDEIG, Enrique. *Op. Cit.* p. 15-18; BRUNO, Anibal. *Op. Cit.* 326; MAURACH, Reinhart- ZIPF, Heinz. *Op. Cit.* p. *316; DIAS*, Jorge de Figueiredo, *Op. Cit. Idem.*

60 HUME, David. *Investigação acerca do entendimento humano*. Trad. Anoar Aiex. São Paulo: Edusp, 1972, p. 57.

61 MEZGER, *Tratado de Derecho Penal (Tomo I)*..., p. 236. Idem TAVARES, Juarez. *Teoria do Injusto Penal*..., p. 268.

MARTA FELINO RODRIGUES, por exemplo, considera que o nexo da omissão de resultado (imprópria) "*terá de se estabelecer entre a ação omitida e o não impedimento do evento lesivo*"[62] como um problema de causalidade adequada. Para se imputar uma conduta penalmente típica em sua categoria omissiva, há de se verificar axiologicamente, no caso concreto, se a ação exigida pela norma mandamental era ou não adequada para evitar o resultado previsto no tipo como lesionador de um bem jurídico tutelado. Trata-se de questionar se a ação omitida era ou não apta a impedir o resultado proibido.[63]

A teoria da causalidade adequada não apresenta, sem embargo, a solução acertada para responder à segunda crítica apresentada à teoria da condição (diferenciação entre responsabilidade e causação), mas somente à primeira (regresso ao infinito). Frise-se que essa restrição esclarece parcialmente o problema, pois a valoração de ações pelo ordenamento jurídico depende não apenas da probabilidade com a qual respectiva ação possa causar um resultado típico. Exemplificativamente, valendo-nos da lição de Helmut Frister, de modo algum é improvável causar acidentes e ferimentos a terceiros no transito viário mediante a utilização de automóveis. Ainda assim essa ação está permitida no ordenamento jurídico[64]. O complemento desse raciocínio é facilmente deduzível: a valoração negativa de uma ação por um resultado causado por esta, não depende apenas da relação entre ação e resultado, senão que é a consequência de uma ponderação entre o interesse da liberdade que é afetada e o interesse por evitar lesões a bens jurídicos. Essa valoração não está totalmente compreendida na causação do resultado[65].

Sem desconhecer que no seu momento, a teoria da adequação, representou uma significativa contribuição no intento de limitar a exagerada extensão da equivalência das condições, ressalta-se que a mesma não conseguiu solucionar casos nos quais malgrado a improbabilidade do curso causal e ainda do resultado, era inegável a existência de uma causa juridicamente relevante[66].

---

62 RODRIGUES, Marta Felino. A *Teoria Penal da Omissão e a Revisão Crítica de Jakobs*. Coimbra: Almedina, 2000, p. 41.

63 RODRIGUES, Marta Felino. A *Teoria Penal da Omissão*..., p. 41.

64 FRISTER, Helmut. *Op. Cit.* p. 173. Nas palavras de Figueiredo Dias, em atividades que comportam riscos consideráveis para bens jurídicos, em razão da permissão legal dessas condutas, entre elas, a da circulaçao rodoviária, o da produçao e transporte de produtos perigosos, ou das intervenções médicas arriscadas, surgem problemas de imputação que não podem ser resolvidos corretamente pela teoria da adequação " na medida em que, na generalidade destes casos, a acção se revela *adequada* à produção do resultado típico". *Op. Cit.* p. 331. É por isso que o degrau da adequação deve ser corrigido com o degrau denominado conexão de risco.

65 Cfr. ainda FRISTER, Helmut. *Op. Cit. Idem.*

66 Vide REYES ALVARADO, Yesid. *Op. Cit.* p. 27. O exemplo trazido por Yesid Reyes, é assaz elucidativo: o caso do atentado ao ex-ministro da Justiça Colombiana, Enrique

4.1.3. Teoria da relevância jurídica

Consciente da necessidade de critérios jurídicos de correção da causalidade, *Edmund Mezger* propôs a Teoria da relevância jurídica. Mezger afirma que a teoria da adequação ataca a teoria da condição em um ponto falso. Ao invés de negar a conexão causal em determinados casos, deveria negar sua relevância jurídica. O então Professor da Universidade de Munique admite a teoria da equivalência como a única possível sobre a causalidade. A teoria da adequação já havia passado a ser uma teoria da responsabilidade em seus estritos termos. Somente uma conexão causal adequada fundamenta a responsabilidade. Todavia, só se poderá castigar determinada pessoa pelo resultado quando a causa for juridicamente relevante.[67] Em assim procedendo, JUAREZ TAVARES aponta a teoria de MEZGER como "*o primeiro passo para a formulação da moderna teoria da imputação objetiva do resultado*"[68].

A causalidade passa a ser retificada pelo critério da relevância jurídica, que unicamente se afere com base no Direito positivo, isto é, encontrada a partir dos tipos penais legais. Resolve-se, aqui, o problema da imputação dentro do tipo objetivo, levando-se em consideração o fim de proteção da norma. Não se trata de avaliar a equivalência jurídica após verificar a condição física, mas sim sua relevância típica.[69] A punibilidade de uma conduta dependeria então de três elementos: a relação causal, a relevância jurídica dessa relação e a culpabilidade do autor[70].

Malgrado a teoria da causalidade relevante tenha deslindado os limites da causalidade e da responsabilidade, nas palavras de REYES ALVARADO, tal concepção não ofereceu um critério determinado para estabelecer a relevância das causas, uma vez que a simples afirmação de que a mesma deriva da interpretação dos tipos penais não vai além de confirmar seu genérico postulado de que o relevante para o Direito penal não são todas as ações em

Parejo, o qual recebeu vários tiros de revolver na cabeça, disparados a curta distância, mesmo assim, tendo sobrevivido. Caso aplicássemos a teoria da causalidade adequada, poder-se-ia concluir que uma multiplicidade de disparos feitos a curta distancia contra a cabeça de uma pessoa são aptos para produzir sua morte, mas apenas de uma forma improvável seriam adequados para gerar uma das lesões, com o qual resultaria que a ação do agressor não foi causa adequada do resultado produzido, sendo esta conclusão por demais insatisfatória. *Op. Cit.* p.27,28.

67 MEZGER, *Tratado de Derecho Penal (Tomo I)...*, p. 241.

68 TAVARES, *Teoria do Injusto Penal...*, p. 270.

69 WESSELS, Johannes. *Op. Cit.* p. 44.

70 Cfr. GIMBERNAT ORDEIG, Enrique, *Op. Cit.* p. 68; REYES ALVARADO, Yesid. *Op. Cit.* p. 29.

sentido natural mas apenas aquelas descritas nos tipos, sem que isso ofereça um referencial concreto à sua aplicação[71].

4.2. O nexo de causalidade nos crimes omissivos impróprios

TULLIO GALIANI considerava o problema da causalidade da omissão como semelhante ao da quadratura do círculo.[72] Não parece, entretanto, ser tão incontornável assim a solução. Já FRANCESCO ANTOLISEI considerou a discussão acerca do nexo causal da omissão uma das mais infecundas da história da Ciência do Direito, fruto de um "*escrúpulo teórico*" germânico.[73] Para ANTOLISEI, o problema da causalidade se apresenta e resolve nos crimes omissivos como nos crimes de ação. Da mesma forma que a assertiva de GALIANI, a de ANTOLISEI não se mostra assim tão evidente.

À luz da história da ciência, a concepção segundo a qual há verdades autoevidentes e necessárias, tal como se pensava à época da geometria euclidiana, é, atualmente, questionável e insustentável. Em todas as épocas, os princípios tidos por basilares foram modificados ou substituídos para se manterem adequados às novas descobertas.[74] Sobretudo a dogmática jurídico-penal se mostra como um manto de Penélope, que a noite se desfia para todos os dias recomeçar desde o princípio. E assim deve acontecer também com a interrogação pertinente à causa nos crimes omissivos.

A exposição das teorias da causalidade na comissão foi absolutamente necessária para a explanação a seguir. É a partir destas teorias, ou mais especificamente, a partir da teoria da equivalência das condições – pois as outras tentam corrigir seus defeitos – que as demais, favoráveis ou não à causalidade da omissão, partem, entretanto com suas peculiaridades.

---

71 REYES ALVARADO, Yesid. *Op. Cit.* p 30. Segundo Gimbernat Ordeig: " La teoria de la relevância se halla, pues, a mitad de camino: dice, acertadamente, que las acciones inadecuadas han de ser eliminadas en el campo del tipo, pero no indica el por qué". *Op. Cit.*p. 70.

72 GALIANI, Tullio. *Il problema della condotta nei Reati Omissivi.* Camerino: Jovene Editore, 1980, p. 139.

73 ANTOLISEI, Francesco. *Manuale di Diritto Penale*: Parte Generale. 6ª ed atualiz. por Luigi Conti. Milão: Giuffrè Editore, 1969, p. 193. Franz Von Liszt/ Eberhart Schmidt afirmam que a questão da omissão ser causal para o resultado é um dos mais infrutíferos debates que há tido lugar na ciência penal. Citado por ROXIN, Claus. *Derecho Penal*: Parte General. Tomo II – Especiales formas de aparición del delito. Trad. Diego-Manuel Luzón Peña; José Manuel Paredes Castañon; Miguel Díaz y García Conlledo; e Javier de Vicente Ramesal. Madrid: Civitas, 2014.

74 Vide: NAGEL, Ernest. *Ciência*: Natureza e Objetivo..., p. 17.

4.2.1. Ex nihilo nihil fit

A opinião pela qual não seria possível se falar em causalidade na omissão decorre do brocardo latino "*ex nihilo nihil fit*" (do nada, nada se faz). Tal solução foi defendida, por exemplo, entre outros, por: R. MERKEL, MITTERMAIER e F. VON LISZT, BELING.[75] Decorre tal conclusão da consideração do nexo causal como categoria do ser, pois, com a omissão, não se põe em marcha qualquer modificação no mundo fático.[76] Para essa visão, o problema está no fato de não ser possível que a partir do "não fazer" apareça no mundo exterior, como efeito, uma modificação considerável.[77] Tal solução, no entanto, não convence, porquanto não apresenta uma alternativa para a vinculação entre uma ação não produzida e o resultado lesivo ao bem jurídico verificado. Desconsidera-se, portanto, o caráter normativo da omissão.

4.2.2. A teoria da equivalência das condições nos crimes omissivos impróprios

JOHANNES WESSELS, amparado na jurisprudência alemã até os anos de 1970, afirma que a causalidade da omissão ocorre, sempre nos casos onde se verificar resultado típico, quando a ação esperada pela norma mandamental não pode ser acrescentada hipoteticamente, sem que o resultado desapareça em sua concreta manifestação, com uma probabilidade próxima aos limites da certeza (raciocínio inverso aos dos crimes de ação).[78] Nada obstante, Wessels tende a enxergar com ceticismo a discussão de haver ou não uma causalidade em sentido físico na omissão, dado que o Direito penal considera sua expressão de um ponto de vista normativo.

Em 1931, KARL ENGISCH apresentava o seguinte exemplo como consequência "antipática" à forma da *conditio sine qua non* aplicada aos crimes omissivos impróprios. Suponha-se que em uma guerra, uma série de fabricantes foram designados para produzir partes indispensáveis em várias peças de artilharia. No caso dos contratos terem sido cumpridos negligentemente de maneira não pontual, colocando assim em risco a condução da guerra, poder-

75 Vide: JIMÉNEZ DE ASÚA, Luis. *La Ley y el Delito*. 12ª ed. Buenos Aires: Editorial Sudamericana, 1981, p. 232.

76 ZAFFARONI, Raúl; et. al. *Direito penal brasileiro*. Tomo II, I. Rio de Janeiro: Revan, 2010, p. 353.

77 ENGISCH, Karl. *La causalidad como elemento de los tipos penales*. Trad. Marcelo Sancinetti. Buenos Aires: Hammurabi, 2008, p. 62.

78 WESSELS, *Direito Penal...*, p. 162.

-se-ia argumentar pela incidência do crime então previsto no § 329, § 2º do Código Penal Alemão de 1871.[79]

Nesse caso, na hipótese de apenas alguns dos contratados cumprissem o acordo no tempo designado, estes poderiam argumentar que o dano teria mesmo assim ocorrido: não haveria que se falar em causalidade, quando pelo critério do acréscimo hipotético o resultado não seria também suprimido em função do atraso dos outros. Estar-se-ia frente, portanto, a um caso de "*irresponsabilidade*".

Este exemplo pode muito bem ser atualizado nos casos de decisões colegiadas e coorporativas, v. g.[80]. Um membro do Conselho de Administração poderia opor que para ele faltaria causalidade na hipótese de ter dado um voto divergente, ou ainda que fosse divergente em se tratando de maioria qualificada, o resultado continuaria a existir pela decisão do grupo. Essa escusa pode até ser válida em observação do princípio "*in dubio pro reo*". Para tanto, deve-se apurar se o agente não se comprometeu posteriormente no processo de execução da ordem do Conselho. Caso contrário deve-se afirmar a causalidade.[81]

No caso da responsabilidade pelo produto, por outro lado, quando o Conselho de administração de uma empresa tem conhecimento de que o produto está causando danos à saúde e à vida de quem o utiliza, e não o retira do mercado imediatamente depois de autuado pela autoridade competente, o Supremo Tribunal alemão considerou que a causalidade deveria ser verificada quando as condições diversas daquelas relacionadas ao produto não puderem explicar o resultado, sendo, assim, o produto tido por causa residual e indireta. Essa fórmula mereceu muitas críticas por parte da doutrina, por

79 O tipo diz repeito a quem, intencionalmente ou por negligência, não cumpre um contrato de entrega de materiais em tempo de guerra, ao exército ou à marinha, prejudicando assim seu andamento. No original: "*§ 329 [StGB/1871]. Wer die mit einer Behörde geschlossenen Lieferungsverträge über Bedürfnisse des Heeres oder der Marine zur Zeit eines Krieges, oder über Lebensmittel zur Abwendung oder Beseitigung eines Nothstandes, vorsätzlich entweder nicht zur bestimmten Zeit oder nicht in der vorbedungenen Weise erfüllt, wird mit Gefängniß nicht unter sechs Monaten bestraft; auch kann auf Verlust der bürgerlichen Ehrenrechte erkannt werden.*
Liegt der Nichterfüllung des Vertrages Fahrlässigkeit zum Grunde, so ist, wenn durch die Handlung ein Schaden verursacht worden ist, auf Gefängniß bis zu zwei Jahren zu erkennen. Dieselben Strafen finden auch gegen die Unterlieferanten, Vermittler und Bevollmächtigten des Lieferanten Anwendung, welche mit Kenntniß des Zweckes [191] der Lieferung die Nichterfüllung derselben vorsätzlich oder aus Fahrlässigkeit verursachen."
Cfr. ENGISCH, *La causalidad...*, p. 63.

80 Como no caso da responsabilidade penal pelo produto, v.g. Cfr. HASSEMER, Winfried; MUÑOZ CONDE, Francisco. *La responsabilidad por el producto em derecho penal*. Valencia: Tirant lo Blanch, 1995.

81 TAVARES, *Teoria do Injusto Penal...*, p. 263.

desconsiderar regras da experiência e dar demasiado valor à análise subjetiva do julgador.[82]

4.2.3. A solução de Karl Engisch

KARL ENGISCH, para tentar resolver o problema por ele apresentado para o caso da negligência no atraso da entrega de itens de guerra, cuidou da questão da causalidade afirmando que uma conduta é causa para o resultado quando este está ligado àquela por uma séria de modificações ajustadas às leis. Nos crimes de omissão imprópria, o resultado cuja realização está proibida (por meio de uma norma penal) é realizado por meio de um não fazer. Em assim sendo, analisando a omissão como também manifestação da conduta à luz da condição ajustada à lei, poder-se-á dizer: se um atuar positivo, considerado em si ou em conjunto com outro fazer, é apropriado para evitar a produção do resultado, então existirá uma causa ajustada à lei entre a ação mandada e a não produção do resultado lesivo.[83]

Entre a omissão dessa ação mandada e a produção de resultado posterior, para Engisch, com base na derivação do princípio da inversão lógica, existe uma relação ajustada à lei. A posição do penalista, destarte, propugna a decisiva observação das leis da experiência para nivelar e retificar a teoria da condição.[84] No caso do exemplo da Guerra, haverá uma relação ajustada à lei para cada contratado moroso, pois cada uma das partes faltantes, segundo as normas gerais de engenharia, é necessária para o êxito na construção das peças de artilharia.[85]

HANS-HEINRICH JESCHECK aperfeiçoou e enfatizou ainda mais a importância da teoria de Engisch para a causalidade da ação. Para ele, deve-se analisar cada caso sob uma ótica das conexões que lhe sejam próprias conforme as leis naturais, ainda se questionando se a conduta tenha produzido o resultado como decorrência dos fenômenos como os que tiveram lugar no caso concreto, sempre de acordo à experiência prática.[86]

---

82 Sobre as críticas vide: TAVARES, Juarez. *Teoria dos crimes omissivos*. São Paulo: Marcial Pons, 2012, pp. 370-371.

83 ENGISCH, *La causalidad...*, p. 64.

84 Cfr. TAVARES, *Teoria dos crimes omissivos...*, p. 370.

85 ENGISCH, *La causalidad...*, p. 64.

86 JESCHECK, H. H. *Tratado de Derecho Penal*: Parte General. Trad. de Santiago Mir Puig e Francisco Muñoz Conde. Madrid: Bosch, 1982, p. 384.

4.2.4. A solução de Armin Kaufmann

Apesar de a teoria proposta por ARMIN KAUFMANN não se ajustar às teorias que consideram causal a omissão no sentido da teoria da condição, o resultado de sua investigação também não se harmoniza com aquelas que negam a causalidade da omissão.[87] De fato, KAUFMANN nega a existência de um nexo causal real na omissão, se aproximando, em um primeiro momento, dos autores para os quais existe apenas uma quase-causalidade ou uma causalidade jurídica ou social tão somente.[88]

É sutil a distinção apresentada na "*Dogmática de los delitos de omisión*". Assevera-se não constatar causalidade no *omitir*, mas sim haver uma *causalidade potencial* do omitente, quando da parte deste exista possibilidade de atuar. Essa possibilidade não seria condição da omissão, tão pouco supressão mental da ação mandada ou do próprio omitir.

A questão que deve ser posta á a seguinte: *no caso de ter sido realizada determinada ação, teria sido evitado o resultado proibido pela norma?*[89]. A resposta positiva faz depender, em todo caso, da possibilidade de realização da ação salvadora. Da reposta a esta pergunta apenas se verifica uma causalidade potencial, segundo a qual o autor da omissão é penalizado não por ter causado o resultado típico, mas sim de não o haver evitado[90], em uma probabilidade próxima aos limites da certeza. Como complementa Marta Rodrigues, "*a doutrina dominante não exige a certeza absoluta de que a realização do comportamento omitido teria evitado o resultado*"[91], mas tão só um juízo próximo aos limites da certeza.

Como crítica a tal raciocínio hipotético de causalidade potencial, a averiguação da eficiência de uma ação não realizada por um indivíduo e sua aptidão, *in abstracto*, para evitar o evento danoso, é um tanto difícil de comprovar[92]. Vê-se que este é um raciocínio perigoso, porquanto atribui uma discricionariedade tanto ao órgão acusador, quando da redação de uma denúncia criminal, quanto ao julgador, quando da imputação *in concreto* do preceito tido como crime. Novamente, em se admitindo uma teoria como esta, no caso da inexistência de lastro probatório (pericial) suficiente, a incidência do princípio do *in dúbio pro reo* é inafastável.

87 KAUFMANN, *Dogmática de los delitos de omisión*..., p. 82.

88 KAUFMANN, *Dogmática de los delitos de omisión*..., p. 76.

89 KAUFMANN, *Dogmática de los delitos de omisión*..., p. 83.

90 KAUFMANN, *Dogmática de los delitos de omisión*..., p. 84.

91 RODRIGUES, *A Teoria Penal da Omissão*..., p. 41.

92 RODRIGUES, *A Teoria Penal da Omissão*..., p. 41.

4.2.5. A solução de Claus Roxin

A proposta de ROXIN em muito se aproxima à de Engisch, com alguns acréscimos propostos por Ingeborg Puppe. ROXIN parte do pressuposto de que, quando o tipo penal exija, cada fato punível demanda a comprovação da causalidade para o resultado lesivo. Como visto anteriormente, muitos se esforçam para tentar, teoricamente, estabelecer esse vínculo. No entanto, a teoria mais acolhida, segundo o professor de Munique, foi a *teoria da interferência* de *Von Buri*. Por ela, a causalidade na omissão consiste na inibição de um impulso de atuar, enquanto eliminação de um fator que impediria o resultado. Nada obstante, tal solução não abarcariam os crimes omissivos por negligência inconsciente, pois neles não se pode falar em eliminação de um impulso de atuação.[93]

A opinião dominante, contudo, não defende a hipótese de uma omissão ser causal para o resultado. Apesar disso, seguindo a posição minoritária de Engisch, afirma PUPPE que nas negações não apenas é admissível oferecer uma explicação causal completa, senão indispensável para fins da imputação, atestando que resultados não se produzem somente por condições que os impulsionam positivamente, mas também pela ausência de fatores que os impedem. Logo, uma pessoa doente não morre somente em virtude de sua enfermidade, senão também por não receber os cuidados médicos adequados.[94]

A despeito de ROXIN admitir a possibilidade de imputação de um resultado sem causalidade[95], desde que concorram os demais pressupostos legais e normativos, o autor reconhece possível acolher o conceito de causalidade na omissão, como condição conforme leis naturais, sem reparos. Nada obstante tal consideração, deve-se ter em conta que esta apresenta, na própria teoria da Engisch, diferenças substanciais da causalidade na ação. Enquanto nesta se supõe a condição conforma as leis entre o comportamento atribuível a alguém e o resultado; na omissão, a conexão se dá entre a omissão da ação mandada e o resultado.[96]

4.2.6. A solução de Juarez Tavares

Na doutrina nacional, a posição a merecer destaque é a de JUAREZ TAVARES, consignada em sua tese "*Teoria dos crimes omissivos*". TAVARES chega a afirmar que a questão da causalidade na omissão, considerada pela

93 ROXIN, *Derecho Penal* (Tomo II)..., p. 766.

94 Citado por ROXIN, *Derecho Penal* (Tomo II)..., p. 767.

95 "*(...) la imputación no está necessariamente vinculada a la causalidad*". ROXIN, *Derecho Penal* (Tomo II)..., p. 768.

96 ROXIN, *Derecho Penal* (Tomo II)..., p. 768.

fórmula da inversão da teoria da condição, é apenas um artifício argumentativo para incluir a omissão no âmbito de punibilidade dos delitos comissivos.[97]

Tavares afirma que a teoria da condição, adjudicada pelo art. 13 do Código Penal também para as omissões, não funciona para elas de maneira escorreita. Funciona apenas de forma aproximativa, como mera hipótese, sem certeza. Por isso propõe ele uma nova fórmula que possibilite abarcar essa modalidade delitiva, a que denomina de *causalidade funcional*.[98]

Segundo tal construção, em dependendo a omissão necessariamente de uma norma mandamental, sua causalidade também estaria envolvida por essa norma. Desta forma, o sentido de tal relação causal será extraído da norma que atribui o dever a determinado sujeito, analisando-se, para tanto, os limites do devido e o significado da ação exigida para evitar a ofensa ao bem jurídico. Entendidos os elementos da ação mandada dentro de um processo de comunicação poderá ela ser estendida aos destinatários como pauta referencial para sua conduta. No caso da mãe que deixa de amamentar o filho, a causalidade seria afirmada, enquanto a realidade empírica que submete a criança aos cuidados da mãe para seu correto desenvolvimento, estabelece para ela a referência de sua conduta. Não interessa questionar, *nesse momento*, se a ação devida minoraria o risco da produção do resultado, mas sim se com ela o resultado se evitaria, com uma probabilidade próxima aos limites da certeza.[99] Apesar do fundamento da teoria de Tavares ser diferente, pautada em um conceito comunicativo de conduta, as consequências práticas em muito se aproximam à teoria de Engisch, em respeito ao âmbito das leis naturais ou regras da experiência, permitindo o acesso aos limites da ação devida.

5. Imputação objetiva nos crimes omissivos impróprios

A atribuição da responsabilidade nos crimes omissivos impróprios não pode se contentar apenas com a causalidade, apesar de, segundo a opinião aqui consignada, esta seja imprescindível no processo de imputação. Requer, igualmente, o perfazimento do tipo objetivo, de outros elementos normativos tendentes a corrigir os excessos dogmáticos proporcionados pela teoria da condição. Quando, por exemplo, por faltar luz na escadaria de um edifício, um morador cai quebrando sua perna, querer atribuir responsabilidade ao síndico torna-se um tanto forçoso.

É por este motivo que a *Teoria da Imputação Objetiva* reaparece em sua moderna conformação. Trata-se de valorar e limitar a causalidade a fim de que esta possa ser atribuível a alguém, dentro dos limites de um tipo penal,

97 TAVARES, *Teoria dos crimes omissivos...*, p. 366.

98 TAVARES, *Teoria dos crimes omissivos...*, p. 367.

99 Com base em Bernd Schünemann: TAVARES, *Teoria dos crimes omissivos...*, p. 368.

como obra sua. Enuncia a imputação objetiva os pressupostos e requisitos que fazem com que uma causação seja objetivamente típica.[100]. Arrematando seu significado prático, Juarez Tavares afirma: "*a teoria da imputação objetiva (...) não é uma teoria para atribuir, senão para restringir a incidência da proibição ou determinação típica sobre determinado sujeito*".[101]

5.1. Breve panorama da teoria da imputação objetiva

CLAUS ROXIN, na última versão proposta para sua teoria da imputação objetiva, consubstanciada em seu Tratado, propõe, depois de verificada a existência de uma conduta, resultado e nexo causal, seria necessária ainda uma análise em três níveis. Assim, um resultado lesivo só poderia ser imputado a alguém se a conduta realizada de fato *criar um risco não permitido* (1° nível), se esse risco se *realizar no resultado* (2° nível) e, por fim, se o resultado estiver dentro do *alcance do tipo* (3° nível).[102] Percebe-se, pois, que o autor propõe uma solução de caráter normativo, inspirada na interpretação dos tipos penais e ligada à considerações de cunho político-criminal, rechaçando a subjetividade inerente ao finalismo e chamando atenção para as inovações inseridas no tipo objetivo, o que resultou na formulação de uma teoria teleológico-valorativa do tipo.[103]

Sintetizando suas ideias, ROXIN arremata: "*um resultado causado pelo agente só se pode imputar ao tipo objetivo se a conduta do autor criar um perigo para o bem jurídico não coberto por um risco permitido e esse perigo também se realizou no resultado concreto*".[104] Vê-se, portanto, que o conceito de imputação é restritivo. Isto é, a conduta somente será imputada caso, além de criar um perigo concreto a um bem jurídico verificável empiricamente no resultado, este não esteja abarcado no âmbito do juridicamente permitido.

Ressalta-se que a concepção de Imputação Objetiva de ROXIN difere substancialmente da ideia de WOLFGANG FRISCH e de GÜNTHER JAKOBS, por exemplo. Para FRISCH, em sua monografia "*Comportamiento Típico e imputación del resultado*", a conduta típica deve ser considerada em

100 GRECO, Luís. *Um panorama da teoria da imputação objetiva*. São Paulo: RT, 2013, p. 19. No mesmo sentido ROXIN, *Derecho Penal* (Tomo I), op. cit., 2006, p. 363.

101 Em tradução livre de: "*La teoría de la imputación objetiva, por lo tanto, no es una teoría para atribuir, sino para restringir la incidencia de la prohibición o determinación típica sobre determinado sujeto*". TAVARES, Juarez. *Teoria del Injusto Penal*. Buenos Aires: B de F, 2010, p. 271.

102 ROXIN, *Derecho Penal* (Tomo I), op. cit., 2006, p. 362 e ss..

103 FEIJÓO SANCHEZ, Bernardo. Teoria da Imputação Objetiva. Trad. Nereu Giacomolli. Barueri: Manole, 2003, p. 134.

104 ROXIN, Claus. *Problemas fundamentais...*, p. 148.

momento distinto da imputação do resultado. Na criação do risco desaprovado e até o momento em que o alcance do tipo não é um problema da imputação está frente à conduta típica tão somente, definida *ex ante*. Tal concepção se reveste de relevância prática para a teoria da tentativa, v. g. A conduta que apenas cria o risco, mas não o realiza no resultado, apenas pode ser punida na modalidade tentada, ou seja, o resultado não é a ela imputável. A imputação do resultado, por sua vez, estaria reservada para a causalidade e a realização do risco desaprovado, isto é, sob uma perspectiva *ex post*.[105] Para JAKOBS, o distintivo para caracterizar um comportamento humano penalmente relevante não é a lesão ou colocação em perigo a um bem jurídico, senão seu significado. Deve-se averiguar o que significa determinado comportamento desde o ponto de vista social, isto é, desde "*papéis*" ou "*competências*" previamente determinados no mundo social, ordenados de maneira normativa.[106]

5.2. Questões relativas ao dever de evitar o resultado

Há de se ter em conta que omitir, em sua acepção jurídico-penal, não significa em absoluto nada fazer como queriam aqueles adeptos ao causalismo naturalista. Bem lembra FRANCISCO MUÑOZ CONDE que "*omitir é um verbo transitivo, sempre que se omite se omite algo*".[107] Nesse sentido, deixar de fazer sempre possui como referência uma ação mandada pela norma impositiva.

Sendo assim, somente é possível qualificar como omissão penalmente relevante, em nível de injusto penal, aquela omissão da ação esperada pela norma.[108] Logo, a ação imposta pela norma mandamental. Não se trata, a nosso ver, de referência à ação propriamente dita, mas sim uma referência ao dever de agir imposto pela norma. Configura-se em nível típico a omissão impura quando o agente, com conhecimento e vontade ou não observando o cuidado requerido, deixa de atuar conforme o mandamento, quando dele lhe era possível exigir.

Referendando tal posição é que MUÑOZ CONDE arremata: "*Por isso, a omissão penalmente relevante não pode ser compreendida em um plano exclusiva-*

---

105 Vide FRISCH, *Comportamiento típico...*, op. cit.; HAAS, Volker. La doctrina penal de la imputación objetiva *InDret*: Revista para el análisis del Derecho. Barcelona, jan/2016, pp. 10 e 11.

106 JAKOBS, Günther. *La imputación objetiva en Derecho Penal*. Trad. Manuel Cancio Meliá. Madrid: Civitas, 1996, prólogo.

107 MUÑOZ CONDE, Francisco; GARCÍA ARÁN, Mercedes. *Derecho Penal*: Parte General. Valencia: Tirant lo Blanch, 1998, p. 266 e ss. Nossa tradução.

108 MUÑOZ CONDE, Francisco. *Teoria Geral do Delito*. Trad. de Régis Prado e Juarez Tavares. Porto Alegre: SAFE, 1988, p. 30.

mente ontológico, sendo também necessário situá-la em referência às categorias da tipicidade e da antijuridicidade (...) para apreender sua essência". [109]

O Código Penal brasileiro passou a adotar, a partir da reforma de 1984, em seu art. 13, § 2º, a teoria formal do dever jurídico. A própria lei penal, como esclarece a Exposição de Motivos da Nova Parte Geral do Código Penal (item 13), traz as hipóteses em que estará presente o dever de agir, identificando os sujeitos aos quais se destinam as normas mandamentais. Nesse sentido, normativamente será relevante a omissão a quem: a) por lei tenha a obrigação de cuidado; b) tenha, por outra forma, assumido a responsabilidade de evitar o resultado; ou ainda c) por comportamento anterior tenha criado risco de ocorrência de lesão. Nessas hipóteses é que o próprio legislador apontou haver um risco juridicamente desaprovado a ser evitado pelo garante.

Tal concepção remonta a um princípio aceito na dogmática penal desde NAGLER, segundo o qual a punibilidade da omissão imprópria se faz depender de uma posição de garantidor. A teoria formal do dever jurídico, reportando-se à Feuerbach e Stübel, faz com que o conteúdo desta posição legal se baseie em obrigações derivadas da lei, de um contrato ou de um atuar precedente. Desde então, pois, se nota a despreocupação da ideia de lesão a um bem jurídico para a configuração do crime comissivo por omissão.[110]

Como bem ressalta ROXIN, tal teoria formal não pode mais encontrar vigência. Não bastaria a mera contravenção à norma de dever para se configurar um delito de omissão impróprio. Por isso, desde KAUFMANN se concebe uma ideia de posição de garante fundada sobre a ideia de bem jurídico. De um lado estaria o "*dever de proteger os bens jurídicos de determinadas pessoas contra perigos (posição de garante de guarda ou proteção [Obhutsgarantenstellung])*" e de outro "*o dever de controlar fontes de perigo para os bens jurídicos alheios (posição de garante de vigilância ou controle [Überwachungsgarantenstellung])*"[111].

Um exemplo da primeira hipótese seria o caso dos pais em relação ao dever de proteção de seus filhos menores. Na segunda, o dever de segurança de tráfico, do empregador em relação às atividades de risco da empresa e de seus subordinados, isto é, o dever que tenha o sujeito de assegurar os riscos em seu âmbito de competência. Em última análise objetiva-se a proteção de bens jurídicos frente a inúmeros tipos de perigos ao domínio próprio ou de terceiros.[112]

---

109 MUÑOZ CONDE, *Teoria Geral do Delito...*, 1988, p. 31.

110 ROXIN, Claus. O princípio da proteção do bem jurídico e seu significado para a teoria do injusto. In AMBOS, Kai; BÖHM, Maria Lúcia (orgs.). *Desenvolvimentos atuais das ciências criminais na Alemanha*. Brasília: Gazeta Jurídica, 2013, p. 304-305.

111 ROXIN, *O princípio da proteção do bem jurídico...*, p. 305. Vide especialmente KAUFMANN, *Dogmática de los delitos de omisión...*, Op. cit.

112 ROXIN, *O princípio da proteção do bem jurídico...*, p. 306.

Esta perspectiva de submeter a criminalização a um critério material de controle e limitação é imprescindível em um Direito Penal que se pretenda democrático. Na esteira de Miguel Polaino Navarrete, conclui-se: "*la conminación penal desconectada del presupuesto del bien jurídico incurre, de modo excesivo, en el peligro de una pena 'moralizadora' y, con ello, en una inconveniente constatación de la esfera de la libertad individual, frente a la que sólo aparecen legitimadas las intervenciones necesarias socialmente, en todo caso en una democracia liberal*"[113].

5.3. Critérios normativos da imputação objetiva aplicadas aos delitos omissivos impróprios

Uma das controvérsias que recaem sobre a causalidade e, consequentemente, à imputação dos delitos omissivos impróprios, adverte ROXIN, é a questão referente a se a atribuição da responsabilidade estaria satisfeita com a ação exigida pela norma em evitar o resultado, com uma probabilidade próxima aos limites da certeza, ou, se de outro lado, não seria possível transferir aos delitos omissivos a *teoria do incremento do risco*, pensada para os delitos comissivos.

Faz-se mister, portanto, antes de prosseguir, elucidar as discussões que perpassam a teoria do *incremento do risco* desde o pós-segunda guerra, na discussão dogmática alemã. Tal critério nasce como resposta às chamadas "*condutas alternativas conforme o Direito*". A partir desta conduta, verifica-se se o resultado lesivo teria sido evitado, não com segurança, mas com probabilidade ou possibilidade.[114]

Incrementa-se o risco quando, em que pese se comprove ter ocorrido o resultado mesmo se respeitadas todas as regras de segurança, supere-se o risco permitido. Elucidando a discussão Roxin traz à lume um exemplo. Suponha-se que um condutor de ônibus queira ultrapassar um ciclista, mas assim o fazendo não respeita a distância mínima para a ultrapassagem, fazendo com que o ciclista se desestabilize e caia sob as rodas traseiras do veículo, provocando sua morte. Sabe-se que o ciclista estava bêbado e que o resultado provavelmente ocorreria se houvesse sido observada a distância mínima.[115]

---

113 POLAINO NAVARRETE, Miguel. *Derecho Penal*: Parte General. Tomo I. Barcelona: Bosch, 1984, p. 130. Cf. ainda REGIS PRADO, Luis. *Bem jurídico-penal e Constituição*. São Paulo: RT, 2011, p. 21. Regis Prado cita a seguinte afirmação atribuída a POLAINO NAVARRETE: "*sem a presença de um bem jurídico de proteção prevista no preceito punitivo, o próprio Direito Penal, além de resultar materialmente injusto e ético-socialmente intolerável, careceria de sentido como tal ordem de direito*".

114 Principalmente ROXIN, *Derecho Penal* (Tomo I)..., p. 379.

115 Exemplo apresentado em ROXIN, *Derecho Penal* (Tomo I)..., p. 379.

Se a conduta conforme o direito acarretar, provável ou possivelmente, a ocorrência do mesmo resultado, estará excluída a imputação. Se, por outro lado, a ação ou omissão supere o risco permitido, sendo provado que a conduta alternativa evitaria o resultado, então não se deve afastar a imputação. Nesse caso a conduta terá incrementado o risco, sendo atribuível ao agente para fins de responsabilidade penal.

A concorrência da existência do incremento de um risco deve ser verificada *ex post*, v. g., analisando-se todas as circunstâncias que, mesmo posteriormente, sejam conhecidas (embriaguez, velocidade acima da permitida etc.). Deve-se observar, ainda, se a ação abarcada pelo risco permitido teria *diminuído o risco* na situação de fato, ou ainda, aumentado as chances de salvamento ou evitação do resultado. Isso se deve ao fato de uma conduta que reduza a probabilidade de uma lesão não poder ser considerada orientada à produção de um resultado desvalioso.[116]

Algumas peculiaridades, entretanto, recobrem os delitos omissivos impróprios. Na acertada afirmação DE CARLOS SUÁREZ GONZÁLEZ e MANUEL CANCIO MELIÁ, para os delitos comissivos por omissão, supõe-se uma sensível modificação dos parâmetros sobre os quais se assentam a imputação do resultado[117]. Ao contrário do que sucede com os delitos comissivos, em que a realização do risco não permitido fundamenta-se junto com a causalidade a imputação, na omissão imprópria o omitente já encontra de antemão o risco ilícito na situação típica, não criando o mesmo.[118]

No caso de se admitir a aplicação do incremento do risco, concluir-se-á que o resultado somente será imputado ao agente omitente quando sua atuação não tenha diminuído significativamente o risco de produção do resultado, não mais com uma probabilidade tangente à certeza, mas se contentando agora somente com a possibilidade.

Se um fabricante de roupas, contrariando normas regulamentares, entrega material contaminado e não desinfetado, no caso pelo de cabra, por exemplo, para a produção, fazendo com que alguns trabalhadores sejam contaminados por bactérias fatais, levando-os à óbito, tais mortes deverão ser imputadas àquele que teria o poder e o dever de evitar o resultado lesivo, no caso o patrão ou técnico de segurança.[119] Nesse caso, a desinfecção do

116 A ideia da diminuição do risco foi apresentada inicialmente em: ROXIN, *Reflexões sobre a problemática da imputação...*, p. 149.

117 CANCIO MELIÁ, Manuel; SUÁREZ GONZÁLEZ, Carlos. Estudio Preliminar. In JAKOBS, Gunther. *La imputación objetiva en Derecho Penal.* 1ª ed. Madrid: Civitas, 1996, p. 45.

118 ROXIN, *Derecho Penal* (Tomo II)..., p. 815.

119 Caso julgado pela Câmara Criminal do Tribunal do Reich (RGSt, 63, 211), reproduzido por ROXIN em: *Reflexões sobre a problemática da imputação...*, p. 153.

material de trabalho não precisaria constituir uma garantia certa de eliminação dos agentes infecciosos causadores da morte. A imputação somente seria rechaçada se a atividade do autor não importasse em um aumento do risco permitido. No caso apresentado, se os desinfetantes indicados não exercessem nenhuma influência sobre as bactérias nocivas.[120] Vislumbra-se, claramente, tratar-se de um problema que permeia a chamada possibilidade de agir nas circunstâncias, requisito dos crimes omissivos impróprios que deve ser encarada como ponto nevrálgico da apuração da realização do risco juridicamente desaprovado no resultado. Em não sendo possível agir, porque nas circunstâncias sua conduta não alteraria em nada a situação de fato, a imputação estaria afastada.

A possibilidade de agir integra o tipo dos crimes omissivos. Não seria exigível à ninguém alguma coisa que não lhe seja pessoalmente possível alcançar. Cabe, não obstante, identificar o conteúdo de tal possibilidade. A doutrina causalista afirma ser indispensável a real possibilidade de praticar a ação mandada pela norma. Juarez Tavares, na tentativa de extirpar o substrato causal desse requisito de imputação, propõe a diferenciação entre possibilidade física e capacidade normativa de agir. Em sendo o sujeito fisicamente incapaz de agir, a exclusão da tipicidade dependerá de uma constatação empírica. Por exemplo, no caso de o pai que vê seu filho se afogar não saber nadar. Ao revés, quando se tratar de uma capacidade normativa, o processo dependerá da relação existente entre o empírico e o normativo sob a perspectiva do tipo. Nesse caso, a verificação de se o desinfetante exigido regulamentarmente era eficaz ou não para exterminar as bactérias nocivas. O empírico, aqui, só ganha sua relevância normativamente.[121]

6. Resolução do caso apresentado

O caso apresentado no item 2 do presente estudo, bem como sua variação, engloba duas etapas para seu entendimento, avaliadas pelos pressupostos teóricos apresentados no transcorrer da exposição: a primeira delas diz respeito à identificação da causalidade; enquanto a segunda, circunscreve-se a uma situação específica condizente à temática das posições de garante.

Consoante a opinião aqui apoiada, a verificação da causalidade depende de se a ação omitida, outrora exigida da empresa, por meio de seus representantes, pudesse impedir, conforme leis naturais, o resultado desvalioso. No caso-base, o órgão diretivo se omitiu em deixar de dar outro destino ou fazer cessar a exposição de substâncias tóxicas na atmosfera e no solo, sendo conhecido, por meio de perícia, que tal conduta provocou as enfermidades

120 ROXIN, *Reflexões sobre a problemática da imputação...*, p. 153.

121 TAVARES, *Teoria dos crimes omissivos...*, p. 353-354.

em quem manteve contato com tais elementos químicos. Tendo em conta, com base em rígida prova técnica presente no devido processo penal, que a ação exigida evitaria o resultado conforme leis naturais – isto é, que a não exposição de substâncias químicas não ocasionaria doenças em quem não se as expusesse – a conduta será causal para o resultado. Da mesma forma se procede na variação.

Passando-se à segunda etapa, levando em consideração seus pressupostos de fato, está-se frente à hipótese de fonte de dever encontrada na alínea "c" do art. 13, § 2°, do Código Penal, isto é, a previsão do que dogmaticamente se conceituou como ingerência. Nesse caso, a omissão será penalmente relevante quando determinada pessoa, por comportamento anterior, criou o risco da ocorrência de determinado resultado lesivo a um bem jurídico. Todavia, como esclarece ROXIN, esta estrutura, que remonta ao século XIX, foi, desde o princípio, problemática.[122]

A grande controvérsia gira em torno da qualificação do atuar precedente. A doutrina até hoje não chegou a um consenso sobre se o agir anterior, que cria perigo ao bem jurídico penalmente tutelado, deva ser ou não típico, ilícito, injusto ou somente antijurídico, culposo, doloso, contrário ao dever etc.[123]

De acordo com ROXIN, o entendimento dominante na Alemanha divide a posição de garante em dois grandes grupos: a) a assunção de uma função de proteção; e b) o dever de controle de fontes de perigo.[124] O primeiro é inerente a cada relação de proteção, como no exemplo dos pais e filhos. Já o segundo diz respeito ao caso de criação de riscos e fontes de perigos controláveis por quem as criou. Para o penalista de Munique, a ingerência se encontraria no segundo grupo.

Nessa linha, propõe o autor uma série de limitações à ingerência, tendo em vista que "a simples causalidade do atuar precedente (...) não pode fundamentar um dever de evitação do resultado"[125]. Por isso, a conclusão a que chega ROXIN é a de que a "*imputabilidade objetiva do atuar precedente causador do perigo é o pressuposto decisivo para a fundamentação de uma posição de garante*". [126] Isto é, somente aquele ao qual se possa imputar objetivamente

---

122 ROXIN, Claus. *Cuestiones sobre la moderna teoría de la imputación penal*. Lima: ARA Editores, 2009, p. 14.

123 BIERRENBACH, Sheila. *Crimes Omissivos Impróprios*: Uma análise à luz do Código Penal Brasileiro. Belo Horizonte: Del Rey, 1996, p. 81.

124 ROXIN, *Cuestiones sobre la moderna teoría...*, p. 15.

125 ROXIN, *Cuestiones sobre la moderna teoría...*, p. 16. No original: "*la simple causalidad del actuar precedente (...) no puede fundamentar un deber de evitación del resultado*".

126 ROXIN, *Cuestiones sobre la moderna teoría...*, p. 17. No original: "*la imputabilidad objetiva del actuar precedente causante del peligro es el presupuesto decisivo para la fundamentación de una posición de garante*".

o perigo criado é o responsável por evitar que tal perigo se verifique em dano. Ainda, o atuar precedente deve ser objetivamente injusto, uma vez que a criação do perigo justificada por legítima defesa ou estado de necessidade também exclui a posição de garante.[127]

Com base nos fundamentos e na principiologia do Direito Penal contemporâneo, esta parece a solução mais lógica e acertada, principalmente quando levada em comparação com a posição de JAKOBS, para o qual qualquer ação precedente serviria para embasar a responsabilidade e configurar a posição de garante.[128]

Na análise de ROXIN, pois, devem ser levadas em consideração todas as circunstâncias relevantes quando da análise da imputação objetiva, postulando o autor, sob essas circunstâncias, as seguintes ponderações: não deve haver posição de garante se a ação precedente não tiver criado risco para o bem jurídico ou se ação precedente se mantém dentro do risco permitido.[129]

Ora, a ação precedente, de se rejeitar subprodutos nocivos à saúde humana em meio ambiente habitado, já excede, por si só o risco permitido. Mesmo se admitindo a teoria do Roxin, e não a dos papéis de Jakobs, em se gerando o perigo para o bem jurídico vida, a norma ordena que se o evite no resultado, o que não ocorreu. Além de causal, portanto, a conduta é objetivamente imputável a quem deixou de executá-la, e, assim, passível de se atribuir responsabilidade penal.

7. Considerações finais

Um dos grandes objetivos de ainda se estudar questões relacionadas à causalidade é o de evitar a livre valoração da prova, por parte do Juiz, quando falte uma prova científico-natural da existência do nexo causal.[130] Quando se carece nos autos de tal evidência, do que tenha efetivamente gerado o dano, a negação da causalidade é imperiosa pelo princípio do "*in dubio pro reo*".

A boa compressão da teoria da causalidade, de seus defeitos, e dos critérios normativos para corrigir estes defeitos é absolutamente indispensável em um Direito penal que se queira democrático. Os processos de verificação de causas, imputação do resultado e atribuição da responsabilidade não podem se pautar tão somente em decisões íntimas do julgador, mas sim em sólidos

127 ROXIN, *Cuestiones sobre la moderna teoría...*, p. 25.

128 JAKOBS, Günther. *Tratado de Direito Penal*: Teoria do Injusto Penal e Culpabilidade. Belo Horizonte: Del Rey, 2009, p. 317.

129 ROXIN, *Cuestiones sobre la moderna teoría...*, p. 16-17.

130 Assim sustentando: ROXIN, *Derecho Penal (Tomo I)...*, p. 352.

princípios normativos, dogmáticos e doutrinários, sob pena de tais decisões se degenerarem em arbítrio.[131]

Hegel, no prefácio de seu clássico "*Princípios de Filosofia do Direito*", desvela os perigos da subjetividade no Direito, e com tal conclusão, fornece o desfecho para o intuito que guiou as reflexões aqui apresentadas. Para o filósofo alemão, o Direito e a realidade jurídica delineiam-se por meio do pensamento, adquirindo assim sua forma racional, isto é, universal e determinada. No sentimento e na subjetividade é onde se circunscreve o arbítrio, fazendo com que a forma pela qual o direito assume na lei e no dever se transformem em letra morta. O Direito é a razão em cada coisa, não permitindo que o subjetivo se degenere em particularismos. A lei é a "*pedra de toque com que se distinguem os falsos amigos e os pretensos irmãos*"[132].

Referências bibliográficas

ANCEL, Marc. *Utilidades e métodos do direito comparado*. Trad. Sérgio Porto. Porto Alegre: SAFE, 1981.

ANTOLISEI, Francesco. *Manuale di Diritto Penale*: Parte Generale. 6ª ed atualiz. por Luigi Conti. Milão: Giuffrè Editore, 1969.

BACIGALUPO, Enrique. *Delitos impropios de omisión*. Buenos Aires: Pannedille, 1970.

BIERRENBACH, Sheila. *Crimes Omissivos Impróprios*: Uma análise à luz do Código Penal Brasileiro. Belo Horizonte: Del Rey, 1996.

BOBBIO, Norberto. *Da estrutura à função*. Trad. Daniela Versiani. Barueri: Manole, 2007.

BOBBIO, Norberto. Marxismo e a questão criminal. Carta a Alessandro Baratta. In. _____. *Nem com Marx, nem contra Marx*. São Paulo: UNESP, 2004.

BRUNO, Anibal. *Direito Penal. Parte Geral*. Tomo I, Rio de Janeiro: Forense, 1978.

BUSATO, Paulo César. *Fatos e Mitos sobre a Imputação Objetiva*. Rio de Janeiro: Lumen Juris, 2008.

CANCIO MELIÁ, Manuel; SUÁREZ GONZÁLEZ, Carlos. Estudio Preliminar. In JAKOBS, Gunther. *La imputación objetiva en Derecho Penal*. 1ª ed. Madrid: Civitas, 1996.

131 TAVARES, Juarez. *Teoria dos Crimes Omissivos*. 1ª ed. São Paulo: Marcial Pons, 2012, p. 371.

132 HEGEL, G. W. F. *Princípios da Filosofia do Direito*. Trad. Orlando Vitorino. Lisboa: Guimarães Editores, 1990, p. 9.

COSTA JUNIOR, Heitor. *Teorias acerca da Omissão*, Revista de Direito Penal, nº 33.

DIAS, Jorge de Figueiredo. *Direito Penal. Parte Geral*. São Paulo: Revista dos Tribunais, Coimbra Editora, 2007.

DOTTI, René Ariel. A *posição sistemática da culpabilidade*. Porto Alegre: Nuria Fabris, 2013.

DOTTI, René Ariel. *Curso de Direito Penal*. 3ª ed. (com a colaboração de Alexandre Knopfholz e Gustavo Scandelari) São Paulo: Editora Revista dos Tribunais, 2010.

ENGISCH, Karl. *La causalidad como elemento de los tipos penales*. Trad. Marcelo Sancinetti. Buenos Aires: Hammurabi, 2008.

GALIANI, Tullio. *Il problema della condotta nei Reati Omissivi*. Camerino: Jovene Editore, 1980.

GARCÍA CAVERO, Percy. *Derecho Penal . Parte General*. Lima: Jurista Editores, 2012.

GRECO, Luís. Imputação objetiva: uma introdução. In. ROXIN, Claus. *Funcionalismo e Imputação objetiva no Direito Penal*. Trad. Luís Greco. Rio de Janeiro: Renovar, 2002.

GRECO, Luís. *Um panorama da teoria da imputação objetiva*. São Paulo: RT, 2013.

HASSEMER, Winfried; MUÑOZ CONDE, Francisco. *La responsabilidad por el producto em derecho penal*. Valencia: Tirant lo Blanch, 1995.

HEGEL, G. W. F. *Princípios da Filosofia do Direito*. Trad. Orlando Vitorino. Lisboa: Guimarães Editores, 1990.

HUME, David. *Investigação acerca do entendimento humano*. Trad. Anoar Aiex. São Paulo: Edusp, 1972.

JAKOBS, Günther. *Sociedad, norma y persona en una teoría de un Derecho penal funcional*. Trad. Manuel Cancio Meliá e Bernando Feijoó Sánchez. Bogotá: Universidad Externado de Colombia, 1996.

JAKOBS, Günther. *Tratado de Direito Penal*: Teoria do Injusto Penal e Culpabilidade. Belo Horizonte: Del Rey, 2009.

JESCHECK, H. H. *Tratado de Derecho Penal*: Parte General. Trad. de Santiago Mir Puig e Francisco Muñoz Conde. Madrid: Bosch, 1982.

JESUS, Damásio. *Imputação objetiva*. São Paulo: Saraiva, 2000.

JIMÉNEZ DE ASÚA, Luis. *La Ley y el Delito*. 12ª ed. Buenos Aires: Editorial Sudamericana, 1981.

KAUFMANN, Armin. *Dogmática de los delitos de omisión*. Trad. Joaquín Cuello Contreras e José Luis Serrano González de Murillo. Madrid: Marcial Pons, 2006.

MAURACH, Reinhardt. ZIPF, Heinz. *Derecho Penal. Parte General*. Buenos: Buenos Aires: Astrea, 1994.

MEZGER, Edmund. *Tratado de Derecho Penal*. Tomo I. Trad. José Arturo Rodriguez Muñoz. Editorial Revista de Derecho Privado. Madrid, 1955.

MUNHOZ NETTO, Alcides. *Os crimes omissivos no Brasil*: Comunicação ao XIII Congresso Internacional de Direito Penal, Cairo – 1984. Curitiba: UFPR, 1983.

MUÑOZ CONDE, Francisco; GARCÍA ARÁN, Mercedes. *Derecho Penal*: Parte General. Valencia: Tirant lo Blanch, 1998.

MUÑOZ CONDE, Francisco. *Teoria Geral do Delito*. Trad. de Régis Prado e Juarez Tavares. Porto Alegre: SAFE, 1988.

NAGEL, Ernest. *Ciência*: Natureza e Objetivo. In. MORGENBESSER, Sidney (org.) *Filosofia da Ciência*. Trad. Leonidas Hegenberg e Octany da Mota. São Paulo: Editora Cultrix, s/d.

PRADEL, Jean. *Droit Pénal Comparé*. Paris: Dalloz, 1995.

PRADO, Luiz Régis. *Curso de Direito Penal brasileiro*: Parte Geral. 1º v. 12ª ed. São Paulo: Revista dos Tribunais, 2013.

REYES ALVARADO, Yesid. *Imputación Objetiva*. Tercera edición, Bogotá: Temis, 2005.

ROCCO, Arturo. *El problema y el método de la Ciencia del Derecho Penal*. Trad. Bogotá: Colômbia, 2009.

RODRIGUES, Marta Felino. *A Teoria Penal da Omissão e a Revisão Crítica de Jakobs*. Coimbra: Almedina, 2000.

ROXIN, Claus. *Cuestiones sobre la moderna teoría de la imputación penal*. Lima: ARA Editores, 2009.

ROXIN, Claus. *Derecho Penal*: parte general. Tomo I. Trad. Diego-Manuel Luzón Peña; Miguel Díaz y García Colledo e Javier de Vicente Remesal. Madrid: Civitas, 2001.

ROXIN, Claus. *Derecho Penal*: Parte General. Tomo II – Especiales formas de aparición del delito. Trad. Diego-Manuel Luzón Peña; José Manuel Paredes Castañon; Miguel Díaz y García Conlledo; e Javier de Vicente Ramesal. Madrid: Civitas, 2014.

ROXIN, Claus. *El nuevo desarrollo de la dogmática jurídico-penal en Alemania*. Trad. Ricardo Robles Planas e Ivo Coca Vila.p. 3, Disponível em www.indret.com.

ROXIN, Claus. Normativismo, política criminal e dados empíricos na dogmática do Direito Penal. In. ROXIN. Claus. *Estudos de Direito Penal*. 2ª ed. Org. e Trad. Luís Greco. Rio de Janeiro: Renovar, 2005.

ROXIN, Claus. *Política criminal e sistema jurídico-penal*. Trad. Luís Greco. Rio de Janeiro: Renovar, 2012.

ROXIN, Claus. Reflexões sobre a problemática da imputação em Direito Penal. In. ROXIN, Claus. *Problemas Fundamentais do Direito Penal*. Trad. Ana Paula Natscheradetz. Lisboa: Vega, 2004.

RUDOLHI, Hans-Joachim. *Causalidad e Imputación objetiva*. Bogotá: Universidad Externado de Colombia. 2006.

SANTOS, Juarez Cirino dos. *Direito Penal*: Parte Geral. 5º ed. Florianópolis: Conceito Editorial, 2012.

STRATENWERTH, Günter. Derecho *Penal. Parte General I. El hecho punible*.

TAVARES, Juarez. *As controvérsias em torno dos crimes omissivos*. Rio de Janeiro: Instituto Latino-Americano de Cooperação Penal, 1996.

TAVARES, Juarez. *Teoria del Injusto Penal*. Buenos Aires: B de F, 2010.

TAVARES, Juarez. *Teoria do Injusto Penal*. 3ª ed. Belo Horizonte: Del Rey, 2003.

TAVARES, Juarez. *Teoria dos Crimes Omissivos*. São Paulo: Marcial Pons, 2012.

WESSELS, Johannes. *Direito Penal*: Parte Geral (aspectos fundamentais). Trad. Juarez Tavares. Porto Alegre: SAFE, 1976.

ZAFFARONI, Raúl; et. al. *Direito penal brasileiro*. Tomo II, I. Rio de Janeiro: Revan, 2010.

3

PROCESSO PENAL, PENA E SISTEMA PENITENCIÁRIO

A SUFICIÊNCIA COMO BALIZA À SUBSTITUIÇÃO DAS PENAS PRIVATIVAS DE LIBERDADE

Alexey Choi Caruncho
Marion Bach

RESUMO: O artigo se propõe a analisar a valoração do critério de suficiência quando das substituições das penas privativas de liberdade por restritivas de direitos. Num primeiro momento, elabora-se um estudo do vínculo que o tema possui com a exigência de proporcionalidade no uso da potestade punitiva, buscando responder ao por quê da suficiência do reproche servir de baliza na substituição de penas. A partir daí, enfrenta-se a questão relacionada aos elementos que devem ser apreciados na aferição da suficiência de uma sanção penal, particularmente no momento da definição da substituição das penas privativa de liberdade por restritivas de direito. A título de considerações finais, verifica-se o tratamento desta temática pelo ordenamento penal brasileiro, particularmente para fins de identificar se o mesmo comporta a interpretação trazida ou, pelo contrário, exigiria uma alteração legislativa.

PALAVRAS CHAVE: Penas restritivas de direito, suficiência, proporcionalidade.

TITLE: The sufficiency judgment in the use of intermediate penal sanctions.

ABSTRACT: The paper seeks to analyze the study of the sufficiency judgment in the use of intermediate penal sanctions. At first, we studied the relationship that the subject has with the proportionality, seeking an answer to why the sufficiency of reproach serve as a guideline in the intermediate penal sanctions. From there, the paper faces the question related to the elements that must be considered in determining the sufficiency of criminal penalties, particularly when defining the use of intermediate penal sanctions. As a final consideration, we study the treatment of this issue by the brazilian criminal law, particularly for the purpose of assessing whether it involves the interpretation that we brought or it would require a legislative amendment.

KEY WORDS: Intermediate penal sanctions, sufficiency judgment, proportionality.

Em 29 de setembro de 2006, o Boeing 737-800 da companhia Gol Transportes Aéreos S.A., que realizava o voo nº 1907, havia decolado do Aeroporto Internacional Eduardo Gomes, em Manaus, com destino ao Aeroporto Internacional do Galeão, no Rio de Janeiro. Enquanto sobrevoava o espaço aéreo do Estado de Mato Grosso, porém, colidiu no ar com o jato Legacy 600, da Embraer.

Pela forma do ocorrido, todos os 154 passageiros e tripulantes a bordo do Boeing morreram após a aeronave se despedaçar no ar e cair em uma área de difícil acesso. Apesar de ter sofrido danos graves na sua fuselagem, o jato executivo, que tinha como piloto e copiloto, respectivamente, JOSEPH LEPORE e JAN PAUL PALADINO, conseguiu pousar em segurança na base Aérea do Cachimbo.

Tal evento continua sendo, ainda hoje, o mais mortífero da história da aviação do país, tendo sido investigado pela Força Aérea Brasileira, pelo Centro de Investigação e Prevenção de Acidentes Aeronáuticos e pelo *National Transportation Safety Board.*[1]

Antes mesmo do término das investigações extrajudiciais, piloto e copiloto seriam denunciados pelo Ministério Público Federal por terem, cada qual na medida de sua responsabilidade, dado causa à tragédia que acarretou a morte das pessoas a bordo da aeronave comercial. Em essência, em relação a eles, a imputação lastreou-se na prática da conduta imprudente de haver mantido desligado um dispositivo do jato por eles comandado, chamado *transponder*,[2] o que teria sido determinante para a fatídica colisão.

Em maio de 2011, ambos foram condenados a uma pena privativa de liberdade de 04 anos e 04 meses de detenção em regime semiaberto, substituída por duas penas restritivas de direito, consistentes na proibição do exercício da profissão e na prestação de serviços à comunidade[3].

Na fase recursal, o Tribunal Regional Federal da 1ª Região entendeu pela diminuição da pena privativa de liberdade para 03 anos, 01 mês e 10 dias de detenção em regime aberto, ressaltando, porém, a inadmissibilidade de sua substituição por penas restritivas de direito, já que estas "*não seriam suficientes e adequadas no caso concreto*". Em seu voto, o Desembargador Federal TOURINHO NETO lastreou-se no parecer que instruiu as razões de apelo

---

1 Malgrado seja estranha a este estudo a análise da imputação então procedida, é válido recordar que, enquanto o relatório final publicado pelo CENIPA, em dezembro de 2008, concluiu que o ocorrido se dera por erros cometidos tanto pelos controladores de tráfego aéreo, quanto pelos pilotos do Legacy, o relatório do NTSB, distintamente, concluiu que os pilotos de ambas as aeronaves teriam agido de forma regular, tendo sido colocados em rota de colisão por uma série de erros dos controladores de tráfego aéreo.

2 O *transponder* corresponde a um transmissor de rádio frequência, localizado na cabine das aeronaves, que se comunica com o controle de tráfego aéreo. Entre outros dados contém a identificação da aeronave, sua velocidade, altitude e posição, sendo por isto essencial para o controle efetivo do tráfego aéreo.

3 A condenação foi pela prática do crime de atentado contra a segurança de transporte aéreo (CP, art. 261), sendo-lhes aplicada a pena do homicídio culposo, aumentada de um terço (CP, art. 121, § 3º), nos termos do previsto nos artigos 263 e 258 do Código Penal.

da assistência do Ministério Público perante aquele Tribunal, no qual se enfrentava, precisamente, a impossibilidade da substituição da pena privativa de liberdade imposta, por entender-se que as penas substitutivas, *in casu*, *não seriam suficientes para a reprovação do crime*. Referido parecer, ao seu tempo, foi elaborado por nosso homenageado, Prof. René Ariel Dotti, e enfrentou tema pouco explorado pela doutrina pátria, despertando por isto nossa atenção no presente estudo.

1. Introdução

Dentre as inúmeras abordagens de natureza material e processual que o evento noticiado dá ensejo, este estudo elegeu tão só uma questão afeta à teoria da pena, mais precisamente aquela que diz respeito à exigência de um certo grau de reprovação numa dada sanção penal.

Com efeito, embora não se desconheça que reflexos do caso noticiado, ainda hoje, se encontram *sub judice*,[4] toma-se como referência as distintas interpretações que até aqui foram efetuadas, em relação à *pertinência de ser devida a valoração de um critério de suficiência quando das substituições das penas privativa de liberdade por restritivas de direitos*. O enfrentamento deste questionamento corresponderá à primeira parte de nosso estudo (Item 2), oportunidade em que ganhará relevo a verificação da grande superficialidade com que esse tema costuma ser tratado pela doutrina nacional, olvidando-se particularmente do estreito vínculo que possui com a exigência de proporcionalidade no uso da potestade punitiva dentro de um Estado que pretenda intitular-se democrático de direito.

Na sequência, em restando compreendido o fundamento do critério da suficiência para a fixação de qualquer tipo de reproche estatal, nos parece oportuno enfrentar uma segunda e inevitável questão. Interessará saber *quais são os elementos que devem ser apreciados na aferição da suficiência de uma sanção penal, particularmente no momento da definição da substituição das penas privativa de liberdade por restritivas de direito*. Esta indagação (Item 3) nos levará a verificar se apenas circunstâncias fáticas devem ser valoradas neste momento ou também deve ser exigida uma apreciação àquelas de natureza subjetiva, vinculadas à pessoa do sentenciado.

Chegado neste ponto – isto é, verificado o *por quê* da suficiência do reproche servir de baliza na substituição das penas privativa de liberdade por restritivas de direito (2) e devidamente analisado *como* deve ser efetuada esta valoração de suficiência (3) –, a título de considerações finais, estare-

4 Para a análise detalhada da movimentação processual e de todas as questões ainda pendentes de interpretação judicial definitiva em relação ao caso, confira-se: TRF 1ª Reg. ACR 0000384-67.2011.4.01.3603/MT, bem como 0002368-28.2007.4.01.3603.

mos autorizados a uma verificação relacionada ao tratamento desta temática pelo ordenamento penal brasileiro, particularmente para fins de aferir se ele comporta a interpretação aqui trazida ou, pelo contrário, dependeria de uma alteração legislativa (Item 4).

Este, portanto, o plano do estudo que se propõe para fins de despertar a necessária atenção que o uso estatal desta parcela da potestade sancionatória demanda.

2. O FUNDAMENTO DA AFERIÇÃO DA SUFICIÊNCIA NA SUBSTITUIÇÃO DA PENA PRIVATIVA DE LIBERDADE POR RESTRITIVA DE DIREITO

Há muito tornou-se lugar comum verificar que o cumprimento de uma pena privativa de liberdade pode chegar a produzir efeitos devastadores no apenado, sendo empiricamente, porém, ainda incertas suas pretensões ressocializadoras.[5] Tal situação, quando vista sob a perspectiva dos elevados custos do sistema prisional, desfaz qualquer pretensão de eficiência que esse sistema pudesse ter, apontando para sua enorme debilidade.[6]

Este contexto fez com que, na maior parte dos ordenamentos penais, fossem incluídos institutos voltados a evitar o encarceramento de sentenciados e a permitir sua saída do sistema prisional antes do integral cumprimento da pena[7].

Tais institutos, no entanto, só podem ser devidamente compreendidos quando estudados a partir de considerações relacionadas à *aferição da suficiência* da sanção penal. E para isto, é essencial que, desde um primeiro instante, seja percebido que o pano de fundo da questão repousa na busca de uma *pretensão de proporcionalidade*, pois é esta quem poderá conduzir à almejada concepção de *ultima ratio* das intervenções penais sancionatórias. Afinal, há de se compreender que a restrição de liberdade que a pena privativa de liberdade implica deve estar reservada tão só àqueles casos nos quais os

---

5 Por todos e pelo pioneirismo, confira-se MARTINSON, Robert. "What works? Questions and answers about prison reform". *The Public Interest*, vol. 35, p. 22-54, 1974. Na nossa doutrina, ainda figura como referência, BITENCOURT, Cezar R. *Falência da pena de prisão: causas e alternativas*. 3ª ed. São Paulo: Saraiva, 2004.

6 Para um panorama do contexto político-econômico que, a partir da década de setenta do século passado, levaria à uma mudança de paradigma nas políticas públicas e, consequentemente, na política criminal, confira-se ANITUA, Gabriel I. *Histórias dos pensamentos criminológicos*. Rio de Janeiro: Revan, 2008, Capítulo X; X.1.

7 Para uma análise do complexo contexto que justificaria uma ampla implantação da prestação de serviço à comunidade como pena substitutiva às penas de curta duração, confira-se BRANDARIZ GARCÍA, J. A. *La sanción penal de trabajos en beneficio de la comunidad*. Valencia: Tirant lo Blanch, 2009, em especial p. 31-44 e 63-103.

instrumentos menos agressivos de reproche estatal não tenham se mostrado como suficientes para a reprovação e prevenção de delitos.[8]

Nos conforta identificar que, dentro do marco dos Estados de direito, essa *pretensão de proporcionalidade* figura como um princípio básico da potestade estatal sancionadora, entendida como potestade para restringir direitos fundamentais.[9] Afinal, se esses direitos são manifestação da dignidade da pessoa e expressão máxima dos valores de um sistema democrático de legitimação do Estado, soa como natural aceitar que sua restrição sempre acabará sugerindo uma tendência de colisão (ao menos parcial) entre seus respectivos conteúdos.[10] Que esta colisão deva ser racionalmente resolvida em prol de uma solução mais vantajosa é, precisamente, o que busca toda a análise da proporcionalidade.[11]

A proporcionalidade derivaria, por assim dizer, do reconhecimento desta colisão entre os direitos fundamentais que, na seara penal, sempre se mostra presente. É que tanto a previsão normativa de uma pena, quanto sua imposição impactam diretamente sobre um direito fundamental para proteger outros direitos merecedores de tutela penal. Tal constatação nos autoriza a uma inicial conclusão de que a grave afetação de direitos básicos que su-

8 Neste sentido, MUÑOZ CONDE, F.; GARCÍA ARÁN, M. *Derecho penal: parte general*. 8ª ed. Valencia: Tirant lo Blanch, 2010, p. 568, ao afirmarem que "una política criminal orientada a la sustitución de las penas cortas de prisión por reacciones penales de distinta naturaleza se basa fundamentalmente en una concepción del Derecho penal como *ultima ratio*".

9 LASCURAÍN SÁNCHEZ, J. A. "Cuándo penar, cuánto penar". In: LASCURAÍN SÁNCHEZ, J. A.; RUSCONI, M. (Eds.). *El principio de proporcionalidad penal*. Buenos Aires: Ad-Hoc, 2014. p. 285-328. Não se desconhece que ALEXY se propõe a desenvolver uma teoria dos direitos fundamentais – que, em definitivo, viria a servir de base à concepção de proporcionalidade – especificamente para o ambiente germânico (ALEXY, R. *Teoría de los derechos fundamentales*. Madrid: Centro de Estudios Políticos y Constitucionales, 2007, p. 12). No entanto, como bem acentua LOPERA MESA, algumas de suas idéias centrais, referentes à própria estrutura normativa dos direitos fundamentais, oferece um ponto de partida seguro que, com as devidas matizações, pode ser utilizado para a construção de teorias em outros sistemas que comportem a cultura jurídica própria do constitucionalismo contemporâneo (LOPERA MESA, G. P. *Principio de proporcionalidad y lei penal: Bases para un modelo de control de constitucionalidad de las leyes penales*. Madrid: Centro de Estudios Políticos y Constitucionales, 2006, p. 100, nota 71).

10 Embora não se desconheça que, no âmbito da teoria do direito, exista uma dicotomia entre as posições "conflitivas" e "de coerência" em relação aos direitos fundamentais, parte-se aqui das premissas assumidas pelas primeiras delas. Para um aprofundamento, confira-se LOPERA MESA, G. P. *Principio de proporcionalidad y lei penal: Bases para un modelo de control de constitucionalidad de las leyes penales*. Madrid: Centro de Estudios Políticos y Constitucionales, 2006, em especial, Cap. II, Item II, 2.

11 No mesmo sentido, LASCURAÍN SÁNCHEZ, J. A.; RUSCONI, M. (Dirs.). *El principio de proporcionalidad penal*. Buenos Aires: Ad-Hoc, 2014, p. 16.

põe toda e qualquer pena só estará admitida quando ausente uma *manifesta desproporcionalidade*[12].

Daí a importância de uma exata delimitação e compreensão dos *critérios* que devem ser respeitados para que um reproche estatal possa ser efetivamente reconhecido como *não manifestamente desproporcional*. Afinal, são eles que, em nosso entender, haverão de conduzir à *aferição de suficiência* de uma dada sanção penal e, consequentemente, servirão de fundamento à própria identificação de *suficiência na substituição das penas privativas de liberdade por restritivas de direito*.

Na atualidade, se mostra cada vez mais pacificado que a proporcionalidade de toda medida restritiva de direito fundamental deve ser mensurada através de uma análise sucessiva que envolva, inicialmente, um *estudo da idoneidade da restrição*; num segundo momento, deve-se exigir um *estudo da necessidade da medida restritiva tida por idônea*; e só, finalmente, é que haverá um *estudo da exigibilidade desta mesma restrição, entendida sob a perspectiva de uma proporcionalidade em sentido estrito*.[13] Ou seja, dentro de um sistema de liberdades e direitos fundamentais, é essencial que a privação de quaisquer direitos por parte do poder público se apresente como um recurso *idôneo*, *imprescindível* e *sempre vantajoso para a preservação* destes direitos.[14] É que serão, precisamente, estes *três subcritérios* que nos vão assegurar que uma dada medida restritiva de direito deve ou não ser entendida como *desproporcional*[15]. São eles que, por isto, ainda que de forma introdutória, também devem merecer nossa atenção para fins de investigar a *suficiência da resposta penal*, quando na condição de critério de valoração da possibilidade da substituição de uma pena privativa de liberdade por restritivas de direito.

---

12 Como ocorre com todos os princípios políticos e jurídicos, também a proporcionalidade não é de fácil concreção, sendo por isto compreensível que os Tribunais Constitucionais sejam resistentes em declarar a inconstitucionalidade de certa lei ou de sua aplicação, salvo em casos de evidente desproporcionalidade. A advertência é de Santiago Mir Puig, ao prologar LASCURAÍN SÁNCHEZ, J. A.; RUSCONI, M. (Dirs.). *El principio de proporcionalidad penal*. Buenos Aires: Ad-Hoc, 2014, p. 14. Para uma análise da evolução da jurisprudência espanhola a respeito deste princípio, cf. GONZÁLEZ BEILFUSS, M. *El principio de proporcionalidad en la jurisprudencia del Tribunal Constitucional*. Cizur Menor: Editorial Aranzadi, 2003.

13 Este trabalho tem por premissa uma *concepção ampla de proporcionalidade*, não se referindo a uma mera *exigência de adequação entre a gravidade da pena e do delito*, como seria próprio de uma *concepção estrita*. A respeito desta distinção, confira-se LOPERA MESA, G. P. *Principio de proporcionalidad y lei penal: Bases para un modelo de control de constitucionalidad de las leyes penales*. Madrid: Centro de Estudios Políticos y Constitucionales, 2006, Cap. III.

14 LASCURAÍN SÁNCHEZ, J. A. "Cuándo penar, cuánto penar". In: LASCURAÍN SÁNCHEZ, J. A.; RUSCONI, M. (Eds.). *El principio de proporcionalidad penal*. Buenos Aires: Ad-Hoc, 2014. p. 286.

15 Neste particular, confira-se BERNAL PULIDO, Carlos. "Proporcionalidad, derechos fundamentales y ley penal". In: LASCURAÍN SÁNCHEZ, J. A.; RUSCONI, M. (Eds.). *El principio de proporcionalidad penal*. Buenos Aires: Ad-Hoc, 2014. p. 93-117.

2.1. Os subcritérios da proporcionalidade como referência à proibição de excesso

No contexto atual, é bastante corrente aceitar-se que a previsão legal de delitos e de suas respectivas sanções sempre implica numa limitação de direitos fundamentais que, por isto, necessariamente, haverá de estar sujeita a um controle estranho ao da discricionariedade absoluta do legislador. Ainda que a Constituição não tenha definido, *ab initio*, o conteúdo da legislação penal e que exista uma ampla margem para o legislador atuar conforme as circunstâncias sociais, políticas e econômicas, esta tarefa deve estar justificada e a pena a ser prevista para os casos de desvio deve guardar uma *proporção* com a proteção dos direitos que justifique sua imposição.

Devendo os direitos fundamentais serem interpretados da forma mais ampla possível, o consectário lógico parece estar em que aquela margem de atuação do legislador penal não seja, jamais, *excessiva*. Vige, se afirma, uma *proibição de excesso* em toda e qualquer atividade legislativa e serão, exatamente, os subcritérios da proporcionalidade que vão buscar responder à indagação a respeito da forma pela qual deve ser efetuado este *controle de proporcionalidade*, compatibilizando-o com a margem do atuar legiferante. Em definitivo, na sua variante da proibição de excesso, tal qual anunciado, a proporcionalidade estará conformada pelos subprincípios da *idoneidade*, *necessidade* e *proporcionalidade em sentido estrito*.

Através do *primeiro* destes subcritérios (*idoneidade*), exige-se que as limitações dos direitos fundamentais, que supõe toda e qualquer sanção estatal, devam *contribuir para alcançar um fim ou um objetivo legítimo*. Embora abstratamente este subcritério seja de fácil conceituação, concretá-lo não é tarefa simples, particularmente na seara sancionadora. É que a afirmação de que um meio deve ser idôneo à consecução de um fim para ser admissível no Estado de direito implica, necessariamente, na questão relacionada às consequências da intervenção do Direito penal. Uma questão, diga-se, que carece de sentido enquanto não se estabeleça com precisão os próprios fins e funções do Direito penal. É que a aferição da idoneidade do meio jurídico penal está inevitavelmente relacionada à definição de um posicionamento teórico a respeito da própria função, no nosso caso, da pena, a saber: se está ela voltada à proteção de bens jurídicos, à confiança na norma, a fins de reinserção ou de intimidação da atuação jurídico-penal, se almeja ou não a persecução de consequências simbólicas ou comunicativas do Direito penal para a sociedade, etc.[16]. Assim, para obter-se uma concretude mínima na *aferição da idoneidade*,

16 Este alerta, é de HASSEMER, Winfried. "El principio de proporcionalidad como límite de las intervenciones jurídico-penales". In: LASCURAÍN SÁNCHEZ, J. A.; RUSCONI, M. (Eds.). *El principio de proporcionalidad penal*. Buenos Aires: Ad-Hoc, 2014. p. 275-284, em especial, p. 276.

forçoso será o aprofundamento em relação ao estágio atual desta questão, o qual será efetuado no estudo trazido pelo item 3 deste trabalho, ocasião em que terá relevo tanto uma concepção retributiva da pena, quanto sua concepção preventiva.

O segundo subcritério da proporcionalidade que baliza a proibição de excesso é o da *necessidade*, exigindo que toda limitação de um direito fundamental efetuada pela pena seja a mais benigna dentre os meios que tenham, ao menos, a mesma idoneidade para alcançar o fim legítimo perseguido. Ou seja, havendo igual idoneidade dos meios, deverá ser escolhido *aquele menos lesivo para o afetado*.

Como se vê, a *necessidade* se reformula em conceitos jurídico-penais como a *ultima ratio*[17]. E será, precisamente, por isto que, no âmbito deste trabalho, assumirá o *subcritério da necessidade* especial relevância. E isto, particularmente, quando observado a partir da posição residual que deve ser assumida pelas penas privativas de liberdade, conforme teremos ocasião de nos aprofundar no item já referido.

Por fim, o terceiro e último subcritério é o da *proporcionalidade em sentido estrito*, que exige que toda limitação de direito fundamental contribua para alcançar o fim que se propõe num grau que justifique o nível no qual se restringe o direito fundamental. Traduzido como *exigibilidade*, este subcritério marca os limites de todas as intervenções que tenham superado os dois primeiros níveis e, portanto, tenham sido considerados *idôneos* e *necessários*. O que se tem, assim, é um subcritério que acaba por exigir que a concepção de proporcionalidade dependa, na verdade, da existência de uma *relação proporcional entre fins e meios*. Como se nota, aqui se dá uma comparação entre duas graduações: àquela da *afetação do direito fundamental* e à da *realização do fim da medida* examinada[18].

No intuito de evitar a exagerada abstração e a ampla margem de subjetividade que esse subcritério poderia supor, no âmbito penal, servem de referência duas ordens de análises para levar a cabo uma identificação da proporcionalidade em sentido estrito. Com efeito, num primeiro momento, ganha grande importância a *análise da gravidade da consequência jurídica* prevista para a prática delituosa. Uma atividade, porém, que não depende apenas da *relevância do bem ou do direito ofendido*, senão também da *extensão da própria ofensa*[19]. Quanto mais grave o delito, mais ele afeta ao bem protegido

---

17 *Ibidem*, p. 277.

18 Para a exata compreensão desta atividade comparativa, é essencial a referência a ALEXY, Robert. *Epílogo a la Teoría de los Derechos Fundamentales*. Madrid: Colegio de Registradores de la Propiedad y Mercantiles de España, 2004.

19 LOPERA MESA, G. P. *Principio de proporcionalidad y lei penal: Bases para un modelo de control de constitucionalidad de las leyes penales*. Madrid: Centro de Estudios Políticos y Constitucionales, 2006, p. 174.

e, portanto, maior deve ser a proteção legislativa e a pena a ser imposta[20]. Num segundo momento, assume relevância a *análise do grau de culpabilidade*, de modo a fazer com que quando maior seja a culpabilidade, maiores razões existam para que a conduta seja proibida e sancionada com uma pena mais severa[21]. O aprofundamento de ambas perspectivas, igualmente, será objeto de nosso estudo no item 3 deste trabalho.

2.2. A proporcionalidade sob a vertente da proibição de uma proteção insuficiente

A argumentação até aqui apresentada parece encontrar um razoável consenso no atual estágio dos Estados de direito. Afinal, de forma cada vez mais rotineira, se assiste à exigência de uma forma de controle da irracionalidade e do arbítrio do legislador, vedando-lhe ir além do necessário quando da imposição de limites ao exercício de direitos fundamentais. Em certa medida, não seria exagerado dizer que esta forma de *controle negativo* é da essência da própria gênese da ideia de proporcionalidade. É que, de certa forma, esta ideia sempre esteve vinculada à própria *concepção instrumental do Direito*.

De fato, próprio do pensamento ilustrado, foi a partir dessa concepção que o Direito passou a ser visto como um *instrumento útil* aos particulares e à sociedade, compreendendo-se que a aplicação de meios jurídicos só seria legítima se se apresentasse como *necessária ao atingimento das finalidades* estatais e desde que existisse uma *relação proporcional* entre fins e meios[22].

Esta ordem de ideias é própria da afirmação da *liberdade como um direito natural do indivíduo*, que aceita limitação, mas jamais uma completa exclusão. Mesmo a limitação admitida só deve ocorrer nos casos estritamente *necessários* e na medida em que seja *imprescindível* para garantir os direitos dos de-

20 BERNAL PULIDO, Carlos. "Proporcionalidad, derechos fundamentales y ley penal". In: LASCURAÍN SÁNCHEZ, J. A.; RUSCONI, M. (Eds.). *El principio de proporcionalidad penal*. Buenos Aires: Ad-Hoc, 2014. p. 93-117, em especial, p. 112.

21 *Ibidem*, p. 113.

22 Neste sentido, LOPERA MESA recorda que "la secularización de la política, la ruptura con toda justificación teleológica o trascendente del poder, característica del pensamiento ilustrado, sentará las bases para la afirmación de una concepción instrumental del derecho y del estado, concebidos como un puro artificio humano puesto al servicio de finalidades igualmente humanas: la seguridad, la paz, la defensa de los derechos naturales, la búsqueda de la felicidad – según expresaban las distintas versiones del contractualismo – serán los fines que justifiquen la existencia del estado y sólo en función de ellos será legítimo el ejercicio del poder" (LOPERA MESA, G. P. *Principio de proporcionalidad y lei penal: Bases para un modelo de control de constitucionalidad de las leyes penales*. Madrid: Centro de Estudios Políticos y Constitucionales, 2006, p. 31). Para um preciso panorama da origem da concepção de proporcionalidade, confira-se LOPERA MESA, G. P. *Ibidem*, em especial, Cap. I, I.

mais ou as exigências do bem comum. Assim, o exercício da liberdade como *regra*, enseja uma perspectiva de que a sua restrição *é* e *deve ser* vista como uma *exceção*, que só estará justificada diante da *necessária proteção* de outros direitos relevantes.

É precisamente nisto que estaria o substrato ideológico sobre o qual se assenta a proporcionalidade referida até aqui. E, com isto, figuraria como previsível que a proporcionalidade tivesse seu inicial desenvolvimento, justamente, no âmbito do exercício do *poder de polícia*, decorrendo da imprescindibilidade da existência de um contrapeso à ampla discricionariedade admitida no uso da potestade sancionatória afeta ao setor das atividades administrativas relacionadas à limitação da liberdade e da propriedade dos indivíduos em favor da *manutenção da segurança* e *da ordem pública*[23]. Com efeito, de acordo com esta concepção – da proporcionalidade vista como um *limite jurídico ao poder de polícia* -, resta bastante evidenciada a distinção entre as intervenções próprias de uma *função estatal de defesa* (essencialmente *negativas*), daquelas orientadas a uma *finalidade promocional* (*positivas*). A proporcionalidade, com isto, passaria a encontrar, exatamente, no poder de polícia seu espaço de atuação natural[24].

Há de se notar, entretanto, que, a partir das sucessivas transformações pelas quais passaria o poder de polícia e seu contexto de atuação – inclusive, como resultado da crescente expansão das atividades estatais decorrentes do surgimento do Estado social –, surgiria um cenário de progressiva expansão do princípio da proporcionalidade a todas aquelas atividades administrativas que incidem na liberdade e propriedade dos indivíduos, estivessem elas orientadas à função de manutenção da segurança e ordem pública, ou *ao exercício de intervenções estatais na economia, no planejamento, na prestação de serviços* e nas demais áreas características de um Estado social[25].

---

23 Sobre o contexto histórico que demonstra o vínculo entre o direito de polícia prussiano e a ideação do princípio da proporcionalidade, cf. LOPERA MESA, G. P. *Principio de proporcionalidad y lei penal: Bases para un modelo de control de constitucionalidad de las leyes penales*. Madrid: Centro de Estudios Políticos y Constitucionales, 2006, p. 33 e ss.

24 Já é clássica, neste particular, a expressão coloquial de Fritz Fleiner de que "*la policia no debe andar a cañonazos contra los gorriones*" (FLEINER, F. *Instituciones de Derecho Administrativo Alemán*. Barcelona: Labor, 1933, p. 324).

25 Como bem recorda LOPERA MESA, embora inicialmente a proporcionalidade estivesse vinculada à defesa da liberdade do indivíduo frente ao poder público, sua progressiva expansão favoreceu a utilização do princípio da proporcionalidade muito além da relação indivíduo-estado, extendendo-se a âmbitos como o do exercício de competências entre órgãos estatais, o do direito laboral e, inclusive, o do direito privado. Neste último âmbito, citando Franz Wieacker, lembra que embora possam ser vistas raízes deste princípio no direito romano, elas se projetam na atualidade em vários preceitos do Código Civil alemão, cuja aplicação requer o uso de tal princípio: determinação da

Este recorte histórico e sociológico nos parece oportuno, pois é, precisamente, a partir dele que se pode identificar o âmbito distinto sobre o qual passou a se assentar a concepção da proporcionalidade desde então. É que, agora, a proporcionalidade também supõe aceitar que dos direitos fundamentais decorre uma pretensão de que o legislador garanta esses direitos na maior medida possível. Isto quer dizer que, *ao menos em princípio*, a existência de direitos fundamentais impõe ao legislador um atuar voltado a favorecer a proteção de seu objeto normativo. Daí a referência à chamada *proibição de uma proteção ineficiente*, pois o que se busca é verificar se as omissões legislativas podem implicar em violações aos direitos fundamentais cuja efetividade se desejava garantir[26].

Observe-se, porém, que também aqui a *aferição da proporcionalidade da omissão legislativa* estará lastreada nos mesmos subprincípios já mencionados. No âmbito penal e para os fins do presente estudo, terá relevo, particularmente, a perspectiva do *subprincípio da necessidade*. Isto porque, será por meio dele que poderemos aferir se a existência de consequências sancionatórias alternativas para uma dada conduta delituosa mostra-se como uma resposta *suficiente* para obter a finalidade punitiva. O aprofundamento desta problemática, de qualquer forma, será objeto dos tópicos seguintes.

Em definitivo, pode-se concluir que uma pena só será legítima se for *suficiente*. Uma suficiência que nem deve afigurar-se *além* do útil, necessário ou exigível para atingir as finalidades punitivas, nem se apresentar *aquém* desta utilidade, necessidade ou exigibilidade. Afinal, da mesma forma que será desproporcional uma pena privativa de liberdade estabelecida para casos em que a finalidade sancionatória pudesse ser obtida por meio de uma pena pecuniária, também será desproporcional a razão inversa, nas hipóteses em que a relevância da proteção do bem exigir uma maior intensidade sancionatória e o legislador limitar-se a prever uma consequência jurídica de menor traço[27].

---

cláusula penal abusiva; as condições objetivas da usura ou da legítima defesa cível, etc., funcionando a proporcionalidade como *um limite à persecução extrajudicial de direitos* (LOPERA MESA, G. P. *Principio de proporcionalidad y lei penal: Bases para un modelo de control de constitucionalidad de las leyes penales*. Madrid: Centro de Estudios Políticos y Constitucionales, 2006, p. 40 e ss.).

26 BERNAL PULIDO, Carlos. "Proporcionalidad, derechos fundamentales y ley penal". In: LASCURAÍN SÁNCHEZ, J. A.; RUSCONI, M. (Eds.). *El principio de proporcionalidad penal*. Buenos Aires: Ad-Hoc, 2014. p. 93-117, em especial, p. 113 e ss.

27 A respeito da desproporcionalidade na legislação penal brasileira, confira-se STRECK, Lênio L. "Constituição, bem jurídico e controle social: A criminalização da pobreza ou de como 'la ley es como la serpiente; solo pica a los descalzos'". In *Revista de Estudos Criminais*, vol.31, n. Notadez / PUC RS / ITEC, p. 65-96, out./dez 2008.

3. Os limites da valoração da suficiência na substituição da pena privativa de liberdade por restritiva de direito

O item precedente pretendeu revelar a evidente consequência do Direito penal caracterizar-se como um instrumento de controle social de *ultima ratio*: a *legitimidade* da reação estatal guarda direta relação com a *proporcionalidade* da mesma. Leia-se: a sanção penal só é legítima na hipótese em que se desvela útil, imprescindível e vantajosa, quando da análise comparativa entre o bem sacrificado (liberdade, *in casu*) e os bens jurídicos que visa proteger.

Pretende-se, agora, demonstrar que essa relação entre a *legitimidade* e a *proporcionalidade* da reação estatal vai além. Se é verdade que o Direito penal está autorizado para, legitimamente, entrar em cena quando os demais instrumentos de controle social se revelam *insuficientes*, também é verdade que o Direito penal atual não contempla tão somente penas privativas de liberdade, mas também penas restritivas de direito e pena de multa.

Daí se infere, sob o mesmo prisma, que a imposição de pena privativa de liberdade apenas se mostrará legítima se sanções penais menos gravosas – em especial, para o presente trabalho, as restritivas de direito – se evidenciarem *insuficientes* e, por isso, *desproporcionais*.[28]

Impõe-se, diante de tal constatação, verificar *como* e com base *em quais critérios* é feita a análise de *suficiência* das penas restritivas de direito. Para tal análise, partiremos de um primeiro (e lógico) reconhecimento: o de que os fundamentos de existência de uma sanção penal independem da sua natureza. Em outras palavras, os fundamentos da sanção penal são os mesmos, tenha esta natureza privativa de liberdade ou restritiva de direitos.

Seria ingenuidade desconhecer que o fenômeno punitivo é enormemente complexo e heterogêneo, adquirindo a pena aspectos diferentes caso seja aplicada a um jovem que cometeu ocasionalmente um delito contra propriedade e a quem é melhor oferecer uma nova oportunidade, a um membro corrupto do governo, a um marido que maltratou fisicamente a sua esposa durante anos, a um terrorista convencido de que a luta armada é irrenunciável, a um condutor que atropelou imprudentemente um pedestre, a um ditador que delineou uma política de violação massiva e sistemática de direitos

28 A legislação penal e processual penal guarda coerência com o princípio da intervenção mínima e, mais especificamente, com o princípio da subsidiariedade. Basta ver, por exemplo, as inovações trazidas pela Lei nº 12.403 de 4 de maio de 2011. Com o advento do art. 282, §6º, do CPP, restou expresso o reconhecimento de que a prisão preventiva – medida cautelar penal mais gravosa – apenas é *legítima* quando as medidas cautelares diversas – evidentemente menos lesivas – não forem cabíveis, porque *insuficientes*. Veja-se, portanto, que as observações apontadas no presente estudo no que refere à "prisão" decorrente da imposição de pena são legalmente reconhecidas também no que refere às "prisões processuais".

humanos em seu país, ao que cometeu um delito econômico para beneficiar a sua empresa ou a um sociopata que cometeu vários homicídios e delitos contra a liberdade sexual. Entretanto, *sem desconhecer as diversas facetas que se escondem atrás dessa instituição em permanente crise de legitimidade, todos esses fenômenos devem obedecer a uma razão ou a um conjunto de razões que justifiquem sua existência.*[29]

Pois bem. A discussão sobre a *razão* ou o *conjunto de razões* pelas quais o Estado pune possui espaço cativo na pauta da filosofia moral ou política. E não à toa. Na resposta a tais questões é que se encontra, justamente, a medida para o conteúdo e para a extensão da pena imposta[30].

Esclareçam-se, já de saída, dois pontos. O primeiro: o presente estudo se apega no "por que deve existir a pena" e não no "por que existe a pena"[31]. Não se ignora, é claro, que a pena atinge, na prática, resultados diferentes daqueles teoricamente almejados, mas optamos, sob pena de inviabilizar o presente escrito, por trabalhar com as *pretensões* que legitimam a imposição da sanção penal.

O segundo: conscientes de que a compreensão sobre a sanção penal depende do *modelo socioeconômico* e da *forma de Estado* em que está inserida[32], as linhas que seguem renunciam à análise histórica relacionada às missões da pena e se dedicam à pena no contexto social contemporâneo.

É possível afirmar que a pena, hoje, possui traços herdados das teorias absolutas e também das teorias relativas. Tais traços, como adiante se verá, muito mais do que implicarem em eventual conflito, se complementam de modo a exigir da pena (legítima) tanto o caráter de *necessidade* quanto o caráter de *utilidade*.

O caráter de *necessidade* é herança das teorias absolutas, também denominadas retributivas. Tais teorias, elaboradas a partir do "idealismo alemão", que, por sua vez, fundamentava-se na base dos pensamentos dos filósofos

---

29 FEIJOO SANCHEZ, Bernardo. *A legitimidade da pena estatal – Uma breve análise das teorias da pena*. Trad. Nivaldo Brunoni. Florianópolis: Conceito Editorial, 2015, p. 14.

30 FERRÉ OLIVÉ, Juan Carlos; NÚNEZ PAZ, Miguel Ángel; OLIVEIRA, William Terra de; BRITO, Alexis Couto de. *Direito Penal Brasileiro: Parte geral: Princípios fundamentais e sistema*. São Paulo: Revista dos Tribunais, 2011, p.192.

31 Luigi Ferrajoli é quem expressamente registra a distinção entre tais questionamentos. FERRAJOLI, Luigi. *Direito e Razão: teoria do garantismo penal*. São Paulo: Revista dos Tribunais, 2002, p. 186. Seguindo o mesmo caminho, Paulo César Busato faz a separação entre as missões (propósitos, o que se deve almejar) e funções (o que efetivamente provoca, independentemente de ser ou não a pretensão). BUSATO, Paulo César. *Direito Penal: parte geral*. São Paulo: Atlas, 2013, p. 5.

32 BITENCOURT, Cezar Roberto. *Tratado de Direito Penal: parte geral*. 17ª ed. rev. ampl. e atual. São Paulo: Saraiva, 2012, p. 128.

IMMANUEL KANT e GEORG HEGEL[33], voltavam seus olhos ao passado e atribuíam à pena um caráter de expiação pelo crime perpetrado, como um mal imposto a retribuir um mal causado.

A pena, na concepção retribucionista, fundamenta-se na culpabilidade individual – que está intimamente relacionada à noção de livre arbítrio – e pretende unicamente um ideal de justiça[34]. A pena, portanto, está limitada ao *merecimento* e não busca nenhum outro fim senão a retribuição, prescindindo de qualquer utilidade futura.

Não se olvida que as teorias absolutas são merecedoras de críticas. A primeira advém da impossibilidade de se atingir uma equivalência entre o mal causado e a sanção imposta, o que implicaria em uma nova injustiça[35]. A segunda reside no fato de que a pena, seguindo a lógica retribucionista, é válida no máximo como teoria moral, mas jamais como teoria jurídica no âmbito de um Estado moderno[36]. A terceira gira em torno do descarte, por parte de tais teorias, da proteção aos bens jurídicos, fundamento do próprio Direito penal[37]. Ainda, em especial nos países da América Latina, nasce a crítica de que o fundamento do retribucionismo está no livre arbítrio e que este pressupõe uma prévia igualdade social que inexiste[38].

Mas há que se reconhecer que, em meio às inarredáveis críticas, as teorias absolutas, ao voltar seu olhar para o passado, consagram a ideia de que a pena *legítima* guarda *proporcionalidade* com o fato que a gera e, principalmente, que a pena *justa* é aquela que, diante do ocorrido, é *necessária*.

A legislação pátria assente que a pena, para receber o rótulo da legitimidade, deva ser *necessária*. Tanto assim que prevê, dentre as causas extintivas de punibilidade, o instituto do perdão judicial. Veja-se, a título ilustrativo, que o art. 121, § 5º, do Código Penal, dispõe que na hipótese do homicídio culposo, o juiz pode deixar de aplicar a pena se "as consequências do crime

33 FERRÉ OLIVÉ, Juan Carlos; NÚNEZ PAZ, Miguel Ángel; OLIVEIRA, William Terra de; BRITO, Alexis Couto de. *Direito Penal Brasileiro: parte geral: princípios fundamentais e sistema*. São Paulo: Revista dos Tribunais, 2011, p. 192.

34 BUSATO, Paulo César. *Direito Penal: parte geral*. São Paulo: Atlas, 2013, p. 751.

35 GÜNTHER, Klaus. "Crítica da pena I". In *Revista Direito* GV, nº 4. São Paulo: FGV, jul/dez 2006, p. 191.

36 FEIJOO SANCHEZ, Bernardo. *A legitimidade da pena estatal – Uma breve análise das teorias da pena*. Trad. Nivaldo Brunoni. Florianópolis: Conceito Editorial, 2015, p. 25.

37 ROXIN, Claus. *Derecho Penal, Parte General. Fundamentos. La estructura de la teoría del delito*. Trad. Diego-Manuel Luzón Peña, Miguel Díaz y García Conlledo e Javier de Vicente Remesal. Madrid: Civitas, 1997, p. 84.

38 ZAFFARONI, Eugenio Raúl. *Manual de Derecho Penal. Parte general*. Buenos Aires: Ediar, 1996, p. 297.

atingirem o próprio autor de forma tão grave que a sanção penal se torne *desnecessária*".

A sanção penal atual possui, porém, também traços herdados das teorias relativas, também chamadas de preventivas. Estas, ao contrário das teorias absolutas, voltam seu olhar ao futuro e intentam atribuir à pena um caráter de *utilidade*, recusando que a pena possa ser, simplesmente, um fim em si mesma[39].

Os pensadores ilustrados (HOBBES, LOCKE, MONTESQUIEU, ROUSSEAU) se revelaram claramente partidários das teorias relativas da pena, segundo as quais a sanção penal estaria legitimada por seus efeitos na prevenção de delitos ou na redução da criminalidade[40]. "A própria concepção de Beccaria, no sentido de que a certeza do castigo dissuade mais do que a sua intensidade, já focava a justificação da pena em um propósito de evitar novos males e não de meramente retribuí-los[41]".

Os propósitos preventivos da pena dividem-se, a partir de FEUERBACH, em duas definidas direções: prevenção geral e prevenção especial. A primeira possui como destinatário o coletivo social enquanto a última possui como destinatário o próprio infrator[42].

Os discursos de prevenção geral possuem caráter negativo, de intimidação, de dissuasão, encarando a pena como instrumento de ameaça apto a coagir psicologicamente possíveis infratores. Possuem, mais recentemente, caráter também positivo, revelado em teorias funcionalistas que visam à reafirmação moral ao proceder à reafirmação da própria norma. Garantem, com isso, o restabelecimento da confiança do cidadão no ordenamento jurídico e a reestabilização da paz jurídica[43].

Os discursos de prevenção especial, por sua vez, classificam os indivíduos como corrigíveis e incorrigíveis e estão calcados na reeducação e na inocuização do criminoso, respectivamente[44].

---

39 BITENCOURT, Cezar Roberto. *Tratado de Direito Penal: parte geral*. 17ª ed. rev. ampl. e atual. São Paulo: Saraiva, 2012, p. 140.

40 FEIJOO SANCHEZ, Bernardo. *A legitimidade da pena estatal – Uma breve análise das teorias da pena*. Trad. Nivaldo Brunoni. Florianópolis: Conceito Editorial, 2015, p. 17.

41 BUSATO, Paulo César. *Direito Penal: parte geral*. São Paulo: Atlas, 2013, p. 758.

42 BITENCOURT, Cezar Roberto. *Tratado de Direito Penal: parte geral*. 17ª ed. rev. ampl. e atual. São Paulo: Saraiva, 2012, p. 140.

43 FERRÉ OLIVÉ, Juan Carlos; NÚNEZ PAZ, Miguel Ángel; OLIVEIRA, William Terra de; BRITO, Alexis Couto de. *Direito Penal Brasileiro: parte geral: princípios fundamentais e sistema*. São Paulo: Revista dos Tribunais, 2011, p. 204.

44 SERRANO JÚNIOR, Odoné. BASSO, Stephan Nascimento. "Fundamentos da pena". In: BUSATO, P. C. (Coord.); CARUNCHO, A. C. (Org.) *Teoria da Pena*. Série direito penal baseado em casos. Curitiba: Juruá, 2014, p. 19.

As teorias preventivas não escapam às críticas, que são múltiplas. Apenas na intenção de exemplificá-las – sem esgotá-las – registre-se, por primeiro, que as teorias relativas instrumentalizam o homem, ao utilizá-lo para atingir outros fins. Segundo, o Estado se elege como *detentor de verdadeiros valores ideais* ao se considerar apto a corrigir e reeducar cidadãos. Mais, ao renunciar à retribuição, as teorias preventivas renunciam também à régua medidora da proporcionalidade da pena, legitimando sanções enquanto se entender que são essas, de algum modo, *úteis*.

Não se nega que tais críticas sejam válidas e significativas, mas as teorias preventivas possuem também mérito: revelam que a pena, para ser legitimamente imposta, deve ser (futuramente) *útil* à sociedade e ao próprio condenado.

Nesse ponto, da associação entre as teorias absolutas e relativas, nasce premissa inarredável: para que, hoje, seja aplicada uma sanção penal de modo legítimo, deve essa ser *necessária e útil*. A pena necessária e inútil é ilegítima, bem como a pena útil, mas desnecessária. Em outras palavras, o fundamento de existência da pena só se revela preenchido quando há, concomitantemente, a necessidade de retribuir *e* de prevenir.

Assim, a questão ganha contornos mais concretos. Se uma pena só é imposta legitimamente quando for *necessária* e *útil*, a partir do momento em se reconhece que deve, no caso concreto, ser imposta, a sanção precisa, efetivamente, ser *suficiente para retribuir e prevenir o crime*[45].

Parece óbvio, mas é justamente isto que permite que sejam estabelecidos os critérios de análise de *suficiência* de tais sanções.

3.1. A *suficiência* quando da análise da retribuição pela pena

Veja-se que, para analisar se uma dada pena restritiva de direito é *suficiente* para *retribuir* determinado ato delituoso, faz-se necessário analisar o crime. Os olhos de quem analisa tal suficiência, portanto, voltam-se ao passado. Por tal razão é que registramos que a análise de suficiência deve considerar, em primeiro lugar, as *circunstâncias fáticas* que envolveram o ato criminoso.

Imprescindível analisar, portanto e preliminarmente, as *circunstâncias* que o envolveram e as *consequências* que dele resultaram. Mas não apenas. Se a retribuição é pelo ato criminoso que *realizou o agente*, também se faz necessário analisar o *motivo* que levou à prática delitiva, bem como a *culpabilidade* atribuída a ele.

45 Veja-se que o Código Penal consagra tal entendimento no art. 59, inc. IV. "O juiz (...) estabelecerá, conforme seja necessário e suficiente para *reprovação* e *prevenção* do crime: (...) a *substituição* da pena privativa de liberdade aplicada, por outra espécie de pena, se cabível."

Entende-se, portanto, que para se aferir se determinada pena restritiva de direito é ou não *suficiente* para *retribuir* a prática delituosa, deve-se analisar se há *proporcionalidade* entre a imposição da pena e a *culpabilidade* com que atuou o autor, bem como os *motivos* que o levaram a atuar, as *circunstâncias* em que o fez e as *consequências* que tal crime gerou.

A *culpabilidade* constitui, sem dúvida, o elemento de maior complexidade quando da referida análise. Isso porque a culpabilidade é componente de um *princípio* (de culpabilidade), é integrante – para a doutrina majoritária – do próprio conceito de crime (fato típico, antijurídico e *culpável*) e ainda compõe os elementos utilizados para sopesar a *suficiência* da pena.

Aqui, embora não haja consenso doutrinário, cremos que o melhor entendimento vem no sentido de que a culpabilidade analisada para *verificação de suficiência* da pena, não pode ser a mesma culpabilidade analisada para *verificação da possibilidade de imposição* da pena[46].

Leia-se: primeiro analisar-se-á a culpabilidade *necessária à imposição de pena* e composta pela imputabilidade, inexigibilidade de conduta diversa e potencial consciência da ilicitude. Verificada a *possibilidade* de imposição da pena, passa-se, então, à análise da culpabilidade relacionada à *quantificação e suficiência* da reprimenda. Esta última é entendida mais como o *grau de reprovabilidade* da conduta, que pode ser menos ou mais intenso[47].

A análise dos *motivos* também carrega certa complexidade, inerente à complexidade do mundo das volições. Há, nesse ponto, que se perquirir a finalidade que moveu a ação ou omissão humana, pois esta fornece um colorido indispensável à compreensão de qualquer conduta: existiu por quê? Para quê? Tais motivos, é certo, podem ser geradores de maior ou de menor grau de censura[48].

---

46 "Constitui rematado equívoco, frequentemente cometido no cotidiano forense, quando, na dosagem da pena, afirma-se que 'o agente agiu com culpabilidade, pois tinha a consciência da ilicitude do que fazia'. Ora, essa *acepção* de culpabilidade funciona como *fundamento da pena*, isto é, como característica negativa da conduta proibida, e já deve ter sido objeto de análise juntamente com a tipicidade e a antijuridicidade, concluindo-se pela condenação. Presume-se que esse *juízo* tenha sido positivo, caso contrário nem se teria chegado à condenação, onde a culpabilidade tem função limitadora da pena, e não fundamentadora". BITENCOURT, Cezar Roberto. *Tratado de Direito Penal: parte geral*. 17ª ed. rev. ampl. e atual. São Paulo: Saraiva, 2012, p. 754.

47 "A medida da *culpa* deve ser a medida da *pena*. Esta é uma aspiração de justiça inseparável da natureza retributiva que devem ter todas as penas". DOTTI, René Ariel. *Curso de Direito Penal: Parte Geral*. 3ª ed. rev. atual. ampl. São Paulo: Revista dos Tribunais, 2010, p. 423.

48 PAGANELLA BOSCHI, José Antonio. *Das penas e seus critérios de aplicação*. 5ª ed. rev. atual. e ampl. Porto Alegre: Livraria do Advogado, 2011, p. 177.

A análise das *circunstâncias* deve buscar elementos nos dados e fatos que estão ao derredor do crime – não se confundindo com elementos que constituem propriamente o ato delituoso[49]. É possível, quando da análise das *circunstâncias*, verificar, por exemplo, o lugar e o horário do crime, a relação entre autor e vítima, as facilidades e dificuldades enfrentadas pelo autor quando do cometimento do delito, dentro outros elementos que circundam o crime.

Por fim, quando da verificação das *consequências*, deverão ser considerados os resultados de natureza pessoal, afetiva, moral, social, econômica ou política produzidos pelo crime, dotados de significação para o juízo de reprovação, mas inconfundíveis com o resultado inerente ao próprio crime. Registre-se, todavia, que tais resultados, para serem considerados, exigem previsão ou, ao menos, previsibilidade por parte do autor, sob pena de resvalar em uma responsabilidade objetiva[50].

Em suma: há que se verificar se, diante da análise da *culpabilidade*, dos *motivos*, das *circunstâncias* e das *consequências* que envolveram o crime em concreto, a pena restritiva de liberdade será *suficiente para reprovar* o autor. Se se revelarem *insuficientes*, se revelarão, automaticamente, *desproporcionais*, razão pela qual a pena privativa de liberdade passará a ser legitimamente aplicável.

3.2. A *suficiência* quando da análise da prevenção pela pena

Finda a análise a respeito da suficiência na *reprovação* do ato delituoso, impõe-se uma segunda verificação: a da suficiência na *prevenção*. Nesse ponto, os olhos de quem realiza a análise voltam-se ao futuro, posto que se objetiva conferir um caráter de *utilidade* à pena.

Agora, deve a pena restritiva de direito ser *suficiente* para *prevenir* que *o agente* cometa novos crimes. Para se determinar tal suficiência, imprescindível analisar as *circunstâncias pessoais* que envolvem o agente: a *conduta social*, a *personalidade* e os *antecedentes criminais*.

Antes de efetuar considerações específicas a respeito de cada uma das circunstâncias, há que se rechaçar a comum crítica que dirige parte da doutrina à análise das circunstâncias de caráter *pessoal*[51]. Não se está, aqui, sugerin-

49 GALVÃO, Fernando. *Direito Penal: Parte Geral*. 5ª ed. rev. atual. e ampl. São Paulo: Saraiva, 2013, p. 740.

50 CIRINO DOS SANTOS, Juarez. *Teoria da Pena: Fundamentos políticos e Aplicação judicial*. Curitiba: ICPC; Lumen Juris, 2005, p.115.

51 Vide, por exemplo, Salo de Carvalho, quem critica a reprovação baseada em "elementos essencialmente morais, desprovidos de significado, sem averiguabilidade probatória e, consequentemente, isentos de possibilidade de refutação empírica", pois isso violaria o próprio postulado iluminista da secularização. CARVALHO, Salo; CARVALHO, Amilton Bueno. *Aplicação da Pena e Garantismo*. Rio de Janeiro: Lumen Juris, 2001, p. 45.

do qualquer aproximação com um direito penal de autor. É evidente que tal análise só entra em cena após a verificação de que o agente *cometeu* um ato criminoso. Ou seja, em momento algum se descarta a necessidade do agente haver *realizado um ato criminoso*.

O que ocorre é que, praticado o ato criminoso – e respeitado, portanto, um direito penal de ato –, passa-se a exigir uma *individualização* na pena, de modo que seja suficiente para reprovar *aquele indivíduo* e para prevenir que *aquele indivíduo* não volte a delinquir.

Se é assim, e inclusive o é para, em respeito ao princípio da culpabilidade e da pessoalidade da pena, se garantir a justiça da pena ao próprio condenado, as análises às considerações pessoais do agente não apenas se justificam, mas também se impõe[52].

Deverá, então, ser realizada a análise da *personalidade*, da *conduta social* e dos *antecedentes* do agente. São tais elementos que indicarão se as penas restritivas de direito serão *suficientes para prevenir* a prática de novos crimes *por aquele* indivíduo.

Admite-se que esta análise comporta um nível maior de dificuldade, se comparada com a análise dos elementos fáticos para se concluir acerca da suficiência da reprovação. Isso se dá por razões lógicas: enquanto na análise da retribuição o que se faz é um verdadeiro diagnóstico diante de um fato concreto ocorrido no passado, aqui se impõe um penoso e arriscado prognóstico a respeito de elementos subjetivos do agente infrator.

A dificuldade existe, mas é através desta análise que se pode aproximar da necessária resposta: a pena restritiva de direito, no caso concreto, é *suficiente* para *prevenir* que *aquele agente* incorra em novas práticas delituosas?

O primeiro elemento que deverá ser analisado é a *personalidade* do agente. A dificuldade do exame acerca desse item advém não apenas do parco conhecimento técnico do julgador e dos escassos elementos informadores constantes dos autos, mas do próprio conceito de personalidade. "A personalidade ´nasce´ (com o indivíduo) e *também* se modifica, continuamente – com variações de intensidade – abrangendo, além das manifestações genéticas, também os traços emocionais e comportamentais, herdados ou conti-

52 Nesse sentido, PAGANELLA BOSCHI: "Em que pese a relevância da crítica (...), parece-nos que não há outro modo de *individualizar* a pena, isto é, de torná-la *única* e *singular*; senão mediante a consideração de todas essas particularidades relacionadas ao fato e aos seus personagens: o autor e a vítima. É graças a isso que o Direito penal, conciliando os extremos (a igualdade e a diferença) realimenta continuamente a sua legitimidade, evitando a padronização das sentenças e preservando o sentido da equidade nas diferenças e aos diferentes." PAGANELLA BOSCHI, José Antonio. *Das penas e seus critérios de aplicação*. 5ª ed. rev. atual. e ampl. Porto Alegre: Livraria do Advogado, 2011, p. 168.

nuamente adquiridos, naquele sentido de totalidade que permite a alguém se distinguir de todos"[53].

Deve-se, ademais, analisar a *conduta social* do agente. Nesse ponto, a verificação é feita em torno do *papel* que o agente *desempenhou socialmente*. Se foi, nas palavras de PAULO JOSÉ DA COSTA JR., um homem voltado ao trabalho, probo, caridoso, altruísta, cumpridor dos deveres, ou se transcorreu seus dias ociosamente, exercendo atividades parasitárias ou antissociais. Ainda, será verificado seu comportamento no ambiente familiar, laboral, escolar ou de lazer[54].

Por fim, impõe-se a análise dos *antecedentes* do condenado[55]. Os antecedentes são constituídos por acontecimentos *anteriores* ao fato criminoso e que já foram *efetivamente julgados de modo definitivo*, em respeito ao princípio constitucional da presunção da inocência[56].

Conclui-se, então, que para se verificar a *proporcionalidade* da substituição de pena privativa de liberdade por restritivas de direito, deve-se concluir pela *suficiência* destas em *retribuir* e em *prevenir*. Para tanto, o olhar interpretativo se volta para o passado e perquire, com base na culpabilidade, nos motivos, nas circunstâncias e nas consequências do crime, se a pena é, de fato, *suficiente para retribuir*. Ainda, se volta ao futuro e, baseado na análise dos antecedentes, da conduta social e da personalidade do agente, averigua se a pena é *suficiente para prevenir* novos crimes.

4. O CRITÉRIO DA SUFICIÊNCIA NA SUBSTITUIÇÃO DAS PENAS PRIVATIVAS DE LIBERDADE POR RESTRITIVAS DE DIREITO E O ORDENAMENTO PENAL BRASILEIRO

O ordenamento jurídico pátrio prevê, no artigo 43 do Código Penal, um rol de penas restritivas de direito:[57] prestação pecuniária, perda de bens e va-

53 PAGANELLA BOSCHI, José Antonio. *Das penas e seus critérios de aplicação*. 5ª ed. rev. atual. e ampl. Porto Alegre: Livraria do Advogado, 2011, p. 172.

54 COSTA JÚNIOR, Paulo José. *Curso de Direito Penal*. 10ª ed. rev. e atual. São Paulo: Saraiva, 2009, p.195.

55 A discussão sobre os *antecedentes criminais*, por si só, enseja discussão ampla e profunda. O atual momento doutrinário e jurisprudencial clama por discussões a respeito da distinção entre reincidência e maus antecedentes; a respeito da relação dos antecedentes com o direito ao esquecimento – o que reflete diretamente na questão *temporal* dos antecedentes, dentre outras. Por questão metodológica, teremos de renunciar ao tratamento dos referidos e importantes temas.

56 CIRINO DOS SANTOS, Juarez. *Teoria da Pena: Fundamentos políticos e Aplicação judicial*. Curitiba: ICPC; Lumen Juris, 2005, p.111.

57 Ressalte-se que, embora o Código Penal faça menção a essas penas como "restritivas de direito", a doutrina reage criticamente a tal denominação, sustentando que de todas as sanções ali elencadas, apenas uma delas efetivamente constitui uma pena restritiva

lores, prestação de serviço à comunidade ou a entidades públicas, interdição temporária de direitos e limitação de fim de semana[58].

Tais penas, conforme determina o artigo 44 do mesmo Código, são autônomas, o que significa que não podem ser aplicadas cumulativamente com as penas privativas de liberdade[59]. O próprio artigo 44 prevê as hipóteses em que as penas restritivas de direito poderão substituir as penas privativas de liberdade.

O primeiro requisito autorizador de substituição (inc. I) guarda relação com a quantidade de pena imposta. Apenas admite-se a substituição se a pena privativa de liberdade aplicada, no caso de crime doloso, não for superior a quatro anos. Sendo o crime culposo, poderá haver substituição para qualquer que seja a pena aplicada.

O segundo requisito que limita a possibilidade de substituição da pena por restritivas de direito (inc. I) é a existência de grave ameaça ou violência contra a pessoa.

Em seguida (inc. II), a lei limita a substituição para os réus que sejam reincidentes em crime doloso. Veja-se que tal limitação é absoluta no caso de reincidência específica (§ 3º), mas é relativa no caso de reincidência genérica. Nesse último caso, o juiz poderá operar a substituição, desde que, em face da condenação anterior, a medida seja socialmente recomendável.

O inciso III trabalha com critérios de substituição que guardam direta relação com a *suficiência* da mesma. Veja-se que o legislador dispôs que a substituição ocorrerá se a culpabilidade, os antecedentes, a conduta social e

---

de direito. "A previsão legal estampa as seguintes hipóteses: prestação pecuniária; perda de bens e valores; prestação de serviço à comunidade ou a entidades públicas; interdição temporária de direitos e limitação de fim de semana. As duas primeiras são claramente de natureza pecuniária; a terceira e a última, correspondem a restrições (ainda que não privações) de liberdade, na medida em que compõem coerções, obrigações de fazer. Somente a denominação de interdição temporária de direitos corresponde à denominação escolhida para os dispositivos." BUSATO, Paulo César. "Penas restritivas de direitos (substitutivas e/ou cumulativas)". In BUSATO, P. C. (Coord.); CARUNCHO, A. C. (Org.), *Teoria da Pena*. Série direito penal baseado em casos. Curitiba: Juruá, 2014, p. 184.

58 "Modernamente, as penas restritivas de direitos constituem importante alternativa ao encarceramento produzido pela pena privativa de liberdade e, com a conformação que lhes deu a Lei nº 9.714, de 25 de novembro de 1998, representam o fruto da intervenção de política criminal humanista que se iniciou com a reforma de 1984. O item 29 da exposição de motivos da nova parte geral já esclarecia que, com a previsão das restritivas de direito, objetivou-se o alcance de um dúplice propósito, consistente em ´aperfeiçoar a pena de prisão, quando necessária, e de substituí-la, quando aconselhável, por formas diversas de sanção criminal, dotadas de eficiente poder corretivo." GALVÃO, Fernando. *Direito Penal: Parte Geral*. 5ª ed. rev. atual. e ampl. São Paulo: Saraiva, 2013, p. 603.

59 BRANDÃO, Claudio. *Curso de Direito Penal: Parte Geral*. 2ª ed. Rio de Janeiro: Forense, 2010, p. 342.

a personalidade do condenado, bem como os motivos e as circunstâncias do crime indicarem que essa substituição é *suficiente*.

Pois bem. Analisemos, agora, comparativamente ao disposto nos tópicos que antecedem ao presente, se a legislação pátria oferece instrumentos adequados para a *correta* análise de *suficiência* das penas restritivas de direito. Comecemos pelo fim, afirmando que não. Há pontos desnecessários – ou mesmo errôneos – que estão contemplados pelo Código Penal e há pontos indispensáveis que deixaram de ser contemplados. É o que se passa a demonstrar, pontualmente.

4.1. A previsão de limite *quantitativo* da pena para crimes dolosos

O Código Penal prevê, no artigo 44, inciso I, que a substituição está limitada às penas de *até* 4 anos, quando o crime for *doloso*. Cremos dispensável, para a análise da *suficiência* da substituição, a prévia fixação de um limite de pena privativa de liberdade.

Veja-se que, quando uma pena é considerada elevada já em sua cominação *abstrata*, é porque o crime – em razão do bem jurídico tutelado e do grau de violação ao mesmo – já é abstratamente considerado grave, o que exige, evidentemente, uma cautela maior por parte do julgador na verificação da *suficiência* da substituição. Assim, a pena mínima em abstrato de um crime de homicídio (art. 121, CP) e de um crime de estupro (art. 213, CP) – ambas de 6 anos – já indicam, por si só, que eventual substituição seria *insuficiente* e, por isso, *desproporcional*. Em outro dizer, independentemente da previsão do inciso I do artigo 44, parece evidente que a substituição em quaisquer destes casos violaria a proibição da proteção ineficiente, sob a ótica do subcritério da necessidade, desatendendo, por consequência, a pretensão de proporcionalidade desejada na imposição de sanções penais.

O mesmo ocorre quando a pena *em concreto* fixada é muito exacerbada. Nesse caso, se a pena no caso concreto exige aumentos significativos é porque existem circunstâncias judiciais desfavoráveis, agravantes ou causas de aumento amplamente presentes. Diante disso, também deve o magistrado dispensar maior cuidado à análise da *suficiência* da substituição. É o caso, por exemplo, de um peculato (art. 312, CP) cuja pena final fora fixada em 5 anos, embora a pena prevista em abstrato fosse de 2 a 12 anos.

O que se está a afirmar é que pela *gravidade do crime em abstrato* e/ou pela *gravidade do crime em concreto*, já seria possível que o magistrado realizasse satisfatoriamente a análise a respeito da *suficiência*, sem que estivesse vinculado a qualquer limite quantitativo pré-estabelecido pelo legislador no artigo 44.

Tal assertiva ganha especial relevo quando se nota, pela construção legislativa atual, que o limite quantitativo limita o juiz apenas de modo desfavorável ao réu. Leia-se: se o julgador estiver diante de uma pena superior a 4 anos (no caso de crime doloso), *estará impossibilitado* de proceder à substituição, *mesmo que entenda* ser esta *suficiente e proporcional*, diante do caso concreto.

Por outro lado, se o julgador estiver diante de uma pena inferior a 4 anos, sua discricionariedade é ampla: podendo conceder ou mesmo negar a substituição, conforme a entenda ou não *suficiente e proporcional*.

Ademais, a imposição de um limite quantitativo da pena quando da análise da suficiência da substituição, não homenageia a razoabilidade. Será razoável a compreensão de que uma pena de 4 anos pode ser substituída – de modo *suficiente* e *proporcional* – por penas restritivas de direito, enquanto uma pena de 4 anos e 10 dias, não? Os *critérios* de *suficiência* e de *proporcionalidade*, é certo, não se amarram à (in)existência de, no nosso exemplo, 10 dias a mais de pena imposta.

O próprio legislador renunciou ao critério quantitativo quando o crime possui natureza culposa, confiando, independentemente da pena, a análise da *suficiência* ao magistrado[60]. Crê-se que o mesmo deveria ser adotado no que refere aos crimes dolosos, pelas razões até aqui demonstradas.

4.2. A previsão de limite decorrente da *natureza* do crime doloso

Outro ponto merecedor de crítica na atual legislação é a previsão do *meio* através do qual o agente realiza o crime. O inciso I prevê que a substituição é possível salvo se o crime for cometido mediante *violência* ou *grave ameaça* à pessoa. Não se questiona a preocupação por parte do legislador em permitir a substituição da pena em caso de crimes graves, que acarretam em

60 CEZAR ROBERTO BITENCOURT dispõe que "a conduta culposa, hoje bem mais frequente, objeto de *menor reprovabilidade*, normalmente decorre da ausência dos cuidados devidos (objetivos) na realização de um comportamento normalmente ilícito. Os autores desses comportamentos *descuidados* que, às vezes, causam um resultado típico, de regra, não necessitam ser *ressocializados*, e a imposição de uma *pena privativa de liberdade* revela-se absolutamente desnecessária, sem qualquer sentido preventivo especial. Nesse aspecto, merece aplausos a previsão para os crimes culposos, sem impor limite quantitativo da pena privativa (...)." BITENCOURT, Cezar Roberto. *Tratado de Direito Penal: parte geral*. 17ª ed. rev. ampl. e atual. São Paulo: Saraiva, 2012, p. 648. Atente-se, nesse ponto, a duas ressalvas à posição do autor: a) o autor analisa a suficiência tão somente sob o ponto de vista da prevenção, olvidando da suficiência para a retribuição. A suficiência deve atentar à prevenção e à retribuição, seja em caso de crimes dolosos ou culposos. b) a constatação da *desnecessidade* de ressocialização pode ser verificada pelo magistrado também no caso de crimes dolosos, não apenas nos crimes culposos. Assim, haveria de se aplaudir se os limites quantitativos não existissem em ambos os casos.

violência ou grave ameaça à pessoa. Questiona-se, isso sim, o *engessamento* que a referida previsão impõe.

Na mesma linha do que foi acima referido, os *critérios de suficiência* expostos no item 2 e 3 do presente estudo, por si só, conduzem à uma análise mais ajustada ao caso concreto do que a (prévia) vedação de substituição pela existência de grave ameaça ou violência. Tanto assim que, se o magistrado contasse com discricionariedade nesse ponto, conseguiria – sem a necessidade de ginásticas interpretativas e de numerosas exceções – *vedar* a possibilidade de substituição da pena de um crime de estupro de vulnerável (art. 217-A, CP), por exemplo, em que a violência é, de regra, ficta (presumida) e conseguiria *permitir* a substituição da pena de um crime de ameaça (art. 147, CP), em que a grave ameaça é real, mas a sanção é reduzida[61].

4.3. A previsão de limite decorrente da *reincidência do apenado*

O inciso II do artigo 44 – conjugado com o artigo 44, § 3º, do Código Penal – também enseja considerações de ordem crítica. Dispõe a legislação que a substituição poderá ser efetuada *salvo* se o réu for *reincidente em crime doloso*. Tal vedação é relativa, pois o parágrafo 3º possibilita que a substituição ocorra quando a reincidência for genérica[62].

O tema da reincidência merece intenso e aprofundado debate[63] que, por questões temporais e metodológicas, o presente estudo não permite. Porém, não há como deixar de realizar poucas, mas relevantes, considerações.

---

61 Vejam-se as considerações de PAULO QUEIROZ a esse respeito: "Desnecessário dizer que crimes culposos, apesar de eventualmente violentos, não estão sujeitos à vedação, (...) porque a violência não é intencional (...). Há quem entenda que todos aqueles crimes praticados por meio *não violento* estariam excluídos da vedação legal, a exemplo do homicídio cometido com emprego de veneno, roubo com o uso de narcótico, etc., pois não seriam delitos cometidos com violência ou grave ameaça à pessoa. Mas tal não procede, visto implicar uma simplificação grosseira do conceito de violência contra a pessoa, a qual pode realizar-se das mais variadas formas. Existe também quem considere que a vedação não compreenderia as infrações penais em que a grave ameaça ou a violência não fossem meio para cometimento do ilícito, mas constitutivas do próprio crime". QUEIROZ, Paulo. *Curso de Direito Penal: Parte Geral.* 8ª ed. rev. ampl. atual. Salvador: Jus Podivm, 2012, p. 499. Pelas próprias considerações – que apontam as divergências doutrinárias – denota-se que a vedação legal mais criou divergências do que apresentou soluções.

62 "O nosso Código distingue precisamente a reincidência específica, ou homogênea, quando os crimes são da mesma natureza, e a reincidência genérica, ou heterogênea, quando são de natureza diferente". BRUNO, Aníbal. *Das Penas*. Rio de Janeiro: Editora Rio, 1976, p.127.

63 Sugere-se, sobre o tema, a leitura do artigo "O papel da reincidência criminal na aplicação da pena – reflexões a propósito do acórdão do RE 453.000 do STF", de autoria

Renunciar-se-á à discussão acerca da (in)constitucionalidade do instituto da reincidência[64], mas apontar-se-á, porém, a necessidade de se verificar, ao menos, a natureza e a causa da reincidência.

> "(...) O fato de que o sujeito voltou a delinquir tanto pode ser um indicador negativo, porque ele teve todas as oportunidades de não voltar a delinquir e reincidiu, como pode representar também o insucesso do sistema em recuperá-lo e a incapacidade social de evitar que ele volte a participar de um ambiente criminógeno, representando uma diminuição de culpa por fatores de coculpabilidade."[65]

O que se está a afirmar é que não há como, *ex ante*, pressupor a *insuficiência* da substituição da pena privativa de liberdade por restritiva de direito, *unicamente* por haver um crime anterior, de natureza dolosa, que se encaixa no conceito de reincidência disposto nos artigos 63 e 64 do Código.

A um porque, como visto, a reincidência *pode* revelar um menosprezo perante a lei penal e a ordem social, mas *também pode* revelar uma verdadeira dificuldade de adequação por parte do condenado – agravada, inclusive, pelo próprio sistema penal estatal. Se se trata de um ou de outro caso, apenas a análise – *ex post* – da nova e da antiga condenação, no que refere à natureza e às condições do crime, há de revelar.

A dois porque o artigo 59 do Código impõe que "o juiz estabeleça, conforme seja necessário e suficiente para a reprovação e prevenção do crime, a substituição da pena privativa de liberdade aplicada, por outra espécie de pena, se cabível". Ou seja, a legislação revela o evidente: a substituição da pena deve ser necessária e suficiente para reprovar e prevenir *o crime que se está a julgar*.

---

de Adriano Teixeira, disponível na Revista Brasileira de Ciências Criminais, vol. 108, de 2014, p. 513. Ainda, a leitura do artigo "Inconstitucionalidade da consideração da reincidência como agravante", redigido pela Comissão *Amicus Curiae* e publicado na Revista Brasileira de Ciências Criminais, vol. 108, de 2014, p. 543.

64 Juarez Cirino dos Santos capitaneia a defesa de que: "é necessário reconhecer: a) se o novo crime é cometido após a passagem do agente pelo *sistema formal* de controle social, com *efetivo cumprimento* da pena criminal, o processo de deformação e embrutecimento pessoal do sistema penitenciário *deveria* induzir o legislador a incluir a *reincidência real* entre as *circunstâncias atenuantes*, como produto específico da atuação *deficiente e predatória* do Estado sobre sujeitos criminalizados; b) se o novo crime é cometido após simples formalidade do trânsito em julgado de condenação anterior, a *reincidência ficta* não indica qualquer *presunção de periculosidade* capaz de fundamentar circunstância agravante. (...) Além disso, a *reincidência* (ficta ou real) significa *dupla punição* do crime anterior." CIRINO DOS SANTOS, Juarez. *Direito Penal: Parte Geral.* 3ª ed. rev. ampl. Curitiba: ICPC, Lumen Juris, 2008, p. 580.

65 BUSATO, Paulo Cesar. *Direito Penal: parte geral.* São Paulo: Atlas, 2013, p. 891.

Parece, assim, incoerente que a *análise de suficiência deste crime* simplesmente ceda diante da existência de condenação anterior por *outro crime* doloso – que, inclusive, já fora, à época, objeto de reprovação e prevenção.

Posicionamo-nos, então, no sentido de que a existência ou não de crimes anteriores – sejam eles dolosos ou culposos – *devem* ser avaliados, sim, por quem está efetuando a análise de *suficiência*. Mas *podem* ser avaliados de modo negativo ou mesmo de modo neutro, sendo um equívoco colocar a existência da reincidência dolosa como um absoluto óbice à própria análise de *suficiência*. Ademais, consideramos indevida a existência do inciso II do artigo 44, pois a verificação a respeito de crimes anteriores pode – pelo nosso conceito (cf. Item 3) – ser satisfatoriamente realizada quando da análise dos *antecedentes*, constantes do inciso III.

4.4. A (ausência de?) previsão de limite decorrente da análise das *consequências* do crime

Por fim, há que se considerar o disposto no inciso III do artigo 44 do Código Penal[66]. Sem dúvida, tal dispositivo é o que melhor se amolda aos critérios de verificação de *suficiência* e de *proporcionalidade* da substituição das penas privativas de liberdade por restritivas de direito.

Nesse ponto, "os critérios para a avaliação da *suficiência* da substituição são representados pela culpabilidade, antecedentes, conduta social e personalidade do condenado, bem como os motivos e as circunstâncias do fato." De todos os elementos relacionados no artigo 59 do Código, para determinação da pena, somente as *consequências* do crime e o *comportamento da vítima* foram desconsiderados para a formação do juízo de suficiência"[67].

O legislador falhou ao haver, aparentemente, *excluído* da análise de suficiência as *consequências* do crime. Veja-se que, quando se fala em retribuição, há que se entender que a finalidade essencial dessa se esgota no castigo pelo *desvio cometido*[68]. Assim, é de indagar-se como se pode pretender a análise da *suficiência* de um castigo quando se ignora as consequências do desvio cometido?

---

66 "Art. 44. As penas restritivas de direito são autônomas e substituem as privativas de liberdade quando: III – a culpabilidade, os antecedentes, a conduta social e a personalidade do condenado, bem como os motivos e as circunstâncias indicarem que essa substituição seja suficiente".

67 BITENCOURT, Cezar Roberto. "Novas Penas ´Alternativas´: uma análise pragmática". In *Revista Brasileira de Ciências Criminais*, vol. 28, 1999, p. 90.

68 MIR PUIG, Santiago. *Introducción a las bases del derecho penal*. 2ª ed. Buenos Aires: B de F, 2002, p. 49.

O caso concreto objeto do parecer do nosso homenageado se apresentou como um exemplo prático de como essa omissão legislativa pode ser problemática. No delito analisado[69], o piloto e o copiloto do jato Legacy foram condenados por haverem mantido desligado um dispositivo essencial à segurança do voo, pelo período de uma hora, sendo responsabilizados pela colisão com o Boeing 737-800, que resultou na morte de 154 passageiros e tripulantes.

Veja-se que *a consequência* do desvio cometido pelo piloto e pelo copiloto é o que há de mais significativo para a análise da *suficiência* da *reprovação*. No entanto, o magistrado, seguindo uma interpretação literal do artigo 44, inciso III, do Código, optou por *descartar* tal elemento da análise.

Não se olvida, porém, que, em uma interpretação sistemática, o Código Penal comporta tal análise. Veja-se que o artigo 59 (em seu inc. IV) dispõe expressamente que o juiz, atendendo *às consequências* do crime – dentre outras circunstâncias – *estabelecerá*, conforme seja *necessário* e *suficiente* para reprovação e prevenção do crime, *a substituição* da pena privativa de liberdade aplicada, por outra espécie de pena, se cabível.

Assim, consideramos que a leitura conjunta do artigo 44, inciso III com o artigo 59, inciso IV, ambos do Código, permite concluir que as *consequências* do crime não devem ser ignoradas quando da análise da suficiência da reprovação. Reconhecemos, porém, que o legislador, atendendo à melhor técnica, deveria haver deixado tal elemento expresso quando da redação do inciso III do artigo 44 já mencionado.

4.5. A questão da *vinculação* entre os elementos do artigo 44, inciso III, e do artigo 59, *caput*, do Código Penal

Por fim, nos cumpre verificar se a análise das circunstâncias judiciais expostas no artigo 59, *caput*, do Código *vincula* a análise do magistrado quando da apuração das (mesmas) circunstâncias dispostas no artigo 44, inciso III. Isso porque, quando da sentença condenatória, o julgador analisará, preliminarmente, a dosimetria da pena e, ato contínuo, a possibilidade de substituição da pena imposta por restritivas de direitos. Para tanto, verificará *as mesmas* circunstâncias (culpabilidade, antecedentes, conduta social, personalidade, motivos, circunstâncias...).

---

69 Vale registrar que, por não haver acesso à íntegra da investigação, nossa análise está restrita aos dados constantes da fundamentação exposta na sentença condenatória. Tal restrição em nada prejudica o presente estudo que objetiva não (re)analisar o erro ou acerto do julgamento em apreço, mas sim efetuar a (re)análise *da suficiência e da proporcionalidade*, em termos gerais, quando da substituição da pena privativa de liberdade por restritivas de direitos.

Pode o magistrado considerar, por exemplo, a culpabilidade desfavorável quando da análise da pena-base, exacerbando-a, e considerar a culpabilidade neutra – ou mesmo favorável – quando da análise da *suficiência* da substituição da pena? Pode o magistrado, noutro exemplo, agravar a pena-base com fundamento em circunstâncias graves no caso concreto, mas deixar de apontá-las quando da análise do artigo 44, inciso III, do Código?[70]

Quanto a esse ponto, algumas considerações devem ser feitas. A primeira: haveria, no mínimo, incongruência se o julgador considerasse, para seguir o primeiro exemplo, a culpabilidade desfavorável quando da análise da primeira fase da dosimetria penal, aumentando por isso a pena-base, e considerasse a culpabilidade neutra ou favorável quando da análise do artigo 44, inciso III, do Código Penal.

Ora, a culpabilidade é a medida pela qual se gradua a pena[71]: mais grave ou menos grave. Portanto, a culpabilidade é sempre a mesma, para um mesmo crime, não sendo razoável que a conclusão sobre a sua análise se diferencie de acordo com o momento de aplicação da pena. Do mesmo modo, a conclusão sobre as demais circunstâncias deve, é evidente, guardar coerência nas análises.

O que pode ocorrer – e por isso *não há* como defender uma vinculação prévia e absoluta entre as análises – é o julgador considerar, no mesmo exemplo, a culpabilidade desfavorável a ponto de acrescer alguns meses na pena-base e continuar considerando-a desfavorável quando da análise do artigo 44, inciso III, mas não a ponto de considerar que a substituição é *insuficiente*. Leia-se: o julgador, assim, não está sendo incongruente. Mantém-se a coerência na análise para o artigo 59, *caput*, e para o artigo 44, inciso III, ambos do Código, mas considera-se que a culpabilidade desfavorável, neste caso, enseja o aumento na pena-base, mas é insuficiente para obstar a substituição da pena por restritivas de direito.

---

70 Retornemos, nesse ponto, ao caso concreto que fora objeto do parecer emitido pelo Prof. René Ariel Dotti. Naquele caso, a sentença entendeu por elevar a pena-base por considerar que a) a *culpabilidade*, entendida como a reprovação da conduta, seria exacerbada, pois os pilotos ficaram quase uma hora sem verificar o painel de controle, sem efetuar as checagens necessárias, sem exercer com diligência a função de monitoramento da aeronave, b) as *consequências* do crime foram gravíssimas. Cento e cinquenta e quatro pessoas morreram em decorrência do acidente. Ou seja, o julgador elevou a pena-base por, na análise do art. 59, *caput*, CP, considerar a culpabilidade e as consequências desfavoráveis. Quando da verificação do art. 44, III, CP, o julgador excluiu as consequências da análise e, mesmo havendo considerado as circunstâncias desfavoráveis durante a elaboração da pena-base, considerou que a *substituição* por penas restritivas de direito era *suficiente* para prevenir e retribuir o crime.

71 WELZEL, Hans. *Derecho penal alemán*. Tradução de Juan Bustos Ramirez e Sérgio Yanes Peréz. Chile: Jurídica de Chile, 1996, p. 353.

Há que se atentar, ainda, para outra hipótese. Pode ocorrer de determinado elemento não ser considerado na análise da primeira fase do cálculo penal (pena-base) porque qualifica ou constitui o crime. Mais, porque se trata de agravante/atenuante ou minorante/majorante, que serão considerados, respectivamente, na segunda e terceira fase de cálculo penal.

Nesse caso, não nos parece que o magistrado *poderá* utilizar tal circunstância quando for proceder à análise do artigo 59, *caput*, sob pena de incidir no proibido *bis in idem* no sistema trifásico de cálculo da pena. O julgador, porém, *pode* e *deve* utilizar tal circunstância para analisar a suficiência da substituição da pena.

Exemplificando: pense-se que determinado crime foi cometido por *motivo* de relevante valor moral. Quando da análise do *motivo* contido no artigo 59, *caput*, o magistrado não poderá considerar o relevante valor moral, pois este constituirá ou uma privilegiadora (como se dá, por exemplo, nos arts. 121, § 1º, e 129, § 4º, do CP) ou uma atenuante (art. 65, III, a, CP), a ser considerada na pena em abstrato ou na terceira fase, respectivamente.

No entanto, quando tal julgador for analisar o artigo 44, inciso III, do Código – que também recomenda a análise dos *motivos* -, para concluir sobre a *suficiência* da substituição da pena, não poderá deixar de considerar que, no caso concreto, o crime foi cometido por relevante valor moral.

Em definitivo, como se nota, a *aferição da suficiência* da substituição da pena privativa de liberdade por restritiva de direito é um tema dotado de inúmeras nuances e dificuldades que, invariavelmente, tem sua origem tanto na fragilidade de seu regramento normativo, quanto na limitada análise crítica que costuma acompanhar boa parte da doutrina pátria. Neste sentido, o parecer do nosso homenageado teve o valoroso mérito de despertar para a importância da temática apresentada.

Referências bibliográficas

ALEXY, Robert. Teoría de los derechos fundamentales. Madrid: Centro de Estudios Políticos y Constitucionales, 2007 (ed. orig. 1986).

ALEXY, Robert. Epílogo a la Teoría de los Derechos Fundamentales. Madrid: Colegio de Registradores de la Propiedad y Mercantiles de España, 2004.

ANITUA, Gabriel I. *Histórias dos pensamentos criminológicos*. Rio de Janeiro: Revan, 2008.

BERNAL PULIDO, Carlos. "Proporcionalidad, derechos fundamentales y ley penal". In: LASCURAÍN SÁNCHEZ, J. A.; RUSCONI, M. (Eds.). *El principio de proporcionalidad penal*. Buenos Aires: Ad-Hoc, 2014. p. 93–117.

BITENCOURT, Cezar R. "Novas Penas ´Alternativas´: uma análise pragmática". In: *Revista Brasileira de Ciências Criminais*, vol. 28, 1999, p. 85-107.

BITENCOURT, Cezar R. *Falência da pena de prisão: causas e alternativas*. 3ª. ed. São Paulo: Saraiva, 2004.

BITENCOURT, Cezar R. *Tratado de Direito Penal: parte geral*. 17ª ed. rev. ampl. e atual. São Paulo: Saraiva, 2012.

BRANDÃO, Claudio. *Curso de Direito Penal: Parte Geral*. 2ª ed. Rio de Janeiro: Forense, 2010.

BRANDARIZ GARCÍA, José A. *La sanción penal de trabajos en beneficio de la comunidad*. Valencia: Tirant lo Blanch, 2009.

BRUNO, Aníbal. *Das Penas*. Rio de Janeiro: Editora Rio, 1976.

BUSATO, Paulo C. *Direito Penal: parte geral*. São Paulo: Atlas, 2013.

BUSATO, Paulo César. Penas restritivas de direitos (substitutivas e/ou cumulativas). In: BUSATO, P. C. (Coord); CARUNCHO, A. C. (Org.), *Teoria da Pena*. Série direito penal baseado em casos. Curitiba: Juruá, 2014, p. 181-192.

CIRINO DOS SANTOS, Juarez. *Teoria da Pena: Fundamentos políticos e Aplicação judicial*. Curitiba: ICPC; Lumen Juris, 2005.

DOTTI, René Ariel. *Curso de Direito Penal: Parte Geral*. 3ª ed. rev. atual. ampl. São Paulo: Revista dos Tribunais, 2010.

FEIJOO SANCHEZ, Bernardo. *A legitimidade da pena estatal – Uma breve análise das teorias da pena*. Trad. Nivaldo Brunoni. Florianópolis: Conceito Editorial, 2015.

FERRAJOLI, Luigi. *Direito e Razão: teoria do garantismo penal*. São Paulo: Revista dos Tribunais, 2002.

FERRÉ OLIVÉ, Juan C.; NÚNEZ PAZ, Miguel A.; OLIVEIRA, William terra de; BRITO, Alexis Couto de. *Direito Penal Brasileiro: Parte geral: Princípios fundamentais e sistema*. São Paulo: Revista dos Tribunais, 2011, p.192.

CARVALHO, Salo; CARVALHO, Amilton Bueno. *Aplicação da Pena e Garantismo*. Rio de Janeiro: Lumen Juris, 2001.

COMISSÃO AMICUS CURIAE. “Inconstitucionalidade da consideração da reincidência como agravante”. In: *Revista Brasileira de Ciências Criminais*, vol. 108, 2014, p. 543-562.

COSTA JÚNIOR, Paulo José. *Curso de Direito Penal*. 10ª ed.rev. e atual. São Paulo: Saraiva, 2009.

FLEINER, Fritz. *Instituciones de Derecho Administrativo Alemán*. Barcelona: Labor, 1933.

GALVÃO, Fernando. *Direito Penal: Parte Geral*. 5ª ed. rev. atual. e ampl. São Paulo: Saraiva, 2013.

GONZÁLEZ BEILFUSS, Markus. *El principio de proporcionalidad en la jurisprudencia del Tribunal Constitucional*. Cizur Menor: Editorial Aranzadi, 2003.

GÜNTHER, Klaus. "Crítica da pena I". In *Revista Direito* GV, nº 4. São Paulo: FGV, jul/dez 2006.

HASSEMER, Winfried. "El principio de proporcionalidad como límite de las intervenciones jurídico-penales". In: LASCURAÍN SÁNCHEZ, J. A.; RUSCONI, M. (Eds.). *El principio de proporcionalidad penal*. Buenos Aires: Ad-Hoc, 2014. p. 275–284.

LASCURAÍN SÁNCHEZ, Juan. A.; RUSCONI, Maximiliano. (Dirs.). *El principio de proporcionalidad penal*. Buenos Aires: Ad-Hoc, 2014, p. 16.

LASCURAÍN SÁNCHEZ, Juan A. "Cuándo penar, cuánto penar". In: LASCURAÍN SÁNCHEZ, J. A.; RUSCONI, M. (Eds.). *El principio de proporcionalidad penal*. Buenos Aires: Ad-Hoc, 2014. p. 285-328.

LOPERA MESA, Gloria P. *Principio de proporcionalidad y lei penal: Bases para un modelo de control de constitucionalidad de las leyes penales*. Madrid: Centro de Estudios Políticos y Constitucionales, 2006.

MARTINSON, Robert. "What works? Questions and answers about prison reform". *The Public Interest*, vol.35, p. 22-54, 1974.

MIR PUIG, Santiago. *Introducción a las bases del derecho penal*. 2ª ed. Buenos Aires: B de F, 2002.

MUÑOZ CONDE, Francisco; GARCÍA ARÁN, Mercedes. *Derecho penal: parte general*. 8ª ed. Valencia: Tirant lo Blanch, 2010.

PAGANELLA BOSCHI, José A. *Das penas e seus critérios de aplicação*. 5ª ed. rev. atual. e ampl. Porto Alegre: Livraria do Advogado, 2011.

QUEIROZ, Paulo. *Curso de Direito Penal: Parte Geral*. 8ª ed. rev. ampl. atual. Salvador: Jus Podivm, 2012.

ROXIN, Claus. *Derecho Penal, Parte General. Fundamentos. La estructura de la teoría del delito*. Trad. Diego-Manuel Luzón Peña, Miguel Díaz y García Conlledo e Javier de Vicente Remesal. Madrid: Civitas, 1997.

SERRANO JÚNIOR, Odoné. BASSO, Stephan Nascimento. "Fundamentos da pena". In: BUSATO, P. C. (Coord.); CARUNCHO, A. C. (Org.), *Teoria da Pena*. Série direito penal baseado em casos. Curitiba: Juruá, 2014, p. 13-24.

STRECK, Lênio L. "Constituição, bem jurídico e controle social: A criminalização da pobreza ou de como 'la ley es como la serpiente; solo pica a los descalzos'". In *Revista de Estudos Criminais*, vol.31, n. Notadez / PUC RS / ITEC, p. 65-96, out./dez 2008.

TEIXEIRA, Adriano. "O papel da reincidência criminal na aplicação da pena – reflexões a propósito do acórdão do RE 453.000 do STF". In: *Revista Brasileira de Ciências Criminais*, vol. 108, 2014, p. 513-540.

WELZEL, Hans. Derecho penal alemán. Tradução de Juan Bustos Ramirez e Sérgio Yanes Peréz. Chile: Jurídica de Chile, 1997.

ZAFFARONI, Eugenio R. *Manual de Derecho Penal. Parte general.* Buenos Aires: Ediar, 1996.

CONTRARIEDADE A REGRAS DE JULGAMENTO COMO FUNDAMENTO DA REVISÃO CRIMINAL

Leonardo Henriques da Silva
Acacio Miranda da Silva Filho

RESUMO: o presente artigo tem por finalidade analisar a possibilidade de ajuizamento de revisão criminal contra sentença penal condenatória que viola uma das regras de julgamento contidas no art. 386 do Código de Processo Penal (CPP). Após uma breve retrospectiva histórica e teórica sobre o instituto os autores buscam demonstrar como a contrariedade aos incisos do art. 386 do CPP pode ser interpretada à luz das hipóteses legais de cabimento da revisão criminal, contidas no art. 621 do CPP.

PALAVRAS-CHAVE: Revisão criminal – contrariedade à lei – regras de julgamento – absolvição – possibilidade.

TITLE: Contrariety on trial rules as grounds for criminal prosecution review

ABSTRACT: this article aims to analyze the possibility of criminal prosecution review against criminal judgement that violates one of the trial rules brought in by the art. 386 of the Brazilian Code of Criminal Procedure (CCP). After a brief historical and theoretical retrospective about the institute the authors seek to demonstrate how the opposition to items of art. 386 of the CCP can be interpreted in the light of the legal assumptions of the appropriateness of criminal prosecution review, contained in the art. 621 of the CCP.

KEYWORDS: *Criminal prosecution review – contrariety to law – trial rules – absolution – possibility.*

1. Considerações iniciais

Toda homenagem a um grande profissional do Direito é inerentemente sujeita a certas armadilhas. Uma delas é limitar a contribuição do homenageado ao desenvolvimento da ciência jurídica levando em conta apenas a sua área principal de estudos, ou mesmo apenas a sua produção acadêmica.

A nosso ver a presente obra lida admiravelmente bem com o segundo aspecto do problema, ao propor a análise de pareceres de um jurista cuja excelência se manifesta há décadas não só na academia, mas também no foro. O presente artigo, por sua vez, é uma modesta contribuição levando em conta o primeiro aspecto.

Embora merecidamente festejado por suas contribuições ao estudo e ensino do Direito Penal brasileiro, o professor René Ariel Dotti traz na sua atuação forense importantes contribuições para o aprimoramento das discussões tanto sobre o Direito Processual Penal que temos quanto sobre o que queremos num Estado Democrático de Direito.

Dessa forma, nossa proposta é fazer um breve estudo sobre o instituto da revisão criminal a partir de um caso concreto enfrentado pelo homenageado: a possibilidade de rever condenação que viola uma das regras de julgamento contidas no art. 386 do CPP.

2. Breve histórico da revisão criminal

Historicamente a revisão criminal surgiu em nosso ordenamento jurídico pelo Decreto nº 848, de 11 de outubro de 1890, que instituiu a medida perante o Supremo Tribunal Federal para os feitos de sua competência. A garantia foi estendida a todos os jurisdicionados pela Constituição Federal de 1891, e posteriormente pela de 1934.

Sabe-se que a Constituição Federal de 1937, vigente à época da edição da legislação processual, foi outorgada em um período de exceção política e contexto histórico excepcional.

Talvez por isto a referida Carta Constitucional não tenha previsto em seu bojo o instituto da revisão criminal, omissão suprida pouco tempo depois, conforme já citado, quando do início da vigência do atual Código de Processo Penal: em seus artigos 621 a 631 o referido diploma trata da revisão a ser proposta em face dos processos findos, assim considerados aqueles onde já tenha operado o trânsito em julgado de sentença contrária ao *status libertatis* do réu.

Posteriormente, com a restauração do regime político democrático, o constituinte reinseriu a revisão criminal no seio da Constituição Federal em 1946, apesar de não ter feito expressa indicação a esta como garantia individual e limitando-a aos julgados de competência originária do STF.

As Constituições de 1967 e 1969 preservaram esse modelo, sendo que somente pela Constituição Federal de 1988 há uma ampliação do *status* constitucional da revisão criminal[1], embora ainda sem prevê-la expressamente como garantia individual.

---

1 Segundo entendido, apesar da ausência de expressa menção à revisão criminal no art. 5º da Constituição Federal, serve como fundamento para a sua impetração o inciso LXXV do referido artigo, que dispõe: "o Estado indenizará o condenado por erro judiciário, assim como o que ficar preso além do tempo fixado na sentença". Vale frisar que nas disposições referentes à competência originária do STF, do STJ e dos TRFs a Constituição Federal vigente trata da revisão criminal dos julgados proferidos por tais tribunais.

Essa "omissão constitucional" leva à discussão acerca da natureza jurídica da revisão criminal, uma vez que o CPP, ao prevê-la expressamente, o faz no capítulo destinado aos recursos.

3. Natureza jurídica da revisão criminal

A formação da coisa julgada tem por finalidade estabelecer um termo definitivo à relação processual e com isso determinar a aplicação da lei conforme a convicção do juízo formada a partir da análise da prova, uma vez tida por inalcançável a verdade em caráter objetivo, como bem observa Vicente de Paula Vicente de Azevedo[2]:

> "Destina-se o processo à descoberta da verdade. E a coisa julgada traduz a verdade. É a averiguação, o reconhecimento, a convicção da verdade, numa palavra, a certeza. E, como na certeza não cabe a dúvida, não há lugar para a dúvida, – segue-se que a coisa julgada é a verdade. A verdade, entenda-se, dentro dos limites da contingência humana. A certeza, verdade subjetiva, é equivalente a realidade, verdade objetiva. A verdade absoluta e objetiva, não existe, porque, tudo quanto o homem apreende tem um valor subjetivo, pelo mesmo fato de ser apreendido pelo homem: até aquilo que é diretamente percebido pelos nossos sentidos é uma verdade relativa, sujeita a controvérsia, porque insuficientes, falíveis e imperfeitos são os meios humanos de conhecimento da realidade. Devemos nos contentar com a certeza subjetiva, porque a verdade absoluta e objetiva não existe".

No entanto, como bem observa GUSTAVO HENRIQUE BADARÓ[3], em face da falibilidade humana se faz imprescindível a existência de mecanismos que permitam a correção dos erros e a prevalência da justiça, o que normalmente é feito pelas vias recursais. É certo, contudo, que mesmo após o esgotamento dos recursos uma condenação penal errônea que tenha transitado em julgado se traduz na consolidação de uma gravíssima injustiça em desfavor de um dos direitos individuais mais relevantes (a liberdade), o que impõe ao legislador o dever de estabelecer algum mecanismo para fazer aflorar a justiça mesmo após o trânsito em julgado, corrigindo erros cuja permanência seria inaceitável.

A partir destes elementos, cabe informar que no ordenamento jurídico pátrio os recursos têm por finalidade precípua substituir uma decisão anterior, independentemente do momento em que tenham sido interpostos no bojo de uma relação processual penal em andamento, ao passo que a revisão criminal

2 In "Revisão Criminal". **Revista da Faculdade de Direito da USP.** Vol. 52, São Paulo: EDUSP, 1957, p. 164.

3 In **Processo Penal.** 3ª ed., São Paulo: RT, 2015, p. 674.

tem como finalidade principal o desfazimento dos efeitos de sentença condenatória[4] eivada de ilegalidade.

Diante disso, surge o fundamento para classificar a revisão criminal como ação autônoma impugnativa: ela inaugura uma nova relação processual penal com vistas ao desfazimento do *status* anterior, sem que se esteja vinculado a argumentos e fundamentos já aduzidos. Afinal, diferentemente dos recursos, onde as hipóteses de interferência são limitadas legalmente, na revisão o órgão julgador tem ampla margem de atuação dentro do quanto previsto em lei.

O próprio fundamento para a existência da revisão criminal dá margem a essa amplitude, porque na origem o instituto visa evitar que condenações injustas se perpetuem no tempo, produzindo efeitos devastadores em desfavor da vítima de uma condenação injusta e, indiretamente, de toda a sociedade.

E neste ponto surge novo aspecto importante para classificar a revisão criminal como ação autônoma impugnativa: diferentemente dos recursos que só podem ser manejados durante a tramitação da ação penal, a revisão criminal tem como condição objetiva de procedibilidade[5] o trânsito em julgado da decisão condenatória, ou seja, a insurgência da parte almeja o desfazimento de decisão ordinariamente tida como inalterável e irrevogável por conta da formação da coisa julgada.

A relativização da coisa julgada, nas hipóteses de cabimento da revisão criminal, encontra guarida na impossibilidade de perpetuação de decisões judiciais equivocadas. O próprio artigo 5º, inciso LXXV, da Constituição Federal, afirma que erros emanados do Poder Judiciário são possíveis e devem ser corrigidos, não servindo a entrega da tutela jurisdicional efetiva como fundamento para a preservação de injustiças[6].

Por fim, diante do até aqui tratado, resta evidente que a revisão criminal é instrumento a ser utilizado excepcionalmente, em hipóteses onde haja flagrante prejuízo a liberdade de pessoa, independentemente de estrita corre-

4 Doravante a expressão "sentença condenatória" será utilizada neste artigo tanto para designar as sentenças condenatórias em sentido estrito, proferidas contra réu imputável, quanto as chamadas "absolutórias impróprias", que reconhecem a materialidade e a autoria em desfavor de réu inimputável por força de doença mental, desenvolvimento mental incompleto/retardado ou outra circunstância pela qual o legislador isente o réu de pena (ex.: art. 45 da Lei nº 11.343/06).

5 O interesse de agir na revisão criminal é expresso pela existência da coisa julgada, que se materializa através do trânsito em julgado. A não comprovação deste impede o preenchimento dos requisitos procedimentais necessários para a ação.

6 Segundo GRINOVER, Gomes Filho e Fernandes, "isto ocorre quando a sentença se reveste de vícios extremamente graves, que aconselham a prevalência do valor justiça sobre o valor certeza". In **Recursos no Processo Penal**. 7ª ed., São Paulo: RT, 2011, p. 303.

lação dos elementos fáticos em análise e as hipótese de cabimento legal, que serão à seguir tratadas.

4. Hipóteses de cabimento

Na definição de SERGIO DE OLIVEIRA MÉDICI[7], a revisão criminal corresponde ao "reexame do julgamento irrecorrível, se a sentença condenatória for contrária à lei penal ou à evidencia dos autos, ou fundada em provas falsas; ou, ainda, se forem descobertas novas provas relativas à inocência do acusado ou à diminuição da pena (art. 621 do Código de Processo Penal)".

O artigo 621[8] do CPP elenca em seus incisos as possibilidades de ajuizamento da revisão criminal. Importa salientar que há discussão acerca da taxatividade destas hipóteses, e sobre essa questão trataremos em tópico específico. Cabe, neste momento, fazer o tratamento individualizado de cada uma das hipóteses previstas expressamente em lei.

Porém, importa recordar que do caráter analítico da Constituição Federal vigente emergem alguns princípios cuja observância e aplicação se fazem obrigatórias a todos os processos penais.

Destes, merecem ressalva em termos processuais penais os princípios do *in dubio pro reo* e do livre convencimento motivado.

O primeiro é decorrência da dinâmica processual adotada na legislação infraconstitucional a partir da não-consideração prévia de culpabilidade contida no art. 5º, LVII, da Constituição Federal[9], dinâmica essa segundo a qual o ônus probatório dos termos da acusação cabe ao órgão acusador: sem que estes estejam categoricamente comprovados não é possível a prolação de sentença condenatória.

Disso, pode-se concluir que a sentença condenatória deve estar alicerçada em elementos suficientemente comprovados, pois quando essa suficiência não for alcançada, e restarem dúvidas ao órgão julgador, deverá o magistrado absolver o acusado.

---

7 In **Revisão Criminal.** 2ª ed., São Paulo: RT, 2000, p. 28.

8 Art. 621. A revisão dos processos findos será admitida:
I – quando a sentença condenatória for contrária ao texto expresso da lei penal ou à evidência dos autos;
II – quando a sentença condenatória se fundar em depoimentos, exames ou documentos comprovadamente falsos;
III – quando, após a sentença, se descobrirem novas provas de inocência do condenado ou de circunstância que determine ou autorize diminuição especial da pena.

9 Art. 5º (...)
LVII – ninguém será considerado culpado até o trânsito em julgado de sentença penal condenatória.

Já o livre convencimento motivado está expressamente consagrado no artigo 93, inciso IX, da Constituição Federal[10]. Trata-se de princípio que dispõe de viés duplo, servindo de critério balizador ao órgão julgador e trazendo legitimidade às decisões judiciais, e de garantia ao jurisdicionado, que poderá, a partir dos fundamentos utilizados pelo magistrado, exercer o contraditório as decisões judiciais emanadas.

4.1. Sentença condenatória contrária ao texto expresso da lei penal ou à evidência dos autos

A mera leitura do inciso I do artigo 621 do CPP conduz ao entendimento que existem duas hipóteses distintas de cabimento da ação impugnativa em comento. Por essa razão, a análise da cada uma delas será feita de forma separada.

4.1.1. Da sentença condenatória contrária ao texto expresso de lei

Como bem aponta ARY AZEVEDO FRANCO[11], a contrariedade abrange as hipóteses de não aplicação da lei a uma situação onde sua incidência era inequívoca e de contestação, pelo juízo, da realidade do preceito formal. No dizer de ERIC LAVOURA[12], trata-se aqui de um "incorreto equacionamento jurídico da causa penal".

Ao utilizar a expressão "texto expresso de lei" o legislador não limitou a utilização da revisão somente aos casos em que haja a aplicação equivocada da lei penal material. Ao contrário disso, permitiu a utilização do instituto em face de leis materiais que não apresentem natureza penal, mas que exerçam reflexos no âmbito penal, também permitiu em face de leis processuais penais e, por óbvio, em face da Constituição Federal.

Nesse sentido, EDUARDO ESPÍNOLA FILHO[13] já apontava em seus comentários ao CPP que "não há apego servil à letra do dispositivo", enten-

10 Art. 93 (...)
IX – todos os julgamentos dos órgãos do Poder Judiciário serão públicos, e fundamentadas todas as decisões, sob pena de nulidade, podendo a lei limitar a presença, em determinados atos, às próprias partes e a seus advogados, ou somente a estes, em casos nos quais a preservação do direito à intimidade do interessado no sigilo não prejudique o interesse público à informação.

11 In **Código de Processo Penal.** 2º vol., Rio de Janeiro: Jacintho, 1943, p. 299.

12 In **A coisa julgada penal e seus limites objetivos.** São Paulo: Atlas, 2013, p. 298.

13 In **Código de Processo Penal brasileiro anotado.** 6º vol., 3ª ed., Rio de Janeiro: Borsoi, 1955, p. 326.

dimento esse que é compartilhado por processualistas contemporâneos como AURY LOPES JUNIOR[14] e FAUZI HASSAN CHOUKR[15].

No que tange à contradição ao texto expresso de lei, importa salientar que a mera existência de divergência acerca da sua interpretação não enseja a impetração da revisão, sendo necessária uma efetiva afronta ao seu conteúdo, no sentido que o órgão julgador dá a lei sentido diverso ao consagrado, a aplica sem observar o seu real objetivo ou mesmo rejeita sua aplicabilidade a um caso concreto.

4.1.2. Da sentença condenatória contrária as evidências dos autos

O substantivo evidência é sinônimo de manifesto, claro, visível ou que não deixa dúvida. A partir disso, conclui-se que esta hipótese depende da existência de provas induvidosas de inocência do acusado, e mesmo assim, o magistrado escolhe pela condenação.

Nilo Batista, citado por GRINOVER, GOMES FILHO e FERNANDES[16], leciona que "a evidência dos autos só pode ser alguma coisa que resulte de uma apreciação conjunta e conjugada da prova. Não basta que o decisório se firme em qualquer prova: é mister que a prova que o ampare seja oponível, formal e logicamente, às provas que militem em sentido contrário".

Importa salientar que a existência de provas contrárias, além de provas favoráveis, ao acusado não configura a hipótese em comento, afinal, o princípio do livre convencimento motivado dá ao magistrado a possibilidade de

---

14 Para o referido autor, a primeira parte do inciso I do art. 621 "significa uma contrariedade em relac□ão à lei penal, mas também processual penal, à Constituic□ão ou qualquer outro ato normativo que tenha sido empregado como fundamento da sentenc□a condenatória (como as leis completivas empregadas na aplicac□ão de uma lei penal em branco, portarias etc.)". In **Direito Processual Penal.** 12ª ed., São Paulo: Saraiva, 2015, p. 1095-1096.

15 Nesse sentido o referido autor traz precedente interessante acerca da possibilidade de revisão por contrariedade a disposição legal sobre capacidade postulatória de defensor, a saber: "o estudante de direito, mesmo atuando como estagiário, não pode praticar os atos privativos de advogado. Nulo é o processo penal em que a defesa do acusado, que veio a ser condenado, foi patrocinada exclusivamente por estagiário que, mesmo constituído juntamente com advogado, atuou de forma escoteira e prejudicial ao mandante. A condenac□ão do acusado, em tais circunsta□ncias, atenta contra a lei expressa, e mesmo contra a Constituic□ão, que garante aos acusados o contraditório e a ampla defesa, com os recursos e meios a ela inerentes, justificando-se o pedido de revisão criminal, nos termos do art. 621, I, do Código de Processo Penal (TRF, 1a Região, rel. Juiz Olindo Menezes, 18-11-1998)". In **Código de Processo Penal: comentários consolidados e crítica jurisprudencial.** 6ª ed., São Paulo: Saraiva, 2014, p. 1158.

16 In **Recursos no Processo Penal,** p. 318-319.

valorá-las em conformidade ao seu convencimento, devendo sempre fundamentar todos os aspectos da sua decisão.

Uma discussão relevante surge quando o volume maior de evidências conduz a absolvição do acusado, contudo, o magistrado entende pela sua condenação com amparo em provas menos robustas, ou não tão certas.

Nesta hipótese, cremos que o livre convencimento motivado não tem o condão, por si, de sustentar a condenação, sendo crível a impetração de revisão criminal fundamentada no ora estudado inciso I, parte final, principalmente porque a situação citada enseja ao menos uma dúvida razoável, e no caso de dúvida deve o réu ser absolvido (*in dubio pro reo*).

Em entendimento contrário, PAULO RANGEL[17] afirma que "a condenação há que ser contra todas as provas dos autos que evidenciam a inocência do acusado".

De todo modo, como veremos mais adiante, ainda que a sentença condenatória seja proferida com base em conjunto probatório controverso a insuficiência de provas pode servir de fundamento para a propositura de revisão criminal mesmo que não se alegue contrariedade à prova dos autos.

4.2. Quando a sentença condenatória se fundar em depoimentos, exames ou documentos comprovadamente falsos

Aqui, a sentença deve ter como base principal de fundamentação uma prova reputadamente falsa.

Apesar disso, deve-se atentar ao fato que a motivação na prova comprovadamente falsa, em conjunto com outras provas carreadas aos autos, não conduz imediatamente a possibilidade em comento, pois, conforme a sistemática processual penal, o magistrado dará às provas a valoração que entender razoável, desde que o faça de forma fundamentada.

Disso conclui-se que a prova comprovadamente falsa pode não dispor de relevância efetiva para a fundamentação, não havendo razão para a rescisão da sentença condenatória.

Como solução, sugere-se que nas hipóteses onde existam outras provas além da comprovadamente falsa, o impetrante, e posteriormente o órgão julgador, façam a análise da relevância da prova falsa, eliminando-a hipoteticamente dos autos.

Caso após eliminação hipotética a decisão permaneça a mesma, a revisão criminal não será cabível, *a contrario sensu*, caso a condenação não possa ser sustentada, cabível será a revisão.

Merece ressalva também o momento em que será comprovada a falsidade da prova.

---

17 In **Direito Processual Penal**. 21ª ed., São Paulo: Atlas, 2013, p. 1084.

Há divergência acerca da possibilidade na apuração da falsidade nos autos da revisão criminal, havendo um primeiro entendimento pela necessária constituição prévia da prova em outros autos, e um segundo entendimento pela possibilidade da sua constituição nos próprios autos da revisão. Para os defensores do segundo entendimento bastam elementos factíveis que possam conduzir a determinação da falsidade.

Por fim, houve equívoco por parte do legislador ao indicar um rol exemplificativo de meios de prova que ensejam a impetração da revisão criminal. Diante disso, cabe indicar que qualquer prova comprovadamente falsa dá ensejo ao manejo da ação impugnativa, e não somente os citados no inciso.

4.3. Quando, após a sentença, se descobrirem novas provas de inocência do condenado ou de circunstância que determine ou autorize diminuição especial da pena

A última hipótese de cabimento da revisão criminal trata da prova nova, assim considerada aquela descoberta após a prolação da sentença condenatória.

Independentemente do fato de já existir antes ou surgir depois da prolação da sentença, é necessário que essa prova não tenha sido apreciada pelo juiz na decisão pugnada, ou seja, as provas devem ser substancialmente novas.

Por fim, esta pode ou não ser atinente a fato alegado no processo anterior, pois o que se pretende é uma verdadeira reavaliação dos fundamentos da condenação, sob a perspectiva destas novas provas.

Nesse sentido, GRINOVER, GOMES FILHO e FERNANDES[18] lecionam que "o que é imprescindível é que a prova nova seja apreciada não isoladamente, mas em conjunto com o material probatório existente no processo condenatório".

Por fim, as novas provas poderão importar na redução especial da pena do acusado, seguindo-se a mesma sistemática das provas que conduzam a inocência.

5. Violação de regras de julgamento e revisão criminal

A questão que se coloca, após breve revisão de seus fundamentos históricos e teóricos, é definir se há aplicabilidade da revisão criminal contra sentenças penais condenatórias que violam as regras de julgamento contidas no art. 386 do CPP[19], que elenca as hipóteses nas quais não é possível proferir decisão de mérito contrária ao *status libertatis* do réu.

18 In **Recursos no Processo Penal,** p. 320.

19 Art. 386. O juiz absolverá o réu, mencionando a causa na parte dispositiva, desde que reconheça:
I – estar provada a inexistência do fato;

A nosso ver, a resposta é positiva.

Isso porque, como já apontado anteriormente, a Constituição Federal em seu art. 5º, LXXV, repudia de modo uniforme a ocorrência do erro judiciário, sem estabelecer limitação quanto ao âmbito de ocorrência do erro.

Em sentido semelhante, conforme já indicado, ao interpretar o art. 621, I, do CPP a doutrina também lhe dá amplitude para abranger, em sua primeira parte, as sentenças condenatórias que apresentam contrariedade a qualquer dispositivo da lei processual penal.

É certo que num sistema processual penal constitucionalmente orientado pela observância da não-consideração prévia de culpabilidade tal como o nosso, conforme já apontado, as regras de julgamento apresentam inequívoca finalidade de prevenção do erro judiciário, em especial ao se confrontar o art. 386 do CPP as demais disposições do Título XII do Livro I.

A condenação, no sistema processual penal brasileiro, é resultado de um juízo quanto à inaplicabilidade de qualquer das disposições contidas nos incisos do art. 386: apenas quando não incidir pelo menos uma das hipóteses do referido artigo é que o juízo fica autorizado a proferir decisão condenatória, de modo que o julgamento desfavorável ao réu é definido de modo negativo.

A não-consideração prévia de culpabilidade contida no art. 5º, LVII, da Constituição Federal só vem reforçar esse entendimento, de modo que o juízo deve inicialmente buscar a preservação do *status libertatis* pela observância das regras de julgamento contidas no art. 386 do CPP para, somente após reconhecer sua integral inaplicabilidade ao caso concreto, declarar provada a materialidade e a autoria do delito e em seguida impor a sanção penal adequada a seu responsável.

Assim, não resta dúvida que uma sentença condenatória por fato inexistente (art. 386, I, CPP) ou atípico (art. 386, III, CPP) caracteriza inegável contrariedade às regras de julgamento que impõem a absolvição em tais casos, o que constitui a nosso ver causa de pedir válida para a revisão criminal na forma do art. 621, I, primeira parte do CPP.

Da mesma forma, podemos imaginar até a inobservância do art. 386, VII, do CPP como causa de pedir na mesma hipótese legal: se a legislação

---

II – não haver prova da existência do fato;

III – não constituir o fato infração penal;

IV – estar provado que o réu não concorreu para a infração penal; (Redação dada pela Lei nº 11.690, de 2008)

V – não existir prova de ter o réu concorrido para a infração penal; (Redação dada pela Lei nº 11.690, de 2008)

VI – existirem circunstâncias que excluam o crime ou isentem o réu de pena (arts. 20, 21, 22, 23, 26 e § 1o do art. 28, todos do Código Penal), ou mesmo se houver fundada dúvida sobre sua existência; (Redação dada pela Lei nº 11.690, de 2008)

VII – não existir prova suficiente para a condenação. (Incluído pela Lei nº 11.690, de 2008)

aplicável exigir um determinado *standard* probatório em relação à materialidade ou à autoria e o mesmo não for observado, é de se reconhecer que as demais provas existentes nos autos não são suficientes para se afastar a regra de julgamento do art. 386, VII, do CPP.

Basta imaginar uma sentença condenatória que não observou a exigência de prova pericial quando a lei expressamente a exigir (art. 158 do CPP), ou mesmo que atribuiu suficiência probatória a um elemento que a lei reputa inviável como fundamento exclusivo da condenação (art. 186, § único, do CPP), para se constatar a aplicabilidade da revisão criminal por contrariedade ao art. 386, VII, do CPP.

Nesse sentido, afirma Gustavo Henrique Badaró:[20]

> "(...) se a análise global do conjunto probatório não for suficiente para sustentar a decisão condenatória transitada em julgado, a revisão será cabível por outro fundamento: se a análise do conjunto probatório valorado na sentença condenatória permitir a conclusão de que a prova não era segura a ponto de afastar a 'dúvida razoável' da inocência, a revisão criminal seria cabível por ter sido violado texto expresso de lei penal (art. 621, I, primeira parte), no caso, o art. 5º, LVII, da CR, e o art. 386, VII, do CPP. Se não havia prova suficiente, e mesmo assim o acusado foi condenado, o dispositivo constitucional e a respectiva regra que asseguram o *in dubio pro reo* foram violados."

E mesmo que assim não fosse, é de se reputar que a inobservância de regras processuais há muito é admitida pela doutrina como causa de pedir para a revisão criminal, na medida em que o art. 626 do CPP prevê a possibilidade de anulação do processo originário como resultado do julgamento do pedido revisional.

Importante notar que nesse particular não estamos tratando de contrariedade à prova dos autos, a qual exige um juízo valorativo mínimo por parte dos julgadores da revisão criminal.

Nem mesmo no caso de contrariedade ao art. 386, VII, do CPP é de se pretender discutir o conteúdo das demais provas já colhidas, o que passaria por uma inevitável medida de subjetividade por parte do intérprete e a nosso ver entraria no âmbito da segunda parte do inciso I do art. 621 do CPP, mas tão somente o reconhecimento objetivo de que tais provas, diante do descumprimento prévio de determinado *standard* probatório, por si só não são hábeis a afastar a possibilidade de absolvição.

Tampouco se fala, aqui, no reexame da sentença condenatória sob a perspectiva de sua eventual injustiça, o que demanda ainda mais subjetividade por parte do intérprete e refoge ao alcance até mesmo da possibilidade de revisão por contrariedade à prova dos autos.

---

20 In Processo Penal. 3ª ed., São Paulo: RT, 2015, p. 677.

O que se pretende, em suma, é esclarecer que em certos casos o erro judiciário decorre de simples e evidente descumprimento às formas legais definidas pelo legislador para orientar a atividade judicante, o que pode ser conhecido objetivamente no julgamento da revisão criminal.

6. Considerações finais

Por todo o exposto, é de se concluir que a previsão contida no art. 621, I, primeira parte, do CPP é abrangente o suficiente para compreender também a contrariedade às regras de julgamento, tais como as hipóteses de absolvição contidas no art. 386 do CPP, sem que isso implique em reexame do conteúdo dos elementos de prova trazidos aos autos durante a instrução processual.

Tal entendimento, decorrente da melhor interpretação sistemática das disposições constitucionais e legais, a nosso ver reforça o importante papel da revisão criminal enquanto instrumento extremo de controle da legalidade no Processo Penal brasileiro e assegura a efetividade das garantias constitucionais da liberdade.

7. Referências bibliográficas

AZEVEDO, Vicente de Paula Vicente de. "Revisão Criminal". **Revista da Faculdade de Direito da USP.** Vol. 52, São Paulo: EDUSP, 1957.

BADARÓ, Gustavo Henrique. **Processo Penal.** 3ª ed., São Paulo: RT, 2015.

BRASIL. Constituição da República Federativa do Brasil de 1988. Disponível em: http://www.planalto.gov.br/ccivil_03/Constituicao/Constituicao.htm. Acesso em 16 mar. 2016.

________. Decreto-lei nº 3.689, de 03 de outubro de 1941. Código de Processo Penal. Disponível em: http://www.planalto.gov.br/ccivil_03/decreto-lei/Del3689compilado.htm. Acesso em 16 mar. 2016.

CHOUKR, Fauzi Hassan. **Código de Processo Penal: comentários consolidados e crítica jurisprudencial.** 6ª ed., São Paulo: Saraiva, 2014.

ESPÍNOLA FILHO, Eduardo. **Código de Processo Penal brasileiro anotado.** 6º vol., 3ª ed., Rio de Janeiro: Borsoi, 1955.

FRANCO, Ary Azevedo. **Código de Processo Penal.** 2º vol., Rio de Janeiro: Jacintho, 1943.

GRINOVER, Ada Pellegrini; GOMES FILHO, Antônio Magalhães; e FERNANDES, Antônio Scarance. **Recursos no Processo Penal.** 7ª ed., São Paulo: RT, 2011.

LAVOURA, Eric. **A coisa julgada penal e seus limites objetivos.** São Paulo: Atlas, 2013.

LOPES JÚNIOR, Aury. **Direito Processual Penal.** 12ª ed., São Paulo: Saraiva, 2015.

MÉDICI, Sérgio de Oliveira. **Revisão Criminal.** 2ª ed., São Paulo: RT, 2000.

RANGEL, Paulo. **Direito Processual Penal.** 21ª ed., São Paulo: Atlas, 2013.

PENA DE MULTA E PROGRESSÃO DE REGIME EXECUTÓRIO. ATIVISMO JUDICIAL

Luiz Regis Prado
Bruna de Azevedo de Castro

RESUMO: este trabalho visa analisar o entendimento do Supremo Tribunal Federal no sentido de que o inadimplemento da pena de multa, imposta cumulativamente à pena privativa de liberdade, obsta a progressão de regime. Reflexiona-se também acerca da postura ativista verificada, que traspassa competência e viola garantias fundamentais.

PALAVRAS-CHAVE: progressão de regime – pena de multa – segurança jurídica – ativismo judicial.

TITLE: Criminal fine and System of Prison Progression. Judicial Activism.

ABSTRACT: This article analyzes the understanding signed by the Supreme Court in order to prevent the prison progression because of default of criminal fine, cumulatively imposed to prison. It also speculates the activist position detected, which runs exceeds competence and violates fundamental guarantees.

KEYWORDS: system of prison progression – criminal fine – legal certainty – judicial activism.

1. Considerações gerais

Nos últimos anos, tem sido notável a mudança de postura do Poder Judiciário brasileiro, especialmente nas Cortes Superiores que, diversamente do período inicial da redemocratização, não mais se limitam a uma discreta atuação e passam a refletir a opção política da atualidade, certamente resguardada pela Constituição Federal de 1988: não só garantir, mas também efetivar direitos fundamentais.[1]

1 MONTEIRO, Juliano Ralo. Ativismo judicial: um caminho para concretização de direitos fundamentais. In: JÚNIOR, José Levi do Amaral (coord.). *Estado de Direito e Ativismo Judicial.* São Paulo: Quartier Latin, 2010, p. 166.

No presente estudo, não se questiona a essencialidade do papel do Poder Judiciário na defesa e concretização de direitos individuais garantidos constitucionalmente. Ao contrário, procura-se examinar os efeitos nefastos para os direitos fundamentais de postura *ativista*, particularmente identificada no Supremo Tribunal Federal.

A perspectiva de *ativismo judicial* adotada, para análise do tema proposto, consiste na atuação da jurisdição constitucional como um órgão que passa a concentrar em si "a realização de uma moralidade política, exorbitando sua função".[2]

Em 2015, o STF, ao apreciar um dos pedidos de progressão de regime da Ação Penal 470 – conhecida "mensalão" –, deixou de concedê-la sob o fundamento de que o condenado era inadimplente em relação à *pena de multa* a ele imposta. A progressão foi indeferida por decisão monocrática proferida pelo min. Luís Roberto Barroso, sobre a qual interpôs-se agravo regimental, e levada a Plenário (EP 12/2015)[3], acabou por prevalecer a tese inicial.

Os principais pontos explorados na decisão em apreço, como justificação do liame feito entre progressão e pagamento da multa, estão abaixo delimitados, no presente texto, seguidos dos respectivos comentários.

2. Pena de multa e criminalidade econômica

Destaca-se na decisão em exame, o papel exercido pela pena de multa em sede de criminalidade econômica, considerada como de maior relevância " do que a pena de prisão – que, nas condições atuais, é relativamente breve e não é capaz de promover a ressocialização –, cabe à multa o papel retributivo e preventivo geral da pena, desestimulando, no próprio infrator ou em infratores potenciais, a conduta estigmatizada pela legislação penal".

Evidentemente, como autêntica espécie de *sanção criminal* pecuniária, a pena de multa deve cumprir as finalidades que lhe são inerentes, e pode ser aplicada cumulativa ou alternativamente à pena privativa de liberdade.[4]

---

2 MACHADO, Joana de Souza. *Ativismo judicial no Supremo Tribunal Federal*. 2008. 119 p. Dissertação (Mestrado em Direito – Teoria do Estado e Direito Constitucional) – Pontifícia Universidade Católica do Rio de Janeiro, Rio de Janeiro, p. 60.

3 Ementa: Execução Penal. Agravo Regimental. Inadimplemento deliberado da pena de multa. Progressão de regime. Impossibilidade. 1. O inadimplemento deliberado da pena de multa cumulativamente aplicada ao sentenciado impede a progressão no regime prisional. 2. Tal regra somente é excepcionada pela comprovação da absoluta impossibilidade econômica do apenado em pagar a multa, ainda que parceladamente. 3. Agravo regimental desprovido. (EP 12 ProgReg-AgR, Relator(a): Min. ROBERTO BARROSO, Tribunal Pleno, julgado em 08/04/2015, PROCESSO ELETRÔNICO DJe-111 DIVULG 10-06-2015 PUBLIC 11-06-2015).

4 Cf. PRADO, Luiz Regis. *Multa penal*. 2 ed. São Paulo: RT, 1993, p. 17-19.

A depreciação patrimonial imposta ao indivíduo condenado ao pagamento de uma pena de multa é um "instrumento prático de realização do conceito e dos fins da pena, do mesmo modo que o é a liberdade do sujeito nas penas privativas de liberdade"[5]. Em outras palavras: a diminuição do patrimônio decorrente da multa penal está para a realização de suas finalidades, como a restrição da liberdade de locomoção está para o atendimento aos objetivos da pena privativa de liberdade imposta.

A progressão de regime, de sua vez, é um instituto próprio da *pena privativa de liberdade*. Esta última pode ser cumprida em diferentes *regimes penais* (fechado, semiaberto e aberto), cuja privação de liberdade é variável: no regime fechado, a liberdade individual é tolhida de modo completo, enquanto que nos regimes semiaberto e aberto, prevalece o estado de semiliberdade. A passagem do regime mais severo para o menos gravoso consiste no cumprimento progressivo da pena privativa de liberdade, que não se relaciona com o pagamento da pena de multa.

Tal como ocorre com a pena privativa de liberdade, o adimplemento da *multa penal* é de suma importância para o cumprimento de *suas* finalidades. Mas é imperioso evidenciar que a pena de multa e a privativa de liberdade são sanções distintas e, de conseguinte, não só a determinação de cada uma delas se faz de diferentes modos, mas também a sua execução.

Na justa aplicação da pena de multa é importante o sistema que leva em consideração a gravidade do injusto e a situação econômica do apenado (dias-multa), pois somente dessa maneira é possível se chegar a um *quantum* final atendendo ao princípio da proporcionalidade.[6]

De outro lado, a dosimetria e a execução da pena privativa de liberdade não se pautam em estratos socioeconômicos – ou, ao menos, não deveriam fazê-lo.

As numerosas diferenças existentes entre a pena de multa e a privativa de liberdade, tanto nos aspectos práticos, como na forma de se buscar a concreção de seus fins, impõem que a vinculação feita entre multa e progressão, para além de absurda, vem a ser flagrantemente inconstitucional por violar a individualização da pena e o princípio da legalidade penal.

A individualização da pena tem respaldo constitucional explícito (art. 5º, XLVI, CF), e significa a retribuição, por meio de uma pena *concreta* e

---

5 GRACIA MARTÍN, Luis; BOLDOVA PASAMAR, Miguel Ángel; ALASTUEY DOBÓN, Carmen. *Tratado de las consecuencias jurídicas del delito*. Valencia: Tirant Lo Blanch, 2006, p. 172.

6 O valor de "cada dia-multa deve ser calculado de maneira que, após sua dedução da renda líquida diária, reste ao condenado o mínimo indispensável às despesas com sua mantença e a de sua família" (PRADO, Luiz Regis. Do sistema de cominação da multa no Código Penal brasileiro. *Revista dos Tribunais*, São Paulo: RT, v. 650, 1999, p. 649; Idem. *Comentários ao Código Penal*. 10 ed. São Paulo: RT, p. 311 e ss.).

adequada ao mal causado pelo delito e à personalidade do agente, desenvolvendo-se nas fases legislativa, judicial e executória[7]. Individualizar a pena significa adequá-la ao *indivíduo* condenado em uma sentença penal, levando em conta, obviamente, o fato delitivo por ele praticado.

O ajustamento da pena concreta ao indivíduo, já determinada judicialmente, deve acompanhar toda a execução penal. Aliás, como bem se afirma, é na fase executória que a individualização começa a atuar sobre o condenado, matéria também regida pelo princípio da legalidade.[8]

Efetivamente, por se tratar da etapa em que o indivíduo começa a sentir os efeitos reais da condenação, a firme observância ao princípio da legalidade mostra-se inarredável.

A execução penal tem caráter, ao mesmo tempo, jurisdicional e administrativa, ou seja, exercida pelo Poder Judiciário e pela Administração Pública. O controle jurisdicional da execução penal não é absoluto.[9] Ainda que as restrições mais severas à tolhida liberdade individual são provenientes de decisões judiciais, a exemplo da concessão ou vedação à progressão de regime, livramento condicional etc.

O exercício do poder disciplinar no âmbito do estabelecimento prisional e a atividade jurisdicional na execução penal devem ser conduzidos pelo princípio da legalidade, sobretudo no que tange às interferências mais incisivas sobre a liberdade individual.

A importância conferida pela Constituição Federal à regulação legal da execução penal é inconteste, extraída da própria individualização da pena (artigo 5º, XLVI), quando se afirma que a lei regulará a individualização da pena, bem como da instrução abstrata e aplicável a todas as áreas do Direito contida no artigo 5º, inciso II: "ninguém será obrigado a fazer ou deixar de fazer alguma coisa senão em virtude de lei".

Do exposto, infere-se que as resoluções tomadas no contexto da execução penal não ficam submetidas ao puro arbítrio judicial ou administrativo. A progressão de regime é um instrumento de individualização da pena disciplinado por lei e não comporta tergiversações irresponsáveis, principalmente se estas implicam em supressão de garantias.

Além disso, salienta-se que nenhuma espécie de sanção penal (multa, privativa de liberdade, restritiva de direitos) deve ter sua aplicação inicial e execução dirigidas *exclusivamente* a finalidades preventivas, especialmente as que implicam no despertar de um sentimento coletivo de intimidação

7 LUISI, Luiz. Os princípios constitucionais penais. 2. ed. Porto Alegre: Sérgio Fabris, 2003, p. 52.

8 Ibidem, p. 53.

9 DOTTI, René Ariel. Execução penal no Brasil: aspectos constitucionais e legais. *Revista dos Tribunais*, São Paulo: RT, v. 664, p. 239 – 249, 1991, p. 242.

(prevenção geral negativa), ou de reconciliação social com a norma penal, decorrente da reafirmação normativa (prevenção geral positiva).

Vê-se, nesse primeiro item, que a decisão do STF faz perfunctória menção ao aspecto retributivo e preventivo geral da pena, com menção ao preconizado pelo artigo 59 do Código Penal, que destaca o juízo acerca da necessidade de reprovação e prevenção do crime. De acordo com esse cenário, as finalidades da pena de multa se refletem na execução da pena privativa de liberdade, como se ambas fossem uma coisa só, indissociáveis.

Sobreleva aqui frisar que as finalidades retributivas e preventivas da pena de multa dizem respeito à *sua* imposição e execução, independentemente da individualização da pena privativa de liberdade (progressão de regime). A consequência do raciocínio empregado na decisão em exame é que uma espécie de sanção penal seja utilizada para que outra, aplicada cumulativamente, cumpra seus objetivos.

Demais disso, em um Estado democrático de Direito, só se pode falar em *retribuição jurídica* vinculada à ideia de *pena justa*, que tem na culpabilidade o seu *fundamento* e *limite*.[10] A partir daí, é inegável que a retribuição se torna em um instrumento hábil à prevenção geral e especial, visto que tão somente a pena proporcional à magnitude do injusto e à culpabilidade do autor é capaz de atender legitimamente os auspícios preventivos.[11]

Negar o direito à progressão na pena privativa de liberdade, a pretexto de fazer valer as finalidades retributiva e preventiva geral da pena de multa, é o mesmo que atestar a incompetência estatal na administração da justiça para buscar, pelos meios legais já existentes, a satisfação da punição pecuniária imposta.

Outrossim, a manipulação do cumprimento da pena privativa de liberdade (progressão) como meio de coerção para pagamento da multa, esvazia a ideia de multa alternativa[12]: se não há pena de reclusão ou detenção aplicada cumulativamente, o Estado deve utilizar os instrumentos já disponíveis para buscar o pagamento da multa penal. Isso significa que tais meios existem e podem ser aplicados, sendo despiciendo o reflexo na execução da pena privativa de liberdade. Tal constatação é ratificada pela atual impossibilidade de conversão da pena de multa em detenção.

---

10 Cf. CEREZO MIR, José. Culpabilidad y pena. In: *Obras completas*. Otros estudios. Peru: ARA, 2006, p. 266 e ss; HIRSH, H-J. El principio de culpabilidad y su función en el Derecho Penal. *Derecho Penal*. Buenos Aires: Rubinzal, 1999, t. I, p. 162-163.

11 PRADO, Luiz Regis. Teoria dos fins da pena. *Ciências Penais*, São Paulo: RT, v. 0, p. 143-158, 2004, p. 156.

12 Multa como um meio para se evitar as penas privativas de liberdade de curta duração (destacado em PRADO, L.R., *Multa Penal*, p. 90-91).

Não se refuta, portanto, a importância político-criminal da pena de multa. Ao contrário, trata-se de reforçar a mais significativa função político-criminal destacada na atualidade, que é, reitera-se, operar como substitutivo das penas privativas de liberdade de curta duração[13]. Em definitiva, o objetivo da multa penal não é recuperar a confiança social no Poder Judiciário acerca do tratamento "mais severo" dedicado aos condenados por crimes econômicos, como também não é missão da pena privativa de liberdade a satisfação da pena pecuniária.

Em verdade, o raciocínio empregado é enganoso e imprudente, pois a constante busca pela concretização dos fins da pena leva a crer que o Poder Judiciário pode e deve *criar* novos instrumentos para coibir o condenado a solver o valor determinado como sanção penal.

Além disso, cumpre indagar: atribuir à pena privativa de liberdade a "missão" de fazer com que a multa penal seja paga, retardando a progressão de regime, constitui-se efetivamente em procedimento hábil a buscar o cumprimento das finalidades da pena de multa referidas anteriormente (retribuição e prevenção)? Uma espécie de sanção criminal pode cumprir indiretamente os fins de outra?

Para que a pena, no curso de sua execução, consubstancie justa retribuição e, assim, seja capaz de cumprir objetivos preventivos, é preciso que os direitos e garantias individuais sejam respeitados de forma intransigente. Sem exceção e *a latere*.

A progressão no âmbito executório da pena privativa de liberdade vem a ser meio imprescindível de sua individualização, baseada no *merecimento* em sentido lato do condenado (que abrange o tempo de pena cumprida e mérito).

Se esse importante instrumento fosse aplicado exclusivamente com lastro em critérios de prevenção geral, como evidenciado na decisão em comento, os crimes praticados com mais frequência no país (v.g. patrimoniais) não admitiriam a progressão. Seria provavelmente o caso de recrudescimento geral da criminalidade mais frequente, independentemente da extensão ou gravidade das lesões a bens jurídicos, o que incluiria incremento das margens penais, criação de novas qualificadoras e causas de aumento, redução de garantias processuais, limitação de benefícios da execução penal etc.

3. Fixação jurisprudencial de regra específica para progressão de regime

Em geral, para a progressão de regime, exige-se um sexto de cumprimento da pena em regime anterior mais severo e atestado de bom comportamento carcerário, definida pelo artigo 112 da Lei de Execução Penal (Lei

13 GRACIA MARTÍN, L.; BOLDOVA PASAMAR, M. Á.; ALASTUEY DOBÓN, C., op. cit., p. 176.

n. 7.210/1984). Contudo, afirma-se que "nada obstante essa regra geral, a jurisprudência desta Corte tem demonstrado que a análise dos requisitos necessários para a progressão de regime não se restringe ao referido art. 112 da LEP, tendo em vista que elementos outros podem, e devem ser considerados pelo julgador na delicada tarefa de individualização da resposta punitiva do Estado, especialmente na fase executória.

Afinal, tal como previsto na Exposição de Motivos da Lei de Execução Penal, '*a progressão deve ser uma conquista do condenado pelo seu mérito*', '*compreendido esse vocábulo como aptidão, capacidade e merecimento, demonstrados no curso da execução*' (grifo no original).

A regra geral estabelecida no artigo 112 da Lei de Execução Penal só pode ser excetuada quando há norma *jurídica* específica disciplinando a *mesma* matéria (e não matéria semelhante). Assim, pela regra geral, os requisitos formais da progressão de regime são: cumprimento de 1/6 da pena no regime anterior e atestado de bom comportamento carcerário (art. 112, LEP); como requisito material, tem-se o mérito do condenado (art. 33, §2º, CP).

Como regra *específica* de progressão para crimes hediondos, o artigo 2º, §2º da Lei 8.072/1990 assinala que o cumprimento da pena passa a ser de 2/5, se o réu era primário, 3/5, se reincidente. Na mesma linha, em se tratando de crimes contra a Administração Pública, a progressão depende *também* da reparação do dano ou devolução do produto (art. 33, §4º, CP).

Não há normativa específica para *crimes econômicos* ou prejudiciais aos cofres públicos, que vincula a progressão de regime ao pagamento da pena de multa, apta a complementar ou substituir a previsão geral.

Sabe-se que o mérito do condenado (requisito material da progressão) não se esgota na verificação do tempo de pena executada em regime anterior e atestado de bom comportamento carcerário.[14] Outros elementos, concernentes ao merecimento e capacidade do condenado para prosseguir em regime mais brando, podem ser auferidos pelo juiz da execução.

Nada obstante, certo é que, cumpridas todas as exigências legalmente previstas, a progressão não pode ser afastada em razão do inadimplemento da pena de multa.

Assim, há claramente relação conflituosa: direito à progressão *versus* orientação político-criminal que dá preferência ao pagamento da multa penal, em razão de sua natureza pecuniária, nos casos de crimes prejudiciais ao erário.

Não é razoável, em tal conflito, sacrificar a liberdade individual e a individualização da pena, que se orienta também pela progressão, além do princípio da legalidade, em uma decisão de frágil e de inconvincente fundamentação jurídica, em grande parte falaciosa.

---

14 PRADO, Luiz Regis; CARVALHO, Érika Mendes de. CARVALHO, Gisele Mendes de. *Curso de Direito Penal brasileiro*. 14 ed. São Paulo: RT, 2015, p. 468.

Tem-se ainda que a análise do caso não pode ser reduzida à ausência de um elemento que *sequer é exigido legalmente* para a progressão. É possível que outras circunstâncias complementem *mérito* do condenado e afastem ou confirmem possibilidade de progressão.

O princípio da legalidade, árdua conquista da humanidade contra o arbítrio estatal em sua intervenção na esfera de liberdade individual, não pode de modo algum ser relegado a segundo plano, alocado após a necessidade de se comprovar publicamente a *severidade* com que são tratados os condenados pela prática de crimes lesivos aos cofres públicos.

Não é demais lembrar a lição de BECCARIA, para quem é perigosa a ideia de se buscar o *espírito da lei*, porque isso conduz a uma "tempestade de opiniões". Além dos indivíduos possuírem pontos de vistas distintos entre si, muitas vezes o mesmo homem altera o próprio ponto de vista com o tempo. Portanto, o alcance do *espírito da lei* está vinculado a uma "boa má lógica do juiz, dependendo, ainda, da influência de suas paixões, e tantos outros fatores que modificam a perspectiva de cada objeto no pensamento humano".[15]

A decisão ora analisada constitui exemplo notório de aviltamento do princípio da legalidade, quando se transforma o *espírito da lei* em livro de páginas em branco, no qual pode ser inserida não importa que narrativa hábil a contentar o *espírito de quem o escreve.* Dito de outro modo: a busca pelo *espírito da lei* converte-se em pretexto para que o *julgador* se transforme propositalmente em legislador.

4. Precedente judicial: progressão de regime e pagamento da multa penal

Dois precedentes são utilizados para fundamentar a decisão: o primeiro vem a ser a declaração de constitucionalidade do artigo 33, §4º do Código Penal, que vincula a progressão de regime para condenados a crimes contra a Administração Pública à reparação do dano ou devolução do produto. Afirma-se que o referido dispositivo também não consta do elenco de requisitos previstos no artigo 112 da LEP e, no entanto, é exigível para a progressão.

Outro precedente consignado é a decisão que entende como facultativa a realização do exame criminológico para a progressão de regime para condenados a crimes hediondos (entendimento sumulado – S.V. 26), apesar de não estar mais entre as exigências legais previstas para esse benefício da execução (art. 112, LEP).

De acordo com a decisão, os dois precedentes citados "demonstram que o julgador, atento às finalidades da pena e de modo fundamentado, *está autorizado a lançar mão de requisitos outros, não necessariamente enunciados no art.*

---

15 BECCARIA, Cesare. *Dos Delitos e das Penas*. Trad. Lucia Guidicini e Alessandro Berti Contessa. São Paulo: Martins Fontes, 2002, p. 45.

112 da LEP, mas extraídos do ordenamento jurídico, para avaliar a possibilidade de progressão no regime prisional, tendo como objetivo, sobretudo, *o exame do merecimento do sentenciado*" (sem grifo no original).

Não convence o argumentado na primeira decisão, por duas razões: a primeira diz respeito à exigência de reparação do dano para progressão de regime, em caso de condenação por crimes contra Administração Pública, não viola o princípio da legalidade, tem respaldo legal (no artigo 33, §4º, CP). Ao contrário, o adimplemento da *pena de multa* não é requerido para a progressão de regime em hipótese nenhuma prevista no ordenamento jurídico brasileiro. A segunda consiste na constatação de que a *pena de multa não é reparação do dano* ou devolução do produto, como dispõe o mencionado preceito legal. Logo, são duas situações totalmente distintas.

Dessa forma, exigir como critério da progressão o pagamento da multa penal, comparando-o ao disposto no artigo 33, §4º do Código Penal, acerca da *reparação do dano,* implica menoscabo flagrante aos princípios da legalidade penal e da segurança jurídica.

Trata-se de claro exemplo de ativismo judicial, entendido como "um problema eminentemente hermenêutico, relacionado à invasão das preferências ideológicas dos julgadores nas decisões judiciais".[16]

Dentre as formas de manifestação de ativismo judicial apontadas pela doutrina, o que se verifica na decisão ora analisada é a "fundamentação deficiente, a mascarar inadmissível discricionariedade judicial não vinculada".[17]

O Poder Judiciário, arvorando-se no direito de *criar* condições legais teoricamente mais "adequadas", usurpa *função típica* do Poder Legislativo e macula o Estado democrático de Direito.

Para além do exposto, reitera-se: a pena de multa em nada se assemelha à reparação, restituição, indenização ou outra forma de responsabilidade civil derivada do delito. Como sanção pecuniária, a pena de multa importa em redução do patrimônio do indivíduo de forma direta e, apenas indiretamente, reflete-se em sua liberdade.[18]

Em razão disso, não raro se faz criticável confusão entre fins por ela perseguidos e a reparação do dano causado pelo delito. É dizer: a multa penal

---

16 No presente texto, compreende-se ativismo como uma realidade sempre perniciosa ou nociva, pois diz respeito ao constante esmaecimento da linha que separa interpretação e criação do Direito, quando o julgador ultrapassa sua competência e passa a julgar conforme seu juízo de conveniência (Cf. ABBOUD, Georges; LUNELLI, Guilherme. Ativismo judicial e instrumentalidade do processo. Diálogos entre discricionariedade e democracia. In: *Revista de Processo.* São Paulo: RT, v. 242, p. 21 – 47, 2015, p. 24 e ss).

17 FAZIO, César Cripiano de. Panorama sobre o ativismo judicial e a judicialização da política no direito brasileiro. *Revista dos Tribunais*, São Paulo: RT, v. 939, p. 109 – 126, 2014, p. 110.

18 PRADO, L. R., *Multa penal*, p. 19.

não tem por finalidade recompor o prejuízo suscitado à vítima (ou sua família) pela prática delitiva. O motivo de ser da perda patrimonial proveniente da multa não é a reparação, restituição ou indenização, mas a imposição retributiva jurídica.[19]

Pena e responsabilidade civil derivada do delito, conquanto originadas de um mesmo fato real, têm bases completamente distintas: a *pena* de multa está fundamentada no injusto penal culpável, ao passo que as formas de responsabilidade civil se baseiam em um dano ou perda identificável, propiciada pelo injusto penal.[20]

No que diz respeito às formas de responsabilidade civil mencionadas, destacam-se a restituição e a reparação (previstas no artigo 33, §4º, CP). A primeira consiste na devolução, entrega da coisa subtraída ao possuidor legítimo ou proprietário; a reparação, ao contrário, pode ser feita por uma obrigação de dar, fazer ou não fazer[21]. O adimplemento da multa penal não está abarcado por tais hipóteses.

A respeito da decisão que determina a facultatividade da realização do exame criminológico para progressão em crimes hediondos (súmula vinculante n. 26), emerge como equivocado o raciocínio utilizado porque o exame criminológico sequer poderia ser exigido para a progressão em crimes hediondos.

Não se questiona a necessidade ou não da progressão ser regulada de modo diverso, mais restrito, em sede de delito econômico, mas sim a *competência* de quem deve fazê-lo. Ora, se o legislador retira do ordenamento jurídico a realização do exame criminológico como um dos meios para se atingir a progressão (com a modificação do artigo 112 da LEP), não cabe a nenhuma instância do Poder Judiciário "ressuscitá-lo". Nem para os crimes hediondos, que, aliás, são um catálogo "em aberto" no Direito brasileiro.[22]

Insta ainda que, mesmo com a *possibilidade*, erroneamente prevista na Súmula 26, de determinação judicial pela realização desse exame na progressão em crimes hediondos, fora das hipóteses legais do artigo 112, aquela se refere especificamente a estes últimos. Diversamente, a decisão que veda a progressão pela inadimplência da *multa penal* trata de crimes não assim rotulados (de hediondos).

19 Ibidem, loc. cit.

20 GRÁCIA MARTÍN, L.; BOLDOVA PASAMAR, M. A.; ALASTUEY DOBÓN, C. *Tratado de las consecuencias jurídicas del delito*, p. 38-39.

21 Ibidem, p. 607.

22 Isso significa que a Lei 8.072/1990 é o instrumento mais utilizado pelo legislador para prestar contas à sociedade a respeito de crimes que causam mais comoção popular. Não há definição segura a respeito do que pode ou não se transformar em crime hediondo (a respeito, FRANCO, Alberto Silva. Fábrica produtora de etiquetas. In: *Boletim do IBCCrim*, n. 277, a. 23, dez. 2015, p. 8).

Na realidade, quando se utiliza tal precedente *sumulado* do exame criminológico para justificar o óbice à progressão, justifica-se uma manifestação de *ativismo* (pela violação da legalidade penal) com outra. Portanto, ambas representam a tendência de uma parcela do Judiciário, que insiste em *extrapolar arbitrariamente* suas lídimas funções.

Por fim, são todos inconvincentes os argumentos verificados nas conclusões exaradas, nas quais se justifica a utilização de instrumentos não previstos expressamente no artigo 112 da LEP, mas "extraídos do ordenamento jurídico" para fazer cumprir as finalidades da pena e formar o quadro que diz respeito ao *merecimento* do condenado.

Convém salientar e esclarecer que o Judiciário *não pode* lançar mão de *quaisquer* elementos, indiscriminadamente, mesmo que existentes no ordenamento jurídico para outras finalidades. Caso contrário, chega-se ao absurdo, por exemplo, de se determinar a reparação do dano ou restituição da coisa para a progressão de regime a condenados por crimes de roubo e furto, apenas porque tal requisito está presente no ordenamento jurídico (art. 33, §4º do Código Penal), e reflete maior *merecimento* do condenado.

Aliás, o mérito do condenado, requisito exigido legalmente para a progressão, não pode ser auferido pelo cumprimento da pena de multa imposta cumulativamente. São penas autônomas e de distinta natureza. Não é possível manipular o seu conteúdo de forma *desfavorável* ao réu, ampliando o rol de impedimentos da progressão.

O *mérito* se encontra no Código Penal (art. 33, §2º), mas deve ser interpretado em conjunto com o *bom comportamento carcerário* (art. 112, LEP). Este último está certamente inserido no conceito de *merecimento*, mas o contrário não é válido.

Como afirmado, nem sempre a boa conduta do condenado durante execução da pena, atestada pelo diretor do estabelecimento carcerário, basta para a progressão. O *merecimento*, portanto, congrega "outros elementos necessários para a formulação de um juízo mais perfeito versando sobre o conceito de mérito em razão das peculiaridades próprias da hipótese sob exame".[23]

Trata-se de elemento a ser valorado pelo juiz da execução com certa margem de discricionariedade, mas não comporta dilações infinitas e arbitrariedade, tais como desafortunadamente refletidas na decisão tracejada do Pretório Excelso. Isso porque o *mérito* é um elemento de conteúdo material da progressão e diz respeito aos atos praticados pelo condenado durante a execução da pena no regime inicialmente fixado[24]. O pagamento integral da

23 PRADO, L.R., CARVALHO, É. M., CARVALHO, G. M., op. cit., p. 469.

24 TUCCI, Rogério Lauria. Progressão e execução das penas privativas de liberdade. *Revista dos Tribunais*, São Paulo: RT, v.630, p. 269-278, abr. 1988, p. 272.

pena de multa certamente agrega, constitui um dos pontos que conformam o quadro positivo de *merecimento.*

Porém, obstar a progressão por seu inadimplemento, negando o merecimento, independentemente de outros pontos favoráveis ao condenado na execução da pena privativa de liberdade, é conferir a um requisito supralegal maior legitimidade e força do que condições legalmente previstas e atendidas (atestado de bom comportamento e cumprimento de um sexto da pena).

De modo objetivo: o *merecimento* para a progressão não pode se converter em (mais uma) cláusula genérica, que possibilita a mitigação de garantias individuais não em razão de finalidades retributivas e preventivas atribuídas à sanção penal, e sim por objetivos outros, afeitos à política criminal, mas abertos a qualquer espécie de manifestação de oportunidade.

5. Vinculação da progressão ao pagamento da multa – concretização da finalidade de prevenção geral da pena

De acordo com o entendimento contido no julgado em comento, a sanção penal de natureza pecuniária, em crimes contra a Administração Pública e econômicos em geral, é a "a parte verdadeiramente severa da pena, a ser executada com rigor". Além disso, afirma-se que a decisão "*solucionará não apenas o caso presente, mas servirá de sinalização para todo o país acerca da severidade com que devem ser tratados os crimes contra o erário*".

Nesse ponto, enfatiza-se a utilização do aspecto *simbólico* do Direito Penal: a decisão que nega a progressão de regime ao condenado a crimes que atentam contra os cofres públicos *sinalizará, para todo o país,* que o Judiciário está "cumprindo o seu papel" e "dificultando a vida dos corruptos". É dizer: nega-se a progressão para provar à sociedade que os crimes nocivos ao erário, que tantas vezes revelam a fusão do público ao privado, são também tratados com severidade pelo Poder Judiciário.

Destarte, vislumbra-se o excessivo destaque conferido à finalidade de prevenção *geral* da pena.

Admitindo-se que a liberdade individual seja o instrumento correto para "demonstrar" alguma coisa para a sociedade, existindo ou não restrição justa e condizente com a execução da específica pena privativa de liberdade, a individualização pode se transformar em *puro arbítrio*: instrumentalização do ser humano e espetacularização do sistema penal.

De igual modo, a prevenção especial positiva acaba por perder seu objeto: se o condenado não sabe quais são os "méritos" exigidos para a progressão ou outros benefícios, pouco ou nenhum interesse tem ele em se reeducar e não frustrar os fins da execução.

Ao contrário do que reflete o raciocínio inserto na decisão, é preciso certificar que a pena deve ser *justa* retribuição voltada à prevenção especial.[25]

Todavia, levando-se em conta exclusivamente os fins *estabilização normativa*, como parece ser o intuito (lamentável) da vinculação feita entre progressão e pagamento da multa, a pena pode ser imposta e executada ao arrepio do princípio da culpabilidade, da individualização e humanidade das penas[26]. Isso, seguramente, contrasta com a ideia de *justa* retribuição voltada à prevenção especial.

Sublinha-se aqui também o caráter *falacioso* do argumento que aponta a intenção de se restabelecer a confiança da sociedade no Judiciário, e na certeza de punição *severa* para crimes dessa natureza. Inexiste *severidade* punitiva em tal decisão.

Com efeito, a manutenção do regime semiaberto não se aproxima das reinvindicações sociais por tratamento mais rigoroso aos crimes contra o Erário. Equivocadamente, o senso comum popular clama por privação de liberdade em tais casos. Logo, não convence também a ideia de atestar *a severidade* com que são tratados os condenados delitos referidos (delinquência econômica).

Na república democrática, o poder competente para proporcionar tratamento penal diferenciado para os "crimes de corrupção" e outros que atentam contra os cofres públicos, é ainda, diga-se de passagem, o Poder Legislativo.

6. Utilização de regras e fundamentos próprios do regime aberto: auto- disciplina, senso de responsabilidade e hipótese de regressão

Assevera-se que a passagem para o regime aberto "exige do sentenciado 'autodisciplina e senso de responsabilidade'" (art. 114, II, da LEP), o que *pressupõe* o cumprimento das decisões judiciais que se lhe aplicam. Tal interpretação é reforçada pelo que dispõe o art. 36, § 2º do Código Penal e o art. 118, § 1º da Lei de Execução Penal, que estabelecem a regressão de regime para o condenado que 'não pagar, podendo, a multa cumulativamente imposta'" (sem grifo no original).

O *senso de responsabilidade e autodisciplina*, mencionados no artigo 114, II da LEP, são fundamentos da execução da pena no regime aberto. Explicando:

25 GRACIA MARTÍN, Luis. *Fundamentos de dogmática penal: una introducción a la concepción finalista de la responsabilidad penal*. Barcelona: Atelier, 2006, p. 199.

26 "Logo, se a chamada prevenção geral positiva ou integradora se dirige a todos, e seu fim precípuo reside em reafirmar a vigência da norma violada diante da totalidade do corpo social, sempre que houver infração normativa, deverá ser aplicada uma pena, independentemente das características do agente" (PRADO, L. R., Teoria dos fins da pena, p. 151).

como este último regime importa menor restrição à liberdade individual, inclusive com trabalho e estudo desvigiados, faz-se mister que o condenado demonstre sua aptidão para tanto.

A inserção no regime aberto constitui, obviamente, resultado de uma *progressão*. Logo, sua regulamentação não pode ser interpretada isoladamente, desconsiderando o que dispõe a lei acerca da progressão de regime.

Por isso, as condições do artigo 114 da LEP devem ser interpretadas de forma sistemática, em conjunto com o artigo 112 da referida lei e com o artigo 33, §2º do Código Penal, que regulam a progressão, pois *autodisciplina e senso de responsabilidade* não são expressões autoexplicativas.

Nessa perspectiva, nota-se que o inciso II do artigo 114 da LEP está claramente desatualizado, visto que menciona o resultado de exames a que for submetido o condenado, como indício de que ele "irá ajustar-se, com autodisciplina e senso de responsabilidade, ao novo regime". O artigo 112, como visto, não mais prevê a realização de *exame* para a progressão.

Tanto o *senso de responsabilidade* como a *autodisciplina* são realidades que podem ser extraídas do atestado de bom comportamento carcerário (art. 112, LEP). Este último leva em conta o cumprimento dos deveres legais do condenado (artigo 39 da LEP).[27] O implemento dos deveres reflete bom comportamento carcerário e, de conseguinte, senso de responsabilidade por parte do apenado.

Considerado isoladamente, o termo *senso de responsabilidade* se põe carregado de subjetividade. Porém, deve ser concebido dentro do cumprimento da pena no regime inicialmente determinado. Daí a importância conferida ao artigo 112 da LEP para fornecer correto parâmetro interpretativo.

Por tal asserto, o não pagamento da multa penal certamente não *presume* ausência de *senso de responsabilidade* ou *autodisciplina* e não contamina o merecimento do condenado à progressão.

---

27 "Art. 39. Constituem deveres do condenado:

I – comportamento disciplinado e cumprimento fiel da sentença;

II – obediência ao servidor e respeito a qualquer pessoa com quem deva relacionar-se;

III – urbanidade e respeito no trato com os demais condenados;

IV – conduta oposta aos movimentos individuais ou coletivos de fuga ou de subversão à ordem ou à disciplina;

V – execução do trabalho, das tarefas e das ordens recebidas;

VI – submissão à sanção disciplinar imposta;

VII – indenização à vitima ou aos seus sucessores;

VIII – indenização ao Estado, quando possível, das despesas realizadas com a sua manutenção, mediante desconto proporcional da remuneração do trabalho;

IX – higiene pessoal e asseio da cela ou alojamento;

X – conservação dos objetos de uso pessoal".

No concernente ao disposto no artigo 118, §1º da LEP, que autoriza a regressão (retorno ao regime anterior mais severo) quando não há adimplemento da pena de multa imposta cumulativamente, o próprio dispositivo legal contraria o argumento utilizado na decisão. Vale dizer: na decisão, infere-se que, se o *não pagamento* autoriza a *regressão*, ele pode também impedir a *progressão*.

O equívoco do raciocínio é evidente: ora, se o dispositivo legal em comento permite que o inadimplemento da pena de multa faça com que o condenado retorne ao regime anterior, significa que, primeiramente, ele deve ter *progredido*. Só se fala em regressão do regime aberto para o semiaberto se há antes progressão (do semiaberto para o aberto).

Em outras palavras: só é possível a regressão do regime aberto para o semiaberto pelo inadimplemento da multa penal, nos termos do artigo 118, §1º da LEP se, primeiramente, é concedida a progressão. Por óbvio, o não pagamento da pena de multa é irrelevante para a progressão de regime, caso contrário, não seria considerado como hipótese de regressão, que só ocorre quando a primeira já foi concedida. É ilógico conceber que um fator impeditivo da própria progressão seja também considerado como causa da regressão: se o inadimplemento obsta a progressão para o regime aberto, o apenado sequer teria ingressado neste último. Logo, não poderia *regredir*.

7. Síntese conclusiva

Em remate, entende-se não apenas equivocado como atentatório aos princípios da legalidade e segurança jurídica o entendimento firmado pelo STF no sentido de vedar a progressão do regime semiaberto para o aberto, com base apenas no fato de que o apenado não cumpre a pena de multa cumulativamente imposta.

O exame do mérito do condenado é elemento de conteúdo material que não se restringe ao atestado de bom comportamento carcerário, mas também não pode ser embaraçado exclusivamente pelo descumprimento de uma obrigação que não está especificamente prevista para a progressão, sobrepondo-a, inclusive, aos requisitos legalmente agrupados e alcançados pelo apenado.

É extremamente *temerária* a postura ativista verificada em diversos precedentes nos tribunais superiores. Ainda mais preocupante vem a ser a finalidade motivadora de tal ativismo em matéria criminal: o atendimento a auspícios populares de maior punibilidade ou severidade na execução das penas.

O Poder Judiciário deve ser o espaço jurídico em que as incongruências legislativas são dirimidas e não reforçadas.

Bibliografia

ABBOUD, Georges; LUNELLI, Guilherme. Ativismo judicial e instrumentalidade do processo. Diálogos entre discricionariedade e democracia. *Revista de Processo*, São Paulo: RT, v. 242, p. 21 – 47, abr. 2015.

BECCARIA, Cesare. *Dos delitos e das penas*. Trad. Lucia Guidicini e Alessandro Berti Contessa. São Paulo: Martins Fontes, 2002.

CEREZO MIR, José. Culpabilidad y pena. In: *Obras completas*. Peru: ARA, 2006.

DOTTI, René. Execução penal no Brasil: Aspectos constitucionais e legais. *Revista dos Tribunais*, São Paulo: RT, v. 664, p. 239 – 249, fev., 1991.

FAZIO, César Cripiano de. Panorama sobre o ativismo judicial e a judicialização da política no direito brasileiro. *Revista dos Tribunais*, São Paulo: RT, v. 939, p. 109 – 126, jan., 2014.

FRANCO, Alberto Silva. Fábrica produtora de etiquetas. In: *Boletim do IBCCrim*, n. 277, a. 23, dez.,2015.

GRACIA MARTÍN, Luis. *Fundamentos de dogmática penal: una introducción a la concepción finalista de la responsabilidad penal*. Barcelona: Atelier, 2006.

GRACIA MARTÍN, Luis; BOLDOVA PASAMAR, Miguel Ángel; ALASTUEY DOBÓN, Carmen. *Tratado de las consecuencias jurídicas del delito*. Valencia: Tirant Lo Blanch, 2006.

HIRSH, H-J. El principio de culpabilidad y su función en el Derecho Penal. *In*: Derecho Penal. Buenos Aires: Rubinzal, I, 1999.

LUISI, Luiz. *Os princípios constitucionais penais*. 2ed. Porto Alegre: Sérgio Fabris, 2003.

MACHADO, Joana de Souza. *Ativismo judicial no Supremo Tribunal Federal*. 2008. 119 p. Dissertação (mestrado em Direito – Teoria do Estado e Direito Constitucional) – Pontifícia Universidade Católica do Rio de Janeiro, Rio de Janeiro.

MONTEIRO, Juliano Ralo. Ativismo judicial: um caminho para concretização de direitos fundamentais. In: AMARAL JÚNIOR, José Levi do (coord.). Estado de Direito e Ativismo Judicial. São Paulo: Quartier Latin, 2010.

PRADO, Luiz Regis. Multa penal. 2 ed. São Paulo: RT, 1993.

________. Do sistema de cominação da multa no Código Penal brasileiro. *Revista dos Tribunais*, São Paulo: RT, v. 650, dez.1999.

________. Teoria dos fins da pena. *Ciências Penais*, São Paulo: RT, a.1, v. 0, p. 143-158, jan. 2004.

________. CARVALHO, Érika Mendes de. CARVALHO, Gisele Mendes de. *Curso de Direito Penal brasileiro*. 14ª ed. São Paulo: RT, 2015.

TUCCI, Rogério Lauria. Progressão e execução das penas privativas de liberdade. *Revista dos Tribunais*, São Paulo: RT, v. 630, p. 269-278, abr. 1988.

O SUPREMO E O SISTEMA CARCERÁRIO NACIONAL

Marco Aurélio Mello

RESUMO: O artigo pretende analisar as condições atuais do sistema carcerário brasileiro e o papel que o Supremo pode cumprir para reduzir o quadro de inconstitucionalidades.

PALAVRAS-CHAVE: Sistema prisional. Estado de coisas inconstitucional. Supremo Tribunal Federal.

TITLE: Brazilian Supreme Court and national prison system.

ABSTRACT: The paper seeks to examine the current conditions of brazilian prison system and the role Supreme Court can play to reduce the unconstitutional framework.

KEYWORDS: Prison System. Unconstitutional state of affairs. Brazilian Supreme Court.

1. Introdução

O Brasil tem muitos problemas sociais. Há diversas áreas em que os direitos fundamentais não são efetivados. Trata-se de espaços em que a Carta da República é implementada apenas parcialmente. A forma como se lida com os presos no País é um dos, senão o mais destacado, casos de inobservância à Constituição de 1988. Recolhidos e tratados como animais, os detentos sofrem violações diárias de direitos humanos, em claro desrespeito à própria dignidade. O sistema carcerário nacional é uma questão dramática. As condições das prisões brasileiras fazem do sistema criminal um modelo perverso e agudo de transgressão às normas constitucionais e desprezo a direitos fundamentais básicos.

Em um Estado Constitucional e Democrático de Direito, os poderes públicos devem nortear as ações visando o princípio da dignidade humana. Isso é especialmente verdadeiro quando se trata da formulação e da operação do sistema criminal, tema discutido na presente coletânea, uma homenagem a René Ariel Dotti, Professor Titular de Direito Penal da Universidade Federal do Paraná, autor de diversos livros sobre matéria penal. Para compor esta obra, atendendo a convite que muito me honrou, apresento artigo versando a inconstitucionalidade das condições trágicas do sistema prisional brasileiro.

O texto terá a estrutura a seguir delineada: no tópico 2, explicito o envolvimento da agenda do Supremo com os problemas do sistema carcerário nacional. No item seguinte (3), descrevo a situação vexaminosa das penitenciárias. Depois, abordarei questões teóricas e práticas relacionadas (4) aos direitos fundamentais violados, (5) à responsabilidade do Poder Público e (6) ao possível papel que o Supremo pode cumprir para, ao menos, reduzir o estado de inconstitucionalidade. Cabe ressaltar que as considerações a serem desenvolvidas têm origem em estudo realizado por mim para confecção do voto apresentado na Medida Cautelar na Arguição de Descumprimento de Preceito Fundamental nº 347/DF, de minha relatoria. Por fim (7), trarei conclusões.

2. O SISTEMA PRISIONAL BRASILEIRO E A AGENDA DO SUPREMO

O tema das condições inconstitucionais das prisões brasileiras tem estado na ordem do dia do Supremo.

No Recurso Extraordinário nº 580.252/MS, da relatoria do ministro TEORI ZAVASCKI, o Tribunal decidirá se o Estado deve indenizar, por meio de reparação pecuniária, presos que sofrem danos morais por cumprirem pena em estabelecimentos com condições degradantes. O relator votou pela responsabilidade estatal, sendo acompanhado pelo ministro GILMAR MENDES. Em voto-vista, o ministro LUÍS ROBERTO BARROSO também assentou o dever de indenizar, apontando, contudo, o cabimento da remição de dias de pena, em vez de pagamento em pecúnia. O exame foi interrompido por pedido de vista da ministra ROSA WEBER.

O Conselho Federal da Ordem dos Advogados do Brasil formalizou a Ação Direta de Inconstitucionalidade nº 5.170/DF, da relatoria da ministra ROSA WEBER, versando o mesmo tema. O pedido é de emprestar interpretação conforme à Constituição aos artigos 43, 186 e 927 do Código Civil, a fim de ser declarada a responsabilidade civil do Estado pelos danos morais causados aos detentos submetidos a condições sub-humanas, insalubres, degradantes ou de superlotação carcerária.

No Recurso Extraordinário nº 641.320/RS, relator ministro GILMAR MENDES, o Tribunal reconheceu a repercussão geral da matéria relativa ao direito de o condenado, estando em regime semiaberto, poder cumprir a pena em regime aberto ou prisão domiciliar, quando ausente acomodação adequada no sistema carcerário. Para subsidiar o julgamento, o Relator designou audiência pública. Conforme notícia do sítio do Supremo, Sua Excelência declarou ter assistido a relatos que deram conta dos problemas graves do sistema prisional brasileiro, vindo a concluir só haver três formas de alcançar soluções para evitar a falência do referido sistema: comprometimento federativo, alocação de recursos financeiros e integração institucional.

O julgamento do recurso teve início em 2 de dezembro de 2015. O Relator votou no sentido de, em não havendo vagas no regime semiaberto, caber ao juiz providenciá-las mediante a ordem de soltura antecipada de sentenciados do regime, os quais ficariam em liberdade monitorada eletronicamente, com uso, por exemplo, de tornozeleira eletrônica. No caso de falta de vagas no regime aberto, seriam aplicadas penas restritivas de direito. O ministro EDSON FACHIN acompanhou o Relator, tendo sido suspensa a apreciação em razão de pedido de vista do ministro TEORI ZAVASCKI.

Na Ação Direta de Inconstitucionalidade nº 5.356/MS, relator ministro LUIZ EDSON FACHIN, impugna-se lei estadual por meio da qual foi estabelecida a obrigação de instalar bloqueadores de sinais de radiocomunicação nos estabelecimentos prisionais.

Tem-se o Recurso Extraordinário nº 592.581/RS, da relatoria do ministro RICARDO LEWANDOWSKI, no qual o Tribunal assentou, sob o ângulo da repercussão geral, a possibilidade de o Poder Judiciário obrigar a União e os Estados a realizarem obras em presídios para garantir a integridade física dos detentos, independentemente de dotação orçamentária, se constatado o desrespeito à dignidade da pessoa humana e a inobservância do mínimo existencial dos presos.

Na Arguição de Descumprimento de Preceito Fundamental nº 347/DF, de minha relatoria, o pedido envolve a problemática da responsabilidade do Poder Público de realizar melhorias em penitenciárias ou construir novas com a finalidade de reduzir o déficit de vagas. Vai além: versa a interpretação e a aplicação das leis penais e processuais de modo a minimizar a crise carcerária, a implantação da forma eficiente de aproveitamento dos recursos orçamentários que compõem o Fundo Penitenciário Nacional – FUNPEN e o dever de elaboração, pela União, Estados e Distrito Federal, de planos de ação voltados a racionalizar o sistema prisional e acabar com a ofensa a direitos fundamentais dos presos sujeitos às condições de superlotação carcerária, acomodações insalubres e falta de acesso a direitos básicos, como saúde, educação, alimentação saudável, trabalho, assistência jurídica, indispensáveis a uma vida minimamente digna e segura.

Busca-se obter do Supremo o reconhecimento do fato de o sistema prisional brasileiro caracterizar-se como o denominado "estado de coisas inconstitucional", ante a violação massiva de direitos fundamentais dos detentos, resultante de ações e omissões dos Poderes Públicos da União, dos Estados e do Distrito Federal, consideradas a superlotação carcerária e as condições degradantes das prisões. Postula-se seja determinada a adoção de providências, de conteúdo e natureza diversos, para afastar lesões a preceitos fundamentais.

Na apreciação da medida cautelar, o Supremo, por maioria, deferiu-a, parcialmente, para determinar aos juízes e tribunais que, observados os artigos 9.3 do Pacto dos Direitos Civis e Políticos e 7.5 da Convenção Interamericana de Direitos Humanos, realizem, em até 90 dias, audiências de custódia, viabilizando o comparecimento do preso perante a autoridade judiciária no prazo máximo de 24 horas, contados do momento do recolhimento, e à União que libere o saldo acumulado do Fundo Penitenciário Nacional para a finalidade para a qual foi criado, abstendo-se de realizar novos contingenciamentos. Contra o voto que proferi, indeferiu-se a medida quanto ao pedido para restringir a aplicação de prisões preventivas, fator determinante para a superlotação carcerária. O acórdão foi assim resumido:

> CUSTODIADO – INTEGRIDADE FÍSICA E MORAL – SISTEMA PENITENCIÁRIO – ARGUIÇÃO DE DESCUMPRIMENTO DE PRECEITO FUNDAMENTAL – ADEQUAÇÃO. Cabível é a arguição de descumprimento de preceito fundamental considerada a situação degradante das penitenciárias no Brasil.
> SISTEMA PENITENCIÁRIO NACIONAL – SUPERLOTAÇÃO CARCERÁRIA – CONDIÇÕES DESUMANAS DE CUSTÓDIA – VIOLAÇÃO MASSIVA DE DIREITOS FUNDAMENTAIS – FALHAS ESTRUTURAIS – ESTADO DE COISAS INCONSTITUCIONAL – CONFIGURAÇÃO. Presente quadro de violação massiva e persistente de direitos fundamentais, decorrente de falhas estruturais e falência de políticas públicas e cuja modificação depende de medidas abrangentes de natureza normativa, administrativa e orçamentária, deve o sistema penitenciário nacional ser caraterizado como "estado de coisas inconstitucional".
> FUNDO PENITENCIÁRIO NACIONAL – VERBAS – CONTINGENCIAMENTO. Ante a situação precária das penitenciárias, o interesse público direciona à liberação das verbas do Fundo Penitenciário Nacional.
> AUDIÊNCIA DE CUSTÓDIA – OBSERVÂNCIA OBRIGATÓRIA. Estão obrigados juízes e tribunais, observados os artigos 9.3 do Pacto dos Direitos Civis e Políticos e 7.5 da Convenção Interamericana de Direitos Humanos, a realizarem, em até noventa dias, audiências de custódia, viabilizando o comparecimento do preso perante a autoridade judiciária no prazo máximo de 24 horas, contado do momento da prisão.

O volume e a relevância dos assuntos concernentes ao sistema prisional trazidos ao Supremo demonstram a importância do tema à agenda do Tribunal. Não é por menos que o ex-ministro da Justiça José Eduardo Cardozo comparou as prisões brasileiras às masmorras medievais. A analogia não poderia ser melhor. Trata-se de um dos mais sérios problemas de direitos humanos que o Brasil enfrenta. Há relação de causa e efeito entre atos comissivos e omissivos dos Poderes Públicos da União, dos Estados e do Distrito Federal e o quadro de transgressão de direitos. O afastamento do estado de inconstitucionalidade só é possível mediante mudança significativa do comportamento do Poder Público, considerados atos de natureza normativa, administrativa e judicial, e o Supremo não tem ficado indiferente a essa necessidade.

3. A situação vexaminosa do sistema penitenciário brasileiro

Dados da Comissão Parlamentar de Inquérito da Câmara dos Deputados (2007-2009) e do Conselho Nacional de Justiça – CNJ revelam o cenário de horror quanto ao sistema penitenciário brasileiro.

Segundo investigações realizadas, a população carcerária, maioria de pobres e negros, alcançava, em maio de 2014, 711.463 detentos, incluídos 147.397 em regime domiciliar, para 357.219 vagas disponíveis. Sem levar em conta o número de presos em domicílio, o déficit é de 206.307, subindo para 354.244, se computado. A deficiência de vagas poderia ser muito pior não fossem os 373.991 mandados de prisão sem cumprimento. Tendo em vista o número total, até mesmo com as custódias domiciliares, o Brasil possui a terceira maior população carcerária do mundo, depois dos Estados Unidos e da China. Presentes apenas o número de detentos em presídios e delegacias, o País fica em quarto lugar, após a Rússia.

Grande parte deles está sujeita às seguintes condições: superlotação dos presídios, torturas, homicídios, violência sexual, celas imundas e insalubres, proliferação de doenças infectocontagiosas, comida imprestável, falta de água potável, de produtos higiênicos básicos, de acesso à assistência judiciária, à educação, à saúde e ao trabalho, bem como amplo domínio dos cárceres por organizações criminosas, insuficiência do controle quanto ao cumprimento das penas, discriminação social, racial, de gênero e de orientação sexual.

Com o déficit prisional ultrapassando a casa das 206 mil vagas, salta aos olhos o problema da superlotação, que pode ser a origem de todos os males. No Relatório Final da Comissão Parlamentar de Inquérito da Câmara dos Deputados, formalizado em 2009, concluiu-se que a superlotação é, talvez, a mãe dos demais vícios do sistema carcerário. Cadeias abarrotadas ocasionam insalubridade, doenças, motins, rebeliões, mortes, degradação da pessoa humana. A comissão parlamentar de inquérito encontrou, nos presídios e delegacias, por todo o País, homens amontoados como lixo humano, dormindo sem camas ou colchões, em redes suspensas no teto, dentro das paredes, em pé, em banheiros, corredores, pátios, barracos ou contêineres. Muitas vezes, precisam se revezar para repousar.

As penitenciárias e delegacias não oferecem espaço, muito menos condições salubres mínimas. Segundo relatórios do Conselho Nacional de Justiça, não possuem instalações adequadas à existência humana. Estruturas hidráulicas, sanitárias e elétricas precárias e celas imundas, sem iluminação e ventilação, representam perigo constante e risco à saúde, ante a exposição a agentes causadores de infecções diversas. As áreas de banho e sol dividem o espaço com esgotos abertos. Os presos não têm acesso a água, para banho e hidratação, ou a alimentação de mínima qualidade, que, muitas vezes, chega a eles estragada. Em alguns casos, comem com as mãos ou em sacos plásticos. Também não recebem material de higiene básica, como papel higiênico, escova de dentes ou, para as mulheres, absorvente íntimo. Em cadeia pública feminina em São Paulo, as detentas utilizam miolos de pão para a contenção do fluxo menstrual.

Além da falta de acesso a trabalho, educação ou qualquer outra forma de ocupação do tempo, os presos convivem com as barbáries promovidas entre si. São constantes os massacres, homicídios, violências sexuais, decapitação, estripação e esquartejamento. Sofrem com a tortura policial, espancamentos, estrangulamentos, choques elétricos, tiros com bala de borracha.

Quanto aos grupos vulneráveis, há relatos de travestis sendo forçados à prostituição. Esses casos revelam a ausência de critério de divisão por celas, o que alcança também os relativos a idade, gravidade do delito e natureza temporária ou definitiva da penalidade.

O sistema como um todo surge com número insuficiente de agentes penitenciários, que ainda são mal remunerados, não recebem treinamento adequado nem contam com equipamentos necessários ao desempenho das próprias atribuições.

O quadro não é exclusivo desse ou daquele presídio. A situação mostra-se similar em todas as unidades da Federação, devendo ser reconhecida a inequívoca falência do sistema prisional brasileiro.

4. A violação de diversos direitos fundamentais e o aumento da criminalidade

Diante de tais situações, a conclusão deve ser única: nas penitenciárias do País, ocorre violação generalizada de direitos fundamentais no tocante à dignidade, à higidez física e à integridade psíquica. A superlotação carcerária e a precariedade das celas, mais do que inobservância, pelo Estado, da ordem jurídica, configuram tratamento degradante, ultrajante e indigno a pessoas que se encontram sob custódia. As penas privativas de liberdade aplicadas convertem-se, em nossos presídios, em penas cruéis e desumanas. Os presos tornam-se lixo, a receberem o pior tratamento possível, sendo-lhes negado todo e qualquer direito à existência minimamente segura e salubre. Daí o acerto do ex-ministro da Justiça José Eduardo Cardozo, na comparação com as masmorras medievais.

Nesse contexto, diversos dispositivos, contendo normas nucleares do programa objetivo de direitos fundamentais da Constituição Federal, são ofendidos: o princípio da dignidade da pessoa humana (artigo 1º, inciso III); a proibição de tortura e tratamento desumano ou degradante (artigo 5º, inciso III); a vedação da aplicação de penas cruéis (artigo 5º, inciso XLVII, alínea "e"); o dever estatal de viabilizar o cumprimento da reprimenda em estabelecimentos distintos, de acordo com a natureza do delito, a idade e o sexo do apenado (artigo 5º, inciso XLVIII); a garantia à integridade física e moral (artigo 5º, inciso XLIX); e os direitos a saúde, educação, alimentação, trabalho, previdência e assistência social (artigo 6º) e judiciária (artigo 5º, inciso LXXIV).

Há afronta a outros preceitos, igualmente reconhecedores dos direitos dos presos: o Pacto Internacional dos Direitos Civis e Políticos, a Convenção contra a Tortura e outros Tratamentos e Penas Cruéis, Desumanos e Degradantes e a Convenção Americana de Direitos Humanos.

Também a legislação interna é transgredida: a Lei nº 7.210/1984 – Lei de Execução Penal –, em que são assegurados diversos desses direitos, inclusive o alusivo à cela individual salubre e com área mínima de seis metros quadrados, e a Lei Complementar nº 79/1994, por meio da qual foi criado o Fundo Penitenciário Nacional – FUNPEN, cujos recursos estão sendo contingenciados pela União, impedindo a formulação de políticas públicas ou a melhoria das existentes e contribuindo para o agravamento do quadro.

Importa destacar que a violação dos direitos fundamentais dos detentos repercute além das situações subjetivas, produzindo mais violência contra a própria sociedade. Segundo as palavras da professora Ana Paula de Barcellos, o tratamento desumano conferido aos presos não é um problema deles apenas: a sociedade livre recebe os reflexos dessa política sob a forma de mais violência.[1]

Os cárceres brasileiros não servem à ressocialização. É incontestável que implicam o aumento da criminalidade, transformando pequenos delinquentes em monstros do crime. A prova da ineficiência do sistema como política de segurança pública está nas altas taxas de reincidência. E o que é pior: o reincidente passa a praticar delitos ainda mais graves. Segundo dados do Conselho Nacional de Justiça, essa taxa fica em torno de 70% e alcança, na maioria, presos provisórios que passaram, ante o contato com outros, mais perigosos, a integrar facções criminosas.

A situação é assustadora: dentro dos presídios, ofensas sistemáticas a direitos humanos; fora deles, crescimento da criminalidade e da insegurança social.

5. A responsabilidade do Poder Público

A responsabilidade pelo estágio ao qual chegamos não pode ser atribuída a um único e exclusivo Poder, mas aos três – Legislativo, Executivo e Judiciário; não só os da União, como também os dos Estados e do Distrito Federal. Há, na realidade, problemas tanto de formulação e implementação de políticas públicas quanto de interpretação e aplicação da lei penal. Falta coordenação institucional. O quadro inconstitucional de violação generalizada e contínua dos direitos fundamentais dos presos é diariamente agravado em virtude de ações e omissões, falhas estruturais dos poderes públicos, sobressaindo a sistemática inércia e incapacidade das autoridades em superá-lo.

Apesar de muitos dos direitos inobservados serem assegurados na Lei nº 7.210/1984 – Lei de Execução Penal – e na Lei Complementar nº 79/1994 – Lei do Fundo Penitenciário Nacional – assiste-se à omissão das autoridades no cumprimento das obrigações estabelecidas em favor dos presos. Verifica-se

1 BARCELLOS, Ana Paula de. Violência urbana, condições das prisões e dignidade humana. *Revista de Direito Administrativo* nº 254, 2010 (Biblioteca Digital Fórum de Direito Público).

situação de fracasso das políticas legislativas, administrativas e orçamentárias. Há defeito generalizado e estrutural de políticas públicas, e nada é feito pelos Poderes Executivo e Legislativo para transformar o quadro.

A estagnação configura-se não apenas quando escassa a legislação, mas também se inexistente tentativa de mudança da conjuntura, uma vez identificada a insuficiência da tutela conferida pelas normas vigentes. Este é o cenário legislativo dos direitos dos presos: as leis, versando-os, simplesmente não "pegaram", não se concretizaram em proteção efetiva. É possível citar, por exemplo, o fato de, mesmo instalada a mencionada Comissão Parlamentar de Inquérito na Câmara dos Deputados, constatadas as inconstitucionalidades decorrentes do sistema carcerário e notificadas diversas autoridades, não terem sido envidados esforços para modificá-lo.

A ausência de medidas legislativas, administrativas e orçamentárias eficazes representa falha estrutural a gerar tanto a violação sistemática dos direitos quanto a perpetuação e o agravamento da situação. A inércia, como dito, não é de uma única autoridade pública do Legislativo ou do Executivo de uma particular unidade federativa, e sim do funcionamento deficiente do Estado como um todo. Os poderes, órgãos e entidades federais e estaduais, em conjunto, vêm se mantendo incapazes e manifestando verdadeira falta de vontade em buscar superar ou reduzir o quadro objetivo de inconstitucionalidade. Faltam sensibilidade legislativa e motivação política do Executivo.

É possível apontar a responsabilidade do Judiciário no que 41% desses detentos, aproximadamente, estão sob custódia provisória. Pesquisas demonstram que, julgados, a maioria alcança a absolvição ou a condenação a penas alternativas, surgindo, assim, o equívoco da chamada cultura do encarceramento.

Constata-se a manutenção de elevado número de presos para além do tempo de pena fixado, evidenciada a inadequada assistência judiciária. Não é por menos que os mutirões carcerários do Conselho Nacional de Justiça tiveram como resultado a libertação, desde 2008, de dezenas de milhares de presos que já haviam cumprido a reprimenda. Os reclusos, muitas vezes, sequer possuem informações sobre os processos criminais. É certo que o Judiciário e a Defensoria Pública contam com quantidade insuficiente de Varas de Execuções Penais, implicando o recolhimento acima do que determinado judicialmente. O desprezo aos direitos processuais dos presos agrava ainda mais o problema da superlotação carcerária.

A responsabilidade do Poder Público é sistêmica, revelado amplo espectro de deficiência nas ações estatais. Tem-se a denominada falha estatal estrutural. As leis existentes, porque não observadas, deixam de conduzir à proteção dos direitos fundamentais dos detentos. O Executivo e o Legislativo, titulares do condomínio legislativo sobre as matérias relacionadas, não se comunicam. As políticas públicas em vigor mostram-se incapazes de reverter o estado de inconstitucionalidade. O Judiciário, ao implementar número excessivo de prisões provisórias, coloca em prática a cultura do encarceramento, que, repita-se, agrava a superlotação carcerária e não diminui a insegurança social.

Em síntese, assiste-se ao mau funcionamento estrutural e histórico do Estado. Ante o quadro, a solução, ou conjunto de soluções, para ganhar efetividade, deve possuir alcance orgânico de mesma extensão, ou seja, precisa envolver a atuação coordenada e mutuamente complementar do Legislativo, do Executivo e do Judiciário, dos diferentes níveis federativos, e não apenas de um único órgão ou entidade.

Refiro-me ao que a doutrina vem designando de litígio estrutural, no que evidencia a necessidade de outras políticas públicas ou correção daquelas que não alcançam os objetivos desejados, alocação de recursos orçamentários, ajustes nos arranjos institucionais, novas interpretações e aplicações das leis penais, enfim, um amplo conjunto de mudanças estruturais, envolvida uma pluralidade de autoridades públicas.

A vontade política de um único órgão ou poder não servirá para resolver o quadro de inconstitucionalidade. A eliminação ou a redução dos problemas dependem da coordenação de medidas de diferentes naturezas e oriundas da União, dos Estados e do Distrito Federal: intervenções legislativas, executivas, orçamentárias e interpretativas (Judiciário). A solução requer ações orquestradas, a passagem do concerto (com C) institucional para o conserto (com S) do quadro inconstitucional.

Importante identificar qual papel pode o Supremo desempenhar para viabilizar esse novo arranjo.

6. O possível papel do Supremo

O desrespeito a direitos fundamentais no sistema carcerário não é tema campeão de audiência, de agrado da opinião pública. Ao contrário, trata-se de pauta impopular, envolvendo grupo não simplesmente estigmatizado, mas cuja dignidade humana é tida por muitos como perdida. Em que pese a atenção que este Tribunal deve voltar a reivindicações sociais majoritárias, não se pode esquecer da missão de defesa de minorias, do papel contramajoritário em reconhecer direitos daqueles que a sociedade repudia e os poderes políticos esquecem.

Na Arguição de Descumprimento de Preceito Fundamental nº 347/DF, de minha relatoria, o requerente disse estar configurado o denominado, pela Corte Constitucional da Colômbia, "estado de coisas inconstitucional". Segundo as decisões desse Tribunal, há três pressupostos principais: situação de violação generalizada de direitos fundamentais; inércia ou incapacidade reiterada das autoridades públicas em modificar a situação; superação das transgressões a exigir a atuação não apenas de um órgão, e sim de uma pluralidade de autoridades (Corte Constitucional da Colômbia, *Sentencia* SU-559, de 6 de novembro de 1997; *Sentencia* T-068, de 5 de março de 1998; *Sentencia*

SU 250, de 26 de maio de 1998; *Sentencia* T-590, de 20 de outubro de 1998; *Sentencia* T 525, de 23 de julho de 1999; *Sentencia* T-153, de 28 de abril de 1998; *Sentencia* T 025, de 22 de janeiro de 2004).

A formulação da tese do requerente trouxe-me à memória passagem do voto do ministro Aliomar Baleeiro, proferido, em 23 de agosto de 1967, como relator, no Recurso Extraordinário nº 62.731, originário do antigo Estado da Guanabara, envolvida a constitucionalidade da disciplina da purgação da mora em contratos de locação comercial por meio do Decreto-Lei nº 322, de 7 de abril de 1967. O Presidente da República havia formalizado o ato com base na faculdade, versada no artigo 58, inciso I, da Carta de 1967, de disciplinar assuntos de segurança nacional por esse instrumento. Ante a dificuldade em definir todos os casos que poderiam ser alcançados pelo conceito de segurança nacional, o ministro Aliomar Baleeiro disse: "por exclusão, podemos dizer o que é segurança nacional[...]: bola de futebol não é segurança nacional, batom de moça não é segurança nacional, cigarro de maconha não é segurança nacional". Locação também não seria segurança nacional. Sua Excelência assentou uma zona de certeza negativa do conceito para concluir pela inconstitucionalidade do uso do decreto-lei a versar locação, no que foi acompanhado pela maioria.

O raciocínio lógico do ministro Aliomar Baleeiro vale para o sistema carcerário e a afirmação do "estado de coisas inconstitucional", apenas sendo preciso considerar o sentido inverso. Ante os pressupostos formulados pela Corte Constitucional da Colômbia para apontar a configuração do referido estado, não seria possível indicar, com segurança, entre os muitos problemas de direito enfrentados no Brasil, como saneamento básico, saúde pública, violência urbana, todos que se encaixariam nesse conceito. Todavia, as dificuldades em se definir o alcance maior do termo não impedem, tendo em conta a situação relatada, seja consignada uma zona de certeza positiva: o sistema carcerário brasileiro enquadra-se na denominação de "estado de coisas inconstitucional."

Independentemente de rótulos, importa esclarecer quais implicações, presentes os limites de atuação do Supremo, surgem a partir do reconhecimento de se encontrarem satisfeitos os pressupostos desse estado de coisas. Qual papel o Supremo está legitimado a desempenhar ante o estágio elevadíssimo de inconstitucionalidades?

Com relação aos problemas causados pela chamada cultura do encarceramento, do número de prisões provisórias decorrente de possíveis excessos na forma de interpretar-se e aplicar-se a legislação penal e processual, cabe ao Tribunal exercer função típica de racionalizar a concretização da ordem jurídico-penal, de modo a minimizar o quadro, em vez de agravá-lo.

Há dificuldades quanto à perspectiva de o Supremo atuar de maneira atípica, excepcional, interferindo em políticas públicas e escolhas orçamentárias. Controvérsias teóricas não são aptas a afastar o convencimento no sentido de que a verificação de estarem atendidos os pressupostos do estado de coisas inconstitucional resulta na possibilidade de o Tribunal tomar parte, na adequada medida, em decisões primariamente políticas, sem que se possa cogitar de afronta ao princípio democrático da separação de poderes.

A violação de direitos fundamentais, alcançando a transgressão à dignidade da pessoa humana e ao próprio mínimo existencial, justifica a atuação mais assertiva do Tribunal. Trata-se de entendimento pacificado, como revelado no julgamento do aludido Recurso Extraordinário nº 592.581/RS, da relatoria do ministro Ricardo Lewandowski, no qual assentada a viabilidade de o Poder Judiciário obrigar a União e os Estados a realizarem obras em presídios para garantir a integridade física dos presos, independentemente de dotação orçamentária. Inequivocadamente, a efetivação desse direito é elemento de legitimidade do Poder Público em geral.

Há mais: apenas o Supremo mostra-se capaz, ante a situação descrita, de superar os bloqueios políticos e institucionais que vêm impedindo o avanço, o que significa cumprir ao Tribunal retirar os demais Poderes da estagnação, catalisar os debates e novas políticas públicas, coordenar as ações e monitorar os resultados. Isso é o que se aguarda do Supremo, e não se pode exigir que se abstenha de intervir, em nome do princípio democrático, quando os canais políticos se apresentem obstruídos, sob pena de chegar-se a um somatório de inércias injustificadas. Bloqueios da espécie traduzem-se em barreiras à efetividade da própria Constituição e dos Tratados Internacionais sobre Direitos Humanos.

Repita-se: a intervenção judicial mostra-se legítima presente padrão elevado de omissão estatal, diante da situação de violação generalizada de direitos fundamentais. Verificada a paralisia dos poderes políticos, argumentos idealizados do princípio democrático fazem pouco sentido prático.

No caso dos presos, os bloqueios ou desacordos políticos encontram razões tanto na sub-representação parlamentar como na impopularidade desses indivíduos. A primeira decorre do fato de os condenados criminalmente ficarem impedidos de votar e serem votados. Têm os direitos políticos suspensos enquanto perdurarem os efeitos da sentença condenatória transitada em julgado (artigo 15, inciso III, da Constituição Federal). Não gozam, então, de representação política direta.

A segunda é ainda mais problemática, configurando os detentos minoria socialmente desprezada. Conforme apontou Ana Paula de Barcellos, os cidadãos livres acreditam, recusando a dimensão ontológica da dignidade humana, que o criminoso perde o direito à vida digna ou mesmo a condição humana, não sendo titular de quaisquer direitos fundamentais.[2] Com tais

2 BARCELLOS, Ana Paula de. Violência urbana, condições das prisões e dignidade humana. *Revista de Direito Administrativo* nº 254, 2010 (Biblioteca Digital Fórum de Direito Público).

conceitos disseminados, a opinião pública não aceita seja dada prioridade, no tocante aos gastos públicos, à melhoria das instalações prisionais. Muitos até acreditam que as condições desumanas das penitenciárias consubstanciam retribuição aos crimes praticados.

Em síntese, o desprestígio dos presos faz com que os políticos, salvo raríssimas exceções, não reivindiquem recursos públicos a serem aplicados em um sistema carcerário voltado ao oferecimento de condições de existência digna. A opinião pública está no coração da estrutura democrático-parlamentar. Ignorá-la pode significar não só o fracasso das políticas que defendem, mas também das tentativas de reeleição a cargos no Legislativo e no Executivo. Essa preocupação é tanto maior quanto mais envolvida matéria a atrair a atenção especial do público. Questões criminais são capazes de gerar paixões em um patamar que outros temas e áreas do Direito não conseguem. A sociedade não tolera mais a criminalidade e a insegurança pública, e isso implica ser contrária à preocupação com a tutela das condições dignas do encarceramento.

Essa rejeição tem como consequência direta bloqueios políticos, que permanecerão se não houver intervenção judicial. Pode-se prever a improbabilidade de os poderes políticos, por si sós, tomarem a iniciativa de enfrentar tema de tão pouca estima popular. Em casos assim, bloqueios costumam ser insuperáveis.

Comparem com a saúde pública: há defeitos estruturais sérios nesse campo, mas tem-se vontade política em resolvê-los. Não existe um candidato que não paute a campanha eleitoral, entre outros temas, na melhoria do sistema. Todos querem ser autores de propostas que elevem a qualidade dos serviços. Deputados lutam pela liberação de recursos financeiros em favor da população das respectivas bases e territórios eleitorais. A saúde pública sofre com déficits de eficiência, impugnados judicialmente por meio de um sem-número de ações individuais, mas não corre o risco de piora significativa em razão da ignorância política ou do desprezo social. A matéria possui apelo democrático, ao contrário do sistema prisional.

O repúdio popular faz com que o tema relativo à melhoria do sistema prisional enfrente o que os cientistas políticos chamam de ponto cego legislativo (*legislative blindspot*): o debate parlamentar não o alcança. Legisladores e governantes temem os custos políticos decorrentes da escolha por esse caminho, acarretando a incapacidade da democracia parlamentar e dos governos popularmente eleitos de resolver graves problemas de direitos fundamentais. A história revela vários exemplos de agentes políticos haverem acionado cortes constitucionais, visando encontrar soluções a casos moralmente controvertidos e impopulares e, assim, evitar choques com a opinião púbica. Os poderes majoritários apostam no perfil contramajoritário das cortes constitucionais ou supremas: condenadas judicialmente a atuar, autoridades públicas se escudam no Estado de Direito e no consectário dever de observar ordens judiciais para implementar aquilo que teriam feito voluntariamente se não receassem as consequências políticas.

Não se quer dizer com isso que o Tribunal não deva atenção à opinião pública. Mesmo o Judiciário não pode prescindir da confiança popular acerca da legitimidade das decisões que produz. Juízes e Tribunais devem evitar que o público perca a fé na instituição Judiciário e no sistema de justiça penal. A credibilidade moral da justiça criminal é relevante como fator de respeito difuso às leis e às instituições e de prevenção a iniciativas de justiça com as próprias mãos. Consoante ressaltei na apreciação do 26º Agravo Regimental na Ação Penal nº 470, da relatoria do ministro Joaquim Barbosa, com acórdão redigido pelo ministro Luís Roberto Barroso, publicado no Diário da Justiça de 17 de fevereiro de 2014, é sempre salutar a harmonia entre os pronunciamentos do Tribunal e os anseios legítimos – não os ilegítimos – da sociedade na busca de rumos. O Direito – afirmei à época – é, acima de tudo, bom senso e está ao alcance do próprio leigo, de forma que os Ministros devem ter presente a percepção da sociedade em relação ao Supremo.

Todavia, essa atenção não pode implicar desprezo aos princípios e regras da Carta Federal. A opinião pública não possui diploma de bacharel em Direito. Como destaquei no julgamento no qual o Supremo assentou a aplicação da anualidade eleitoral à Lei da Ficha-Limpa – Lei Complementar nº 135/2010 –, apesar de ser muito bom quando há coincidência entre o convencimento do juiz e o anseio popular, o magistrado não pode se deixar impressionar se a necessária observância da Constituição pressupor rumo diverso do desejado pela opinião pública. A cadeira vitalícia de Ministro do Supremo assegura a atuação segundo a ciência e a consciência possuídas, com insulamento político e social suficiente para diferenciar anseios sociais legítimos da influência opressiva da opinião pública contra princípios e direitos fundamentais da ordem constitucional (Recurso Extraordinário nº 633.703/DF, relator ministro Gilmar Mendes, apreciado em 23 de março de 2011).

Isso significa que se atua, no Supremo, por meio de códigos distintos perante a opinião pública, comparados aos dos Poderes Legislativo e Executivo. Deve-se rejeitar o populismo judicial, ainda mais consideradas as esferas de liberdade e dignidade dos indivíduos, sempre envolvidas nos processos penais. Juízes e Tribunais devem buscar credibilidade popular, mas mediante os motivos juridicamente adequados das decisões. No sistema carcerário brasileiro, conforme já consignado, são violados diversos preceitos constitucionais: o da dignidade da pessoa humana e vários direitos sociais no patamar do mínimo existencial. Promove-se, indiretamente, o aumento da criminalidade. Tanto do ponto de vista liberal da dignidade inerente a todos os seres humanos quanto sob o ângulo utilitarista da maximização do bem-estar dos membros da sociedade, a atitude certa é a de buscar soluções para a tragédia diária dos cárceres brasileiros, pouco importando a opinião majoritariamente contrária.

Em síntese, a solução das graves ofensas a direitos fundamentais dos presos, decorrentes da falência do sistema prisional, presentes políticas públicas ineficientes e de resultados indesejados, não consegue avançar nas arenas políticas ante a condição dos detentos, de grupo social minoritário, impopular e marginalizado. Nesse cenário de bloqueios políticos insuperáveis, fracasso de representação, pontos cegos legislativos e temores de custos políticos, a intervenção do Supremo, na medida correta e suficiente, não pode sofrer qualquer objeção de natureza democrática.

No tocante ao possível óbice atinente à separação de Poderes, à alegação das capacidades institucionais superiores do Legislativo e do Executivo comparadas às do Judiciário, há de se atentar para as falhas estruturais ante o vazio de políticas públicas eficientes. É impertinente levar em conta, no caso examinado, tais formulações teóricas, uma vez que é a própria atuação estatal deficiente o fator apontado como a gerar e agravar a transgressão sistêmica e sistemática de direitos fundamentais. A intervenção judicial é reclamada devido à incapacidade demonstrada pelas instituições legislativas e administrativas, o que torna o argumento comparativo sem sentido empírico. Daí por que a intervenção judicial equilibrada, inclusive quando há envolvimento de escolhas orçamentárias, não pode ser indicada como fator de afronta às capacidades institucionais dos outros Poderes, se o exercício vem se revelando desastroso.

Nada do que foi afirmado autoriza, todavia, o Supremo a substituir-se ao Legislativo e ao Executivo na consecução de tarefas próprias. O Tribunal deve superar bloqueios políticos e institucionais sem afastar esses Poderes dos processos de formulação e implementação das soluções necessárias. Precisa agir em diálogo com os outros Poderes e com a sociedade. Cabe ao Supremo catalisar ações e políticas públicas, coordenar a atuação dos órgãos do Estado na adoção dessas medidas e monitorar a eficiência das soluções.

Não lhe incumbe, no entanto, definir o conteúdo próprio dessas políticas, os detalhes dos meios a serem empregados. Em vez de desprezar as capacidades institucionais dos outros Poderes, deve coordená-las, a fim de afastar o estado de inércia e deficiência estatal permanente. Não se trata de substituição aos demais Poderes, e sim de oferecimento de incentivos, parâmetros e objetivos indispensáveis à atuação de cada qual, deixando-lhes o estabelecimento das minúcias. Há de se alcançar o equilíbrio entre respostas efetivas ao desrespeito a direitos e as limitações institucionais versadas na Carta da República.

Ao Supremo cumpre interferir nas escolhas orçamentárias e nos ciclos de criação, implementação e avaliação de políticas públicas, mas sem detalhá-las. Deve formalizar ordens flexíveis, com margem de criação legislativa e de execução a serem esquematizadas e avançadas pelos outros Poderes, cabendo-lhe reter jurisdição para monitorar a observância da decisão e o sucesso dos meios escolhidos. Ao atuar assim, reservará aos Poderes Executivo e Legislativo o campo democrático e técnico de escolhas sobre a forma mais adequada para a superação do estado de inconstitucionalidade, vindo apenas colocar a máquina estatal em movimento e cuidar da harmonia dessas ações. Como destaca a doutrina colombiana, o Tribunal não chega a ser um elaborador de políticas públicas, e sim um coordenador institucional, produzindo um efeito desbloqueador.[3]

Esse é, enfim, o papel que deve desempenhar o Supremo em favor da superação do quadro de inconstitucionalidade do sistema prisional: retirar as autoridades públicas do estado de letargia, provocar a estruturação de novas políticas públicas, aumentar a deliberação política e social sobre a matéria e monitorar o sucesso da implementação das providências escolhidas, assegurando, assim, a efetividade prática das soluções propostas. Ordens flexíveis sob monitoramento previnem a supremacia judicial e, ao mesmo tempo, promovem a integração institucional cogitada pelo ministro Gilmar Mendes, formuladas que são no marco de um constitucionalismo cooperativo.

7. Conclusão

O Tribunal não pode fechar os olhos para a tragédia diária dos cárceres brasileiros. A violação sistemática e sistêmica da dignidade da pessoa humana e do mínimo existencial dos presos envergonha o Brasil, país democrático e signatário de diversos tratados internacionais de direitos humanos. A tolerância a esse quadro leva a Nação a entrar em contradição consigo mesma. Superar ou minimizar esse estado de inconstitucionalidade torna-se tarefa do Judiciário, máxime do Supremo, ante a situação de inércia dos outros poderes. Surge, inclusive, possível a judicialização do orçamento, sobretudo se considerado o fato de que recursos legalmente previstos para o combate aos problemas relatados vêm sendo contingenciados, anualmente, em valores muito superiores aos efetivamente realizados. O Supremo deve cumprir a missão que lhe é própria para acabar com o fracasso das políticas públicas existentes. Não pode se apequenar a ponto de fazer parte da tragédia revelada.

Referências bibliográficas

BARCELLOS, Ana Paula de. Violência urbana, condições das prisões e dignidade humana. *Revista de Direito Administrativo* nº 254, 2010 (Biblioteca Digital Fórum de Direito Público).

GRAVITO, César Rodríguez; FRANCO, Diana Rodríguez. *Cortes y Cambio Social. Cómo la Corte Constitucional transformó el desplazamiento forzado en Colombia*. Bogotá: Dejusticia, 2010.

3 GRAVITO, César Rodríguez; FRANCO, Diana Rodríguez. *Cortes y Cambio Social. Cómo la Corte Constitucional transformó el desplazamiento forzado en Colombia*. Bogotá: Dejusticia, 2010, p. 39.

INÉPCIA DA DENÚNCIA. RESPONSABILIDADE OBJETIVA. FALTA DE JUSTA CAUSA PARA A AÇÃO PENAL

Marco Antonio Rodrigues Nahum

RESUMO: Este trabalho percorre três temas, sem a pretensão de esgotá-los: inépcia da denúncia; responsabilidade objetiva, e falta de justa causa. Entre os requisitos da denúncia salienta os valores processuais e materiais inseridos na assertiva *"a exposição do fato criminoso, com todas as suas circunstâncias"*. A "responsabilidade objetiva" obriga o estudo de denúncias que descrevem crimes societários ou praticados por pessoa jurídica e a possibilidade de sua tipificação diante da legislação penal brasileira. Por fim, "falta de justa causa" procura desenvolver seus requisitos intrínsecos, em especial aqueles justificadores do recebimento da denúncia.

PALAVRAS-CHAVE: denúncia; inépcia; requisitos; crimes societários, pessoa jurídica.

ABSTRACT: This paper covers three themes, with no claim to exhaust them: ineptitude of the complaint; strict liability, and lack of cause. Among the reporting requirements underlines the procedural and material values inserted into the statement "exposing the criminal act, with all its circumstances". The "strict liability" requires the study reports that describe corporate crimes or committed by a legal entity and the possibility of its classification before the Brazilian criminal law. Finally, "no just cause" seeks to develop its intrinsic requirements, particularly those justifying the receipt of the complaint.

KEYWORDS: complaint; ineptitude; requirements; corporate crimes, legal person.

JUSTA HOMENAGEM

Devo confessar que me senti honrado por fazer parte da lista de pessoas convidadas a participar do Projeto de Homenagem ao Prof. René Ariel Dotti, organizado pelo Grupo de Pesquisas *Modernas Tendências do Sistema Criminal*.

Minha admiração pelo professor René Ariel Dotti vem de há muito tempo. Sua postura como advogado, sua luta contra a ditadura, seu compromisso com a democracia fizeram com que eu tivesse imenso afeto e admiração tanto por sua conduta política quanto profissional.

Como Presidente do IBCCRIM, em vários momentos, tive oportunidade de um convívio mais próximo, e constatar que, sempre gentil e educado, jamais transige com seus ideais.

Sempre admirei sua enorme capacidade de trabalho, em especial pela inestimável e profícua produção intelectual em prol de um direito penal protetor dos direitos e garantias individuais da pessoa.

Assim, pelo ser humano, intelectual e profissional do direito, pela firmeza e nobreza de caráter que sempre demonstrou, sinto-me honrado em prestar esta homenagem ao Professor René Ariel Dotti.

As premissas dos temas:

1. A denúncia e a exposição do fato criminoso

O artigo 396 do CPP determina a rejeição da denúncia, nas hipóteses previstas no artigo 395 do referido Código. Entre elas, quando a inicial for "manifestamente" [1] inepta (artigo 395, inciso I).

De outro lado, ao se constatar os requisitos contidos no artigo 41 do CPP tem-se que "*a exposição do fato criminoso, com todas as suas circunstâncias*" é um dos requisitos mais importantes no que tange à eventual declaração de inépcia da denúncia. Constitui-se no elemento que transforma o preceito penal incriminador abstrato em fato concreto, e permite sua observação e análise segundo os princípios do contraditório e da ampla defesa (artigo 5º, inciso LV, da CF).[2]

Numa visão constitucional atual, o direito ao contraditório (corolário do princípio da ampla defesa), conceitua-se como a outorga de poderes às partes, para que, de forma paritária, participem e influenciem, de maneira ativa e efetiva, tanto no desenvolvimento dialético do processo quanto no seu resultado, ou seja, na formação dos pronunciamentos jurisdicionais. "*... não se circunscreve ao ato que resolve a controvérsia, mas compreende todas as decisões do órgão jurisdicional, digam respeito ao mérito da controvérsia, às chamadas condições da ação, aos pressupostos processuais ou à prova*".[3]

---

1 Dizem os juristas que a norma legal não traz palavras desnecessárias. Creio que no texto do artigo 395, inciso I, do CPP encontra-se, ao menos, um termo excessivo: "*manifestamente*". É que, ou a denúncia é inepta ou é apta a expressar o direito de agir do acusador. Não há meio termo.

2 Ao analisar as condições da ação penal, afirma Aury Lopes Júnior: "*... não há dúvida de que o juiz fará uma sumária incursão pelo mérito da causa, e, ainda que teoricamente seja clara a separação entitativa entre a esfera regida pelo direito material e a situação processual, é evidente que no plano ontológico do processo existe uma profunda interação entre elas. Como aponta TOURINHO FILHO, queiram ou não as condições da ação servem de cordão umbilical entre a* ***causa petendi*** *e o exercício do direito de ação*". *Direito Processual Penal e sua Conformidade Constitucional*, 3ª. edição. Rio de Janeiro. Lumen Juris Editora. p. 347.

3 GOMES CANOTILHO, Joaquim José. Ferreira Mendes, Gilmar. Wolfgang Sarlet, Ingo. Streck, Lenio Luiz (coordenação científica). Ferreira Leoncy (coordenação executiva). *Comentários à Constituição do Brasil*. Princípios do contraditório e da ampla defesa. Álvaro de Oliveira, Calos Alberto. São Paulo. 2013. Saraiva/Almedina. p. 432.

Em seguida à narração dos acontecimentos naturais que servem de base empírica à pretensão punitiva, decorre a subsunção ao tipo penal e a pretensão punitiva. Com isto, o acusador "*formula o titulus condemnationis, isto é, a norma jurídica que deve legitimar a imposição de pena e outras sanções jurídico-penais*" [4], assim como o limite material que é objeto da relação jurídica processual.

Portanto, adotada uma visão dialética do processo, tanto o contraditório quanto o exercício da ampla defesa terão, como objeto da interação entre as partes, os fatos descritos na denúncia e o pedido.

Por isso, os requisitos da denúncia deverão estar evidenciados de maneira a não trazer qualquer dúvida. A expressão "*narração dos fatos com todas as suas circunstâncias*", não significa apenas a descrição objetiva do fato. Há necessidade de ficarem evidenciados os acidentes que o cercam, com suas causas e efeitos, assim como a situação concreta de onde se infere o elemento subjetivo do fato típico[5], ou a dinâmica dos fatos[6], entre outros.

É que ao escrever sobre a "A *evolução dos fundamentos da teoria do delito*", em especial a respeito do "Sistema Significativo de Vives Antón", Paulo César Busato deixa evidente a necessidade da descrição dos fatos e suas circunstâncias na denúncia, a fim de que fique identificado, inclusive, o elemento subjetivo como identificador do tipo penal a que se subsumem os fatos: "*a aferição dos elementos subjetivos do tipo de ação não responde ao questionamento a respeito dos processos psicológicos por que passa o agente, mas sim à observação de suas manifestações externas, que não compõe o tipo desde um ponto de vista conceitual, mas sim substantivo*".[7]

---

4 MARQUES, José Frederico. *Elementos de Direito Processual Penal*, 2ª edição, Rio de Janeiro, Forense, 1965, v. II, p. 157.

5 Já decidiu o STF: "*Denúncia: venda de bem alienado fiduciariamente (C. Penal, art. 171, § 2º, I, c/c art. 1º, § 8º, do DI. 911/6): ausência de descrição de circunstâncias aptas a demonstrar a presença do elemento subjetivo do tipo: inépcia. Não é apta a denúncia, tal como formulada no caso, por deixar de descrever dados de fato necessários à configuração do elemento subjetivo do tipo, quais sejam: que aqueles que adquiriram os bens ignoravam que a coisa pertencia a terceiro; ou que, com a venda, se inviabilizou o direito de a instituição financeira rever a coisa.*" (HC 84161/RJ, Min. Sepúlveda Pertence, Primeira Turma, j. 29/06/2005).

6 HC 86.609/RJ; Relator Ministro Cesar Peluso; j. 06/06/2006; Primeira Turma: "*Denúncia. Inépcia. Caracterização. Lesões corporais culposas. Acidente de veículo. Imputação de culpa, na modalidade de imperícia. Não descrição do fato em que teria esta consistido. Mera referência a perda de controle do veículo. Insuficiência. Processo anulado desde a denúncia, inclusive. HC concedido para esse fim. É inepta a denúncia que, imputando ao réu a prática de lesões corporais culposas, em acidente de veículo, causado por alegada imperícia, não descreve o fato em que teria esta consistido.*"

7 Na internet, em http://www.gnmp.com.br/publicacao/156/a-evolucao-dos-fundamentos-da-teoria-do-delito. De maneira completa, em Busato, Paulo César. *Direito penal. parte geral.* 2ª edição. São Paulo. Atlas.
Também, e em especial: *Vives Antón, Tomás S. Fundamentos Del Sistema Penal.* Estudio preliminar de Redondo, M. Jiménez. 1996. Valencia. tirant lo blanch.

Portanto, é impossível o exercício da ampla defesa e do contraditório, sem que a inicial acusatória descreva os fatos objetivos com sua dinâmica evolutiva, de maneira que propicie à defesa absoluta ciência de todos os elementos configuradores da acusação (inclusive como manifestação externa do elemento subjetivo), sob pena de ofensa aos direitos e garantias fundamentais inseridos na Constituição.[8]

Nesse sentido, o professor GOMES CANOTILHO ensina que "... *O princípio básico do Estado de direito é o da eliminação do arbítrio no exercício dos poderes públicos com a consequente garantia de direitos dos indivíduos perante esses poderes...*" [9]

Por isso, a denúncia recebida, e que não descreve "*o fato concreto com todas as suas circunstâncias*", ofende a norma constitucional que a fundamenta e, por consequência, constitui um ato de arbítrio no exercício do poder público, à medida que impede ou limita o exercício pleno da defesa e do contraditório durante o transcorrer do processo.

Uma das conquistas mais importantes do direito contemporâneo é, no dizer de LUIGI FERRAJOLI, "*a regulação jurídica do próprio direito positivo, não só quanto às formas de produção, mas também quanto aos conteúdos produzidos*".[10]

O modelo garantista, diferentemente do juspositivista clássico, obriga uma dupla sujeição da norma ao direito: a legitimação formal e a legitimação substancial. A primeira exige a subsunção formal a que se chama de *vigência* ou *existência*, que respeita a forma dos atos normativos, e que depende da conformidade formal dos atos. A segunda exige a constitucionalidade da lei ou da norma individual. Uma coerência que se refere ao seu *significado* ou *conteúdo*.

---

8 GARCIA POZZER, Benedito Roberto tem interessante posicionamento sobre a tipificação da conduta na denúncia: "... A errônea capitulação, com possibilidade de condenação final, por conduta diversa daquela descrita na denúncia ou queixa, poderá causar prejuízo ao acusado... Assim ocorrerá, quando alguém é acusado do cometimento de *injúria* (art. 140, do Código Penal), segundo a classificação acusatória; para, depois da instrução, ser condenado pelo crime de *calúnia* ou *difamação* (artigos 138 e 139, do Código Penal)... Ninguém poderá negar os danos causados pela simples corrigenda do magistrado na sentença. Ora, se correta fosse a classificação da denúncia ou queixa, imputando-se *calúnia* ou *difamação*, o acusado poderia valer-se da *exceção da verdade*, ou da retratação, previstas no Código Penal, artigo 138, § 3º; artigo 139, parágrafo único; e artigo 143. E, demonstrada a verdade dos fatos imputados à vítima, resultaria na absolvição, ou, com a retratação, poderia alcançar a isenção de pena, que lhe foram impedidas pela capitulação equivocada, restando nulo o processo, por não permitir a ampla defesa." (*Correlação entre acusação e sentença no processo penal brasileiro*. São Paulo: IBCCRIM, 2001.2001, p. 152-153).

9 GOMES CANOTILHO, Joaquim José. *Estado de Direito. Na internet em* http://www.libertarianismo.org/livros/jjgcoedd.pdf.

10 "*O direito como sistema de garantias*". Publicado na "Revista do Ministério Público", de Portugal. Janeiro de 1995; n.º 06; p. 35.

Neste sentido, textualmente afirma FERRAJOLI: "*Todos os direitos fundamentais – e não só os sociais e os deveres positivos por eles impostos ao Estado, mas também os direitos de liberdade e as correspondentes proibições negativas que limitam a intervenção daquele – equivalem a vínculos de substância e não de forma, que condicionam a validade substancial das normas produzidas e exprimem, ao mesmo tempo, os fins para que está orientado esse moderno artifício que é o Estado Constitucional de Direito*".[11]

Assim, neste aspecto da constitucionalidade, toda norma necessita um vínculo de substância com os direitos fundamentais constantes em nossa Constituição e, consequentemente, premissas maiores de todo direito de liberdade regulado em nosso sistema jurídico, e limites legais para eventual intervenção do Estado nesse direito.

Por isso, a denúncia formulada sem que preencha os requisitos do artigo 41 do CPP impede o exercício do direito constitucional da ampla defesa, assim como do contraditório e, neste sentido, limita o exercício de direitos fundamentais previstos constitucionalmente.[12]

2. Responsabilidade Objetiva. A autoria como domínio do fato

O artigo 5º, inciso XLV, da CF, ao limitar a aplicação da pena ao autor do delito, fixa o princípio da responsabilidade pessoal como orientador de nosso ordenamento jurídico.

Formalmente, a culpabilidade se refere a todas as características referentes ao sujeito que o ordenamento jurídico estabelece necessárias para imputar-lhe responsabilidade penal e materialmente, representará uma pretensão de reprovação, baseada na análise concreta e circunstancial de sob que pressupostos é possível afirmar que determinado comportamento efetivamente foi livre." [13]

Entre os sentidos que a culpabilidade é usada pela doutrina,[14] um deles traduz a consequência da limitação à responsabilidade penal objetiva.

---

11 Idem; ibidem. p. 37.

12 "*... José Afonso da Silva..., lastreando-se na lição de Ruy Barbosa, assentou que não há, em uma Constituição, cláusula a que se deva atribuir meramente o valor moral de conselhos, avisos ou lições. Todas têm a força imperativa de regras, ditadas pela soberania nacional ou popular aos seus órgãos;... 2) as normas constitucionais têm sempre eficácia jurídica, são imperativas e sua inobservância espontânea enseja aplicação coativa.*" (Barroso, Luís Roberto. *O Direito Constitucional E A Efetividade De Suas Normas*, 8. ed. Rio de Janeiro, Renovar. p. 82 e 86).

13 BUSATO, Paulo César. *Direito penal. parte geral.* 2ª edição. 2015. São Paulo Editora Atlas. p. 555.

14 Tradução livre: Na doutrina penal, o problema da liberdade (do poder atuar de outro modo) vem sendo tratado no marco da culpabilidade: o poder atuar de outro modo –se diz geralmente – é o fundamento da culpabilidade. E, assim, a indemonstrabilidade des-

O princípio da culpabilidade evita o arbítrio, e protege o titular de garantias constitucionais. Evita o arbítrio porque faz com que *"a pretensão de reprovação recaia sobre seu autor. É aí que se estabelece a relação da ação como algo pertencente a alguém, ou seja, como obra sua."*[15]

Por isso, toda teoria do delito que se proponha de matiz democrático, há que incluir entre seus dogmas o princípio da culpabilidade como obstáculo intransponível à responsabilidade penal objetiva.

Neste sentido, para uma inicial acusatória válida, mostra-se essencial a fundamentada descrição da dinâmica dos fatos típicos e sua existência material, inclusive com indícios de identificação e limites da responsabilidade pessoal do autor, o que afasta qualquer hipótese de responsabilidade objetiva, embora nos crimes de autoria coletiva nossos Tribunais entendam como possível, algumas vezes e em casos de complexidade evidente, que a denúncia não individualize a conduta de cada um dos acusados.[16]

De outro lado, registre-se que toda discussão sobre eventual responsabilidade penal da pessoa jurídica encontra-se limitada pela eterna discussão concernente ao sujeito da ação e à norma jurídica. Alega-se que haveria incompatibilidade entre a pessoa jurídica e a dogmática relacionada à ação e à culpabilidade, além da função e essência da pena. Esta discussão parte do pressuposto comparativo entre pessoa física e pessoa jurídica, ou seja, **adota como igual o que é distinto**, a fim de afirmar que falta capacidade de ação e de culpabilidade para a pessoa jurídica.

Importante trabalho sobre a Teoria do Domínio do Fato para a Criminalidade da Empresa encontra-se na obra *"Autoria como domínio do fato. Estudos introdutórios sobre o concurso de pessoas no direito penal brasileiro"* [17], onde os autores explicam, na hipótese de criminalidade de empresa, tanto a

---

se poder atuar de outro modo leva alguns a negar a culpabilidade – a *prescindir* dela – a outros de reformulá-la, falando da culpabilidade *como limite*, de culpabilidade *sem reprovação*, etc.; finalmente, a outros a se resignar de diversos modos e utilizar um conceito sem possível tradução empírica (Vives Antón, Tomás S., *Fundamentos Del sistema penal.* 1996. Valencia. Tirant Lo Blanch. p. 313).

15 BUSATO, Paulo César. *Direito penal.* Parte geral. 2ª edição. 2015. Editora Atlas. 554.

16 RHC 62881/RJ. Relator Ministro Jorge Mussi. Quinta Turma, j. 24/11/2015, DJe 01/12/2015.

17 *"O critério geral de orientação para determinar o conceito de autor é o da figura central do acontecer típico. Partícipe é quem não realiza o tipo... A idéia reitora de domínio do fato é uma expressão desse critério geral de orientação e se desdobra em três manifestações mais concretas, a saber: o domínio da ação (autoria imediata); o domínio da vontade (autoria mediata) e o domínio funcional do fato (coautoria)".* in Luís Greco, Alaor Leite, Adriano Teixeira, e Augusto Assis. *Autoria como domínio do fato. Estudos introdutórios sobre o concurso de pessoas no direito penal brasileiro.* São Paulo. 2014. Editora Marcial Pons. p. 44.

coautoria horizontal quanto a vertical. Também defendem, com fundamento em ROXIN,[18] que um dos requisitos para a possibilidade de fungibilidade do executor *somente pode ser encontrado* nas organizações "dissociadas do direito".[19]

Porém, há autores que não encontram óbice no referido requisito para uma "adaptação do modelo original ao contexto empresarial", como defendem, entre outros e de maneira convincente, ROLAND HEFENDEHL[20], KAI AMBOS[21], e PAULO CÉSAR BUSATO.[22]

Importante se registrar, para que não paire dúvida, no que tange à responsabilidade penal da pessoa jurídica [23] tem-se que ela somente será responsabilizada, por óbvio, quando o ilícito penal for praticado por decisão de seus dirigentes[24] no

---

18 ROXIN, Claus. *Autoría y domínio del hecho em derecho penal*. Madrid. 1998. Marcial Pons. § 24. p. 267 e ss. Em especial: "*Limitación del domínio de la organización a los aparatos al margem de la legalidad*". p. 274 e ss.

19 GRECO, Luís. Leite, Alaor. Teixeira, Adriano. e Assis, Augusto. *Autoria como domínio do fato. Estudos introdutórios sobre o concurso de pessoas no direito penal brasileiro*. São Paulo. 2014. Editora Marcial Pons. p. 102.

20 Idem; ibidem. p. 103.

21 *Domínio por organización. Estado de la discusión*. Revista Brasileira de Ciências Criminais. n. 68. Setembro – outubro de 2007 – ano 15. São Paulo. Editora Revista dos Tribunais. p. 69-111.

22 BUSATO, Paulo César. Direito penal. Parte geral. 2ª edição.2015. Atlas. p. 715-716 afirma que o exemplo de ROXIN, relacionada aos atiradores do muro de Berlim, suscita fortes dúvidas: "*... o que é questionável, dentro da posição deles, não é estarem ou não ajustados ao direito, pois, na verdade, estão cumprindo perfeitamente as ordens que sua organização jurídica determina, ainda que estas ordens sejam claramente injustas. O mesmo pode dizer-se, inclusive, do caso Eichmann...Tal critério é artificial e não corresponde à realidade criminológica... visa tão somente apartar do âmbito da discussão sobre o reconhecimento da autoria a figura da empresa que, não obstante seja evidentemente constituída de uma forma diferente, por exemplo, das máfias ou organizações criminosas, em determinado momento, pode perfeitamente organizar-se e estruturar-se em torno da realização de crimes.*"

23 Sobre a responsabilidade penal da pessoa jurídica no projeto do novo Código Penal Brasileiro, veja-se BUSATO, PAULO CÉSAR, na Revista Liberdades do IBCCRIM.– Especial – Reforma do Código Penal. Setembro 2012. * De outro lado, é importante se registrar que o prof. René Ariel Dotti entende que "A *máxima societas delinquere non potest se mantém invariável nos sistemas penais positivos de um modo geral...*" (Curso de direito penal. 4ª edição. São Paulo. Editora Saraiva. p. 388 e ss.).

24 "*Quem detém as rédeas da efetiva realização de um fato ilícito que envolve atividade empresarial raramente chega a ser uma pessoa física, ainda que muitas vezes, a execução se dê através delas. Aplicado o critério do domínio do fato à autoria mediata – que configurará a maioria dos casos – resulta que a expressão de vontade dominante é que pode dar azo à determinação da autoria, e esta, geralmente, será da pessoa jurídica e não de uma pessoa física determinada.*" Busato, Paulo César. *Direito Penal*. parte geral. 2. Edição. São Paulo. Atlas. p. 733.

interesse da empresa, de modo a afastar qualquer possibilidade de responsabilidade objetiva.[25]

Por outro lado, segundo atual teoria do delito (sistema significativo de Vives Antón),[26] o dolo deixa de ser ontológico, para constituir um compromisso de atuar.[27]

Nesta teoria, a ação também não é um conceito ontológico, mas sim a "*expressão de sentido de um tipo*" e, "*tanto a atuação de uma pessoa física quanto a atuação de uma pessoa jurídica são capazes de configurar a expressão de sentido de um tipo*".[28]

Portanto, neste momento do trabalho e para efeito de um raciocino mais didático, afasta-se o conceito de dolo ontológico adotado pelo modelo finalista: "*... a superação desse modelo pelo dolo como atribuição traduz hoje a expressão de um compromisso de atuar que igualmente não depende de nenhuma aportação da mente para ser reconhecido, mas sim de uma expressão de sentido da qual é igualmente capaz a pessoa jurídica.*" [29]

Assim, no que diz respeito ao delito praticado por pessoa jurídica, tem-se que a vontade, que se manifesta pela expressão de sentido da empresa que interage com o meio social, por óbvio sofre a interferência de seus administradores, e afasta qualquer possibilidade de responsabilidade objetiva.

Por isso, essa "*expressão de sentido da empresa, que expressa um compromisso de atuar*" e provoca danos sociais, necessita ser descrita na denúncia, sob pena de ofensa ao princípio da ampla defesa.

De outro lado, a ausência de identificação dos referidos administradores não afasta a responsabilidade penal da pessoa jurídica, uma vez possuir "*ação, vontade e dolo completamente independente das eventuais ações, vontades e dolo das pessoas físicas.*" Neste ponto é importante ressaltar que a empresa pode praticar crimes de maneira que, considerada sua estrutura de comando vertical, a execução da ação típica pode se caracterizar pela fungibilidade do executor. [30]

---

25 Veja-se a respeito Shecaira, Salomão. *Responsabilidade Penal da Pessoa Jurídica.* 2ª edição. São Paulo. Método Editora. p. 115-118.

26 VIVES ANTÓN, Tomás S. *Fundamentos Del Sistema Penal.* Valencia. Tirant Lo Blanch. 1996.

27 Sobre este tema, mostra-se extremamente didático o artigo "A *Evolução dos Fundamentos da Teoria do Delito*". BUSATO, Paulo César. publicado no site do Grupo Nacional de Membros do Ministério Público: http://www.gnmp.com.br/publicacao/156/a-evolucao-dos-fundamentos-da-teoria-do-delito#_ftnref

28 BUSATO, Paulo César. *Direito Penal. Parte geral. 2. Edição. São Paulo. Atlas. pp..730- 733.*

29 Idem; ibidem.

30 "*Importa ainda destacar que não se supõe aqui ingenuamente que a pessoa jurídica vá realizar a conduta física que pode, sendo o caso de uma exigência do tipo, ser realizada por pessoa física. O que acontece, é que as pessoas físicas eventualmente executoras, podem ser somente*

Por fim, quando em situação que era possível a exigência de agir conforme o direito (no sentido de que a ação é fundamentalmente a expressão de um atuar incondicionado pelo meio) pode-se reprovar juridicamente a pessoa jurídica que realizou o ato ilícito, o que corresponde ao juízo de culpabilidade.

Da mesma forma, ainda que adotado um conceito ortodoxo, há de se reconhecer, como afirma Salomão Shecaira, que a pessoa jurídica não é uma ficção. Em nosso sistema jurídico possui forma, investidura, e atributo, o que torna real sua existência. "*Não é por outra razão que a maior parte da doutrina nacional reconhece que as pessoas morais têm o mesmo subjetivismo outorgado às pessoas físicas. Aplicando tais conceitos ao direito penal pode-se dizer que, ao adotar-se tal pensamento, há de se constatar que a pessoa coletiva é perfeitamente capaz de vontade*".[31]

Por isso, jurisprudência atual do STJ afirma:

> "*... A Primeira Turma do Supremo Tribunal Federal, no julgamento do RE 548.181/PR, de relatoria da em. Ministra Rosa Weber, decidiu que o art. 225, § 3º, da Constituição Federal não condiciona a responsabilização penal da pessoa jurídica por crimes ambientais à simultânea persecução penal da pessoa física em tese responsável no âmbito da empresa. 2. Abandonada a teoria da dupla imputação necessária, eventual ausência de descrição pormenorizada da conduta dos gestores da empresa não resulta no esvaziamento do elemento volitivo do tipo penal (culpa ou dolo) em relação à pessoa jurídica...*" [32].

Assim, ainda que admitida a responsabilidade penal da pessoa jurídica, o artigo 5º, inciso XLV, da CF estabelece a imprescindibilidade de, na descrição da conduta típica contida na denúncia estar inserida a avaliação ministerial dos fatos a demonstrar o compromisso de atuar do autor do ilícito, ou os fatos que expressam ter violado o dever de cuidado.[33]

---

pessoas fungíveis na engrenagem da empresa, que atuam completamente sem culpabilidade. Neste caso, não lhes compete qualquer classe de responsabilidade penal, nem como autores, nem como partícipes, e há que se reconhecer uma hipótese de domínio da vontade, que constitui, na leitura de Roxin, um fundamento para a autoria mediata." (*Autoria e participação nos delitos de pessoas jurídicas: Uma análise crítica da responsabilidade por ricochete adotada pelo Superior Tribunal de Justiça* – Paulo César Busato).

31 *Responsabilidade penal da pessoa jurídica*. 2. Edição. São Paulo. Editora Método. p. 102-103.

32 AgRg no RMS 48085/PA 2015/0087565-0; Relator Min. Gurgel de Faria; Quinta Turma; d.j. 05/11/2015; DJe 20/11/2015.

33 Como exemplo, denúncia que não descreve a evolução dos fatos, de maneira a demonstrar em que consistiu a inobservância do dever de cuidado foi considerada inepta pelo STF (HC 86609/RJ. Primeira Turma. Relator Min. Cézar Peluso. j. 06/06/2006).

3. Falta de justa causa para a ação penal

Embora se tenha absoluta consciência de que estamos a analisar uma "cláusula aberta" que não possui um sentido consensual ou de baixo grau de controvérsia,[34] com fundamento em MARIA THEREZA ROCHA DE ASSIS MOURA, entende-se que justa causa *"não se identifica com qualquer das condições da ação, nem é uma condição autônoma. A falta de uma delas conduz à falta de justa causa. Mas a recíproca não é verdadeira..."*.[35]

Exigência legal de justa causa para a inicial acusatória significa a impossibilidade do exercício do direito de agir de maneira arbitrária. Arbitrário, nos limites de seu entendimento jurídico, corresponde ao exercício do direito de agir de maneira contrária ou abusiva à lei, ou seja, sem suporte de elementos jurídicos fundamentadores de seu exercício, os quais são encontrados em todo o sistema jurídico, como normas vinculantes desse direito.

Note-se que a nova redação do artigo 395 do CPP estabelece que a denúncia ou queixa será rejeitada quando inepta (inciso I); faltar pressuposto processual ou condição da ação (inciso II); ou faltar justa causa para a ação penal; o que faz entender que o legislador não considerou a justa causa como pressuposto processual ou condição da ação, mas sim um fenômeno distinto.[36]

A análise da justa causa para a ação exige que sejam observados elementos de autoria e materialidade com um fundamento mínimo de prova, tendo-se em vista o princípio da presunção de inocência. Porém, insiste-se, para que o exercício da defesa seja pleno, a descrição da acusação não poderá se cingir a elementos abstratos ou presumidos do fato típico. Somente a descrição do fato com **todas as suas circunstâncias** (indícios de autoria, e prova da materialidade) permitirá, como visto acima, que a defesa tenha ciência dos limites objetivos e subjetivos da acusação.

Portanto, para a "justa causa" são suficientes indícios da autoria. Aqui a jurisprudência indica a suficiência de prova indiciária, nos limites da razoabilidade.[37] Mas no que tange à materialidade é exigida prova induvidosa, sem a *"qual inexiste justa causa para a instauração do processo criminal"*.[38]

---

34 Veja-se, por todos. Badaró, Gustavo Henrique. *Processo Penal*. 3ª Edição. São Paulo. Revista dos Tribunais. p. 162-169.

35 *Justa Causa Para A Ação Penal – Doutrina e Jurisprudência*. 2001. São Paulo. Revista dos Tribunais. p. 218 e ss..

36 BADARÓ, Gustavo Henrique. *Processo Penal*. 3. Edição. São Paulo. Revista dos Tribunais. p. 168.

37 HC 93736/SP; Relator Ministro Ricardo Lewandowski; Primeira Turma j. 12/09/2008.

38 ASSIS MOURA, Maria Thereza Rocha de. *Justa Causa Para A Ação Penal – Doutrina e Jurisprudência*. 2001. São Paulo. Revista dos Tribunais. p. 241.

Neste sentido, Afrânio Silva Jardim também enfatiza: "*Este suporte probatório mínimo se relaciona com os indícios de autoria, existência material de uma conduta típica e alguma prova de sua antijuridicidade e culpabilidade. Somente diante de todo esse conjunto probatório é que, a nosso, ver, se coloca o princípio da obrigatoriedade do exercício da ação penal.*" [39]

De outro lado, a exigência da descrição do fato com todas as suas circunstâncias também permite a análise da presença de, ao menos, indícios do elemento volitivo do tipo, já que, como afirmado acima, esse elemento é *uma expressão de sentido da qual é igualmente capaz a pessoa jurídica.*

Este também é o entendimento de Afrânio Silva Jardim e Pierre de Amorim, quando afirmam que não lhes parece correta a afirmativa de que basta que a denúncia esteja lastreada em prova de autoria e materialidade, já que o tipo penal incriminador é composto de "*outros elementos essenciais, quer subjetivos, descritivos ou normativos*".[40]

Não suficiente, não se pode olvidar que, ao final do processo, deverá haver uma correlação entre a denúncia e a sentença, inclusive no que diz respeito ao elemento subjetivo do tipo penal.[41]

Por óbvio, também na acusação contra crimes societários[42] se faz necessária a observação dos requisitos do artigo 41 do CPP[43], mesmo que a descrição das atuações individuais não seja minuciosa, mas "*demonstre um liame entre o seu agir e a suposta prática delituosa*"[44], o que não se confunde com ações que contenham acusações vinculadas à mera condição de sócios dos imputados, o que acarretaria em responsabilidade objetiva.[45]

---

39 SILVA JARDIM, Afrânio. *Ação Penal Pública: princípio da obrigatoriedade.* 2ª edição. Rio de Janeiro. Forense. p. 42.

40 SILVA JARDIM, Afrânio e Coutinho de Amorim, Pierre Souto Maior. *Direito Processual Penal – estudos e pareceres.* 13ª edição. Rio de Janeiro. Lumen Juris. p. 110-111

41 "*Para Manzini, há mudança do fato imputado quando os elementos materiais ou, ainda, somente os elementos psíquicos (dolo, preterdolo ou culpa) que o constituem e devem ser juridicamente valorados são diversos e mais graves que aqueles especificados na imputação*". (Badaró, Gustavo Henrique. *Correlação entre acusação e sentença.* 2ª edição. São Paulo. Editora Revista dos Tribunais. p. 107-109).

42 No crime praticado por pessoa jurídica, como o próprio nome indica, atribui-se a autoria à própria sociedade; nos crimes societários a atribuição da autoria recai sobre os sócios, diretores, ou responsáveis (indivíduos) que agem em seu nome.

43 HC 89105/PE; Relator Ministro Gilmar Mendes; Segunda Turma; j. 15/08/2006.

44 RHC 62859/RS; Relator Ministro Jorge Mussi; Quinta Turma; j. 24/11/2015; DJe 01/12/2015.

45 HC 129809/CE; HC2009/0034385-4; Relator Ministro Og Fernandes; Sexta Turma; j. 03/08/2010; DJe 20/09/2010.

Conclusões

1. A denúncia e a exposição dos fatos

"*... A denúncia, pelas conseqüências graves que acarreta, não pode ser produto de ficção literária. Não pode, portanto, deixar de descrever o porquê da inclusão de cada acusado como autor, co-autor ou partícipe do crime...*".[46]

Desde João Mendes Júnior é pacífico o entendimento de que a denúncia (e, por óbvio, a queixa-crime) deve possuir "*exposição narrativa e demonstrativa. Narrativa, porque deve revelar o facto com todas as suas circunstâncias, isto é, não só a acção transitiva, como a pessoa que a praticou (quis), os meios que empregou (quibus auxiliis), o malefício que produziu (quid), os motivos que o determinaram a isso (cur), a maneira porque a praticou (quomodo), o logar onde a praticou (ubi), o tempo (quando). Demonstrativa, porque deve descrever o corpo de delicto, dar as razões de convicção ou presumpção e nomear as testemunhas e informantes.*" [47]

No que diz respeito ao crime culposo, a denúncia, por óbvio, também deve descrever o elemento do injusto. A violação do dever de cuidado necessita estar refletida nas circunstâncias fáticas descritas, ou seja, não basta afirmar que o acusado violou seu dever de cuidado, há necessidade de se evidenciar **como** o dever de cuidado foi violado para que a defesa possa ser desenvolvida plenamente.

Da mesma forma, nos delitos tentados a descrição deve conter o início da execução do núcleo do tipo e as circunstâncias alheias ao agente que vieram a interromper a execução do fato ilícito.

Nos crimes plurissubjetivos, ainda que de descrição complexa, o comportamento de cada um dos agentes também necessita refletir o liame entre a ação individual e o resultado, nos termos do que preceitua o artigo 29 e parágrafos, do CP.

Assim, ao estabelecer os limites da ação penal, a denúncia, como espelho da pretensão acusatória, reflete uma proposta de sentença. Por isso, há que se mostrar objetiva, completa na descrição dos fatos típicos e sua autoria. Daí, como já se afirmou, fica estabelecida a moldura para o contraditório e o exercício da ampla defesa, com reflexos diretos no julgamento de mérito.

Sobre este tema, ainda se mostra importante deixar registrado que, na hipótese de existir diversidade entre acusação e sentença, o prejuízo para a defesa e/ou para o contraditório é o critério balizador. Se a diversidade não trouxer o referido prejuízo, não se pode falar em ofensa à ampla defesa.[48]

---

46 RHC 4.214-1 (DF), 5ª Turma. Rel. Ministro Assis Toledo, j. 22.02.1995, RT 715/526.

47 Almeida Junior, João Mendes de. *O Processo Criminal Brazileiro*, Rio de Janeiro, 3º ed., Typografia Baptista de Souza, 1920, vol. II, p. 195.

48 BADARÓ, Gustavo Henrique. *Correlação entre acusação e sentença*. 2. Edição. São Paulo. Editora Revista dos Tribunais. p. 109.

E a aferição do "prejuízo", para que não se torne decisão de extremo subjetivismo (como se verifica constantemente na jurisprudência), há que respeitar o atributo material do conceito, que se manifesta com qualquer ofensa aos direitos fundamentais do homem previstos na Constituição.

2. A pessoa jurídica

Ao lançar um documentário em realidade virtual, sobre o que ficou conhecido como "a tragédia de Mariana", o roteirista e diretor de audiovisual Tadeu Jungle escreveu: "*A tragédia em Mariana vai além do maior desastre ecológico. As casas caíram. Os sonhos sumiram. E o que ficou é fantasmagórico. Bento Rodrigues era quintal de todos. Virou lugar nenhum. Havia vida que não se recupera nem se paga...*".[49]

Enrico Ferri já afirmava "*que há pessoas jurídicas que ou se constituem ficticiamente ou no decurso da sua vida acabam por cometer crimes (bancarrota, fraude, apropriação indébita, falsificação, crimes políticos, difamação etc.) e que, em tais crimes, pode existir uma criminosa vontade coletiva e comum, além das intenções e ações particulares deste ou daquele sócio...*".[50]

2.1. Os crimes societários ou de empresa[51]

Importante se registrar que o crime societário é aquele praticado por indivíduo, em nome da empresa, isto é, como seu representante legal.

A responsabilidade penal apenas em razão do cargo, função ou posição hierárquica na empresa ofende o princípio da culpabilidade, posto que constitui responsabilidade objetiva. Portanto, nosso sistema jurídico exige uma ação ou contribuição pessoal na prática do delito.

---

49 Jornal "Folha de São Paulo". Edição de domingo, 27 de dezembro de 2015. "Cotidiano B4: *A Vila Que Sumiu Do Mapa*".

50 FERRI, Enrico. *Princípios de direito criminal. trad. Paolo Capitanio. 2ª ed. Campinas. Bookseller. 1999, apud Responsabilidade penal das pessoas jurídicas – breve estudo crítico. Eduardo Luiz Santos Cabette, na internet: htt:/www.*ambito-jurídico.com.br/site/índex.php?n_link=revista_artigos_leitura&artigo_id=5459.

51 Tradução livre: Há que se reconhecer, certamente, que – segundo foi explicado mais acima – nem toda delinquência econômica é delinquência de empresa, mas há de se convir, assim mesmo, que esta última parte da criminalidade constitui a parte mais importante da criminalidade econômica. E isso não só do ponto de vista prático, mas também desde uma perspectiva político-criminal e dogmática (Schunemann, 1988, p. 531). ... um estudo empírico realizado na Alemanha sobre delitos econômicos cometidos entre 1975 e 1985 chegou à conclusão de que 80% deles eram delitos perpetrados no seio de uma atividade empresarial (vid. Achenbach, 1995, p. 381), *in* Perez, Carlos Martinez-Bujan. *Derecho penal económico. parte general.* Valencia. 1998. Tirant Lo Blanch. p. 194.

O crime societário não se confunde com o crime praticado por pessoa jurídica.

Nos primeiros, o ilícito penal é atribuído ao indivíduo (diretores ou administradores), que o pratica no interesse da sociedade. Não é requisito essencial o concurso de agentes. Embora a sociedade, normalmente, seja composta por mais de uma pessoa,[52] neste tipo de crime somente a pessoa física, individualmente, pode praticar o delito no interesse da sociedade. É na ação humana que deve centrar-se a acusação.

No segundo, o autor do crime é a própria pessoa jurídica. O ilícito é praticado no interesse exclusivo da empresa, segundo a sua vontade. É na ação da sociedade como resultado típico penal que deve centrar-se a denúncia.

No plano horizontal a pessoa jurídica se organiza segundo a divisão de trabalho, de especialização e de complementaridade. Cada pessoa interveniente do processo assume a competência funcional, para complemento e execução do plano comum. No plano vertical a pessoa jurídica se estrutura em princípios de hierarquia. Aqui as pessoas estão submetidas a uma direção comum, com capacidade para aceitar, modificar ou rechaçar a execução do plano comum. [53]

Em raciocínio singelo, a diferença entre esses delitos (pessoa jurídica, e crimes societários) é definida: pela característica da decisão que se produz no seio da sociedade ou organização da empresa (1); pelas pessoas responsáveis que decidiram sobre a execução e conduta delitiva (2); e em razão do benefício direto almejado com o dano social produzido (3). O segundo e o último requisitos definem a autoria. O primeiro define o elemento do injusto típico.

2.2. Responsabilidade penal da pessoa jurídica

A criminalidade globalizada, inclusive por meio de empresas transnacionais com organização interna complexa e decisões descentralizadas, provoca danos materiais e morais de dimensões imensas que ultrapassa, inclusive, o limite individualizado das nações. Sua capacidade de adaptação e sobrevivência às mutações sociais e políticas, e sua aptidão para criar defesas frustrando as formas tradicionais de controle social que lhe são dirigidas, torna a criminalidade globalizada uma ameaça séria a minar os alicerces de qualquer nação.[54]

---

52 Perez, Carlos Martinez-Bujan. *Derecho penal econômico. parte general.* Valencia. 1998. Tirant Lo Blanch. p. 193

53 Idem. Ibidem. p. 197.

54 Figueiredo Dias, Jorge de e Costa Andrade, Manuel da *Problemática geral das infrações contra a economia nacional.* In Direito Penal Económico e Europeu: textos doutrinários. 1998. Coimbra Editora. p. 319-346.

A responsabilidade penal da pessoa jurídica cruza em diagonal por todos os temas da teoria do delito, e prega, necessariamente, a revisão de seus pressupostos, isto é, a atualidade dos princípios limitadores do "ius puniendi"; as vinculações entre injusto penal e injusto administrativo; as relações do Direito Penal com outros ramos do ordenamento jurídico; a tendência atual expansiva do Direito Penal; e a legitimidade do recurso penal para os novos delitos socioeconômicos. Além disso, afeta dois temas atuais da política criminal moderna: a criminalidade organizada e o terrorismo, posto que no núcleo de ambos os tipos de delinquência estão a pessoa jurídica e as organizações.

Como consequência, abordar esta questão de uma maneira séria e não tangencial requer, irremediavelmente, investigar os pressupostos e, seguramente, escape de suas soluções simplistas: as banais "posições a favor" versus "posições contrárias". Seguramente, também, aqui esteja o "calcanhar de Aquiles" desta questão: a impossibilidade para chegar a consenso sobre as questões fundamentais do Direito Penal, daquelas que se tem discutido durante todo o desenvolver desta disciplina, que podem sintetizar-se no problema da "*responsabilidade penal*".[55]

2.3. Autoria e coautoria

ROXIN, ao adotar o domínio do fato como configurador da autoria, distingue três formas: como domínio da ação; como domínio funcional do fato, e como domínio da vontade.[56] Com a primeira, ROXIN explica que o

55 Tradução livre: RodrÍguez, Laura Zúñiga. *La Questión de La Responsabilidad Penal de lãs Personas Jurídicas, um Ponto y Seguido.* El Sistema Penal Frente a los Retos de La Nueva Sociedad. Coordinadores: Díaz-Santos, M.ª Rosario Diego y Caparrós, Eduardo A. Fabián. 2003. Editorial Colex. p. 57-58.

56 Com a didática que lhe é peculiar, o prof. René Ariel Dotti (com apoio em Luís Greco e Alaor Leite "Autoria como domínio do fato: estudos introdutórios sobre o concurso de pessoas no direito penal brasileiro. São Paulo: Marcial Pons, 2014), explica: "... O domínio da ação é caracterizado pela conduta do *autor imediato*... Quem aperta o gatilho tem o domínio da ação e nunca poderá ser mero partícipe...; O *domínio da vontade* revela a figura do autor mediato que serve como instrumento de outrem para a prática do delito... "*comete o fato por meio de outrem*". Essa situação envolve três aspectos: ***a)*** *a coação exercida sobre o homem da frente. A responsabilidade penal é do homem de trás*, assim como ocorre com o art. 22 do CP; **b)** *a autoria mediata em situação de erro*. Vale, como exemplo, a hipótese do contrarregra de teatro que, pretendendo a morte do ator **A**, fornece ao ator **B**, que irá fazer a cena fictícia de matar **A**, a arma municiada com projétil real e não com pólvora seca. B é o autor mediato não culpável em face do erro de tipo inevitável. Para ROXIN, o induzimento em erro do executor da ação é excludente do dolo ou da imprudência inconsciente (Autoría y dominio del hecho, § 22, p. 195); **c)** *o domínio da vontade do executor por meio de um aparato organizado de poder*...; Essa modalidade de poder ocorre na coautoria em uma atividade típica da *distribuição de tarefas*... Vale o exemplo de GRECO-LEITE: "**A** aponta uma pistola para a vítima

domínio da vontade pode ocorrer de três maneiras: pelo erro; pela coação; ou adotando a tese da teoria mediata nos aparatos organizados de poder, por domínio da organização. A segunda justifica a coautoria. A última forma fundamenta a autoria mediata.

"*A fórmula identificadora da teoria do domínio do fato nos casos de coautoria é chamada de 'domínio funcional do fato', uma vez que os coautores repartem funções para a consecução do objetivo delitivo...*".[57]

A teoria do domínio do fato reconhece como coautor toda pessoa que desempenha uma função essencial para a configuração do ilícito. "*A questão importante, passa a ser outra: a de definir o que pode ser reconhecido como uma função ou contribuição essencial. Para esse fim, o critério mais adequado parece o de verificar na existência de um domínio parcial, cuja exclusão hipotética afetaria necessariamente o desenvolvimento do plano de realização do delito, sujeitando-o ao fracasso*".[58]

Na origem de sua tese, apresentada em 1963, CLAUS ROXIN afirmou haver três características de domínio da organização: **a fungibilidade** dos executores; a **verticalidade hierárquica** do aparato de poder; e a **atuação da organização fora do ordenamento jurídico**, ou sua **desvinculação do direito.** [59]

A característica "fungibilidade dos executores" (autor imediato) não torna imprescindível que o autor mediato (homem de trás) o conheça. O cumprimento da ordem pode se realizar pelo domínio da organização por parte dos autores das ordens (homem de trás ou autor mediato), ou atuação do aparato de poder à margem do direito. Roland Hefendehl "*ressalta que a fungibilidade dos agentes é uma das características das organizações empresariais*

(grave ameaça), enquanto **B** lhe toma o relógio de pulso (subtração de coisa alheia móvel): aqui, seria inadequado que **A** respondesse apenas pelo delito de ameaça (art., 147, CP) ou de constrangimento ilegal (art. 146, CP), e **B** apenas pelo furto (art. 155, CP). Se duas ou mais pessoas, partindo de uma decisão conjunta de praticar o fato, contribuem para a sua realização com um ato relevante [2] de um delito, elas terão o *domínio funcional do fato (funktionale Taherrschaft)*, que fará de cada qual coautor do fato como um todo, ocorrendo aqui, como consequência jurídica, o que se chama de imputação recíproca [3]. **A** e **B** responderão, assim, ambos pelo delito de roubo (art. 157 do CP).

57 BUSATO, Paulo César. Direito Penal. Parte geral. 2ª Edição. 2015. São Paulo. Editora Atlas. p. 718.

58 Idem; ibidem. p. 718.

59 Importante se reiterar que esta concepção situa-se na origem da tese. Em tempos recentes, parece, Roxin modificou em parte seu pensamento, em especial em relação à necessidade de desvinculação do direito.

da sociedade contemporânea, e que os agentes não seriam substituíveis apenas em empresas muito pequenas e/ou especializadas...".[60]

A "verticalidade hierárquica" exige requisitos: "*a emissão de uma ordem a partir de uma posição de poder dentro de uma organização verticalmente estruturada (1) e dissociada do direito (2) e a fungibilidade dos executores (3). O exemplo mais cristalino é o processo contra Eichmann, que inclusive serviu de paradigma a ROXIN quando formulou a teoria*".[61]

KAI AMBOS diz que "*... o critério de desvinculação do direito, tal como foi entendido originalmente por ROXIN, isto é, no sentido de um aparato organizado de poder que está fora do ordenamento jurídico, é supérfluo para a fundamentação do domínio por organização...*" [62] Para este autor, a desvinculação do direito representa um elemento de domínio da organização, mas não representa um requisito indispensável, uma vez que "*há aparatos de poder não organizados pelo Estado e aparatos de poder organizados pelo Estado*". [63]

Por fim, no que tange à autoria mediata em delito praticado por pessoa jurídica de estrutura complexa, em aparatos de poder organizados, somente o estudo do caso concreto, *com a constatação fática das características configuradoras de autoria*,[64] permitirá a identificação dos autores do delito (mediato ou de trás, e o imediato ou da frente).

Neste sentido, em respeito ao princípio da culpabilidade, é importante se registrar, exaustivamente: para que se configure o *domínio do fato* é necessário que o *autor* tenha absoluto controle sobre o *executor do fato*, e não apenas ostentar uma posição de superioridade ou de representatividade institucional, como se chegou a interpretar na jurisprudência brasileira.

Portanto, é insuficiente que haja indícios da autoria da emissão da ordem. O Direito Penal do fato exige um juízo de certeza consubstanciado em prova incontestável. [65]

---

60 LUÍS GRECO, ALAOR LEITE, ADRIANO TEIXEIRA, e AUGUSTO ASSIS. *Autoria como domínio do fato. Estudos introdutórios sobre o concurso de pessoas no direito penal brasileiro*. São Paulo. 2014. Editora Marcial Pons. p. 103

61 Idem; ibidem. p. 28.

62 Tradução livre: Idem, ibidem, p. 96 e 98.

63 Idem, ibidem p. 98

64 1) domínio da organização por parte de quem deu a ordem; 2) fungibilidade do executor; 3) fungibilidade do executor e sua colocação em ambiente coletivo de proteção à sua atitude de execução (*in* Busato, Paulo César. Direito Penal. Parte geral. 2ª Edição. 2015. São Paulo. Editora Atlas. p. 715-716).

65 Bitencourt, Cézar Roberto. *A teoria do domínio do fato e a autoria colateral.* site CONJUR de 18/11/2012. Na internet em 30/12/2015: http://www.conjur.com.br/2012-nov-18/cezar-bitencourt-teoria-dominio-fato-autoria-colateral

3. Falta de justa causa para a ação penal

"... Ainda que a lei seja rigorosamente respeitada e que o processo seja justo e corretamente conduzido, pode chegar-se a um resultado errado: um inocente pode ser condenado, o culpado pode ser julgado inocente. Em tais casos, falamos de erro judicial: a injustiça não decorre de qualquer erro humano, mas de uma combinação fortuita de circunstâncias que falseia o objetivo das regras jurídicas. A característica de justiça processual imperfeita é que, embora haja um critério independente para o resultado correto, não há qualquer processo prático que assegure que ele será atingido." [66]

Com a revogação do artigo 43 do CPP pela Lei nº 11.719/08, o novo caput do art. 395, passou a prever as hipóteses de rejeição da denúncia ou queixa: "Art. 395. A denúncia ou queixa será rejeitada quando: I – for manifestamente inepta; II – faltar pressuposto processual ou condição para o exercício da ação penal; ou III – faltar justa causa para o exercício da ação penal.

Portanto, o legislador exigiu a rejeição da denúncia quando estiverem ausentes qualquer uma das condições da ação, além da "justa causa".[67] Porém, não definiu as condições da ação. José Frederico Marques o fez: "*Se a conduta descrita na peça acusatória não é típica, não pode ser pedida a aplicação da sanção penal: há, na hipótese, portanto, impossibilidade jurídica do pedido... O interesse de agir é a relação entre a situação antijurídica denunciada e a tutela jurisdicional requerida... A legitimação para agir (legitimatio ad causam) diz respeito à titularidade ativa e passiva da ação...*" [68]

Considerados esses novos artigos da legislação processual penal, a inicial acusatória válida deve descrever, com indícios de autoria e prova da materialidade, o tipo de injusto atribuído ao autor imputável, com elementos probatórios mínimos de todos os elementos da definição doutrinária analítica de ilícito penal. Repete-se: a denúncia, como espelho da pretensão acusatória, reflete uma proposta de sentença. Ausente a prova indiciária da autoria, possibilidade de subsunção do fato ao tipo penal com probabilidade de pena proporcional, adequada, além de ilicitude e culpabilidade, a denúncia não pode ser recebida. Não será uma proposta de sentença.

---

66 RAWLS, John. *Uma teoria da justiça. Trad. Carlos Pinto Correia. Lisboa. Editora Presença. 1993. P.86. § 14. apud* ASSIS MOURA, Maria Thereza Rocha de. *Justa Causa.* 2001. Editora Revista dos Tribunais. Prefácio de MORAES PITOMBO, Sérgio Marcos de. p. 9.

67 AURY LOPES JÚNIOR inclui, entre as condições da ação, a "prática de fato aparentemente criminoso – fumus commissi delicti". Afirma que "esta condição da ação" não se confunde com "justa causa". O "fumus commissi delicti" seria a exigência de prova de tipicidade, ilicitude e culpabilidade. Na "justa causa" a análise deve recair sobre elementos probatórios de autoria e materialidade.

68 *Elementos de direito processual penal.* Volume I. Forense. p. 318-320.

Além disso, é importante estar evidenciado o interesse de agir por parte do autor da demanda. Aquele que possui a legitimidade ativa pede a tutela jurisdicional frente ao titular da legitimidade passiva.

A ausência de qualquer um desses elementos na denúncia impede o reconhecimento da "justa causa".

MARIA THEREZA ROCHA DE ASSIS MOURA é clara ao afirmar: "*O juízo do possível conduz à suspeita, e é improvável para uma acusação. Para que uma pessoa seja acusada da prática de infração penal, deve despontar não como 'possível', mas como 'provável' autor do delito. Daí dizermos que, com relação à autoria, devem existir, no mínimo, indícios bastantes para a autoria*".[69]

Portanto, a "justa causa para a ação penal", prevista no artigo 395, inciso III, do CPP, constitui a exigência de que a inicial acusatória demonstre a existência de provas indicativas da viabilidade mínima de convicção sobre a autoria do ilícito e existência de sua materialidade (*fumus commissi delicti*), de maneira a justificar a intervenção jurídica de natureza penal.

Trata-se de uma proteção efetiva contra o eventual abuso de direito de acusar.[70] A ausência de um desses elementos com o grau de certeza apontado pela doutrina justifica o reconhecimento de que falta viabilidade mínima para se submeter uma pessoa, titular dos direitos e garantias individuais de nossa Constituição, a processo criminal.

Aliás, INGO WOLFGANG SARLET afirma que a dignidade não constou do rol dos direitos e garantias fundamentais, para que fosse consagrada como princípio (e valor) fundamental: "*... como tal, deve servir de norte ao intérprete, ao qual incumbe a missão de assegurar-lhe a necessária força normativa...*"

Neste sentido, também afirma: "*... o Estado existe em função da pessoa humana, e não o contrário...*" [71], o que impõe a certeza de que, em matéria de justa causa para o exercício da ação penal, além de indícios de autoria, apenas a probabilidade (e não a certeza) da materialidade do crime não é suficiente para que seja reconhecida a justa causa no oferecimento da denúncia.

Não se pode deixar de reconhecer que o processo injusto constitui uma afronta ao princípio fundamental da dignidade do ser humano. Não ofende apenas os direitos do acusado, mas à cidadania constitucionalmente protegida.

Afinal, na lição de nosso homenageado, professor René Ariel Dotti, "*o homem é início e fim da aventura do direito.*" [72]

---

69 *Justa causa para a ação penal*. São Paulo. Revista dos Tribunais. nota 11, da p. 222.

70 LOPES JR, Aury. *Direito Processual Penal*. 12ª edição. Saraiva. p. 94.

71 GOMES CANOTILHO, Joaquim José. Ferreira Mendes, Gilmar. Wolfgang Sarlet, Ingo. Streck, Lenio Luiz (coordenação científica). Ferreira Leoncy (coordenação executiva). *Comentários à Constituição do Brasil*. São Paulo. 2013. Saraiva/Almedina. p. 124.

72 DOTTI, René. *O concurso de pessoas*, in Ciência Penal. vol. 1. Rio de Janeiro: Forense, 1981, p. 100, apud Busato, Paulo César. *A Evolução dos Fundamentos da Teoria do Delito*.

Para finalizar o presente trabalho: "*Tem-se que aceitar: conceitos e sistemas carecem de objetivo correlato e, por conseguinte, não possuem mais valor que aquele que lhes outorga o curso da discussão argumentativa. Em consequência, ninguém pode estar absolutamente seguro de ter razão. Mas isso, como assinala Putnam, não é nenhuma classe de inconveniente, e sim uma vantagem: ajuda a nos livrarmos do sectarismo (algo que nos resulta tão incômodo quando outros o praticam)*.[73]

Bibliografia

ALMEIDA JÚNIOR, João Mendes de. *O Processo Criminal Brazileiro*, 1920, Rio de Janeiro, 3ª ed., Typografia Baptista de Souza. vol. II.

AMBOS, Kai. *Domínio por organización. Estado de la discusión.* Revista Brasileira de Ciências Criminais. n. 68. Setembro – outubro de 2007 – ano 15. São Paulo. Editora Revista dos Tribunais.

ASSIS MOURA, Maria Thereza Rocha de. *Justa Causa Para A Ação Penal – Doutrina e Jurisprudência.* 2001. São Paulo. Revista dos Tribunais.

BADARÓ, Gustavo Henrique. *Processo Penal.* 3ª Edição. São Paulo. Revista dos Tribunais.

BARROSO, Luís Roberto. *O Direito Constitucional E A Efetividade De Suas Normas*, 8ª ed. Rio de Janeiro, Renovar.

BITENCOURT, Cézar Roberto. *A teoria do domínio do fato e a autoria colateral.* site CONJUR de 18/11/2012. Na internet em 30/12/2015: http://www.conjur.com.br/2012-nov-18/cezar-bitencourt-teoria-dominio-fato-autoria-colateral.

BUSATO, Paulo César. *Direito Penal.* Parte geral. 2ª edição. 2015. São Paulo. Editora Atlas.

_________. *A Evolução dos Fundamentos da Teoria do Delito.* Na internet, em http://www.gnmp.com.br/publicacao/156/a-evolucao-dos-fundamentos-da-teoria-do-delito. acesso em 29/10/2015.

DOTTI, René Ariel. *Curso de direito penal. parte geral.* 4ª edição. São Paulo. Editora Revista dos Tribunais.

publicado no site do Grupo Nacional de Membros do Ministério Público. http://www.gnmp.com.br/publicacao/156/a-evolucao-dos-fundamentos-da-teoria-do-delito.

73 Tradução livre: Habermas, Jürgen. *Ciência y técnica como ideologia.* 1984. Madrid. p.126 e ss. (em português: *Técnica e Ciência como 'Ideologia'*, Rés Editora, Porto, 1982); y Sorell, Tom *La cultura científica. Mito y realidad.* 1991. Barcelona. p. 189 e ss., *apud* Vives Antón, Tomás S. *Fundamentos Del Sistema Penal.* Valencia. Tirant Lo Blanch. 1996. p. 486.

________. Justiça e Direito. Jornal Gazeta do Povo. edição de 22 de setembro de 2015. Na internet: http://www.gazetadopovo.com.br/vida-publica/justica-e-direito/colunistas/rene-ariel-dotti/a-teoria-do-dominio-do-fato-cuh31kbwjw2y7wrutksj5fdpi. acesso em 03/01/2016.

DOTTI, René. *O concurso de pessoas*, in Ciência Penal. vol. 1. Rio de Janeiro. Forense, 1981, *apud* Busato, Paulo César. *A Evolução dos Fundamentos da Teoria do Delito*. Na internet, em http://www.gnmp.com.br/publicacao/156/a-evolucao-dos-fundamentos-da-teoria-do-delito . acesso em 03/01/2016.

FERRI, Enrico *Princípios de Direito Criminal*. Trad. Paolo Capitanio. 2ª. ed. Campinas: Bookseller, 1999, *apud Responsabilidade penal das pessoas jurídicas. Breve estudo crítico*. Cabette, Eduardo Luiz Santos: na internet: http://www.ambito-jurjuridico.com.br/site/index.php?n_link=revista_artigos_leitura&artigo_id=5459

FIGUEIREDO DIAS, Jorge de / COSTA ANDRADE, Manuel da. *Problemática geral das infrações contra a economia nacional. in Direito Penal Económico e Europeu: textos doutrinários*. 1998. Coimbra Editora.

GARCIA POZZER, Benedito Roberto. *Correlação entre acusação e sentença no processo penal brasileiro*. São Paulo: IBCCRIM, 2001.2001.

GOMES CANOTILHO, Joaquim José. *Estado de Direito. Na internet em* http://www.libertarianismo.org/livros/jjgcoedd.pdf.

Justa Causa Para A Ação Penal – Doutrina e Jurisprudência. 2001. São Paulo. Revista dos Tribunais.

GOMES CANOTILHO Joaquim José. / FERREIRA MENDES, Gilmar. / WOLFGANG SARLET, Ingo. / STRECK, Lenio Luiz (coordenação científica). FERREIRA LEONCY, Léo (coordenação executiva). *Comentários à Constituição do Brasil*. Princípios do contraditório e da ampla defesa. ÁLVARO DE OLIVEIRA, Carlos Alberto. São Paulo. 2013. Saraiva/Almedina.

GRECO, Luís. / LEITE, Alaor. / TEIXEIRA, Adriano. / ASSIS, Augusto. *Autoria como domínio do fato. Estudos introdutórios sobre o concurso de pessoas no direito penal brasileiro*. 2014. São Paulo. Editora Marcial Pons.

HABERMAS, Jürgen. *Ciência y técnica como ideologia*. 1984. Madrid y SORELL, Tom. *La cultura científica. Mito y realidad*. 1991. Barcelona. Tecnos Editora.

JUNGLE, Tadeu. Jornal "Folha de São Paulo". edição de 27 de dezembro de 2015. "Cotidiano-B4: *A Vila Que Sumiu Do Mapa*".

LOPES JÚNIOR, Aury: *Direito Processual Penal e sua Conformidade Constitucional*, 3ª. edição. Rio de Janeiro. Lumen Juris Editora.

Direito Processual Penal. 12ª edição. São Paulo. Saraiva.

MARQUES, José Frederico. *Elementos de Direito Processual Penal*, volumes I e II. 2ª edição, Rio de Janeiro, Forense.

PEREZ, Carlos Martinez-Bujan. *Derecho penal econômico. parte general.* Valencia. 1998. Tirant Lo Blanch.

RAWLS, John. *Uma teoria da justiça. Trad. Carlos Pinto Correia. 1993. Lisboa. Editora Presença.*

RODRÍGUEZ, Laura Zúñiga. *La Questión de La Responsabilidad Penal de lãs Personas Jurídicas, um Ponto y Seguido.* El Sistema Penal Frente a los Retos de La Nueva Sociedad. Coordinadores: Díaz-Santos, M.ª Rosario Diego y Caparrós, Eduardo A. Fabián. 2003. Editorial Colex.

ROXIN, Claus. *Autoría y domínio del hecho em derecho penal.* Madrid. 1998. Marcial Pons.

SHECAIRA, Salomão. *Responsabilidade Penal da Pessoa Jurídica.* 2ª edição. São Paulo. Método Editora.

SILVA JARDIM, Afrânio. *Ação Penal Pública: princípio da obrigatoriedade.* 2ª edição. Rio de Janeiro. Forense.

SILVA JARDIM, Afrânio / COUTINHO DE AMORIM, Pierre Souto Maior. *Direito Processual Penal – estudos e pareceres.* 13ª edição. Rio de Janeiro. Lumen Juris.

VIVES ANTÓN, Tomás S. *Fundamentos Del Sistema Penal.* Valencia. Tirant Lo Blanch. 1996.

Autoria e participação nos delitos de pessoas jurídicas:Uma análise crítica da responsabilidade por ricochete adotada pelo Superior Tribunal de Justiça.

Correlação entre acusação e sentença. 2ª edição. São Paulo. Editora Revista dos Tribunais.

4

MODERNIDADE E DIREITO PENAL

A RESPONSABILIDADE PENAL DA PESSOA JURÍDICA E SEU TRATAMENTO LEGISLATIVO BRASILEIRO

Antonio Diego da Costa

RESUMO: O presente artigo trata da necessidade de responsabilizar penalmente às pessoas jurídicas e como a legislação brasileira trata do tema. Nesse sentido, será apresentado de forma bastante breve a perspectiva da doutrina brasileira e estrangeira a respeito do tema. Também, será demonstrada a necessidade de elaborar uma nova teoria do delito dirigida exclusivamente às pessoas jurídicas. Pois, a atual teoria do delito, adotada pelo direito brasileiro, foi desenvolvida para as pessoas naturais.

PALAVRAS-CHAVE: Direito Penal. Responsabilidade Penal. Pessoa Jurídica. Direito Brasileiro. Brasil.

TÍTULO: La Responsabilidad Penal De La Persona Jurídica Y Su Tratamiento Legislativo Brasileño.

RESUMEN: El presente artículo trata de la necesidad de responsabilizar penalmente a la persona jurídica y de la forma como la legislación brasileña trata el tema. En ese sentido, será presentado de forma bastante breve la perspectiva de la doctrina brasileña y extranjera a respecto del tema. También será demostrada la necesidad de elaborar una nueva teoría del delito dirigida exclusivamente a las personas jurídicas, pues la teoría del delito presente en el Código Penal brasileño fue desarrollada para las personas físicas.

PALABRAS-CLAVE: Derecho Penal. Responsabilidad Penal. Persona jurídica. Derecho brasileño. Brasil.

1. Introdução

O Ambiente proporcionado pela globalização resulta favorável para o nascimento e crescimento da criminalidade socioeconômica. Pois, em razão do mundo atualmente buscar o aumento da riqueza, a empresa se transforma no principal ator global responsável por lesões a bens jurídicos.

Nesse contexto, os bens jurídicos coletivos se apresentam como aqueles que mais possuem capacidade de sofrer lesões. Resultando em uma maior necessidade de que sejam protegidos pelo Direito Penal.

Sem embargo, os delitos em que as pessoas jurídicas estão envolvidas não sensibilizam as pessoas naturais da mesma maneira que ocorre com os delitos tradicionalmente cometidos[1]. Melhor dito, a doutrina aponta, entre outras razões, que a imagem do empresário e da empresa não condizem com a imagem do criminoso tradicional.[2]

Porém, ainda que existam doutrinadores que sejam ferrenhos opositores à responsabilização penal das pessoas jurídicas[3], é inegável a necessidade de encontrar mecanismos limitadores da atividade empresarial lesiva. Nesse contexto, o tratamento do tema, no Brasil, ganha especial importância, vez que este País atualmente é a sexta maior economia do mundo e, também, possui a maior floresta tropical do planeta em seu território.[4]

Em efeito, ainda que a Constituição brasileira de 1988 tenha contemplado a responsabilidade penal das pessoas jurídicas em seu texto, ainda existem problemas para sua aplicação. Pois, entre outros problemas, a teoria do delito adotada pelo Código Penal Brasileiro foi desenvolvida para atuar nas

1 "Várias explicações podem ser ensaiadas. É intuitiva a compreensão e a identificação das pessoas em relação a atos criminosos praticados por indivíduos como elas, de ordinário ocorridos num ambiente social e em condições emocionais semelhantes das da população. Essa 'experiência' do crime já está arraigada na consciência popular e faz parte da história universal do ser humano. Repugnam os crimes contra a integridade física e contra o patrimônio, os passionais, os atentados sexuais etc. – os mais próximos e mais facilmente assimiláveis e respondidos pela reação da comunidade" (ROTHENBURG, Walter Claudius. **A pessoa jurídica criminosa.** 3ª reimpressão. – Curitiba: Editora Juruá, 2007, p. 42).

2 "Com efeito, o empresário não representa a figura tradicional do criminoso. Antes, com seus modos cultivados, sua elegante e bem apunhada aparência, provoca uma respeitabilidade e uma devoção características de uma sociedade capitalista em que ele representa o modelo do indivíduo bem sucedido, em quem a população idealmente se projeta. Os demais detentores de poder na comunidade, quando não sofrem o mesmo influxo, identificam-se com esse semelhante, oriundo de uma mesma formação e condição sócio-econômica. O empresário participa antes como formulador das políticas criminais, partícipe do lado repressor e provedor do sistema, agente da sociedade tão ou mais interessado em manter seus bens a salvo da criminalidade clássica" (Ibid. 2007, p. 43).

3 GRACIA MARTÍN, Luis. **Crítica de las Modernas Construcciones de una mal llamada responsabilidad penal de la persona jurídica.** Em: RECPC nº 18. 2016. Disponível em: <http://201.31.162.84/cache/criminet.ugr.es/recpc/18/recpc18-05.pdf?ich_args=d8b3fb2d1948a682f63f45a5f6016439_1_0_0_3_04166ca99fc857dc5e2d61530b32e552c0798f923588792a18aea2ee664334a9_0_1_0> Acesso em 19 de março de 2016.

4 "De logo, anote-se que o tema é mais controvertido aqui no Brasil do que em outras tantas paragens. Para além dos ordenamentos jurídicos fundados na **Common Law,** na qual a responsabilidade penal do ente coletivo é tradicional, mesmo em países da Europa continental, como França ou Itália, a discussão não é mais 'se' deve ser responsabilizado o ente coletivo em matéria criminal, e sim 'como' esta responsabilidade deve se dar" (BUSATO, Paulo César; GUARAGNI, Fábio André. **A responsabilidade penal da pessoa jurídica. Fundamentos criminológicos, superação de obstáculos dogmáticos e requisitos legais do interesse e benefício do ente coletivo para a responsabilização criminal.** Curitiba: Juruá, 2012. 1ª reimpressão (ano 2013), p. 5).

condutas praticadas pelas pessoas naturais. O que impede sua aplicação nos delitos cometidos pelas pessoas jurídicas.

Com isso, após chegarmos a esse ponto, resta claro que o presente artigo tem como objetivo principal a análise da necessidade de responsabilizar penalmente às pessoas jurídicas no Brasil. Tomando por base uma perspectiva de que o sistema atualmente adotado, para imputar a responsabilidade penal às pessoas jurídicas, não é o mais adequado.

Para tanto, elegemos dividir este breve ensaio em três partes. Na primeira parte será demonstrado que o surgimento da globalização foi de essencial importância para o desenvolvimento dessa nova modalidade delinquente. Assim, ficará claro que existe um novo agente capaz de provocar danos a bens jurídicos; o que justificaria a discussão para que ocorresse a intervenção penal em sua conduta.

Na segunda parte, apresentaremos duas das principais teorias da autorresponsabilidade empresarial. Com isso, ainda que o sistema de responsabilidade adotado no Brasil se encaixasse no sistema vicarial de responsabilidade, optamos por apresentar duas teorias direcionadas a imputar a responsabilidade penal diretamente à própria pessoa jurídica. Demonstrando, portanto, que existem outras soluções para o problema.

Por fim, na terceira parte deste artigo, apresentaremos a atual situação da responsabilidade penal das pessoas jurídicas no Brasil. Trazendo, inicialmente, a previsão legislativa sobra a responsabilidade penal das pessoas jurídicas e, posteriormente, a perspectiva da jurisprudência brasileira a respeito do tema.

2. Globalização: novos agentes, novos problemas

Na era da globalização,[5] as pessoas jurídicas surgem como os principais agentes produtores de lesões a bens jurídicos em matéria de criminalidade socioeconômica[6]. Pois, das atividades empresariais, além de benefícios, também podem resultar lesões a bens jurídicos, em especial aos coletivos.

---

5 De uma forma geral, BECK entende que "la globalización significa los procesos en virtud de los cuales los Estados nacionales soberanos se entremezclan e imbrican mediante actores transnacionales y sus respectivas probabilidades de poder, orientaciones, identidades y entramados varios" (BECK, Ulrich. **¿Qué es la globalización? Falacias del globalismo, respuestas a la globalización.** – Barcelona: Paidós. 1998. p. 29).

6 "En la doctrina se subraya el papel de las empresas en la vida económica actual, la dificultad para descubrir al autor del delito dentro de la empresa, lo que ha permitido trasladar al ámbito de la criminalidad de las empresas la idea de que la organización de las mismas es una expresión de la *irresponsabilidad* organizada. También se argumenta con la dimensión de los daños que una sociedad puede llegar a producir. Ciertamente se trata de problemas que pueden tener una respuesta en el ámbito de las reparaciones

Sobre o tema, ZÚÑIGA RODRÍGUEZ aponta que a empresa se constitui como o principal agente produtor de lesões a bens jurídicos, pois há a união entre vários fatores, como: "sociedad de riesgo, nuevo modelo organizativo empresa-red y redes entre la criminalidad organizada y las empresas lícitas".[7] Com isso, como bem aponta NIETO MARTÍN, a delinquência que envolve a pessoa jurídica passa a ser considerada como "uno de los temas estrella de la política criminal de comienzos del siglo XXI".[8]

O surgimento da pessoa jurídica como um dos principais agentes produtores de lesões a bens jurídicos revela uma tendência, presente na atualidade, de que os delitos socioeconômicos substituirão as condutas violentas. O que

previstas por el derecho privado y en el del derecho penal de las personas físicas. Pero, los penalistas que defienden la tesis que admite una responsabilidad de las personas jurídicas parten, en realidad, de la insuficiencia de la reparación civil y de la responsabilidad penal individual" (BACIGALUPO, Enrique. **Compliance y Derecho penal**. – Pamplona: Aranzadi 2011. p. 63).

7 ZÚÑIGA RODRÍGUEZ, Laura. **Bases para un Modelo de Imputación de Responsabilidad Penal a las Personas Jurídicas**. 2ª ed., – Pamplona: Aranzadi, 2003. p. 83.

8 NIETO MARTÍN, Adán. **La responsabilidad penal de las personas jurídicas**: Un modelo legislativo. Iustel: Madrid, 2008. p. 37. Nesse sentido, o mesmo NIETO MARTÍN aponta quatro razões que justificariam a imputação da responsabilidade penal à pessoa jurídica. 1) A primeira razão seria pelo fato de que a própria existência da empresa já representaria um risco social. Assim, essa estrutura empresarial complexa seria responsável por direcionar as punições até os níveis mais inferiores da sua estrutura, o que resultaria no surgimento de bodes expiatórios e, também, em problemas para identificar as pessoas físicas infratoras. Ademais, o ambiente empresarial influiria no ânimo dos empregados da empresa, de modo que as pessoas físicas passariam a atuar de maneira diferente ao que estão acostumadas. Também, os sócios exerceriam uma pressão nos executivos médios por resultados, resultando na possibilidade de que os executivos médios passassem a atuar em contradição com a Lei. Junto aos três pontos anteriores, haveriam problemas de circulação de fluxo no interior da empresa; pois, haveria a tentativa de ocultar provas do delito. 2) Com a responsabilidade, os sócios e dirigentes se sentiriam pressionados a adotar mecanismos para a prevenção de delitos. Em outras palavras, com o modelo de responsabilidade individual, o sócio dificilmente seria afetado pelas sanções penais impostas, razão pela qual haveria a necessidade de sancionar penalmente às empresas para que os sócios também fossem afetados. 3) Da imputação da responsabilidade penal às pessoas jurídicas também resultariam vários benefícios ao Direito Processual, pois haveria maior facilidade para a aplicação da Lei. Nesse sentido, é facilmente constatável que um Direito Penal que se utiliza da responsabilidade coletiva e individual é mais eficaz que a utilização apenas da responsabilidade individual. Em efeito, com a imputação da responsabilidade penal às pessoas jurídicas se busca que a empresa também crie mecanismos internos para evitar a produção de lesões a bens jurídicos. 4) NIETO MARTÍN também afirma que a globalização e o nascimento da sociedade de risco contribuem para a imputação da responsabilidade penal às pessoas jurídicas. (NIETO MARTÍN, Ibid., p. 37 y ss)

resulta na necessidade de adequação das normas penais a esta nova realidade social em que as pessoas jurídicas desenvolvem um papel fundamental na produção de lesões a bens jurídicos.[9] Mais ainda, essa maior importância dos delitos socioeconômicos seria uma das razões pela qual existe uma expansão do Direito Penal, tal como bem observa SILVA SÁNCHEZ.[10]

Nesse sentido, ainda que exista essa necessidade de limitar os poderes das pessoas jurídicas, existe uma grande dificuldade para encontrar mecanismos punitivos eficazes para conter sua atuação. Melhor dito, as sanções penais atualmente existentes foram desenvolvidas para as pessoas naturais, as quais eram consideradas como os únicos agentes capazes de realizar um delito.[11]

Essa visão, de que somente as pessoas naturais poderiam ser agentes do delito, resultou em uma grande discussão doutrinária voltada ao estudo desse novo agente produtor de lesões a bens jurídicos. O que resultou na criação de teorias que buscassem explicar o fenômeno e, portanto, justificar a imputação da responsabilidade penal às pessoas jurídicas.

Entre os doutrinadores que aprofundaram seus estudos sobre o tema, acreditamos que S. BACIGALUPO é bastante assertiva ao afirmar que o principal problema que impede a imputação da responsabilidade penal às pessoas jurídicas se encontra na ideia do *sujeito* destinatário das normas penais.[12]

Com isso, acatando a ideia de que o problema que impede a imputação da responsabilidade penal às pessoas jurídicas se encontra no *sujeito*, se passa a buscar qual o melhor caminho para que lhes seja imputada a responsabilidade penal, tendo como opções a imputação dentro do atual

9 Nesse sentido, BUSATO afirma que "não se trata de abrir mão de princípios de contenção do poder punitivo herdados da Filosofia da Ilustração e do direito penal das luzes. Não. Até porque estes princípios foram criados para um direito penal voltado a seres humanos. Nos dias de hoje, trata-se de adaptar os princípios herdados daquele momento histórico para um novo destinatário: o ente coletivo" (BUSATO; GUARAGNI. Op. Cit., 2013, p. 9).

10 "El paradigma del Derecho penal de la globalización es el delito económico organizado tanto en su modalidad empresarial convencional, como en las modalidades de la llamada macrocriminalidad: terrorismo, narcotráfico o criminalidad organizada (tráfico de armas, mujeres o niños)" (SILVA SÁNCHEZ, Jesús María. **La Expansión del Derecho Penal: Aspectos de la Política Criminal en las Sociedades Postindustriales.** 3era ed., – Buenos Aires, BdeF, 2011. p. 106).

11 "Mas como tornar a própria empresa sujeito ativo do delito econômico – assumindo a responsabilidade penal da pessoa jurídica – quando o Código Penal é voltado para a pessoa individual física?" (SÁNCHEZ RIOS, Rodrigo. **Indagações sobre a possibilidade da imputação penal à pessoa jurídica no âmbito dos delitos econômicos.** En: REGIS PRADO, Luiz; Dotti, René Ariel; (coord.) **Responsabilidade penal da pessoa jurídica**: Em defesa do principio da imputação penal subjetiva. 3ª ed. – São Paulo: Editora Revista dos Tribunais, 2011. p. 204).

12 BACIGALUPO, Silvina. **La Responsabilidad Penal de las Personas Jurídicas.** – Barcelona: Bosch, 1998. p. 31.

sistema penal vigente ou, então, desenvolver um novo sistema exclusivo para as pessoas jurídicas.[13]

Apresentados estes dois caminhos, acreditamos que a inclusão das pessoas jurídicas como sujeitos ativos do delito no atual sistema jurídico penal não seria a melhor opção, pois poderia haver uma colisão entre os princípios constitucionais desenvolvidos diretamente para as pessoas físicas[14]. Razão pela qual acreditamos que a melhor opção seria desenvolver um sistema de responsabilidade penal próprio para as pessoas jurídicas, o que evitaria, aparentemente, eventuais problemas de incompatibilidade com os princípios constitucionais formados para as pessoas físicas.

Com o anteriormente exposto se nota que a globalização é uma das principais responsáveis pelo desenvolvimento da delinquência em que as pessoas jurídicas estão envolvidas, resultando na necessidade de que o Direito penal passe a regular suas atividades.

Junto a isso, a maneira como se desenvolveu o Direito penal contribui para a dificuldade em responsabilizar penalmente às pessoas jurídicas. Ou seja, seu desenvolvimento se deu em razão das pessoas naturais.

Assim, a solução para imputar a responsabilidade penal às pessoas jurídicas passaria, necessariamente, pela reanálise dos sujeitos destinatários da norma penal. Em razão disso, nos próximos parágrafos apresentaremos duas das principais teorias que tentam solucionar o problema da imputação da responsabilidade penal às pessoas jurídicas.

---

13 "El replantear las categorías dogmáticas también tiene sus límites, cual son los principios fundamentales del Derecho penal delineados a lo largo de estos últimos siglos para sustentar la imposición de una pena. Esto es, el 'flexibilizar' las categorías puede tener un coste muy grande –que ya lo está teniendo- para las garantías de nuestro sistema de imputación. Las soluciones sancionatorias por fuera del sistema dogmático de responsabilidad individual, pueden enrumbar por dos caminos: idear un sistema paralelo de responsabilidad penal colectiva (al igual que ya existe para los menores y los inimputables), o sancionar con el sistema contravencional o sancionatorio administrativo". (ZÚÑIGA RODRÍGUEZ, op. cit., 2003, p. 25).

14 "En primer lugar, conviene recordar que al hablar del principio de culpabilidad no se está tomando postura sobre la categoría dogmática de la culpabilidad, sino que se está aludiendo a las garantías o subprincipios que se han sedimentado a lo largo de toda la discusión sobre la culpabilidad: principio de dolo o culpa, principio de responsabilidad personal, principio de atribuibilidad y principio de responsabilidad por el hecho" (ZÚÑIGA RODRÍGUEZ, Laura. **Bases para un Modelo de Imputación de Responsabilidad Penal a las Personas Jurídicas**. 3era ed., – Pamplona: Aranzadi, 2009. p. 33).

3. Culpabilidade da empresa: algunas teorias propostas para imputar a responsabilidade penal diretamente às pessoas jurídicas

Entre outras razões, se pode dizer que a tentativa de responsabilizar penalmente à própria pessoa jurídica se dá em razão da existência de um verdadeiro espirito criminal de grupo presente nas pessoas jurídicas criminosas[15].

Ademais, adverte ZÚÑIGA RODRÍGUEZ que o Direito penal atual foi desenvolvido em uma época em que as condutas possuíam uma estrutura mais simples, razão pela qual a pessoa jurídica não seria capaz de realizar condutas ilícitas. Em outras palavras, a estrutura do delito foi construída em função da "observación de comportamientos más simples: 'A mata B'"[16].

Dito o anterior, nos próximos parágrafos apresentaremos as teorias de HEINE e de LAMPE, que tentam justificar a responsabilidade penal da própria pessoa jurídica por meio de suas teorias. Assim, a principal intenção das próximas linhas é demostrar, de forma racional, que a pessoa jurídica pode ser considerada como um sujeito destinatário de normas penais. Dito de outra forma, a pessoa jurídica pode ser responsabilizada sem que a pessoa natural seja responsabilizada conjuntamente.

3.1. A teoria do dominio da organização funcional sistemática

Essa teoria foi proposta por HEINE que acreditava que deveria ser elaborado um sistema de "responsabilidad originaria de la organización, independiente de la culpabilidad de las personas individuales"[17].

Assim, no desenvolvimento de sua teoria, HEINE se fixou em três pontos essenciais: (1)objetivos que se busca conseguir com a imputação da responsabilidade penal às pessoas jurídicas; (2)sua adequação com os princípios do Estado democrático de Direito; y, por fim, (3)sua adequação com os mecanismos do Direito Processual[18].

---

15 NIETO MARTÍN, Adán. **La responsabilidad penal de las personas jurídicas: Un modelo legislativo.** – Madrid: Iustel, 2008. p. 127.

16 ZÚÑIGA RODRÍGUEZ, Laura. **Responsabilidad penal de las empresas, experiencias adquiridas y desafíos futuros,** En: QUELOZ, NICOLAS/ NIGGLI, Marcel/ RIEDO, Christof (Ed.). **Droit pénal et diversités culturelles, Mélanges en l'honneur de José Hurtado Pozo.** Gèneve – Zurich – Bâle: Schulthess, 2012. p. 542.

17 HEINE, Günter. **La responsabilidad penal de las empresas: evolucion internacional y consecuencias nacionales.** En: HURTADO POZO, José (coord.). **Anuario Derecho Penal de 1996.** p. 19-45. Disponible en: <http://perso.unifr.ch/derechopenal/assets/files/anuario/an_1996_04.pdf> Acceso en: 29 de julio de 2014. p. 39.

18 HEINE, Günter. ***Modelos de responsabilidad jurídico-(penal) originario de la empresa.*** En: GÓMEZ-JARA DÍEZ, Carlos. ***Modelos de autorresponsabilidad penal empresarial, propuestas globales contemporáneas.*** – Bogotá: Universidad Externado de Colombia, 2008. p. 19.

Segundo HEINE, o objetivo da imputação da responsabilidade penal às pessoas jurídicas teria respaldo na falta de mecanismos preventivos quando existissem delitos econômicos[19]. Portanto, HEINE tinha a intenção de solucionar os seguintes problemas: *Irresponsabilidade individual organizada*; *irresponsabilidade individual estruturada*; e *as novas necessidades do Direito na sociedade moderna industrializada.*[20]

Em razão do anterior, HEINE fundamenta sua teoria no fato de que a empresa poderia ser considerada como um garante de proteção e, também, como um garante de supervisão.[21]

Entre os benefícios que a empresa poderia obter, com a implementação desses mecanismos para evitar lesões a bens jurídicos, estaria que a imagem da empresa melhoraria a longo prazo. Também, a implementação desses mecanismos de organização auxiliaria na individualização das condutas pelos magistrados.[22] Assim, a responsabilidade penal das pessoas jurídicas se basearia em um "defectuoso management de riesgos" e em um dano social grave.[23]

A teoria de HEINE substituí o *domínio do fato*, que existe na responsabilidade individual, pelo *domínio da organização.*[24] Também afirma que a ação empresarial se configuraria com "el resultado de la acumulación de procesos empresariales de unos mandos medios que han surgido con el tiempo".[25] Os elementos subjetivos do tipo seriam mais simples de serem demonstrados, pois, de acordo com HEINE, são uma representação social.[26] Com relação à culpabilidade, ela existiria em razão da *condução da atividade empresarial.*[27]

Nas sanções, HEINE afirma que se deveria utilizar as sanções já existentes no Direito administrativo, de modo a ter como alvo principal a prevenção de lesões e, assim, a consequente melhora dos mecanismos de organização interna.[28]

Por fim, cabe assinalar que ainda que a proposta de HEINE seja direcionada às empresas de tecnologia, há plena possibilidade de que seja aplicada a outras empresas. Desde que se mantivesse um número fechado de delitos aos quais a pessoa jurídica pudesse ser responsabilizada.[29]

---

19 Id.

20 Ibid., 2008, p. 20.

21 Ibid., 2008, p. 28.

22 Ibid., 2008, p. 37-38.

23 Ibid., 2008, p. 39-40.

24 Ibid., 2008, p. 40.

25 Ibid., 2008, p. 42.

26 Id.

27 HEINE, op. cit., 1996, p. 42.

28 HEINE, op. cit., 1996, p. 44.

29 HEINE, op. cit., 2008, p. 50-51.

3.2. A teoria do injusto do sistema

Essa teoria foi desenvolvida por LAMPE com base na teoria dos sistemas de LUHMANN. De acordo com este autor, a sociedade funcionaria baseada na comunicação, de modo que cada parte integrante da sociedade seria considerada como um sistema autônomo.[30]

Tendo esse pressuposto em mente, LAMPE afirma que há um elemento subjetivo comum aos delitos em que várias pessoas atuam buscando alcançar um único fim. Ou, nas palabras de LAMPE, se notaria "el hecho individual también como un hecho del sistema, es decir, como un 'injusto del sistema'".[31]

Disso, o *injusto do sistema* é formado pelos chamados *sistemas do injusto*, os quais poderiam ser considerados como "las relaciones entre individuos organizados hacia fines injustos"[32].

De acordo com LAMPE, os *sistemas do injusto* se dividiriam em dois grupos: *simples*[33] y *constituídos*. Os primeiros são os injustos em que os indivíduos se organizariam até um fim, devido a uma vontade individual que existe neles próprios (como ocorre na coautoria); já os *injustos constituídos* se dariam em razão da existência de um estatuto, Constituição ou algo equivalente (como ocorre nas empresas ou Estados).[34]

Os *injustos constituídos* seriam independentes de suas partes, de modo que possuem um maior nível de complexidade em comparação com os *injustos simples*.[35]

Dentro do *injusto constituído* estariam as empresas económicas com tendência criminal, as quais teriam essa tendência criminal em razão de três fa-

---

30 "En general, se puede hablar de sistema cuando se tiene ante los ojos características tales que, si se suprimieran, podrían en cuestión el carácter de objeto de dicho sistema" (LUHMANN, Niklas. **Sistemas Sociales.** Lineamientos para una teoría general. (Trad.) PAPPE, Silvia/ ERKER, Brunhilde/ (coord.) TORRES NAFARRETE, Javier. 2ª ed. – Barcelona: Anthropos, 1998. p. 27).

31 LAMPE, Ernst Joachim. **Injusto del sistema y sistemas de injusto.** En: GÓMEZ-JARA DÍEZ, op. cit., 2008, p. 58.

32 Ibid., 2008, p. 61.

33 De acordo com LAMPE, haveria a presença de um elemento objetivo e um subjetivo em esse sistema de injusto. O ponto objetivo diz respeito a relação que existe entre o mundo interno, dos coautores, e externo, ou seja, sua compreensão só se dá quando se analisa o conjunto de atitudes internas e externas; em que a coautoria seria um injusto funcionalmente organizado. Já o ponto subjetivo seria constituído pela vontade coletiva que envolve a ação de seus integrantes (Ibid., 2008, p. 62-66).

34 Ibid., 2008, p. 61-68.

35 Ibid., 2008, p. 67-68.

tores: sua organização interna; sua finalidade perseguida; ou, também, devido ao entorno social em que a atividade se desenvolve.[36]

Assim, de acordo com LAMPE, seriam quatro os requisitos essenciais para a existência de um injusto do sistema:

> "1. El peligro potencial de la empresa que se utiliza mecánica o lógicamente para la producción de la prestación;
> 2. La estructura deficitaria de la organización, la cual neutraliza sólo parcialmente la peligrosidad de este potencial;
> 3. La filosofía empresarial criminógena, la cual ofrece a los miembros de la organización la tentación de llevar a cabo acciones criminales;
> 4. La erosión del concepto de la responsabilidad por la acción individual, lo cual conduce, a nivel regulativo, a la evitación de la responsabilidad por hechos concretos, y, a nivel de la acción, conduce a una evitación de la responsabilidad derivada de las consecuencias de la obediencia a las reglas".[37]

Com relação a pena, para a empresa, ela seria justificada pela necessidade de proteção resultante da constante ameaça à paz jurídica que o injusto do sistema proporciona; enquanto que para as pessoas individuais se justificaria pela "lesión o puesta en peligro del bien jurídico"[38].

Portanto, se nota que a intenção de LAMPE era desenvolver uma teoria unificadora. De modo a possibilitar que tanto as pessoas naturais como as pessoas jurídicas pudessem ser imputadas pelo mesmo sistema de responsabilidade penal[39].

4. A RESPONSABILIDADE PENAL DAS PESSOAS JURÍDICAS NO BRASIL

4.1. A previsão legislativa

A Constituição brasileira de 1988 contemplou a responsabilidade penal das pessoas jurídicas em dois artigos: art. 173 § 5º e art. 225 § 3º. De modo que o conteúdo dos artigos é o seguinte:

> Art. 173 § 5º. A lei, sem prejuízo da responsabilidade individual dos dirigentes da pessoa jurídica, estabelecerá a responsabilidade desta, sujeitando-a às punições compatíveis com sua natureza, nos atos praticados contra a ordem econômica e financeira e contra a economia popular.

---

36 Cabe ressaltar que os objetivos econômicos da empresa podem se dar de forma autoritária ou em razão de uma negociação. De modo que sempre se buscará que os fins da empresa ocorram de forma aberta, o que permitiria a integração de atitudes criminais; assim: "Dichas actitudes se desarrollan mejor cuando más se le aísle a la empresa de las influencias normativas externas a través de una moral interna" (Ibid., 2008, p. 71-72).

37 Id.

38 Ibid., 2008, p. 100.

39 Ibid., 2008, p. 118.

> Art. 225 § 3º. As condutas e atividades consideradas lesivas ao meio ambiente sujeitarão os infratores, pessoas físicas ou jurídicas, a sanções penais e administrativas, independentemente da obrigação de reparar os danos causados.

Com a leitura, destes artigos da Constituição, fica claro que a intenção do legislador brasileiro foi a de contemplar uma responsabilidade independente entre as pessoas físicas e jurídicas. Assim, ainda que existam interpretações diversas na doutrina[40], não se pode negar que uma análise mais minuciosa revela que a intenção do legislador brasileiro foi criar um novo sujeito ativo do delito.[41]

A inclusão desse novo sujeito destinatário de normas penais teve a intenção de "reduzir a crescente criminalidade praticada por meio de pessoas coletivas, o reconhecimento da nocividade exponencial de ofensa a certos bens jurídicos e a ineficácia dos superados sistemas de prevenção e punição".[42]

Essa contemplação constitucional resultou na elaboração da Lei nº 9.605/98, que imputa a responsabilidade penal às pessoas jurídicas por delitos ambientais. Dita responsabilidade está prevista no seu art. 3º, o qual possui a seguinte redação:

> Art. 3º. As pessoas jurídicas serão responsabilizadas administrativa, civil e penalmente conforme o disposto nesta Lei, nos casos em que a infração seja cometida por decisão de seu representante legal ou contratual, ou de seu órgão colegiado, no interesse ou benefício da sua entidade.
> Parágrafo único. A responsabilidade das pessoas jurídicas não exclui a das pessoas físicas, autoras, co-autoras ou partícipes do mesmo fato".

---

40 "Nenhum legislador aboliria o princípio da responsabilidade penal *pessoal* de modo tão camuflado ou hermético, como se a Carta Constitucional fosse uma *carta enigmática* decifrável por iluminados. Ao contrário, se o constituinte tivesse pretendido instituir *exceções* à regra da responsabilidade penal *pessoal* teria utilizado linguagem clara e inequívoca, como, por exemplo: "*A lei, sem prejuízo da responsabilidade penal individual dos dirigentes da pessoa jurídica, estabelecerá a responsabilidade penal desta, sujeitando-a às punições compatíveis com sua natureza, nos crimes contra a ordem econômica e financeira, contra a economia popular e contra o meio ambiente.*" Mas essa não é a linguagem da norma constitucional – e se a Constituição não fala em *responsabilidade penal*, então nem o intérprete pode ler *responsabilidade penal*, nem o legislador ordinário pode estabelecer *responsabilidades penais* da pessoa jurídica." (CIRINO DOS SANTOS, Juarez. **A responsabilidade penal da pessoa jurídica.** Conferência proferida na inauguração do Instituto de Criminologia e Política Criminal – ICPC, em 6 de março de 2001, Curitiba, PR. Disponible en: <http://icpc.org.br/wp-content/uploads/2013/01/responsabilidade_penal_juridica.pdf> Acceso en 07 de agosto de 2014. p. 01).

41 ROTHENBURG, op. cit., 2007, p. 27.

42 De Jesus, Damásio. **Meio ambiente e capacidade penal ativa da pessoa jurídica.** En: Revista IOB de Direito penal e processual penal. – Porto Alegre: Magister, vol. 1, nº 1, out./nov., 2010. p. 35.

De acordo com a redação desse artigo, em uma das interpretações possíveis, a imputação da responsabilidade penal às pessoas jurídicas estaria vinculada a imputação da responsabilidade penal a uma pessoa natural. Melhor dito, ainda que o parágrafo único afirme que há independência entre as responsabilidades das pessoas naturais e jurídicas, fica claro que a responsabilidade da pessoa jurídica está vinculada a constatação de que houve uma decisão de uma pessoa natural vinculada a empresa.

Assim, o sistema vicarial de responsabilidade, utilizado no art. 3º da Lei nº 9.605/98, não poderia ser considerado como o de uma autêntica responsabilidade autônoma da pessoa jurídica. Pois, a imputação da responsabilidade penal às pessoas jurídicas, necessitaria da comprovação de que houve uma ação de uma pessoa natural. Ademais, a forma como o sistema vicarial foi desenvolvido é motivo de crítica na doutrina, vez que não revela uma solução para os casos em que não há identificação da pessoa natural que produziu a infração.[43]

Em razão do anterior, ficaria prejudicada a imputação da responsabilidade penal às pessoas jurídicas quando não fosse possível identificar que o dano derivaria de uma decisão de uma pessoa natural. Ou seja, a descrição de "ação" presente na teoria do delito adotada pelo Código Penal Brasileiro foi desenvolvida em razão das pessoas naturais, o que impossibilitaria sua aplicação às pessoas jurídicas.

Disso, fica claro que o Direito Penal Brasileiro não está preparado para imputar a responsabilidade penal autônoma às pessoas jurídicas, pois segue preso à teoria finalista do delito. Em outras palavras, ainda que existam doutrinadores que afirmem o contrário,[44] não seria possível imputar a responsabilidade penal às pessoas jurídicas se utilizando da teoria finalista do delito, a qual foi desenvolvida para imputar a responsabilidade penal às pessoas naturais.

4.2. Perspectiva da jurisprudência brasileira

Até o ano de 2013 os Tribunais brasileiros seguiam a ideia de que a imputação da responsabilidade penal às pessoas jurídicas estava vinculada à imputação da responsabilidade penal das pessoas naturais. Essas decisões são facilmente encontradas nas sentenças do STJ (Supremo Tribunal de Justiça) e do STF (Supremo Tribunal Federal).

Em ambos Tribunais a argumentação seguia a ideia de que a imputação da responsabilidade penal às pessoas jurídicas estava vinculada a das pessoas

43 ZÚÑIGA RODRÍGUEZ, op. cit., 2012, p. 554.

44 HIRSCH sustenta que haveria possibilidade de que a pessoa jurídica realizasse uma ação, fosse culpável e, também, que as sanções cumprissem os fins da pena (Cf. HIRSCH, Hans Joachim. **Derecho penal.** Obras completas. Tomo III. – Santa fé: Rubinzal-Culzoni. 2007. p. 116 et seq).

naturais. Disso, foram vários os casos em que não se seguiu com a ação penal devido à ausência da pessoa natural como parte passiva no processo.[45]

Sem embargo, no julgamento realizado no STF em 06 de agosto de 2013, a Ministra relatora da primeira turma ROSA WEBER proferiu decisão, no Recurso Extraordinário 548181/PR, no sentido de que é possível a responsabilidade penal da pessoa jurídica, ainda que as pessoas naturais ocupantes de cargos da Presidência o de direção da empresa tenham sido absolvidas.[46]

---

45 "RECURSO ORDINÁRIO EM HABEAS CORPUS. CRIME CONTRA O MEIO AMBIENTE. INÉPCIA DA DENÚNCIA. AUSÊNCIA DE DESCRIÇÃO MÍNIMA DA RELAÇÃO DA RECORRENTE COM O FATO DELITUOSO. INADMISSIBILIDADE. PESSOA JURÍDICA. RESPONSABILIZAÇÃO SIMULTÂNEA DA PESSOA FÍSICA. NECESSIDADE. 1. Nos crimes que envolvem empresas cuja autoria nem sempre se mostra nítida e bem definida, exige-se que o órgão acusatório estabeleça, ainda que minimamente, ligação entre o denunciado e a empreitada criminosa a ele imputada. O simples fato de ser sócio, gerente ou administrador não autoriza a instauração de processo criminal por crimes praticados no âmbito da sociedade, se não for comprovado, ainda que com elementos a serem aprofundados no decorrer da ação penal, a relação de causa e efeito entre as imputações e a sua função na empresa, sob pena de se reconhecer a responsabilidade penal objetiva. 2. No caso, não cuidou o Ministério Público de apontar circunstância alguma que servisse de vínculo entre a conduta da recorrente, na condição de proprietária da empresa, e a ação poluidora. Compulsando os autos, verifica-se, também, que há procuração pública (fl. 88), lavrada em 27.1.00, pela qual se conferiam amplos poderes de gestão da empresa a outra pessoa. 3. Excluindo-se da denúncia a pessoa física, torna-se inviável o prosseguimento da ação penal, tão somente, contra a pessoa jurídica. Não é possível que haja a responsabilização penal da pessoa jurídica dissociada da pessoa física, que age com elemento subjetivo próprio. 4. Recurso ao qual se dá provimento para reconhecer a inépcia da denúncia". (RHC 24239 / ES, Rel. Ministro OG FERNANDES. DJe 01/07/2010).

46 Deixaremos aqui a decisão publicada no informativo do STF: "**Crime ambiental: absolvição de pessoa física e responsabilidade penal de pessoa jurídica – 1** É admissível a condenação de pessoa jurídica pela prática de crime ambiental, ainda que absolvidas as pessoas físicas ocupantes de cargo de presidência ou de direção do órgão responsável pela prática criminosa. Com base nesse entendimento, a 1ª Turma, por maioria, conheceu, em parte, de recurso extraordinário e, nessa parte, deu-lhe provimento para cassar o acórdão recorrido. Neste, a imputação aos dirigentes responsáveis pelas condutas incriminadas (Lei nº 9.605/98, art. 54) teria sido excluída e, por isso, trancada a ação penal relativamente à pessoa jurídica. Em preliminar, a Turma, por maioria, decidiu não apreciar a prescrição da ação penal, porquanto ausentes elementos para sua aferição. Pontuou-se que o presente recurso originara-se de mandado de segurança impetrado para trancar ação penal em face de responsabilização, por crime ambiental, de pessoa jurídica. Enfatizou-se que a problemática da prescrição não estaria em debate, e apenas fora aventada em razão da demora no julgamento. Assinalou-se que caberia ao magistrado, nos autos da ação penal, pronunciar-se sobre essa questão. Vencidos os Ministros MARCO AURÉLIO e LUIZ FUX, que reconheciam a prescrição. O Min. MARCO AURÉLIO considerava a data do recebimento da denúncia como fator interruptivo da prescrição. Destacava que não poderia interpretar

Na decisão, a Ministra ROSA WEBER argumentou que o art. 225 § 3º da Constituição brasileira não traz a exigência de que a responsabilidade das pessoas naturais e jurídicas estejam vinculadas. Assim, com sua decisão, surge um novo entendimento nos tribunais brasileiros, no sentido de passar a admitir a responsabilidade penal independente das pessoas jurídicas.

Sem embargo, essa decisão proferida pelo Supremo Tribunal Federal ocasionou consequências diretas na forma como o delito é entendido. Dito de outra forma, a teoria finalista do delito foi construída em razão dos comportamentos realizados pelas pessoas naturais, o que resulta que ela não está preparada para solucionar os casos em que as pessoas jurídicas estão envolvidas.

Assim, nasce a necessidade de desenvolver uma nova teoria do delito direcionada exclusivamente às pessoas jurídicas. O que resultaria em uma maior segurança na aplicação da Lei penal e, também, evitaria uma relativização dos princípios constitucionais que protegem às pessoas naturais.

---

a norma de modo a prejudicar aquele a quem visaria beneficiar. Consignava que a lei não exigiria a publicação da denúncia, apenas o seu recebimento e, quer considerada a data de seu recebimento ou de sua devolução ao cartório, a prescrição já teria incidido. **RE 548181/PR, rel. Min. ROSA WEBER, 6.8.2013. (RE-548181) Crime ambiental: absolvição de pessoa física e responsabilidade penal de pessoa jurídica – 2** No mérito, anotou-se que a tese do STJ, no sentido de que a persecução penal dos entes morais somente se poderia ocorrer se houvesse, concomitantemente, a descrição e imputação de uma ação humana individual, sem o que não seria admissível a responsabilização da pessoa jurídica, afrontaria o art. 225, § 3º, da CF. Sublinhou-se que, ao se condicionar a imputabilidade da pessoa jurídica à da pessoa humana, estar-se-ia quase que a subordinar a responsabilização jurídico-criminal do ente moral à efetiva condenação da pessoa física. Ressaltou-se que, ainda que se concluísse que o legislador ordinário não estabelecera por completo os critérios de imputação da pessoa jurídica por crimes ambientais, não haveria como pretender transpor o paradigma de imputação das pessoas físicas aos entes coletivos. Vencidos os Ministros MARCO AURÉLIO e LUIZ FUX, que negavam provimento ao extraordinário. Afirmavam que o art. 225, § 3º, da CF não teria criado a responsabilidade penal da pessoa jurídica. Para o Min. LUIZ FUX, a mencionada regra constitucional, ao afirmar que os ilícitos ambientais sujeitariam "os infratores, pessoas físicas ou jurídicas, a sanções penais e administrativas", teria apenas imposto sanções administrativas às pessoas jurídicas. Discorria, ainda, que o art. 5º, XLV, da CF teria trazido o princípio da pessoalidade da pena, o que vedaria qualquer exegese a implicar a responsabilidade penal da pessoa jurídica. Por fim, reputava que a pena visaria à ressocialização, o que tornaria impossível o seu alcance em relação às pessoas jurídicas. **RE 548181/PR, rel. Min. Rosa Weber, 6.8.2013. (RE-548181)**". Disponible en: < http://www.stf.jus.br/arquivo/informativo/documento/informativo714.htm> Acceso en 21 de agosto de 2014.

5. Conclusão

É inegável que a globalização trouxe muitos benefícios à sociedade. A facilidade para a troca de mercadorias e serviços é uma das principais consequências positivas que percebemos com seu advento.

Sem embargo, de seu desenvolvimento também resulta o aparecimento de novas formas de cometer delitos. Sendo que as pessoas jurídicas passam a estar no centro do debate, pois seu potencial lesivo é bastante superior em comparação ao encontrado na delinquência tradicional.

A constatação da existência desse novo agente, gerador de lesões a bens jurídicos, ocasiona a necessária reanálise dos mecanismos punitivos estatais. Assim, passa a haver uma discussão para encontrar a melhor maneira de punir este novo agente do delito.

Nesse sentido, para imputar a responsabilidade penal a esse novo agente, poderíamos eleger entre a utilização do atual modelo jurídico penal ou, então, elaborar um novo modelo direcionado exclusivamente às pessoas jurídicas.

A doutrina argumenta que a utilização do atual sistema penal poderia ocasionar uma perda, ou relativização, das garantias constitucionais. Melhor dito, o atual sistema foi desenvolvido para as pessoas naturais, razão pela qual, sua utilização para a punição das pessoas jurídicas não seria o mais adequado.

Devido ao anterior, a doutrina desenvolveu algumas teorias que poderiam auxiliar na solução do problema. Entre elas estão as teorias de HEINE e LAMPE.

No Brasil, a discussão a respeito da responsabilidade penal das pessoas jurídicas ainda permanece embrionária. Em outras palavras, a discussão gira ao redor da possibilidade ou não de responsabilizar penalmente às pessoas jurídicas. Sendo que grande parte da doutrina entende que a Constituição contemplou essa possibilidade.

Nesse sentido, acreditamos que no atual panorama jurídico penal brasileiro não é possível responsabilizar penalmente às pessoas jurídicas. A teoria do delito utilizada pelo Código Penal Brasileiro foi desenvolvida para explicar as condutas praticadas pelas pessoas naturais, razão pela qual não é possível sua utilização com as pessoas jurídicas, pois são agentes com estrutura distinta a que as pessoas naturais possuem.

Em definitivo, a responsabilidade penal autônoma das pessoas jurídicas, no Brasil, depende do desenvolvimento de uma nova teoria do delito que explique, de maneira coerente, a possibilidade de que a pessoa jurídica possa realizar condutas ilícitas e por elas ser punida.

Referências bibliográficas

BACIGALUPO, Enrique. **Compliance y Derecho penal.** – Pamplona: Aranzadi, 2011.

BACIGALUPO, Silvina. **La Responsabilidad Penal de las Personas Jurídicas.** – Barcelona: Bosch, 1998.

BECK, Ulrich. **¿Qué es la globalización? Falacias del globalismo, respuestas a la globalización.** – Barcelona: Paidós. 1998.

BUSATO, Paulo César; GUARAGNI, Fábio André. **A responsabilidade penal da pessoa jurídica. Fundamentos criminológicos, superação de obstáculos dogmáticos e requisitos legais do interesse e benefício do ente coletivo para a responsabilização criminal.** Curitiba: Juruá, 2012. 1ª reimpressão (ano 2013).

CIRINO DOS SANTOS, Juarez. **A responsabilidade penal da pessoa jurídica.** Conferência proferida na inauguração do Instituto de Criminologia e Política Criminal – ICPC, em 6 de março de 2001, Curitiba, PR. Disponível em: <http://icpc.org.br/wp-content/uploads/2013/01/responsabilidade_penal_juridica.pdf> Acceso en 07 de agosto de 2014.

DE JESUS, Damásio. **Meio ambiente e capacidade penal ativa da pessoa jurídica.** En: Revista IOB de Direito penal e processual penal. – Porto Alegre: Magister, vol. 1, nº 1, out./nov., 2010. p. 35).

GÓMEZ-JARA DÍEZ, Carlos. **El modelo constructivista de autorresponsabilidad penal empresarial.** En: GÓMEZ-JARA DÍEZ, Carlos. **Modelos de autorresponsabilidad penal empresarial,** propuestas globales contemporáneas. – Bogotá: Universidad Externado de Colombia, 2008.

GRACIA MARTÍN, Luis. **Crítica de las Modernas Construcciones de una mal llamada responsabilidad penal de la persona jurídica.** Em: RECPC nº 18. 2016. Disponível em: <http://201.31.162.84/cache/criminet.ugr.es/recpc/18/recpc18-05.pdf?ich_args=d8b3fb2d1948a682f63f45a5f6016439_1_0_0_3_04166ca99fc857dc5e2d61530b32e552c0798f923588792a18aea2ee664334a9_0_1_0> Acesso em 19 de março de 2016.

HEINE, Günter. ***Modelos de responsabilidad jurídico-(penal) originario de la empresa.*** En: GÓMEZ-JARA DÍEZ, Carlos. ***Modelos de autorresponsabilidad penal empresarial, propuestas globales contemporáneas.*** – Bogotá: Universidad Externado de Colombia, 2008.

________. **La responsabilidad penal de las empresas: evolución internacional y consecuencias nacionales.** En: Hurtado Pozo, José (coord.). **Anuario Derecho Penal de 1996.** p. 19-45. Disponible en: <http://perso.unifr.ch/derechopenal/assets/files/anuario/an_1996_04.pdf> Acceso en: 29 de julio de 2014.

HIRSCH, Hans Joachim. **Derecho penal.** Obras completas. Tomo III. – Santa fé: Rubinzal-Culzoni. 2007.

LAMPE, Ernst Joachim. **Injusto del sistema y sistemas de injusto.** En: GÓMEZ-JARA DÍEZ, Carlos. **Modelos de autorresponsabilidad penal empresarial, propuestas globales contempoáneas.** – Bogotá: Universidad Externado de Colombia, 2008.

LUHMANN, Niklas. **Sistemas Sociales.** Lineamientos para una teoría general. (Trad.) PAPPE, Silvia/ ERKER, Brunhilde/ (coord.) TORRES NAFARRETE, Javier. 2ª ed. – Barcelona: Anthropos, 1998.

NIETO MARTÍN, Adán. **La responsabilidad penal de las personas jurídicas**: Un modelo legislativo. Iustel: Madrid, 2008.

RHC 24239 / ES, Rel. Ministro OG FERNANDES. DJe 01/07/2010.

RE 548181/PR, rel. Min. Rosa Weber, 6.8.2013. (RE-548181)". Disponível em: < http://www.stf.jus.br/arquivo/informativo/documento/informativo714.htm> Acceso en 21 de agosto de 2014.

REGIS PRADO, Luiz. **Responsabilidade penal da pessoa jurídica: Fundamentos e implicações.** En: REGIS PRADO, Luiz; DOTTI, René Ariel; (coord.) **Responsabilidade penal da pessoa jurídica**: Em defesa do princípio da imputação penal subjetiva. 3ª ed. – São Paulo: Editora Revista dos Tribunais, 2011.

ROTHENBURG, Walter Claudius. **A pessoa jurídica criminosa.** 3ª reimpressão. – Curitiba: Editora Juruá, 2007.

SÁNCHEZ RIOS, Rodrigo. **Indagações sobre a possibilidade da imputação penal à pessoa jurídica no âmbito dos delitos econômicos.** Em: REGIS PRADO, Luiz; DOTTI, René Ariel; (coord.) **Responsabilidade penal da pessoa jurídica**: Em defesa do princípio da imputação penal subjetiva. 3ª ed. – São Paulo: Editora Revista dos Tribunais, 2011.

SILVA SÁNCHEZ, Jesús María. **La Expansión del Derecho Penal: Aspectos de la Política Criminal en las Sociedades Postindustriales.** 3era ed., – BUENOS AIRES, BDEF, 2011.

ZÚÑIGA RODRÍGUEZ, Laura. **Bases para un Modelo de Imputación de Responsabilidad Penal a las Personas Jurídicas.** 2ª ed., – Pamplona: Aranzadi, 2003.

________. **Bases para un Modelo de Imputación de Responsabilidad Penal a las Personas Jurídicas.** 3era ed., – Pamplona: Aranzadi, 2009.

________. **Responsabilidad penal de las empresas, experiencias adquiridas y desafíos futuros,** Em: QUELOZ, Nicolas/ NIGGLI, Marcel/ RIEDO, Christof (Ed.). **Droit pénal et diversités culturelles, Mélanges en l'honneur de José Hurtado Pozo.** Gèneve – Zurich – Bâle: Schulthess, 2012.

FRAUDE À LICITAÇÃO EM TERMO DE PARCERIA? SÓ POR ANALOGIA *IN MALAN PARTEM*

Bruno Augusto Vigo Milanez

RESUMO: o artigo trata do princípio da legalidade e de como esta garantia material obsta o reconhecimento do crime de fraude à licitação em termos de parceria.

PALAVRAS-CHAVE: legalidade penal; analogia *in malan partem*; fraude à licitação; termo de parceria.

TITLe: Bidding fraud on partnership agreement? Only by analogy *in malan partem*.

ABSTRACT: the essay deals with the legality principle and how this material guarantee prevents the recognition of the bidding fraud in partnership agreement.

Keywords: criminal legality; analogy *in malan partem*; bidding fraud; partnership agreement.

1. Introdução

Em que pese ter sido graduado pela Universidade Federal do Paraná (2003-2007), instituição em que cursei o mestrado (2010-2012) e onde atualmente curso o doutorado na área do Direito Processual Penal, não tive a oportunidade e o privilégio de ser aluno direto do homenageado, Prof. Dr. René Ariel Dotti.

Obviamente, esta condição de '*não-aluno-direto*' do Prof. René não me impediu de ser influenciado por sua doutrina e seu exemplo de atuação profissional. Este texto reflete exatamente uma das oportunidades em que pude aprender e discutir teses com o Prof. Renè, em um processo criminal no qual atuamos, cada qual em defesa do seu patrocinado.

As profundas discussões e estudos derivados do caso penal conduziram-nos a tese de que o crime de fraude à licitação, tipificado na regra do art. 90, da Lei nº 8.666/93, não se aplica aos termos de parceria – regulados por regras específicas, positivadas na Lei nº 9.790/99 e no Decreto Lei nº 3.100/99 –, instrumento jurídico pelo qual as OSCIP'S (Organizações da Sociedade Civil de Interesse Público) se vinculam ao Poder Público.

2. O PRINCÍPIO DA LEGALIDADE COMO FUNDAMENTO À VEDAÇÃO DA ANALOGIA *IN MALAN PARTEM* NA ESFERA CRIMINAL

O princípio da *legalidade penal*, na conformação moderna, configura garantia incorporada aos ordenamentos jurídicos notadamente a partir de meado do séc. XVIII, sendo posteriormente sintetizado na fórmula *nullum crimen, nulla poena sine lege*, forjada por FEUERBACH.[1]

Trata-se a legalidade de verdadeiro freio ao arbítrio e ao poder punitivo estatal, sendo a garantia decomposta em quatro aspectos, quais sejam, (**a**) a irretroatividade da lei penal mais gravosa; (**b**) a proibição do costume incriminador como fonte penal; (**c**) a proibição da indeterminação da lei penal e; (**d**) a proibição da analogia desfavorável ao cidadão.

O primeiro imperativo derivado da legalidade penal está incorporado no ordenamento positivo brasileiro, no rol de garantias individuais do cidadão, especificamente no art. 5º, XL, da CR/88, segundo o qual "*a lei penal não retroagirá, salvo para beneficiar o réu*".

Este dispositivo constitucional disciplina a *aplicação temporal* da lei penal[2] – tendo-se como marco cronológico o momento da prática do injusto – em um duplo sentido: por um lado, *veda* a aplicação *retroativa* da lei penal mais gravosa, que somente terá eficácia a fatos ocorridos após sua entrada em vigência e, por outro lado, *determina* a aplicação retroativa da lei penal mais benéfica, que terá sua eficácia estendida a fatos ocorridos anteriormente a sua entrada em vigência.

A segunda decorrência da legalidade penal consiste na proibição do costume incriminador – "*o costume, por mais arraigada que seja a convicção sobre sua necessidade, não tem o condão de criar delitos ou estabelecer sanção*"[3] –, ainda que o costume aplicável *in bonam partem* sejam admissível:

> "*(...) assim como a analogia e a retroatividade da lei penal favorável são admitidas,* ***também o costume pode ser admitido in bonam partem, para excluir ou reduzir a pena, ou para descriminalizar o fato, nas hipóteses indicadas pela sociologia jurídica de perda de eficácia da lei penal – e, com a perda da eficácia, a perda da validade da lei penal*** *(...).*"[4] – g.n. –

1 SANTOS, Juarez Cirino. **Direito Penal**: parte geral. 3ª ed. rev. e ampl. Curitiba: ICPC/ Lumen Juris, 2008, p. 20; ZAFFARONI, Eugenio Raul. **Manual de Derecho Penal**: parte general. Sexta Edición. Ediar: Buenos Aires, 1991, p. 79 e ss; BATISTA, Nilo. **Introdução Crítica ao Direito Penal Brasileiro.** 9ª ed. Rio de Janeiro: Revan, 2004, p. 65-83.

2 *Idem, ibidem*, p. 35. DOTTI, Renè Ariel. **Curso de Direito Penal**: parte geral. 5ª ed. rev. atual e ampl. São Paulo: Revista dos Tribunais, 2013, p. 145-146.

3 DOTTI, R. A. **Direito** ... op. cit., p. 321.

4 SANTOS, J. C. **Direito** ... op. cit., p. 23.

A terceira decorrência da legalidade penal consiste na proibição da indeterminação da lei penal incriminadora. Com efeito, é sabido que com a superação do paradigma da consciência pelo paradigma intersubjetivo, descortinou-se o caráter plurissignificativo da linguagem, superando-se o axioma interpretativo segundo o qual *a lei clara não demanda interpretação*.

Em outros termos, no paradigma atual, deve-se reconhecer que a partir do texto legal (estático), o intérprete extrai uma norma (dinâmica) e, portanto, tantas são as normas quantos forem os intérpretes da lei.[5] Por outro lado, a pluralidade de significados do texto legal não significa que o intérprete esteja autorizado a realizar qualquer tipo de interpretação nem mesmo que a técnica legislativa não deva se preocupar em diminuir ao máximo as ambiguidades e evitar a formulação de leis incompreensíveis e de conteúdo indeterminado, ainda que se esteja nesse aspecto em terreno extremamente pantanoso:

> *"O problema de toda lei penal parece ser a inevitabilidade de certo nível de indefinição: as palavras da lei são objeto de interpretação diferentes, porque os juízos de valor enunciados não admitem descrições neutras – e qualquer tentativa semelhante seria monótona ou ridícula: como descrever o conceito de injúria, por exemplo? Seja como for, o princípio da legalidade pressupõe um mínimo de determinação das proibições ou comandos da lei penal – em geral, conhecido como princípio da taxatividade, mas indissociável do princípio da legalidade, como exigência de certeza da lei -, cuja ausência inviabiliza o conhecimento das proibições e rompe a constitucionalidade da lei penal, regida pela fórmula lex certa."*[6]

Por derradeiro, a legalidade penal como consectário de um direito penal minimamente democrático impõe a proibição da *analogia in malam partem*. Trata-se a analogia de mecanismo de integração de lacunas legislativas não intencionais, pelo qual na existência de vácuo legislativo para resolver determinado caso de um ramo do ordenamento, busca-se princípio ou regra de um ramo similar para solucionar o vazio legislativo.

No direito penal, a analogia opera em um duplo sentido, sendo *vedada* em desfavor do cidadão e *permitida* em seu benefício:

> *"[a analogia] não vale para reconhecer a criminalidade de um fato ou impor uma pena ou medida de segurança. Domina, no Direito Penal, o princípio da anterioridade da lei penal quanto às infrações penais e as respectivas reações jurídicas. Somente a lei penal escrita é fonte para incriminar a conduta humana e estabelecer a reação criminal adequada.*
> *A analogia é admissível em matéria penal quando se trate de integrar a lacuna do sistema positivo relativamente às causas de ilicitude ou de isenção de pena."*[7]

5 Nesse sentido, cf., por exemplo: GRAU, Eros Roberto. **Ensaio e discurso sobre a interpretação/aplicação do direito.** 5ª ed. rev. e ampl. São Paulo: Malheiros, 2009, p. 25-42.

6 SANTOS, J. C. **Direito** ... op. cit., p. 23-24.

7 DOTTI, R. A. **Direito** ... op. cit., p. 323.

3. A DISTINÇÃO ENTRE LICITAÇÃO E TERMO DE PARCERIA

No âmbito das modernas relações de gestão/fomento de atividades entre o setor público e o privado, instituíram-se as denominadas **entidades paraestatais** e, dentre elas, as Organizações da Sociedade Civil de Interesse Público (OSCIP's), regidas pela Lei nº 9.790/99 e pelo Decreto Lei nº 3.100/99.

Este sistema de fomento/gestão de atividades de interesse público através das OSCIP's é operacionalizado através dos ***termos de parceria***, figura instituída pela regra do art. 9º, da Lei nº 9.790/99:

> "**Art. 9º** – Fica instituído o **Termo de Parceria**, assim considerado o instrumento passível de ser firmado entre o Poder Público e as entidades qualificadas como Organizações da Sociedade Civil de Interesse Público **destinado à formação de vínculo de cooperação entre as partes,** para o fomento e a execução das atividades de interesse público previstas no art. 3º desta Lei." – g.n. –

A precitada regra é complementada pelo art. 8º, do Decreto Lei nº 3.100/99:

> "**Art. 8º** – Será firmado entre o Poder Público e as entidades qualificadas como Organizações da Sociedade Civil de Interesse Público, **Termo de Parceria destinado à formação de vínculo de cooperação entre as partes**, para o fomento e a execução das atividades de interesse público previstas no art. 3º da Lei nº 9.790, de 1999." – g.n. –

A partir dos dispositivos legais, evidencia-se que a **natureza jurídica** dos *termos de parceria* em quase nada se assemelha às licitações e contratos administrativos, a começar pelo regime *não contratual* – mas sim ***cooperativo*** – que regulamenta a relação entre o Poder Público e as OSCIP's.

A conclusão se atinge pois as regras que definem o regime jurídico dos *termos de parceria* fazem referência expressa à formação de "***vínculo de cooperação***" com o Poder Público, guardando similaridade jurídica com os "*convênios de **cooperação***", disciplinados na regra do art. 241, da CR/88[8].

A distinta natureza jurídica das licitações e dos termos de parceria é reconhecida não apenas por uma comparação entre as regras que regulamentam os procedimentos licitatórios e os termos de parceria, mas igualmente em sede doutrinária, consoante posição de HELY LOPES MEIRELLES:

---

8 "**Art. 241, CR/88** – A União, os Estados, o Distrito Federal e os Municípios disciplinarão por meio de lei os consórcios públicos e os **convênios de cooperação** entre os entes federados, **autorizando a gestão associada de serviços públicos, bem como a transferência total ou parcial de encargos, serviços, pessoal e bens essenciais à continuidade dos serviços transferidos.**" – g.n.

> "(...) embora tecnicamente imperfeita [a redação da regra do art. 9º, da Lei nº 9.790/99], indica o vínculo de cooperação como sua característica e nos leva à conclusão de que **a lei se refere a um termo de cooperação.** (...) **Essas figuras jurídicas** introduzidas pela chamada Reforma Administrativa do Estado [contrato de gestão e termo de parceria], bastante semelhantes em alguns pontos, **não são contratos propriamente ditos, pois neles não há interesses contraditórios, mas convergentes** (...)."[9] – g.n.

Esta discrepância entre a natureza jurídica das licitações (*contrato*) e dos termos de parceria (*convênio/cooperação*) inviabiliza a regência e efetivação destes pela Lei nº 8.666/93, pois "(...) *as figuras do contrato de gestão e do* ***termo de parceria*** *podem configurar* ***uma modalidade de convênio*** *(...)* ***a seleção de um particular para participar de um*** *contrato de gestão (com organização social) ou de um* ***termo de parceria (OSCIP) não dependerá de licitação na medida em que se configurar efetiva e realmente um convênio.***"[10] – g.n.

Tanto assim o é que quando da entrada em vigência do Decreto Lei 3.100/99, **sequer se exigia a realização de concurso de projetos** para que o Poder Público celebrasse termo de parceria com as OSCIP's, ou seja, a contratação *poderia* ser feita diretamente.

A assertiva encontra guarida não apenas em precedentes do Tribunal de Contas da União[11], mas na modificação promovida pelo Decreto Lei nº 7.568/2011, que conferiu nova redação à regra do art. 23, do Decreto Lei nº 3.100/99:

Art. 23 (redação originária)	Art. 23 (redação dada pelo Decreto 7.569/2011)
"A escolha da Organização da Sociedade Civil de Interesse Público, para a celebração do Termo de Parceria, **poderá** ser feita por meio de publicação de edital de concursos de projetos pelo órgão estatal parceiro para obtenção de bens e serviços e para a realização de atividades, eventos, consultorias, cooperação técnica e assessoria."	"A escolha da Organização da Sociedade Civil de Interesse Público, para a celebração do Termo de Parceria, **deverá** ser feita por meio de publicação de edital de concursos de projetos pelo órgão estatal parceiro para obtenção de bens e serviços e para a realização de atividades, eventos, consultoria, cooperação técnica e assessoria."

9 MEIRELLES, Hely Lopes. **Direito administrativo brasileiro.** 32ª ed. rev. e atual. São Paulo: Malheiros, 2006, p. 268-9.

10 JUSTEN FILHO, Marçal. **Comentários à lei de licitações e contratos administrativos** (atualizados de acordo com a Lei federal nº 12.349/2010). 15ª ed. São Paulo: Dialética, 2012, p. 39.

11 **TCU – Acórdão 14.334/99-2**, Rel. Marcos Vilaça, pub. BTCU 78/1999.

Comparação entre as redações indica que o concurso de projetos consistia, originariamente, em uma *faculdade* do administrador e, somente em 2011 surge a sua *obrigatoriedade*.

Em conclusão, é possível identificar sensíveis diferenças legais entre as *licitações* e *termos de parceria*, tanto no que diz com a *natureza jurídica do vínculo* como no que se refere à sua *finalidade*. Esta diversidade legal **elide** a aplicabilidade da Lei nº 8.666/93 às OSCIP's:

> "**A relação entre o Poder Público e as OSs ou OSCIPs não tem natureza contratual.** Não se trata de uma relação comercial, em que o interesse do governo é a realização de atividade de interesse público e o objetivo do contratado é a remuneração pelo serviço que presta. Os *termos de parceria* ou *contratos de gestão* são uma conjugação de esforços para um objetivo comum entre os parceiros, como ocorre nos convênios. Não exigem interesses distintos, mas o mesmo interesse em fomentar uma atividade, um programa, um projeto de relevância social. **Por não se tratar de contrato, o ajuste em discussão não é regido pela Lei nº 8.666/93.**"[12] – g.n.

4. Consequência penal da inaplicabilidade da Lei nº 8.666/93 às OSCIP's: vedação da analogia *in malan partem*

Como demonstrado, há fortes distinções legais entre os termos de parceria e as licitações, pelos quais se reconhece que a Lei nº 8.666/93 não se aplica aos termos de parceria, que são regidos pela Lei nº 9.790/99 e pelo Decreto Lei nº 3.100/99.

Nada mais lógico sob o ponto de vista dogmático: se o vínculo jurídico entre OSCIPs e o Poder Público fosse regulado pela Lei nº 8.666/93, parece evidente a completa desnecessidade de **lei especial e cronologicamente mais recente** tratar da matéria através da figura dos termos de parceria, regulados à exaustão tanto na Lei nº 9.790/99 (art. 9º e ss.) como no Decreto Lei nº 3.100/99 (art. 8º e ss.).

Não por outros fundamentos o TCU firmou orientação no sentido de que

> *"o ajuste a ser firmado entre um órgão público e uma OSCIP é o termo de parceria, nos termos da Lei nº 9.790, de 1999, (...) [não havendo] nessa lei nem no decreto que a regulamenta (Decreto nº 3.100, de 30 de junho de 1999), qualquer disposição*

12 BOTTINI, Pierpaolo Cruz. **Lei de licitações não se aplica a ONG's**. Disponível em http://www.conjur.com.br/2011-nov-01/direito-defesa-lei-licitacoes-nao-aplica-ongs. Acesso em 18.11.2013. No mesmo sentido: OLIVEIRA, Gustavo Henrique Justino de. Organizações da sociedade civil de interesse público: termo de parceria e licitação. *In*: **ReRE – Revista Eletrônica sobre a Reforma do Estado**. n. 2, jun.-ago. 2005, Salvador, p. 18; BARBOSA, Maria Nazaré Lins. **A experiência dos termos de parceria entre o Poder Público e as organizações da sociedade civil de interesse público** (OSCIPs). *In*: SUNDFELD, Carlos Ari (Coord.). *Parcerias público privadas*. São Paulo: Malheiros, 2005, p. 507.

> *que obrigue os órgãos e entidades da Administração Pública a instaurar procedimento licitatório, nos termos da Lei nº 8.666, de 1993, para selecionar as Oscips interessadas em firmar referido termo de parceria."* (**TCU – Acórdão 1.006/2011**, *Plenário, Rel. Min. Ubiratan Aguiar, 20.4.2011)*

O precedente reflete orientação consolidada na Corte de Contas, que reiteradamente[13] afirma a **inaplicabilidade da Lei nº 8.666/93 às OSCIP's**, dado que "*a natureza singular dos serviços sociais autônomos, como entes de cooperação com o Poder Público, assim definido pela doutrina, com administração e patrimônio próprios, não os obriga a atuar como entidades da Administração Pública. Portanto, não se pode exigir dessas instituições a obediência às disposições da Lei nº 8.666/93.*" (**TCU – Acórdão 1.777/2005**, Plenário, Rel. Min. Marcos Vinicius Vilaça)

Ademais, a regra do art. 1º, da Lei nº 8.666/93 é expressa ao "*estabelece[r] normas gerais sobre* ***licitações*** *e* ***contratos administrativos*** (...)", não englobando qualquer outra forma de vínculo envolvendo o Poder Público, como é o caso dos *termos de parceria.*

Admitir a aplicabilidade da regra do art. 90, da Lei nº 8.666/93 (*fraude à licitação*) configuraria evidente **analogia incriminadora** ou *in malam partem* – **notadamente pela inexistência de previsão legal expressa de licitação para a celebração de termo de parceria** –, o que é vedado na seara criminal em face do princípio da legalidade estrita.

Caso se pretenda utilizar a analogia, admissível a sua aplicação apenas *em favor do cidadão*, como no caso da regra do art. 24, XXIV, da Lei nº 8.666/93, segundo a qual a licitação é dispensada "***para a celebração de contratos de prestação de serviços com as organizações sociais****, qualificadas no âmbito das respectivas esferas de governo, para atividades contempladas no contrato de gestão*" – g.n. –

A analogia benéfica se afigura viável pois tanto as Organizações Sociais como as OSCIP's são **entes paraestatais** e, portanto, possuem natureza jurídica análoga e se vinculam ao Poder Público através de instrumentos jurídicos outros que não as licitações e os contratos administrativos, mas através dos *termos de parceria (OSCIP) e contratos de gestão (OS)*.

E uma análise comparativa das regras que instituem respectivamente os *termos de parceria* e os *contratos de gestão* exprime que ambos os instrumentos são extremamente similares:

---

13 No mesmo sentido, cf.: **TCU – Acórdãos 14.334/1999, 2.066/2006, 19.538/2006, 114/2010, 440/2010**, dentre diversos outros.

Contrato de Gestão (Lei nº 9.637/98)	Termo de Parceria (Lei nº 9.790/99)
"Art. 5º – Para os efeitos desta Lei, entende-se por contrato de gestão o instrumento firmado entre o Poder Público e a entidade qualificada como organização social, com vistas à **formação de parceria entre as partes para fomento e execução de atividades** relativas às áreas relacionadas no art. 1º" a – g.n. –	"Art. 9º – Fica instituído o Termo de Parceria, assim considerado o instrumento passível de ser firmado entre o Poder Público e as entidades qualificadas como Organizações da Sociedade Civil de Interesse Público destinado à **formação de vínculo de cooperação entre as partes, para o fomento e a execução das atividades** de interesse público previstas no art. 3º desta Lei." – g.n. –

A semelhança entre a forma através da qual OSCIP's e OS's estabelecem vínculos com o Poder Público é **inequívoca:**

> "***Quando ao vínculo com a Administração Pública, é estabelecido, conforme visto, por meio de termo de parceria, em tudo semelhante ao contrato de gestão previsto em lei para as organizações sociais.*** *Não tem, como esse último, natureza contratual, assemelhando-se muito mais aos convênios tradicionalmente celebrados entre o Poder Público e entidades privadas para formalizar o fomento. Da mesma forma que o contrato de gestão celebrado com organização social, o termo de parceria com as entidades qualificadas como organizações da sociedade civil de interesse público restringe a autonomia da entidade que, por receber diferentes tipos de ajuda, fica sujeita a controle de resultado pelo Poder Público, além do controle pelo Tribunal de Contas, na medida em que admite bens ou valores de natureza pública.*"[14] – g.n. –

Portanto, "*se o contrato de gestão no serviço público não exige, para sua elaboração, licitação por ser celebrado com organizações sociais para a prestação de serviços*"[15], certo é que a mesma lógica deve permear a celebração de termo de parceria entre o Poder Público e as OSCIP's.

Nesse contexto – e no âmbito jurisprudencial –, o Tribunal Regional Federal da 4ª Região reconheceu por atípica a conduta de simular licitação – para conferir aparência de lisura ao procedimento – em hipótese na qual o processo licitatório era dispensável, pois

> "*a* ***conduta típica prevista no artigo 90, da Lei de Licitações, pressupõe a existência do processo licitatório*** *(...). Dessa forma,* ***sendo a licitação dispensável*** *(...),* ***a posterior simulação do procedimento licitatório*** *– com o objetivo apenas de conferir lisura às aquisições realizadas direta e informalmente –* ***embora ofenda os princípios norteadores das licitações em geral*** *(...)* ***não tem o condão de frustrar o cará-***

14 DI PIETRO, Maria Sylvia Zanella. **Parcerias na administração pública**: concessão, permissão, franquia, terceirização e outras formas. 4ª ed., rev. e ampl. São Paulo: Atlas, 2002, p. 219.

15 **STJ – REsp 952.899**, Rel. Min. José Delgado, DJe 23.6.2008.

> ***ter competitivo a que alude o tipo penal em questão.*** *" – g.n. –* **(TRF-4 – ACR 2002.71.00.002628-2,** *Rel. Tadaaqui Hirose, D.E. 19.5.2011)*

E mantendo a coerência sistêmica, a regra do art. 90, da Lei nº 8.666/93, possui como elemento normativo do tipo o vilipêndio ao "*caráter competitivo do **procedimento licitatório***", não contemplando a regra qualquer possibilidade de interpretação analógica:

> "Assim, **mesmo que descumpridas as regras de *pessoalidade* e *moralidade*, não é cabível a imputação pelos crimes da Lei nº 8.666/93, porque o regime de *licitação* não se aplica à entidade selecionada para executar o Termo de Parceria ou o Contrato de Gestão,** ou para a subcontratação pela entidade dos parceiros na execução do projeto. **Os tipos penais previstos na Lei fazem referência explicita à *licitação* e à *contratação*, a excluir do seu núcleo os Contratos de Gestão e Termos de Parceria** que instrumentalizam, respectivamente, a relação entre governo e OSs ou Oscips. A inadmissibilidade da analogia na interpretação da lei penal afasta qualquer incidência das normas em comento sobre as atividades das entidades em discussão.
> Isso não afasta o uso de sanções administrativas diante de indícios de direcionamento para beneficiar entidades especificas, com a desvirtuação do principio da *pessoalidade*. Mas a interpretação *extensiva* da norma penal não pode ser admitida nesta seara, sob pena de legitimação da ampliação *contra legem* da repressão criminal."[16] – g.n. –

5. Conclusão

O princípio da legalidade penal ainda aparece, em determinados aspectos, como promessa, tal qual demonstra Rosa Maria Cardoso da Cunha.[17] No campo específico do presente ensaio, há inúmeros argumentos para se reconhecer que a Lei nº 8.666/93 não se aplica aos termos de parceria e que qualquer ajuste espúrio entre particulares e a Administração Pública na celebração de um termo de parceria é conduta atípica, ainda que no campo da ética seja reprovável.

E assim o é não por questões ideológicas muito menos por uma vontade pessoal ou subjetiva em fomentar condutas ilegais ou mesmo o favorecimento individual em detrimento do erário público e do bem comum. A conclusão a que se chega decorre da aplicação da estrita legalidade penal, em sua faceta da vedação da *analogia in malan partem.*

Na jurisprudência, o tema foi pouquíssimo abordado e, nos tribunais superiores, esse autor desconhece qualquer caso em que a questão tenha sido

---

16 BOTTINI, P. C. **Lei de licitações** ... op. cit.

17 CUNHA, Rosa Maria Cardoso da. **O caráter retórico do princípio da legalidade.** Porto Alegre: Síntese, 1979.

tratada. Em primeiro grau, porém, há um precedente da Justiça Federal do Paraná que revela o acerto da doutrina de Rosa Maria Cardoso da Cunha, tendo-se em vista a desconsideração plena a absoluta do princípio da legalidade penal em detrimento de um direito penal eficientista e de decisões – talvez lotadas de boas intenções – incompatíveis com a sistemática instituída pela legalidade penal. Confira-se trecho da decisão mencionada, que entendeu pela aplicação do art. 90, da Lei nº 8.666/93 (fraude à licitação) aos termos de parceria:

> "Jogos semânticos à parte os recursos são repassados mediante acordo de vontade entre a entidade pública e a OSCIP. Apesar dos termos utilizados em concreto para esse acordo, 'parcerias' ou 'convênios', é certo que se trata de um acordo de vontade e, portanto, de ato de natureza jurídica contratual.
> O fato de tratar-se de um acordo de vontade, um contrato em síntese, regido em parte pelo Direito Público, não reira sua natureza jurídica de contrato."[18]

Como se vê, o princípio da legalidade ainda é compreendido como mero jogo de palavras. E assim se esvaem direitos e garantias individuais que são de todos.

6. Referências bibliográficas

BARBOSA, Maria Nazaré Lins. **A experiência dos termos de parceria entre o Poder Público e as organizações da sociedade civil de interesse público** (OSCIPs). *In*: SUNDFELD, Carlos Ari (Coord.). *Parcerias público privadas*. São Paulo: Malheiros, 2005.

BATISTA, Nilo. **Introdução Crítica ao Direito Penal Brasileiro**. 9ª ed. Rio de Janeiro: Revan, 2004.

BOTTINI, Pierpaolo Cruz. **Lei de licitações não se aplica a ONG's**. Disponível em http://www.conjur.com.br/2011-nov-01/direito-defesa-lei-licitacoes-nao-aplica-ongs. Acesso em 18.11.2013.

CUNHA, Rosa Maria Cardoso da. **O caráter retórico do princípio da legalidade**. Porto Alegre: Síntese, 1979.

DI PIETRO, Maria Sylvia Zanella. **Parcerias na administração pública**: concessão, permissão, franquia, terceirização e outras formas. 4ª ed., rev. e ampl. São Paulo: Atlas, 2002.

DOTTI, Renè Ariel. **Curso de Direito Penal**: parte geral. 5ª ed. rev. atual e ampl. São Paulo: Revista dos Tribunais, 2013.

18 Sentença nos Autos de Processo Crime sob nº 5009807-73.2011.404.7000/PR, da 13ª Vara Criminal Federal da Subseção de Curitiba/PR.

GRAU, Eros Roberto. **Ensaio e discurso sobre a interpretação/aplicação do direito.** 5ª ed. rev. e ampl. São Paulo: Malheiros, 2009.

JUSTEN FILHO, Marçal. **Comentários à lei de licitações e contratos administrativos** (atualizados de acordo com a Lei federal nº 12.349/2010). 15ª ed. São Paulo: Dialética, 2012.

MEIRELLES, Hely Lopes. **Direito administrativo brasileiro.** 32ª ed. rev. e atual. São Paulo: Malheiros, 2006.

OLIVEIRA, Gustavo Henrique Justino de. Organizações da sociedade civil de interesse público: termo de parceria e licitação. *In*: **ReRE – Revista Eletrônica sobre a Reforma do Estado.** n. 2, jun.-ago. Salvador, 2005.

SANTOS, Juarez Cirino. **Direito Penal**: parte geral. 3ª ed. rev. e ampl. Curitiba: ICPC/Lumen Juris, 2008.

ZAFFARONI, Eugenio Raul. **Manual de Derecho Penal**: parte general. Sexta Edición. Ediar: Buenos Aires, 1991.

CORRUPÇÃO NO BRASIL: DOS DELITOS TRADICIONAIS À CORRUPÇÃO EMPRESARIAL

Eduardo Saad-Diniz
Víctor Gabriel Rodríguez

RESUMO: O artigo propõe descrição e análise de modificações estruturais para controle e prevenção da corrupção, desde os delitos tradicionais até a nova perspectiva no âmbito empresarial. Após revisão dos tipos penais de suborno com suas recentes alterações e semelhança com o modelo espanhol, discute-se a nova lei anticorrupção (Lei n. 12.849/2013), que introduz novos mecanismos de imputação de responsabilidade à empresa no âmbito administrativo e civil. Apesar de poder representar avanços significativos na estratégia nacional de prevenção à corrupção, a lei de corrupção empresarial segue demonstrando baixa utilidade para o sistema de sanções e graves problemas de *law enforcement*.

PALAVRAS-CHAVE: corrupção, compliance, prevenção a infrações econômicas

TITLE: Corruption in Brazil: from traditional crimes to corporate corruption.

ABSTRACT: This paper proposes a description and an analysis of structural changes in terms of corruption control and prevention, from traditional offenses to a new look into the corporate field. After a revision of corruption traditional offenses and its recent transformations, it puts into question the new "anti-bribery" law (Law n. 12.846/2013), which introduces new mechanisms of corporate liability imputation in administrative and civil matters. Despite the fact that it might represent significant advances to the national anti-bribery strategy, the new law still demonstrate low utility to the sanction´s system and severe problems of law enforcement.

KEYWORDS: corruption, compliance, corporate offenses prevention.

1. Apresentação do tema. A título de homenagem

René Ariel Dotti é consagrado como dos mais prolíficos intelectuais das ideias penais no Brasil. Ao desenvolver análise sobre a evolução recente dos marcos regulatórios da corrupção em amplas dimensões, desde as modalidades tradicionais até o incandenscente debate da corrupção no ambiente empresarial, esperamos *homenagear o maestro* e seu legado na formação das ciências criminais brasileiras.

Um tanto arriscado iniciar um artigo sobre a corrupção no marco brasileiro afirmando que o país sofreu sempre e especialmente com o problema da corrupção. O risco está em reproduzir o tópico, sem provas mais contundentes, de que o país é vitimizado de maneira mais aguda do que outras nações pela falta de controle deste mal. De qualquer forma, há que se reconhecer esta premissa, por meio de algumas observações concretas, para dar um sentido efetivo à afirmação de que é imprescindível a necessidade de aperfeiçoar os marcos regulatórios de prevenção e repressão a esta prática.

Uma análise de algum modo segura poderia ser realizada mediante a descrição das mudanças estruturais no ordenamento jurídico (e, de modo mais frágil, na sociedade), que perfilam um tratamento mais eficaz do problema. Nisto consiste o singelo objetivo deste artigo: a descrição e análise das alterações que prometem novos paradigmas para controle da corrupção. Para levar adiante este propósito, o artigo propõe discussão dos tipos penais de corrupção, acompanhado de suas recentes alterações na interpretação jurisprudencial no Supremo Tribunal Federal para, finalmente, questionar algumas medidas administrativas da recente "lei anticorrupção" do Brasil.

2. Premissas: corrupção e cultura

A existência de um contexto cultural em grande medida complacente com casos de corrupção gerou, por secular, um número quase insignificante de condenações por delitos de corrupção, tanto na modalidade passiva dos políticos e autoridades públicas, como no quadro ativo dos dirigentes das empresas que tratam diretamente com autoridades o manejo de grandes interesses financeiros. Em outras palavras, a exígua quantidade de sanções penais pelo delito em altas escalas não é derivada apenas de um conjunto ineficaz de normas penais, mas sim de uma marca cultural que se encontra, por assim dizer, já descrita de modo cristalizado pelos antropólogos ou sociólogos que estudaram as características gerais da sociedadee brasileira. Longe de um determinismo que já buscou explicar o problema inclusive por causas ou singularidades raciais, as origens históricas do Brasil permitem sustentar que as estruturas de poder, desde os tempos de colônia da Coroa Portuguesa, foram caracterizadas por uma confusão entre a esfera do privado e do público, que chegou a perpetuar-se nas relações interpessoais de quase todo um povo. Sem pretender adotar una redução que contradiz a forte característica multicultural de nossa sociedade, é seguro sustentar que, em termos gerais, há uma sociedade muito condescendente com a corrupção.

Neste particular, pode-se somar a esta cultura tolerante, que vem de há alguns séculos, uma ideologia muito influente de preservação dos componentes do Estado ainda que suponha um possível ataque ao cidadão em suas liberdades, de se lembrar que a Parte Especial do Código Penal Brasileiro segue até hoje a mesma desde o ano 1940, quando imperava o chamado "Estado

Novo", sob a mão de ferro de Getúlio Vargas, com o total abandono das antigas teorias liberais. A tudo isso se soma o fato de que a doutrina penal até hoje mais reconhecida para a interpretação destes delitos em concreto nasce da obra de um autor que, apesar do brilho de seu engenho, também se alinhava à ideologia do Estado superpoderoso, que, ainda que em graus distintos, ao mesmo tempo era usual em outras nações, tanto na América como em Europa. Uma análise mais refinada do conteúdo da obra do autor carioca demonstra boa dose realismo frente ao fenômeno da impunidade, ao afirmar, por exemplo, que ela se deve "à revelação de algumas cumplicidades poderia afetar as próprias instituições", reconhecendo que "cada um tem seu algarismo"[1], tópico que hoje seria inadmissível.

Quer dizer que a perigosa combinação de um contexto social que não repreende por si o abuso da coisa pública com um Estado-legislador, que utiliza o direito mais para defender o Estado contra o ataque dos particulares do que para colocá-los a serviço destes, determinou, por largo tempo, a ineficácia de um sistema repressivo que agora parece começar a mudar.

Também na investigação das premissas, não se pode deixar de considerar a hipótese de considerar que a corrupção não seja em si mesma um mal[2], o que implicaria, jurídicamente, questionar qual é o bem jurídico protegido pela criminalização da corrupção. Este tema, a sua vez, obrigaria a tomar posição acerca do papel que com caráter geral desempenha o bem jurídico nos processos de criminalização de uma conduta, seguido de todo um conjunto de outras considerações que excedem consideravelmente o propósito desta exposição. A ideia primeira de que a corrupção representa um desvio grave da função do Estado[3] contra o interesse dos cidadãos é suficiente para, nestes limites, legitimar as medidas penais que buscam diminuir sua existência.

1 HUNGRIA, Nelson, Comentários ao Código Penal, vol. V, RJ: Forense, 1958, p. 362.

2 Sobre o tema, veja-se: BERDUGO GÓMEZ DE LA TORRE, Ignacio. "La respuesta penal internacional frente a la corrupção. Consecuencias sobre la legislação espanhola". In: *Estudios de Deusto: revista de la Universidad de Deusto*, 63/2015, pp. 229-265.

3 A ideia de que a corrupção não seja em si mesma um desvalor cultural se revela também no atraso brasileiro em tipificar a corrupção entre particulares, a exemplo do 286-bis do Código Espanhol. O que é criminalizada atualmente, no âmbito privado, é a oferta de dinheiro ou outra vantagem com a finalidade de, exclusivamente, defraudar resultados desportivos. Esta se dá por causa da lei aprovada por ocasião da recepção da Copa do Mundo de 2014, que seguiu com a recente lei de responsabilidade fiscal para entidades desportivas, sob pressão de potentes organizações desportivas internacionais. Assim o texto do atual Art. 41-E do chamado "Estatuto do torcedor": "Fraudar, por qualquer meio, ou contribuir para que se fraude, de qualquer forma, o resultado de competição esportiva ou evento a ela associado"

3. Criminalização clássica: reformas legislativas dos tipos de corrupção ativa e passiva

A estrutura brasileira do delito de corrupção se aproxima à regulação da legislação espanhola,[4] quando opta por diferenciar as modalidades ativa e passiva do delito. No caso brasileiro, sem embargo, as figuras topograficamente se distanciam da sistemática do Código, ao se inserir em grupos distintos. A corrupção passiva[5] aparece no art. 317, dentro dos delitos de funcionários, e o ativo,[6] mais adiante (art. 333), em um apartado de delitos dos particulares que vulneram a Administração.

O curioso é assinalar que esta estrutura existe desde o ano de 1940, quando começou a vigência do Código Penal em sua parte Especial, e que desde então não sofreu mudanças significativas. A doutrina clássica, ao interpretar o tipo, pouco soma a sua interpretação literal, apenas se posicionando em relação a alguma que outra questão prática, como a não-bilateralidade de ambos os tipos, quer dizer, com a asserção de que uma condenação por corrupção passiva, por exemplo, não depende de uma condenação, no tipo correspondente ao particular, por corrupção ativa. Por isso é lógica a divisão das duas figuras.

Não obstante, deve-se notar que desde 1940 até há pouco mais de uma década, o Código Penal denotava um quase absoluto desprezo à gravidade da conduta de corrupção. Basta em afirmar que a pena mínima prevista para o tipo, antes de uma reforma legislativa do ano de 2003 era, para ambas as modalidades de corrupção, de um ano de prisão. Isso significava que um fato delitivo, na prática, quase fatalmente resultava prescrito pela passagem do tempo por conta da típica lentidão nos tribunais, ou, ainda mais evidente, em

---

4 No Código Penal espanhol, a corrupção passiva nos artigos 419 (próprio) e 420 (impróprio), e a corrupção ativa no art. 424.

5 Transcrevem-se literalmente os artigos, porque seus termos será recuperado adiante, em especial acerca da presença da locução "ato de ofício", que aparece na versão ativa da corrupção, mas não está na passiva: Art. 317 – Solicitar ou receber, para si ou para outrem, direta ou indiretamente, ainda que fora da função ou antes de assumi-la, mas em razão dela, vantagem indevida, ou aceitar promessa de tal vantagem: Pena – reclusão, de 2 (dois) a 12 (doze) anos, e multa. § 1º – A pena é aumentada de um terço, se, em conseqüência da vantagem ou promessa, o funcionário retarda ou deixa de praticar qualquer ato de ofício ou o pratica infringindo dever funcional. § 2º – Se o funcionário pratica, deixa de praticar ou retarda ato de ofício, com infração de dever funcional, cedendo a pedido ou influência de outrem: Pena – detenção, de três meses a um ano, ou multa.

6 Art. 333 – Oferecer ou prometer vantagem indevida a funcionário público, para determiná-lo a praticar, omitir ou retardar ato de ofício: Pena – reclusão, de 2 (dois) a 12 (doze) anos, e multa. Parágrafo único – A pena é aumentada de um terço, se, em razão da vantagem ou promessa, o funcionário retarda ou omite ato de ofício, ou o pratica infringindo dever funcional.

quase absoluta impunidade frente às medidas despenalizadoras que se inseriram no ordenamento a partir da década dos noventa do século passado. Estas estão pensadas para evitar tempo de cárcere aos delitos de menor gravidade, pelo que iniciativas como a suspensão condicional do processo e o *bargaining* suprem determinadas insuficiências que interessam especialmente aos detentadores do poder estatal, já que, como o ordenamento penal do estado totalitário no tempo da Segunda Grande Guerra mantinha os delitos de corrupção como delitos de menor lesividade. A título de exemplo, a corrupção estava cominada com a mesma pena que a figura básica do furto.

Em 2003 uma lei específica reformou pontualmente os dois tipos penais para duplicar a pena mínima estabelecida para os delitos de corrupção ativa e passiva. Assim se mantêm as redações originais dos dois tipos, mas se eleva a pena mínima a dois anos de prisião. Desde logo, não resolve problemas de impunidade, mas sim diminui as antes tão amplas possibilidades de prescrição. Outras leis penais de algum modo geraram efeitos em sentido análogo, como o instituto processual que abriu a possibilidade de uma defesa preliminar do acusado por qualquer tipo de delito, privilégio que antes era reservado ao funcionário público acusado de delitos contra a Administração. Era uma tentativa de suavizar os efeitos da doutrina da proteção que o Estado deve dar a seu *staff* burocrático,[7] ainda que não seja cumpridor das normas penais.

Nesta revisão de la evolução legislativa, há que considerar também, ainda que parcialmente, a lei de lavagem de dinheiro, do ano 1998, com suas sucessivas reformas em 2012, correspondentes às teorias que se geraram sobre este complexo e contemporâneo delito. Como ocorreu em outros países, o tipo de lavagem de dinheiro foi instrumento – justo ou não – de criação de instrumentos para persecução e inclusive punição daqueles envolvidos nos delitos antecedentes de prova mais difusa, como a própria corrupção.

---

7 É o principio da autoridade, de que nos fala Roig "Podemos pronunciarnos a favor de considerar *el principio de la autoridad* como bem jurídico protegido en el delito que nos ocupa, entendido, eso si, como mecanismo de tutela de las autoridades y funcionarios dirigido a asegurar el ejercicio de las funciones públicas que la lei establece al serviço de los cidadãos" ROIG TORRES, Margarita, El delito de atentado, Navarra: Aranzadi, 2004, p. 75. O que advém, em alguma medida, do direito do Estado de equivocar-se, o *Irrtumprivileg des Staats*, que aparece, por primeira vez assim enunciado, em Walter Jellinek: "Der so wichtige Satz, dass der Staat das grosse Vorrecht hat, sich irren zu dürfen, bewärt sich auch hier". Ou seja, "também aqui" funciona o direito de errar do Estado (no caso, para dar eficácia a decisões administrativas ou sentenças eventualmente ilegais). JELLINEK, Walter, *Verwaltungsrecht*, 1931, p. 294. A doutrina de Jellinek é resgatada por autores como Jescheck ou Maurach, e vem propriamente analisada em Javato Martín. Veja-se: JAVATO MARTÍN, Antonio, *El conceito de legalidad de la actuación del funcionario sostenido por El Tribunal Constitucional Alemán: su incidencia en la interpretação del § 113-III, StGB*, in: Revista de Direito y Processo Penal, 15, Madrid: Aranzadi, 2006

Deste modo, o quadro geral do delito de corrupção, desde 1940 até os dias atuais, evidencia no legislador brasileiro alguma recente sensibilidade para desenvolver instrumentos necessários para evitar a impunidade. Não é suficiente, desde já, caso se considerem as premissas que fixamos no início do texto. O aspecto cultural e outras reformas legislativas, ademais do âmbito penal, são essenciais. Em que pese isso, uma nova interpretação dos já tradicionais tipos penais de corrupção, como adiante será exposto, foi capaz de alterar algo deste primeiro aspecto.

4. A CRIMINALIZAÇÃO CLÁSSICA E A ALTERAÇÃO JURISPRUDENCIAL DA AP 470

Supera o nível da pura especulação afirmar que o caso da famosa "Ação Penal 470" – o processo judicial por que em 2013 foram condenados por corrupção, lavagem de dinheiro e formação de organização criminosa importantes figuras da política brasileira – exerceu grande impato na persecução penal da corrupção. Pela primeiroa vez, o Supremo Tribunal Federal chegou a pronunciar uma sentença condenatória contra os réus que desempenhavam altos cargos nos Poderes do Estado, especialmente no Executivo e no Legislativo. Entre os acusados se encontravam o "Ministro da Casa Civil", o Presidente e o Tesoureiro do Partido que ocupa o Governo Federal ("Partido dos Trabalhadores"), outros deputados e inclusive o ex-diretor do potente "Banco do Brasil". Algumas destas personagens, no momento em que se escreve este texto, seguem no cárcere ou estão em processo de extradição, por haver empreendido a fuga à Europa.

A nada desprezível significação do resultado da "Ação Penal 470" pode ser analisada tanto desde um aspecto cultural como dogmático. Desde uma consideração cultural, o caso significou o rompimento com antiga tradição de impunidade a membros do Estado. Ainda que se possa polemizar muito sobre a inclinação política que poderia estar por detrás da sentença, é inequívoco destacar que o resultado condenatório do STF constituiu uma surpresa para a opinião majoritária. O normal, a início da observação que se prolongou durante nada menos que 69 sessões da Corte Suprema, era prever que a quantidade de pessoas poderosas que o banco dos réus faria desviar, como se fazia tradicionalmente, o discurso judicial até conclusão de ausência de provas suficientes contra os autores de maior escalão na pirâmide política.

No que concerne à dogmática, o caso marcou alguns hiatos hermenêuticos para futuras interpretações da norma penal. O mais discutido foi a invocação da teoria do domínio do fato. De modo desavisado, como em seu momento já puderam indicar muitos penalistas[8], o Supremo Tribunal Federal

8 Veja-se, p. ex., GRECO, Luís; LEITE, Alaôr "Die Rezeption" der Tat- und Organisationsherrschaft im brasilianischen Wirtschaftsstrafrecht: Anmerkungen zur

invocou a tão importante obra monográfica de Claus Roxin, não para fazer uma diferença entre autor e partícipe – que na legislação brasileira nem sequer está devidamente arquitetada –, mas sim para fixar que aqueles que exercem o comando das organizações são responsáveis sobre as ações de seus subordinados, ainda que não cheguem a alcançar uma posição de garantidor.[9] Embora não seja exatamente esta a interpretação, o resultado final foi exigir um nível probatório menos minucioso para aqueles que já por tradição desenvolviam uma rudimentar *willfull blindness*, a qual, somada a uma negação genérica dos fatos, quase seguramente haveria levado à absolvição.

No campo dogmático, o tema de discussão é se a tipicidade se integra com a oferta de dinheiro ou vantagem, sem que se indique expressamente qual é o "ato de ofício" desejado pelo corruptor ativo. Em outras palavras, discute-se se há que especificar o motivo exato pelo qual o corrupto percebe seu dinheiro ou vantagem indevida. Desta maneira, a modo de ilustração, se um deputado recebe um valor ilícito de uma empresa privada, o que seria verificado é a indicação ou não de ato específico que haja cometido, desviando-se ou não de sua função, em contrapartida ao valor percebido.

Grande parte da polêmica se gera exatamente a partir do contraste entre os dois tipos, ativo e passivo, do delito: a figura ativa exige que a vantagem oferecida aponte a um *ato de ofício* do funcionário, enquanto que a figura passiva criminaliza a mera recepção de dinheiro ou outra vantagem pelo membro da Administração. O Supremo Tribunal Federal fixou que a necessidade de indicar o ato de ofício não é preciso que seja concreta,[10] quer dizer, que o ato

Beteiligungsdogmatik im Urteil des brasilianischen Obersten Bundesgerichts über den Korruptionsskandal in der Bundesregierung ("Mensalão-Fall", Ação Penal Nr. 470, Supremo Tribunal Federal)". In: *Zeitschrift für Internationale Strafrechtsdogmatik*, 6/2014, pp. 286 e ss.

9 Cfr. Ação penal 470, p. 1162: "Na hipótese *sub judice*, é de clareza meridiana o que a denúncia atribui ao Banco Rural, especificando todo o roteiro das atuações no sentido de desacatar as regras exigíveis no tráfico regular das operações bancárias, de modo a tipificar o crime de gestão fraudulenta. Presumidamente, aos detentores do controle das atividades do Banco Rural, conforme dispõe o ato institucional da pessoa jurídica, há de se imputar a decisão (ação final) do crime". (Magistrada Rosa Weber). Ao contrario, Min. Lewandowski, ao defender a inaplicabilidade da teoria. *Idem*. p. 5224.

10 Cfr. Ação penal 470, p. 1099: "A indicação do ato de ofício não integra o tipo legal da corrupção passiva. Basta que o agente público que recebe a vantagem indevida tenha o poder de praticar atos de ofício para que se possa consumar o crime do artigo 317 do Código Penal. Se provada a prática do ato, tipifica-se a hipótese de incidência do § 2º do artigo 317, aumentando-se a pena. Por outro lado, não importa o destino dado ao dinheiro, isto é, se foi gasto em despesas pessoais ou dívidas das campanhas políticas individuais, porque em qualquer hipótese a vantagem não deixa de ser indevida". (Magistrada Rosa Weber).

pode ser genérico, inclusive se em futuro distante, com o qual se fez mais ampla a possibilidade persecutória, com a minimização das provas necessárias para a condenação.

Sem que tenha expressamente admitido isso, o Supremo Tribunal brasileiro analisa a ideia de corrupção como delito de dever, isso, uma vez mais, em absoluto contraste com a concepção de Roxin sobre o domínio do fato, invocada no caso de modo muito profano, já que a teoria do domínio do fato não alcança os *Pflichtdelikte*. De qualquer forma, houve uma valoração do dever extrapenal que tem o funcionário público e, a partir de sua quebra, a autorização para a condenação de corrupção passiva que, pela primeira vez, alcançou escalões mais altos da administração brasileira, nos quais, de fato, os subornos e as malversações tampouco estiveram ausentes em tempos passados.

Um caso isolado não é, desde logo, suficiente para anunciar alterações na interpretação, nem mesmo para revelar o potencial punitivo que possum estas figuras penais de sempre, embora signifique certa esperança de rompimento de uma secular cultura de passividade frente aos abusos dos membros do Estado. Seguem surgindo outras tentativas mais recentes, análogas às medidas legislativas fomentadas e introduzidas em outras nações, mas este caminho implica modificação ampla do paradigma de análise.

No Brasil, a chamada "lei anticorrupção" é o principal expoente destas tentativas de reforma.

5. Uma nova consideração da corrupção no âmbito empresarial?

Ademais da preocupação a respeito dos tradicionais delitos de corrupção do Código Penal, nos últimos anos a normativa brasileira experimentou modificações estruturais para alcançar também o âmbito empresarial, especialmente por meio da novedosa "lei anticorrupção" (Lei n. 12.846/2013).[11] Como não poderia ser de outra maneira, como reflexo dos escândalos corporativos[12] e na linha da necessidade de alinhamento a *international legal standards*[13] *e às recomendações de soft law derivadas de pressões das agências*

11 As principais modificações estruturais introduzidas pela nova lei foram, em síntese: *a)* responsabilização objetiva no âmbito civil e administrativo (art. 1º), independentemente da responsabilização individual (art. 3º, § 1º); *b)* recomendação de implementação de programas de integridadee (art. 6º, VIII); *c)* novas recomendações sobre os acordos de leniencia (art. 16).

12 Seminal o trabalho de COFFEE JR., John. "The theory of corporate scandals: why US and Europe differ". In: *The Center for Law and Economic Studies working paper*, 2005. p. 2 e ss. Em outra ocasião se analisou criticamente a questão, SAAD-DINIZ, Eduardo. "Escândalos corporativos: filme de terror sem fim? In: *Boletim IBCCRIM*, jan/2015.

13 Com mais detalhes sobre a imposição de um *maximum standard* de criminalização frente às recomendações internacionais e a necessidade de que sejam fixados "límites al capital

internacionais, foram promovidas no Brasil estas modificações estruturais como gestão de crise mediante recurso ao reforço punitivo. Impôs-se ao ambiente empresarial a mentalidade preventiva e uma regulação prudencial para intervir mais incisivamente na capacidade das organizações de conduzir contextos vulneráveis aos fluxos intensos de capital, que não apenas podem gerar excessso de liquidez que oferece risco a todo o sistema financeiro, mas também facilitar as condições para a má governança, direção fraudulenta dos negócios e alocação de investimentos.

Conceitualmente, a nova mirada representa em grande medida a recepção das novas formas de interação das formas jurídicas domésticas com os elementos característicos da globalização econômica,[14] *sobretudo frente ao legado de riscos sistêmicos e moral hazard desde a crise do subprime e a necessidade de afrontar uma profunda redefinição dos modelos de governança regulatória no mundo.*[15]

Estes novos modelos, em apertada síntese, propõem a revisão das cadeias produtivas das empresas e suas formas de gestão e regulação por meio da implementação de deveres de colaboração da empresa e seus empregados com o Estado. A revisão dos próprios fundamentos das organizações empresariais permite que a auto-organização das empresas mantenha vínculos com a regulação pública, a partir de uma recomposição dos padrões de atribuição de responsabilidade empresarial e da relação com as "estruturas de incentivos" que o Estado oferece a seus cidadãos em vista do cumprimento normativo.[16] *Com isso, as organizações adotam instrumentos de gestão que não apenas podem exercer influência na averiguação e detecção de comportamentos desviados – e ademais disso violação de direitos humanos – na empresa, mas também representar as melhores práticas de um bom governo que recebem incentivos da regulação pública.*

regulatorio o tipificar un parámetro mínimo de capitalización y control de fluxos de pagos, responsables por el excesso de liquidez", Cf. SAAD-DINIZ, Eduardo. "Fronteras del normativismo: a exemplo de las funciones de la información en los programas de *compliance*". In: *Revista da Faculdade de Direito da USP*, 108/2013, p. 423.

14 Tradicionalmente, SILVA SÁNCHEZ, Jesús-María. *A expansão do direito penal:* aspectos da política criminal nas sociedadees pós-industriais. Tradução por Luiz Otávio de Oliveira Rocha. São Paulo: Revista dos Tribunais, 2013, p. 102 e s. SHECAIRA, Sérgio Salomão. *Criminologia.* São Paulo: Revista dos Tribunais, 2011, p. 37 e ss. O debate sobre a harmonizaçao das formas jurídicas em tempos de globalização se deu mais intensamente a partir de: VOGEL, Joachim. „Strafrecht und Strafrechtswissenschaft im internationalen und europäischen Rechtsraum". *JuristenZeitung* 1/2012, pp. 27 e ss.

15 LAUFER, William. "Illusions of compliance and governance". In: *Corporate Governance* v. 6, 3/2006, p. 240 e ss.

16 Em detalhes sobre as estruturas de incentivo veiculadas nos programas de *compliance*, ENGELHARDT, Marc. *Sanktionierung von Unternehmen und Compliance*. 2. ed. Ettenheim: Max Planck Gesellschaft, 2012, pp. 769 e ss.

Baseadas nesta nova cultura empresarial, as diretrizes de governança regulatória transnacional motivaram acomodações legislativas no âmbito doméstico que buscam restabelecer vínculos entre o ordenamento doméstico e seu alcance, para além das fronteiras, acentuando as formas de cooperação internacional e delimitación dos âmbitos próprios de jurisdição. A fragilidade desta tendência nos leva ao que, sem embargo, William Laufer já criticava como o "conto da governança",[17] *refletindo uma autêntica desorientação por parte dos fiscalizadores e reguladores em termos de efetiva capacidade de rendimento preventivo da "onda da nova cultura de governança e compliance".*

As modificações estruturais, ainda que hajam prometido uma nova mirada ao problema da corrupção no âmbito empresarial, vieram acompanhadas de muitos problemas. Já desde uma perspectiva técnica, a lei nº 12.846/2013 entrou em vigor sem o caráter formal de uma lei penal, ainda que tenha trazido conteúdo material de natureza penal,[18] especialmente por seus efeitos sancionadores de forte repercussão na frustração de expectativas e restrição de direitos, que têm consequências intoleráveis para as condenações penais.

Ainda desde a perspectiva técnica, a interpretação desta lei se mescla com uma demasiado assistemática profusão legislativa sobre a mesma matéria, inclusive se produz uma coincidência na descrição de condutas (com ênfase na Lei de Improbidade Administrativa – Lei nº 8.429/92; Lei de Licitações Públicas – Lei nº 8.666/93; Lei de Concorrência – Lei nº 12.529/2011; Lei de Lavagem de Dinheiro – Lei nº 12.683/2012) e incoerência dentro da normativa administrativa que também guarda relação com as hipóteses de corrupção.

Esta nova mirada à corrupção no âmbito empresarial representou, em verdade, uma mobilização da doutrina na busca de efetividade e de ações programadas com a intenção de melhorar os indicadores de percepção social da corrupção. Apesar disso, sua percepção se baseia em indicadores frágeis e a maior parte da doutrina sustenta a existência de uma perspectiva bastante superficial quanto aos custos e benefícios da nova lei. Tudo isso sem mencionar que se trata de uma mera importação de uma cultura empresarial às estruturas sociais e de mercado em que estão envolvidas as organizações

17 LAUFER, William. Illusions... *op. cit.*, p. 241 e ss.

18 "A lógica do combate à corrupção é, sim, penal, e sob suas luzes, e garantias, deve ser tratada, até mesmo porque, em muitas situações, o não respeito a algumas de suas previsões poderiam, de alguma forma, legitimar a intervenção penal em relação às pessoas físicas, no mais das vezes através de crimes omissivos (...). Sob decisiva influência dos padrões estadunidense e britânico de prevenção à corrupção, a adoção de padrões legislativos internacionais aponta para os compromissos de profissionalização do mercado brasileiro, relativizando o papel representado pela regulação estatal, em busca de novo modelo para as formas jurídicas", SILVEIRA, Renato de Mello Jorge; SAAD-DINIZ, Eduardo. *Compliance, direito penal e lei anticorrupção.* São Paulo: Saraiva, 2015, pp. 315 e ss.

brasileiras,[19] questionando muito pouco o certo fanatismo moral[20] e a certa desorientação[21] que trazem consigo estes movimentos.

Na maioria dos casos, não se descobriram pessoas moralmente "más" – moralmente desestruturadas –, o mais relevante desde o ponto de vista da prevenção da criminalidade empresarial é verificar, em cada situação concreta, sob quais condições se pode ou não cumprir com os deveres de cooperação exigidos. Seja como for, a estratégia de redução da oportunidade para a comissão de infrações econômicas segue sendo a noção mais corrente no debate científico.[22]

Implementar as melhores práticas de governança regulatória e a renovação da cultura empresarial pressupõe que a própia empresa, desde sua condição de pessoa jurídica, seja o suficientemente capaz de detectar, investigar e processar os próprios casos identificados em seus marcos regulatorios, que geraram a oportunidade para as infrações econômicas. Sem embargo, o que agrada muito pouco é a ideia de que a lei "determina maior intervenção no funcionamento da atividade empresarial pela responsabilidade objetiva administrativa e civil das pessoas jurídicas frente à prática de atos da administração pública, nacional ou estrangeira, alcançando inclusive a pessoa de seus dirigentes",[23] tudo isso sob a equivocada noção de que a intimidação punitiva pode ser relevante para regular o comportamento empresarial.[24]

---

19 A chave de leitura sobre a cultura organizacional processada de forma crítica frente à identidade organizacional latino-americana pode se fazer conhecer em RODRÍGUEZ MANSILLA, Darío. *Diagnóstico organizacional*, 7. ed., Santiago, Ediciones UC, pp. 126 e ss.

20 FERRAZ JR., Tercio Sampaio. "Corrupção: um mito político". In: *Jornal Folha de S. Paulo*, 09.11.2015.

21 De fato, "sabe-se que há empresários que elegem trabalhar ilicitamente. No entanto, os agentes econômicos muitas vezes se veem obrigados a pagar para obterem os documentos necessários ao exercício de suas atividades ou para poderem fornecer aos entes públicos. Em certas localidades, a situação é tão institucionalizada que quem não se submete acaba alijado do mercado". PASCHOAL, Janaína Conceição. "A lei que pode aumentar a corrupção". In: *Folha de S. Paulo*, 04.02.2013.

22 NIETO MARTÍN, Adán. Manual de cumplimiento penal en la empresa. Valencia: Tirant lo Blanch, 2015, pp. 51 e ss.

23 SILVEIRA, Renato de Mello Jorge; SAAD-DINIZ, Eduardo. *Compliance*...op. cit., pp. 316 e ss.

24 "Mesmo assim, talvez haja certo descompasso no histórico legislativo da experiência histórica do mercado brasileiro, que mais parece inverter o curso das coisas: no lugar de evolução das formas jurídicas a partir do desenvolvimento socioeconômico, dá-se a interiorização de novas formas de ingerência na atividade empresarial por meio de imposições sancionatórias. Se bem é verdade que a especialização "forçada" da gestão organizacional, por meio de rigorosa imposição de deveres, significa a garantia de oportunidades de negócios pelo reforço da confiança dos investimentos, por outro lado,

O "triunfo regulatório"[25] sobre os casos de má governança e comportamento desviante, em verdade, dilui-se em baixa performance empresarial, mediante uma política legislativa que pretende responder a problemas socioeconômicos e que se baseia na ampliação de responsabilidades, no lugar de regulamentar setores estratégicos e organizações que geram a oportunidade à corrupção. A distorção que tanto incomoda é que a ampliação de responsabilidades – o reforço punitivo – "dá ênfase às normas de sanção sem maiores considerações à qualidade essencial coercitiva e às expectativas de comportamento econômico".[26]

Ainda que a novedosa legislação anticorrupção empresarial tenha sido bem recebida por muitos setores da doutrina, há certos questionamentos sobre a utilidade efetiva e a idoneidade democrática de uma política sancionatória que conduza a agenda política socioeconômica. No lugar da obsessão punitiva como alternativa ao comportamento desviante no âmbito empresarial, tudo leva a crer que a capacitação dos mercados, e, por conseguinte, das cadeias produtivas – *supply chains* – tenderia a melhorar os níveis de cooperação e governança nas empresas.

Além da necessidade, já tradicionalmente tão desqualificada, de resolver problemas socioeconômicos com recurso ao aparato punitivo do Estado, uma intervenção de capacitação do mercado poderia incrementar as possibilidades de melhores práticas no mercado brasileiro, especialmente no que diz respeito às contratações públicas, revendo os padrões dogmáticos tradicionais quanto ao engano nos procedimentos licitatórios. Mesmo assim, tudo indica que no Brasil serão adotados caminhos que guardam muitos elementos de semelhança com a experiência espanhola, que em 2003 estabeleceu um sistema sancionatório administrativo e em 2010 e 2015 prescreveu um quadro regulatório de imputação de responsabilidade penal às empresas.

6. A regulação excesssiva do Decreto nº 8.420/2013

Durante muito tempo houve expectativas de diversos setores da sociedade brasileira quanto à "forma legal" que deveria haver para a revisão dos padrões de governança e implementação de programas de *compliance*. Sem

essa dinâmica acaba por representar uma arquitetura macro de dominação de setores estratégicos da Economia por determinados grupos societários, restritos àquele nicho empresarial que seja capaz de planejar economicamente para sustentar o novo modelo de gestão organizacional". SILVEIRA, Renato de Mello Jorge; SAAD-DINIZ, Eduardo. *Compliance*... op. cit., pp. 321 e ss.

25 LAUFER, William. Illusions... *op. cit.*

26 SILVEIRA, Renato de Mello Jorge; SAAD-DINIZ, Eduardo. *Compliance*... op. cit.

embargo, a falta de parâmetros para a estruturação idônea de medidas de cumprimento normativo, somou-se um quadro regulatório bastante contraditório que em outra ocasião já qualificávamos como "excesso regulatorio", vulnerando sua efectiva capacidade de aplicação prática.

Depois do estabelecimento de um genérico conceito de integridade, equivocadamente tomado como equivalente funcional de *compliance*,[27] foram delineadas as principais estruturas básicas que o ordenamento brasileño interpreta como essenciais para a implementação de um programa de *compliance*. Ao começar pelo estabelecimento dos códigos de conduta, auditoria interna e monitoramente, enfatizou-se a adoção de mecanismos de prevenção e detecção das infrações econômicas, ademais das sanções internas, e dos procedimentos de investigação (com seus correspondentes mecanismos de proteção da esfera de direitos dos empregados da empresa, sobretudo de sua privacidade na delegação dos deveres), ademais da previsão de treinamento, dos canais de informação de operações suspeitas e de acesso à documentação interna da empresa.

Ainda que louváveis as iniciativas para aperfeiçoar o modelo brasileiro de prevenção à corrupção no âmbito empresarial, há muitas dúvidas razoáveis quanto aos efeitos negativos do impacto regulatório da nova lei anticorrupção no funcionamento do mercado brasileiro. Quer dizer, a gravidade da intimidação punitiva desta lei pode representar uma intervenção indesejável na liberdade de ação empresarial, ao incorporar a previsão de graves multas, do *corporate shaming* pela publicação das decisões condenatórias, da proibição de realizar contratações públicas ou inclusive da dissolução da empresa.

O que não convence muito é o elevado nível de restrição de direitos, imposto pelos efeitos moralizantes típicos da normativa administrativa, que nem sempre considera a própria capacidade que o mercado brasileiro possa

27 Assim como na definição legal: "art. 42 – (...) programa de integridadee consiste, no âmbito de uma pessoa jurídica, no conjunto de mecanismos e procedimentos internos de integridadee, auditoria e incentivo à denúncia de irregularidades e na aplicação *efetiva* de códigos de ética e de conduta, políticas e diretrizes com objetivo de detectar e sanar desvios, fraudes, irregularidades e atos ilícitos praticados contra a administração pública, nacional ou estrangeira". Neste particular, a conceituação foi atenta, e procurou situar a responsabilização da pessoa jurídica nos programas de integridadee em função de seu contexto: "Parágrafo único – O programa de integridadee deve ser estruturado, aplicado e atualizado de acordo com as características e riscos atuais das atividades de cada pessoa jurídica, a qual por sua vez deve garantir o constante aprimoramento e adaptação do referido programa, visando garantir sua *efetividade*". Outras perspectivas sobre o conceito de *integrity*: ERHARD, Werner; JENSEN, Michael; ZAFFRON, Steve. "Integrity: a positive model that incorporates the normative phenomena of morality, ethics and legality". In: *Harvard Business School NOM working paper*, 2014, pp. 04 e ss.

ter para cumprir com os novos deveres de cooperação.[28] Talvez seria mais interessante que ao Estado brasileiro, com a incisiva colaboração das agências internacionais e dos fundos de investimentos, seja-lhe possível capacitar as empresas envolvidas em contextos mal estruturados, fomentando novas percepções sobre a segurança pública e desenvolvimento socioeconômico. A suspensão da atividade empresarial, prevista no art. 19, tem como consequência o intolerável prejuízo ao crescimento econômico e a vulneração de setores estratégicos da economia nacional. Ao fim e ao cabo, a "manutenção de deveres de colaboração com a sustentabilidade do mercado teria por significado" que a prevenção à corrupção empresarial "seja levada a sério pelo mercado".[29]

O Decreto Federal n. 8.420/2015, ao regulamentar a lei anticorrupção, não apenas inova pouco em seu alinhamento a modelos legislativos internacionais, mas também incorre em "excesso regulatório"[30] na sua busca por promover a efetividade da prevenção a infrações econômicas, distanciando-se da razoabilidade ao listar dezesseis critérios ou procedimentos a adotar no âmbito da autorregulação empresarial.

Inclusive sem estabelecer prioridade ou guardar relação de maior coerência entre estes elementos, a lista contém: 1. Compromisso dos altos dirigentes da pessoa jurídica; 2. Protocolos de conduta e código de ética; 3. *Third-party compliance*; 4. Treinamento; 5. *Risk assessment* periódico; 6. *Accountability*; 7. Controles internos; 8. Procedimentos específicos para prevenção de infrações econômicas; 9. Independência, estrutura e autoridade interna do departamento de integridade; 10. Canais de denúncia; 11. Medidas disciplinares; 12. Procedimentos que asseguram a pronta interrupção das atividades em casos

---

28 "Bem ao contrário, seria precisamente a empresa envolvida em contexto de corrupção a merecer maior cuidado na intervenção do Estado. Seria como que se estivesse propondo que justamente em contextos mal estruturados deveria o Estado intervir para capacitá-lo e oferecer alternativas inovadoras às infrações econômicas. A mera recusa no reconhecimento de agente de mercado poderia simplesmente representar a eliminação desta empresa ou setores econômicos inteiros, um efeito deletério que deveria haver sido pensado pelo Decreto à luz das demandas por crescimento econômico nacional. Por outro lado, ainda que tenham recebido elogios de alguns setores da sociedade brasileira, a especificação pormenorizada da aplicação das multas é uma solução ainda muito tímida para o problema da corrupção, se considerado na complexidade de suas dimensões". SILVEIRA, Renato de Mello Jorge; SAAD-DINIZ, Eduardo. *Compliance...* op. cit., p. 310.

29 Na experiência australiana, há interessantes estudos empíricos que buscam fundamentar a efetividade das medidas de *compliance*, PARKER, Christine; NIELSEN, Vibeke Lehmann. "Do businesses take compliance systems seriously? An empirical study of the implementation of trade practices compliance systems in Australia". In: *Melbourne University Law Review*, 30/2006, p. 442.

30 SILVEIRA, Renato de Mello Jorge; SAAD-DINIZ, Eduardo. *Compliance... op. cit.*, p. 306.

de irregularidades ou infrações; 13. *Due diligence* em contratações; 14. *Due diligence* em transações comerciais; 15. Monitoramento; 16. *Transparency* em financiamento a partidos políticos e doações eleitorais.

A obsessão pela efetividade e pela criação de um produto de mercado[31], sem embargo, fracassa frente à vagueza com que de fato deve ser implementado nas empresas e a falta de precisão quanto ao que pode representar a cultura de *compliance* para a sociedade econômica brasileira.

7. Baixa utilidade do sistema de sanções e problemas de law enforcement

O texto normativo da lei anticorrupção limitou-se à referência ao fato de que serão consideradas as medidas de integridade e prevenção das infrações econômicas no momento de aplicação de sanções (art. 7º, VII). As medidas sancionadoras, não apenas as mais gravosas, ademais de possibilitar a atribuição de responsabilidade administrativa e civil às empresas de forma autônoma e também aos indivíduos na medida de sua participação punível,[32] na verdade, não permitem evidenciar análise mais profunda em relação à qualidade essencial de uma restrição de direitos e da própria relação que o particular ou a empresa têm, com seus comportamentos, frente à obediência de deveres.

No lugar disso, a novedosa legislação brasileira se limita a uma análise – superficial – dos incentivos, bem ao gusto das teorías do *carrots-and-sticks*, sem a necessária comprovação de seu potencial regulatório, sua capacidade dissuasória das infrações econômicas[33] ou inclusive dos beneficios das es-

31 Neste sentido, muita influência em todo o mundo para a percepção da efetividade dos programas de *compliance* teve o "modelo de Weisman", WEISMAN, Andrew; NEWMAN, David. "Rethinking criminal corporate liability". In: *Indiana Law Journal*, 82/2007, pp. 441. Veja-se a crítica de LAUFER, William. "El compliance game". In: SAAD-DINIZ, Eduardo; SABADINI, Patricio et al (org) Regulação del abuso en âmbito corporativo: el rol del direito penal en la crise financeira. (breve publicação).

32 Sem embargo e a despeito da experiência internacional recente, fez-se conhecer nos Estados Unidos o *Yates Memorandum*, em que se repõe como prioridade estratégica a noção de responsabilização individual, o que parece haver sido recebido por determinada interpretação doutrinária não sem simpatia, SILVA SÁNCHEZ, Jesús-María. "Yates Memorandum". In: *Indret*, 4/2015, Editorial.

33 Veja-se mais sobre em LAUFER, William. Illusions... *op. cit.*, p. 241. Sobre a experiência brasileira, "Alguns limites, de qualquer forma, devem ser impostos ao 'controle eficiente de informações no âmbito corporativo'. Estaríamos realmente preparados para semelhante austeridade de comportamento corporativo, teríamos à disposição uma cultura organizacional suficiente? Padrões rígidos de atribuição de responsabilidade teriam como consequência a expansão do papel exercido pelas normas penais, como uma duvidosa promessa para resolver a prevenção dos crimes econômicos. Mais do que

truturas de incentivos como estímulo para a colaboração voluntária com o Estado.[34]

Há, sem embargo, muita instabilidade nas estratégias brasileiras anticorrupção que comprometem a funcionalidade do sistema. Em um primeiro momento, desde a ação penal 470, interpretou-se de forma demasiado simplista que o comportamento *non-compliant* já seria suficiente para justificar a quebra do dever de cuidado e a conseguinte incriminação por omissão imprudente[35] nos delitos de lavagem de dinheiro. A interpretação automática "*non-compliance*/punibilidad da conduta", que seguimos frequentemente questionando no debate público[36], tampouco pode ser estendida para "comportamento *compliant*/não-punibilidade". E isso não apenas porque nem sequer o mais completo programa de *compliance* pode significar que a empresa estará isenta de responsabilidade se foram cometidas infrações econômicas em seu interesse. Em síntese, até o momento atual segue imprevisível a interpretação que receberão os programas de integridade no ordenamento brasileiro, afetando drasticamente sua importância e legitimação para o mercado brasileiro e para a percepção de sua efetiva utilidade para o sistema de sanções.

---

isso, o dilema moral envolvendo desenvolvimento econômico, corrupção burocrática e ética corporativa, é ainda uma questão aberta. Ativismo regulatório, condenações a qualquer preço, novos padrões de regulação criminal, mas atendendo a quais preferências? Quem decide o que é um comportamento ético? E quem irá controlar aqueles que controlam (*quis custodiet ipsos custodes*) e que tipo de ética estamos buscando?", SAAD-DINIZ, Eduardo. Nova Lei de Lavagem de Dinheiro no Brasil: compreendendo os programas de *criminal compliance*. *Revista Digital do Instituto dos Advogados Brasileiros*. 18/2013, p. 106.

34 Assim também em: "a conduta preventiva, no entanto, é bem mais complexa do que isso. A consultoria de risco pressupõe, antes de tudo, a capacidadee de interpretar a ordem jurídica do mercado. A antecipação dos riscos, assim, não se confunde com a perda de uma oportunidade. Aconselhar sobre riscos significa garantir oportunidades de negócio. Do contrário, o essencial seria reconhecer que há programas mais ou menos eficazes em sua implementação, que demandam a verificação da idoneidade da conduta para evitar o resultado. Em outras palavras, nenhum comportamento que se dedique a efetivamente acautelar contra a produção de resultado poderia ser punível, de tal forma que não se poderia ter como aceitável que alguém criasse um risco juridicamente não permitido quando cuida da efetiva evitabilidade do dano", SILVEIRA, Renato de Mello Jorge; SAAD-DINIZ, Eduardo. *Compliance*... op. cit., pp. 325 e ss.

35 Em detalhes, RODRÍGUEZ, Víctor Gabriel. "A responsabilidade penal sucessiva e as novas posições de garante dentro da empresa: a lei de imprensa como vanguarda de um modelo de imputação?" In: SILVEIRA, Renato de Mello Jorge; GOMES, Mariângela Gama de Magalhães (org) *Estudos em homenagem à Ivette Senise Ferreira*. São Paulo: LiberArs, 2015, p. 496.

36 Veja-se, p. ex., SAAD-DINIZ, Eduardo. "El sentido normativo de los programas de *compliance* en la ação penal 470" In: *UWM Law Review*, 6/2013, pp. 104 e ss.

Ademais desta baixa utilidade para o sistema de sanções, a nova legislação padece de vários problemas de *law enforcement*. A operacionalidade da fiscalização proposta pela lei actua em distintos níveis (municipal, estadual, federal) e pode chegar a comprometer o pacto federativo brasileiro.[37]

Seja como for, a regulamentação da lei anticorrupção no âmbito estadual ou inclusive municipal apresenta baixa performance desde uma perspectiva de seu desempenho econômica e potencial regulatorio, o que enfatiza a necessidade de que sejam repensadas as condiçõees institucionais de *law enforcement*. As dificuldades de implementação recomendam menos ansiedade ou euforia de mercado[38] frente à nova mirada à corrupção no âmbito empresarial.[39]

---

37 As dúvidas postas por Renato Silveira e Fernando Scaff seguem sendo um problema: "a questão federativa ressurge no debate quando estabelece competência à União, Estados, Distrito Federal e Municípios a possibilidade de ajuizar ações com vistas a penalizar as 'pessoas jurídicas infratoras', aplicando-lhes pena de perdimento de bens, direitos e valores que representem vantagem ou proveito direta ou indiretamente obtidos com a infração. Imagine-se como esse poder será exercido contra empresas que doem recursos a eventuais inimigos políticos (ou que não doem aos amigos...), pelos mais de 5 mil municípios brasileiros. (...) Será que uma ação movida pelo município 'A' contra uma empresa e julgada procedente a impedirá de receber empréstimos do BNDES, que é uma instituição financeira federal? Entende-se que não, sob uma ótica federativa." Cf. SCAFF, Fernando Facury; SILVEIRA, Renato de Mello Jorge. "Lei anticorrupção é substancialmente de caráter penal". In: *Conjur*, 05.02.2015.

38 LAUFER, William. "Where is the moral indignation over corporate crime?" In: BRODOWSKI, Dominik *et al* (org) *Regulating Corporate Liability*. Heidelberg: Springer, 2014, p. 20.

39 Ainda mais incisivo no que concerne aos interrogantes frente ao alinhamento brasileiro à "nova cultura empresarial": "Isto é algo que na agenda do direito penal corporativa ainda carece de uma investigação mais detida, como é determinar *quais preferências* e, ao longo prazo, *quais objetivos* se propõem com os esforços de regulação das empresas e com a proposição de estruturas de incentivo ao cumprimento do dever nos programas de *compliance*. Quais evidências podem ser alcançadas que demonstrem, por meio da comparação, as identidades e diferenças entre os modelos analisados? Há fundamento nos prognósticos utilizados no Brasil a respeito da utilidadee do reforço punitivo em nosso sistema de sanções, com referência à responsabilidade penal empresarial e à efetiva implementação de mecanismos de integridade e prevenção (*compliance*)?", SAAD-DINIZ, Eduardo. "Novos modelos de responsabilidade empresarial: a agenda do direito penal corporativo". In: SILVEIRA, Renato de Mello Jorge; GOMES, Mariângela Gama de Magalhães (org) *Estudos em homenagem à Ivette Senise Ferreira*. São Paulo: LiberArs, 2015, p. 164.

Referência bibliográfica

BERDUGO GÓMEZ DE LA TORRE, Ignacio. "La respuesta penal internacional frente a la corrupção. Consecuencias sobre la legislação espanhola". In: Estudios de Deusto: revista de la Universidad de Deusto, 63/2015, pp. 229-265.

COFFEE JR., John. "The theory of corporate scandals: why US and Europe differ". In: The Center for Law and Economic Studies working paper, 2005.

ENGELHARDT, Marc. Sanktionierung von Unternehmen und Compliance. 2ª ed. Ettenheim: Max Planck Gesellschaft, 2012.

ERHARD, Werner; JENSEN, Michael; ZAFFRON, Steve. "Integrity: a positive model that incorporates the normative phenomena of morality, ethics and legality". In: Harvard Business School NOM working paper, 2014.

FERRAZ JR., Tercio Sampaio. "Corrupção: um mito político". In: Jornal Folha de S. Paulo, 09.11.2015.

GRECO, Luís; LEITE, Alaôr "Die „Rezeption" der Tat- und Organisationsherrschaft im brasilianischen Wirtschaftsstrafrecht: Anmerkungen zur Beteiligungsdogmatik im Urteil des brasilianischen Obersten Bundesgerichts über den Korruptionsskandal in der Bundesregierung („Mensalão-Fall", Ação Penal Nr. 470, Supremo Tribunal Federal)". In: Zeitschrift für Internationale Strafrechtsdogmatik, 6/2014.

HUNGRIA, Nelson, Comentários ao Código Penal, vol. V, RJ: Forense, 1958.

JAVATO MARTÍN, Antonio, El conceito de legalidad de la actuación del funcionario sostenido por El Tribunal Constitucional Alemán: su incidencia en la interpretação del § 113-III, StGB, in: Revista de Direito y Processo Penal, 15, Madrid: Aranzadi, 2006

JELLINEK, Walter, Verwaltungsrecht, 1931.

LAUFER, William. "El compliance game". In: SAAD-DINIZ, Eduardo; SABADINI, Patricio et al (org) Regulação del abuso en âmbito corporativo: el rol del direito penal en la crise financeira. (breve publicação).

________. "Illusions of compliance and governance". In: Corporate Governance v. 6, 3/2006.

________. "Where is the moral indignation over corporate crime?" In: BRODOWSKI, Dominik et al (org) Regulating Corporate Liability. Heidelberg: Springer, 2014.

NIETO MARTÍN, Adán. Manual de cumplimiento penal en la empresa. Valencia: Tirant lo Blanch, 2015.

PARKER, Christine; NIELSEN, Vibeke Lehmann. "Do businesses take compliance systems seriously? An empirical study of the implementation of trade practices compliance systems in Australia". In: Melbourne University Law Review, 30/2006.

PASCHOAL, Janaína Conceição. "A lei que pode aumentar a corrupção". In: Folha de S. Paulo, 04.02.2013.

RODRÍGUEZ MANSILLA, Darío. Diagnóstico organizacional, 7. ed., Santiago, Ediciones UC.

RODRÍGUEZ, Víctor Gabriel. "A responsabilidade penal sucessiva e as novas posições de garante dentro da empresa: a lei de imprensa como vanguarda de um modelo de imputação?" In: SILVEIRA, Renato de Mello Jorge; GOMES, Mariângela Gama de Magalhães (org) Estudos em homenagem à Ivette Senise Ferreira. São Paulo: LiberArs, 2015.

ROIG TORRES, Margarita, El delito de atentado, Navarra: Aranzadi, 2004.

SAAD-DINIZ, Eduardo. "El sentido normativo de los programas de compliance en la ação penal 470" In: UWM Law Review, 6/2013.

________. "Escândalos corporativos: filme de terror sem fim? In: Boletim IBCCRIM, jan/2015.

________. "Fronteras del normativismo: a exemplo de las funciones de la información en los programas de compliance". In: Revista da Faculdade de Direito da USP, 108/2013.

________. "Novos modelos de responsabilidade empresarial: a agenda corporativo". In: SILVEIRA, Renato de Mello Jorge; GOMES, Mariângela Gama de Magalhães (org) Estudos em homenagem à Ivette Senise Ferreira. São Paulo: LiberArs, 2015, p. 164.

________. Nova Lei de Lavagem de Dinheiro no Brasil: compreendendo os programas de criminal compliance. Revista Digital do Instituto dos Advogados Brasileiros. 18/2013.

SCAFF, Fernando Facury; SILVEIRA, Renato de Mello Jorge. "Lei anticorrupção é substancialmente de caráter penal". In: Conjur, 05.02.2015.

SHECAIRA, Sérgio Salomão. Criminologia. São Paulo: Revista dos Tribunais, 2011.

SILVA SÁNCHEZ, Jesús-María. "Yates Memorandum". In: Indret, 4/2015, Editorial.

SILVA SÁNCHEZ, Jesús-María. A expansão do direito penal: aspectos da política criminal nas sociedadees pós-industriais. Tradução por Luiz Otávio de Oliveira Rocha. São Paulo: Revista dos Tribunais, 2013.

SILVEIRA, Renato de Mello Jorge; SAAD-DINIZ, Eduardo. Compliance, direito penal e lei anticorrupção. São Paulo: Saraiva, 2015.

VOGEL, Joachim. „Strafrecht und Strafrechtswissenschaft im internationalen und europäischen Rechtsraum“. In: JuristenZeitung 1/2012.

WEISMAN, Andrew; NEWMAN, David. “Rethinking criminal corporate liability”. In: Indiana Law Journal, 82/2007.

DIREITO PENAL ECONÔMICO: ANTECEDENTES MEDIEVAIS E SUA PRIMEIRA GERAÇÃO NO CONTEXTO DA MODERNIDADE

Fábio André Guaragni

"...as dificuldades teóricas para conceituar e delimitar este ramo jurídico [direito penal econômico], não devem impedir o processo de tomada de consciência e de ação sobre a necessidade de realizar uma justiça sócio-econômica mais digna a fim de que o Direito Penal deixe de ser – como ainda profundamente o é – um direito dos pobres, não porque os tutele e proteja, mas sim porque sobre eles, exclusivamente faz recair a sua força e o seu rigor."

(DOTTI, René Ariel. O Direito Penal Econômico e a proteção do consumidor. Curitiba: Ghignone, 1982, p. 31)[1]

RESUMO: No ambiente das corporações de ofício, afirmam-se delitos econômicos e modelos de autorregulação que guardam similitude com as atuais figuras de compliance. Porém, o desenvolvimento do direito penal econômico foi travado com a emergência de uma sociedade atomizada moderna, na qual a tutela de bens supraindividuais como a ordem econômica não tinha sentido. A primeira geração de direito penal econômico, na modernidade, só surge com a intervenção estatal nas economias quando da virada do século XIX para o XX, como conjunto normativo destinado à tutela desta intervenção.

PALAVRAS-CHAVE: direito penal econômico – história – bancarrota – contrafação – compliance – tutela penal de bens supraindividuais.

TITOLO: Diritto Penale Dell´economia: Antecedenti Medievali e sua Prima Generazione nel Contesto della Modernità.

RIASSUNTO: Nel medioevo, corporazioni di professionisti hanno creato autoregolazioni abbastanza simili alle attuali regole di compliance, dalle quali si può estrarre esempi di delitti economici. Tuttavia, lo sviluppo del

1 A homenagem ao Prof. René vem em forma de gratidão, pela acolhida à época do Mestrado e do Doutorado, ensinando como se escreve sobre o direito ("levante primeiro toda a legislação..."), como não se escreve sobre direito sem história, sociologia, economia, filosofia, sobre como um operador do direito é obrigado a abandonar seu lugar de trabalho e fala quando encarna o papel do Professor. Ao fim: pelo exemplo de como direito e dignidade podem andar juntos.

diritto penale dell´economia fu fermato quando è emersa una società atomizzata moderna, nella quale la tutela di bene sovraindividuale come l´ordine economico non c`era senso. La prima generazione di diritto penale dell´economia, nella modernità, sorge soltanto con l´intervento statale sull´economia, dal XIX al XX, come insieme normativo destinato a proteggere questo intervento.

PAROLE-CHIAVE: diritto penale dell´economia – storia – bancarotta – contraffazione – compliance – tutela penale delle bene sovraindividuali

1. Introdução: características do direito penal econômico e seu confronto com o direito penal tradicional

No panorama jurídico-penal europeu e panamericano, dá-se na atualidade uma considerável ampliação discursiva e pragmática do recorte jurídico-penal concernente ao direito penal econômico. O discurso do dever-ser criminal intensifica-se no imenso complexo de temas que tocam a ordem econômica, enquanto regularidade da produção, distribuição e consumo de bens e serviços. No tocante à produção e distribuição, incrementa-se o direito penal laboral, o direito penal previdenciário, o direito penal ambiental (certamente parte do direito penal econômico a partir do suporte constitucional do art. 170, CR). Quanto ao consumo de bens e serviços, o direito penal do consumidor encorpa-se. Somam-se a velhas expressões do direito penal econômico, como o fiscal e o falimentar. A velha acepção de ordem econômica em sentido estrito, como intervenção estatal na economia, ganha nova roupagem, a partir da tutela penal do sistema financeiro nacional. E, sem pretensão de esgotamento, crimes tradicionalmente tidos como lesivos à administração pública são percebidos sob o novo enfoque de que são disfuncionais à economia, como fraudes licitatórias, peculatos e corrupções (no particular, emergindo o debate sobre a adoção de tipos penais de corrupção privada). A tutela penal de aspectos da vida econômica, como a concorrência em igualdade de oportunidades, a confiança e transparência de informações ao consumidor de produtos e serviços, cristaliza-se como meta de proteção em delitos como lavagem de dinheiro e crimes bursáteis.

A modernidade do direito penal econômico radica nos contornos diversos que possui quando comparado à criminalidade tradicional, reunida sob o espectro da expressão direito penal clássico ou "nuclear" (conhecida expressão hassemeriana). No direito penal econômico, avultam características que contrapõem – e até mesmo desafiam – os lugares comuns do direito penal nuclear. A título de exemplo:

a) a tutela penal realizada pelo direito penal econômico volta-se à proteção de interesses supraindividuais, ao passo que o direito penal clássico protege interesses eminentemente individuais (tanto assim que o crime mais paradigmático é o homicídio, inclusive como exemplo nas salas de aula). Note-se que o direito penal econômico tutela o bem jurídico "ordem econômica", de cariz supraindividual difuso (v. art. 170, CRFB). Em crimes econômicos, a ordem econômica figura como bem jurídico mediato,[2] sendo representada ou cristalizada em um de seus aspectos concretos através de um bem jurídico imediato, v.g., a regularidade das relações patrão-empregado, como meta de proteção do direito penal do trabalho voltada à compensação da hipossuficiência do obreiro (este é, aliás, o novo sentido do bem "organização do trabalho");[3]

b) a política criminal em matéria penal econômica envereda pela sugestão da incriminação da pessoa jurídica quanto à subjetividade ativa do delito (no Brasil, adstrita à matéria penal ambiental, por força da previsão legal do art. 225, 3º, CRFB c/c 3º, Lei nº 9.605/98, havendo medidas quase-penais[4] previstas na Lei Anticorrupção nº 12.846/13, voltadas contra o ente coletivo, tocante a ilícitos aglutinados na noção de corrupção em sentido amplo) e pela multiplicação de crimes vagos quanto ao sujeito passivo (vítimas indeterminadas, "abstratas ou distantes");[5]

c) a pretensão de contensão de riscos conduz à adoção de crimes culposos e omissivos impróprios. O protagonismo da noção de risco como guia da política-criminal compele a um maior conjunto de cautelas impostas aos cidadãos quando da realização de suas condutas. Por isso, aflora a opção legislativa por delitos de imprudência, porquanto nucleados justamente na noção de descuido e criação de risco proibido, pura e simples (nos crimes dolosos, há apenas adição de elemento subjetivo ao patamar de risco objetivo proibido gerado pelo agente). Lado outro, a centralidade da ideia de contenção de riscos faz com que se incrementem posições de garante (agentes com deveres de evitação de resultados derivados de fontes de risco – garantes por controle – ou encarregados da tutela de determinados bens – garantes de proteção).[6] Dá-se o consequente reforço de delitos de omissão impura. Bem pontua Silva Sánchez que...

---

2 MARTINEZ-BUJÁN PEREZ, Carlos. *Derecho Penal Económico – parte general.* Valencia: Tirant lo Blanch, 1998, p. 96-100, em especial.

3 GUARAGNI, Fábio André. "Organização do Trabalho: Contornos Atuais do Bem Jurídico-Penal". In: Eduardo Milléo Baracat. (Org.). *Direito Penal do Trabalho: Reflexões Atuais.* Belo Horizonte: Editora Fórum, 2010.

4 TIEDEMANN, Klaus. *Derecho Penal y nuevas formas de criminalidad..* 2ª ed. Lima: Grijley., 2007, p. 93.

5 DOTTI, René Ariel. *O Direito Penal Econômico e a proteção do consumidor.* Curitiba: Ghignone, 1982, p. 35.

6 KAUFFMAN, Armin. *Dogmática de los delitos de omisión.* Madrid: Marcial Pons, 2006, p. 289-290.

> *"...a responsabilidade em comissão por omissão, submetida em nosso âmbito a precisas exigências com vocação de aplicação restritiva (sobre a ideia básica da identidade estrutural do plano normativo com a comissão ativa), está se transformando ao aplicar-se ao âmbito dos delitos de empresa ou de estruturas organizadas (como infração do dever de vigilância)."*[7]

Também os princípios liberais que guarnecem a cartilha do direito penal nuclear sofrem ajustes e algum menoscabo. O princípio da legalidade padece com o excessivo recurso à tipificação por meio de técnicas de reenvio, fenômeno derivado da administrativização do direito penal econômico. Há mais de trinta anos, já o percebia Dotti, recomendando que delitos antieconômicos fossem tratados em diplomas especiais, pela profusão de tipos abertos e normas penais em branco.[8]

O princípio da lesividade ao bem jurídico encontra-se desafiado pelo emprego de crimes de perigo – particularmente, de perigo abstrato – e sua manutenção exige ajustes dogmáticas, como o apelo a bens jurídicos "ofensíveis por acumulação". A lesão concreta destes bens somente ocorre se várias pessoas repetem o comportamento. Porém, o legislador penal pune criminalmente um comportamento isolado como maneira de conter a repetição, numa espécie de tutela antecipada ou preventiva em relação à efetiva violação do bem jurídico (visualize-se o exemplo de um palmiteiro, que é flagrado colhendo algumas varas de palmito juçara; a falta específica daquelas palmeiras não altera o ecossistema da microrregião protegida, coisa que só pode ocorrer mediante a repetição às largas da coleta ilegal do palmito, capaz de provocar perigo concreto à preservação do ecossistema ou efetivo dano). O contraponto com o direito penal nuclear, centrado em crimes de dano como o furto, o roubo, o homicídio e a lesão corporal, é evidente. Também é visível o embate com o princípio da insignificância.

O próprio princípio da intervenção mínima é posto em cheque, pois o direito penal econômico surge como instrumento recorrente para tutelar a preservação da ordem econômica, no bojo da noção sociológica de "sociedade de risco".[9] Esta noção põe em relevo o fato de produtos e serviços

---

7 SILVA SÁNCHEZ, Jesús-María. A *expansão do direito penal.* Trad. da 2ª Ed. espanhola de Luiz Otávio de Oliveira Rocha. São Paulo: RT, 2002, p. 90.

8 DOTTI, René Ariel. *O Direito Penal Econômico e a proteção do consumidor.* Curitiba: Ghignone, 1982, p. 33.

9 Sobre a inter-relação entre o direito penal e a sociologia de risco, com necessidade de haja equilíbrio no uso de técnicas de resposta a riscos como normas em branco e delitos de perigo abstrato, FERNANDES, Paulo Silva.*Globalização, "sociedade de risco" e o futuro do direito penal.* Coimbra: Almedina, p. 100. Em sentido similar, as conclusões de MENDOZA BUERGO, Blanca. *El derecho penal en la sociedad del riesgo.* Madrid: Civitas, 2001, p. 181-192, não negando papel a direito penal frente aos novos riscos, porém postulando o compromisso com a ideia de fragmentariedade que deriva do caráter mais gravoso dos casos que reclamam intervenção punitiva.

intensificarem o emprego de novas tecnologias, que trazem riscos imanentes, espalhados mundialmente por força de um ambiente econômico pós-globalização. Quanto mais se expande a oferta de bens e serviços portadores de tecnologias de risco, tanto mais se volta a atuação legislativa para a criminalização primária dos comportamentos associados a esta oferta. Como a perspectiva de expansão destas ofertas afigura-se inarredável, o direito penal tem se expandido no mesmo passo. São vários os exemplos. O art. 1º da Lei nº 8.176/91 revela um direito penal chamado a conter os riscos derivados da aquisição, distribuição e revenda de produtos inflamáveis, como petróleo, gás natural, bem como os riscos derivados do uso de gás liquefeito em motores de qualquer espécie. A Lei nº 11.105/05 dispõe, em seu art. 27, tipo penal criminalizando a liberação ou descarte de organismos geneticamente modificados fora dos parâmetros regulamentares, inclusive alimentícios. Ademais, o art. 28 propõe larga incriminação da manipulação transgênica de organismos fora de especificações legais.

A teoria do crime, nestes termos, sofre profundas revisões. A conduta humana deixou de ser ideia fundante do sistema analítico de crime. Além da queda da parêmia clássica *societas delinquere non potest*, este vazio deu lugar à colocação das funções do direito penal como elemento sistêmico central da teoria do crime. No caso do direito penal econômico, funções de contenção dos riscos já destacados.

A teoria do injusto típico exige revisão, sobretudo no tocante aos critérios de imputação do evento ao agente. Aqui, a característica do direito penal econômico relativa ao emprego de crimes de perigo avulta: afinal, se não é requerido um dano – havendo centralidade na geração de riscos -, o dogma do nexo de causalidade como cerne da imputação do fato ao agente se esfumaça. Desloca-se, de outro lado, a própria concepção do resultado como fenômeno físico de alteração no mundo exterior, de raiz ontologicista, para um resultado de corte axiológico, "jurídico", atinente à lesão de um bem de proteção idealizado e de difícil definição (veja-se o grande esforço de conceituação do que é ordem econômica)[10]

A culpabilidade, como ressalta Prittwitz,[11] igualmente sofre mudanças de perfil: de uma "*hostilidade ao bem jurídico*", própria dos crimes tradicionais, o direito penal econômico passa a exigir apenas uma indiferença, uma atitude

10 Sobre a impossibilidade de um conceito universalizado de ordem econômica, CERVINI, Raúl e ADRIASOLA, Gabriel. *El Derecho Penal de la empresa desde una visión garantista*. Montevideo: BdF, 2005, p. 83.

11 PRITTWITZ, Cornelius. "Sociedad del riesgo y Derecho Penal". In *El Penalista Liberal – controversias nacionales e internacionales en Derecho penal, procesal penal y Criminología. Homenaje a Manuel de Rivacoba y Rivacoba*". Buenos Aires: Hammurabi, 2004, p. 151.

de desinteresse em relação às normas jurídicas, por parte do sujeito ativo, consubstanciando uma mera "*periculosidade para o bem jurídico*". De outra banda, a potencial consciência da ilicitude e sua excludente, o erro de proibição invencível, exigem reelaboração, centrada tanto nos critérios de análise relativos: a) à capacidade do sujeito ativo perceber a plêiade de deveres que lhe incumbem, como b) nos critérios de atribuição da consciência da ilicitude em crimes nos quais o bem jurídico é afetado por acumulação e naqueles delineados mediante técnicas de reenvio.

Finalmente, não é demais considerar que a teoria da pena também sofre impactos quando aplicada aos ramos do direito penal econômico. Pense-se no questionamento alusivo às funções preventivo-especiais da pena, quando aplicadas a empresários que – em tese – estampam o ajuste social próprio da burguesia e estabelecem modelos de vida que povoam o imaginário popular (o desejo de ser "bem sucedido" profissionalmente encanar-se na figura do próspero empresário). Reflita-se ainda sobre o problema concreto da possível ineficácia da pena de multa, por ser passível de integração nos custos empresariais e, por conseguinte, assumida em última análise pelo consumidor, quando adquire o produto. Trata-se de uma curiosa inversão, na qual a vítima do crime acaba arcando com a reação penal, por via indireta. Fica-se a imaginar balanços contábeis com uma nova rubrica: provisão para custeio de condenações criminais...

Enfim, à guisa de introdução, arrolam-se características centrais do direito penal econômico. Cada um destes caracteres serviria – isoladamente – para desenvolver um trabalho científico. Aqui, porém, giza-se outra pretensão: evidenciar as raízes históricas do recorte jurídico denominado direito penal econômico.

2. Delitos falimentares, falsificação de produtos e primórdios de um *criminal compliance*? Delitos econômicos na baixa Idade Média

O feitio atual do direito penal econômico certamente não teve origem na Idade Média. Afinal, enquanto parte do ordenamento de um ordenamento jurídico oficial produzido pelo estado, a vigorar sobre uma zona delimitada de território, é produto da Modernidade pós-medievo. Coliga-se à noção do poder legislativo como parte da soberania de Estado (hoje, em franca mutação) e do "império da lei" por ele produzida, cristalizada na noção de "estado de direito". Este império da lei produziu um caldo cultural segundo o qual o direito é equivalente à lei e vice-versa. Seu coroamento foi o positivismo-jurídico de século XIX e o consequente movimento codificador europeu. Representava, sinteticamente, uma aposta confiante na lei como novo Monarca, bem como nos representantes populares escolhidos para produzirem-na (poder legislativo como fonte material da norma). Exemplos disso vieram da França pós-revolucionária: a) por ato da Convenção, em

1793, implantou-se um novo modo de contar o tempo, em substituição ao calendário gregoriano;[12] b) apareceram legislações, como a do Departamento de Tarn, com artigos abolindo o "vós", enquanto pronomes de tratamento, para que todos os cidadãos passassem ao "tu" como modo de trato mútuo e igualitário.[13] Hoje, sabe-se que nem a lei tem toda esta força (a norma aflora como produto da interpretação) e nem o direito atém-se à lei como uma espécie de monobloco ou fonte única.[14]

Porém, delitos similares àqueles ligados às fraudes falimentares e falsificação de produtos tiveram uma curiosa versão baixo-medieval que merece referência. Nas cidades italianas, a experiência medieval do juspluralismo – ou mais de um direito vigendo sobre a mesma zona territorial – era tônica. Conviviam[15] estatutos da cidade, direito canônico, "corpus juris civilis"(retomados na península itálica após a distante restauração e guarda

---

12 DARNTON, Robert. O *beijo de Lamourette. Reflexões sobre história cultural.* São Paulo: Companhia das Letras, 1990, p. 13. "*Com a aprovação formal da Convenção, os revolucionários dividiram o tempo em unidades que lhes pareciam racionais e naturais. Eram dez dias por semana, três semanas por mês e doze meses por ano. Os cinco dias restantes viraram feriados patrióticos, jours sans-culottides, consagrados a qualidades cívicas: a Virtude, o Caráter, o Trabalho, a Opinião e a Recompensa. Os dias comuns receberam nomes novos, que sugeriam uma regularidade matemática: primidi, duodi, tridi, e assim por diante até décadi. Cada um deles era dedicado a um aspecto da vida rural, de modo que a agronomia viesse a substituir os santos do calendário cristão. Assim, o dia 22 de novembro, antes dedicado a santa Cecília, tornou-se o dia do nabo; 25 de novembro, antes dia de santa Catarina, virou o dia do porco; 30 de novembro, que era o dia de santo André, passou a ser o dia da picareta. Da mesma forma, com os nomes dos novos meses, o tempo parecia se adequar ao ritmo natural das estações. O dia 1º de janeiro de 1989, por exemplo, seria 12 Nivôse, Ano 197, sendo Nivôse o mês da neve, após os meses de neblina (Brumaire) e frio (Frimaire), e antes dos meses de chuva (Pluviôse) e vento (Ventôse).*" O insucesso veio pela discordância das levas religiosas cristãs em relação à ausência dos dias festivos santos. Quiçá, pela redução dos descansos, em semanas de 10 dias...

13 DARNTON, Robert. *O beijo de Lamourette.* São Paulo: Companhia das Letras, 1990, p. 14. Segue o texto legal:"*Considerando que os princípios eternos da igualdade proíbem que um cidadão diga vous para outro cidadão, que responde chamando-o por toi [...] decreta que a palavra vous, quando se trata do singular [e não do plural que leva o vous], está a partir de agora banida da linguagem dos franceses livres e será em todas as ocasiões substituída pela palavra tu ou toi.*"

14 GROSSI, Paolo. *Prima Lezione di Diritto.* Bari: Laterza, 2003, p. 33-34, p. 73, dentre outras passagens.

15 Sobre pluralismo jurídico medieval, v. GROSSI, Paolo. *Prima Lezione di Diritto.* Bari: Laterza, 2003, p. 53-54. Quando se busca, hoje, um modo de arranjar o convívio simultâneo e em idêntico território do direito produzido pelo Estado, declinante agência de poder, com outros ordenamentos, como aqueles de agências supranacionais (ONU, OEA) ou privadas (por exemplo, regras de compliance, enquanto soft law), é preciso acessar o exemplo das cidades-estado italianas,

bizantina) e os respectivos comentários de glosadores. E, também, ordenamentos jurídicos feitos por coletividades privadas.

Na Idade Média europeia não havia, ainda, uma sociedade de indivíduos. Foi a partir do contratualismo, no alvorecer da modernidade, que se deu a afirmação do indivíduo sobre o Estado. Indivíduo, ou aquilo que não se divide, idêntico ao átomo, aquilo que não se corta (do grego indivisível, a partir da raiz "a", prefixo de negação; "tómos", pedaço cortado), a encarnar o singular sujeito de direitos (derivados da só condição humana, no jusnaturalismo), presente em cada um de nós. Na Idade Média, inexistia portanto uma sociedade atomizada.

Prevaleciam sobre o indivíduo os corpos coletivos a que pertencia. Sobretudo, a Igreja, enquanto coletivo do povo de Deus. Não à toa, "ekklesía" remete à palavra assembleia[16] ou comunidade, novamente na raiz grega. A excomunhão implicava no abandono de alguém, por deixar de pertencer ao *corpus* coletivo que comungava do corpo de Cristo. Nada mais pesado para um homem medieval que o não-pertencimento. Já a pena de banimento aparece como versão estatalizada da excomunhão nos modelos penais dos florescentes estados europeus da Baixa Idade Média.[17]

E – no ponto que interessa diretamente ao direito penal econômico – destaca-se o "pertencimento" de cada ser humano a um coletivo profissional. As famosas corporações de ofício efetivamente integraram a cena medieval, dominando setores geográficos das cidades e definindo regras de conduta para os seus membros. Seriam estas regras um berço distante da ideia de *compliance?* Não é ousadia afirmar que sim.

A corporação buscava preservar a imagem e confiabilidade respectiva às suas atividades, produtos e serviços. A fé nos membros da corporação era essencial para a boa fluência das atividades comerciais. Assim, virtudes de honestidade, capricho, devoção ao trabalho, dentre outras, compunham um mosaico ético e imagético funcional para a vida negocial, além de atenderem a uma busca verdadeira – e cada vez mais difícil, diga-se – de conciliação entre ambiente comercial-negocial e os valores de um bom católico. Afinal...

> "...uma avaliação do pensamento econômico e social da Idade Média deve ainda levar em conta o desprezo com que as populações encaravam a atividade e o espírito comercial. (...) Onde prevalece a ética comercial capitalista, a avareza, o egoísmo, a cobiça e a ambição material ou social são consideradas pela maioria dos homens como qualidade inatas. Contudo, na Idade Média, tais motivações

16 SUFFERT, Georges. *Tu és Pedro. A história dos primeiros vinte séculos da igreja fundada por Jesus Cristo.* Rio de Janeiro: Objetiva, 2001, p. 25.

17 O banimento foi largamente usado na Antiguidade greco-romana, para ela estendendo-se a importância do "pertencimento". No ambiente grego, a cidade-estado enquanto pátria realizava o papel de coletividade a que se "pertencia".

eram rechaçadas e denunciadas como indignas. (...) Uma das sanções mais importantes (...) insistia em que os mercadores e comerciantes tinham a obrigação moral de vender as suas mercadorias pelo chamado justo preço..."[18]

Era preciso superar a desconfiança que a atividade do mercador gerava. Afinal, o mercador – sobretudo após a ousada abertura das rotas marítimas no medievo – era "aquele que despreza a terra e sua ordem. A sua vida é escandalosa porque livre das obrigações terrenas..."[19]

Para preservação da imagem e construção da confiabilidade corporativa, tanto junto ao público externo (parceiros de negócio, compradores) como interno (outros associados), Alberto Alessandri explica que as corporações traçavam regulamentos.[20] Estes regulamentos, minuciosos, iam à disciplina das atividades negociais e passavam, mesmo, pela fixação de regras técnicas para as manufaturas.

A contrafação de produtos, enquanto ato ilícito, emerge deste contexto: *contra-facere,* ou fazer um produto de modo diverso daquele prescrito em regras técnicas corporativas[21]. Aqui está a raiz medieval do atual crime de falsificação de produtos.

A lição de Alessandri indica também a bancarrota (sinônima da falência) como raiz medieval dos delitos falimentares. Quando um membro da corporação conduzia-se mal nos negócios, era objeto de julgamento pelos seus pares. Averiguava-se a causa: pura e simples má gestão? Doloso trato desonesto dos negócios, com frustração de parceiros de negócio, como compradores e fornecedores? Conforme resultasse a avaliação, os próprios membros da corporação eliminavam a atividade negocial do desonesto. Confiscavam seus bens, multavam-no, expulsavam-no do grupo e, literamente, quebravam/destruíam a banca em que fazia negócios diariamente. O termo bancarrota evoca a...

> "...cerimônia da ruptura violenta da banca onde operava o mercador – manifestamente simbólica – desenvolvida sob os cuidados dos regentes da corporação (...) como momento culminante do rito de expulsão da corporação, do grupo, como contrapeso à ruptura das regras e, entre elas, da norma fundamental, aquela da confiança".[22]

18 HUNT & SHERMAN. *História do Pensamento Econômico.* 26ª ed. Petrópolis: Vozes, 2013, p. 20.

19 LO RUSSO, Michelantonio. *L´avventura del rischio.* Catanzaro: Rubbettino, 2002, p. 13-14.

20 ALESSANDRI, Alberto. *Diritto Penale e Attività Economiche.* Bologna: il Mulino, 2010, p. 17.

21 ALESSANDRI, Alberto. *Diritto Penale e Attività Economiche.* Bologna: il Mulino, 2010, p. 17.

22 ALESSANDRI, Alberto. *Diritto Penale e Attività Economiche.* Bologna: il Mulino, 2010, p. 18.

Os exemplos são muito ricos para exaltar a similaridade de interesse das reações punitivas corporativas medievais com o atual direito penal econômico: voltam-se para o fim de proteger a dimensão da confiabilidade nas atividades empresárias. Esta dimensão inscreve-se na própria noção de ordem econômica, enquanto regularidade da produção, distribuição e consumo de bens e serviços.

De fato, no direito penal econômico, a falsificação de produtos e marcas associa-se a um enorme rol de outros crimes em que a preservação de confiança é o cerne do bem jurídico. Nos crimes contra o sistema financeiro nacional, busca-se a plena preservação da fidúcia na expressão de valor da moeda circulante (que só se apoia nisso: afinal, não possui valor intrínseco, por não possuir lastro em ouro ou equivalente); nos delitos bursáteis, resguarda-se a confiabilidade das informações empresariais levadas ao mercado (*disclosure* ou transparência informativa) e o não abuso de informações restritas (*insider trading*); o direito a informações confiáveis e transparentes aparece em delitos contra o consumidor contidos no CDC e no art. 7° da Lei nº 8137/90; este aspecto também continua central nos crimes falimentares, fieis às suas raízes.

Poderíamos seguir na relação acima, apenas exemplificativa. Afinal, toda a ordem econômica apoia-se na confiança que se deposita em relação a sistemas peritos, enquanto conjuntos de conhecimento – traduzidos em produtos e serviços – cristalizados em objetos, operações, atividades, cujas aptidões o consumidor não tem como testar ou checar, por ser leigo. O ato de consumir depende de sua disposição para depositar confiança no acervo técnico que alguém, desconhecido e anônimo, *tinha que ter consigo* quando da confecção do produto ou modelagem do serviço. Desloca-se o alvo da confiança: em lugar de outro ser humano, um objeto cristalizador de conhecimentos técnicos, estampando um sistema-perito.[23]

No entanto, as reações punitivas das corporações medievais destacam algo que se perdeu com o Estado Moderno: a existência de um ordenamento jurídico paralelo ao estatal, constituído inclusive de normas privadas – como as corporativas – sobre a qual se concentravam poderes punitivos. Com o contratualismo moderno, o Estado passou a ser detentor do monopólio da força e do poder-dever de concessão de segurança aos indivíduos para que tenham todos os seus demais direitos preservados, na fórmula bem representada pelo art. 5°, caput, CR. Neste contexto, o exercício penal por parte da Corporação de profissionais perdeu expressão.

Atualmente, porém, os movimentos paralelos da queda do poder dos estados-nacionais, associados a uma economia globalizada e à transferência do poder para agentes econômicos particulares, traduz-se numa retomada

23 GIDDENS, Anthony. *As consequencias da Modernidade*. São Paulo: UNESP, 1991, p. 35-37.

de atividades regulamentares – e, a partir delas, punitivas – privadas. É claro que não se assemelham ao poder punitivo estatal, tratando-se de legislação punitiva leve (soft-law). Os programas de *compliance* e *criminal-compliance*, com metas ajustadas à contenção de ilícitos penais (estes) e em geral (aqueles), buscam certamente preservar a confiabilidade na atividade empresária, junto aos públicos internos e externos à unidade empresarial, bem como o grande capital da imagem, de traço essencial ao bom sucesso dos negócios. A adoção de programas de cumprimento legal insere-se na pretensão maior de uma governança corporativa de negócios ajustada à pretensões setoriais de sustentabilidade econômica.

E isto tudo é, certamente, idêntico às pretensões corporativas medievais, quando baixavam regulamentos destinados a conter e, eventualmente, punir seus membros. Não é temerário afirmar todo este quadro como matricial, ainda que de maneira distante, dos atuais programas de cumprimento normativo.

Referido quadro, porém, desaparece com o advento da Modernidade, enquanto expressão de uma sociedade de sujeitos singulares de direito, dentro da qual o "pertencimento" a uma coletividade perde força e a unidade denominada indivíduo agiganta-se. Neste novo horizonte, minguam delitos afeitos à ideia atual de crimes econômicos, destinados à proteção de uma certa ordem econômica de caráter supraindividual, preocupada com a preservação da confiabilidade como signo das interações humanas desenvolvidas em ambientes corporativo-coletivos. Afinal, os interesses corporativos cedem passo aos individuais.

3. Entre a afirmação moderna dos direitos fundamentais de primeira geração e o fim do século XIX: a impossibilidade histórica de um direito penal econômico

Assinalam-se, agora, razões do declínio de expressões de um direito penal econômico, voltado à tutela da ordem econômica, a partir da emergência de uma sociedade atomizada, de "indivíduos", até a virada do século XIX para o século XX.

De fato, no transcurso do século XIX era inviável pensar-se num direito penal econômico, enquanto tutor do bem jurídico supraindividual da ordem econômica. O século XIX foi o grande manancial da experiência liberal-burguesa no exercício do poder. Este exercício de poder exigiu a construção de um modelo jurídico que lhe desse sustento, em cujo seio não havia lugar para a constituição de bens jurídicos supraindividuais. Trata-se, afinal, do momento histórico em que o individualismo apresenta-se como pedra-de-toque, produzindo uma sociedade atomizada, como já referido. "Os capitalistas sentiam-se, de um modo geral, coagidos e tolhidos pela intervenção estatal, o que os levou a abraçar entusiasticamente as novas doutrinas individualistas",[24] afirmam HUNT e SHERMAN.

Os ramos do direito penal e civil passaram a reproduzir, com exatidão, as notas deste caldo de cultura: voltaram-se sobretudo à proteção de interesses individuais. Convém ver com vagar as razões dessa mudança, mediante um novo recuo à baixa Idade Média: pode-se estabelecer o período do absolutismo monárquico europeu como ponto de partida.

O absolutismo monárquico caracteriza a forma de governo que emergiu a partir da consolidação dos modernos estados-nações europeus. Antes, a Europa medieval passou pela etapa histórica do feudalismo, em que o poder político estava pulverizado, diluído nas mãos dos senhores feudais que exerciam os poderes próprios nos âmbitos estreitos do feudo, submetendo seus servos. Eventuais extensões dos poderes territoriais davam-se de modo contido, mediante relações de suserania e vassalagem. Somente o poder eclesiástico mantinha-se como poder concentrado, absoluto, pairando por sobre o poder político diluído dos senhores feudais.[25]

A superação desta etapa dá-se com a aliança entre determinados senhores feudais e a Igreja. Desta aliança surgem reis investidos de poder por força dos desígnios de Deus, a submeterem povos ainda mergulhados numa configuração mística do mundo. A baixa Idade Média – época da constituição das monarquias nacionais – efetivamente se apresenta, na Europa, permeada pelo modelo filosófico teocêntrico.

Sendo absoluto o poder de Deus, também o poder de seus representantes terrenos era absoluto – e assim se impunha aos olhos do povo. Da união entre o papado e senhores feudais hegemônicos em relação aos seus pares surgiu, naturalmente, um poder político exercido de modo absoluto e sem limites pelo rei. Colhe-se, da racionalidade mística da época, o seguinte: se o poder de Deus não tem limite, e o rei é ungido por Deus como tal, também o poder do rei não possui limites. Este é o assento filosófico teocêntrico do absolutismo monárquico. Anota Darnton que...

> "...para os franceses do Antigo Regime, a liberdade significava privilégio – isto é, literalmente, lei privada', uma prerrogativa especial para fazer algo negado a outras pessoas. O rei, como fonte de toda a lei, distribuía privilégios, o que, aliás, estava plenamente correto, pois havia sido ungido como o agente de Deus na

24 HUNT & SHERMAN. *História do Pensamento Econômico*. Petrópolis: Vozes, 2013, p. 52.

25 São, naturalmente, grandes linhas. Afinal, existem períodos da Alta Idade Média em que o poder temporal se concentra, a exemplo do Império Carolíngeo. Sobre estas sucessivas concentrações e distensões do exercício do poder, e principalmente, sobre os modelos de processo penal derivados desta alternância, v. FOUCAULT, Michel. *A verdade e as formas jurídicas*. Rio de Janeiro: Editora Nau, 2005, p. 58.

terra. Seu poder, além de secular, era espiritual, e assim, com o toque de suas mãos, podia curar a escrófula, a doença do rei."[26]

Deste modelo, surge uma relação de poder em que o individuo é objeto do poder estatal. Há supremacia do Estado em relação ao indivíduo, relegado a um plano de puro servilismo. Direitos atribuídos aos indivíduos, nestes termos, são verdadeiras mercês dadas pelo governante onipotente. Distribui favores ao seu talante, na medida que considerar conveniente. No mais, o indivíduo existe para o estado, que – de tão forte – surge como administrador de sua existência, colocando-se como aquele que "deixa viver ou faz morrer", na célebre construção de Foucault,[27] recordada por Zaffaroni.[28]

A viragem em relação a este modelo de relações entre o indivíduo e o estado dá-se, inicialmente, com o rompimento do paradigma teocêntrico. Este paradigma, a partir do Renascimento, foi substituído por um modelo de pensamento antropocêntrico. Noutros termos: o homem assume-se como centro da racionalidade, em lugar de Deus, "renascendo" nos termos em que se autoconcebera durante o pensamento clássico greco-romano. Assim, se o homem existia porque criado à imagem e semelhança divina, agora existe pela sua condição de ser pensante – *cogito, ergo sum* (penso, logo existo), na fórmula cartesiana clássica (pode-se objetar que o *cogito* prova não a existência humana, mas sim a consciência "de que havia um pensamento (...) o pensamento está ocorrendo, assim, é preciso haver algo que pensa").[29]

Nestes termos, a racionalidade empenha-se em livrar-se do misticismo, mediante a pretensão básica de entender as leis da natureza e submetê-la às vontades do homem. As vivências científicas de Copérnico, Kepler, Galileu dão testemunho da submissão da natureza aos desejos humanos. Bem esclarece François Châtelet que, para Galileu, a "*realidade sensível é inteligível, contanto que se efetuem as análises necessárias e que haja um esforço de aperfeiçoamento do instrumento matemático. Não há nada que possa escapar à inteligência*

26 DARNTON, Robert. *O beijo de Lamourette.* São Paulo: Companhia das Letras, 1990, p. 15.

27 FOUCAULT, Michel. *Em defesa da sociedade.* São Paulo: Martins Fontes, 1999, p. 286: "É simplesmente por causa do soberano que o súdito tem o direito de estar vivo ou tem direito, eventualmente, de estar morto. E todo caso, a vida e a morte dos súditos só se tornam direitos pela vontade soberana."

28 ZAFFARONI, Eugenio Raul. "La criminologia como curso", in *En torno de la cuestión penal.* Montevideo – Buenos Aires: Julio César Faira Editor, 2005, p. 21.

29 SHORTO, Russell. *Os Ossos de Descartes.* Rio de Janeiro: Objetiva, 2013, p. 37-38.

humana."[30] Coaduna-se com Descartes, cujo projeto fundamental é "*tornar o homem dono e senhor da natureza*", no dizer de CHÂTELET.[31]

Este pensamento filosófico há de refletir nas relações entre o indivíduo e o estado. O novo quadro proporcionado pelo Renascimento e, após, pelo movimento de submissão e compreensão das leis da natureza, dão margem ao Iluminismo, em que a autoimagem do homem ergue-se a um pedestal majestático. Um homem que no medievo via-se como servo do poder absoluto de Deus e do rei, seu escolhido na Terra, agora vê-se como alguém dignificado pela sua condição de ser pensante. Domina as leis da natureza, explica-a e foge a construções metafísicas de pensamento. Sente-se forte o suficiente para invocar uma nova condição: em vez de objeto do poder do estado, sujeito deste poder.

Para tanto, entrega-se a uma nova empreitada: desenvolver uma teoria do estado que exalte sua condição de centro do pensamento. Surgem os discursos filosóficos do jusnaturalismo, fundamentalmente voltado a explicar a origem do poder estatal não mais como vontade de Deus, mas como vontade dos próprios seres humanos. O jusnaturalismo aparece como discurso de contenção do poder estatal (BOBBIO)[32]. O homem – agora não mais objeto do poder estatal – proclama-se dotado de direitos pela só condição humana que possui. Por nascer homem ou mulher, possui inerente à sua condição o direito à vida. Do mesmo modo, concebe o direito à integridade física, à liberdade e ao patrimônio.

Porém, como em estado de natureza nada assegura o respeito mútuo a estes direitos naturais, o estado civil é criado mediante um amplo contrato social. Num ponto, os discursos contratualistas são semelhantes: o estado civil é criação humana, representando a superação do estado de natureza. A diferença está nos termos e finalidades para as quais o estado civil é criado. O jusnaturalismo menos interessante para o individuo em sua relação com o poder estatal, de Hobbes, parte da idéia de que optam os homens por "paz sem liberdade" – havida sob o seio do estado civil (Leviatã) no lugar de "liberdade sem paz" havida em estado de natureza[33]. Já a fórmula jusnaturalista mais favorável ao indivíduo na equação de poder indivíduo-estado, posta em evidência por John Locke, pontua que o contrato social que cria o estado dá-

30 CHÂTELET, François. *Uma História da Razão. Entrevistas com Émile Noël.* Trad. Miguel Serras Pereira. Lisboa: Editorial Presença, 1993, p. 64.

31 CHÂTELET, François. *Uma História da Razão. Entrevistas com Émile Noël.* Trad. Miguel Serras Pereira. Lisboa: Editorial Presença, 1993, p. 66.

32 BOBBIO, Norberto. *Direito e Estado no Pensamento de Emanuel Kant.* Trad. Alfredo Fait. 4ª ed. Brasília: Editora Universidade de Brasília, 1997, p. 15-16.

33 BOBBIO, Norberto. *Direito e Estado no Pensamento de Emanuel Kant.* Trad. Alfredo Fait. 4ª ed. Brasília: Editora Universidade de Brasília, 1997, p. 44-45.

-se em tais termos: o indivíduo perde o direito de fazer justiça por si mesmo, preservando todos os direitos que, no mais, são inerentes à sua condição natural de ser humano[34] (liberdades, vida, integridade física, patrimônio, etc.); o estado assume o encargo de distribuir justiça e, portanto, de proteger estes bens. Na síntese, o estado existe para o indivíduo. Está a seu serviço.

Este ideário conduziu aos seguintes termos: a) o Estado surge pela vontade dos indivíduos que compõem a sociedade; b) o Estado está a serviço destes indivíduos, protegendo-os – como administrador de justiça – quando um sujeito rompe a esfera de interesses individuais de outrem (vedação de proteção deficiente, cujo desenvolvimento ficou atrofiado na tradição liberal[35] e agora ganha seguidos reconhecimentos);[36] c) o poder estatal, necessariamente, tem limites (vedação de excesso).

As tintas do ocaso do absolutismo monárquico estavam dadas. O embate com o rei, o clero e a nobreza, pilares do modelo de poder decadente, deu-se simbolicamente através de dois eventos: a Revolução Francesa (1789), com a posterior execução do Rei Luis XVI (1793); a Independência Americana (1776), com a qual a colônia finda sua submissão à metrópole. A simbologia dos eventos justamente está na derrocada do poder do rei.

Cabe um parêntesis importante aqui, para frisar que a Revolução Francesa não foi uma revolta popular, propriamente dita. Tratou-se, sim, do momento em que as rédeas do poder deslocaram-se do rei e seu séquito de nobres para a burguesia, ou seja, uma classe social eminentemente urbana (constituída nos "burgos", ou cidadelas cercadas), que – montada na circulação de bens e prestação de serviços, num sistema econômico capitalista florescente – concentrou poder econômico e, por conseguinte, potencializou sua conversão em poder político. Bem afirma LEFEBVRE:

> "Ao suprimir todos os resquícios feudais ao liberar os camponeses dos direitos senhoriais e dos dízimos eclesiásticos, e em certa medida também das obrigações comunitárias, ao destruir os monopólios corporativos e ao unificar o mercado nacional, a Revolução Francesa marcou uma etapa decisiva na via do capitalismo. Ao suprimir a propriedade fundiária feudal, libertou os pequenos produtores diretos, tornou possível a diferenciação da massa camponesa e sua polarização entre o capital e o trabalho assalariado. Daí surgiram relações de produção totalmente novas, pois o capital subtraído à sujeição feudal tornou mercantis as forças

34 BOBBIO, Norberto. *Direito e Estado no Pensamento de Emanuel Kant*. Trad. Alfredo Fait. 4ª. ed. Brasília: Editora Universidade de Brasília, 1997, p. 46.

35 Ver STRECK, Maria Luíza Schäfer. *Direito Penal e Constituição: a face oculta da proteção dos direitos fundamentais*. Porto Alegre: Livraria do Advogado, 2009, p. 91 e ss..

36 No âmbito do STF, a primeira afirmação do princípio vem com o julgamento do RE 418.376. Após, ADI 3.510, HC 102.087 (respectivo à constitucionalidade do crime de porte de arma de fogo sem munição), dentre outros julgados.

> de trabalho. Assim assegurou-se finalmente a autonomia da produção capitalista, tanto no âmbito agrícola como no setor industrial."[37]

O ideal burguês de libertar-se do poder estatal (e também do poder das Corporações profissionais, como assinalado) para, livremente, acumular riquezas, encontrava caminho concreto. Toda a insatisfação resultante da submissão a um estado máximo, que impunha altas cargas tributárias, fazia controle da liberdade de expressão e impunha modelos comportamentais fundados no catolicismo, cerceando desde a emissão de opiniões até a vida sexual, sob ameaça de sanções desproporcionais – no mais das vezes, penas de morte – daria lugar a um novo desenho de estado, denominado liberal.

O estado liberal, oposto ao absolutista monárquico, caracterizava-se pela preservação de largos âmbitos de liberdade em prol dos membros da sociedade. A pretensão de um estado que autolimitasse suas intervenções na vida privada, mediante compromissos estampados nas primeiras Constituições, ganhou corpo, sobretudo através do movimento constitucionalista europeu do começo do século XIX. Os reflexos na economia são bem sintetizados por Dotti: "Segundo a doutrina da economia liberal, o Estado deve se abster da intervenção nas relações do setor de aquisição, venda, troca e demais contratos, os quais devem ter suas cláusulas regidas pela lei da oferta e da procura e da livre iniciativa dos indivíduos".[38]

A experiência política do século XIX vai revelar um estado mínimo, na medida em que garantia a liberdade dos ricos acumularem riqueza e, no contraponto, dos pobres acumularem pobreza. A liberdade de costumes, a liberdade religiosa, a liberdade nas relações mercantis, demarcam o estado minimalizado desta época. Do lema "liberdade, igualdade e fraternidade", implantara-se exclusivamente a ideia de liberdade, a partir do movimento revolucionário francês.

O momento em que o estado se minimaliza e os âmbitos de liberdade privada são ampliados, numa consagração do modelo contratualista proposto desde o Iluminismo, revela uma característica fundamental para entender-se o século XIX: o egocentrismo ou individualismo. Se recuarmos ao modelo de pensamento centrado no *cogito* cartesiano (século XVII), é possível verificar, desde aí, um homem que se basta, que não precisa de ninguém. Existe porque pensa. Para pensar, só precisa de si.

Este traço egotista vem "marcado a ferro" no âmago do Iluminismo, deixando-lhe impressão profunda, segundo a qual o homem domina a natureza,

---

37 LEFEBVRE, Georges. *1789: O surgimento da Revolução Francesa.* 2ª. ed. São Paulo: Paz e Terra, 2011, p. 292.

38 DOTTI, René Ariel. *O Direito Penal Econômico e a proteção do Consumidor.* Curitiba: Ghignone, 1982, p. 13.

através de sua racionalidade. Esta centralidade do ser humano, transportada para a teoria geral do estado, resulta: a) no jusnaturalismo, doutrina que advoga a existência de direitos em prol do homem independentemente de que lhe sejam concedidos pelo Estado, bem como b) no contratualismo, doutrina explicativa da origem do poder nos homens e sugestiva de que o estado existe para preservar os direitos e interesses do indivíduo. Vida, liberdade e patrimônio, nestes termos, são a tríade em função da qual o estado existe. O dever estatal é preservá-los. No mais, o Estado não deve intervir na vida privada.

O direito penal do século XIX, denominado "liberal-burguês", não teria como fugir às mesmas características. De fato, a doutrina do século XIX propõe um direito penal protetor dos interesses subjetivos violados mediante rompimentos do contrato social. Veja-se FEUERBACH, por exemplo, enunciando na primeira metade do século XIX que a "*razão geral da necessidade e da existência da mesma* [sanção penal] – *tanto na lei como no seu exercício – é a necessidade de preservar a liberdade recíproca de todos mediante o cancelamento do impulso sensual dirigido às lesões jurídicas*".[39]

Na metade final do XIX, conquanto a formulação da noção de bem jurídico enquanto "ente" já estivesse sólida, a partir do contributo de Johannes Birnbaum,[40] a tônica de que a proteção jurídico-penal voltava-se a interesses individuais permanecia. Conforme, v.g., VON LISZT: "*...todo direito existe por amor dos homens e tem por fim proteger interesses da vida humana. A proteção dos interesses é a essência do direito...*"[41]. Neste diapasão, o direito penal teria por missão a tutela ou proteção de bens jurídicos (ou "interesses juridicamente protegidos", na definição de LISZT), fazendo-o de forma reforçada, "*por meio da cominação e da execução da pena como mal infligido a criminoso*"[42]. Na execução penal, o "*Estado não recua diante das lesões mais graves e mais reais dos bens dos seus súditos – a vida, a liberdade, a honra e o patrimônio...*"[43]

Como se verifica, a experiência histórica do século XIX, no sentido de consagrar as liberdades individuais frente ao poder do estado, contendo-o, não dava espaço para um direito penal econômico, tutor de um interesse metaindividual. À época, os direitos individuais, ditos "de primeira dimensão",

---

39 VON FEUERBACH, Paul Johann Anselm Ritter. *Tratado de Derecho Penal.* Trad. Eugenio Raul Zaffaroni e Irma Hagemeier. Buenos Aires: Hammurabi, 1989, p. 61.

40 BIRNBAUM, Johann Michael Franz. *Sobre la necesidad de una lesión de derechos para el concepto de delito.* Montevideo-Buenos Aires: BdF, 2010, p. 55 e ss..

41 VON LISZT, Franz. *Tratado de Direito Penal.* Tomo I. Trad. José Hygino Duarte Pereira. Rio de Janeiro: F. Briguiet, 1898, p. 93.

42 VON LISZT, Franz. *Tratado de Direito Penal.* Tomo I. Trad. José Hygino Duarte Pereira. Rio de Janeiro: F. Briguiet, 1898, p. 98.

43 VON LISZT, Franz. *Tratado de Direito Penal.* Tomo I. Trad. José Hygino Duarte Pereira. Rio de Janeiro: F. Briguiet, 1898, p. 99.

estavam sendo solidificados. Eram tratados com primazia pelos vários ramos do ordenamento jurídico. Particularmente, o patrimônio, enquanto bem jurídico caro às classes burguesas, constituídas solidamente pela vivência de uma economia capitalista e liberal, apresentava-se como cerne das preocupações tanto do direito penal como do direito civil.

Pode-se enunciar o direito penal do fim de século XIX, de fato, como um direito penal *patrimonialista* – ligado, portanto, a um bem jurídico essencialmente individual. O próprio surgimento das polícias urbanas, "*em sua forma moderna, para custodiar a riqueza*" (ZAFFARONI),[44] enquanto instrumentos integrantes do sistema penal (que consiste no conjunto de órgãos encarregados da criação e aplicação do discurso jurídico-penal), fundamenta-se – no início do XIX – para proteção básica do patrimônio da burguesia. A função destas polícias era realizar o controle social das levas de populações marginalizadas que ocuparam as periferias de grandes cidades europeias, atraídas pelos subempregos que caracterizaram o apogeu da revolução industrial. No mesmo diapasão, o direito civil, ao consagrar um direito de propriedade sem limites para o "dominus" – no Brasil, bem representado pelo Código Civil de 1916.

Sendo o direito penal econômico vinculado à tutela de um bem jurídico supraindividual, a denominada "ordem econômica", efetivamente não existiam condições históricas para sua formatação até o início do século XX.

3. O SURGIMENTO DO DIREITO PENAL ECONÔMICO COMO REAÇÃO AO ESTADO LIBERAL-BURGUÊS DO SÉCULO XIX

Como dito, a Revolução Francesa implantou, de fato, liberdade, a partir de um modelo jusfilosófico contratualista, centrado na ficção da igualdade entre as pessoas. Porém, a implantação de uma igualdade concreta jamais foi meta da burguesia enquanto gestora dos rumos do estado. Afinal, a tomada do poder estatal foi realizada, num primeiro momento, justamente para contê-lo. As palavras de ordem eram minimalismo estatal e não intervenção na economia.

Esta não intervenção estatal na economia proporcionou os pilares necessários para um livre, contínuo e avassalador processo de acumulação de capitais em mãos da casta social burguesa, então hegemônica. A fotografia da cena social de Paul Strathern é vigorosa:

> "*A revolução industrial ocasionara amplo sofrimento e benefícios desproporcionais para poucos. Nas minas, mulheres e crianças seminuas arrastavam trenós de carvão, cha-*

44 ZAFFARONI, Eugenio Raul. *Manual de Derecho Penal.* 6ª ed. Parte General. Buenos Aires: Ediar, 1996, p. 223.

pinhando de gatinhas na escuridão fétida de laterais estreitas muito abaixo do solo. Enquanto isso, o príncipe regente entretinha a sra. Fitzherbert e Beau Brummel com jantares de 15 pratos em meios aos exotismos orientais do Royal Pavilion que mandara construir junto o mar, em Brighton. Assim céu e inferno circunscreviam a crueldade e as pieguices peculiares de um mundo dickensiano em seus primórdios."[45]

Este quadro foi tão contundente que a crítica ao estado liberal burguês passa a permear o pensamento europeu a partir da segunda metade do século XIX. O ataque marxista ao capitalismo, mediante a proposta de um modelo econômico que eliminasse a "mais-valia" derivada da exploração do trabalho pelo capital, é um marco discursivo no sentido da busca de igualdade social.[46] Porém, vários outros libelos acusatórios foram dirigidos contra a desigualdade social patrocinada pelo modelo de estado liberal-burguês. Já na primeira metade do século XIX, Saint-Simon na França e Roberto Owen na Inglaterra eram sensíveis às distorções produzidas pelo modelo de economia capitalista liberal. Também a crítica de Proudhon, em 1840, à propriedade – *"a propriedade é furto (...) porque o capitalista não remunera o operário com todo o valor do seu trabalho"*[47] – foi certamente uma "avant-premiére" da crítica marxista. Na literatura, os clássicos "Germinal" (1881), de Émile Zola, e "Os Miseráveis" (1862), de Vitor Hugo retratam à perfeição o quadro de desigualdades sociais que caracterizou a Europa do século XIX..

Enfim, a segunda metade do século XIX apresenta uma classe burguesa no controle do poder estatal e, "pari passu", uma crítica aguda às desigualdades sociais daí decorrentes. Estabelecia-se o discurso que, no início do século XX, seria meneado como bandeira para a constituição de um estado forte, interventor, moldado em exato oposto ao estado liberal que o antecedeu.

A apropriação deste discurso dá-se emblematicamente na revolução de outubro de 1917, na Rússia. O partido comunista assume as rédeas do estado russo, ponteando um modelo econômico caracterizado pelo exato oposto ao liberalismo: a intervenção plena do estado na economia, enquanto agência de produção e distribuição de bens e serviços, substitutiva do empresário ou capitalista. A passagem de GIOVANNI ARRIGHI é elucidativa:

"...a eclosão da guerra entre as grandes potências estava fadada a ter um impacto contraditório nas relações governante-governado. Por um lado, ela aumentou o poder social dos não proprietários, direta ou indiretamente envolvidos no esforço militar-in-

45 STRATHERN, Paul. *Uma breve história da economia*, Rio de Janeiro: Jorge Zahar, 2003, p. 124-125.

46 HUNT & SHERMAN. *História do Pensamento Econômico.* 26ª ed. Petrópolis: Vozes, 2013, p. 108-109.

47 REALI, Giovanni & ANTISERI, Dario. *História da Filosofia.* Vol. III. 5ª ed. São Paulo: Paulus, 1991, p. 181.

dustrial dos governantes. Por outro, cerceou os meios disponíveis para que estes últimos absorvessem esse poder. Essa contradição evidenciou-se no decorrer da primeira guerra mundial, quando alguns anos de hostilidades declaradas foram suficientes para deflagrar a mais séria onda de protestos e rebeliões populares, até então experimentada pela economia capitalista mundial (Silver, 1992, 1995).
A revolução russa de 1917 logo se converteu no ponto focal dessa onda de rebelião. Ao defender o direito de todos os povos à autodeterminação (o "antiimperialismo") e a primazia dos direitos de subsistência sobre os direitos de propriedade e de governo (o "internacionalismo proletário"), os líderes da revolução russa criaram a ameaça de tornar muito mais complicada a operação do sistema interestatal, num grau até então desconhecido..."[48]

Logo, a bandeira marxista, erguida na Europa Oriental, desloca-se para o Oeste como opção predestinada a eliminar os malefícios do liberalismo do século XIX, impondo às elites burguesas que controlam o aparelho estatal um patrulhamento político e econômico similar sobre a vida de seus súditos. Surgem, como reação aos estados interventores de esquerda, estados igualmente interventores, de direita, dos quais o fascismo italiano e nazismo alemão constituir-se-iam nos maiores exemplos. De fato, sustenta ERIC HOBSBAWM que "*...a ascensão da direita radical após a primeira guerra mundial foi sem dúvida uma resposta ao perigo, na verdade à realidade da Revolução Social do poder operário em geral, e à revolução de outubro e ao leninismo em particular. Sem esses, não teria havido fascismo algum...*"[49]

O fato é que os estados posteriores à primeira guerra mundial são claros contrapontos ao estado liberal do XIX. Se este não interveio nos processos econômicos, consagrando a economia de livre-mercado, aqueles fizeram o processo reverso: os estados com governos totalitários de direita intercederam na vida econômica, controlando minuciosamente o ciclo da produção e distribuição de bens e serviços levado a termo na esfera privada, sobretudo para financiamento das máquinas de guerra que – a partir de uma atitude imperialista e preventiva em relação à "ameaça comunista" – emergiram na Europa Ocidental. Os totalitarismos de esquerda assumiram a condição de produtores e distribuidores de bens e serviços, eliminando toda a iniciativa privada, em obediência à cartilha marxista.

Nestes termos, os modelos de estados fortes, sucessores dos estados minimalistas liberais do século XIX, passaram a impor as suas "ordens econômicas", arregimentando as forças do ciclo da economia a favor de seus interesses políticos, imperialistas e beligerantes.

---

48 ARRIGHI, Giovanni. *O longo século XX*. Trad. Vera Ribeiro. Rio de Janeiro: Contraponto; São Paulo: Unesp, 1996, p. 64-65.

49 HOBSBAWM, Eric. *Era dos extremos – o breve século XX (1914-1991)*. Trad. Marcos Santarrita. São Paulo: Companhia das Letras, 1995, p. 130.

Para proteção destas "ordens econômicas", os mencionados estados fortes, de regimes de governo totalitários, recorreram ao ordenamento jurídico-penal, constituindo todo um novo campo de criminalidade voltado: a) à garantia do sucesso das atividades interventoras realizadas na economia; b) à preservação dos modelos econômicos desenhados para os ciclos produtivos e distributivos de bens e serviços, atados fortemente aos destinos políticos postos avante pelos respectivos governos. Surgia, a partir destes marcos históricos, o "direito penal econômico", enquanto campo jurídico-penal destinado à tutela do bem jurídico meta-individual "ordem econômica".

Destaque-se que a "ordem econômica", neste contexto, era definida como intervenção do estado na economia. Tal concepção do bem jurídico "ordem econômica", conquanto metaindividual, deixou patente a pretensão do direito penal econômico de proteger, a partir da constituição de um novo campo de criminalização primária, não os interesses das pessoas integrantes da sociedade, mas sim – e sobretudo – os interesses do próprio Estado, enquanto gestor da economia.

A partir desta cena histórica, brota o direito penal econômico em seu primeiro feitio ou geração, No âmbito do Estado Moderno, sua emergência ocorreu de modo tardio em relação ao direito penal dito "clássico" ou "nuclear".

4. Conclusão

O direito penal econômico, enquanto ramo destinado à tutela da ordem econômica, não tinha ambiente para emergir no coração do século XIX.

Anteriormente, na Baixa Idade Média, em lugar de uma sociedade de indivíduos ou atomizada, coletividades tinham supremacia sobre os seres humanos. O caldo cultural criava para o homem medieval a necessidade de pertencimento a coletividades, sobretudo a eclesiástica. Nesta cena, em cidades italianas, corporações de ofícios e profissões protagonizaram a experiência de regulamentar, fiscalizar e julgar seus membros, inclusive exercendo poder punitivo. Crimes como os falimentares e a falsificação de produtos deitam aí suas raízes. Não é nenhuma ousadia afirmar estas autorregulações corporativas profissionais como fontes, ainda que distantes, da ideia de *compliance*, não só enquanto regras editadas por particulares em ambiente negocial, mas pela pretensão similar de tutela da confiança no grupo de profissionais de um dado segmento ou organização. Tudo constitui, por certo, um conjunto medieval de manifestações de um direito penal econômico enquanto tutela de uma ordem econômica adequada à época.

Porém, estas condições recuam a partir do Século das Luzes (XVIII) e da consequente afirmação do Estado Moderno. O apogeu desta afirmação é o coração do século XIX. A experiência histórica do século XIX não dava lugar a um direito penal econômico. Afinal, de um lado, o XIX foi o momento da consolidação dos direitos de primeira geração, eminentemente individuais, centrados na liberdade e no patrimônio, como heranças do ideário iluminista, que serviu como marco discursivo dos grandes processos revolucionários do século XVIII, em particular a Revolução Francesa. De outro lado, o XIX foi o palco da experiência econômica liberal-burguesa, o século em que o capitalista livrou-se do estado absolutista, que tributava e concentrava a riqueza no rei, na nobreza e no clero. Tal experiência não combinava com uma ordem econômica imposta pela agência estatal.

A "ordem econômica", enquanto intervenção estatal na economia, foi produto da reação aos estados liberais do XIX, propiciando uma nova equação de poder. Enquanto no ideário liberal iluminista, o estado estava a serviço do indivíduo, a experiência totalitária da primeira metade do século XX enalteceu o reverso: um indivíduo a serviço do estado, como força de trabalho e soldado, no quadro de esforços de guerra que foi peculiar ao período.

Portanto, o surgimento de um direito penal econômico, voltado à tutela da intervenção estatal na economia, exigiu a superação do perfil individualista que caracterizou o formato dos direitos consolidados no transcurso do século XIX.

Atualmente, o direito penal econômico subsiste como ramo que protege o bem jurídico supraindividual "ordem econômica". Porém, o conceito de ordem econômica foi profundamente alterado no transcurso do século XX. Há, portanto, uma segunda geração de direito penal econômico, tutor de algo diverso do que foi a ordem econômica da virada do XIX para o XX (intervenção estatal na economia).

O fenômeno da sociedade de risco, produzido pelo capitalismo tardio, bem como a constituição de um novo discurso filosófico, centrado na ideia de alteridade (reconhecimento da existência do "outro" a partir da experiência da comunicação, ou ação comunicativa), determinaram uma nova formatação para o conceito. Atualmente, a "ordem econômica" tutelada pelo direito penal econômico representa algo mais amplo: a regularidade da produção, distribuição e consumo de bens e serviços. Neste passo, volta-se muito mais à preservação dos interesses supraindividuais do que aos interesses do Estado, propriamente dito, tutelados pela primeira geração do direito penal econômico.

Porém, as razões desta mudança são assunto para outra exposição. Para o momento, está justificada a construção histórica da primeira geração do direito penal econômico.

5. Referências bibliográficas

ALESSANDRI, Alberto. *Diritto Penale e Attività Economiche*. Bologna: il Mulino, 2010.

ARRIGHI, Giovanni. *O longo século XX*. Trad. Vera Ribeiro. Rio de Janeiro: Contraponto; São Paulo: Unesp, 1996.

BIRNBAUM, Johann Michael Franz. *Sobre la necesidad de una lesión de derechos para el concepto de delito.* Montevideo-Buenos Aires: BdF, 2010.

BOBBIO, Norberto. *Direito e Estado no Pensamento de Emanuel Kant.* Trad. Alfredo Fait. 4ª. ed. Brasília: Editora Universidade de Brasília, 1997.

CHÂTELET, François. *Uma História da Razão. Entrevistas com Émile Noël.* Trad. Miguel Serras Pereira. Lisboa: Editorial Presença, 1993.

CERVINI, Raúl e ADRIASOLA, Gabriel. *El Derecho Penal de la empresa desde una visión garantista.* Montevideo: BdF, 2005.

DARNTON, Robert. *O beijo de Lamourette. Reflexões sobre história cultural.* São Paulo: Companhia das Letras, 1990.

DOTTI, René Ariel. *O Direito Penal Econômico e a proteção do consumidor.* Curitiba: Ghignone, 1982.

FERNANDES, Paulo Silva. *Globalização, "sociedade de risco" e o futuro do direito penal.* Coimbra: Almedina, 2001.

FOUCAULT, Michel. *Em defesa da sociedade.* São Paulo: Martins Fontes, 1999.

________. *A verdade e as formas jurídicas.* Rio de Janeiro: Editora Nau, 2005.

GIDDENS, Anthony. *As consequências da Modernidade.* São Paulo: UNESP, 1991.

GROSSI, Paolo. *Prima Lezione di Diritto.* Bari: Laterza, 2003.

GUARAGNI, Fábio André. "Organização do Trabalho: Contornos Atuais do Bem Jurídico-Penal". In: Eduardo Milléo Baracat. (Org.). *Direito Penal do Trabalho: Reflexões Atuais.* Belo Horizonte: Editora Fórum, 2010.

HOBSBAWM, Eric. *Era dos extremos – o breve século XX (1914-1991).* Trad. Marcos Santarrita. São Paulo: Companhia das Letras, 1995.

HUNT & SHERMAN. *História do Pensamento Econômico.* 26ª ed. Petrópolis: Vozes, 2013.

KAUFFMAN, Armin. *Dogmática de los delitos de omisión.* Madrid: Marcial Pons, 2006.

LEFEBVRE, Georges. *1789: O surgimento da Revolução Francesa.* 2ª ed. São Paulo: Paz e Terra, 2011.

LO RUSSO, Michelantonio. *L'avventura del rischio.* Catanzaro: Rubbettino, 2002.

MARTINEZ-BUJÁN PEREZ, Carlos. *Derecho Penal Económico – parte general.* Valencia: Tirant lo Blanch, 1998.

MENDOZA BUERGO, Blanca. *El derecho penal en la sociedad del riesgo.* Madrid: Civitas, 2001.

PRITTWITZ, Cornelius. "Sociedad del riesgo y Derecho Penal". In *El Penalista Liberal – controversias nacionales e internacionales en Derecho penal, procesal penal y Criminología. Homenaje a Manuel de Rivacoba y Rivacoba*". Buenos Aires: Hammurabi, 2004.

REALI, Giovanni & ANTISERI, Dario. *História da Filosofia*. Vol. III. 5ª ed. São Paulo: Paulus, 1991.

STRATHERN, Paul. *Uma breve história da economia*. Rio de Janeiro: Jorge Zahar, 2003.

STRECK, Maria Luíza Schäfer. *Direito Penal e Constituição: a face oculta da proteção dos direitos fundamentais*. Porto Alegre: Livraria do Advogado, 2009.

SILVA SÁNCHEZ, Jesús-María. A *expansão do direito penal*. Trad. da 2ª Ed. espanhola de Luiz Otávio de Oliveira Rocha. São Paulo: RT, 2002.

SHORTO, Russell. *Os Ossos de Descartes*. Rio de Janeiro: Objetiva, 2013.

SUFFERT, Georges. *Tu és Pedro. A história dos primeiros vinte séculos da igreja fundada por Jesus Cristo*. Rio de Janeiro: Objetiva, 2001.

TIEDEMANN, Klaus. *Derecho Penal y nuevas formas de criminalidad.*. 2ª ed. Lima: Grijley., 2007.

VON FEUERBACH, Paul Johann Anselm Ritter. *Tratado de Derecho Penal*. Trad. Eugenio Raul Zaffaroni e Irma Hagemeier. Buenos Aires: Hammurabi, 1989.

VON LISZT, Franz. *Tratado de Direito Penal*. Tomo I. Trad. José Hygino Duarte Pereira. Rio de Janeiro: F. Briguiet, 1898.

ZAFFARONI, Eugenio Raul. "La criminologia como curso". In *En torno de la cuestión penal*. Montevideo – Buenos Aires: Julio César Faira Editor, 2005.

________. *Manual de Derecho Penal*. 6ª ed. Parte General. Buenos Aires: Ediar, 1996.

DOLUS IN RE IPSA E A RESPONSABILIDADE PENAL DA PESSOA JURÍDICA

Fábio Guedes de Paula Machado

RESUMO: O dolo compreendido a partir de elementos subjetivos não possibilita a sua demonstração segura no processo. Com o surgimento da responsabilidade penal da pessoa jurídica, e dada a sua natureza jurídica diversa, a estrutura do delito a ser construída não pode utilizar qualquer contribuição vinda de dados antropológicos. O juízo de imputação a ser construído deve se pautar apenas na normatização.

PALAVRAS-CHAVE: Dolo, ignorância deliberada, imputação, pessoa jurídica.

TITLE: Dolus in re ipsa and the criminal liability of legal person.

ABSTRACT: The deceit based on the comprehension of subjective elements does not permit a reliable demonstration on the trial. The crime's structure to be built, with the emergence of the criminal liability of legal person and its varied legal essence, cannot use any contribution which came from anthropological data. The imputation judgment must be only based on the existing law.

KEY WORDS: Deceit, willful blindness, imputation, legal person.

Introdução

A tragédia humana e ambiental ocorrida em Mariana, Minas Gerais, a partir do rompimento da barragem da mineradora Samarco, deveria ter reacendido a questão da responsabilidade penal da pessoa jurídica no Brasil desde a concepção dogmático-penal. Porém o que se viu ao invés disto foi apenas a instauração do debate acerca de quais medidas reparatórias e compensatórias deveriam ser adotadas pela empresa mineradora. Na seara criminal, o que mais ganhou espaço na mídia foi o interesse policial na decretação da prisão preventiva de representantes da mineradora.

É por demais obvio que além da grotesca falha da empresa mineradora em não impedir que o desastre ocorresse, haveria de se somar a responsabilidade omissiva do Estado e de todos os órgãos públicos que deixaram de fiscalizar e exigir a tomada de medidas inibidoras do evento ocorrido. Neste aspecto, tratando-se de atividade que agrega alto potencial de risco e dano, a vigilância por parte de todos os órgãos públicos ambientais encarregados de atuar parece evidente.

Acerca da tragédia havida, a repercussão havida recaiu sobre as mortes, danos e as medidas de reparação. Na área criminal, a exceção da pretendida decretação da prisão cautelar de dirigentes da empresa, debates sobre diferentes temas vinculados à teoria do delito não ganharam até aqui o devido espaço no Direito brasileiro, daí a proposta de neste artigo homenagem ao Professor Titular de Direito Penal da Faculdade de Direito da Universidade Federal do Paraná, Dr. René Ariel Dotti, abordarmos o tema "dolo, levando em consideração a grande importância que os estudos do homenageado tiveram no desenvolvimento do pensamento jurídico-penal brasileiro, daí o nosso orgulho de contribuir nesta justa e merecida homenagem.

1. A IMPUTAÇÃO OBJETIVA DO RESULTADO AOS ATORES DA TRAGÉDIA

A título de preâmbulo, e à parte das imputações a serem feitas à empresa mineradora, deixa-se no ar se também não seria o caso de proceder a imputação administrativa, civil e penal a terceiros.

A possibilidade de imputação ao Estado e aos servidores públicos a título comissivo por omissão *prima facie* parece evidente, pois cientes da existência de uma situação arriscada e perigosa na barragem em virtude do próprio cumprimento do *munus*, e mantendo-se inertes e convictos em não revelá-lo ou tomar medidas de urgência, puseram-se em posição de garante. A conclusão é de que o dever de garante com base no domínio pessoal sobre a ciência do fato poderá ser invocado como argumento para a imputação do resultado lesivo.[1]

Note-se que o sujeito tem o conhecimento do significado típico de sua ação, não havendo de se perquirir se ele quis ou não quis a produção do resultado,[2] tal como faz o finalismo welzeniano e aqui é rechaçado. Por assim dizer, o querer se encontra absolutamente dependente do conhecer.

Quanto ao problema da imputação objetiva, importa perceber que a distinção entre a causação típica de um resultado e a mera produção de circunstâncias concomitantes irrelevantes, não se verifica no plano naturalístico do processo causal, mas na materialização da vontade protetiva da norma jurídica. Desta maneira, a imputação objetiva de determinado resultado lesivo somente será legitima quando se fundamentar em contribuição que importe em aumento do perigo já existente para a produção do resultado ou na substituição das circunstâncias de risco existente por outras.

Se o agente mantém seu atuar nos limites do risco socialmente tolerado, não se legitima a imputação objetiva do resultado. Vale observar que os

1 SCHÜNEMANN, Bernd. *Unternehmenskriminalität und Strafrecht*. Köln : Heymann, 1979, p. 95.

2 PORCIÚNCULA NETO, José Carlos. *Lo objetivo y lo subjetivo en el tipo penal. Hacia la "exteriorización de lo interno."* Barcelona : Atelier, 2014, p.

limites do risco permitido que delimitam a possibilidade de legitima responsabilização criminal, não resultam da constatação dos dados empíricos, mas da definição normativa.

A imputação objetiva no delito omissivo depende da violação do dever concreto de agir para impedir o resultado. Isso significa que o omitente tem o dever legal de proteger o bem jurídico do perigo existente, e não apenas da possibilidade de aumento do perigo existente. Em outras palavras, o dever de agir impõe que o omitente atue para afastar o perigo que se dirige ao bem jurídico ou, não sendo possível afastá-lo, impedir que o perigo aumente.

Os problemas especiais da causalidade omissiva não parecem adquirir maior importância nos crimes omissivos próprios, pois nesses não se exige qualquer modificação no mundo natural. Salvo nas hipóteses de qualificação pelo resultado, os crimes omissivos próprios não são materiais e, portanto, não há previsão típica de resultado naturalístico. O fundamento da responsabilização reside na desatenção ao dever concreto de agir, que se dirige à generalidade dos membros da sociedade. O dever de agir, mesmo na omissão própria, decorre de circunstâncias materiais de perigo ao bem jurídico.

Assim, a relevância jurídica que confere legitimidade à imputação objetiva exige a análise das circunstâncias da situação de perigo. É perfeitamente possível que diante da existência concreta do dever de agir (que surge com a situação real de perigo), o comportamento finalisticamente orientado para não atender ao comando normativo não produza, de imediato, o aumento do perigo, em circunstância que o omitente possa postergar sua intervenção no tempo. Em outras palavras, é possível que diante da possibilidade real de atuação e durante o decurso da inatividade relevante o perigo não aumente.

Nos delitos omissivos a relação juridicamente relevante somente se estabelece face à violação do dever juridicamente exigível de agir para evitar o resultado, cabe ao destinatário desse dever não somente impedir que o perigo aumente, mas também afastar o perigo de lesão ao bem jurídico, quando lhe for possível.

À parte desta questão, o objetivo desta investigação consiste em verificar no tocante à responsabilidade penal ambiental da pessoa jurídica no Brasil, se houve ou não o ressurgimento do *dolus in re ipsa* pela doutrina e jurisprudência brasileiras, e a partir disto apresentar algumas propostas de reconstrução do dolo. Isto porque, se entorno do dolo não havia nenhum entendimento pacífico, é certo que com relação ao Direito Penal Econômico o problema é ainda maior.

2. A RESPONSABILIDADE PENAL DA PESSOA JURÍDICA PELO PRÓPRIO FATO

Em 1998, foi promulgada a Lei nº 9.605/98, que estabeleceu entre nós a responsabilidade penal da pessoa jurídica para delitos de natureza ambiental. É verdade que algumas poucas vozes já estabeleciam o art. 225, § 3º, da

Constituição Federal como seu fundamento. Porém, e à luz da ausência de previsão de tipos e penas específicas à pessoa jurídica, dada a sua natureza jurídica, é certo que os tipos penais existentes até então e previstos nos Códigos Florestal, de Pesca etc., não podiam ser imputados.

De 1998 para cá, alguns poucos ensaios abordaram a necessidade de ampliação do rol de imputação penal à pessoa jurídica, e a questão basicamente não ganhou maiores proporções. Não obstante a isto, a tese que se defende é a de que a responsabilidade penal da pessoa jurídica seja estendida para todo o tipo de delito contra bens jurídicos difusos, dada a manifesta ofensividade que ela possui se confrontada com a pessoa natural. Porém isto é tema para ser analisado noutro momento.

No aspecto primevo, havia que se estabelecer se o fundamento da responsabilidade dos entes coletivos atenderia melhor ao modelo de responsabilidade pelo próprio fato ou autoresponsabilidade, ou pela forma da heteroresponsabilidade. Neste aspecto, a primeira interpretação criada sobre o art. 3º, da Lei nº 9.605/98, e seu parágrafo único, foi no sentido da necessidade concorrente de imputação à pessoa formal e física, também conhecido como sistema da dupla imputação. Neste aspecto, impossível que houvesse imputação solitária à pessoa jurídica, sendo sempre necessário que ao lado desta também estivesse presente a pessoa natural. Porém, entendimento que mostra-se mais condizente com a autonomia da pessoa jurídica frente à pessoa natural, informa que o fato de poder ser imputada e condenada a pessoa jurídica, não quer dizer que a pessoa física também não o seja. Significa dizer que havendo hipótese de concurso de pessoas a imputação deve ser dirigida a todos os atores do delito.

Nos parece que o modelo da responsabilidade pelo próprio fato segue uma lógica político-criminal mais vinculada com os princípios informadores do Direito Penal, e por assim dizer relaciona-se melhor com os princípios processuais inerentes aos direitos de qualquer imputado. Assim, não deve a pessoa jurídica pura e simplesmente responder por fato praticado pela pessoa física que integra seu corpo diretivo.

Alguns autores, mais tradicionalmente, diferenciam no campo da responsabilidade penal da pessoa jurídica, o comportamento da pessoa física. Para uns, o delito da pessoa física é pressuposto, para outros é o seu fundamento.[3] Como pressuposto, a infração da pessoa física opera como requisito precedente necessário para posterior pronunciamento acerca da responsabilidade penal própria da pessoa formal, isto porque a última não cumpriu com a obrigação de evitar o delito. Em realidade, num ou noutro caso, nota-se uma

---

3 GÓMEZ-JARA DÍEZ, Carlos. Aspectos sustantivos de la responsabilidad penal de las personas jurídicas. BANACLOCHE; GÓMEZ-JARA; ZARZALEJOS. *La responsabilidad penal de las personas jurídicas. Aspectos sustantivos y procesales*. Madrid: La Ley, 2011, p. 36.

vinculação ontológica entre pessoa física e jurídica. Um outro modelo teórico, preconiza separação absoluta entre estas pessoas a partir da tomada de um juízo de atribuição normativo a cada uma destas pessoas. De qualquer modo, refuta-se que condutas das pessoas naturais tornem-se o fundamento da responsabilidade penal da pessoa jurídica. Colhendo-se esta sentença, vedada está a imputação de responsabilidade à pessoa jurídica por fato pratica por outrem (fato alheio). Consequentemente, encontra-se rechaçado o sistema de responsabilidade por transferência, até mesmo porque internamente este modelo permite que a conduta individualmente atribuída à pessoa natural traspasse para a pessoa jurídica.

Isto não quer dizer que os direitos e garantias constitucionais, sejam os de natureza material ou processual não sejam atribuíveis à pessoa jurídica. A posição aqui adotada é a de que independentemente da natureza da pessoa, basta que ela seja objeto de imputação penal que estará agasalhada pelo corpo jurídico destas regras. Afasta-se aqui, também a ideia de que as cláusulas de garantia são privativas do ser-humano, e assim são extensíveis à pessoa jurídica. O texto constitucional brasileiro não faz distinções, e nem poderia fazê-lo, quanto a aplicação do seu sistema de garantias criminais a quem quer que seja, e por esta razão, qualquer concepção teórica que busque diminuir tais prerrogativas fere expressamente o texto constitucional.

3. *In re ipsa*

Partindo-se da afirmação de que à pessoa jurídica não se pode imputar como seu comportamento alheio, torna-se necessário analisar no campo da imputação subjetiva que modelo teórico deve ser utilizado à luz da necessário sintonia que deve ser guardada com os aspectos constitucionais e princípios de defesa, pois inexistindo tal preocupação, nos aproximaremos rapidamente da responsabilidade penal objetiva, e isto não pode ocorrer.

Seguindo, a locução latina *in re ipsa* refere-se à afirmação de que há casos em que o dano será presumido e por isto independe de comprovação. No que tange ao *dolus in re ipsa*, tradicionalmente, ele é aquele que no caso concreto não precisa ser demonstrado, pois será deduzido a partir da própria circunstância dos fatos, independentemente da demonstração de que um sujeito deliberou por lesionar bem jurídico alheio.

A doutrina penal já cuidou de analisar esta figura, e sem grande esforço afastou a sua incidência clássica ao argumento de que o Direito Penal próprio de um Estado Democrático de Direito não se harmoniza ou perfilha com a responsabilidade penal objetiva. A partir de então, o tema perdeu importância no que tange à imputação pessoal, não obstante a nosso aviso ele esteja em grande aplicação no campo pragmático, notadamente no campo do Direito Penal Econômico.

A partir da promulgação da Lei Federal 9.605/98, estabeleceu-se no Brasil a imputação penal à pessoa jurídica pela prática de crimes ambientais, tal como se constata a partir do art. 3º, desta Lei. Os primeiros debates sobre o tema ganharam destaque, e particularmente observa-se que eles ocorreram mais detidamente no aspecto de ser ou não ser imputável Direito Penal à pessoa jurídica pela prática do delito ambiental. Naquela oportunidade, não foram poucos os penalistas que, amparados no finalismo welzeniano foram firmes em negar tal possibilidade de imputação, ao argumento principal de que a Constituição Federal e o próprio Direito Penal concebem que a atribuição seja pessoal, e neste sentido, caracterizaram que todas as categorias do Direito Penal foram construídas tendo por objeto o ser-humano. Neste aspecto, vozes importantes propuseram inclusive a inconstitucionalidade do art. 3.º, da Lei 9.605/98.

4. Direito material e processo

Independentemente da concepção dogmático-penal eleita pelo intérprete do Direito, não se pode conceber desalinhamento entre temas da teoria do delito com o processo. No tocante ao dolo e seu conceito material, ele não pode ser construído sem observar-se e considerar-se o processo penal, na medida em que este fixa limites para que a sua prova seja possível e legítima. Por outro lado, a prova do dolo e dos seus elementos no processo penal não pode ser feita em desatendimento às exigências substantivas contidas na lei penal. Por isto surge a assertiva de que o direito material é inseparável do direito processual, havendo entre ambos uma relação estreita e consequencial imediata.[4] Certo é que no caso entre as ciências criminais material e instrumental esta interconectividade é ainda mais forte, porque se refere ao exercício da potestade do Estado e sua interferência na vida e dignidade do cidadão. Soma-se também o fato empírico de que o Direito Penal não pode existir sem o processo.

Por assim dizer, não há delito sem declaração judicial, e isto somente é feito dentro de um processo. Noutras palavras: "um delito só é o que os juízes, dentro de um processo, declaram como delito: não há delito sem declaração judicial e esta unicamente pode se dar no marco de um processo".[5] Neste mesmo aspecto, direitos e garantias materiais e processuais aparecem indis-

4 Sustentei a existência de uma relação de complementariedade entre o Direito Penal e Direito Processual Penal. *In Culpabilidade no direito penal.* São Paulo: Quartien Latin, 2009, p. 293-294.

5 GONZÁLEZ CUSSAC, José L. Dolus in re ipsa. *Constitución, derechos fundamentales y sistema penal.* Valencia: Tirant lo Blanch, 2009, p. 820.

soluvelmente unidos, de forma que uns sem os outros perdem todo o sentido e eficácia.

Em realidade, no Estado Democrático de Direito, Direito Penal sem Direito Processual Penal, não torna possível aplicar qualquer sanção, pois não seria possível realizar provas, o que acarretaria em castigo às cegas, o que Beccaria condenava desde antes de 1764. Há entre direito material e processual uma conexão lógica que vem ao encontro da legitimidade constitucional.

As considerações apresentadas até aqui são de extrema singeleza e clarividência, entretanto elas muitas vezes se mostram alheias a atenção do legislador, da doutrina e da jurisprudência. Isto porque implica afirmarmos que não podemos criar tipos penais ou categorias sistemáticas do delito que não se possam provar, ou que sejam de difícil ou arbitrária comprovação. "Por esta razão, os limites da prova geralmente estabelecem os limites do que se pode castigar".[6]

Dito isto, uma primeira e precoce conclusão que devemos obrigatoriamente nos guiar, é que qualquer elemento ou categoria sistemática do delito, e porque não estender a todo o Direito, exige que sua criação ou desenvolvimento esteja vinculada com a sua demonstração no processo, não se olvidando, inclusive, que para que o Juiz profira um juízo condenatório, mister que ele esteja amparado com elementos de certeza quanto a prática do injusto, e que seja o seu autor responsável por ele.

Mostra-se oportuno dizer ainda que, o aperfeiçoamento dogmático deva estar vinculado à lógica das coisas e em obediência explícita e implícita. Para tanto, "compreende-se a dogmática jurídica como um sistema coerente de proposições, institucionalmente organizado e de conteúdo normativo, construído para solucionar questões práticas (aspecto pragmático da dogmática jurídica).[7] São partes integrantes da dogmática dados extraídos da realidade social, do mundo físico propriamente dito e de conteúdo normativo. Ao construir seus conceitos, a dogmática deve primeiramente identificar o problema e os fenômenos da realidade, e posteriormente submetê-los ao processo de abstração conceitual marcado pelo valorativo e pelo teleológico, onde aqui se depuram os elementos relevantes e se obtém uma definição.[8] A teoria do delito, enquanto ápice mais notável e controvertido do estudo do Direito Penal, deve buscar, permanentemente, uma concreta sistematização,

---

6 GONZÁLES CUSSAC, José L. Dolus in re ipsa. *Constitución, derechos fundamentales y sistema penal*, p. 822.

7 Neste sentido: Fábio Guedes de Paula Machado, Mais além da dogmática jurídico-penal. *Estudos em homenagem a Vicente Greco Filho*. São Paulo: LiberArs, 2014, p. 137.

8 MACHADO, Mais além da dogmática jurídico-penal. *Estudos em homenagem a Vicente Greco Filho*, p. 137.

onde seus elementos estejam ordenados sucessivamente para a análise de um evento da realidade, para então afirmá-lo como delitivo.

Por isto é correto afirmar que o desenvolvimento de cada parte integrante do delito, e a começar pelo bem jurídico e sua teoria até atingirmos as causas de exculpação, mostram-se como verdadeiros filtros ou barreiras para a aplicação do *jus puniendi*, ou se preferir, serão os instrumentos fundamentais para a racionalização do Direito Penal e daí para a sua melhor aplicação.

Este esboço serve de corolário para o estabelecimento das diretrizes necessárias para a idealização do dolo a servir para a imputação do delito ambiental à pessoa jurídica.

5. Considerações sobre o dolo

Em seus primórdios, o *dolus malus* referia-se ao fato e à sua valoração como ilícito, por esta razão a sua localização encontrava-se na culpabilidade. Foi com o finalismo de Welzel que se distinguiu o conhecimento do fato do conhecimento da antijuridicidade, o que proporcionou o deslocamento do dolo para o tipo penal, em razão de que até então o mesmo integrava a culpabilidade. O dolo formado pela vontade, pelo conhecimento e pela consciência da ilicitude, era então denominado de dolo normativo ou dolo neokantiano.

Ao ser guindado ao tipo com as contribuições do pensamento aristotélico, formou-se o dolo natural, que tinha como seus elementos integrantes a vontade e o conhecimento, permanecendo a consciência, ou para alguns o potencial conhecimento da ilicitude, como elemento autônomo da culpabilidade finalista.

De menos aceitação, foi o reconhecimento de uma dupla posição do dolo, no tipo, tal como afirmava o finalismo, porém ao mesmo tempo a sua localização residia na culpabilidade, onde servia para afirmar o conhecimento da antijuridicidade no juízo de reprovação, e instrumento para estabelecer o *quantum* de reprovação ou graus de intensidade na reprovação. Ou seja, mais dolo ou dolo mais intenso, pena maior. Dolo menos intenso, pena menor. É verdade que este debate não perdeu importância técnica, ainda que pouca seja a produção científica percebida nos dias atuais. A importância da localização do dolo se mantém importante para o estudo do erro de tipo, erro de proibição e erro sobre os pressupostos fáticos de uma causa de justificação.

Ainda acerca do dolo, a postura adotada por quase a totalidade da doutrina brasileira tem na teoria volitiva o maior fundamento do dolo, o que implica afirmar que predominante é o elemento volitivo, e secundário é o elemento cognitivo. Nesta concepção, o querer é o conteúdo da vontade, e uma vez ciente o sujeito sobre a realidade, a causalidade é dirigida pelo dolo.[9]

9 MACHADO, Fábio Guedes de Paula. *Culpabilidade no direito penal*, p. 71-75.

A superação, pelo menos no âmbito cronológico, do modelo finalista de Welzel, para os modelos funcionalistas de Roxin, Jakobs, Hassemer e discípulos, não abstraiu os filtros concebidos até então como integrantes da teoria do delito, mas é certo que se estabeleceu a partir daí um giro para a construção normativa do injusto, onde o carro "abre-alas" da nova concepção dogmática é a teoria da imputação objetiva, inaugurando-se a fase da normativização dos conceitos e elementos pertencentes à teoria do delito.

Estabeleceu-se com maior nitidez a separação do objetivo com o subjetivo, formando-se dois juízos de tipicidade, o primeiro de valoração objetiva ou normativa da conduta, e o seguinte de valoração da relação subjetiva entre o sujeito e o fato tipicamente objetivo já considerado realizado, denominado então de tipicidade subjetiva. O filtro para a real aplicação do Direito Penal, passou a ser feito, primeiramente pela tipicidade objetiva, e se confirmados os seus elementos, então análise seguinte se realiza no âmbito da tipicidade subjetiva. Significa dizer, que a possibilidade de atribuição de um fato a alguém se perfaz exclusivamente a partir da percepção ou constatação sobre a presença de elementos objetivos, sem atender a qualquer juízo sobre conhecimentos e vontades atribuíveis ao sujeito ativo. Constatada a presença de uma conduta, comissiva ou omissiva; de um resultado, naturalístico ou normativo; e a afirmação da realização de um risco típico ou juridicamente desaprovado para o resultado causado, que una o resultado à conduta, passa-se então à análise da imputação subjetiva.

Alguns autores ao efetuarem a aplicação da teoria da imputação objetiva consideram ainda os conhecimentos especiais que tenha o autor, o que para outros seria uma quebra de fidelidade de separação entre o objetivo e o subjetivo. Para estes, o que importa é tão-somente a infração do dever e não o conhecimento que o sujeito tenha, pois será o dever objetivo que definirá a expectativa infringida e não o próprio sujeito.[10]

5.1. Posições funcionalistas

A maioria dos estudiosos do Direito Penal ainda se recusa a extirpar por completo o elemento volitivo do dolo, pois para eles "compreender o dolo sem seu elemento volitivo é retirar o principal critério para se fazer uma distinção entre condutas dolosas e culposas."[11] Dessa forma, a questão da vontade aqui

---

10 JAKOBS, Günther. La normativización del derecho penal en el ejemplo de la participación. *Modernas tendencias en la ciência del derecho penal y en la criminología*. Madrid: Uned, 2001, p. 625.

11 CABRAL, Ricardo Leite. O elemento Volitivo do Dolo: Uma contribuição da filosofia da linguagem de Wittgenstein e da Teoria da Ação Significativa. Em BUSATO, Paulo César (coord.), *Dolo em Direito Penal: Modernas Tendências*. São Paulo : Atlas, 2014, p. 145.

amolda-se aos quesitos de identificação preconizados por Hassemer, a dizer: o perigo (fase externa), representação do perigo (fase interna) e decisão a favor da realização do perigo conhecido (fase interna). Dessa forma, no momento em que o agente exterioriza sua conduta de permissão, está automaticamente concretizando a fase de representação e a decisão em favor da realização, completando sua conduta dolosa. A fase externa, a do perigo concretamente, inicia-se a partir do momento em que presume-se a aproximação daquele menor no intuito de integrar-se na situação de perigo.

Seguindo outra orientação funcionalista, o dolo a ser elaborado terá nítida vertente normativista, privilegiando-se o objetivo e afastando-se qualquer contribuição subjetiva, em especial no que tange à vontade.

Feita a indicação pela preferência da orientação funcional, algumas posições funcionalistas serão trazidas a título de exemplificação, distintas entre si, mas comum a todos elas é a não incidência da vontade como elemento constitutivo e dominante na estrutura do dolo.

Uma distinção inaugural, consiste em que na estrutura ontológica de Direito Penal, o "sabia" e o "devia saber", habitualmente representam dolo direto e dolo indireto ou eventual. Distante da metodologia finalista, e partindo da concepção normativa de dolo, própria do pensamento funcionalista, não faz sentido diferenciar dolo direto de dolo eventual, tampouco reconhece-se no dolo a presença e predominância do elemento volitivo. Dolo é conhecimento do sujeito do risco não permitido de que se produza um resultado típico, e em razão disto, o resultado lesão não é mais do que um mero prognóstico *ex ante*, ou seja, será uma probabilidade maior ou menor de realização no momento em que o agente realiza a sua conduta.

Já na linha definida por Puppe, o dolo consiste no conhecimento de um risco qualificado pelo sujeito, no sentido em que uma pessoa racional ao realizá-lo tem a certeza de que o resultado lesivo deve produzir-se, ou ao menos pode produzir-se.[12]

Nesta estrutura, não é o autor quem é competente para decidir sobre a relevância jurídica da realização do perigo por ele conhecido, mas sim o Direito. Trata-se de um juízo de imputação a partir do Direito e pelo Direito, não mais a partir das categorias internas do sujeito. Por isto José Carlos Porciúncula afirma que Puppe abandona a tripartição entre dolo direto de primeiro grau, dolo direto de segundo grau e dolo eventual. Passa a existir apenas a forma geral de dolo.[13]

---

12 PUPPE, Ingeborg. Der Vorstellunginhalt des dolus eventuais. *Zeitschrift für die gesamte Strafrechtwissenschaft*, n. 103, 1991, p. 31.

13 *Lo objetivo y lo subjetivo en el tipo penal. Hacia la "exteriorización de lo interno."* Barcelona : Atelier, 2014, p. 305.

Ainda no campo do objetivo, Porciúncula parte de uma concepção cognitiva do dolo, onde este é conhecimento por parte do autor do significado típico de sua ação.[14] Para Porciúncula não é necessário que perguntemos se o agente quis ou não quis, isto porque quando alguém realiza uma ação com consciência de seu significado típico, podemos dizer que esta pessoa quer com a sua ação, expressar o significado típico. Por assim dizer, o querer se encontra absolutamente dependente do conhecer. Percebe-se com clarividência, "que o conhecimento exigido no dolo não é uma entidade psicologicamente real situada no âmbito interno do autor, senão um componente de um sentido exteriorizado."[15]

A estrutura não é isenta de crítica, permanecendo a questão acerca do conhecimento ou não do risco pelo sujeito, o que remete ao juízo ou pensamento do sujeito no momento de realização da conduta. Com esta consideração, Ramon Ragues i Valles adverte que a estrutura teórica construída por Puppe não é objetiva totalmente, pois exige que o sujeito conte com certos conhecimentos sobre o risco criado.[16]

Sob outra consideração também funcionalista, dolo é o conhecimento do risco não permitido de que se produza um resultado típico. Aqui "o dolo é apenas uma forma de conhecimento do risco ou perigo criado com a própria conduta, e em razão disto, o resultado lesão não é mais do que um mero prognóstico *ex ante*, isto é, uma simples probabilidade no momento em que o agente realiza a sua conduta. Ou seja, é o momento em que o sujeito elabora o juízo de probabilidade de que se produza o resultado lesivo do bem jurídico.[17]

5.2. *Dolus in re ipsa*?

Para grande parte da doutrina a expressão "dolus in re ipsa" implica na presunção de dolo, que significaria dizer que determinadas ações são em si mesmas dolosas e portanto, não requerem sequer a prova do elemento intencional. Outro segmento dá a expressão sentido diferente. Para González Cussac, *dolus in re ipsa* possibilita o seguinte pensamento: a) o sentido da intenção tem de se determinar a partir do fato externo; os fatos externos só

14 PORCIÚNCULA, José Carlos. *Lo objetivo y lo subjetivo en el tipo penal. Hacia la "exteriorización de lo interno"*, p. 308-309.

15 PORCIÚNCULA, José Carlos. *Lo objetivo y lo subjetivo en el tipo penal. Hacia la "exteriorización de lo interno"*, p. 310.

16 *El dolo y su prueba en el proceso penal.* Barcelona : Bosch, 1999, p. 186.

17 MACHADO, Fábio Guedes de Paula. A tentativa no dolo eventual. *Direito penal na pós-modernidade. Escritos em homenagem a Antonio Luis Chaves Camargo.* São Paulo : Quartier Latin, 2015, p. 176-177.

têm sentido enquanto referidos a um conjunto de regras prévias que lhes conferem um significado.

De qualquer maneira, e para desenvolvermos o pensamento a partir da existência atual ou não do *dolus in re ipsa*, a primeira questão tormentosa é a de como se demonstrar legitimamente um processo mental interno, ou impulso volitivo, ou nexo psicológico? Em verdade, não se pode provar porque é logicamente impossível. Tampouco é possível saber, com segurança e certeza, o que o sujeito quis fazer ou o que tinha em mente no momento exato em que atuou. Neste aspecto, não se pode aceitar um conceito subjetivo de dolo a depender do que cada um entenda sobre ele.

Para aqueles que defendem o dolo como objeto psicológico ou mental interno, mister argumentar acerca de qual concepção substancial da mente está a se adotar. Deve se aclarar como se alcança este objeto em que se geram e conservam os conhecimentos e intenções, ou seja, como podemos ver seu interior. Ainda, os adeptos desta corrente devem explicar o procedimento lógico de acesso e recuperação dessa informação, inclusive demonstrando que não há lesão a direitos fundamentais.

Por fim, se comprovadas os requisitos anteriores, então caberia expor quais são os critérios sociais ou comuns de apreciação entre a intenção interna descoberta e a regra geral externa conforme a qual se determina a intenção. Ou seja, como se passaria do interno para o externo?

Afirma González Cussac que resulta impossível conceber o dolo como um processo interno, ou um objeto, ou um episódio mental, isto é, como algo, composto pelo conhecimento ou como vontade.[18] Diz ainda o autor, que só é possível efetuar-se a atribuição de uma intenção a uma pessoa quando o ato exteriorizado espelhe-se num código de referência, ou num sistema de linguagem pública possível de interpretação e compreensão.

Normalmente, e no campo da pragmática penal, o que se vê é a classificação de que um fato é doloso a partir da representação exterior da conduta realizada pelo sujeito, ou seja, o exame é feito a partir de fora para dentro, ou do exterior para interior, o que por si só já é contrário aos fundamentos apregoados pelo finalismo welzeniano, porém nunca ao contrário.

Tal como o dolo não pode ser construído a partir de dados ou concepções indemonstráveis, também no campo processual tal situação não pode ocorrer. Desta forma, tampouco pode ser adotado o critério da "íntima convicção do juiz", pois se assim o pudesse, então o dolo poderia ser compreendido a partir de um processo interno ou nexo psicológico. Se admitida tal estrutura, as portas da arbitrariedade estariam absolutamente abertas.

18 GONZÁLEZ CUSSAC. Dolus in re ipsa. *Constitución, derechos fundamentales y sistema penal*, p. 824.

Para atribuir intencionalidade a um sujeito devemos partir do exterior, isto é, a partir das suas manifestações externas, pois somente estas é que são possíveis de analisar, valorar, julgar e provar condutas, assim e desde então, é que devemos formular uma atribuição de intenção.

Mudando de aspecto, e agora nos dirigindo ao processo e à prova, abordamos algumas combinações de dolo com a sua forma de prova. São ao menos três concepções:

a) a prova do dolo segunda a teoria da vontade, acolhe o critério do consentimento ou aprovação, tal como já se verificava nas celebres fórmulas de Frank, ou na doutrina do sentimento ou da indiferença, construída por Engisch;

b) a prova conforme o critério puro do conhecimento – o dolo como consciência, aplicando-se a teoria da probabilidade ou da representação, conforme Schmidhäuser;

c) prova do dolo desde o critério eclético ou misto, parte do conceito de dolo como assunção da probabilidade do resultado, e a partir de então, várias matizes surgiram, tal como a de Frisch: levar (tomar) a sério e conformar-se com o resultado; a de Roxin e Hassemer: decisão contrária ao bem jurídico; a de Herzog: controle sobre a fonte de perigo, ou Jakobs, com a mera percepção cognitiva do perigo da conduta, etc.

González Cussac ao abordar o dolo e a sua prova, procura aglutinar a questão em duas grandes combinações materiais e processuais. A primeira, através da prova de indícios e o dolo entendido como algo diferente da ação. Funciona da seguinte maneira: a partir de um fato exteriorizado e perfeitamente provado, apuramos o dolo. Aqui o dolo é invisível que não podemos perceber, porém é algo que podemos inferir a partir do que observamos.

O problema que surge é que o dolo exige uma comprovação empírica muito mais além do que meros indícios de fatos exteriorizados. Aqui são capazes, unicamente, de oferecer uma probabilidade, distante, contudo, da exigência de certeza. A decisão não pode se pautar em mera convicção subjetiva.

Pela segunda, a natureza não física do dolo impede a sua prova: "dolo vere probari non potest, cum in animo consistat". Significa dizer que, ao não se poder constatar o dolo por uma determinada prova, deve-se socorrer ao juízo de valor. Assim, e em sentido estrito, a prova fica reduzida a dados fáticos e a estes se segue um juízo de valor acerca da intencionalidade. Neste sentido, surge uma nova concepção teórica, a de que o dolo não se pode provar, só se pode imputar. Parte da admissão de um dolo *ex re*. Recai o problema na assertiva de que não se pode e deve socorrer às presunções de dolo. Todavia, é fundamental que se conserve a distinção entre *imputatio facti* e *imputacio iuris*, ou seja, não devemos reunir a constatação de um fato com a posterior atribuição do mesmo a uma pessoa.

Outra interessante teoria, é a da "co-consciência", de Platzgummer, W.[19] Ela afirma que no momento em que o sujeito realiza a ação, não é necessário demonstrar que ele tinha consciência sobre os requisitos típicos, bastando para tal a co-consciência sobre os mesmos. O problema aqui é que o dolo está desvinculado da ação, e constitucionalmente o argumento alega que ele, o dolo, só pode ser inferido a partir da ação. Contudo, outros autores afirmam que a expressão "dolus in re ipsa" não constitui de modo algum uma presunção de dolo, tal como sustentava a clássica concepção segundo a qual determinadas ações são em si mesmas dolosas e por isto não requererem sequer a prova do elemento intencional. Tampouco se identifica com a tese da co-consciência, que afirma ser desnecessário provar que no momento da conduta o sujeito tinha consciência sobre determinado requisito do tipo penal.

Em realidade, a cada tipo de ação corresponde uma regra, e cada regra precisa de uma forma de dolo que deve estar presente no caso concreto. Sobre isto, os tipos penais, em geral se referem a tipos de ação definidos por regras, e tipos penais que se limitam a descrever puros acontecimentos externos. No primeiro caso, insere-se os delitos ambientais, falsidade, apropriação indébita etc. No segundo caso, as condutas de matar, abortar, lesionar etc. No primeiro caso, a regra determina um sentido intencional da própria ação. Aqui é necessário, também, um juízo de valor.

Quanto a prova, que no caso é a indiciária, esta deve ser capaz de vencer a presunção de inocência, donde deve partir de fatos plenamente provados, e os fatos constitutivos do delito devem deduzir destes indícios através de um processo mental razoável e concorde com as regras do critério humano explicitado na sentença condenatória. Ainda, a prova indiciária deve vir acompanhada de um substrato fático de todos os elementos tanto objetivos como subjetivos do tipo delitivo, pois a presunção de inocência não consente que em qualquer hipótese se presuma contra o acusado.

E mais, em relação à prova do dolo ou de qualquer elemento subjetivo, deve se ter em conta que só podem considerar-se acreditados adequadamente se o enlace entre os fatos provados de modo direto e a intenção perseguida pelo acusado com a ação se infere de um conjunto de dados objetivos que revelam o elemento subjetivo através de uma argumentação lógica, razoável e especificada motivadamente na resolução. Nestes casos, a prova deve recair sobre substrato fático e não sobre qualquer classe de processo mental psicológico, tampouco sobre episódio, representação ou impulso volitivo. Quer se dizer, também, que a intenção somente pode ser aferida do fato objetivo.

Destarte, para averiguar se existiu uma intenção concreta, haverá que analisar as regras sociais e jurídicas que definem a ação, apreciando-as em atenção com as capacidades e conhecimentos do autor.

---

19 *Die Bewusstseinforme des Vorsatzes*. Wien, 1964, p. 91 e ss.

Implica afirmar, que a ideia de saber não deve mais ser vista como um processo interno, mas sim de capacidade, aprendizagem, domínio de uma técnica, ou seja, como um conjunto de circunstâncias externamente comprováveis.

No aspecto volitivo, o querer do autor não mais deve ser compreendido a partir dos seus desejos, mas sim através do compromisso que mantém com a ação, isto é, com a lesão do bem jurídico protegido. Aqui, também, a vontade passa a ser concebida desde uma concepção normativa. E parafraseando Wittgestein, "o querer não é uma espécie de desejar, mas sim deve ser o próprio atuar. (Investigações Filosóficas)

5.3. O conteúdo do dolo

Em síntese, o debate mais recente do desenvolvimento epistemológico do Direito Penal entorno do dolo reside no confronto entre a vontade e o conhecimento, ora com preponderância de um elemento sobre o outro, porém afirmando-os, mais recentemente do reconhecimento da vontade subordinada ao conhecimento, na expressão de que presente o conhecimento e agindo o sujeito desconforme este conhecimento, age impelido pela sua vontade, e mais recentemente as denominadas teorias modernas sustentam unicamente a presença do conhecimento.

A concepção psicológica afirma que o dolo depende da constatação da presença de determinados processos psicológicos presentes no sujeito, ao passo que a concepção normativa assegura ao dolo o seu reconhecimento como realidade valorada, daí a crítica à anterior, no sentido da impossibilidade de no campo prático de se averiguação psicológica do conhecimento.

Decorre que, a teoria da representação configura o dolo a partir do conhecimento do fato, que somado à ação causal consciente dá lugar ao tipo doloso; e por outro lado, a teoria da vontade, que exige a vontade, aqui vista como elemento preponderante, e o conhecimento. Na estrutura básica, a vontade também será importante para distinguir se se trata de dolo direto ou dolo eventual. Para outros, o dolo era tido como decisão contrária ao bem jurídico.

Ante as dificuldades e incertezas sobre a vontade do sujeito e sua demonstração e prova no processo, pouco a pouco as teorias volitivas do dolo foram perdendo espaço, até mesmo para diferenciar dolo de culpa, para agora estabelecê-la a partir do maior ou menor grau de probabilidade com que o autor representa a realização da conduta típica. Sendo provável, se tratará de crime doloso, se improvável, se estabelecerá a imprudência. Muitas são as teses apresentadas, por isto distante qualquer consenso teórico sobre o dolo.

Dentre as últimas posições sobre o dolo, há de se destacar a de que há dolo sem conhecimento em sentido psicológico, idealizada por Gabriel Pérez

Barberá;[20] dolo como imputação de Hruschka e dolo como ignorância deliberada ou cegueira intencional.

Por questões de limitação, será efetuada apenas algumas breves considerações entorno das posições do dolo enquanto imputação.

5.4. O dolo como imputação

Parte Joachim Hruschka da afirmação que dolo não se prova, mas se imputa e se valora.[21] Neste âmbito, o conhecimento, que afirma o autor ser mais que o dolo, não se prova, mas se atribui e se imputa. Este juízo de imputação utiliza regras definidoras para o reconhecimento do "saber", pois o conhecimento não é o que o sujeito em seu processo interno crê saber, nem sequer o que podem inferir os outros do conteúdo do processo interno do sujeito a partir do seu próprio, mas o que significa que o sujeito sabe e que não dependerá dele. Será assim a linguagem que estabelecerá o significado de saber algo. Ou seja, a imputação se dará a partir da base do sentido social da conduta, ou seja, aquilo que socialmente se considere como atuar com conhecimento, dadas as circunstâncias que acompanhem o sujeito e o fato. Em realidade, a imputação dolosa exige que seja constatada uma correspondência total entre o que socialmente diríamos que o sujeito fez e aquilo que socialmente se valora com um maior merecimento de sanção por haver atuado com dolo. É fundamental que toda a argumentação seja pautada na racionalidade, embora se reconheça, por suposto, que a imputação não seja absolutamente precisa.

Hruschka ao abordar o tema em questão, assevera que por vivermos em sociedade, o significado de como nos comportamos não é dado por nós mesmos, porém é dado pela sociedade.[22] Assim, o imputável será o atuar com o conhecimento que corresponda com o que exige uma sociedade plural e igualitária, própria de um Estado Democrático de Direito, e que por suposto atenda às diferentes capacidades da pessoas.

5.5. A cegueira deliberada

O dolo como cegueira deliberada ou cegueira intencional considera a indiferença para conhecimento de algo pode levar a equiparação valorativa do conhecer a realização do injusto. Na vertente inicial da cegueira deliberada, parte-se da atribuição dolosa ao sujeito, mesmo desconhecendo a

20 *El dolo eventual. Hacia el abandono de la Idea de dolo como estado mental.* Buenos Aires: Hamurabi, 2011.

21 Sobre la difícil prueba del dolo. *Imputación y derecho penal.* Estúdios sobre la teoria de la imputación. Trad. Ramon Ragues i Valles. Navarra: Aranzadi, 2005, p. 27.

22 Sobre la difícil prueba del dolo. *Imputación y derecho penal*, p. 156.

circunstância de que cometia um fato típico, isto em virtude dos pressupostos fáticos que faziam pressupor a existência do conhecimento. Noutros termos, quem se põe em situação de ignorância deliberada, ou seja, não quer saber aquilo que pode e deve conhecer, e entretanto se beneficia desta situação, está assumindo e aceitando todas as possibilidades advindas da situação ilícita, e portanto, deve responder pelas consequências.[23]

Ainda que não muito utilizada no direito brasileiro, é crescente a adoção da teoria da cegueira deliberada para justificar a imputação tanto a título de dolo como de culpa, variando entre um e outra em adoção do maior ou menor conhecimento, como também se converte em artifício de argumentação probatória, ao argumento de que quem não quer saber, o faz intencionalmente porque algo deve intuir, o que se assemelharia a um conhecimento suficiente para reconhecimento do dolo.

Interessante é que diversamente de toda a teoria do dolo desenvolvida em mais de um século de teoria do delito, sob esta concepção o dolo é equiparado ao não conhecimento daquilo que devia e podia o sujeito conhecer. Infere-se neste contexto, o que o sujeito provavelmente sabia sobre a realização do injusto e a prova a ser construída a partir das regras e máximas de conhecimento e de experiência, lógica e indícios. Logo, dolo e conhecimento, ou dolo e não conhecimento sobre o que era possível e devido conhecer, são dolo. O não conhecimento sobre aquilo que era devido e possível conhecer, se perfaz através de um juízo de valor. Com isto quer se dizer que não basta à ignorância deliberada imputar um fato a alguém como conhecido pelo sujeito imputado e realizado como manifestação de vontade. Neste aspecto, fatos conhecidos porém penalmente irrelevantes, devem ser afastados.

Verdadeiramente, o cerne da questão reside sobre o que deve ser levado em consideração no juízo de valor a ser construído para afirmar-se a ignorância deliberada. Dois aspectos surgem primeiramente para esta fundamentação. O primeiro reside na imputação do fato, havendo de estar presente a condição de o imputado ter controle e conhecimento sobre as circunstâncias. Desconhecimento pleno e até mesmo a violência funcionam como excludentes da imputação. O segundo materializa-se na valoração do fato e sua confrontação com a norma, e será neste momento que se atribuirá significado ou sentido social ao fato, onde anteriormente já se reconheceu o conhecimento e a condição de controle. A causalidade então, surge como decorrência do não impedimento da ação esperada e devida. Ainda que estranho aos limites da tipicidade, os adeptos da cegueira deliberada, ainda apontam o sentido de merecimento de pena para adjetivar o fato como doloso.

23 Sala do Tribunal Supremo espanhol de 10 de dezembro de 2000.

Outrossim, aqui a distinção na formulação da imputação a título de dolo ou de culpa, será construída a partir do grau de conhecimento aferido do sujeito. Maior conhecimento, dolo; menor conhecimento, culpa.[24]

Percebe-se ao abordar o tema cegueira deliberada, que sempre a indiferença quanto ao conhecimento estará presente. A indiferença será quanto a obtenção do conhecimento se se realiza ou não um injusto. É importante destacar que somente a análise sobre a existência ou inexistência de um conhecimento, não é capaz de por si só concluir a imputação como dolosa ou culposa. Será necessário, e sempre, analisar ou representar todos os elementos integrantes do juízo de valor para então concluir-se pela imputação a título de dolo ou de culpa.

Parece-nos que o desenvolvimento da imputação a partir da cegueira deliberada, mormente à pessoa jurídica, vem de encontro com as estruturas sociológicas e jurídico-penais percebidas a partir do estabelecimento da sociedade de risco. Nota-se, também, a influência do significado comunicativo para qualificar um fato como doloso.

Vem de Jakobs o entendimento de que aquele que atua com alto grau de indiferença às normas e às consequências nega a expectativa normativa do mesmo modo, e em termos comunicativos, de quem a nega conhecendo-a.[25] Interessante destacar que neste contexto, o grau de indiferença para o bem jurídico percebido em alguns fatos, não é inferior àquele que se constata nas situações de dolo eventual. E, continuando, agora sob arrimo nos critérios de prevenção geral e especial, a necessidade de sanção ao indiferente não é menor àquela devida ao sujeito consciente que concorre para a realização do injusto.

Por outro lado, é evidente que os autores adeptos do ontologismo, e até mesmo alguns funcionalistas criticarão firmemente a inovação aqui esboçada, sob a compreensão de que se está alargando ou expandindo conceitos dogmáticos penais, especialmente o dolo, porque este a partir da redação estabelecida nos Códigos Penais exige o conhecimento de uma circunstância pertencente ao tipo penal. Consequentemente, ao superar o texto legal teria-se assim abalados posicionamentos pautados no garantismo e *ultima ratio* do Direito Penal.

Tomando como exemplo a tragédia de Mariana a partir da exploração de minério pela empresa Samarco, os relatos divulgados pela mídia, apontam no sentido de que abalos estruturais já haviam sido percebidos na

---

24 Exposição muito interessante sobre o dolo e a culpa como graduação da responsabilidade, faz Joaquim Cuello Contreras, Dolo e imprudência como magnitudes graduales del injusto. *Revista de Derecho Penal y Criminología*, nº 2, 2009.

25 JAKOBS, Günther. Indiferencia como dolo indirecto. *Dogmática y Lei Penal. Libro Homenaje a Enrique Bacigalupo*. Madrid: Marcial Pons, 2004, p. 346.

barragem, bem como houve alterações na barragem, o que potencializou o risco já existente dada a atividade perigosa que é a mineraria. Ao que se percebeu, estes fatos não foram suficientes para incrementar o sistema de segurança, a sinalização e acionamento de protocolos de segurança em caso de rompimento da barragem etc., daí o mar de rejeitos ter alcançado trabalhadores, moradores de comunidades vizinhas, levando-os à óbito e lesões, e por derradeiro causar danos ambientais que se estenderam por quilômetros e estados afora.

É evidente que houve o não cumprimento das normas de postura e segurança, até mesmo porque se elas tivessem sido cumpridas, a tragédia não teria ocorrido. Como é por todos sabido, empresas são criadas para o exercício de atividades legais, e em tempos atuais, e dada a perigosidade do seu exercício, enorme é o conjunto de regras e posturas ambientais voltadas ao impedimento ou risco de dano ambiental. Logo, ao não se fazer cumprir o conjunto destas regras ambientais, há em verdade uma fraude no não cumprimento das normas de cuidado.

Por suposto que ante a percepção da anormalidade entorno da barragem, os representantes da empresa e técnicos envolvidos representaram o problema. E pelo que foi divulgado pela mídia, dada a experiência dos sujeitos envolvidos e seriedade sobre a percepção dos problemas, não haveria como deixar se ser imputado o fato doloso à pessoa jurídica e naturais envolvidas no desastre humano e ambiental havido.

Sobre a imputação dolosa ou culposa, Ragues I Vallès afirma que "não significa que todos os casos de indiferença ou cegueira ante aos fatos sejam iguais e mereçam a responsabilidade dolosa, mas a merecerão aqueles casos em que o sujeito realiza uma conduta objetivamente típica sem representar-se que concorrem nela os concretos elementos de um tipo legal, porém suspeitando que esteja atuando de maneira potencialmente lesiva para algum interesse alheio, e que podendo desistir de tal conduta, prefere realizá-la mantendo-se deliberada ou conscientemente em uma ignorância prolongada no tempo como meio para obter algum benefício, sem assumir riscos próprios tampouco responsabilidades."[26]

Neste amplo contexto, alguns casos de indiferença sem representação, são em termos de merecimento mais graves que a imprudência, encontrando-se mais próximos aos casos de atuação com representação.[27]

---

26 RAGUÉS I VALLÈS, Ramon. *La ignorancia deliberada en derecho penal*. Barcelona: Atelier, 2007, p. 192-193.

27 RAGUÉS I VALLÈS. *La ignorancia deliberada en derecho penal*, p. 184 e ss.; e BARBERÁ, Gabriel Pérez. *El dolo eventual. Hacia el abandono de la idea de dolo como estado mental*. Buenos Aires: Hamurabi, 2011, p. 145.

6. Dolo e pessoa jurídica

O instituto do dolo transpôs grandes e importantes metodologias penais entendido como expressão da manifestação da vontade e conhecimento sobre a sua conduta.

Tal como demonstrado brevemente até aqui, considerações antropológicas foram adotadas na criação e desenvolvimento de todas as categorias sistemáticas da teoria do delito e até mesmo da pena.

Com a criação da responsabilização penal da pessoa jurídica, uma primeira questão a ser debatida é a de se estabelecer se elementos antropológicos serão ou não utilizados para imputar delito à pessoa jurídica. Antecipando-me, as naturezas jurídicas entre pessoas naturais e jurídicas são obviamente distintas, e por conta disto, e *a priori*, a criação do sistema penal-processual penal deve ser absolutamente distinto. Defende-se aqui a criação de um microssistema jurídico penal-processual penal próprio à pessoa jurídica. Falar em microssistema não é novidade se voltarmos nossas atenções ao ordenamento positivo. O tratamento dado à medida de segurança é um excelente exemplo, onde se constata especialidades atribuídas ao semi-imputável e ao inimputável. O mesmo faz o Estatuto da Criança e do Adolescente, ao estabelecer normas distintas e de conteúdo penal ao menor infrator. Portanto, dar à pessoa jurídica tratamento distinto não seria novidade entre nós.

Isto não quer dizer que o sistema penal voltado à pessoa humana persista ontológico como apregoam essencialmente os adeptos do finalismo. A sociedade é absolutamente outra daquela havida no pós-guerra. A começar pelo conhecimento e informação, estes hoje são *on line*, instantâneos, bastando apenas uma conexão com a internet para termos informações de qualquer lugar do mundo, ou conhecimentos passo-a-passo de qualquer natureza científica. Poder-se-ia dizer que os membros da sociedade digital de hoje possuem uma variedade de conhecimento muito maior do que os integrantes da sociedade havida no século passado.

Esses conhecimentos voltam-se também às regras e normas, de tal sorte que a consciência hoje é muito mais presente do que em outros tempos, isto para não falar da proliferação e extensão do conhecimento científico de todas as áreas.

Isto quer dizer que o termo "conhecimento" é muito mais alargado nos tempos atuais do que no passado, o que implica afirmar que a vontade enquanto elemento psicológico propriamente dito perdeu enorme importância, e isto alcançou o Direito e particularmente o Direito Penal.

A reformulação da dogmática penal conduz ao afastamento de conteúdos gerados por bases ontológicas, somando-se a isto a dificuldade na sua demonstração, ou como apregoam outros, a dificuldade ou impossibilidade de sua prova no processo. Trata-se da questão de como provar o dolo do imputado no curso do processo, uma vez que é impossível interiorizar e assim alcançar o que de fato pretendeu o sujeito.

Com estas considerações, é por demais racional constatarmos que em se tratando de responsabilidade pela prática de delito ambiental, o injusto doloso da pessoa jurídica não é composto pela vontade, tampouco a vontade da pessoa natural. A subjetivação da vontade não atende a ninguém. Logo, o processo de imputação de um fato à pessoa jurídica não pode levar em consideração dados da pessoa natural, tampouco vontade e outros elementos anímicos.

Por tais razões só cabe atribuir a tipicidade subjetiva à pessoa jurídica a partir de juízos de imputação, a partir da realização de um processo complexo onde a conduta sofrerá valoração e comparação com o conjunto de normas. Em se tratando de meio ambiente, as normas e regras tipicamente ambientais terão enorme importância na formulação de um juízo de atribuição ou imputação.

Os conhecimentos sobre as normas e regras ambientais, mormente de empresas que suas atividades recaiam ou explorem o meio ambiente, é presumido de modo absoluto, a contar que do seu estatuto ou contrato social já há a menção sobre a sua atuação, e corroborado com as exigências técnicas e normativas hoje largamente difundidas por órgãos públicos, mídia etc., até mesmo no tocante ao funcionamento da própria atividade a partir do cumprimento prévio do devido procedimento administrativo de licenciamento ambiental, ele, o conhecimento, não pode ser negado.

Nestes aspectos, e consideradas as regras da lógica e da experiência, milita em desfavor da pessoa jurídica a afirmativa de que ela bem conhece as normas. Volta-se a se dizer que este conhecimento não será aferido a partir da percepção psicológica, mas sim por constatação empírica e lógica.

Quer se dizer, então, que havendo a valoração da conduta, notadamente com a aferição do "dever de conhecer", mais representação do atuar do agente e então comparação com a norma, estará formado o processo de imputação. Este pensamento afasta eventual crítica sobre a realização de responsabilidade penal objetiva, uma vez que a base da imputação dolosa não reside apenas na aferição do dever de conhecer a norma e de não ter agido conforme tal. Além deste importante elemento, é imperioso verificar a representação, sem o qual a imputação não estará perfeita. Ou seja, dever de conhecer e conhecimento são coisas distintas, porém ambas devem estar presentes para a imputação.

No caso da pessoa natural, o sujeito a ser imputado, deve ocupar lugar na empresa e por assim dizer, e consequentemente, deve conhecer o funcionamento da mesma, mas também ter o domínio sobre o seu funcionamento, ou seja, domínio sobre a sua atuação. Por suposto que também deve ter o sujeito o conhecimento das regras e normas específicas inerentes ao funcionamento da empresa e de meio ambiente, que inclusive determina a adoção de determinados comportamentos, o que torna o sujeito a ser imputado conhecedor, ou quando menos deveria sê-lo, das normativas específicas do risco e de prevenção. Amiúde, o sujeito deve o *status* de infrator do dever estabelecido na norma que a conhecia

Nestes casos o sujeito está em condições ou posição de conhecer, e tem a obrigação de conhecer, não obstante ainda que evite este conhecimento, adquire a capacidade de ser imputado através da consequência do seu atuar antijurídico.

Conclusões

A doutrina de um modo em geral ainda não formulou estruturas da teoria do delito aptas a atribuição à pessoa jurídica, o que dificulta sobremaneira um amplo debate. À luz do vazio dogmático este estudo apresenta algumas proposições com o afã de iniciar e estimular o debate.

Por assim dizer, dolo e imprudência são graus de responsabilidade. Um maior, outro menor. Vontade e conhecimento em sentido psicológico não são critérios aptos a integrar o dolo, tampouco diferenciar dolo de culpa.

Percebidos os problemas entorno da impossibilidade de prova dos elementos do tipo subjetivo tradicional, ruma-se com a normatização de conceitos para melhor sistematizar a atribuição de um fato a alguém, notadamente à pessoa jurídica.

A imputação de responsabilidade dolosa ou imprudente depende de processos de valoração de fatos e de confrontação de condutas. Assim, a conduta dolosa tem maior significado comunicativo de contrariedade à norma e ao interesse social, que ela deva proteger por parte de quem detenha o conhecimento e não age conforme tal. Ou seja, socialmente uma conduta tem maior significado comunicativo de contrariedade à norma e ao interesse social, quando quem deva cumpri-la é quem tenha a obrigação de atuar previamente para evitar o dano, ao mesmo tempo que tenha o conhecimento e também represente os fatos e resultados lesivos como possíveis.

O que diferencia dolo de imprudência é a valoração normativa mais grave que se faz do fato perigoso realizado pelo sujeito com representação e com capacidade de evitação do injusto. Explicando, conhecimento ou representação são elementos da imputação dolosa. O conhecimento ou a representação recaem sobre o risco de dano ao bem jurídico. O conhecimento e a representação são verificados a partir de atendimento às regras de lógica e de experiência, no sentido de constatar se o sujeito ostentou essencial posição de prever e evitar o injusto a imputação então será dolosa.

Porém, se o sujeito não representou acerca de um elemento essencial do injusto, quando poderia tê-lo alcançado, e assim não enfrentou a norma e seu cumprimento, sendo então incapaz de evitar o injusto, e não obstante a isto o resultado ocorreu, estaremos diante de uma imputação a título de delito imprudente.

Referências bibliográficas

BARBERÁ, Gabriel Pérez. *El dolo eventual. Hacia el abandono de la idea de dolo como estado mental.* Buenos Aires: Hamurabi, 2011.

CABRAL, Ricardo Leite. O elemento Volitivo do Dolo: Uma contribuição da filosofia da linguagem de Wittgenstein e da Teoria da Ação Significativa. Em BUSATO, Paulo César (coord.). *Dolo em Direito Penal: Modernas Tendências*. São Paulo: Atlas, 2014.

CUELLO CONTRERAS, Joaquim. Dolo e imprudência como magnitudes graduales del injusto. *Revista de Derecho Penal y Criminología*, nº 2, 2009.

GÓMEZ-JARA DÍEZ, Carlos. Aspectos sustantivos de la responsabilidad penal de las personas jurídicas. BANACLOCHE; GÓMEZ-JARA; ZARZALEJOS. *La responsabilidad penal de las personas jurídicas. Aspectos sustantivos y procesales*. Madrid: La Ley, 2011.

GONZÁLEZ CUSSAC, José L. Dolus in re ipsa. *Constitución, derechos fundamentales y sistema penal.* Valencia: Tirant lo Blanch, 2009.

HRUSCHKA, Joachim. Sobre la difícil prueba del dolo. *Imputación y derecho penal. Estúdios sobre la teoria de la imputación.* Trad. Ramon Ragues i Valles. Navarra: Aranzadi, 2005.

JAKOBS, Günther. La normativización del derecho penal en el ejemplo de la participación. *Modernas tendencias en la ciência del derecho penal y en la criminología.* Madrid : Uned, 2001.

________. Indiferencia como dolo indirecto. *Dogmática y Lei Penal. Libro Homenaje a Enrique Bacigalupo.* Madrid: Marcial Pons, 2004.

MACHADO, Fábio Guedes de Paula. *Culpabilidade no direito penal.* São Paulo: Quartien Latin, 2009.

________. Mais além da dogmática jurídico-penal. *Estudos em homenagem a Vicente Greco Filho.* São Paulo: LiberArs, 2014.

________. A tentativa no dolo eventual. *Direito penal na pós-modernidade. Escritos em homenagem a Antonio Luis Chaves Camargo.* São Paulo : Quartier Latin, 2015.

PLATZGUMMER, W. *Die Bewusstseinforme des Vorsatzes*. Wien, 1964.

PORCIÚNCULA NETO, José Carlos. *Lo objetivo y lo subjetivo en el tipo penal. Hacia la "exteriorización de lo interno"*. Barcelona : Atelier, 2014.

PUPPE, Ingeborg. Der Vorstellunginhalt des dolus eventuais. *Zeitschrift für die gesamte Strafrechtwissenschaft*, n. 103, 1991.

RAGUES I VALLÈS, Ramon. *El dolo y su prueba en el proceso penal.* Barcelona: Bosch, 1999.

________. *La ignorancia deliberada en derecho penal.* Barcelona: Atelier, 2007.

SCHÜNEMANN, Bernd. *Unternehmenskriminalität und Strafrecht*. Köln: Heymann, 1979.

NOVOS E VELHOS PROBLEMAS DA LAVAGEM DE DINHEIRO

Fabio Roberto D'Avila
Emília Merlini Giuliani

RESUMO: O presente artigo versa sobre os limites materiais do delito de lavagem de dinheiro. O problema central que se coloca diz respeito à necessária delimitação do alcance do âmbito típico do crime em questão. A fim de abordar o questionamento, apresenta-se, de modo sucinto, o estado atual do tratamento jurídico-penal da lavagem de dinheiro no Brasil, bem como alguns problemas fundamentais que circundam o delito. A partir da constatação de um progressivo e prejudicial desprendimento do crime de lavagem de dinheiro em relação à realidade desvaliosa que lhe funda, propõe-se um voltar de olhos à essência da lavagem de dinheiro, ao substrato fático que lhe informa e a partir do qual é possível determinar o horizonte legítimo de projeção do tipo penal. Assim, em um primeiro momento, algumas considerações são tecidas acerca da conformação legislativa da lavagem de dinheiro e de alguns problemas, teóricos e práticos, que orbitam em torno deste delito; em seguida, o artigo avança no sentido de retomar o substrato material que lhe é subjacente, esboçando possíveis caminhos para o enfrentamento da excessiva amplitude do tipo legal de lavagem de dinheiro através de uma melhor delimitação do seu âmbito de incidência.

PALAVRAS-CHAVE: Lavagem de dinheiro. Substrato fático. Âmbito típico. Autonomia.

TITLE: New and Old Problems of Money Laundering.

ABSTRACT: This paper deals with the material limits of the crime of money laundering. The central problem has to do with the delimitation of reach in the legal range of the crime in question. In order to make this questioning, we succinctly present the current state of the treatment of money laundering in Brazilian criminal law, as well as some fundamental issues that surround the crime. From the realization that we currently experience a progressive detachment of the crime of money laundering from the deleterious reality that bases it, we propose an examination of the essence of money laundering, of the material foundations that inform it and from which it is possible to determine the legitimate projection horizon of the crime. Thus, at first we make some considerations about the legislative conformity of money laundering and of some problems, both theoretical and factual, that orbit this crime; then, the article progresses towards once again finding its underlying material foundations, sketching possible ways to fight the excessive broadness of the crime of money laundering through a better delimitation of its incidence range.

KEYWORDS: Money laundering. Material substrate. Range of legal description. Autonomy.

1. Considerações introdutórias

Ao longo dos últimos anos, a criminalidade organizada tem despertado um interesse muito particular por parte do direito penal. Sua usual transnacionalidade, aliada à sua capacidade de constante adaptação, bem como à apreensão gerada pela sua propagação, elevou-a a um dos principais tópicos do cenário internacional desde, pelo menos, a década de 1980. Com a constatação de que os tradicionais meios de persecução penal focados na apuração local e individualizada dos delitos não se mostravam suficientes para fazer frente a esse novo arranjo da criminalidade, criou-se e difundiu-se a técnica investigativa conhecida como *follow the money*.[1] Seguir o dinheiro auferido através de atividades criminosas mostrou-se, nesse quadro, uma tática, em tese, mais promissora para desvelar as estruturas internas dessas organizações, possibilitando a identificação e consequente aplicação da lei penal aos envolvidos nas práticas delituosas.

Assim é que, ao longo das últimas três décadas, a lavagem de dinheiro[2] foi alçada a uma posição de destaque no debate político e jurídico, tanto a

---

1 BADARÓ, Gustavo Henrique; BOTTINI, Pierpaolo Cruz. *Lavagem de dinheiro*: aspectos penais e processuais penais. Comentários à Lei nº 9.613/1998, com as alterações da Lei nº 12.683/2012. São Paulo: Revista dos Tribunais, 2012, p. 22; VERHAGE, Antoinette. *The Anti Money Laundering Complex and the Compliance Industry.* New York: Routledge, 2011, p. 35-36. Importante ter em conta que a tática *follow the money* e o crime de lavagem de dinheiro não se confundem, embora seja inegável a estreita relação entre ambos. Por "*follow the money*" costuma-se entender uma estratégia direcionada à detecção e investigação de crimes através do rastreamento dos seus produtos ou financiamento, bem como à apreensão destes produtos. Os meios pelos quais se concretiza tal proposta são variados – e se reinventam a cada momento para acompanhar o desenvolvimento de novos métodos de escamoteamento dos valores envolvidos na atividade delitiva. A expressão *follow the money* ganhou notoriedade e forma pouco após o escândalo Watergate (HENNING, Peter J. The challenges of fighting money laundering. *The New York Times*, 03 de ago. 2015, Disponível em: http://www.nytimes.com/2015/08/04/business/dealbook/the-challenges-of-fighting-money-laundering.html?_r=0) e possui uma dimensão ampla, manifestando-se não somente através da repressão penal, mas também da adoção de uma série de medidas legais e administrativas que auxiliam no monitoramento da transferência de bens e valores. Pretendemos explorar um pouco mais este ponto no capítulo três.

2 Utilizaremos largamente a expressão "lavagem de dinheiro" ao longo do presente artigo, tendo em vista tratar-se de locução consagrada pela legislação brasileira. A Exposição de Motivos da Lei nº 9.613/98 esclarece que tal escolha se deu por duas razões: a primeira delas diz respeito à linguagem técnica já empregada internacionalmente para se referir ao conjunto de ações abarcadas por esse fenômeno (*money laundering*); a segunda estaria no fato de que "a denominação '*branqueamento*', além de não estar inserida no contexto da linguagem formal ou coloquial em nosso País, sugere a inferência racista do vocábulo, motivando estéreis e inoportunas discussões" (EM/692/MJ/1996, p. 1 e 2). Assim, parece-nos adequado adotar a expressão universalmente inteligível, para evitar equívocos ou

nível internacional, como no contexto interno de grande parte dos países, nomeadamente como estratégia de oposição aos delitos praticados no seio de organizações criminosas. A crescente preocupação com a *origem* do dinheiro ou bens obtidos por meio do cometimento sistemático de crimes, bem como com o *destino* dado a esse capital ensejou, em tal período, um extenso aparelhamento conceitual, teórico e institucional.

Movidos pelo desejo de frear organizações criminosas e admitindo que as privar de seus frutos e fonte de renda seria uma forma eficaz de fazê-lo – em uma lógica que muito lembra os cercos medievais –, diversos países assumiram a tarefa não apenas de criminalizar condutas de lavagem de capitais, como de implementar medidas não penais voltadas à sua prevenção e repressão. Instrumentos internacionais de diferentes natureza e alcance foram elaborados, organismos intergovenamentais e unidades de inteligência financeira foram criados, leis foram aprovadas e a cooperação jurídica intergovernamental foi fortalecida.

Os esforços empreendidos em diversos países e pelos respectivos órgãos internacionais no sentido de desvendar as formas de aparição da lavagem de ativos, de compreender sua fenomenologia, suas implicações e sua intrincada relação com alguns delitos transnacionais (como o terrorismo e a corrupção), permitiu que se moldasse, na expressão de Verhage, um *Anti Money Laundering Complex*,[3] integrado, por um lado, por normas, diretrizes, políticas e instrumentos internacionais *soft law*,[4] e, por outro, por órgãos oficiais de

---

imprecisões de outra ordem, apenas eventualmente substituindo a palavra "dinheiro" por "ativos" ou "capitais" em prol da fluidez da leitura. Documento disponível em: http://www.coaf.fazenda.gov.br/backup/legislacao-e-normas/legislacao-1/Exposicao%20de%20Motivos%20Lei%209613.pdf. Acesso em 01.05.2015.

3 Segundo Verhage, "[t]he input and effort that is demanded from public and private actors in the prevention and detection of money laundering is rather high. As a result of international and national initiatives that were taken in the fight against organized crime and money laundering, we are currently witnessing the development of two parallel angles around the fight against money laundering and its predicate crimes: a legislative, regulative angle, designed to prevent and detect money laundering on the one hand, and an intrinsic commercial position towards anti money laundering, stemming from a self-protecting reflex by financial institutions aspiring to protect themselves against regulatory and reputational risks. These developments will be referred to respectively as the *anti money laundering complex* and the *compliance industry*" (grifo da autora) (VERHAGE, Antoinette. *The Anti Money Laundering Complex and the Compliance Industry*. New York: Routledge, 2011, p. 2).

4 De acordo com Machado, "[a] expressão *soft law* refere-se aos instrumentos elaborados por Estados e atores não estatais, não vinculantes juridicamente, mas que influenciam a conduta dos Estados, das organizações internacionais e dos indivíduos. Desde a década de 1980, os instrumentos *soft law* proliferam em várias áreas, assumindo as mais variadas formas, tais como declarações, códigos de conduta, resoluções e decisões de organismos

investigação e controle e até mesmo por agentes do setor privado. Todavia, uma mesma orientação permeia praticamente todas essas medidas e o discurso que as sustenta. A tônica da abordagem parece estar, quase sempre, em uma proposição político-criminal[5] de amplo "combate" à lavagem, e é inegável o incentivo da comunidade internacional a uma cada vez maior responsabilização *penal* à prática da lavagem de dinheiro.[6]

Além disso, nota-se uma certa predominância de estudos (nacionais e estrangeiros) cujo enfoque sobre a lavagem de dinheiro é essencialmente *descritivo* ou *político-criminal*. Não raro são publicados artigos e livros nos quais se enumera, seguindo-se ordem meramente cronológica, quais são os instrumentos internacionais relacionados ao "combate" à lavagem de capitais e traça-se sua evolução, com demonstração do seu conteúdo visivelmente expansivo, tanto em termos de intervenção penal quanto de intervenção administrativa; nos quais se reproduz o conteúdo das Recomendações do GAFI ou se descreve as etapas através das quais a lavagem de dinheiro comumente se realiza. Questões elucidativas que, embora guardem sua esfera de importância

internacionais, planos de ação, padrões de performance e recomendações. Podem englobar desde resoluções da Assembleia Geral da ONU, instrumentos elaborados pelo Banco Mundial ou pela OCDE, até as conclusões do encontro anual do G-7" (MACHADO, Maíra Rocha. *Internacionalização do Direito Penal*: a gestão de problemas internacionais por meio do crime e da pena. Coleção Direito GV. São Paulo: Editora 34, 2004, p. 45-46).

5 Algo igualmente observado por Carli (CARLI, Carla Veríssimo de. *Lavagem de dinheiro:* ideologia da criminalização e análise do discurso. 2006. 231 f. Dissertação (Mestrado em Ciências Criminais) – Faculdade de Direito, Pontifícia Universidade Católica do Rio Grande do Sul, Porto Alegre. 2006, p. 198).

6 A Convenção das Nações Unidas contra o Crime Organizado Transnacional (Convenção de Palermo, 2000), promulgada no Brasil por meio do Decreto n.º 5.015/2004, menciona expressamente que o tipo penal da lavagem de capitais deveria ser redigido de modo a abranger a "mais ampla gama possível de infrações principais". A Convenção, todavia, não chega a determinar que a criminalização ocorra de modo indiscriminado, sem levar em consideração a gravidade do delito antecedente. Pelo contrário, sugere que os países signatários adotem uma dessas duas opções ao concretizar legislativamente obrigação assumida: (*i*) a elaboração de um rol de delitos aptos a figurar como infração prévia, ou (*ii*) que se considere o critério proposto no artigo 2, *b*, da própria norma internacional (infração penal cuja pena máxima em abstrato seja igual ou superior a quatro anos). Disponível em http://www.planalto.gov.br/ccivil_03/_ato2004-2006/2004/decreto/d5015.htm, acesso em 30.10.2015. A tendência expansiva da criminalização da lavagem também foi apontada por Caeiro (CAEIRO, Pedro. A Decisão-quadro do Conselho, de 26 de junho de 2001, e a relação entre a punição do branqueamento e o facto precedente: necessidade e oportunidade de uma reforma legislativa. *In*: RODRIGUES, Anabela Miranda et al. (Orgs.). *Direito penal económico e europeu:* textos doutrinários. Coimbra: Coimbra Ed., 2009. v. 3, p. 377-431, p. 383).

– e certamente a sistematização desse universo de normas não é encargo trivial –, pouco ou nada dizem acerca do que é, *materialmente*, a lavagem de dinheiro.

Descrever o modo como, normalmente, realiza-se a lavagem de capitais ou deslindar novos métodos de execução desse processo, pode, é bem verdade, auxiliar na compreensão abstrata do fenômeno, mas deixa de fora questão de maior peso, que consiste em saber quais condutas lhe são constitutivas para fins de imputação *penal* – e, correlativamente, quais *não* estão dentro do âmbito de incidência do tipo. Quadro este que se agrava quando se leva em consideração que uma notável parte das definições de lavagem de dinheiro encontrada na doutrina[7] e em instrumentos internacionais[8] retrata uma conduta por vezes diversa daquela que vem hoje efetivamente tipificada na legislação brasileira (Lei n.º 9.613/98), cujo teor em relação àquelas é visivelmente dilatado.[9]

O que se pode perceber, com relativa facilidade, é que tem havido, especialmente no espaço reservado ao direito penal econômico,[10] uma inversão na ordem de abordagem dos problemas que se apresentam. As solu-

---

7 A título de exemplo, podemos citar a definição de Blanco Cordero, amplamente reproduzida na literatura brasileira sobre o tema: "*proceso en virtud del cual los bienes de origen delictivo se integran en el sistema económico legal con apariencia de haber sido obtenidos de forma lícita*" (grifo do autor). BLANCO CORDERO, Isidoro. *El delito de blanqueo de capitals*. 3ª ed. Pamplona: Editorial Aranzadi, 2012, p. 92. Semelhante conceito apresentam Bottini e Badaró: "Lavagem de dinheiro é o ato ou sequência de atos praticados para mascarar a natureza, origem, localização, disposição, movimentação ou propriedade de bens, valores e direitos de origem delitiva ou contravencional, com o escopo último de reinseri-los na economia formal com aparência de licitude". BADARÓ, Gustavo Henrique; BOTTINI, Pierpaolo Cruz. *Lavagem de dinheiro*: aspectos penais e processuais penais. Comentários à Lei nº 9.613/1998, com as alterações da Lei nº 12.683/2012. São Paulo: Revista dos Tribunais, 2012, p. 21. Como se nota a partir dessas duas descrições, é possível – e, diríamos, relativamente comum – que se defina a lavagem de capitais a partir de uma dessas duas perspectivas, isto é, ou (a) concentrando-se sobretudo no seu *resultado* (*integração* dos bens ilicitamente obtidos na economia formal como se lícitos fossem), ou (b) citando-se os atos que a compõem (ocultação, dissimulação, mascaramento) e ressaltando-se o objetivo que o agente pretende obter através desse processo.

8 Apenas ilustrativamente, pode-se citar o teor do art. 23 da Convenção das Nações Unidas contra a Corrupção, adotada em Mérida em 2003 e internalizada no ordenamento jurídico brasileiro em 2006 por meio do Decreto nº 5.687, que bem ilustra o conceito de lavagem de dinheiro internacionalmente aceito.

9 A amplitude do tipo penal da lavagem de capitais foi, desde o início, apontada por Oliveira (OLIVEIRA, William Terra de. Segunda Parte: dos crimes e das penas. *In*: CERVINI, Raúl; OLIVEIRA, William Terra de; GOMES, Luis Flávio. *Lei de Lavagem de Capitais*. São Paulo: Revista dos Tribunais, 1998, p. 313-340, p. 335).

10 Sobre a evolução histórica e fundamentos do direito penal econômico, cf. GARCÍA CAVERO, Percy. *Derecho penal económico*. Parte General. 3ª ed. Lima: Jurista Editores, 2014, em especial p. 161 e ss.

ções têm sido pensadas quase que exclusivamente a partir de considerações político-criminais, pautadas por uma lógica de máxima eficiência, sem levar em consideração que, em um Estado Democrático de Direito, a análise da legitimidade do ilícito-típico é condição de possibilidade jurídica – e, pois, deve anteceder a interrogação política acerca de sua utilidade. Está à evidência que a regulamentação andou mais rápido que a capacidade de reflexão e o que se observa, atualmente, é, em grande medida, um desprendimento da dimensão axiológica do ilícito-típico.

É, por isso, indispensável um voltar de olhos à "essência" da lavagem de dinheiro, i.e., ao substrato fático que lhe informa e lhe concede autonomia, a partir do qual será possível determinar, com maior segurança, o legítimo horizonte de projeção do tipo penal.[11] O presente escrito ocupa-se, pois, ainda que por linhas grossas, desse preciso problema.

Em um primeiro momento, faz-se necessário algumas considerações acerca da conformação legislativa da lavagem de dinheiro e de alguns problemas, teóricos e práticos, que gravitam em torno deste crime, para, então, avançarmos no sentido de retomar o substrato material que lhe subjaz (deve lhe subjazer), por meio da sugestão de caminhos para uma melhor delimitação do seu âmbito de incidência.

2. O TRATAMENTO JURÍDICO-PENAL DA LAVAGEM DE DINHEIRO NO BRASIL: NOTAS CRÍTICAS ACERCA DA EVOLUÇÃO LEGISLATIVA E DE SEU ESTADO ATUAL

O reconhecimento da lavagem de dinheiro enquanto ilícito penal é, sabidamente, bastante recente. A sua breve existência jurídica, contudo, não foi óbice para que alcançasse um nível consideravelmente alto de harmonização das legislações nacionais.[12] No Brasil, a tipificação do crime de lavagem de capitais ocorreu em 1998, com o fim de internalizar os compromissos in-

11 D'AVILA, Fábio Roberto. Funcionalismo *versus* normativismo no direito penal contemporâneo. *In*: D'AVILA, Fábio Roberto. *Ofensividade em direito penal*. Escritos sobre a teoria do crime como ofensa a bens jurídicos. Porto Alegre: Livraria do Advogado, 2009. P. 15-39.

12 SCHORSCHER, Vivian Cristina. A *criminalização da lavagem de dinheiro*: críticas penais. 2012. 179 f. Tese (Doutorado em Direito) – Faculdade de Direito, Universidade de São Paulo, São Paulo. 2012, p. 15; BOOTH, Robin; FARREL QC, Simon; BASTABLE, Guy; YEO, Nicholas. *Money Laundering Law and Regulation*: a practical guide. Oxford: Oxford University Press, 2011, p. 2. Para uma explicação didática e precisa acerca dos três graus de relacionamento entre legislações internas e instrumentos internacionais (uniformização, harmonização e unificação) remetemos o leitor à obra de Machado (MACHADO, Maíra Rocha. *Internacionalização do Direito Penal*: a gestão de problemas internacionais por meio do crime e da pena. Coleção Direito GV. São Paulo: Editora 34, 2004, p. 25 e ss.).

ternacionalmente assumidos pelo país até então – sobretudo a Convenção da Organização das Nações Unidas contra o Tráfico Ilícito de Entorpecentes e de Substâncias Psicotrópicas (Convenção de Viena de 1988),[13] primeiro instrumento desta natureza a definir o comportamento como ilícito e a estabelecer a obrigação de criminalizá-lo.[14]

Dessa forma, por meio da Lei nº 9.613, a conduta de "*ocultar ou dissimular a natureza, origem, localização, disposição, movimentação ou propriedade de bens, direitos ou valores provenientes, direta ou indiretamente*" dos crimes taxativamente listados no seu art. 1º foi elevada a ilícito penal, ao lado das modalidades especiais de lavagem narradas nos seus parágrafos 1º e 2º.[15] O comportamento descrito no art. 1º, porém, costuma ser apontado como o "núcleo principal" do delito em questão, expresso nas condutas de *ocultar* e *dissimular* não vinculadas a uma específica forma de agir.[16] Trata-se, pois, de uma redação típica que, no intuito de abarcar todas as variadas formas que a prática da lavagem de capitais poderia vir a assumir concretamente, resultou em uma formulação acentuadamente ampla,[17] conquanto em parte contra-

---

13 Promulgada no Brasil em 1991, através do Decreto nº 154.

14 MACHADO, Maíra Rocha. *Internacionalização do Direito Penal*: a gestão de problemas internacionais por meio do crime e da pena. Coleção Direito GV. São Paulo: Editora 34, 2004, p. 132; AMBOS, Kai. *Lavagem de dinheiro e direito penal*. Trad. Pablo Rodrigo Alflen da Silva. Porto Alegre: Sergio Antonio Fabris, 2007, p. 16 e ss.

15 Originalmente, os parágrafos 1º e 2º do art. 1º da Lei n.º 9.613 estavam assim descritos: "§ 1º Incorre na mesma pena quem, para ocultar ou dissimular a utilização de bens, direitos ou valores provenientes de qualquer dos crimes antecedentes referidos neste artigo: I – os converte em ativos lícitos; II – os adquire, recebe, troca, negocia, dá ou recebe em garantia, guarda, tem em depósito, movimenta ou transfere; III – importa ou exporta bens com valores não correspondentes aos verdadeiros. § 2° Incorre, ainda, na mesma pena quem: I – utiliza, na atividade econômica ou financeira, bens, direitos ou valores que sabe serem provenientes de qualquer dos crimes antecedentes referidos neste artigo; II – participa de grupo, associação ou escritório tendo conhecimento de que sua atividade principal ou secundária é dirigida à prática de crimes previstos nesta Lei". A única alteração legislativa feita posteriormente em tais dispositivos foi a troca da expressão "crimes antecedentes" por "infração penal". Ressalta-se que o inciso II do § 2º do art. 1º vem sendo objeto de críticas, por trazer uma expansão do conceito de participação cuja constitucionalidade é questionável. Todavia, tal ponto não será aqui discutido por desbordar em demasia os limites deste estudo.

16 FILIPPETTO, Rogério. *Lavagem de dinheiro*: crime econômico da pós-modernidade. Rio de Janeiro: Lumen Juris, 2011, p. 133.

17 MACHADO, Maíra Rocha. *Internacionalização do direito penal*: a gestão de problemas internacionais por meio do crime e da pena. São Paulo: Editora 34, 2004, p. 162; OLIVEIRA, William Terra de. Segunda Parte: dos crimes e das penas. *In*: CERVINI, Raúl; OLIVEIRA, William Terra de; GOMES, Luis Flávio. *Lei de Lavagem de Capitais*. São Paulo: Revista dos Tribunais, 1998, p. 313-340, p. 333. Badaró e Bottini sustentam que, em verdade, a redação original do art. 1º da Lei de Lavagem de Dinheiro adotava

balanceada em razão de ter a sua incidência limitada aos proventos de um determinado número de crimes.[18]

A Lei nº 9.613 instituiu, ainda, a unidade de inteligência financeira brasileira (Conselho de Controle de Atividades Financeiras – COAF)[19] e previu regras relativas ao controle administrativo dos setores sensíveis à lavagem e ao processamento dos delitos ali tipificados. E, nesse sentido, apresentava-se como um texto também amplamente compreensivo da matéria de regulação.

No que tange, por sua vez, à sua orientação teleológica, a Exposição de Motivos é bastante esclarecedora.

Ao instruir o projeto que viria a se tornar a Lei nº 9.613, a Exposição de Motivos colaciona elementos importantes sobre o contexto histórico e político-criminal no qual se inseria, oferece um rico panorama das intenções que a moldaram e das finalidades por ela perseguidas.[20] A leitura do documento evidencia que, embora o tráfico de entorpecentes fosse reconhecido, à data da elaboração do projeto de lei, como a principal fonte dos bens e valores submetidos à lavagem de capitais, não era o único delito relevante nesse âmbito. O legislador deixou claro estar ciente de que crimes que se revestem de "especial gravidade", a exemplo do terrorismo, do contrabando e tráfico de armas, da extorsão mediante sequestro, além daqueles praticados por organizações criminosas, também faziam parte de um conjunto de infrações graves,

---

um critério *misto* para a determinação dos crimes antecedentes, haja vista que o seu inciso VII continha uma abertura extensiva que permitia que qualquer crime, desde que praticado por organização criminosa, constituísse antecedente da lavagem (BADARÓ, Gustavo Henrique; BOTTINI, Pierpaolo Cruz. *Lavagem de dinheiro*: aspectos penais e processuais penais. Comentários à Lei 9.613/1998, com as alterações da Lei nº 12.683/2012. São Paulo: Revista dos Tribunais, 2012, p. 81).

18 Igualmente digno de nota é a *inexistência* de previsão legal autorizando a punição na forma culposa, o que, por força do art. 18, parágrafo único, do CP, restringe a sua ocorrência às hipóteses dolosas. Há inclusive quem, na doutrina nacional, sustente a sua realização por dolo exclusivamente direto (BADARÓ, Gustavo Henrique; BOTTINI, Pierpaolo Cruz. *Lavagem de dinheiro*: aspectos penais e processuais penais. Comentários à Lei 9.613/1998, com as alterações da Lei nº 12.683/2012. São Paulo: Revista dos Tribunais, 2012, p. 92 e ss.). Tal conclusão, contudo, não nos parece razoável, conquanto não possamos aqui, por razões óbvias, avançar nesse sentido.

19 O principal objetivo da unidade de inteligência financeira, segundo consta na 29ª Recomendação do GAFI, é constituir um centro nacional que recebe e processa denúncias de atividades financeiras ou transações suspeitas. Documento disponível em: http://www.fatf-gafi.org/media/fatf/documents/recommendations/pdfs/FATF_Recommendations.pdf. Acesso em: 31.10.2015.

20 A Exposição de Motivos n.º 962/MJ/1996 encontra-se disponível em: http://www.coaf.fazenda.gov.br/backup/legislacao-e-normas/legislacao-1/Exposicao%20de%20Motivos%20Lei%209613.pdf. Acesso em 01.05.2015.

conhecidas por gerar lucros expressivos e carentes de reciclagem, novamente alinhando-se às diretrizes internacionais quanto à matéria.

Por esta precisa razão é que o projeto reservou "o novo tipo penal a condutas relativas a bens, direitos ou valores oriundos, direta ou indiretamente, de crimes graves e com características transnacionais", no intuito de evitar que condutas similares às descritas na Lei n.º 9.613, mas sem o mesmo desvalor de resultado, viessem a ser caracterizadas equivocadamente como lavagem de dinheiro.[21] Aliás, a Exposição de Motivos faz, inclusive, menção expressa ao crime de receptação como delito subsidiário, ao qual seriam relegadas condutas que, apesar de semelhantes à lavagem de capitais, não envolvessem bens ou dinheiro proveniente dos delitos antecedentes legalmente listados.[22]

De lá para cá, todavia, muita coisa mudou.

Após a sua entrada em vigor, o conteúdo penal da Lei nº 9.613 passou por três alterações legislativas. Duas delas foram destinadas ao alargamento do rol de crimes antecedentes, que acabou por incluir, em 2002, delitos praticados por particular contra a administração pública estrangeira, e, em 2003, o financiamento ao terrorismo, adequando-se, neste caso, à respectiva Convenção Interamericana.[23] A mudança mais recente, operada pela Lei nº 12.683 de 2012, foi sensivelmente maior: além de extinguir o rol de crimes antecedentes, alterou a redação do *caput* do art. 1º e seus parágrafos para fazer neles constar a expressão "infração penal", ao invés de "crime". Com isso, para parte significativa da doutrina nacional,[24] não apenas quaisquer *crimes*

---

21 Exposição de Motivos nº 962/MJ/1996, item 22.

22 O crime de receptação vem assim delineado no art. 180 do Código Penal: "Adquirir, receber, transportar, conduzir ou ocultar, em proveito próprio ou alheio, coisa que sabe ser produto de crime, ou influir para que terceiro, de boa-fé, a adquira, receba ou oculte". A pena que lhe é cominada é de reclusão, de um a quatro anos, além de multa. A Exposição de Motivos ainda ressalta, no item de n.º 24, que: "Sem esse critério de interpretação, o projeto estaria massificando a criminalização para abranger uma infinidade de crimes como antecedentes do tipo de lavagem ou de ocultação. Assim, o autor do furto de pequeno valor estaria realizando um dos tipos previstos no projeto se ocultasse o valor ou o convertesse em outro bem, como a compra de um relógio, por exemplo".

23 Assinada em Barbados, em 2002, a Convenção Interamericana contra o Terrorismo (internalizada no ordenamento jurídico brasileiro pelo decreto nº 5.639/2005) previu especificamente a transformação do financiamento ao terrorismo em crime antecedente da lavagem de dinheiro. Documento disponível em: http://www.planalto.gov.br/ccivil_03/_Ato2004-2006/2005/Decreto/D5639.htm. Acesso em 31.10.2015.

24 *Vide*, por todos, BADARÓ, Gustavo Henrique; BOTTINI, Pierpaolo Cruz. *Lavagem de dinheiro*: aspectos penais e processuais penais. Comentários à Lei 9.613/1998, com as alterações da Lei nº 12.683/2012. São Paulo: Revista dos Tribunais, 2012, p. 80. Semelhante situação pôde ser observada na Espanha recentemente, quando uma reforma legal (*Ley Orgánica 5/2010*) modificou a redação do tipo penal de lavagem de

que gerem ganho patrimonial tornaram-se passíveis de ser antecedentes da lavagem de capitais: todas as *infrações penais* passariam a sê-lo – o que incluiria contravenções penais[25] e outras infrações de menor potencial ofensivo.[26]

Pois bem. Se, já na sua formulação inicial, os limites do tipo não se faziam suficientemente precisos, essa última reforma contribuiu, de forma inédita, para um ainda maior esfumaçamento do ilícito-típico. Mas não só. Associada a uma já ultrapassada compreensão estritamente formal do tipo legal de crime – lamentavelmente recorrente no cenário nacional – a nova redação típica passa a dar azo a uma abertura verdadeiramente insuportável da tipicidade, em uma expansão com ares de progressão geométrica.[27] Tudo a lembrar a conhecida "síndrome do bom aluno". Na tentativa de cumprir fielmente as recomendações internacionais, o legislador brasileiro acabou por excedê-las no que tange à repressão penal da conduta.[28] E isso tudo – como não poderia deixar de ser – com graves consequências dogmáticas.

---

dinheiro para fazer constar, na descrição típica, "*actividad delictiva*" ao invés de "*delitos*". Segundo Abel Souto, a interpretação imediata (e equivocada) que se fez acerca de tal mudança teria sido de que a nova locução ensejaria "mayor amplitud que al anterior sustantivo 'delito', pues parece permitir la inclusión de las faltas en los hechos previos del blanqueo, lo que supondría 'una enorme ampliación del ámbito de este delito'" (ABEL SOUTO, Miguel Ángel. El blanqueo de dinero como innovador instrumento de control económico y social. *Revista cuatrimestral europea sobre prevención y represión del blanqueo de dinero*, n.º 1, 2014, p. 11-66, p. 17).

25 O legislador brasileiro dividiu as infrações penais em crimes (ou delitos) e contravenções, assim definidas na Lei de Introdução ao Código Penal (Lei nº 3.914/1941): "Art 1º Considera-se crime a infração penal que a lei comina pena de reclusão ou de detenção, quer isoladamente, quer alternativa ou cumulativamente com a pena de multa; contravenção, a infração penal a que a lei comina, isoladamente, pena de prisão simples ou de multa, ou ambas. alternativa ou cumulativamente". Previstas na Lei nº 3.688/1941, as contravenções penais caracterizam-se, principalmente, por sua diminuta relevância penal em face dos crimes.

26 Infração de menor potencial ofensivo designa uma categoria de ilícitos-típicos cuja ofensividade é reduzida e, portanto, à qual se destina um tratamento jurídico um tanto diverso daquele reservado aos crimes de maior gravidade. Uma definição do que vem a conformar essa peculiar categoria pode ser encontrada no art. 61 da Lei nº 9.099/1995, que dispõe: "Consideram-se infrações penais de menor potencial ofensivo, para os efeitos desta Lei, as contravenções penais e os crimes a que a lei comine pena máxima não superior a 2 (dois) anos, cumulada ou não com multa".

27 Algo também observado por Caeiro no âmbito da União Europeia: CAEIRO, Pedro. A Decisão-quadro do Conselho, de 26 de junho de 2001, e a relação entre a punição do branqueamento e o facto precedente: necessidade e oportunidade de uma reforma legislativa. *In:* RODRIGUES, Anabela Miranda et al. (Orgs.). *Direito penal económico e europeu:* textos doutrinários. Coimbra: Coimbra Ed., 2009. v. 3, p. 377-431, p. 383.

28 Vale salientar que nem o GAFI, nem a maior parte dos instrumentos internacionais que regulam a temática pressionam para que haja a extinção completa do rol de delitos

De uma parte, a ânsia de aumentar o espectro punitivo em relação ao crime de lavagem de dinheiro, tão preconizada por alguns organismos internacionais, não apenas distanciou a nova legislação dos parâmetros que orientaram a sua formulação original, como, até mesmo, acabou por contradizer parte considerável desses mesmos parâmetros, então colacionados pela Exposição de Motivos n.º 962/MJ/1996.[29] De outra, a formulação típica afasta-se de tal forma de seu substrato material que a recuperação hermenêutica torna-se, a um só tempo, indispensável e extremamente exigente. Tudo parece caber no âmbito do tipo, a depender apenas dos interesses em jogo no caso concreto, em uma nefasta e inaceitável relação de submissão da exigência de legalidade estrita a interesses de política criminal.

Na seara jurisprudencial o cenário não é mais acalentador. Ainda na vigência da antiga redação legal, o Supremo Tribunal Federal[30] havia estabelecido que os atos de lavagem consistentes em ocultar os bens, direitos e valores provenientes dos delitos listados no art. 1º da Lei nº 9.613 não precisavam se revestir da "complexidade dos exemplos de requintada 'engenharia financeira' transnacional, com os quais se ocupa a literatura". Tal posicionamento foi reafirmado pela Suprema Corte no recente julgamento da Ação Penal 470/MG,[31] juntamente com outras duas relevantes questões: a

---

antecedentes, senão que a sugestão caminha sempre na direção do estabelecimento de um critério que vincule a lavagem a crimes *graves* (ABEL SOUTO, Miguel Ángel. *Normativa internacional sobre el blanqueo de dinero y su recepción en el ordenamiento penal español*. 2001. 551 f. Tese (Doutorado) – Faculdade de Direito, Universidade de Santiago de Compostela, Espanha, 2001, p. 111). Neste ponto, interessante salientar que nem mesmo os Estados Unidos, protagonistas no combate à lavagem de dinheiro, extinguiram o rol de delitos antecedentes (HART, Carolyn L. Money Laundering. *American Criminal Law Review*. Vol. 51, issue 4 (Fall 2014), p. 1449. Disponível em: http://www.law.georgetown.edu/. Acesso em: 09.05.2015, s/p.).

29 *Vide*, por exemplo, o conteúdo do item 34 da EM/962/MJ/1996.

30 A decisão da 1.ª Turma do STF, proferida em 18.06.2011 no seio do RHC 80.816-6/SP, foi de relatoria do Min. Relator Sepúlveda Pertence e encontra-se disponível em: http://redir.stf.jus.br/paginadorpub/paginador.jsp?docTP=AC&docID=102742. Acesso em: 21.10.2015. Trata-se de um caso em que o acusado havia realizado diversos depósitos em conta corrente da empresa de seu cunhado de valores provenientes da prática anterior de crimes contra a Administração Pública (também protagonizados pelo réu). Com isso, os depósitos de valores ilicitamente obtidos eram mesclados com proventos lícitos da empresa, adquirindo aparência de licitude.

31 BOTTINI, Pierpaolo Cruz. Lavagem de dinheiro na APN 470/MG. *Revista dos Tribunais*, São Paulo, vol. 933, P. 383-394, 2013. Conhecido popularmente como "Mensalão", o caso, julgado originariamente pelo Supremo Tribunal Federal, trata-se de um intrincado escândalo de corrupção envolvendo o governo federal, que representou um divisor de águas na história política e jurídica do país. Neste ponto, importante salientar que o Supremo Tribunal Federal reúne funções típicas de uma Corte Constitucional, sendo responsável, por exemplo, por exercer o controle abstrato de constitucionalidade e

admissão da punição da assim denominada autolavagem (*selflaundering*) ainda quando haja responsabilização pelo crime antecedente[32] e a possibilidade do concurso formal entre a lavagem de dinheiro e o delito antecedente. Esta última hipótese, em especial, mostra-se profundamente nodosa: se por um lado, no caso concreto, pode ser difícil precisar o momento consumativo do delito antecedente e o momento inicial da realização típica da lavagem de capitais, por outro, é necessário que haja a efetiva obtenção de vantagem patrimonial para que se possa iniciar sua reciclagem. Questões que, com efeito, revelam níveis profundos de incompreensão do que seja (ou possa vir a ser) o substrato material da lavagem de dinheiro e, assim, também dos parâmetros conformadores do seu âmbito típico.

Isso, por um lado. Por outro, a malograda nova legislação, ao eliminar o rol de delitos antecedentes, leva a projetar este embaçado ilícito sobre o ilícito antecedente, ensejando desacertos dogmáticos que se fazem sentir por toda parte.

Ao se partir da premissa de que já não há mais quaisquer limites (formais ou materiais) para a configuração do delito antecedente, compreendendo, assim, contravenções e infrações de menor potencial ofensivo – premissa com a qual não concordamos, sublinhe-se –, teríamos, como consequência

---

por julgar as causas e os conflitos entre Estados e Federação. No entanto, salienta-se que sua competência extravasa aquilo que normalmente é atribuído a uma Corte Constitucional, abrangendo, dentre outras coisas, o processamento e julgamento originário, do Presidente da República, do Vice-Presidente, dos membros do Congresso Nacional, de seus próprios Ministros e do Procurador-Geral da República (art. 102, I, Constituição Federal de 1988). Para uma análise objetiva e didática de alguns aspectos relevantes da decisão no caso, v. GRECO, Luís; LEITE, Alaor. A "recepção" das teorias do domínio do fato e do domínio da organização no direito penal econômico brasileiro: observações sobre as formas de intervenção no delito na Ação Penal 470 do Supremo Tribunal Federal brasileiro ("Caso Mensalão"). *Zeitschrift für Internationales Strafrecht*, 10. Jahrgang, Ausgabe 7-8/2015, p. 386-393.

32 Esclarece-se que, diferentemente do que ocorre em alguns países, a legislação brasileira não contém uma cláusula de reserva a impedir a punição pela lavagem do autor do crime antecedente. A interpretação jurisprudencial neste caso condiz com o entendimento, cada vez mais sólido, de que o bem jurídico tutelado, no delito de lavagem de dinheiro, seria a administração da justiça. Por tal razão, não haveria, segundo este raciocínio, óbice para o concurso material de crimes, haja vista que o delito antecedente ofenderia bem jurídico diverso do atingido pela lavagem de capitais. Uma interessante e breve explanação a este respeito pode ser encontrada em: SCHRÖDER, Christian; BERGMANN, Marcus. *Warum die Selbstgeldwäsche straffrei bleiben muss* (Why self-money laundering must remain exempt from punishment). Berlin: Berliner Wissenschafts-Verlag, 2013, p. 22-23. De maneira crítica a tal possibilidade: BAJO, Miguel; BACIGALUPO, Silvina. *Derecho Penal Económico*. 2ª ed. Madrid: Editorial Universitaria Ramón Areces, 2001, p. 717.

imediata, em inúmeros casos, um *post factum punível* mais grave do que o delito principal que lhe dá origem, em uma manifesta subversão da ordem natural das coisas. E isso, principalmente, quando se tem em conta um *post factum* assumidamente parasitário, cujo reconhecimento pressupõe, necessariamente, por exigência típica, a existência do principal.

Ora, não é preciso grande esforço para perceber aonde leva um tal estado de coisas.

No caso brasileiro, inúmeras figuras típicas, até então praticamente abandonadas em razão da sua baixíssima significação jurídico-penal, passam a ser reintroduzidas na *praxis* não em razão de uma sua eventual ressignificação enquanto fato punível, mas única e exclusivamente enquanto elemento necessário ao reconhecimento da lavagem, em uma lógica claramente instrumental. E não só. A lavagem de dinheiro passa a conferir a esses delitos quase que um novo marco "prescricional", na forma de um "novo marco de interesse penal", ao permitir que o seu *post factum*, a lavagem, possa ser perseguida em até 16 anos, dada a elevada pena máxima a ela atribuída (i.e., 10 anos). Em outras palavras e sem rodeios: a lavagem de dinheiro passaria a arrastar por longuíssimos 16 anos delitos de baixíssimo relevo penal, em flagrante fraude ao instituto da prescrição, e sob a ameaça de uma pena não só manifestamente desproporcional ao ilícito de origem, mas também indiferente à variação de desvalor desse mesmo ilícito, em um processo de estandardização igualmente violador das exigências mínimas de proporcionalidade. E isso na melhor das hipóteses, eis que, a insuportável abertura do verbo típico "ocultar", associada à permanência da sua realização, não raramente colocará casos de quase impossível prescrição.

E tudo isso em prol da irrestrita persecução de um ilícito cujos contornos são, ao menos na prática nacional, diga-se mais uma vez, ainda muito obscuros, a abrir espaços de arbitrariedade incompatíveis com o quadro valorativo e principiológico de um Estado Democrático de Direito.

3. A NECESSÁRIA DELIMITAÇÃO DO HORIZONTE DE PROJEÇÃO DO ILÍCITO-TÍPICO DA LAVAGEM DE DINHEIRO A PARTIR DO SEU SUBSTRATO FÁTICO

O delito de lavagem de dinheiro no Brasil, bem vimos, possui incongruências dogmáticas que julgamos ser, em grande parte, devidas à perda de correspondência com o seu substrato fático, o que, consequentemente, dificulta não apenas a compreensão abstrata do que vem a constituir o delito, como também a identificação, em concreto, da ocorrência do comportamento legalmente proscrito e a imposição correta e justa de pena – cujo *quantum* deve revelar a gravidade do fato e respeitar os limites da culpabilidade do agente –. Dificuldades estas que, bem nos lembra Molina Fernández, "estão na própria matéria e não em uma concreta regulação positiva",[33] mas que certamente nela se refletem e são compartilhadas, atualmente, por diversos ordenamentos jurídicos.

A criminalização da conduta de lavagem de dinheiro, como se sabe (*v. supra*), surgiu em um contexto no qual se afirmava, internacionalmente, a necessidade de apreender e confiscar bens adquiridos por meio de certas práticas criminosas. Dentre as justificativas mais elementares da criminalização da lavagem de dinheiro, com efeito, encontra-se a ideia-embrião de que o "crime não deve compensar".[34] A esta noção, somou-se a percepção de que seguir a trilha dos bens e valores criminosamente auferidos oferecia uma via operacional para a investigação e persecução dos delitos antecedentes, bem como contribuía para a administração da justiça no caso concreto.

Na época, diante do fortalecimento da criminalidade organizada – sobretudo associada ao tráfico de entorpecentes –, disseminou-se a estratégia que posteriormente ficou conhecida como *follow the money*.[35] Verhage menciona que tal orientação esteve claramente presente na legislação americana que criminalizou a lavagem de dinheiro no país – a *Money Laundering Control Act* de 1986 (EUA), uma das primeiras no mundo a impor sanção penal à conduta.[36] Segundo a autora, as duas ideias que compõem a lógica *follow the money* foram mescladas na lei: a noção, quase profana, de que o crime não deveria compensar e a apreensão e o confisco de bens de origem delitiva como meio eficaz de atingir o criminoso e dissuadi-lo do cometimento de delitos. A

33 MOLINA FERNÁNDEZ, Fernando. *¿Qué se protege en el delito de blanqueo de capitales?: Reflexiones sobre un bien jurídico problemático, y a la vez aproximación a la "participación" en el delito*. *In:* BAJO FERNÁNDEZ, Miguel; BACIGALUPO, Silvina (Eds.). *Política criminal y blanqueo de capitales*. Madrid: Marcial Pons, 2009. P. 11-20, p. 91-123.

34 Tradução livre de: „Eine Straftat soll sich nicht lohnen" (SCHRÖDER, Christian; BERGMANN, Marcus. *Warum die Selbstgeldwäsche straffrei bleiben muss* (Why self-money laundering must remain exempt from punishment). Berlin: Berliner Wissenschafts-Verlag, 2013, p. 25-26). Frase encontrada também em: BLANCO CORDERO, Isidoro. *El delito de blanqueo de capitales*. 3ª ed. Pamplona: Editorial Aranzadi, 2012, p. 47.

35 SAFIRE, William. Follow the proffering duck. *The New York Times*, 03 de ago. 1997, disponível em: http://www.nytimes.com/1997/08/03/magazine/follow-the-proffering-duck.html. Nesse sentido, Blanco Cordero afirma com veemência que: "La filosofía que se ha adoptado en la lucha contra el blanqueo de capitales se basa en la idea expressada en inglés como '*follow the money*', que consiste en seguir el dinero de origen delictivo, y proceder a su decomiso, evitando así que el delito sea una actividad lucrativa. Se persigue disuadir a los delincuentes de cometer delitos que generan grandes beneficios económicos" (BLANCO CORDERO, Isidoro. *El delito de blanqueo de capitales*. 3ª ed. Pamplona: Editorial Aranzadi, 2012, p. 46-47).

36 MACHADO, Maíra Rocha. *Internacionalização do Direito Penal*: a gestão de problemas internacionais por meio do crime e da pena. Coleção Direito GV. São Paulo: Editora 34, 2004, p. 132-134.

ideologia representada por esta expressão logo espalhou-se e permeou uma série de medidas adotadas no mundo desde então com o objetivo de fazer frente à criminalidade organizada, aos poucos não mais identificada somente com o tráfico ilícito de drogas.[37]

A criminalização da conduta de lavagem de capitais surgiu, portanto, como uma das consequências do raciocínio inerente ao *follow the money*. O processo de lavagem, em razão da sua visível e crescente complexidade, passou a exceder em muito os atos normalmente associados à fruição do produto de um crime e adquiriu, assim, autonomia tanto existencial, quanto valorativa.[38] De fato, a lavagem de dinheiro não raro envolve a prática concomitante de outros crimes que tornem viável sua execução (a exemplo da corrupção) e dificulta consideravelmente que se siga a "trilha do dinheiro" por meio de transações sucessivas ou fracionadas, por exemplo, impedindo a aplicação da lei penal e o confisco dos bens obtidos com o crime. Daí que a elevação da lavagem de capitais a ilícito penal tenha incorporado em si tal lógica ao mesmo tempo em que busca a sua consolidação em forma de crime a partir de uma situação dotada de autônomo desvalor.

Todavia, o que se tem observado, em âmbito internacional e doméstico, é um caminhar guiado quase que exclusivamente por impulsos de política criminal, que tende a se desprender da realidade na qual se funda e a exceder os limites marcados pelo desvalor dessa mesma realidade. Evidentemente que a cooperação jurídica é ponto crucial para possibilitar a aplicação do direito penal sobretudo a crimes marcados pela transnacionalidade, como o é a lavagem de dinheiro, e que um de seus pressupostos é precisamente a harmonização de ordenamentos jurídicos, isto é, o estabelecimento de um padrão

37 CAEIRO, Pedro. A Decisão-quadro do Conselho, de 26 de junho de 2001, e a relação entre a punição do branqueamento e o facto precedente: necessidade e oportunidade de uma reforma legislativa. *In*: RODRIGUES, Anabela Miranda et al. (Orgs.). *Direito penal económico e europeu:* textos doutrinários. Coimbra: Coimbra Ed., 2009. v. 3, p. 377-431, p. 378.

38 Nas palavras de Caeiro, "[...] a matriz da punição do branqueamento constrói-se sobre um universo criminológico a que pertencem fenómenos como a altíssima rentabilidade de certas actividades criminosas; a profissionalização e sistematicidade do crime; as organizações criminosas complexas; a elevada sofisticação dos modos de circulação dos bens de fonte ilícita; a infiltração dos agentes do crime no aparelho estadual; o domínio de importantes meios de produção de bens e serviços; e, enfim, a transnacionalização das actividades criminosas – todos eles factores de uma danosidade social cuja prevenção e repressão transcende em muito a singela, clássica e residual proibição de negociar com bens provenientes de crimes." (CAEIRO, Pedro. A Decisão-quadro do Conselho, de 26 de junho de 2001, e a relação entre a punição do branqueamento e o facto precedente: necessidade e oportunidade de uma reforma legislativa. *In*: RODRIGUES, Anabela Miranda et al. (Orgs.). *Direito penal económico e europeu:* textos doutrinários. Coimbra: Coimbra Ed., 2009. v. 3, p. 377-431, p. 392).

normativo que permita a atuação conjunta de investigação e aplicação da lei penal ao caso concreto. No entanto, não se pode olvidar que a necessidade político-criminal de enfrentamento a uma determinada forma delitiva deve, sempre, passar antes pelo filtro dos princípios fundamentais que cimentam o Estado Democrático de Direito.

A lavagem de dinheiro surge, historicamente, enquanto projeção de uma política que lhe é anterior, de uma orientação que pretende, através de um método (o rastreamento e monitoramento de valores), alcançar objetivos determinados (elucidação de crimes graves ou relacionados a organizações criminosas e confisco de bens oriundos de crimes). Enquanto decisão visivelmente orientada por decisões de eficiência e utilidade políticas, parece-nos imprescindível que se retome a ordem correta das coisas e se questione, antes, se tal criminalização, nos termos em que hoje se encontra no ordenamento jurídico brasileiro, é legítima, bem como quais as balizes mínimas dessa legitimidade.

E o melhor caminho, ao nosso sentir, passa necessariamente pela afirmação e consolidação de um particular elemento: a autonomia. Autonomia que se constrói na forma de um *ilícito autônomo*: de um ilícito dotado de *substrato fático autônomo* e, assim, de um *autônomo desvalor*. Logo, de uma autonomia que se faz possível e indispensável mesmo diante do caráter assumidamente parasitário do ilícito de lavagem.

Isso significa dizer, por um lado, que, ainda que se tenha em conta a sua origem no ideário *follow the money*, a lavagem não pode ser pensada enquanto *simples instrumento no recrudescimento da repressão e prevenção do crime antecedente*, porquanto, por essa via, não lhe é possível constituir um ilícito autônomo, mas apenas expressões majoradas de um mesmo delito. Aliás, a consequência imediata de um tal proceder seria evidente: uma hipótese exuberante de violação da legalidade por dupla punição de um mesmo crime.

Por outro lado, significa também dizer, no que tange ao *substrato fático*, que não é possível aqui qualquer tipo de "compartilhamento". Não pode haver sobreposição entre o substrato fático do delito antecedente e aquele que constituirá o delito de lavagem enquanto *post factum* punível, e, portanto, por decorrência lógica, também não poderá haver lavagem pela simples manutenção do estado de coisas do crime antecedente. O que, por sua vez, coloca alguns cuidados, principalmente, com o verbo *ocultar*.

Diferentemente de uma não rara interpretação no cenário nacional, o simples *nada fazer* após a consumação do delito antecedente, *v.g.*, não pode ver-se compreendido pelo verbo ocultar. Não haveria aqui senão a simples continuidade de um estado de coisas constitutivo do delito antecedente, o que, por sua vez, vem corroborado pela inexistência de um dever de revelar, de dar a conhecer o fato praticado, nos quadros de um Estado Democrático de Direito. Daí a necessidade de *ações positivas* visando à reintrodução no mercado os frutos do crime como se lícitos fossem. E, se isso é assim, coloca-se um segundo problema, o de reconhecer as diferentes etapas dessa reintrodução como se fossem um delito autônomo *consumado* e punido como tal. A realização parcial de atos no sentido de lavar dinheiro, não é o mesmo que lavar e não pode deter o mesmo desvalor. A equiparação da "parte" com o "todo" implica não só problemas de proporcionalidade, mas sim também a negação de institutos fundamentais como a tentativa e a desistência voluntária – os quais, no direito brasileiro, são projeções do princípio da legalidade –, em franca violação do "tipo de garantia".

Trata-se, pois, de um amplo conjunto de dificuldades, aqui meramente ilustrados, decorrentes da técnica legislativa adotada. Em realidade, somos da opinião de que a própria forma como o tipo da lavagem foi introduzido no Brasil enfrenta, já na sua primeira formulação, em razão, principalmente, da excessiva amplitude dos verbos "ocultar" e "dissimular", sérios problemas de legalidade estrita. Constatação essa, aliás, que acaba por ser reforçada pelo ilustrativo e, por vezes, desolador conjunto de precedentes dos nossos tribunais.[39]

O enfrentamento dessa variada gama de problemas não é, evidentemente, algo simples, mas, se bem vemos, passa por um caminho comum já anunciado, por um voltar de olhos à questão do fundamento material do crime de lavagem de dinheiro, especificamente quanto à dignidade penal das condutas que correspondem ao âmbito típico do delito de lavagem. No contexto de um Estado que se pauta pelo respeito às garantias e direitos fundamentais constitucionalmente assegurados, atrelar a prática de uma dada conduta a uma sanção de ordem penal traz consigo a obrigação de uma justificação qualificada, que atenda a um juízo de dignidade penal do comportamento proscrito. Assim, interrogar acerca da sua material validade torna-se tarefa incontornável.

Bem se sabe que a definição do bem jurídico tutelado no crime de lavagem de dinheiro é questão controversa e não desejamos, neste curto espaço, avançar nesta discussão, sob pena de perdermos de vista o propósito da reflexão a que nos propusemos. É evidente que "a ausência de um bem jurídico claramente identificado foi permitindo a dilatação do tipo",[40] e que tal indefinição contribui para que o problema da falta de clareza dos contornos do ilícito-típico da lavagem de dinheiro se agrave. Indefinição que se intensifica

39 *Vide supra.*

40 CAEIRO, Pedro. A Decisão-quadro do Conselho, de 26 de junho de 2001, e a relação entre a punição do branqueamento e o facto precedente: necessidade e oportunidade de uma reforma legislativa. *In*: RODRIGUES, Anabela Miranda et al. (Orgs.). *Direito penal económico e europeu:* textos doutrinários. Coimbra: Coimbra Ed., 2009. v. 3, p. 377-431, p. 389.

ainda mais dada a aparente pluriofensividade do ilícito, a alcançar, segundo alguns, mais de um bem jurídico.[41]

Contudo, ainda assim, por tudo até então exposto, é preciso ter em conta que alguns parâmetros materiais podem e devem subsistir independentemente do ambicionado consenso acerca do específico objeto de tutela. Se não é ainda possível afirmar o exato âmbito de tutela do tipo, dado o ainda elevado grau de instabilidade em torno da matéria, pode-se, ao menos, avançar elementos mínimos de consenso no que tange àquilo que, definitivamente, não está compreendido pelo âmbito do tipo, de modo a estabelecer limites materiais mínimos a garantir alguma consistência e dignidade penal ao ilícito-típico.

A exigência de um substrato fático autônomo em relação ao delito antecedente é, disso, exemplo bastante. Conquanto possa haver dúvidas sobre o que exatamente deve ser esse substrato, pode-se, desde já, afirmar que ele não deve se sobrepor ao substrato fático do delito antecedente. O mesmo pode ser dito sobre a demasiada abertura dos verbos "ocultar" e "dissimular", principalmente quando tomados separadamente, a sugerir um processo de recuperação hermenêutica a partir da sua articulação, e restringindo, assim, o âmbito do tipo consumado apenas àquelas condutas de lavagem efetivamente perfectibilizadas. Por fim, e ainda com o objetivo de mera ilustração, o estabelecimento de uma "trava" material de recuperação hermenêutica no que tange aos delitos antecedentes, de modo a evitar o sem número de problemas decorrentes da ausência. Trava essa que, ao nosso sentir, pode ser estabelecida a partir do apenamento do delito antecedente, aqui entendido como índice de desvalor mínimo. A lavagem de dinheiro seria possível apenas para aqueles delitos cujo conteúdo material do ilícito apresentasse correspondência material com o desvalor do ilícito-típico de lavagem – aqui simplificado, por exigência prática, em uma necessária correspondência de penas –. E, com isso, afasta-se o risco de uma insuportável inversão de papéis, em que

41 Apesar da ampla divergência, a razão parece estar com aqueles que sustentam a administração da justiça como bem jurídico tutelado. Em sentido semelhante: CAEIRO, Pedro. A Decisão-quadro do Conselho, de 26 de junho de 2001, e a relação entre a punição do branqueamento e o facto precedente: necessidade e oportunidade de uma reforma legislativa. *In*: RODRIGUES, Anabela Miranda et al. (Orgs.). *Direito penal económico e europeu:* textos doutrinários. Coimbra: Coimbra Ed., 2009. v. 3, p. 377-431, p. 393. Para um estudo mais detido e pormenorizado sobre este ponto da matéria, *vide*, além da obra já indicada, BLANCO CORDERO, Isidoro. *El delito de blanqueo de capitales*. 3ª ed. Pamplona: Editorial Aranzadi, 2012; MOLINA FERNÁNDEZ, Fernando. ¿Qué se protege en el delito de blanqueo de capitales?: Reflexiones sobre un bien jurídico problemático, y a la vez aproximación a la "participación" en el delito. *In:* BAJO FERNÁNDEZ, Miguel; BACIGALUPO, Silvina (Eds.). *Política criminal y blanqueo de capitales*. Madrid: Marcial Pons, 2009. P. 11-20, p. 91-123.

o *pos factum punível* assume um artificial protagonismo, mostrando-se mais relevante que próprio o crime que lhe deu origem.

4. Palavras finais

Por tudo até aqui exposto, resta evidente que as proposições ora delineadas assumem-se, descomprometidamente, como mero esboço de possíveis percursos para o enfrentamento da excessiva amplitude do tipo legal de lavagem de dinheiro, a carecer de posteriores aprofundamentos. Percursos esses, todavia, que se encontram e se afirmam em uma profunda convicção no esgotamento explicativo da categoria de tipo legal de crime enquanto referencial suficiente para o juízo de subsunção típica, a demandar, em seu lugar, a categoria de ilícito-típico, com sua inerente carga material. É esse, ao nosso sentir, o inapelável caminho para a recuperação de níveis mínimos de racionalidade no âmbito de regulação da lavagem de dinheiro.

Referências bibliográficas

ABEL SOUTO, Miguel Ángel. *Normativa internacional sobre el blanqueo de dinero y su recepción en el ordenamiento penal español*. 2001. 551 f. Tese (Doutorado) – Faculdade de Direito, Universidade de Santiago de Compostela, Espanha, 2001.

________. El blanqueo de dinero como innovador instrumento de control económico y social. *Revista cuatrimestral europea sobre prevención y represión del blanqueo de dinero*, n.º 1, 2014, p. 11-66.

AMBOS, Kai. *Lavagem de dinheiro e direito penal*. Trad. Pablo Rodrigo Alflen da Silva. Porto Alegre: Sergio Antonio Fabris, 2007.

BADARÓ, Gustavo Henrique; BOTTINI, Pierpaolo Cruz. *Lavagem de dinheiro*: aspectos penais e processuais penais. Comentários à Lei 9.613/1998, com as alterações da Lei nº 12.683/2012. São Paulo: Revista dos Tribunais, 2012.

BAJO, Miguel; BACIGALUPO, Silvina. *Derecho Penal Económico*. 2ª ed. Madrid: Editorial Universitaria Ramón Areces, 2001.

BAJO, Miguel. El desatinado delito de blanqueo de capitales. *In:* BAJO FERNÁNDEZ, Miguel; BACIGALUPO, Silvina (Eds.). *Política criminal y blanqueo de capitales*. Madrid: Marcial Pons, 2009. P. 11-20.

BARROS, Marco Antonio de. *Lavagem de capitais e obrigações civis correlatas*. 3ª ed. São Paulo: Revista dos Tribunais, 2012.

BLANCO CORDERO, Isidoro. *El delito de blanqueo de capitales*. 3ª ed. Pamplona: Editorial Aranzadi, 2012.

BOOTH, Robin; FARREL QC, Simon; BASTABLE, Guy; YEO, Nicholas. *Money Laundering Law and Regulation:* a practical guide. Oxford: Oxford University Press, 2011.

BOTTINI, Pierpaolo Cruz. Lavagem de dinheiro na APN 470/MG. *Revista dos Tribunais,* São Paulo, vol. 933, P. 383-394, 2013.

CAEIRO, Pedro. A Decisão-quadro do Conselho, de 26 de junho de 2001, e a relação entre a punição do branqueamento e o facto precedente: necessidade e oportunidade de uma reforma legislativa. *In*: RODRIGUES, Anabela Miranda et al. (Orgs.). *Direito penal económico e europeu:* textos doutrinários. Coimbra: Coimbra Ed., 2009. v. 3, p. 377-431.

CARLI, Carla Veríssimo de. *Lavagem de dinheiro:* ideologia da criminalização e análise do discurso. 2006. 231 f. Dissertação (Mestrado em Ciências Criminais) – Faculdade de Direito, Pontifícia Universidade Católica do Rio Grande do Sul, Porto Alegre. 2006.

CERVINI, Raúl; OLIVEIRA, William Terra de; GOMES, Luis Flávio. *Lei de Lavagem de Capitais*. São Paulo: Revista dos Tribunais, 1998.

COSTA ANDRADE, Manuel. A "dignidade penal" e a "carência de tutela penal" como referência de uma doutrina teleológico-racional do crime. *Revista Portuguesa de Ciência Criminal,* Lisboa, ano 2, 2º, p. 173-208, abr.-jun. 1992.

D'AVILA, Fabio Roberto. Funcionalismo *versus* normativismo no direito penal contemporâneo. *In*: ______. *Ofensividade em direito penal.* Escritos sobre a teoria do crime como ofensa a bens jurídicos. Porto Alegre: Livraria do Advogado, 2009. P. 15-39.

DOLCINI, Emilio; MARINUCCI, Giorgio. Constituição e escolha dos bens jurídicos. *Revista Portuguesa de Ciência Criminal,* Lisboa, ano 4, fasc. 2, abr.-jun 1994, p. 151-198.

FARIA COSTA, José de. *Noções Fundamentais de Direito Penal* (*Fragmenta iuris poenalis*). 2ª Ed. Coimbra: Coimbra, 2010.

FIGUEIREDO DIAS, Jorge de. *Direito Penal*: Parte Geral. Tomo I. São Paulo: Coimbra e RT, 2007.

FILIPPETTO, Rogério. *Lavagem de dinheiro:* crime econômico da pós-modernidade. Rio de Janeiro: Lumen Juris, 2011.

GARCÍA CAVERO, Percy. *Derecho penal económico*. Parte General. 3ª ed. Lima: Jurista Editores, 2014.

GRECO, Luís; LEITE, Alaor. A "recepção" das teorias do domínio do fato e do domínio da organização no direito penal econômico brasileiro: observações sobre as formas de intervenção no delito na Ação Penal 470 do Supremo Tribunal Federal brasileiro ("Caso Mensalão"). *Zeitschrift für Internationales Strafrecht,* 10. Jahrgang, Ausgabe 7-8/2015, p. 386 – 393.

HART, Carolyn L. Money Laundering. *American Criminal Law Review*. Vol. 51, issue 4 (Fall 2014), p. 1449. Disponível em: http://www.law.georgetown.edu/. Acesso em: 09.05.2015.

HARTMANN, Moritz. *Internationale Finanzströme und Geldwäsche*: Eine spiegelbildliche Phänomenologie sicherheitsarchitektonischer Legislation. Disponível em: http://www.m-und-k.nomos.de/fileadmin/kj/doc/Aufsatz_07_01_w.pdf. Acesso em: 20.04.2015.

HENNING, Peter J. The challenges of fighting money laundering. *The New York Times*, 03 de ago. 2015, disponível em: http://www.nytimes.com/2015/08/04/business/dealbook/the-challenges-of-fighting-money-laundering.html?_r=0.

MACHADO, Maíra Rocha. *Internacionalização do Direito Penal*: a gestão de problemas internacionais por meio do crime e da pena. Coleção Direito GV. São Paulo: Editora 34, 2004.

MOLINA FERNÁNDEZ, Fernando. ¿Qué se protege en el delito de blanqueo de capitales?: Reflexiones sobre un bien jurídico problemático, y a la vez aproximación a la "participación" en el delito. *In*: BAJO FERNÁNDEZ, Miguel; BACIGALUPO, Silvina (Eds.). *Política criminal y blanqueo de capitales*. Madrid: Marcial Pons, 2009. P. 11-20, p. 91-123.

SAFIRE, William. Follow the proffering duck. *The New York Times*, 03 de ago. 1997, disponível em: http://www.nytimes.com/1997/08/03/magazine/follow-the-proffering-duck.html.

SCHORSCHER, Vivian Cristina. *A criminalização da lavagem de dinheiro*: críticas penais. 2012. 179 f. Tese (Doutorado em Direito) – Faculdade de Direito, Universidade de São Paulo, São Paulo. 2012.

SCHRÖDER, Christian; BERGMANN, Marcus. *Warum die Selbstgeldwäsche straffrei bleiben muss* (Why self-money laundering must remain exempt from punishment). Berlin: Berliner Wissenschafts-Verlag, 2013.

VERHAGE, Antoinette. *The Anti Money Laundering Complex and the Compliance Industry*. New York: Routledge, 2011.

CRIMINAL COMPLIANCE E RESPONSABILIDADE PROFISSIONAL E EMPRESARIAL

Felipe Eduardo Hideo Hayashi

RESUMO: Escândalos de corrupção e de fraudes financeiras no Brasil têm repercutido para intensificar a exigência de controles legais preventivos no que tange a profissionais e a empresas em geral, notadamente após o Caso Mensalão e a Operação Lava Jato, a maior investigação anticorrupção da história brasileira. A Lei 9.613/1998 impôs série de obrigações de compliance a várias entidades para que identificassem clientes, mantivessem registros de operações e comunicassem às autoridades públicas operações suspeitas de lavagem de dinheiro. Com as inovações à Lei de Lavagem pela Lei 12.683/2012, exigiu-se ainda, expressamente, que tais entidades desenvolvessem políticas, procedimentos e controles internos no sentido de prevenir a lavagem de dinheiro, sob pena de responsabilização administrativa e até penal. Seguidamente, com o advento da nova Lei 12.846/2013, conhecida como Lei Anticorrupção, Lei da Empresa Limpa ou Lei de Responsabilização da Pessoa Jurídica por atos de corrupção, a importância dos programas de compliance ganhou ainda maior notoriedade no cenário empresarial brasileiro, pois o ente abstrato passou a ser objeto de responsabilização administrativa e civil, de forma objetiva, pela prática de eventuais atos contra a administração pública nacional ou estrangeira, com abertura para graves sanções, e se tornou factível a responsabilização penal de dirigentes que se omitam em seus deveres de compliance. Nesse contexto, a mitigação dos riscos de compliance tanto para os profissionais como para as empresas requer não só a adoção de postura ética nas atividades que desenvolvam, como ainda a implementação de políticas, mecanismos, procedimentos, programas e controles internos efetivos antilavagem e anticorrupção.

PALAVRAS-CHAVE: Compliance. Criminal Compliance. Lavagem de Dinheiro. Corrupção.

TITLE: CRIMINAL COMPLIANCE AND PROFESSIONAL AND CORPORATE RESPONSIBILITY

ABSTRACT: Corruption scandals and financial frauds in Brazil have helped to boost the demand for preventive legal controls with regards to professionals and general companies, notably after Mensalão Case and *Brazilian* Federal Police's *Lava Jato operation, the biggest anticorruption investigation of Brazil.* The Law 9.613/1998 imposes series of compliance obligations to various entities to identify customers, keep records of transactions and communicate suspicious transactions to the public authorities of money laundering. With innovations to the Law Laundering by Law 12.683/2012, also required, expressly, the development of policies, procedures and internal controls to prevent money laundering, under penalty of administrative and even criminal liability. Then, with the advent of the new Law 12,846/2013, known as the Anti-Corruption Act, Clean Company Law and Accountability Act of Legal Entities for acts of corruption, the importance of compliance programs gained even greater notoriety in the Brazilian business scenario, because the abstract entity has become the subject of administrative and civil responsibility, in objective form. The practice of these acts against national or foreign government also created the opening of serious sanctions and responsibility to travel company leaders. In this context, mitigate compliance risks for professionals and companies requires not only the adoption of ethical behavior in activities that develop, but also the implementation of policies, mechanisms, procedures, programs and AML and anti-corruption effective internal controls.

KEYWORDS: Compliance. Criminal Compliance. Money Laudering. Corruption.

1. Introdução

Os crescentes escândalos de corrupção e de fraudes financeiras no Brasil, notadamente após o Caso Mensalão e a Operação Lava Jato, a maior investigação anticorrupção da história brasileira, têm repercutido para intensificar a exigência de controles legais preventivos no que tange a profissionais e a empresas em geral, de modo a impor-lhes com maior rigor o cumprimento das leis e a colaboração com o poder público na prevenção e no auxílio à repressão de ilícitos.

Embora o mercado financeiro brasileiro já se submetesse a inúmeras normas de cuidado, de proteção e de vigilância que pudessem acarretar responsabilidades administrativas e penais e a Lei nº 9.613/98 impusesse expressamente obrigações de *compliance*, no campo prático, a violação a tais deveres e a sua repercussão criminal ganhou notoriedade inicialmente com o Caso "Mensalão", que resultou em condenações penais de dirigentes de instituição financeira por não terem adotado providências legais mesmo após tomarem conhecimento de operações suspeitas de lavagem de dinheiro.

Em seguida, o assunto ganhou força no cenário nacional com a publicação da nova Lei Anticorrupção nº 12.846/2013, conhecida como Lei Anticorrupção, Lei da Empresa Limpa ou Lei de Responsabilização da Pessoa Jurídica por atos de corrupção, e a sua regulamentação pelo Decreto nº 8.420, em 18 de março de 2015, após o contexto jurídico e político instalado com a intensificação da Operação Lava Jato.

É de conhecimento público que a Operação Lava Jato atingiu níveis máximos de responsabilização criminal dentro das complexas estruturas hierárquicas das corporações e das instituições, afetou a sua perenidade e a sua imagem perante o mercado e a sociedade e fez, assim, com que os atores econômicos e civis, de modo geral, passassem a refletir sobre a real necessidade de agirem em conformidade com as leis e os regulamentos, sob pena de sofrerem graves consequências de cunho jurídico e de reputação profissional e empresarial.

Diante disso, o presente artigo tem como objetivo contextualizar a evolução jurídica do *compliance* no Brasil, a partir da análise dos sistemas nacionais de combate à lavagem de dinheiro e à corrupção e das tendências jurisprudenciais e doutrinárias que intensificam e expandem a responsabilização sobre profissionais e empresas que não se atentem para essa legislação vigente.

2. Conceito de *compliance* e de *criminal compliance*

Compliance é a observância a leis, a normas e a regulamentos que regem determinada atividade profissional ou empresarial nos mais variados segmentos de mercado. *Criminal compliance*, por sua vez, é a necessidade no sentido de profissionais, empresas e instituições cumprirem normas específicas voltadas para áreas de trabalho e segmentos de mercado vinculados ou próximos a fontes de maior risco de ilícitos e fraudes, sob pena de responsabilização penal. É o caso das instituições financeiras e das corporações que podem ser utilizadas para a prática de crimes de lavagem de dinheiro e de corrupção, ou mesmo de instituições públicas, como fundos de previdência, que podem se tornar alvo de crimes contra o Sistema Financeiro Nacional ou o mercado de capitais.

O termo *compliance* origina-se do verbo inglês "*to comply*", que significa condescender, aquiescer, concordar, cumprir, obedecer, estar de acordo. A noção de *compliance* está atrelada à ideia de riscos, o risco jurídico, legal ou regulatório e o risco de imagem ou de reputação. O estabelecimento de programas de *compliance*, nesse sentido, visa evitar e mitigar esses riscos a que estão sujeitos profissionais e empresas, tendo em vista que podem ensejar responsabilidades de cunho administrativo, civil e penal.

Para Vanessa Alessi Manzi e Marcelo de Aguiar Coimbra, *compliance* significa "o dever de cumprir, de estar em conformidade e fazer cumprir leis, diretrizes, regulamentos internos e externos, buscando mitigar o risco atrelado à reputação e o risco legal/regulatório".[1]

De acordo com Joachim Vogel, *compliance* envolve "conceito que provém da economia e que foi introduzido no direito empresarial, significando a posição, observância e cumprimento das normas, não necessariamente de natureza jurídica".[2]

1 COIMBRA, Marcelo de Aguiar; MANZI, Vanessa Alessi (orgs.). **Manual de *Compliance*: preservando a boa governança e a integridade das organizações.** São Paulo: Atlas, 2010, p. 2.

2 VOGEL, Joachim, *apud* BOTTINI, Pierpaolo Cruz. **O que é *compliance* no âmbito do Direito Penal.** Consultor Jurídico. 30 abr. 2013. Em: <http://www.conjur.com.br/2013-abr-30/direito-defesa-afinal-criminal-compliance>. Acesso em: 13.11.2015.

Segundo Maria Balbina Martins de Rizzo, "o conceito de *compliance* está amplamente difundido no mercado financeiro e vem se estendendo para outras indústrias, especialmente aquelas sujeitas a maior regulamentação e fiscalização."[3] Ademais, "trata-se de uma função instituída nas organizações que lhes assegura a aderência a regras legais, regulamentares, às políticas internas e às boas práticas do mercado, evidentemente alinhadas aos objetivos globais da organização."[4] Por final, "funciona também como uma ferramenta institucional para identificar riscos e, portanto, mitigá-los para evitar perdas financeiras por sanções legais e regulatórias".[5]

Para Giovani Agostini Saavedra, o conceito de *compliance* originou-se na década de noventa e ganhou relevância jurídico-penal, especialmente com a entrada em vigor da Lei 9.613, de 3 de março 1998, e da Resolução 2.554, de 24 de setembro 1998, do Conselho Monetário Nacional. Esses marcos regulatórios impuseram às instituições financeiras e às empresas de capital aberto as obrigações de colaborarem com as investigações antilavagem, criando "deveres de *compliance*", e de implementarem sistemas de controles internos para se evitar condutas ilícitas em seu âmbito, como a corrupção, a lavagem de dinheiro e outras que exponham a risco o Sistema Financeiro Nacional.[6]

Saavedra também coloca que, no Brasil, a noção de *compliance* pode ser estudada em duas vertentes. A primeira deflui da implementação de boas práticas de governança corporativa, ocasião em que o *compliance* assume a característica de mandamento ético, no sentido de aprimorar o relacionamento da empresa com os *stakeholders* e o próprio mercado. A segunda, por sua vez, decorre da aplicação jurídica do *compliance* na seara do Direito Penal, denominada de *criminal compliance*, como por exemplo nos debates acerca dos "deveres de *compliance*" insculpidos na Lei de Lavagem de Dinheiro.[7]

O mencionado autor explica, ainda, a proximidade do estudo do *criminal compliance* com o do Direito Penal Econômico. Isso porque o *criminal compliance*, enquanto uma nova disciplina, exsurge justamente a partir dos delitos econômicos e da persecução penal efetiva dessa natureza de crimes, ensejando a responsabilização penal de administradores e de empresas e fa-

3 RIZZO, Maria Balbina Martins de. **Prevenção à Lavagem de Dinheiro nas instituições do mercado financeiro.** São Paulo: Trevisan Editora, 2013, p. 21.

4 RIZZO, Maria Balbina Martins de. *Op. cit.*, p. 21.

5 RIZZO, Maria Balbina Martins de. *Op. cit.*, p. 21.

6 SAAVEDRA, Giovani Agostini. **Reflexões iniciais sobre criminal compliance.** In: Boletim IBCCRIM, São Paulo, ano 18, nº 218, p. 11-2, jan, 2011.

7 SAAVEDRA, Giovani Agostini. *Op. cit.*.

zendo com que passassem a buscar medidas de prevenção criminal para suas atividades econômicas.[8]

Renato de Mello Jorge Silveira afirma que o *criminal compliance* é uma nova tendência em sede de Direito Penal Econômico, caracterizada pela assunção pelas empresas de preceitos éticos e de cumprimento normativo prévio, em obediência a normas decorrentes de autorregulação, ocasião em que o dano cede lugar ao perigo nas formulações típicas. Silveira ressalta que, nesse novo cenário penal, as fontes do Direito Penal não são mais centralizadas na soberania estatal, mas "o mercado, em sua agilidade adquirida, passa a trabalhar com novos instrumentos, também de influência penal, os quais trazem mutação às próprias bases da questão criminal".[9]

O *criminal compliance* no âmbito do combate à corrupção e o seu vínculo com a lavagem de dinheiro ganhou destaque no cenário brasileiro após as condenações na Ação Penal 470/MG, conhecida como "Caso Mensalão"[10].

---

8 SAAVEDRA, Giovani Agostini. *Op. cit.*

9 SILVEIRA, Renato de Mello Jorge. **Autorregulação, responsabilidade empresarial e *criminal compliance*.** In: SILVEIRA, Renato de Mello Jorge; SAAD-DINIZ, Eduardo. ***Compliance*, direito penal e lei anticorrupção.** São Paulo: Saraiva, 2015, p. 26-27.

10 Trechos do julgado do Mensalão: trecho do voto da Min. Rosa Weber: "Todas essas provas evidenciam – repito à exaustão– não terem sido, as fraudes havidas no B.R., produto do acaso ou de falhas não- intencionais, mas sim de agir criminoso deliberado. A dimensão dos fatos, a posição dos acusados de Diretores das áreas envolvidas nas fraudes, os contatos pessoais com os demais envolvidos, a prova de participação específica em alguns atos e a fraude nos relatórios semestrais de compliance são significativos e constituem provas suficientes da responsabilidade criminal dos principais dirigentes do B.R. pelos crimes de gestão fraudulenta envolvendo a concessão dos empréstimos às empresas de M.V. e ao Partido dos Trabalhadores"; trecho do voto do Min. Luiz Fux, trata de noncompliance e lavagem de dinheiro: "A tese do réu quanto ao seu desconhecimento não merece ser acolhida, à medida que o B.R. possui um sistema de controle interno, pelo qual o réu era responsável, e, inclusive, uma área de compliance que indica, consoante bem destacado pelo Sr. C.G., a prática de operações suspeitas. Assim, o réu teve a informação disponibilizada pela área de compliance e, em associação com os demais réus do núcleo financeiro, conscientemente desconsiderou os riscos inerentes às operações, a fim de viabilizar a prática de ilícitos criminais. Não há qualquer prova nos autos de que o réu V.S. tenha, na qualidade de Diretor do B.R., praticado qualquer conduta no sentido de fazer cessar as operações ilícitas perpetradas com a SMPB."; trecho do voto do Min. Ayres Britto: "Bem, no que toca a S., réu, corréu, V.S., eu também perfilho o entendimento aqui, ainda há pouco adotado pelo eminente Ministro Celso de Mello. Ele era do controle interno, respondia pelo setor de controle interno. Contra ele, há um depoimento muito forte, uma testemunha muito forte, que é de C.G.. Ele teve muitas oportunidades de aplicar as regras da compliance, de reverter o quadro de procedimentos ilícitos, saneando a contabilidade interna do Banco e não o fez. Em suma, eu também sigo na linha já retratada aqui pelos Ministros que me precederam, a partir da Ministra Rosa Weber." (nomes omitidos)

Segundo Wolfgang Schaupensteiner, referência alemã na prática de programas de *compliance*, nos termos do estudo de Eduardo Saad-Diniz[11]:

> [...] com a globalização, a corrupção e a criminalidade econômica também experimentaram o seu auge. A crise financeira deu novo ânimo à sedução de se buscar os benefícios à concorrência por meio de caminhos ilegais. As leis anticorrupção recrudesceram e uma rigorosa interpretação jurisprudencial reforçou a pressão sob a condução das empresas no sentido da preocupação com um gerenciamento adequado de risco, a fim de garantir o cumprimento das leis. Ao mesmo tempo, as empresas são cada vez mais confrontadas pelas reivindicações de *compliance* impostas pelos agentes de mercado.[12]

Em poucas palavras, o *criminal compliance*, em razão da transferência de responsabilidade a entidades do setor privado, tem o objetivo de fazer com que profissionais e empresas cooperem com o Estado: (i) na prevenção de delitos, mediante atuação *ex ante* das organizações, que passam a se organizar internamente e a estabelecer controles, procedimentos e políticas internas para prevenir a utilização de sua estrutura para fins criminosos ou o cometimento de ilícitos em seu meio; (ii) e no auxílio à repressão, agindo *ex post*, para que detectem rapidamente, apurem internamente e comuniquem as autoridades públicas eventuais delitos para fins de persecução penal.

3. *COMPLIANCE* E SISTEMA ANTILAVAGEM DE DINHEIRO NO BRASIL

Com o advento da Lei nº 9.613/1998, estabeleceu-se no Brasil verdadeira política criminal ou sistema nacional de combate à lavagem de dinheiro, fruto da harmonização regulatória no plano jurídico interno do regime global de proibição daquela espécie de crime. Tal sistema antilavagem açambarca dois subsistemas para o combate eficaz à lavagem de dinheiro: um subsistema direcionado à repressão dos delitos; e outro subsistema voltado à prevenção dessa modalidade criminosa.

No tocante à prevenção, o legislador transferiu responsabilidade a entidades do setor privado para que cooperem com as autoridades públicas na prevenção e no auxílio à repressão do crime. Como afirmam Pierpaolo Cruz

---

11 Conferir: SAAD-DINIZ, Eduardo. **O sentido normativo dos programas de *compliance* na Apn 470/MG**. Revista dos Tribunais, ano 102, vol. 933, julho/2013, p. 151-165.

12 SCHAUPENSTEINER, Wolfgang. **Rechtstreue im Unternehmen – Compliance und Krisenmanagement. Konzertiertes Vorgehen statt einzelbetriebliche Maßnahmen.** Em: <http://www.schaupensteiner.de/_doc/20100617_Passau.pdf>. Acesso em: 10 janeiro 2014, às 12h46, *apud*, SAAD-DINIZ, Eduardo. **O sentido normativo dos programas de *compliance* na Apn 470/MG.** Revista dos Tribunais, ano 102, vol. 933, julho/2013, p. 151-165. (p. 152)

Bottini e Gustavo Henrique Badaró, as estratégias de diversos países no combate à lavagem de dinheiro reconhecem a "incapacidade do Poder Público para prevenir ou investigar tal delito sem a colaboração das instituições privadas que atuam nos setores mais sensíveis à prática do crime"[13].

No aspecto da repressão criminal, a característica marcante é a previsão legal de criminalização da conduta de lavagem ou ocultação de bens, direitos e valores, e o fortalecimento dos mecanismos de persecução penal e de aplicação da lei penal pelas autoridades públicas que atuam na investigação criminal, na denúncia e no processamento desse crime, isto é, a Polícia Judiciária, o Ministério Público e o Poder Judiciário.

Sem desconsiderar a importância do subsistema de repressão, o foco principal deste trabalho é o estudo do subsistema de prevenção e os desafios que ele traz, uma vez que é a partir dele que se compreenderá a aplicação da função de *compliance* pelas entidades sensíveis sujeitas ao mecanismo de controle da Lei nº 9.613/1998.

A Lei nº 9.613/98 estabeleceu obrigações de *compliance* a empresas e a profissionais vinculados ou próximos a fontes de maior risco de lavagem de dinheiro para que ajam como guardiões – *gatekeepers* – e evitem a utilização do sistema financeiro para a prática dos ilícitos previstos na referida lei, sob pena de serem responsabilizados no âmbito administrativo e penal. A implementação da Unidade de Inteligência Financeira brasileira – COAF – teve o escopo de operacionalizar e fiscalizar o cumprimento dessa exigência legal de cooperação privada no combate à lavagem de dinheiro.

O *compliance* antilavagem é o conjunto de leis, regulamentos e normas de autorregulação[14] que visam impedir a utilização de segmentos da econo-

---

13 BADARÓ, Gustavo Henrique; BOTTINI, Pierpaolo Cruz. **Lavagem de dinheiro: aspectos penais e processuais penais: comentários à Lei nº 9.613/1998, com as alterações da Lei 12.683/2012**. São Paulo: Editora Revista dos Tribunais, 2012, p. 32.

14 As principais leis, regulamentos e normas de autorregulação que regem o *compliance* antilavagem no mercado financeiro são: Lei 9.613/98 com as alterações da Lei 12.683/2012. BACEN: Circular 3.461, de 24 de julho de 2009, alterada pela Circular 3.583 de 12 de março de 2012, alterada tbm pela Circular 3.654 de 27 de março de 2013; Carta-Circular nº 3.542/12; Circular nº 3.584/12. Resoluções COAF – Conselho de Controle de Atividades Financeiras: RESOLUÇÕES nsº 6, 7 e 8/1999, 10/2001, 15 e 16/2007, 21 e 23/2012, 24 e 25/2013. Instrução CVM nº 301, de 16 de abril de 1999, com alterações introduzidas pelas Instruções CVM nº 463/08, 506/11, 523/12, 534/13 e 553/14; Parecer de orientação CVM nº 31, de 24 de setembro de 1999; Ofício-Circular 5/2015/SIN/CVM, de 16 de julho de 2015 – Superintendência de Relações com Investidores Institucionais. Instrução PREVIC 18, de 24 de dezembro de 2014 – Superintendência Nacional de Previdência Complementar. Circular SUSEP 445, de 2 de julho de 2012 – Superintendência de Seguros Privados. Portaria 3.233/2012-DG/DPF, de 10 de dezembro de 2012 – Polícia Federal. Resolução CFC n.º 1.445/13 – Conselho Federal de Contabilidade. Resolução-COFECI nº 1.336/2014

mia para a transformação de ativos de origem ilícita em ativos aparentemente lícitos, mediante a imposição de obrigações de *compliance*.

As obrigações de *compliance* antilavagem constituem os deveres impostos expressamente nos artigos 10 e 11 da Lei nº 9.613/1998, com as alterações da Lei nº 12.683/2012, a entes do setor privado, sejam pessoas físicas ou jurídicas, no sentido de: (i) identificarem clientes; (ii) manterem registos de operações; (iii) comunicarem operações suspeitas; (iv) e desenvolverem políticas, procedimentos e controles internos para fazerem valer, de forma efetiva, aquelas três primeiras obrigações.

Observe-se que, a partir da inovação da Lei nº 12.683/2012, passou a haver previsão legal específica da obrigação de *compliance* propriamente dita no inciso III do art. 10 da Lei nº 9.613/98, ao dispor que as pessoas físicas e jurídicas sujeitas ao mecanismo de controle "deverão adotar políticas, procedimentos e controles internos, compatíveis com seu porte e volume de operações, que lhes permitam atender ao disposto neste artigo e no art. 11, na forma disciplinada pelos órgãos competentes".

As entidades sensíveis a que se refere a Lei antilavagem brasileira constam de extenso rol taxativo no seu art. 9º e todas estão sujeitas às obrigações de *compliance* insculpidas nos arts. 10 e 11. Dentre tais entidades pode-se citar, a título exemplificativo, aquelas que exercem em caráter permanente ou eventual, como atividade principal ou acessória, cumulativamente ou não, a captação, intermediação e aplicação de recursos financeiros de terceiros, em moeda nacional ou estrangeira; a compra e venda de moeda estrangeira ou ouro como ativo financeiro ou instrumento cambial; a custódia, emissão, distribuição, liquidação, negociação, intermediação ou administração de títulos ou valores mobiliários.

Importante destacar que a Lei nº 12.683/2012 ampliou o rol de entidades sensíveis sujeitas às obrigações de *compliance* e passou a exigir de outras empresas e profissionais o cumprimento desses deveres legais no exercício de suas atividades econômicas justamente por estarem próximos a fontes de risco, tais como: (i) as bolsas de valores, as bolsas de mercadorias ou futuros e os sistemas de negociação do mercado de balcão organizado; (ii) as pessoas

– Conselho Federal de Corretores de Imóveis. Resolução COFECON nº 1.902, de 28 de novembro de 2013 – Conselho Federal de Economia. Instrução Normativa DREI nº 24, de 4 de junho de 2014 – Departamento de Registro Empresarial e Integração. Resolução Normativa ANS n.º 117, de 30 de novembro de 2005 – Agência Nacional de Saúde Suplementar. Autorregulação: Normativo SARB 011/2013, da FEBRABAN – O Sistema de Autorregulação Bancária da Federação Brasileira de Bancos – FEBRABAN institui Normativo de Prevenção e Combate à Lavagem de Dinheiro e ao Financiamento do Terrorismo; Guia ANBIMA de Prevenção à "Lavagem de Dinheiro" e ao Financiamento do Terrorismo no Mercado de Capitais Brasileiro, de 06 de outubro de 2014.

físicas ou jurídicas que exerçam atividades de promoção imobiliária ou compra e venda de imóveis; (iii) as pessoas físicas ou jurídicas que comercializem bens de luxo ou de alto valor, intermedeiem a sua comercialização ou exerçam atividades que envolvam grande volume de recursos em espécie; (iv) as juntas comerciais e os registros públicos; (v) as pessoas físicas ou jurídicas que prestem, mesmo que eventualmente, serviços de assessoria, consultoria, contadoria, auditoria, aconselhamento ou assistência, de qualquer natureza, em operações; (vi) pessoas físicas ou jurídicas que atuem na promoção, intermediação, comercialização, agenciamento ou negociação de direitos de transferência de atletas, artistas ou feiras, exposições ou eventos similares; (vii) as empresas de transporte e guarda de valores, dentre outros.

Recai sobre essas entidades, assim, o dever de criarem mecanismos, políticas, procedimentos e controles internos para, na prática, identificar os seus clientes, manter os registros atualizados de seu cadastro e de suas operações e comunicar as operações suspeitas às autoridades públicas – como na hipótese de incompatibilidade das transações bancárias com a capacidade econômica do cliente. Ou seja, a implementação de um programa de *compliance* antilavagem efetivo em sua estrutura interna para prevenir a sua utilização como instrumento de lavagem de ativos e para colaborar com o poder público na repressão caso já configurado o crime.

Importante ter em mente que o programa de *compliance* antilavagem deve ser o mais amplo possível, abrangendo controles sobre as transações em espécie e operações de câmbio, de títulos e valores imobiliários, além de qualquer outro bem conversível em dinheiro. Requer, ainda, a capacitação e o treinamento constante dos diretores e empregados, além do envolvimento de colaboradores e todas as demais partes interessadas da organização na observância às normas e atos normativos.

No tocante às consequências legais em face das pessoas físicas e jurídicas que descumprirem ou se omitirem de suas obrigações de *compliance* previstas na Lei nº 9.613/98, pode-se dizer que são de duas ordens. A primeira, prevista no art. 12 da referida Lei, é a responsabilização administrativa da pessoa jurídica e de seus administradores que deixarem de cumprir as obrigações previstas nos arts. 10 e 11.

Nessa esfera, a lei prevê a aplicação, cumulativa ou não, pelas autoridades competentes, das sanções de (i) advertência; (ii) multa pecuniária; (iii) inabilitação temporária, pelo prazo de até dez anos, para o exercício de cargo de administrador das pessoas jurídicas referidas no art. 9º; e (iv) a cassação ou suspensão da autorização para o exercício da atividade. Em relação à multa, com as alterações da Lei nº 12.683/2012 houve um incremento dessa penalidade, que poderá ser de até o dobro do valor da operação ou ao dobro do lucro real obtido ou que presumivelmente seria obtido pela realização da operação, assim como pode atingir o valor de R$ 20 milhões de reais.

No aspecto penal, as principais inovações da Lei nº 12.683/12 foram a extinção do rol de crimes antecedentes e o alargamento do conceito de dolo para a configuração do crime de lavagem. Ou seja, atualmente, qualquer infração penal – crime ou contravenção – pode ser antecedente à lavagem de dinheiro e a imputação pode se dar também na forma do dolo eventual. Isto é, se houver mera suspeita de que os bens, direitos ou valores utilizados na atividade econômica ou financeira são provenientes de infração, já há espaço para a responsabilização criminal, nos contornos do § 2º, I do art.1º.[15]

Dentro do alargamento do conceito de dolo, a responsabilização de dirigentes de instituição financeira, por exemplo, que, deliberadamente, impõem barreiras de conhecimento para que relatórios ou alertas (*red flags*) de operações suspeitas de lavagem de dinheiro não cheguem a sua alçada de decisão, também é factível. Aplica-se, nesse caso, a doutrina norte-america da *willfull blindeness* ou teoria da cegueira deliberada.

Nesse cenário de expansão da responsabilidade penal, outras formas de imputação também podem ser citadas, conforme tendências jurisprudenciais e doutrinárias, como a teoria do domínio do fato ou da organização – chamados "autores de escritório" – e a omissão imprópria por infração de dever, por exemplo, do *compliance officer*, dos diretores e do presidente de uma companhia. A aplicação prática dessa ampliação da responsabilidade criminal já pode ser observada em julgados como do Caso "Mensalão" (Ação Penal 470/MG) e da Operação Lava Jato, consectário do comprometimento e atuação dos órgãos de persecução penal no combate à delinquência organizada, econômica e transnacional.

A implicação desses novos entendimentos sobre as entidades sensíveis é notória, pois transfere às pessoas jurídicas o dever de implementar programas de *compliance* antilavagem consentâneos não apenas com as leis e os regulamentos, mas também com a jurisprudência e as suas tendências. A gestão do risco de *compliance* se torna mais efetiva nesse sentido, pois a corporação exerce com mais rigor os controles, os procedimentos e as políticas internas de prevenção à lavagem de dinheiro, mitigando o risco jurídico ou legal de responsabilização administrativa e penal do ente coletivo e dos seus administradores, seja por ação ou por omissão, e o risco de imagem ou reputação que pode advir do impacto público do envolvimento da empresa em investigações criminais e processos judiciais.

15 HAYASHI, Felipe Eduardo Hideo. Palestra intitulada **"Criminal Compliance e Responsabilidade Empresarial e Profissional"**, ministrada no IV Congresso Brasileiro de Governança Tributária, promovido pelo Instituto Brasileiro de Planejamento e Tributação, em 01.10.2015, em São Paulo/SP.

4. *Compliance* e sistema anticorrupção no Brasil

A partir dos anos 90, estabeleceu-se ampla política mundial de combate à corrupção positivada em atos internacionais multilaterais específicos para esse tema e vinculantes para os Estados partes, conformando-se verdadeiro regime transnacional anticorrupção por meio da aprovação da Convenção Interamericana contra a Corrupção da Organização dos Estados Americanos – OEA, de 1996; da Convenção sobre o Combate da Corrupção de Funcionários Públicos Estrangeiros em Transações Comerciais Internacionais da Organização para a Cooperação Econômica e o Desenvolvimento – OCDE, de 1997; da Convenção das Nações Unidas Contra a Corrupção, de 2003, conhecida como Convenção de Mérida; e da Convenção das Nações Unidas Contra o Crime Organizado Transnacional, de 2000.[16]

O Estado brasileiro seguiu essa política internacional anticorrupção e ratificou todas essas Convenções internacionais, e isso repercutiu na política interna brasileira anticorrupção, uma vez que tais instrumentos internacionais preveem um conjunto de medidas transnacionais de combate à corrupção de caráter preventivo e repressivo para fins de adequação do direito interno pátrio.[17]Essas medidas anticorrupção internalizadas no direito brasileiro e as que já existiam na legislação compõem uma espécie de sistema anticorrupção no Brasil, sendo que duas delas integram o objeto deste estudo, são de extrema relevância e estão entrelaçadas: (i) a responsabilidade das pessoas jurídicas por atos de corrupção; (ii) e transferência de responsabilidade para o setor privado na implementação de programas de *compliance* anticorrupção.

A responsabilização de pessoas jurídicas é uma importante medida transnacional anticorrupção prevista nas Convenções da ONU (art. 26), da OCDE (art. 2 e art. 3, parágrafo 2º) e de Palermo (art. 10). Esses três atos internacionais multilaterais preveem que cada Estado parte deverá adotar medidas necessárias, em consonância com seus princípios constitucionais, no sentido de estabelecer a responsabilidade de pessoas jurídicas por sua participação nos delitos de corrupção. A observância aos preceitos fundamentais que regem os Estados partes na implementação desta medida específica é ressaltada de forma expressa pelas Convenções de Mérida e de Palermo, quando dispõem que a responsabilidade das pessoas jurídicas poderá ser de índole penal, civil ou administrativa.[18]

No Brasil, como inexiste na Constituição Federal norma que admita a responsabilização penal da pessoa jurídica por atos de corrupção, a fim de dar cumprimento às Convenções internacionais, especialmente ao artigo 26 da

16 HAYASHI, Felipe Eduardo Hideo. *Op. cit.*

17 HAYASHI, Felipe Eduardo Hideo. *Op. cit.*

18 HAYASHI, Felipe Eduardo Hideo. *Op. cit.*, p. 169.

Convenção de Mérida e ao artigo 2 da Convenção da OCDE, o legislador infraconstitucional instituiu a Lei nº 12.846, de 1º de agosto de 2013, que dispõe sobre a responsabilização objetiva administrativa e civil de pessoas jurídicas pela prática de atos contra a administração pública nacional ou estrangeira – art. 1º, conhecida como Lei Anticorrupção, Lei da Empresa Limpa ou Lei de Responsabilização da Pessoa Jurídica por atos de corrupção.[19]

Essa nova Lei inovou significativamente o combate à corrupção no Brasil ao imputar sanções civis e administrativas aos entes coletivos por eventuais atos de corrupção praticados em seu interesse ou benefício, exclusivo ou não – art. 2º –[20], não excluindo a responsabilidade individual de seus dirigentes ou administradores ou de qualquer pessoa natural, autora, coautora ou partícipe do ato ilícito – art. 3º.[21] Ou seja, o dirigente de uma empresa que, por exemplo, efetue pagamento de vantagem indevida a funcionário público para firmar contratos com a administração pública, mediante direcionamento de certame licitatório, responderá de forma independente por delitos de corrupção ativa e os previstos na Lei nº 8.666/93 e a pessoa jurídica que represente também poderá sofrer penas específicas cominadas nos termos da Lei nº 12.846/2013.[22]

Os atos lesivos à administração pública nacional ou estrangeira para os fins da Lei são todos aqueles praticados pelas pessoas jurídicas que atentem contra o patrimônio público nacional ou estrangeiro, contra os princípios da administração pública – art. 37, da CF – ou contra os compromissos internacionais assumidos pelo Brasil, conforme o art. 5º, incisos I a V, sendo que a maioria das condutas configuram delitos tipificados no Código Penal e na Lei nº 8.666/93.[23]

---

19 HAYASHI, Felipe Eduardo Hideo. *Op. cit.*, p. 171.

20 Segundo Modesto Carvalhosa, esses dois requisitos devem estar presentes para a responsabilização objetiva da pessoa jurídica, isto é, deve haver uma conduta proativa por parte dela – "conduziu-se proativamente na produção de tais delitos de corrupção, mesmo que estes tenham sido praticados por terceiro que não integrem seus quadros" – ou a concordância com tais atos ilícitos praticados por agentes públicos, ainda que a empresa figure numa posição de vítima, como no caso do crime de concussão – "instigado à prática do delito corruptivo por iniciativa dos agentes públicos, nada fez para coibi-los, estabelecendo o concurso na prática do ato corruptivo [...]". É pressuposto da condenação, assim, o interesse direto ou indireto da pessoa jurídica no ato corrupto praticado em detrimento do poder público. CARVALHOSA, Modesto. **Considerações sobre a lei anticorrupção das pessoas jurídicas: Lei 12.846/2013**. São Paulo: Editora Revista dos Tribunais, 2015, p. 52-54.

21 HAYASHI, Felipe Eduardo Hideo. *Op. cit.*, p. 172.

22 HAYASHI, Felipe Eduardo Hideo. *Op. cit.*, p. 172.

23 HAYASHI, Felipe Eduardo Hideo. *Op. cit.*, p. 172.

As sanções aplicáveis às pessoas jurídicas estão previstas no art. 6° da Lei da Empresa Limpa e podem ser: "I – multa, no valor de 0,1% (um décimo por cento) a 20% (vinte por cento) do faturamento bruto do último exercício anterior ao da instauração do processo administrativo, excluídos os tributos, a qual nunca será inferior à vantagem auferida, quando for possível sua estimação"; e "II – publicação extraordinária da decisão condenatória". Observe-se que quando não for possível utilizar o critério do valor do faturamento bruto da pessoa jurídica, a multa será de R$ 6.000,00 (seis mil reais) a R$ 60.000.000,00 (sessenta milhões de reais).[24]

De fato, a Lei Anticorrupção supriu um vazio no ordenamento jurídico brasileiro no tocante à responsabilização de entes coletivos envolvidos em atos de corrupção.[25] Flávio Rezende Dematté explica que antes do advento da Lei 12.846/2013, o sistema anticorrupção brasileiro limitava-se a punir as pessoas jurídicas por eventuais ilícitos nas esferas civil e administrativa com base na Lei de Improbidade Administrativa n. 8.429/1992 e na Lei de Licitações n. 8.666/93. Essas normas jurídicas, entretanto, não se aplicavam a atos de corrupção cometidos contra a administração pública estrangeira por pessoas jurídicas nacionais ou com representação no Brasil e havia uma série de limitações para a responsabilização das empresas mediante a utilização daqueles instrumentos legais.[26]

Embora a Lei Anticorrupção seja uma grande conquista para o direito pátrio, Jorge Ulisses Jacoby Fernandes e Karina Amorim Sampaio Costa criticam o fato de o legislador ter limitado o campo de abrangência da Lei

---

24 BRASIL. **Lei nº 12.486, em 01 de agosto de 2013.** *Op. cit.*

25 Cf. Exposição de Motivos EMI 00011 2009 – CGU/MJ/AGU, datada de 23.10.2009, subscrita pelos Ministros de Estado Jorge Hage Sobrinho, Tarso Genro e Luís Inácio Luvena Adams, que acompanhou anteprojeto de lei encaminhado ao Sr. Presidente da República Luís Inácio Lula da Silva, posteriormente enviado ao Congresso Nacional sob forma de projeto de lei, por meio da Mensagem 52, de 08.02.2010, p. 1.

26 DEMATTÉ, Flávio Rezende. **Responsabilização de pessoas jurídicas por corrupção: a Lei nº 12.846/2013 segundo o direito de intervenção.** 1ª ed. Belo Horizonte: Fórum, 2015, p. 105-107. Cf. Dematté explica, por exemplo, que a Lei de Improbidade exige a comprovação de dolo ou culpa para a imputação das condutas, pois a responsabilização tem natureza subjetiva e não objetiva e isso reflete na eventual punição das pessoas jurídicas favorecidas com o ato improbo. Em relação à Lei nº 8.666/93, as dificuldades para uma efetiva responsabilização da pessoa jurídica por atos de corrupção são ainda maiores, pois não há um rito procedimental claro e definido, a tipificação dos ilícitos administrativos da Lei de Licitações não é precisa, as sanções não atingem diretamente o patrimônio dos entes coletivos e não impõem o imediato ressarcimento dos danos ocasionados contra a administração pública, as penalidades ou são muito severas ou muito brandas e o uso da Lei de Licitações para fins responsabilização da empresa restringe-se a atos corrupção praticados em benefício daquela no âmbito de um processo licitatório de um contrato administrativo.

apenas a questões afetas às esferas cível e administrativa, pois poderia ter ido além e instituído, formalmente, a sistematização legal desse tema em todos os aspectos, consolidando todas as leis anteriores já vigentes em uma só, a teor do disposto na Lei Complementar 95/1998.[27]

Outra medida transnacional anticorrupção proposta pelo regime internacional de combate é justamente a transferência de responsabilidade para o setor privado na implementação do *compliance*, assunto amplamente tratado no artigo 12 da Convenção de Mérida como mecanismo de prevenção à corrupção. Os Estados partes deverão adotar medidas para prevenir a corrupção e melhorar as normas contábeis e de auditoria no setor privado, prevendo sanções civis, administrativas ou penais eficazes em caso de não cumprimento – parágrafo 1.[28]

As medidas elencadas pela Convenção para alcançar esses fins estão previstas no parágrafo 2 do artigo referido, com destaque para a formulação de normas e procedimentos com o fim de manter a integridade das entidades privadas, tais como códigos de conduta para o correto exercício das atividades comerciais e das profissões, e para a prevenção de conflitos de interesse, assim como para a promoção de boas práticas comerciais entre as empresas e as relações contratuais das empresas com o poder público – alínea "b":[29]

> 2 As medidas que se adotem para alcançar esses fins poderão consistir, entre outras coisas, em:
> a) Promover a cooperação entre os organismos encarregados de fazer cumprir a lei e as entidades privadas pertinentes;
> b) Promover a formulação de normas e procedimentos com o objetivo de salvaguardar a integridade das entidades privadas pertinentes, incluídos códigos de conduta para o correto, honroso e devido exercício das atividades comerciais e de todas as profissões pertinentes e para a prevenção de conflitos de interesses, assim como para a promoção do uso de boas práticas comerciais entre as empresas e as relações contratuais das empresas com o Estado;
> c) Promover a transparência entre entidades privadas, incluídas, quando proceder, medidas relativas à identificação das pessoas jurídicas e físicas envolvidas no estabelecimento e na gestão de empresas;
> d) Prevenir a utilização indevida dos procedimentos que regulam as entidades privadas, incluindo os procedimentos relativos à concessão de subsídios e licenças pelas autoridades públicas para atividades comerciais;

27 JACOBY FERNANDES, Jorge Ulisses; COSTA, Karina Amorim Sampaio. **Breves Comentários à Lei da Responsabilização Administrativa e Civil de Pessoas Jurídicas pela Prática de Atos Contra a Administração Pública, Nacional ou Estrangeira**. In: DO NASCIMENTO, Melillo Dinis (org). **Lei Anticorrupção empresarial: aspectos críticos à Lei 12.846/2013**. Belo Horizonte: Fórum, 2014.

28 HAYASHI, Felipe Eduardo Hideo. *Op. cit.*, p. 177.

29 HAYASHI, Felipe Eduardo Hideo. *Op. cit.*, p. 177.

> e) Prevenir os conflitos de interesse impondo restrições apropriadas, durante um período razoável, às atividades profissionais de ex-funcionários públicos ou à contratação de funcionários públicos pelo setor privado depois de sua renúncia ou aposentadoria quando essas atividades ou essa contratação estejam diretamente relacionadas com as funções desempenhadas ou supervisionadas por esses funcionários públicos durante sua permanência no cargo;
>
> f) Velar para que as empresas privadas, tendo em conta sua estrutura e tamanho, disponham de suficientes controles contábeis internos para ajudar a prevenir e detectar os atos de corrupção e para que as contas e os estados financeiros requeridos dessas empresas privadas estejam sujeitos a procedimentos apropriados de auditoria e certificação;

Nesse contexto, a Lei anticorrupção brasileira dispôs no art. 7º que, dentre outros critérios, serão levados em consideração na aplicação das sanções a cooperação da pessoa jurídica na apuração das infrações – inciso VII – e a existência de mecanismos e procedimentos internos de integridade, auditoria e incentivo à denúncia de irregularidades e a aplicação efetiva de códigos de ética e de conduta no âmbito da pessoa jurídica – inciso VIII. Trata-se da necessidade desenvolvimento de programas de *compliance* por pessoas jurídicas a fim de prevenir, detectar e solucionar condutas corruptas no seio da empresa, de modo a mitigar os efeitos de provável sanção administrativa e judicial.[30]

Sem dúvida, o *compliance* anticorrupção figura no topo da lista de prioridades de empresas que contratam com o poder público, especialmente as multinacionais. O papel da iniciativa privada na prevenção da corrupção e na preservação dos princípios éticos e de integridade no meio corporativo é imprescindível e foi impulsionado a partir da aplicação rigorosa pelos Estados Unidos do *Foreign Corrupt Practices Act* – FCPA, de 1977, por intermédio do *Department of Justice – DOJ* e pela *U.S. Securities & Exchange Commission – SEC*. Outra lei anticorrupção nesse sentido com destaque internacional é o *UK Bribery Act*, de 2010, do Reino Unido.[31]

Para Dematté, "os programas de *compliance* garantem a adoção de condutas em conformidade com as normas e políticas internas e externas à empresa, além de fomentar um ambiente ético e transparente que se coadune com as boas práticas corporativas".[32] Prossegue afirmando que se trata de uma evolução na legislação nacional, pois os controles, procedimentos e políticas internas de prevenção à corrupção serão levados em consideração para

30 HAYASHI, Felipe Eduardo Hideo. *Op. cit.*, p. 177.

31 MAEDA, Bruno Carneiro. **Programas de Compliance Anticorrupção: importância e elementos essenciais.** In: DEL DEBBIO, Alessandra; MAEDA, Bruno Carneiro; AYRES, Carlos Henrique da Silva (coord.). **Temas de Anticorrupção e Compliance.** Rio de Janeiro: Elsevier, 2013, p. 167-201. (p. 168-169)

32 DEMATTÉ, Flávio Rezende. *Op. cit.*, p. 129.

fins de dosimetria das sanções, sistemática já aplicada em países como os Estados Unidos e Reino Unido.[33]

Modesto Carvalhosa, ao tratar do regime de conformidade, afirma que:

> Os programas e as medidas concretas tomadas pelas pessoas jurídicas visando criar, incentivar e efetivar métodos de conformidade das suas atividades com as exigências legais e regulamentares emanadas pelo Estado incluem as práticas relacionadas com a moralidade da conduta profissional dos integrantes de seus quadros – dirigentes e empregados. Essas práticas compreendem os relacionamentos da pessoa jurídica (i) internos; (ii) com outras pessoas jurídicas; e (iii) com o Estado. [34]

Segundo Renato de Oliveira Capanema, dois pontos merecem ser ressaltados no tocante ao *compliance* corporativo. O primeiro é o fato de que, por mais completo e estruturado que seja um programa de integridade, é improvável que ele seja capaz de acabar completamente com a prática de irregularidades. O segundo é a necessidade de que o programa não se torne uma commodity, isto é, uma fórmula pronta incorporada pelas pessoas jurídicas, haja vista que o mesmo deve ser moldado para atender às peculiaridades de cada organização, levando em consideração o seu tamanho, área de atuação e o nível de relacionamento com o poder público.[35]

No tocante aos programas de *compliance*, especificamente, nos termos do parágrafo único do art. 7º da Lei Anticorrupção nº 12.846/2013, o regulamento do Poder Executivo federal, consubstanciado no Decreto nº 8.420, de 18 de março de 2015, estabeleceu no seu Capítulo IV, arts. 41 e 42, para fins de majoração de sanções, os parâmetros de avaliação de mecanismos e procedimentos internos de integridade.[36]

Deflui de tal regulamento que o programa de integridade consiste, no âmbito de uma pessoa jurídica, no conjunto de mecanismos e procedimentos internos de integridade, auditoria e incentivo à denúncia de irregularidades e na aplicação efetiva de códigos de ética e de conduta, políticas e diretrizes com objetivo de detectar e sanar desvios, fraudes, irregularidades e atos ilícitos praticados contra a administração pública, nacional ou estrangeira. Ainda, que o programa de integridade deve ser estruturado, aplicado e atualizado de acordo com as características e riscos atuais das atividades de cada pessoa jurídica, que, por sua vez, deve garantir o constante aprimoramento e

33 DEMATTÉ, Flávio Rezende. *Op. cit.*, p. 129.

34 CARVALHOSA, Modesto. *Op. cit.*, p. 323.

35 CAPANEMA, Renato de Oliveira. **Inovações da Lei nº 12.846/2013.** In: DO NASCIMENTO, Melillo Dinis (org). **Lei Anticorrupção empresarial: aspectos críticos à Lei nº 12.846/2013**. Belo Horizonte: Fórum, 2014, p. 22.

36 HAYASHI, Felipe Eduardo Hideo. *Op. cit.*, p. 182.

adaptação do referido programa, visando assegurar sua efetividade – art. 41, do mencionado Decreto.[37]

Com a mesma finalidade, a Controladoria-Geral da União, por intermédio de seu Ministro de Estado Chefe, editou a Portaria CGU nº 909, de 7 de abril de 2015, pela qual estabeleceu a forma como as pessoas jurídicas deverão apresentar o seu programa de integridade para fins de avaliação, mediante a utilização de relatórios de perfil e de conformidade do programa. Essa avaliação do programa de integridade refletirá: (i) no percentual de redução da multa de que trata o inciso V do art. 18 do Decreto nº 8.420, de 2015; (ii) e será levada em consideração para a fixação, em eventual acordo de leniência, da cláusula que trata da adoção, aplicação ou aperfeiçoamento de programa de integridade, para os fins do disposto no inciso IV do art. 37 do referido Decreto.[38]

Na avaliação de um programa de *compliance* serão levados em consideração vários parâmetros, tais como o comprometimento da alta direção da pessoa jurídica; padrões de conduta, código de ética, políticas e procedimentos de integridade aplicáveis a todos os empregados e administradores, independentemente de cargo ou função exercidos, bem como a extensão desses a terceiros, como fornecedores, prestadores de serviço, agentes intermediários e associados; treinamentos periódicos sobre o programa de *compliance*; análise periódica dos riscos para aprimorar o programa; registros contábeis completos e precisos sobre as transações da pessoa jurídica; controles internos que assegurem a pronta elaboração e confiabilidade de relatórios e demonstrações financeiras da pessoa jurídica; procedimentos específicos para prevenção de fraudes e ilícitos na contratação com o poder público; a independência da função de *compliance* dentro da corporação; a existência de canais de denúncia de irregularidades abertos e amplamente divulgados aos funcionários e a terceiros, bem como meios de proteção a denunciantes de boa-fé; medidas disciplinares em caso de violação ao programa de integridade; procedimentos para detecção rápida e interrupção de irregularidades, com a remediação dos danos ocasionados; devidas diligências para fins de contratação, dentre outros.[39]

Dentre esses inúmeros parâmetros, aspecto importante que se extrai do § 2º do art. 42 do Decreto nº 8.420/2015 e §2º do art. 5º da Portaria CGU nº

37 HAYASHI, Felipe Eduardo Hideo. *Op. cit.*, p. 182

38 HAYASHI, Felipe Eduardo Hideo. *Op. cit.*, p. 182

39 BRASIL. **Decreto nº 8.420, de 18 de março de 2015. Regulamenta a Lei nº 12.846, de 1 de agosto de 2013, que dispõe sobre a responsabilização administrativa de pessoas jurídicas pela prática de atos contra a administração pública, nacional ou estrangeira e dá outras providências.** Em: <http://www.planalto.gov.br/ccivil_03/_Ato2015-2018/2015/Decreto/D8420.htm>. Acesso em: 26.11.2015.

909/2015 é o critério legal de efetividade do programa de integridade em relação ao ato lesivo objeto de apuração. A efetividade deverá ser sempre levada em consideração para fins de avaliação do *compliance* anticorrupção em uma organização, sendo que um programa de integridade meramente de fachada – *sham programs* –, isto é, apenas formalmente implementado no "papel" ou que se revele absolutamente ineficaz para mitigar o risco de ocorrência de atos lesivos da Lei nº 12.846/2013, não poderá ser considerado para fins de aplicação de benefícios legais à infratora, como a redução da multa aplicada à pessoa jurídica.[40]

A norma anticorrupção também é expressa ao mencionar que na avaliação desses parâmetros serão levados em consideração o porte e as especificidades do ente coletivo, como a quantidade de empregados e colaboradores; a complexidade da hierarquia interna e a quantidade de departamentos, diretorias ou setores; a utilização de agentes intermediários como consultores ou representantes comerciais; o segmento de mercado em que a empresa atua; os países em que a corporação atua, direta ou indiretamente; o nível de interação da empresa com o setor público e a importância de autorizações, licenças e permissões governamentais em suas operações; a quantidade e a localização das pessoas jurídicas que compõem o grupo econômico; e o fato de ser qualificada como uma microempresa ou uma empresa de pequeno porte.[41]

No caso das empresas de pequeno porte, importante ressaltar que a norma não exige um rigor tão grande de formalidades para os parâmetros de seu programa de *compliance*, diferentemente de uma multinacional, que deverá atender a todos os critérios.

Sem dúvida, a medida transnacional anticorrupção de *compliance* é de notória importância em todos os seus aspectos jurídicos – criminal, civil, administrativo –, mormente em razão da recente Lei anticorrupção brasileira 12.846/2013, da jurisprudência firmada pelo Supremo Tribunal Federal no caso Mensalão e dos efeitos da Operação Lava Jato sobre a exigência de um controle mais efetivo e perspicaz pelas autoridades, as entidades do mercado e a sociedade civil acerca da boa governança, da ética, da integridade e da gestão do risco como fatores preponderantes nas atividades das corporações e das instituições públicas para a prevenção, a detecção, a comunicação e a apuração de ilícitos.[42]

---

40 HAYASHI, Felipe Eduardo Hideo. *Op. cit.*, p. 183

41 BRASIL. **Decreto nº 8.420, de 18 de março de 2015. Regulamenta a Lei nº 12.846, de 1 de agosto de 2013, que dispõe sobre a responsabilização administrativa de pessoas jurídicas pela prática de atos contra a administração pública, nacional ou estrangeira e dá outras providências.** Em: <http://www.planalto.gov.br/ccivil_03/_Ato2015-2018/2015/Decreto/D8420.htm>. Acesso em: 26.11.2015.

42 HAYASHI, Felipe Eduardo Hideo. *Op. cit.*, p. 183.

5. Conclusão

O presente artigo teve como objetivo introduzir o estudo e ensejar o debate em torno do *criminal compliance* e das responsabilidades profissional e empresarial inerentes, com enfoque nos sistemas de combate à lavagem de dinheiro e à corrupção vigentes no Brasil.

A importância do tema decorre do fato de que os constantes escândalos de corrupção e de fraudes financeiras no Brasil têm repercutido na intensificação de exigência de controles legais preventivos para profissionais e empresas em geral.

No tocante à lavagem de dinheiro, verificou-se que a Lei nº 9.613/1998 impôs série de obrigações de *compliance* a várias entidades do setor privado para que identificassem clientes, mantivessem registros de operações e comunicassem às autoridades públicas operações suspeitas de lavagem de dinheiro.

Com as inovações à Lei de Lavagem pela Lei nº 12.683/2012, a obrigação de *compliance* propriamente dita passou a ser expressa no sentido de exigir que entidades de vários segmentos do mercado desenvolvam políticas, procedimentos e controles internos para prevenir a lavagem de dinheiro, sob pena de responsabilização administrativa e até penal.

Seguidamente, com o advento da nova Lei nº 12.846/2013, conhecida como Lei Anticorrupção, Lei da Empresa Limpa ou Lei de Responsabilização da Pessoa Jurídica por atos de corrupção, a importância dos programas de *compliance* ganhou ainda maior notoriedade no cenário empresarial brasileiro, pois o ente abstrato passou a ser objeto de responsabilização administrativa e civil, de forma objetiva, pela prática de eventuais atos contra a administração pública nacional ou estrangeira, com a possibilidade de sofrer graves sanções.

Isso também tornou factível a responsabilização penal de dirigentes de corporações que se omitam em seus deveres de *compliance* anticorrupção.

Em conclusão, diante do atual cenário legislativo brasileiro e da crescente cultura institucional de combate à lavagem de dinheiro e à corrupção, especialmente após o Caso Mensalão e a intensificação da Operação Lava Jato, a mitigação dos riscos de *compliance* para os profissionais como para as empresas requer tanto a adoção de postura ética nas atividades que desenvolvam como a implementação de políticas, mecanismos, procedimentos, programas e controles internos efetivos antilavagem e anticorrupção consentâneos com a atual legislação, a sua regulamentação e as tendências jurisprudenciais e doutrinárias. Enfim, a observância a normas de *compliance* se tornou necessária não só para a prevenção dos riscos jurídico e de imagem, mas como meio e prática de sobrevivência a longo prazo das corporações no mercado.

Referências bibliográficas

BADARÓ, Gustavo Henrique; BOTTINI, Pierpaolo Cruz. **Lavagem de dinheiro: aspectos penais e processuais penais: comentários à Lei nº 9.613/1998, com as alterações da Lei nº 12.683/2012**. São Paulo: Editora Revista dos Tribunais, 2012.

BRASIL. **Decreto nº 8.420, de 18 de março de 2015. Regulamenta a Lei nº 12.846, de 1 de agosto de 2013, que dispõe sobre a responsabilização administrativa de pessoas jurídicas pela prática de atos contra a administração pública, nacional ou estrangeira e dá outras providências.** Em: <http://www.planalto.gov.br/ccivil_03/_Ato2015-2018/2015/Decreto/D8420.htm>. Acesso em: 26.11.2015.

BRASIL. **Lei nº 9.613, de 3 de março de 1998. Dispõe sobre os crimes de "lavagem" ou ocultação de bens, direitos e valores; a prevenção da utilização do sistema financeiro para os ilícitos previstos nesta Lei; cria o Conselho de Controle de Atividades Financeiras – COAF, e dá outras providências.** Em: < http://www.planalto.gov.br/ccivil_03/leis/L9613.htm> Acesso em: 13.11.2015.

BRASIL. **Lei nº 12.486, em 01 de agosto de 2013. Dispõe sobre a responsabilização administrativa e civil de pessoas jurídicas pela prática de atos contra a administração pública, nacional ou estrangeira, e dá outras providências.** Em: <http://www.planalto.gov.br/ccivil_03/_ato2011-2014/2013/lei/l12846.htm> Acesso em: 21.11.2015.

CAPANEMA, Renato de Oliveira. **Inovações da Lei nº 12.846/2013.** In: DO NASCIMENTO, Melillo Dinis (org). **Lei Anticorrupção empresarial: aspectos críticos à Lei 12.846/2013**. Belo Horizonte: Fórum, 2014.

CARVALHOSA, Modesto. **Considerações sobre a Lei Anticorrupção das Pessoas Jurídicas.** São Paulo: Editora Revista dos Tribunais, 2014.

COIMBRA, Marcelo de Aguiar; MANZI, Vanessa Alessi (orgs.). **Manual de *Compliance*: preservando a boa governança e a integridade das organizações.** São Paulo: Atlas, 2010.

CONSELHO DE CONTROLE DE ATIVIDADES FINANCEIRAS – COAF. **Lavagem de dinheiro.** Disponível em: <https://www.coaf.fazenda.gov.br/conteudo/sobre-lavagem-de-dinheiro-1/fases>. Acesso em: junho de 2015.

DE CARLI, Carla Veríssimo. **Lavagem de Dinheiro: ideologia da criminalização e análise do discurso.** Porto Alegre: Verbo Jurídico, 2008.

DEMATTÉ, Flávio Rezende. **Responsabilização de pessoas jurídicas por corrupção: a Lei nº 12.846/2013 segundo o direito de intervenção.** 1ª ed. Belo Horizonte: Fórum, 2015.

HAYASHI, Felipe Eduardo Hideo. **Corrupção: Combate Transnacional, *Compliance* e Investigação Criminal**. Rio de Janeiro: Editora Lumen Juris, 2015.

HAYASHI, Felipe Eduardo Hideo. Palestra intitulada **"Criminal Compliance e Responsabilidade Empresarial e Profissional"**, ministrada no IV Congresso Brasileiro de Governança Tributária, promovido pelo Instituto Brasileiro de Planejamento e Tributação, em 01.10.2015, em São Paulo/SP.

JACOBY FERNANDES, Jorge Ulisses; COSTA, Karina Amorim Sampaio. **Breves Comentários à Lei da Responsabilização Administrativa e Civil de Pessoas Jurídicas pela Prática de Atos Contra a Administração Pública, Nacional ou Estrangeira.** In: DO NASCIMENTO, Melillo Dinis (org). **Lei Anticorrupção empresarial: aspectos críticos à Lei 12.846/2013**. Belo Horizonte: Fórum, 2014.

MAEDA, Bruno Carneiro. **Programas de Compliance Anticorrupção: importância e elementos essenciais.** In: DEL DEBBIO, Alessandra; MAEDA, Bruno Carneiro; AYRES, Carlos Henrique da Silva (coord.). **Temas de Anticorrupção e Compliance**. Rio de Janeiro: Elsevier, 2013, p. 167-201.

RIZZO, Maria Balbina Martins de. **Prevenção à Lavagem de Dinheiro nas instituições do mercado financeiro**. São Paulo: Trevisan Editora, 2013.

SAAD-DINIZ, Eduardo. **O sentido normativo dos programas de *compliance* na Apn 470/MG**. Revista dos Tribunais, ano 102, vol. 933, julho/2013, p. 151-165.

SAAVEDRA, Giovani Agostini. **Reflexões iniciais sobre criminal compliance**. In: Boletim IBCCRIM, São Paulo, ano 18, nº 218, p. 11-2, jan, 2011.

SILVEIRA, Renato de Mello Jorge; SAAD-DINIZ, Eduardo. ***Compliance*, direito penal e lei anticorrupção**. São Paulo: Saraiva, 2015.

SCHAUPENSTEINER, Wolfgang. **Rechtstreue im Unternehmen – Compliance und Krisenmanagement. Konzertiertes Vorgehen statt einzelbetriebliche Maßnahmen**. Em: <http://www.schaupensteiner.de/_doc/20100617_Passau.pdf>. Acesso em: 10 janeiro 2014, às 12h46, *apud*, SAAD-DINIZ, Eduardo. **O sentido normativo dos programas de *compliance* na Apn 470/MG**. Revista dos Tribunais, ano 102, vol. 933, julho/2013, p. 151-165.

VOGEL *apud* BOTTINI, Pierpaolo Cruz. **O que é *compliance* no âmbito do Direito Penal.** Consultor Jurídico. 30 abr. 2013. Em: <http://www.conjur.com.br/2013-abr-30/direito-defesa-afinal-criminal-compliance>. Acesso em: 13.11.2015.

A EXTINÇÃO DO CRÉDITO FISCAL COMO CAUSA GERAL DE EXTINÇÃO DA PUNIBILIDADE NOS CRIMES TRIBUTÁRIOS

Gustavo Britta Scandelari

RESUMO: A legislação indica apenas o *pagamento* do valor devido como causa de extinção da punibilidade nos crimes tributários. Este estudo indica *outras* hipóteses legais de extinção de crédito tributário como também aptas a fundamentar decisão que declara a extinção da punibilidade de crime contra a ordem tributária. Trata-se de emprestar maior amplitude ao texto legal no que se refere ao trato criminal da questão, valendo-se, para tanto, da legislação tributária.

PALAVRAS-CHAVE: Crimes tributários – Extinção do crédito – Extinção da punibilidade.

TITLE: The tax credit extinction as a general cause of extinction of the penalty for tax crimes.

ABSTRACT: The law indicates only the *payment* of the amount due as a cause of extinction of the criminal penalty of tax offences. This study indicates *other* causes of extinction of tax credit as also able to substantiate decision declaring the extinction of the criminal penalty of tax crimes. The legal text regarding the regulation of criminal penalty extinction must be interpreted with a broader meaning, for which purpose the tax legislation is useful.

Keywords: Tax crimes – Extinction of the tax credit – Criminal penalty extinction.

1. Introdução: histórico e linhas gerais sobre a extinção da punibilidade

Uma interpretação literal da legislação criminal permite a conclusão de que somente se admite o *pagamento* do tributo como causa de extinção da punibilidade da sonegação fiscal. Todavia, o Código Tributário Nacional prevê várias *outras* modalidades de extinção do crédito tributário (art. 156). Daí a dúvida: será mesmo somente o pagamento que se pode admitir como meio eficaz de produção da extinção da punibilidade do crime? A questão não é simples.

A possibilidade de se exercer o *direito de ação* depende da verificação de suficientes indícios de um *ilícito penal* em face do qual não exista nenhuma causa negando-lhe a *punibilidade*. Isso significa que há exigências de *direito material* a serem observadas a todo tempo: *antes* que se exerça o *direito processual* de persecução relativo a determinado fato; *durante* o exercício desse direito; *após* a cessação de seu uso, isto é: na fase de *execução* da pena.

Não cabe, aqui, pesquisar os *momentos* em que, de acordo com a legislação, deve realizar-se o pagamento ou a reparação do dano produzido pelo crime tributário para que haja a extinção da punibilidade, tampouco preferir a natureza de direito *material* ou de direito *processual* no trato do instituto jurídico da *extinção da punibilidade*.[1] Essa pretensão acadêmica equivale a perseverar na procura de um limite exato entre o Direito Penal e o Direito Processual Penal, uma *fronteira final* que pode sequer existir.[2]

O presente estudo busca alinhar aspectos básicos das *causas extintivas de punibilidade* em geral para, em seguida, verificar quais poderiam ser admitidas como equivalentes ao pagamento do tributo. Não terão atenção as várias classificações que delas já fez a literatura[3], haja vista não serem requeridas pela pesquisa aqui proposta.

Cumpre rever, para começar, os aspectos essenciais da *pena criminal*, que, via de regra, estão a salvo de graves polêmicas científicas. Para esse fim, a produção liberal de CARRARA (séc. XIX) – influenciada pelas ideias iluministas do Marquês de BECCARIA (séc. XVIII) – é uma referência. Em investigação sobre as qualidades da *pena criminal*, CARRARA distinguiu, nela, duas *forças*: a *física* e a *moral*. A primeira consiste na execução da pena, consideradas a sua *duração* e *intensidade*, bem como os *meios materiais* pelos quais ela pode ser aplicada; a segunda significa a motivação dada pela "*vontade racional* do juiz competente, que interpreta e aplica a vontade da lei",[4] e

1 Para Érika MENDES DE CARVALHO, a terminologia mais adequada seria "causa de extinção da *responsabilidade penal*", porque ela não intervém no aperfeiçoamento do delito (pressupondo todas as suas categorias) nem afeta a punibilidade (a qual sempre subjaz abstratamente à norma penal), atingindo somente a *pena* (**Punibilidade e delito.** São Paulo: Revista dos Tribunais, 2008, **p.** 186-190).

2 Rafael Mafei RABELO QUEIROZ aduz que esse limite se torna "ainda mais nebuloso" no caso da extinção da pena pelo pagamento do tributo ou da suspensão da punibilidade pelo parcelamento do débito, pois, longe de serem causas "remotas e independentes que afetam meramente a persecutibilidade do delito", são institutos de íntima relação com o próprio *fato* delituoso (*Extinção da punibilidade e suspensão da pretensão punitiva nos crimes contra a ordem tributária: os efeitos penais do pagamento e do parcelamento.* In TANGERINO, Davi de Paiva Costa; GARCIA, Deise Nunes (Coord.). **Direito Penal Tributário.** São Paulo: Quartier Latin, 2007, p. 134-135).

3 Por exemplo: comunicáveis/incomunicáveis; comuns/particulares; gerais/especiais; naturais/políticas; fatos jurídicos/atos jurídicos etc. (a propósito, vide MAGALHÃES NORONHA, Edgard. **Direito Penal...**, p. 372-373).

4 CARRARA, Francesco. **Programa do Curso de Direito Criminal – Parte Geral.** vol. II. (Trad. José Luiz V. de A. Franceschini; J. R. Prestes Barra). São Paulo: Saraiva, 1957, p. 81. Itálicos originais.

também pelo "*resultado moral* que o suplício excita no *espírito* dos cidadãos, tranqüilizando os bons e refreando os maus."[5]

Contudo, para o jurisconsulto italiano, "o derradeiro fim da *punição* é o bem social." Assim, se "circunstâncias especiais" significarem que a aplicação da sanção criminal, em dado caso, possa produzir à sociedade "um dano maior do que o decorrente de se deixar impune ou de se punir menos aquêle réu", deve-se ceder às "razões humanas", deixando de exercer, o Estado, o seu rigor punitivo.[6] Isso porque "a *liberdade do homem* é, em definitivo, o fundamento do Direito Penal"[7] e "a justiça penal não é senão um critério *limitativo* do direito repressivo."[8]

Embora não escrevesse sobre esse assunto específico, essas notas de CARRARA sobre as feições da pena coadunam com os fundamentos normalmente atribuídos pelos penalistas às causas de extinção da punibilidade: razões normalmente de ordem *extrajurídicas* diretamente vinculadas ao proveito (ou à falta dele) que a execução da pena trará à sociedade. Mas, como na sequência será visto, a literatura brasileira, especificamente no que toca à *reparação do dano*, nem sempre teve relação tranquila com o regime jurídico da *extinção da punibilidade*: questões *morais*, *éticas* e de *administração pública* lançam-se à baila quando o tema é a possibilidade de mitigação das (tradicionais) finalidades preventivas e repressoras da sanção criminal em favor do interesse público de arrecadar tributos.[9] Antes, veja-se breve histórico.

Recomenda-se, para um sintético apanhado das causas de extinção da punibilidade no Direito Penal brasileiro do Império, a leitura de Raimundo MACEDO. O autor demonstra, dentre outros aspectos da legislação daquela época, que o Código Criminal do Império (1830) não declarava expressamente nenhuma causa de extinção da punibilidade. A causa extintiva da *prescrição* foi prevista apenas no Código de Processo Criminal de 1832 (arts. 54 a 57). Somente depois é que leis processuais previram a *morte* como causa de extinção da punibilidade, em 1841 e 1842.[10]

O Código Penal de 11 de outubro de 1890 (Decreto 847) regulou a matéria em seu Livro I, Título VI ("Da extincção e suspensão da acção penal e da condemnação"), arts. 71 a 77. SIQUEIRA critica a menção à *ação penal* na rubrica legal, afirmando ser correta a regulação das causas extintivas na le-

5 CARRARA, Francesco. **Programa...**, p. 82. Itálicos originais.

6 Idem, p. 171-172. Itálicos originais.

7 Idem, p. 71. Itálicos originais.

8 Idem, p. 171. Itálicos originais.

9 É o que será visto no *tópico 3 – Extinção da punibilidade nos crimes tributários: críticas e administrativização*, abaixo.

10 MACEDO, Raimundo. **Da extinção da punibilidade.** Rio de Janeiro: Revista Forense, 1946, p. 21-31.

gislação de Direito Penal, pois, tratando-se da extinção do "direito de punir", não se poderia abordá-lo em leis processuais.[11] Ou, em suas palavras, "ellas respeitam os modos idoneos de extinguir o direito de punir e não sómente a paralysar e perimir o exercicio e applicação formal delle."[12] Essa crítica parece ter refletido na legislação posterior.[13]

Anos mais tarde, pouco depois de entrar em vigor o Código Penal de 1940, HUNGRIA reforçou que, a despeito da inovação da expressão legal "Extinção da Punibilidade" (CP, Título VIII, art. 107), em substituição à anterior, as causas extintivas "não dizem, senão por efeito reflexo, com o *jus persequendi* ou com o pronunciamento judicial condenatório: o que elas fazem cessar, diretamente, é o *jus* ou a *potestas* do Estado" em relação à fixação ou execução da pena.[14] Para SCHOLZ, a extinção da punibilidade, independentemente da causa que lhe determine, "embora também regulada pelo direito processual, pertence, originária e essencialmente, ao direito material, visto tocar o próprio poder de punir do estado."[15] Novamente de acordo com HUNGRIA, o fundamento da extinção da punibilidade pode ser *natural* ou *político*, mas constitui um evento superveniente ao crime e sempre leva a uma *abdicação* ou à *renúncia* do direito-dever de punir, "rompendo-se o binômio *crime-pena*." O impedimento do exercício do direito de ação (ou da pretensão

---

11 SIQUEIRA, Galdino. **Direito Penal Brazileiro, Parte Geral.** Rio de Janeiro: Jacintho Ribeiro dos Santos, 1921, p. 673.

12 SIQUEIRA, Galdino. **Direito Penal**..., p. 674. O autor entende, ainda, que o texto do Código de 1890, embora tenha ficado melhor do que o "lacunoso" Código Criminal do Império (1830), "supprido depois pelo Codigo do Processo Criminal e pela Lei de 3 de dezembro de 1841", continuou apresentando incongruências em pontos essenciais (p. 674).

13 Na Exposição de Motivos do Código Penal de 1940, consta: "*da extinção da punibilidade*. 35 – Preferiu-se esta rubrica à tradicional de 'extinção da ação penal e da condenação', que corresponde a conceitos reconhecidamente errôneos. Foi igualmente enjeitada a epígrafe adotada pelo Código italiano, isto é, 'extinção do crime e da pena'. Apesar da brilhante sustentação de Massari, tal epigrafe tem numerosos adversários. O que se extingue, antes de tudo, nos casos enumerados no artigo 108 do projeto, é o próprio direito de punir por parte do Estado (a doutrina alemã fala em 'Wegfall des Staalichen Staatsanspruchs'). Dá-se, como diz Maggiore, uma renúncia, uma abdicação, uma derrelição do *direito de punir* do Estado. Deve-se dizer, portanto, com acerto, que o que cessa é a *punibilidade* do fato, em razão de certas contingências ou por motivos vários de conveniência ou oportunidade política" (TENORIO, Oscar Acioli (dir.). *Da aplicação da lei penal; arts. 1 – 10.* In **Tratado de Direito Penal brasileiro.** vol. I. Rio de Janeiro: Livraria Jacintho, 1942, p. 30).

14 HUNGRIA, Nélson. *Extinção da punibilidade em face do novo Código Penal.* In **Revista Forense**, Rio de Janeiro, a. XXXVIII, vol. LXXXVII, jul./set. 1941, p. 579.

15 SCHOLZ, Leônidas Ribeiro. *Sonegação fiscal e crimes contra a ordem tributária. Algumas considerações sobre as Leis 4.729/65, 8.137/90 e 8.383/91.* In **Revista dos Tribunais**, São Paulo, Revista dos Tribunais, a. 83, vol. 708, out./1994, p. 425.

executória) seria mero efeito *secundário* de sua ocorrência.[16] Essas opiniões ratificam o que é dito sobre a dificuldade geral de se incluir a *punibilidade* – quando se pretende fazê-lo em caráter de *exclusividade* – no Direito Penal ou no Direito Processual Penal, uma vez que tal categoria jurídica produz evidentes reflexos em ambos os setores da dogmática criminal.[17]

Acerca de seus lineamentos básicos, Monica GARULLI conclui que a extinção da punibilidade não elimina "la illiceità penale del comportamento, ma solo la punibilità; infatti, nonostante la pretesa estinzione, permangono importanti effetti giuridici."[18] Essa opinião está presente no Brasil, pois, segundo MACEDO, "extingue-se a punibilidade do fato, sem que êste perca a sua característica de injusto penal."[19] Aloysio de CARVALHO FILHO assente, porque, dado que as causas de extinção da punibilidade ocorram, o crime não deixa, por isso, de existir: da *punição* é que o poder público (ou o ofendido) abre mão.[20] Para MAGALHÃES NORONHA, embora extinta a pretensão punitiva do Estado, permanece o ilícito penal, "gerando efeitos civis e criminais."[21] Igualmente pensa MAYRINK DA COSTA, para quem "o crime não desaparece como ente jurídico, visto que extinto ainda continua a produzir vários efeitos jurídicos."[22] Quanto aos efeitos da *extinção da punibilidade*, o autor os divide em relação ao momento em que a extinção for decretada: se o for *antes* do trânsito em julgado da sentença condenatória, não gera a reincidência, "embora seja portador de *maus antecedentes*"; se

---

16 HUNGRIA, Nélson. *Extinção da punibilidade*..., p. 579. Itálicos originais.

17 Javier LÓPEZ BISCAYART aponta que, na Argentina, há muitos autores que veem a *extinção da punibilidade* como uma expressão do princípio processual da *oportunidade*, "que se traduce en la facultad dispositiva de la acción penal por parte del titular de la acción". Porém, o autor rejeita essa posição, na medida em que se trata de "un derecho a no ser penado por un acto, posterior al hecho, ejecutado por el autor", o que o vincula ao "Derecho penal sustantivo" (*La extinción de la acción penal por pago en el Derecho penal tributario*. In ALTAMIRANO, Alejandro C.; RUBINSKA, Ramiro M. (Coord.). **Derecho penal tributario.** t. II. Buenos Aires: Marcial Pons, 2008, p. 1348).

18 GARULLI, Monica. *Le cause di estinzione del reato e della pena*. In FLORA, Giovanni; TONINI, Paolo. **Nozioni di Diritto Penale.** Milano: Giuffrè, 1997, p. 179. Tradução livre: "a ilicitude penal do comportamento; efetivamente, apesar da citada extinção, permanecem importantes efeitos jurídicos".

19 MACEDO, Raimundo. **Da extinção**..., p. 20.

20 CARVALHO FILHO, Aloysio de. **Comentários ao Código Penal – arts. 102 a 120.** vol. IV. Rio de Janeiro: Forense, 1958, p. 70.

21 MAGALHÃES NORONHA, Edgard. **Direito Penal**..., p. 372.

22 MAYRINK DA COSTA, Álvaro. **Direito Penal (Parte Geral)**. vol. I. 2ª ed. Rio de Janeiro: Forense, 1988, p. 1184-1885.

o for *depois*, "será reincidente."[23] Convém destacar que a *punibilidade*, para MAYRINK DA COSTA, pode ser definida como a "*possibilidade* do Estado de impor a sanção" resultado da prática do delito.[24] Ela não é requisito, mas consequência jurídica do crime. Sua *extinção*, logo, é o desaparecimento da possibilidade jurídica de impor uma sanção pela violação da norma penal.

Um fato punível, de acordo com a legislação penal, pode ter *extinta* sua punibilidade pela ocorrência de uma causa certa, prevista em lei, que "*retire* o poder de punir do Estado."[25] São as *causas de extinção da punibilidade*, que podem ser representadas por atos ou fatos que impedem a aplicação da sanção penal.[26] Estão, hoje, quase todas previstas no art. 107, CP,[27] o qual, frise-se, não traz um rol taxativo.[28]

2. Extinção da punibilidade: bases legais e literárias brasileiras

O presente tópico destina-se a fornecer algumas referências, na legislação penal recente, sobre as causas de extinção da punibilidade dos *crimes*

23 Idem, p. 1187. Itálicos originais. Destaque-se que, a rigor, a extinção da punibilidade pelo reconhecimento da prescrição não pode gerar nenhum efeito prejudicial ao jurisdicionado (seja civil, eleitoral, administrativo ou qualquer outro), o que lhe retira, inclusive, o *interesse recursal* diante da decisão que declare a prescrição (nesse sentido: STF – AI 528695 – 2ª T. – Rel. Min. Gilmar Mendes – DJ de 3.6.06; STJ – AGRG no ED no AG 1113540 – 5ª T. – Rel. Min. Napoleão Nunes Maia Filho – DJe de 9.11.09; STJ – 5ª T. – Rel. Min. Arnaldo Esteves Lima – DJ de 26.6.06; STJ – RESP 661338 – 5ª T. – Rel. Min. Arnaldo Esteves Lima – DJ de 14.11.05; TRF2 199551010307552 – 1ª T. – Rel. Des. Reis Friede – DJ de 9.12.04. Em sentido contrário: TRF2 – EI em ACR 200151015133712 – 1ª S. – Rel. Des. Fed. Liliane Roriz – DJ de 1º.6.07). É claro que, caso o ordenamento jurídico permita que o mérito da questão criminal seja ou possa ser, alguma forma, utilizado em desfavor do cidadão mesmo após a declaração judicial prescrição, seu interesse recursal será evidente e deverá ser reconhecido.

24 Idem, p. 1185. Itálicos originais.

25 MESTIERI, João. **Manual de Direito Penal, parte geral.** vol. I. Rio de Janeiro: Forense, 2002, p. 317.

26 DOTTI, René Ariel. **Curso de Direito Penal, Parte Geral**. 5ª ed. Com a colaboração de Alexandre Knopfholz e Gustavo Britta Scandelari. São Paulo: Revista dos Tribunais, 2013, p. 820.

27 "Art. 107 – Extingue-se a punibilidade: I – pela morte do agente; II – pela anistia, graça ou indulto; III – pela retroatividade de lei que não mais considera o fato como criminoso; IV – pela prescrição, decadência ou perempção; V – pela renúncia do direito de queixa ou pelo perdão aceito, nos crimes de ação privada; VI – pela retratação do agente, nos casos em que a lei a admite; IX – pelo perdão judicial, nos casos previstos em lei."

28 Não se localizou divergência entre os autores consultados a esse respeito. Vide, dentre eles: HUNGRIA, Nélson. *Extinção da punibilidade*..., p. 581; MAGALHÃES NORONHA, Edgard. **Direito Penal**..., p. 373; DOTTI, René Ariel. *Teoria geral da punibilidade*. In **Revista CEJ**, Brasília, vol. 3, n. 7, jan./abr. 1999, p. 26; ROSENTHAL, Sérgio. **A punibilidade e sua extinção pela reparação do dano.** São Paulo: Dialética, 2005, p. 47. Mais recentemente: BITTAR, Walter Barbosa. **A punibilidade no Direito Penal**. São Paulo: Almedina, 2015, p. 176.

tributários. Dispositivos legais revogados e em vigor atinentes a delitos diversos são mencionados apenas por contextualização, buscando-se analisar a frequência com que se fez inserir no ordenamento brasileiro a causa legal de extinção da punibilidade pelo pagamento do tributo em crimes de sonegação fiscal. Como segue.

DUARTE, em comentários aos dispositivos atinentes às *causas de extinção da punibilidade* da parte geral *original* do Código Penal de 1940 (art. 108, incisos e parágrafo único), vislumbrou os respectivos fundamentos nas seguintes razões:

> "na linguagem técnico-jurídica se considera extintiva a punibilidade quando, conservando a ação ou a condenação a sua eficácia intrínseca, surgem causas externas e fora do fato criminoso, que impedem o ulterior desenvolvimento da ação e regras especiais, estranhas aos elementos constitutivos e acessórios do crime, ao ordenamento jurídico, por certas contingências, julga oportuno cancelar o exercício da ação ou deixar inexequivel a condenação. Cessa o direito de punir, no seu duplo aspecto objetivo: de ação e de execução."[29]

Independentemente das bases extrajurídicas ("regras especiais"; "certas contingências") e das razões dogmáticas que se adotem, o fato é que a legislação disciplina os casos nos quais se deve ter extinta a punibilidade do fato por motivos, no mais das vezes, preponderantemente *políticos*.[30] Dentre todas as causas de extinção da punibilidade constantes do Código Penal atual (desde a sua parte geral original), a única[31] que pode ser de algum

---

29 DUARTE, José. *Da ação penal...*, p. 119. Vê-se, também, dessa passagem, que, para o autor, a extinção da punibilidade produz reflexos processuais que podem impedir ou "cancelar o exercício da ação".

30 Idem.

31 O art. 16, CP, prevê causa de especial redução da pena pelo arrependimento posterior do agente, assim como o art. 65, III, *b*, do CP (correspondente ao antigo art. 48, IV, *b*, antes da reforma de 1984), prevê simples causa atenuante da pena, sendo que ambos não se confundem com a *extinção da punibilidade*. O art. 78, §2º, CP, trata de reparação do dano como condição para a suspensão da pena e não como causa direta de sua extinção. Da mesma forma, o art. 83, IV, CP (correspondente ao antigo art. 60, parágrafo único, III, antes da reforma de 1984), é condição para um benefício diferente da extinção da punibilidade. O mesmo se pode dizer de outros dispositivos legais mais recentemente incluídos no CP, que preveem algum benefício ao acusado ou ao condenado pela reparação do dano. Quanto ao art. 171, §2º, VI, CP, existe a Súmula 554, do STF, que dispõe: "o pagamento de cheque emitido sem provisão de fundos, após o recebimento da denúncia, não obsta ao prosseguimento da ação penal" (DJ de 3.1.77). Deduz-se, dela, que, se o pagamento for feito antes do recebimento da denúncia, poderá ser extinta a punibilidade. No entanto, trata-se de orientação jurisprudencial e não de determinação da lei. As previsões da legislação especial que regulam a extinção da punibilidade pela reparação do dano serão vistas adiante.

interesse[32] para a presente pesquisa era aquela que constava do inciso IX do revogado art. 108 (parte geral de 1940),[33] que não está reproduzida[34] no atual art. 107, CP.[35] Trata-se da *reparação do dano* no crime de *peculato culposo*.[36]

Como o Código de 1890 não dispôs a esse respeito, pode-se dizer que essa causa extintiva da punibilidade encontra lastro na antiga Lei nº 1.785, de 28 de novembro de 1907 (que estabelecia as penas para o crime de peculato), em cujo art. 2º era determinada a redução da pena no caso de *ressarcimento do prejuízo*, desde que fosse *integral*, *espontâneo* e "antes do julgamento". Essa lei não fazia distinção entre a forma dolosa e culposa do peculato.

O Decreto 2.110, de 30 de setembro de 1909, passou a prever a possibilidade de extinção da pena "si se provar que o funccionario agiu sem dolo, mas com impericia ou negligencia" (art. 5º, §1º e §2º). No caso de se provar o dolo, o ressarcimento, que deveria ser anterior ao julgamento, permitia somente a redução da pena (art. 2º).[37] A possibilidade de redução da pena para o peculato doloso foi cancelada com o Decreto 4.780, de 27 de dezembro de

---

32 A causa de extinção da punibilidade pela reparação do dano no *peculato culposo* e a atual causa de extinção da punibilidade pelo pagamento do tributo nos crimes tributários são benefícios legais da mesma natureza (CORRÊA, Antonio. **Dos crimes contra a ordem tributária (comentários à Lei nº 8.137, de 27.12.1990)**. São Paulo: Saraiva, 1994, p. 257).

33 "Art. 108. Extingue-se a punibilidade: (...) IX – pelo ressarcimento do dano no peculato culposo."

34 Da Exposição de Motivos da Parte Geral introduzida com a Lei nº 7.209, de 11 de julho de 1984, consta: "96. Excluíram-se do rol das causas extintivas da punibilidade a reabilitação e o ressarcimento do dano no peculato culposo. (...) A segunda porque, tratando-se de norma específica e restrita, já contemplada expressamente na Parte Especial, art. 312, §3º, nada justifica sua inócua repetição entre normas de caráter geral."

35 Essa causa de extinção foi removida da *parte geral* e mantida na *parte especial*, juntamente com o tipo legal para o qual foi confeccionada (CP, art. 312, §3º). A supressão, ao que consta, foi meramente didática, pois todas as demais causas de extinção constantes da parte geral são *comuns* a vários crimes, ao passo em que essa em comento é própria apenas do crime de *peculato culposo*.

36 "Art. 312 – Apropriar-se o funcionário público de dinheiro, valor ou qualquer outro bem móvel, público ou particular, de que tem a posse em razão do cargo, ou desviá-lo, em proveito próprio ou alheio: Pena – reclusão, de dois a doze anos, e multa. (...) § 2º – Se o funcionário concorre culposamente para o crime de outrem: Pena – detenção, de três meses a um ano. § 3º – No caso do parágrafo anterior, a reparação do dano, se precede à sentença irrecorrível, extingue a punibilidade; se lhe é posterior, reduz de metade a pena imposta."

37 Na realidade, deixavam de serem aplicáveis as penas de privação da liberdade e de multa, restando unicamente a punição de "perda do emprego com inhabilitação para exercer qualquer funcção publica por cinco a 15 annos" (art. 2º).

1923, ao prescrever, apenas para o peculato culposo, que "não haverá logar a imposição de penas, si resarcido o damno causado" (art. 3º, §2º).

SIQUEIRA discorreu sobre o crime de peculato logo após a entrada em vigor do Decreto 4.780/23, o qual, segundo ele, revogou "sem razão" o Decreto 2.110/1909, ao permitir o benefício pelo ressarcimento exclusivamente ao peculato culposo (excluindo até mesmo a redução da pena ao ressarcimento no peculato doloso).[38] Essa crítica reflete a opinião de que o *elemento subjetivo* do crime não deveria ser determinante quando da opção política pela extinção da punibilidade ou pela redução da pena, devendo-se privilegiar, independentemente de outras questões, a efetiva *reparação do dano*. Registrou o entendimento de que o ressarcimento do prejuízo, para fins de merecimento da benesse legal, poderia ser feito pelo peculatário ou por outrem, pois a lei não os distinguia (como até hoje não o faz) para esse fim.[39]

Em análise do art. 108, IX, da parte geral de 1940 do Código Penal, HUNGRIA percebeu que, naquele tempo, essa era a única hipótese em que o ressarcimento do dano funcionava como motivo de extinção da punibilidade. O benefício, de natureza objetiva, favorece a todos os coacusados *culposos*, "ainda que um só deles tenha efetuado o ressarcimento."[40]

Em estudo dessa espécie, DUARTE pontuou que, como se trata de crime contra o patrimônio da União, ela, "como titular do direito subjetivo de punir, uma vez verificada a reintegração do *statu quo ante*, desiste do exercício desse direito, considera, assim, extinta a punibilidade."[41] Talvez porque analisasse apenas os arts. 102 a 120 do Código Penal original de 1940, o autor escreveu que o diploma não dispunha sobre o *tempo* em que seria admitido o pagamento.[42] Diante dessa vislumbrada omissão, o jurista ponderou que, "oferecida a denúncia, e apurado no curso do processo que é *culposo* o peculato, pode ser admitido o agente a provar o ressarcimento para obter a extinção da punibilidade",[43] não atentando, o escritor, ao limite processual que, na realidade já existia para esse ressarcimento: a redação do art. 312, §3º, CP, pede que, para a extinção, o pagamento seja efetuado até a sentença irrecorrível; caso contrário, importará somente a redução da pena pela metade.

---

38 SIQUEIRA, Galdino. **Direito Penal Brazileiro, Parte Especial.** Rio de Janeiro: Jacintho Ribeiro dos Santos, 1924, p. 297.

39 SIQUEIRA, Galdino. **Direito Penal**..., p. 297.

40 HUNGRIA, Nélson. *Extinção da punibilidade*..., p. 596.

41 DUARTE, José. DUARTE, José. *Da ação penal; da extinção da punibilidade; arts. 102 a 120 do Código Penal.* In TENORIO, Oscar Acioli (dir.). **Tratado de Direito Penal brasileiro.** vol. V. Rio de Janeiro: Livraria Jacintho, 1942, p. 172.

42 "O momento, porem, do ressarcimento não se põe na lei" (Idem, p. 172).

43 Idem, p. 172-173.

MACEDO, também em estudo da antiga parte geral do CP, compreende que a satisfação do dano sofrido pelo Estado significa a própria *penalidade* ao autor do fato, que se submete ao pagamento "para se isentar de pena mais grave."[44] Segundo o autor, para que a extinção ocorra, contudo, "é mister que o ressarcimento seja voluntário, espontâneo."[45] CARVALHO FILHO notou a aparente discrepância no CP de 1940, que não impunha, na parte geral original, qualquer condição de tempo à extinção da punibilidade no (art. 108, IX), mas, na parte especial, restringe o efeito à reparação efetuada antes de sentença irrecorrível (art. 312, §3º).[46] O catedrático baiano vislumbra as seguintes condições para que o ressarcimento opere a extinção: *a)* a reparação deve ser total; *b)* a reparação deve ser espontânea; *c)* o pagamento pode ser feito por qualquer pessoa, não necessariamente o acusado; *d)* a prestação pode ser feita a qualquer tempo, contanto que antes da sentença irrecorrível no processo penal.[47] Para ele, é correto permitir o pagamento em um amplo lapso de tempo, pois restringi-lo muito pode "impedir os efeitos a que a própria lei visou."[48]

Comentários semelhantes faz GARCIA, para quem essa causa de extinção é um "incentivo ao infrator, para que desfaça os efeitos do delito, indenizando os cofres públicos."[49] Segundo ele, a reparação deve ser integral e pode ser feita por terceiro que não o "funcionário interessado". GARCIA acrescenta, a isso, que "podem os recursos provir, por exemplo, do autor das subtrações ou desvios *dolosos*. Êste não seria exonerado de pena, mas a eficácia liberatória alcançaria a outrem."[50] De qualquer forma, o pagamento nunca aproveitaria aos participantes dolosos.[51]

Em análise comparativa da extinção da punibilidade no peculato culposo e na sonegação fiscal do (revogado) art. 2º da Lei nº 4.729/65, João Bernardino GONZAGA registrou que, "em matéria de peculato culposo, o

---

44 MACEDO, Raimundo. **Da extinção...**, p. 233.

45 Idem, p. 235.

46 CARVALHO FILHO, Aloysio de. **Comentários ao Código Penal – arts. 102 a 120.** vol. IV. Rio de Janeiro: Forense, 1958, p. 332. Para o autor, trata-se de uma "duplicidade de disposições, desnecessária" (p. 73).

47 CARVALHO FILHO, Aloysio. **Comentários...**, p. 333-334.

48 Idem, p. 334.

49 GARCIA, Basileu. **Instituições de Direito Penal.** 3ª ed. vol. I. t. II. São Paulo: Max Limonad, 1956, p. 694.

50 GARCIA, Basileu. **Instituições...**, p. 694. Itálicos não originais.

51 "Resta dizer que o ressarcimento do dano, feito por co-autor culposo, aproveita a todos os participantes *culposos* do delito. Claro é que a reparação do dano causado ao ente estatal não se comunica aos partícipes dolosos" (MAGALHÃES NORONHA, Edgard. **Direito Penal, introdução e parte geral.** vol. 1. 5ª ed. São Paulo: Saraiva, 1968, p. 410).

Código Penal apresenta solução análoga, mas se satisfaz com o mero fato do ressarcimento, *feito por quem quer que seja*", ao passo em que, quanto ao crime fiscal, "exige o legislador que tal pagamento se efetue pelo agente".[52] Mas não parece ter cabimento a exigência de que somente seja aceito o pagamento feito pelo próprio acusado: a lei não classifica expressamente tal ato como uma *pena criminal*, a qual, aí sim, *não* poderia ser executada por terceiro – em que pese haja evidentes reflexos punitivos na aplicação de pesadas multas. Além disso, o detalhe de *quem* faz o recolhimento é quase impossível de ser fiscalizado, pois, além de poder ser feito por terceiro em nome do acusado, pode ser feito pelo acusado com recursos de terceiro (desde que obtidos licitamente). O que interessa ao Estado é ser ressarcido e não criar mais entraves ao ressarcimento.

Até então, o único crime ao qual a lei atribuía a possibilidade de ter a sua punibilidade extinta pelo ressarcimento do dano, isto é, pelo pagamento ao Estado, era o *peculato* culposo – o qual constituía, por isso mesmo, uma evidente *exceção* ao ordenamento da época.[53] ROSENTHAL concorda, afirmando não se tratar, então, de "regra geral", mas da "única causa extintiva de punibilidade, prevista na Lei Substantiva Penal, lastreada na reparação de dano patrimonial."[54]

Anos mais tarde, porém, iniciaram-se, nessa matéria, inovações no ordenamento, pela publicação do Decreto 48.959-A, de 19 de setembro de 1960 (revogado), que aprovava o "Regulamento Geral da Previdência Social", e, no art. 483, §2º, estabelecia: "a emprêsa poderá elidir o processo criminal, efetuando o pagamento do total devido nos termos do artigo, no prazo de 30 (trinta) dias da data da lavratura do auto de infração." À época, a sonegação de contribuições previdenciárias era (indevidamente) punida como se fosse *apropriação indébita*, por força do *caput* do mesmo dispositivo. Esse ato normativo foi, provavelmente, um dos primeiros a prever a extinção da punibilidade criminal pelo pagamento do tributo. Em seguida, reconheceu-se, em lei, o interesse estatal de organizar um sistema eficiente próprio de exação e de repressão à *sonegação fiscal*. A Lei nº 4.131, de 3 de setembro de 1962, que disciplina a aplicação de capital estrangeiro e as remessas de valores para o exterior, é indicativa disso:

52 GONZAGA, João Bernardino. *O crime de sonegação fiscal (Lei nº 4.729, de 1965)*. In **Revista dos Tribunais**, São Paulo, Revista dos Tribunais, a. 56, vol. 380, jun./1967, p. 16. Itálicos não originais.

53 MAGALHÃES NORONHA, Edgard. **Direito Penal**..., p. 406.

54 ROSENTHAL, Sérgio. **A punibilidade e sua extinção pela reparação do dano.** São Paulo: Dialética, 2005, p. 91.

> "Art. 16. (...) Parágrafo único. O Governo procurará celebrar, com os Estados e Municípios, acordos ou convênios de *cooperação fiscal*, visando a uma *ação coordenada dos controles fiscais* exercidos pelas repartições federais, estaduais e municipais, a fim de alcançar *maior eficiência* na fiscalização e *arrecadação* de quaisquer tributos e na *repressão à evasão e sonegação fiscais*."

O art. 11, da Lei nº 4.357/64, como se viu, ainda equiparava a omissão do recolhimento de tributos ao crime do art. 168 do CP, pois não existia um tipo próprio denominado "crime de *sonegação fiscal*" (o que ocorreu apenas com a Lei nº 4.729/65). O §1º desse art. 11 (revogado pela Lei nº 8.383, de 30 de dezembro de 1991), era redigido assim: "o fato deixa de ser punível, se o contribuinte ou fonte retentora recolher os débitos previstos neste artigo antes da decisão administrativa de primeira instância no respectivo processo fiscal." E o §2º: "extingue-se a punibilidade de crime de que trata êste artigo, pela existência, à data da apuração da falta, de crédito do infrator, perante a Fazenda Nacional, autarquias federais e sociedade de economia mista em que a União seja majoritária, de importância superior aos tributos não recolhidos (...)."[55] Embora não houvesse tipo legal sob a rubrica da "sonegação fiscal", é fato que as condutas descritas nas alíneas do art. 11 da Lei nº 4.357/64 (por ela equiparadas ao art. 168, CP), não passavam, na realidade, de crimes tributários. Como se vê, os §§ 1º e 2º do art. 11 aperfeiçoaram a redação do art. 483, §2º, do Decreto 48.959-A/60.[56]

PIMENTEL identifica, nesses dispositivos da Lei nº 4.357/64, "um incentivo ao pagamento do tributo, o estímulo ao arrependimento eficaz."[57] Porém, entende que seria merecido apenas pelo contribuinte que deixou de recolher por erro e não quando o fez por *dolo*, sob pena de "tornar inútil o esforço da repressão."[58] No entanto, a razão de ser da criminalização da sonega-

55 FRAGOSO faz duras críticas a essa parte da lei: "(...) não haverá crime, se na data em que fôr apurada a falta, tiver o contribuinte, por exemplo, uma fatura a receber na Petrobrás ou em outra sociedade de economia mista, de importância superior aos tributos não recolhidos. Isso chega a ser hilariante e demonstra que essa lei não tem seriedade alguma" (*O nôvo Direito Penal Tributário e Econômico*. In **Revista Brasileira de Criminologia e Direito Penal**, Rio de Janeiro, a. III, nº 12, jan./mar. 1966, p. 78). Essas regras da extinção da punibilidade foram repetidas no art. 461, §§ 1º e 2º, do Decreto 58.400, de 10 de maio de 1966 (revogado).

56 Para ANDRADE FILHO, "em relação aos crimes fiscais, a extinção da punibilidade em virtude do pagamento do tributo devido foi inaugurada pela Lei nº 4.357/64, que criou hipótese de apropriação indébita, por equiparação" (**Direito Penal Tributário: crimes contra a ordem tributária e contra a previdência social.** 6ª ed. São Paulo: Atlas, 2009, p. 146). É certo que se trata da primeira *lei* a prever tal instituto; porém, como se viu, o Decreto 48.959-A/60 já continha regra da mesma natureza.

57 PIMENTEL, Manoel Pedro. **Direito Penal...**, p. 231.

58 Idem, p. 232.

ção fiscal é o próprio interesse no recolhimento do tributo. Assim, o "esforço" no emprego do Direito Penal Tributário não é um de repressão, mas o de seu emprego como *ferramenta de coação* manejada pelo interesse arrecadatório-fiscal. Daí ser natural que o pagamento cancele a necessidade da punição: clara consequência da própria instrumentalização do uso do Direito Penal.

Após, com a criação do tipo especial da *sonegação fiscal* pelo art. 1º da Lei nº 4.729/65,[59] previu-se, em seu art. 2º (revogado pela Lei nº 8.383/91), o seguinte: "extingue-se a punibilidade dos crimes previstos nesta Lei quando o agente promove o recolhimento do tributo devido, antes de ter início, na esfera administrativa, a ação fiscal própria."[60] Nesse dispositivo, o legislador considerou "ser mais importante o recolhimento do tributo do que a preservação do bem jurídico *in abstracto*."[61]

Na sequência, o Decreto 94, de 30 de dezembro de 1966, prescreveu, em seu art. 7º, o seguinte: "extingue-se a punibilidade dos crimes previstos na Lei nº 4.729, de 14 de julho de 1965, em relação à declaração de bens e de rendimentos provenientes do exterior se fôr feita a declaração a que se refere êste Decreto-lei até 30 de abril de 1967." De se notar que esse dispositivo, embora condicionasse o benefício ao cumprimento da obrigação tributária até uma data certa,[62] não continha nenhuma restrição referente ao momento *processual* de eventual ação penal cujo objeto fosse o crime de sonegação fiscal. Depois, publicou-se o Decreto-Lei 157, de 10 de fevereiro de 1967, no qual constam as seguintes imposições:

> "Art 18. Nos casos de que trata a Lei nº 4.729, de 14 de julho de 1965, também se extinguirá a punibilidade dos crimes nela previstos se, mesmo iniciada a ação fiscal, o agente promover o recolhimento dos tributos e multas devidos, de acôr-

---

59 Ângelo Rafael ROSSI explica que, antes da Lei nº 4.729/65, as infrações contra o Fisco eram, na maioria das vezes, punidas *somente* na via administrativa (**Crime de Sonegação Fiscal – Lei nº 4729 de 14.7.65.** São Paulo: Editôra Jurídica e Universitária Ltda., 1967, p. 13-20), diante da inexistência de tipificação penal autônoma.

60 Vale a notícia de que, pelo Decreto 1.060, de 21 de outubro de 1969 (art. 5º, revogado pela Lei nº 8.383/91), as normas que regulavam a extinção da punibilidade pelo pagamento do tributo da *apropriação indébita* (Lei nº 4.357/64, art. 11, §§ 1º e 2º), passaram a ser aplicáveis ao crime de *sonegação fiscal* definido no art. 1º da Lei nº 4.729/65.

61 PIMENTEL, Manoel Pedro. **Direito Penal**..., p. 219. O autor reiterou essa opinião mais tarde (*Crime de sonegação fiscal*. In **Revista dos Tribunais**, São Paulo, a. 76, vol. 617, mar./1987, p. 262-263).

62 De igual modo, a Lei nº 5.498, de 9 de setembro de 1968, art. 1º, previa a extinção da punibilidade aos crimes previstos na Lei nº 4.729/65, "para os contribuintes do impôsto de renda que, dentro de 30 (trinta) dias da publicação desta Lei, satisfizerem o pagamento de seus débitos na totalidade, ou efetuarem o pagamento de 1ª (primeira) quota do parcelamento que lhes tenha sido concedido."

do com as disposições do Decreto-lei nº 62, de 21 de novembro de 1966, ou dêste Decreto-lei, ou, não estando julgado o respectivo processo depositar, nos prazos fixados, na repartição competente, em dinheiro ou em Obrigações Reajustáveis do Tesouro, as importâncias nele consideradas devidas, para liquidação do débito após o julgamento da autoridade da primeira instância. (...) § 2º Extingue-se a punibilidade quando a imputação penal, de natureza diversa da Lei nº 4.729, de 14 de julho de 1965, decorra de ter o agente elidido o pagamento de tributo, desde que ainda não tenha sido iniciada a ação penal se o montante do tributo e multas fôr pago ou depositado na forma dêste artigo."

A redação permitia a extensão da extinção da punibilidade pelo ressarcimento do dano a todos os delitos que resultassem em não pagamento de tributo, isto é, a todos os crimes de sonegação fiscal – independentemente de estarem previstos na Lei nº 4.729/65. Na mesma época, o Código Tributário Nacional (Lei nº 5.172, de 25 de outubro de 1966) previu a exclusão da responsabilidade tributária pela denúncia espontânea.[63] Após, publicou-se o Decreto 60.501, de 14 de março de 1967 (revogado), em cujo art. 350 foi prevista a extinção da punibilidade pelo pagamento do tributo aos crimes de sonegação fiscal e de apropriação indébita equiparada à sonegação.[64]

O Decreto-Lei nº 326, de 8 de maio de 1967, ao equiparar a sonegação do IPI ao crime do art. 168, CP, eximia o responsável de responder pelo delito "se pago o débito espontâneamente, ou, quando instaurado o processo fiscal, antes da decisão administrativa de primeira instância" (art. 2º).[65] Ou seja, o mesmo efeito da extinção da punibilidade.[66]

63 "Art. 138. A responsabilidade é excluída pela denúncia espontânea da infração, acompanhada, se for o caso, do pagamento do tributo devido e dos juros de mora, ou do depósito da importância arbitrada pela autoridade administrativa, quando o montante do tributo dependa de apuração. Parágrafo único. Não se considera espontânea a denúncia apresentada após o início de qualquer procedimento administrativo ou medida de fiscalização, relacionados com a infração." O art. 318, *caput* e §1º, do Decreto 61.514, de 12 de outubro de 1967 (revogado), contém a mesma regra, embora com outras palavras.

64 "Art. 350. Nos casos dos itens I e II do art. 347, a punibilidade se extinguirá se o responsável efetuar o pagamento antes de ter início na esfera administrativa a ação fiscal própria."

65 O art. 2º do Decreto-Lei nº 326/67 foi revogado pelo art. 14 da Lei Complementar nº 70, de 30 de dezembro de 1991.

66 Conforme Roberto DELMANTO e Roberto DELMANTO JR., "a extinção da punibilidade prevista no art. 2º do Dec.-lei 326/67 independe, a nosso ver, de já ter sido iniciada a ação penal, pois este artigo não faz nenhuma referência a esse limite temporal" (*A extinção da punibilidade nos crimes fiscais e a recente Lei nº 8.383/91*. In **Revista dos Tribunais**, São Paulo, Revista dos Tribunais, a. 81, vol. 677, mar./1992, p. 460).

O Decreto-Lei nº 157/67 provocou discussão, naquele tempo, sobre se estaria ou não compreendido, no rol desses delitos, o *descaminho*. Vários julgados do STF, no sentido de que o descaminho tem a natureza de *sonegação fiscal* e que estaria, por isso, abarcado pela fórmula do art. 18, §2º, do Decreto-Lei nº 157/67, levaram-no a enunciar, em 1977, a Súmula 560, segundo a qual "a extinção da punibilidade, pelo pagamento do tributo devido, *estende-se ao crime de contrabando ou descaminho*, por força do art. 18, §2º, do Decreto-Lei nº 157/1967."[67] Mas logo veio o Decreto-Lei nº 1.650, de 19 de dezembro de 1978, em cujo art. 1º o Poder Executivo tratou de refutar a interpretação antes feita pelo STF, assim:

> "o disposto no artigo 2º da Lei nº 4.729, de 14 de julho de 1965, e no artigo 18, parágrafo segundo, do Decreto-lei nº 157, de 10 de fevereiro de 1967, não se aplica aos crimes de contrabando ou descaminho, em suas modalidades próprias ou equiparadas, nos termos dos parágrafos 1º e 2º do artigo 334 do Código Penal."

Após decisão do Pleno do extinto Tribunal Federal de Recursos (HC 4.648, DJU de 18.6.1980),[68] declarando a inconstitucionalidade desse Decreto-Lei, sobreveio a Lei nº 6.910, de 27 de maio de 1981, que o revogou e repetiu, em seu, art. 1º, a mesma redação.[69] Com isso, restou invalidada a Súmula 560 do STF. Então, a partir de 1981 e conforme percebeu ROSENTHAL, em "todos os crimes fiscais, *menos no de contrabando ou descaminho*, efetuado o recolhimento ou depósito do valor dos tributos devidos, antes de iniciada a ação penal, extinguia-se o direito de punir."[70]

Com a promulgação da lei dos crimes contra a ordem tributária (Lei nº 8.137/90), deu-se nova roupagem e tratamento legal ao crime de sonegação fiscal, que passou a ser identificado como *crime tributário*, descrito em pormenores nos arts. 1º a 3º da citada lei, a qual cuidou, ainda, de cominar-lhes punições mais severas. Em seu art. 14, constava: "extingue-se a punibilidade dos crimes definidos nos arts. 1º a 3º quando o agente promover o pagamento de tributo ou contribuição social, inclusive acessórios, antes do recebimento da denúncia." Quase um 1 (um) ano depois de publicada, a Lei

67 DJ de 3.1.77.

68 Conforme noticia Sérgio ROSENTHAL, em *A extinção da punibilidade nos crimes de natureza fiscal após o advento da Lei nº 9.983/2000*. In SALOMÃO, Heloisa Estellita (Coord.). **Direito Penal Empresarial.** São Paulo: Dialética, 2001, p. 261.

69 "O disposto no art. 2º da Lei nº 4.729, de 14 de julho de 1965, e no art. 18, § 2º, do Decreto-lei nº 157, de 10 de fevereiro de 1967, não se aplica aos crimes de contrabando ou descaminho, em suas modalidades próprias ou equiparadas nos termos dos §§ 1º e 2º do art. 334 do Código Penal."

70 ROSENTHAL, Sérgio. *A extinção da punibilidade*..., p. 261. Itálicos não originais.

nº 8.383/91, por seu art. 98,[71] revogou, dentre outros dispositivos, o art. 14 da Lei nº 8.137/90.[72] A Lei nº 8.696, de 26 de agosto de 1993, teve vetado seu art. 3º, que, se aprovado, voltaria a prever a extinção da punibilidade.[73] As razões do veto dizem com a preservação do *interesse público* e do *princípio da moralidade administrativa*.[74]

E o benefício apenas voltou a existir com a Lei nº 9.249, de 26 de dezembro de 1995, no art. 34: "extingue-se a punibilidade dos crimes definidos

---

71 "Art. 98. Revogam-se o art. 44 da Lei n° 4.131, de 3 de setembro de 1962, os §§ 1° e 2° do art. 11 da Lei n° 4.357, de 16 de julho de 1964, o art. 2° da Lei n° 4.729, de 14 de julho de 1965, o art. 5° do Decreto-Lei n° 1.060, de 21 de outubro de 1969, os arts. 13 e 14 da Lei n° 7.713, de 1988, os incisos III e IV e os §§ 1° e 2° do art. 7° e o art. 10 da Lei n° 8.023, de 1990, o inciso III e parágrafo único do art. 11 da Lei n° 8.134, de 27 de dezembro de 1990 e o art. 14 da Lei n° 8.137, de 27 de dezembro de 1990."

72 Com a revogação, houve dúvida, na doutrina, sobre se os demais dispositivos extintivos da punibilidade poderiam continuar a ser aplicados. Não apenas porque a causa de extinção prevista no art. 18 do Decreto-Lei 157/67 não foi revogada expressamente pelo art. 98 da Lei nº 8.383/91, ou porque o art. 2º do Decreto-Lei 326/67 apenas foi revogado pela Lei Complementar nº 70/91 (publicada na mesma data da Lei nº 8.383/91), mas, também, porque a Lei nº 8.137/90 estabeleceu condutas praticamente idênticas às outras tipificações de sonegação fiscal previstas em leis anteriores. DELMANTO e DELMANTO JR. concluem que "deverá a jurisprudência estabelecer se continuam em vigor os decretos-leis de sonegação fiscal, de apropriação indébita de IPI e de Imposto de Renda retido na fonte, ou se eles foram *tacitamente* revogados" (*A extinção da punibilidade*..., p. 461. Itálicos originais). SCHOLZ, embora ressalvando o possível acerto da opinião dos DELMANTO, discordou, entendendo que o art. 98 da Lei nº 8.383/91 revogou *todos* os preceitos legais que continham disposições semelhantes à extinção da punibilidade pelo pagamento, alguns expressamente, os demais, tacitamente (*Sonegação fiscal*..., p. 425). Da mesma forma, mas por fundamento diverso, ANDRADE FILHO considera que "as dúvidas não têm razão de ser, pois o art. 14 da Lei nº 8.137/90 regulou inteiramente a matéria, revogando todas as disposições em contrário" (**Direito Penal Tributário**..., p. 147). ATALIBA entende que, mesmo no intervalo entre a revogação do art. 14 da Lei nº 8.137/90 e a promulgação da Lei nº 9.249/95 – durante o qual se afirma que estavam revogados todos os dispositivos legais penais que determinavam a extinção da punibilidade pelo pagamento do tributo –, era possível que o benefício fosse concedido ao acusado por aplicação sistemática do art. 138 do CTN (*Denúncia espontânea e exclusão de responsabilidade penal*. In **Revista de Informação Legislativa**, Brasília, João Batista Soares de Sousa/Senado Federal, a. 32, nº 125, jan./mar. 1995, p. 247). LYRA é no mesmo sentido: "não é preciso demorar no art. 2º da Lei nº 4.729 de 14 de julho de 1965 sobre a extinção da punibilidade, pois, seja qual for o quadro legislativo pertinente, verifica-se a extinção da punibilidade" (LYRA, Roberto. **Criminalidade econômico-financeira.** Rio de Janeiro: Forense, 1978, p. 63).

73 Redação vetada: "Art. 3º. Extingue-se a punibilidade dos crimes definidos nos arts. 1º a 3º da Lei nº 8.137, de 27 de dezembro de 1990, quando o agente promover o pagamento de tributo ou contribuição social, com seus acessórios, antes do encerramento do procedimento administrativo."

74 Mensagem de Veto nº 534, de 26 de agosto de 1993.

na Lei nº 8.137, de 27 de dezembro de 1990, e na Lei nº 4.729, de 14 de julho de 1965, quando o agente promover o pagamento do tributo ou contribuição social, inclusive acessórios, antes do recebimento da denúncia." A Lei nº 9.964, de 10 de abril de 2000, instituiu o "Refis", conhecido programa de recuperação fiscal que previa a possibilidade de ingresso em um sistema de parcelamento de dívidas com o Fisco (e foi novamente previsto em leis posteriores, com algumas alterações). Seu art. 15, §3º, permitia a extinção da punibilidade de crimes tributários mediante o pagamento integral dessas dívidas.

Foram criados, pela Lei nº 9.983, de 14 de julho de 2000, mais dois crimes tributários, que, todavia, não foram inseridos em lei especial (como, por exemplo, na Lei nº 8.137/90), mas no Código Penal: a *apropriação indébita previdenciária* (CP, art. 168-A) e a *sonegação de contribuição previdenciária* (CP, art. 337-A). Quanto ao primeiro, seu §2º dispõe: "é extinta a punibilidade se o agente, espontaneamente, declara, confessa e efetua o pagamento das contribuições, importâncias ou valores e presta as informações devidas à previdência social, na forma definida em lei ou regulamento, antes do início da ação fiscal"; quanto ao segundo, seu §1º prevê: "é extinta a punibilidade se o agente, espontaneamente, declara e confessa as contribuições, importâncias ou valores e presta as informações devidas à previdência social, na forma definida em lei ou regulamento, antes do início da ação fiscal." De se notar que o §1º do art. 337-A, CP, não exige o *pagamento* (diferentemente do §2º do art. 168-A, CP), de forma que a *declaração* e a *confissão* bastam para a aplicação do benefício.[75]

Mais recentemente, a Lei nº 10.684, de 30 de maio de 2003 ("Refis II" ou "Parcelamento Especial – Paes"), prevê a extinção da punibilidade aos crimes descritos nos arts. 1º e 2º da Lei nº 8.137/90 e nos arts.168-A e 337-A do CP, "quando a pessoa jurídica relacionada com o agente efetuar o pagamento integral dos débitos oriundos de tributos e contribuições sociais, inclusive acessórios." (art. 9º, §2º). Ao não fixar restrição temporal, a lei admite que o pagamento integral possa ser realizado *a qualquer tempo*. Disposição de mesma natureza é repetida no art. 69 e parágrafo único da Lei nº 11.941, de 27 de maio de 2009. E a Lei nº 12.382, de 25 de fevereiro de 2011, inseriu seis parágrafos no art. 83 da Lei nº 9.430/96, sendo que o §4º reproduz o direito à extinção da punibilidade dos débitos tributários que tiverem sido objeto de

75 Veja-se, a respeito, o comentário de BALTAZAR JR.: "a Lei nº 9.983/00 introduziu, no §1º do art. 337-A, em relação ao crime de que se cuida, forma específica de extinção da punibilidade, na qual, estranhamente, não é exigido o pagamento, sendo suficiente a mera declaração, o que contraria, parece, o próprio objetivo das regras de extinção da punibilidade pelo pagamento em crimes tributários, que é o *incremento da arrecadação*" (**Crimes...**, p. 201. Itálicos não originais).

parcelamento, relativos a acusações pelos crimes previstos no *caput* do citado art. 83.[76] Como se vê, é da tradição legislativa brasileira admitir o ressarcimento do dano como causa extintiva da punibilidade de crimes tributários.

3. Análise crítica da extinção da punibilidade nos crimes tributários

Não é preocupação deste trabalho o exame do *momento* do pagamento (se antes da denúncia, depois dela, até a data da sentença irrecorrível ou a qualquer tempo), do *motivo* do pagamento (se por arrependimento ou para evitar a pena), do *autor* do pagamento (se pelo próprio acusado ou terceiro), da *espontaneidade* e de outros detalhes que, não raro, chamam a atenção – e com razão – dos estudiosos. Tenta-se aqui, isso sim, transmitir a *noção* que se tem feito da própria natureza do instituto da *extinção da punibilidade* para, em seguida, verificar a hipótese de extinção da punibilidade não somente pelo *pagamento do tributo*, mas, também, por qualquer outra forma de reparação do dano (incluindo-se, aí, todas as outras formas previstas em lei para a extinção do crédito tributário).

O pagamento, como causa de extinção da punibilidade em crimes tributários,[77] é apenas uma das formas de reparação do dano provocado pelo ilícito. Cumpre referir, agora, algumas das opiniões a respeito da natureza da extinção da punibilidade pelo *pagamento do tributo* (seja em crimes tributários ou em outra espécie de ilícitos penais que a admita). O estudo do jurista italiano Ferrando MANTOVANI permite-lhe afirmar que a extinção da pena pela reparação do dano apresenta, "tradizionalmente, la giustificazione nella convenienza di definire con sollecitudine ed economia processuale i prodecimenti per reati di minima imortanza, e, oggi, anche di contenere il già gravoso carico della amministrazione della giustizia."[78] Contudo,

> *"circla la qualificazione dommatica, si discute se trattasi di esecuzione voluntaria della pena e, quindi, di una deroga al principio del nulla poena sine judicio; o di transformazione dell'illecito penale in illecito amministrativo mediante il pagamento voluntario di una somma, che è una semplice sanzione amministrativa;*

76 Embora o §2º do art. 83 da Lei nº 9.430/96 (inserido pela Lei nº 12.382/11) condicione a suspensão da pretensão punitiva pelo parcelamento ao *momento* em que seja formalizado o respectivo pedido ("antes do recebimento da denúncia criminal"), é certo que a Lei nº 11.941/09 não impõe tal condição temporal e que a Lei nº 12.382/11 não revogou ou alterou os arts. 67 a 69 da Lei nº 11.941/09, que regulamentam a mesma matéria.

77 DOTTI, René Ariel. **Curso...**, p. 821.

78 MANTOVANI, Ferrando. **Diritto Penale, Parte Generale.** 2ª ed. Padova: Cedam, 1988, p. 812. Tradução livre: "tradicionalmente, uma justificação em termos de conveniência e economia processual para definir o caso de crimes de mínima importância, e, hoje, também para reduzir a carga já pesada da administração da justiça."

> *oppure di mera causa estintiva. Equivalendo ad una 'despenalizzazzione di fatto', l'oblazzione, specie quella discrezionale e relativa a reati di una certa gravità, è oggeto di non infondate critiche."*[79]

Efetivamente, esse instituto tem sido alvo de críticas, que parecem, modo geral, ter como questão de fundo a *facilidade* com que o acusado pode "se livrar" do processo penal pelo recolhimento dos valores exigidos pelo Fisco. MACEDO não falou sobre a questão da sonegação fiscal (até porque escreveu antes da Lei nº 4.729/65), mas apresentou uma razão que pode ser aproveitada pela crítica que a ela se venha a fazer nos dias de hoje. Para ele, o "princípio da reparação" é incompatível com o Direito Penal. Explica:

> "se o delito produz no ofendido, ou em sua família, uma lesão de ordem econômica que exige reparação, esta, porém, de natureza essencialmente civil, não sana o mal que do crime resulta para a coletividade, já pelo alarma que êle causa, já pela sensação de insegurança que provoca."[80]

Seguindo esse raciocínio, o autor sustenta que "o direito à reparação, ainda hoje subsistente, é exclusivamente civil", e cita o exemplo a ação civil *ex delicto*, que o órgão da acusação ou a vítima podem propor em decorrência da prática de um crime.[81] Por isso, a extinção da punibilidade pelo ressarcimento do dano no *peculato culposo* (CP, art. 312, §3º) seria mera *exceção* no ordenamento (ou, como a chamou MACHADO, uma "forma *anômala* de extinção da punibilidade").[82] Importante registrar que, como adiantou MACHADO, tal satisfação do dano pode ser vista, em Direito Penal, "de algum modo", como uma *pena* ao agente do crime.[83]

---

79 MANTOVANI, Ferrando. **Diritto Penale...**, p. 812. Tradução livre: "sobre a sua qualificação dogmática, é discutido se ela representa a voluntária execução da sentença e, portanto, a derrogação do princípio da *nulla poena judicio*; ou a transformação do ilícito penal em ilícito administrativo, mediante o pagamento de uma quantia, que é uma simples sanção administrativa; ou simplesmente uma causa extintiva. Equivalendo a uma 'despenalização do fato', a extinção mediante a reparação, especialmente a discricionária e relativa para os crimes de certa gravidade, não é objeto de crítica infundada."

80 MACEDO, Raimundo. **Da extinção da punibilidade.** Rio de Janeiro: Revista Forense, 1946, p. 11.

81 MACEDO, Raimundo. **Da extinção...**, p. 12.

82 MACHADO, Luiz Alberto. *Fraude contra o Fisco*. In **Revista de Direito Público**, São Paulo, Revista dos Tribunais, a. 5, nº 21, jul./set. 1972, p. 341. Itálicos não originais. O autor informou que a fonte dessa causa de extinção da punibilidade "é a legislação italiana, que instituiu a 'oblazione' no art. 162 do Código Rocco, mas aplicável tão somente às contravenções apenadas com multa isolada" (p. 341).

83 Idem, p. 233.

REGO MACEDO, tratando das Leis nºs 4.357/64 (art. 11, §§ 1º e 2º) e 4.729/65 (art. 2º), considera a extinção da punibilidade pelo pagamento um "excesso desnecessário", que promove o "esvaziamento da ameaça e da repressão",[84] ignorando "os fundamentos da tutela e repressão penais."[85] Em seguida, o autor nota que, "em verdade", prevaleceu o "interêsse em fazer com que a Fazenda Pública recebesse o que lhe era devido", o qual é muito maior do que o interesse em "preservar a inexorabilidade da sanção penal."[86] Então, conclui: "o administrador quer receber do contribuinte o devido. Mesmo que se coloque o Direito Penal como cobrador. Para o jurista isto é *imoral*."[87]

Logo após a publicação da Lei nº 4.729/65, FRAGOSO teceu muitas críticas à técnica legislativa nela apresentada. Revelou ter a "impressão de que as leis no Brasil são hoje feitas clandestinamente, e, no que tange ao Direito Penal, que são feitas por leigos."[88] Sobre a extinção da punibilidade, que era prevista no art. 2º dessa lei, FRAGOSO afirmou que ela "enfraquece a ameaça penal" e demonstra a "relutância do legislador na incriminação da fraude fiscal." Para ele, a extinção da punibilidade pelo pagamento apenas seria cabível para "infrações leves, não punidas com pena privativa de liberdade."[89] E complementa: "é *imoral* que, em se tratando de crime e de fraude dolosamente praticada, o arrependimento após a consumação tenha o efeito de extinguir a punibilidade. Essa disposição compromete a eficácia intimidativa da lei (...)."[90] PIMENTEL acrescenta que "o legislador", ao regular a extinção da punibilidade para a sonegação fiscal, "visava muito mais ao recebimento do que era devido do que à punição do autor de um crime doloso."[91]

É de ideias dessa natureza que parece ter se valido a crítica mais recente à extinção da punibilidade pelo pagamento em crimes tributários. Rui STOCO considerou correta a revogação do art. 14 da Lei nº 8.137/90 pelo art. 98 da Lei nº 8.383/91, pois a previsão da extinção da pena pelo pagamento havia convertido "o Direito Penal em veículo espúrio e *mero cobrador de tributos*, de modo que apenas os remissos incorreriam nas sanções da lei

---

84 REGO MACEDO, Sergio do. *Direito Penal Financeiro*. In **Revista de Informação Legislativa**, Brasília, Senado Federal, a. VII, n. 27, jul./set. 1970, p. 175.

85 REGO MACEDO, Sergio do. *Direito Penal...*, p. 176.

86 Idem, p. 178.

87 Idem. Itálicos não originais.

88 FRAGOSO, Heleno Cláudio. *O nôvo Direito Penal Tributário e Econômico*. In **Revista Brasileira de Criminologia e Direito Penal**, Rio de Janeiro, a. III, n. 12, jan./mar. 1966, p. 63-64.

89 FRAGOSO, Heleno Cláudio. *O nôvo Direito Penal Tributário...*, p. 71.

90 Idem, p. 72. Itálicos não originais.

91 PIMENTEL, Manoel Pedro. *Crime de sonegação fiscal*. In **Revista dos Tribunais**, São Paulo, Revista dos Tribunais, a. 76, vol. 617, mar./1987, p. 263.

penal", o que seria inconstitucional, ante a vedação da prisão por dívida (CF, art. 5º, LXVII).[92]

André NABARRETE NETO entende a reparação do dano, mesmo em crimes fiscais, como um *arrependimento posterior*. Isso significa, para o autor, e "de um ponto de vista lógico", que esse arrependimento (ressarcimento do prejuízo) pressupõe "o cometimento do ilícito penal pelo agente"; embora não haja, como condição à declaração da extinção da punibilidade, nenhuma declaração constitutiva do Poder Judiciário de que o crime existiu e que o seu autor foi beneficiado com a causa extintiva. Continua, pontuando que "a sistemática adotada pelo legislador privilegia puramente o pagamento da exação sonegada. Com isso, utiliza a ameaça de processo e a pena como expedientes para compelir o agente ao pagamento da dívida."[93] Acrescenta, ao fim, que o poder de punir e a extinção da punibilidade pela reparação do dano decorrente de crime tributário são completamente incompatíveis, porque "o poder punitivo não é bem comerciável e torná-lo significa *mercantilizar atividade essencial do Estado*."[94]

Para Wagner BALERA, o escopo da criminalização da sonegação fiscal seria, simplesmente, "trazer para o campo fiscal a dureza da norma repressiva",[95] sendo que a extinção da pena pelo pagamento acabou por "afrouxar a carga repressiva das normas penais em questão."[96] Afinal, "só o recolhimento do tributo não faz desaparecer do mundo jurídico a perversidade do fato que merece a repulsa social e as suas conseqüências penais",[97] eis que "somente será possível coibir a enorme evasão fiscal (...) se houver o enquadramento penal do autor."[98]

Com DECOMAIN, que também questiona a "*moralidade* dessa benesse", o fundamento da extinção da punibilidade pelo pagamento é o "estímulo" que se pretende dar ao "criminoso", ou seja, "trata-se de mecanismo

---

92 STOCO, Rui. *Sonegação fiscal – temas controvertidos*. In **Revista dos Tribunais**, São Paulo, Revista dos Tribunais, a. 84, vol. 713, mar./1995, p. 319. Itálicos não originais.

93 NABARRETE NETO, André. *Extinção da punibilidade nos crimes contra a ordem tributária*. In **Revista Brasileira de Ciências Criminais**, São Paulo, Revista dos Tribunais, a. 5, nº 17, jan./mar. 1997, p. 178.

94 NABARRETE NETO, André. *Extinção da punibilidade*..., p. 179. Itálicos não originais.

95 BALERA, Wagner. *Direito Penal Tributário*. In **Revista de Direito Tributário**, São Paulo, Malheiros, vol. 63, 1994, p. 251.

96 BALERA, Wagner. *Direito Penal Tributário*..., p. 247.

97 Idem, p. 251.

98 BALERA, Wagner. *Crimes contra a ordem tributária*. In SILVA MARTINS, Ives Gandra da. **Crimes contra a ordem tributária.** São Paulo: Revista dos Tribunais; Centro de Extensão Universitária, 1995, p. 155.

pelo qual supôs o legislador que poderia ampliar a receita tributária."[99] Para o autor, o ideal seria "a pura e simples revogação dessa causa extintiva de punibilidade."[100] O fato é que a matéria da "extinção da punibilidade, ante o pagamento do tributo devido, vem sofrendo contínuas variações, a critério único e exclusivo do legislador, de cunho puramente político, especificamente, político-fiscal."[101]

É nessa altura que convém notar algo sobre o instituto jurídico em análise. Como indica RABELO QUEIROZ, a doutrina sobre as causas de extinção sempre arrola como seu fundamento geral o de ordem *política*,[102] que estabelece, em um dado momento, que o Estado deve renunciar – "imediata, incondicional, completa e irrevogavelmente"[103] – ao seu direito-dever de *punir*,[104] compreendo-se, logicamente, a desistência do direito-dever de *perseguir* o crime. São casos em que a eventual aplicação da pena não surtiria os efeitos que a ela tradicionalmente atribuem-se.[105]

---

99 DECOMAIN, Pedro Roberto. **Crimes contra a ordem tributária.** 4ª ed. Belo Horizonte: Fórum, 2008, p. 624. Itálicos não originais.

100 DECOMAIN, Pedro Roberto. **Crimes...**, p. 626.

101 BITTAR, Walter Barbosa. **A punibilidade no Direito Penal**. São Paulo: Almedina, 2015, p. 90-91.

102 Além das opiniões já vistas nesse sentido, leia-se Lídia Maria Lopes RODRIGUES RIBAS: "em razão de *certas contingências* ou por *motivos de conveniência* ou *oportunidade política*, as causas de extinção da punibilidade atuam como inibidoras da aplicação da sanção penal, uma vez que cessa o direito que o Estado tem de punir" (**Questões relevantes de Direito Penal Tributário.** São Paulo: Malheiros, 1997, p. 101. Itálicos não originais).

103 RABELO QUEIRÓZ, Rafael Mafei. *Extinção da punibilidade...*, p. 138.

104 Idem, p. 133-134.

105 Os limites da presente pesquisa não permitem a incursão nas *teorias da pena*, que reclamam estudo próprio e extensivo (embora tal tema seja, a rigor, indissociável do tema da *extinção da punibilidade*). Releva, contudo, atentar ao fato de que a conhecida inaptidão da pena criminal para promover a idealizada *ressocialização* dos condenados (ou a *prevenção*) não é, normalmente, objeto de análise dos autores que reputam descabida a extinção da punibilidade pelo pagamento nos crimes tributários. Isto é, critica-se a resolução do *caso penal* com a entrega, ao Estado, do valor que ele requer; mas não se dedica a investigar *se* os efeitos práticos de eventual execução da condenação criminal seriam, *realmente*, mais benéficos à sociedade e ao acusado do que o ingresso de valores aos cofres públicos. Nesse sentido, interessa um dos primeiros estudos conhecidos (e disponíveis em português) sobre esse assunto específico, realizado por Hector VILLEGAS: "não nos parece que a pena privativa de liberdade seja de aplicação conveniente no âmbito repressivo fiscal e que, assim, útil se torne a sua generalização, como forma de castigo às diferentes infrações tributárias", porque a pena pecuniária, se imposta com o rigor necessário, pode ser mais eficiente do que a primeira. Além disso, "a evasão deve ser atacada em suas causas, das mais variadas espécies (econômicas, políticas, técnicas, psicológicas, jurídicas e acidentais), e não mediante o recurso à (...)

E assim tem sido sempre que "interesses extrapenais sobrepõem-se aos interesses penais envolvidos." Como exemplo, cite-se a *morte*, que, até a consagração constitucional do princípio da *pessoalidade das penas*, tardou a ser reconhecida como causa de extinção da punibilidade – no Brasil, aliás, somente o foi após a positivação da *prescrição*, como registrou Raimundo MACEDO, acima visto –, diante da possibilidade de os descendentes da vítima pleitearem indenização pelo crime.[106] A verdade é que, em seara penal-tributária, os "interesses extrapenais" subjacentes à extinção da pena pelo pagamento são mesmo de caráter inegavelmente *arrecadatório*,[107] e têm, há anos, prevalecido sobre os "interesses penais" de *punição*.[108] Mas isso não torna admissível que se aplique o Direito Penal "sob a mesma lógica que rege a administração financeira do Estado", sob pena de se reconhecê-lo, enfim, como "mero instrumento arrecadatório, de que se lança mão (...) pela conveniência que proporciona ao aparelho tributário do Estado."[109] O autor registra essa preocupação pois está ciente de que, no Brasil de hoje, "luta-se por bater o recorde de arrecadação do ano anterior."[110] Mas o Direito Penal Tributário brasileiro, efetivamente (e infelizmente), é, sim, mero *instrumento arrecadatório*.

Eis onde é inelutável chegar: a controvérsia remete à *administrativização* do Direito Penal. A extinção da punibilidade pelo pagamento em crimes tributários é consectário lógico do modelo *político-criminal* adotado pelo Estado em matéria de repressão à sonegação fiscal. Essa política faz do Direito Penal

---

pena de prisão", sendo certo, por fim, "que a pena privativa de liberdade não indeniza ao fisco" (**Direito Penal Tributário**. [Trad. Elizabeth Nazar e outros]. São Paulo: EDUC; Resenha Tributária, 1974, p. 327 e 329). SCHMIDT apresenta ideia semelhante, quando entende que "de nada vale a prisão para o sonegador se o dano causado ao erário não for reparado e prevenido; estaríamos conferindo, ao Direito penal, uma justificativa meramente retribucionista" (**Exclusão da punibilidade**..., p. 74).

106 MACEDO, Raimundo. **Da extinção**..., p. 136.

107 De fato, a pesquisa de Rosier Batista CUSTÓDIO e Carlos Alberto PIRES MENDES sustenta que a extinção da punibilidade pela reparação do dano em crimes tributários é medida "coerente com o fim utilitarista preconizado pelo legislador pois, ao criminalizar a conduta do contribuinte faltoso, quis o legislador forçar o pagamento do tributo e aumentar a arrecadação e, sendo assim, não faz sentido que esse mesmo legislador estabeleça, simultaneamente, que o contribuinte que resolva pagar seu débito não será beneficiado com a extinção da punibilidade, porque frustrar-se-ia a própria essência da lei que é o pagamento do tributo, haja vista que ninguém diria: devo, quero pagar e ainda quero ser preso!" (*Extinção da punibilidade pelo pagamento do tributo [Comentário de Jurisprudência]*. In **Boletim IBCCRIM**, Jurisprudência, São Paulo, vol. 4, n. 38, fev./1996, p. 125).

108 Idem, p. 145.

109 Idem, p. 147.

110 Idem.

uma *técnica auxiliar de arrecadação*. É antiga a preocupação de LYRA: "no socorro aos outros ilícitos jurídicos, a tutela penal, extrema *ratio*, não desce a coberturas servis e automáticas. *Em caso algum, a arma mais poderosa do arsenal jurídico pode ser utensílio fiscal*."[111] No entanto, a advertência parece ter sido em vão.

Sylvia Helena de Figueiredo STEINER é testemunha de que, atualmente, "temos assistido ao crescente desvio do caráter do direito penal, historicamente subsidiário, para outorgar-lhe uma função administrativa que lhe deveria ser estranha." O Direito Penal, "como veículo de tutela dos mais relevantes valores sociais, não deveria ser utilizado como *instrumento de arrecadação* do Estado."[112] A extinção da punibilidade pelo pagamento, em crimes tributários, juntamente com a edição de dispositivos penais no corpo de leis que disciplinam uma série de outras atividades e funções de *gestão* do Estado, são sintomas inequívocos de um Direito Penal *administrativizado*.[113] Ou, em outras palavras, a extinção da punibilidade dos crimes tributários é a regra que confirma que o Direito Penal possui uma faceta de "eficiente meio de cobrança de tributos sonegados."[114] Para LIMA DE CARVALHO, a norma extintiva inaugurou "uma nova era no Direito Penal pátrio, em que o legislador, impregnado de mentalidade fiscalista, entende ser mais importante em determinadas espécies de delito o ressarcimento à Fazenda Pública do que a punição do delinqüente."[115]

Em estudo do *pagamento* como *causa de extinção da punibilidade* em relação aos crimes tributários, Rodrigo SÁNCHEZ RIOS notou que a política criminal vigente tenciona a "mera arrecadação", pois "é o 'crédito tributário' que se tenta alcançar *a qualquer custo*. E para alguns desavisados, a ameaça do 'processo e da pena' pode cumprir muito bem esta função, tudo em nome do 'interesse público'."[116] Em obra posterior, o autor mantém essa posição,

---

111 LYRA, Roberto. **Criminalidade econômico-financeira.** Rio de Janeiro: Forense, 1978, p. 60. Itálicos não originais.

112 STEINER, Sylvia Helena de Figueiredo. *As causas de extinção da punibilidade após o advento da Lei 9.983/2000*. In SALOMÃO, Heloisa Estellita (Coord.). **Direito Penal Empresarial.** São Paulo: Dialética, 2001, p. 291. Itálicos não originais.

113 STEINER, Sylvia Helena de Figueiredo. *As causas de extinção...*, p. 291.

114 TORRES, Márcio Andrade; CUKIERKOM, Maria Cristina Barongeno. *A extinção da punibilidade pelo pagamento, antes do oferecimento da denúncia, das contribuições previdenciárias descontadas dos empregados*. In **Boletim IBCCRIM**, São Paulo, n. 40, abril/1996, p. 5.

115 LIMA DE CARVALHO, Márcia Dometila. **Crimes de contrabando e descaminho.** 2ª ed. São Paulo: Saraiva, 1988, p. 55.

116 SÁNCHEZ RIOS, Rodrigo. **O crime fiscal.** Porto Alegre: Sergio Antonio Fabris, 1998, p. 86-87. Itálicos não originais.

complementando-a com a crítica ao "uso político do direito criminal como instrumento de política interna, no qual a norma penal de *ultima ratio* do ordenamento jurídico passa a ser a *prima ratio* de questões sociais."[117]

ROSENTHAL, embora não deduza críticas sobre a legitimidade ou sobre as repercussões dogmáticas dessa técnica, vê, nela, "nada mais que o estímulo legal para que esse pagamento venha a ser efetuado rapidamente, sem discussão na esfera administrativa."[118] Admite, claramente, que a própria *criminalização* da sonegação fiscal possui fim *idêntico* ao da *extinção de sua punibilidade* pela reparação do dano, "qual seja, coagir o contribuinte a cumprir suas obrigações para com o Erário."[119]

Esse quadro impõe a constatação de que tanto os autores que se posicionam pela "imoralidade" ou pela revogação das causas legais de extinção da punibilidade pelo *pagamento do tributo* em crimes tributários, quanto aqueles que, apesar de qualificá-las como um meio espúrio de "intimidação" do Estado, aceitam-nas por serem benéficas ao réu ou por estarem de acordo com a Política Criminal vigorante partilham das *mesmas* premissas básicas: o Direito Penal não se presta a cobrar tributos, tampouco a incrementar falhas legislativas e estruturais nos mecanismos administrativos de acúmulo de dinheiro público; porém, "contrariando os princípios básicos do Direito Penal Moderno, o Direito Penal vem sendo usado como instrumento geral de controle, esquecendo-se do seu caráter subsidiário",[120] para citar apenas um princípio. BRITO MACHADO bem resume a contradição interna desses argumentos de cariz *ético*:

> "é incoerente, repetimos, cominar uma pena por um critério utilitarista, e no momento de escolher entre a realização do objeto perseguido, no caso o pagamento do tributo, ou a aplicação da pena cominada, optar-se pela última alternativa fundado em suposta conotação moral do Direito Penal, que não foi considerada no momento precedente."[121]

Caberia considerar, "no momento precedente", que o emprego da sanção criminal como *técnica fiscal emergencial* de fiscalização fazendária, recolhimento de tributos e inibição de violação de normas administrativas implica a *anulação* das ciências criminais, como um todo. *Esvazia-se* o conteúdo dogmá-

117 SÁNCHEZ RIOS, Rodrigo. **Das causas de extinção da punibilidade nos delitos econômicos.** São Paulo: Revista dos Tribunais, 2003, p. 144-145. Itálicos originais.

118 ROSENTHAL, Sérgio. *A extinção da punibilidade...*, p. 263.

119 ROSENTHAL, Sérgio. **A punibilidade...**, p. 109.

120 FARIA JR., César de. *Crimes contra a ordem tributária.* In **Revista Brasileira de Ciências Criminais**, São Paulo, Revista dos Tribunais, a. 2, nº 5, jan./mar. 1994, p. 70.

121 BRITO MACHADO, Hugo de. **Estudos...**, p. 232.

tico que move o sistema penal e colocam-se as engrenagens de sua *carapaça* a trabalhar para um propósito estranho àquele para o qual foram concebidas: *sancionar* condutas humanas que lesionem ou exponham a risco de lesão *bens jurídico-penais* de *fundamental* importância para a humanidade, como a *vida*, a *integridade física*, *psíquica*, *sexual* e a *liberdade*.[122]

A despeito de ser produto da malversação do sistema criminal, se essa causa extintiva de punibilidade acarreta, na prática, a redução do aparelho repressivo criminal, afastando, com isso, os graves rigores da persecução penal, ela é, afinal, recomendável. Não se pode negar que ela harmoniza "con la búsqueda de vías alternativas a la solución de los conflictos penales."[123] Consoante BALTAZAR JR., "a reparação do dano é um objetivo a ser perseguido, também, pelo direito penal, que reconhece, de modo geral, a mitigação da pena em caso de reparação por parte do agente, o que não é exclusivo do direito penal tributário (CP, arts. 15, 16, 65 III, *b*, e 143)."[124] C. SILVA reconhece que as normas tutelares dos tributos, "de ordem criminal ou não, objetivam reforçar o crédito fiscal, mediante a cominação de penalidades", de forma que, "se o crédito fiscal é satisfeito, não existe motivo para insistir na incriminação, contra todas as considerações de política criminal e o entendimento hoje prevalente sobre os fins da pena criminal". Na realidade, se o pagamento do tributo não retirar a ameaça da pena criminal contra o contribuinte, terá ele mais razão para deixar de recolher as quantias devidas.[125]

---

122 Vale rever a opinião de Luiz Alberto MACHADO, exposta antes da Lei nº 8.137/90: "ora, o não recolhimento do imposto traduz mera dívida para com a Fazenda Pública. (...) Não trata, pois, o tipo, de uma conduta censurável objetivamente. Não pagar o que se deve cria um desvalor na esfera obrigacional, jamais na esfera penal. Permite que o Estado execute o contribuinte inadimplente, excutindo, do seu patrimônio, o necessário à satisfação obrigacional, mas não admite a consideração dessa dívida como um desvalor penal de conduta" (*Dos crimes contra a ordem tributária.* In **Revista de Direito Tributário**, São Paulo, Revista dos Tribunais, a. IX, n. 34, out./dez. 1985, p. 263). Os comentários de RODRIGUES RIBAS a esse respeito também são oportunos: "para que sejam elevados à categoria de crimes determinados comportamentos, considerados tradicionalmente como ilícitos administrativos, é necessário que haja um consenso da necessidade de intervenção repressiva, para que não seja criado um tipo penal artificial (trivialização da pena criminal). O sistema penal não protege os bens jurídicos de qualquer violação, mas sim das que são inaceitáveis pela coletividade" (**Questões relevantes...**, p. 107); "é necessário que o legislador seja cauteloso para não incriminar demasiadamente condutas antes penalmente lícitas, quando o Direito Tributário contém sanções que lhe são próprias" (idem, p. 108). É exatamente a ausência de consenso sobre ser ou não a sonegação fiscal *repulsiva* à sociedade a ponto de poder ser criminalizada que carece de exame político-jurídico, como premissa à adequada análise do tema.

123 LÓPEZ BISCAYART, Javier. *La extinción de la acción penal por pago...*, p. 1349.

124 BALTAZAR JR., José Paulo. **Crimes...**, p. 454.

125 C. SILVA, Juary. **Elementos de Direito Penal Tributário.** São Paulo: Saraiva, 1998, p. 160.

De fato, desde o início da sistematização da repressão penal com o tipo autônomo de *sonegação fiscal* no Brasil, pela Lei nº 4.729/65, era possível localizar (poucos) autores que viam, na extinção da pena pelo conserto do dano, algo compatível com algum ponto da ciência criminal. Nessa linha, cite-se CAVALCANTI, para quem a extinção da punibilidade (a que era prevista no art. 2º da Lei nº 4.729/65) "*extingue* a pena, *não o crime*", pelo que se trata de "*arrependimento eficaz*."[126] Sustenta, por isso, que, nesses casos, "não há de se cogitar de qualquer propositura de ação penal", porque "não seria boa política 'fustigar' o contribuinte que procurou reparar o dano."[127] E Ângelo Rafael ROSSI, estudando o mesmo dispositivo legal, assevera que o ato do contribuinte, ao cumprir as obrigações tributárias principais e acessórias, é revelador do seu propósito "de anular, espontâneamente, as conseqüências prejudiciais, merecendo o seu ato isenção de penalidade."[128]

Hoje, passados alguns anos de experiência com diferentes redações legais de causas de liberação da pena pelo pagamento do tributo em crimes tributários, é possível concluir, seguramente, serem prevalentes os interesses político-fiscais sobre os critérios jurídico-penais atrelados aos chamados *fins da pena*: a tônica é a "arrecadação por meio da instrumentalização do sistema penal."[129] Contudo, mesmo assim, o mais importante é que, na prática, "com a efetiva recuperação do bem jurídico tutelado, não subsistiriam razões de política criminal justificadoras da pena."[130]

Portanto, a extinção da punibilidade pelo pagamento integral do montante devido, além de reparar os prejuízos e, ainda, *acrescer* aos cofres públicos, poupa o cidadão da *desumanização* que o cárcere proporciona[131] e elide

---

126 CAVALCANTI, Araçari Leite. **Dos crimes de sonegação fiscal: comentários à Lei nº 4.729, de 14 de julho de 1965 e outras normas penais correlatas.** São Paulo: Arapongas Ltda., 1966, p. 157. Itálicos originais. GARCÍA PÉREZ, contrariando a maioria das obras consultadas, não considera a figura da *reparação do dano* equivalente à *desistência* e ao *arrependimento*. Para ele, quando se fala de um sujeito que não recolheu o tributo, fala-se em prejuízo econômico ao Fisco. Ou seja, o crime já estaria consumado e o dano causado. Assim, tratar-se-ia de um *contribuinte tardio* que se vale da "confesión de la infracción a la autoridad" (**La punibilidad**..., p. 197).

127 Idem.

128 ROSSI, Ângelo Rafael. **Crime de sonegação fiscal – Lei nº 4729 de 14.7.65.** Rio de Janeiro: Editôra Jurídica e Universitária Ltda., 1967, p. 72.

129 SÁNCHEZ RIOS, Rodrigo. **Das causas de extinção**..., p. 156.

130 Idem, p. 151.

131 Em que pese a discussão sobre a crise do sistema punitivo ser ampla e complexa, calha conferir o que José Luis GUZMÁN DALBORA considerou a respeito, precisamente porque o fez em prol das causas de extinção da punibilidade e em favor da redução das penas privativas de liberdade: "es un hecho observado de antiguo que la prisión no reduce las tasas de la criminalidad, a las que, antes bien, deja inalteradas, cuando

a reiteração de novos delitos de mesmo gênero, dispensando, de quebra, os gastos que seriam exigidos para o custeio da *ação penal*. "Que mal há nisso?", indaga FARIA JR.[132] Nenhum. O que deve ser criticado, em verdade, é o fundamento *utilitário* com que se *criminalizou* a sonegação fiscal no Brasil e não a consequente norma da *extinção da punibilidade* pelo pagamento do tributo.

4. A EXTINÇÃO DO CRÉDITO TRIBUTÁRIO COMO CAUSA GERAL DE EXTINÇÃO DA PUNIBILIDADE DOS CRIMES TRIBUTÁRIOS

Houve época em que o crime tributário de descaminho, embora já previsto como crime, era punido somente com medidas administrativas (Código Criminal de 1830, art. 177). Isso era aceito pela sociedade porque a *reparação do dano* satisfaz adequadamente o interesse fiscal, além de castigar o contribuinte. Ainda, após a promulgação do Código de 1940, chegou-se a suscitar a desnecessidade de repressão criminal ao citado crime.[133]

Em comentários ao art. 138 do Código Tributário Nacional (Lei nº 5.172/66)[134] – que regula a extinção da infração tributária pela *denúncia espontânea* – Geraldo ATALIBA relembra a *unidade sistemática* do Direito, para conceber a seguinte tese:

> "ora, *se* a denúncia espontânea, em virtude da expressa disposição legislativa (art. 138, do CTN), coalesce com as demais normas integrantes do sistema e é com elas harmônica; *se* ela torna lícito o ilícito; *se* 'apaga' o erro; *se* reverte as situações; *se* faz desaparecer a pretensão punitiva; e, *se*, sobretudo, a lei penal

no estimula el proceso inverso, un aumento cuantitativo y cualitativo de los delitos. El clamoroso fracaso de la ideologia del tratamiento resocializador vino a demonstrar algo sabido desde el siglo XIX: que la cárcel, com sús condiciones innaturales de reincidencia, recaída a que favorecen la mácula jurídica, el desamparo institucional y el estigma social que ha de soportar quien resultó liberado, cuanto porque, al corroer el entorno humano del preso, sentencia indirectamente a otras personas a un quiebre existencial que puede desembocar el crimen" (**La pena y la extinción de la responsabilidad penal – Primera parte.** Montevideo/Buenos Aires: B de F, 2009, p. 251).

132 Idem.

133 Nesse sentido, dentre outros: MAGALHÃES DRUMMOND, J. de. **Comentários...**, p. 355-356.

134 "Art. 138. A responsabilidade é excluída pela denúncia espontânea da infração, acompanhada, se for o caso, do pagamento do tributo devido e dos juros de mora, ou do depósito da importância arbitrada pela autoridade administrativa, quando o montante do tributo dependa de apuração. Parágrafo único. Não se considera espontânea a denúncia apresentada após o início de qualquer procedimento administrativo ou medida de fiscalização, relacionados com a infração."

simplesmente sanciona a lei tributária para reforçar-lhe a eficácia, é fácil de ver-se que, *no caso de denúncia espontânea, o ilícito desaparece, acarretando a extinção da punibilidade.*"[135]

Para ATALIBA, a extinção do ilícito fiscal pelo pagamento e a subsistência da possibilidade de responsabilização penal que tenha por objeto a mesma obrigação tributária seria uma "gritante contradição", na medida em que os dispositivos legais penais, em ilícitos tributários, são "instrumentos acessórios" estabelecidos em *reforço* da arrecadação[136] – na senda da forte administrativização do Direito Penal. Essa posição conta com vários partidários na literatura.[137]

Na realidade, quando a legislação penal faz referência à expressão "pagamento", ao regular a extinção da punibilidade dos crimes tributários, ela não pode ser lida de modo restritivo. Tal expressão alude não apenas ao ato de entrega do valor ao Estado, mas, também, à norma tributária que regula a satisfação do crédito fiscal.[138] Dessa forma, pode-se sustentar que "não só o pagamento (em sentido estrito) será suporte fáctico para incidência da norma de exclusão da punibilidade penal, *mas qualquer forma de satisfação do crédito tributário* pelo sujeito passivo da obrigação tributária."[139] Tendo em conta que, "no plano ontológico (...), os delitos e os ilícitos fiscais conservam a mesma

135 ATALIBA, Geraldo. *Denúncia espontânea e exclusão de responsabilidade penal.* In **Revista de Informação Legislativa**, Brasília, João Batista Soares de Sousa/Senado Federal, a. 32, n. 125, jan./mar. 1995, p. 245. Itálicos originais.

136 ATALIBA, Geraldo. *Denúncia espontânea*..., p. 245.

137 RODRIGUES RIBAS entende que essa posição de ATALIBA é a "mais coerente com a análise sistemática" do Direito (**Questões relevantes**..., p. 102). No mesmo sentido: "a denúncia espontânea da infração seguida do devido pagamento do montante integral extingue, por certo, a punibilidade da sonegação fiscal" (FREITAS LOPES, Rodrigo Fernando de. **Crime de sonegação fiscal: a crise do Estado como causa de exclusão da culpabilidade.** Curitiba: Juruá, 2002, p. 153.); "o art. 138 do Código Tributário Nacional não admite controvérsias, pois prescreve a exclusão da responsabilidade de todas as infrações, entre elas os crimes", por conta da literalidade do art. 137, I e II do CTN. Assim, esse dispositivo "tem maior densidade jurídica que a regra geral hospedada nos arts. 15 e 16, ambos do Código Penal, que tratam do arrependimento eficaz e do arrependimento posterior" (ANDRADE FILHO, Edmar Oliveira. **Direito Penal Tributário**..., p. 150.); Juary C. SILVA (**Elementos**..., p. 162).

138 TOMAZINI DE CARVALHO, Aurora. **Direito Penal Tributário**..., p. 317-318. Mas, na avaliação da autora, não seriam todas as formas de extinção do crédito previstas no art. 156, CTN, que causariam a extinção da punibilidade, pois "a extinção do crédito tributário opera efeitos não-retroativos", e, sendo a extinção do crédito posterior à consumação do crime, "não há perda do objeto do crime" (p. 318) em alguns casos.

139 Idem, p. 318. Itálicos não originais.

identidade",[140] calha consultar as causas de extinção do crédito tributário dispostas no art. 156 do CTN:

> "Art. 156. Extinguem o crédito tributário:
> I – o pagamento;
> II – a compensação;
> III – a transação;
> IV – remissão;
> V – a prescrição e a decadência;
> VI – a conversão de depósito em renda;
> VII – o pagamento antecipado e a homologação do lançamento nos termos do disposto no artigo 150 e seus §§ 1º e 4º;
> VIII – a consignação em pagamento, nos termos do disposto no § 2º do artigo 164;
> IX – a decisão administrativa irreformável, assim entendida a definitiva na órbita administrativa, que não mais possa ser objeto de ação anulatória;
> X – a decisão judicial passada em julgado.
> XI – a dação em pagamento em bens imóveis, na forma e condições estabelecidas em lei."

Como se vê, as modalidades de satisfação do crédito tributário são, em verdade, em maior número do que pode fazer crer o termo "pagamento", utilizado na lei penal. Mas é certo que "*todas* as circunstâncias que suspendem a exigibilidade do crédito tributário (art. 151 do CTN), ou que extinguem o crédito (art. 156 do CTN), ou que concedem anistia (art. 180 do CTN), produzem efeitos na seara penal."[141] Com isso, deve ficar claro que a palavra "pagamento, neste contexto, significa *qualquer* forma de extinção do crédito tributário entre as definidas no art. 156 do Código Tributário Nacional",[142] de modo "a abranger *todas* as formas de extinção do crédito tributário"[143] previstas nesse dispositivo. SCHMIDT, em análise do art. 156 do CTN, justifica:

> "não faz sentido que a supressão da responsabilidade fiscal, em razão da extinção do crédito tributário, não afaste a tipicidade da conduta delituosa respectiva, pois se o Direito tributário, que possui menos exigências para a manutenção do ilícito fiscal, está reconhecendo a justificação da operação fiscal, seria uma incongruência jurídica admitirmos que o Direito penal, que possui formalidades

140 Zelmo DENARI (COSTA JR., Paulo José da; DENARI, Zelmo. **Infrações tributárias...**, p. 95).

141 RODRIGUES RIBAS, Lídia Maria Lopes. **Questões relevantes...**, p. 103. Itálicos não originais.

142 ANDRADE FILHO, Edmar Oliveira. **Direito Penal Tributário...**, p. 63. Itálicos não originais.

143 Idem, p. 152. Itálicos não originais.

bem mais amplas e se ocupa tão-só de condutas mais graves, continuasse conferindo adequação típica ao fato."[144]

Em outras palavras, o dispositivo legal que permite a extinção da punibilidade em crimes tributários "deve ser interpretado de forma teleológica", "entendendo-se que ocorre também a extinção da punibilidade quando presentes outras situações que extinguem o crédito tributário, tais como a compensação, transação, remissão, prescrição, decadência, isenção (...)".[145] Em suma, os requisitos para a extinção da punibilidade criminal "são idênticos aos exigidos pela legislação tributária, ou seja, a *reparação do dano* ocorrida anteriormente ao início de qualquer procedimento, por parte do Estado, que tenha por objeto a apuração do fato ilícito (...)."[146] Então, seria mais adequado que a lei penal, ao disciplinar as modalidades de extinção da punibilidade dos crimes de sonegação fiscal, fizesse referência ao art. 156, CTN, ou, por outra, empregasse expressão mais ampla, como *reparação do dano* – literalmente mais abrangente do que "pagamento" e de significado juridicamente mais adequado.

De acordo com o Código de Processo Penal, é facultado à vítima de crime "aguardar o término da ação penal para ulterior ingresso de ação de execução no juízo cível",[147] o que caracteriza o sistema atual.[148] Foi nesse contexto que MACEDO escreveu, como já visto, que a *reparação do dano* seria algo "exclusivamente civil", motivo pelo qual não teria cabimento em Direito Penal, não podendo afetar, por isso, o juízo de reprovação que se faça do autor do fato.

Mas, a rigor, desde o período imperial, no Brasil, era possível localizar dispositivos legais específicos, na seara criminal, regulando o dever do condenado de reparar os prejuízos causados por seus atos (por exemplo: Código Criminal de 1830, arts. 21 a 32; Código de Processo Criminal de 1832, art. 79). Conforme ROSENTHAL, desde aquela época evidenciava-se "a preocupação do legislador em exercer a pretensão punitiva estatal ao mesmo tempo em que procurava garantir, à vítima, o ressarcimento dos prejuízos havidos com a prática delituosa, em verdadeira simbiose de desígnios."[149] Como lem-

144 SCHMIDT, Andrei Zenkner. **Exclusão da punibilidade**..., p. 126-127.

145 CORRÊA, Antonio. **Dos crimes contra a ordem tributária**..., p. 260-261.

146 EISELE, Andreas. A *reparação do dano*..., p. 13. Itálicos não originais.

147 ROSENTHAL, Sérgio. **A punibilidade e sua extinção**..., p. 70.

148 A Exposição de Motivos do CPP (Decreto-Lei 3.689, de 3 de outubro de 1941) confirma essa opção: "A *reparação do dano* ex delicto. VI – O projeto, ajustando-se ao Código Civil e ao novo Código Penal, mantém a separação entre a ação penal e a ação civil *ex delicto*, rejeitando o instituto ambíguo da constituição de 'parte civil' no processo penal."

149 ROSENTHAL, Sérgio. **A punibilidade e sua extinção**..., p. 68.

bra Ruy Sérgio Rebello PINHO, o diploma mais importante na caracterização do sistema brasileiro de reparação do dano *ex delicto* foi a Lei nº 261, de 3 de dezembro de 1841, que reformou o Código de Processo Criminal, passando a permitir a indenização – que até então poderia ser pleiteada diretamente no processo penal – por *ação civil* autônoma (art. 68).[150] Foi essa a lei que inaugurou o citado sistema de *independência* (ou da *separação*)[151] entre as ações penal e civil (mantido até os dias atuais).[152]

Também o período republicano manteve disposições atinentes à matéria (Código Penal de 1890, arts. 31, 69, *b* e 70). A Constituição de 1988 ordenou novas formas legais para a solução dos prejuízos que os crimes causam, do que é exemplo o Juizado Especial (CF, art. 98, I). ROSENTHAL nota que, "de maneira inovadora e revelando especial preocupação com o ressarcimento do dano às vítimas", a Lei nº 9.099, de 26 de setembro de 1995, prevê várias medidas despenalizadoras que privilegiam a reparação do dano.[153] Portanto, no Direito Penal brasileiro, o estudo das leis pertinentes permite verificar que "há uma preocupação constante" em perseguir a *reparação do dano* causado.[154]

Efetivamente, a supracitada conclusão de MACEDO não parece, ao menos nos dias atuais, ser a mais adequada. MADLENER observa que essa forma tradicional de pensar a matéria provavelmente tenha sido a causa da pouca atenção que a ela sempre se dispensou em matéria penal, desprezando-se, consequentemente, o seu emprego perfeitamente viável como "medida de política criminal" em favor do acusado.[155]

É viável pelo permanente objetivo de redução, como possível for, do emprego das penas criminais, em atenção à *subsidiariedade* do Direito Penal e ao postulado da *ultima ratio*[156] – critérios político-criminais já analisados aqui. O autor registra que, na Alemanha, o legislador, "desde há muito tempo, tem procurado dar incentivos ao delinqüente para que repare o dano que causou", sendo que essa técnica gerou o progresso da descriminalização. Trata-se não apenas de um modo de indenizar a vítima, mas, também, de um legítimo *tra-*

---

150 PINHO, Ruy Sérgio Rebello. **A reparação do dano causado pelo crime e o processo penal.** São Paulo: Atlas, 1987, p. 79-80.

151 Como refere Rogério FELIPETO (**Reparação do dano causado pelo crime.** Belo Horizonte: Del Rey, 2001, p. 42-48).

152 PINHO, Ruy Sérgio Rebello. **A reparação do dano...**, p. 81.

153 ROSENTHAL, Sérgio. **A punibilidade e sua extinção...**, p. 73.

154 PINHO, Ruy Sérgio Rebello. **A reparação do dano...**, p. 81

155 MADLENER, Kurt. *A reparação do dano como medida de política criminal e a reforma do Código Penal brasileiro. Observações de Direito Comparado.* In ARAUJO JR. João Marcello de (Org.). **Ciência e Política Criminal em honra de Heleno Fragoso.** Rio de Janeiro: Forense, 1992, p. 377.

156 MADLENER, Kurt. *A reparação do dano...*, p. 377.

tamento penal social ao réu, "a fim de que aceite a responsabilidade de reparar o dano por ele causado, e, em certa medida busca-se, também, reduzir a carga do sistema judiciário e penitenciário".[157]

Ou seja, a Política Criminal tem vários benefícios a almejar com a extinção da pena criminal pela *extinção do crédito tributário* (que é a reparação do dano nos crimes tributários).[158] Um deles, segundo MADLENER, "é simplificar e abreviar ou inclusive evitar o processo penal. Outro, é poder empregar a reparação do dano como medida substitutiva da sanção penal."[159] Não é correta, portanto, a afirmação de que se trata de um mecanismo de natureza unicamente *civil*: é muita antiga a previsão, em ordenamentos jurídicos de vários países, da recompensa legal da *atenuação* da pena criminal quando o acusado efetivamente contribui, parcial ou integralmente, para a reparação material das sequelas de seus atos (ou mesmo quando haja apenas se esforçado, sem sucesso, para repará-los). Ou seja, "apesar de serem independentes as responsabilidades civil e penal, a reparação (...) não deixa de produzir efeitos reflexos de relevância no campo do direito penal material."[160] Hoje, as *penas alternativas* em matéria criminal normalmente contemplam a indispensável condição da reparação do dano, a qual, quando realizada (geralmente em conjunto com outras condições), tem a finalidade real de *substituir* a grave (e de todo ineficaz) pena de privação da liberdade.

Rogério FELIPETO define a *reparação do dano*, para fins penais, como uma *compensação*, já que, por vezes, o prejuízo causado não tem caráter somente patrimonial.[161] Menciona, como exemplo reconhecido em lei, a *multa reparatória* do Código de Trânsito Brasileiro (Lei nº 9.503, de 23 de setembro de 1997, art. 297),[162] a qual, a seu ver, deve ser aplicada da forma mais ampla possível, na linha da moderna dogmática desenvolvida a favor da vítima, descartando-se a antiga compreensão do Direito Penal e do Direito Civil

---

157 Idem, p. 385.

158 Especificamente ao crime tributário de descaminho, seriam formas alternativas de extinção da punibilidade pela reparação do dano: a aplicação da *pena de perdimento* (que inclusive significam um ganho, ao Estado, de valor maior do o devido pelos tributos não pagos) e da *pena de multa* (a qual é, em si, um *crédito tributário*). Sobre isso, vide: SCANDELARI, Gustavo Britta. **O Crime Tributário de Descaminho.** Porto Alegre: Lex Magister, 2013, p. 283-286.

159 Idem.

160 PINHO, Ruy Sérgio Rebello. **A reparação do dano...**, p. 99.

161 FELIPETO, Rogério. **Reparação do dano causado pelo crime.** Belo Horizonte: Del Rey, 2001, p. 26.

162 "A penalidade de multa reparatória consiste no pagamento, mediante depósito judicial em favor da vítima, ou seus sucessores, de quantia calculada com base no disposto no § 1º do art. 49 do Código Penal, sempre que houver prejuízo material resultante do crime."

como âmbitos incomunicantes, para que seja assumida a forma *una* que nosso ordenamento sempre deve privilegiar, por coerência.[163]

A *reparação do dano* é dever originalmente imposto por normas de direito privado e deve possibilitar sempre maior facilidade e rapidez para o ressarcimento à vítima. Mas, como se viu, a legislação penal também tem concedido a esse instituto a atenção que ele merece.[164] Não há óbice a que o juiz criminal determine ao condenado que indenize o Estado, se for ele o lesado – e essa indenização terá natural efeito repressor.

Como o ressarcimento dano significa que não terá havido dano algum, seria cabível a substituição de todas as causas de atenuação ou de diminuição de pena pela reparação do dano (exceto quando houver violência) por causas de *extinção da punibilidade*. Nessa linha, pode-se tomar o caminho apontado pelo art. 176, parágrafo único, parte final, do CP: "o juiz pode, conforme as circunstâncias, deixar de aplicar a pena." Segundo MADLENER, "a autorização do juiz ganharia precisão se 'as circunstâncias' fossem indicadas, e a reparação do dano certamente pudesse figurar entre elas."[165] O mesmo se pode dizer do art. 180, §5º, do CP.

A jurisprudência não tem lidado com este tema de modo profundo, mas já reconhece a equiparação da *conversão do depósito em renda* ao *pagamento* para fins de extinção da punibilidade.[166]

---

163 FELIPETO, Rogério, **Reparação do dano...**, p. 119-127.

164 No Brasil, a Lei nº 11.719, de 20 de junho de 2008, alterou a redação do inciso IV, art. 387, CPP, para estabelecer que "o juiz, ao proferir sentença condenatória: fixará valor mínimo para reparação dos danos causados pela infração, considerando os prejuízos sofridos pelo ofendido." A Lei nº 9.099/95 (arts. 69 a 75), ao prever a medida despenalizadora da composição dos danos; o CP (art. 45, §1º) e o Código de Trânsito Brasileiro (Lei nº 9.503, de 23 de setembro de 1997, art. 297), ao prever a reversão de valores pagos pelo réu a título penal em favor do ofendido; bem como a Lei nº 11.690, de 9 de junho de 2008, ao inserir no CPP vários dispositivos que garantem maior proteção à *dignidade humana* do ofendido, são evidências de que a evolução das ciências criminais será no sentido de se dispensar cada vez maior atenção à *reparação dos danos* causados pelo delito, que pode ser vista como uma forma de legítima *sanção criminal alternativa* à privação da liberdade.

165 MADLENER, Kurt. *A reparação do dano...*, p. 395.

166 "A 'conversão do depósito em renda' se afigura causa extintiva do crédito tributário (art. 156, inciso VI, do Código Tributário Nacional), portanto equiparável ao 'pagamento', outra modalidade de extinção do crédito de natureza tributária (art. 156, inc. I, do CTN)" (TJSC – HC 2010.000313 – Rel. Des. Tulio Pinheiro – DJ de 16.03.2010); "Para efeito de extinção da punibilidade do agente, apenas a conversão do depósito em renda do erário produz tal efeito, por ser uma das modalidades de extinção do credito tributário" (TRF3 – HC 95.03.092827-3 – Rel. Juiz Subst. Pedro Rotta – DJ de 11.06.1996).

A pesquisa de SÁNCHEZ RIOS aponta que a reparação do dano em Direito Penal possui uma finalidade evidentemente reconciliadora e pode ser vista como mais uma tentativa alternativa de *reinserção social* e de *limitação* da pena no Estado Democrático de Direito.[167] Ou seja, não é uma eventual tradição ou origem de determinado instituto jurídico que impedirá, irremediavelmente, a sua melhor aplicação em prol da sociedade. A rigor, a extinção do crédito fiscal como sinônimo de *reparação do dano* provocado pelo crime tributário e, assim, como motivo idôneo para a extinção de sua punibilidade está em plena harmonia com as ciências criminais e suas garantias fundamentais de proteção do indivíduo e, ainda, colabora com a administração da justiça.

4. Refências bibliográficas

ANDRADE FILHO, Edmar Oliveira. **Direito Penal Tributário: crimes contra a ordem tributária e contra a previdência social.** 6ª ed. São Paulo: Atlas, 2009.

ATALIBA, Geraldo. *Denúncia espontânea e exclusão de responsabilidade penal.* In **Revista de Informação Legislativa**, Brasília, João Batista Soares de Sousa/Senado Federal, a. 32, nº 125, jan./mar. 1995.

BALERA, Wagner. *Crimes contra a ordem tributária.* In SILVA MARTINS, Ives Gandra da. **Crimes contra a ordem tributária.** São Paulo: Revista dos Tribunais; Centro de Extensão Universitária, 1995.

________. *Direito Penal Tributário.* In **Revista de Direito Tributário**, São Paulo, Malheiros, vol. 63, 1994.

BALTAZAR JR., José Paulo. **Crimes Federais.** 3ª ed. Porto Alegre: Livraria do Advogado, 2008.

BITTAR, Walter Barbosa. **A punibilidade no Direito Penal.** São Paulo: Almedina, 2015.

BRITO MACHADO, Hugo de. **Estudos de Direito Penal Tributário.** São Paulo: Atlas, 2002.

C. SILVA, Juary. **Elementos de Direito Penal Tributário.** São Paulo: Saraiva, 1998.

CARRARA, Francesco. **Programa do Curso de Direito Criminal – Parte Geral.** vol. II. (Trad. José Luiz V. de A. Franceschini; J. R. Prestes Barra). São Paulo: Saraiva, 1957.

CARVALHO FILHO, Aloysio de. **Comentários ao Código Penal – arts. 102 a 120.** vol. IV. Rio de Janeiro: Forense, 1958.

167 SÁNCHEZ RIOS, Rodrigo. **Das causas de extinção...**, p. 82-85.

CAVALCANTI, Araçari Leite. **Dos crimes de sonegação fiscal: comentários à Lei nº 4.729, de 14 de julho de 1965 e outras normas penais correlatas.** São Paulo: Arapongas Ltda., 1966.

CORRÊA, Antonio. **Dos crimes contra a ordem tributária (comentários à Lei nº 8.137, de 27.12.1990).** São Paulo: Saraiva, 1994.

COSTA JR., Paulo José da; DENARI, Zelmo. **Infrações tributárias e delitos fiscais.** 2ª ed. São Paulo: Saraiva, 1996.

CUSTÓDIO, Rosier Batista; PIRES MENDES, Carlos Alberto. *Extinção da punibilidade pelo pagamento do tributo [Comentário de Jurisprudência]*. In **Boletim IBCCRIM**, Jurisprudência, São Paulo, vol. 4, n. 38, fev./1996.

DECOMAIN, Pedro Roberto. **Crimes contra a ordem tributária.** 4ª ed. Belo Horizonte: Fórum, 2008.

DELMANTO, Roberto; DELMANTO JR., Roberto. *A extinção da punibilidade nos crimes fiscais e a recente Lei 8.383/91*. In **Revista dos Tribunais**, São Paulo, Revista dos Tribunais, a. 81, vol. 677, mar./1992.

DOTTI, René Ariel. **Curso de Direito Penal, Parte Geral.** 5ª ed. Com a colaboração de Alexandre Knopfholz e Gustavo Britta Scandelari. São Paulo: Revista dos Tribunais, 2013.

________. *Teoria geral da punibilidade*. In **Revista CEJ**, Brasília, vol. 3, nº 7, jan./abr. 1999,

DUARTE, José. *Da ação penal; da extinção da punibilidade; arts. 102 a 120 do Código Penal*. In TENORIO, Oscar Acioli (dir.). **Tratado de Direito Penal brasileiro.** vol. V. Rio de Janeiro: Livraria Jacintho, 1942.

EISELE, Andreas. *A reparação do dano no Direito Penal Tributário*. In SALOMÃO, Heloisa Estellita (Coord.). **Direito Penal Empresarial.** São Paulo: Dialética, 2001.

FARIA JR., César de. *Crimes contra a ordem tributária*. In **Revista Brasileira de Ciências Criminais**, São Paulo, Revista dos Tribunais, a. 2, nº 5, jan./mar. 1994.

FELIPETO, Rogério. **Reparação do dano causado pelo crime.** Belo Horizonte: Del Rey, 2001.

FRAGOSO, Heleno Cláudio. *O nôvo Direito Penal Tributário e Econômico*. In **Revista Brasileira de Criminologia e Direito Penal**, Rio de Janeiro, a. III, nº 12, jan./mar. 1966.

FREITAS LOPES, Rodrigo Fernando de. **Crime de sonegação fiscal: a crise do Estado como causa de exclusão da culpabilidade.** Curitiba: Juruá, 2002.

GARCIA, Basileu. **Instituições de Direito Penal.** 3ª ed. vol. I. t. II. São Paulo: Max Limonad, 1956.

GARCÍA PÉREZ, Octavio. **La punibilidad en el Derecho Penal.** Pamplona: Aranzadi, 1997.

GARULLI, Monica. *Le cause di estinzione del reato e della pena.* In FLORA, Giovanni; TONINI, Paolo. **Nozioni di Diritto Penale.** Milano: Giuffrè, 1997.

GONZAGA, João Bernardino. *O crime de sonegação fiscal (Lei n. 4.729, de 1965)*. In **Revista dos Tribunais**, São Paulo, Revista dos Tribunais, a. 56, vol. 380, jun./1967.

GUZMÁN DALBORA, José Luis. **La pena y la extinción de la responsabilidad penal – Primera parte.** Montevideo/Buenos Aires: B de F, 2009.

HUNGRIA, Nélson. *Extinção da punibilidade em face do novo Código Penal.* In **Revista Forense**, Rio de Janeiro, a. XXXVIII, vol. LXXXVII, jul./set. 1941.

LIMA DE CARVALHO, Márcia Dometila. **Crimes de contrabando e descaminho.** 2ª ed. São Paulo: Saraiva, 1988.

LÓPEZ BISCAYART, Javier. *La extinción de la acción penal por pago en el Derecho penal tributario*. In ALTAMIRANO, Alejandro C.; RUBINSKA, Ramiro M. (Coord.). **Derecho penal tributario.** t. II. Buenos Aires: Marcial Pons, 2008.

LYRA, Roberto. **Criminalidade econômico-financeira.** Rio de Janeiro: Forense, 1978.

MACHADO, Luiz Alberto. *Dos crimes contra a ordem tributária.* In **Revista de Direito Tributário**, São Paulo, Revista dos Tribunais, a. IX, nº 34, out./dez. 1985.

________. *Fraude contra o Fisco.* In **Revista de Direito Público**, São Paulo, Revista dos Tribunais, a. 5, nº 21, jul./set. 1972.

MACEDO, Raimundo. **Da extinção da punibilidade.** Rio de Janeiro: Revista Forense, 1946.

MADLENER, Kurt. *A reparação do dano como medida de política criminal e a reforma do Código Penal brasileiro. Observações de Direito Comparado.* In ARAUJO JR. João Marcello de (Org.). **Ciência e Política Criminal em honra de Heleno Fragoso.** Rio de Janeiro: Forense, 1992.

MAGALHÃES DRUMMOND, J. de. **Comentários do Código Penal – art. 250 a 361.** vol. IX. Rio de Janeiro: Revista Forense, 1944.

MAGALHÃES NORONHA, Edgard. **Direito Penal – dos crimes contra a saúde pública a disposições finais.** vol. 4. 3ª ed. São Paulo: Saraiva, 1968.

________. **Direito Penal, introdução e parte geral.** vol. 1. 5ª ed. São Paulo: Saraiva, 1968.

MANTOVANI, Ferrando. **Diritto Penale, Parte Generale.** 2ª ed. Padova: Cedam, 1988.

MAYRINK DA COSTA, Álvaro. **Direito Penal (Parte Geral).** vol. I. 2ª ed. Rio de Janeiro: Forense, 1988.

MENDES DE CARVALHO, Érika. **Punibilidade e delito.** São Paulo: Revista dos Tribunais, 2008.

MESTIERI, João. **Manual de Direito Penal, parte geral.** vol. I. Rio de Janeiro: Forense, 2002.

NABARRETE NETO, André. *Extinção da punibilidade nos crimes contra a ordem tributária.* In **Revista Brasileira de Ciências Criminais**, São Paulo, Revista dos Tribunais, a. 5, nº 17, jan./mar. 1997.

PIMENTEL, Manoel Pedro. *Crime de sonegação fiscal.* In **Revista dos Tribunais**, São Paulo, Revista dos Tribunais, a. 76, vol. 617, mar./1987.

PINHO, Ruy Sérgio Rebello. **A reparação do dano causado pelo crime e o processo penal.** São Paulo: Atlas, 1987.

________. **Direito Penal Econômico.** São Paulo: Revista dos Tribunais, 1973.

ROSENTHAL, Sérgio. *A extinção da punibilidade nos crimes de natureza fiscal após o advento da Lei nº 9.983/2000.* In SALOMÃO, Heloisa Estellita (Coord.). **Direito Penal Empresarial.** São Paulo: Dialética, 2001.

________. **A punibilidade e sua extinção pela reparação do dano.** São Paulo: Dialética, 2005.

ROSSI, Ângelo Rafael. **Crime de sonegação fiscal – Lei nº 4729 de 14.7.65.** São Paulo: Editôra Jurídica e Universitária Ltda., 1967.

RABELO QUEIROZ, Rafael Mafei. *Extinção da punibilidade e suspensão da pretensão punitiva nos crimes contra a ordem tributária: os efeitos penais do pagamento e do parcelamento.* In TANGERINO, Davi de Paiva Costa; GARCIA, Deise Nunes (Coord.). **Direito Penal Tributário.** São Paulo: Quartier Latin, 2007.

REGO MACEDO, Sergio do. *Direito Penal Financeiro.* In **Revista de Informação Legislativa**, Brasília, Senado Federal, a. VII, nº 27, jul./set. 1970.

RODRIGUES RIBAS, Lídia Maria Lopes. **Questões relevantes no Direito Penal Tributário.** São Paulo: Malheiros, 1997.

ROSSI, Ângelo Rafael. **Crime de sonegação fiscal – Lei nº 4729 de 14.7.65.** Rio de Janeiro: Editôra Jurídica e Universitária Ltda., 1967.

SÁNCHEZ RIOS, Rodrigo. **Das causas de extinção da punibilidade nos delitos econômicos.** São Paulo: Revista dos Tribunais, 2003.

________. **O crime fiscal.** Porto Alegre: Sergio Antonio Fabris, 1998.

SCANDELARI, Gustavo Britta. **O Crime Tributário de Descaminho.** Porto Alegre: Lex Magister, 2013.

SCHMIDT, Andrei Zenkner. **Exclusão da punibilidade em crimes de sonegação fiscal.** Rio de Janeiro: Lumen Juris, 2003.

SCHOLZ, Leônidas Ribeiro. *Sonegação fiscal e crimes contra a ordem tributária. Algumas considerações sobre as Leis ns 4.729/65, 8.137/90 e 8.383/91*. In **Revista dos Tribunais**, São Paulo, Revista dos Tribunais, a. 83, vol. 708, out./1994.

SILVA MARTINS, Ives Gandra da. **Da sanção tributária.** 2ª ed. São Paulo: Saraiva, 1998.

SIQUEIRA, Galdino. **Direito Penal Brazileiro, Parte Geral.** Rio de Janeiro: Jacintho Ribeiro dos Santos, 1921.

________. **Direito Penal Brazileiro, Parte Especial.** Rio de Janeiro: Jacintho Ribeiro dos Santos, 1924.

STEINER, Sylvia Helena de Figueiredo. *As causas de extinção da punibilidade após o advento da Lei 9.983/2000*. In SALOMÃO, Heloisa Estellita (Coord.). **Direito Penal Empresarial.** São Paulo: Dialética, 2001.

STOCO, Rui. *Sonegação fiscal – temas controvertidos*. In **Revista dos Tribunais**, São Paulo, Revista dos Tribunais, a. 84, vol. 713, mar./1995.

TENORIO, Oscar Acioli (dir.). *Da aplicação da lei penal; arts. 1 – 10*. In **Tratado de Direito Penal brasileiro.** vol. I. Rio de Janeiro: Livraria Jacintho, 1942.

TOMAZINI DE CARVALHO, Aurora. **Direito Penal Tributário (uma análise lógica, semântica e jurisprudencial).** São Paulo: Quartier Latin, 2009.

TORRES, Márcio Andrade; CUKIERKOM, Maria Cristina Barongeno. A *extinção da punibilidade pelo pagamento, antes do oferecimento da denúncia, das contribuições previdenciárias descontadas dos empregados*. In **Boletim IBCCRIM**, São Paulo, nº 40, abril/1996.

VILLEGAS, Hector. **Direito Penal Tributário.** [Trad. Elizabeth Nazar e outros]. São Paulo: EDUC; Resenha Tributária, 1974.

LIMITES CONSTITUCIONAIS E LEGAIS DA INTERCEPTAÇÃO TELEFÔNICA

José Carlos Cal Garcia

RESUMO: O artigo analisa os limites constitucionais e legais da interceptação telefônica e a motivação das decisões judiciais que as autorizam.

PALAVRAS-CHAVE: Interceptação telefônica. Limites. Decisões judiciais.

TITLE: Legal and Constitutional limits of wire taping.

ABSTRACT: The paper seeks to examine the constitutional and legal limits of wire taping and the motivation of judicial decisions that authorize them.

KEYWORDS: Wire taping. Limits. Judicial decisions.

1. Introdução

É com muita honra e alegria que recebi o convite do Grupo de Pesquisas Modernas Tendências do Sistema Criminal para escrever o presente artigo em homenagem ao Professor René Dotti.

Tive a sorte de ter sido seu aluno durante a graduação e durante toda minha carreira como advogado sempre admirei a garra, a tenacidade que fazem do Advogado René Dotti um exemplo para todos os advogados mais jovens.

A escolha do tema *interceptações telefônicas* levou em conta uma das bandeiras levantadas pelo nosso homenageado, especialmente após o julgamento do Habeas Corpus 76.686/PR pela Sexta Turma do Superior Tribunal de Justiça, que teve como Relator o Ministro Nilson Naves, no ano de 2008.

Agradeço aos Coordenadores do Grupo, Professores Paulo César Busatto, Priscilla Placha Sá e Gustavo Britta Scandelari pela oportunidade de escrever sobre tema que entendo ser da maior relevância.

As escutas telefônicas constituem meio de obtenção de prova regulamentado pela Lei nº 9.296/96. Por se tratar de medida restritiva ao direito fundamental à privacidade e à intimidade, a medida se reveste de caráter excepcional, cuja utilização somente pode ser autorizada dentro dos estreitos limites estabelecidos na lei de regência.

Entretanto, o que se vê na prática é a utilização indiscriminada desse instrumento, como se fosse medida ordinária de investigação criminal ou instrução processual penal, o que representa grave violação de direitos fundamentais e, consequentemente, ilicitude na produção da prova.

Tanto a como a Constituição Federal como a Lei 9.296/96 estabelecem o dever de motivar as decisões que autorizam a utilização das escutas. Seja no que se refere à decisão que inaugura o procedimento, seja no que tange às decisões que deferem a renovação do prazo da interceptação.

Tendo em vista o seu caráter de excepcionalidade, as escutas não podem ser utilizadas como medida inaugural. Ou seja, não se pode dar início a uma investigação através das escutas.

Por fim, seria ocioso referir que a interceptação, como meio de obtenção de prova, não pode durar indefinidamente ou por prazo não razoável, sob pena de se transformar em monitoramento do indivíduo, desvirtuando-se, assim, a natureza constitucional e a finalidade legal do instituto.

Estes são os temas que serão expostos topicamente no presente trabalho.

2. A QUESTÃO DOS LIMITES E A EXCEPCIONALIDADE DA MEDIDA

As interceptações telefônicas estão diretamente associadas à proteção constitucional sobre os direitos fundamentais à privacidade e à intimidade (CF, art. 5º, XII), importante projeção da personalidade do indivíduo.

Como se sabe, os direitos fundamentais encontram seu fundamento no princípio da dignidade da pessoa humana, erigida pelo constituinte de 1988 como um dos fundamentos da República Federativa do Brasil.

A dignidade humana, com efeito, representa a "*...fonte moral da qual se alimentam todos os direitos fundamentais*", como preconiza HABERMAS[1]; síntese dos valores fundamentais vigentes em nosso ordenamento jurídico, notadamente daqueles compreendidos no rol dos direitos fundamentais, ensina o grande PAULO BONAVIDES[2].

Parte-se aqui da premissa de que os direitos e garantias fundamentais não são absolutos. Eles comportam restrições, desde que legítimas. Se fossem absolutos, aliás, não seriam direitos.

A primeira ordem de limites aos direitos fundamentais encontra-se no texto da própria Constituição. Para HESSE, "*cada direito fundamental encontra seu limite lá onde termina seu alcance material. Esse limite é, uma vez, uma questão do seu 'âmbito da norma', isto é, daquela parte da – muitas vezes juridicamente já moldada -, 'realidade, que é objeto da garantia (...) Em segundo lugar,*

1 **Um Ensaio Sobre a Constituição Europa**, p. 31.

2 **Teoria Constitucional da Democracia Participativa**: por um Direito Constitucional de luta e resistência por uma Nova Hermenêutica por uma repolitização da legitimidade, p. 28.

pode ele ser uma questão da restrição por ordens normativas adicionais eventuais que estão contidas na garantia do direito fundamental mesma"[3].

Na lição de GILMAR MENDES, INOCÊNCIO MÁRTIRES COELHO e PAULO GUSTAVO GONET BRANCO: "*Cogita-se aqui dos chamados limites imanentes ou 'limites dos limites' (Schranken-Schranken), que balizam a ação do legislador quando restringe direitos individuais. Esses limites, que decorrem da própria Constituição, referem-se tanto à necessidade de proteção de um núcleo essencial do direito fundamental quanto à clareza, determinação, generalidade e proporcionalidade das restrições impostas*"[4].

De acordo novamente com HESSE, os *limites imanentes* ou *limites dos limites* "*...devem ser determinados por interpretação*", não obstante possam, muitas vezes, ser "*...objeto da organização do direito fundamental pelo legislador*"[5].

Não raro, a Constituição comete a limitação dos direitos e garantias fundamentais ao legislador ordinário.

E seguindo uma vez mais as preciosas lições de HESSE, dentro dos limites previamente estabelecidos pela Constituição, cabe ao legislador estabelecer os "*...pressupostos sob os quais órgãos do poder executivo ou judiciário podem, ou devem, realizar a limitação*". Deve o legislativo, com efeito, "*...determinar aqueles pressupostos tão exato que a faculdade para limitação não seja posta totalmente na discricionariedade administrativa ou na discricionariedade judicial. Uma limitação autônoma de direitos fundamentais pelo poder executivo ou judiciário é inadmissível*"[6].

Em nosso ordenamento jurídico, o artigo 5º, XII, da Constituição Federal estabeleceu a inviolabilidade do sigilo telefônico e de dados como regra, ressalvando a possibilidade de se afastar o sigilo quando se tratar de investigação criminal ou instrução processual penal, sempre mediante autorização judicial – *que deverá ser devidamente fundamentada, na forma do artigo 93, IX, da Constituição* – na forma da lei.

Portanto, a Constituição tratou de estabelecer a inviolabilidade do direito como regra, as hipóteses de exceção (*limites da inviolabiliade*), bem como os limites dessas hipóteses (*limites dos limites*), definindo o âmbito material de incidência da exceção (*investigação criminal ou instrução processual penal*) e, por fim, definindo a competência para decidir sobre a restrição do direito (*ordem judicial*).

---

3 HESSE, Konrad. **Elementos de Direito Constitucional da República Federal da Alemanha**, p. 251.

4 MENDES, Gilmar, MÁRTIRES COELHO, Inocêncio e BRANCO, Paulo Gustavo Gonet, **Curso de Direito Constitucional**, p. 304.305.

5 **Ob. cit.**, p. 251.

6 **Idem**, p. 253.

O dispositivo também atribuiu ao legislador a competência para disciplinar, dentro dos marcos adrede estabelecidos no Texto Fundamental, disciplinar detalhadamente a matéria.

A Lei nº 9.296/96, prescreve, justamente, as hipóteses em que as escutas serão admitidas, procedimentos, prazos etc., concretizando, assim, a competência atribuída ao Legislativo para estabelecer os pressupostos de validade relativos à restrição do direito fundamental inscrito no art. 5º, X e XII, da Constituição Federal, observados os *limites imanentes* ou *limites dos limites*.

Veja-se, a propósito, que o Supremo Tribunal Federal considerou nulas todas as escutas telefônicas autorizadas e realizadas antes da edição da Lei 9.296/96, justamente pela inexistência de critério legal objetivo para se estabelecer a restrição ao sigilo telefônico[7].

Ou seja, a Suprema Corte considerou que a restrição do direito à privacidade e à intimidade dependeria, necessariamente, da interposição legislativa prevista no art. 5º, XII, da Constituição.

Objetivamente, a lei federal estabeleceu os parâmetros objetivos para verificar, concretamente, a presença da necessidade e da indispensabilidade da utilização desse meio de prova; ou seja, de elementos inerentes aos postulados da proporcionalidade e da razoabilidade, sempre presentes quando em discussão a concretização de direitos fundamentais.

Essa ponderação realizada pelo legislador, no exercício da competência constitucional, diminui ou mesmo retira do juiz qualquer faculdade discricionária – *indiferentes jurídicos* – cabendo ao magistrado demonstrar através de motivação idônea o preenchimento dos requisitos estabelecidos pelo legislador.

A obrigatória demonstração da necessidade e da indispensabilidade da medida sublinha o seu caráter excepcional. A escuta telefônica deverá ser entendida como *ultima ratio*, quando os demais meios de prova e investigação não se apresentarem úteis ou idôneos para a apuração e esclarecimento do caso penal.

Assim é, pois, que o art. 2º da Lei nº 9296/96 proíbe a interceptação nos casos em que não houver indícios razoáveis de autoria ou participação em infração penal, quando o fato puder ser esclarecido através de outros meios de prova, e, por fim, para proceder à apuração de crimes punidos no máximo com pena de detenção, reservando-se esse meio de averiguação apenas e tão só para os crimes graves.

---

7 BRASIL. Supremo Tribunal Federal. Habeas Corpus nº 75.545/SP, 1ª Turma, Rel. Min. SEPÚLVEDA PERTENCE, Diário da Justiça da União de 09.04.99.

3. O DEVER DE MOTIVAR E O PREENCHIMENTO DOS REQUISITOS LEGAIS QUE AUTORIZAM AS ESCUTAS

A excepcional restrição ao direito fundamental à privacidade e à intimidade decorrente do afastamento do sigilo telefônico depende autorização judicial, na forma do artigo 5º, XII, da Constituição Federal.

Obviamente, a decisão judicial que autorizar a utilização das escutas telefônicas no âmbito de uma investigação criminal ou durante a instrução processual penal deverá ser devidamente motivada, tal como prescreve o artigo 93, IX, do Texto Fundamental.

Por sua vez, o artigo 5º da Lei nº 9.296/96 reitera o mandamento constitucional e estabelece a consequência para o seu descumprimento: "*a decisão será fundamentada, sob pena de nulidade...*".

Motivação é exposição dos pressupostos de fato e de direito que sustentam a decisão judicial. Não se trata de um mero requisito formal da decisão ou de um discurso formulado *a posteriori* para justificá-la, constituindo, ao contrário, elemento estruturante do próprio julgamento, ensina ANTÔNIO MAGALHÃES GOMES FILHO[8].

"*A motivação* – prossegue o autor – ...*tem a natureza de um* ***discurso justificativo*** *da decisão judicial; como ressalta Atienza, não se trata simplesmente de indicar* ***motivos*** *– no sentido de antecedentes causais – para* ***explicar*** *a decisão, mas de dar* ***razões*** *que* ***justifiquem*** *a solução encontrada num contexto intersubjetivo*" (destaques do autor)[9].

Os artigos 2º e 4º da Lei 9.296/96 estabelecem os principais requisitos que devem ser concretamente verificados e preenchidos para que se possa validamente autorizar a utilização da interceptação telefônica como meio de obtenção de prova.

> *Art. 2° - Não será admitida a interceptação de comunicações telefônicas quando ocorrer qualquer das seguintes hipóteses:*
> *I - não houver indícios razoáveis da autoria ou participação em infração penal;*
> *II - a prova puder ser feita por outros meios disponíveis;*
> *III - o fato investigado constituir infração penal punida, no máximo, com pena de detenção.*
> *Parágrafo único. Em qualquer hipótese deve ser descrita com clareza a situação objeto da investigação, inclusive com a indicação e qualificação dos investigados, salvo impossibilidade manifesta, devidamente justificada.*
> *Art. 4° - O pedido de interceptação de comunicação telefônica conterá a demonstração de que a sua realização é necessária à apuração de infração penal, com indicação dos meios a serem empregados.*

8 GOMES FILHO, Antônio Magalhães. **A motivação das decisões penais**, p. 115.

9 **Idem**, p. 116.

A decisão que autorizar as escutas deverá, obrigatoriamente, demonstrar o preenchimento desses requisitos a partir de elementos verificados no caso concreto, sob pena de nulidade.

Veja-se que o artigo 2º – *sublinhando o caráter de excepcionalidade da medida* – diz que a interceptação não será admitida quando ocorrer as hipóteses previstas nos incisos I, II e III.

Em primeiro lugar, portanto, caberá ao juiz demonstrar a existência de indícios de materialidade e autoria de infração penal. Ou seja, não se pode deferir as escutas para que se encontrem os indícios, se esses até então são inexistentes.

Como diz MANOEL DA COSTA ANDRADE, em lição que se aplica integralmente ao nosso sistema, "*...é preciso que haja suspeita fundada da prática de crime. Não deve ser lançada a escuta para ver se há suspeita da prática de crime. Deve haver uma suspeita fundada já em factos determinados, como diz a lei*"[10].

Por essa razão, o parágrafo único do artigo 2º da lei das escutas prescreve que "*em qualquer hipótese deve ser descrita com clareza a situação objeto da investigação, inclusive com a indicação e qualificação dos investigados, salvo impossibilidade manifesta, devidamente justificada*".

Ou seja, a lei assevera que interceptação deve ser utilizada em investigação que já se encontra em curso e cujo estado da arte deverá ser devidamente descrito pela autoridades encarregadas.

Essa descrição se mostra imprescindível e obrigatória em todos os casos (*em qualquer caso, diz a lei*) e tem por finalidade fornecer dados concretos para que o juiz possa avaliar a necessidade da medida.

Em segundo lugar, se a prova puder ser feita por outros meios disponíveis, a escuta deve ser descartada. Deve-se optar, sempre, pelas medidas menos invasivas e menos gravosas aos direitos fundamentais.

Sempre é bom lembrar que as escutas telefônicas penetram no âmbito mais íntimo da vida dos cidadãos. É possível afirmar que, depois da prisão, não há outro instrumento que implique maior restrição e sacrifício de direitos individuais.

Daí a insistência da Constituição e do Lei 9.296/96 em grifar o caráter excepcional desse meio de obtenção de prova.

Infelizmente, é comum verificar-se a utilização das escutas em substituição aos meios clássicos de investigação, tal como a oitiva de declarações do suspeito e de testemunhas, colheita de documentos, perícias técnicas etc.. Ou seja, em detrimento de instrumentos que muitas vezes não apenas se mostram suficientes como mais eficientes para o esclarecimento do fato penal.

---

10 Das Escutas Telefônicas. **Direito Penal Especial, Processo Penal e Direitos Fundamentais: Visão Luso-Brasileira**. José de Faria Costa et Marco Antonio Marques da Silva (Coord..), p. 207.

Em terceiro lugar, não se admite a interceptação para investigar crimes punidos com detenção. É dizer, as escutas somente podem ser utilizadas para investigar crimes punidos com reclusão.

Trata-se de critério objetivo, estabelecido pelo legislador, para sinalizar que esse meio de prova somente se justifica para crimes de certa gravidade.

Portanto, a decisão que autorizar a interceptação telefônica deverá indicar a existência concreta de indícios de materialidade e autoria de crimes apenados com reclusão e cujo esclarecimento não puder ser feito por outros meios menos gravosos. Assim, o legislador estabeleceu parâmetros concretos de proporcionalidade: *necessidade, adequação e proporcionalidade em sentido estrito*, cingindo o juiz a sua verificação concreta e justificada, sob pena de nulidade, na forma do artigo 5º da Lei 9.296/96[11].

Portanto, a verificação da existência de motivação válida da decisão que autorizar as escutas comporta análise em dois momentos distintos mas que se necessariamente se complementam: à *montante* e à *jusante*, como explica GUEDES VALENTE[12].

À montante, "*...o requerimento do MP para autorização de interceptação telefônica deve conter os fundamentos de facto e de direito de que o meio de obtenção de prova requerido é indispensável para a descoberta da verdade ou de que o recurso se deve ao facto de todos os meios de obtenção de prova menos onerosos para os direitos e liberdades fundamentais se demonstram(aram) ineficazes...*".

À jusante, "A *autorização do juiz deve ser um exame crítico às razões da indispensabilidade do recurso à interceptação e gravação das conversações para a descoberta da verdade ou à impossibilidade ou muita dificuldade da prova por outro meio menos danoso para o(s) cidadão(s). Como juiz das liberdades, não pode ter uma concordância pacífica e, nesta línea, ser mais um actor judiciário de acusação*".

Em última análise, é possível concluir que a decisão judicial sobre o deferimento ou indeferimento das escutas constitui ato vinculado aos limites estabelecidos na Constituição e na Lei 9.296/96. Praticamente não há margem para discricionariedade, ou seja, para se decidir em um sentido ou em outro de modo juridicamente indiferente.

A motivação, a necessária e indispensável motivação, delimita o âmbito de validade da decisão judicial que autorizar ou indeferir a utilização da interceptação.

---

11 Neste sentido: BITTENCOURT, Cezar Roberto e BUSATO, Paulo César. **Comentários à Lei de Organização Criminosa**, p. 103.

12 **Escutas Telefônicas. Da Excepcionalidade à Vulgaridade.** 2. ed., p. 60-61.

4. MOTIVAÇÃO DA DECISÃO QUE AUTORIZA A RENOVAÇÃO DAS ESCUTAS

O artigo 5º da Lei nº 9.296/96 estabelece que a interceptação "*não poderá exceder o prazo de quinze dias, renovável por igual tempo uma vez comprovada a indispensabilidade do meio de prova*".

Na atual quadra, está praticamente superada a discussão em torno da possibilidade de renovação do período de quinze dias previsto na lei mais de uma vez. Ou melhor, tantas vezes quanto se fizer necessário, desde que haja a demonstração de que o meio de prova se mostra, ainda, indispensável.

É dizer, a decisão que autoriza a renovação das escutas deve ser igualmente motivada, nos exatos termos do artigo 2º da Lei 9.296/96, sob pena de nulidade.

Ora, se a autorização para a realização das escutas telefônicas já representa grave restrição do direito fundamental à intimidade e à privacidade, a sua manutenção, através da decisão ou das decisões que autorizam a renovação do período de interceptação, constitui restrição ainda maior.

É possível concluir, portanto, que a exigência de motivação adequada à medida em que a interceptação avança no tempo. Com efeito, o rigor na análise dos pressupostos de validade da medida pelo juiz deve aumentar, jamais diminuir. Assim como devem ser mais rigoroso o escrutínio dos tribunais sobre as decisões que renovam *tantas e tantas e tantas vezes* o período da interceptação.

Infelizmente, o entendimento majoritário nas cortes brasileiras, incluindo Superior Tribunal de Justiça e o Supremo Tribunal Federal, é no sentido de flexibilizar a exigência legal, admitindo a chamada motivação *ad relationem* ou *per relationem*, consistente no mero e sucessivo reenvio à justificação contida em outra decisão[13].

Esse entendimento precisa ser revisitado. É bem verdade que o assombroso número de casos submetidos ao Judiciário brasileiro torna as coisas muito difíceis, especialmente no que tange à devida e integral prestação jurisdicional, direito fundamental insculpido no artigo 5º, XXXV, da Constituição Federal.

Por outro lado, não se pode descurar que a restrição de direitos fundamentais é algo muito sério porque atinge não apenas a dimensão subjetiva e a esfera individual de titularidade. Entram em jogo, também, a dimensão objetiva dos direitos e a normatividade que as liberdades e garantias fundamentais representam em um Estado democrático de direito que se funda no princípio da dignidade da pessoa humana.

Ao fazer remissão às decisões anteriores, especialmente às decisão que autorizou pela primeira vez a utilização das escutas, o juiz entra em modo

13 GOMES FILHO, Antônio Magalhães. **Ob cit.**, p. 199.

automático, desconsiderando as possíveis alterações dos fatos, especialmente quando a interceptação se arrasta por semanas, meses e até mesmo alguns anos.

Isso porque, como adverte ANTÔNIO MAGALHÃES GOMES FILHO, "...*ao adotar integralmente as razões apresentadas para justificar outra decisão, proferida em fase distinta do procedimento, e até mesmo por órgão diverso, com frequência o juiz acaba por omitir a inafastável valoração crítica sobre os argumentos a que adere ou, o que é mais grave, deixa de considerar elementos supervenientes que deveriam levar, senão a outra solução, pelo menos à indicação dos motivos pelos quais não devem alterar a conclusão antes adotada*"[14].

Em um ambiente em que os órgãos de investigação e o juiz devem obrigatoriamente levar em consideração o estado atual da investigação, na forma do parágrafo único, do artigo 2º, da Lei nº 9.296/96, esse modo de decidir representa grave contrariedade ou mesmo negativa de vigência desse dispositivo legal.

Muito embora não se trate de medida cautelar, é possível aplicar à renovação das escutas a cláusula *rebus sic standibus* ou *conforme o estado das coisas*.

Os relatórios elaborados pelas autoridades policiais encarregadas de acompanhar a interceptação levam ao conhecimento do juiz da causa e do Ministério Público o estado da arte da investigação e os resultados apresentados pela interceptação.

A análise da subsistência da indispensabilidade, necessidade e adequação da medida deve levar em consideração seriamente os relatórios policiais, verificando houve alteração dos fatos que recomende o encerramento da interceptação ou a sua manutenção, na linha, portanto, da lição de GOMES FILHO acima citada.

O que não se pode admitir, porém, é a mera remissão ao teor de decisões passadas.

Dois casos chamam a atenção no Supremo Tribunal Federal. Em ambos, o RHC 108.926/DF[15] e o INQ 2424[16].

No primeiro, o voto condutor, proferido pelo Ministro Teori Zavascki, admite a motivação *per relationem*. Porém, no caso concreto, verificou-se que o magistrado de primeiro grau renovou o prazo das escutas a partir da análise dos relatórios policiais:

> Como se percebe, as determinações das prorrogações estão devidamente fundamentadas, calcadas na própria natureza e no modus operandi do delito investigado. A esse propósito cabe, inclusive, ressaltar que eventual referência às decisões

---

14 **Ob. cit.**, p. 200.

15 BRASIL. Supremo Tribunal Federal. Primeira Turma. Recurso Ordinário em Habeas Corpus 108.926, Diário da Justiça eletrônico de 10/03/2015.

16 BRASIL. Supremo Tribunal Federal. Pleno. Inquérito 2424. Relator Ministro Cezar Peluso, Diário da Justiça da União de 26/03/2010.

pretéritas não traduzem motivação deficiente quando demonstrado que as razões iniciais legitimadoras da interceptação subsistem e o contexto fático delineado pela parte requerente indique a sua necessidade, como único meio de prova, para elucidação do fato criminoso

No segundo caso, da relatoria do Ministro Cézar Peluso, a ementa do julgado manifesta ser "*...lícita a prorrogação do prazo legal de autorização para interceptação telefônica, ainda que de modo sucessivo, quando o fato seja complexo e, como tal, exija investigação diferenciada e contínua*".

Veja-se, porém, a questão de ordem suscitada sobre o tema da renovação. O Ministro relator fez questão de destacar que os pedidos de renovação foram apreciados "*...como pedido novo; sempre houve novo pedido baseado em novo relatório que apontava novos fatos (...) por isso fiz, em todos, essa cansativa referência à ação dos requerimentos do Procurador, com a base que a informava*".

Ou seja, diante de novos fatos, consoante o julgado, proferiu-se nova fundamentação.

Portanto, os dois casos citados revelam a necessidade do controle das decisões que autorizam a renovação a partir dos relatórios policiais. Havendo alteração na situação de fato, pode-se chegar à conclusão que a prorrogação se faz indispensável ou de que ela não se mostra mais necessária.

Caso contrário, especialmente nas hipóteses em que a interceptação não leva à conclusão segura quanto à prática de crimes, a prorrogação se transforma em *pescaria – fishing expedition, para ficar fiel à expressão na língua inglesa* – o que transforma a interceptação em odioso e ilegal monitoramento da vida do indivíduo à espera de que ele cometa algum delito.

5. A TÍTULO DE CONCLUSÃO

Em linhas finais, é possível concluir que a excepcionalidade da interceptação telefônica como meio de obtenção de prova está diretamente ligada ao dever de motivar as decisões que a autorizam, levando em consideração justamente o altíssimo grau de restrição aos direitos fundamentais à intimidade e à privacidade, importantes projeções da personalidade do indivíduo.

Porém, a distância entre o *dever ser* constitucional e a realidade é colossal. Muito frequentemente a prática forense revela a constante utilização de *decisões carimbo*, absolutamente genéricas, que se revelam simples transcrição dos dispositivos legais e que não preenchem minimamente a exigência de fundamentação a partir de base empírica idônea e individualizada.

E nesse sentido, o Supremo Tribunal Federal, sob liderança do Ministro Sepúlveda Pertence, já sentenciou: "*...a melhor prova da ausência de motivação válida de uma decisão judicial – que deve ser a demonstração da adequação do* *dispositivo a um caso concreto e singular – é que ela sirva a qualquer julgado, o que vale por dizer que não serve a nenhum*"[17].

O fetiche da devassa da intimidade do indivíduo parece ter apelo maior do que a garantia dos direitos e da normatividade constitucional.

Vale, portanto, a advertência de GUEDES VALENTE no sentido de que "*...a desmedida e facilitada autorização das escutas telefónicas* – de necessidade duvidosa -, *sem que primeiramente se avaliem os meios menos delatores dos direitos e liberdades pessoais, converteu um meio de obtenção de prova de 'última ratio'* – de exceção – *em 'prima ratio'* – em vulgar"[18].

Termino lembrando que ao final de todas as palestras, conferências e conversas informais com os alunos, o Professor René Dotti sempre concluía com a seguinte oração: SEJAM FELIZES!

Que assim seja. Sejamos todos muito felizes.

Curitiba, outono de 2016.

17 BRASIL. Supremo Tribunal Federal. Primeira Turma. Habeas Corpus 78.013, Diário da Justiça da União de 19/03/1999.

18 **Ob. cit.**, p. 17.

Referências bibliográficas

BITTENCOURT, Cezar Roberto e BUSATO, Paulo César. **Comentários à Lei de Organização Criminosa**. São Paulo: Saraiva, 2014.

BONAVIDES, Paulo. **Teoria Constitucional da Democracia Participativa**: por um Direito Constitucional de luta e resistência por uma Nova Hermenêutica por uma repolitização da legitimidade. São Paulo: Malheiros, 2001.

COSTA ANDRADE, Manuel. Das Escutas Telefônicas. *In*, **Direito Penal Especial, Processo Penal e Direitos Fundamentais: Visão Luso-Brasileira.** José de Faria Costa et Marco Antonio Marques da Silva (Coord..). São Paulo: Quartier Latin, 2006.

GUEDES VALENTE, Manuel Monteiro. **Escutas Telefônicas. Da Excepcionalidade à Vulgaridade.** 2.ed.. Coimbra: Almedina, 2008.

GOMES FILHO, Antônio Magalhães. **A motivação das decisões penais.** São Paulo: Revista dos Tribunais, 2001.

HABERMAS, Jürgen. **Um Ensaio Sobre a Constituição Europa**. Coimbra: Almedina, 2012.

HESSE, Konrad. **Elementos de Direito Constitucional da República Federal da Alemanha**. Tradução Luís Afonso Heck. Porto Alegre: Fabris, 1998.

MENDES, Gilmar, MÁRTIRES COELHO, Inocêncio e BRANCO, Paulo Gustavo Gonet, **Curso de Direito Constitucional**. São Paulo: Saraiva, 2010.

A APROPRIAÇÃO INDÉBITA PREVIDENCIÁRIA E A COLISÃO DE DEVERES NO DIREITO PENAL BRASILEIRO

Matheus Almeida Caetano

RESUMO: Este artigo desenvolve a possibilidade de aplicação da colisão de deveres em contextos reais de séria crise econômica da empresa no âmbito do crime de apropriação indébita previdenciária. Considerando os críveis problemas econômicos enfrentados por sua empresa e não imputáveis à sua respectiva administração, para conseguir pagar os salários dos seus trabalhadores, em determinado momento, o empresário que deixa sob o mesmo contexto fático de passar as devidas contribuições à Previdência Social não comete um injusto penal pela incidência da colisão de deveres. Ele não pode cumprir os dois deveres nessa conjuntura, o cumprimento de um representa necessariamente a violação do outro, o empresário em dificuldades econômicas é constringido de um lado pelo dever de ação de passar ao Estado os valores das contribuições sociais (artigo 168-A do Código Penal) e de outro pelo dever de omissão de não frustrar o pagamento dos salários aos trabalhadores (artigo 203 do Código Penal). Essas circunstâncias fáticas não permitem a aplicação do estado de necessidade nem de outra causa de justificação do Código Penal, mas elas não impedem a concretização da colisão de deveres como um desdobramento do estado de necessidade em sentido amplo.

PALAVRAS-CHAVE: Estado de Necessidade. Colisão de Deveres. Crimes omissivos. Crime de apropriação indébita previdenciária.

TITLE: The misappropriation of social security contributions and the collision of duties in the Brazilian criminal law.

ABSTRACT: This paper develops the possibility of applying the collision of duties in real contexts of serious economic crisis of a company, within the sphere of the crime of welfare misappropriation. Considering credible the economic problems faced by a company and not attributable to their respective management, to be able to pay the salaries of their employees, at any given time, the entrepreneur who stops, under the same factual context, to pass the necessary contributions to the Social Security doesn't commit a criminal unfairness by the incidence of the collision of duties. He cannot meet the two duties in this context, the fulfillment of one necessarily represents the violation of the other, the entrepreneur in economic difficulties is constrained on one side by a duty of action to pass to the State the social contributions values (article 168-A of the PC) and on the other, by the duty of omission not to frustrate the payment of wages to workers (Article 203 of the PC). These factual circumstances do not permit the application of the necessity or another cause of PC justification, but they do not prevent the implementation of the collision of duties as a development of the necessity in a broad sense.

KEY WORDS: Necessity. Collision of Duties. Omissive Crimes. Crime of welfare misappropriation.

I. "Efêmera-perene" homenagem e introito à temática[1]

A *aporia* [2] *efêmero-perene* refere-se à singela, mas não menos sincera, homenagem prestada por nós ao Doutor *René Ariel Dotti*: referimo-nos ao *efêmero* no tocante aos limites daquela e ao *perene* alusivamente à reputação profissional do Homenageado – homem plural que, para além de professor universitário, é advogado militante, comentarista jurídico, parecerista e colaborador legislativo – e à intenção deste homenageante. Em termos jurídico-penais, caso assim se entenda, ansiamos que o *perene* valor de intenção aqui cravado torne-se *a posteriori* um valor de resultado. Em uma expressão: bem-haja a *René Ariel Dotti*.

Dentro do leque de um (...entre tantos...) dos temas (...com pesar...) ainda a ser *desvelado* pela dogmática jurídico-penal brasileira e pela jurisprudência nacional (*cfr. infra* os itens III e V), apresentaremos e diferenciaremos a colisão de deveres [3] face ao estado de necessidade (*cfr. infra* o item II) por

---

1 Lista de siglas e abreviaturas: ApCrim. (apelação criminal); Cap. (capítulo); cfr. (conferir); CLT (Consolidação das Leis do Trabalho); Conv.(a). [convocado(a)]; CP (Código Penal brasileiro); CPL (Código Penal lusitano); CPMB (Código Penal Militar brasileiro); Des.(a) [desembargador(a)]; Fed. (Federal); fl.(s.). [folha(s)]; IRS (Imposto sobre Rendimento das Pessoas Singulares, Portugal); j. (julgamento); *JuS* [*Juristische Schulung (Zeitschrif für Studium und Aubildung)*]; L. (livro); Min. (Ministro); MPF (Ministério Público Federal); RBCCRIM (Revista brasileira de Ciências Criminais); Rel.(a). [relator(a)]; Rev.(a). [revisor(a)]; RGIT (Regime Geral das Infrações Tributárias, Portugal); RHC (recurso ordinário em *habeas corpus*); RJIFNA (Regime Jurídico das Infrações Fiscais não Aduaneiras, Portugal); RLJ (Revista de Legislação e Jurisprudência); RP (recurso penal, Portugal); RPCC (Revista Portuguesa de Ciência Criminal); spd (sem página definida); *StGB* (*Strafgesetzbuch* – Código Penal alemão); STJ (Supremo Tribunal de Justiça, Portugal); TRF (Tribunal Regional Federal); *ZStW (Zeitschriftf für die gesamte Strafrechtswissenschaft)*.

2 Sobre a instigante forma de abordagem das aporias, *cfr.*: DERRIDA, Jacques. *Aporías.* Morir – esperarse (en) «los límites de la verdad». Traducción de Cristina de Peretti. Barcelona: Editorial Paidós, 1998.

3 Façamos aqui quatro advertências preliminares. A primeira visa apenas informar aos leitores a existência (e, por vezes, também o emprego) da expressão "conflito de deveres" para a categoria aqui em estudo. A segunda concerne à crítica ao estado da arte da dogmática jurídico-penal brasileira, que torna-se ainda mais intensa ao invocarmos as palavras de *Baratta* para expor a relação inversamente proporcional entre a relevância da colisão de deveres e a atenção a ela dada por aquela: "(...) um dos mais sensíveis campos

meio de um tipo de caso passível de sua aplicação na ordem jurídica brasileira (*cfr. infra* o item IV). Trata-se da seguinte hipótese casuística [4]: diante

---

de prova da dogmática jurídica e especialmente da teoria penal da antijuridicidade e da culpa: o problema dos conflitos de deveres" (BARATTA, Alessandro. *Antinomie giuridiche e conflitti di coscienza*: contributo alla filosofia e alla critica del diritto penale. Pubblicazioni dell'Instituto di Filosofia del Diritto dell'Università di Roma. Milano: A. Giuffrè Editore, 1963, p. 7). A crítica significa infelizmente que o tema é muito pouco estudado no âmbito nacional, embora não *completamente* desconhecido. As raras dissertações existentes não aprofundam o assunto, além de incorrerem em confusões teóricas significativas. Por sua vez, os manuais praticamente sequer desenvolvem a categoria e quando o fazem não é de forma satisfatória. A terceira advertência é a de que sequer iremos tecer algum comentário no tocante a colisão de deveres em outros âmbitos de normatividade jurídica para além do criminal, em síntese: o objeto deste artigo restringe-se apenas à problemática jurídico-penal do tipo de caso a ser apresentado. A quarta advertência consiste na observação de que a jurisprudência tateia a problemática, mas sem compreendê-la bem, o que, pelo menos, segundo pensamos, representa um filete de luz no fim do túnel desse assunto tão relevante quanto deixado de lado na ordem jurídico-penal brasileira.

4 Conforme procuraremos desenvolver adiante – muito embora por diferentes pontos de partida, de abordagem e de conclusão – reconhecemos o vislumbre dessa hipótese no Brasil por alguns autores, a saber: DOTTI, René Ariel. *Curso de Direito Penal.* Parte Geral. 3ª ed. revista, atualizada e ampliada. Com a colaboração de Alexandre Knopfholz e Gustavo Britta Scandelari. São Paulo: RT, 2010, p. 515; AMORIM, Maria Carolina de Melo. *A inexigibilidade de conduta diversa*: os fundamentos para a aplicação das causas supralegais no Direito Penal brasileiro. Belo Horizonte: Del Rey, 2014, p. 166-171. Sobre a muito próxima problemática em Portugal, ressalvadas as diferenças ao nível dos tipos penais envolvidos, da doutrina jurídico-penal e da jurisprudência criminal, *cfr.*: SILVA DIAS, Augusto. Crimes e contra-ordenações fiscais. *Direito Penal Económico e Europeu*: textos doutrinários. Vol. II – Problemas Especiais. Coimbra: Coimbra Editora, 1999, p. 462-463 (sobretudo no tocante ao crime de abuso de confiança fiscal, artigo 24º do antigo RJIFNA, com o texto legal dado pelo Decreto-Lei 20-A/90, de 15 de janeiro); PALMA, Maria Fernanda. *O Princípio da Desculpa em Direito Penal.* Coimbra: Almedina, 2005, p. 221 (sobre o crime de abuso de confiança fiscal, artigo 105º do RGIT, com especiais críticas à jurisprudência majoritária nesta matéria); MAGALHÃES E MENEZES, Assunção; FONTES, Tito Arantes. O conflito de deveres e o abuso de confiança fiscal. *Actualidade Jurídica* 12 (2005), p. 46-59 (o núcleo desse artigo está em analisar o artigo 105º do RGIT e principalmente em criticar a jurisprudência majoritária sobre ele, salientamos também o importante levantamento das alterações legislativas nesse âmbito); TAIPA DE CARVALHO, Américo. *Direito Penal*: Parte Geral. Questões fundamentais. Teoria geral do crime. 2ª ed. Coimbra: Coimbra Editora, 2008, p. 425, I, § 751 (o autor defende a exclusão da ilicitude por meio do conflito de deveres no tipo de caso a ser formulado em seguida); SOUSA, Susana Aires de. *Os crimes fiscais*. Análise dogmática e reflexão sobre a legitimidade do discurso criminalizador. Reimpressão. Coimbra: Coimbra Editora, 2009, p. 133-135 (em especial analisa o artigo 105º do RGIT, a jurisprudência correspondente e opta pela aplicação do direito de necessidade justificante no tipo de caso a ser apresentado); RUA PINTO, Tiago Manuel Martins. *O conflito de deveres nos crimes fiscais*. Dissertação (Mestrado em Ciências Jurídico-Forenses). Coimbra: Fac-

de uma *real situação* de graves dificuldades econômicas (comprováveis por várias formas de provas admitidas em direito [5]), o empresário – que por não repassar à previdência social os valores relativos às contribuições, no prazo e nas condições exigidos para pagar os salários dos trabalhadores, e com isso evitar tanto o encerramento das atividades econômicas de sua empresa quanto a demissão daqueles – deverá ser responsabilizado criminalmente? Caso não deva, a qual título seria? Por atipicidade, justificação ou desculpa da conduta realizada?

Muito embora trate-se aqui de crime (o artigo 168-A do CP [6]) recorrente na jurisprudência pátria, ela sequer esboça ter ciência do problema da colisão de deveres, enquanto a doutrina jurídico-penal brasileira não progride na temática.

Apresentado o tipo de problema que nos impulsionará, passemos ao segundo tópico, um interlúdio de apresentação e diferenciação da categoria jurídico-penal da colisão de deveres [7] face ao estado de necessidade.

---

uldade de Direito da Universidade de Coimbra, 2012, p. 3, 55-58, 63, 68-70 (enfatiza esse autor a crítica à jurisprudência majoritária em relação ao artigo 105º do RGIT); RODRIGUES, Liliana Patrícia Ribeiro. *O abuso de confiança fiscal e o conflito de deveres no direito português*. Dissertação (Mestrado em Ciências Jurídico-Criminais). Coimbra: Faculdade de Direito da Universidade de Coimbra, 2013, p. 95-97, 107, 146 (essa autora tece importantes críticas à jurisprudência prevalecente no tocante à rejeição da colisão de deveres no artigo 105º do RGIT dentro de certo tipo de caso muito próximo daquele mencionado acima.

5 Remete-se o leitor à nota 33 para conhecimento das provas levadas a Juízo, valoradas e admitidas pelos julgadores nas decisões aqui analisadas.

6 "*Apropriação indébita previdenciária* – Art. 168-A. Deixar de repassar à previdência social as contribuições recolhidas dos contribuintes, no prazo e forma legal ou convencional: Pena – reclusão, de 2 (dois) a 5 (cinco) anos, e multa (...)".

7 Com o intuito de afastarmos do leitor qualquer possível juízo prematuro sobre a discussão meramente acadêmica da temática, que, segundo pensamos, não teria demérito algum, aliás seria bem desejável diante do quadro prático-teórico atual (*cfr. supra* a segunda advertência preliminar na nota 4 e *infra* a crítica atual e necessária de *Martinelli* e *De Bem* na nota 92), seguem as palavras de *Magalhães e Menezes* e *Fontes* sobre a categoria da colisão de deveres e sua aplicação ao crime de abuso de confiança fiscal no direito penal português: "(...) um tema de altíssima relevância prática (...)" [MAGALHÃES E MENEZES, Assunção; FONTES, Tito Arantes. *O conflito de deveres e o abuso de confiança fiscal*, p. 46].

II. NOTAS SOBRE A ORIGEM DA COLISÃO DE DEVERES E O QUE A SEPARA DO ESTADO DE NECESSIDADE

A categoria da colisão de deveres (*Pflichtenkollision*) possui uma origem doutrinário-jurisprudencial [8] com destaque para a histórica *Sentença do Reichsgericht* de 11 de março de 1927, que reuniu o "estado de necessidade de bens jurídicos" e o "estado de necessidade de deveres" dentro de um conceito amplo de estado de necessidade [9] supralegal [10]. Esse é um dos exemplos de "(...) autônoma formação jurisprudencial e doutrinal de novos institutos jurídicos (...)", segundo *Castanheira Neves*, um fenômeno "(...) possível e verificado (...)" respectivamente promovido pelo "(...) surgir de casos ou questões jurídicas inteiramente novas, imprevisíveis à totalidade do sistema positivo (...)" [11]. O que exatamente ocorreu no caso concreto levado ao

8 A corrente doutrinária que trata a colisão de deveres, a colisão de bens jurídicos e a colisão entre bens jurídicos e deveres dentro do estado de necessidade (a teoria ampla do estado de necessidade) é de autoria de *Binding*. Para mais detalhes, *cfr.*: BINDING, Karl. *Handbuch des Strafrechts*. 1. (einziger) Band. Aalen: Scientia Verlag, 1991, p. 759 e ss.

9 É justamente essa teoria ampla do estado de necessidade de *Binding* que foi acolhida por essa sentença. Nesse sentido, *cfr.*: BARATTA, Alessandro. *Antinomie giuridiche e conflitti di coscienza*, p. 22 ("À Binding vai o mérito de ter traçado as primeiras claras e agora válidas linhas para a construção do instituto do estado de necessidade supralegal..."); MEURER, Diter. *Grundkurs Strafrecht II*. Allgemeiner Teil. Arbeitspapiere, Fallbeispiele und Literaturhinweise. 3. Auflage. Marburg: N. G. Elwert Verlag Marburg, 1982, p. 163. Cabe lembrar que o estado de necessidade na Alemanha "(...) *começou por ser uma causa de justificação supralegal*, isto é, de criação doutrinal e jurisprudencial, só vindo a ter consagração legal com o §34 do atual CP alemão de 1975" (TAIPA DE CARVALHO, Américo. *Direito Penal*[2], p. 401/I., §711). Para além dessa coincidência de origem, muitos aspectos inerentes a concretização da colisão em deveres foram propostos e ainda o são à imagem e semelhança do estado de necessidade (*cfr. infra* a nota 67).

10 A decisão envolvia um caso de interrupção voluntária da gravidez por recomendação médica em virtude de sério perigo de morte para a gestante, mas, à época, o §54 do *StGB* não autorizava essa prática, a não ser que fosse para salvar algum bem jurídico do próprio titular ou de parentes muito próximos, o que acarretaria a afirmação do injusto e muito provavelmente da culpa da gestante, bem como os do médico que viesse a realizar essa operação. Para mais detalhes, *cfr.*: BARATTA, Alessandro. *Antinomie giuridiche e conflitti di coscienza*, p. 16-22; BITENCOURT, Cezar Roberto. *Tratado de Direito Penal*. Parte Geral. Vol. 1. 20ª ed. São Paulo: Saraiva, 2014, p. 411; NANNINI, Ubaldo G. *Valori fondamentali e conflitto di doveri*. Milano: Giuffrè Editore/BICOCCA, 2004, p. 8-24 (p. 9-11; p. 22-24); WEBER, Hellmuth von. Die Plichtenkollision im Strafrecht. *Sonderdruck aus der "Festschrift zum 80. Geburtstag von Wilhelm Kiesselbach"*. Hamburg: Gesetz und Recht Verlag, 1947, p. 233.

11 CASTANHEIRA NEVES, Antonio. *Metodologia Jurídica*. Problemas fundamentais. Coimbra: Boletim da Faculdade de Direito da Universidade de Coimbra/Coimbra Editora, 1993, p. 217.

Tribunal (Supremo) do Império alemão, conforme as informações indicadas na nota 11.

Cabe agora conceituar e diferenciar a colisão de deveres face ao estado de necessidade, embora não desconsideremos aqui a para além da histórica e próxima ligação entre as categorias. Assumimos sem hesitação uma diferenciação cravada em aspectos dogmáticos, já que, além da carência de decisões acerca do tema nos tribunais nacionais, o assunto não é adequadamente aprofundado na doutrina jurídico-penal brasileira. O que, por sua vez, conduz-nos a uma aproximação com a jurisprudência e a doutrina estrangeiras para melhor compreensão e solução do tipo de problema suprarreferido na ordem jurídico-penal brasileira.

A colisão de deveres caracteriza-se pelo encontro entre dois ou mais deveres, sob concretas situações, de forma que o cumprimento de algum(-ns) deles corresponde necessariamente a lesão do outro dever [12]. O tema é muito complexo e não há uniformidade doutrinária quanto à natureza [13] e à procedência [14] dos deveres em choque, embora parte da dogmática jurídico-penal

12 HRUSCHKA, Joachim. «Pflichtenkollisionen und Pflichtenkonkurrenzen». Karl LARENZ, Karl; PAULUS, Gotthard; CANARIS, Claus-Wilhelm; DIEDERICHSEN, Uwe (*Hrsg. von*). *Festschrift für Karl Larenz zum 70. Geburtstag*. München: C. H. Beck, 1973, p. 259. Por sua vez, para *Rönnau*, a colisão de deveres ocorre "(...) quando uma pessoa é destinatária (no mínimo) de dois deveres, mas dos quais ela pode cumprir apenas um ao custo de outros", sendo característico para tal situação "(...) um inevitável 'ou-ou' da infração do dever" [RÖNNAU, Thomas. Grundwissen – Strafrecht: Rechtfertigende Pflichtenkollision. *JuS* 53 (2013), p. 113].

13 Nesse ponto, a questão consiste em saber se há colisão de deveres entre um dever moral, ético ou religioso e um dever jurídico, *rectius*, se a categoria admitiria não apenas o conflito entre deveres estritamente jurídicos. A parcela da doutrina que compreende essa possibilidade, em regra, acaba por classificá-la como conflito de dever desculpante. Apenas a título de menção, *cfr.*: CORREIA, Eduardo. *Direito Criminal*. Tomo 1. Reimpressão. Coimbra: Almedina, 2007, p. 97 (nota 1 com o destaque da relevância de alguns deveres ético-religiosos); do mesmo autor. *Direito Criminal*. Tomo 2. Reimpressão. Coimbra: Almedina, 2007, p. 112, IV ["(...) a colisão de um dever moral com um dever jurídico não pode colocar-se em sede de licitude, o que tão-só confirma a necessidade de fazer transitar o problema, nesses casos, para o domínio da não exigibilidade (...)"]; *Gallas* admitiu a «colisão de deveres impuros» (*«unechte Pflichtenkollision»*) apenas se a ordem jurídica reconhecer eficácia ao dever moral de forma expressa ou tácita, por exemplo, ou ainda, se ela remeter para a moral a concretização do conteúdo e dos limites do dever jurídico (p. 316) [GALLAS, Wilhelm. «Pflichtenkollision als Schuldausschlie□ungsgrund». *Festschrift für Edmund Mezger zum 70. Geburtstag*. Berlin: C. H. Beck, 1954, p. 314 (nota 4), 315, 316, 317-318)].

14 Aqui a discussão está em saber se, na colisão de deveres, o choque dá-se somente entre deveres jurídico-penais, ou também entre um dever jurídico-penal e outro(s) dever(es) jurídico(s) de outras ordens normativas (como, por exemplo, a civil, a consumerista, a fiscal, a trabalhista, a tributária, dentre outras). Defendemos que, pelo menos, um dos

defenda tratar-se de uma especial causa de justificação dos crimes omissivos[15]. O *fundamento* da colisão de deveres é a impossibilidade de cumprimento de todos os deveres jurídicos na concreta situação do destinatário da norma[16]:

---

deveres deverá ser imposto pela ordem jurídico-penal aqui (por razões de tipicidade/ legalidade criminal, caso contrário tratar-se-ia de uma colisão de deveres externa à normatividade jurídico-penal), mas não deixamos de reconhecer as dificuldades inerentes à determinação e à classificação dos deveres.

15 No sentido de contemplar para além da colisão de deveres de ação (o pensamento da corrente majoritária nesse âmbito), bem como especificar a categoria como causa especial de justificação dos crimes omissivos próprios e impróprios, *cfr.*: RÖNNAU, Thomas. *Grundwissen – Strafrecht*, p. 113 e 115. A classificação da colisão de deveres como uma específica causa de justificação dos crimes omissivos parece-nos perfeitamente crível para as colisões entre deveres de ação (concorre dois ou mais crimes de omissão) ou entre um dever de ação e um dever de omissão [concorre pelo menos um crime de omissão com outro(s) crime(s) de ação], mas ela já sofre um entorse significativo para a possibilidade de colisão entre deveres de omissão (concorrem dois ou mais crimes de ação). Isso não significa que rejeitemos a existência de uma colisão entre deveres de omissão, mas a doutrina precisa ser mais clara nesse aspecto, o que nem sempre ocorre. Por exemplo, para *Rönnau*, apenas a colisão entre deveres de ação pertence à "colisão de deveres em sentido estrito", a colisão entre deveres de omissão não é inserida por ele em nenhum grupo por ser "controvertida" e a colisão entre dever(-es) de ação e dever(-es) de omissão pertence a "colisão de deveres em sentido amplo" (*cfr.* RÖNNAU, Thomas. *Grundwissen – Strafrecht*, p. 113, primeira coluna). Por fim, parece-nos não ser problemático o reconhecimento das três formas [a saber: i)- entre deveres de ação; ii)- entre dever(-es) de ação e dever(-es) de omissão; iii)- entre deveres de omissão] se e quando estejamos a tratar da *colisão de deveres material* («*materielle Pflichtenkollision*»), para mais detalhes, *cfr. infra* a nota 20.

16 Por isso não concordamos com o fundamento (e a sua respectiva natureza) proposto por grande parte da doutrina jurídico-penal brasileira. Por exemplo: ao desenvolver o instituto apenas no âmbito da exculpação, *Cirino dos Santos* oscila entre os fundamentos da inevitabilidade da escolha pela prática de um mal menor e da inexigibilidade de comportamento diverso por "condições sociais adversas" (CIRINO DOS SANTOS, Juarez. *Direito Penal*: parte geral. 3ª ed. Curitiba: ICPC/Lumen Juris, 2008, p. 346-349); em sentido muito próximo, para *Dieter*, a desculpa decorre da inexigibilidade de natureza ética ["(...) referência essencial um argumento ético e não jurídico"; "(...) o fundamento da *exculpação* no *conflito de deveres* é ético, logicamente esta discussão pertence ao âmbito da *inexigibilidade de um comportamento adequado à norma*, em qualquer situação", *cfr*: DIETER, Maurício Stegemann. *A inexigibilidade de comportamento adequado à norma penal e as situações supralegais de exculpação*. Dissertação (Mestrado em Direito do Estado). Curitiba: Programa de Pós-Graduação da Faculdade de Direito da Universidade Federal do Paraná, 2008, p. 146 e 170]; tampouco podemos acordar com *Nunes*, que parece desconhecer a lição primeva neste âmbito temático e válida até os dias de hoje – a necessidade não conhece lei (*necessitas non habet legem*) – com a sua confusa, senão que mesmo imperceptível afirmação: "Isso não torna o *conflito de deveres* um elemento puramente *ético*; trata-se de um elemento de caráter *jurídico*, pois representa uma *necessidade* – embora não se confunda com o *estado de necessidade* – e traz à tona o *estado de exceção*" (NUNES, Leandro Gornicki. *Culpabilidade e exculpação*.

ultra posse nemo obligatur. O fundamento do estado de necessidade reside no princípio da solidariedade[17], que impõe ao terceiro afetado um dever de tolerância em virtude da colocação em perigo ou da lesão de bens jurídicos daquele (desde que o bem, próprio ou alheio, a ser salvo aqui, seja de valor superior ou pelo menos igual ao preterido).

Podemos assim dizer que a caracterização da colisão de deveres é o denominado constrangimento de ação («*Handlungszwang*»), o que obriga o agente a cumprir tanto quanto possível o maior número de deveres, segundo o caso concreto; em síntese, pelo menos um deles precisa ser preservado seja

---

O conflito de deveres como causa (supra)legal de exculpação no Brasil. Rio de Janeiro: Editora Lumen Juris, 2012, p. 199, destaques do autor); embora o posicionamento de *Dotti* tenha despertado-nos para o tipo de caso problemático a ser desenvolvido nos próximos itens, não deixa de pecar pela redução da categoria a requisito do estado de necessidade justificante (*cfr*. p. 476, "G. *Colisão de deveres*") e por partilhar de alguns questionáveis aspectos do pensamento de *Cirino dos Santos* (DOTTI, René Ariel. *Curso de Direito Penal*[3], p. 476 e 515). Nesse espeque, na doutrina nacional, *Bitencourt* aproxima-se do fundamento correto da colisão de deveres ao mencionar os "(...) *deveres simultâneos* que não podem ser executados ao mesmo tempo" (BITENCOURT, Cezar Roberto. *Tratado de Direito Penal. Parte Geral* [20], p. 414), mas também não deixa de hipervalorizar os critérios do mal menor e da inexigibilidade de conduta diversa. Primeiramente, o fundamento da colisão de deveres é a impossibilidade de cumprimento tempestivo dos deveres que impendem sobre o agente em determinada situação, seja para a vertente justificante seja para a vertente exculpante. Em segundo lugar, esse fundamento é *essencialmente* lógico-normativo. Em terceiro lugar, é crucial a análise dos deveres escolhido e preterido pelo agente no caso concreto para determinar se a colisão é justificante ou desculpante.

17 Neste sentido, *cfr*.: CUERDA RIEZU, Antonio. *La colisión de deberes en Derecho Penal*. Prólogo de Enrique Gimbernat. Madrid: Editorial Tecnos, 1984, p. 267-273 (p. 267). A nosso ver, minimamente um tanto quanto questionável, *Neves* alega a solidariedade como fundamento da colisão de deveres, *cfr*.: NEVES, António Brito. *Do conflito de deveres jurídico-penal*, p. 682 (e nota 30), 684, 685 e 686. Não ignoramos aqui a presença do dever de tolerância («*Duldungspflicht*») que plaina sobre as causas de justificação em geral (aquele como efeito dessas), o que expõe as relações com a solidariedade, mas, quanto a nós, ele não parece ter a mesma força e intensidade em todas elas. Considerando o dever de tolerância da vítima como efeito da justificação do agente, "o reverso da justificação do autor é também um dever de tolerância da vítima" (MURMANN, Uwe. *Grundkurs Strafrecht Allgemeiner Teil*. Tötungsdelikte, Körperverletzungsdelikte. 2. neu bearbeitete Auflage. München: Verlag C.H. Beck, 2013, p. 76.); ou, em outras palavras, as normas permissivas permitem autorizações de ação («*Handlungsbefugnisse*»), o que, por sua vez, corresponde à um direito à intervenção («*Eingriffsbefugnisse*») nos bens jurídicos de terceiros, que ficam sujeitos a um dever de tolerância («*Duldungspflicht*»), portanto devem suportar a ação justificada com os seus resultados de intervenção (*cfr*. BRINGEWAT, Peter. *Gründbegriffe des Strafrechts*. Grundlagen – Allgemeine Verbrechenslehre – Aufbauschemata. 2. vollständig überarbeitete Auflage. Baden-Baden: Nomos Verlagsgesellschaft, 2008, p. 190).

pela atuação, seja pela omissão de determinado comportamento [18]. Trata-se da exigência múltipla de deveres de um certo agente sob circunstâncias fáticas que tornam o cumprimento de todos eles impossível, *scilicet*, embora os deveres sejam legitimamente exigíveis do agente em abstrato, não podem sê-los em concreto, o que inevitavelmente leva o destinatário a cumprir apenas o(s) que ele *pode* [19].

Um aspecto crucial na diferenciação entre as duas categorias jurídico-penais reside na permissão (faculdade) para atuar ou não do agente em estado de necessidade, o que lhe permite optar entre agir ou não agir sem qualquer consequência jurídica necessária pela inação [20], ao passo que, na colisão de deveres, o agente não tem quaisquer espaços de liberdade comportamental, ele é obrigado a cumprir pelo menos um dos deveres em conflito [21]. Segundo

18 Antecipa-se que, em especial, o texto legal do §1º do artigo 24 do CP ("não pode alegar estado de necessidade quem tinha o dever legal de enfrentar o perigo") fortalece o que fora supra-afirmado, entretanto, como se buscará sustentar a frente, isso também trará dificuldades para a aplicação da categoria em alguns aspectos, sobretudo no tipo de caso a ser proposto, *cfr. infra* a nota 63.

19 Segundo a classificação seguida por *Von Weber*, a ideia de que a colisão de deveres material reside no campo fático e não no campo deontológico em virtude da afetação do poder do agente (a possibilidade) e não do dever (a deverosidade). Para ele, a impossibilidade do cumprimento dos deveres "(...) não está localizada no campo do dever, senão que no do poder, também não só se afeta a existência da norma, mas também a responsabilidade pelo seu obedecimento" (VON WEBER, Hellmuth. *Die Plichtenkollision im Strafrecht*, p. 235). Posteriormente, à sua maneira, *Hruschka* segue semelhante pensamento, ao levantar a possibilidade de existência de "ordens de comportamento" («*Verhaltensanweisungen*») não contraditórias no plano lógico, mas que, em uma "situação concreta", por "circunstâncias fáticas", não podem ser todas cumpridas (HRUSCHKA, Joachim. «Extrasystematische Rechtfertigungsgründe». *Festschrift für Eduard Dreher zum 70. Geburtstag*. JESCHECK, Hans-Heinrich; LÜTTGER, Hans (*Hrsg. von*). Berlin: Walter de Gruyter 1977, p. 193).

20 Não desconsideramos as consequências naturais lógicas da abdicação da ação em estado de necessidade, ou seja, o altamente provável ou o certo perecimento do bem jurídico próprio ou de terceiros. Entretanto, se a ofensa ao bem jurídico ocorrer, o agente não sofrerá consequência jurídico-penal alguma por *não lhe ser exigível que atuasse obrigatoriamente naquelas circunstâncias*, salvo os casos de ingerência, o que, por sua vez, remeteria à imposição de um dever de ação impróprio [o dever de garante decorrente da alínea "c" do §.2º do artigo 13 do CP, a saber: "(...) c) com seu comportamento anterior, criou o risco da ocorrência do resultado"], ou os demais casos de deveres impróprios ou próprios (como as hipóteses previstas no artigo 135 do CP).

21 Neste sentido, *Caires* destaca em vários trechos a obrigação de intervir imposta pela colisão de deveres, levando-a para além da "cláusula de permissão" do direito de necessidade (p. 24 e 45), bem como a exigência de realização de uma ação (p. 14, 15), *cfr.*: CAIRES, João Manuel Gouveia de. *Conflito de deveres e responsabilidade penal médica*: o acaso e a necessidade ou a crise do direito? Relatório de Mestrado em Ciências Jurídico-Criminais na disciplina de Direito Penal. Lisboa: Faculdade de Direito da

Taipa de Carvalho, por meio de uma "terminologia jurídico-civil","(...) diríamos que o direito de necessidade configura um 'direito potestativo', enquanto o conflito de deveres impõe um 'dever jurídico'" [22].

Considerando-se um agente (o não garante nem o obrigado ao dever de prestação de socorro do artigo 135 do CP [23]) que busca salvar o bem jurídico alheio em situação de necessidade (artigo 24 do CP [24]), caso ele desista ou sequer inicie o ato preparatório desse salvamento [25], não sofrerá quaisquer consequências jurídico-penais, ao passo que o destinatário dos deveres, em uma situação concreta de colisão, caso atue ou omita em um sentido, o seu comportamento será típico, se atua ou omite em outro, também será típico. Nesse espeque, *Cuerda Riezu* afirma que "(...) na colisão de bens rege a *subsi-*

Universidade de Lisboa, 1999. Para *Neves*, o agente tem a obrigação de adotar uma conduta na colisão de deveres, portanto vai além da permissão de realização de um ato, como a situação de estado de necessidade, *cfr.* em: NEVES, António Brito. *Do conflito de deveres jurídico-penal*, p. 687 e 692.

22 TAIPA DE CARVALHO, Américo. *Direito Penal*[2], p. 429 (II. §758). O autor é categórico ao afirmar o direito de necessidade (artigo 34º do CPL) como "um poder ou faculdade jurídica" (*Id.*, *Ibid.*, p. 429, II. §758) em executar a ação salvadora, enquanto, no conflito de deveres (artigo 36º do CPL), "(...) a pessoa ser obrigada a cumprir um dos deveres (pois a alternativa seria absurda: já que não pode cumprir os dois, então não cumpre nenhum!)" (*Id.*, *Ibid.*, p. 518, II. 3, §918).

23 "*Omissão de socorro* – Art. 135 – Deixar de prestar assistência, quando possível fazê-lo sem risco pessoal, à criança abandonada ou extraviada, ou à pessoa inválida ou ferida, ao desamparo ou em grave e iminente perigo; ou não pedir, nesses casos, o socorro da autoridade pública: Pena – detenção, de um a seis meses, ou multa. Parágrafo único – A pena é aumentada de metade, se da omissão resulta lesão corporal de natureza grave, e triplicada, se resulta a morte".

24 "Estado de necessidade – Art. 24 – Considera-se em estado de necessidade quem pratica o fato para salvar de perigo atual, que não provocou por sua vontade, nem podia de outro modo evitar, direito próprio ou alheio, cujo sacrifício, nas circunstâncias, não era razoável exigir-se. §1º- Não pode alegar estado de necessidade quem tinha o dever legal de enfrentar o perigo. §2º- Embora seja razoável exigir-se o sacrifício do direito ameaçado, a pena poderá ser reduzida de um a dois terços".

25 O agente só não poderia desistir aqui nas restritas hipóteses de uma situação de omissão de socorro (artigo 135 do CP), o que remeteria o problema para a colisão de deveres. Portanto sabemos que – fora das hipóteses de dar assistência sem risco pessoal à criança abandonada ou extraviada, ou à pessoa inválida ou ferida, desamparada ou em grave e iminente perigo, ou ainda, nessas hipóteses a não solicitação de socorro da autoridade pública – há possibilidade de desistência da ação em estado de necessidade (e por conseguinte do salvamento de bens jurídicos alheios não abarcados no artigo 135 do CP). Seguem algumas considerações complementares sobre esse raciocínio a frente nas notas 63 e 64 (remete-se o leitor para lá, caso deseje antecipar a compreensão global desse aspecto).

diariedade e na colisão de deveres a *não subsidiariedade*" [26]. Sob a perspectiva do executante da ação de salvamento de bem jurídico alheio, a princípio, a desistência desse salvamento não representa nenhum resultado desvalioso para o direito penal no estado de necessidade, entretanto, na colisão de deveres, o resultado é desvalioso para o direito penal se nenhum dever é atendido (o agente é obrigado a cumprir um dever pelo menos). Enquanto a ausência de uma ação em estado de necessidade não ofenderá um bem jurídico, na colisão de deveres inexoravelmente a violação de um dever é a já muito provável e própria ofensa do bem jurídico [27].

A ponderação pelo agente entre as obrigações exigidas na situação concreta de colisão é indispensável, pois é desse sopesamento que se chega às duas principais formas da colisão de deveres em Direito Penal, de maneira a que: (i) se o de maior densidade for cumprido em detrimento ao de menor, a conduta do destinatário poderá ser justificada; (ii) se o de menor densidade for respeitado e preterido o de maior, o seu comportamento poderá ser desculpado [28]. Por isso dizemos que há na colisão de deveres dois planos interpostos, o dos bens jurídicos envolvidos e o dos deveres em choque; e, no estado de necessidade, apenas o primeiro pertence.

Expostos os principais aspectos da colisão de deveres, ainda que de forma bastante sucinta, no item seguinte, procuraremos apontar a existência de (e a forma como) algumas (das) decisões da jurisprudência criminal brasileira que apenas resvalam no tema.

---

26 CUERDA RIEZU, Antonio. *La colisión de deberes en Derecho Penal*, p. 265, destaques do autor.

27 Neste sentido, *cfr.*: KÜPER, Wilfried. «*Noch einmal: Rechtfertigender Notstand, Pflichtenkollision und übergesetzliche Entschuldigung*», p. 474; MAURACH, Reinhart; ZIPF, Heinz. *Strafrecht Allgemeiner Teil*: ein Lehrbuch. Teil 1, Grundlehren des Strafrechts und Aufbau der Straftat. 8., neubearb. und erw. Auflage. Heildelberg: C.F. Müller Juristischer Verlag, 1992, p. 391-392 (§27, IV/53); BITENCOURT, Cezar Roberto. *Tratado de Direito Penal. Parte Geral* [20], p. 414, destaques do autor ["A *colisão de deveres* pode (...) configurar uma espécie de *estado de necessidade*, na medida em que todo *dever* está vinculado a um determinado bem jurídico"].

28 Desde já, advertimos o leitor que não rechaçamos por completo o papel desempenhado pela inexigibilidade de conduta diversa nessa temática, mas não podemos deixar de vincar aqui o seu caráter secundário, bem como o correto fundamento da colisão de deveres: a impossibilidade de cumprimento dos deveres envolvidos em determinada situação. A partir da escolha do destinatário da norma pelo cumprimento de um ou de outro dever no caso concreto é que se principia o primeiro passo para a ponderação dos deveres, o divisor de águas entre a colisão de deveres justificante e a colisão de deveres desculpante. Para mais detalhes, *cfr. infra* a nota 77.

III. A (AUSÊNCIA DA) COLISÃO DE DEVERES E (N)A JURISPRUDÊNCIA PENAL NACIONAL

Antecipando a nossa crítica à jurisprudência nacional no tocante a colisão de deveres, nos moldes sustentados *infra*, notamos não mais que desconexos e tímidos lampejos sobre alguns dos elementos dessa importante categoria jurídico-penal. Além de equívocos basilares no plano da teoria do delito, ela não esboça quaisquer sinais de reconhecimento da colisão de deveres e por conseguinte sequer cogita a possibilidade de aplicá-la[29]. Passamos agora a expor e a verificar algumas das decisões sobre o crime de apropriação indébita previdenciária.

Na *ApCrim. nº 2004.33.00.005708-3/BA* [30] aplicou-se a inexigibilidade de conduta diversa para absolver o réu em razão das dificuldades financeiras comprovadamente enfrentadas por sua empresa. Em síntese, no Voto da Rel. (a). Aux.(a)., nota-se que: "(...) embora o apelado tivesse conhecimento da ilicitude de sua conduta, diante da dificuldade financeira pela qual passava sua empresa, não lhe era exigível conduta diversa"[31]; por sua vez, no Voto do Rel. Rev. afirmou-se não ser de "(...) exigir conduta diversa para o efetivo

---

29 Não estamos portanto de acordo com a segunda parte desta afirmação de *Amorim*: "A última década mostrou uma grande incidência de julgados dos Tribunais Regionais Federais do país que reconhecem a inexigibilidade de conduta diversa supralegal na apuração da conduta do artigo 168-A do Código Penal brasileiro (não recolhimento de contribuições previdenciárias), *dando conta do conflito de dever, do empresário, entre o pagamento da contribuição previdenciária e o pagamento de outras despesas cujo inadimplemento importassem no encerramento das atividades da empresa*" (AMORIM, Maria Carolina de Melo. *A inexigibilidade de conduta diversa*, p. 169, destaques nossos). Infelizmente a jurisprudência brasileira *não se apercebeu* (portanto, *não se deu conta*) nem do tema (a colisão de deveres) nem da problemática (a possibilidade de concretização dessa categoria no grupo de casos envolvendo o artigo 169-A do CP), conforme procuraremos argumentar.

30 "EMENTA: PENAL. PROCESSO PENAL. APROPRIAÇÃO INDÉBITA PREVIDENCIÁRIA. CÓDIGO PENAL, ART. 168-A. DIFICULDADES FINANCEIRAS DA EMPRESA. INEXIGIBILIDADE DE CONDUTA DIVERSA. ABSOLVIÇÃO. 1. Demonstrado nos autos que o agente apropriou-se indevidamente de contribuições previdenciárias recolhidas de seus empregados e devidas à Previdência Social (art. 168-A do Código Penal) em razão de a empresa estar passando por dificuldades financeiras, impõe-se sua absolvição, em razão da inexigibilidade de conduta diversa. 2. Apelação improvida. ACÓRDÃO: Decide a Turma, por unanimidade, negar provimento à apelação. 4ª Turma do TRF da 1ª Região – 14/09/2009. ROSIMAYRE GONÇALVES DE CARVALHO – Juíza Federal (Relatora Auxiliar)" (BRASIL. Tribunal Regional Federal da Primeira Região, *ApCrim. nº 2004.33.00.005708-3/BA*, Quarta Turma, Rel. Des. Fed. Italo Fioravanti Sabo Mendes/Rel.(a). Aux.(a). Juíza Fed. Rosimayre Gonçalves de Carvalho, j. 14. 09. 2009. Disponível em: <www.trf1.jus.br>. Acesso em: 11. jan. 2016, destaques nossos).

31 *Cfr.* fl. 4 do *Relatório/Voto do Rel.(a). Aux.(a). Juíza Fed. Rosimayre Gonçalves de Carvalho na ApCrim. nº 2004.33.00.005708-3/BA.*

cumprimento da referida obrigação, diante das dificuldades financeiras experimentadas pela empresa [32], devendo, pois, ser reconhecida, no particular, a excludente de culpabilidade" [33].

Considerando-se que o descumprimento do dever de passar as contribuições à Previdência Social deu-se por motivos alheios a vontade do réu (as dificuldades econômicas de sua empresa), por que aplicar a inexigibilidade de conduta diversa como causa de desculpa pela infração daquele dever? Retornaremos aos questionamentos a seguir, apenas com a advertência de que, em razão dos elementos fáticos apresentados, não era possível a aplicação do estado de necessidade do artigo 24 do CP [34].

Na *ApCrim. nº 2005.38.02.000262-0/MG* [35], o Voto do Rel. não acolheu os embargos [36] e manteve a absolvição do réu com fulcro na "(...) inexigibili-

---

32 Segundo as informações extraídas dos votos [da Rel.(a). Aux.(a). e do Rel. Rev.)], acórdão e demais documentos dessa decisão, as provas utilizadas e valoradas pelo Juízo como válidas foram: testemunhas, depoimento do réu, mandados de citação e de penhora da Justiça do Trabalho e do Município de Salvador, perícia contábil, laudo de exame contábil e a inclusão do apelado no Serviço de Proteção ao Crédito.

33 *Cfr.* fl. 1 do *Voto do Rel. Rev. Juiz Fed. Conv. Klaus Kuschel na ApCrim. nº 2004.33.00.005708-3/BA.*

34 Para maiores detalhes, *cfr.* o desenvolvimento a ser realizado no item IV, a seguir.

35 "EMENTA: PENAL. CRIME DE APROPRIAÇÃO INDÉBITA PREVIDENCIÁRIA. MATERIALIDADE E AUTORIA. CRISE FINANCEIRA GRAVE. 1. O tipo penal inscrito no art. 168-A do Código Penal, constituindo crime omissivo próprio (ou omissivo puro), consuma-se apenas com a transgressão da norma incriminadora, independentemente de resultado naturalístico e do dolo específico do fim especial de agir: a vontade livre e consciente de ter a coisa para si. 2. Dificuldades financeiras não podem, em princípio, ser alegadas com proveito como inexigibilidade de outra conduta – causa supralegal de exclusão de culpabilidade -, pois a figura exige do agente um temor insuperável na colisão de bens do mesmo valor, por analogia *in bonam partem* com o estado de necessidade. 3. Hipótese em que a sentença, com base em documentos e na prova oral, demonstrou, com razoabilidade, que a empresa, num quadro de anormalidade de circunstâncias fáticas, expressivas de crise financeira grave, com títulos protestados, deixou de fazer o recolhimento das contribuições sociais mencionadas na denúncia, dando pela absolvição do apelado, seu dirigente, pela falta de dolo na conduta. 4. Apelação do MPF desprovida". (BRASIL. Tribunal Regional Federal da Primeira Região, *ApCrim. nº 2005.38.02.000262-0/MG*, Quarta Turma, Rel. Des. Fed. Olindo Menezes, j. 22. 07. 2014. Disponível em: <www.trf1.jus.br>. Acesso em. 11. jan. 2016, grifos nossos).

36 Impetrados pelo MPF, os embargos de declaração foram motivados (e com a devida razão nesse estrito sentido, segundo pensamos) pela contradição do acórdão que absolvia o réu por ausência de dolo, que fundamentava a desculpa por inexigibilidade de conduta diversa. Julgamos que, para além da contradição, esse posicionamento é inadmissível do ponto de vista técnico e legal. Se a *primeira e mínima forma do crime passível de punição* é a tentativa, que exige, no mínimo, a realização de um ato de execução, como poderia a ausência de dolo fundamentar a exclusão da culpa, cujo juízo é necessariamente posterior ao da tipicidade e ao da ilicitude (isso sem entrar em minúcias sobre as diversas teorias do crime e as diferentes relações propostas por elas entre o tipo e o ilícito).

dade de conduta diversa, em razão da absoluta impossibilidade de o acusado recolher as contribuições, em face das dificuldades financeiras enfrentadas"[37]. O Voto do Rel. Rev. acompanhou o já minimamente questionável Voto do Rel., e mais, conseguiu superá-lo ao considerar a conduta do réu típica, sem causas de exclusão da ilicitude aplicáveis, mas desculpada por não ser "(...) exigível portar-se de maneira diversa, em consonância com o ordenamento jurídico"[38].

Uma leitura global da decisão proferida na *ApCrim. nº 2005.38.02.000262-0/MG* permiti-nos detectar uma contradição indefectível. Vejamo-la. Ao considerar o artigo 168-A do CP como crime omissivo próprio (quanto à estrutura do comportamento típico), formal (quanto ao resultado naturalístico), instantâneo (quanto à consumação) e com dolo simples [39], não compreendemos como é possível afirmar a tipicidade [40] e depois negar a presença do dolo [41]. O juízo de tipicidade pressupõe o dolo, *rectius* sem esse a conduta

---

37 *Cfr.* fl. 3 do *Relatório/Voto do Rel. Des. Fed. Olindo Menezes na ApCrim. nº 2005.38.02.000262-0/MG*. Ainda nesse Voto foi citado um trecho da sentença absolutória de primeira instância federal no seguinte sentido: "(...) os autos não se referem à hipótese de não recolhimento doloso de contribuições previdenciárias, haja vista a apuração de que a empresa, à época dos fatos, não dispunha do numerário suficiente para efetuar o repasse dos valores ao órgão previdenciário, em razão de situação de dificuldades financeiras por ela enfrentada, caracterizando a incidência de causa supralegal de exclusão da culpabilidade, pela inexigibilidade de conduta diversa. Segundo o Prof. Damásio E. de Jesus, por mais previdente que seja o legislador, não pode prever todos os casos em que a inexigibilidade de outra conduta deve excluir a culpabilidade. Assim, é possível a existência de um fato, não previsto pelo legislador como causa de exclusão da culpabilidade, que apresente todos os requisitos do princípio da não-exigibilidade de comportamento lícito. Não se pode olvidar que o TRF/1ª Região, em situações semelhantes, perfilha o entendimento de tratar-se de ocorrência de causa supralegal de exclusão da culpabilidade, pela inexigibilidade de conduta diversa" (fl. 3, grifos nossos).

38 *Cfr.* fl. 2 (grifos nossos) do *Relatório/Voto do Rel. Rev. Des. Fed. Hilton Queiroz na ApCrim. nº 2005.38.02.000262-0/MG*. *Vide* o trecho completo citado *supra*: "(...) a conduta do réu, apesar de típica (...) e de não estar albergada por qualquer causa excludente de ilicitude, não é culpável, na medida em que não lhe era exigível portar-se de maneira diversa, em consonância com o ordenamento jurídico".

39 "(...) 1. O tipo penal inscrito no art. 168-A do Código Penal, constituindo crime omissivo próprio (ou omissivo puro), consuma-se apenas com a transgressão da norma incriminadora, independentemente de resultado naturalístico e do dolo específico do fim especial de agir: a vontade livre e consciente de ter a coisa para si (...)" (BRASIL. Tribunal Regional Federal da Primeira Região, *ApCrim. nº 2005.38.02.000262-0/MG*).

40 *Cfr.* fl. 2 do *Voto do Rel. Rev. Des. Fed. Hilton Queiroz*: "(...) a conduta do réu, apesar de típica (...)".

41 *Cfr.* fl. 3 do *Voto do Rel. Des. Fed. Olindo Menezes (grifos nossos)*: "(...) os autos não se referem à hipótese de não recolhimento doloso de contribuições previdenciárias,

é atípica e sequer há injusto[42]. O "princípio da não-exigibilidade de comportamento lícito"[43] invocado na decisão leva-nos razoavelmente a pensar em uma possível causa de justificação ou de exclusão da ilicitude, mas não, esse princípio fundamentou uma causa supralegal de exclusão da culpa: a inexigibilidade de conduta diversa.

Segundo o escrutínio dos julgadores nesse caso, o que não pode ser exigido como lícito frente a ausência de dolo permite a aplicação de uma causa supralegal de exclusão da culpa. A absoluta impossibilidade de agir de outro modo (provada, valorada e reconhecida em Juízo) do réu implica o reconhecimento da prática de um injusto. Cabe lembrarmos que o dever exigido pressupõe o poder do destinatário da norma em cumpri-lo: *impossibilium nulla obligatio est*[44]. Causa-nos estranheza o convicto descarte das causas de justificação no caso em tela, o que é deveras agravado pela conjugação da não exigência de conduta diversa (juízo negativo) com a concordância dessa com o ordenamento jurídico (juízo positivo): se não era exigível outra conduta do réu e a realizada por ele está conforme a ordem jurídica, não há injusto praticado, porque a antijuridicidade não se perfez.

A *ApCrim. nº 2001.36.00.006738-6/MT*[45] é praticamente julgada nos mesmos moldes. Entretanto ganha destaque o testemunho de um ex-funcio-

---

haja vista a apuração de que a empresa, à época dos fatos, não dispunha do numerário suficiente para efetuar o repasse dos valores ao órgão previdenciário, em razão de situação de dificuldades financeiras por ela enfrentada, caracterizando a incidência de causa supralegal de exclusão da culpabilidade, pela inexigibilidade de conduta diversa".

42 Falamos em dolo aqui no sentido do elemento necessário para a imputação subjetiva inerente ao tipo penal.

43 *Cfr.* fl. 3 do *Voto do Rel. Des. Fed. Olindo Menezes.*

44 Também cabe mencionar aqui o histórico e reconhecido axioma *impossibilium nulla obligatio est* (não há obrigação em realizar o impossível) já previsto no *Digesta* 50, 17, 185, do *Celsus libro octavo digestorum* do *Corpus Iuris Civilis* organizado pelo Imperador *Justiniano* (*cfr. domini nostri sacratissimi principis – iustiniani – iuris enucleati ex omni vetere iure collecti – digestorum seu pandectarum – liber quinquagesimus.* Disponível em: <http://droitromain.upmf-grenoble.fr/Corpus/d-50.htm#17>. Acesso em: 10. fev. 2016). Trata-se de um axioma originário da tradição jurídica clássica que chega-nos por inúmeras mãos em diversas épocas, o que, por diversas razões, não pretendemos desenvolver aqui, mas, por fim, cabe citar o o trecho (já mencionado em: HRUSCHKA, Joachim. *«Pflichtenkollisionen und Pflichtenkonkurrenzen»*, p. 274, nota 35) de um dos versos do poema intitulado "os filósofos" (*«Die Philosophen»*) de *Friedrich Schiller*: *«Auf theoretischem Feld ist weiter nichts mehr zu finden; Aber der praktische Satz gilt doch: du kannst, denn du sollst!»* (SCHILLER, Friedrich. Die Philosophen. Disponível em: <http://gutenberg.spiegel.de/buch/friedrich-schiller-gedichte-3352/16>. Acesso em: 12. mar. 2016).

45 "EMENTA: PENAL. FALTA DE RECOLHIMENTO DE CONTRIBUIÇÃO PREVIDENCIÁRIA. ART. 168-A, DO CÓDIGO PENAL. CRIME OMISSIVO MATERIAL. MATERIALIDADE E AUTORIA DEMONSTRADAS. DIFICULDADE

nário da empresa do réu no sentido de os trabalhadores serem pagos com um certo atraso "(...) e que uma das formas que a empresa utilizou para pagar os salários foi não recolher os tributos (...) e a própria contribuição devida à Previdência Social (...)" [46]. No acórdão da *ApCrim. nº 1999.50.01.000835-7/ES* [47] foi empregado o fundamento mais divulgado da colisão de deveres: a

FINANCEIRA COMPROVADA. INEXIGIBILIDADE DE CONDUTA DIVERSA. RECURSO PROVIDO. 1. Esta Corte Federal, na esteira dos Tribunais Superiores, vinha se posicionando no sentido de que, embora tenha o legislador dado ao tipo penal do art. 168-A o *nomen juris* de "apropriação indébita previdenciária", contudo, diferentemente da apropriação indébita genérica capitulada no caput do art. 168, do Código Penal, naquela não se exigiria, para a realização da conduta típica, a vontade livre e consciente de apropriar-se do bem, e não o restituir. Ao contrário, bastaria para a configuração do delito previsto no art. 168-A, do Código Penal, a conduta omissiva de não repassar à Previdência Social os valores recolhidos dos contribuintes, no prazo e forma legal. 2. Ocorre, todavia, que o Plenário do eg. Supremo Tribunal Federal, em recente julgamento (Inq 2537 AgR/GO, rel. Ministro MARCO AURÉLIO, 10.3.2008, Informativo do STF, 10 a 14 de março de 2008), alterando entendimento até então prevalecente, posicionou-se no sentido de que a apropriação indébita previdenciária consubstancia crime omissivo material, pelo que indispensável para a sua configuração o efetivo apossamento pelo acusado dos valores devidos ao ente previdenciário. 3. No caso, abraçando essa nova diretoria, constato que a materialidade e a autoria do tipo penal foram devidamente demonstradas. 4. No entanto, as provas documentais trazidas aos autos são suficientemente hábeis à demonstrar que a empresa do acusado atravessou um período de grandes dificuldades financeiras, determinante para a inadimplência, inviabilizando, à época dos fatos, o repasse das contribuições recolhidas à Previdência Social. 5. Comprovadas as dificuldades financeiras experimentadas pela empresa do acusado, faz-se necessária a reforma da v. sentença condenatória para, mediante o reconhecimento da causa supralegal de exclusão de culpabilidade por inexigibilidade de comportamento diverso, absolvê-lo com fulcro no art. 386, VI, do Código de Processo Penal. 6. Apelação provida. (BRASIL. Tribunal Regional Federal da Primeira Região, *ApCrim. nº 2001.36.00.006738-6/MT*, Quarta Turma, Rel. Des. Fed. I'talo Fioravanti Sabo Mendes/Rel.(a). Juíza Fed. Conv.(a). Rosimayre Gonçalves de Carvalho, j. 20. 10. 2008. Disponível em: <www.trf1.jus.br>. Acesso em: 11. jan. 2016, grifos nossos).

46 *Cfr.* fl. 3 do *Voto do Rel. Rev. Des. Fed. Mário César Ribeiro na ApCrim. nº 2001.36.00.006738-6/MT*.

47 "EMENTA: PENAL. PROCESSO PENAL. RECURSO DE APELAÇÃO DO MPF. NÃO RECOLHIMENTO DE CONTRIBUIÇÕES PREVIDENCIÁRIAS. NÃO INTIMAÇÃO DE DECISÃO DE QUEBRA DE SIGILO FISCAL. VIOLAÇÃO DA AMPLA DEFESA. NÃO OCORRÊNCIA. CRIME OMISSIVO PRÓPRIO. DIFICULDADES FINANCEIRAS NÃO COMPROVADAS. ÔNUS DA DEFESA. INEXIGIBILIDADE DE CONDUTA DIVERSA. INEXISTÊNCIA. RECURSO PROVIDO. Inexistência de ofensa à ampla defesa se foram devidamente intimadas as partes acerca da decisão de quebra de sigilo fiscal. O delito de Apropriação Indébita Previdenciária é do tipo omissivo próprio, em que a tipicidade fica condicionada a um não fazer algo que o agente devia e podia fazer. O Direito não exige condutas impossíveis. Não se imputa omissão a quem não pode, efetivamente, agir conforme a norma. Destarte, o *Parquet* deve demonstrar que o

impossibilidade do direito exigir comportamentos impossíveis dos seus destinatários. Contudo a utilização desse fundamento é a prova mais cabal da inconsciência da jurisprudência brasileira sobre o tema aqui desenvolvido.

O acórdão da *ApCrim. nº 2004.33.00.015395-9/BA* [48] apresenta-se como o mais contraditório entre os enunciados e será indispensável para a formulação da problemática supracitada da colisão de deveres na ordem jurídico-penal brasileira. A invocação da inexigibilidade de outra conduta

---

agente tinha a possibilidade de realizar a conduta exigida pela norma, pois tal possibilidade é elemento objetivo do tipo e, portanto, ônus exclusivo da acusação. Todavia, o empresário que permanece exercendo sua atividade econômica, pagando salários, fornecedores e recebendo *pro labore*, ainda que em valor reduzido, pode recolher as contribuições previdenciárias. – Diante da gravidade do delito, pois o tipo visa assegurar a manutenção do sistema previdenciário e proporcionar aos segurados um mínimo de dignidade no ocaso de suas vidas, apenas na hipótese de graves dificuldades financeiras, devidamente comprovadas pela defesa, deve ser reconhecida a inexigibilidade de conduta diversa. – Meras alegações da defesa são insuficientes para concluir-se que a sociedade enfrentava dificuldades financeiras insanáveis. Para fins de reconhecimento da excludente de culpabilidade, a demonstração das alegações deve ser cabal. – Recurso provido. (BRASIL. Tribunal Regional Federal da Segunda Região, *ApCrim. nº 1999.50.01.000835-7/ES*, Rel.(a). Des.(a). Fed. Maria Helena Cisne, Primeira Turma Especializada, j. 08. 08. 2007. Disponível em: <www.trf2.jus.br>. Acesso em: 11. jan. 2016, grifos nossos).

48 "EMENTA: PENAL. CRIME DE APROPRIAÇÃO INDÉBITA PREVIDENCIÁRIA. MATERIALIDADE E AUTORIA. DIFICULDADES FINANCEIRAS. INEXIGIBILIDADE DE CONDUTA DIVERSA. PRESCRIÇÃO DA PRETENSÃO PUNITIVA. 1. O tipo penal inscrito no art. 168-A do Código Penal, constituindo crime omissivo próprio (ou omissivo puro), consuma-se apenas com a transgressão da norma incriminadora, independentemente de resultado naturalístico e do dolo específico do fim especial de agir: a vontade livre e consciente de ter a coisa para si. 2. Dificuldades financeiras não podem, em princípio, ser alegadas com proveito como inexigibilidade de outra conduta — causa supralegal de exclusão de culpabilidade —, pois a figura exige do agente um temor insuperável na colisão de bens do mesmo valor, por analogia *in bonam partem* com o estado de necessidade. 3. Hipótese em que a sentença, com base em documentos e na prova oral, demonstrou, com razoabilidade, que a empresa, passando por crise financeira, com prejuízos seguidos, títulos protestados, inúmeras execuções fiscais (federais e estaduais) e ações trabalhistas, passou a despedir pessoal e a pagar os empregados com vales, quadro que pode ser aceito como justificado para a falta de recolhimento das contribuições sociais mencionadas na denúncia. Não era exigível dos agentes portar-se de modo diverso em face da ordem jurídica. 4. Extinção da punibilidade em relação a um dos acusados, em face da prescrição da pretensão punitiva. Apelação do MPF desprovida em relação à acusada remanescente. ACÓRDÃO: Decide a Turma declarar extinta a punibilidade do acusado Alberto Nunes Vaz da Silva e, em relação a ele, julgar prejudicada a apelação do Ministério Público Federal, e, no remanescente, negar provimento à apelação do Ministério Público Federal, à unanimidade. (BRASIL. Tribunal Regional Federal da Primeira Região, *ApCrim. nº 2004.33.00.015395-9/BA*, Quarta Turma, Rel. Des. Fed. Olindo Menezes, j. 14. 07. 2014. Disponível em: http://jurisprudencia.trf1.jus.br. Acesso em: 22. fev. 2015, grifos nossos).

como causa supralegal de exclusão da culpa pelo "(...) temor insuperável na colisão de bens do mesmo valor, por analogia *in bonam partem* com o estado de necessidade" (ponto 2), o quadro de dificuldades financeiras da empresa do réu expressamente reconhecido "(...) como justificado para a falta de recolhimento das contribuições sociais mencionadas na denúncia" e a assertiva de que "(...) não era exigível dos agentes portar-se de modo diverso em face da ordem jurídica" (ponto 3) leva-nos ao núcleo da contradição e logo da problemática suscitada.

Segundo o que pensamos, a invocação do temor insuperável na colisão de bens do estado de necessidade e da analogia *in bonam partem* (ponto 2) indicam: (i) uma muito provável confusão dos julgadores entre a colisão de deveres e a liberdade de (ou a reserva de) consciência [49] (causa supralegal de exclusão da culpa no Brasil); (ii) uma tímida concordância com uma necessária ponderação de bens jurídicos; e (iii) uma possível abertura de invocação (inconsciente ou aleatória) da colisão de deveres pela proposta relação entre a analogia *in bonam partem* da colisão de bens e o estado de necessidade.

Parece-nos contudo apropriada a invocação da colisão de deveres aqui, seja porque o réu não tinha condições de poder agir de outra forma, seja porque ela esconde um conflito de bens jurídicos. Além disso, a inexigibilidade em "(...) portar-se de modo diverso em face da ordem jurídica" conduz ao princípio da unidade da ordem jurídica: o que remete diretamente ao juízo de juridicidade/antijuridicidade [50]. Além disso, sob o ponto de vista legal, o §2º do artigo 24 do CP impede a incidência do estado de necessidade (mesmo em virtude da teoria unitária), o que, de uma forma global, causa-nos espanto e profundo lamento a absoluta indiferença ou o inexplicável desconhecimento do fundamento da colisão de deveres pela jurisprudência brasileira: *ad impossibilia nemo tenutur* [51].

---

49 Neste sentido, no âmbito jurídico-penal português, *cfr.*: SILVA DIAS, Augusto. A *relevância jurídico penal das decisões de consciência*. Coimbra: Livraria Almedina, 1986; no Brasil, *cfr.* CIRINO DOS SANTOS, Juarez. *Direito Penal*[3], p. 343-344; DIETER, Maurício Stegemann. A *inexigibilidade de comportamento adequado à norma penal e as situações supralegais de exculpação*, p. 83-110; AMORIM, Maria Carolina de Melo. A *inexigibilidade de conduta diversa*, p. 155-164.

50 "Exclusão de ilicitude – Art. 23 – Não há crime quando o agente pratica o fato: I- em estado de necessidade; II- em legítima defesa; III- em estrito cumprimento de dever legal ou no exercício regular de direito. Excesso punível – Parágrafo único- O agente, em qualquer das hipóteses deste artigo, responderá pelo excesso doloso ou culposo".

51 Neste sentido, a título de curiosidade, no espaço jurídico-filosófico português, já no século XIX *Paiva* já explicitava o axioma de que "ninguém é obrigado a fazer o impossível" (*ad impossibilia nemo tenutur*) como pressuposto negativo de todo pacto válido entre homens, que geram obrigações. Para mais detalhes, *cfr.*: PAIVA, Vicente Ferrer Neto. *Philosophia de Direito ou elementos de direito natural*. Tomo Primeiro (Direito Natural).

Suspenderemos as considerações críticas sobre a parcela da jurisprudência nacional no tocante à colisão de deveres e passaremos ao próximo tópico para a formulação e lapidação do tipo de caso problemático por meio de um quebra-cabeças constituído de algumas partes das decisões supracitadas.

IV. A possibilidade do tipo de caso de colisão entre o dever de passar as contribuições à Previdência Social (artigo 168-A do CP) e o dever de não frustrar direito trabalhista (artigo 203 do CP)

Advertimos de antemão o leitor que, em nenhuma das decisões elencadas (dentre outras consultadas) foi levantada esta hipótese de colisão de deveres, embora em algumas delas isso seria *tão possível quanto exigível*. Esse diagnóstico geral leva-nos a vislumbrar uma *aproximação* (ao que nos parece realmente eventual e inconsciente por parte da jurisprudência nacional) com a possibilidade do tipo de caso de colisão entre o dever (de ação) de passar as contribuições à Previdência Social (artigo 168-A do CP) e o dever (de omissão) de não frustrar direito trabalhista por meio de fraude (artigo 203 do CP [52]). Procuraremos delinear o seguinte caso hipotético com algumas informações fáticas retiradas das decisões analisadas acima de modo a permitir uma melhor compreensão dos pressupostos negativos e positivos de aplicação da colisão de deveres.

6ª ed. (aumentada e aprimorada). Coimbra: Imprensa da Universidade, 1883, p. 144 (§161).

52 "*Frustração de direito assegurado por lei trabalhista* – Art. 203 – Frustrar, mediante fraude ou violência, direito assegurado pela legislação do trabalho: Pena – detenção de um ano a dois anos, e multa, além da pena correspondente à violência. (...)". Antecipamos já o reconhecimento do muito discutido elemento normativo do tipo "fraude", o que não é claramente desenvolvido na doutrina jurídico-penal brasileira e ausente na jurisprudência nacional. Por exemplo, *Bitencourt* considera que a fraude pode ser realizada "(...) pelo patrão ou pelo operário, ou por ambos, de comum acordo, para, por exemplo, violar direito assegurado pelas leis trabalhistas, que, sendo de ordem pública, são irrenunciáveis", constituindo-se um dos meios executivos do crime do artigo 203 do CP, seja por "(...) manobra ardilosa, astuciosa, uso de artifício (...)" ou outro meio enganoso (BITENCOURT, Cezar Roberto. *Código Penal Comentado.* 7ª ed. São Paulo: Saraiva, 2012, p. 1905-1906). Por todo o exposto, segundo algumas impressões ainda que vagas sobre alguns trechos de decisões no âmbito desse crime (*cfr. infra* a nota 60), consideramos o tipo de caso plenamente passível de ocorrência no plano prático-judicial.

O caso hipotético [53] constitui-se dos seguintes elementos: a empresa "Y" do empresário "X" passa por reais dificuldades econômicas [54], que foram provocadas por acontecimentos alheios a vontade de "X"; quando os problemas econômicos de "Y" atingem o ápice [55], "X" vê-se obrigado a escolher [56]

53 Apenas para ilustrar o caso hipotético sugerido por nós, a partir de agora, nas notas de rodapé, faremos menções aos trechos das decisões supracitadas com o intuito apenas de demonstrar a existência e a frequência dessas *situações* nas decisões da Justiça penal brasileira analisadas. Por isso falamos em *caso hipotético*, pois em nenhuma das decisões conhecidas por nós essa problemática foi seriamente suscitada.

54 Considere-se que a empresa "Y" atravessa uma "(...) crise financeira, com prejuízos seguidos, títulos protestados, inúmeras execuções fiscais (federais e estaduais) e ações trabalhistas, passou a despedir pessoal e a pagar os empregados com vales (...)" (*cfr. supra* a ementa da *ApCrim. nº 2004.33.00.015395-9/BA*).

55 Considerando-se que a empresa "Y" teve "(...) um contrato de exclusividade para o transporte de minério, que foi rompido e a sua frota sucateou, não tendo condições de ser renovada, o que, sem novos contratos, afetou os salários, que passaram a ser pagos mediante vales (fl. 2.170)" (*cfr.* fl. 3 do *Voto do Rel. Des. Fed. Olindo Menezes* na *ApCrim. nº 2004.33.00.015395-9/BA*). Segundo *Bitencourt*, o "pagamento de salário inferior ao mínimo legal tipifica esse crime" (BITENCOURT, Cezar Roberto. *Código Penal Comentado*[7], p. 1909), a saber: o do artigo 203 do CP. Portanto, o tipo de caso formulado não parece tão longe da realidade dos problemas econômicos enfrentados pelas empresas nem do cotidiano da Justiça criminal no Brasil, quanto ao último aspecto, *cfr.* alguns trechos das seguintes decisões (estamos cientes que estas englobam casos que não se limitam ao artigo 203 do CP): "A fraude da conduta está justamente no não cumprimento da promessa ocorrida durante o ato de aliciamento de pagamento de todos os direitos trabalhistas decorrentes da relação inaugurada" (BRASIL. Tribunal Regional Federal da Terceira Região, *ApCrim. nº 2004.03.99.021751-9/SP*, Quinta Turma, Rel.(a). Des.(a). Fed. Suzana Camargo, j. 24. 04. 2006. Disponível em: <http://web.trf3.jus.br>. Acesso em: 20. fev. 2016, grifos nossos); "PENAL E PROCESSO PENAL. SONEGAÇÃO DE CONTRIBUIÇÃO PREVIDENCIÁRIA – ART. 337-A DO CP. IMPOSSIBILIDADE DE CONDENAÇÃO. FATO OCORRIDO ANTERIORMENTE À CRIAÇÃO DO NOVO TIPO PENAL. FRUSTRAÇÃO DE DIREITO ASSEGURADO POR LEI TRABALHISTA – ART. 203 DO CP. CRIME-MEIO. APLICAÇÃO DO PRINCÍPIO DE CONSUNÇÃO. ESTELIONATO QUALIFICADO. ART. 171, § 3º, DO CP. AUTORIA QUE NÃO RESTOU COMPROVADA. SENTENÇA ABSOLUTÓRIA QUE DEVE SER MANTIDA. Sendo certo que somente em 17/07/2000 fora publicada a Lei 9.983/00, que inseriu o art. 337-A no CP, e, considerando que as omissões das remunerações pagas aos empregados (fato gerador das contribuições previdenciárias) se deram em 1997, período em que não havia pena cominada àquela conduta, não há como condenar o réu em atenção ao princípio da reserva legal, segundo o qual não pode haver crime nem pena sem lei anterior (*nullum crimen, nulla poena sine praevia lege*). O crime previsto no art. 203 do Código Penal ("Frustrar, mediante fraude ou violência, direito assegurado pela legislação do trabalho") se constituiu em delito-meio que restou absorvido pelo delito principal, qual seja não anotar as CTPS visando a supressão de contribuição previdenciária. À míngua de prova no tocante à autoria do delito (art. 171 do CP) não há supedâneo legal para um decreto condenatório, impondo-se a manutenção da absolvição. Apelo desprovido" (BRASIL. Tribunal Regional Federal da Primeira Região, *ApCrim. nº 2002.34.00.025663-6/DF*, Quarta Turma, Rel. Des. Fed. Hilton Queiroz, j. 25. 10. 2005. Disponível em: <http://web.trf1.jus.br>. Acesso em: 20. fev. 2016, grifos nossos).

56 Considerando-se que "(...) uma das formas que a empresa utilizou para pagar os

entre a entrega das contribuições à Previdência Social (artigo 168-A do CP) e o pagamento dos salários dos trabalhadores de "Y" (artigo 203 do CP [57]). Na tentativa de não encerrar suas atividades econômicas, bem como de não deixar de pagar os salários dos seus trabalhadores, e, em última instância, também de não demiti-los, "X" não realiza os repasses das contribuições à Previdência Social [58].

Quid iuris? Conforme as circunstâncias fáticas apresentadas, qualquer que seja o comportamento realizado por "X", ele atuaria necessariamente de maneira típica e muito provavelmente ilícita. Por um lado, sob os restritos elementos reais-concretos apresentados, se "X" repassasse os valores das contribuições à Previdência Social, não possuindo outras fontes de recursos para pagar os salários dos trabalhadores, ele infringiria o dever de não frustrar

---

salários foi não recolher os tributos (...) e a própria contribuição devida à Previdência Social (...)" (*cfr.* fl. 3 do *Voto do Rel. Rev. Des. Fed. Mário César Ribeiro* na *ApCrim. nº 2001.36.00.006738-6/MT*).

57 Trata-se de tipo portador de uma norma penal em branco em sentido amplo (homogênea), porque o complemento do tipo penal decorre de uma norma constituída pela mesma fonte legislativa do CP ainda que sob exigências e pressupostos diferenciados. Nesse caso, o complemento decorre da CLT, em especial a infração dos artigos 76 ("Salário mínimo é a contraprestação mínima devida e paga diretamente pelo empregador a todo trabalhador...) e 82 ["(...) o salário em dinheiro será determinado pela fórmula (...) Parágrafo único – O salário mínimo pago em dinheiro não será inferior a 30% (trinta por cento) do salário mínimo fixado para a região, zona ou subzona"] fazem com que o juízo de tipicidade penal seja positivo. O pagamento de salário deveria ocorrer em dinheiro, na integralidade e nos moldes estipulados no contrato de trabalho. Estamos cientes de que os "direitos trabalhistas" (significante) possui significados outros para além do de salário, o que, por sua vez, segundo pensamos, não inviabiliza a leitura e o caso hipotético propostos.

58 Para além disso, levantamos aqui outras duas hipóteses bem curiosas, doravante consideradas variáveis do tipo de caso supraproposto, a saber: Conservando-se basicamente os mesmos dados do caso hipotético, acrescenta-se apenas que a crise econômica enfrentada por "Y" é resultado inequívoco de um desastroso plano econômico do Estado (*cfr.* DOTTI, René Ariel. *Curso de Direito Penal*[3], p. 515, ver a decisão citada aqui referente a *ApCrim. nº 95.04.63083-9/RS* do TRF da 4.ª Região a seguir na nota 84) – doravante apontada como V1; ou ainda, em uma segunda variável (doravante intitulada de V2), fundada no seguinte trecho de *Rodrigues*: "Que dizer da atitude de um empresário que na impossibilidade de cumprir, simultaneamente, o dever de entregar as quantias retidas a título de impostos e o dever de pagar os salários, opta pelo segundo? *Que dizer ainda, se essa impossibilidade se deveu à mora nos pagamentos devidos pelo Estado?*" (RODRIGUES, Liliana Patrícia Ribeiro. *O abuso de confiança fiscal e o conflito de deveres no direito português*, p. resumo, destaques nossos). Imaginemos na V2 que o Estado atrasa a restituição de um crédito tributário para a empresa em dificuldades econômicas, o que a impossibilita de pagar as contribuições sociais por todas as dificuldades já apontadas.

direito assegurado pela legislação trabalhista (artigo 203 do CP [59]). Por outro lado, se "X" pagasse os salários dos trabalhadores, as dificuldades econômicas sérias de "Y" obrigaria "X" a descumprir o dever de repasse das contribuições à Previdência Social (artigo 168-A do CP).

Cabe advertirmos que, no plano abstrato, os dois deveres que impendem sobre "X" são perfeita e concomitantemente válidos (ambos são logicamente compatíveis), ou seja, em tese, os empresários podem cumprir esses e outros deveres no desenvolvimento das atividades econômicas. Entretanto, segundo os dados fáticos fornecidos, qualquer um dos dois comportamentos possíveis de "X" recairia em uma conduta típica e, a princípio, também ilícita por não ser o caso de aplicação do estado de necessidade justificante nem de outra causa de justificação positivada. Nesse espeque, perguntamo-nos: seria justo e adequado resolver esse caso apenas no âmbito da culpa ao aparentar não ser aplicável nenhuma das causas de justificação expressas do CP aqui?

---

59 Sem qualquer intuito de aprofundar as possibilidades de execução desse crime, intentamos apenas mencionar alguns trechos de acórdãos que, para além de exporem o muito provável recebimento de uma denúncia pelo suposto cometimento dele, eles permitem deduzir que o tipo de caso hipotético invocado é bastante possível de ocorrer. Seguem algumas das decisões que corroboram nesse sentido: "EMENTA: RECURSO EM HABEAS CORPUS. FRUSTRAÇÃO DE DIREITO ASSEGURADO POR LEI TRABALHISTA. ARTIGO 203 DO CÓDIGO PENAL. RECEBIMENTO DE SALÁRIO A MENOR. TRANCAMENTO DE INQUÉRITO POLICIAL. IMPOSSIBILIDADE. (...) 2. Pagar salário a menor do que consta na anotação da carteira de trabalho configura, ao menos em tese, o delito de frustração de direito assegurado por lei trabalhista, tipificado no artigo 203 do Código Penal. (...) (BRASIL. Superior Tribunal de Justiça, *RHC nº 15.713/MG*, Sexta Turma, Rel. Min. Hamilton Carvalhido, j. 29. 11. 2005. Disponível em: <www.stj.jus.br>. Acesso em: 20. fev. 2016, grifos nossos). Trata-se de denúncia recebida pelo crime do artigo 203 do CP em razão de suspeita de um funcionário receber salário inferior ao patamar mínimo legal, *cfr*. o seguinte trecho do *Voto do Rel. Min. Hamilton Carvalhido*: "*In casu*, ao que se tem, foi o inquérito policial instaurado em função de declaração prestada em juízo por funcionário da própria empresa de propriedade do ora paciente, no sentido de que percebia salário a menor do que constava das anotações em sua carteira de trabalho, prática que configura, ao menos em tese, o delito de frustração de direito assegurado por legislação trabalhista, tipificado no artigo 203 do Código Penal" (fl. 6). Ver ainda: "EMENTA: FRUSTRAÇÃO DE DIREITOS ASSEGURADOS EM LEGISLAÇÃO TRABALHISTA. ARTIGO 203 DO CÓDIGO PENAL. OMISSÃO DOS REGISTROS NAS CTPS. Uma vez não demonstrado o dolo específico dos denunciados de frustrar os direitos garantidos na legislação trabalhista, ao registrarem tardiamente as CTPS dos trabalhadores recentemente contratados pela empresa, impõe-se a manutenção da sentença que os absolveu (...) (BRASIL. Tribunal Regional Federal da Quarta Região, *ApCrim. nº 5002537-03.2013.404.7105/RS*, Sétima Turma, Rel. Des. Fed. Sebastião Ogê Muniz, j. 28. 10. 2014. Disponível em: <www.trf4.jus.br>. Acesso em: 20. fev. 2015, grifos nossos).

Embora reconheçamos uma forte tensão no direito penal brasileiro causada pela *teoria unitária do estado de necessidade* e uma incomum (na prática jurídica) e pouco divulgada (na doutrina jurídico-penal nacional) abordagem da ponderação de interesses, bens jurídicos, direitos e deveres, acreditamos ser o caso proposto uma hipótese de aplicação da colisão de deveres (supralegal) justificante. Vejamos o porquê desse raciocínio em *dois atos*: o primeiro de caráter *desconstrutivo* e o segundo de ordem *construtivista*, nos termos abaixo.

No *primeiro ato*, realizaremos a *desconstrução* da possibilidade de aplicação do estado de necessidade para o tipo de caso supraproposto. Ele (em todas as suas variantes [60]) é afastado sobretudo pela presença da *constrição de ação* sofrida por "X" (o pressuposto positivo de aplicação da colisão de deveres, a obrigação de agir ou omitir em determinado sentido), e, sob o aspecto legal, o §1º do artigo 24 do CP [61] fortalece esse argumento.

---

60 E dentro das variantes do estado de necessidade, tem-se que: (i) o *defensivo* não se aplicaria por não ser o caso de autodefesa ou de autoproteção do empresário fora das hipóteses da legítima defesa, nem ser a fonte de perigo criada pela vítima da ação por necessidade defensiva (seja o Estado na hipótese da Previdência Social não receber as contribuições obrigatórias, o que não nos parece aplicável sequer às duas variáveis apontadas anteriormente em V1 e V2; sejam os trabalhadores na hipótese deles não receberem os salários nas condições e formas estipulados); (ii) o *agressivo* tampouco porque não nos parece que os direitos trabalhistas são *sensivelmente* inferiores aos do Estado na manutenção da Previdência Social, embora reconheçamos a elevada complexidade em ponderar os interesses aqui envolvidos, sobretudo com a ausência de cláusulas de ponderação de bens na legislação jurídico-penal brasileira.

61 Nesse sentido, sob o ponto de vista sistêmico da ordem jurídico-penal brasileira, como pressuposto negativo do estado de necessidade, o artigo 43 do CPMB também estabeleceu que: "Estado de necessidade, como excludente do crime – Art. 43. Considera-se em estado de necessidade quem pratica o fato para preservar direito seu ou alheio, de perigo certo e atual, que não provocou, nem podia de outro modo evitar, desde que o mal causado, por sua natureza e importância, é consideravelmente inferior ao mal evitado, e o agente não era legalmente obrigado a arrostar o perigo". Considerando-se o perigo para o bem jurídico tutelado pela norma, isso leva-nos a conclusão de que o empresário tem o dever de enfrentar os perigos decorrentes das dificuldades econômicas de sua empresa, portanto deve cumprir com as obrigações jurídicas assumidas (sejam as trabalhistas sejam as previdenciárias, além de tantos outros encargos nos demais espaços de normatividade jurídica envolvidos). Ainda quanto ao afastamento do estado de necessidade (e também válido para fortalecer a recusa da incidência da legítima defesa aqui, até porque não há agressão injusta ao empresário que justificasse a autodefesa ou a defesa de terceiros), o "perigo atual" exigido no artigo 24 do CP conduz a uma determinação para lá de complexa, por exemplo, se seria possível a identificação do exato momento em que o empresário viola um direito ou um bem jurídico para preservar outro. Ou, em outra esfera de normatividade, a do direito empresarial, por exemplo, qual seria o momento exato e indicado (ou melhor, o exigido pelo plexo normativo brasileiro) para o requerimento do início do procedimento de recuperação judicial ou de falência? Neste âmbito, cabe apenas mencionar que não há um dever vinculativo do

Em decorrência desse aspecto, mas para além disso, conforme sustentamos alhures, se a hipótese casuística fosse a de aplicação de um estado de necessidade em favor de terceiro, bem poderia "X" desistir da ação de salvação do bem jurídico (seja o do Estado seja o dos trabalhadores) contido em um dos deveres jurídicos (o decorrente do artigo 168-A do CP ou o derivado do artigo 203 do CP) e não responderia jurídico-penalmente por nada. Entretanto "X" é obrigado a decidir-se e logo a agir ou a omitir respectivamente, conforme um dos dois deveres que sobre ele impendem.

Nesse ponto, parece-nos confuso o posicionamento de *Bitencourt* sobre a colisão de deveres no tocante ao dever de auxílio (artigo 135 do CP) e

---

empresário-devedor em crise econômica em solicitar a autofalência, embora o artigo 105 da Lei 11.101/2005 mencione que o "devedor em crise econômico-financeira que julgue não atender aos requisitos para pleitear sua recuperação judicial deverá requerer ao juízo sua falência (...)". Esse "comando" normativo é apenas sugestivo, pois, segundo a doutrina, "trata-se, porém, de obrigação desprovida de sanção. Nenhum devedor, por isso, costuma requerer a autofalência como manda a lei, e, mesmo assim, não sofre punição nem enfrenta qualquer consequência" (ULHÔA COELHO, Fábio. *Curso de Direito Comercial*. Direito de Empresa. Vol. 3. 13ª ed. São Paulo: Saraiva, 2012, p. 277). Em síntese, essa lei atribui ao próprio empresário-devedor tanto a decisão sobre o atendimento aos requisitos para pleitear a recuperação judicial quanto o momento de iniciar ou não o procedimento de requerimento de falência. Não por acaso, quanto à prática do crime do artigo 168-A do CP, no *Voto do Rel. Des. Fed. Olindo Menezes* na *ApCrim. nº 2004.33.00.015395-9/BA*, tem-se materializado o juízo de que "(...) o fato é que não se pode levar a prova ao extremo, sob pena de somente beneficiar as empresas falidas ou extintas" ["Pode-se objetar que a apresentação de documentos que confirmam os títulos protestados (fls. 384 – 422) e o balanço patrimonial da empresa (fls. 368 – 382), não dariam suporte à comprovação de um estado de dificuldade financeira aguda e terminal, para justificar o comportamento em desacordo com a lei, mas o fato é que não se pode levar a prova ao extremo, sob pena de somente beneficiar as empresas falidas ou extintas"]. Por outro lado, aqui manifestamos preocupação com alguns trechos de algumas decisões: o primeiro em um Voto vencido (*Voto do Rel. Rev. Des. Fed. André Fontes* na *ApCrim. nº 200150020009161/ES*, p. spd.) por afirmar que "(...) para afastar a culpabilidade pela impossibilidade de agir, não é suficiente a comprovação de dificuldades financeiras enfrentadas, mas que se demonstre o esforço do réu com seu próprio patrimônio pessoal, no desiderato de não incorrer no crime de apropriação indébita previdenciária"; o segundo ao afirmar que "(...) a defesa não conseguiu comprovar que as dificuldades financeiras vivenciadas pela empresa tenham sido diferentes daquelas comuns a qualquer atividade de risco, de modo a caracterizar a inexigibilidade de conduta diversa como excludente de culpabilidade, como por exemplo, o desfazimento de patrimônio pessoal para quitar as dívidas" (*Voto do Rel. Des. Fed. Conv. Henrique Herkenhoff na ApCrim. nº 2005.61.25.003233-7/SP*, p. spd.). Considerando-se que as empresas envolvidas nessas respectivas decisões eram de natureza "Ltda", as responsabilidades civil-empresarial dos administradores são limitadas, portanto parece-nos fora de questão a *exigência de demonstração de esforço com o próprio patrimônio pessoal* para enfrentar os problemas econômicos da empresa, conforme apontado equivocadamente pelos Desembargadores.

a permissão-*imposição* de ação de salvamento de bens jurídicos disponíveis-*-indisponíveis* de terceiros (artigo 24 do CP) [62]. Ele parece propor uma fusão aqui entre o crime omissivo próprio do artigo 135 do CP e o estado de necessidade alheio, *rectius* entre o dever de ação por aquele imposto a todos os destinatários da norma e a permissão desse para a realização de uma ação de salvamento de bens jurídicos alheios [63].

Também corroborando para o afastamento do estado de necessidade aqui, recuperaremos o que foi desenvolvido no item anterior sobre a *ApCrim. nº 2005.38.02.000262-0/MG*, em especial ao princípio *ultra posse nemo obligatur*. Sendo esse o fundamento lógico-normativo da colisão de deveres, a ordem jurídica não pode exigir de "X" o humanamente impossível, mas, como

---

62 Essencialmente em três passagens (*cfr*. BITENCOURT, Cezar Roberto. *Tratado de Direito Penal. Parte Geral*[20], p. 410, *in fine*; p. 414-415 e p. 418-419), notamos uma justaposição nada clara entre as situações abarcáveis pelo dever de socorro imposto a todos pelo artigo 135 do CP e as situações abarcáveis pela permissão de ofensa de bem jurídico de terceiros sob determinadas condições do artigo 24 do CP. Explicamo-nos. Para o autor, se estão em jogo bens jurídicos disponíveis, o estado de necessidade em favor de terceiros é "uma *espécie de direito facultativo*" (p. 418), entretanto, se os bens jurídicos envolvidos forem indisponíveis, há um "verdadeiro *dever de agir*" (p. 418) para salvá-los. Portanto parece-nos que, no último caso, *Bitencourt* equipara o dever do artigo 135 do CP à necessidade de salvamento de bens jurídicos indisponíveis de terceiros do artigo 24 do CP, sinal disso é a afirmação do autor, para a situação de bens indisponíveis envolvidos, de que se não for cumprido o dever de agir "(...) para aquele que está em condições de prestar auxílio, sob pena de incorrer nas penas do crime de omissão de socorro (art. 135)" (p. 418). Conforme explicitado na nota seguinte, não entendemos assim. Levantamos aqui uma primeira indagação sobre a sistemática do CP, seria possível que a omissão de socorro (crime omissivo próprio) assumisse um efeito expansivo, como o das categorias da parte geral? Embora seja necessário refletirmos a fundo e especificamente sobre esse tema, inclinamo-nos a recusar essa possibilidade. Em segundo lugar, a questão do consentimento parece-nos retorcida, razão pela qual questionamos: havaria um dever de agir mesmo contra o consentimento do ofendido? Quais seriam os bens jurídicos indisponíveis? Quem é o legitimado para deliberar sobre a disponibilidade ou indisponibilidade do bem jurídico afetado?

63 Temos claro para nós que não é possível coexistir para um garante ou para um obrigado ao dever de auxílio uma hipótese de colisão de deveres e outra hipótese de estado de necessidade alheio sob as mesmas circunstâncias: ou se trata de um caso de colisão de deveres ou se trata de um caso de estado de necessidade em favor de terceiros. Em outras hipóteses fáticas não haveria impedimento ao garante ou ao obrigado para agir em estado de necessidade ou em legítima defesa de terceiros, porém, isso ficaria a depender de quem seria o titular do bem jurídico alheio no outro polo e dos elementos circunstanciais da situação concreta. Podemos afirmar que o que seria um estado de necessidade para qualquer outra pessoa, não o será para o garante e nem para o obrigado nas hipóteses delimitadas da omissão de socorro. Por fim, pensamos que seria muito pouco provável que o garante ou o obrigado teria o abrigo simultâneo de duas causas de justificação (a saber, uma por colisão de deveres e outra por estado de necessidade) para o salvamento do mesmo bem jurídico alheio nas mesmas circunstâncias fáticas.

ele é obrigado a cumprir um dos deveres, não se trata aqui de uma permissão do direito a ofensa de um bem jurídico alheio sob determinadas circunstâncias fáticas, leia-se: uma hipótese de estado de necessidade ou de legítima defesa de terceiros. Acreditamos ter desconstruído assim a tese de aplicação dessa causa de justificação à casuística proposta, passemos agora a expor e a argumentar sobre a possibilidade de aplicação da colisão de deveres.

Já no âmbito do *segundo ato*, o de caráter *construtivo*, vamos identificar inicialmente o porquê de ser o tipo de caso desenhado acima uma hipótese de colisão de deveres em Direito Penal e não de "concorrência de deveres" [64], e, em um segundo momento, exporemos a fórmula da ponderação de deveres aqui utilizada para a sua solução (pagar as contribuições ao Estado do artigo 168-A do CP ou não frustrar os salários dos trabalhadores do artigo 203 do CP). Antecipamos já, que cremos ser o último que deverá prevalecer pelas razões a seguir desenvolvidas.

Em primeiro lugar, no tocante a ponderação dos deveres, embora não a consideremos uma regra absoluta, o dever de omissão (artigo 203 do CP) prevalece sobre o dever de ação (artigo 168-A do CP) [65]. Em segundo lugar, em tom *aproximativo* à ponderação de bens jurídicos inerente ao estado de necessidade, o que não é vedado pela teoria unitária, a partir de agora seguirão algumas notas sobre a prevalência de um dos deveres em colisão aqui.

---

64 Neste sentido, *Hruschka* parte do gênero "coincidência de deveres" ("*Pflichtenkoinzidenz*") para diferenciar a "concorrência de deveres" ("*Pflichtenkonkurrenz*") e a colisão de deveres ("*Pflichtenkollision*"). A colisão caracteriza-se pelo encontro entre dois ou mais deveres coincidentes em uma situação concreta, cuja relação entre eles necessariamente seja a de que o cumprimento de um implica a violação do outro. Por sua vez, na concorrência falta justamente essa relação necessária de cumprimento de um e violação do outro, para mais detalhes, *cfr.*: HRUSCHKA, Joachim. *«Pflichtenkollisionen und Pflichtenkonkurrenzen»*, p. 258-259 e ss.

65 Neste sentido, *cfr.*: CORREIA, Eduardo. *Direito Criminal. Tomo* 2, p. 93; NEVES, António Brito. *Do conflito de deveres jurídico-penal*, p. 688-689 (p. 699, nota 76); NUNES, Duarte Alberto Rodrigues. *O conflito de deveres em Direito Penal Médico*. Dissertação (Mestrado em Ciências Jurídico-Criminais). Lisboa: Faculdade de Direito da Universidade de Lisboa, 2000/2001, p. 113 (nota 9) e 114 (nota 11); PALMA, Maria Fernanda. *Direito Penal. Parte Geral*. A teoria geral da infração como teoria da decisão penal. Lisboa: AAFDL, 2013, p. 300 ("Se a norma de dever for um comando de ação relativamente à proteção de um bem terá, em princípio, menor 'vinculatividade' do que o dever que deriva de uma proibição de ação correspondente, de não perturbar o livre funcionamento de um bem jurídico."). Neste aspecto, parece-nos relevante trazer ao conhecimento a lição de *Hruschka* no sentido de não superestimar a forma como os deveres são enunciados para então, a partir disso, classificá-los como sendo ou de ação ou de omissão, porque a situação concreta e o sentido da exigência do dever é que serão cruciais nos casos concretos de colisão de deveres, além das relevantes notas sobre a lógica deôntica e a teoria das normas (*cfr.* HRUSCHKA, Joachim. *«Pflichtenkollisionen und Pflichtenkonkurrenzen»*, p. 271 e ss).

Além dessa análise, há de verificar os possíveis bens jurídicos em conflito e a gravidade da ofensa e o grau de perigo que os ameaçam [66].

Não olvidamos em reafirmar aqui a preponderância do pagamento dos salários dos trabalhadores face ao pagamento das contribuições ao Estado, inclusive parece ser o sentido admitido por *Palma* nas críticas ao acórdão do STJ (em Portugal), de 18 de junho de 2003, no *Proc. nº 02P3723* [67] sobre o crime de abuso de confiança em relação à Segurança Social [68]. A autora admite a discussão sobre se a "(...) própria ponderação feita pelos tribunais não é insuficiente ou até incorreta" [69], levando-se em consideração o "(...) conflito entre o perigo para um bem coletivo e o perigo, ou até o dano, para a situação existencial e familiar de muitos trabalhadores" [70]. Também na mun-

66 Novamente percebemos a aproximação entre o estado de necessidade supralegal e a colisão de deveres para além da origem jurisprudencial na Alemanha, *cfr. supra* as notas 9 e 10, *in fine*.

67 Essa decisão reconheceu como matéria fática provada que os réus não repassaram os valores das declarações à Segurança Social em virtude da crise econômica que atingira a empresa no mesmo contexto, "(...) tendo optado por dar prioridade aos salários dos trabalhadores e pagamento a fornecedores, de modo a manterem a fábrica em laboração" (p. 7, 44.); bem como o empenho deles na recuperação da empresa (p. 7, 45). Quanto ao mérito, especificamente sobre a colisão de deveres, decidiu-se que "(...) a obrigação de pagar impostos é uma imposição legal, logo de plano superior à obrigação de cumprir os contratos" (p. 8, II), além de afirmar que "(...) os interesses constitucionalmente garantidos de um grupo não podem sobrepôr-se aos interesses de toda a comunidade também garantidos pela Constituição da República" (p. 8, II). Por fim, os juízes do STJ afastaram essa causa de justificação porque de outro modo seria "(...) afetada a igualdade entre os diversos agentes econômicos, além de que ficaria na disponibilidade destes a possibilidade de escolha a quem devem pagar com prioridade" (p. 8, II). (PORTUGAL. Supremo Tribunal de Justiça, *Acórdão do RP nº 02P3723*, Rel. Juiz Franco de Sá, j. 13. 06. 2002. Disponível em: <www.dgsi.pt>. Acesso em: 20. fev. 2016).

68 "*Artigo 105º Abuso de confiança* – 1- Quem não entregar à administração tributária, total ou parcialmente, prestação tributária deduzida nos termos da lei e que estava legalmente obrigado a entregar é punido com pena de prisão até três anos ou multa até 360 dias. (...) 4 – Os fatos descritos nos números anteriores só são puníveis se tiverem decorrido mais de 90 dias sobre o termo do prazo legal de entrega da prestação" / "*Artigo 107º Abuso de confiança contra a segurança social* – 1- As entidades empregadoras que, tendo deduzido do valor das remunerações devidas a trabalhadores e membros dos órgãos sociais o montante das contribuições por estes legalmente devidas, não o entreguem, total ou parcialmente, às instituições de segurança social, são punidas com as penas previstas nos n.os 1 e 5 do artigo 105º 2 – É aplicável o disposto nos n.os 4, 6 e 7 do artigo 105º" (Lei nº 15/2001, de 5 de Junho, com texto dado pela Lei nº 32-B/2002, de 30 de Dezembro, trata-se de versão atualmente desatualizada do RGTT).

69 PALMA, Maria Fernanda. *O Princípio da Desculpa em Direito Penal*, p. 221.

70 *Id.*, *Ibid.*, p. 221 (nota 137).

dividência jurídico-penal lusitana[71], *Taipa de Carvalho* reconhece a presença "(...) de um verdadeiro conflito de deveres, e a eventual exclusão da ilicitude penal, na hipótese em que o patrão, na impossibilidade de pagar os salários e os impostos, cumpre o dever jurídico-laboral em detrimento do dever jurídico-penal fiscal" [72].

A gravidade do não pagamento de salários aos trabalhadores não é equivalente ao não repasse das contribuições à Previdência Social, em síntese: os danos envolvidos aqui não são equipotentes, e antes disso, os bens jurídicos em choque são valorativamente diversos. A forma e os graus de afetação dos bens jurídicos pessoais ofendidos pelo não pagamento de salários certamente variarão segundo as circunstâncias de cada trabalhador, da periodicidade e do alcance dos atrasos ou das inexistências de pagamento. Entretanto, mesmo dentro desse amplo quadro de oscilações no tocante à natureza e à intensidade dos bens jurídicos pessoais de fato ofendidos, há o traço comum em todos eles da violação da dignidade da pessoa humana. Por outro lado, embora também constitua um bem jurídico coletivo da mais elevada relevância, o patrimônio estatal não alcança o peso daqueles bens jurídicos pessoais ofendidos pelo não pagamento dos salários.

Embora o comentário seguinte torne-se secundário face ao desnível entre os bens jurídicos em jogo aqui, caso assim se entenda, a intensidade do perigo que ronda os bens jurídicos em tela é incomensurável, a falta de

71 Problemática com uma certa divergência no âmbito doutrinário português. A título de menção, *Silva Dias* considera que há, no âmbito do crime de abuso de confiança fiscal, "(...) frequentes situações em que as empresas em situação econômica difícil utilizam os montantes provenientes de prestações do IRS retidas na fonte para pagar os trabalhadores e, por falta de fundos, não cumprem a obrigação legal de entrega ao Fisco de tais prestações", o que leva a possibilidade de surgimento de um conflito de deveres em que se chocam "a obrigação de pagar os salários e a obrigação de entregar as prestações retidas ao Fisco", desde que presente "a impossibilidade do seu cumprimento simultâneo, isto é, que dada a situação financeira da empresa, o cumprimento pontual de uma daquelas obrigações só poderia ser efetuado à custa do incumprimento pontual da outra" (SILVA DIAS, Augusto. *Crimes e contra-ordenações fiscais*, p. 462 e 463). Por outro lado, ao tratar do mesmo crime fiscal, *Sousa* menciona as "(...) situações em que a conduta do agente é motivada por dificuldades econômicas, designadamente pela necessidade de manter a empresa em laboração e de assegurar o pagamento dos salários dos trabalhadores", considerando-as "(...) não se trata de um autêntico conflito de deveres, mas antes de uma colisão de interesses a resolver por via do estado de necessidade justificante (...)", posto que, segundo essa autora, há, em verdade, "a imposição legal de não se apropriar das quantias por si deduzidas e de as entregar ao Estado", portanto "gera-se assim um confronto entre um dever de ação – pagamento de salários – e um dever geral de omissão – traduzido na não apropriação dos valores patrimoniais confiados ao agente e que pertencem ao Estado" (SOUSA, Susana Aires de. *Os crimes fiscais*, p. 133 e 135).

72 TAIPA DE CARVALHO, Américo. *Direito Penal*[2], p. 425 (§751).

pagamento dos salários representa um grande perigo de impedir o acesso dos trabalhadores e de suas respectivas famílias às condições materiais mínimas de existência digna, ao passo que o não repasse das contribuições ao Estado muito dificilmente ameaçaria o equilíbrio ou o funcionamento da Previdência Social.

Cabe ainda realçarmos que a própria Lei brasileira de recuperação judicial ou extrajudicial e de falência do empresário e da sociedade empresária (Lei nº 11.101, de 9 de fevereiro de 2005) determina em seu artigo 83 a preferência dos créditos trabalhistas sobre os de natureza tributária.

Sustentadas as razões que fundamentaram a aplicação da colisão de deveres na casuística proposta, no tópico seguinte serão apresentadas algumas explicações críticas sobre o porquê da omissão dessa categoria em uma significativa parcela da doutrina jurídico e da jurisprudência jurídico-penais brasileiras.

V. Comentários críticos à doutrina jurídico-penal brasileira e à jurisprudência nacional

Embora o tema da colisão de deveres no âmbito do crime de apropriação indébita previdenciária não tenha passado desapercebido pela dogmática jurídico-penal nacional [73], ambos não foram adequadamente expostos e desenvolvidos até o presente momento, conforme intentamos demonstrar. Em virtude disso, cabe advertir que, guardadas as sensíveis diferenças ao nível dos tipos penais envolvidos e do contexto doutrinal-jurisprudencial, a colisão de deveres é perquirida pela dogmática jurídico-penal portuguesa[74] com sucesso, mas não tão bem pela jurisprudência lusitana no tocante ao tipo de caso problemático invocado acima.

Feitas as observações acima, vamos iniciar em tons pré-conclusivos alguns *diagnósticos* desta situação da dogmática e da jurisprudência criminais nacionais a respeito da colisão de deveres. Ansiamos que as palavras seguintes possam refratar algumas *reflexões profiláticas* na busca de uma solução mais justa para o tipo de caso supracitado na ordem jurídico-penal nacional. Em seguida, ousaremos traçar um *prognóstico* sobre esta moléstia doutrinária-jurisprudencial nacional, desiderato para o qual pensamos a dogmática jurídico-penal muito terá a contribuir.

---

73 Já atentos ao problema das reais dificuldades econômicas do empresário e o crime de apropriação indébita previdenciária (artigo 168-A do CP) na franja da colisão de deveres desculpante, muito embora, segundo o que pensamos, sem a fundamentação mais adequada, *cfr.*: DOTTI, René Ariel. *Curso de Direito Penal*[3], p. 476 e 515; AMORIM, Maria Carolina de Melo. *A inexigibilidade de conduta diversa*, p. 169-172.

74 *Cfr.* a bibliografia supracitada na nota 5.

Contrariamente ao que pensa certo setor da doutrina [75], não consideramos a adoção da teoria unitária do estado de necessidade um bloqueio para o reconhecimento da colisão de deveres no direito penal brasileiro. Nesse âmbito, é curioso como parcela da doutrina jurídico-penal nacional afirma a *consequência una* d(-ecorrente da teoria unitária d-)o estado de necessidade, mas não reconhece a possibilidade da colisão de deveres surgir com ou paralelamente ao respectivo estado de necessidade [76], seja o justificante seja o desculpante (o que, por sua vez, é bem possível, senão desejável e legítimo). Lembramos um dos requisitos apontados por *Pufendorf* desde o ano de 1673 para a destruição de bens de terceiros em virtude da necessidade de salvamento de bens próprios: a superioridade do bem salvo em relação ao bem sacrificado[77].

Discordamos também da crítica de conservadorismo aos posicionamentos doutrinários que buscam derivar a colisão de deveres do estado de necessidade por meio de uma analogia [78]. Primeiro porque não podemos dissociar todo o panorama e a origem dessa categoria na história do direito penal germânico [79], conforme já supraexposto no início do item II. Segundo, além

75 Em especial, referimo-nos aqui ao seguinte raciocínio de *Amorim*: "*O Código Penal brasileiro, por adotar a Teoria Unitária do Estado de Necessidade*, não prevê tal possibilidade de exculpação (como já exposto no item 5.3 do capítulo 05), *motivo pelo qual a colisão de deveres não enquadrada no estado de necessidade justificante pode ser vista como causa supralegal de não exigibilidade de conduta diversa*, se, dadas as circunstâncias do fato, é inexigível que o agente suporte o sacrifício" (AMORIM, Maria Carolina de Melo. A *inexigibilidade de conduta diversa*, p. 165, destaques nossos).

76 Referimo-nos aqui a ressalva de que a colisão de deveres não se deve fundamentar por intermédio da ideia de inexigibilidade de conduta diversa, o que, por sua vez, torna-se muito recorrente não só, mas fundamentalmente, em razão da influência e da recepção quase que absolutas do Finalismo em nossa cultura jurídico-penal, bem como de tentativas de se buscar um lastro na jurisprudência criminal brasileira para depois fundamentar a categoria em estudo, conforme a crítica a ser desenvolvida a seguir. Por fim, embora assumidamente de índole secundária, não rechaçamos em absoluto o auxílio da inexigibilidade de conduta diversa na concretização hermenêutica da colisão de deveres exculpante.

77 PUFENDORF, Samuel. *Os deveres do homem e do cidadão de acordo com as leis do direito natural*. Tradução de Eduardo Francisco Alves. Rio de Janeiro: Topbooks Editora, 2007, p. 147 (L. 1, Cap. V, § XXXI).

78 Aludimos ao seguinte excerto de *Dieter*: "Assim, as posições ideologicamente mais conservadoras seguem recorrendo à analogia do *conflito de deveres* com o *estado de necessidade* legalmente previsto. O caso aqui, todavia, é ainda mais grave, porque não raro o *conflito de deveres* é apresentado pela doutrina como espécie do gênero *estado de necessidade*" (DIETER, Maurício Stegemann. A *inexigibilidade de comportamento adequado à norma penal e as situações supralegais de exculpação*, p. 146, destaques do autor).

79 Embora o autor advirta que "(...) sem embargo de nossa crítica, não se pode esquecer

do CP não prevê-lo expressamente, o caminho analógico a partir do estado de necessidade justificante previsto para o da colisão de deveres supralegal poderia sim ser um desejável, racional e progressista percurso para o afloramento dessa categoria no direito penal nacional. Em terceiro lugar, caso se reconhecesse a colisão de deveres justificante supralegal, dúvidas não teríamos em afirmar a ampliação dos espaços de liberdade dos cidadãos, que não mais seriam etiquetados pela prática de um injusto que não poderiam ter evitado, proposta que indubitavelmente soaria até mais progressista que, por exemplo, a de *Dieter*.

Não nos parece adequado também o quase universal apego da doutrina jurídico-penal nacional ao elemento da inexigibilidade de conduta diversa como fundamento da colisão de deveres desculpante. Parece-nos que se trata de um desdobramento de outro equívoco comum à doutrina e à jurisprudência criminais brasileiras: o apego – e mau apego, por sinal – à doutrina finalista do crime [80]. Uma nítida prova disso é a forma pela qual são construídos os argumentos para se chegar à colisão de deveres, ou seja, parte-se justamente do elemento inexigibilidade de conduta diversa para fundamentar algumas causas supralegais de exclusão da culpa no direito penal brasileiro, entre elas a colisão de deveres [81].

Por exemplo, *Amorim* realiza uma leitura bastante seletiva da jurisprudência pela lente da inexigibilidade de conduta diversa, categoria que atua

---

que a referência ao estado de necessidade será constante na revisão doutrinária do conflito de deveres que estamos por iniciar (...)" (DIETER, Maurício Stegemann. *A inexigibilidade de comportamento adequado à norma penal e as situações supralegais de exculpação*, p. 150).

80 Advertimos ao leitor que essa crítica não deve ser recebida como qualquer menosprezo ou oposição radical ao Finalismo. Esse representou um importante passo na evolução da teoria do delito, em especial os seus contributos na (i) passagem do injusto penal de mera causação do resultado típico para o injusto pessoal com arrimo na ação final de um indivíduo concreto que executa a conduta típica (proibida) com possibilidade de lesão ou colocação em perigo de bens jurídicos; e a relocação do dolo e da negligência no tipo subjetivo do injusto penal (ii), *cfr.* em: WELZEL, Hans. *Die deutsche strafrechtliche Dogmatik der letzten 100 Jahre und die finale Handlungslehre*. *JuS* 6 (1966), p. 422 e ss; do mesmo autor. *Derecho Penal Alemán. Parte General*. 11ª Edición. Traducción de Juan Bustos Ramírez y Sergio Yañes Pérez. Santiago: Editorial Jurídica de Chile, 1976, p. 91-92.

81 Neste sentido, compartilhando desse raciocínio, *cfr.*: CIRINO DOS SANTOS, Juarez. *Direito Penal*[3], p. 346-349; DIETER, Maurício Stegemann. *A inexigibilidade de comportamento adequado à norma penal e as situações supralegais de exculpação*, p. 38, 46-66, 155-171; NUNES, Leandro Gornicki. *Culpabilidade e exculpação*, p. 143, 158, 174, 175, 179, 225; AMORIM, Maria Carolina de Melo. *A inexigibilidade de conduta diversa*, p. 111-112, 147, 168. O que é aqui afirmado não significa cravar a aderência *in toto* desses autores à teoria finalista do crime, não, mas faz antes notar-se que comungam da inexigibilidade de conduta diversa, elemento da concepção de culpa de *Welzel*.

como receptáculo das causas supralegais de exclusão da culpa. A forte influência de *Welzel* no direito penal brasileiro [82] acaba comprovando-se também em algumas decisões [83]. Nesse sentido, por fim, muito disso é devido ao que se ouve e se escreve – incorretamente – no tocante ao CP assumir o Finalismo como filosofia penal oficial, o que não deixa de ser um argumento insuficiente para dizer o mínimo.

A nossa principal objeção a essa construção é a fuga que se promove ao real fundamento da colisão de deveres: a impossibilidade de cumprimento coetâneo de todos eles pelo destinatário sob determinada situação concreta. A partir dessa impossibilidade e da tomada de decisão do destinatário sobre qual dos deveres se vai cumprir, desenhar-se-á qual das colisões de deveres estará presente. A ponderação de deveres é inevitável aqui e a teoria unitária do estado de necessidade justificante não a impede, sequer no próprio âmbito desse instituto, seja pelo auxílio da cláusula de razoabilidade [84], seja pela

82 Talvez um argumento adicional para compreendermos o apego ao Finalismo no Brasil e no tocante a colisão de deveres é a conjugação da herança histórica do *princípio do mal menor* – presente nos Códigos Penais brasileiros do Império de 1830 (artigo 14) e de 1890 (artigo 32) – e a destacada relevância dada a ele posteriormente por *Welzel*, *cfr*.: WELZEL, Hans. «Zum Notstandsproblem». *ZStW* 63 (1951), p. 47-56 (p. 49, 50). Embora refutando os elementos apontados pelo autor alemão para os casos de conflito de deveres exculpante, *Nunes* parece simpático a sua noção de culpa, ao menos como modelo de que parte para fazer suas considerações pessoais (*cfr*.: NUNES, Leandro Gornicki. *Culpabilidade e exculpação*, p. 174 e 185). Por outro lado, o subtítulo do item 7. 4 ("Do Conflito de Deveres. Retomada da ideia de WELZEL, de eleição de um 'mal menor'. Equiparação com o estado de necessidade") da obra de *Amorim* parece expor também essa aproximação com o *Finalismo*, *cfr*.: AMORIM, Maria Carolina de Melo. *A inexigibilidade de conduta diversa*, p. x, 146-147, 165.

83 É curioso notar a inconsciente assunção pela jurisprudência dessa influência até ao discordar dessa corrente de pensamento jurídico-penal, como se à ela devesse alguma satisfação ou à ela fosse vinculada, nesse aspecto *cfr*.: "EMENTA: DIREITO PENAL. OMISSÃO NO RECOLHIMENTO DE CONTRIBUIÇÕES PREVIDENCIÁRIAS. EXCLUDENTE DA CULPABILIDADE. LEI-8212/91, ART-95, LET-D E PAR-1. Mesmo em se admitindo a possibilidade de um tipo sem dolo, que a teoria finalística da ação repele, se o réu conseguir comprovar a existência de dificuldades financeiras, que o impossibilitaram de recolher as contribuições à época, exclui-se sua culpabilidade". (BRASIL. Tribunal Regional Federal da Quarta Região, *ApCrim. nº 95.04.63083-9/RS*, Primeira Turma, Rel. Des. Fed. Luiz Carlos de Castro Lugon, j. 26. 11. 1996. Disponível em: <www.trf4.jus.br>. Acesso em: 20. fev. 2016, grifos nossos).

84 Nesse sentido, embora *Bitencourt* reconheça que a admissão do estado de necessidade não está "(...) pautada em uma estrita ponderação de bens, mas, sim, orientada pelo *princípio da razoabilidade* e, por extensão, da *proporcionalidade*, pois como indicamos ao longo desse capítulo, o legislador brasileiro não fez distinção acerca da qualidade e natureza dos bens em conflito" (BITENCOURT, Cezar Roberto. *Tratado de Direito Penal. Parte Geral* [20], p. 420, *in fine*, destaques do autor).

previsão legal da punição por excessos contida no parágrafo único do artigo 23 do CP [85].

Considerando-se que a inexigibilidade de conduta diversa não consta nem no CP nem na legislação penal extravagante, embora ela tenha uma tradicional e longa história na dogmática jurídico-penal, o seu generalizado emprego pelos julgadores (as vezes fundamentados em certa parcela da doutrina), ao que tudo indica, é decorrência da invocação dela como elemento da culpa, herança do modelo finalista de crime. Por outro lado, por meio de uma analogia com o estado de necessidade [86] chega-se hermeneuticamente ao conflito de deveres. Uma das provas do que foi exposto aflorou[87] com a tentativa de uso da lente finalista como mote para aproximar a apropriação indébita previdenciária da figura tradicional (com ênfase no verbo-núcleo "apropriar-se", que, por um "erro técnico", não foi empregado no artigo 168-A do CP) e classificá-la como crime omissivo próprio. Uma outra surgiu ainda

85 *Cfr. supra* a nota 51.

86 Nesse sentido, *cfr.*: DIETER, Maurício Stegemann. *A inexigibilidade de comportamento adequado à norma penal e as situações supralegais de exculpação*, p. 155-156 (nota 641). Embora comunguemos da preocupação de *Dieter* para com a mera importação de teorias para a nossa mundividência normativa ["(...) aquilo que é pensado como solução normativa no Direito Penal alemão migra para a teoria nacional como panaceia prática para as situações excepcionais de conflito.", p. 156] e parcialmente com a crítica de que "(...) o peso da doutrina de WELZEL no Direito Penal brasileiro não pode ser desconsiderado quando se avaliam os motivos determinantes da grande aceitação e defesa da analogia ao *estado de necessidade* para os casos de *conflito de deveres* na literatura penal brasileira" (p. 156, nota 641), façamos algumas ponderações aqui. A relação "estado de necessidade-colisão de deveres" realmente ganha os contornos do Finalismo no Brasil pela grande recepção dos pensamentos de *Welzel*, contudo ela não é um efeito necessário da teoria finalista do crime, senão que a decorrência da umbilical relação histórica (comungam da mesma fonte normativa originária) entre as categorias desde a Sentença do *Reichsgericht* de 11 de março de 1927 (conforme destacado *supra* no início do item II) que acolheu o pensamento de *Binding* sobre o conceito amplo de estado de necessidade. Em síntese: a "relação estado de necessidade-colisão de deveres" antecede a *Welzel* e não necessariamente dá-se pela analogia com a primeira categoria, o uso do mecanismo da analogia explica-se por razões de ordem sistemático-legais, o CP não prevê expressamente a colisão de deveres.

87 *Cfr.* fl. 2 no trecho do Voto do *Rel. Des. Fed. Olindo Menezes* na *ApCrim. nº 2004.33.00.015395-9/BA (grifos nossos)*: "Em que pese a adoção da denominação legal "apropriação indébita previdenciária" (*nomen iuris*), seguramente por um erro técnico, não consta entre as elementares do tipo, visto pelo viés da teoria finalista da ação, o núcleo do verbo "apropriar-se", como ocorre com a apropriação indébita clássica, senão o fato de "deixar de recolher, no prazo legal...", tudo a fazer ver que, apesar da denominação imprópria, o crime continua a ser omissivo próprio".

na consideração da "(...) exigibilidade de conduta diversa, elemento da culpabilidade (...)"[88].

Quanto ao *prognóstico* sobre o tratamento das moléstias ligadas ao tema, considerando-se o estado da arte da dogmática jurídico-penal nacional, podemos apontar o seguinte. Notamos uma destacada e preocupante ausência de doutrinas jurídico-criminais citadas e principalmente utilizadas nos acórdãos brasileiros, o que de uma forma ou de outra acaba por retirar a força e a vitalidade das decisões jurídicas proferidas. Muitas categorias ou elementos dessas são desenvolvidos pelas doutrinas e pela jurisprudência, o que, por sua vez, faz com que a última adquira um maior peso vinculativo e de legitimidade. Pensamos ser o caso da colisão de deveres aqui, pois basta lembrar que ela surgiu na jurisprudência alemã, embora já proposta anteriormente na dogmática jurídico-penal.

Não há impedimento algum para o reconhecimento da causa de justificação supralegal da colisão de deveres no direito penal brasileiro. Primeiramente, "(...) o *princípio da legalidade não se opõe à aplicação analógica das causas de justificação*, como não se opõe à sua criação consuetudinária ou supralegal" [89]. Além da forte ligação entre o estado de necessidade e a colisão de deveres, a analogia *in bonam partem* do primeiro para a segunda possibilita a justificação do não repasse das contribuições à Previdência Social por "X" em virtude da crise econômica real de "Y", que obrigou-o a decidir-se pelo pagamento dos salários dos trabalhadores.

Como podemos demonstrar, primeiramente são raras as decisões no Brasil que apontam e consideram de fato as doutrinas jurídico-penais, em segundo lugar, se e quando o fazem, notamos menções à teorias e à doutrinas defasadas diante o atual estado da arte da dogmática jurídico-penal e em especial ao tema aqui problematizado. Também causa-nos *preocupação* o sistema *fordista* de confecção dos acórdãos, ou, se nos é permitido apelar a uma metáfora, os julgados relativos ao crime de apropriação indébita previdenciária de empresários em dificuldades econômicas apresentam-se como «Матрёшка»[90], pois

---

88 *Cfr.* fl. 1 do *Relatório/Voto do Rel. Rev. Des. Fed. Hilton Queiroz* no *ApCrim. nº 2005.38.02.000262-0/MG*. O trecho completo afirma que: "A exigibilidade de conduta diversa, elemento da culpabilidade, tem por fundamento a possibilidade de serem punidas somente as condutas que poderiam ter sido evitadas pelo agente. Exige-se, assim, do agente, que, nas circunstâncias do fato, tenha possibilidade de realizar, em vez do comportamento criminoso, um comportamento de acordo com o ordenamento jurídico".

89 COSTA ANDRADE, Manuel da. «O princípio constitucional "*nullum crimen sine lege*" e a analogia no campo das causas de justificação». *RLJ* 3926 (2001), p. 136, destaques do autor.

90 Trata-se do tradicional brinquedo russo (popularmente conhecido como "boneca russa") que corresponde a uma série de bonecas (embora também sejam produzidos bonecos)

nota-se em praticamente todos eles uma identidade de categorias, raciocínios e termos jurídico-penais com raríssimos dissensos nos votos dos julgadores. Notamos uma praticamente inexistente divergência argumentativo-teórica nas decisões envolvendo o artigo 168-A do CP e as dificuldades financeiras do empresário.

Pensamos que não há boa prática jurídica sem uma também boa fundamentação teórica [91] e para que a última produza os efeitos de segurança e de certeza jurídicas exigíveis, é preciso estudo e aprofundamento nos respectivos temas por todos os agentes envolvidos na atividade jurisdicional. Contudo, segue aqui uma crítica também à acadêmica jurídica brasileira, pois, nessa matéria, há de buscar explicações para a insuficiente pesquisa – tanto quantitativa quanto qualitativamente – no tocante a colisão de deveres em Direito Penal.

Retornando ao nosso prognóstico sobre o desenvolvimento da temática na jurisprudência brasileira, iremos expor agora a crítica que circula sobre o posicionamento majoritário dos Tribunais portugueses nos casos de colisão de deveres nos crimes de fraude fiscal e de abuso de confiança em relação à Segurança Social em Portugal. Ele caracteriza-se pela negação da prevalência do dever de pagamento de salários dos trabalhadores face ao dever de pagar tributos à Segurança Social nas situações reais de agudas dificuldades econômicas[92].

---

praticamente idênticas ou muito parecidas que são colocadas umas dentro das outras; em regra, sendo confeccionado em madeira e com um formato arredondado. Também se utiliza o termo russo «*matryoshka*», sendo o substantivo feminino "matriosca" a tradução para o português, cujo significado é o "conjunto de bonecas semelhantes, de vários tamanhos, que se vão encaixando umas dentro das outras" (*cfr.* em: *Dicionário Priberam da Língua Portuguesa*. Disponível em: <http://www.priberam.pt/dlpo/matriosca>. Acesso em: 15. fev. 2016).

91 Neste sentido, consideramos imprescindíveis as palavras de *Martinelli* e *De Bem*: "Aquilo que tiveram de memorizar para a aprovação no concurso público deve ser esquecido para dar lugar ao estudo crítico da doutrina, sem a ultrapassada desculpa de que 'teoria é uma coisa, prática é outra'. O que faz o desenvolvimento da doutrina é o estudo dos casos concretos não resolvidos satisfatoriamente e o julgador, mais do que ninguém, precisa ter a humildade de abrir as doutrinas daqueles que já se debruçaram sobre o tema a ser decidido. É passada a hora de uma maior cumplicidade entre a magistratura e o magistério" (MARTINELLI, João Paulo Orsini; DE BEM, Leonardo Schmitt. *Lições Fundamentais de Direito Penal.* Tomo I. São Paulo: Saraiva, 2016, p. 333, §6.1.3).

92 PORTUGAL. *Supremo Tribunal de Justiça, Acórdão do RP nº 02P3723*, fl. 8: "(...) a obrigação de pagar impostos é uma imposição legal, logo de plano superior à obrigação de cumprir os contratos".

A crítica consiste na denúncia de "(...) uma proteção cega e obstinada do tesouro público" [93] pelos Tribunais portugueses, uma vez que, o não pagamento dos salários ameaça e pode até mesmo ofender bens jurídicos pessoais em muito superiores aos dos cofres do Estado português. A jurisprudência majoritária em Portugal ancora-se em uma concepção preventivo-geral de que "a universalização da conduta"[94] (se todos os empresários fizessem isso) muito provavelmente conduziria a Segurança Social do Estado à bancarrota.

Como parte do prognóstico, utilizaremos algumas informações obtidas pelo diagnóstico da jurisprudência nacional como subsídios ao aperfeiçoamento da solução do tipo de caso sugerido. Como um primeiro ponto (i), é indispensável determinar quais seriam os requisitos fidedignos de comprovação da situação econômica frágil da empresa do réu[95], o que, por sua vez,

---

93 MAGALHÃES E MENEZES, Assunção; FONTES, Tito Arantes. *O conflito de deveres e o abuso de confiança fiscal*, p. 46-47. Acolhendo a mesma crítica, *cfr*.: RUA PINTO, Tiago Manuel Martins. *O conflito de deveres nos crimes fiscais*, p. 73: "(...) numa lógica de proteção cega e obstinada do tesouro público".

94 Nesse sentido, *cfr*. a crítica de *Rodrigues*: "(...) refugiando-se em argumentos, tidos por nós como errôneos, para concluir pela superioridade do dever de pagar impostos, tais como, alega que o dever de pagar impostos é uma obrigação legal; a sua falta é punida criminalmente; trata-se de um dever que tutela bens jurídicos coletivos e a admitir-se a aplicação de causas de justificação nesta matéria, *haverá o perigo de universalização da conduta*" (RODRIGUES, Liliana Patrícia Ribeiro. *O abuso de confiança fiscal e o conflito de deveres no direito português*, p. 147, destaques nossos).

95 Embora já se note uma exigência do ônus da prova pelo réu e de recusa de meras alegações de crise econômica da empresa nos acórdãos sobre o crime de apropriação indébita previdenciária, ainda não há uma construção dos critérios (e por conseguinte não há uma sistemática deles) que poderiam provar esta situação de dificuldades econômica da empresa. Por exemplo, no primeiro sentido, tem-se os seguintes excertos de decisões: "(...) as dificuldades financeiras devem ser cabalmente demonstradas pelo acusado, de forma que fique claro que a ele não cabia outra alternativa que não efetuar o repasse" (BRASIL. Tribunal Regional Federal da Terceira Região, *ApCrim. nº 2003.03.99.026624-1/SP*, Primeira Turma, Rel. Juiz Fed. Conv. Ricardo China, j. 08. 12. 2009. Disponível em: <www.trf3.jus.br>. Acesso em: 11. jan. 2016); "Meros indícios de dificuldades econômicas vivenciadas pela empresa e cuja gravidade e intensidade não é possível aferir, não pode ensejar o reconhecimento da denominada inexigibilidade de conduta diversa, pois, desta forma, estaria se banalizando um instrumento de exclusão de culpabilidade que deve incidir em casos especialíssimos, ou seja, somente nas hipóteses raras em que o repasse da contribuição social geraria a quebra da empresa, demissão maciça de funcionários ou comprometesse o próprio sustento do réu e da sua família. Nessas circunstâncias não seria razoável exigir o cumprimento da norma legal" (*Voto do Rel. Juiz Fed. Conv. Ricardo China na ApCrim. nº 2003.03.99.026624-1/SP*, spd.); "(...) a defesa não conseguiu comprovar que as dificuldades financeiras vivenciadas pela empresa tenham sido diferentes daquelas comuns a qualquer atividade de risco (...)" ou "(...) essas aperturas [por dificuldades econômicas] devem ser de tal ordem que coloquem em risco a própria existência do negócio, uma vez que apenas

permitiria diferenciar as situações de modo a que (...ao parafrasearmos a citação a seguir...):

---

a impossibilidade financeira devidamente comprovada nos autos poderia justificar a omissão nos recolhimentos" (*Voto do Rel. Des. Fed. Conv. Henrique Herkenhoff na ApCrim. nº 2005.61.25.003233-7/SP*, p. spd.); quanto a nós, de uma forma deveras exagerada, "(...) dificuldade financeira, para erigir-se como causa supralegal de excludente de culpabilidade ou até mesmo excludente de tipicidade, deve ser de caráter absoluto, notório, hialino e deveria a defesa ter providenciado outros meios idôneos que comprovassem o alegado estado de necessidade" (BRASIL. Tribunal Regional Federal da Terceira Região, *ApCrim. nº 0004658-37.2003.4.03.6113/SP*, Segunda Turma, Rel.(a). Des. (a). Fed. Cecília Mello, j. 19. 12. 2006. Disponível em: <www.trf3.jus.br>. Acesso em: 11. jan. 2016, trecho da Ementa), também o praticamente idêntico trecho, em outra Ementa, com apenas a troca do verbo conjugado "comprovassem" por "denotassem", *cfr.*: BRASIL. Tribunal Regional Federal da Terceira Região, *ApCrim. nº 0000872-88.2003.4.03.6111/SP*, Segunda Turma, Rel.(a). Des. (a). Fed. Cecília Mello, j. 19. 12. 2006. Disponível em: <www.trf3.jus.br>. Acesso em: 11. jan. 2016). Por outro lado, quanto aos critérios ou as provas possíveis de comprovação da crise econômica da empresa, tem-se que: "(...) era do acusado o ônus de comprovar estas invencíveis circunstâncias, através de declarações de imposto de renda de pessoa física e jurídica, da apresentação de prova do protesto de títulos cambiários a seu desfavor, de pedidos de falência, da alienação de bens patrimoniais para injeção de capital na empresa, etc. Somente com a comprovação de todos estes fatos somados é que se vislumbraria a penúria do empresário e da empresa, em função da qual, outra não poderia ter sido sua conduta, se não a de deixar de recolher aos cofres do INSS as contribuições de seus empregados, em prejuízo deles e da sociedade" (*Voto do Rel. Juiz Fed. Conv. Ricardo China na ApCrim. nº 2003.03.99.026624-1/SP*, spd.); "(...) 3. O crime de apropriação indébita previdenciária se caracteriza quando o inadimplemento resulta de uma escolha do agente que, podendo agir, opta pela omissão, e sua culpabilidade deflui da exigibilidade de conduta diversa, o que se descaracteriza quando, como no caso dos autos, indícios de provas apontam para a existência da aludida dificuldade financeira, tais como: existência de inúmeros títulos protestados, requerimento de falência, vários meses de salários atrasados, máquinas e equipamentos em condições precárias, efetivação de contratos de abertura de créditos em valores significativos (...) " (BRASIL. Tribunal Regional Federal da Segunda Região, *ApCrim. nº 2001.50.02.000916-1/ES*, Segunda Turma, Rel. Des. Fed. Messod Azulay Neto/Rel. Juiz Fed. Conv. Marcelo Pereira da Silva, j. 28. 03. 2006. Disponível em: <www.trf2.jus.br>. Acesso em: 11. jan. 2016); "A prova documental produzida demonstra que a empresa possuía diversos títulos protestados (fls. 218/219), inclusive pedido de decretação de falência em curso na 1ª. Vara Cível e Comercial de Cachoeiro de Itapemirim (fls. 273/276), bem como efetuou contratos de abertura de crédito, com o Banco do Brasil e com o Bradesco, em valores significativos (fls. 243/272). As testemunhas ouvidas informaram que, no período dos fatos, houve demissões de empregados, os salários estavam atrasados por vários meses, os equipamentos e ferramentas utilizados para a manutenção da empresa em atividade encontravam-se em condições precárias e que o apelante mostrava-se abatido com a situação precária da empresa, como se denota das transcrições dos depoimentos (...)" (*Voto-vista do Rel. Juiz Fed. Conv. Marcelo Pereira da Silva na ApCrim. nº 2001.50.02.000916-1/ES*, spd); "(...) a situação de absoluta impossibilidade de atendimento da obrigação de repasse aos cofres previdenciários das quantias descontadas aos salários dos empregados, exige demonstração cabal, lastreada em pericia contábil. a simples prova testemunhal não a pode substituir" (BRASIL. Tribunal Regional Federal da Quarta Região, ApCrim. nº 9404117005/RS, Primeira Turma, Rel.(a). Des.(a). Fed. Ellen Gracie Northfleet, j. 25. 08. 1994. Disponível em: <www.trf4.jus.br>. Acesso em: 11. jan. 2016).

> "(...) o desvalor da conduta do substituto que incorre na prática de um crime de *Abuso de Confiança* fiscal [diríamos de um crime de apropriação indébita previdenciária no tipo de caso por nós proposto] para salvaguardar aqueles interesses [diríamos o dever de cumprir os direitos trabalhistas, ou seja, de pagar os salários na quantia, no prazo e nas condições ajustadas] é menor do que o desvalor daquele que pretende unicamente enriquecer às custas do Estado"[96].

Nesse sentido, deriva outra importante decorrência do reconhecimento pela Justiça de que "(...) os crimes contra a ordem tributária devem ser interpretados de modo a distinguir o inadimplente do sonegador, sob pena de transformar a ação penal em ação de cobrança (...)" [97].

Em segundo lugar (ii), há de verificar a imprescindível vinculação entre o não pagamento das contribuições à Previdência Social e o pagamento dos salários aos trabalhadores, portanto seria preciso "(...) existir uma efetiva e definitiva impossibilidade de cumprimento, pontual e simultâneo, dos dois deveres jurídicos em causa: o dever de pagar impostos e o dever de retribuir o trabalho prestado" [98]. O mais próximo nesse sentido que conseguimos encontrar na jurisprudência penal nacional foi que: "(...) essas aperturas devem ser de tal ordem que coloquem em risco a própria existência do negócio, uma vez que apenas a impossibilidade financeira devidamente comprovada nos autos poderia justificar a omissão nos recolhimentos" [99].

Como terceiro aspecto relevante (iii), deve-se diferenciar, e por conseguinte desvalorar de maneira diversa, aquelas situações em que a empresa não tem realmente nada a passar à Previdência Social por não conseguir rendimentos, das outras em que, pelo diminuto lucro auferido, a empresa usa-os para o pagamento dos salários dos trabalhadores e não para o das contribuições obrigatórias [100]. No primeiro caso, não se configura sequer a tipicidade

---

96 SOUSA, Susana Aires de. *Os crimes fiscais*, p. 135, *in fine*.

97 *Voto (vencido) do Rel. Rev. Des. Fed. André Fontes* na *ApCrim. nº 2001.50.02.000916-1/ES*, p. spd.

98 RUA PINTO, Tiago Manuel Martins. *O conflito de deveres nos crimes fiscais*, p. 69.

99 *Voto do Rel. Des. Fed. Conv. Henrique Herkenhoff na ApCrim. nº 2005.61.25.003233-7/SP*, p. spd. Dizemos "mais próximo" por não se falar em momento algum em colisão de deveres, mas, como de costume, a inexigibilidade de conduta diversa é invocada de forma excessiva e bastante confusa, vejamos: ela aparece como "(...) causa supralegal de exclusão da punibilidade em razão de dificuldades financeiras" (p. spd, conforme propôs o apelante, segundo o Rel.), "(...) causa supralegal de exclusão de ilicitude caracterizadora da inexigibilidade de conduta diversa em razão de dificuldades financeiras" (Ementa do acórdão da *ApCrim. nº 2005.61.25.003233-7/SP*) e ainda como "(...) causa excludente de culpabilidade (...)" (*Voto do Rel. Des. Fed. Conv. Henrique Herkenhoff*, spd).

100 SILVA DIAS, Augusto. *Crimes e contra-ordenações fiscais*, p. 462, *in fine*: "(...) se a empresa não cumpre somente o dever de retenção, isto é, se ela nada retém porque, por falta de rendimentos, nada paga aos trabalhadores, ou, por insuficiência de rendimentos usa-os exclusivamente para pagar uma parte do salário, não se realiza o tipo do art. 24".

do artigo 168-A do CP [101], no segundo caso, conforme propomos, há uma hipótese de colisão de deveres justificante supralegal em que o cumprimento do dever mais relevante justifica a violação do dever imposto pelo artigo 168-A do CP.

Um quarto ponto (iv), no tocante ao aspecto temporal, consiste na fiscalização de se "(...) essa situação se verifique sempre no momento em que aquelas obrigações deviam ser satisfeitas" [102]. Nesse sentido, na Ementa do acórdão da *ApCrim. nº 2005.61.25.003233-7/SP*, recusou-se a aplicação da inexigibilidade de conduta diversa por "dificuldades financeiras", porque "(...) além de não serem contemporâneas aos fatos, não foram tão graves a ponto de colocar em risco a própria existência da empresa e não divergem daquelas que são comuns a qualquer atividade de risco" [103].

Um quinto ponto (v) também de ordem temporal é o delineamento de tempo máximo do não repasse das contribuições por crise financeira em cada caso concreto: "(...) não é razoável (...) que tenha durado por mais de dois anos, não sendo permitida, pelo nosso ordenamento, a manutenção das atividades da pessoa jurídica que não disponha de recursos para arcar com suas obrigações tributárias"[104].

Um (vi) sexto e derradeiro aspecto (pelo menos deste artigo) reside em não descartar *ad totum* que (...e parafraseando novamente o trecho abaixo...):

---

101 Na jurisprudência nacional, encontramos o seguinte trecho: "2. As dificuldades financeiras da empresa podem caracterizar duas hipóteses: a atipicidade da conduta, quando demonstrada a impossibilidade de efetuar o recolhimento das contribuições previdenciárias, por falta de numerário, ou, como se pretende no caso em tela, a exclusão da culpabilidade ante a inexigibilidade de conduta diversa, quando o recolhimento era possível, mas comprometeria a sobrevivência financeira da empresa" (BRASIL. *Tribunal Regional Federal da Segunda Região, ApCrim. nº 2001.50.02.000916-1/ES*). Neste âmbito, *Tavares* afirma que se "(...) a pessoa, portanto, que não pode pessoalmente atuar não pode pessoalmente ser responsabilizada por sua *omissão*. Essa condição constitui elemento do tipo dos *crimes omissivos*, tanto próprios quanto impróprios" (TAVARES, Juarez. *As controvérsias em torno dos crimes omissivos*. Rio de Janeiro: Instituto Latino-Americano de Cooperação Penal, 1996, p. 76-77).

102 SILVA DIAS, Augusto. *Crimes e contra-ordenações fiscais*, p. 463.

103 BRASIL. Tribunal Regional Federal da Terceira Região, *ApCrim. nº 2005.61.25.003233-7/SP*.

104 *Voto (vencido) do Rel. Rev. Des. Fed. André Fontes* na *ApCrim. nº 2001.50.02.000916-1/ES*, p. spd. Em outro trecho desse Voto vencido também foi afirmado que: "Se a pessoa jurídica atravessa dificuldades financeiras sem interromper suas atividades, e isso se faz em sacrifício das verbas devidas a título de contribuições previdenciárias por mais de um ano, tem-se caracterizada a vontade consciente de tentar preservar a integridade operacional da sociedade em detrimento da integridade da Previdência Social".

> "(...) as prestações retidas [diríamos os valores das contribuições] sejam utilizadas total ou parcialmente no pagamento de salários aos trabalhadores, admitindo-se que uma parte possa ser investida na aquisição de equipamentos e matéria prima e, assim, simultaneamente, na autopreservação da empresa e na garantia das condições de emprego dos trabalhadores, valores que precedem e sustentam o dever de pagamento dos salários" [105].

Em outras palavras, se há uma confluência entre o interesse particular do empresário em tentar salvar a sua empresa e o dever jurídico de pagar os salários de seus trabalhadores, nada há de errado aqui, apenas uma coincidência de propósitos legítimos [106].

O que pretendemos aqui antecipar é: em um futuro (esperamos não tão longínquo), se uma empresa em *real* situação de crise econômica levar o empresário a escolher entre o pagamento de salário dos seus funcionários e o pagamento das contribuições à Previdência Social, e a escolha dele for pelo cumprimento do primeiro dever em detrimento ao segundo, o Juízo ou o Tribunal competente a julgá-lo pela prática do crime de apropriação indébita previdenciária deverá ao menos levar a sério a possibilidade de aplicar a colisão de deveres justificante supralegal nesse âmbito. Oxalá, quando a questão for devidamente colocada em Juízo, os julgadores não tomem o caminho da jurisprudência majoritária em Portugal, conforme todas as inconsistências desse posicionamento jurisprudencial apresentadas alhures.

Salvo um melhor juízo, parece-nos que as circunstâncias fáticas dos casos supracitados permitiam invocar ao menos o instituto da colisão de deveres, se ele seria aplicado ou não, sujeitar-se-ia a um escrutínio mais detalhado e aprofundado em cada um dos casos concretos. Contudo, não temos dúvidas em reafirmar a correção da aplicação da categoria em tela ao tipo de caso formulado por nós anteriormente.

Além de apontados o diagnóstico da (e o prognóstico para) (a) doutrina e da (a) jurisprudência criminais no Brasil em relação ao tipo de caso e à categoria da colisão de deveres, advertirmos que os seis pontos apontados não são endossados em todos os seus aspectos e alcances por nós, nem representam tudo o que se precisa delinear na temática apresentada, contudo eles man-

105 SILVA DIAS, Augusto. *Crimes e contra-ordenações fiscais*, p. 463.

106 Corroborando nesse sentido, *Rua Pinto* afirma que não há razão alguma para se proibir o devedor frente à "(...) impossibilidade de cumprimento de deveres iguais, opte por aquele que também prossegue um interesse próprio, uma vez que a lei não contempla qualquer imposição ao sujeito no sentido de este, ante uma colisão de deveres iguais, escolher aquele que prossegue um interesse alheio – pura e simplesmente porque é alheio, note-se, – pelo que também não se pode defender que a causa justificativa não pode atuar nessas situações" (RUA PINTO, Tiago Manuel Martins. *O conflito de deveres nos crimes fiscais*, p. 70).

tém o mérito de representar a viva manifestação da função jurisprudencial. Assim, passemos às considerações finais deste trabalho.

VI. À guisa de conclusão

Diante das decisões consultadas sobre o crime de apropriação indébita previdenciária e da doutrina jurídico-penal nacional, concluímos que grande parcela da Justiça penal brasileira assumiu-se como um híbrido de *Thêmis-Oráculo-Esfinge*. Isso porque a colisão de deveres pareceu tateada, apenas tateada, e ainda não reconhecida pela jurisprudência jurídico-penal nacional, como que essa atuasse segundo a lúdica atividade de adivinhar os objetos com os olhos vendados (eis a parcela de Thêmis). Além disso, ela pronunciou o direito que altera o destino dos cidadãos (eis a parcela de Oráculo), não raro (não esquecendo que anteriormente e de forma prioritária, o próprio legislador [107] também o fez) ela não os orientasse de forma clara e límpida sobre o devido comportamento a seguir em algumas situações excepcionais. O que, conforme já desenvolvido, por sua vez, colocou os destinatários da norma frente ao terrível enigma: qual dever há de se priorizar se é impossível cumpri-los todos nesta situação? Conforme algumas decisões apontaram, a

107 Não se pode negar que o excesso legislativo é evidentemente causa direta do surgimento e da ampliação dos casos de colisões de deveres no Direito Penal. Esse juízo não passou desapercebido pela dogmática jurídico-penal alemã, *Von Weber* ao vivenciar a passagem de uma ordem social liberal a uma ordem social socialista (termos aqui empregados pelo autor não no sentido político-ideológico). O que naturalmente acabou por ter reflexos na legislação criminal à época (p. 237), ele traçou as seguintes relações nesse âmbito: (i) na ordem liberal, sendo os atores econômicos livres para realizar trocas comerciais, há um conflito de bens na livre economia; (ii) na ordem socialista, sendo os atores econômicos considerados como fiduciários da economia do Estado, há um conflito de deveres na economia planificada (p. 240-242). Diante disso, o autor pareceu estabelecer aqui as seguintes correlações: o translado de uma economia livre para uma economia planificada está da mesma forma que a passagem de uma colisão de bens está para uma colisão de deveres, mas é válido em ambas o princípio da primazia dos interesses predominantes (p. 240). Por fim, naturalmente e não coincidentemente, *Von Weber* percebeu e destacou a proliferação dos crimes de omissão nessas transformações promovidas por um Estado mais interventivo, em especial a dos de ordem imprópria (p. 237-239). Para mais detalhes, *cfr.*: VON WEBER, Hellmuth. *Die Plichtenkollision im Strafrecht*, p. 237-242. Por fim, a nossa crítica vai também ao legislador aqui, pois ele poderia evitar a proliferação de tipos penais em demasia ou propor de *lege ferenda* um artigo de colisão de deveres para dirimir alguns sérios problemas práticos (de modo que o dispositivo do CPL poderia auxiliar nessa construção, a saber: "Artigo 36º Conflito de deveres – 1 – Não é ilícito o fato de quem, em caso de conflito no cumprimento de deveres jurídicos ou de ordens legítimas da autoridade, satisfizer dever ou ordem de valor igual ou superior ao do dever ou ordem que sacrificar. 2 – O dever de obediência hierárquica cessa quando conduzir à prática de um crime").

Justiça pode ainda bater a porta do cidadão e dizer (eis a parcela de Esfinge): "Decifra-me ou devoro-te" [ou em uma versão mais adequada ao tema aqui, poderíamos parafrasear nos seguintes dizeres: "Decida-se pelo dever correto, embora eu não oriente qual o seria, ou cometerás um injusto penal"].

Conforme procuramos expor, até o momento, infelizmente nem a doutrina jurídico-penal nem a jurisprudência criminal nacionais avançaram no tema da colisão de deveres. Por um lado, ao não arrancar do núcleo fundante do tema, a dogmática jurídico-penal brasileira não conseguiu evidentemente tratá-lo com a necessária correção e profundidade exigidas; por outro lado, a jurisprudência dos Tribunais nacionais aproximou-se do correto fundamento da categoria em estudo ao deliberar sobre a não exigência de comportamentos impossíveis pelo direito[108], o que curiosamente demonstrou o uso *inconsciente* do fundamento da colisão de deveres por ela.

Quiçá três importantes lições sobre o tema cheguem à doutrina e à jurisprudência pátrias: 1ª) – um dever (ou alguns deveres), segundo as circunstâncias do caso concreto, torna(m)-se legitimamente exigível(-is) do destinatário quando ele *pode* cumpri-lo(s), o que simetricamente nos leva a afirmar que é *tanto possível quanto exigível* da doutrina e da jurisprudência criminais brasileiras um aprofundamento da colisão de deveres, tema infelizmente *despreocupadamente* tratado por ambos até o momento; 2ª) – tal como se deu o desenvolvimento do tema na Alemanha, a jurisprudência nacional poderia e deveria suscitar a causa supralegal de justificação da colisão de deveres no direito penal brasileiro por intermédio de uma analogia (*in bonam partem*) com o estado de necessidade, o que não representaria quaisquer afrontas à legalidade criminal; 3ª) – que a academia jurídico-penal brasileira debruce com mais afinco sobre a temática para melhor substancializar as decisões da Justiça penal brasileira.

VII. Referências bibliográficas

AMORIM, Maria Carolina de Melo. *A inexigibilidade de conduta diversa*: os fundamentos para a aplicação das causas supralegais no Direito Penal brasileiro. Belo Horizonte: Del Rey, 2014.

BARATTA, Alessandro. *Antinomie giuridiche e conflitti di coscienza*: contributo alla filosofia e alla critica del diritto penale. Pubblicazioni dell'Instituto di Filosofia del Diritto dell'Università di Roma. Milano: A. Giuffrè Editore, 1963.

108 "EMENTA: (...) O delito de Apropriação Indébita Previdenciária é do tipo omissivo próprio, em que a tipicidade fica condicionada a um não fazer algo que o agente devia e podia fazer. O Direito não exige condutas impossíveis. (...)" (BRASIL. Tribunal Regional Federal da Segunda Região, *ApCrim. nº 1999.50.01.000835-7/ES*).

BINDING, Karl. *Handbuch des Strafrechts*. 1. (einziger) Band. Aalen: Scientia Verlag, 1991.

BITENCOURT, Cezar Roberto. *Código Penal Comentado*. 7ª ed. São Paulo: Saraiva, 2012.

____________. *Tratado de Direito Penal*. Parte Geral. Vol. 1. 20ª ed. São Paulo: Saraiva, 2014.

BRINGEWAT, Peter. *Gründbegriffe des Strafrechts*. Grundlagen – Allgemeine Verbrechenslehre – Aufbauschemata. 2. vollständig überarbeitete Auflage. Baden-Baden: Nomos Verlagsgesellschaft, 2008.

CASTANHEIRA NEVES, António. *Metodologia Jurídica*. Problemas fundamentais. Coimbra: Boletim da Faculdade de Direito da Universidade de Coimbra/Coimbra Editora, 1993.

CIRINO DOS SANTOS, Juarez. *Direito Penal*: parte geral. 3ª ed. Curitiba: ICPC/Lumen Juris, 2008.

CORREIA, Eduardo. *Direito Criminal*. Tomo 2. Reimpressão. Coimbra: Almedina, 2007.

COSTA ANDRADE, Manuel da. «O princípio constitucional "*nullum crimen sine lege*" e a analogia no campo das causas de justificação». *RLJ* 3924-3925 e 3926 (2001), p. 72-77; p. 130-139.

CUERDA RIEZU, Antonio. *La colisión de deberes en Derecho Penal*. Prólogo de Enrique Gimbernat. Madrid: Editorial Tecnos, 1984.

DERRIDA, Jacques. *Aporías*. Morir – esperarse (en) «los límites de la verdad». Traducción de Cristina de Peretti. Barcelona: Editorial Paidós, 1998.

DIETER, Maurício Stegemann. *A inexigibilidade de comportamento adequado à norma penal e as situações supralegais de exculpação*. Dissertação (Mestrado em Direito do Estado). Curitiba: Programa de Pós-Graduação da Faculdade de Direito da Universidade Federal do Paraná, 2008.

DOTTI, René Ariel. *Curso de Direito Penal*. Parte Geral. 3ª ed. revista, atualizada e ampliada. Com a colaboração de Alexandre Knopfholz e Gustavo Britta Scandelari. São Paulo: RT, 2010.

GALLAS, Wilhelm. Pflichtenkollision als Schuldausschlie□ungsgrund. *Festschrift für Edmund Mezger*, Berlin, 1954, p. 311-334.

HRUSCHKA, Joachim. «Pflichtenkollisionen und Pflichtenkonkurrenzen». Karl LARENZ, Karl; PAULUS, Gotthard; CANARIS, Claus-Wilhelm; DIEDERICHSEN, Uwe (*Hrsg. von*). *Festschrift für Karl Larenz zum 70. Geburtstag*. München: C. H. Beck, 1973, p. 257-289.

____________. «Extrasystematische Rechtfertigungsgründe». *Festschrift für Eduard Dreher zum 70. Geburtstag*. JESCHECK, Hans-Heinrich;

LÜTTGER, Hans (*Hrsg. von*). Berlin: Walter de Gruyter 1977, p. 189-210.

KÜPER, Wilfried. «Noch einmal: Rechtfertigender Notstand, Pflichtenkollision und übergesetzliche Entschuldigung». *JuS 11* (1971), p. 474-477.

MAGALHÃES E MENEZES, Assunção; FONTES, Tito Arantes. O conflito de deveres e o abuso de confiança fiscal. *Actualidade Jurídica 12* (2005), p. 46-59.

MAURACH, Reinhart; ZIPF, Heinz. *Strafrecht Allgemeiner Teil*: ein Lehrbuch. Teil 1, Grundlehren des Strafrechts und Aufbau der Straftat. 8., neubearb. und erw. Auflage. Heildelberg: C.F. Müller Juristischer Verlag, 1992.

MARTINELLI, João Paulo Orsini; DE BEM, Leonardo Schmitt. *Lições Fundamentais de Direito Penal*. Tomo I. São Paulo: Saraiva, 2016.

MEURER, Diter. *Grundkurs Strafrecht II*. Allgemeiner Teil. Arbeitspapiere, Fallbeispiele und Literaturhinweise. 3. Auflage. Marburg: N. G. Elwert Verlag Marburg, 1982.

MURMANN, Uwe. *Grundkurs Strafrecht Allgemeiner Teil*. Tötungsdelikte, Körperverletzungsdelikte. 2. neu bearbeitete Auflage. München: Verlag C.H. Beck, 2013.

NANNINI, Ubaldo G. *Valori fondamentali e conflitto di doveri*. Milano: Giuffrè Editore / BICOCCA, 2004.

NEVES, António Brito. Do conflito de deveres jurídico-penal: uma perspectiva constitucional. *Direito 144* (2012), p. 673-727.

NUNES, Duarte Alberto Rodrigues. *O conflito de deveres em Direito Penal Médico*. Dissertação (Mestrado em Ciências Jurídico-Criminais). Lisboa: Faculdade de Direito da Universidade de Lisboa, 2000/2001.

NUNES, Leandro Gornicki. *Culpabilidade e exculpação*. O conflito de deveres como causa (supra)legal de exculpação no Brasil. Rio de Janeiro: Editora Lumen Juris, 2012.

PAIVA, Vicente Ferrer Neto. *Philosophia de Direito ou elementos de direito natural*. Tomo Primeiro (Direito Natural). 6ª ed. (aumentada e aprimorada). Coimbra: Imprensa da Universidade, 1883.

PALMA, Maria Fernanda. *O Princípio da Desculpa em Direito Penal*. Coimbra: Almedina, 2005.

____________. *Direito Penal. Parte Geral*. A teoria geral da infração como teoria da decisão penal. Lisboa: AAFDL, 2013.

PUFENDORF, Samuel. *Os deveres do homem e do cidadão de acordo com as leis do direito natural*. Tradução de Eduardo Francisco Alves. Rio de Janeiro: Topbooks Editora, 2007.

RODRIGUES, Liliana Patrícia Ribeiro. *O abuso de confiança fiscal e o conflito de deveres no direito português*. Dissertação (Mestrado em Ciências Jurídico-Criminais). Coimbra: Faculdade de Direito da Universidade de Coimbra, 2013.

RÖNNAU, Thomas. «Grundwissen – Strafrecht: Rechtfertigende Pflichtenkollision». *JuS* 53 (2013), p. 113-115.

RUA PINTO, Tiago Manuel Martins. *O conflito de deveres nos crimes fiscais*. Dissertação (Mestrado em Ciências Jurídico-Forenses). Coimbra: Faculdade de Direito da Universidade de Coimbra, 2012.

SCHILLER, Friedrich. «*Die Philosophen*». Disponível em: <http://gutenberg.spiegel.

de/buch/friedrich-schiller-gedichte-3352/16>. Acesso em: 12. mar. 2016.

SILVA DIAS, Augusto. *A relevância jurídico penal das decisões de consciência*. Coimbra: Livraria Almedina, 1986.

____________. Crimes e contra-ordenações fiscais. *Direito Penal Económico e Europeu*: textos doutrinários. Vol. II – Problemas Especiais. Coimbra: Coimbra Editora, 1999, p. 439-480.

SOUSA, Susana Aires de. *Os crimes fiscais*. Análise dogmática e reflexão sobre a legitimidade do discurso criminalizador. Reimpressão. Coimbra: Coimbra Editora, 2009.

TAIPA DE CARVALHO, Américo. *Direito Penal*: Parte Geral. Questões fundamentais. Teoria geral do crime. 2ª ed. Coimbra: Coimbra Editora, 2008.

TAVARES, Juarez. *As controvérsias em torno dos crimes omissivos*. Rio de Janeiro: Instituto Latino-Americano de Cooperação Penal, 1996.

ULHÔA COELHO, Fábio. *Curso de Direito Comercial*. Direito de Empresa. Vol. 3. 13ª ed. São Paulo: Saraiva, 2012.

WELZEL, Hans. «Zum Notstandsproblem». *ZStW* 63 (1951), p. 47-56.

____________. *Die deutsche strafrechtliche Dogmatik der letzten 100 Jahre und die finale Handlungslehre*. *JuS* 6 (1966), p. 421-429.

____________. *Derecho Penal Alemán. Parte General*. 11. Edición. Traducción de Juan Bustos Ramírez y Sergio Yañes Pérez. Santiago: Editorial Jurídica de Chile, 1976.

VON WEBER, Hellmuth. Die Plichtenkollision im Strafrecht. *Sonderdruck aus der "Festschrift zum 80. Geburtstag von Wilhelm Kiesselbach"*. Hamburg: Gesetz und Recht Verlag, 1947.

Impressão e acabamento:
Grupo Smart Printer
Soluções em impressão